CHRISTIAN STANDARD COMMENTARY

사 도 행 전
Acts

———

패트릭 슈라이너(Patrick Schreiner) 지음
김명일 옮김

깃드는숲 ⊕ LOGOS

사
도
행
전

목 차

4

목 차

| 저자 소개

미국 남침례신학교(Southern Seminary)를 졸업하고(Ph. D.) 미드웨스턴 침례신학교에서 신약학과 성경신학 교수로 섬기고 있다. 『SSBT 하나님 나라 성경신학』, 『NTT 사도행전 신학』(이상 부흥과개혁사) 등을 저술했다.

| 역자 소개

고려신학대학원 신약학 외래교수이다. 성균관대학교(B. A.), 고려신학대학원(M. Div.), 미국 칼빈신학교(Th. M.), 남침례신학교(Ph. D.)에서 공부했다. 『함께 영광의 길을 걷다』(공저, 깃드는 숲), 『바울의 사역 원리』(이레서원), 역서로는 『바울에 관한 새로운 탐구』(이레서원), 『CSC 베드로전후서 유다서』(깃드는 숲) 등이 있다.

슈라이너는 특히 사도행전의 신학적 메시지와 구약성경과의 상호 텍스트 관계를 통찰력 있고 적절한 방식으로 강조한다. 이 주석은 통찰력 있는 연결로 가득 차 있으며, 사도행전 전문가들도 풍부하고 신선한 통찰력을 많이 배울 수 있을 것이다.

크레이그 키너(애즈베리 신학교. 성경신학 석좌교수)

슈라이너의 사도행전에 대한 다각적인 접근 방식은 독자들에게 익숙한 이야기에 대한 새로운 통찰력을 제공한다. 신학적, 문학적, 역사적, 정경적, 교회적 틀 안에서 신중한 분석을 통해 사도행전 본문을 총체적으로 이해할 수 있는 구체적인 토대를 제공한다. 삼위일체 하나님의 지속적인 사역에 대한 강조는 공동체와 관계성을 통해 삼위 하나님 각 분이 구원 역사에서 핵심적인 역할을 한다는 사실을 새롭게 상기시켜 준다. 또한 사도행전 전체에 걸쳐 흐르는 포용/배제 주제에 대한 그의 사려 깊은 분석은 다양성 속의 일치가 항상 하나님의 계획의 핵심적인 부분이었음을 보여준다. 그의 의도는 교회의 필요를 충족시키기 위한 것이지만, 이 훌륭한 주석은 진지한 학자에게도 꼭 필요한 책이다.

엘리자베스 음부루(아프리카 랭함 문학 지역 코디네이터)

이 주석은 사도행전을 기독교 성경으로 읽는 모든 이에게 훌륭한 주석이다. 좋은 주석은 신중한 주해와 학자들의 사상과 논쟁을 적절히 가져와서 독자들을 본문으로 안내한다. 슈라이너는 이를 잘 수행할 뿐만 아니라, 하나님의 말씀에 대한 성령의 증거를 통해 구원을 성취하고 교회를 창조하신 삼위일체 하나님의 사역으로 일관성 있게 사도행전을 읽게 해준다. 사도행전의 신학적 메시지를 어떻게 가르치고, 설교하고, 이해해야 하는지 알고 싶은 이에게 이 책을 적극 추천한다.

조슈아 지프(트리니티 복음주의 신학교)

패트릭 슈라이너는 해석 역사, 구약성경의 영향, 사도행전과 나머지 신약성경의 관계, 사도행전의 신학적 메시지에 대한 인식을 통합한 주석을 제공한다. 그는 이 신선하고 활기찬 주석으로 찬사를 받아야 마땅하다. 독자들은 슈라이너 박사와 함께 이스라엘과 열방에 말씀을 전파하는 삼위일체 하나님의 구원 목적에 관한 누가의 이야기를 따라 여행하면서 상상력을 자극받고 격려를 받을 것이다.

앨런 J. 톰슨(시드니 선교 및 성경 대학)

나는 교회, 수련회, 대학, 신학교에서 사도행전 강의를 해오면서 사도행전 주석을 얼마나 많이 읽었는지 모른다. 그럼에도 이 주석을 읽고, 새롭게 이 주석을 좋아하게 되었다고 솔직히 말할 수 있다. 패트릭 슈라이너 박사는 이 책에서 신약학자와 목회자 모두에게 호소할 수 있는 뛰어난 정보의 균형을 이룰 뿐만 아니라, 그리스도를 따르는 헌신적인 추종자들을 사로잡을 만한 신학적 성찰을 담고 있다.

조셉 R. 도드슨(덴버 신학교)

슈라이너는 역사적인 뿌리를 내리고 신학을 지향하는 아름다운 주석을 썼다. 특히 이 본문을 삼위일체론적으로 읽은 점이 마음에 든다. 서론 자체도 사도행전에 대한 유용한 책이 될 수 있다. 목회자, 평신도, 학자들이 이 주석에서 많은 도움을 받을 수 있을 것이다.

오스발도 파딜라(샘포드 대학, 비손 신학 단과 대학, 신학 교수)

패트릭 슈라이너는 사도행전 주석에서 헬라어 본문을 간명히 분석하고, 저자 누가 당시의 그레코-로마 배경을 적절히 고려하는 아드 폰테스 정신을 유지하면서도, 교부와 중세 주석가들과 대화한다. 저자는 종종 본문에서 더 풍성한 의미를 찾고, 구약간 본문성을 통해 신학적 메시지를 찾으며, 여러 도표로써 독자의 이해를 돕는다. 무엇보다 풍부한 각주는 본문을 깊이 이해하도록 보충 설명을 제공한다. 세부적인 주석에 모두 동의할 수는 없지만, 삼위 하나님께서 교회를 통해 세상을 통치하시는 위로의 복음 내러티브를 본서를 통해 만나보기를 추천한다.

송영목 교수(고신대 신학과)

흔히 사도행전을 읽거나 공부할 때 '사도'행전으로만 이해하기 쉽다. 다시 말하면, 사도들의 위대한 믿음이나 뛰어난 활약에 주목하기 쉽다. 물론 그들의 신앙과 삶은 오늘날 우리가 본받아야 할 모범임에 틀림없다. 그러나 이 책은 우리로 하여금 먼저 삼위 하나님께 초점을 맞추며, 사도행전을 이해하는 중요한 관점을 제공한다. 뿐만 아니라, 이 책은 또한 굉장히 교회 중심적이다. 지나치게 학문적인 설명을 배제하면서도 설교나 성경 공부를 위한 전문적인 해석을 담고 있다. 그래서 교회 공동체가 사도행전을 통해 잘 세워질 수 있도록 도와준다. 이 책을 통해 한국 교회 설교 강단이 더 풍성해지기를 기대한다.

권해생 교수(고려신학대학원 신약학)

슈라이너의 주석은 이제까지 출간된 사도행전 주석 대부분과 대화하면서도 최근의 연구 자료를 반영하는 최신 주석이다. 삼위일체 하나님의 관점에서 사도행전을 이해하며, 교회와 하나님의 백성에 초점을 맞추는 목회적이고 선교적인 주석이다. 본문에 흐르는 핵심적인 주제들을 찾아낼 뿐만 아니라 독자들이 이 주제들을 어떻게 이해하고 적용할 수 있는지 친절하게 안내하는 신학적 주석이다. 특히 독자들은 본서의 '서론'을 읽기만 해도 사도행전의 신학을 충분히 만끽할 수 있을 것이다. 저자는 세밀하면서도 명확하게 각 구절을 설명하며, 대부분의 관련 연구를 본문과 각주에 반영한다. 주석하는 곳곳에 사도행전 전체를 조망하고 구약과 역사적 배경을 이해하도록 보충 자료를 제시한다. 가장 명료하고 신학적 깊이가 있는 사도행전 주석을 한 권 추천하라면 슈라이너의 주석이라고 말하겠다.

강대훈 교수(총신대 신학대학원 신약학)

크리스천 스탠더드 주석(CSC) 시리즈는 "옛-현대" 접근 방식을 구현하려고 한다. 크리스천 스탠더드 주석(CSC) 시리즈는 옛것과 새 것을 함께 가져오는 역설적으로 보이는 방식을 풀어내는 데 도움이 되는 설명을 할 것이다.

현대 주석 전통은 종교개혁 이후에 생겨나 확산되었다. 성경 주석 전통은 다음 세 가지 요인으로 성장했다. (1) 15~16세기 **고전학 연구의 회복**. 이 회복으로 성경 언어(헬라어와 히브리어)에 대한 관심이 부활했다. 성경 해석가, 설교자, 성경 교사가 라틴어 성경(The Latin Vulgate)이 아니라 원어를 기초로 성경을 해석했다. 마르틴 루터와 장 칼뱅의 주석은 원전으로 돌아가기 때문에('**ad fontes**', 근원으로 돌아가자) 그 본보기가 된다. (2) **종교개혁 운동의 발흥**과 로마 가톨릭, 독일 종교개혁(마르틴 루터), 스위스 종교개혁(장 칼뱅), 영국 종교개혁(성공회), 다른 그룹들(재세례파 등)이 나누어지는 일은 주석들을 만드는 계기를 마련했다. 주석에 나타나는 각 운동의 신학적 교의와 함께 새로운 교회와 그 지도자들이 성경을 명확하고 적절하게 설교하는 데 도움을 주었다. (3) **17세기와 18세기 성경 해석의 역사적인 전환**. 이 전환점은 성경적인 책들을 만들어 내고 그 책들의 상황화를 이룬 역사적 상황을 강조했다.

이러한 요소들과 함께 크리스천 스탠더드 주석(CSC) 시리즈는 **현대 주석**들의 분명한 특징들이 있다.

- 저자는 구약과 신약 각 권을 원어로 분석한다.
- 저자는 중요한 본문 비평 문제들을 적절하게 제시하고 설명한다.
- 저자는 성경 본문 형성의 역사적 상황(저작 시기, 저자, 청중, 사회적인 위치, 지리적 및 역사적 맥락 등)을 성경 각 권에 따라 적절하게 언급하고 정의한다.
- 저자는 성경 각 권을 현재 그대로 이해하기 위해 가능한 성경 본문 발전을 파악한다(예. 어떻게 시편이 최종 형태로 되었는가 또는 소선지서가 어떻게 한 권의 "책"으로 이해될 수 있는가).

크리스천 스탠더드 주석(CSC)은 또한 지난 50년 동안 성경 해석이 어떻게 변화했는지 보여준다. 첫 번째는 문학적인 성경 해석이다. 문학적 분석은 1970년대와 1980년대 성경 해석에서 시작됐으며 이 운동은 현대 성경 주석에 큰 영향을 미쳤다. 문학적 분석은 성경 각 단락이 보여주는 구조와 형식, 각 권의 전체 형태에 관심을 기울인다. 이러한 영향으로 현대 주석은 각 권의 형식과 구조, 주요한 주제와 모티프, 그리고 그 스타일이 의미에 어떻게 영향을 미치는가를 평가한다. 문학적 해석은 성경을 수사적인 구조와 목적으로 배열되고 다듬어진 예술 작품으로 인식한다. 문학적인 해석은 각 권의 독특한 문체와 수사적인 전략을 발견한다. 크리스천 스탠더드 주석(CSC)은 성경의 문학적 차원을 탐구한다.

- 저자는 성경 각 권을 양식과 구조, 형식 및 의미가 결합한 예술 작품으로 연구한다.
- 저자는 전체 책의 구조와 그 전달하고자 하는 의도를 평가한다.
- 저자는 성경 각 권의 문학 양식, 시, 수사학적인 장치를 적절하게 이해하고 설명한다.
- 저자는 성경 각 권의 의사소통 전략을 발전시키는 문학적인 주제와 모티프를 설명한다.

옛 주석으로 크리스천 스탠더드 주석(CSC)은 신학적으로 성경을 해석하는 특징이 있다. 크리스천 스탠더드 주석(CSC)이 추구하는 신학적인 경향은 성경을 역사적인 또는 문학적인 문헌일 뿐만 아니라 근본적으로 하나님의 말씀으로 인정하는 것이다. 즉, 성경을 근본적으로, 역사적으로, **그리고** 신학적으로 인식한다. 하나님은 성경의 첫째 화자이며, 수신자들은 하나님을 첫째 화자로 인식해야 한다. 신학적인 해석은 비록 하나님께서 많은 저자가 성경을 쓰게 하셨지만(히 1:1), 하나님께서 신적 저자이자 성경의 주제이며 하나님의 백성인 교회에 구약과 신약을 주시는 분이심을 확인한다. 이것은 교회가 선을 위한 성장을 촉진하기 위함이다(딤후 3:16-17). 신학적 해석은 하나님께서 자기 백성에게 성경을 듣고 또 살아가게 하려고 주셨기에 성경을 하나님의 말씀으로 읽게 한다. 신학적인 강조를 약화하는 역사적, 문학적, 또는 다른 어떤 접근들도 본문 자체의 요구보다는 부족하다.

성경에 대한 거룩한 이해는 지난 이천 년(교부, 중세, 종교개혁, 또는 현대) 기독교 성경 해석의 공통점이다. 그것은 하나님의 백성에 대한 하나님의 일하심, 진리, 연관성에 주의를 기울여서 읽게 만든다. **옛 주석** 전통은 성경을 다양하며 풍성한 하나님의 역사의 산물로 해석한다. 하나님께서는 자기 백성들에게 말씀을 주셔서 하나님을 알고 사랑하며 영화롭게 하며 모든 피조물이 하나님에 대한 찬양을 선포할 수 있게 한다. 성경은 영적이며 실제적인 변화로 이끄는 하나님의 지식과 능력을 제공한다.

성경의 변화시키는 힘은 예수 그리스도의 중심성에 주의를 기울이는 옛 주석 전통에서 나타난다. 하나님께서 때가 이르러 예수님을 세상에 보내셨다. 예수님은 구약이 기대하고 확증하고 증언하는 분이시다. 더욱이 신약은 예수님을 구약에서 하나님께서 약속하셨던 분으로 제시하며, 예수님 안에서 교회는 살아 있고 움직이고 존재한다. 구약과 신약이 증거하는 예수님은 산 자와 죽은 자를 심판하기 위해 다시 오실 것이며 만물을 새롭게 하실 것이다.

옛 주석 전통은 그리스도를 성경의 중심으로 하는 성경신학을 드러낸다. 구약과 신약이 함께 그리스도를 계시한다. 따라서 **옛 전통**은 구약과 신약을 변증법적인 관계로 읽는 전체적인 성경신학 내에서 작동한다.

마지막으로, 옛 주석 전통은 영적인 변화에 집중한다. 하나님의 영은 읽는 사람들의 마음을 조명해서 하나님의 음성을 듣고, 영광 가운데 있는 예수 그리스도를 보고, 예수님의 능력으로 살 수 있도록 한다. 성경이 변화시키는 차원은 **옛 주석**에 등장한다. 모든 세대는 하나님의 음성을 새롭게 들을 수 있다. 하나님의 말씀은 세상을 위해서 하나님의 백성에게 구체화될 수 있다.

크리스천 스탠더드 주석(CSC)은 **옛 주석** 전통을 다음과 같은 방식으로 구현한다.
- 저자는 성경 각 권에서 하나님이 누구신가 라는 주제를 설명한다. 더 나아가 저자는 하나님께서 창조하신 세상에 어떻게 자기를 계시하시는지 연구한다.
- 저자는 전체 성경신학에 비추어서 성경 각 권에 적합한 예수님의 중심성을 설명한다.
- 저자는 성경 본문을 영적으로 해석하여 하나님의 말씀의 변화시키는 힘이 교회를 위해 나타나도록 한다.

크리스천 스탠더드 주석(CSC)에는 삼위일체적 성경 읽기가 지배적이다. 하나님 아버지는 말씀을 다양한 시대에 다양한 방법으로 자기 백성에게 주셨다(히 1:1). 이것은 이스라엘 역사와 초대 교회의 여러 저자에게서 나온 성경 각 권의 역사적, 철학적, 사회적, 지리적, 언어적, 문법적 측면에 지속해서 관심을 필요로 한다. 성경 전체는 다양하지만 그리스도를 계시한다. 그리스도는 구약과 신약에서 하나님의 말씀으로 계시된 분(히 1:1; 요 1:1)이시며, 만물이 그리스도 안에 함께 서 있고(골 1:15-20), 만물이 그리스도를 통해서 새롭게 될 것이다 (고전 15장; 계 21:5). 하나님께서는 성령을 교회에 주셨다. 따라서 교회는 성경을 영적으로 읽을 수 있다. 교회는 하나님의 음성을 듣고, 성경으로부터 나오는 생명을 주는 말씀을 받는다(딤후 3:15-17; 히 4:12). 이런 방식으로, 크리스천 스탠더드 주석(CSC)은 그리스도의 교회를 세우는 일과 모든 사람이 부르심을 받은 지상 명령에 기여한다.

| 저자 서문

주석은 때때로 나쁜 평을 받기도 한다. 그 비판이 근거가 없는 것은 아니다. 그럼에도 불구하고 이 프로젝트를 진행하면서 '주석하는 일의 수고'를 더 감사하게 되었다. 주석을 쓰는 일은 어려운 작업이다. 주석은 단일한 주장이 담겨 있어야 할 뿐만 아니라 가독성, 매력, 적용 가능성까지 갖춰야 하기 때문이다. 어떤 날은 영감이 떠오르지만, 어떤 날은 쓰기가 지루할 때도 있다.

주석을 쓸 때 저자는 무엇을 포함하고 제외해야 할까? 주석은 얼마나 역사적, 목회적, 주해적이어야 할까? 좋은 주석 시리즈가 많이 존재하고 좋은 사도행전 주석이 많이 있다는 점은 도움이 될 수 있다. 최근 주석 일부는 배경과 역사에 초점을 맞추고(위더링턴Witherington, 키너Keener, 콘첼만Conzelmann), 다른 일부는 내러티브에 초점을 맞추고(존슨Johnnson), 또 다른 일부는 역사 비평적 방식을 택한다(바렛Barrett, 피츠마이어Fitzmyer, 핸첸Haenchen). 어떤 주석은 설교나 강연을 기반으로 하며, 실용적인 측면에 중점을 둔다(스토트Stott). 다른 주석가들은 모두를 조금씩 결합하려고 한다(벅Bock, 피터슨Peterson, 폴힐Polhill, 핀터Pinter, 슈나벨Schnabel).[1] 그 가운데 키너만 4,000페이지에 달하는 주석을 쓸 수 있었다!

좋은 사도행전 주석이 많이 있지만, 이 주석은 특히 사도행전의 **내러티브**와 **신학적** 내용을 **교회론**적 관점에서 주해하고 강조하려고 노력했다. 나는 문법적, 역사적 문제도 다루겠지만 주로 신학적 목적으로 다루려 한다. 따라서 이 주석은 문학적 기법과 문법도 살피겠지만 진정한 의미에서 그 분야의 전문적 주석은 아니다. 특히 사도행전과 같은 책에는 역사, 배경 작업이 필요하지만, 배경 정보가 주해에 도움이 되지 않는다면 거기에 주로 초점을 맞추지 않았다. 자세한 내용은 다른 주석에 맡기려고 한다.

사도행전 주석의 목표는 두 가지 의미에서 교회적이다. 첫째, 성경의 다른 책들에 비해 사도행전을 해석한 초기 신학자들은 많지 않다. 나는 크리소스토무스(AD

---

1 주로 현대적 관점에서 본 해석의 역사는 다음을 참조하라. W. W. Gasque, *A History of the Criticism of the Acts of the Apostles* (Grand Rapids: Eerdmans, 1975).

14

400년), 베데(709~716년), 에라스무스(1535년)가 쓴 고대 주석과 종교개혁 주석을 모두 읽었다. 사도행전을 공교회와 함께 읽으려고 노력했다(*catholica regula*).

둘째, 매주 성경을 가르치는 사람들에게 초점을 맞춰 썼다는 점에서 교회적이다. 이 때문에 일반적인 주석보다 더 많이 인용을 하지만 의도적이다. 각주 또는 본문에서, 인용이 설교자의 상상력을 일깨우는 데 도움이 되기를 바란다. 이 책은 주로 학술적인 주석이 아니라 회중 앞에 서서 "주님께서 이렇게 말씀하신다"라고 선포할 사람들을 위한 책이다. 나는 목회자에게 도움이 된다는 점에서, 칼 바르트의 관심을 나누려고 한다. 그는 대부분의 현대 주석들이 주석이 아니라 주석의 첫걸음에 불과하다고 말했다.

나는 사도행전의 **신학**과 **내러티브**에 가장 초점을 맞추려고 한다. 누가는 내러티브를 통해 자신의 신학을 제시하기 때문에 두 가지는 서로 밀접하게 연관된다. 누가가 이야기를 배치하는 방식은 하나님, 인간, 선한 삶에 대한 누가의 반추를 전달한다. 이 책은 이 방식을 따르는 성경신학적 주석이다. 이 길을 택한 이유는 사도행전에 대한 신학적이고 정경적인 주석을 많이 찾지 못했기 때문이다(다음은 예외이다. 가벤타Gaventa, 제닝스Jennings).[2]

이것은 아마도 주석가들이 신학적인 이유를 사과해야 할 것이기 때문이다. 현대 주석에 대한 장르적 제약은 학자들의 신학적 논의를 크게 방해했다. 이 주석은 **다른 정경과 성경신학적 연결 고리로 넘어가는 것을 주저하지 않는다**는 점에서 차별화된다. **나는 누가-행전뿐만 아니라 기독교 정경 전체에서 주제를 찾아서 이러한 읽기를 더욱 풍요롭게 하려 한다.** 사도행전은 하나님의 이야기라는 더 큰 지평에 속하기 때문에 내 지평은 누가-행전보다 더 넓다.

또한 사도행전에 관해 다른 많은 주석보다 상징적/비유적 접근 방식을 취하려고 한다. 이것은 비역사적이라는 뜻이 아니다. 오히려 성경의 의미는 광범위하고 비유적이다. 나는 요하네스 브렌츠Johannes Brenz가 사도행전 19장을 강론할 때 했던 말에 동의한다.

---

2 B. R. Gaventa, *Acts*, Abingdon New Testament Commentaries (Nashville: Abingdon, 2003); W. J. Jennings, *Acts: A Theological Commentary on the Bible* (Louisville, KY: Westminster John Knox, 2017). 누가-행전에 대한 많은 신학이 존재하며, 그중 일부는 다음에 나열되어 있다. I. H. Marshall and D. Peterson, eds., *Witness to the Gospel: The Theology of Acts* (Grand Rapids: Eerdmans, 1998); D. L. Bock, *A Theology of Luke and Acts: God's Promised Program, Realized for All Nations* (Grand Rapids: Zondervan, 2012); J. Jervell, *The Theology of the Acts of the Apostles* (Cambridge: Cambridge University Press, 1996); H. Flender, *St. Luke: Theologian of Redemptive History*, trans. R. H. and I. Fuller (SPCK: London, 1967); H. Conzelmann, *Die Mitte der Zeit: Studien zur Theologie des Lukas* (Tubingen: Paul Siebeck, 1954); E. Franklin, *Christ the Lord: A Study in the Purpose and Theology of Luke-Acts* (Philadelphia: Westminster, 1975); J. C. O'Neill, *Theology of Acts in Its Historical Setting*, 2nd ed. (London: SPCK, 1970).

많은 신성한 문헌이 우리와 관련이 없고 무심코 쓰인 것처럼 보이지만, 성경은 성령의 작품이기 때문에 그 안에 있는 어떤 것, 아무리 사소하고 비본질적인 것일지라도 성경을 주의 깊게 살펴보는 사람에게 보람을 줄 수 없을 정도로 쓸모없다고 생각하지 말자. ... 성경에서 필요 없고 의미 없어 보이는 것들은 그 자체로 열매를 맺는다. 성경의 저자이신 성령께서 무에서 유를 창조하셨다면, 성경의 사소한 것들을 통해서도 신자들에게 엄청난 축복을 주시지 않겠는가?[3]

어떤 이들은 이 방법을 귀찮아할 수 있는데, 모든 주석은 같아야 한다고 생각하기 때문이다. 각자 선택이다. 이 주석이 사도행전에 관한 다른 모든 주석의 분석과 평가에 그치지 않고 독특한 무언가를 제공하려면, 강조점을 도표로 만들어야 한다. 또한 이 방법은 이 시리즈의 목표와 잘 맞는다. 다른 주석 시리즈가 오늘날 현장과 분리되고 목회적 도움을 충분히 주지 않아 많은 이들이 좌절을 느끼기 때문이다.

이 글이 **신학적-내러티브적-교회적** 주석이라고 주장하는 것은 인간론, 교회론, 또는 하늘에서 그리스도의 몸의 통치의 본질에 대한 의미를 다루겠다는 말은 아니다. 이러한 주제에 대한 다른 훌륭하고 심도 있는 연구가 이미 존재한다. 나는 사도행전의 내러티브에 성경신학적 렌즈를 가져와 성경 전체의 내러티브를 놓치지 않으면서도 뚜렷한 신학적 관점을 포함시키려고 한다. 이런 의미에서 다음을 살펴볼 것이다. (1) 사도행전의 구조, (2) 성경과 신학의 연관성, (3) 몇 가지 교리적인 개념 파악. 이 글이 교회에 유익하고, 하나님 나라에 유익하며, 삼위일체 하나님께 영광을 돌릴 수 있기를 바란다.

마지막으로 네 가지 참고 사항이 있다. 첫째, 이 주석은 다룰 수 있는 정도의 분량으로 유지하고 싶었기 때문에 다른 견해에 대한 언급은 하지 않고 각주로 처리했다. 나는 독자들이 모든 이슈를 다루지 않고도 다양한 관점을 알 수 있도록 하려고 한다. 따라서 분명하게 말하지 않았더라도 각주의 주장에 동의한다는 의미는 아니다. 오히려 다른 신학적 성찰을 촉발할 수 있는 다양한 해석을 강조하고 싶었다.

둘째, 각주에는 과거 해석자들의 인용문도 넣었다. 때때로 다른 이들이 본문에 관해 말하는 것을 들으면 우리 안에 있는 무언가를 일깨워 준다. 이 인용문들은 본문에서 내 주장을 항상 뒷받침하는 것은 아니지만, 수 세기에 걸친 해석가들의 사도행전 읽기를 더욱 공동체적으로 촉진하기 위해서이다.

셋째, 1차 문헌을 "적절히 다루었다"는 인상을 주려고 한다. 이것은 (크레이

---

3 Brenz, *Homily 91* on Acts 19, in Esther Chung-Kim, T. R. Hains et al., eds., *Acts: New Testament*, Reformation Commentary on Scripture 6 (Downers Grove: IVP Academic, 2014), 2,은 사도행전 19장 21-27절에 나오는 바울의 여행 계획 변경과 관련하여 이렇게 말한다.

그 키너Craig Keener가 아닌 이상) 인간적인 수준에서 불가능할 뿐만 아니라 메타-철학적 수준에서도 불가능하다. 사도행전의 의미를 이 페이지에 가둘 수 없다. 사도행전은 살아 있는 문서이며, 분류에 저항하는 문서이다.

사도행전은 미래 세대에도 계속 영감을 줄 것이며, 새로운 의미들이 발견될 것이다. 이 주석이 의미의 흐름을 막고 그것을 몰아넣었다고 주장하려는 것이 아니다. 새로운 지류를 열어 보려는 것이다. 문학은 글 너머에 존재한다. 월터 웽거린Walter Wangerin이 그의 소설『회갈색 소』(The Book of the Dun Cow)에 관해 말한 것은 사도행전에도 적절하다.

> 작가는 자신의 작품을 분류하는 것에 저항합니다. 마치 강을 깎는 것과 같아서 의미의 흐름이 점점 더 좁아지고 관조하는 사고의 흐름이 더 급해집니다. 좋은 소설의 여러 흐름이 한두 가지로만 설명될 때, 독자의 반응은 더욱 얕아질 수밖에 없습니다. ... 좋은 소설은 무엇보다도 많은 감각이 끊임없이 쇄도하고 일상의 엉켜지도록 겹치는 경험과는 구별되는 사건입니다. 모든 감각이 긴밀하게 연관되어 시작과 끝이 있고, 그 안에서 독자의 인식과 해석이 서사의 모든 요소의 내적 완전성으로 잠시 형성되는 경험입니다. 의미는 독자의 경험에서 비롯되며 독자의 경험을 따라야 합니다. 따라서 의미는 독자와 글 사이의 관계에서 비롯됩니다. 저자가 내 책이 무엇을 의미하는지 불확실한 용어로 표현한다면 그것은 더 이상 살아 있는 것이 아닙니다. 그것은 더 이상 소설이 아니며, 오히려 어떤 개념을 정의하고 구분하는 예시가 될 것입니다. 설교는 그런 역할을 제대로 잘 해냅니다. 주제가 지적인 관심을 요구하는 소설은 이러한 교훈적인 방해에도 불구하고 소설일 수밖에 없습니다.[4]

비록 주석이 이야기 흐름에 교훈적으로 방해하지만, 이 주석이 독자들을 사도행전의 내러티브와 각자의 삶의 내러티브 속으로 계속 밀어 넣어 예수님의 증인이 되게 하기를 기도한다.

마지막으로, 독자들은 이 주석을 읽을 때 존 웹스터John Webster의 경고에 귀를 기울여야 한다. "주석이 아무리 참되다고 할지라도, 주해의 어려움은 결국 성경 읽기 어려움의 핵심이 아니다. 진짜 문제는 은혜를 거역하는 다른 곳에 있다."[5]

성경(그리고 성경에 관한 주석)을 읽는 것은 영적 전쟁이다. 하나님의 메시지를 통해 하나님의 임재를 전달하기 때문이다(행 10:33). 사탄은 이 땅에서 하나님의 임재를 방해하고 약화하기 위해 할 수 있는 모든 일을 할 것이다. 그는 진정

---

4 W. Wangerin, *The Book of the Dun Cow* (San Francisco: HarperOne, 2003), 256.

5 J. Webster, *Holy Scripture: A Dogmatic Sketch* (Cambridge: Cambridge University Press, 2003), 106.

한 "하나님을 대적하는 자"(θεομάχος, 데오마코스, 행 5:39)이다. 그러므로 이 책을 포함한 모든 종류의 영적 독서를 할 때는 기도로 무장하고 마귀의 계략을 경계해야 한다. 여러분이 가장 싫어하는 것은 바로 여러분의 관심을 요구하는 바로 그것일 수 있다.

책을 쓰는 것은 공동의 사건이다. 많은 사람이 이 책을 원래보다 더 나은 책으로 만드는 데 도움을 주었다. 가장 먼저 연락해 사도행전 작업을 부탁한 브랜든 스미스Brandon Smith에게 감사드린다. 사도행전 작업을 할 계획이 없었는데, 그의 권유로 사도행전에 큰 애정을 느꼈다. 앞으로 사도행전의 다양한 책과 논문이 나올 것 같다. 나는 이 주석 작업으로 영향을 계속 받고 있다.

대럴 벅Darrell Bock은 초고를 읽고 더 나은 방향으로 개선할 수 있는 유용하고 상세한 의견을 많이 주었다. 아버지는 초고를 읽은 후 몇 가지 논점을 명확히 하는 데 도움을 주셨다. 크레이그 키너Craig Keener, 조이 도드슨Joey Dodson, 조슈아 지프Joshua Jipp, 앨런 톰슨Alan Thompson, 매튜 티센Matthew Thiessen, 미치 체이스Mitch Chase, 휘트니 울라드Whitney Woolard, 캐틀린 리차드Katlyn Richards, 줄리아 메이요 Julia Mayo, 존 그리피스Jon Griffiths, J. J. 루틀리J. J. Routley, 아담 무어Adam Moore, 도니 드보드Donnie DeBord, 조나단 핸콕Jonathan Hancock, 저스틴 러브Justin Love, 에릭 로즈베리Eric Rosberry, 퀸 모지어Quinn Mosier, 오스발도 파딜라Osvaldo Padilla도 원고 일부를 읽고 도움 되는 피드백을 해주었다. 러셀 믹Russell Meek는 원고를 편집하고 여러 방법으로 원고를 분명히 하고, 실수를 수정하고, 매끄럽게 다듬는 데 도움을 주었다.

나는 오리건주 포틀랜드에 있는 웨스턴 신학교에서 대부분을 집필했다. 특히 척 코니리Chuck Conniry는 글쓰기를 많이 도왔다. 미주리주 캔자스시티에 있는 미드웨스턴 침례신학교에서 원고를 편집하고 마무리 작업을 했다. 제이슨 앨런Jason Allen과 제이슨 듀싱Jason Duesing은 학교에 갔을 때 매우 친절하게 이 작업을 마무리할 수 있는 곳을 제공했다.

또한 우리 학교를 지원하고 우리 교수진이 교회를 위해 장학 사업을 할 수 있도록 도운 남침례교인들에게도 감사드린다. 그들은 우리가 모두 떠나버리더라도, 수십 년 동안 교회를 세울 수 있는 장기 프로젝트를 지원하는 선견지명이 있다. 그 헌신은 칭찬받아 마땅하다.

마지막으로, 오랜 글쓰기와 연구 생활을 견뎌 준 가족에게 감사한다. 한나는 꾸준하게 이 프로젝트에 시간을 허락해 주었다. 그녀는 내 인생의 버팀목이다. 나의 아이들(리디아, 9세/케시드, 8세/줄리아나, 5세/캐난, 3세)은 내가 읽은 모든 주장들로 지치고 때로는 혼란스러워 집에 돌아왔을 때 끊임없이 새로운 생명을 불어넣었다. 아이들의 단순함과 즐거움은 모든 것을 균형 있게 맞추고 뜬구름에서 벗어나게 한다.

| 약 어 표 |

성경 외 문헌

Add Esth	Additions to the Book of Esther
Aen.	Vergil, *Aeneid*
Aeth.	Heliodorus, *Aethiopica*
Ag. Ap,	Josephus, *Against Apion*
Am.	Ovid, *Amores*
Ann.	Tacitus, *Annales*
Ant.	Josephus, *Jewish Antiquities*
Apol.	Plato, *Apologia*
1 Apol.	Justin, *Apologia i*
Argon.	Apollonius of Rhodes, *Argonautica*
Apol.	Plato, *Apologia*
Bar	Baruch
Bel	Bel and the Dragon
Cel. Phryg	*Celaenis Phyrgiae*
Ep Jer	Epistle of Jeremiah
Comm. Rom.	Origen, *Commentarii in Romanos*
Daphn.	Longus, *Daphnis and Chloe*
Dial.	Justin, *Dialogus cum Tryphone*
1, 2 Esd	1, 2 Esdras
4 Ezra	4 Ezra
Haer	Irenaeus, *Adversus haereses*
Jdt	Judith
Jos. Asen.	*Joseph and Aseneth*
1, 2, 3, 4 Macc	1, 2, 3, 4 Maccabees
Pol.	Dio Chrysostom, *Politico*
Pr Azar	*Prayer of Azariah and the Song of the Three Jews*
Pr Man	*Prayer of Manasseh*
1 QH	Hoyadot or Thanksgiving Hymns (Dead Sea Scrolls)
Resp	Plato, *Republica*
Sib Or.	Sibylline Oracles
Sir	*Sirach/Ecclesiasticus*
Somn.	*De Somniis I*
Strom.	Clement of Alexandria, *Stromateis*
Sus	*Susanna*
Tac. *Agr.*	Tacitus, *Agricola*
Tob	Tobit
Wis	Wisdom of Solomon

신약성경 연구 자료

AB	Anchor Bible
ABD	D. N. Freedman (ed.), *Anchor Bible Dictionary*
ACCS	Ancient Christian Commentary on Scripture
ACNT	Augsburg Commentary on the New Testament
AGJU	Arbeiten zur Geschichte des antiken Judentums und des Urchristentums
AJBI	*Annual of the Japanese Biblical Institute*
AJT	*American Journal of Theology*
AJTh	*Asia Journal of Theology*
AnBib	Analecta Biblica
ANF	*Ante-Nicene Fathers*
ANQ	*Andover Newton Quarterly*
ANRW	*Aufstieg und Niedergang der römischen Welt*
ANE	Ancient Near East
ANTC	Abingdon New Testament Commentaries
ASNU	Acta seminarii neotestamentici upsaliensis
ATANT	Abhandlungen zur Theologie des Alten and Neuen Testaments
ATR	*Anglican Theological Review*
ATRSup	*Anglican Theological Review Supplemental Series*
AusBR	*Australian Biblical Review*
AUSS	*Andrews University Seminary Studies*
BAGD	W. Bauer, W. F. Arndt, F. W. Gingrich, and F. Danker, *Greek-English Lexicon of the New Testament,* 2nd ed.
BARev	*Biblical Archaeology Review*
BBC	Broadman Bible Commentary
BBR	*Bulletin for Biblical Research*
BDAG	W. Bauer, F. W. Danker, W. F. Arndt, and F. W. Gingrich, *Greek-English Lexicon of the New Testament and Other Early Christian Literature,* 3d ed.
BDF	F. Blass, A. Debrunner, R. W. Funk, *A Greek Grammar of the New Testament*
BECNT	Baker Exegetical Commentary on the New Testament
BETL	Bibliotheca ephemeridum theologicarum lovaniensium
BEvT	Beiträge zur evangelischen Theologie
BGBE	Beiträge zur Geschichte der biblischen Exegese
Bib	*Biblica*
BibInt	*Biblical Interpretation Series*

BJRL	*Bulletin of the John Rylands Library*
BK	*Bibel und Kirche*
BLG	Biblical Languages: Greek
BLit	*Bibel und Liturgie*
BR	*Biblical Research*
BRT	*Biblical Review of Theology*
BSac	*Bibliotheca Sacra*
BT	*The Bible Translator*
BTB	*Biblical Theology Bulletin*
BTS	Biblical Tools and Studies
BVC	*Bible et vie chrétienne*
BZ	*Biblische Zeitschrift*
BZNW	Beihefte zur ZAW
CBC	Cambridge Bible Commentary
CBQ	*Catholic Biblical Quarterly*
CBR	*Currents in Biblical Research*
CIL	*Corpus Inscriptionum Graecarum. Edited by* August Boeckh, 4 vols.
CJT	*Canadian Journal of Theology*
ConBNT	Coniectanea biblica, New Testament
CP	*Classical Philology*
CRINT	Compendia Rerum Iudaicarum ad Novum Testamentum
CCWJCW	Cambridge Commentaries on Writings of the Jewish and Christian World
CNTC	Calvin's New Testament Commentaries
CO	W. Baur, E. Cuntiz, and E. Reuss, *Ioannis Calvini opera quae supereunt omnia, ed.*
ConBNT	Coniectanea biblica, New Testament
Conybeare	W. J. Conybeare and J. S. Howson, *The Life and Epistles of St. Paul*
CSR	*Christian Scholars' Review*
CTM	*Concordia Theological Monthly*
CTQ	*Concordia Theological Quarterly*
CTR	*Criswell Theological Review*
Did.	*Didache*
DJD	Discoveries in the Judaean Desert
DNTT	*Dictionary of New Testament Theology*
DTIB	*Dictionary of Theological Interpretation of the Bible*
DownRev	*Downside Review*
DRB	Duoay-Rheims Bible
DSB	Daily Study Bible
EBC	*Expositor's Bible Commentary*
EC	*Early Christianity*
ECL	*Early Christianity and Its Literature*
EDNT	*Exegetical Dictionary of the New Testament*
EEC	Evangelical Exegetical Commentary

EGNT	*Exegetical Greek New Testament*
EGT	*The Expositor's Greek Testament*
EKKNT	Evangelisch-katholischer Kommentar zum Neuen Testament
ESV	English Standard Version
ETC	English Translation and Commentary
ETL	*Ephemerides theologicae lovanienses*
ETR	*Etudes théologiques et religieuses*
ETS	Evangelical Theological Society
EvQ	*Evangelical Quarterly*
EvT	*Evangelische Theologie*
Exp	*Expositor*
ExpTim	*Expository Times*
FNT	*Filologia Neotestamentaria*
FRLANT	Forschungen zur Religion und Literatur des Alten und Neuen Testaments
GAGNT	M. Zerwick and M. Grosvenor, *A Grammatical Analysis of the Greek New Testament*
GNBC	Good News Bible Commentary
GSC	*Griechischen christlichen Schriftsteller*
GTJ	*Grace Theological Journal*
HBD	*Holman Bible Dictionary*
HDB	*J. Hastings, Dictionary of the Bible*
Her	Hermeneia
HeyJ	*Heythrop Journal*
HNT	Handbuch zum Neuen Testament
HNTC	Harper's New Testament Commentaries
HTKNT	Herders theologischer Kommentar zum Neuen Testament
HTR	*Harvard Theological Review*
HUCA	*Hebrew Union College Annual*
IB	*The Interpreter's Bible*
IBS	*Irish Biblical Studies*
ICC	International Critical Commentary
IDB	*Interpreter's Dictionary of the Bible*
IDBSup	Supplementary Volume to *IDB*
Int	*Interpretation*
IBC	Interpretation: A Bible Commentary for Preaching and Teaching
ISBE	*International Standard Bible Encyclopedia*
IVPNTC	IVP New Testament Commentary
JAAR	*Journal of the American Academy of Religion*
JANES	*Journal of Ancient Near Eastern Studies*
JAOS	*Journal of the American Oriental Society*
JBL	*Journal of Biblical Literature*
JECH	*Journal of Early Christianity*
JES	*Journal of Ecumenical Studies*
JETS	*Journal of the Evangelical Theological Society*

JJS	*Journal of Jewish Studies*
JOTT	*Journal of Translation and Textlinguistics*
JPT	*Journal of Practical Theology*
JR	*Journal of Religion*
JRE	*Journal of Religious Ethics*
JRH	*Journal of Religious History*
JRL	Journal of Religious Leadership
JRS	*Journal of Roman Studies*
JSNT	*Journal for the Study of the New Testament*
JSNTSup	Journal for the Study of the New Testament Supplement Series
JSOT	*Journal for the Study of the Old Testament*
JSOTSup	Journal for the Study of the Old Testament Supplement Series
JSS	*Journal of Semitic Studies*
JTI	*Journal of Theological Interpretation*
JTS	*Journal of Theological Studies*
JTT	*Journal of Translation and Textlinguistics*
KEK	Kritisch-exegetischer Kommentar über das Neue Testament
LB	*Linguistica Biblica*
LCL	Loeb Classical Library
LEC	Library of Early Christianity
LNTS	Library of New Testament Studies
LouvSt	*Louvain Studies*
LSJ	Liddell, Scott, Jones, *A Greek-English Lexicon*
LTJ	*Lutheran Theological Journal*
LTP	*Laval théologique et philosophique*
LTQ	*Lexington Theological Quarterly*
LW	*Luther's Works*
LXX	Septuagint
MCNT	Meyer's Commentary on the New Testament
MDB	*Mercer Dictionary of the Bible*
MM	J. H. Moulton and G. Milligan, *The Vocabulary of the Greek Testament*
MNTC	Moffatt New Testament Commentary
MQR	*Mennonite Quarterly Review*
MT	*Masoretic Text*
Mus	*Muséon: Revue d'études orientales*
NAB	New American Bible
NAC	New American Commentary
NASB	New American Standard Bible
NBD	*New Bible Dictionary*
NCB	New Century Bible
NCBC	New Century Bible Commentary
NEB	New English Bible
Neot	*Neotestamentica*
NICNT	New International Commentary on the New Testament

NIDNTT	*New International Dictionary of New Testament Theology*
NIGTC	New International Greek Testament Commentary
NIV	New International Version
NIVAC	NIV Application Commentary
NorTT	*Norsk Teologisk Tidsskrift*
NovT	*Novum Testamentum*
NovTSup	*Novum Testamentum,* Supplements
NPNF	*Nicene and Post-Nicene Fathers*
NRSV	New Revised Standard Version
NRT	*La nouvelle revue théologique*
NTD	Das Neue Testament Deutsch
NTI	D. Guthrie, *New Testament Introduction*
NTL	The New Testament Library
NTM	*The New Testament Message*
NTS	*New Testament Studies*
OCD	*Oxford Classical Dictionary*
OTP	J. H. Charlesworth, ed.,
	The Old Testament Pseudepigrapha
PC	Proclamation Commentaries
PCNT	Paideia Commentaries on the New Testament
PEQ	*Palestine Exploration Quarterly*
PNTC	Pelican New Testament Commentaries
PilNTC	Pillar New Testament Commentary
PRS	*Perspectives in Religious Studies*
PSB	*Princeton Seminary Bulletin*
PTMS	Pittsburgh Theological Monograph Series
R&T	*Religion and Theology*
RB	*Revue biblique*
RBL	*Review of Biblical Literature*
RefTR	*Reformed Theological Review*
RelSRev	*Review and Expositor*
ResQ	*Restoration Quarterly*
RevExp	*Review and Expositor*
RevQ	*Revue de Qumran*
RevThom	*Revue thomiste*
RHPR	*Revue d'histoire et de philosophie religieuses*
RQ	*Römische Quartalschrift für christliche*
	Altertumskunde und
RRA	Rhetoric of Religious Antiquity
RSPT	*Revue des sciences philosophiques et*
	théologiques
RSR	*Recherches de science religieuse*
RSV	Revised Standard Version
RTP	*Revue de théologie et de philosophie*
RTR	*Reformed Theological Review*
SAB	*Sitzungsbericht der Preussischen Akademie der*
	Wissenschaft zu Berlin
SBJT	*Southern Baptist Journal of Theology*

SBLDS	SBD Dissertation Series
SBLMS	Society of Biblical Literature Monograph Series
SBLSBS	Society of Biblical Literature Sources for Biblical Study
SBLSP	SBL Seminar Papers
Scr	*Scripture*
ScrB	*Scripture Bulletin*
SE	*Studia Evangelica*
SEÅ	*Svensk exegetisk årsbok*
SEAJT	*Southeast Asia Journal of Theology*
SecCent	*Second Century*
Sem	*Semitica*
SemeiaSt	Semeia Studies
SJT	*Scottish Journal of Theology*
SNTS	Society for New Testament Studies
SNTSMS	Society for New Testament Studies Monograph Series
SNTU	*Studien zum Neuen Testament und seiner Umwelt*
SO	Symbolae osloenses
SPB	Society for the Promotion of Christian Knowledge
SPCK	*Studia theologica*
ST	*Southwestern Journal of Theology*
Str-B	*H. Strack and P. Billerbeck,* Kommentar zum Neuen Testament
StudBib	Studia Biblica
SWJT	*Southwestern Journal of Theology*
TB	*Tyndale Bulletin*
TBC	Torch Bible Commentaries
TBT	*The Bible Today*
TCGNT	B. M. Metzger, *A Textual Commentary on the Greek New Testament*
TDNT	G. Kittel and G. Friedrich, eds., *Theological Dictionary of the New Testament*
TEV	Today's English Version
Them	*Themelios*
Theol	*Theology*
THKNT	Theologischer Handkommentar zum Neuen Testament
ThT	*Theology Today*
TJ	*Trinity Journal*
TLZ	*Theologische Literaturzeitung*
TNTC	Tyndale New Testament Commentaries
TRE	*Theologische Realenzyklopädie*
TrinJ	Trinity Journal
TRu	*Theologische Rundschau*
TS	*Theological Studies*
TSK	*Theologische Studien und Kritiken*
TTZ	*Trierer theologische Zeitschrift*
TU	*Texte und Untersuchungen*
TynBul	*TynBul Tyndale Bulletin*
TZ	*Theologische Zeitschrift*

UBS	*United Bible Societies*
UBSGNT	*United Bible Societies' Greek New Testament*
USQR	*Union Seminary Quarterly Review*
VC	*Vigiliae christianae*
VD	*Verbum domini*
VE	*Vox Evangelica*
VR	*Vox reformata*
WBC	Word Biblical Commentary
WC	Westminster Commentaries
WEC	Wycliffe Exegetical Commentary
WP	*Word Pictures in the New Testament*, A. T. Robertson
WTJ	*Westminster Theological Journal*
WUNT	Wissenschaftliche Untersuchungen zum Neuen Testament
ZDPV	*Zeitschrift des deutschen Palästina-Vereins*
ZNW	*Zeitschrift für die neutestamentliche Wissenschaft*
ZRGG	*Zeitschrift für Religionsund Geistesgeschichte*
ZST	*Zeitschrift für systematische Theologie*
ZTK	*Zeitschrift für Theologie und Kirche*

| 서론 개요

1. 신학적으로 사도행전 읽기
1.1. 조율하시는 하나님 아버지
1.2. 부활하시고 보좌에 앉으신 그리스도의 통치
추가 주석 1. 사도행전에 나타난 그리스도의 대속
1.3. 능력을 주시는 성령
1.4. 전진하는 말씀
1.5. 모든 육체의 구원
1.6. 교회가 설립되고 확장됨
추가 주석 2. 사도행전의 율법
1.7. 땅끝까지 증언하는 교회

2. 문학적으로 사도행전 읽기
2.1. 목적
2.2. 장르
2.3. 편집 기술
2.4. 구조

3. 역사적으로 사도행전 읽기
3.1. 저자
3.2. 저작 시기
3.3. 본문
3.4. 역사적 신뢰성

4. 정경적으로 사도행전 읽기
4.1. 누가-행전의 연속성
4.2. 누가-행전의 불연속성

5. 방법

서론

1. 신학적으로 사도행전 읽기

신학은 하나님에 대한 학문이며, 하나님은 모든 것의 척도이다. 아퀴나스는 "신학은 하나님이 가르치시고, 하나님을 가르치며, 하나님께 인도한다"고 말했다.[1] 사도행전을 포함한 기독교 정경 모든 부분은 역사 속에서 행하신 하나님의 역사를 통해 하나님을 계시한다. 하나님은 역사보다 먼저 오셨고 하나님은 역사를 정의하신다.

다시 말해, 하나님은 인간 문화에서 파생된 존재가 아니라 인간 문화를 창조하시고 그것을 통해 말씀하신다.[2] 따라서 기독교 성경은 하나님 중심적이다. 하나님은 성경 첫 장과 마지막 장에 모두 등장하는 유일한 분이시기 때문에 주석도 신학에서 시작하는 것이 옳다.[3]

삼위일체 하나님은 사도행전에서 신학을 부여하신다. 구원 역사가 신학으로 이어지고, 문학 형태로 주어지기 때문에 신학을 역사나 문학과 대립시키려는 것은 아니다. 그러나 신학은 최종 결과물인 왕관으로 보인다. 학문을 고고학 발굴에 비유한다면, 발굴을 위한 도구는 역사 비평, 서사 비평, 문법 비평 같은 방법이지만 그 목표는 도자기나 동전을 발굴하는 것이다. 궁극적으로 예배로 이어지는 신학은 모든 학문의 종착점이다. 초대 교회가 말했듯이 그리스도인의 삶의 목표는 코람데오(coram Deo), 즉 하나님의 임재 안에 사는 것이다.

사도행전은 정경에서 독특한 것을 제공한다. 사도행전은 신약성경 14%를 차지한다. 이 책은 기독교 역사의 새로운 단계인 예수님 이후의 삶을 이야기한다. 그 이전의 모든 내용은 (정경적으로) 성육신 이전의 예수님 또는 예수님과 함께한 내용이었다. 더 이상 독자나 등장인물들은 메시아를 고대하거나 예루살렘이나 갈릴리의 먼지가 날리는 길을 따라다니지 않는다. 이제 독자들은 예수님이 떠난 후 예수님에게 신실하려고 노력하는 예수님의 제자들의 모습을 엿볼 수 있다.

새로운 공동체는 그리스도가 떠난 지금 어떻게 행동해야 하는지 알아내야 한

---

1 이 인용문은 일반적으로 토마스 아퀴나스의 것으로 알려졌지만, 다음 요약에 나타난다. Aquinas, *Summa Theologica*, Pt. 1, Q. 1, Art. 7.

2 하나님은 또한 문화를 초월하시고 비판하신다.

3 다음 자료는 역사의 "신학적 성격"을 논증하는 자료이다. S. Heringer, "Worlds Colliding: A Theological Critique of the Historical Method" (PhD diss., Fuller Theological Seminary, 2015); M. A. Rae, *History and Hermeneutics* (London; New York: Bloomsbury T&T Clark, 2006); D. Sarisky, *Reading the Bible Theologically* (New York: Cambridge University Press, 2019); J. B. Green, "Rethinking 'History' for Theological Interpretation," *JTI* 5.2 (2011): 159–73; R. B. Hays, "Reading the Bible with Eyes of Faith: The Practice of Theological Exegesis," *JTI* 1.1 (2007): 5–21.

다. 하나님께서는 그들에게 무엇을 하라고 지시하셨을까? 하나님 나라는 어디에 있는가? 핍박과 압력에 어떻게 대응할 것인가? 하나님의 백성의 미래는 어떻게 될까? 그들은 로마의 통치 아래서 주변적이면서도 논쟁을 일으키는 공동체로서 어떻게 살아야 할까? 이 모든 질문은 본질적으로 신학적인 질문이다. 이러한 질문에 대한 답은 그리스도에 대한 믿음, 구원 역사의 구성, 복음 메시지의 내용에 따라 달라질 것이다.

이런 점에서 사도행전의 신학적 중심 또는 신학적 핵심에 대한 제안은 다양한 방향으로 드러난다. 많은 학자는 사도행전이 성령에 초점을 맞추고 있다고 주장한다. 따라서 성령이 사도행전의 주요 행위자이며, 따라서 사도행전을 "성령 행전"이라고 부른다. 다른 이들은 사도행전에서 팔과 다리를 가지고 일을 하는 인물처럼 보이는 말씀이라고 주장한다. 다른 이들은 교회라고 주장한다. 사도행전은 우리에게 초대 교회의 고난을 가르치기 위해 존재한다. 사도행전은 베드로에서 바울로 넘어가는 과정을 다루고 있기 때문에 **사도들의 행전**이라고 주장하는 이들도 있다. 또 다른 이들은 좋은 소식의 확장과 확산 또는 구속사의 성취에 관한 것이라고 주장한다. 최근에는 계속되는 예수님의 사역에 초점을 맞추고 있다.

이러한 각 제안에는 진리의 요소가 있다. 그러나 어느 하나가 다른 하나를 능가한다고 주장하기보다는 모두 서로 관련되어 있다고 인식하는 것이 좋다. 갈등과 반목보다는 일관성과 연관성이 이러한 주제를 하나로 묶어 준다. 너무 많은 학자가 서로 다른 중심 주제를 제안하고, 같은 것을 다른 각도에서 주장하고 있다는 사실을 깨닫지 못한 채 서로의 의견에 지나친 논쟁을 벌인다. 따라서 이러한 주제를 논리적이고 개념적인 순서로 배치하면 이점이 있다. 이 주제들은 이질적이 아니라 모자이크처럼 조각들이 서로 잘 맞는다. 이 주제들을 제자리에 두지 않으면 전체적으로 이해하기 어렵다.

이 순서를 누가의 내러티브에서 찾을 수 있다. 다시 말해, 내러티브 없이 사도행전을 올바르게 신학화할 수 없다.[4] 마르게라Marguerat가 말했듯이, "저자가 독자들에게 요구하는 순서를 받아들이지 않고서는 저자가 자기 작품에 기록한 신학에 도달할 수 없다."[5] 또는 퍼보Pervo가 말했듯이, "사도행전은 내러티브이며, 그 신

---

4 가벤타Gaventa는 사도행전 신학에서 특정 신학적 주제를 다른 주제나 관심사와 함께 다루는 경우가 드물다고 한탄한다. 일반적으로 서로 다른 주제들이 서로 어떻게 고려되어야 하는지는 아주 불분명하다. 사도행전의 성격을 내러티브로 진지하게 다루려는 시도가 결여되어 있다. "누가 신학은 그가 전하는 이야기와 복잡하고 돌이킬 수 없을 정도로 얽혀 있으며 그것과 분리될 수 없다." B. R. Gaventa, "Toward a Theology of Acts: Reading and Rereading," *Int* 42.2 (1988): 149–50.

5 D. Marguerat, *The First Christian Historian: Writing the "Acts of the Apostles,"* trans. K. McKinney, G. J. Laughery, and R. Bauckham (Cambridge: Cambridge University Press, 2002), xi.

학은 내러티브에서 회복되어야만 한다."[6]

예를 들어, 사도행전에 따르면 부활하신 그리스도의 틀에 넣지 않고는 성령에 관해 말할 수 없다. 아버지의 계획에 관해 말하지 않고 그리스도에 관해 말할 수 없다. 교회에 관해 말하지 않고 말씀에 관해 말할 수 없다. 성령의 권능과 연관시키지 않고는 사도들의 증거에 관해 말할 수 없다.

나는 누가의 주요 신학적 목표를 요약하는 일곱 가지 주제를 선택했지만, 물론 더 많은 주제를 추가할 수도 있다. (1) **아버지 하나님**께서 조율하신다. (2) 부활하시고 보좌에 앉으신 **그리스도**께서 (3) 능력을 주시는 **성령**을 통해 통치하신다. (4) **말씀**이 진보하게 하신다. (5) 모든 육체에 **구원**을 가져온다. (6) **교회**를 형성하여 (7) 땅끝까지 삼위일체 하나님을 계속 **증언**하게 하신다.

누가는 모든 주제를 각각 다른 방식으로 강조하지만, 나의 순서는 의도적이다. 나는 누가의 논리를 따른다. 나머지 주제들은 아버지 하나님의 계획, 즉 부활하시고, 보좌에 앉으시고, 역사하시는 그리스도, 그리고 성령의 강림과 능력 주심에서 흘러나오기 때문에 삼위일체 하나님이 맨 앞에 있다.[7] 사도행전에서 성부, 성자, 성령의 우선순위와 순서에는 그분들의 영원한 기원의 관계에 부합하는 적합성이 있다. 그리스도의 영은 예수님의 이름으로 구원에 관한 **말씀**에 능력을 부여한다. 말씀을 통해 예수님의 이름으로 **구원**이 모든 육체에 선포된다. 구원은 삼위일체 하나님의 일하심을 **증언**하는 **교회**(유대인과 이방인 모두로 구성)를 창조하는 데서 비롯된다.

이 모든 것을 하나로 묶을 때, 사도행전의 메시지에서 삼위일체적 형태의 우선순위가 드러난다. 사도행전은 택한 백성을 통해 열방을 축복함으로써 자신을 영화롭게 하려는 사명을 계속하시는 하나님에 관한 책이다. 이 책은 하나님에 관한 책이지만, 하나님께서 실행하시는 것은 절대 그분의 백성이 실행하는 것을 부정하지 않으며, 오히려 그들에게 힘을 실어 준다. 이제 이러한 각 신학적 주제를 좀 더 자세히 살펴볼 때가 되었다.

---

6 R. I. Pervo, *Acts*, Her (Minneapolis: Fortress, 2008), 22.

7 이 책이 하나님, 주님, 성령에 관한 책이라면 문화적 맥락에서 다른 신들, 군주들, 영들과 경쟁하는 것으로 읽어야 한다.

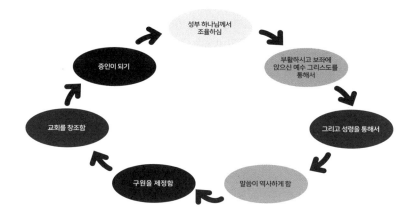

1.1. 조율하시는 하나님 아버지

대부분 사도행전 주석은 아버지 하나님으로 시작하지 않지만, 내러티브 전체에 걸쳐 모든 행동의 근원이 아버지이며, 모든 행동이 아버지에게서 비롯된다는 것이 분명하다. 아버지는 모든 권세를 가지신 분이며(1:7), 아들과 성령을 통해 이스라엘에 대한 약속을 성취하고 열방을 축복하시는 분이시다. 대럴 벅Darrell Bock은 "하나님은 누가-행전의 주인공"이라고 올바르게 선언하고, 스콰이어스Squires는 하나님의 계획이 누가-행전의 "근본적인 신학적 모티브로 기능한다"고 결론지었다.[8]

누가는 사도행전 전반에 걸쳐 하나님의 뜻,[9] 하나님의 계획,[10] 헬라어 δεῖ(데이, "~해야 한다")[11], 성취[12]와 같은 용어를 광범위하게 사용한다. 누가는 초대 교회 이야기를 하나님의 계획이라는 가장 광범위한 신학적 맥락에서 정리한다.[13] 이는 누

---

8 Bock, *A Theology of Luke and Acts*, 99; J. T. Squires, "The Plan of God in the Acts of the Apostles," in *Witness to the Gospel*, 23. 자세한 논의는 다음을 참조하라. J. T. Squires, *The Plan of God in Luke-Acts*, SNTSMS 76 (Cambridge: Cambridge University Press, 1993).

9 눅 22:42; 행 21:14; 22:14.

10 눅 7:30; 행 2:23; 4:28; 5:38-39; 13:36; 20:27.

11 눅 2:49; 4:43; 9:22; 11:42; 12:12; 13:14, 16, 33; 15:32; 17:25; 18:1; 19:5; 21:9; 22:7, 37; 24:7, 26, 44; 행 1:16, 21; 3:21; 4:12; 5:29; 9:6, 16; 14:22; 15:5; 16:30; 17:3; 19:21, 36; 20:35; 23:11; 24:19; 25:10, 24; 26:9; 27:21, 24, 26.

12 눅 1:20; 2:40; 3:5; 4:21; 7:1; 9:31; 21:24; 22:16; 24:44; 행 1:16; 2:2, 28; 3:18; 5:3, 28; 7:23, 30; 9:23; 12:25; 13:25, 27, 52; 14:26; 19:21; 24:27.

13 흥미롭게도 "계획"을 뜻하는 그리스어(βουλη)는 제국의 도시에서 선출된 치안판사나 의회가 지역 귀족을 구성하고 그 지역의 부를 대부분 통제하고 소유하지만 그 나머지를 빈곤한 사람들에게 줄 때 사용되었다. 누가는 부자가 가난한 자를 어떻게 부양해야 하는지를 보여 줌으로써 그들의 "계획"에 대항한다. 이것이 바로 하나님의 통치이다.

가가 아들과 성령의 일하심, 신적 대리자의 나타남, 기적을 강조하는 것에서 알 수 있다.[14] 인간은 하나님의 일하심이라는 더 큰 이야기에 부차적이다.[15]

아버지는 일하시고(2:11; 14:27; 15:4, 7-8,14; 21:19), 말씀하시고(2:17; 3:21; 7:6-7; 8:14), 예수님을 증거하시고(2:22), 예수님을 죽음에서 살리셨고(2:24; 3:15, 22, 26; 4:10; 5:30; 7:37; 10:40; 13:30, 37; 26:8), 예수님께 기름 부으셨고(10:38), 재판관으로 임명하셨고(10:42), 다윗에게 맹세하셨고(2:30), 하늘에 좌정하시고(2:33; 7:56), 예수님을 주와 메시아로 삼으셨고(2:36; 5:31), 사람들을 부르시고(2:39), 예배를 받으시기에 합당하신 분이시며(2:47; 3:8-9; 4:21; 16:25; 17:17; 18:7,13; 22:3; 23:1; 24: 14-16), 이스라엘 조상들의 하나님이시며(3:13, 25; 7:17, 32, 46; 13:17; 22:14), 성경에서 말씀하신 것을 성취하셨고(3:18; 13:33), 순종 받을 자격이 있으시며(4:19; 5:4, 29; 10:4), 들으시고(4:24), 계시하시고(4:31; 6:7; 10:28; 12:24), 조율하시며(5:39; 10:15), 구원하시고(7:25, 35, 45), 벌하시고(7:42; 12:23), 능력이 있으시며(8:10), 성령을 주셨고(5:32; 8:20; 11:17), 영화로우시며(7:2, 55; 11:18), 위대하시며(10:46), 은혜로우시며(11:23; 13:43; 14:26; 27:24), 임재하시며(7:9; 10:33), 살아 계시며(14:15), 도우시며(26:22), 편애하지 않으시고(10:34), 증인을 세우시고(10:41), 두려워해야 하며(13:16, 26), 기적을 행하시고(15:12; 19:11), 부르시고(16:10), 만물을 창조하시고(17:24), 명령하시고(17:30), 회개를 요구하시고(20:21), 감사해야 하며(27:35; 28:15), 계획을 가지고 계시고(20:27), 교회를 설립하시고(20:28), 구원을 베푸신다(28:28).[16]

요약하면, 아버지 하나님께서는 하나님의 영역과 인간의 영역 모두에서 모든 행동을 **조율하신다**. 그러므로 아버지께서는 역사에 개입하시되 예수님과 성령, 사도들과 그분의 말씀을 통해 개입하신다. 마르게라Marguerat가 주장하듯이 사도행전에서 하나님의 개입은 행동을 결정하거나 규제하거나(바울에게 어떤 사람이 나타나 마게도냐로 부르심), 어떤 기능을 수행하거나(하나님께서 바울을 감옥에서 구원하심), 사건을 해석한다(하나님께서 스데반에게 나타나 그의 설교를 정당하게 만드심).[17]

사도행전의 모든 주제와 하위 주제는 어떤 식으로든 아버지 하나님과 그분의 계획과 연결되어 있다. 아버지께서는 아들과 성령을 보내심으로써 역사에 결정적으로 간섭하셨다. 누가의 모든 이야기에서 아버지의 역할을 이해하지 못하는 것

---

14 참조. Squires, "The Plan of God."

15 Gaventa, *Acts*, 27.

16 나는 이러한 언급이 완전하다고 주장하지 않는다. 위의 많은 내용은 다르게 분류될 수 있다. 요점은 성부께서 내러티브에서 두드러지게 존재한다는 사실이다.

17 Marguerat, *The First Christian Historian*, 85–108.

은 중요한 것을 간과하는 것이다. 로즈너Rosner는 사도행전에서 아버지에 대한 강조점에 관해 도움이 되는 요약을 한다.

> 사도행전의 메시지는 "하나님의 말씀"(참조. 눅 3:2-17; 5:1; 8:11; 행 4:29, 31; 6:2, 7; 8:14; 11:1; 12:24; 13:5, 7, 44, 46, 48; 16:32; 17:13; 18:11)으로 묘사되며, 그 내용은 "하나님의 나라"(1:3; 8:12; 14:22; 19:8; 28:23, 31)와 "하나님의 구원"(28:28; 참조. 7:25), 그 진행은 하나님의 "목적", "뜻", "계획"에 달려 있다.[18]

사도행전은 교회, 그리스도, 성령에 관한 책이지만, 이러한 주제는 초대 교회의 언어를 사용하자면 아버지 하나님으로부터 비롯되었다. 아버지께서는 일하고 계시며, 그분의 계획은 아들과 그 영과 그분의 거룩하게 하신 자들로 제정된다.

1.2. 부활하시고 보좌에 앉으신 그리스도의 통치

예수님이 육신으로 계시지 않더라도 아버지 하나님의 일하심은 아들에게 집중된다. 누가는 예수님이 떠난 것에 대한 실제 기록을 제공하는 유일한 저자이며, 누가복음 마지막(24:50-53)과 사도행전 시작 부분(1:9-11)에서 두 번이나 기록한다. 이 때문에 사도행전이 "부재의 기독론"을 보여준다고 주장하는 학자들도 있다. 사도행전 대부분에서 예수님은 물리적으로 부재하지만, 초점은 예수님의 부재나 일하지 않으심이 아니라 "예수님이 사도행전의 나머지 부분을 다스리는 **장소**"에 맞춰져 있다.[19] 부활과 승천은 누가의 책이 돌아가는 경첩이 되며, 나머지 내러티브를 결정하고 지시하는 분수령이 되는 사건이다.

누가는 예수의 부활과 승천이 예수님이 이스라엘에 대한 아버지의 약속을 온전히 성취하는 다윗적인 왕이자 왕 같은 제사장임을 증명한다고 단언한다. 크로우Crowe가 주장하듯이 부활은 누가복음을 관통하는 주요 동맥이며 그리스도의 승천을 말할 때 동등한 것 중에서 첫 번째임을 증명한다. 크리소스토무스Chrysostom는 사도행전을 "부활의 전시"라고 부른다.[20] 마르게라Marguerat도 마찬가지로 부활이 누가-행전 메시지의 핵심이라고 말한다.[21]

---

18 B. Rosner, "The Progress of the Word," in *Witness to the Gospel*, 224.

19 A. Thompson, *The Acts of the Risen Lord Jesus: Luke's Account of God's Unfolding Plan*, NSBT 27 (Downers Grove: InterVarsity Press, 2011), 49. 강조는 추가됨. 로우(Rowe, *Early Narrative Christology*, 207)는 사도행전에서 예수님을 주님으로 묘사하는 것은 누가복음에서 예수님의 지상 생애를 다룬 것과는 대조된다고 주장한다.

20 Chrysostom, *Homily 1 on Acts* (*NPNF* 1/11:3).

21 B. D. Crowe, *The Hope of Israel: The Resurrection of Christ in the Acts of the Apostles* (Grand Rapids: Baker Academic, 2020), x, 6; K. L. Anderson, *But God Raised Him from the Dead:*

부활은 주요 설교(특히 오순절과 비시디아 안디옥에서)의 중심이며, 사람들이 치유되고 구출되는 이미지와 그림자를 통해 계속 이어진다. 부활은 그리스도의 사역을 변호하기 때문에 사도들은 부활의 증인으로 부름을 받았다(1:22). 누가복음 20장 27-40절에서 예수님은 이 시대와 부활의 시대라는 두 시대에 관해 말씀하신다. 사도행전은 부활의 날을 배경으로 하고 있으므로 부활 비유가 풍부하다.

그러나 예수님의 승천은 부활에 대한 부수적이거나 의미 없는 내용이 아니기 때문에 승천도 포함되어야 한다.[22] 오히려 그 자체로 하나의 사건이며, 두 현실을 동일하게 여겨서는 안 되지만 서로 연관되야 한다. 내러티브, 신조, 설교에서 승천은 별개의 사건이다. 부활이 예수님이 영원히 살아 계심을 선포한다면 승천은 영원히 통치하심을 선포한다. 예수님의 승천은 그분의 사역이 중단된 것이 아니라 하늘에서 계속 통치하실 것을 의미한다.

그러므로 사도행전은 살아계시고 즉위하신 그리스도의 지속적인 통치라는 근본적인 실재성에 기초를 두고 있다. 사도행전 내러티브는 중요한 순간에 예수님이 등장하여 여전히 일하심을 보여준다(참조. 7:55-56; 9:5-6, 34; 22:10; 17-21; 26:16-18).[23] 사도행전 1장에서 사도들이 강조된 이후에는 베드로와 바울을 제외한 대부분의 사도는 기본적으로 내러티브에서 사라진다.[24] 사도행전은 역사적으로 "사도들의 행전"으로 알려져 왔지만, 이 제목은 누가 작품의 신학적, 그리

The Theology of Jesus's Resurrection in Luke-Acts (Eugene: Wipf & Stock, 2007); Daniel Marguerat, "Luc-Actes: La Résurrection á l'oeuvre Dans l'historie," in Résurrection: L'aprés-Mort Dans Le Monde Ancient Le Nouveau Testament, ed. O. Mainville and Daniel Marguerat (Geneva: Labor et Fides, 2001), 195–214.

22 P. Schreiner, The Ascension of Christ: Recovering a Neglected Doctrine (Bellingham: Lexham, 2020).

23 M. C. Parsons, The Departure of Jesus in Luke-Acts: The Ascension Narratives in Context, JSNTSup 21 (Sheffield: JSOT, 1987), 192,는 승천이 사도행전 전체를 움직이게 한다고 주장한다. 해리 포터의 한 장면은 그리스도가 부재중에도 사도행전에 어떻게 임재하시는지를 상기시켜 준다. 비밀의 방의 공격으로 덤블도어가 교장직에서 해임되었을 때, 그는 "여기 아무도 내게 충성하지 않을 때만 내가 진정으로 이 학교를 떠났다는 것을 알게 될 것이다. 또한 도움을 요청하는 사람들에게는 항상 도움이 주어진다는 것을 알게 될 것이다." 라고 말한다. Harry Potter and the Chamber of Secrets (New York: Scholastic, 2000), 263–64[= 『해리 포터와 비밀의 방』, 문학수첩, 2019].

24 누가복음에서 바울을 사도로 보아야 하는지는 논쟁의 여지가 있다. 사도행전 전체에 사도들에 대한 일반적인 언급이 나오지만(1:2, 26; 2:42-43; 4:33, 35-37; 5:2, 12, 18, 29, 40; 6:6; 8:1, 15, 18; 9:27; 11:1; 14:4, 14; 15:1-6, 22-23; 16:4), 행 16:4 이후에는 사도들에 대한 언급은 사라진다. 바울의 편지를 보면 그가 자신을 사도로 여기는 것이 분명하다. 그는 심지어 자신을 "만삭되지 못하여 난 자"(고전 15:8)라고 칭하기도 한다. 고전 9:1에서 그는 부활하신 주님을 보았기 때문에 사도라고 말한다. 클레멘트 1서의 저자는 바울이 사도라고 말하며(47.1), 안디옥의 이그나티우스도 독자들에게 같은 사실을 확신시킨다(Ign. Rom. 4.3).

스도 중심적 성격을 왜곡할 수 있다.[25] 사도행전의 더 나은 제목은 "부활 승천하신 주 예수의 행전"이 될 것이다.[26]

사도행전의 다른 모든 주제 전개는 그리스도의 부활과 즉위라는 실재에서 비롯된다. 한 학자가 말했듯이, "누가에게 승천[과 부활]은 기독론, 종말론, 교회론이 교차하는 지점이다."[27] 복음주의자들은 십자가에 집중하는 경향이 있지만, 부활–승천은 여러 가지 이유로 그리스도의 사역, 복음 내러티브, 삼위일체 신학, 사도행전 내러티브의 중심이다.[28]

첫째, **장소**가 사도행전 구조의 중심이라면, 부활하신 예수님이 다스리시는 장소는 내러티브의 열매를 맺는 신학적 뿌리이다. 예수님의 부활과 승천은 그분의 승리이며, 승천을 통해 예수님은 최고의 권위를 가진 분으로 즉위한다. 유스투스 요나스Justus Jonas가 말했듯이 "예수님은 승천하실 때 죄와 죽음과 지옥과 마귀의 왕국을 포로로 잡으셨다."[29] 이제 하늘에서 교회의 일을 계속 지휘하고 계신다. 천국은 모든 현실을 다스리고 심판하는 공간이자 영역이며, 구원이 시간과 공간으로 나아가는 곳이다.

따라서 부활과 승천은 복음 이야기의 필수적인 부분이며 사도행전, 누가복음 전체, 나아가 성경 전체에서 더 나은 내러티브의 위치가 필요하다. 복음의 **지리적** 확산은 하늘에서 그리스도의 우주적 통치와 분리될 수 없다.[30] 하늘에 계신 그리스도께서 지상의 공간에 다시 질서를 부여하신다. "승천의 질서는 새로운 공간을 재

---

25 ℵ와 B(4세기)사본과 𝔓[74](7세기)사본은 책 마지막에 제목이 있다.

26 톰슨(Thompson, *The Acts of the Risen Lord Jesus*, 49)은 승천을 포함하지 않았지만, 책 제목을 이렇게 붙였다.

27 다음 각주를 참조하라. D. Farrow, *Ascension and Ecclesia: On the Significance of the Doctrine of the Ascension for Ecclesiology and Christian Cosmology* (Grand Rapids: Eerdmans, 1999), 16, n. 6.

28 Session은 "앉아 있다"는 뜻의 고어 명사이다. 그린J. B. Green은 십자가가 누가복음의 구원론의 근거로 두드러지게 나타나지 않는다고 주장하지만, 나중에 그는 십자가가 없는 것은 아니라고 말한다. 그린은 예수님의 승천이 초점(부활과 승천)이라고 주장한다. J. B. Green, "'Salvation to the Ends of the Earth' (Acts 13:47): God as the Saviour in the Acts of the Apostles," in *Witness to the Gospel*, 95. 이 모든 것을 하나의 사건으로 보고 그리스도의 높아지심로 보는 것이 더 낫다. 대속의 관점에서 볼 때, 희생 제물은 동물이 죽었을 때 완성되는 것이 아니라 그 향기로운 연기가 하나님께 올라갈 때 완성된다. 마찬가지로 제사장 왕이 하나님의 성전과 보좌로 올라갈 때까지 속죄는 완료되지 않는다. 다음의 대속에 대한 연구를 참조하라. J. Kimbell, *The Atonement in Lukan Theology* (Cambridge: Cambridge Scholars Publishing, 2014).

29 J. Jonas, *Annotations on Acts 1:9*, in Chung-Kim, Hains et al., *Acts*, 10.

30 슬리먼M. Sleeman은 "예수님의 승천은 교회를 구조화한다"라고 주장한다. M. Sleeman, *Geography and the Ascension Narrative in Acts* (Cambridge: Cambridge University Press, 2009), 5.

구성한다."31 그리스도의 천상 통치는 사도행전의 주요 배경이며, 나머지 이야기에 대한 신학적, 내러티브적 관점을 형성한다. 여행 주제가 누가-행전의 가장 두드러진 구성 요소라면, 예수님의 천국으로 여행은 이 줄거리의 초석이다.

둘째, 모든 사도행전 부분은 그리스도의 높여진 지위를 암시하거나 그로부터 비롯된 것처럼 보인다. 베드로의 오순절 설교는 예수님의 부활과 승천에 큰 비중을 둔다. 베드로는 예수님의 삶(2:22)과 죽음(2:23)에 관해 자세히 설명하지만, 대부분 시간을 부활과 승천(2:24-36)에 할애한다.

베드로는 시편 110편 1절을 인용하여 자신이 전하는 기쁜 소식에 대한 예수님의 승귀의 중심성을 확인한다. 예수님은 "주님이시자 메시아"가 되셨다(2:36). 사도행전 전체에서 사도들과 누가는 예수님을 주님이자 "메시아"로 언급한다 (1:21; 3:6, 16; 4:9-12, 17, 30, 33; 5:14, 28, 40-41; 8:16, 9:3-6, 10-16, 35, 42; 10:13-15; 14:3; 16:14; 18:9-10; 22:17-21; 23:11).

그리스도 즉위의 중심성은 성령에 대한 강조에서도 볼 수 있다. **성령을 자기 백성에게 보내시는 분**은 부활 승천하신 주님(그리고 아버지)이시다. 예수님은 세례자, 즉 기름 부으시는 분이시다(눅 3:16). 오순절 설교에서 베드로는 예수님의 승천과 성령의 부으심을 연관 지어 설명한다. "그러므로 하나님 우편에 높임을 받으시고 ..., 여러분들이 듣고 보는 것을 부어 주셨습니다"(행 2:33 ESV).

성령의 임무는 창조 때와 마찬가지로 하나님의 공동체를 통해 하나님의 목적을 위해 땅을 재구성하는 것이었다. 로마 제국의 목표가 로마의 형상대로 세상을 형성하는 것이었듯이 성령은 그들이 세우는 노력에 도전한다. 로마는 팍스 로마나(Pax Romana)를 구현하기 위해 아름다운 건물을 짓고, 여행로를 만들고, 땅을 재건했다.32 성령께서 오셔서 독특한 아름다움과 통일성을 지닌 새로운 성전, 즉 새 건축물을 세우신다.

따라서 그리스도의 부활과 승천은 사도행전을 읽을 때 매우 중요한데, 그 이유는 이 사역이 우주적(하늘에서 예수님의 통치), 정치적(예수님이 주님이심), 예전적(교회가 이 운동을 의식으로 제정함) 범위에서 이루어지기 때문이다. 이 사역들은 또한 근본적으로 삼위일체적 실재이기 때문에 중심이 된다. 부활에서 예수님은 아버지와 성령에 의해 부활하셨고(롬 8:11), 승천에서 예수님은 아버지께 가시고(요 16:28; 20:17) 성령을 수여하신다(행 2:33). 기독론적 중심이나 삼위일체적 본질을 무시한 사도행전 읽기는 처음부터 근본적으로 왜곡된 것이다.

---

31 Sleeman, *Geography and the Ascension*, 136.

32 이 아이디어는 제닝스(Jennings, *Acts*, 4–5)와 사도행전에서 읽은 공간 역사에 대한 그의 고찰을 읽으면서 발전했다.

추가 주석 1. 사도행전에 나타난 그리스도의 대속

어떤 학자들은 누가의 기록에서 그리스도의 죽음의 십자가, 대속, 희생적 측면이 다른 신약 저자들처럼 중심적으로 작용했는지 의문을 제기하거나 심지어 부정하기도 한다. 복음서에서 그것이 존재한다는 것을 보여주는 좋은 내용이 있지만, 사도행전에서 그리스도의 희생이 어떤 역할을 하는지에 관한 의문은 여전히 남아 있다. 그리스도의 부활과 승천, 즉 그분의 승리에 중점을 두고 있지만 그렇다고 해서 십자가가 없거나 중요하지 않다는 의미는 아니다. 오히려 이 사건들은 함께 보아야 한다.

첫째, 십자가-부활-승천은 신약성경 저자들의 머릿속에서 모두 하나의 대본이다. 누가복음은 십자가에 상당한 내용을 할애하며, 이는 사도행전에 영향을 미쳤을 것이다. 부활-승천은 십자가의 승리를 확인하고 검증한다. 십자가가 없다면 부활도 승천도 일어나지 않을 뿐 아니라 의미를 부여할 수도 없다. 반대로 부활 승천이 없다면 십자가는 그저 비극이 될 뿐이다. 요한복음은 십자가를 예수님의 높아지심으로 말한다. 십자가 위에서 예수님은 들어 올려져 영광을 받으셨다. 이런 식으로 십자가는 예수님의 승천을 시작하며, 부활과 승천은 십자가에서 이미 일어난 일을 따르고 검증한다.

둘째, 모핏Moffitt은 누가가 용서와 정결을 예수님의 승천과 연결한다고 주장했다.[33] 승천은 예수님이 희생을 하나님의 임재 앞으로 가져가 하늘의 참 제단에 나아가 자신의 피를 드리는 희생 행위의 절정이다. 특히 사도행전은 예수님의 승천으로 시작하여 책 전체가 보혈, 용서, 정결케 함의 주제 아래 놓여 있다.

셋째, 성령은 구속 사역을 적용하는 그리스도의 영으로 오신다. 성령은 피를 적용하시고 물로 씻으신다. 성령께서 구속을 적용하시지 않으신다면 구원이 이루어지지 않는다. 그리스도의 대속적인 죽음이 없다면 성령은 구속을 적용할 수 없다. 사복음서 모두 성령의 부으심이 구속을 성취하신 그리스도의 사역임을 선포한다. 예수님은 그들에게 성령을 주시고, 성령은 그들에게 예수님을 주신다.

넷째, 사도행전은 예수님을 따르는 제자들인 종들의 삶을 통해 십자가를 보여준다.[34] 누가의 예수님의 죽음에 대한 묘사는 사도행전에서 명시적이기보다는 간접적이고 암시적이며 구체화되어 있다. 예수님은 고난받는 종이고 사도들은 그 종의 종이다. 누가복음은 예루살렘으로 향하시는 예수님의 여정, 즉

---

33 D. M. Moffitt, "Atonement at the Right Hand: The Sacrificial Significance of Jesus' Exaltation in Acts," *NTS* 62.4 (2016): 549–68.

34 비어스Beers는 종 주제를 제자들에게까지 확장하면 대속 신학의 침묵을 부분적으로 설명할 수 있다고 주장한다. H. Beers, *The FolRowers of Jesus as the "Servant": Luke's Model from Isaiah for the Disciples in Luke-Acts*, LNTS 535 (London: Bloomsbury T&T Clark, 2016), 177.

죽음을 향한 여정을 강조한다. 사도들도 마찬가지로 예루살렘에서 순교하고 바울은 예수님처럼 재판받기 위해 예루살렘과 로마로 여행한다. 누가복음에서 예수님은 죄가 없고 의로운 고난받는 자로 묘사된다. 사도행전에서는 사도들이 예수님이 죽음의 향기를 지닌 의로운 고난받는 자로 제시되면서 이 주제가 적절히 주목받는다(3:13, 18, 26; 4:3, 27; 5:18, 40; 5:18; 7:57-60; 8:32-33; 12:1-3; 12:1-3; 23-26장).

다섯째, 사도들은 예수님의 죽음과 분명하게 연결된 죄 사함과 구원을 일관되게 설교한다(2:38; 3:19; 5:31; 8:22; 10:43; 13:38; 26:18). 여기에 누가는 예수님의 죽음이 하나님의 계획과 뜻에 따른 것임을 강조한다(1:16; 2:23; 3:18; 4:28; 13:27, 29; 17:3). 바울은 에베소 장로들에게 작별 인사를 할 때 하나님께서 자기 피로 교회를 얻으셨다고 말한다(20:28). 사도들이 떡을 떼는 것은 예수님의 몸과 피에 초점을 맞춘 언약의 식사를 재현하는 것이다(2:42, 46; 20:7; 27:35).

따라서 사도행전에 십자가가 없는 것이 아니다. 누가의 두 번째 책은 예수님의 높아지신 지위를 강조하지만, 이것은 항상 그리스도의 속죄와 연결되어 있다. 또한 십자가는 제자들이 핍박받고 구세주처럼 죽음을 맞이할 때 제자들의 삶에서 크게 작용한다.

1.3. 능력을 주시는 성령

어떤 학자들은 사도행전의 주요 신학적 주제로 성령의 역사를 지적하지만, 이 주제는 논리적으로 아버지의 권위와 승천하신 주님의 통치 아래 그리고 그 이후에 나온다.[35] 예수님은 성령을 아버지의 약속으로 말씀하셨다. 그러나 또한 성령이 예수님이 승천하신 후에 부어졌음을 가리키신다. 하나는 다른 하나에 뒤따른다. 그리스도의 덮으심이 성령과 함께 내려오기 때문이다(2:33). 그러므로 성령의 역사는 사도행전을 읽을 때 내러티브 순서대로 읽어야 한다.

크리소스토무스Chrysostom는 "복음서는 그리스도께서 행하신 일과 말씀에 대한 역사이지만 사도행전은 '다른 보혜사'가 말씀하시고 행하신 일에 대한 역사"라고 말한다. 그는 또한 사도행전을 "성령의 정치"라고 부른다.[36] 신약의 다른 문헌들이 성령의 사역을 해석하지만, 사도행전은 역사 속에서 성령의 사역을 이야

---

35 성령은 오순절에 독특한 방식으로 주어지기 때문에 성령을 어디에 둘 것인지 논리적 순서를 정하는 것이 가장 어려웠지만, 성령은 회심할 때 주어지기 때문에 '구원' 뒤에 놓을 수도 있고 앞에 놓을 수도 있다. 어쩌면 성령은 이 모든 주제를 가로지르는 것으로 보는 것이 가장 좋을지도 모른다.

36 Chrysostom, *Homily 1 on Acts* (*NPNF* 1/11:7); *Homily 2*, 18.

기한다.[37] 코클리S. Coakley의 말처럼, 성령을 "작고 그림자 같고 잘 보이지 않는 비둘기"로 축소할 수 없다.[38] 여기서 누가가 강조하는 성령에 관해 간단히 살펴보는 것이 적절하다.

첫째, 누가는 누가복음의 성령에 대한 강조를 계속한다. 마가는 6번, 마태는 12번, 누가는 17번 이상 성령을 언급한다. 성령을 "능력"이나 "약속"으로 언급하는 것은 포함하지 않은 횟수이다. 따라서 성령의 사역은 누가의 문헌에 단단히 연결되어 있으며 성령을 소유하고 부여하시는 분과 분리될 수 없다. 누가는 예수님을 "예수의 영"(행 16:7), "주의 영"(5:9; 8:39)이라고 부르며 성령을 예수님과 함께 수식하기도 하지만, 보통은 "거룩한"이라는 수식어를 사용한다.[39] 예수님은 성령으로 태어나셨고(눅 1:35; 2:25-27; 마 1:18), 세례 때 성령을 받으셨으며(눅 3:22; 마 3:16), 하나님의 영으로 귀신을 쫓아내셨고(마 12:28), 자신의 사역을 부인하는 것은 성령을 모독하는 것이라고 주장하셨다(마 12:31-32). 아마도 가장 중요한 것은 누가복음 4장 18-19절에 나오는 이사야 61장 1-2절에서 인용한 예수님의 사명 선언문일 것이다.

주의 성령이 내게 임하셨으니 이는 가난한 자에게 복음을 전하게 하시려고 내게 기름을 부으시고 나를 보내사 포로 된 자에게 자유를, 눈 먼 자에게 다시 보게 함을 전파하며 눌린 자를 자유롭게 하고 주의 은혜의 해를 전파하게 하려 하심이라

성령은 새로운 희년, 새로운 시대, 새로운 언약, 하나님과 새로운 관계에 영향을 미친다. 사도행전은 이 이야기를 이어가지만, 예수님이 승천하시는 새로운 단계로 전환되며, 이제 성령이 예수님 위에 머물렀던 것처럼 성령이 자기 백성 위에 머물며 그들을 하나님과 연합하게 한다. 성령은 그리스도를 증거하고 그리스도는 아버지를 증거한다.

둘째, 성령은 구약의 예언적, 종말론적 희망을 성취한다(2:17).[40] 성령은 태초부터 생명을 주시고 인간에게 하나님의 숨결을 불어 넣으시며 혼돈에서 질서를 가져오신 분이었다. 성령은 사람들에게 특정한 일을 할 힘을 주셨고, 생명과 질서를

---

37 Marguerat, *The First Christian Historian*, 109–10.

38 S. Coakley, *God, Sexuality, and the Self: An Essay "On the Trinity"* (Cambridge: Cambridge University Press, 2013), 212.

39 성령은 또한 아버지에게서 온다. 성령은 아버지의 약속이다(행 1:4; 눅 24:49). 하나님께서는 예수님께 성령을 주셨다(행 2:33; 10:38).

40 행 1:6에서 제자들은 예수님께 이스라엘 나라를 언제 회복해 주실 것인지 묻고, 예수님은 1:8에서 그들에게 능력을 주실 성령을 받을 것이라고 대답하신다. 성령의 수여는 하나님 나라 계획을 계속 이어간다.

상징하는 정결함을 주셨다. 이 질서를 회복하기 위한 새 언약의 약속은 다윗적인 한 개인에게 성령을 주신 다음 모든 사람에게 성령을 줄 것이었다.[41]

구약은 다윗의 혈통에서 나온 왕에게 "그의 위에 여호와의 영 곧 지혜와 총명의 영이요 모략과 재능의 영이요 지식과 여호와를 경외하는 영이 강림하시리니"(사 11:2)라고, 약속했다.[42] 이후에 이사야는 주님이 기뻐하시는 택함받은 종에게 그 영이 있으며(42:1), "나의 영을 네 자손에게, 나의 복을 네 후손에게 부어 주리니"(44:3)라고 말한다. 에스겔은 "또 내 영을 너희 속에 두어 너희로 내 율례를 행하게 하리니 너희가 내 규례를 지켜 행할지라"(겔 36:27)라고 예언한다. 요엘은 "내가 내 영을 만민에게 부어 주리니"(욜 2:28-31)라고 예언한다. 다윗 메시아는 자기 백성에게 생명을 줄 성령을 부어주실 분이시다.

셋째, 사도행전에서 강조하는 것은 성령의 개인적 체험이 아니라 성령을 **공동체적으로 받는 것**과 성령을 통한 **공동체의 창조**이다. 바울은 성령을 **성화**를 위한 하나님의 능력으로 묘사하지만 누가는 성령을 **전도**를 위해 신자들을 통해 역사하는 능력으로 묘사한다고 주장하는 것은 일반적이지만 잘못되었다.[43] 많은 주석가는 사도행전 1장 8절의 핵심 구절에 따라 성령의 사역을 오직 선교와 관련된 것으로만 이야기한다. 사도행전에서 성령께서 "능력을 주시는" 것은 사실이다. 이 능력 주심은 구원론, 교회론, 선교론, 세 가지가 서로 구별되지만, 관련된 각도에서 바라볼 수 있다고 주장하는 것이 더 낫다. 성령은 선교에 관한 분이지만, 그 선교는 새로운 백성을 구원하고 재창조하는 것이다.

첫째, 성령의 사명은 이스라엘과 열방을 회복, 정결, 해방, 변화시키는 것이다(구원론적).[44] 예수님은 "위로부터" 성령이 "너희에게 임하실 것"이라고 말씀하신다.[45] 이 말씀은 이사야 32장 15절과 이스라엘의 회복에 대한 소망(32:15-20)을

---

41 구약과 신약에서 성령의 사역에 대한 개요는 다음을 참조하라. J. Hamilton, *God's Indwelling Presence: The Holy Spirit in the Old and New Testaments*, NAC Studies in Bible and Theology 1 (Nashville: B&H Academic, 2006).

42 지혜서 9:17은 성령과 지혜를 하나로 묶는다. "주께서 지혜를 주시고 높은 곳에서 성령을 보내시지 아니하시면 누가 주님의 훈계를 배우겠습니까?"

43 허주는 "성령의 가장 구분되는 기능은 ... 인물들을 주요 증인으로 세우고 인도하는 것이다"라고 말한다. J. Hur, *A Dynamic Reading of the Holy Spirit in Luke-Acts*, JSNSup 211 (Sheffield: Sheffield Academic Press, 2001), 275.

44 M. Turner, *Power from on High: The Spirit in Israel's Restoration and Witness in Luke-Acts* (Sheffield: Sheffield Academic Press, 1996), 186.

45 성령은 하늘을 이 땅에 내려오게 하고 하나님의 임재를 부여하여 새 언약 공동체를 세운다. 하나님의 백성은 예수님의 영이 그들 안에 계시므로 하늘 공동체이다. 행 2:33과 16:7은 성령이 예수님의 고귀한 임재를 매개하며, 따라서 성령으로 예수님이 계속 역사하신다는 것을 암시한다. 사도행전에서 사용하는 이미지(바람과 불)는 하나님의 임재가 성막과 성전을 가득 채우는 성전 이미지를 반영한다. 이제 하나님의 임재가 사람들을 채우고, 그들이 성전

떠올리게 한다. 구약에서 약속한 대로 이스라엘은 항상 열방에 축복이 될 것이었으므로 성령의 역사는 이방인들도 환영한다(참조. 행 10-11장; 13:52; 15:8). 사도행전 전체에서 이방인들은 성령의 은사를 받았으며(10:46-47), 사도들은 이를 보고 이방인들이 예수님을 따르는 사람들임을 부인할 수 없었다. 그러므로 성령은 이스라엘뿐만 아니라 예수님의 통치 아래 있는 모든 사람을 통일하고 정결하게 한다.

둘째, 성령의 사명은 메시아 왕을 따르는 새로운 공동체를 형성하고 강화하는 것이다(교회론적 사명).[46] 성령은 사회학적으로 뚜렷하고 두드러진 강조점을 가지고 있다. 성령의 능력 아래 백성들은 가르침과 교제, 기도와 구제에 헌신한다(2:42-47; 4:32). 그러나 성령은 또한 "타자"의 통합을 금지하려는 자연적 충동을 극복하고 대신 다양한 그룹을 하나로 결합한다.

이것은 성령이 집단 간, 민족 간 만남을 조율하고 공통의 지위를 확인함으로써 "민족적 정체성을 긍정하면서도 연단하고 초월하는 새로운 사회적 정체성 형성의 중심이 되신다"는 것으로 보인다.[47] 교회의 지속적인 사랑, 수용, 관용의 삶은 성령에 의존한다. 요컨대, 성령은 하나님의 백성을 회복시키고, 연합시키고, 힘을 주며, 유대인과 이방인 모두 하나님의 백성이라는 증거를 제시한다.[48]

셋째, 성령은 선교를 위해 능력을 부여한다(선교학). 누가는 성령이 오시면 제자들이 증인이 되고(1:8), 예언하고(2:17-18), 하나님의 메시지를 선포할 것이라고 말한다(2:4; 4:8, 31; 6:10; 9:17-20; 13:9-11). 성령은 타 문화권 전도에 능력을 부여한다(8:29; 10:19-20; 13:2, 4; 15:28). 사도행전 전체에서 성령은 사람들이 그리스도에 관해 말할 때 "담대함"을 주신다(2:29; 4:13, 29, 31; 9:27-28; 13:46; 14:3; 18:26; 19:8; 26:26; 28:31). 성령은 사도들의 말과 행동에 힘을 주신다. 사도행전 4장 7절에서 베드로가 걷지 못하는 사람을 고친 후 지도자들은 "너희가 무슨 권세와 누구의 이름으로 이 일을 행하였느냐"라고 묻는다. 사도행전 4장 33절은 "사도들이 큰 권능으로 주 예수의 부활을 증언하니"라고 말한다. 사도행전 6장 8절에는 "스데반이 은혜와 권능이 충만하여 큰 기사와 표적을 민간에 행하니"라고 기록되어 있다. 그러므로 성령은 하나님의 백성을 확장하고 하나님 나라에 대한 예언자적 소망을 성취한다.

이 되어 열방을 축복하며 나가야 한다.

46 Turner, *Power from on High*, 415; M. Wenk, *Community-Forming Power: The Socio-Ethical Role of the Spirit in Luke-Acts* (London; New York: T&T Clark International, 2004)[= 『성령과 권능』, 새물결플러스, 2020].

47 A. J. Kuecker, *The Spirit and the "Other": Social Identity, Ethnicity and Intergroup Reconciliation in Luke-Acts*, LNTS 444 (London: Bloomsbury T&T Clark, 2011), 216.

48 하나님의 백성을 연합시키는 성령의 역할에 관해서는 다음을 참조하라. A. Thompson, *One Lord, One People: The Unity of the Church in Acts in Its Literary Setting*, LNTS 359 (London: T&T Clark, 2008); Hur, *A Dynamic Reading of the Holy Spirit in Luke-Acts*, 276.

1.4. 전진하는 말씀

아버지 하나님께서는 아들을 일으키시고 높이시며, 두 분 모두 성령을 주신다. 성령은 누가가 "말씀" 또는 "하나님/주님의 말씀"(4:31, 8:14, 25; 11:1; 13:5, 7, 44, 46, 48; 16:32; 17:13; 18:11)이라고 부르는 것을 전파하도록 사도들에게 힘을 불어넣어 주신다. 말씀의 중심성은 이 주제에 대한 강조뿐만 아니라 사도행전이 기록된 **형식**에서도 볼 수 있다. 본문의 약 1/3은 연설이나 복음 설교로 구성된다. 또한 성령이 오시면 말씀을 주신다. 여기서는 삼위일체와 말씀, 말씀의 내용, 말씀의 전파라는 세 가지 부분을 다룰 것이다.

삼위일체와 말씀. 성령은 주님의 부활하시고 승천하신 그리스도에 관한 하나님의 말씀을 전할 수 있도록 힘을 주신다. 이 공식에서 삼위일체적 특성을 놓치기는 어렵다.[49] 사도행전은 말씀이 전파되도록 조율하시는 아버지 하나님을 강조한다. 하나님은 궁극적으로 말씀의 확산에 대한 책임이 있으며, 성령의 능력으로 사자들을 지휘하고 말씀의 확산을 가능하게 하신다(13:47; 14:27; 15:12; 28:28).

그런 다음 소식을 전하는 자들은 아들의 삶과 죽음과 즉위에 관해 증언한다. 그분은 말씀의 내용이자 주제이다. 성령은 말씀을 받아들이는 것을 확인하고 그 받아들임을 적용한다(1:8; 2:3, 38; 5:32; 6:1-3; 7:51; 8:16-17, 39-40; 9:17; 10:45; 11:12, 15-16; 11:24; 13:1-2; 15:8). 말씀과 성령은 태양과 그 광선과 같으며 이 둘은 함께 존재한다.[50] 하나님은 말씀으로 세상을 창조하시고, 예수를 주님으로 선포하는 복음 전파를 통해 자기 백성에게 그분과 함께하라고 명령하신다.

말씀의 내용. 요엘은 성령의 임하심을 예언과 연결한다(욜 2:28). 사도행전 전체에 걸쳐 사람들은 성령이 임하면 방언을 말한다. "성령의 능력과 하나님을 대변하는 능력 사이의 연결은 사도행전 전체에서 $\pi\acute{\iota}\mu\pi\lambda\eta\mu\iota$(핌플레이, "충만해지다")라는 단어와 그 뒤에 나오는 말하기 행위로 강조된다."[51]

- 2:4: "그들이 다 성령의 충만함을 받고 성령이 말하게 하심을 따라 다른 언어들로 말하기를 시작하니라."
- 4:31: 기도 모임에서 그들은 "다 성령이 충만하여 담대히 하나님의 말씀을

---

49 이 단어는 구약에서처럼 거의 신적 성격을 띠기 때문에 삼위일체 주제 바로 다음에 속하며 심지어 삼위일체 주제**에** 포함될 수도 있다. 참조. Targum Neofiti, Genesis 1:1-3.

50 피터슨은 "사도행전의 진정한 영웅은 로고스, 즉 말씀이다. ... 승천하신 주 예수님은 내러티브의 중심인물이며, 그분은 자신의 말씀과 성령을 사용하여 세상의 인간 대리자들을 통해 자신의 목적을 진전시키신다."라고 주장한다. D. G. Peterson, *The Acts of the Apostles*, PNTC (Grand Rapids: Eerdmans, 2009), 33.

51 Thompson, *The Acts of the Risen Lord Jesus*, 133. 누가는 종말론적인 성령의 오심을 옷 입음, 세례, 임재, 내려오심, 부으심, 영접, 충만으로 묘사한다. 이러한 은유는 상호 보완적이므로 해석자는 한 은유에만 더 큰 비중을 두어서는 안 된다.

전하기 시작했다."
- 6:10: 성령은 스데반이 말할 수 있게 하신다.
- 9:17-20: 사울이 성령의 충만함을 받고 회당에서 설교하기 시작한다.
- 13:9-11: 바울이 성령으로 충만하여 심판을 선포한다.

따라서 성령이 사람들을 충만하게 하시면 그들로 하여금 복음과 하나님 나라의 메시지, 하나님의 장엄한 행적을 말하고 전파하게 하신다. 사도행전에는 명사형 "복음"이 거의 등장하지 않지만(15:7; 20:24), 관련 동사 "복음화하다" 또는 "복음을 전하다"가 광범위하게 등장한다. 이 단어의 내용은 기독론적이고 하나님 나라 중심적인 것으로 보인다. 그들이 전하는 메시지는 예수님의 사역을 통해 성취의 시대가 도래했음을 선포한다. 이 메시지를 요약하면 부활하신 예수님을 중심으로 한 "하나님 나라의 복음"이라는 용어로 표현할 수 있다.

많은 학자가 예수님이 하나님 나라를 선포하셨다면 사도행전의 설교는 예수님을 선포한다는 견해를 가지고 있다.[52] 사도행전에는 하나님 나라에 대한 언급이 드물게 나오지만, 핵심적인 지점에 위치한다. 누가는 예수님께서 제자들과 40일 동안 함께 지내시면서 하나님 나라에 관해 가르치셨다고 사도행전을 시작한다(1:3). 그런 다음 제자들은 몇 구절 후에 하나님 나라의 시기에 관해 묻는다(1:6). 사도행전 본문에 등장하는 네 번의 하나님 나라 언급은 빌립이 사마리아에 "좋은 소식"을 전할 때(8:12), 바울의 첫 번째 선교 여행 중(14:22) 마지막으로 바울이 가장 길고 중요한 교회 개척 활동인 고린도(19:8)와 에베소(20:25)에 있는 동안, 즉 지리적 내러티브의 중요한 시점에서 나온다.

누가는 또한 하나님 나라에 대한 두 가지 언급으로 자신의 글을 마무리하여 전체 이야기의 틀을 잡는다. 바울은 로마에 있는 동안 하나님 나라에 관해 증언하고(28:23), 사도행전은 감옥에 갇힌 바울이 하나님 나라를 선포하고 주 예수에 관해 가르치는 것으로 끝을 맺는다(28:31). 사도행전의 마지막 구절은 말씀의 내용에서 중요하다. 누가는 **기독론적 초점**을 함께 강조한다. 이는 그리스도가 이제 주님이시며 메시아이시며 **하나님 나라**의 왕이시기 때문에 당연하다. 말씀의 내용은 승천하신 그리스도를 중심으로 한 하나님 나라이다.

말씀의 전파. 우리는 사도행전에서 말씀의 내용에 관해 배울 뿐만 아니라, 말씀이 거의 그 자체의 인물이 되어 사도들보다 앞서 나가서 사도들조차 놀라게 하는 일을 한다는 것을 배운다. 파오Pao는 말씀이 유대인이든 헬라인이든 반대하는 가운데서도 정복하며, 누가복음에 등장하는 다양한 인물들이 두 번째 방문을

---

52 J. D. G. Dunn, *Unity and Diversity in the New Testament: An Inquiry into the Character of Earliest Christianity* (Philadelphia: Westminster, 1977), 17[= 『신약성서의 통일성과 다양성』, 서울: 솔로몬, 1991].

위해 돌아올 때에도 말씀은 같은 지리적 위치를 두 번 방문하지 않는다고 주장했다.[53]

이것은 말씀이 "하나님의 실행자"가 되어 그 뜻을 주장한다는 것을 의미한다. 말씀 전파는 예수 그리스도와 자기 종들을 환대하거나 거부하는 지역에 대한 "하나님의 방문"으로 기능한다.[54] 베드로(행 2:14-36, 38-39; 3:12-26; 4:8-12; 10:34-43), 바울(13:16-41; 14:3-7; 15:7-11; 17:22-35; 20:17-35; 22:1-21; 23:1-6; 24:10-21; 26:2-23; 28:17-20) 및 다른 인물(7장; 8:5; 15:13-21)의 복음 설교의 중심성은 누가의 내러티브를 전개하는 문학적 구조와 기능에 기여한다.

또한 누가복음의 주요 주제 중 하나인 복음 전파를 잘 보여준다. 베드로는 주로 예루살렘에서, 헬라파 종들은 유대와 사마리아에서, 그리고 바울은 이방인 지역에서 설교한다. 누가는 교회 성장에 대한 요약 진술을 포함함으로써 이러한 진행 과정을 명확하게 보여준다(6:7; 9:31; 12:24; 16:5; 19:20; 28:30-31). 많은 학자가 지적했듯이 사도행전에 기록된 고난은 더 많은 사역을 위한 기회를 제공하고 말씀을 전진시키는 원동력이 된다. 커닝햄Cunningham은 사도행전에서 "핍박은 거의 모든 곳에 존재하는 플롯 장치"라고 말하기도 한다.[55]

1.5. 모든 육체의 구원

말씀, 즉 아버지의 계획에 따라 성령의 중재로 승리하신 그리스도에 관한 메시지는 모든 육체에 구원을 가져다준다. 특히 누가-행전에는 구원의 어휘(구세주, 구원, 구원하다)가 많이 등장한다.[56] 누가만큼 σῴζειν(소제인, "구원하다")과 그 비슷한 형태를 많이 사용한 복음서 기자는 없으며, 사도행전도 다르지 않다. 그는 내러티브와 설교 자료 모두에서 이 단어를 21번이나 사용했다.[57]

---

53 D. W. Pao, *Acts and the Isaianic New Exodus* (Eugene: Wipf & Stock, 2016), 150.

54 J. Jipp, *Divine Visitations and Hospitality to Strangers in Luke-Acts: An Interpretation of the Malta Episode in Acts 28:1–10*, NovTSup 153 (Leiden: Brill, 2013), 235–52.

55 커닝햄은 누가복음의 박해 표현에 관해 다음과 같은 신학적 요점을 제시한다. (1) 박해는 하나님 계획의 일부이다. (2) 박해는 하나님의 백성이라고 여기는 사람들이 하나님의 대리인을 거부하는 것이다. (3) 박해받는 하나님의 백성들은 하나님의 선지자들과 연속성을 가진다. (4) 박해는 예수님을 따르는 필수적인 결과이다. (5) 박해는 그리스도인에게 인내를 위한 기회이다. (6) 박해는 하나님의 승리를 위한 기회이다. S. Cunningham, *Through Many Tribulations: The Theology of Persecution in Luke-Acts*, JSNTSup 142 (Sheffield: Sheffield Academic Press, 1997), 287, 337–38.

56 이교도 종교에서 구원은 주로, 아니 전적으로 "이 세상의" 방식으로 바라보았다. 누가는 복음서에서 구원을, 치유를 나타낼 때 더 자주 사용하지만, 사도행전에서는 그 사용 빈도가 급격히 감소한다. 그리스도께서 승천하셨기 때문에 구원이 더욱 분명한 종말론적 의미를 갖기 때문일 수 있다.

57 Green, "God as Saviour," 83은 심지어 구원이 내러티브 내의 다른 텍스트 요소들을 통합

누가는 구원이 무엇인지 그다지 강조하지 않는다. 오히려 누가는 구세주가 누구인지, 구원을 어디서 찾을 수 있는지, 특히 모든 사람을 위한 구원의 현존을 확증한다. "하나님의 구원"이라는 문구는 누가의 두 권의 책으로 구성된 내러티브의 마지막을 장식하며 이방인을 포용하는 것을 가리킨다. 누가복음 3장 4-6절은 이사야 40장 3-5절을 인용하여 "모든 육체가 하나님의 구원하심을 보리라 함과 같으니라"라고 말한다. 사도행전 28장 25-28절은 이사야 6장 9-10절을 인용하여 "이 구원이 이방인에게로 보내어진 줄 알라 그들은 그것을 들으리라"라고 말한다. 이 모든 현실은 구원을 주시는 예수님을 중심으로 모여 있다(4:12; 5:31; 13:23; 눅 1:47, 69, 77; 2:11).

그리스 세계에서 구원은 축복과 선물의 수여를 의미한다.[58] 구약에서 구원은 구원, 보존, 구속을 의미했다(이 용어는 시편, 이사야, 예레미야에서 자주 등장한다). 이 단어는 이스라엘이 애굽에서 구원받을 때 가장 먼저 등장한다. 모세는 출애굽기 14장 13절에서 백성들에게 굳건히 서서 하나님께서 그들을 위해 이루시는 구원을 보라고 외친다. 홍해의 노래에서 백성들은 "여호와는 나의 힘이요 노래시며 나의 구원이시로다"(출 15:2)라고 노래한다. 구약에서 "구원"은 계속해서 적에게서 구원을 의미한다. 한나는 "내 마음이 여호와로 말미암아 즐거워하며 내 뿔이 여호와로 말미암아 높아졌으며 내 입이 내 원수들을 향하여 크게 열렸으니 이는 내가 주의 구원으로 말미암아 기뻐함이니이다"(삼상 2:1; 시 3:8; 18:2 참조)라고 기도한다.

사도행전에서 구원은 다윗 왕을 중심으로 열방에 선포된 하나님의 선물로 묘사되며, 그 결과 하나님의 백성으로 통합된다. 누가복음에서는 다윗의 아들이 구원을 성취할 것이라고 주장한다(1장). 예수님은 이사야 61장 1-2절(눅 4:16-21)을 성취한다고 선포하며 사역을 시작한다. 여기에는 이 용어가 등장하지 않지만, 개념적 유사성은 놓칠 수 없다. 베드로는 사도행전 2장 21절에서 "누구든지 주의 이름을 부르는 자는 구원을 받으리라"고 말한다. 그리고 4장 12절에서는 "다른 이로써는 구원을 받을 수 없나니"라고 주장한다. 베드로는 또한 예수님을 구주라고 부르며 높이는데(5:31; 13:23), 이는 누가복음 2장 11절에서 천사가 예수님께 "구주"라는 칭호를 붙인 것을 반영한 것이다. 예수님의 "이름"은 누가복음 이야기에서 예수님의 권위를 나타내는 핵심적인 부분이 된다.

사도행전은 또한 구원을 하나님의 선물로 묘사하지만, 여전히 응답을 요구한다. 베드로는 청중들에게 "구원을 받으라"고 말하며 행동할 것을 암시하지만(행 2:40), 그보다 앞서 요엘의 말을 인용하여 누구든지 주의 이름을 부르는 자

하는 사도행전의 주제라고 주장한다.

58 W. Forester, "σωζω, σωτηρια, σωτηρ, σωτηριος," in *TDNT*, 3:966–80.

는 **구원을 받을** 것이라고 말한다(2:21). 누가복음에 따르면 구원은 세례와 회개와 일치하거나 회개의 결과로 나타난다. 유대인은 메시아 살해에 공모한 것을 회개하고, 이방인은 우상 숭배를 회개한다.[59] 예수님에 대한 반역(2:23; 3:13-15; 7:51-53), 우상 숭배(17:29-31), 장차 하나님의 진노(눅 3:7, 9, 17)로 인해 구원이 필요하다.

결론적으로 누가복음의 인간론은 신약의 나머지 부분과 크게 다르지 않다. 사람들은 죄인이고 악한 자의 권세 아래 있기 때문에 구원이 필요하다. 따라서 즉위하신 메시아는 구원을 베푸시는 분이시며, 이 선물을 줄 권세가 있는 분이시다. 구원은 사도행전에서 열방에 선포된다(참조. 눅 24:46-49; 행 1:8; 8:4-40; 9:15; 10:34-43; 13:46-48; 22:21; 28:25-29). 복음은 보편적인 초점을 가지고 있으며 모든 민족을 위한 것이다(10:34-36, 42-43; 15:7-11; 26:17-18, 22-23). 사도행전은 하나님의 구원이 이방인들에게 어떻게 주어졌는지 설명하면서 끝난다(28:28).

구원의 결과는 "그리스도 중심의 하나님 백성 공동체에 편입되고 참여함으로써 사회적, 영적, 육체적 지위가 반전되는 것이다."[60] 이러한 반전 중 일부는 미래에 이루어지지만, 대부분은 지금 경험한다. 따라서 구원은 지위 역전, 즉 낮은 자를 일으켜 세우고 해방을 약속한다. 누가는 동심원의 반전, 즉 모든 육체에 대한 구원을 밀접하게 따른다.[61] 예루살렘을 중심에 놓으면 각 원은 사도행전에서 극복되는 배제의 단계를 나타낸다.

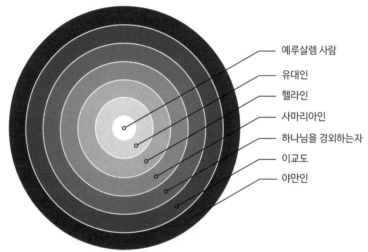

예루살렘 사람
유대인
헬라인
사마리아인
하나님을 경외하는자
이교도
야만인

---

59 M. J. Ovey, *The Feasts of Repentance: From Luke-Acts to Systematic and Pastoral Theology*, NSBT 49 (Downers Grove: IVP Academic, 2019), 9.

60 Green, "God as Saviour," 91.

61 González, *The Story Luke Tells*, 39–40.

누가는 또한 일관되게 구원을 "죄의 용서"와 연관시킨다(2:38; 5:31; 10:43; 13:38; 15:9; 22:16; 26:18). 구약에서 이 용어는 주로 육체적 구원을 의미했지만, 이 소망은 사람들이 죄에서 구원받는 것과 관련이 있었다(사 43:25; 44:22; 렘 31:34). 따라서 영적 상태만을 표현하는 경우는 거의 없었지만, 영적 축복이 수반되는 육체적 구원에 대한 상식이 지배적이었다.

그러나 구약에서 원수로부터 구원이 강조되면서(눅 1:68-79) 사도행전에서 이 주제가 삭제되었거나 가볍게 여겨지는 것은 아닌지 궁금해하는 경우가 있다. 이에 대한 몇 가지 답변이 있다. 첫째, 누가는 예수님을 따라 교회의 주요 문제를 다시 정의한다. 바벨론이나 로마가 아니라 하나님에 대한 반역과 우주적 어둠의 세력에 얽혀 있다. 그들은 자신과 사탄의 권세로부터 구원받아야 한다.

둘째, 누가는 예수가 승귀하신 왕이라고 선언함으로써 로마의 주권을 상대화한다. 셋째, 사도행전에서 구원은 현재의 현실이자 미래의 소망이다. 구원은 이미 왔으며, 하나님께서 적들을 멸하실 때 구원은 미래에 더욱 온전히 임할 것이다. 따라서 이 주제는 사라진 것이 아니라 시대의 전환에 따라 다시 구성되고 정의된다. 그리스도의 첫 번째 강림은 모든 사람에게 구원을 제공하지만, 그분의 두 번째 강림은 하나님의 백성을 원수로부터 구원할 것이다.

1.6. 교회가 설립되고 확장됨

사도행전이 삼위일체 하나님과 그분의 말씀, 그분의 구원에 관한 기록이라고 주장하면서 시작했지만, 그렇다고 사도들이나 예수 공동체가 뒷전으로 밀려난 것은 아니다. 하나님께서 제일 동자(*primum movens*, 첫 원인)이시기 때문에 그들은 논리적으로 나중에 등장할 뿐이다. 그러나 하나님의 실행이 교회의 실행을 취소하거나 완화하지 않는다.

하나님은 자신의 형상을 지닌 사람들을 통해 이 땅의 공간을 정비하기 위해 일하신다. 성령의 능력으로 형성된 사도들과 공동체는 이스라엘의 새로운 지도자이자 새 성전이 된다. 사도적 교회는 성령의 능력을 받은 다윗 시대의 메시아의 후계자이며, 신자들은 그분의 몸이며 세상에서 대표자이다.

누가는 아나니아와 삽비라 이야기에서 사도행전 5장 11절까지 ἐκκλησία(회중)라는 용어를 사용하지 않지만, 그 이후에는 17번(8:1, 3; 9:31; 11:22, 26; 12:1, 5; 13:1; 14:23, 27; 15:3-4, 22, 41; 16:5; 18:22; 20:17, 28) 사용한다. 누가가 처음 네 장에서 사용하지 않는 것이 이상하게 보일 수 있지만, 이 개념은 존재한다. 1:15; 2:1, 44, 47; 4:26에서 회중을 ἐπὶ τὸ αὐτό(에피 토 아우토, "동일한", 때로는 "함께" 또는 "모이다"로 번역됨)라는 단어로 완곡하게 표현한다.[62]

---

62 어떤 학자들은 ἐπὶ τὸ αὐτό(동일한)가 누가가 ἐκκλησία를 사용할 준비가 되기 전에 하나님의

전반적으로 누가는 하나님의 백성이 성령의 역사를 통해 새롭게 변화된 모습을 묘사한 다음 교회 성장의 순서를 추적한다. 흥미롭게도 사도행전의 두 주요 인물 모두 그들의 편지에서 이러한 성장을 성전이라는 용어로 묘사한다(베드로, 벧전 2:5-6; 바울, 고전 3:9-17; 엡 2:19-22). 하나님의 백성, 이 새로운 공동체와 새 성전의 순서는 사도행전의 구조와 일치하는 세 가지 장면으로 설명할 수 있다. 이스라엘의 회복, 버림받은 자들의 모임, 이방인들이 환대받음이다.[63]

이스라엘의 회복(1-7장). 첫 번째 단계는 이스라엘의 회복이다. 예수님은 제자들에게 약속하신 성령을 기다리라고 명령하신다. 맛디아의 선택으로 열두 지파가 온전해지고, 오순절에 유배되었던 자들이 모이고, 하나님께서 시내 산에 강림하셨던 것처럼 성령이 강림한다. 성령이 임하면서 그들은 진정한 토라와 성전 백성으로 다시 태어난다.

피터슨Peterson이 말했듯이, 그들은 성전 뜰에서 모이지만 진정한 정체성은 예루살렘이 아니라 하늘에 있으며, 이제 하나님의 임재가 있다.[64] 그들의 정체성은 삼위일체 하나님에게서 비롯된다. 베드로의 첫 설교는 유대인을 향하기 때문에 이스라엘의 재건은 계속된다. 그는 유대인(2:14), 이스라엘 사람(2:22), 이스라엘 온 집(2:36)이라고 말한다. 그리고 새로운 하나님의 백성이 되려면 예수님을 메시아이자 주님으로 믿고(2:36), 회개하고, 예수님의 이름으로 세례를 받아야 한다(2:38). 새로운 하나님의 백성은 승천하신 그리스도를 중심으로 정의되며, 그리스도의 공간적 이동(세례)을 반영하는 성례전 행위를 통해 새로운 공동체에 참여한다는 것을 보여 주어야 한다. 3천 명이 베드로의 메시지에 응답하고, 사도행전 2-7장에서 이스라엘 지도자들 앞에서 이 회중의 초기 투쟁과 성공에 관해 기록되어 있다. 두 구절(2:42-47; 4:32-35)에서는 관대함, 가르침, 교제, 기도와 같은 새로운 공동체의 실천에 관해 자세히 설명한다.

버림받은 자들의 모임(8-12장). 사도행전 8-12장에서는 북이스라엘 왕국(사마리아와 갈릴리)의 버림받은 자들에게 메시지가 전파된다. 빌립은 사마리아에서 그리스도를 선포하고(8:5), 예루살렘에서 온 사도들이 방문하기 전까지는 사마리아 사람들에게 성령이 임하지 않는다(8:14-17). 그러므로 이 새로운 회중은 예루살렘 교회와 분리된 것이 아니라 예루살렘 교회에서 나왔다.

9-11장에서는 베드로는 고넬료(하나님을 경외하는 사람)와 함께한 경험을 이야기하며 이방인을 완전히 포용했음을 보여주고, 안디옥에 최초의 유대인/이방인 회중

백성을 묘사하는 누가의 방식이라고 추측한다. 누가는 때때로 교회에 관해 λαός(백성)를 사용하기도 하지만, 이 단어는 더 자주 무리나 말씀을 듣는 유대인들을 지칭한다.

63 이 개요는 대체로 다음을 따른다. D. Seccombe, "The New People of God," in *Witness to the Gospel*, 349–72.

64 Peterson, *Acts*, 93.

이 세워지며(11:19-24), 이 공동체는 처음으로 Χριστιανούς(크리스티아누스, "그리스도인," 11:26)으로 불린다. 이 교회는 향후 선교 활동의 모델이자 거점이 된다.[65]

이방인들의 환대받음(13-28). 회복된 하나님의 백성은 예루살렘에서 시작하여 유대와 사마리아 전역으로 퍼져 나갔다. 다음 단계는 이 메시지를 주로 이방인 지역으로 가져가는 것이다. 누가는 이미 사도행전 2장 39절과 3장 25절에서 이러한 접근 방식을 예고했다. 이 복음을 전할 선구자는 소아시아, 그리스, 에베소를 여행하며 다양한 인종이 모인 교회를 개척한 바울이다(13-20장).

이 부분의 중간에 예루살렘 공의회가 열리고, 특히 토라를 따르는 것과 관련하여 이방인을 어떻게 환대할 수 있는지에 대한 논의가 이루어진다(15장). 이방인은 이방인으로서 환대받지만, 유대인은 여전히 옛 관습을 유지한다. 누가는 이야기 마지막에 그리스-로마 당국과 유대 당국이 이 운동을 재판에 회부하면서 바울을 어떻게 반대하는지 보여주며, 새로운 하나님의 백성은 육신의 이스라엘과 가이사를 주님으로 따르는 사람들과 대치한다.

새로운 하나님의 백성인 교회는 사도행전의 주요 주제이다. 하나님의 계획은 그분의 이름과 형상을 지닌 공동체를 만드는 것이었다. 그들은 때때로 ἅγιοι(하기오이, "성도")로 불리며 그들의 정체성과 성품을 강조하고, 때때로 μαθηταί(마데타이, "제자")로 불리며 예수님과 관계를 나타내며, ἀδελφοί(아델포이, "형제")로 불리며 일반적인 사회적 장벽이 무너진 것을 보여준다.[66] 그들은 하나님과 서로에게, 사도들에게 헌신한다. 새로운 하나님의 백성이 세워졌고 이제 그들은 확장된다.

추가 주석 2. 사도행전의 율법

이 부분에서 알 수 있듯이 예루살렘에서 분명한 움직임이 있었지만, 예루살렘에서 **멀어진** 것처럼 보이기도 한다. 이에 따라 일부 학자는 메시지가 "덜 유대적"이라고 생각할 수 있다. 그러나 상황은 이보다 더 복잡하다. 어떤 의미에서 사도행전은 유대 율법에 대해 우호적이다. 사도행전의 모든 내용은 예루살렘에서 비롯되고, 예루살렘에서 시작되며, 심지어 예루살렘으로 돌아간다.

처음 일곱 장은 성전에 초점을 맞춘다. 베드로와 요한은 기도 시간에 성전에 가서 기도**하고** 예수님의 부활에 관해 말한다(3:1). 누가는 사도들을 새로운 성전 백성으로 묘사한다. 그는 히브리 성경의 이미지를 버리지 않고 절정으로 끌

---

65 R. P. Thompson, *Keeping the Church in Its Place: The Church as Narrative Character in Acts* (New York: T&T Clark, 2006), 147–64.

66 Seccombe, "The New People of God."

어울린다. 또한 사도들을 재물을 나누면서 토라를 이행하는 사람들로 묘사한다(2:42-47; 4:32-37; 6:1-7). 지도자들이 죽음을 퍼뜨리지만 그들은 생명을 전파하는, 토라를 진정으로 준수하는 사람들이다. 스데반은 성전과 율법을 무시했다는 비난을 받지만(6:13-14), 그는 자신을 비난하는 자들을 역이용하여 변호한다. 그들이 오히려 토라를 반대하는 자들이다. 스데반은 비방을 받은 선지자들과 연대하고, 그의 반대자들은 반역적인 세대와 연결된다.

사도행전이 계속 진행됨에 따라 증인들은 예루살렘을 지나 흩어지지만 결국 예루살렘으로 돌아와 예루살렘이 여전히 이야기에 관여하고 있음을 보여준다. 바울 자신은 자신의 동역자들이 토라를 버렸다는 명시적인 표시를 하지 않는다. 누가는 그를 배교한 유대인으로 묘사하지 않는다. 바울은 율법을 버렸다는 비난을 받지만(21:21; 27-28), 누가는 이 비난을 명백히 거짓으로 제시한다. 누가는 바울이 디모데에게 할례를 받게 하고(16:3), 나실인 서약을 하고(18:18), 무교절을 지키고(20:16), 주일을 지키고자 하는(20:16) 바울의 모습을 알린다.

누가는 재판에서 바울이 언약에 신실하지만, 반대자들을 믿음이 없다고 묘사한다. 바울은 히브리어로 말하며(22:2), 가말리엘 아래서 교육을 받고 유대인의 관습에 열심인 "나는 유대인이다"라고 선포한다(22:3). 바울은 율법을 존중하고 민족의 약속과 소망을 믿는 전통 교육을 받은 바리새인이다(21:20-26; 22:1-3; 23:1, 5; 26:4-5). 벨릭스에게 바울은 "나는 … 조상의 하나님을 섬기고 율법과 선지자들의 글에 기록된 것을 다 믿으며"(24:14)라고 말한다. 베스도에게 "유대인의 율법이나 성전이나 가이사에게나 내가 도무지 죄를 범하지 아니하였노라"(25:8)라고 주장한다. 아그립바에게 "하나님의 도우심을 받아 내가 오늘까지 서서 높고 낮은 사람 앞에서 증언하는 것은 선지자들과 모세가 반드시 되리라고 말한 것밖에 없으니"(26:22)라고 말한다.

이처럼 누가는 율법에 관해 긍정적인 견해를 가지고 있다. 이것은 그가 신자들의 일치와 교제에 깊은 관심을 가졌기 때문일 수도 있고, 새 언약의 의미를 이해하는 데 시간이 걸렸기 때문일 수도 있다. 독자들은 누가가 원하는 것보다 더 많은 본문을 사용할 수 있고, 어떤 본문은 확증보다는 수용에 관한 내용일 수도 있다. 그러나 이 중 일부가 작용하더라도 누가가 율법에 관해 친근감을 보인다는 점을 피하기는 어렵다. 하지만 두 가지 점에서 균형을 맞춰야 한다.

첫째, 메시아의 도래는 율법의 역할에 변화를 요구한다. 누가의 이야기에서 분명한 전환점이 스데반의 설교에서 나온다. 스데반을 대적하는 사람들은 그가 이 거룩한 곳과 모세를 거스르는 말을 한다고 비난한다(6:13). 이에 스데반은 이스라엘의 역사를 돌아보면서 새로운 시대가 도래했다고 주장한다. 스데반은 물리적 성전이 그 시대에는 축복의 기능을 했지만 하나님의 임재를 위해 필요하다는 것을 반박한다. 하나님은 어떤 지역에 제한되지 않으며, 될 수도 없다. 따라서 물리적 성전 시대는 끝났다. 스데반이 하늘 성전에서 예수님을 뵈었을 때 새로운 시대의 실재가 드러난다(7:55-56). 예수님은 성전의 역할을 성취하셨고, 그분의 백성은 이동하는 성전이다. 비일Beale은 "이스라엘 성전이나 인간의 손으로 재건된 성전이 영원히 지속될 것이라고 믿는 것은 상징적인 성전(히 9:8-10)을 실제 성전(히 9:11)으로 착각하는 잘못된 견해이다"라고 말한다.[67] 성전과 땅의 중요성을 해체하는 것은 땅끝까지 선교하기 위한 신학적, 내러티브적 토대를 제공한다. 율법(과 성전)을 긍정적으로 바라보지만, 율법과 성전 역시 예수님의 깃발 아래 포함된다. 사도들에게는 율법을 포함한 모든 것이 예수 그리스도를 중심으로 다시 그려진다. 지프Jipp가 말했듯이,

> 바울은 유대교(백성, 토라, 성전)에 **참으로** 신실하지만, 이 궁극적인 충성, 즉 바울이 평생을 지향해 온 부활하신 유대인 메시아에 종속된 방식에만 신실하다. 다시 말해, 부활하신 메시아에 대한 바울의 궁극적인 신실함은 그의 유대인 유산과 신성한 성경의 의미를 근본적으로 다시 구성하는 결과를 낳는다.[68]

이런 의미에서 사도들은 율법 그 자체를 선포하는 것이 아니라 예수님, 그리고 예수님께 인도하는 율법을 선포한다. **율법에 대한 누가의 근본적인 관심은 율법의 예언자적 성격이다.** 누가는 율법이 예수님을 가리킨다는 것을 보여주면서 율법을 최대한 활용한다. 율법은 예언이다. 율법은 그리스도의 고난과 부활을 예언한다. 따라서 예수님의 오심은 새로운 시대에서 율법의 역할을 다시 구성하여 유대인들이 바울과 베드로의 메시지를 자기들 삶의 방식에 대한 위협으로 간주하게 한다.

바울과 베드로는 이스라엘의 성경과 전통의 의미와 중요성이 메시아 예수 안에서 성취되었다고 주장한다. 그들은 메시아를 기대하는 것으로 정의하는 방식으로 그들의 연설에서 이스라엘의 역사를 추적한다(행 2:13). 그렇다면 누가복음에 따르면 율법은 여전히 유대인에게 권위가 있는가? 그렇다. 하지만 그것은 중재된 권위이다. 모든 명령은 예수님의 기준을 통과해야 하며 먼저 율법이 그와 어떻게 관련되어 있는지 물어봐야 한다. 율법은 그분을 가리키고 그분 안에서 성취된다. 어떤 사람들은 사도들이 이제 권위 있는 인물로서 율법을 대체한다고 말하지만, 율법이 예수님 안에서 완성을 이루기 때문에 사도들의 권위를 성경에서 찾는 것도 사실이다.

둘째, 율법에 대한 누가의 관점은 율법을 따르지 않아도 **이방인 됨**에서 그들을 깨끗하게 하시는 성령의 오심과 짝을 이루어야 한다. 이방인은 율법을 따를 필요가 없다. (많은 사람이 여전히 율법을 따르고 있지만) 유대인 신자들에게

---

67 G. K. Beale, *The Temple and the Church's Mission*, NSBT 17 (Downers Grove: InterVarsity, 2004), 297[= 『성전 신학』, 새물결플러스, 2014].

68 Jipp, *Reading Acts*, 116.

도 모세의 율법이 그들의 행동을 **지배해야** 하는 것은 아니다. 하나님께서는 베드로에게 이방인이 정결하다는 것을 계시하시며, 제사 개념과 음식법이 더 이상 분리 장벽으로 필요하지 않다는 것을 의미한다(10:1-11:18). 베드로와 다른 유대인들은 이제 이방인들과 식탁 교제를 할 수 있다. 그들이 스스로 정결한 음식을 먹지 않았다는 의미인지는 논쟁의 여지가 있지만, 환상에서 하나님은 음식이 깨끗하다고 선언하신다(10:13-15,28).

고넬료는 경건한 개종자로 묘사되지만(10:2), 베드로와 사도들의 놀라움과 저항은 여전히 남아 있다. 고넬료의 경건함에도 불구하고 그는 여전히 이방인이므로 이방인과 식탁 교제를 할 수 있다는 것을 확신시키기 위해 세 번의 명령이 있어야 한다(10:45; 11:3). 15장은 또한 율법이 더 이상 이방인에게 경계가 되지 않는다는 증거를 제시한다. 이방인은 토라를 따르지 않고도 하나님의 백성이 될 수 있다. 이 논쟁은 이방인을 그리스도인의 교제로 받아들여야 **하는지 여부**가 아니라 그 **방법**에 관한 것이다.

공의회의 구체적인 쟁점은 이방인이 유대인 개종자 요건(특히 할례)을 준수해야 하는지 여부이다. 아니면 유대인 정체성 표시를 따르지 않고도 자유롭게 교제에 참여할 수 있을까 하는 것이다. 이에 대한 답은 교회의 숙고와 함께 나오지만, 궁극적으로 하나님께서 결정하셨다.

공의회는 이방인들에게 세 가지 제한 사항을 따를 것을 요청한다(15:19-20). 공의회는 그들에게 편지를 보내 (1) 우상의 더러운 것,[69] (2) 성적 부도덕,[70] (3) 목이 졸려서 그 결과 피가 있는 것, 이 세 가지를 "삼가라"라고 말한다(참조. 15:29; 21:25).

이러한 금지를 어떻게 해석하든 이방인이 유대인처럼 행동할 필요는 없고 유대인도 이방인처럼 행동할 필요는 없지만, 두 관점에 관해 동정심과 이해심을 갖고 우상 숭배를 경계해야 한다는 것은 분명하다. 유대인도 유대인대로, 이방인도 이방인대로 신앙을 실천할 수 있지만 모두 사랑으로 씻겨야 한다. 그리스도인의 교제에서 가장 중요한 것은 필수적인 것과 부차적인 것을 구별하는 것이다. 누가는 율법에 관해 매우 긍정적으로 묘사하면서도 이방인도 토라의 의식적, 문화적 관습을 따르지 않아도 깨끗하고 환대받을 수 있음을 인정한다. 하나님은 그들을 깨끗하게 만드셨다. 성경은 다윗의 집이 성장하는 것을 증언한다. 그리고 그들이 할례를 받기 전에 성령이 그들에게 임하셨다.

누가는 율법에 관해 세 가지를 한꺼번에 확언할 수 있다. 첫째, 바울과 다른 사도들은 토라를 준수하는 신실한 유대인이었다. 둘째, 가장 중요한 것은

---

69 우상의 더러운 것은 다양한 의미일 수 있지만, 특히 다른 신에게 바쳐진 음식과 마실 것에 사용된다(단 1:8; 말 1:7, 12; 고전 8-10장).

70 유대인 전통에서 성적 부도덕과 우상 숭배는 밀접한 관련이 있었다(호 5:3-4; 겔 16:15-46; 렘 3:1-10; 잠 14:12, 24; 수 22:16-23; 고전 10:7-8; 계 2:14, 20).

유대 율법이 메시아를 중심으로 다시 구성되었다는 점이다. 메시아가 우선되며 모든 것은 그분을 통해 해석되어야 한다. 사도행전에서 율법은 주로 예언적인 내용을 담는다. 셋째, 예수님이 오셨고 성령이 부어졌기 때문에 이방인은 **이방인 됨**으로 환영받는다. 하나님께서는 그들을 깨끗하게 만드셨다. 블롬버그Blomberg는 "율법은 폐지된 것이 아니라 주 예수님 안에서 성취되고 해석되는 것을 **떠나서는** 더 이상 교회와 직접적인 관련이 없다"라고 결론지었다.[71]

1.7. 땅끝까지 증언하는 교회

사도행전의 독특한 점은 예수님의 증인들을 통한 선교에 끊임없이 초점을 맞춘다는 점이다.[72] 높여지신 예수님은 자기 종들이 열방에 구원의 소식을 전할 수 있도록 능력을 주시는 성령을 통해 교회가 증거하는 일을 주권적으로 인도하신다. 하나님은 하늘에서 일하시지만, 그분의 군대는 지상에 있다. 이 증인들은 고통과 핍박, 설교를 통해 전진할 것이다.

사도행전의 내러티브를 이해하는 데 중요한 구절은 사도들이 증인으로 부름을 받은 1장 8절이다.[73] 사도들은 이 땅에서 하나님의 임재의 실체를 증언하는 주요한 이야기꾼이다. 몇몇 연구에 따르면 사도행전 전체가 증인 역할을 한다고 제안한다.[74] 누가는 이 증인을 기록함으로써 1장 8절의 명령을 실현한다. 이 부분에서 세 가지 질문을 다룰 것이다. 증인은 **누구**였는가? **무엇**을 증언해야 했는가? **누구에게** 증언해야 했는가?

증인은 누구였는가? 사도행전에서 "증인"($\mu\acute{\alpha}\rho\tau\nu\varsigma$, 마르튀스)이라는 용어는 주로 열두 사도를 가리킨다(1:8; 1:22; 2:32; 3:15; 5:32; 10:39, 41; 참조. 눅 24:48). 예수님과 어떤 형태로든 직접적인 경험을 한 제자(바울, 22:15, 26:16)로 확장할 수도 있다. 사도들은 마태복음과 마가복음에 비해 누가복음에서 상대적으로 작은 역할을 맡았는데, 아마도 사도행전에서 중요한 역할을 할 것을 예상하였을 것이다.

따라서 사도행전의 사도들은 예수님의 사역과 교회의 증거를 잇는 가교 구실

---

71 Blomberg, "The Law in Luke-Acts," *JSNT* 7.22 (1984): 72.

72 로우는 기독교 이전에 유대교에 어떤 종류의 선교도 없었다고 말하는 것은 옳지 않지만, 기독교 이전에 사도행전에서 볼 수 있는 종류의 유대인 선교가 없었다는 그의 주장은 옳다. C. K. Rowe, *World Upside Down: Reading Acts in the Graeco-Roman Age* (Oxford: Oxford University Press, 2010), 119.

73 이 부분에서는 **선교**라는 단어 대신 **증인**이라는 단어를 사용하는데, 사도행전에서 **증인**은 인간의 활동을 의미하고 **선교**는 주로 하나님의 사역을 의미하기 때문이다. 볼트는 나에게 이 차이를 인식시켰다. P. G. Bolt, "Mission and Witness," in *Witness to the Gospel: The Theology of Acts* (Grand Rapids: Eerdmans, 1998), 191.

74 Morgenthaler, *Geschichtsschreibung*; Barrett, *Luke*, 36–40.

을 한다. 사도행전은 교회보다 사도들의 증언에 더 초점을 맞추고 있지만, 사도들은 교회가 본받아야 할 대표적인 이상적 인물로 서 있다. 바울, 빌립, 스데반, 바나바가 이 방향을 제시한다.

열두 사도는 열방에 증거하는 하나님의 새로워진 백성을 상징하기 때문에 중요하다. 그들은 빛이 되기 전에 온전해져야 한다. 이것이 바로 맛디아가 1장에서 선택된 이유이다. 독자들은 12장 2절에서 야고보가 죽었을 때 대체되지 않았다는 점에 유의해야 한다.[75] 바울의 사역이 이방인으로 전환되면 사도들의 역할은 사라진다.

베드로는 핵심 증인이다. 누가의 펜은 내러티브의 거의 절반에 베드로를 따라간다. 베드로는 또한 공동 사도 그룹을 대표하는 것처럼 보인다(2:14, 37, 42; 3:4, 12; 4:7, 13, 19, 24, 31-35; 5:2, 12, 18, 29, 40; 6:2; 8:14).[76] 후반부에는 새로운 증인이 등장한다. 바울이다. 바울은 모든 사람에게 공인된 증인이다(13:31; 22:14-15; 26:16). 그는 사도들보다 열등하지 않으며 심지어 바나바와 함께 사도라고 불린다(14:4, 14).

누가복음에서 바울이 "한" 사도인지 아니면 단순히 소식을 전하는 자인지에 관해서는 논란이 있지만, 바울을 구별하는 것은 지위보다는 그의 시대와 기능에 근거를 둔 것으로 보인다.[77] 이것은 책의 전반부에 나오는 베드로의 사역과 후반부에 나오는 바울의 사역 사이에 많은 유사점이 있는 것으로도 알 수 있다. 누가는 두 사람의 기적 행하는 일을 비슷한 방식으로 요약한다(2:43; 5:12; 14:3; 15:12). 두 사람 모두 걷지 못하는 사람을 고치고(3:1-10; 14:8-10), 죽은 자를 살리고(9:36-43; 20:9-12), 자유롭게 하는 기적을 경험하고(12:3-17; 16:25-34), 환상에 빠지고(10:10; 22:17), 초자연적인 벌을 내리는 사건과 연관된다(5:1-11; 13:8-12). 또한 두 사람 모두 시편 16편 10절을 인용한 시작 설교를 한다(2:13-26; 13:16-41). 따라서 베드로와 바울은 교회 전체를 대표하는 증인으로 서 있다.

무엇을 증언해야 했는가? 증언한다는 것은 (법적인 의미에서) 사실을 말하는 것을 의미하지만 사도행전에서는 언약적 색채와 종말론적 신념도 포함된다. 구약에서 μάρτυς(마르튀스)는 "증거"의 법궤(출 25:22)와 "만남"의 장막(회막, 출

---

75 야고보를 대체하지 않았다는 것은 사도 시대의 마지막을 의미한다.

76 H. F. Bayer, "The Preaching of Peter in Acts," in *Witness to the Gospel*, 261.

77 Talbert, *Reading Acts*, 16–17은 다음처럼 주목한다. "AD 80-100년 기간에는 그리스도의 사도와 교회의 사도를 동일하게 구분한다. 누가-행전은 눅 6:13, 행 1:2, 26, 2:37, 42, 43; 4:33, 35; 5:2; 5:18; 6:6; 8:18; 15:2, 22, 23; 16:4(참조. 13:31)에서 그리스도의 사도에 관해 이야기한다. 행 14:4, 14(참조. 13:1-3)은 시리아 안디옥 교회의 사도들을 언급한다. 누가-행전의 지배적인 도식에서 열두 제자는 그리스도의 사도로 간주되고, 바울과 바나바는 시리아 안디옥 교회의 사도로 간주된다." 그러나 탈버트는 또한 바울이 그리스도의 사도로 간주된다는 점에 주목한다.

29:4)에 사용된 단어이다.

이 단어는 모세가 시내 산에서 가지고 내려온 두 돌판을 묘사하는 데도 사용된다(출 31:18; 32:15). 나중에 이스라엘은 백성에게 **증거**가 될 언약에 관해 노래한다(신 31:19). 그 배경은 증인과 **언약** 사이의 연결이다. 사도행전에서 사도들은 예수님께서 피로 사신 새 언약에 관해 증거한다(눅 22:20).

사도들은 성경에 예언된 그리스도의 실체, 즉 메시아가 고난을 받고 부활하여 왕위에 오르고 회개와 죄 사함이 모든 민족에게 선포될 것이라는 사실에 눈을 떴기 때문에 증언할 수 있다. "너희는 이 모든 일의 증인이라"(눅 24:44-49). 사도들은 예수님 사건의 증인이었기 때문에 그리스도의 생애와 십자가에 못 박히심, 승귀(부활과 승천)에서 언약의 성취를 증거한다(눅 24:48; 행 1:8).

사도행전 1장 8절은 이스라엘이 땅끝까지 주님의 구원을 선포하는 열방의 빛이라고 말하는 이사야 49장 6절을 암시한다(13:47 참조). 이사야에서 듣지 못하는 자와 눈먼 자에게 증거하는 열방과 달리 이스라엘은 하나님께서 과거와 미래에 행하신 일에 대한 증인이다(43-44장).[78] 이사야 55장 4절은 다윗 왕이 민족에 대한 "증인"(μαρτύριον, 마르튀리온)이 될 것이며 열방이 이스라엘로 올 것이라고 말한다. 또한 하나님의 백성의 증언은 신적인 우주적 시련이라는 주제에 담겨 있다. 하나님께서는 열방과 그들의 우상을 증언하도록 부르시지만 그들은 눈멀고 귀머거리이므로 이스라엘/그의 종을 증인으로 부르신다(43:8-10; 44:8-12). 종은 참된 증인이며(43:10; 49:6), 예수님은 이 역할을 수행하시며(계 1:5), 머리와 연합된 교회도 마찬가지이다. 그러므로 이스라엘은 **살아 계신** 하나님을 증거한다.

"예수 사건"에 대한 초점은 설교에서 찾을 수 있지만, 특별한 초점은 부활에 있다. 베드로는 오순절 설교에서 마지막 날이 가까웠고, 성령으로 새 언약이 임했으며, 예수님이 주와 메시아가 되셨다고 선언한다(2:14-36).

바울 역시 첫 설교에서 오랜 준비 기간(13:16-25) 끝에 구원의 말씀이 예수 그리스도의 인격으로 그들에게 왔다고 선포한다. 예수님은 모든 것 위에 높임을 받으셨기 때문에 절대 썩는 것을 보지 않으실 것이다(13:35). 사도들은 "예수님의 권한을 위임받은 대리자이며, 부활의 실재에 대한 증인이자 부활의 의미를 설명하는 사람들이다."[79] 회개하고 믿음을 가지면 죄 사함이 주어진다는 것이 중요하다.

그러나 사도들의 증거가 λόγος(로고스, "말씀")로만 이루어졌다고 생각하는 것

---

78 증언은 여호와께서 구원을 위해 행하신 일(사 43:12; 행 2:36-40)과 구원을 위해 행하실 일(사 43:19; 행 17:31)을 반영한다. 증인들은 열방 앞에서 증언하며(사 43:9; 행 9:15; 13:47), 인간의 손으로 만든 이방 신들을 대면한다(사 44:10-11; 행 17:29; 19:26). 그들은 다른 구원자는 없다고 선언한다(사 43:11; 행 4:12). 그리고 반복적으로 실제 시련을 배경으로 역사적 사건을 하나님의 구원 역사로 표시한다.

79 A. C. Clark, "The Role of the Apostles," in *Witness to the Gospel*, 178.

은 지나친 생각이다. 사도들의 삶도 증거의 일부였다. 사도들은 그들의 메시지와 일치하는 십자가의 존재 방식을 세상에 구현했다. "사도행전은 '증인'을 예수님의 부활을 선포하는 것으로 단편적으로 해석하지 않고, 더욱 포괄적으로 부활로 절정에 이르는 삶의 본보기를 실천하는 것으로 해석한다."[80]

바울과 다른 증인들은 그리스도의 부활과 승천 때문에 **재판을 받으러 간다.** 그들은 메시아의 죽음을 선포할 뿐만 아니라 기꺼이 죽음의 손길 속으로 걸어 들어간다. 그들은 예수님의 무고한 고난을 전할 뿐만 아니라 핍박 속에서도 명예롭게 행동한다. 그들은 구출되지 않더라도 마지막 날에 예수님이 그들을 일으켜 세우실 것을 알기에 예수님의 주되심을 선포하며 사자 굴로 들어간다.

누구에게 증언했는가? 단순히 "땅끝까지"라고 말하고 싶을 수도 있지만, 사도들의 선교는 우선 이스라엘에 초점을 맞춘다. 사도행전 1장 8절은 이 과정을 자세히 설명한다. 그들은 먼저 예루살렘에서 증거하고, 유대와 사마리아, 그리고 땅끝까지 이르러야 한다. 이방인 선교는 이스라엘이 들은 후에야 전개된다. 좋은 소식은 예루살렘에서 시작된다. 비록 이방인들이 13장 이전에 들어왔지만, 비시디아 안디옥에서 행한 바울의 설교에서 바울은 자신이 이방인에게 빛이 되어 땅끝까지 구원을 전하는 일을 한다고 말한다(13:47). 지리적 경계는 곧 사회적 현실이기 때문에 다양한 지역에 대한 증인이 되는 것은 사회적 계획이었다.

결론적으로, 나는 사도행전의 신학적 핵심을 (내러티브 관점에서) 다음과 같은 문구로 요약할 수 있다고 주장한다. (1) 조율하시는 **하나님 아버지**, (2) 살아계시고 통치하시는 **그리스도**, (3) 능력을 주시는 **성령**을 통해, (4) **말씀**이 번성하게 하시고, (5) 모든 육체를 통해 **구원**을 주시고, (6) **교회**를 세우시고, (7) 그 교회는 땅끝까지 **증인**이 된다.

2. 문학적으로 사도행전 읽기

사도행전은 정경 전체와 연결되는 신학적 메시지를 전달하는 것만이 아니다. 누가는 문학 작품을 쓰고 있다. 그는 "내러티브"(διήγησις, 디에게시스, 눅 1:1)를 쓴다. 누가는 체계적이거나 교훈적인 책이 아니라 이야기를 말하면서 자신의 신학을 전한다. 이 부분에서는 누가복음의 목적, 장르, 편집 기법 및 구조를 살펴보려고 한다.

2.1. 목적

사도행전의 목적(또는 더 나은 의미의 목적)은 추상적이기보다는 내러티브에

---

80 Rowe, *World Upside Down*, 153.

묶여 있다. 사도행전의 목적이 무엇인지 묻는 것은 누가가 글을 쓰게 된 동기가 무엇인지 묻는 것이다.[81] 수많은 제안이 있었고, 이제 본문에 관해 다른 질문을 할 때가 되었을지도 모르지만, 나는 이것을 계속하려 한다. 포웰Powell은 사도행전의 목적을 여섯 가지 제목으로 제안한다. 그 제안은 평화적, 논쟁적, 변증적, 복음적, 목회적, 신학적이다.[82]

평화적 관점은 누가가 베드로와 바울 사이의 긴장에 대한 해결책을 제공하기 위해 썼다고 제안한다. **논쟁적** 관점은 누가가 이단적 가르침을 책망하는 것으로 이해한다. **변증적** 관점은 사도행전을 로마의 오해에 대한(외부 세계에 대한) 변증이나 공동체의 신앙을 정당화하기 위한(공동체에 대한) 변증으로 읽는다.[83] **복음적** 관점은 내러티브를 비기독교 세계에 증거하기 위한 도구로 본다. **목회적** 접근법은 사도행전을 교회를 강화하고 격려하기 위한 내부 문서로 보고, **신학적** 관점은 사도행전이 초대 교회가 직면한 신학적 문제에 대한 해결책을 제시한다고 본다.[84] 사도행전에 대한 더욱 대중적인 관점은 교회 정치, 선교 전략 또는 리더십 원칙에 대한 설명서로 활용하는 것이다.

이러한 목적 중 일부는 무시되기 쉽지만, 다른 목적들은 사도행전 자체 내러티브에서 옹호될 수 있다.[85] 결국 한 가지 목적만 존재한다고 주장하는 것은 무의미하다. 이 문서의 다층적이고 다목적적 특성을 존중하는 것이 좋다. 또한 이러한 문헌은 원래 목적보다 더 오래 지속되는 경향이 있으며, 저자가 완전히 예측할 수 없는 방식으로 미래 세대에 교훈과 도전을 주는 경우가 많다.

---

81 키너는 사도행전의 다른 목적으로 (1) 역사적 정보의 전달, (2) 기독교를 참된 유대교로 제시하기, (3) 바울의 재판 변호, (4) 유대교와 바울 기독교의 종합을 제안한다. C. S. Keener, *Acts: An Exegetical Commentary*, 4 vols. (Grand Rapids: Baker Academic, 2012), 1:436.

82 M. A. Powell, *What Are They Saying about Acts?* (New York: Paulist, 1991), 13–19 [=『사도행전 신학』, 기독교문서선교회, 2000].

83 Witherington, The Acts of the Apostles, 812. 위더링턴은 다음과 같이 설득력 있게 표현한다. "누가는 기독교인들에게 제국을 옹호하거나 로마 관리들에게 기독교를 옹호하는 데 관심이 없다. 그는 성별, 인종, 사회적 지위, 거주지와 관계없이 그리스-로마 세계에서 기독교인이 될 수 있는 가능성을 옹호하거나 정당화하는 데 관심이 있다. 온 세상의 모든 사람을 위한 온전한 복음에 관해 말하고자 했다. 누가의 메시지는 황제의 주장에 필적하는 보편주의 메시지이며, 황제의 주장을 지지하거나 그 위에 세워지지 않는다. 예수님의 왕국은 로마 제국의 하위 집합으로 간주되지 않으며, 가치의 근본적인 재평가를 요구하지 않고 로마 제국에 조용히 잘 들어맞는다."

84 그 지지자들과 함께 이러한 견해에 관해 조금 더 자세한 설명을 보려면 다음을 참조하라. D. Pinter, *Acts*, The Story of God Bible Commentary (Grand Rapids: Zondervan, 2019), 26–27.

85 말리나와 필치는 누가-행전이 외부 그룹에 관심을 두지 않았기 때문에 외부에 있는 사람들에게 변증하는 것이 아니라고 주장한다. 누가복음과 사도행전은 "예수와 그분의 위임을 받은 변화의 주체들의 경험에서 드러난 하나님에 대한 이스라엘의 충성을 유지하기 위해 특정 그룹 내에서 읽어야 할 문서"라는 것이다. B. J. Malina and J. J. Pilch, *Social-Science Commentary on the Book of Acts* (Minneapolis: Fortress, 2008), 10.

그럼에도 사도행전의 몇 가지 핵심적이고 근본적인 목적을 확인하는 것은 여전히 유익하다. (프롤로그도 내러티브 전체와 비교하여 평가해야 하지만) 누가는 신약성경에서 두 권(1:1-4; 행 1:1-5)에 대한 서문을 쓴 유일한 저자이므로, 서문은 사도행전의 목적을 파악하는 데 도움이 된다. 누가복음 1장 1-4절까지 독자들은 그가 "이루어진"(πληροφορέω, 플레로포레오) 것들에 대한 성경적 내러티브를 쓰고 있음을 알 수 있다. 그런 다음 목적을 설명한다. "이는 각하가 **알고 있는** 바(ἐπιγινώσκω, 에피기노스코)를 더 **확실하게**(ἀσφάλειαν, 아스팔레이안) 하려 함이로라."[86]

따라서 목적은 "성취하다," "알다," "확실히"라는 단어에 집중될 수 있다. 누가복음이 말하는 "공동체"를 확인하는 것은 불가능하지 않지만 어렵다. 전체적으로 언어는 **입문자를 위한** 글임을 가리킨다. 암시된 독자는 "내부자"이며, 주로 (메시아) 운동 외부 사람들을 대상으로 하는 목적은 지지를 얻지 못한다.[87] 누가가 글을 통해 해소하려고 했던 공동체의 불안이나 확실성의 부족이 있었을 것이다. 하지만 그 불확실성이란 무엇이었을까?

누가가 사도행전 2장 36절에서 누가복음 1장 4절과 동일한 언어와 개념을 사용하고 있는 것을 관찰하면 어느 정도 짐작할 수 있다. 베드로는 오순절 설교 마지막 부분에 무리에게 "그런즉 이스라엘 온 집은 **확실히**[ἀσφαλῶς, 아스팔로스] **알지니**[γινωσκέτω, 기노스케토] 너희가 십자가에 못 박은 이 예수를 하나님이 주와 그리스도가 되게 하셨느니라 하니라"(2:36)고 말한다. 확실성(및 단어 그룹)이라는 개념은 바울이 예수가 메시아라고 주장하는 사도행전 재판의 문맥에서 다시 등장한다(21:34; 22:30; 25:26).

따라서 누가의 목적은 하나님께서 예수 그리스도 **안에서** 이스라엘과 열방에 대한 약속을 성취하셨다는 확신을 주기 위한 것이다. 그는 일어난 일이 하나님의 계획인 성경의 성취임을 보여주기 위해 기록한다.[88] 이런 식으로 사도행전은 교회를

---

86 ἀσφάλειαν이라는 용어의 사용은 논쟁의 여지가 있다. 어원적으로는 "타락으로부터 보호"를 의미했지만, 곧 "보호" 또는 "보증/확실성"의 의미로 사용되기 시작했다. NIDNTTE는 누가복음에서 이 단어가 자료의 "신뢰성"을 암시하는 것이 틀림없다고 주장하지만, 데오빌로나 공동체가 왜 확신이 필요했는지는 밝히기가 더 어렵다(1:432-34).

87 사도행전이 로마인들을 향한 정치적 변증이라는 바렛의 유명한 말은 다음과 같다. "로마의 어떤 관리도 그토록 작은 변증을 하기 위해 자신에게 신학적, 교회적 쓰레기가 될 만한 것들을 걸러내지는 않았을 것이다. 사도행전이 변증이었다면 그것은 교회에 대한 변증이었다." C. K. Barrett, *Luke the Historian in Recent Study* (London: Epworth, 1961), 63.

88 다음은 사도행전의 목적을 비슷하게 주장한다. R. I. Denova, *The Things Accomplished among Us: Prophetic Tradition in the Structural Pattern in Luke-Acts*, JSNTSup 141 (Sheffield: Sheffield Academic Press, 1997); L. T. Johnson, *The Acts of the Apostles*, Sacra Pagina (Collegeville: Michael Glazier, 2006); R. Tannehill, *The Narrative Unity of Luke-Acts: A Literary Interpretation*, Vol. 1: *The Gospel according to Luke* (Philadelphia: Fortress, 1991); R. C. Tannehill, *The Narrative Unity of Luke-Acts: A Literary Interpretation*, Vol. 2: *The Acts of*

세우기 위한 작품이며, 지역 공동체를 위한 **신학적** 목적과 **목회적** 목적이 있다.[89]

누가는 역사가일 뿐만 아니라 부활하신 그리스도의 증인으로서도 활동했다. "누가-행전에서 누가의 가장 큰 의제는 예수님과 교회의 사명을 구원 역사에서 그 자리에 두는 것이다."[90] 크리소스토무스Chrysostom는 "복음서에서 그리스도께서 말씀하신 예언들이 여기서 실현되는 것을 본다."[91] 스콰이어스Squires는 간결하게 표현한다.

> 누가가 하나님의 계획의 틀 안에서 사건을 해석하는 것은, 사도 시대 이후 상황에서 신앙을 실천하는 독자들에게 용기를 주고, 선교 활동에 대한 신학적 근거를 제공하며, 잠재적인 비판을 정당한 방법으로 방어할 방법을 제시하기 위한 것이다.[92]

누가는 하나님 공동체의 험난한 시작이 하나님의 계획임을 청중에게 확신시키기 위해 가장 높은 수준으로 글을 썼다. 사도행전에는 하나님의 승리는 하나님의 사자들의 고난과 증거와 함께한다는 목회적인 십자가 신학(*theologia crucis*)이 담겨 있다. 누가의 청중은 그들이 올바른 길을 가고 있다는 **확신**이 필요했다.

교회가 거부와 핍박을 견뎌 내면서 이것이 하나님 나라의 성취인지 확신하지 못할 수도 있다. 사도행전은 여러 가지 면에서 주님의 말씀이 전파되는 것을 방해하려는 사탄의 이어지는 공격을 묘사하는 것으로 읽을 수 있다. 아이러니하게도 그 노력은 복음을 전진시킬 뿐이다. 누가는 하나님의 본질과 계획에 관해 그리스도인들을 안심시킨다. 이것이 사도행전의 주요 목적이다.

이 큰 목적 아래에는 많은 하위 범주가 존재한다. 누가가 신학적, 목회적 확실성을 제공하기 위해 썼다면 이러한 불확실성을 더욱 정확하게 파악할 수 있다. 이러한 불확실성은 성별, 사회, 정치, 경제, 윤리, 초자연적 현실에서 비롯된 것으로 보인다.[93] 이 모든 것이 사회적 상호 압력, 박해 및/또는 분열을 야기

---

the *Apostles* (Philadelphia: Fortress, 1990).

89 마샬은 또한 사도행전이 "신앙을 강화하고 그 기초가 확실하다는 확신을 주기 위해 기독교의 시작에 대한 설명"으로 의도되었다고 주장한다. I. H. Marshall, *The Acts of the Apostles: An Introduction and Commentary* (Grand Rapids: Eerdmans, 1980), 21.

90 Keener, *Acts*, 438.

91 Chrysostom, *Homily 1 on Acts* (*NPNF* 1/11:1).

92 Squires, "The Plan of God," 39.

93 P. F. Esler, *Community and Gospel in Luke-Acts* (Cambridge: Cambridge University Press, 1987). Aune, *New Testament in Its Literary Environment*, 137은 초대 교회에 **정의, 정체성, 정당성**이 필요했다고 말한다. 그는 초기에는 광범위한 믿음을 보여 주었기 때문에 정의하는 것이 필요했다고 주장한다. 다른 지중해 종교와 달리 특정 민족에 얽매이지 않았기 때문에 정체성이 필요했고, 고대에 뿌리를 두지 않고는 어떤 종교 운동도 신뢰할 수 없기 때

했다.[94]

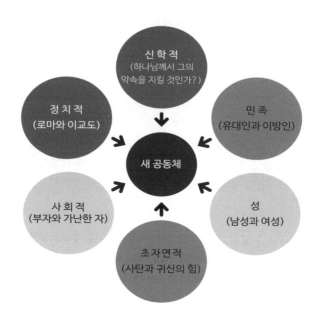

민족적으로 새로운 공동체는 이제 유대인과 이방인 모두로 구성되었기 때문에 문제가 발생했다. 유대인들은 이방인들을 식탁 교제에 초대하는 것이 조상의 신앙을 포기하는 것을 의미하는지 궁금해했다. 또한 이 운동이 제국에서 어떻게 받아들여질지, 유대교라는 깃발 아래 이해될 수 있을지 의문을 가졌다. 정치적으로 이방인들은 유대교에 뿌리를 둔 종교 운동에 어떻게 적응할 수 있을지, 그리고 새로 발견한 신앙이 제국 내에서 어떻게 받아들여질 수 있을지 궁금해했다. 사회적으로 이 공동체는 부유층과 빈민층으로 구성되었으며, 당시의 문화는 두 그룹이 크게 분리되어 있었다. 성별에서도 여성은 초대 교회의 많은 부분을 차지했으

문에 정당성이 필요했다. 누가가 글을 쓴 이유에 대한 캐시디의 제안은 충성-행위-증인이라는 주제 아래 놓여있다. 누가는 예수님에 대한 자신의 개인적인 헌신을 표현하고 나누기 위해, 동료 그리스도인들에게 로마 세계에서 그리스도인 제자도의 실천을 위한 지침을 제공하기 위해, 그리고 당대의 그리스도인들에게 다양한 정치 관리들 앞에서 그리스도인의 재판 증언에 대한 관점과 지침을 제공하기 위해 글을 썼다. R. J. Cassidy, *Society and Politics in the Acts of the Apo-stles* (Eugene: Wipf & Stock, 1987), 158–59. 또는 Marguerat, *The First Christian Historian*, 31가 말한 것처럼, "누가는 기독교에 정체성을 부여하여 독자들에게 **그들이 누구인지, 어디에서 왔으며 무엇이 그들을 형성했는지** 보여 주는 것"(강조 원문)이 목적이다.

94 Esler, *Community and Gospel in Luke-Acts*, 223,가 언급했듯이 누가 공동체의 실제 상황이 그의 신학을 지배한다. 누가는 공동체의 필요에 부응하는 사역을 위해 자신의 사역을 형성했으며, 따라서 현대의 목회자들이 우리 시대의 사회적, 경제적, 정치적 현실에 부응할 수 있는 원동력을 얻게 한다.

며 누가는 다양성을 장려하기 위해 글을 썼다.[95] 당연히 이 공동체는 귀신의 세력과 사탄의 힘에 공격받고 있었다.

누가는 이 이야기를 통해 유대인과 이방인이 함께 식탁 교제를 나누고, 기독교는 조상들의 유대교의 성취이며, 복음은 부자와 가난한 자를 위한 것이고, 부자는 가난한 자를 위해 공급해야 하며, 기독교와 로마는 대립할 필요가 없고, 가이사에 대한 선동은 무죄이며, 여성과 남성은 환영받고, 사탄과 정치 세력은 그리스도의 메시지를 지배할 힘이 없다는 것을 보여 준다.

누가는 "미래의" 교회가 덕스러운 행동을 본받고 부끄러운 행동을 피할 수 있도록 이러한 이야기를 들려준다는 점에 주목하여 이러한 목적에 덧붙일 수 있다. 고대 세계의 문학은 현시대에 관한 교훈과 정보를 제공하기 위해 주제를 모범으로 제시했다. 누가는 마찬가지로 초대 교회의 전통과 역사를 후대에 전하기 위해 글을 썼다. 그 과정에서 독자들에게 구원을 선포하기도 한다. 구원에 관한 설교를 들려줌으로써 누가의 책은 구원하는 설교가 된다. 이방인이 하나님의 백성에게 포함되는 이야기를 헬라어로 전함으로써 글을 이방인 지역으로 보내 이방인의 포용을 가속화한다.

위의 모든 점이 결합되어 신학적, 목회적, 합법적, 역사적, 복음적, 심지어 정치적 목적을 형성한다.[96] **누가는 격려하고, 모방하게 하고, 전도하기 위해 글을 쓴다.**[97] 이 모든 것들이 바울의 여행 동반자였으며 교회 개척에 참여했던 누가의 목회적 마음을 보여준다.

---

95 R. Stark, *The Rise of Christianity* (Princeton: Princeton University Press, 1997), 101[=『기독교의 발흥』, 좋은 씨앗, 2016]에 따르면 개종자의 비율은 남성 1명당 여성 2명 정도로 높았을 것이며, 1세기 말에는 교회의 60% 정도가 여성이었을 것으로 추정된다. 사도행전에서 여성은 남성과 함께 기도하고(행 1:14), 개인으로서 책임을 지고(행 5:7-10), 남성과 함께 구원받고, 핍박받고, 세례를 받고(행 5:14; 8:3; 8:12), 공동체에서 우선순위를 부여받고 부양받았다(행 6:1-7; 9:36-41). 사회적 지위가 낮은 여성, 심지어 여성 노예도 부지런히 일하며 복음을 전해야 한다(행 12:13-16). 부유한 여성들은 관대하고 친절하게 대하라는 도전을 받는다(행 9:36-41; 16:11-15). 여성은 남성 지도자를 가르칠 정도로 하나님의 말씀을 배울 기회를 가졌다(행 18:26). 여성은 예언한다(행 2:17-18; 21:9). 이 단락은 이 주제에 관한 논문을 쓴 나의 학생(J. Mayo)의 글을 각색한 것이다.

96 브루스는 누가가 사도행전에서 이교도 종교(기독교는 참이고 이교도는 거짓이다), 유대교(기독교는 참된 유대교의 성취이다), 정치적 비난(기독교는 로마법에 위배되는 어떤 범죄에도 무죄이다)에 관해 기독교를 옹호하는 변증가라고 말한다. F. F. Bruce, *The Acts of the Apostles: Greek Text with Introduction and Commentary*, 3rd ed. (Downers Grove: InterVarsity Press, 1990), 22[=『NICNT 사도행전』, 부흥과개혁사, 2017].

97 E. J. Schnabel, *Acts*, ZECNT (Grand Rapids: Zondervan, 2012), 37[=『강해로 푸는 사도행전』, 디모데, 2018]. 누가가 이방인에게만 편지를 썼다는 말이 아니다. 그는 유대인과 이방인이 섞여 있는 공동체에 편지를 쓴 것 같다.

2.2. 장르

사도행전은 하늘에서 떨어지지 않았다. 그것은 역사상 특정한 시기에 뚜렷한 형태로 주어졌는데, 우리가 "장르"라고 부르는 것이다. 장르는 다른 텍스트와 공유하는 본질적인 특징에 따라 텍스트를 분류하고 작품을 읽어야 하는 지침에 따라 기대치를 설정한다. 사도행전의 장르는 논의 중이다. 전기Talbert, 소설Pervo, 서사시MacDonald, 역사(그리스-로마 및/또는 유대교) 등에 이르기까지 다양하다. 각 제안에는 장점도 있지만 단점도 있다.

일반적인 장르 논의의 문제점 중 하나는 잘못된 방법론과 하나의 장르로 파악하는 데 지나치게 중점을 두는 것이다. 최근의 장르 연구는 텍스트가 다양한 장르에 속하며, 하나의 장르로 분류하는 것은 텍스트의 의미를 드러내기보다 오히려 모호하게 만들 수 있다는 점을 이해한다.[98]

앨런 베일Alan Bale은 본문에 적용할 수 있는 여러 상호 텍스트적 틀을 줄여 사도행전을 일반적으로 "한 장르"로 좁혀왔다고 주장한다.[99] 그는 사도행전에 대한 보다 에큐메니컬인 접근을 주장하며, 여러 장르가 작용하고 있음을 인정함으로써 사도행전을 좁고 제한적으로 읽는 것이 아니라 다양하게 읽을 수 있다고 주장한다.

따라서 사도행전의 장르를 다소 유동적인 것으로 보고, 단일한 독해보다는 다양한 상호 텍스트적 연결을 허용하는 여러 장르의 렌즈를 통해 접근하는 것이 가장 좋다.[100] 문학 작품은 일반적으로 관련된 여러 특성이 있다. 독자들은 이러한 다양성을 허용해야 한다.

사도행전은 헬레니즘 역사와 어느 정도 유사성이 있지만, 누가복음과의 관계로 독자들은 사도행전을 전기 장르의 파생물로 간주하며, 유대인의 울림이 풍부해 구약과 밀접하게 연관되어 있다. 이 모든 것이 새로운 시민을 위한 훈련 매뉴얼인 "지혜" 텍스트로 이어진다. 이러한 각 장르가 사도행전 읽기에 어떻게 영향을 미치는지 살펴볼 것이다.

헬레니즘 역사. 사도행전 장르에 대한 가장 보편적인 제안은 역사서라는 것

---

98 카인스는 지혜 문학에 관한 저서 2부에서 장르 연구의 "전환"을 개괄적으로 설명한다. W. Kynes, *An Obituary for "Wisdom Literature": The Birth, Death, and Intertextual Reintegration of a Biblical Corpus* (Oxford: Oxford University Press, 2019), 105–46.

99 A. Bale, *Genre and Narrative Coherence in the Acts of the Apostles*, LNTS 514 (London: T&T Clark, 2015), 93; S. A. Adams, *The Genre of Acts and Collected Biography*, SNTS 156 (Cambridge: Cambridge University Press, 2013).

100 장르 자체는 유동적이며 초기 제국 시대에는 혼합 장르가 일반적이었다. 필립스는 사도행전의 장르에 대한 장을 마무리하면서 이러한 합의에 도달한 학자들을 언급하며 글을 맺는다. T. E. Phillips, *Acts within Diverse Frames of Reference* (Macon: Mercer University Press, 2009), 72–77.

이다.[101] 누가의 프롤로그에 따르면 누가는 자신의 복음서와 사도행전을 다른 그리스-로마 역사서와 비교하려는 의도가 있었던 것 같다. 즉, 사도행전을 집어 든 고대 독자들은 폴리비우스Polybius, 투키디데스Thucydides, 에포루스Ephorus 같은 작품을 떠올렸을 것이다.

누가의 접근 방식은 주요 인물과 말과 행동에 초점을 맞추는데, 역사적 접근 방식에서 흔히 볼 수 있는 방식이다. 역사가들은 역사적 정보에도 관심이 있었지만, 그 정보를 어떻게 표현하는지 관심을 가졌다. 키너는 "그러므로 사도행전은 역사적(정보적) 관심사와 문학적(수사적, 도덕적, 신학적) 관심사가 혼합된 것으로 기대해야 한다"라고 말한다.[102]

고대 전기. 사도행전을 전기로 보는 시각은 과거에는 그다지 인기가 없었지만, 최근 다시 회복되고 있다.[103] 사도행전은 몇 가지 주요 인물을 강조하는 초대교회의 그리스-로마 전기의 렌즈를 통해 볼 수 있다.[104] 물론 이것은 한 인물에 초점을 맞춘 대부분 고대 전기와는 다르다.[105] 그러나 전기와 역사는 종종 중복되는 특성이 있기 때문에 역사적 글은 전기의 한 형태(Tac. *Agr.*)로 볼 수 있다.[106]

키너는 "따라서 사도행전은 부분적으로 전기적 방식으로 전하는 역사서로서 기능한다."[107] 고대 전기의 주요 특징은 다음과 같다. (1) 기본적인 연대기적 틀, (2) 연속적인 산문 서술, (3) 다양한 문학적 단위, (4) 중심인물의 특징 표시 같은 특징이 있다. 사도행전을 전기로 보는 가장 설득력 있는 주장은 누가가 사도행전을, 제자들을 통한 예수의 가르침과 행동의 연장선으로 제시한다는 점이다(1:1). **신학적** 견해에 따르면 사도행전은 여전히 성령과 그의 제자들의 몸(교회)을 통해 예수님의 사역을 제시한다.[108] 다른 모든 전기와 달리, 주요 인물은 이제 물리적으

---

101 Keener, *Acts*, 1:51, 1:161–65,는 사도행전이 "역사 단행본 형식의 변증적 역사서이며 상당히 대중적인 청중을 위해 쓴 책"이라고 주장한다. 그는 스털링G. Sterling에 근거를 둔다.

102 Keener, *Acts*, 1:147.

103 Adams, *The Genre of Acts and Collected Biography*, 114,은 사도행전이 개별 주체들의 삶에 초점을 맞추지만 특정 학파나 전통의 더 큰 발전과 연결되는 "수집된" 전기라고 주장한다.

104 포터는 사도행전이 고대 전기의 한 형태라고 주장한다. S. E. Porter, "The Genre of Acts and the Ethics of Discourse," in *Acts and Ethics*, ed. T. E. Phillips, New Testament Monographs 9 (Sheffield: Sheffield Phoenix Press, 2005), 1–15.

105 R. Burridge, *What Are the Gospels? A Comparison with Graeco-Roman Biography*, 2nd ed. (Grand Rapids: Eerdmans, 2004).

106 반면에 전기와 역사는 다르다. 전기는 일반적으로 한 인물에 초점을 맞추지만, 역사는 더 광범위한 인물과 사건을 포함한다.

107 Keener, *Acts*, 1:59.

108 로빈스는 고대 세계의 전기 서문에는 일반적으로 다음과 같은 내용이 포함되어 있다고 말한다. 삶의 주체인 사람에 대한 진술이 포함된다는 점에 주목한다. 사도행전은 "예수께서 행하시고 가르치기 시작한 모든 일"(1:1)에 관해 이야기한다. 1세기의 사람들은 또한

로 부재하지만, 그분의 교회와 성령을 통해 여전히 존재한다.

유대적 작품. 로즈너Rosner는 사도행전이 구약 역사와 유사하므로 단순히 구원 역사로 분류해야 한다고 주장했다.[109] 누가는 구약성경의 내러티브를 인용하고 암시하고 반향할 수 있도록 내러티브를 썼다. 이것은 단순히 헬레니즘 역사나 고대 전기가 아니라 성경의 스토리 라인과 얽힌 초대 교회에 대한 신학적 읽기이다.

이것은 그리스-로마 역사뿐만 아니라 유대인 역사에도 적합하다. 사건들은 무작위로 일어난 것이 아니라 이스라엘을 자기 백성으로 선택한 여호와 하나님의 적극적인 손길의 결과로 서술된다. 저자는 자기 작품을 구약 이야기의 연속으로 생각했기 때문에 연속성을 보여주기 위해 본문을 자기 작품에 상당 부분 사용했다. 우리가 손에 쥐고 있는 것은 거룩한 역사이다.

지혜 본문. 사도행전은 유대인의 역사일 뿐만 아니라 지혜 전통으로 이해될 수 있다.[110] 사도행전의 초기 해석자 중 한 명인 크리소스토무스는 사도행전이 "기독교의 지혜와 건전한 교리로 가득 찬 책"이라고 말한다.[111] 우리는 일반적으로 지혜 문헌을 비유나 잠언과 같은 고정된 형식으로 생각하지만, 이는 크게 도움이 되지 않는 범주 구분이다.[112]

성경 전체가 지혜 문헌이라고 할 수 있다.[113] 사도행전은 "지혜"(σοφία, 소피아)에 관한 것이다. 사도행전은 "그 도"가 다양한 전통, 문화, 구조(조상들의 유대교, 이방인, 로마 정부, 이교도, 그리스-로마 문화, 가난한 사람과 부자 등)와 어떻게 관련되어 있는지를 가르친다. 사람들이 다른 사람들과 맺는 사회적 관계에서 자신의 정체성을 얻듯이, 사회 집단은 다른 사회적 실체와 관계에서 자신이 누구

전기를 "내러티브"(διήγησις)라고 불렀다. V. K. Robbins, "Prefaces in Greco-Roman Biography and Luke-Acts," *PRS* 6.2 (1979): 95. 누가복음이 이 패턴을 따르지 않는 것이 특이하다.

109 B. Rosner, "Acts and Biblical History," in *The Book of Acts in Its First-Century Setting: Volume 1: Ancient Literary Setting*, ed. B. W. Winter and A. D. Clarke (Grand Rapids: Eerdmans, 1993), 65–82.

110 "지혜"와 "지혜 문학"의 본질에 관해서는 많은 논쟁이 있다. 어떤 의미에서 지혜는 하나의 장르가 아니라 거룩함이나 의와 유사한 개념으로 이해해야 한다. 따라서 지혜는 예수님이 제자들에게 전수한 기술에 가깝다. 지혜 문학의 장르 여러 이유로 의문시된다. 지혜 문학의 문학적 형식과 내용은 명확한 장르 구분을 나타내지 않는다. 욥기, 전도서, 잠언은 문학적 특성이 많이 겹치지 않는다. 또한 지혜의 본질에 대한 통일된 가르침을 제시하지도 못한다. 일반적으로 "지혜서"로 분류되는 책들을 하나로 묶을 수 있는 유일한 것은 "지혜의 질문과 주제를 지속해서 명시적으로 다루고 있으며" 다소 독특한 서술 방식을 가지고 있다는 점이다. 참조. J. Dryden's appendix *Hermeneutic of Wisdom* (Grand Rapids: Baker Academic, 2018), 243–64. 다음도 참조하라. Kynes, *Obituary for "Wisdom Literature."*

111 Chrysostom, *Homily 1 on Acts*, (*NPNF* 1/11:1).

112 Kynes, *Obituary for "Wisdom Literature."*

113 지혜 전통에서 반복적으로 등장하는 ἀσφαλής("확실하게," 눅 1:4)의 사용에서 "지혜"라는 범주에 대한 정당성을 찾을 수 있다.

인지를 정의한다. 누가는 이러한 방식으로 기독교를 다른 사회단체와 나란히 또는 반대되는 위치에 놓음으로써 기독교를 정의한다.

지혜 문헌으로서의 사도행전
유 대 교
이 방 인
로마 정부
이 교 도
그리스-로마 문화
부자와 가난한 자
하나님의 백성을 위한 계획

사도행전 장르의 의미. 이러한 다양한 장르에 대한 함의는 방대하지만 몇 가지 참고 사항을 살피면 도움이 될 것이다. 가장 기초적인 수준에서 사도행전은 역사로 기록되었지만, 신학적인 목표를 가진 제한된 역사이다. 사도행전은 독특한 운동을 따르며, 이 운동의 주역은 소수에 불과하다. 그렇게 함으로써 지혜를 전달하여 그리스도를 따르는 방법에 대한 훈련을 목적으로 한다. 고대 역사와 전기는 단지 무관심하게 보고하는 것이 아니라, 역사가나 전기 작가가 특정한 목적을 가지고 기록했기 때문에 사건이나 인물을 특정한 방식으로 묘사했다.

역사가들은 종종 올바른 시민 의식을 심어 주고 도덕적 교훈을 위해 글을 썼다. 그들은 청중과 독자가 이야기 속에 덕을 지닌 사람들을 본받을 수 있도록 작품을 썼다. 사도행전은 새로운 유형의 시민을 위한 훈련의 장이다. 사도행전은 새로운 공동체가 **되는** 그리고 새로운 공동체로 **존재하는** 방법을 가르치는 교육적, 시민적 기능을 가진다. 새로운 사회 질서가 터져 나왔고, 예수님의 주권 아래 새로운 하나님의 부활 능력이 πολιτεία(폴리테이아, 공동체)의 배후에 있다. 그것은 민족적 위치에서 기독교 관습의 내재된 의미를 탐구함으로써 그렇게 한다. 모든 기독교 공동체가 똑같아 보이지는 않지만, 공통점이 있다.

다양하지만 이 사회는 그리스-로마 제도보다 우월한 사회 질서와 덕 체계를 가지고 있었다. 그리스-로마의 관습에 도전하지만, 근본적이면서도 순수한 방식으로 도전하기 때문에 정치 지배자들은 이 운동이 무죄라고 선언한다. 위험하지만 흠이 없고, 위협적이지만 점이 없다. 로마 역사가 타키투스는 역사 공부가 미덕을 증진한다고 강조한다(*Agr.* 1). 플루타르코스는 포괄적인 역사와 자신의 전기를 쓰는 것을 구분한다.

나는 이 사람들의 유명한 행동을 모두 말하지 않고 구체적인 사례에 관해 철저하게 말하지도 않는다. 그러나 대부분 완벽한 전형으로 말한다. … 내가 쓰고 있는 것은 역사가 아니라 삶이며, 대부분의 유명한 행위는 항상 덕이나 악덕이 드러나지 않기 때문이다.[114]

플루타르코스Plutarch는 자신의 주제에 관한 고결한 인물에 관심을 두었기 때문에 한 인물의 모든 삶을 포함하지 않았다고 구체적으로 말한다. 도덕적 모범을 장려하기 위해 이야기를 사용하는 것은 그리스-로마 및 성경 담론에서 흔히 볼 수 있는 방식이다. 마찬가지로 누가는 당시의 그리스도인들이 승천하신 주님의 나라 시민이 되도록 격려하기 위해 두 권의 책을 썼다. 누가는 교회의 실패를 지적하는 것을 두려워하지 않으며, 본받아야 할 명예로운 행동과 지양해야 할 부끄러운 행동을 모두 제시한다. 그의 "역사 기록"은 교회를 가르치고 번영하는 시민을 만들기 위한 것이다.

역사가들은 기록에서 종종 자신의 뚜렷한 철학적, 신학적, 지혜적 관점을 드러냈다. 디오도로스Diodorus는 역사가들을 신들에 대한 자신의 신념에 비추어 기록을 정리하는 "신적인 섭리의 사역자"로 묘사한다.[115] 키너Keener는 누가의 글에서 하나님의 섭리에 대한 누가의 이해가 분명하게 드러난다고 지적한다.[116]

누가가 역사를 중요하게 여긴 이유는 적어도 부분적으로는 그것이 자기 신학을 위한 수단이었기 때문이다. 다른 고대 역사가들처럼 누가는 특정한 의제를 염두에 두고 글을 썼다. 그러므로 사도행전은 전기적 요소와 헬레니즘적 요소가 있는 유대인의 역사-지혜 내러티브로 보아야 하며, 독자로 하여금 더 큰 성경적 내러티브에 적합하고, 선한 시민 의식과 지혜를 장려하며, 뚜렷한 철학적, 신학적 관점을 드러내는 신뢰할 만한 것으로 간주하게 한다.

2.3. 편집 기술

누가는 자신의 신학과 목적을 유지하기 위해 특정한 편집 기술을 사용한다. 누가는 구약성경의 성취를 보여주기 위해 썼기 때문에 성경 역사 형식으로 쓰며 구약성경을 일관성 있게 인용하거나 암시한다. 따라서 누가의 형식은 하나님의 약속이 계속된다는 그의 목적과 일치한다. 사도행전은 말씀 전파를 다루고 있기 때문에 이야기 곳곳에 설교를 흩뿌리고 말씀의 성장에 대한 핵심적인 요약문을 제공한다. 또한 사도행전은 다양한 인물들을 통한 하나님의 역사에 대한 통일된 이야기이기 때문에, 등장인물들 사이에 많은 유사점을 제공하여 그들의 행동을 여호

---

114 Plutarch, *Lives, Alexander* 1.1–2, trans. Bernadotte Perrin, LCL 99 (Cambridge: Harvard University Press, 1919), 7:225.

115 Meister, *Herodotus*, 269. 참조. Keener, *Acts*, 1:156.

116 Keener, *Acts*, 1:156.

와라는 주제 아래 연결한다. 유대인에 대한 베드로의 사역은 바울의 이방인에 대한 사역과 유사하다. 이들은 예수님 아래에서 "하나가 된" 공동체이기 때문이다.

성경적인 역사. 로즈너Rosner는 누가의 편집 기술을 통해 누가가 단순한 역사가 아니라 성경 역사를 기록했음을 알 수 있다고 주장했다.[117] (1) 언어와 문체에서 70인역 모방, (2) 사도행전의 성취 언어, (3) 구약과 유사한 사건 묘사, (4) 사도행전 2장, 7장, 13장에 나오는 역사적 요약은 구약 역사에 대한 지속적인 참여를 강조하는 서술적 설명, (5) 하나님이 주관하시는 역사에 대한 신학적 이해라는 다섯 가지 증거가 이를 뒷받침한다.

이러한 편집 기법의 결과는 저자가 이스라엘의 이야기를 중단한 지점에서 계속하고 있음을 알려 준다. 사도행전을 세 부분으로 나누면, 각 부분의 시작은 예수님 안에서 절정에 이르는 이스라엘의 역사를 이야기한다(2, 7, 13장). 이것은 역사일 뿐만 아니라 창세기 1장에서 시작된 이야기의 연속인 거룩한 역사이다.

성경 사용. 성경 역사와 밀접하게 연결된 이유는 누가가 성경을 전략적으로 사용하여 내러티브를 전진시켰기 때문이다. 심지어 월Wall은 사도행전 2장 17-21절의 요엘 3장 1-5절 인용은 사도행전 2장 22절-15장 12절을 구성하고, 사도행전 15장 16-17절의 아모스 9장 11-12절 인용은 15장 13절-28장 28절을 구성한다고 주장한다.[118] 월은 증거를 확장하는 것처럼 보이지만, 내러티브 대부분은 구약의 약속에 비추어 이해될 수 있다. 흥미롭게도 사도행전 16-27장에서는 인용이 끊어지지만 누가는 처음 전략을 더 명확하게 설명할 수 있다. 또한, 주로 유대인 청중에서 이방인 청중으로 바뀌는 것도 이러한 변화를 설명할 수 있다.

데이비드 파오David Pao는 누가복음의 주요 성경적 기준은 이사야를 통해 발전되고 변형된 출애굽 이야기이며, 이는 신약의 모든 책에서 주장할 수 있는 주제이기도 하지만 사도행전에서 뚜렷한 주제라고 주장한다.[119] 사도행전은 새로운 출애굽 이야기이다. 시편(10번), 출애굽기(4번), 이사야(3번)가 모두 중요하게 사용되었으며 다른 성경에 대한 암시는 셀 수 없을 정도로 많다. 누가에게 성경의 영향은 심오하고 널리 퍼져 있으며 이스라엘의 더 큰 이야기와 연속성을 확립한다. 따라서 사도행전은 성경의 역사를 성취할 뿐만 아니라 그 역사를 확장한다.

설교 내용. 사도행전에서 설교 내용이 내러티브의 3분의 1을 차지하며 누가의 주요 강조점 중 하나인 하나님의 말씀 전파를 보여준다. 누가는 복음 전파를 통해 일어난 운동을 기록한다.[120] 고난을 받으셨지만, 부활하신 예수님에 대한 메시지

---

117 Rosner, "Acts and Biblical History," 65–82.

118 R. Wall, "Israel and the Gentiles Mission in Acts and Paul: A Canonical Approach," in *Witness to the Gospel*, 437–57.

119 Pao, *Acts and the Isaianic New Exodus*, 93–95.

120 Peterson, *Acts*, 28.

는 초대 교회를 격려하기 위한 것이다. 교회가 고난을 겪을 때, 그들도 언젠가 그리스도와 함께 하늘로 올려질 것임을 기억해야 한다. 그들의 괴로움은 비슷한 십자가를 지신 예수님의 모습에 뿌리를 두고 있다.

벅Bock은 사도행전의 마지막 요약 인용문인 사도행전 26장 22-23절이 설교와 성경 사용의 세 가지 중심 주제를 요약한다고 지적한다. (1) 새 교회의 메시지는 모세에서 선지자에 이르는 기독교적 소망 전체에 걸쳐 있다. (2) 소망의 중심에는 그리스도, 특히 그분의 오심과 승천이 있다. (3) 그리스도에 대한 변호는 유대인과 이방인 모두에게 호소하는 계기가 된다.[121] 여러 면에서 이 주제들은 설교에서 성경 사용뿐만 아니라 사도행전 전체 신학을 요약한다.[122] 이 연설들은 사도행전의 논증을 축소하여 담고 있다.

편집 요약. 누가는 말씀의 진행을 보여주기 위해 전환 구절을 제공한다(6:7; 9:31; 12:24; 16:5; 19:20; 28:30-31). 이러한 요약은 한 성장의 사건에서 다음 사건으로 넘어가는 전환 역할을 한다. 캐드버리Cadbury는 "요약은 기억이 연속적인 이야기의 시작이 되는 연결 역할을 한다."[123] 또한 박해에도 불구하고 진보가 계속된다는 것을 확인시켜 준다. 하나님은 성령과 그분의 백성을 통해 그분의 메시지를 적극적으로 확장하신다.[124]

말씀의 진전	
6:7	하나님의 말씀이 점점 왕성하여 예루살렘에 있는 제자의 수가 더 심히 많아지고 허다한 제사장의 무리도 이 도에 복종하니라
9:31	그리하여 온 유대와 갈릴리와 사마리아 교회가 평안하여 든든히 서 가고 주를 경외함과 성령의 위로로 진행하여 수가 더 많아지니라
12:24	하나님의 말씀은 흥왕하여 더하더라
16:5	이에 여러 교회가 믿음이 더 굳건해지고 수가 날마다 늘어가니라
19:20	이와 같이 주의 말씀이 힘이 있어 흥왕하여 세력을 얻으니라
28:30-31	바울이 온 이태를 자기 셋집에 머물면서 자기에게 오는 사람을 다 영접하고 하나님의 나라를 전파하며 주 예수 그리스도에 관한 모든 것을 담대하게 거침없이 가르치더라

내러티브 병행과 반복. 누가는 또한 내러티브의 병행과 반복을 선호한다.

---

121 D. L. Bock, "Scripture and the Relisation of God's Promises," in *Witness to the Gospel*, 42.

122 Keener, *Acts*, 1:265,는 역사가들이 연설을 해석적 사건으로 사용했다는 점에 주목하며 누가의 설교가 그의 신학에 단서를 제공할 수 있다고 말한다.

123 H. J. Cadbury, "The Summaries in Acts," in *The Beginnings of Christianity. Part 1: The Acts of the Apostles*, ed. F. J. Floakes and K. Lake (London: Macmillan, 1933), 395.

124 성장에 대한 강조는 누가복음 8장 4절에 나오는 예수님의 씨 뿌리는 자 비유에서 비롯된 것일 수 있다.

고대 세계에서는 비교를 통한 가르침($\sigma\acute{\upsilon}\gamma\kappa\rho\iota\sigma\iota\varsigma$, 슁크리시스)이 보편화되어 있었다. 이 기법은 수사학 교육에서 예비 연습의 일부이기도 했다. 누가복음과 사도행전이 몇 가지 공통된 주제와 관련된 움직임을 공유한다는 점에 주목한 학자들도 있다.[125]

누가복음과 사도행전 병행	
누가복음	사도행전
성육신 (1-2장)	승천 (1:9-11)
내려오심/성령의 세례 (3:21-22)	내려오심/성령의 세례 (2:1-4)
사역 취임 설교 (4:14-21)	사역 취임 설교 (2:14-39)
치유 사역 (4:40; 5:17; 8:46)	치유 사역 (5:14-16)
갈릴리 사역 (4:31-39)	갈릴리 사역 (여러 곳에서)
유대 지도자들의 반대 (5:29-6:11)	유대 지도자들의 반대 (4:1-8:3)
70명의 사역 (10장)	7명의 사역 (6-8장)
세 제자가 예수님의 영광을 본 사건 (9:28)	스데반이 예수님의 영광을 본 사건 (7:55)
예루살렘으로 여행 (9-19장)	로마로 여행 (19-21장)
예수님을 죽이려는 헤롯 (13:31)	베드로를 죽이려는 헤롯 (12장)
고별 설교 (22:15-38)	고별 설교 (20:18-35)
성전에 들어가시는 예수님 (19:45-48)	성전에 들어가는 바울 (21:26)
예수님의 고난과 네 번의 재판 (20-23장)	바울의 고난과 네 번의 재판 (21-26장)
예수님의 죽음 (23장)	바울의 "죽음" (27장)
예수님의 부활 (24장)	바울의 "부활" (28장)
사명을 암시하는 성경의 성취 강조 (24:44-47)	계속되는 사명을 암시하는 성경의 성취 강조 (28:25-28)

어떤 학자들은 세부 사항이나 순서에 관해 논쟁하고 싶을 수 있지만, 내러티브가 보여주는 충분한 유사점은 사도행전의 운동이 누가복음의 운동과 어떻게 관련되는지 고려하게 만든다. 그 이면의 신학은 그리스도가 바울뿐만 아니라 자기

---

125 다음 목록을 참조하라. Keener, *Acts*, 1:558–61. 도표는 가장 설득력 있는 유사점을 정리한 것이다. 키너는 주로 다음 책에서 발췌한다. M. D. Goulder, *Type and History in Acts* (London: SPCK, 1964), 61.

교회와 증인 전체에 살아 계시다는 것을 나타낸다.

사도행전**에는** 병행과 반복도 존재한다.[126] 사울의 회심은 세 번이나 언급된다. 베드로와 고넬료 에피소드도 세 번 반복된다(누가의 관점 = 사도행전 10장, 베드로의 관점 = 11:1-18, 예루살렘 공의회 = 15:7-11). 세 이야기 모두 이방인 선교를 승인하기 위한 하나님의 개입이 강조되고 있음을 확인할 수 있다. 또한 베드로와 바울 사이에는 수많은 유사점이 있으며, 이는 바울의 세계 선교를 정당화한다.[127]

베드로와 바울 병행	
베드로	바울
설교 (2:22-39)	설교 (13:26-41)
중풍병자를 고침 (3:1-10)	중풍병자를 고침 (14:8-11)
사역을 위해 성령 충만 (4:8)	사역을 위해 성령 충만 (13:9)
간접적인 치유 (5:15)	간접적인 치유 (19:12)
산헤드린에서 바리새인의 변호 (5:34-39)	산헤드린에서 바리새인들의 변호 (23:9)
안수로 지도자들을 위임 (6:1-6)	안수로 지도자들을 위임 (14:23)
베드로의 손을 통해 사람들이 성령을 받음 (8:17)	바울의 손을 통해 사람들이 성령을 받음 (19:6)
죽은 자를 살림(9:36-41)	죽은 자를 살림 (20:9-12)
백부장과 친밀해짐 (10:24-48)	백부장과 친밀해짐 (27:1-44)
예루살렘에서 이방인 선교 변호 (11:4-17; 15:7-11)	예루살렘에서 이방인 선교 변호 (15:4; 21:21-26; 22:21)
유대 절기에 갇힘 (12:4-7)	유대 절기에 갇힘 (22:24; 참조. 20:16)
감옥에서 기적적으로 풀려남 (5:19; 12:6-11)	감옥에서 기적적으로 풀려남 (16:25-34)

결론적으로 누가는 다양한 편집 기법을 사용하여 자신의 사역이 예수의 사역을 성취하고 이어가고 있음을 나타낸다. 독자들은 사도행전을 읽는 데 그치지 않고 누가가 **어떻게** 이야기를 전달하는지에 귀를 기울여 사도행전을 읽는 것

---

126 Goulder, *Type and History in Acts*, 5장에서는 사도행전을 네 개의 부분(예루살렘 = 사도, 사마리아/이스라엘 변두리 = 집사, 유대 = 베드로, 세계 = 바울)로 구분하여 설명한다. 각 단원에는 다음과 같은 공통 주제가 있다: (1) 하나님의 일을 할 새로운 사람의 선택, (2) 성령 강림, (3) 케리그마, (4) 강력한 사역, (5) 박해, (6) 교회의 모임, (7) 거짓 제자의 혼란, (8) 수난과 죽음, (9) 부활.

127 이 도표는 대체로 다음에서 왔다. Keener, *Acts*, 1:562.

이 좋다. 이야기의 형식은 단순한 장식품이 아니라 내용이다. 발타살Hans Urs von Balthasar이 주장했듯이, "내용[게할트 Gehalt]은 형식[게슈탈트 Gestalt] 뒤에 있는 것이 아니라 그 안에 있다. 형식을 보고 '읽을' 능력이 없는 사람은 마찬가지로 내용을 인식하지 못할 것이다. 형식으로 깨닫지 못하는 사람은 내용에서도 빛을 보지 못할 것이다."[128]

2.4. 구조

구조가 없는 본문은 의미가 없는 본문이다. 한 철학자가 말했듯이 "인간은 처음부터 끝까지 참여하지 못하기 때문에 죽는다."[129] 형식과 구조는 의미를 결정하고 깨우쳐 준다. 저자가 배치하는 위치는 독자에게 그 목적에 대한 단서를 제공한다.

1세기의 길고 값비싼 저작물은 일반적으로 여러 번의 초고를 거쳐야 했으며, "메시지를 가장 잘 전달하기 위해 신중한 사전 고려와 정리가 필요했다."[130] 사도행전과 같은 기초적인 문서도 마찬가지였을 것이다. 또한 당시 수사학은 독자가 작품을 평가하고 이해하는 데 도움이 되도록 자료를 배열해야 했다. 많은 역사가 구술로 전해지도록 설계되었고, 좋은 이야기를 전달하기 위해 자료를 구성했다.[131]

구조는 본문의 내적, 외적 요소로 구성되는데, 내적 요소는 독자로 하여금 본문 자체의 특정 표시(위치, 주어, 동사 등의 변화)에 주의를 기울이고 구분을 만드는 시도를 하도록 하며, 외적 요소는 본문 위에 틀을 마련한다. 누가는 우리에게 자기 작품에 대한 명시적인 구조를 제공하지 않는다. 우리는 그 구조를 추론한다.

따라서 구조 분석은 저자 중심 접근 방식과 독자 참여 방식을 모두 결합한다. 그렇기 때문에 사도행전의 구조에 대한 논쟁이 발생하고, 구조에 따라 내러티브의 다양한 측면이 강조된다. 스트라우스는 "누가복음에서 서양 주석가들이 추구하는 정밀하게 묘사된 개요를 기대하지 않는 것이 최선일 것이다. 사도행전 전체에서 분명한 것은 누가가 **복음의 끊임없는 전진**에 초점을 맞추고 있다는 점이다."[132]

(일부 구조에 관해서는 더 강한 주장과 약한 주장이 있지만) 문제는 어떤 구조가 옳으냐가 아니라 각 구조가 무엇을 보여주는가 하는 것이다. 구조와 내러티브의 위치가 이 주석의 핵심이기 때문에, 나는 사도행전을 세 가지 하위 항목으로

---

128 H. U. von Balthasar, *The Glory of the Lord*, Vol. 1: *Seeing the Form: A Theological Aesthetics*, trans. E. Leiva-Merikakis (San Francisco: Ignatius, 1983), 151.

129 크로톤(Croton)의 알크메온Alcmaeon. 다음에 인용됨. M. C. Taylor, *Abiding Grace: Time, Modernity, Death* (Chicago: University of Chicago Press, 2018), 229.

130 Keener, *Acts*, 1:45.

131 W. Shiell, *Reading Acts: The Lector and the Early Christian Audience*, Biblical Interpretation 70 (Boston: Brill, 2004).

132 Strauss, *Typological Geography*, 4(강조는 원문).

나누어 설명할 것이다. 첫째, 누가복음을 포함한 큰 틀의 관점(헬리콥터 시점)을 제시할 것이다.[133] 둘째, 사도행전의 개괄적인 관점(나무 꼭대기 시점)을 중재하는 그림으로 넘어간다. 마지막으로, 앞의 두 부분에서 설명한 내용을 바탕으로 사도행전에 대한 더욱 자세한 개요(거리에서의 시점)를 설명한다.

누가-행전(헬리콥터 시점). 누가복음과 사도행전 사이의 정확한 관계는 논쟁의 여지가 있지만, 어떤 종류의 관계는 당연한 것으로 받아들여야 한다.[134] 누가복음은 한 내러티브에서 다른 내러티브로 전환하기 위해 여러 가지 상호 텍스트적 렌즈를 사용한다. 선지자, 제사장, 왕의 렌즈는 다음과 같다.[135]

누가-행전의 선지자, 제사장, 왕 구조
선 지 자
누가복음 = 엘리야
선지자의 승천 / 성령의 은사
사도행전 = 엘리사
제 사 장
누가복음 = 모세
선지자의 승천 / 마음에 새겨진 율법
사도행전 = 여호수아 / 정복
왕
누가복음 = 다윗
왕의 승천 / 즉위
사도행전 = 열방에서 솔로몬과 지혜

이 그림과 일치하는 것은 여행 내러티브이다. 많은 사람이 여행 주제가 누가복음-행전에서 가장 두드러진 구조적 요소라고 주장한다.[136] 여행 내러티브는 그

---

133 Brodie, "Luke-Acts as an Imitation and Emulation,"은 누가-행전이 엘리야-엘리사 내러티브를 따르며, 승천과 선지자들의 추종자들에게 주어진 성령의 은사를 구분선으로 삼고 있다고 주장한다.

134 누가복음과 사도행전의 관계에 대한 자세한 내용은 "사도행전 정경적으로 읽기" 부분을 참조하라.

135 모세를 제사장이 아닌 선지자나 왕의 범주에 넣어야 하는지 궁금해할 수 있을 것이다. 나는 모세를 이 모든 범주에 넣을 수 있고 넣어야 한다고 생각한다. 모세가 명시적으로 제사장이라고 분류되지는 않았지만, 그의 시내 산 여정은 제사장직 모델이 된다.

136 F. Filson, "The Journey Motif in Luke-Acts," in *Apostolic History and the Gospel: Biblical and Historical Essays Presented to F. F. Bruce*, ed. W. W. Gasque and R. P. Martin (Exeter:

리스-로마 문화에서 흔히 볼 수 있는 특징이며, 마르게라Marguerat는 사도행전을
다음처럼 분류하고 연관 짓는다. (1) 식민지 또는 공동체의 설립, (2) 탐험의 여정,
(3) 내러티브 플롯의 여정, (4) 철학자 또는 선교사의 순회, (5) 입문의 길. 이 모든
것이 사도행전의 여행 주제의 목적과 어느 정도 일치한다.[137]

여행 주제는 성경에서 가장 지배적인 유형 중 하나이기도 하지만, 다니엘은
인자가 하늘을 향한 결정적인 여행에서 여호와 앞에 나타날 때 여행 주제가 절정
에 달할 것이라고 알려준다(단 7:13-14). 파오Pao는 누가가 "여행" 또는 "길" 이
미지를 구축하는 주요 틀은 이사야를 통해 변형되고 종말론화된 출애굽(exodus)
을 통해서라고 주장한다.[138] 하나님의 백성은 하나님께서 약속하신 것을 성취하기
위해 주님을 위한 또 다른 "길"(사 40:3)을 준비해야 하며, 이 계획은 사도행전 1
장 8절에 개괄적으로 설명되어 있다.

다른 많은 학자와 함께 나는 사도행전 1장 8절을 전체 내러티브의 지리적, 지
정학적, 민족적, 구조적 단서로 삼는다. "오직 성령이 너희에게 임하시면 너희가
권능을 받고 예루살렘과 온 유대와 사마리아와 땅끝까지 이르러 내 증인이 되리
라 하시니라." 누가복음은 예루살렘에서 시작하여(1:5-2:53), 갈릴리에서 사역
하고(3:1-9:50), 예루살렘으로 여행하고(9:51-19:27), 마지막으로 예루살렘으
로 돌아간다(19:28-24:53).

누가복음 개요
예루살렘 (1:5-2:53)
갈릴리 사역 (3:1-9:50)
예루살렘으로 돌아가는 여행 (9:51-24:53)

사도행전은 누가복음이 끝나는 지점에서 시작되며 예루살렘 이야기(1-7장),
유대와 사마리아(8-12장), 땅끝(13-28장)이라는 유사한 세 개의 구조로 설명할
수 있다. 시각적으로는 다음처럼 묘사할 수 있다.

Paternoster, 1970), 68–77. 누가는 100개가 넘는 도시와 마을을 암시한다. 알렉산더는 전체
내러티브를 항해로 본다면 한 명의 여행자가 중심이 되는 것이 아니라고 말한다. 수많은
이름과 이름 없는 개인이 등장한다. L. Alexander, *Acts in Its Ancient Literary Context: A
Classicist Looks at the Acts of the Apostles*, LNTS 298 (New York: T&T Clark, 2005), 73.

137 Marguerat, *The First Christian Historian*, 239–56.

138 Pao, *Acts and the Isaianic New Exodus*, 5.

사도행전 개요
예루살렘 (1-7장)
유대와 사마리아 (8-12장)
땅끝 (13-28장)

이 두 가지 내러티브를, 승천을 중심점으로 결합하면 다음과 같다.

누가복음과 사도행전 대칭								
누가복음	1-3장	3-9장	10-23 24장	사도행전 (1장)	1-7장	8-12장	13-28장	?
				승천				
			예루살렘 (죽음과 부활)		예루살렘 (성령)			
		갈릴리				유다/사마리아		
	예루살렘						땅끝	
성육신								재림

전체 이야기는 승천으로 마무리되며 구원 역사의 절정을 이룬다. 특히 예수님의 사역을 반영하는 사도행전과 관련하여 이 평행 구조에 관해 몇 가지 주목해야 할 점이 있다.

- 예수님의 사역이 예루살렘에서 시작된 것처럼 사도행전도 예루살렘에서 시작된다. 아브라함에게 주신 약속은 그의 특별한 족속이 온 세상을 축복하리라는 것이다. 보편적인 축복이 특별한 족속을 통해 온 세상으로 흘러간다.[139]
- 사도행전에서 유대와 사마리아에 복음이 전파되고 예수님은 북쪽(갈릴리)에

---

139 Sleeman, *Geography and the Ascension*, 97은 사도행전에 대한 예루살렘 중심적 관점이 내러티브 안에서 새로운 공간 개념을 생성하는 승천 지리학의 중심성을 무시한다고 올바르게 경고한다.

서 사역하는 시간을 보낸다. 두 가지 모두 북 왕국과 남 왕국의 재결합을 나타낸다. 세상을 축복하려면 이스라엘이 온전해야 한다.

- 예루살렘으로 향하는 예수님의 여행 주제는 바울의 선교 여행과 여러 가지 면에서 유사하다.
- 첫째, 두 여행 주제가 내러티브의 절반 정도를 차지한다.
- 둘째, 두 여행 주제 모두 재판과 선고로 끝난다.
- 셋째, 바울은 로마에서, 예수님은 예루살렘에서 끝을 맺지만 이러한 단절은 의도적이다. 예수님의 희생적인 죽음과 예루살렘에서 즉위하신 사건은 땅끝으로 향하는 새로운 사명을 촉진한다. 사도행전은 바울이 감옥에 갇히는 것으로 끝이 나지만, 예수님의 메시지는 묶일 수 없다.

사도행전의 구조(나무 꼭대기 시점). 사도행전의 지리적 개요는 대체로 받아들여지고 있지만, 세부적인 내용은 논쟁의 여지가 있다. 첫 번째는 요약문(이 부분에서 다룸)에 관한 것이고, 두 번째는 선교 여행(다음 부분에서 다룸)과 관련된 논쟁이다.

많은 사람은 요약문이 내러티브를 어떻게 나누는지 알린다고 생각한다. 이 견해에서는 편집의 표시(6:7; 12:24; 19:20)가 내러티브의 한 부분을 절정으로 이끈다고 본다. 또 다른 견해는 모든 요약문을 구분으로 삼아 보통 7개 부분으로 만든다. 여기서 요점은 박해에도 불구하고 복음이 번영하는 것으로 보인다는 것이다. 주요 편집 표시로 보는 개요는 다음과 같다.

1. 예루살렘 교회(1:1-6:7)
2. 유대, 사마리아, 이방 지역으로 확장(6:8-12:24)
3. 소아시아 및 유럽으로 확장(12:25-19:20)
4. 바울을 통한 말씀의 계속되는 승리(19:21-28:31)

이 개요는 깨달음을 주지만 몇 가지 약점이 계속된다. 첫째, 1장 1절~2장 47절에 예루살렘 교회에 대한 명확한 소개가 있는 것 같다. 위 구분은 승천, 성령 강림, 교회 탄생의 중심성을 강조하지 않는다.[140] 또한, 3장은 내러티브에서 처음으로 사도들이 성전에 들어가는 것을 나타내므로 1-2장과 그 이후의 내용을 지리적으로 구분한다.

둘째, 이 개요는 지리적 진행만을 강조한다. 개요는 반드시 단순해져야 하지만, 신학적인 주제를 제시하고 개요에서 무시하는 것은 모순이다. 주제는 내러티

---

140 사도행전 1-2장과 3-7장의 분리를 뒷받침하는 또 다른 근거는 누가복음 1-2장에 나오는 예수님의 탄생 이야기가 사도행전 1-2장에 나오는 교회의 탄생 이야기를 반영하고 있다는 점이다.

브를 통해 드러나는 것이지 내러티브 위로 올라가는 것이 아니다. 사도행전 1장 8절은 부활하신 그리스도께서 하나님 아버지의 계획에 따라 성령의 권능에 관해 하신 말씀이다. 차이가 없는 구분을 지나치게 강조하고 싶지는 않지만, 개요는 적어도 제안하는 핵심 주제 중 일부를 시각적으로 표현해야 한다.

요약문의 또 다른 용도는 아래에서 확인할 수 있다.

1. 교회의 기초와 사명 (1:1-2:41)
2. 예루살렘의 교회 (2:42-6:7)
3. 스데반, 사마리아, 사울 (6:8-9:31)
4. 베드로와 최초의 이방인 개종자 (9:32-12:24)
5. 이방인에게 향하는 바울 (12:25-16:5)
6. 이방 세계로 확장 (16:6-19:20)
7. 예루살렘과 로마로(19:21-28:31)

이 개요에는 장점도 있지만 몇 가지 약점도 있다. 첫째, 2장 41절과 2장 42절 사이의 휴지 기간은 지나치게 강제적으로 보인다. 둘째, 6장 7절은 예루살렘에서 이동을 설명하지 않는다. 나는 이 변화가 절정으로 생각할 수 있는 스데반의 성전 설교 이후에 일어난다고 주장할 것이다. 셋째, 19장 20절에서 내러티브를 끊는 것에 대한 좋은 논거가 있지만 에베소 사역은 19장 20절 이후에도 계속된다. 에베소에서 큰 폭동이 일어나고 에베소 내러티브가 마무리된다.

나는 요약문을 새로운 부분의 중심으로 엄격하게 따르기보다는 부분들의 단절을 표현하고 사건의 큰 그림을 볼 수 있도록 유연성을 더했다. 톰슨Thompson이 지적했듯이 요약 진술은 중요하지만, 항상 단원의 끝을 표시하기보다는 서술 단원의 중심에 배치하기도 한다.[141] 나의 개요는 여전히 지리적 측면이 대부분이지만, 요약 진술을 맹목적으로 따르지 않고 주제 중심으로서 핵심을 제공한다.[142]

1. 삼위일체 하나님께서 교회를 세우신다(1:1-2:47).

---

141 Thompson, *The Acts of the Risen Lord Jesus*, 64. n. 119.

142 이 구조에 대한 가장 강력한 주장은 안디옥, 시리아, 다메섹이, 예루살렘이 8-12장에 포함되어 있기 때문에 중간 부분에 관한 것이다. M. L. Strauss, *The Davidic Messiah in Luke-Acts: The Promise and Its Fulfilment in Lukan Christology*, LNTS 110 (Sheffield: Sheffield Academic Press, 1995), 3-4. 그러나 누가는 유대를 더욱 적절한 방식(갈릴리와 구별되는 팔레스타인 남부 지역, 9:31)과 더욱 일반적인 방식(팔레스타인 전체를 포괄하는 방식, 10:37)으로 모두 사용할 수 있다. 나는 유대와 사마리아를 그 지역 전체를 포괄하는 의미로 받아들인다. 두 지역은 문법적으로 연결되어 있으며 형용사 수식어 "모두"(καὶ [ἐν] πάσῃ τῇ Ἰουδαίᾳ καὶ Σαμαρείᾳ)가 포함되어 있다.

2. 하나님께서 예루살렘에서 증인들에게 힘을 주신다(3:1-8:3).

3. 하나님께서 증인들을 유대와 사마리아로 보내신다(8:4-12:25).

4. 하나님께서 증인들을 세 번의 여행에 보내신다(13:1-21:14).

5. 하나님께서 예루살렘과 로마에 증인을 보내신다(21:15-28:31).

사도행전의 구조(거리에서의 시점). 지금까지 누가복음과 사도행전을 연결하는 넓은 지리적 여행, 큰 지리적 부분과 신학적 부분을 보여주는 중간적 관점을 살펴보았으며, 이제 좀 더 자세한 개요를 포함할 차례이다. 사도행전에 관한 첫 번째 논의가 구조에서 요약문을 어떻게 활용할 것인가에 초점을 맞추었다면, 두 번째 논의는 선교사들의 여행에 관한 것이다. 일반적으로 선교 여행은 다음처럼 나뉜다.

1. 첫 번째 선교 여행 (13:1-14:28)

2. 두 번째 선교 여행 (15:36-18:22)

3. 세 번째 선교 여행 (18:23-21:16)

4. 바울의 로마 여행 (21:17-28:31)

이 순서에는 논리가 존재하며, 그 논리는 오랫동안 유지된다. 바울의 첫 번째 선교 여행은 안디옥에서 시작하여 안디옥에서 끝나기 때문에 여행 이야기에 포괄적인 내용을 제공한다. 두 번째 선교 여행 역시 안디옥에서 시작되며, 18장 22절은 바울이 안디옥으로 돌아갔다고 기록한다. 마지막으로 21장 17절에서 바울은 로마에 도착한다.

몇 가지 약점도 드러난다.[143] 두 번의 여행만 존재한다고 주장할 수 있는데, 두 번째는 에게해 서쪽과 동쪽을 모두 포함하는 에게해 선교(15:36-21:14)이다.[144] 세 번의 여행이 누가의 문학적 의도인지에 대한 의문을 제기하는 여러 주장이 있다.

---

143 P. Schreiner, "Evaluating the Validity of the 'Three Missionary Journeys' Structuring Motif in Acts," *JETS* 63.3 (2020): 505–16.

144 벅Bock, 브루스Bruce, 던Dunn, 할러데이Holladay, 키너Keener, 퍼보Pervo, 스펜서Spencer, 쾨스텐버거Köstenberger와 오브라이언O'Brien은 모두 두 번째와 세 번째 여행을 하나로 묶는다. 브루스는 16:6-19:20을 "에게해 연안의 복음화"라는 제목을 붙였다. 벅은 이 부분을 "두 번째와 세 번째 여행"이라고 부르고, 키너는 "바울과 아시아와 아가야의 동료들"(15:36-19:41)이라고 제목을 붙인다. D. L. Bock, *Acts*, BECNT (Grand Rapids: Baker Academic, 2007), viii[= 『BECNT 사도행전』, 서울: 부흥과개혁사, 2018]; F. F. Bruce, *The Book of Acts* (Grand Rapids: Eerdmans, 1968), 13; J. D. G. Dunn, *The Acts of the Apostles* (Grand Rapids: Eerdmans, 1996); C. R. Holladay, *Acts: A Commentary* (Louisville: Westminster John Knox, 2016), xi; F. S. Spencer, *Journeying through Acts: A Literary-Cultural Reading* (Sheffield: Sheffield Academic Press, 1997); Pervo, *Acts*, 319; A. J. Kostenberger and P. T. O'Brien, *Salvation to the Ends of the Earth: A Biblical Theology of Mission*, NSBT 11 (Downers Grove: InterVarsity Press, 2001), 149; Keener, *Acts*, vi, 1:3.

첫째, 18장 22절을 문학적 중단으로 보는 것은 지나치게 억지이다. 많은 학자는 18장 18-23절의 여행 내러티브를 두 번째 선교 여행을 마무리하거나 세 번째 여행을 시작하는 것으로 본다. 이 부분이 서로 맞물려 있는 본문일 가능성이 높지만, 18장 22절에서 구분을 해야 하는지는 의문이다.

둘째, 이 선교 여행 개요는 1742년 벵겔J. A. Bengel의 주석(*Gnomon Novi Testamenti*)에서야 비로소 인식되기 시작했다. 17세기 후반과 18세기 초에 선교 기관들이 선교사들이 외지로 나갔다가 중심지로 돌아오는 유형을 제공하기 위해 이 방법을 채택하면서 인기를 얻었다. 이러한 늦은 인식이 반드시 오류를 의미하는 것은 아니지만 의혹을 불러일으킨다. 마지막으로, 바울 선교 사역의 첫 번째, 두 번째 단계가 다메섹과 나바테아/아라비아에서 이루어졌다는 점에서 슈나벨의 견해는 옳다. 세 번째와 네 번째 단계는 예루살렘과 길리기아에 있다.[145] 세 번의 선교 여행 모델은 바울 사역의 첫 10년을 무시한다.

몇 가지 약점을 지적했지만, 여행 내러티브(18:18-23)를 과도기적으로 보고 바울의 에게해 서쪽 사역에서 출발한 세 번째 여행으로 볼 수 있는 충분한 논거가 있다.

첫째, 누가는 바울이 예루살렘과 안디옥으로 돌아가는 것에 관해 많이 언급하지 않지만, 본문이 지리적으로 구성되어 있다면(1:8), 바울이 파송 교회로 돌아가는 것의 중요성에 주목하지 않고는 이 세부 사항을 지나치기 어렵다.

둘째, 두 번째와 세 번째 여행은 모두 여행 내러티브로 시작하기 때문에 문학적으로 병행된다. 셋째, "세 번째 여행"은 에베소 방문과 그 언급으로 중단된다. 이것은 에베소 사역과 바울이 마게도냐와 그리스에서 한 사역을 구분한다. 또한 에베소에서 바울은 이미 사역했던 두 주요 지역, 즉 소아시아(18:23)와 마게도냐(20:1-6)의 교회를 견고하게 하기 위해 돌아온다. 스펜서Spencer의 말처럼, "에베소는 교회의 선교 여행에서 주요 단계를 검토하고 미리 살펴볼 수 있는 중추적인 장소이다."[146]

넷째, 에베소는 자유인으로서 바울 선교의 절정, 즉 백조의 노래가 된다. 이 모든 이유들은 바울의 마게도냐/아가야 선교와 에베소 선교 사이에 느슨한 구분이 있기는 하지만 구분이 있다는 것을 가리킨다. 서론 바로 뒤에 그 개요를 제시하려 한다.

3. 역사적으로 사도행전 읽기

사도행전은 초대 교회 사건에 대한 기록이 목적이다. 따라서 역사적 작품이

---

145 E. J. Schnabel, "Paul's Missionary Work in Syria, Nabatea, Judea, and Cilicia," in *Lexham Geographic Commentary on Acts through Revelation*, ed. B. J. Beitzel (Bellingham: Lexham, 2019), 229–36.

146 Spencer, *Acts*, 192.

다. 많은 주석가가 이 연구 분야에 힘을 쏟았다. 누가는 목격자들을 인터뷰하고 역사적 기록을 정리했다고 주장하면서 두 권으로 구성된 글쓰기를 시작한다(눅 1:1-4). 따라서 사도행전을 읽을 때는 이 작품이 기록된 문화적, 사회 경제적, 이념적 배경을 고려해야 한다.

더 중요한 것은 하나님께서 역사 속에서 행동하셨기 때문에 모든 성경을 읽을 때 역사가 필수적이라는 것이다. 하나님은 인간의 역사에 개입하셨지만, 그분이 개입하고 행동하시는 것은 여전히 특정한 인간 역사이다. 사도행전의 저자, 날짜, 역사적 신뢰성을 아는 것은 사도행전을 읽는 데 많은 도움이 되며, 해석자들이 시대착오적인 실수를 범하지 않도록 도와준다. 역사 안과 역사를 통한 하나님의 인도하심을 간과해서는 안 된다.

3.1. 저자

사도행전은 복음서와 마찬가지로 공식적으로는 익명이지만, 초기 외적인 역사적 증거는 바울의 친구이자 의사였던 누가를 저자로 지목하고 있다(골 4:14). 누가가 저자라는 초기 역사적 증거는 다음과 같다.

- 가장 오래된 복음서 사본인 파피루스 75(AD 175-225년)에는 마지막에 Εὐαγγέλιον κατὰ Λουκᾶν(유앙겔리온 카타 루칸, "누가복음")이 기록되어 있다.
- 무라토리안 정경(AD 170-80년경)은 누가를 저자로 설명한다.
- 이레나이우스(*Haer*. 3.1.1; 3:14.1)는 누가를 누가복음과 사도행전의 저자로 밝힌다.

9세기부터는 책 제목에 저자가 명시되어 있다.[147] 1세기 당시 사도행전의 익명성은 생각하기 어렵다. 이 책은 공동체의 기초 문서였기 때문에 대부분 사람이 저자가 누구인지 알고 있었다고 합리적으로 추정할 수 있다. 따라서 외적 증거는 결정적이지는 않지만, 누가를 저자로 지목한다.

내적 증거도 누가를 뒷받침한다. 누가복음 1장 1-4절에서 누가는 자신을 예수님과 동행한 사람이 아니라 예수님과 동행한 목격자들과 접촉한 사람으로 묘사한다. 또한 누가는 중요한 서술 지점에서 1인칭 복수 대명사 "우리"를 사용하여 바울의 여행 동반자였음을 나타낸다(16:10-17; 20:5-15; 21:1-18; 27:1-28:16). 누가는 바울의 여행 동행자들의 이름은 말하지만, 자기 이름은 말하지 않는다. 이것은 다른 신약에서 누가가 바울과 함께 여행했다는 사실을 알고 있기 때

---

147 신약성경 사본 33, 189, 1891, 2344을 참조하라.

문에 특이한 부분이다(골 4:14, 딤후 4:11, 몬 24절). 기독교 전통과 내적 증거는 자도행전 저자를 누가로 보는 쪽으로 기울어져 있다.

대부분은 누가가 바울이 로마에 구금되어 있는 동안 바울과 함께 한 이방인 으로서 하나님을 경외하는 사람이었다고 주장한다. 그가 이방인 교회의 대표로서 바울과 함께 예루살렘으로 여행했다면(행 20:4-5; 골 4:11, 14), 이방인이었을 수 있다. 골로새서 4장 14절에서 누가는 바울의 할례받은 동료들(4:11)과는 다른 그룹에 속하는 것으로 보인다.

누가가 이방인이었다면 누가복음과 사도행전은 이방인이 쓴 유일한 책이다. 누가-행전은 신약성경의 27%를 차지하며 이방인 선교로 전환되는 과정을 보여 준다. 무어Moore는 "이방인을 포함하는 강조는 저자 자신이 이방인 회심자일 가 능성이 높다는 것을 시사한다"라고 말한다.[148]

초기 그리스도인들은 누가를 안디옥 출신이라고 밝혔는데, 이는 사도행전에 서 안디옥을 강조한 것과 일치한다.[149] 어떤 이들은 사도행전 13장 1절의 "구레네 사람 루기오"가 누가라고 주장하기도 한다(참조. 롬 16:21), 아마도 피부가 검었 다는 의미일 것이다.[150] 대부분 현대 학자는 바울이 다른 곳에서 그를 누가로 부르 기 때문에(골 4:14; 딤후 4:11; 몬 24절) 이 사실을 의심하지만 가장 "로마적인" 책 두 곳에서 한 인물을 루기오라고 부르는 것은 흥미로운 일이다.

다른 학자들은 그가 헬라파 선교의 일원이었던 디아스포라 유대인 그리스도 인이었다고 주장한다. 이스라엘에 대한 언급, 성취에 대한 언급, 토라에 대한 긍 정적인 묘사, 유대인 선교사로서 바울을 묘사하는 점은 누가가 유대인 그리스도 인이라는 것을 먼저 지적한다.[151] 올리버Oliver는 "이방인이 입증될 때까지 유대인" 이라고 주장하고, 헬레니즘이 들어온 것을 부정하지 않으면서 누가-행전이 유대 교적이라는 점을 주장한다. 그는 "이방인 누가는 죽었다"라고 주장한다.[152]

나는 여전히 누가를 이방인으로 보는 쪽에 기울어져 있지만, 그 증거는 결정

---

148 M. E. Moore, *Acts*, The College Press NIV Commentary (Joplin: College Press, 2011), 22.

149 2세기 말의 반 마르시온 서문(*The Anti-Marcionite Prologue*)은 누가를 "시리아의 안디옥 사람"으로 묘사한다. 유세비우스(Hist. eccl. 6.2)도 이 사실을 언급한다.

150 J. González, *The Story Luke Tells: Luke's Unique Witness to the Gospel* (Grand Rapids: Eerdmans: 2015), x–xi.

151 Jervell, *The Theology of the Acts of the Apostles*, 5.은 "그는 유대인 그리스도인이었다. 이방인으로 태어났을 수도 있지만, 헬라파 유대 기독교에 뿌리를 둔 하나님을 경외하는 자 들로부터 온 사람이다."라고 말한다. 쿤은 누가가 유대인임을 지적하며, DSS(사해문서)와 누가의 유사점에 주목한다. K. A. Kuhn, *The Kingdom according to Luke and Acts: A Social, Literary, and Theological Introduction* (Grand Rapids: Baker Academic, 2015), 61.

152 I. W. Oliver, *Torah Praxis after 70 CE: Reading Matthew and Luke-Acts as Jewish Texts*, WUNT 2/355 (Tübingen: Mohr Siebeck, 2013), 447–51.

적이지 않다. 아마도 최선의 방법은 한쪽 평가에 너무 많은 해석적 무게를 두지 않는 것일 수 있다.

3.2. 저작 시기

해석가들은 사도행전의 연대를 확신하지 못한다. 이 문제는 성경을 믿는 시험 사례가 되어서는 안 된다. 두 가지 주요 주장은 AD 75년 이후 또는 AD 60-63년을 중심으로 한다.[153] AD 75년 이후에 대한 주장은 다음과 같다.

- 대부분은 공관복음서의 구성에 근거를 두고 누가가 복음서와 사도행전의 저 자라고 생각하기 때문에 후대의 날짜를 근거로 삼는다.
- 누가는 마가복음을 자료 중 하나로 사용했을 가능성이 높다(눅 1:1). 이레나 이우스(*Adv. Haer.* 3.1.1)는 마가가 베드로 사후에 베드로의 회고록을 바탕으로 복음을 썼다고 말한다. 베드로의 죽음은 60년대 중반일 가능성이 높다. 마가복 음과 누가복음 사이에 어느 정도 시간이 흘렀을 가능성이 높으므로 누가복음 은 70년대 중반 이후에, 사도행전은 그보다 더 늦게 기록된 것으로 추정된다.
- 마가복음에는 성전 파괴에 관해 알고 있었다는 흔적이 보인다(13장).
- 누가복음은 예루살렘 함락에 대한 인식을 반영하고 있을 가능성이 있다 (19:41-44; 21:20-24; 23:28-31).
- 이 견해는 누가가 자신의 목적을 달성했다고 주장함으로써 사도행전의 갑작 스러운 결말을 설명한다. 누가는 바울의 죽음이나 네로의 통치에 관해 자세 히 다루려고 하지 않았으며, 그의 목적은 로마와의 초기 관계를 더욱 긍정적 인 시각으로 제시하는 것이었기 때문이다.

AD 60-63년의 주장은 다음과 같다.
- 사도행전의 갑작스러운 결말은 누가가 바울이 로마에 가택 연금되어 있을 때 사도행전 집필을 마쳤음을 나타낼 수 있다.[154]
- AD 70년 성전 파괴에 대한 언급이 없다.
- 바울 서신이나 유대인 전쟁에 대한 언급이 없다.
- AD 64년 네로의 반기독교 정책에 대한 언급이 부족하며 로마 제국이 중립 적으로 표현되었다.

---

153 그 범위는 AD 57년에서 AD 150년 정도이다.

154 누가는 바울의 순교를 이야기할 경우 예수님과 바울의 유사성을 이어갈 수 있는 절호의 기회가 있었지만 그러지 않았다. 누가는 또한 야고보의 죽음(AD 62년)은 언급하지 않지만, 다른 순교를 언급한다. 그러나 이 주장은 절대 결정적이지 않다. 누가가 이야기를 중단한 데에는 여러 가지 이유가 있을 수 있다. Keener, *Acts*, 1:385가 지적했듯이, 이 논리를 따른다면 마가의 갑작스러운 결말은 그가 예수님이 부활하시고 나타나신 것에 관해 전혀 알지 못했음을 의미한다.

이러한 주장들 중 어느 것도 결정적이지 않다. 이 주장 중 상당수는 결정적이고 확실한 증거보다는 침묵, 우리의 예상, 다른 서신과 복음서의 추정 날짜에 근거를 둔 주장에 의존한다. 후대의 많은 사람은 사도행전을 역사적으로 신뢰할 수 없다고 가정한다.

그러나 원저자들은 당시의 시대적 상황을 고려하지 않은 채 글을 쓴다. 어떤 부분이 어느 한 곳에 "더 잘 맞는다"라고 가정하는 것은 자의적인 판단이다. 정확한 날짜를 찾거나 이러한 읽기에 너무 매달리는 것을 그만두고 더 넓은 연대를 주장해야 할지도 모른다.

3.3. 본문

많은 헬라어 사본에 사도행전의 일부가 포함되어 있지만 (그리고 많은 고대 저술가가 사도행전을 암시하거나 인용하고 있음), 초기 증인들의 증언은 신약의 다른 어떤 기록보다 다양하다.[155] 본문은 두 가지 기본 전통, 즉 알렉산드리아 사본과 서방 사본을 따르는 것으로 보이며, 후자가 거의 10퍼센트 더 길다. 현대 번역본은 거의 모두 알렉산드리아 사본에 기초하고 있다(따라서 독자들은 성경에서 특정 구절이 생략된 것을 볼 수 있을 것이다). 이는 본문 비평의 여러 이유로 서방 사본이 부차적이고 본문이 더 짧은 알렉산드리아 전통에서 온 것으로 보이기 때문이다.[156]

- 본문 비평에서는 필사가가 자료를 추가할 가능성이 높기 때문에 일반적으로 짧게 읽을수록 더 원문에 가깝다.
- 서방 사본은 알렉산드리아 전통을 개선하거나 동화시킨 증거를 보여 준다.
- 예를 들어, 서방 사본은 알렉산드리아 전통의 차이점에 대한 설명을 제공한다. 3장에서 배경이 성전에서 솔로몬 행각으로 넘어갈 때 서방 사본은 "성전을 떠났다"고 덧붙인다.
- 서방 사본은 또한 반유대주의적 요소를 도입하고 내러티브에서 여성의 역할을 경시한다.

누가의 글과 본문은 헬라화되어 있다고 묘사된다. 그의 어휘는 방대하고 헬라어 스타일은 때때로 더 고전 헬라어 스타일(희구법, 미래 부정사, 미래 분사)을 반

---

155 증거에 대한 더 자세한 요약은 다음을 참조하라. C. K. Barrett, *Acts 1–14*, ICC (London: T&T Clark, 2004), 2–29.

156 이 부분은 대부분 다음 책의 훌륭한 요약에 기초한다. J. B. Polhill, *Acts: An Exegetical and Theological Exposition of Holy Scripture*, NAC (Nashville: Holman Reference, 1992), 39–41. 일관성을 기반으로 하는 계통법(CBGM)은 "지리적 전통"에 관해 정당한 의문을 제기했지만, 사도행전에 대한 "서방 전통"을 여전히 인정하고 있다.

영하지만, 여전히 "문학적 코이네 헬라어"로 설명되어야 한다. 이 헬라화된 언어는 사도행전을 연구하는 데 헬레니즘과 그리스-로마 배경의 중요성에 대한 몇 가지 증거를 제시할 것이다.

3.4. 역사적 신뢰성

이 주석은 사도행전이 고대의 관점에서 볼 때 역사적으로 신뢰할 수 있다는 확신을 가진다.[157] 누가는 서문에서 자신이 역사적 정확성과 사실적 진리에 관심이 있으며, 목격자들로부터 이러한 것들을 주의 깊게 조사했음을 분명히 밝히고 있다(눅 1:1-4).[158] 누가는 신약 저자 중 유일하게 역사를 대규모로 기록한 역사가이며, 따라서 더 비판받기 쉽다.[159] 이에 따라 사도행전에 대한 많은 역사 비평이 제기되었으며, 여기서 모두 언급할 시간은 없지만 사도행전 내러티브의 역사적 신뢰성에 대한 일반적인 비난을 다룰 필요가 있다.[160]

첫째, 어떤 학자는 바울이 갈라디아서 2장 6절에서 "기둥"이 자신에게 아무런 도움이 되지 않는다고 주장하기 때문에 사도행전 15장의 공의회의 결정을 절대 받아들이지 않았을 것이라고 주장한다. 그들은 바울의 사역에 아무것도 더하지 않았다. 그러나 바울이 결정을 받아들이지 않았을 것이라는 생각은 고린도전서 9장 19-23절과 모순된다. 바울은 복음의 근본 원칙을 지키기만 하면 다른 외적인 것들과 기꺼이 타협했다. 그 예로 바울이 디모데에게 할례를 행한 것을 들 수 있다(행 16:1-5).

둘째, 어떤 학자는 갈라디아서에서 할례는 아무것도 아니라고 주장하기 때문에 역사적 바울이 디모데에게 할례를 행하지 않았을 것이라고 주장한다. 그러나 디모데는 유대인 선교를 위해 할례를 받았다. 이것은 바울이 모든 사람에게 모든

---

157 고대 역사가들은 사건에 대한 정확성을 기대했지만, 추론에 기반을 둔 일부 구성은 허용했다. Schnabel, *Acts*, 39,는 누가의 기록이 양심적이고 신뢰할 수 있는 근거로 (1) 사도행전과 1세기 역사적 배경 사이의 연대기적 연결, (2) 정확한 지리적 정보, (3) 일반적인 지식에서 나온 것이 아닌 정치적, 지역적, 문화적 문제에 대한 정보, (4) 사소한 세부 사항의 내부 상관관계, (5) 누가의 신학적 의도에 중요하지는 않지만, 충분히 고려할 수 있는 항목 등에 주목한다. Marguerat, *The First Christian Historian*, 9,는 사도행전을 시적 역사로 간주한다.

158 누가의 역사적 관심은 눅 2:1과 3:1에 나타난다. 누가를 시험해 볼 수 있는 부분에서 놀라울 정도로 정확하다는 것을 알 수 있다. 예를 들어, 사도행전에서 누가는 구브로의 통치자를 총독(13장), 빌립보를 로마 식민지(16장)라고 올바르게 부르고, 데살로니가는 정치가들이 통치했으며(17장), 에베소는 아시아 관리가 통치했고(19장), 보블리오를 멜리데의 가장 높은 사람(28장)이라고 언급했다(로마 시대 전문적인 용어를 구체적으로 사용한다. 역자주).

159 Jervell, *The Theology of the Acts of the Apostles*, 116.

160 다음 내용 중 일부는 아버지 톰 슈라이너의 남침례신학교 신약 개론 강의와 노트에서 발췌한 것이다.

것이 되기를 원했다고 말하는 고린도전서 9장 19-23절의 또 다른 적용이다. 바울 자신도 나실인 서약을 하고 예수님의 죽음과 부활 후에 성전에 들어갔다. 바울은 디도가 이방인이었기 때문에 할례를 받으라고 요구할 수 없었다(갈 2:1-3).[161]

셋째, 많은 학자는 이 편지에서 신학적 의미를 설명하는 참여자들의 입에서 나오는 설교가 정확하지 않다고 주장한다. 즉, 누가는 요점을 전달하기 위해 설교를 만들어 냈다는 것이다. 또한 설교자가 누구든지 모든 설교가 똑같이 들리고 비슷한 스타일이라는 사실 때문에 정확하지 않다는 점이 강조된다.

이 비난에 대해 몇 가지 대응이 필요하다. 첫째, 현대적 의미에서 설교 내용이 '정확하다'는 것과 설교가 만들어졌다는 주장 사이에서 한 가지를 선택하는 것은 잘못된 이분법이다.

둘째, 대부분 역사 서술과 마찬가지로 우리는 설교자의 바로 그 단어(*ipsissima verba*)가 아니라 설교자의 바로 그 목소리(*ipsissima vox*)를 가진다. 이것은 그들의 언어가 아니라 목소리의 정확한 요약이다. 다른 말로 표현하면 언어는 누가의 언어이지만 목소리는 베드로, 바울과 같은 사도들의 목소리라고 할 수 있다.[162]

셋째, 모든 설교가 같지 않다. 바울의 아레오바고 설교는 이교도를 대상으로 한 연설이기 때문에 베드로와 바울이 유대인을 대상으로 한 설교와는 다르다. 또한 사도행전 13장 37-39절에서 유대교에 대한 바울의 독특한 가르침이 분명하게 드러나기 때문에 이 설교들이 완전히 같다고 주장하는 것은 증거를 왜곡한다.

넷째, 일부 설교(예. 2장의 베드로 설교와 13장의 바울 설교)의 유사성에는 문학적 요점이 있다. 누가는 내러티브에서 베드로에서 바울로 바뀌는 것을 보여주기 위해 두 설교를 유사하게 만들었다.

마지막으로, 누가가 사도행전을 이 사건들보다 늦게 기록했기 때문에 초기 상황에 관해 더 발전된 견해를 제시했을 수 있지만, 그렇다고 해서 누가의 분석이 거짓이거나 잘못 표현된 것은 아니라는 점을 분명히 해야 한다. 특정 상황이나 문제에 대한 명확성은 실제 사건보다 늦게, 때로는 몇 년 후에 드러나는 경우가 많다. 심지어 시간이 지남에 따라 사건의 진실이 확장되거나 적어도 그 진실에 대한 우리의 이해가 확장된다고 주장할 수도 있다.

---

161 Keener, *Acts*, 1:221,은 "누가와 바울은 서로 다른 장르로 글을 쓰고 대개 관심사가 다르지만, 이 자료들은 바울의 연대기와 바울이 교회를 세운 장소를 다루는 부분에서 주로 일치한다. 사도행전과 바울의 편지 사이에 일치하는 부분이 너무 많기 때문에 사도행전은 고대 역사나 전기에 적합하다."라고 말한다.

162 Keener, *Acts*, 1:271,은 고대 독자들이 역사가들이 연설을 "창조"하는 것에 익숙하다고 주장하는데, 이 경우 창조했다는 의미가 아니라 역사가들이 그럴듯한 사실성을 추구했다는 의미이다.

4. 정경적으로 사도행전 읽기

사도행전은 다양한 렌즈를 통해 읽을 수 있고 또 읽어야 하며, 따라서 풍부한 내러티브의 다양한 부분을 강조한다. 앞부분에서 신학적, 내러티브적, 역사적 관점을 제시했다면, 이번에는 사도행전이 신약성경에 어떻게 정경적으로 부합하는지를 주로 신약성경의 위치에 초점을 맞추어 살펴보겠다. 이 부분에서 주장하는 내용은 사도행전은 누가복음뿐만 아니라 사중복음, 그리고 다른 성경의 정경과도 연결되어 읽어야 한다는 것이다.

4.1. 누가-행전의 연속성

사도행전은 병행 복음서인 누가복음과 밀접하게 연결되어 있지만, 둘 사이 관계를 어떻게 설명해야 할지에 관해서는 논란이 있다. 어떤 학자들은 누가복음과 사도행전을 한 작품의 두 부분이라고 부르지만, 다른 학자는 사도행전을 속편이라고 부르는데, 후자는 두 작품 사이의 구별을 더 많이 암시한다. 캐드버리Cadbury에 따르면, "사도행전은 부록도 아니고 후편도 아니다. 아마도 저자의 원래 계획과 목적의 필수적인 부분일 것이다."[163] 1927년 캐드버리가 이 주제에 관해 연구한 이래로 누가-행전의 통일성은 누가 연구에서 분명하다. 로버트 태너힐Robert Tannehill의 두 권으로 구성된 주석은 두 저작의 중요한 응집력을 보여 주었고, 대부분 주석가들이 이를 따르고 있다.[164] 누가복음과 사도행전의 통일성에 대한 적어도 세 가지 주장이 통일된 작품이라는 주장을 뒷받침한다.[165]

첫째, 누가복음 1장 1-4절과 사도행전 1장 1-5절의 비슷한 프롤로그는 두 작품이 하나의 파피루스에 들어갈 수 없기 때문에 본질적으로 분리된 하나의 작품임을 나타낸다.[166] 특히 사도행전의 프롤로그는 예수님의 지상 사역 시기와 그리스도의 천상 사역에 관한 내러티브 사이의 가교 구실을 한다.

사도행전은 교회의 시작을 서술한다. 누가는 동일한 후원자(데오빌로)의 이름과 예수님의 이전 사역에 대한 요약(1:1-2), 그리고 가장 설득력 있게 누가복음을 "첫 번째 내러티브"(τὸν μὲν πρῶτον λόγον, 톤 멘 프로톤 로곤. 1:1)라고 소개함으로써 독자들에게 두 이야기를 함께 보라고 지시한다. 사도행전의 첫 단어는 독자들에게 두 작품을 함께 해석할 것을 요청한다.

둘째, 내러티브, 수사학적, 신학적, 사회학적 일관성은 두 권의 통일성을 알

---

163 H. Cadbury, *The Making of Luke-Acts* (London: Macmillan, 1927), 8–9.

164 Tannehill, T*he Narrative Unity of Luke-Acts*, vols. 1 and 2.

165 이는 마샬의 주장과 거의 비슷하다. I. H. Marshall, "Acts and the 'Former Treatise,'" in *The Book of Acts in Its First-Century Setting*, 163–82.

166 두 개의 프롤로그는 요세푸스의 『아피온 반박문』(*Against Apion*)과 비슷하며, 두 권의 책에 헌정이 담긴 서문이 있다.

려 준다. 두 권으로 구성된 작품 구조는 두 작품의 지리적, 구조적 유사성을 보여 준다. 수사학적으로 누가복음의 특정 약속은 사도행전에서 성취된다. 누가복음에는 사도행전을 직접적으로 가리키는 명시적인 진술도 포함되어 있다. 예를 들어, 누가는 예수님이 열방의 빛이 될 것이라고 말한다(눅 2:32; 3:6). 그러나 고넬료 사건에서 음식과 정결 문제(참조. 막 7:1-23)를 다룰 수 있도록 특정 내러티브는 제외한다.

셋째, 누가는 속편이 나올 수 있도록 결말을 각색한 것 같다. 누가는 복음서에서 승천에 관해 자세히 설명하지 않고 재빨리 언급하고 두 번째 작품에서 더 자세한 설명을 생략한다. 누가복음과 사도행전을 나눈 것은 누가가 다른 저자들, 즉 마태, 마가, 요한과 함께해야 했기 때문에 필요하고 불가피한 선택이었다. 이러한 논거에 따르면 사도행전은 누가복음을 염두에 두고 읽어야 하는 것으로 보인다. 위더링턴Witherington은 "요컨대, 첫 번째 책은 적어도 속편을 염두에 두고 쓰였을 가능성이 높다. 즉, 누가-행전에는 실제로 구성적 통일성이 있다."[167]

4.2. 누가-행전의 불연속성

대부분 사람이 누가복음과 사도행전의 통일성을 강조하지만, 통일성은 여러 측면에서 공격받고 있다. 내러티브, 신학, 장르, 수용 역사의 반론이 누가복음과 사도행전의 평온한 바다에 등장했다. 두 책의 제목을 연결한 "누가-행전"이라는 제목은 1950년대까지 사용되지 않았다. 초대 교회의 모든 주요 정경 순서는 누가복음과 사도행전을 분리하고 있다. 수용 역사에서 2세기 저술가들은 우리가 아는 한 누가복음과 사도행전을 함께 읽거나 하나의 문학 단위로 취급하지 않았다.[168] 정경 목록에 두 작품을 결합한 기록은 없지만, 그 기록은 완전하지 않다.

로우Rowe는 "누가-행전을 하나의 이야기로 읽을 수 있다는 것은 문학적 차원에서는 의심할 여지 없이 사실이다. 문제는 역사적으로 그런 적이 거의 없었다는 것이다."[169] 파슨스Parsons와 퍼보Pervo의 연구에서도 누가복음과 사도행전 사이에

---

167 B. Witherington, *The Acts of the Apostles: A Socio-Rhetorical Commentary* (Grand Rapids: Eerdmans, 1998), 8.

168 A. F. Gregory and C. K. Rowe, eds., *Rethinking the Unity and Reception of Luke and Acts* (Columbia: University of South Carolina Press, 2010). 존슨L. T. Johnson은 2세기에 신약성경을 어떻게 읽었는지 대한 증거는 거의 없다고 답한다. L. T. Johnson, "Literary Criticism of Luke-Acts: Is Reception-History Pertinent?," *JSNT* 28.2 (2005): 159–62. Chrysostom, *Homily 1 on Acts* (*NPNF* 1/11:4)은 누가복음과 사도행전을 함께 읽는다. 크리소스토무스는 "누가는 두 책의 주제가 서로 다르기 때문에 '형제를 잠시 쉬게 하기 위해' 두 권으로 나누었다"라고 말한다.

169 C. K. Rowe, "History, Hermeneutics, and the Unity of Luke-Acts," in *Rethinking the Unity and Reception of Luke and Acts*, 51.

는 장르, 내러티브, 신학에 차이가 있다고 주장했다. 그들은 누가-행전(긴밀한 연결)이 아니라 누가복음/사도행전(느슨한 연결)으로 보아야 한다고 주장한다.[170]

누가복음과 사도행전은 각기 고유한 완전성을 가지고 있다는 것은 사실이다. 두 개의 승천 이야기, 주제, 프롤로그를 연결할 수 있지만, 또한 각 책의 문학적 완전성을 보여준다. 승천은 누가복음(24:50-53)에서 예수님의 사역을 멋지게 마무리하고, 사도행전은 누가복음의 새 책(1:9-11)에서 승천에 대한 새로운 이야기를 시작한다. 이 같은 추론은 두 개의 프롤로그(눅 1:1-4; 행 1:1-5)에도 적용될 수 있다. 대부분 두 작품이 서로 연결되어 있다고 전제하지만, 프롤로그는 두 작품을 분리하기도 한다. 사도행전의 서문은 데오빌로가 누가의 첫 번째 "말씀"을 이미 읽었고 이것은 사도행전이 나중에 나왔다는 의미로 해석할 수 있다.[171] 예수님에 대한 이야기가 새로운 단계에 접어들었으므로 독자들은 과거뿐만 아니라 미래도 바라보아야 한다.

대부분 현대 주석가들은 이러한 반론에 주목한 다음, 그 주장의 약점을 강조하고 사도행전을 누가복음의 속편으로 해석하는 방향으로 나아간다. 그러나 누가복음에 대한 "연속성"과 "불연속성"을 모두 허용하는 것이 더 나을 수 있으므로 이중적으로 사도행전을 읽는 것이 좋다(미안해요. 제임스). 정경적 읽기와 역사적 읽기가 상충될 필요는 없다. 정경 통일성을 인정하면서도 정경의 다른 부분과 분리되거나 연결되는 특징은 다른 질문을 제기하고 새로운 연구의 길을 제공한다.[172]

사도행전의 초기 수용은 놀라울 정도로 유연했으며, 복음서, 바울 서신, 공동서신과 함께 읽었다. 사도행전은 초기 정경 목록에 한 곳에 고정되어 있지 않고 다양한 위치에 등장한다.[173] 신약성경에서 책의 **순서**가 아니라 **책** 자체가 **권위**있다는 사실을 기억하는 것이 중요하지만, 그렇다고 해서 순서가 해석 방법에 영향을 미치지 않는다는 의미는 아니다. 역사적으로 다양한 방식으로 모은 성경들과 함께 사도행전도 읽혔다. 따라서 정경적 관점에서 볼 때 사도행전을 배치할 때 네

170 M. C. Parsons and R. I. Pervo, *Rethinking the Unity of Luke and Acts* (Minneapolis: Fortress, 1993).

171 Rowe, "History, Hermeneutics, and the Unity of Luke-Acts," 47.

172 M. Bockmuehl, "Why Not Let Acts Be Acts? In Conversation with C. Kavin Rowe," *JSNT* 28 (2005): 163은 "두 성경 작품을 불변의 문학적 완전성으로 보는 비평적 합의는 고대 독자들이 함께 읽거나 해석하지 않았다는 역사적 현실에 반한다. 복음 전도자는 두 권으로 된 작품을 하나로 읽으려고 의도했을지 모르지만, 모든 고대 독자들의 일관된 관행은 첫 번째 책은 사중 복음에 필수적인 것으로, 두 번째 책은 사도 교회의 이야기로 읽는 것이었다."라고 말한다.

173 참조. E. L. Gallagher and J. D. Meade, *The Biblical Canon Lists from Early Christianity: Texts and Analysis* (Oxford: Oxford University Press, 2019), 48–49. Crowe, *The Hope of Israel*, 176. 이 책들은 비슷한 점을 지적한다.

가지 "연결점"을 언급할 가치가 있다. 이는 누가-행전의 통일성을 상쇄하는 것이 아니라 오히려 더 완전한 성경신학적 읽기를 제공한다.

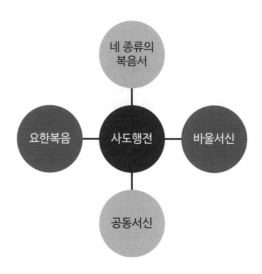

첫째, 가장 분명한 것은 복음서는 예수님의 삶과 죽음, 부활, 승천을 다루고 있지만 사도행전은 누가복음만이 아니라 사중복음의 속편으로 읽도록 고안되었고 의도되었다는 점이다.[174] 초기 사본 전통에서 사도행전은 복음서와 함께 묶여 있는 것으로 발견된다(𝔓[45] 및 𝔓[53]).[175] 초대 교회는 마태, 마가, 누가, 요한을 이 땅에서 예수님의 삶과 사역에 관한 것으로 묶어 예수님의 삶을 가장 포괄적으로 보여 주었다.

교회는 누가복음을 복음서 목록의 마지막에 배치하고 사도행전을 바로 뒤에 배치할 수도 있었지만, 가장 유명한 두 목록에는 요한복음이나 마가복음이 마지막에 배치되어 있다. 이는 누가복음과 사도행전이 아닌 복음서를 함께 묶어야 한다는 것을 의미하며, 사도행전을 한 복음서(*monoeuanglion*)가 아닌 네 복음서(*tetraeuanglion*)에 비추어 읽어야 한다는 것을 의미한다.

둘째, 누가복음과 사도행전 사이에 요한복음을 배치하면(가장 일반적인 순서) 두 저작을 해석하는 데 여러 가지 면에서 도움이 된다. 사도행전에 대한 초기 연

---

174 M. C. Parsons, "Hearing Acts as a Sequel to a Multiform Gospel," in *Rethinking the Unity and Reception of Luke and Acts*, 128,는 "수집가들과 후대의 정경학자들이 사중복음 다음에 사도행전을 배치했을 때, 그들은 사도행전을 '복음'의 속편으로 읽어야 한다는 작품의 의도(*inentio operis*)를 실제로 **이행한** 것이지 왜곡한 것이 아니다. 따라서 사도행전의 경우 저자의 의도와 수용 역사 사이에는 근본적인 일관성이 있다."라고 주장한다.

175 Crowe, *The Hope of Israel*, 178.

구에서 크리소스토무스는 많은 요한복음 본문을 사도행전과 연결한다.[176] 요한복음은 "성령의 **인격**에 대한 확장된 정교함을 제공한다. … 사도행전은 사람들을 충만하게 하시는 성령의 **활동**에 대한 상세한 보고를 담고 있다."[177] 요한복음 마지막에 나오는 예수님의 많은 말씀은 성령의 약속을 명시적으로 언급한다.

- "보혜사 곧 아버지께서 내 이름으로 보내실 성령 그가 너희에게 모든 것을 가르치고 내가 너희에게 말한 모든 것을 생각나게 하리라"(요 14:26).
- "내가 아버지께로부터 너희에게 보낼 보혜사 곧 아버지께로부터 나오시는 진리의 성령이 오실 때에 그가 나를 증언하실 것이요"(요 15:26).
- "그러나 진리의 성령이 오시면 그가 너희를 모든 진리 가운데로 인도하시리니 그가 스스로 말하지 않고 오직 들은 것을 말하며 장래 일을 너희에게 알리시리라"(요 16:13).

요한복음에서 예수님께서 제자들에게 성령을 불어넣으시는 사건(20:22)에 관해 해석가들은 어려움을 겪었지만, 세부적인 설명이 부족한 것이 사도행전에서는 자세히 설명된다. 요한복음은 "고기독론"이라고 불리는 내용을 담고 있으며, 사도행전은 요한복음에서 자연스럽게 흘러나와 예수님이 하나님의 아들이시기 때문에 무엇보다도 어떻게 그분이 높임을 받는지 보여준다.

요한복음은 또한 베드로와 예수님 사이의 중요한 대화로 끝난다. 예수님은 베드로에게 세 번이나 사랑하느냐고 물으신 후 양을 치고 먹이라고 명령하신다(요 21:15-19). 예수님은 베드로에게 그가 죽을 죽음에 관해 알려주시면서도 죽기까지 예수님을 따르라고 부르신다(요 21:18-19). 베드로가 말씀을 전하며 예수님의 명령에 순종하지만, 예수님을 따르는 사람으로서 고난을 받는다는 점에서 예수님과 베드로를 맞바꾸는 특징은 사도행전에 잘 녹아 있다.

요한은 예수님이 우리 가운데 장막을 치신다고 말하고(요 1:15), 예수님은 성전을 깨끗하게 하고(2:14-17), 사흘 안에 성전을 일으키겠다고 말씀하신다(2:19). 예수님은 승천과 내려옴의 주제를 언급하고(1:51), 자신을 생수에 비유하신다(7:37-39). 사도행전은 이 성전 주제를 바탕으로 그리스도께서 성령의 능력으로 자기 백성을 통해 새집을 지으신다는 것을 보여준다. 사도행전에서 복음은 예루살렘, 유대, 사마리아와 땅끝까지 전파된다.

요한복음에서 예수님은 성전이며, 자기 사람들에게 먼저 찾아오시고(요 3장), 사마리아 여인(4:1-45), 관리의 아들을 고치신다(4:46-54). 예수님은 하나님의 선교의 동심원적 확장의 본보기를 보여주셨고, 사도행전의 제자들은 그 발자취를

---

176 Chrysostom, *Homily 1 on Acts* (*NPNF* 1/11:1–10).

177 D. R. Nienhuis, *A Concise Guide to Reading the New Testament: A Canonical Introduction* (Grand Rapids: Baker Academic, 2018), 89(강조는 원문).

따라 걷는다. 마지막으로 사도행전은 **예수님이 행하신** 모든 일(ποιεῖν, 포이에인, 행 1:1)을 언급하는 것으로 시작하며, 요한복음의 마지막 문장은 **예수님이 행하신** 다른 많은 일(ἐποίησεν, 에포이에센, 요 21:25)을 언급한다.

셋째, 사도행전은 독자들에게 바울 서신을 소개하는 책으로 읽을 수 있고 또 읽어야 한다.[178] 사도행전은 바울에 관한 책으로, 누가는 17장 전체를 바울에게 할애한다(행 9장; 13-28장). (초기 사본 증거로는 두 서신이 함께 묶여 있었다는 증거는 거의 없지만) 바울 서신은 사도행전의 뒤를 이어 사도행전의 끝에서 바울의 저술로 연결되는 다리를 제공한다. 사도행전은 유세비우스Eusebius, 이고니온의 암필로키우스Amphilochius, 제3차 카르타고 공의회 등에 대한 논의가 담긴 무라토리안 정경에서 바울 서신 바로 앞에 나온다.[179] 니엔후이스Neinhuis는 "정경 역사의 증거에 따르면 사도행전은 신약 서신에 대한 소개서 역할을 하기 위해 누가복음과 별도로 회람되었음을 시사한다"라고 지적했다.[180]

사도행전은 로마의 바울로 끝나고 로마서는 사도행전의 뒤를 잇는다. 로마서의 첫 문장은 예수님의 왕의 혈통을 주장하고 사도행전은 예수님을 승천하신 왕으로 소개한다. 사도행전에서 바울이 이방인의 사역자임을 알 수 있으므로 에베소, 고린도, 빌립보, 로마에 보낸 편지는 놀랍지 않다. 또한 사도행전은 바울이 다른 도시에 가끔 쓴 편지보다 바울의 사역에 관해 더 균형 잡힌 관점을 제공할 수 있다.[181]

사도행전에서 바울은 강력한 웅변가이지만, 고린도에서는 세상 지혜를 부인한다. 사도행전에서 바울은 사도로 분류되는 경우는 거의 없지만, 서신서에서 바울은 자주 자신을 사도로 분류한다. 사도행전에서 누가는 예수님의 대속 사역에 근거한 믿음을 통한 은혜의 구원에 관해 거의 언급하지 않지만, 바울은 몇 개의 편지에서 이 실재에 초점을 맞춘다. 사도행전에서 바울은 율법을 준수하는 유대인이다. 그러나 바울은 서신에서 자주 율법을 부정적인 시각으로 묘사한다.

사도행전에서 바울은 초기 기독교 운동과 일치하지만, 서신에서 바울은 그들로부터 독립을 주장한다. 이 모든 점이 모순적으로 보일 수 있지만, 독자들은 사도행전과 비교하여 편지의 목적이 다르다는 점과 하나는 자기 묘사이고 다른 하나는 외부의 시각에서 특성을 정리하는 내용이라는 사실을 기억해야 한다. 결론

---

178 참조. D. Trobisch, "The Book of Acts a Narrative Commentary on the Letters of the New Testament," in *Rethinking the Unity and Reception of Luke and Acts*, 119–27.

179 Crowe, *The Hope of Israel*, 180.

180 Nienhuis, *A Concise Guide to Reading the New Testament*, 111. 또한 니엔후이스는 사도행전에서 바울에 대한 핵심적인 사실을 알면 해석자가 바울이 편지에서 말한 극단적인 내용을 잘못된 방식으로 받아들이지 않는다고 말한다. 우리는 바울이 유대인 바리새인이자 로마 시민이며 초기 기독교 운동에서 가장 유명한 비유대인 선교사였다는 사실을 알 수 있다.

181 일부 비판적인 학자들은 바울이 사도행전에서는 카리스마 넘치는 기적의 사역자이지만 서신에서는 고난받는 사도이기 때문에 저자는 바울의 동반자가 아니라고 주장한다.

적으로 바울 서신보다 사도행전을 먼저 읽으면 바울에 대한 더욱 급진적인 개념을 완충하고 안정시킬 수 있다는 것이다.[182]

넷째, 마지막으로 사도행전을 공동 서신(CE)과 연결해야 한다. 초기 사본 전통, 특히 동방에서 사도행전은 공동 서신과 밀접하게 연관된다.[183] 이는 공동서신의 전통적인 저자(야고보, 베드로, 요한, 유다)와 사도행전이 일치하기 때문에 당연한 일이다.

실제로 이 인물들이 사도행전의 시작을 지배하고 있지만, 전체적으로 사도행전과 일치하는 "서신서"로 전환된다(공동 사도들 → 바울 사도). 비슷한 맥락에서 사도행전의 선교 순서는 유대인 먼저, 그다음 이방인이다. 야고보, 베드로, 요한은 유대인에게 가고, 바울은 이방인에게 예수님의 이름을 전하라는 부름을 받는다. 니엔후이스Nienhuis와 월Wall은 사도행전을 맨 앞에 배치하고 그다음에 공동 서신을 배치한 것은 바울과 공동 서신의 일치를 옹호하는 것이지 그 반대가 아니라고 주장한다. 기둥들이 주요하기 때문이다. 사도행전과 공동 서신은 바울의 사역을 기둥과 함께 정렬한다.[184]

사도행전을 맨 앞에 배치하면 **서로 동등한** 위치에서 읽을 수 있다.[185] 따라서 정경적 형태는 환원주의적 독해를 부드럽게 하고 다른 질문을 던진다. 사도행전에서 야고보와 바울 또는 베드로와 야고보의 관계는 대립적인 관계가 아니라 협력적인 관계로 묘사된다. 따라서 사도행전은 정경의 나머지 부분으로 넘어갈 때 해석적 역할을 수행한다.

결론적으로 로우Rowe는 누가-행전을 하나의 문학 단위로 연구하는 것이 가치가 있다고 주장한다. 그러나 초기 기독교인들이 이 작품들을 함께 읽었다는 증거가 거의 없기 때문에, 우리는 누가복음을 넘어서서 상호 텍스트적 연결이 확장되도록 해야 한다. 독자들은 일차 저자가 신적 저자라는 사실을 기억해야 한다.[186] 연속성과 불연속성을 모두 허용하는 것이 더 보람 있는 해석 열매를 맺을 수 있다.[187] 한 전략이 다른 전략보다 우월하지 않으며, 한 전략이 다른 전략을 배제하지도 않는다.

---

182 물론 이 점은 사도행전을 누가복음의 속편으로 읽어도 마찬가지이다.

183 Goswell, "Place of the Book of Acts," 77–80. 다음에서 표를 참조하라. Crowe, *The Hope of Israel*, 183–84.

184 D. R. Nienhuis and R. W. Wall, *Reading the Epistles of James, Peter, John & Jude as Scripture: The Shaping and Shape of a Canonical Collection* (Grand Rapids: Eerdmans, 2013), 61. 질문은 "바울의 믿음의 관점이 야고보서와 일치하는가?"가 되어야 할지도 모른다. 이는 "야고보가 바울과 어떻게 일치하는가?"와는 다른 질문이다.

185 Nienhuis and Wall, *Reading the Epistles of James, Peter, John & Jude as Scripture*, 52.

186 Rowe, "History, Hermeneutics, and the Unity of Luke-Acts," 54–55.

187 다음은 이 논의에서 쟁점이 되는 부분에 관해 몇 가지 유용한 정보를 제공한다. M. F. Bird, "The Unity of Luke-Acts in Recent Discussion," *JSNT* 29 (2007): 425–48.

5. 방법

사도행전이 없다면 기독교 이야기는 불완전하다. 사도행전은 복음서와 서신서를 연결한다. 이 책은 거꾸로 읽거나 앞에서부터 읽거나 많은 중요한 세부 사항을 제공한다. 사도행전을 읽는 방법은 여섯 가지 제목이 교차하는 것으로 설명할 수 있지만, 그중 세 가지에 초점을 맞출 것이다.[188]

첫째는 **신학적** 읽기이다. 현대 성경 주석은 주로 성경 본문의 "일반 역사," 즉 저자, 역사, 수용에 관심을 두는 경향이 있다. 그러나 이러한 질문이 항상 그 본문이 오늘날을 위한 하나님의 말씀인지는 다루지 않는다. 하나님은 자기 백성에게 말씀하신다. 히브리서 저자는 시편 말씀을 가져와 회중에게 적용한다. "오늘 너희가 그의 음성을 듣거든 격노하시게 하던 것 같이 너희 마음을 완고하게 하지 말라"(히 3:15). 누가복음 프롤로그(눅 1:1-4)가 신학적 논의를 약속하지 않는다고 주장하는 학자들도 있지만, 이러한 주장은 내러티브를 신학적 수레에서 불필요하게 떼어 놓는다.[189]

가벤타Gaventa가 주장했듯이 사도행전 신학은 내러티브와 나눌 수 없는 관계이다.[190] 나의 신학적 읽기는 분명하게 기독론적이고 정경적일 것이다. 성경을 성취하는 핵심적인 신학적 주장은 "예수님은 주님이시다"이기 때문이다.

둘째, **내러티브적** 읽기이다. 누가는 예수님과 초대 교회에 대한 내러티브(διήγησις, 디에게시스)를 썼다. 우리는 누가가 이야기를 구성하는 구조, 화법, 방식에 세심한 주의를 기울여야 한다. 누가는 데오빌로를 위해 질서 정연한 순서로 글을 썼는데, 이 순서는 신중하게 구조화되고 조합되어 형식과 스타일을 통해 메시지를 전달한다.[191]

내러티브 읽기와 밀접하게 연결된 세 번째 유형의 읽기는 **정경적** 읽기이다. 누가복음의 내러티브는 사도행전 1장이나 누가복음 1장에서 시작되지 않고 창세기 1장부터 요한계시록 22장까지 이어진다. 누가는 하늘이 땅과 만났지만 단절되어 버린 동산에서 시작된 드라마가 계속되고 있으며, 언젠가 하늘이 땅으로 내려올 때 완성될 것으로 그의 이야기를 제시한다. 눈을 가리고 누가복음의 글만 읽으면 풍부한 문맥적, 모형론적 연결성을 놓칠 수 있다. 많은 성경신학이 구약만

---

188 서론 제목은 주로 에머슨M. Emerson이 서론에 대한 아이디어를 보내 준 것에서 가져왔다. 수정한 부분이 있지만 원래는 그의 생각이었다.

189 I. H. Marshall, "How Does One Write on the Theology of Acts?," in *Witness to the Gospel*, 4-5.

190 Gaventa, "Toward a Theology of Acts."

191 Denova, *The Things Accomplished among Us*, 106,은 "차례대로"(καθεξῆς, 눅 1:3)는 연대기적 서술이 아니라 사건을 제대로 이해해야 한다는 의미를 전달한다고 주장한다. 특히 이스라엘의 더 큰 이야기와 연결하여 비유적 연결을 보증한다.

돌아보지만, 나는 사도행전이 서신서의 길을 열어주는 것처럼 신약의 길도 열어
줄 것을 기대할 것이다.[192]

넷째, **역사적** 읽기가 될 것이다. 누가는 목격자들이 전해 준 사건에 관해 기
록하고 있으며, 그 과정을 정확하게 이해하기 위해 출처를 면밀히 조사했다(눅
1:2-3). 즉, 그는 사실적이고 역사적으로 검증할 수 있는 내용을 기록하지만, 창
의력을 발휘하여 자료를 구성하는 데 어느 정도 권위 있는 자격을 얻을 수 있었다.
그는 지루하고 흥미롭지 않은 이야기를 다시 말하는 사람이 아니라 이야기는 항
상 권위 있고 심지어 하나님이 의도한 목표에 따라 만들어진다는 것을 이해한다.

마지막은 **신조적**, **교회적** 읽기이다. 신앙의 규칙은 사도행전을 읽을 때 이 책
의 나침반이 될 것이다. 나의 목표는 초대 교회 교리의 경계를 넘어서는 것이 아
니라 그 안에서 읽는 것이다. 교리적 경계는 읽기를 방해하기보다는 오히려 더 많
은 것을 깨닫게 해준다. 궁극적으로 나의 읽기는 교회적이 될 것이다. 사도행전
은 초대 교회의 이야기를 통해 교회를 격려한다. 사도행전은 **과도기적인** 책이자
계획적적인 책이다.[193]

과도기적 책으로서 사도행전은 신앙 공동체를 세우는 반복할 수 없는 사건들
을 이야기한다. **계획적인** 책으로서 사도행전은 모든 시대의 교회에 지침을 제공
한다. 에라스무스가 1524년 교황 클레멘트 7세에게 보낸 편지에서 말했듯이 사
도행전은 "새로 태어난 교회의 기초를 제시하며 ... 이를 통해 폐허가 된 교회가
다시 태어나기를 희망한다."[194] 즉, 사도행전은 교회 갱신 모델이라고 할 수 있다.
누가는 바울의 여행을 함께 한 동역자로서 신앙 공동체에 주목했고, 사도행전을
현대적으로 읽는 사람들도 그렇게 해야 한다.

이 이야기는 하나님의 백성들을 위한 것이지만, 무엇보다도 하나님의 백성들
을 격려하는 목적이 있다. 이 주석이 그렇게 하지 못한다면 어떻게 누가의 메시지
를 정확하게 전달했다고 말할 수 있겠는가? 따라서 이 주석은 사도행전이 교회를
격려하기 위한 것이기 때문에 교회를 세우는 것을 목표로 할 것이다.

사도행전은 주로 팔레스타인 유대인 기독교에서 헬레니즘 유대인 기독교,
이방인 헬레니즘 기독교로 이어지는 기독교의 움직임을 추적한다. 앨버트 반스
Albert Barnes는 사도행전을 잘 요약한다.

사도행전은 기독교의 초기 승리에 대한 기록이다. 그리스도의 죽음 이후 **30년**

---

192 누가는 바울의 동역자였으며, 일부 학자는 누가가 그의 자료에 대한 베드로의 출처를
가지고 있었다고 주장한다.

193 이 표현은 다음에서 왔다. Crowe, *The Hope of Israel*, 4.

194 D. Erasmus, *Paraphrase on Acts*, trans. R. D. Sider, Collected Works of Erasmus 50 (Toronto:
University of Toronto Press, 1995), 4.

기간 동안 복음은 문명 세계의 모든 지역과 문명화되지 않은 세계의 많은 지역까지 전해졌다. 그 진보와 승리는 숨겨지지 않았다. 그 위대한 계약은 "구석진 곳에서 이루어진" 것이 아니었다. 예루살렘, 안디옥, 고린도, 에베소, 빌립보, 로마에 이미 교회가 세워졌고, 가장 화려하고 강력하며 부패한 도시들에 복음이 전파되었다. 아라비아, 소아시아, 그리스, 마케도니아, 이탈리아, 아프리카에도 복음이 전파되었다. 가장 강력한 기존 제도를 공격했고, 가장 강력한 장벽을 넘어섰으며, 가장 치명적이고 악의적인 반대에 부딪혔고, 수도 로마까지 진출하여 그 제국의 도시에서도 마침내 기성 종교를 전복하고 이교도의 폐허 위에 자리잡을 것을 확신할 수 있을 정도로 확고한 지위를 확보했다.

　30년 안에 모든 피의 제단을 뒤집고, 모든 이교도 신전을 폐쇄하고, 공직과 지위와 권력을 가진 사람들을 그 영향력 아래 두며, "신앙의 깃발이 곧 가이사의 궁전에서 흘러나올 것"이라는 목표를 정했다. 이 모든 일은 유대인, 즉 어부인 나사렛 사람들의 도구로 이루어졌다. 그들은 부도, 군대도, 동맹도 없었다. 바울을 제외하고는 배운 것이 없는 사람들이었다. 그들은 오직 성령의 가르침을 받았고, 오직 하나님의 능력으로 무장했으며, 오직 그리스도가 그들의 대장이었기 때문에 승리했고, 세상은 가장 높은 자의 사자의 존재와 기독교의 힘을 인정했다. 그 성공은 하나님께서 참여했다는 것 외에는 다른 가정으로 설명된 적이 없으며 설명될 수도 없다. 기독교가 사실이 아니라면 열두 사도들이 가져온 변화는 이 세상에서 목격된 가장 설명할 수 없는 신비롭고 놀라운 사건이다. 그들의 성공은 하나님의 계획의 진리에 대한 논증으로 세상 끝 날까지 서 있을 것이며, 이는 이교도들을 혼란스럽게 하고 그리스도인들이 전능하시고 무한히 자비로우신 하나님께 나온 종교라는 확고한 믿음을 지탱해 줄 것이다.[195]

195 A. Barnes, *Notes Explanatory and Practical on the Acts of the Apostles* (New York: Harper, 1851), vi (강조는 원문).

| 사도행전 개요

1. 삼위일체 하나님의 교회 설립 (1:1-2:47)

    1.1. 프롤로그, 사명, 승귀 (1:1-14)

    1.2. 교회의 탄생 (1:15-2:47)

2. 예루살렘 증인들에게 능력을 주시는 하나님 (3:1-8:3)

    2.1. 성전 회복과 갈등 (3:1-4:31)

    2.2. 참 성전의 백성: 관대함 (4:32-5:11)

    2.3. 성전 회복과 갈등 (5:12-42)

    2.4. 참 성전의 백성: 구제 (6:1-7)

    2.5. 스데반의 성전 설교 (6:8-8:3)

3. 유대와 사마리아로 증인을 보내시는 하나님 (8:4-12:25)

    3.1. 버림받은 사람들을 포용하는 빌립 (8:4-40)

    3.2. 사울의 묵시 (9:1-31)

    3.3. 베드로와 이방인 성령 강림 (9:32-11:18)

    3.4. 다양한 민족으로 구성된 안디옥 교회 (11:19-30)

    3.5. 예루살렘 밖에서 (12:1-25)

4. 세 번의 선교 여행에 증인을 보내시는 하나님 (13:1-21:14)

    4.1. 소아시아와 예루살렘 공의회에 증언 (13:1-15:35)

    4.2. 마게도냐와 아가야에 증언 (15:36-18:23)

    4.3. 에베소에 증언 (18:24-21:14)

5. 예루살렘과 로마에 증인을 보내시는 하나님 (21:15-28:31)

    5.1. 바울의 체포와 예루살렘에서 선포 (21:15-22:30)

    5.2. 바울의 재판 (23:1-26:32)

    5.3. 바울의 여행과 로마에서 증언 (27:1-28:31)

| 단락 개요

1. 삼위일체 하나님의 교회 설립 (1:1-2:47)

사도행전 1-2장은 그다음 행동의 토대를 마련한다. 누가는 삼위일체 하나님이 어떻게 새로운 공동체를 세우셨는지 이야기한다. 아버지 하나님이 조율하고, 다윗의 아들 예수님이 만유의 왕으로 즉위하며, 성령께서 회복하시고 능력을 주신다. 누가는 주요 사건에 들어가기 전에 앞에서 일어난 내러티브를 언급하며 독자들에게 이 책이 그리스도의 계속되는 사역의 두 번째 책이라는 것을 알리고 (1:1-5) 그리스도의 사명을 정리한다(1:6-8).

그 후 내러티브 유형은 선지자들의 약속을 밀접하게 따르는데, 다윗적인 왕이 높아지시고 즉위하고(승천), 이스라엘이 상징적으로 다시 결합하며(맛디아 선택), 유배자들이 각국에서 모이고, 성령이 새로운 하나님의 백성에게 부어지는(오순절) 장면이 그것이다. 그런 다음 모든 백성이 언약적 회개로 부름을 받는다. 그들은 주님께 돌아와 이상적인 사회적, 정치적 공동체가 된다.

오순절 이미지는 백성들이 이제 토라로 마음을 가득 채운 새 성전, 새 언약 공동체로 그려진다. 오순절은 모세 언약에서 시내 산과 같은 새 언약에 해당한다. 전체 부분에 대한 주석 역할을 하는 베드로의 설교는 교회의 삼위일체적 기초를 반복해서 강조한다. 새로운 하나님의 백성의 삶은 아버지 하나님께서 오래전부터 계획하신 새로운 영의 시대를 가져온 그리스도의 삶과 죽음, 부활과 승천에서 비롯된다. 사도행전 1-2장의 이야기는 이사야 선지자가 한 약속과 연관되어 있다.

이사야와 관련된 사도행전 1-2장 내용		
사 건	사 도 행 전	이 사 야
다윗 계열의 왕 즉위	승천 (1:9-11)	이사야 9:6-7; 55:3
이스라엘의 재구성	유다의 대체(1:12-26)	이사야 11:13; 49:6; 63:17
유배자들의 모여듦	오순절의 모임(2:5, 9-11)	이사야 35:8-10; 40:11; 43:5-7
성령의 공동체	오순절(2:1-4)	이사야 32:14-17; 42:1; 44:1-4
회개로 부르심	베드로 설교 (2:14-41; 참조. 38절)	이사야 44:21-22; 50:1

1.1. 프롤로그, 사명, 승귀 (1:1-14)

처음 14절은 사도행전과 누가복음을 연결하고, 사도들의 종의 사명을 자세히 설명하고, 다윗 왕의 즉위를 서술하고, 제자들을 다락방에 위치시킨다. 누가는 이 내러티브를 앞 작품에 연결한다. 누가는 교회의 존재를 뒷받침하는 근본적인 사건에 관해 이야기함으로써 성령의 부으심을 위한 길을 닦는다. 예수님은 인자로 즉위하셔야 하고 사도들은 사명을 부여받아야 한다. 벅Bock은 "사도행전의 서론은 사도행전의 핵심 주제를 강조할 뿐만 아니라 하나님의 프로그램이 순조롭게 진행되고 있음을 확신을 가지고 선포한다."[1] 이것이 바로 하나님의 나라 계획이다. 기대하지 못했더라도 모든 것이 잘 진행되고 있다.

1.1.1. 프롤로그 (1:1-5)

1 데오빌로여 내가 먼저 쓴 글에는 무릇 예수께서 행하시며 가르치시기를 시작하심부터

2 그가 택하신 사도들에게 성령으로 명하시고 승천하신 날까지의 일을 기록하였노라 3 그가 고난 받으신 후에 또한 그들에게 확실한 많은 증거로 친히 살아 계심을 나타내사 사십 일 동안 그들에게 보이시며 하나님 나라의 일을 말씀하시니라

4 사도와 함께 모이사 그들에게 분부하여 이르시되 예루살렘을 떠나지 말고 내게서 들은 바 아버지께서 약속하신 것을 기다리라 5 요한은 물로 세례를 베풀었으나 너희는 몇 날이 못되어 성령으로 세례를 받으리라 하셨느니라

프롤로그는 단순히 후원자에게 헌정하는 것 이상의 역할이며, 과거 사건을 간단히 소개하고 미래 진행을 예고한다.[2] 누가복음은 예수님의 삶을 말과 행동, 고난과 부활이라는 요약 형식으로 묘사한다. 나누어지는 부분은 예수님의 승천과 함께 시작된다. 이제 예수님의 사역은 예수님의 예언대로 성령으로 세례를 받을 사도들의 사역을 통해 지속된다. 그리스도는 여전히 일하시며 하늘에서 가만히 계시지 않으신다. 그러므로 독자들은 사도행전에서 그리스도를 닮고 성령으로 충만한 "말씀과 행동, 고난과 부활"의 패턴을 기대해야 한다.

---

1 Bock, *Acts*, 58.

2 프롤로그의 길이에 관해서는 논쟁이 있다. Gaventa, *Acts*, 62,은 "문학적 진흙탕은 … 서문을 마무리하는 명확한 구문의 표시를 제공하지 않는다"라고 올바르게 지적한다. 가장 분명한 결론은 누가가 서문이 자기 내러티브로 매끄럽게 흐르기를 원했다는 것이다. Alexander, *Acts in Its Ancient Literary Context*, 28,은 서문을 "잘 정리되지 않는 것"이라고 부른다. 다른 학자들은 서문을 1-2절(폴힐Polhill, 슈나벨Schnabel, 위더링턴Witherington, 키너Keener), 1-4절(콘첼만Conzelmann), 1-5절(브루스Bruce, 파슨스Parsons), 1-8절(핸첸Haenchen), 1-11절(가벤타Gaventa)로 간주한다. 그러나 내용과 문법으로 볼 때 프롤로그는 1-5절이 될 수 있다. 2절이 성령의 가르침을 제공한다면 3-5절은 성령의 약속을 설명한다. 3절의 헬라어 본문은 2절과 연결되는 관계대명사로 시작된다. 그러나 핸첸은 누가가 이런 식으로 새로운 절을 시작하는 것을 좋아한다고 주장한다. E. Haenchen, *Acts of the Apostles: A Commentary* (Philadelphia: Westminster, 1971), 139n7[= 『사도행전』, 서울: 한국신학연구소, 2006]. 4절은 καί와 분사로 시작하며, 4-5절은 서로 긴밀하게 엮여 있는 것처럼 보인다. 반면에 6절은 접속사와 분사 μὲν οὖν(참으로 그러므로)을 포함하고 있는데, 이는 사도행전에서 특히 많이 나타나며 일반적으로 전환을 제공하는 구조이다.

누가가 두 번째 책을 쓸 필요가 있다고 생각했다는 사실은 교회 이야기가 없으면 복음 이야기가 완전하지 않다고 생각했다는 것을 암시한다. 이어지는 책은 부록이나 속편이 아니라 저자가 하나님의 목적의 성취를 보여주기 위한 계획의 필수적인 부분이다. 스펜서Spencer는 "사도행전의 시작은 고립된 새로운 순간이 아니라 구원 역사의 거대한 드라마에서 다음 '막'으로 제시된다."[3] 교회의 이야기는 여전히 아버지의 계획, 아들의 일하심, 성령의 능력에 관한 이야기이다.

1:1. 사도행전에 관한 많은 작품이 사도나 성령에 초점을 맞추어 시작한다는 것은 널리 알려진 사실이지만 잘못된 생각이다. 누가는 다른 방식으로 시작하는데, 바로 예수님께 시선을 고정한다. 첫 구절은 사도행전을 사도들의 사역이나 단순히 성령의 사역이 아니라 부활하신 예수님의 계속되는 사역으로 설정한다. 누가는 데오빌로가 쓴 첫 번째 책에서 예수님이 "시작"하신 일과 가르침에 관해 이야기한다.

"시작하심부터"($\check{\alpha}\rho\chi\omega$, 아르코)는 어떤 행동을 시작하는 사람을 가리키며 일반적으로 이 행동을 더 설명하기 위해 보충하는 부정사가 뒤따른다.[4] 예수님은 "행하심"($\pi o\iota\acute{\epsilon}\omega$, 포이에오)과 "가르치심"($\delta\iota\delta\acute{\alpha}\sigma\kappa\omega$, 디다스코)을 수행하셨다. 이것은 복음서에 나오는 예수님의 생애를 전형적으로 요약한다. 사도행전의 나머지 부분에서는 사도들도 "말과 행동"의 유형을 따라 랍비를 본받는 모습을 보여준다.[5] 예수님의 사역은 그분의 종들, 즉 그분의 몸을 통해 여전히 존재한다. 이는 예수님의 사역이 승천하신 후에도 계속되고 있다는 것을 의미한다. 혁명은 계속된다.[6]

사도행전 전체에 걸쳐 예수님은 중요한 순간에 등장한다. 예수님은 스데반(7:55-56), 사울(9:5; 22:8-10; 26:5), 아나니아(9:10-15), 고넬료(10:4), 베드로(10:14), 바울(18:9-11; 22:17-21; 23:11)에게 여러 차례 자신을 드러내신다. 여기에는 예수님의 영(16:7), 주의 영(5:9; 8:39)으로 불리는 성령의 역사뿐만 아니라 주의 천사(5:19; 8:26; 12:7, 11, 15, 23)의 역사도 포함되지 않는다. 레슬리 홀든이 말했듯이, 사도행전에서 예수님은 "고집스럽게 임재"하신다.[7]

누가는 자신의 복음서를 "첫 번째 책"(개역개정. "먼저 쓴 글," $\pi\rho\tilde{\omega}\tau o\nu$ $\lambda\acute{o}\gamma o\nu$,

---

3 Spencer, *Acts*, 34.

4 BDAG, 140.

5 사도행전은 예수님이 행하신 모든 일($\pi o\iota\epsilon\tilde{\iota}\nu$, 행 1:1)을 언급하는 것으로 시작하지만, 요한복음의 마지막 문장은 예수님이 행하신 다른 많은 일($\dot{\epsilon}\pi o\acute{\iota}\eta\sigma\epsilon\nu$, 요 21:25)을 언급한다. 사도행전은 예수님께서 사도들을 통해 계속해서 "행하시고" "가르치신" 일들을 다루고 있다.

6 Jennings, *Acts*, 13,은 계속 작동하는 것이 "개념도 원칙도 아닌" "불가능한 현실, 살과 피"이며, 그 일은 끝나지 않았다고 주목한다.

7 J. L. Houlden, "Beyond Belief: Preaching the Ascension (II)," *Theology* 94 (1991): 174.

프로톤 로곤)이라고 말하지만, "이전"으로 번역할 수 있다. 누가복음과 사도행전은 함께 읽어야 한다.[8] 사도행전은 독립된 책이 아니며, 이전 복음서에 대한 암시나 가정이 있을 것이다. 따라서 프롤로그는 앞으로 나아가기 전에 뒤를 돌아보는 것으로 시작한다. 교회 설립을 이해하려면 먼저 예수님을 이해해야 한다.

누가는 데오빌로를 "하나님의 사랑을 받는 자" 또는 "하나님을 사랑하는 자"라는 뜻으로 기록한다.[9] 대부분 현대 주석가들은 이 이름을 상징적으로 보는 것을 꺼리지만 고대 세계에서는 이름이 중요했다.[10] 이 이름은 잘 기록되어 있지만 사도행전이 "하나님을 사랑하는 자(또는 친구)"를 만들기 위해 쓰여졌음을 나타낼 수 있다. 사도행전에서 너희들은 데오필로이(θεοφίλοι, 하나님의 친구들/사랑하는 자들) 또는 θεομάχοι(데오마코이. 하나님을 대적하는 자, 참조. 5:39)이다.

1:2. 2절은 누가복음의 마지막을 가리킨다. 첫 번째 책은 어느 시점까지, 즉 "승천하신"(ἀναλαμβάνω, 아날람바노) 날까지 예수님이 행하고 가르치신 일만 다루었다. 엘리야의 승천에도 같은 동사를 사용한다(왕하 2:11). 예수님의 하늘로 여행은 여행을 떠날 제자들에게도 본보기가 된다. 그들은 광야의 언약궤처럼 하나님의 임재를 세상으로 가져갈 것이다.

예수님은 승천하시기 전에 제자들에게 "성령을 통한 가르침"을 주셨다. 이 문구는 교사로서 예수님의 역할과 제자이자 증인으로서 제자들의 역할을 모두 강조한다. 누가는 그 지시가 성령을 통해 주어졌다고 말한다(24:44-49). 사도들은 **성령을 통해** 예수님을 계속 경험할 것이다. 사도행전은 부활하신 주 예수님의 행적에 관한 것이지만, 그것은 성령이라는 수단을 통해 이루어진다.

하나님께서는 성령으로 충만한 중보자들을 통해 자기 뜻을 이루신다. 누가는 이 종들이 "택하신"(ἐκλέγομαι, 에클레고마이, 눅 6:14-16; 행 1:24; 6:5; 9:15; 15:22, 25) 종임을 상기시키며 그들의 역할을 정당화한다. 이는 또한 교회가

---

8 누가복음-사도행전의 연속성과 불연속성에 대한 논의는 서론을 참조하라.

9 데오빌로는 아마도 사본을 만드는 데 필요한 비용을 지원한 후원자였을 것이다. 초기 학계에서는 데오빌로는 누가가 기독교가 로마에 대한 선동죄가 없으며 유대교의 깃발 아래 분류되어야 한다고 주장하기 위해 글을 쓴 '로마의 후원자'라고 주장했다. 이러한 주제는 사도행전 21-28장에서 두드러지게 나타나지만, 그 이전에도 등장한다.

10 베데(8세기)는 데오빌로라는 이름을 강조하면서 "그러므로 하나님을 사랑하는 사람이라면 누구나 이 작품이 그를 위해 기록되었다고 믿을 수 있을 것이다"라고 말한다. V. Bede, *The Venerable Bede Commentary on the Acts of the Apostles*, trans. L. T. Martin (Kalamazoo: Cistercian, 1989), 9. J. Spangenberg, *Brief Exegesis of Acts 1:1*, in Chung-Kim, Hains, et al., Acts, 4,는 이 책이 하나님이 사랑하시는 모든 사람과 친구를 위한 것이라고 말한다. 클라우크는 데오빌로가 누가를 위해 이상적인 독자, 즉 하나님을 사랑하는 사람의 역할을 구현하고 있다고 말한다. H. J. Klauck, *Magic and Paganism in Early Christianity: The World of the Acts of the Apostles* (Minneapolis: Fortress, 2003), 4.

"택하신" 사도들이 직면한 고난을 계속 읽으면서 이 역시 하나님의 계획의 일부라는 것을 알도록 격려할 것이다. 택하심을 받는 것과 고난은 서로 반대되지 않는다. 둘은 함께 온다.

1:3. 고난은 생명으로 이어진다. 누가가 예수님의 고난/부활을 언급하면서 또다른 그리스도-형상 패턴이 여기에 소개된다. 이 반전 주제는 사도행전 곳곳에 등장한다. 사도들은 예수님과 그분의 풍성한 삶에 대한 증인이 된다.

2절이 성령을 통한 가르침에 관한 것이라면 3절은 부활 후 예수님의 개인적인 가르침에 초점을 맞추고 있다.[11] 누가복음 독자들은 예수님이 제자들과 함께 식사하고, 도마가 옆구리를 만지고, 여러 사람에게 다른 시간에 나타나신 것을 본다(눅 24:13-32; 고전 15:5-8). 부활하신 주님이 사도들 가운데 임재하신 것은 필수적이다. 사도들은 예수님의 새 생명을 증거할 것이다(1:22; 2:32; 3:15; 5:32; 10:39-41; 13:31).

그러나 예수님은 그들에게 나타나셨을 뿐만 아니라 40일 동안 하나님 나라에 관해 가르치셨고, 말씀하셨다. 누가는 사도행전에서 하나님의 나라를 많이 언급하지는 않지만, 중요한 지점에서 언급함으로써 전체 내러티브를 하나님 나라 이야기의 연속으로 구성한다.[12] 40일 동안 가르침은 에스라 4서와 바룩서의 마지막 가르침과 병행되며, 신뢰할 수 있는 가르침을 반영하므로 인증하는 기능이 있다. 참 복음은 열두 사도에게 맡겨진 사도적 복음이다.

사역을 위한 준비라는 측면에서 다른 성경적 메아리도 가능하다. 광야에서의 예수님, 이스라엘이 땅에 들어가기 위한 준비, 모세가 산에서 준비했던 것 등 모두 40일 또는 40년으로 이루어져 있다. 따라서 40일이라는 모티브는 신뢰할 수 있고 준비된 증인으로서 사도들의 역할과 관련이 있다. 광야 세대와 달리 그들은 약속의 땅을 차지할 준비가 되어 있다.

1:4. 예수님은 사도들에게 하나님의 나라에 관해 가르치셨다. 이제 누가는 예수님의 더욱 구체적인 명령에 초점을 맞춘다. 누가는 이 명령이 "그들과 함께 있을 때"(개역개정. "함께 모이사")에 주어졌다고 언급하는데, 이는 "그들과 함께 먹었

---

11 3절을 시작하는 관계대명사 "그들"(Οἷς)의 선행사는 사도들이다(개역개정은 문장 처음에 나타나지 않는다-역자주).

12 사도행전 시작 부분에 두 번(1:3, 6), 마지막 부분에 두 번(28:23, 31) "하나님의 나라"가 언급되어 전체 내러티브의 틀을 구성한다. 본문에서는 주요 전환점에서 네 번 언급된다(8:12; 14:22; 19:8; 20:25). 나는 나라를 왕의 위치에서 왕의 백성을 다스리는 왕의 권력으로 정의한다. P. Schreiner, *The Kingdom of God and the Glory of the Cross* (Wheaton: Crossway, 2018).

다"(συναλιζόμενος, 쉬날리조메노스)라고도 번역할 수 있다.[13] 복음서와 사도행전 모두에서 먹는 것이 중심이 되는 것을 보면 이 구절에서 중요성이 있다고 보게 만든다.

독자들은 그것이 예수님이 제자들의 눈을 뜨게 하신 엠마오 길의 만남 이후에 그들과 함께 식사하시고(눅 24:30-31, 35, 41-43), 육체적 부활의 증거를 주신 때라는 것을 기억해야 한다. 사도행전은 이 전통을 이어간다. 식탁은 환대, 친교, 논쟁, 심지어 계시의 장소이기도 하다. 고대 근동에서는 식사를 나눔으로 결속하고 언약을 맺었다.

4-5절에는 명령과 그 근거가 담겨 있다. 명령은 부정과 긍정으로 나뉘어 있다. 첫째, 제자들은 예루살렘에 머물면서 아버지의 약속을 기다려야 한다(눅 24:49). 예루살렘에 거한다는 것은 다윗의 도시와 다윗의 메시아를 통해서만 복이 열방으로 흘러갈 것이라는 신호이다(창 18:18; 22:18; 26:4; 시 72:17; 사 61:9; 렘 4:2; 갈 3:8).[14]

던Dunn이 말한 것처럼 "그것은 예루살렘에서 시작되었다. 이것이 누가가 독자들이 이해하기를 바라는 첫 번째 분명한 메시지이다."[15] 그러나 슬리먼Sleeman은 예수님의 승천 여행이 내러티브의 근본적인 질서를 제공한다는 점에 주목한다. "사도행전은 예루살렘에서 '떠나는' 이동이 아니라 예수님을 '따라' 이동하는 것으로 시작된다."[16]

둘째, 그들은 아버지의 약속을 기다려야 한다. 누가는 성령을 아버지의 약속으로 지적한다(3:16; 24:49).[17] 제자들은 시온 산에 머물다가 모세처럼 하나님의

---

13 Barrett, *Acts 1-14*, 71-72,은 그들과 함께 식사하는 것, 심지어 "그들과 함께 소금을 먹는 것"을 가리키며 언약의 식사를 의미한다고 주장한다. Chrysostom, *Homily 1 on Acts* (NPNF 1/11:5),은 "그들과 함께 식사하는 것"라고 읽는다.

14 Chrysostom, *Homily 1 on Acts* (*NPNF* 1/11:6)은 무장하기 전에 돌격해서는 안 되기 때문에 예루살렘에서 기다려야 한다고 말한다.

15 Dunn, *Acts*, 1. M. Moreland "The Jerusalem Community in Acts: Mythmaking and the Sociorhetorical Functions of a Lukan Setting," in *Contextualizing Acts: Lukan Narrative and Greco-Roman Discourse*, ed. T. Penner and C. V. Stichele, SBLSym 18 (Atlanta: Society of Biblical Literature, 2003), 286,은 예루살렘에서 시작하는 것이 중요한 이유는 그 도시가 "덕스러운 삶, 의로움, 왕권, 약속과 성취에 대한 이야기 체계, 박해받는 예언자에 대한 개념, 종말론적 전망, 자신의 공동체를 유대 서사시와 연결하려는 일반적인 열망"과 관련이 있었기 때문이라고 주장한다.

16 Sleeman, *Geography and the Ascension*, 66-67.

17 τὴν ἐπαγγελίαν τοῦ πατρὸς(아버지의 약속)는 주격적 속격(위 번역처럼) 또는 근원의 속격으로 받아들일 수 있지만 둘의 차이는 매우 적다. Luther, Sermon on the Evening of Pentecost, in Chung-Kim, Hains, et al., *Acts*, 7,은 "[이 세례는] 무언가를 물에 담글 때처럼 작은 물방울로 행하는 것이 아니라, 마치 우리를 익사시키려는 것처럼 우리는 이 세례 속으로 뛰어든다. 따라서 성령은 깜박이는 불꽃으로 나풀거리는 것이 아니라 불 속에 [돌진]하신다! 이 불이 여러분 모두에게 떨어지고 여러분은 압도되어 불 외에는 아무것도 없는 것처럼 보인다. 물속의 물고기처럼 여러분도 불 속에 있다."

임재로 얼굴이 빛나서 다시 내려와야 한다. 성령은 아버지와 아들에게서 나오지만 여기서는 아들이 전하는 아버지의 약속에 초점이 맞춰져 있다(눅 11:13; 행 2:33).[18] 사도행전 앞부분의 삼위일체적 성격은 놓치기 쉽지 않다. **아들**은 제자들에게 **성령**에 관한 **아버지**의 약속에 관해 말씀하신다.

1:5. 아버지의 약속은 세례 요한의 말대로 주어진다(눅 3:16; 막 1:8; 마 3:11; 요 1:33). 누가는 이를 인용함으로써 요한의 세례와 성령 세례(나중에 문제가 될 내용이다. 참조. 행 18:25; 19:3)를 구별하고 이 둘을 연관시킨다.[19] 예수님의 세례가 더 크고 요한의 세례의 최종 목표이지만, 이 또한 요한의 동일한 흐름에 속해 있다. 터너Turner는 예수님의 세례가 이스라엘에게 성령을 수여하고, 부어주고, 잠기게 하는 것뿐만 아니라 주로 이스라엘을 **정결하게** 하는 의미라고 주장한다.[20] 요한이 예수님의 성령 세례에 관해 한 약속은 곧 성취될 것이며, 이는 복음서 저자들이 기록 초기에 교회의 지평을 염두에 두고 있었다는 것을 나타낸다. 요한이 물에 관해서 부르심을 받은 것은 앞으로 일어날 새로운 회개의 공동체를 알리는 사건이었다.

세례에 관한 이 말씀은 프롤로그를 마무리하며 예수님의 사역의 시작과 교회의 시작을 적절하게 되돌아본다.[21] 누가의 두 번째 이야기는 구원 역사의 종말론적 전환, 즉 예수님의 승천과 성령의 오심 끝자락에서 시작된다.

1.1.2. 이사야의 종 사명 (1:6-8)

6 그들이 모였을 때에 예수께 여쭈어 이르되 주께서 이스라엘 나라를 회복하심이 이 때이니이까 하니

7 이르시되 때와 시기는 아버지께서 자기의 권한에 두셨으니 너희가 알 바 아니요 8 오직 성령이 너희에게 임하시면 너희가 권능을 받고 예루살렘과 온 유대와 사마리아와 땅끝까지 이르러 내 증인이 되리라 하시니라

예수님이 떠나고 성령이 오시기 전에 예수님은 제자들에게 행진 명령을 내리

---

18 성령은 2:38; 8:20; 10:45; 11:17에서도 하나님의 선물로 묘사된다.

19 Cyril of Jerusalem, *Catechetical Lectures* 17.14, in Chung-Kim, Hains, et al., *Acts*, 6,은 이렇게 말한다. "이 은혜는 부분적이 아니다. 그의 능력은 완전한 것이었으니, 이는 물에 뛰어들어 세례를 받는 사람이 사방이 물로 둘러싸여 있는 것처럼 그들도 성령으로 완전히 세례를 받았기 때문이다. 그러나 물은 바깥으로만 흐르지만, 성령은 그 안에 있는 영혼에도 완전히 세례를 베푸신다."

20 Turner, *Power from on High*, 185.

21 누가는 이 세례가 "여러 날 후에"(개역개정. "몇 날이 못되어") 일어날 것이라고 말하는데, 이는 "지금부터 며칠이 지나지 않았다"라는 뜻이다. 이는 누가가 리토테스(*litotes*, 반대되는 생각을 부정함으로써 상태를 표현하는 비유법)를 즐겨 사용하는 것을 보여주는 예이다.

신다. 제자들이 하나님 나라에 관해 묻자, 예수님은 하나님 나라의 완성은 지금
이 아니라(1:7), 성령 충만한 사도들을 통해 하나님의 나라 계획이 진행될 것임을
분명히 하신다(1:8). 그들은 이사야가 예언한 고난을 통해 정복할 새로운 종들이
다.[22] 8절의 신정정치적, 지리적, 민족적 개요(예루살렘, 유대, 사마리아, 땅끝)는
이후 이야기의 길잡이 역할을 한다. 모든 나라와 민족은 즉위하신 왕의 소식을 들
어야 한다. 제자들이 중요한 역할을 하지만, 그들이 성령의 능력을 가지고, 그리
스도의 위임을 받았으며, 아버지의 계획을 따르기 때문이다. 삼위일체 하나님이
여전히 주인공이다.

1:6. 40일 동안의 하나님 나라 교훈은 예수님께서 지금 이스라엘에 왕국을 회
복하실 것인지에 대한 질문으로 이어진다(눅 24:21; 렘 23:1-8; 겔 17장, 34장,
시 36:1-17).[23] 제자들의 질문은 1장 4-5절의 성령의 선포로 인한 것이다. 성령
은 마지막 날과 연관되었기 때문이다.

"회복하다"(ἀποκαθίστημι, 아포카디스테미)는 신약성경에서 8번 사용되었으며,
대개 치유 사건의 문맥에서 사용되었다(마 12:13; 17:11; 막 3:5; 8:25; 9:12; 눅
6:10; 행 3:21; 히 13:19).[24] 베드로는 나중에 만물이 "회복"(ἀποκαταστάσεως, 아
포카타스타세오스)될 때까지 하늘이 예수님을 받아들이는 것에 관해 말할 때 이 단
어를 사용했다(행 3:21). 이 단어는 다시 세움, 즉 이전의 좋은 상태로 바뀌는 것을
의미한다.[25] 제자들은 이스라엘 왕이 통일 왕국을 평화롭게 통치하던 다윗 왕조를
염두에 두고 있었다. 그들은 왕국의 완성을 위한 시기가 도래했는지 궁금해했다.

이 질문의 본질에 대한 논쟁이 계속되고 있으며, 대부분의 답변은 순수한 주
해보다는 더 큰 성경신학적 신념에 근거한다. 첫째, 어떤 학자들은 제자들의 질문
을 잘못된 것으로 받아들인다. 제자들은 왕국의 성격(정치적), 범위(이스라엘), 시
기(현시점)에 관해 잘못 이해하고 있다는 것이다.[26] 둘째, 제자들의 질문이 정당하

22 Beers, *The FolRowers of Jesus as the "Servant,"* 128–30,는 어떻게 성령이 그 종에게 기름을
부으시고(사 42:1; 61:1), 그 종이 선택되고(사 49:7), 그 종이 증인이 되고(사 43:10, 12;
44:8), 그 종은 땅끝까지 사명을 가지는지(사 49:6) 설명한다.

23 "κύριε"라는 용어는 단순히 "주인"을 의미할 수도 있지만, 누가복음의 다른 부분에서는 그
이상의 의미가 있음을 암시한다. 다윗의 도시에서 주님이 태어나셨고(2:11), 세례 요한은
주님의 길을 준비했다(3:4). 예수님은 여호와의 개인적 대리자이며, 그 이상으로 항상
여호와와 함께하셨다(요 1:1).

24 많은 유대 문헌은 이스라엘이 결국 큰 복의 땅으로 회복될 것이라고 기대했다. LXX에서는
렘 16:15; 23:8; 24:6; 31:27-34; 호 2:3; 11:11을 참조하라.

25 BDAG, 111.

26 존 스토트는 하나님의 나라가 영토적 개념이 아니라고 말한다. 그것은 어떤 지도에도
표시되지 않으며 표시될 수도 없다. J. Stott, *The Spirit, the Church, and the World: The
Message of Acts* (Downers Grove: InterVarsity, 1990), 41[= 『사도행전』, IVP, 2019]. 이

고 자연스러운 것이라고 주장하는 학자들도 있다. 제자들이 여전히 그런 오해를 가지고 있었다면 예수님이 하나님 나라의 본질에 관해 유능한 교사가 아니었다는 뜻이 된다(1:3).[27] (예수님의 대답에서 알 수 있듯이) 진실은 두 극단 사이 어딘가에 있다. 제자들의 질문이 완전히 틀리지는 않았다. 그러나 제자들은 여전히 예수님께서 바로잡아 주시는 하나님 나라에 관해 오해한다.

1:7. 제자들의 질문은 직접적인 대답을 받지 못한 것으로 보이며, 이 구절은 논쟁을 일으킨다. 심지어 어떤 학자들은 예수님이 그들의 질문에 관해서 대답하지 않으셨는지 의문을 던진다. 예수님의 대답을 해석하는 세 가지 기본 선택지는 (1) 예수님의 대답은 **연기**를 말하며, (2) 예수님의 대답은 **책망**이며, (3) 예수님은 회복(취임)의 시기를 계산하려는 시도를 거부하신 것 정도이다.[28] 첫 번째 견해에서 예수님은 그들의 질문을 긍정하지만 "지금은 아니다"(연기)라고 대답한다. 그분은 이스라엘에 대한 약속이 성취될 미래의 시간을 가리킨다.[29] 이 대답은 더 경륜적인 배경에서 비롯된다. 두 번째 견해는 더 언약적인 관점에서 비롯된 것으로, 예수님이 주제를 바꾸고 그들의 질문에 대답조차 하지 않으셨다고 주장한다. 따라서 예수님의 대답은 제자들이 하나님 나라를 오해했기 때문에 책망하는 것이다.[30]

아마도 질문이 완전히 틀린 것은 아니지만 여전히 핵심 요소가 누락되어 있

견해의 문제점은 예수님이 8절에서 지리를 언급함으로써 하나님 나라에 대한 질문에 답하신다는 것이다. Bede, *Acts*, 11–12,도 제자들이 "이스라엘 왕국이 즉시 올 것이라고 가정하고 … 주님께서 영적 이스라엘과 하늘나라를 [알려 주셨다]"라고 말한다. 따라서 성령이 오셨을 때 베데는 성령을 하나님의 나라에 비추어 해석하는 것이 아니라 다른 것으로 해석한다. Erasmus, *Paraphrase on Acts*, 7,도 제자들이 잘못 인도되었다고 생각한다. "그들은 아직 이스라엘 왕국의 출현에 대한 꿈을 버리지 않았고 … 그들은 아직 영적 왕국의 본질을 이해하지 못했으며 … 그들은 온 세상에 대한 권력이 유대 민족에게 이전되기를 소망했다."

27 이 추론대로라면 예수님도 복음서에서 제자들이 자주 오해했기 때문에 좋은 선생님이 아니었다. 반면에 제자들이 다른 내러티브에서 신뢰할 수 있는 대변인으로 보이고 사도행전의 시작 부분에서 제자들의 사역에 정당성을 부여하는데 여기서 제자들을 부정적으로 표현하는 것은 이상할 수 있다.

28 이 범주는 다음에서 나왔다. Thompson, *The Acts of the Risen Lord Jesus*, 104–5.

29 Bock, *Acts*, 61,은 그들의 질문이 좋은 질문이라고 주장하지만, 예수님은 그들의 질문에 연기를 말하셨다고 주장한다. 벅의 견해와 내 견해의 차이점은 벅은 성령의 역사와 이스라엘의 계획에 대한 하나님의 나라의 성취를 너무 많이 분리한다는 것이다.

30 예를 들어, Stott, *The Spirit, the Church, and the World*, 41,은 "그들의 질문은 예수님을 당혹스럽게 만들었을 것이다. 그들은 여전히 인식이 그렇게 부족했을까? 문장의 동사, 명사, 부사는 모두 하나님의 나라에 대한 교리적 혼란을 드러낸다. '회복하다'라는 동사는 그들이 정치적, 영토적 왕국을, '이스라엘'이라는 명사는 민족적 왕국을, '이 때'라는 부사절은 그 왕국의 즉각적인 설립을 기대하고 있었다는 것을 보여준다." Chrysostom, *Homily 2 on Acts* (*NPNF* 1/11:11),는 성령께서 아직 그들에게 가르치시지 않았기 때문에 그들은 하나님 나라의 본질에 대한 명확한 개념이 없었다고 주장한다.

없을 것이다. 따라서 예수님 회복(취임)의 시기를 계산하려는 시도를 거부하실 뿐이다.[31] 제자들이 시기를 묻자, 예수님은 시기에 관한 말씀으로 대답하신다. 예수님은 회복에 대한 그들의 기대를 지지하시지만, 8절에서 약속하신 성령과 교회의 탄생에 비추어 갱신을 재해석하신다.

사도들은 하나님 나라를 이해하지만, 그 나라가 **언제** 그리고 **어떻게** 도래할지, 누가 그 나라의 일부가 될지에 관해서는 여전히 혼란스러워한다. 예수님은 제자들에게 이스라엘 회복의 "때와 시기"를 아는 것은 제자들을 위한 것이 아니라고 말씀하시며 시기에 대한 그들의 질문에 답하신다. 그것은 아버지께서 자신의 권위로 정하셨다(마 24:36).[32]

"때와 시기"는 일반적으로 완결의 시기를 가리킨다(단 2:21; 전 3:11; 살전 5:1). 결론적으로, 예수님은 시기는 제자들이 알 수 있는 것이 아니라고 말씀하시면서 시작하신다. 저벨Jervell은 "사도행전에서 [누가복음]은 '하나님의 나라가 언제 나타날 것인가'보다 '하나님의 나라가 누구에게 주어질 것인가'라는 질문에 더 관심을 두고 있다"라고 말한다.[33]

1:8. 예수님은 7절에서 "아니, 지금은 아니다"라고 대답하고 8절에서는 "그래, 지금이다"라고 대답하신다. 8절은 하나님 나라 회복이 성령의 은사와 함께 계속되고 있지만, 그 완성은 기다려야 한다고 확언하신다. 예수님에 따르면 회복 계획에는 세 가지가 수반된다. **어떻게** 성취할 것인지(성령의 권능), **무엇을** 할 것인지(증언), **어디로** 갈 것인지(예루살렘, 유대, 사마리아와 땅끝까지)이다. 각 구절은 구약성경을 반향하고 있으며, 사도행전 전체를 관통하는 중요한 주제이다.

첫째, 그들은 **어떻게** 성취할까? 이사야 32장 15-20절에서 성령의 권능이 예언되었는데, 선지자는 높은 곳에서 성령이 부어져 온 땅에 평화와 복을 가져올 것이라고 말한다. 새로운 출애굽은 성령의 임재와 함께 다시 시작된다. 그들이 가진 구체적인 "권능"($\delta\acute{u}\nu\alpha\mu\iota\varsigma$, 뒤나미스)은 군대나 전문가의 힘이 아니다. 사도행전에

---

31 Thompson, *The Acts of the Risen Lord Jesus*, 106,은 다른 견해는 다음 이유로 가능성이 작다고 주장한다. (1) 인접한 문맥은 나라에 관한 예수님의 40일 교훈에서 비롯되며, 왕국에 관한 질문으로 이어진다. 누가가 여기서 제자들을 완전히 무지한 사람으로 보려는 의도는 없을 것이다. (2) 누가는 이미 4-5절에서 하나님 나라에 대한 예수님의 가르침과 성령 부으심 사이의 밀접한 연관성을 보여주었다. (3) 예수님의 대답에 이스라엘이 실제로 언급되어 있다. (4) 회복의 언어는 성령의 은사를 포함하는 하나님의 백성을 위한 구약의 약속과 희망을 상기시킨다. J. Jonas, *Annotations on Acts 1:8*, in Chung-Kim, Hains, et al., *Acts, 8*,은 "이제 이 말씀으로 자기 나라의 본질이 무엇인지를 나타낸다"라고 말한다.

32 Hillary of Poitiers, *On the Trinity* 9.75, in Martin and Smith, *Acts*, 8–9,는 아버지와 아들이 본성의 일치 안에 남아 있기 때문에 아들은 무지하지 않다고 주장한다. 그러므로 아들의 약점이 아니라 침묵을 유지하려는 하나님의 계획과 조화를 이룬다.

33 Jervell, *The Theology of the Acts of the Apostles*, 107.

서 권능은 예수님의 사역을 반영하고 그분을 증거하는 말씀과 행동의 사역과 일
치한다. 예를 들어, 4장 7절에서 베드로가 나면서 못 걷게 된 이를 고친 후 지도
자들은 "무슨 **권세**와 누구의 이름으로 이 일을 행하였느냐?"라고 묻는다. 그런 다
음 4장 33절에 "사도들이 큰 **권능**으로 주 예수의 부활을 증언하니 무리가 큰 은
혜를 받아"라고 말한다. 6장 8절에서는 "스데반이 은혜와 **권능**이 충만하여 큰 기
사와 표적을 민간에 행하니"(강조 추가. 참조. 8:13; 10:38; 19:11)라고 말한다.[34]

둘째, 예수님은 제자들이 **무엇을** 해야 할지 설명하신다. 내 증인이 되어라. 증
인은 중요한 것을 증언하는 사람들이다. μάρτυς(마르튀스, 증인)는 "증거"의 궤
(출 25:22)와 "만남"의 장막(출 29:4)에 선택된 단어이다.[35] 더 중요한 것은 이 단
어가 이사야 후반부, 특히 그 종의 임무와 연결된다는 점이다. 이사야 43장 10절
은 "나 여호와가 말하노라 너희는 나의 증인, 나의 종으로 택함을 입었나니 이는
너희가 나를 알고 믿으며 내가 그인 줄 깨닫게 하려 함이라 나의 전에 지음을 받은
신이 없었느니라 나의 후에도 없으리라"라고 말한다. 증인이 된다는 것은 하나님
의 종이 된다는 것이다. 사도행전에서 μάρτυς는 예수님의 새 삶을 보고, 말하고,
구현하는 것과 관련이 있다. 사도들은 유다를 대신할 열두 번째 사도를 뽑을 때
"항상 우리와 함께 다니던 사람 중에 하나를 세워 우리와 더불어 예수께서 부활하
심을 **증언할 사람**이 되게 하여야 하리라"(1:22, 강조 표시 추가)라고 말한다. 베
드로는 오순절 설교에서 "이 예수를 하나님이 살리신지라 우리가 다 이 일에 **증인**
이로다"(2:32, 강조 추가)라고 말한다. 바울은 사도행전 마지막 부분에서 왕과 총
독 앞에서 부활 때문에 자신이 재판받고 있다고 계속 말한다(23:6; 24:15, 21).
이러한 맥락을 종합하면 거짓 우상과 신들에 대항하여 **말씀하시고 살아계신** 하나
님을 증거한다는 뜻이다.[36] 이것이 바로 여호와가 살아계신 하나님임을 증명하는
그리스도의 부활에 특별히 초점을 맞추는 이유이다.

마지막으로 예수님은 제자들에게 **어디로** 가야 할지 말씀하신다. 예루살렘과
유대와 사마리아와 땅끝까지이다. 많은 학자는 8절이 사도행전의 목차 역할을 한

---

34 행 10:38은 이 권능을 초자연적인 영역과 연관시킨다. 예수님은 권능을 가지고 마귀의
    권세 아래 있던 사람들을 고치셨다.

35 Beale, *The Temple and the Church's Mission*, 117–21,은 증거를 "증거의 장막" 및 "증거궤"와
    연결한다. 둘 다 사도들이 하나님의 구원의 임재를 증거할 때 하나님의 진리와 뜻에 대한
    가시적인 증거였다. J. Dickson, *Mission-Commitment in Ancient Judaism and in the Pauline
    Communities: The Shape, Extent and Background of Early Christian Mission*, WUNT 159
    (Tubingen: Mohr Siebeck, 2003), 309는 1–2장을 할애하여 제2성전 시대의 선교에 관해
    연구하면서 선교에 도움이 되는 개념적 틀이 분명히 존재했다는 결론을 내린다.

36 Erasmus, *Paraphrase on Acts*, 8,은 예루살렘에서 먼저 증인이 되는 것을 사 2:3과 시온에서
    나오는 율법과 예루살렘에서 나오는 주님의 말씀과 연결한다.

다고 주장한다.[37] 사도행전에는 복음 전파에 대한 지리적 표현이 분명하게 존재
하며, 그 순서가 중요하다. 하나님께서 아브라함에게 그의 자녀들이 열방을 축복
할 것이라고 약속하셨기 때문에 열방에 대한 축복은 예루살렘에서 나올 것이다
(창 12:3; 사 49:6; 행 13:47).

그러나 그 순서는 지리적(예루살렘-로마)일 뿐만 아니라 민족적(유대인-이방
인), 신-정치적(왕이신 예수-가이사)이다.[38] 이 암시는 구약뿐만 아니라 로마 제
국의 힘에 대한 도전이기도 하다. 로마 제국은 그리스화와 παιδεία(파이데이아)를
기념하고 전파하기 위해 제국을 안전하고 항해하기 좋게 만들었다. 그 함의는 하
나님이 대안적인 제국을 창조하신다는 것이다.[39] 약속은 또한 민족적이다. 구원
이 예루살렘에 임하고, 이스라엘이 재건되고 통일되며(유대와 사마리아), 마침내
이방인(땅끝까지, 참조. 13:31; 26:16-23; 사 48:20; 렘 10:13)이 포함된다.[40]

"땅끝까지"는 논쟁의 여지가 있지만, 아마도 로마는 땅끝까지 이어지는 도로
가 있는 도시를 의미할 것이다.[41] 땅끝까지 선교하라는 사명은 이사야 49장 6절

---

37 누가는 갈릴리에 관해 거의 언급하지 않는다(참조. 9:31). 누가복음이 갈릴리를 가볍게 여
기는 이유에 관해서는 해석자마다 의견이 다르다. 어떤 이들은 갈릴리가 예수님의 사역을
기반으로 이미 기독교의 땅이었기 때문에 의도적이었다고 말한다. 다른 사람들은 누가가 단
순히 갈릴리 선교에 관해 모른다고 가정한다. Kuecker, *The Spirit and the "Other,"* 98–
104,가 사도행전 1:1-11에서 예수님의 제자들이 두 가지 사회적 정체성, 즉 갈릴리 사람과
이스라엘 사람으로 활동한다는 점을 지적하는 것은 옳은 것 같다. 그들은 지역적 하위 그룹
이며 예루살렘 사람, 유대인, 사마리아인, 땅끝까지 가라는 부름을 받았으며, 이 모든 것은
경계를 넘나드는 일을 수반한다. 예수님은 성령이 그들에게 임하여 그들이 "타자"에 대한
"그분의 증인"이 될 것이며, 따라서 그들의 민족적 정체성이 탈중앙화되고 탈중심화될
것이라고 말씀하신다. 그렇다고 해서 그들이 정체성을 잃는 것은 아니지만, 그들의 사명은
"타자"에 대한 것이다.

38 민족적 읽기는 이사야에 대한 암시와 예수님이 제자들에게 모든 "민족"(ἔθνη)으로 가라고
하신 마 28:19과 이어지는 문맥적 연결로 뒷받침된다.

39 L. S. Nasrallah, "The Acts of the Apostles, Greek Cities, and Hadrian's Panhellenion," *JBL*
127 (2008): 533–66.

40 Pao, *Acts and the Isaianic New Exodus*, 95. "유대"를 포함하는 것은 해석자들을 혼란스럽게
했다. 헹엘은 현재의 로마 수리아를 포함하여 더 총체적으로 이스라엘 땅을 의미한다고
주장한다. M. Hengel, "Ἰουδαία in the Geographical List of Acts 2:9–11 and Syria as 'Greater
Judea,'" *BBR* 10.2 (2000): 161–80.

41 솔로몬의 시편(*Psalms of Solomon*) 8:15은 로마를 땅끝이라고 언급하지만, 고대
인들은 로마 너머의 땅을 알고 있었다. 고대인들에게 이러한 한계는 독일인, 스키타이인,
인도인, 에티오피아인이 볼 때 대서양에 있었다(참조 Schnabel, *Acts*, 78–79). 신 28:49에서는
바벨론을 땅의 끝으로 언급하고 있으며, 스트라보Strabo는 스페인을 언급한다(*Geography* 3.1.2,
8). 다른 문헌에서 땅끝은 모든 곳을 나타낸다(1 Macc 3:9, 렘 16:19). 사도행전에서는 로마가
전 세계의 대표로 제시된 것 같다. 선교는 로마에 도달한다고 해서 끝나는 것이 아니라 로마는
땅끝까지 복음이 전파되는 거점을 제공한다. Bock, *Acts*, 65,은 "땅끝을, 로마를 지칭하는
것으로 해석하는 것과 더 넓은 세계로 보는 것의 차이는 크지 않으며, 중요한 것은 메시지가
세계로 나간다는 점이다"라고 말하는 것이 옳다. 또한 다음을 참조하라. Barrett, *Acts 1–14*, 80.

에서 나온다. "네가 나의 종이 되어 야곱의 지파들을 일으키며 이스라엘 중에 보전된 자를 돌아오게 할 것은 매우 쉬운 일이라 내가 또 너를 이방의 빛으로 삼아 나의 구원을 베풀어서 땅끝까지 이르게 하리라." 이스라엘 왕국의 회복은 성령의 **능력으로**, 사도들의 증거를 **통해**, 온 세상 **구석구석까지** 이루어진다. 이사야의 새 언약 예언과 종의 사명이 성취되고 있다.[42]

사도행전 1장 8절에서 이사야	
사도행전 1:8	이 사 야
오직 성령이 너희에게 임하시면	마침내 위에서부터 영을 우리에게 부어 주시리니(사 32:15)
내 증인이 되리라	너희는 나의 증인이다 (사 43:10, 12; 44:8)
땅끝까지 이르러	내가 또 너를 이방의 빛으로 삼아 나의 구원을 베풀어서 땅끝까지 이르게 하리라(49:6; 45:22)

이 암시는 이스라엘의 회복이 지금 일어나고 있음을, 즉 그들의 질문에 대한 예수님 대답의 "예"라는 부분을 확인시켜 준다. 이제 이사야가 예언한 종의 소명은 그들에게 주어졌다. 그러나 그들은 성령의 능력을 받았을 때만 이 일을 완수할 수 있다. 하나님의 실행과 인간의 실행이 함께 작용하지만, 하나님의 실행이 항상 우선한다.

1.1.3. 다윗 왕의 즉위 (1:9-14)

9 이 말씀을 마치시고 그들이 보는데 올려져 가시니 구름이 그를 가리어 보이지 않게 하더라 10 올라가실 때에 제자들이 자세히 하늘을 쳐다보고 있는데 흰 옷 입은 두 사람이 그들 곁에 서서 11 이르되 갈릴리 사람들아 어찌하여 서서 하늘을 쳐다보느냐 너희 가운데서 하늘로 올려지신 이 예수는 하늘로 가심을 본 그대로 오시리라 하였느니라

12 제자들이 감람원이라 하는 산으로부터 예루살렘에 돌아오니 이 산은 예

P. B. Smit, "Negotiating a New World View in Acts 1.8?: A Note on the Expression Ἕως Ἐσχάτου Τῆς Γῆς," *NTS* 63 (2017): 1–22,는 이 구절이 예루살렘을 중심으로 세계를 지리적으로 재편하는 이데올로기 기능도 가지고 있다고 주장한다.

42 H. Beers, *The FolRowers of Jesus as the "Servant": Luke's Model from Isaiah for the Disciples in Luke-Acts*, LNTS 535 (London: Bloomsbury T&T Clark, 2016),는 누가복음이 이사야의 종의 사명을 수행하는 하나님의 백성을 묘사하고 있다고 주장했다. 신자들의 고난, 비폭력적 대응, 그리고 그들의 옹호는 이사야의 종을 반영한다.

루살렘에서 가까워 안식일에 가기 알맞은 길이라 13 들어가 그들이 유하는 다락방으로 올라가니 베드로, 요한, 야고보, 안드레와 빌립, 도마와 바돌로매, 마태와 및 알패오의 아들 야고보, 셀롯인 시몬, 야고보의 아들 유다가 다 거기 있어 14 여자들과 예수의 어머니 마리아와 예수의 아우들과 더불어 마음을 같이 하여 오로지 기도에 힘쓰더라

다음 구절들은 그리스도의 승천을 서술하며 의도적으로 예수님께서 제자들에게 지리적 임무를 부여하신 후에 나온다. 그들은 권능과 방향을 위해 하늘을 바라보아야 한다.[43] 승천은 사도행전에서 공간적, 신-정치적 재편성의 순간이며, 내러티브 전체는 하늘의 메시아에 대한 언급 없이는 이해할 수 없다.[44] 이 사건은 모세가 시내 산에 올라간 일, 그의 후계자 엘리사가 이어받을 때의 엘리야 승천, 가장 중요한 것은 다윗적인 왕과 인자의 승천과 즉위(시 2편; 110편; 단 7장)와 유사하다.[45]

승천 기록은 주목할 만한 인물에 대한 명예로운 결론을 제공하고 쉽게 후계자로 전환되는 과정을 만든다.[46] 메시아의 즉위와 승리가 없었다면 사도행전의 나머지 내러티브는 존재하지 않았을 것이다. 예수님은 이제 성령을 통해 이스라엘을 회복시킬 수 있는 위치에 계신다.[47] 본문 전체에서 강조되는 것은 예수님의 **높아**

---

43 "하늘로"(εἰς τὸν οὐρανὸν)는 공간을 나타내는 헬라어 단어 45개 중 네 번 등장한다. 예수님은 승천함으로써 제자들의 첫 번째 공간과 두 번째 공간에 대한 개념을 다시 공간화하여 세 번째 공간에 대한 집중을 불러일으킨다. 이 용어의 의미에 대한 자세한 내용은 다음을 참조하라. M. Sleeman, *Geography and the Ascension, and my work on Matthew*, P. Schreiner, *The Body of Jesus: A Spatial Analysis of the Kingdom in Matthew*, LNTS 555 (London, New York: Bloomsbury T&T Clark, 2016).

44 Sleeman, *Geography and the Ascension*, 80; Schreiner, *The Ascension of Christ*, 19–99.

45 그리스-로마 및 유대 문학에는 영혼의 천상 여행과 휴거 이야기라는 두 가지 유형의 승천이 있었다. 천상 여행은 일시적이지만, "휴거"는 좀 더 영구적인 것으로 인간 세계에서 벗어나 신들의 세계로 옮겨지는 것을 의미했다. Klauck, *Magic and Paganism in Early Christianity*, 6은 로물루스(로마의 창시자)가 군대를 모았는데 폭풍이 그를 시야에서 숨겨 더 이상 보이지 않았다는 리비우스Livy의 이야기를 언급한다. "몇몇 사람들은 로물루스를 로마의 왕이자 아버지인 신으로 칭송하기 시작했다." A. W. Zwiep, *The Ascension of the Messiah in Lukan Christology*, NovTSup 87 (Leiden: Brill, 1997), 21–22,는 로핑크Lohfink가 휴거 이야기가 항상 지상의 관점에서 전해지고 증인의 역할을 강조하며 몸과 영혼이 하늘로 데려가는 것을 경험한다는 주장한다고 주목한다. 유대 문헌에 나오는 휴거 이야기는 창 5:24; 왕하 2장; 에녹 2서 67장; 에스라 4서 14장; 바룩 2서 76장(에녹, 엘리야, 에스라, 바룩)이다. 누가복음은 승천에 대한 이야기를 별다른 설명 없이 간략하게 서술하여 독자들이 이를 역사로 받아들여야 함을 시사한다.

46 D. W. Palmer, "The Literary Background of Acts 1:1–14," *NTS* 33 (1987): 427–38.

47 이 구절에서 엘리야 전통(왕하 2장)과 연결되는 부분이 많다. 둘 다, (1) 승천을 성령의 부으심과 연결하고, (2) 승천의 가시성을 강조하며, (3) 주님의 임재를 결론짓고 그분의 후계자들을 통해 사역을 계속한다. 또한 다음을 참조하라. 집회서(Sirach) 48:9-16.

지심과 제자들이 **승천을 목격하는 것** 두 가지이다.[48]

1:9. 누가는 예수님이 "제자들이 보는데" 승천하셨다고 구체적으로 언급하여 그것이 공개적이고 역사적인 진리임을 보여준다.[49] 예수님은 영적으로 승천하신 것이 아니라 육체적으로 승천하셨다. 도슨Dawson은 "그러므로 승천은 그 눈부신 육체성을 통해 그리스도에 대한 기독교의 주장을 시공간의 실제 사건이라는 공개적인 장소로 데려온다."[50] 그러나 "보는데"는 구약의 열왕기하 2장 10절 및 다니엘 7장과 같은 본문과도 연결되어야 한다. 제자들은 예수님이 즉위하는 모습을 지켜본다. 예수님의 승리가 그들의 메시지가 된다.

이 사건은 성령의 부으심과 함께 제자들을 열방의 증인이 되게 할 것이다. 제자들이 지켜보는 예수님의 승천은 두 개의 동사로 묘사된다. 예수님은 "들림"($\epsilon\pi\alpha\iota\rho\omega$, 에파이로)을 받으시고 구름이 "그를 들어 올린다"($\upsilon\pi o\lambda\alpha\mu\beta\acute{\alpha}\nu\omega$, 휘포람바노, 개역개정 "가리어")라고 묘사된다.[51] 높임의 말은 시편 2편, 110편, 다니엘서 7장, 이사야 9장을 반영한다. 첫 번째 동사는 수동형으로, 이 행위의 삼위일체적 성격을 나타낸다. 아버지께서는 아들을 들어 올리시고, 아들은 아버지께 가며, 두 분 다 성령을 보내실 것이다. 두 번째 동사는 디모데전서 1장 2, 11, 22절 및 디모데전서 3장 16절에서 승천에 관해 말하는 데 사용된 단어와 같은 어근에서 왔다.

구름이 예수님을 높인다는 것이 이상하게 보일 수 있지만, 구름은 구약에서 백성들에게 하나님의 임재를 나타내거나 감추는 교통수단이었다(출 13:21; 19:9; 24:15; 34:5; 40:38; 레 16:2; 민 12:5; 사 19:1; 겔 1:4; 10:4; 참조. 마 17:5; 눅 9:34-35; 21:27). 전체 장면은 오순절 장면에서 계속되는 성전/제사장적 반향을

---

48 사도행전 2장의 뒷부분에서 살펴보겠지만, 베드로는 그리스도의 승천과 즉위를 그리스도의 구원 사역의 일부로 해석한다.

49 T. F. Torrance, *Atonement: The Person and Work of Christ*, ed. R. T. Walker (Downers Grove: IVP Academic, 2014), 292,는 심지어 "우리는 시공간을 초월하여 하나님을 알 수 있는 것이 아니라 시공간 안에서, 우리의 실제 육체적 존재 안에서 하나님과 그분의 구원 사역을 만나야만 하나님을 알 수 있다. 그러므로 승천은 모든 비신화화와 반대되는 것이다."라고 말한다. Erasmus, *Paraphrase on Acts*, 8,는 제자들이 육체의 시각적 존재에 의존하는 것을 멈추고 영적인 존재가 되어 믿음의 눈으로 예수님을 바라볼 때가 왔다고 말한다. Augustine, *Tractates on the Gospel of John* 21.13.2, in Martin and Smith, *Acts*, 12,은 "그분은 승천하신 그대로 남아 계신다. 그분은 오시기 전에 자신의 말씀이 전파되기를 원했던 사람들에게 오실 것이다. 그러므로 그분은 인간의 모습으로 오실 것이다."라고 말한다.

50 G. S. Dawson, *Jesus Ascended: The Meaning of Christ's Continuing Incarnation* (New York: T&T Clark, 2004), 35.

51 καί는 보족어적(보충설명–역자주)으로 받아들일 수 있으므로 첫 번째 절을 더 자세히 살펴볼 수 있다.

가지고 있으며, 독자들이 이 모티브를 따라 읽도록 유도한다.[52] 이것은 구름을 영광의 구름에 비유하게 하며, 예수님은 주님으로서뿐만 아니라 제사장 및 선지자로서 승천하신다. 다윗 왕이 즉위하여 이제 여호와를 위한 "집"을 지을 것이다(삼하 7:2). 예언자적, 제사장적, 왕적 주제는 분리될 수 없다. 사도행전 전체에서 하나님의 임재가 새 성전의 산 돌인 사람들에게 그 "집"에 임재하실 것은 놀랍지 않다.

1:10. 예수님은 그들의 눈앞에서 사라졌지만, 이제 두 천사, 혹은 엘리야와 모세가 메시지와 가벼운 책망을 가지고 나타난다.[53] 두 증인은 구약에 따라 사건의 진실을 확증하며(신 17:6; 딤전 5:19; 히 10:28), 증인은 누가복음과 사도행전의 중요한 주제이다(참조. 계 11:3). 이 두 사람은 사건을 목격하고 추가 명령을 내린다. 이는 천사가 하나님의 사자이자 종이라는 점과 일치한다(히 1:14). 예수님이 부활하신 후 갈릴리에서 온 여인들에게도 두 남자가 나타나 질문을 한다(눅 24:4-5). 누가는 부활과 승천의 유사성을 보여주기 위해 이 사건들을 비슷한 언어로 묘사하고 있다. 이 두 사건은 하나의 대본이다.[54] 이 두 사람에 대한 설명은 또한 사도행전에서 깨달음이 두드러진다는 점을 지적한다. 하나님의 섭리가 전체 내러티브의 근간을 이루고 있다. 하나님은 중개자를 통해 역사 안에서 그리고 역사를 통해 자신의 계획을 성취하신다.

---

52 L. M. Morales, *Who Shall Ascend the Mountain of the Lord? A Biblical Theology of the Book of Leviticus*, NSBT 37 (Downers Grove: IVP Academic, 2015), 278[=『NSBT 레위기 성경신학』, 부흥과개혁사, 2018]은 구름을 제사장의 이미지, 특히 대제사장이 향기로운 구름을 가지고 하나님의 임재 앞으로 들어가는 대속죄일과 연결한다. 이 이미지는 눅 24:50-51에 나오는 승천에 대한 누가의 이전 설명에서 확인된 것으로 보이는데, 대제사장들이 손바닥을 들어 아론의 축복을 선포할 때 그리스도께서 손을 들어 제자들을 축복하신다(민 6:22-27). 아론의 축복에는 주님의 얼굴이 사람들에게 비추는 것에 관해 말하는 성전 이미지가 풍부하다. 제사장적 주제에 대한 추가적인 지원은 천사의 존재에서 찾을 수 있다.

53 Goulder, *Type and History in Acts*, 147-49,에 따르면 누가는 천사를 "천사"라고 부르는 것을 두려워하지 않지만 여기서는 "사람"이라고 부르기 때문에 이 두 사람이 엘리야와 모세라고 주장한다. 엘리야와 모세는 두 인물 모두 삶에서 일종의 "승천"을 경험한 것으로 알려져 있기 때문에 이 이야기에 부합한다(유대 문헌 모세 승천기[Assumption of Moses] 참조). 또한 엘리사는 엘리야의 영을 받고, 모세는 모든 백성이 영을 받기를 간청한다. 모세도 광야에서 40년 동안 백성들과 함께 있었고, 예수님도 떠나실 때까지 40일 동안 제자들과 함께 계셨다. 이것은 제자들의 임무를 새로운 출애굽 또는 약속의 땅 점령의 색채로 그린다. 그러나 눅 24:4에서는 천사들을 "사람"이라고도 부르므로 이 점은 불확실하다. 부활과 유사성은 이 두 사건을 서로 연결시켜 준다. H. C. van Zyl, "Vehicles of Divine Initiative: The Function of Angels in Acts," *JECH* 1 (2011): 205-20은 천사의 출현이 하나님의 뜻이나 계획과 관련이 있다고 주장한다.

54 부활과 승천은 구별되지만, 둘 다 예수님의 높아지심과 즉위를 표현하는 다른 측면이다 (참조. 행 17:31; 롬 1:3-4; 빌 2:9-11; 히 1:4). 또한 십자가에 못 박히심은 예수님의 즉위의 일부이므로 이 세 가지에 포함시켜야 한다.

1:11. 두 사람이 이제 말한다. 그들은 사도들이 왜 하늘을 쳐다보고 있는지 묻는다. 예수님은 하늘로 가셨고 같은 방식으로 다시 오실 것이다(빌 3:20).[55] 제자들은 이제 재림 사이에 살고 있으며 해야 할 일이 있다. 예수님은 하늘만 쳐다본다고 다시 오시지 않으실 것이며, 때가 되면 오실 것이다. 그러나 일하지 않는 것은 제자들의 위반이다. 그들이 쳐다보는 곳이 아니다. 천국은 하나님이 거하시는 곳이며, 그곳에서 땅의 일을 주관하신다.

독자들이 이미 8절에서 보았듯이 누가는 지리를 매우 중요하게 생각하며, 따라서 복음의 지리적 확산은 하나님이시면서 사람인 분의 궁극적인 주권과 승리에 근거를 둔다. 하늘로 올라가는 것은 다니엘서 7장 13-14절을 성취하는 예수님의 높아지심이다.

> 내가 또 밤 환상 중에 보니 인자 같은 이가 하늘 구름을 타고 와서 옛적부터 항상 계신 이에게 나아가 그 앞으로 인도되매 그에게 권세와 영광과 나라를 주고 모든 백성과 나라들과 다른 언어를 말하는 모든 자들이 그를 섬기게 하였으니 그의 권세는 소멸되지 아니하는 영원한 권세요 그의 나라는 멸망하지 아니할 것이니라

베드로는 나중에 아버지께서 예수님을 자기 우편에 올리심으로써 주님과 메시아로 삼으셨다고 확언한다(행 2:36).[56] 예수님이 같은 방식으로 다시 오셨다는 언급은 이야기가 아직 완성되어야 할 또 다른 일이 남아 있음을 나타낸다. 이것은 끝이 아니다. 이것은 종말의 시작이다. 제자들은 하늘만 바라보는 것을 멈추고 열방의 증인이 되기 위한 사명을 수행해야 한다. 제자들은 더 이상 하늘만 쳐다보지 말고 행동을 시작해야 한다.

1:12-13a. 승천을 보고 사람들의 말을 들은 제자들은 순종하여 예루살렘으로 향한다.[57] 12-14절은 승천에서 이야기의 다음 단계로 넘어가는 전환 역할을 하지만, 그렇다고 해서 중요하지 않은 것은 아니다. 누가는 13-14절에서 제자들이 머무는 **장소**와 그들과 함께 있는 **사람**들을 자세히 설명한다. 그들은 "위층에 있는 방"(개역개정. "다락방", τὸ ὑπερῷον ἀνέβησαν, 토 휘페로온 아네베산)에 있다.

---

55 Chrysostom, *Homily* 2 on Acts (*NPNF* 1/11:13),은 "부활에서 [제자들은] 끝은 보았으나 시작은 보지 못했고, 승천에서 그들은 시작은 보았으나 끝은 보지 못했기 때문이다"라고 말했다.

56 Schreiner, *The Ascension of Christ*.

57 12절의 "안식일 여행"이라는 문구는 예루살렘으로 향하는 여정을 묘사하는 유대인의 일상적인 방식이며, Oliver, *Torah Praxis after 70 CE*, 199–204,이 누가를 유대인으로 간주하도록 강요하지만(행 13:14, 27, 42, 44; 15:21; 16:13; 17:2; 18:4의 다른 유대인 연대기적 표지로 뒷받침), 청중은 예루살렘의 지형을 친숙하게 알지 못했다.

이것은 단순히 사실적인 표시처럼 보일 수 있지만 누가는 몇 가지 이유로 더 깊은 의미를 의도한 것 같다.

첫째, 문맥은 공간적 의미로 가득 차 있다. 예수님은 막 승천하셨고(1:9-11), 제자들은 감람산(슥 14:4-5에서 종말론적으로 중요한 장소이자 억압적인 왕국에 대항하는 폭력적인 혁명의 거점)에 있었으며 예루살렘은 시온 산으로 알려져 있었다.[58]

둘째, 그들은 높은 곳에 부어 주실 성령을 기다리므로 "높은 방"으로 간다. 고대 우주론에서 산과 높은 곳은 하늘과 땅 사이의 만남의 공간, 즉 성전의 장소였다(사 2:2-3; 미 4:1-2). 하나님의 임재는 성전 벽에 갇혀 있지 않고 가정에 있는 자기 백성에게 흩어질 것이다. 이제 하나님의 참 백성이 모이는 가정과 가정 교회는 하나님의 임재로 가득할 것이다. 맷슨Matson은 "교회의 사명은 가정에서 시작하여(1:13; 2:2) 가정에서 끝난다(28:30)"라고 말한다.[59]

1:13b-14. 누가는 열한 제자가 함께 다락방에 있다고 말한다. 지도자를 잇는 사람들의 고대 문헌에서 흔히 볼 수 있는 관행을 반영한다.[60] 이것은 맛디아가 열두 번째 제자로 선택되는 다음 내러티브를 설정한다.

14절은 그들이 기도로 계속 연합했다고 언급한다. 기도는 "세계 역사와 그리스도의 하늘 활동을 연결하는 위대한 연결 고리"이며, 레위기를 본떠서 하나님께 올려드리는 제사일 수도 있다.[61] 어떤 이들은 이것을 기독교 공동체 활동의 첫 번째 요약 중 하나로 보기도 한다. 피터슨Peterson은 "사도행전에서 하나님의 구속 활동에 대한 서술의 거의 모든 중요한 전환점에서 기도에 대한 언급을 발견할 수 있다는 점이 놀랍다(1:24; 8:14-17; 9:11-12; 10:4, 9, 30; 13:2-3)"라고 지적한다.[62]

누가는 또한 예수님을 따르던 여성들에 관해서도 언급한다.[63] 여성에 대한 관심은 누가복음에서 더 많이 나타나지만, 사도행전에서 이러한 강조가 완전히 사라지지 않는다(2:17-18; 16:13-15; 18:26; 21:9). 이것은 또한 성별과 사회적 경계를 넘어 모든 육체에게 성령이 부어지는 현실을 예고한다(2:17-18). 따라서

---

58 감람산은 승리의 입성 장면(눅 19:29, 37)을 떠올리게 한다.

59 D. L. Matson, *Household Conversion Narratives in Acts: Pattern and Interpretation*, JSNSup 123 (Sheffield: Sheffield Academic, 1996), 26. Erasmus, *Paraphrase on Acts*, 10,은 다락방이 중요한 이유는 "성령의 거처로 자신을 준비하는 사람은 더러운 근심에서 멀리 떨어져 있어야 하기 때문"이라고 말한다.

60 M. C. Parsons, *Acts*, Paideia (Grand Rapids: Baker Academic, 2008), 30.

61 Torrance, *Atonement*, 297.

62 Peterson, *Acts*, 118.

63 Barrett, *Acts 1–14*, 89,은 누가가 마리아를 신뢰와 순종의 이상으로 제시했기 때문에 언급했으며(눅 1:38), 행 1:14은 마리아가 마음을 바꾸지 않았음을 독자에게 상기시킨다고 말한다.

12-14절은 중요한 전환을 제공한다. 이 구절은 제자들의 순종, 성령이 임할 장소와 사람들을 보여주며 다음 에피소드를 예고한다.

1.2. 교회의 탄생 (1:15-2:47)

사도행전의 서론(1:1-14)은 독자들이 다음을 대비할 수 있도록 준비시키고, 이후 사건을 하나님 중심적 틀 안에 배치한다. 예수님은 하나님의 계획에 따라 승천하셨고, 성령을 약속하셨으며, 제자들은 주님의 증인이 되어야 한다. 다음 단락에서는 교회의 탄생에 관해 이야기한다(1:15-2:47). 왕과 설립자에게는 백성, 도시, 성전이 있어야 한다. 예수님은 이 모든 것을 갖추실 것이다. 세 가지 사건이 발생하는데 그 순서에는 목적이 있다.

첫째, 열두 제자가 선택되어 이스라엘 지파를 통일하고 사도들의 순종을 보여준다(1:15-26).[64] 둘째, 성령이 높은 곳에서 부어진다. 이 사건은 시내 산을 연상시키며 새 언약을 비준할 뿐만 아니라 예수님의 증인들에게 힘을 실어 주어 그들을 새 성전으로 삼고 메시아가 이스라엘을 계속 정결하게 하고 변화시킬 수단이 되게 한다(2:1-13). 마지막으로 베드로는 예수님이 메시아시며 주님이심을 증거하는 설교를 전한다(2:14-41). 삼천 명이 응답하고 새로운 하나님의 백성이 형성된다. 누가는 성령으로 충만한 이 새로운 토라 공동체의 행동과 태도를 간략하게 설명한다(2:42-47).[65]

1.2.1. 재구성된 이스라엘: 맛디아의 선택 (1:15-26)

승천과 오순절이라는 높이 솟은 본문들 사이에는 무시할 수 없는 내러티브, 즉 맛디아의 선택이 있다.[66] 이 내러티브는 성령의 부으심을 위한 길을 열어 준다. 내러티브의 요점은 적어도 세 가지이다.

---

64 맛디아의 이야기를 서론에 포함시킬 수도 있지만, 나는 새로운 하나님의 백성의 탄생을 위한 이스라엘의 재구성이 중요하다고 생각한다. 또한 베드로가 여기서 말을 시작하고 "그때에"라는 문구로 내러티브가 소개된다.

65 S. Butticaz, *L'identité de l'Eglise dans les Actes des apôtres: De la restauration d'Israël a la conquete universelle*, BZNW 174 (Berlin: de Gruyter, 2010),는 사도행전의 광범위한 내러티브 구조를 구약과 연결시키면서 누가가 기독교 기원을 선지자들이 약속한 이스라엘 회복의 성취로 서술하고 있다고 주장한다. 또한 그는 기독교의 성장이 아우구스티누스의 세계 확장을 능가한다고 주장한다.

66 Tannehill, *The Narrative Unity of Luke-Acts*, 2:21은 "사도행전 1장 16-22절에서 베드로가 연설을 통해 한 일은 그 전후에 보고된 중대한 사건들에 비하면 다소 사소한 일로 보일 수 있다. 하지만 이는 예수님의 체포와 죽음으로 흔들렸던 공동체의 신앙을 강화하는 중요한 단계로 이해될 수 있다. 이 핵심증인 그룹의 열두 번째 구성원을 재구성하는 것은 예수님의 죽음과 부활 이후 새로운 상황에서 증인이 되라는 예수님의 사명을 수락하는 것을 의미한다."라고 말한다.

첫째, 열두 번째 제자를 선택하는 일은 상징적인 이스라엘을 다시 온전하게 만든다(눅 22:30; 행 26:7).[67] 하나님은 "야곱의 지파를 일으키고 이스라엘의 보호받는 자들을 회복"(사 49:6)시키고 "에브라임의 시기가 그치고 유다의 괴롭힘이 끝날 것"(사 11:13)이라고 약속하셨다. 이제 열두 번째 제자가 선택됨으로써 이스라엘의 재건은 부분적으로 성취된다.[68]

둘째, 이 이야기는 그리스도의 왕국을 반대하는 자들의 운명을 미리 보여준다. 교회의 사명은 그 발전에 반대하는 사람들에게 치명적인 결과를 초래할 수 있다.[69] 유다는 하나님 나라에 반대하는 사람의 대표적인 예이다. 셋째, 유다의 타락은 하나님 나라의 계획을 방해하는 것이 아니라 실제로 예언된 것이다.[70] 누가는 독자들에게 아무리 악한 행동이라도 그리스도의 통치와 하나님의 계획을 벗어나는 것은 아무것도 없다고 확신하고 위로한다. 예수님을 반대하는 자들은 타락할 것이며, 한 제자를 잃고 다른 제자를 선택하는 것은 하나님의 주권적인 손길 아래 있다. 교회의 증거는 마귀의 계략에도 불구하고 전진할 것이다.[71]

이 이야기는 세 부분으로 나뉘며, 설교는 두 개의 성경 인용에 대한 각 주석으로 나뉜다.[72] 스토트Stott가 말했듯이, 이 부분은 이와 같은 약속의 필요성(유다의 배반), 보증(성경의 성취), 이어지는 선택(맛디아)을 고려한다.[73]

---

67 이 구절들에는 숫자 세는 것을 강조한다(1:13, 17a, 26b). Goulder, *Type and History in Acts*, 73,에서도 사도행전의 여러 주기(맛디아[1:14], 일곱 집사[6:3], 바울[9:15], 선교를 위한 바울과 바나바[13:2])를 시작하는 "선택"이라는 주제에 주목한다.

68 이스라엘이 "재건"되었다고 해서 이스라엘에도 미래에 어떤 종류의 성취가 없다는 것을 의미하지는 않는다. 이 이야기는 또한 다른 많은 이야기보다 승천과 더 밀접하게 연관되어 있다. 집회서(Sirach) 48:9-10은 엘리야가 회오리바람에 휩쓸린 것과 야곱 지파의 회복을 연관시킨다. "당신은 불의 회오리바람에 휩싸여 불말이 달린 병거에 올라갔다. 정해진 때에, 당신은 하나님의 진노가 분노로 터지기 전에 진노를 가라앉히고 부모의 마음을 자녀에게 돌리고 **야곱의 지파를 회복시킬** 운명이라고 기록되어 있다"(강조 추가).

69 Luther, *Table Talk*, in Chung-Kim, Hains, et al., *Acts*, 15-16,은 유다가 그리스도를 배신한 자들이 어떻게 멸망하는지를 보여주는 본보기이자 인물이라고 말한다.

70 N. P. Estrada, *From FolRowers to Leaders: The Apostles in the Ritual Status Transformation in Acts 1-2*, JSNTSup 255 (London: T&T Clark, 2004), 230,은 또한 이 본문의 배치(승천과 오순절 사이)가 사도들이 예수님을 따르는 자에서 기독교 공동체의 지도자로 지위를 바꾼 것을 확인시켜 준다고 주장한다. 유다와 관련된 특성 때문에 그룹의 리더십에 의심을 받았을 수 있으므로 이 내러티브는 그들의 이름을 지운다.

71 유다는 사도행전에서 예수를 거짓으로 추종한 첫 번째 부정적인 사례인 최초의 "반전기"가 된다. Talbert, *Reading Acts*, 22,는 행 1:15-26이 행 6:1-6(출 18:14-15; 민 27:12-23)의 보충적 리더십의 선택에 관한 내용이라는 점에서 사도행전 6장 1-6절과 어떻게 닮았는지에 주목한다.

72 누가는 또한 18-19절에 괄호로 보충하는 말을 삽입한다.

73 Stott, *The Spirit, the Church, and the World*, 55.

추가 주석 3. 마태복음과 사도행전에 나타난 유다의 운명

마태복음 27장 3-10절에 나오는 유다의 운명에 대한 병행은 몇 가지 세부 사항은 다르지만 서로 다른 목표를 가리킨다.

1. 마태복음에서는 유다가 회개하지만, 사도행전에서는 그의 회개에 대한 언급이 없다.

2. 마태복음에서는 대제사장들이 밭을 사지만 사도행전에서는 유다가 밭을 산다.

3. 마태복음에서는 이 밭을 피값으로 샀다고 해서 "피밭"이라고 부르고, 사도행전에서는 유다가 떨어져 몸이 터졌다고 해서 "피밭"이라고 부른다.

4. 마태복음에서는 유다가 목을 매고, 사도행전에서는 떨어져 죽는다.

5. 마태복음에서는 이 이야기가 예레미야 32장 6-9절과 스가랴 11장 12-13절을 성취하고, 사도행전에서는 베드로가 이 사건을 시편 69편 25절, 109편 8절과 연결한다.

차이는 대부분 각 내러티브의 목적으로 설명할 수 있다. 마태복음에서는 (1) 믿음이 없는 자에게 닥칠 후회의 공포를 보여주고, (2) 유대 지도층을 비판하고, (3) 예수님이 버림받았지만 죄 없는 목자임을 예시하고, (4) 유다를 나무에 매달린 압살롬으로 표현하기 위한 목적이 있다.[74]

누가의 목적은 다르다. 그의 서술은 몇 가지 측면에서 다르다. 그는 (1) 열두 제자에 공백이 생긴 이유를 설명하고, (2) 이것이 하나님의 계획에서 벗어나지 않음을 보여주며,[75] (3) 유다에 대한 심판으로서 일어난 사건에 초점을 맞추고 있다. 유다는 압살롬이 아니라 아합이며, 그의 피로 부정하게 얻은 땅을 더럽혔다. 이것은 사도행전에, 회개에 대한 언급이 없는 점과 인용된 구절이 없는 점, 즉 앞의 1번과 5번을 모두 설명하는 데 도움이 된다.

2번도 비슷하게 설명할 수 있는데, 마태복음은 밭을 산 대제사장들의 죄, 유다의 후회, 예수님의 무죄를 강조하기 위해 밭을 산 대제사장들을 강조하기 때문이다. 반면 사도행전은 대제사장들의 죄가 아닌 유다의 운명에 초점을 맞추고 있기 때문에 이러한 세부 사항을 간과한다. 3번은 본질적인 모순이 없다. 예수님의 죄 없는 피가 뿌려졌고 그것을 산 것이 아니라 유다가 흘린 피가 땅에 뿌려졌기 때문에 "피밭"이라고 불릴 수 있었기 때문이다. 피밭이라고 불리는 이유에 관해 두 가지 다른 전통이 생겨났을 수 있다.

---

74 이 개념은 제임스 베존James Bejon에게 빚졌다.

75 A. Roberts, "The Habitation Made Desolate—Acts 1:15–26," *Political Theology Network*, May 7, 2018, https://politicaltheology.com/the-habitation-made-desolate-acts-115–26,는 여기서 유다가 다윗 왕과 관련하여 요압의 한 유형이 된다고 주장한다. 요압은 다윗을 섬기지만, 항상 잘하지 못했고, 솔로몬은 지혜의 은사를 받기 전에 광야에 묻히는 요압을 포함하여 다윗 정부의 신실하지 않은 구성원을 처형한다.

　　4번은 목을 맨 것과 그 이후 떨어진 것을 결합해야만 설명할 수 있다.[76] 두 내러티브 사이의 차이점에 초점을 맞출 수 있지만, 두 기록의 신빙성을 나타내는 충분한 유사점이 존재한다.

1.2.1.1. 유다의 배신 (1:15-20a)

　　15 모인 무리의 수가 약 백이십 명이나 되더라 그 때에 베드로가 그 형제들 가운데 일어서서 이르되 16 형제들아 성령이 다윗의 입을 통하여 예수 잡는 자들의 길잡이가 된 유다를 가리켜 미리 말씀하신 성경이 응하였으니 마땅하도다 17 이 사람은 본래 우리 수 가운데 참여하여 이 직무의 한 부분을 맡았던 자라 18 (이 사람이 불의의 삯으로 밭을 사고 후에 몸이 곤두박질하여 배가 터져 창자가 다 흘러 나온지라 19 이 일이 예루살렘에 사는 모든 사람에게 알리어져 그들의 말로는 그 밭을 아겔다마라 하니 이는 피밭이라는 뜻이라) 20 시편에 기록하였으되

　　1:15. 15절은 베드로의 내러티브와 설교를 소개한다. "그 때에"(눅 1:39; 6:12; 행 6:1; 11:27)는 명확하게 구조적으로 구분한다. 이것은 70인역을 반향한다. 성경 이야기를 시작하며 종말론적 어조(욜 3:1)를 포함하는 것을 나타내면서 베드로가 형제자매들 사이에 서 있지만 누가는 일이 어떻게 되었는지에 대한 구조적 세부 사항을 제공하는 데 관심이 없다. 베드로는 사도들의 지도자이자 대표로 등장하며(참조. 마 16:18), 베드로에 대한 초점은 사도행전 앞부분에 걸쳐 크게 확장된다.[77] 아라토르Arator는 "낚싯바늘을 쥔 손에 열쇠가 전달되었다"라고 말했다.[78] 그는 자기 백성을 이끄는 새로운 선지자였다고 말한다. 제자의 수는 120명이며, 형제자매들은 "함께"(ἐπὶ τὸ αὐτὸ, 에피 토 아우토) 있는데, 이는 5장에서 에클레시아(ἐκκλησία, 회중)가 나올 때까지 사용된 누가의 표현이다.[79]

---

76 파피아스(*Fragments* 18.1)는 유다가 부풀어 오른 것으로 묘사하고 있으며, 목매달아 죽고 나서 배가 터졌다고 말한다. Peterson, *Acts*, 124,은 "18절의 헬라어 표현 πρηνὴς γενόμενος는 '떨어졌다'(개역개정. '곤두박질하여')가 아니라 '부풀어 올랐다'라는 뜻일 가능성도 있는데, 이 경우 우리는 그의 시체가 더위에 부풀어 올라 매달려 있는 동안 터졌다고 상상할 수 있다"라고 말한다. 아우구스티누스는 "그는 목에 밧줄을 매고 엎드려져서 그 가운데 터져 버렸다"(*Against Felix the Manichaean* i.4)라고 말한다.

77 예수님은 베드로가 형제들을 강하게 할 것이라고 말씀하셨고(눅 22:31-32), 누가는 사도행전의 시작 부분에서 베드로가 그렇게 하는 것으로 묘사한다. 또한 베드로는 교회가 세워지는 반석이기도 하다(마 16:17-19).

78 Arator, *On the Acts of the Apostles* 1, in Martin and Smith, *Acts*, 15.

79 Bede, *Comm. on Acts* 1.15,는 120을 모세가 생전에 보여준 성례전적 표징으로 취한다(신 34:7).

1:16-17. 베드로는 이 구절과 누가복음 전체의 주요 요점인 성경의 성취로 시작한다(눅 24:44).[80] 전체 내러티브는 이 모든 비극적 사건이 아무리 나빠 보여도 여전히 하나님 나라의 계획의 일부라는 것을 교회에 격려하기 위해 주어진다. 예수님이 유다를 제자로 선택한 것은 잘못이 아니며, 배신과 파멸은 하나님의 계획에 필요한 부분이다.[81]

베드로는 누가의 표현으로 그룹("형제들아")을 말하지만, 곧 다윗의 예언적 말씀이 "성취"(πληρόω, 플레로오, 사도행전은 이 단어를 16번 사용. 개역개정 "응하였으니")되는 "필요성"(ἔδει, 에데이. 개역개정. "마땅하도다")을 언급한다.[82] 누가는 또한 자신의 내러티브를 통해 δεῖ(데이, 필요하다)를 22번 사용하여 이러한 사건의 신적인 필요성을 나타낸다.[83] 베드로는 또한 유다에 대한 다윗의 말을 통해 성령이 역사하셨다고 말한다. 성령은 미래의 사건에 관한 예언의 말씀에 영감을 주셨다.

이 경우는 유다가 예수님을 체포한 사람들의 "길잡이"(ὁδηγοῦ, 호데구)가 되는 것이다. 길잡이라는 헬라어 단어는 "길"(ὁδός, 호도스)과 관련이 있으며, 주님의 길과 죽음의 길을 대조한다. 사람들은 죄인의 길을 걷거나 생명의 길을 걷는다(시 1편). 유다가 제자들의 "수" 중 하나이자 사역을 "공유"(개역개정. "부분." κλῆρον, 클레론)했기 때문에 유다가 관계된 것은 놀랍다. 두 단어는 내러티브에서 중요한

---

80 Talbert, *Reading Acts*, 13–14,는 다음처럼 주목한다. "누가-행전에서 하나님의 계획에 대한 개념은 여러 가지 다른 방식으로 표현된다. 때로는 하나님의 계획(βουλῆ, 눅 7:29-30; 행 2:23; 4:28; 5:38-39; 13:36; 20:27), 뜻(θέλημα, 눅 22:42; 행 21:14; 22:14) 또는 권세(ἐξουσία, 행 1:7)의 언어가 사용되기도 한다. 다른 경우에는 '필요하다'(δεῖ, 눅 2:49; 4:43; 9:22; 13:33; 17:25; 21:9; 22:37; 24:7, 26, 44; 행 1:16, 21; 3:21; 4:12; 5:29; 9:6, 16; 14:22; 16:30; 17:3; 19:21; 20:35; 23:11; 24:19; 25:10; 26:9; 27:24)라는 표현이 사용되기도 한다. 또 다른 경우에는 '성경을 성취하기 위해'라는 표현이 사용된다(눅 4:21; 9:31; 21:24; 22:16; 24:44; 행 1:16; 2:28; 3:18; 12:25; 13:25, 27). 때때로 '곧'(눅 9:31, 44; 22:23; 24:21; 행 17:31; 26:22-23)이 사용되기도 한다. '결정된 대로'(눅 22:22; 행 10:42; 22:14; 26:16)라는 표현도 가끔 발견된다. 언어가 무엇이든 누가-행전의 저자는 처음부터 끝까지 사건에 대한 하나님의 인도를 언급하고 있다."

81 1:16에서 어떤 성경 구절이 성취되었는지는 분명하지 않다. I. H. Marshall, "Acts," in *Commentary on the New Testament Use of the Old Testament*, ed. G. K. Beale and D. A. Carson (Grand Rapids: Baker Academic, 2007), 529,는 유다의 배신과 관련하여 어떤 학자들은 여기에 암시되지 않은 본문이라고 제안하지만(시 41:9; 요 13:18 참조), 대부분은 베드로가 곧 사용할 인용이라고 주목한다.

82 사전적으로 BDAG(828)는 이 용어의 어휘에 관해 (1) 가득 채우다, (2) 일정 기간 또는 이미 시작된 것을 완료하다, (3) 끝내다, 완료하다 또는 지정된 목적에 도달하다와 같은 최소 세 가지 선택을 제공한다. 이 설명에는 세 가지 묘사가 포함되어 있다. 가득 채우기는 컵을 채우는 것과 같은 **공간적** 은유이다. 일정 기간을 완료한다는 것은 특정 시대에 도달하는 것과 같은 **시간적** 비유이며, 지정된 목적에 도달한다는 것은 **논리적** 연관성이다. 이러한 다양한 설명은 모순되는 것이 아니라 상호 보완적이다.

83 Polhill, *Acts*, 91,은 17절이 구약의 암시로 가득 차 있음을 지적한다(시 41:9).

주제가 되며 다시 구성된 이스라엘이라는 또 다른 주제를 가리킨다. 26절에서 사도들은 맛디아를 위해 "제비 뽑아"(χλῆρος, 클레로스) 그들의 수를 더하고 성령이 오시기 전에 이스라엘을 온전하게 만들 것이다.

1:18. 하나님의 성취라는 주제로 유다의 운명에 대한 이야기를 구성한 후, 누가는 화자로서 18-19절에서 유다의 결과를 이야기한다.[84] 유다는 아히도벨이 다윗을 배신한 것처럼 왕을 배신한 후 목을 매어 죽었다(삼하 17:1-23). 전체 이야기는 성취라는 내용에 놓여 있지만 유다의 행동은 불의하다. 하나님을 대적하는 사람들은 그 대가를 치른다.[85] 이것은 고난받는 교회에 격려가 될 것이다.

유다가 쓰러지고 창자가 쏟아지는 것 같은 유다의 운명에 관한 구체적인 내용에 지나치게 집중하는 것이 독자들에게 이상하게 보일 수 있지만, 이러한 끔찍한 세부 사항은 하나님을 대적하는 사람들에 대한 하나님의 심판을 강조하며, 유다는 이세벨의 운명을 따르는 악인의 죽음의 원형으로 예시가 된다(왕상 21:23; 왕하 9:10; 삼하 20:10; 지혜 4:19; 왕하 2:9).[86] 유다는 "입맞춤함으로써" 어린 양에게 "늑대처럼 전쟁을 벌였다."[87] 하나님을 대적하는 자들의 운명은 사도행전에서 반복적으로 강조된다. 성령께서는 속이려는 아나니아와 삽비라를 죽이고(5:1-11), 베드로가 마술사 시몬을 저주하며(8:9-24), 천사가 헤롯을 쳐서 끔찍한 죽음을 선고하고(12:20-24), 바울이 마술사 엘루마의 눈을 멀게 한다(13:6-11).

유다는 사도행전에서 심판을 경험하는 첫 인물이지만, 하나님은 그의 악한 행동조차 선으로 바꾸어 주신다(창 50:20). 유다는 불의한 품삯으로 밭을 얻었고, 그의 탐욕은 곧 만들어질 넉넉한 공동체와 대조를 이룬다(2:44-45). 돈과 소유는 성전 공동체에 누가 진실하고 누가 거짓인지를 가늠하는 잣대가 된다.

1:19. 누가는 유다가 죽은 들판의 이름으로 한 구절 전체를 채운다. 이렇게 집중하기에는 이상할 정도로 세부적인 내용이지만, 다음 구절의 성경 인용은 그 중요성을 확인시켜 준다. "피밭"은 그의 집, 그의 "황폐한"(ἔρημος, 에레모스) 거처가 된다. 성령이 황폐한 곳을 정원으로 바꾸시는 분이라면(사 32:15), 성령을 거부

---

84 대부분은 18-19절이 실제로 연설의 일부가 아니라 독자들을 위해 괄호로 묶은 것이라고 주장한다(Peterson, *Acts*, 124). 누가는 비유대인 독자들을 위해 아람어 아겔다마를 번역했다.

85 하나님의 주권과 인간적 책임이 결합하는 것은 사도행전 전체에 흩어져 있다(2:23; 3:13-15; 4:27-28).

86 Bock, *Acts*, 85,는 (창자가) "흘러나온다"라는 동사가 사도행전 2:17에서 '성령을 부어주다'와 같은 동사로 사용되었다는 점에 주목한다. 이 두 기록은 대조일 수 있다. Bede, *Comm. on Acts* 1.18b,는 유다가 인간과 천사의 주님을 배반했기 때문에 마땅히 받아야 할 벌을 받았으며, 다윗 왕을 대적했던 아히도벨과 압살롬의 본보기를 따라 공중에서 죽었다고 주목한다.

87 Arator, *On the Acts of the Apostles* 1, in Martin Smith, *Acts*, 17.

하는 자는 영원한 광야에서 방황할 운명을 맞을 것이다. 이세벨과 연결성은 그녀의 죽음이 이스르엘의 "땅의 음모"와 연결되어 있다는 사실을 안다면 더욱 강화될 것이다. 이곳("하나님이 흩으신다"는 뜻)은 은을 받고 땅을 포기하기를 거부한 이스르엘 사람 나봇과 관련이 있으며, 이세벨은 그곳에서 벌을 받는다(왕상 21:15, 23; 왕하 9:10, 30-37; 호 1:4).

성령은 제자들에게 힘을 주어 사막에 샘을 만들게 하시지만, 그 메시지를 거부하는 자들은 광야, 즉 어둠의 나라에서 자신을 발견할 것이다. "대속"의 피를 가지거나 또는 그들의 피로 운명이 인침을 받는다.

1:20a. 베드로는 성령을 통해 유다에 관해 예언한 다윗의 말씀을 언급하면서 16절을 시작했다. 그는 마지막으로 시편에서 두 개의 본문을 인용하여 설교를 두 부분으로 나눈다. 시편 69편 25절은 유다의 운명에 관한 것이고, 시편 109편 8절은 그를 대체하는 일에 관한 것이다. 시편 69편은 다윗의 적들이 그를 포위하고 있기 때문에 도움을 요청하는 내용이다(시 69:1).[88] 다윗은 적들의 모욕이 자신을 수치스럽게 만들고, 그들이 하나님이 택하신 자를 핍박하기 때문에(69:22-25) 그들에게 벌을 내려달라고 외친다(69:26). 다윗이 외치는 심판은 그들의 밥상, 눈, 허리, 그리고 그들의 거처에 관한 것이다(69:25).

누가와 베드로는 이 구절을 유다에게 직접 적용한다. 예수님은 다윗의 의로운 고난을 당하신 분이고, 유다는 하나님의 기름 부음 받은 자의 모형론적인 적이다. 그러므로 다윗은 예언적으로 **배반자**의 거처가 황폐해질 것을 고대한다. 이 시편은 과거에도 입증되었지만, 유다는 하나님의 선택된 종들을 반대하는 자들의 모형이다.[89] 이 연결 고리는 시편 69편 26절에서 다윗이 "무릇 그들이 주께서 치신 자를 핍박하며 주께서 상하게 하신 자의 슬픔을 말하였사오니"라고 말하는 데서 확인된다. 이것은 또한 하나님이 치시고 상처 입히신 예수님에 대한 미래적인 자세를 가지고 있다.

이러한 연관성은 당연하지만, 해석자는 베드로의 창의성과 언어유희에도 주목해야 한다. 유다의 운명을 "피밭"과 황량한 거처로 말하는 것을 통해 베드로는 하나님의 원수들에게 빈 장막을 달라고 외치는 저주 시편과 구분할 수 있었다. 따라서 신실하면서도 풍성한 해석이다. 이 인용은 유다의 분깃을 이어받지 못하는 것, 잔혹한 운명, 하나님의 기름 부음 받은 자의 적으로서 정체성을 강조한다. 땅은 의사 결정의 장소이다. 땅의 자리를 포기해야만 하늘의 자리를 얻을 수 있다.

---

88 시편 69편은 요 2:17; 15:25; 롬 11:9-10; 15:3에서 비슷한 방식으로 사용되었다.

89 Marshall, "Acts," 520,은 성경이 반복될 수 있지만 예수님이나 초대 교회의 삶에 (지극히) 적합한 패턴을 설정할 수 있는 경우라고 말한다.

1.2.1.2. 대체의 근거 (1:20b-22)

20a 그의 거처를 황폐하게 하시며
거기 거하는 자가 없게 하소서 하였고
또 일렀으되 그의 직분을 타인이 취하게 하소서 하였도다
21 이러하므로 요한의 세례로부터 우리 가운데서 올려져 가신 날까지 주
예수께서 우리 가운데 출입하실 때에 22 항상 우리와 함께 다니던 사람 중에
하나를 세워 우리와 더불어 예수께서 부활하심을 증언할 사람이 되게 하여야
하리라 하거늘

1:20b. 누가는 성경적 뒷받침으로 내러티브를 나눈다. 하나는 유다의 배반에
관한 것이고, 다른 하나는 교체를 위한 보증에 관한 것이다. 시편 109편 8절은 베
드로가 다른 제자를 선택하는 데 정당성을 부여하는 근거로 "그의 직분을 타인이
취하게 하소서"를 말한다.[90] 시편 109편은 "그들이 악한 입과 거짓된 입을 열어
나를 치기 때문에"(시 109:2) 하나님께 도움을 청한다는 점에서 시편 69편과 유
사하다. 독자들은 이 본문이 예수님과 유다의 삶에 어떻게 적용될 수 있는지 들을
수 있다. 시편 109편 6-15절은 다윗이 자기 원수의 자리를 대체해 달라고 다른
이에게 요청하는 내용이다. 그의 대적들은 그들의 행동에 관해 심판받아야 한다.
베드로는 놀랍게도 이 본문으로 유다를 대체하는 데 사용한다.[91]

1:21-22. 시편 109편 8절에서 베드로가 내린 결론은 예수님의 부활을 증언할
수 있는 새로운 "증언할 사람"($\mu\acute{\alpha}\rho\tau\upsilon\varsigma$, 마르튀스)을 택해야 한다는 것이다($\delta\epsilon\tilde{\iota}$, 데
이). 놀랍게도 예수님은 지상에 계실 때 새 제자를 임명하지 않으셨다. 아마도 이
것은 사도들의 권위와 리더십을 정당화하기 위한 것일 수 있다. 또한 예수님이 육
체적으로 계시지 않은 이후에도 사도들이 여전히 하나님의 인도를 받고 있음을 보
여준다. 예수님은 사도들을 회복된 이스라엘의 지도자로 삼으셨지만(눅 22:14-
30; 마 19:28), 그들의 수가 이스라엘을 온전히 대표하고 하나님이 직접 인도하
지 않는 한 그렇게 될 수 없었다. 여호와는 "야곱의 지파들을 일으키며 이스라엘
중에 보전된 자를 돌아오게"(사 49:6) 하며 "에브라임의 질투는 없어지고 유다를

---

90 누가는 이전 인용문과 일치시키기 위해 LXX의 법, 희구법을 명령법으로 바꾼다.

91 새로운 다윗으로서 예수님과 악인의 모형론적 성취자로서 유다를 연결하는 것은
분명하지만, 이 본문의 적용은 때때로 해석가들을 곤혹스럽게 한다. 다윗의 입에서 나온
소원이 초대 교회 시대에 어떻게 명령이 될 수 있었을까? 어떤 학자들은 베드로와 누가가
사도이고 영감을 받았기 때문에 반복할 수 없는 독특한 해석 입장을 가지고 있다고 생각
하지만, 더 나은 해결책은 사도들이 구약의 명령을 권위 있고 오늘날에도 여전히 적용 가능
하다고 여겼다는 사실을 깨닫는 것이다. 그들은 원래의 문맥을 존중했지만, 의미의 충만
함은 시간이 지나야만 온다는 사실도 인식했다.

괴롭게 하던 자들은 끊어질 것"(사 11:13)이라고 말씀하셨다.

베드로는 유다의 후계자로 선택된 사람에게 특정한 조건을 제시한다. 그는 주 예수님과 "함께 다니던"(συνέρχομαι, 쉬네르코마이) 사람이어야 했다.[92] 누가복음은 예수님의 여행과 여행의 동행자를 특별히 강조하고 있다. 사도행전의 지리적 초점을 고려할 때, 예수님이 증인들에게 여행에 대한 준비를 요구했을 것으로 추측하는 것은 어렵지 않다. 그뿐만 아니라, 선택된 사람은 나중에 그룹에 합류한 사람이 아니라 항상 그들과 함께했었던 사람이어야 했다. 그는 예수님의 무리에 들락날락하는 사람이 아니라 일관되게 예수님을 따르는 사람이어야 했다. 교회 지도자의 가장 중요한 요건은 예수님과의 친밀함이다.

그 시간은 "항상"으로 더 구체적으로 설명된다. 베드로는 요한의 세례부터 예수님의 승천까지를 포함해야 한다고 설명한다. 예수님의 사역은 사역 시작부터 승천까지 모든 것을 포함하며, 두 가지 모두 성령에 관한 언급으로 구성된다. 베드로는 부활의 증인임을 강조하며 그것은 설교에서 중심적인 위치를 차지한다 (2:24-36; 4:33; 13:30-37).

중요한 것은, 열두 제자 또는 재구성된 이스라엘의 일원이 되기 위한 자격은 그 종의 증인이 되는 것이다. 사도적 사역은 독특하고 반복될 수 없다. 유다는 교체되었지만, 다른 사도들은 교체되지 않을 것이다(엡 2:20; 계 21:14). 후임자 중 이러한 자격을 갖춘 사람은 아무도 없었다. 이야기의 후반부에 헤롯이 야고보를 처형할 때 아무도 야고보의 자리를 대신하지 않는다(12:2).

1.2.1.3. 맛디아 선택 (1:23-26)

23 그들이 두 사람을 내세우니 하나는 바사바라고도 하고 별명은 유스도라고 하는 요셉이요 하나는 맛디아라 24 그들이 기도하여 이르되 뭇 사람의 마음을 아시는 주여 이 두 사람 중에 누가 주님께 택하신 바 되어 25 봉사와 및 사도의 직무를 대신할 자인지를 보이시옵소서 유다는 이 직무를 버리고 제 곳으로 갔나이다 하고 26 제비 뽑아 맛디아를 얻으니 그가 열한 사도의 수에 들어가니라

1:23-25. 이제 베드로의 설교가 끝나면서 내러티브의 전환이 일어난다. "그들"은 두 가지 대안을 제시한다. 삼인칭 복수형은 모호하다. 열한 사도 또는 제자 120명을 가리킬 수 있다.[93] 그런 다음 그들은 기도하며 주님께 이 두 사람 중 누구를

---

92 "출입하셨다"라는 구절은 70인역의 구어적 표현에서 활동적이라는 뜻이다(민 27:17; 신 31:2; 삼상 18:16).

93 22절의 "되다"(γενέσθαι) 부정사는 중간태 동사이기 때문에, 헬라어의 중간태 동사는 주어가 영향을 받는다는 의미이므로 "그들"은 열한 사도를 가리킬 가능성이 높다. 또한 이 본문에서 강조하는 것은 무리가 아니라 열한 사도이다. 무리는 방관자처럼 보인다. 그러나

"선택"(개역개정. "택하신," ἐκλέγομαι, 에클레고마이)하셨는지 알려 달라고 간구한다. 주님께 물음으로써 승천하셨지만 여전히 그들의 일을 지시하시며 사도들을 "선택"하신 그리스도께 질문한다.[94]

주님의 선택을 받았다는 개념은 사도행전 1장 2절에 이미 언급되어 있다. 25절에서 사도들은 이 역할이 "섬김"(개역개정, "봉사." διακονία, 디아코니아)의 직분인 동시에 "사도의 직무"(ἀποστολή, 아포스톨레)라고 주장한다. 권위와 섬김은 함께 결합되어 있다. 예수님은 이미 그들에게 종이 되어야 한다고 가르치셨고, 그 자신도 그들을 섬기셨다(눅 22:26).

초기 공동체는 새 사도를 선출하기 위한 두 가지 조건을 모두 갖추고 있었지만, 그 선택은 하나님께 의존하고 있었다. 25절은 또한 유다가 제 "곳"으로 갔고 이제 부활하신 주님이 사도들을 통해 새로운 지상 통치를 확립하기 때문에 "곳"이라는 언어를 사용한다.[95]

1:26. 그들은 열한 사도에 추가될 사람을 결정하기 위해 "제비"(κλῆρος, 클레로스)를 뽑았고 제비는 맛디아에게 돌아갔다.[96] 1장 17절에서 유다가 "예수님의 사역에서 제비 뽑은"(ἔλαχεν τὸν κλῆρον, 엘라켄 톤 클레론, CSB는 "이 사역을 공유한", 개역개정, "이 직무의 한 부분을 맡았던"으로 번역)으로 묘사하는 데 동일한 언어가 사용된다. 유다는 사역에서 그의 직무의 부분(κλῆρος, 클레로스)을 던져버렸고 이제 제비(κλῆρος, 클레로스)뽑기로 대체되었다.[97] 어떤 학자는 제비뽑

그 언급은 모호하다.

94 참조. K. Rowe, *Early Narrative Christology: The Lord in the Gospel of Luke* (Grand Rapids: Baker, 2006), 201-2,는 사도행전에서 "주"(κύριος)는 하나님과 그리스도 사이에서 완전히 모호해졌다고 주장한다. 그러나 그리스도를 통해 여호와가 알려지기 때문에 κύριος의 정체성이 그리스도로 더 완전히 옮겨질 수도 있다. 또한 사도행전 9장 15절에서 사울은 주님의 "택한 그릇"(σκεῦος ἐκλογῆς)라고 불린다는 사실에 주목한다.

95 참조. Gaventa, *Acts*, 70.

96 표시된 돌을 항아리에 넣고 흔들고 돌이 떨어진 사람이 선택되었다(대상 26:13-16). L. A. Kauppi, *Foreign but Familiar Gods: Greco-Romans Read Religion in Acts*, LNTS 277 (New York: T&T Clark, 2006), 19-27,은 그리스-로마의 배경에서 볼 때 이 장면 전체가 제비뽑기 언어로 가득 차 있으며 누가의 그리스-로마 청중에게 하나님이 이 상황을 완전히 통제하고 있다는 점을 강조했을 것이라고 주목한다. Arator, *On the Acts of the Apostles* 1, in Martin and Smith, *Acts*, 17,는 맛디아가 히브리어로 "하나님의 작은 자"라는 뜻이라고 말한다. "오, 하늘의 판단과 인간의 판단이 얼마나 다른가! 인류의 칭찬에 따라 의로운 사람은 작은 자의 공로를 능가한다."

97 Dunn, *Acts*, 17,은 옛 방법에 의지하는 것이 그들의 곤경과 성령의 필요성을 강조하며, 그들은 오순절 이전의 옛 이스라엘 사람들보다 더 나을 것이 없다고 주장한다. 그러나 내러티브 전체가 선택한 방식이나 사람에 대한 비판을 암시하지는 않는다. Chrysostom, *Homily 2 on Acts* (NPNF 1/11:20)는 "제비뽑기"를 레위인과 하나님의 선택과 연결한다.

기 이후에 다시는 맛디아를 보지 못했기 때문에 이것이 하나님의 선택이 아닌 인간이 대체한 것이라고 주장했다. 즉, 하나님의 선택은 바울이었고 초기 공동체는 성급하게 행동했다는 것이다.

그러나 전체 문맥은 이 장면이 하나님의 계획에 따른 것으로 전달한다. 내러티브의 모든 요소가 맛디아가 실수로 뽑힌 것이 아님을 뒷받침한다. 첫째, 본문은 그들의 행동을 뒷받침하는 성경 구절로 가득 차 있다. 둘째, 베드로는 유다를 대신할 사람을 찾는 것이 '**필요하다**'고 말한다. 셋째, 제비뽑기는 그 무작위성조차도 주님께서 결정하신 잠언 16장 33절을 암시한다. 제비뽑기는 유대교에서 하나님의 뜻을 결정하는 전통적인 방식이었다(레 16:8; 민 26:55; 욘 1:7-8; 대상 5:3; 6:16).[98] 마지막으로, 이 이야기는 전체적으로 열두 지파가 다시 연합할 것이라는 선지자의 약속을 적어도 부분적으로는 성취한다(겔 37:16-22).

> 인자야 너는 막대기 하나를 가져다가 그 위에 유다와 그 짝 이스라엘 자손이라 쓰고 또 다른 막대기 하나를 가지고 그 위에 에브라임의 막대기 곧 요셉과 그 짝 이스라엘 온 족속이라 쓰고 그 막대기들을 서로 합하여 하나가 되게 하라 네 손에서 둘이 하나가 되리라 네 민족이 네게 말하여 이르기를 "이것이 무슨 뜻인지 우리에게 말하지 아니하겠느냐" 하거든 너는 곧 이르기를 "주 여호와께서 이같이 말씀하시기를 내가 에브라임의 손에 있는 바 요셉과 그 짝 이스라엘 지파들의 막대기를 가져다가 유다의 막대기에 붙여서 한 막대기가 되게 한즉 내 손에서 하나가 되리라 하셨다" 하고
> 너는 그 글 쓴 막대기들을 무리의 눈 앞에서 손에 잡고 그들에게 이르기를 "주 여호와께서 이같이 말씀하시기를 내가 이스라엘 자손을 잡혀 간 여러 나라에서 인도하며 그 사방에서 모아서 그 고국 땅으로 돌아가게 하고 그 땅 이스라엘 모든 산에서 그들이 한 나라를 이루어서 한 임금이 모두 다스리게 하리니 그들이 다시는 두 민족이 되지 아니하며 두 나라로 나누이지 아니할지라"

---

98 베데(Bede, *Comm. on Acts* 1.26)와 에라스무스(Erasmus, *Paraphrase on Acts*, 12)는 제비뽑기를 요나, 스가랴, 제사장들과 모형론적으로 연결한다. 에라스무스도 아직 성령이 임하지 않았기 때문에 이렇게 했다고 말하지만, J. Jonas, *Annotations on Acts 1:26*, in Chung-Kim, Hains et al., *Acts*, 17에서는 여전히 제비뽑기할 수 있다고 생각한다. 이것이 하나님의 계획에 따른 것이라면 해석자들은 이것이 교회에서 정해진 관습이어야 하는지도 궁금해한다. 독자들은 내러티브에서 어떤 것이 설명적인지 아니면 규범적인지 판단할 때 몇 가지 요소를 염두에 두어야 한다. (1) 내러티브의 주된 의도와 부수적인 것, (2) 반복되는 패턴, (3) 비모순의 원칙, (4) 명령과 설명, (5) 스토리 라인, (6) 다른 신약의 강조, (7) 해석의 역사, (8) 신학적 문제 같은 요소들을 고려해야 한다. 내러티브의 주된 의도는 제비뽑기에 너무 큰 비중을 두는 것을 지양하는 것이다. 이후 내러티브에서는 지도자를 선출하기 위해 제비를 뽑지 않는다(행 6:1-6; 14:23). 전반적으로 이것은 독특한 행위로 보는 것이 가장 좋으며, 아마도 이것이 오순절 이전의 마지막 내러티브일 수도 있다.

1.2.2. 유배자들의 모임과 성령의 부으심 (2:1-13)

사도행전 2장에 나오는 성령의 부으심은 신약에서 새 언약 공동체 생성의 핵심이다.[99] 2장에서 교회는 부활하신 그리스도에 대한 예언자적 증인, 이러한 복을 세상에 중재하는 새로운 제사장직, 하나님의 샬롬을 모든 민족에게 전파하는 왕의 새로운 대리자로 세워진다.[100]

누가는 수많은 암시를 통해 그 백성이 새로운 성전, 새로운 토라 공동체, 예수님의 새로운 팔과 발, 하늘과 땅이 만나는 장소가 됨을 나타낸다. 성령은 이스라엘을 회복시킬 그리스도의 규, 즉 그분의 실행하시는 능력이다. **성령 사건**(2:1-4)은 시내 산을 반영하며 이러한 신학적 요점을 뒷받침한다. 1-11절의 모형론은 새 언약 약속의 성취이다.

성령 강림 사건 이후 누가는 **성령 강림의 증인들**에게 눈을 돌려(2:5-13), 새로운 하나님의 백성은 유배된 유대인(그리고 일부 이방인)들이 땅의 모든 지역에서 다시 모인 것임을 보여준다. 베드로의 설교는 이 새로운 공동체가 높여지신 예수님을 신뢰하도록 도전한다(2:14-47). 하나님께서는 오래전에 약속하신 대로 유배된 자녀들을 집으로 부르셨다(창 22:17; 사 43:5-6; 60:4; 호 1:10). 백성들은 더 이상 흩어지지 않고 모여 각자의 방언으로 충성하라는 부름을 듣게 될 것이다.[101] 성령이 임하지 않으면 예언도, 설교도, 선교도, 회심도, 전 세계적인 기독교 운동도 없었을 것이다.[102]

1.2.2.1. 오순절, 시내 산, 새 성전 (2:1-4)

1 오순절 날이 이미 이르매 그들이 다같이 한 곳에 모였더니

2 홀연히 하늘로부터 급하고 강한 바람 같은 소리가 있어 그들이 앉은 온 집에 가득하며 3 마치 불의 혀처럼 갈라지는 것들이 그들에게 보여 각 사람 위에 하나씩 임하여 있더니 4 그들이 다 성령의 충만함을 받고 성령이 말하게 하심

---

99 많은 학자가 교회론을 위해 서신서를 찾지만, 행 2:1-4은 교회의 기초를 살펴볼 수 있는 풍성한 근거이다. 독자들은 이 구절에서 교회가 그리스도의 권위 아래 성령으로 충만한 다양한 사람의 몸이며, 새로운 성전이 되고, 그리스도의 축복을 전하는 선지자로서 세상에 나가도록 부름을 받았으며, 새 시대의 일부라는 것을 배울 수 있다(눅 3:16). Dunn, *Acts*, 22,이 "성령이 없었다면 전할 이야기도 없었을 것이다. 성령이 없다면 교회도 없고 따라야 할 길도 없다. 성령이 없었다면 예루살렘이나 다른 어느 곳에서도 증거할 수 없었을 것이다."라고 말하는 것과 같다.

100 누가는 의도적으로 이 내용을 복음의 시작 부분에 배치했다(참조. 눅 3:16, 21-22; 4:16-30).

101 다음 본문에서 많은 상호 텍스트 연결을 언급하겠지만, 왕하 2장의 엘리야에서 엘리사로 전환되는 내용과 민 11장의 모세와 함께 성령에 참여한 칠십 장로의 참여를 전개할 지면이 부족하다.

102 Witherington, *The Acts of the Apostles*, 130.

을 따라 다른 언어들로 말하기를 시작하니라

　오순절에 성령이 부어지는 사건은 사도행전과 성경 전체에서 매우 중요하다. 오순절은 시간적, 공간적, 삼위일체적, 세 가지 관점으로 이해할 수 있다. **시간상으로** 오순절은 불과 바람이 내려오고 유배자들이 다시 모이는 종말론적 시대를 열며 시내 산의 옛 언약을 반영한다(사 35:8-10; 40:11; 43:5-7).[103] 에스겔에서 하나님의 영은 성전을 떠났고 에스라에서는 다시 돌아오지 않으셨다. 이제 성령의 약속이 성취되었다.[104] 새로운 시대가 도래했다(눅 3:16-17; 행 2:22-36).

　공간적으로, 1장에서는 개인적인 영역에서 일어난 일을 이야기했다면, 2장에서는 성령의 역사가 예수님을 따르는 제자들을 세상으로 나아가게 할 것임을 나타내는 공적인 공간으로 장면을 전환한다. 예수님은 하늘과 땅 사이의 막힌 담을 뚫으셨고, 성령은 하나님의 광대한 임재를 안내한다.[105] 새 피조물이 옛 피조물 위로 솟아나고 인간을 그리스도의 형상으로 재창조하기 시작한다.

　삼위일체적으로 오순절은 위격의 통일된 사역을 드러낸다. 성령의 오심은 삼위일체 위격의 관계를 보여준다. 오순절이 아버지의 계획이라는 것은 당연한 일이다. 성령 강림은 아들의 성육신이 앞서며 성육신으로 가능해진다는 것은 적절하다. 이 순서는 아들은 영원 전부터 아버지로부터 나셨고 영은 아버지와 아들로부터 "나오신다"라는 고전적인 신학적 이해에 부합한다. "예수님의 승천으로 하나님께 올라간 모든 것은 … 성령의 부으심으로 다시 사람에게로 내려온다."[106]

　2:1. 누가는 오순절이 "성취된"(개역개정, "이르매." συμπληρόω, 쉼플레로오)

---

103 시내 산은 "하나님의 산"(출 3:1; 18:5; 24:13)으로 불리며, 시온 산에 있는 이스라엘의 성전과 관련된 이름이다.

104 맥키니McKinny는 오순절이 성전의 산에서 일어났으며, 따라서 성령이 하나님의 성전으로 돌아오셨다는 것을 뒷받침한다고 주장한다. C. McKinny, "The Location of Pentecost and Geographical Implications in Acts 2," in *Lexham Geographic Commentary on Acts through Revelation*, ed. Barry J. Beitzel (Bellingham: Lexham, 2019), 77–93.

105 G. K. Beale, "The Descent of the Eschatological Temple in the Form of the Spirit at Pentecost: Part 1: The Clearest Evidence," *TynBul* 56.1 (2005): 73–102; G. K. Beale, "The Descent of the Eschatological Temple in the Form of the Spirit at Pentecost: Part 2: Corroborating Evidence," *TynBul* 56.2 (2005): 63–90.

106 S. B. Ferguson, *Some Pastors and Teachers* (Edinburgh: Banner of Truth, 2017), 121,은 칼뱅이 이 말을 쓸 때 그 내용을 전하고 요약한다. J. R. Lister, *The Presence of God: Its Place in the Storyline of Scripture and the Story of Our Lives* (Wheaton: Crossway, 2014), 85,가 "구속사에는 목적이 있으며, 가장 중요한 목적 중 하나는 하나님의 임재이다"라고 말하는 것과 같다.

날임을 언급하면서 시작하여 기대하는 종말을 암시한다.[107] 오순절에 성령이 임한 것은 실수가 아니라 새 언약이 성취된 것이다.[108] 오순절에 그들(사도들이나 120 명의 제자 모두)은 "다같이 한곳에 모였다"(πάντες ὁμοῦ ἐπὶ τὸ αὐτό, 판테스 호무 에피 토 아우토).[109] 그들은 예수님의 지시대로 하늘이 땅에 내려오기를 기다리고 있었다.[110] 오순절에 성령이 부어지는 이유는 무엇일까? 두 가지 이유가 있다.

첫째, 유대인의 절기는 이스라엘의 이야기를 되풀이하고 그리스도의 시대를 가리키는 절기의 흐름을 가지고 있었다. 세 가지 순례 절기가 존재했다. 유월절은 애굽에서 구원을 기억하는 절기였고(출 12장; 레 23:4-8; 민 9장; 신 16장; 겔 45장), 오순절은 하나님의 백성을 위한 하나님의 공급을 돌아보는 절기였으며(레 23:9-14), 초막절은 이스라엘이 광야에서 방황할 때 하나님께서 자기 백성과 함께 성막에 거하셨음을 상기시키는 절기였다(레 23:41-43).

유대인의 전통에서 오순절(출 23:16; 신 16:9-12)은 유월절과 초막절 사이에 있어 시내 산과 밀접한 관련이 있다.[111] 이 절기는 하나님의 풍성한 공급을 이 땅에서 감사하는 농경 축제였으며 모세가 시내 산에서 토라를 받은 것을 기념하는 날이 되었다.[112] 출애굽기 19장 1-3절에 나오는 이스라엘이 유월절 50일 이후 시내 산

---

107 2:1의 다음 용어는 합성어이다. συμ-πληρόω.

108 어떤 학자들은 새 언약의 언어가 누가복음 22:20에 어긋난다고 주장할 수 있다. 그러나 새 언약의 단절은 한 지점이 아니라 그리스도 사건을 중심으로 이루어진다고 생각하는 것이 더 낫다.

109 성령은 누구에게 임하셨는가? 무리가 그들을 "갈릴리 사람"(2:7)이라고 말하고 있고 제자 120명 모두가 갈릴리 사람이 아니었기 때문에 열두 제자일 수 있다. 또한 120명 모두가 성령을 받았다. 예수님과 가장 가까운 사람들이 방언을 할 수도 있지만, 본문은 그들이 모두 방언을 했다고 말한다(2:4). 욜 2:28의 예언은 120명 모두를 가리킨다. 참조. Chrysostom, *Homily 4 on Acts* (*NPNF* 1/11:25).

110 Estrada, *From FolRowers to Leaders*, 232–37,은 1-2장 전체가 이 단락의 예전을 통해서 사도들의 이름을 밝힌다고 논증한다. 첫째, 그들은 분리되어 왕국에 관해 가르침을 받는다(1:3-11). 두 번째는 전환과 갈등의 시간이다(1:12-26). 마지막으로 성령의 세례가 사도들에 대한 하나님의 승인과 지지를 표현하는 집합의 단계(2:1-4)가 있다.

111 오순절과 시내 산 사이의 연관성에 대한 주장은 다음을 참조하라. Goulder, *Type and History in Acts*, 149–52; *Turner's Power from on High*, 280–82.

112 Parsons, *Acts*, 36,은 이 이야기를 바벨을 돌이키는 것보다 시내 산과 연결하는 증거가 더 많다고 주장한다. 피터슨Peterson, 폴힐Pohill, 벅Bock은 오순절과 시내 산을 하나로 묶는 랍비 전통이 늦기 때문에(수 1:1) 시내 산이 누가의 표현에 영향을 미쳤을 것 같지 않다고 주장한다. 그러나 이 주장은 랍비 자료가 아니라 유사한 모형론적 이미지에 근거를 두고 있다. Philo, "On the Ten Commandments," 33, 46,에 나오는 시내 산에 대한 설명은 다음처럼 암시한다. "[하나님]께서 공중에서 보이지 않는 소리를 내라고 명령하셨다. ... 그리고 공기에 형태를 부여하고 붉은 불꽃으로 바꾸어 공기의 호흡과 같은 소리를 주었다. ... 그러자 하늘에서 내려온 불의 심장에서 소리가 울려 퍼졌고, 불꽃이 듣는 사람들에게 친숙한 명료한 소리로 변하면서 모든 참석자를 경건한 떨림으로 채웠다." Erasmus, *Paraphrase on Acts*, 13–14,도 마찬가지로 시내 산과 많은 부분을 연관 지어 설명한다. "산에서는 돌판에

에 도착한 역사적 기록에 따라 헬라어로 오순절이라고 불렀다. 따라서 성령은 시내
산을 성취하고 하나님의 백성을 재구성하기 위해 오순절에 오신다(사 44:1-4).[113]

유대 순례 절기	사 건	예수님과 교회
유월절 (무교병)	출애굽	예수님의 죽음/장사
오순절 (주간)	시내 산	성령의 오심
초막절 (성막 또는 장막)[114]	광야에서 방황	백성들과 함께하심 (레 23:40) 율법을 기억함 (신 31:10-13) 모든 열방을 받아들임 (슥 14장)

　　둘째, 오순절에 성령이 임하신 것은 오순절이 이스라엘의 유배자들이 함께 모
이는 축제였기 때문이다. 하나님께서는 동서남북에서 그분의 자손을 데려오겠다
고 약속하셨다(행 2:9-11; 사 43:5-7). 오순절에 백성들은 "성회"를 열고 주님께
기쁜 향기로 제사를 드려야 했다(출 12:16; 레 23:2-8; 민 28:26-27).

　　"성회"라는 표현은 하나님께서 자기 백성을 제사장 나라와 거룩한 나라로 부
르셨을 때를 연상시킨다(출 19:3-6). 시내 산에서 온 이스라엘이 함께 모였고, 모
세가 산에 오르자, 주님께서 불 가운데 강림하셨고, 큰 폭풍이 시내 산을 에워쌌

기록된 구약이 주어졌고, 다락방에서는 성령으로 기록된 새 율법이 주어졌다. ... 두 경우
모두 높은 곳, 두 경우 모두 불이 있다." Leo the Great, *Sermon 75*, in Martin and Smith,
Acts, 20,도 마찬가지로 "이제 애굽에서 해방된 히브리 백성에게 율법은 유월절 어린 양이
희생된 지 50일 후에 시내 산에서 주어졌다. 마찬가지로, 하나님의 참 어린 양이 죽임을
당하신 그리스도의 수난 이후, 부활하신 지 50일 만에 성령이 사도들과 모든 신자에게
임하셨다. 따라서 신실한 그리스도인은 구약의 시작이 복음의 시작을 위한 것이며, 첫
번째 언약을 제정하신 동일한 영이 두 번째 언약을 제정하셨다는 것을 쉽게 인식할 수
있다." Augustine, *On the Spirit and the Letter* 16.28,에서도 레오 대제와 같은 주장을 한다.
슈팡엔베르크Spangenberg, 불링거Bullinger, 루터Luther도 오순절을 시내 산과 연결한다. 참조.
Chung-Kim, T. R. Hains, et al., *Acts*, 18-20.

113 유대 절기의 순서는 과거를 가리킬 뿐만 아니라 예수님과 그분의 교회에서 이 절기들이
　　미래에 성취될 것을 자연스럽게 가리킨다. 유월절은 예수님의 십자가와 장사(유월절)를,
　　오순절은 성령 강림을, 초막절은 방황하는 백성과 함께하시는 하나님의 지속적인 임재를
　　의미한다. 오순절은 추수 축제로, 열방에서 더 큰 수확을 기대하며 유대인들에게 성령이
　　부어지는 것을 보여준다.

114 흥미롭게도 신명기에서 초막절(CSB "피난처 축제")은 남자 이스라엘 사람뿐만 아니라
　　제사장, 고아, 과부, 이민자, 남녀 어린이와 노예까지 축제에 참여할 수 있도록 확대한다(신
　　16:14). 같은 장에서 베드로는 요엘서를 인용하여 모든 육체, 아들, 딸, 젊은이, 노인에게
　　성령이 부어지는 것에 관해 이야기한다(2:17). 스가랴는 초막절을 언급하며 모든 민족이
　　주님과 언약을 맺게 될 때를 묘사한다(슥 14장).

으며, 이스라엘이 제사장 나라가 될 수 있도록 모세에게 율법이 주어졌다. 오순절과 유사점이 많다. 하나님의 백성이 다시 모이고 있다. 바람과 불이 내리면서 율법이 돌에 기록된 것이 아니라 마음에 기록되었다는 신호이다. 이제 토라를 마음 속에서부터 따를 힘을 얻었다. 그들은 땅을 되찾을 것인데, 그들의 땅은 모든 피조물이 되었다.[115]

2:2. 누가는 성령의 임재를 강한 바람으로 묘사한다. 하늘에서 격렬한 돌풍이 불어오는 소리가 온 집에 가득 찼다.[116] 이 바람의 근원은 하늘이며, 이는 초자연적인 성격을 나타내며 또한 하늘에 관한 네 가지 언급이 있었던 승천을 암시한다. 바람은 성령의 능력, 신비함, 통제할 수 없음을 나타낸다.

성경에서 "바람"(πνοή, 프노에)은 하나님의 영 또는 창조의 숨(πνεῦμα, 프뉴마)을 상징한다(예. 삼하 22:16; 시 33:6; 겔 37:9-10; 요 3:8).[117] 구약에는 생명을 주는 하나님의 임재가 바람과 연관된 풍부한 전통이 있지만 바람은 심판의 징조일 수도 있다. 성전이나 성막을 가득 채우는 영광의 구름을 가리킬 때도 비슷한 표현이 여러 곳에서 사용된다(출 40:35; 왕상 8:11; 대하 7:2; 사 6:4; 겔 10:4). 바람은 하나님의 임재, 하늘과 땅의 만남, 새 성전 건축을 나타낸다(출 25:21-22; 레 16:2; 민 9:18-23; 왕상 8:10-13; 겔 10장).[118]

이미지와 문맥은 성전(및 새 창조) 주제를 가리키며 성전이 이제 사람과 집이 될 것임을 나타낸다.[119] 성령은 성전이 아니라 집에 임하신다. 스펜서Spencer는 "아이러니하고 비극적으로 하나님의 영은 이제 이스라엘의 신성한 숭배의 중심지보다 평범한 거주하는 공간에서 더 수용적인 집을 찾는다."[120] 교회는 물리적 성전이 아니라 예수님을 따르는 사람들의 집에서 태어났다. 신현은 성경의 주요 선

---

115 시내 산에서 백성들이 반란을 일으켜 삼천 명이 죽는다. 오순절에 복음이 선포되고 삼천 명이 말씀에 마음에 찔린다. 유다의 운명은 황폐한 곳에 있었지만, 성령은 황폐한 곳을 정원으로 만들 것이다(사 32:15).

116 Parsons, *Acts*, 37,은 바람과 불과 같은 이미지를 사용하는 것은 εκθρασις라는 수사학적 전략으로, 눈과 귀에 호소하고 사건의 중요성에 주의를 집중시키는 기능이라고 지적한다.

117 Peterson, *Acts*, 132.

118 Beale, *The Temple*, 202-5은 *Ant.* 1.118; *Sibylline Oracles* 3:101-2에 따르면 바벨에서 신격화가 강한 바람으로 나타났다고 주목한다. 바벨에서 그들은 성전을 건축하려고 시도했지만, 이제 하나님은 그들이 하나님께 올라가는 것이 아니라 내려오심으로 그 행위를 완성하고 계셨다.

119 누가는 제자들이 계속 성전에 있었고(눅 24:53), 날마다 성전에서 모였다고 기록한다(행 2:46; 3:1-10; 5:42). 또한 이사야 6장과 이어지는 문맥적 연결은 성전 주제를 가리킨다. 새로운 창조 테마에 관해서는 성전을 우주의 축소 모형으로 표현한 많은 문헌을 참조하라. 하나님의 바람은 창 1:2과 출 31:3, 성막 건축을 위한 35:31에도 등장한다.

120 Spencer, *Acts*, 42.

지자들이 하나님의 임재하심으로 자기 백성에게 선교의 능력을 부여할 때도 그 기초가 되었다(출 4:15-17; 왕상 19:16; 사 6:5-7; 겔 2:2, 3:8-9; 행 26:17).

2:3. 모인 사람들은 바람 소리를 들었지만 불을 보았다. 이것은 평범한 불이 아니라 "불의 혀"(γλῶσσαι ὡσεὶ πυρός, 글로사이 호세이 퓌로스)를 보았는데, 이 불은 평등하게 "갈라져" 그들 위에 내려앉으면서도 하나로 묶었다.[121] 다음 구절에서 사람들에게 "방언"의 은사가 주어질 것이므로 "불의 혀"라는 표현은 우연이 아니다. 불의 이미지는 이 사건의 하나님 중심적 성격을 뒷받침한다(사 66:15).

하나님은 바람으로만 나타나신 것이 아니라 불로도 나타나셨다. 모세에게는 불타는 떨기나무로(창 15:17), 광야 세대에게는 밤에 불기둥으로(출 3:2), 시내 산에서는 연기와 불로(출 19:18; 24:17; 히 12:18-21) 나타나셨다. 여기에는 옛 언약과 달리 이제 보좌에 앉으신 분을 볼 수 있기 때문에 연기가 없다. 불은 더 개인적인데, 불이 그들 각자에게 나누어지면서 그들이 이제 개인과 공동체적으로 하나님의 임재로 가득 차 있음을 나타낸다.

이스라엘이 제사를 드릴 때(출 29:18), 성막(출 40:38)과 성전(대하 7:1; 에녹 14:8-25)에서 불을 사용했듯이 불은 성전과도 관련이 있다.[122] 엘리야가 도움을 구할 때(왕하 1:12) 하나님은 갈멜산에서 불로 응답하신다(왕상 18:38). 불은 바람과 마찬가지로 하나님의 임재를 나타내지만, 심판의 한 형태이기도 하다(레 10:2; 민 16:35; 욥 1:16; 왕하 1:9-12).[123] 오순절에 불은 갈라지지만 소멸하지 않는다(눅 3:16). 불은 산에 임하지 않고 사람들 위에 머물며 그들을 멸하지 않는다.[124] 구약에서는 사람들이 하나님의 불이 머물기에 적합하지 않았지만, 그들은 이제 승천한 제사장이 그들을 중보하고 그들의 사건을 간구함으로써 모세와 같은 제사장직 선지자가 되었다.

그들은 주님 앞에 서서 예언하고 증거하며 입에서 불이 나오는 새로운 등잔대가 된다(계 1:20; 11:3-5). 그들은 세상으로 보냄받은, 움직이는 성전이다. "오순

---

121 "갈라짐"에 대한 동일한 단어가 신 32:8에서 사용되었는데, 지극히 높으신 분이 국가를 나누고 인류를 흩으시고 국가의 경계를 정하신다. 바벨의 불신앙은 성령의 갈라짐과 통합의 일하심으로 바로잡혔다.

122 사해 문헌(1Q29)은 대제사장의 흉갑 위에 놓인 우림과 둠밈 돌(출 28:30)이 "불의 혀"로 빛났다고 말한다. 이제 백성들이 새로운 대제사장이 되었으며 성령께서 그들에게 지성소를 가져다주셨음을 나타낸다.

123 흥미로운 병행 본문은 왕상 19:11-13이다. 주님은 엘리야에게 바람, 지진, 불로 나타나지만 그 어떤 것도 나타나지 않는다. 주님은 부드러운 속삭임으로 나타나신다. 이 유사점이 무엇을 의미하는지는 확신할 수 없지만, 해석가들은 두 본문을 묵상하는 것이 좋을 것이다.

124 이것은 불이 덤불을 태우지 않는 불타는 덤불과 유사하다.

절은 사라져 가는 옛 예루살렘 성전 한가운데에 새롭게 떠오르는 성전이 세워지는 것으로 이해할 수 있다."[125] 그러므로 바람과 불은 모두 하나님의 임재, 즉 그분의 통제할 수 없고 신비로우며 강력한 임재를 상징한다.[126]

2:4. 누가는 성령 강림을 묘사하는 이미지를 제공한 후, 그 결과를 구체적으로 설명한다. "그들이 다 성령의 충만함을 받고 성령이 말하게 하심을 따라 다른 언어들로 말하기를 시작하니라."[127] 독자들은 이제 소리(바람 소리)를 듣고, 이미지(불의 혀)를 보고, 그 결과(성령 충만)를 들었다.[128] 독자들은 실제로 이 구절까지 내려오신 분이 성령이라는 것을 알지 못하는데, 이것은 누가가 독자들이 이미지에 주의를 기울이기를 원한다는 것을 나타낸다.[129]

이 구절은 그들이 **모두** 성령으로 충만하다고 말한다. 누가는 성령의 역사를 공개적이고 민주적인 사건으로 묘사한다. 성령으로 "충만하다"($\pi i \mu \pi \lambda \eta \mu \iota$, 핌플레미)는 구약에서 다섯 번이나 발견되며, 하나님을 섬기는 일에 적합하고 그분의 목적을 위해 영감을 받았음을 나타낸다. 브살렐은 성막 건축 감독자로서 성령의 충만함을 받았는데, 이는 성령이 성전 건축을 위해 사람들에게 능력을 주셨음을 나타낸다(출 31:3). 누가는 또한 예언자적 인물과 관련하여 성령 충만이라는 표현을 사용했다(눅 1:15; 4:1; 행 6:3, 5, 9:17). 구약에서 성령의 충만함을 받은 사람의 일반적인 결과는 예언이었다(민 11:26-29; 삼상 10:9-10; 삼하 23:2; 사 61:1-3).

사도행전에서는 말씀과 성령이 결합되어 있다(참조. 엡 1:13; 6:17). 바울은 에베소에 있는 사람들에게 성령으로 충만해진다는 것은 찬송과 노래로 충만해지는 것을 의미한다고 가르친다(5:18-21). 이제 백성들은 다양한 방언으로 말할 때

---

125 Beale, *The Temple*, 204. 이 진술의 전개에 관해서는 스데반의 설교에 대한 주해를 참고하라.

126 B. B. Charette, "'Tongues as of Fire': Judgment as a Function of Glossolalia in Luke's Thought," *JPT* 13 (2005): 173–86,은 불이 정결하게 하는 존재일 뿐만 아니라 말씀에 적절하게 반응하지 않는 사람들에 대한 심판을 의미한다고 주장한다. 아라토르와 아우구스티누스는 성령이 불과 비둘기로 나타나며, 비둘기는 연합을 상징하고 불은 능력과 다양성을 의미한다는 점에 동의한다. 참조. Martin and Smith, *Acts*, 22.

127 Pervo, *Acts*, 59,은 독자들이 방언의 정확한 내용을 실제로 듣지 못한다는 것은 놀라운 일이라고 말한다. 단지 방언이 하나님의 장엄한 행위를 선포한다는 것만 요약되어 있다(2:11). 여기에는 몇 가지 내러티브 효과가 있다. 첫째, 그것은 혼란스러운 장면에 기여한다. 둘째, 베드로의 연설로 독자들을 밀어붙여 내용을 채운다. 셋째, 단어의 내용보다 이미지에 주의를 집중시킨다.

128 Talbert, *Reading Acts*, 24.

129 Polhill, *Acts*, 97,가 주목한 것처럼, 소리가 나고 방언이 나타나고 그들이 말하기 시작했다는 세 가지 병행되는 진술이 있다. "강조점은 사건의 객관성에 있다. 그것은 들리고, 보이고, 영감받은 말의 외적 시연으로 나타났다."

하나님의 예언자적 음성을 듣는다.[130] 성령의 역사는 문화를 초월한다.[131] 불은 이사야(6:6-7)와 예레미야(5:14)에게 그랬던 것처럼 그들의 입술을 깨끗하게 하고 혀에 불을 붙여 다양한 "언어들"(γλώσσαις, 글로사이스)로 부활하신 그리스도를 증거하도록 한다(계 11:5).[132] 찰스 테일러Charles Taylor가 말한 것처럼 인간은 "언어에 입문함으로써 ... 인격으로 이끌려 간다."[133]

바벨 이전에는 온 세상이 "하나의 언어와 하나의 입술"[저자 번역](창 11:1)이었으며, 성령의 강림은 바벨을 되돌리지 **않고** 바벨을 구원한다. 다양한 언어가 여전히 존재한다. 바레토Barreto는 우리가 바벨과 오순절을 모두 잘못 이해했다고 주장한다. 오순절에 하나님은 인류를 이렇게 만드셨기 때문에 우리의 차이를 포용하신다. 바벨은 사람들이 다른 사람들을 막기 위해 벽을 쌓고 자신들만의 방식으로 높아지려고 했던 사건이다. 하나님의 응답은 그들을 온 지면에 흩으시는 것이었고, 이는 하나님의 계획이었다. 하나님은 언어를 통해 백성을 벌하지 않으시고 다른 세상으로 인도하신다.[134]

스바냐 선지자는 하나님께서 백성들을 순수한 "입술"(CSB "말")로 회복시켜 주시고, 그들이 여호와의 이름을 부를 것이라고 예언했다(3:9). 이제 "입술"은 언어보다는 고백의 측면에 더 가깝다는 것이 드러난다. 열방은 더 이상 흩어져 서로를 두려워하지 않을 것이며, 하나님의 다양한 백성이 한 분 참 왕께 충성을 맹세하며 모일 것이다.

---

130 "방언"(γλῶσσα)이라는 단어는 모호하여 황홀경에서 말하는 것을 암시할 수도 있지만(고전 12-14장), 6절과 8절의 "방언"(διάλεκτος)은 알려진 언어를 가리키는 것임을 나타낸다. Turner, *Power from on High*, 395–97,은 방언이 표준인 것에 의문을 제기하면서 "방언"은 오순절(2:4), 가이사랴(10:46), 그리고 에베소(19:6)와 같은 구원의 중요한 역사적 순간에만 발생한다고 주장한다. 에베소에 나타난 성령의 부으심은 이 구조에 맞추기가 가장 어렵다.

131 C. S. Keener, "Why Does Luke Use Tongues as a Sign of the Spirit's Empowerment?," *JPT* 15 (2007): 177–84.

132 R. L. Brawley, "Social Identity and the Aim of Accomplished Life in Acts 2," in *Acts and Ethics*, 24–25,은 방언이 많은 사회적 기능을 가지고 있지만 사도행전에서 그중 하나는 내부 그룹을 식별하는 것이라고 지적한다(2:4; 10:46; 19:6). 그러나 여기서 말하는 내부 그룹은 갈릴리 방언을 사용하는 사람들만이 아니라 외부 그룹으로 간주할 수 있는 사람들도 포함한다는 것을 보여준다. 그러므로 베드로의 설교는 방언의 표적이 새로운 구별을 만들어 낸다고 설명한다.

133 C. Taylor, *Sources of the Self: The Making of Modern Identity* (Cambridge; Harvard University Press, 1989), 35. J. Spangenberg, "Brief Exegesis on Acts 2:3–4," in Chung-Kim, Hains, et al. *Acts*, 21은 "혀는 성령을 위한 의무적인 기관이다"라고 말했다.

134 E. D. Barreto, J. D. Myers, and T. Young, *In Tongues of Mortals and Angels: A Deconstructive Theology of God-Talk in Acts and Corinthians* (New York: Lexington, 2019), 7.

1.2.2.2. 성령의 하나 되게 하는 사역 (2:5-13)

5 그 때에 경건한 유대인들이 천하 각국으로부터 와서 예루살렘에 머물러 있더니 6 이 소리가 나매 큰 무리가 모여 각각 자기의 방언으로 제자들이 말하는 것을 듣고 소동하여 7 다 놀라 신기하게 여겨 이르되 보라 이 말하는 사람들이 다 갈릴리 사람이 아니냐 8 우리가 우리 각 사람이 난 곳 방언으로 듣게 되는 것이 어찌 됨이냐 9 우리는 바대인과 메대인과 엘람인과 또 메소보다미아, 유대와 갑바도기아, 본도와 아시아, 10 브루기아와 밤빌리아, 애굽과 및 구레네에 가까운 리비야 여러 지방에 사는 사람들과 로마로부터 온 나그네 곧 유대인과 유대교에 들어온 사람들과 11 그레데인과 아라비아인들이라 우리가 다 우리의 각 언어로 하나님의 큰 일을 말함을 듣는도다 하고 12 다 놀라며 당황하여 서로 이르되 이 어찌 된 일이냐 하며 13 또 어떤 이들은 조롱하여 이르되 그들이 새 술에 취하였다 하더라

누가는 성령 강림을 묘사한 후, 이 사건에 대한 반응으로 시선을 돌린다. 그러나 누가는 이 내러티브를 통해 그 자리에 모인 사람들을 강조한다. 이 사람들은 유배된 사람들이 예루살렘으로 다시 모이는 성취를 상징한다. 초점은 사람들의 다양성, 혼란, 화합에 맞춰져 있다. 누가는 제자들에 대한 간략한 소개와 목격자들로 전환하고, 그 기원에 대한 설명(9-11a절)을 세 번의 당황함(6, 7, 12절)과 한 번의 조롱(13절)으로 구성한다.

혼란의 근원은 제자들의 입에서 쏟아져 나오는 다양한 언어이다. 내러티브는 바벨의 반향이 있지만, 2장 9-11절에 나오는 사람들의 목록은 로마가 사람이 사는 세계를 통치한 것을 암시하며, 진정한 제국은 가이사가 아니라 예수님에게 속한다고 선언한다.[135]

2:5. 누가는 성령이 어떻게 다락방에 있는 제자들에게 임하여 머무셨는지 설명한 후, 이 사건을 목격한 사람들로 전환한다. 오순절 때문에 유대인들이 예루살렘에 모였고, 누가는 "천하 각국으로부터" 하나님을 경외하는 유대인들이 다양하지만, 단합된 그룹을 자세히 묘사한다. 이 어구는 창세기 10장에 나오는 "열국의 족보," 가이사의 세상 통치, 그리스도의 승천을 가리키는 것과 같은 여러 가지 의미를 담고 있다. 하늘의 왕은 모든 나라를 다스린다.

슬리먼Sleeman은 "천하"가 하늘에서 그리스도의 통치에 비추어 땅의 공간을

---

135 G. Gilbert, "The List of Nations in Acts 2: Roman Propaganda and the Lukan Response," *JBL* 121 (2002): 497–529.

다시 구성하는 승천의 지정학을 가리킨다고 주장한다.[136] 누가복음에서 70인의
사명은 열방의 족보에 나타난 곳(창 10:1)으로, 이제 이 사명은 계속된다. 다양성
은 이 구절의 주요 요점 중 하나이지만, 해석자는 주로 유대인 계층의 다양성에
주목해야 한다(참조. 눅 2:25; 행 2:10; 8:2; 22:12).

2:6-8. "소동하여"(συγχέω, 슁케오)는 무리의 반응이다. Συγχέω(슁케오)는 창세
기 11장 7절의 바벨탑 이야기에서 여호와께서 오셔서 그들의 언어를 **혼란스럽게**
하실 때 70인역 성경에서 사용된 단어이다. 바람 소리에 무리가 모여들고, 무리는
사람들이 자기네 언어로 말하는 것을 듣고 당황한다. 동쪽 유대인들은 아람어를,
서쪽 유대인들은 헬라어를 알고 있었을 텐데, 그들은 각 지역의 "방언"(διάλεκτος,
디알렉토스)으로 말하는 것을 들었다. 증인들은 제자들이 갈릴리 사람이라는 것을
알았다. 따라서 제자들은 그들의 모국어에 익숙하지 않았을 것이다.
　무리는 이상하고 초자연적인 일이 일어났다는 것을 인정하지만, "성령의 현현
은 그 자체로 자명하지 않고 다양한 해석이 가능하다"라는 것을 보여주는 설명이
필요하다.[137] 특히 오순절은 같은 언어를 강요하지 않는다. 이 구절에 대한 일부 해
석과는 달리, 성령은 민족적 차이를 가볍게 여기지 않고 오히려 강조한다. 놀랍게도
누가는 제자들이 아람어와 헬라어를 모두 알고 있었을 가능성이 높았기 때문에 언
어의 기적이 **불필요했다고** 묘사한다. 이렇게 그것은 **보편적 특수성**의 기적이다.[138]
　성령은 민족의 언어적 다양성을 긍정한다. 유대인들은 언어가 히브리어로 순
화되기를 기대했을지 모르지만, 성령은 언어의 다원화를 긍정하고 또한 그들을
하나로 묶어 주셨다. 다양한 언어와 문화는 그대로 유지되지만, 성령은 이해의 장
벽을 허물어뜨리신다. 시작된 새 시대는 획일성을 강요하지 않는다. 새 시대는 다
양성을 존중하지만, 오해와 반목이 없어야 한다(계 5:9; 7:9). "하나님 나라의 통
일성 안에서 다양성은 사라지는 것이 아니라 더욱 선명하게 정의된다."[139]

2:9-11. 이 그룹이 속한 각 지역이 다음 세 구절에 나열되어 있다. 누가는 승
천과 오순절 사건과 거의 같은 수의 단어를 지역 목록에 사용함으로써 군중의 다
양성과 하나 됨을 강조한다. 지역은 동쪽에서 시작하여 서쪽으로 이동한다. 이는
사도행전에서 복음의 메시지가 이동하는 방식과 유사하며 바벨론-헬레니즘 점성

---

136 Sleeman, *Geography and the Ascension*, 97.

137 Dunn, *Acts*, 26.

138 Kuecker, *The Spirit and the "Other,"* 117–18.

139 A. Kuyper, "Uniformity: The Curse of Modern Life," in *Abraham Kuyper: A Centennial
　Reader*, ed. James Bratt (Grand Rapids: Eerdmans, 1998), 36.

술 지리를 따르기도 한다.[140]

길버트Gilbert는 여기에 나오는 열방의 목록이 로마가 사람이 사는 세계에 대한 주권자로서 그 시대에 로마의 지위를 기념하는 것과 유사한 목록을 반영한다고 주장했다.[141] 로마와 그 지지자들은 프린켑스(*princeps*, 지도자)가 사람이 사는 세계 전체에 대한 보편적 지배권을 가지고 있다고 주장했다. 그들은 이 이데올로기를 로마의 통치 대상에 대한 지리적 목록으로 명확하게 표현했다.

테르툴리아누스(*Adversus Judaeos*)도 왕국의 범위가 제한적이었던 과거의 위대한 왕들과 비교하기 위해 이 본문을 사용했다. 솔로몬은 유대만 통치했고, 느부갓네살은 바벨론과 파르티아를 통치했으며, 다리우스는 인도에서 에티오피아까지 통치했고, 알렉산더도 제한적으로 정복했다. 테르툴리아누스는 전 세계가 그리스도의 통치 아래 있음을 보여주는 지역 목록을 작성했다.

로마가 시민들을 정복하는 동안 예수님은 시민들을 위해 고난을 받으셨다. 로마가 열방을 정복하는 동안 예수님은 열방을 환대하셨다. 예수님은 모든 나라에서 새로운 "몸의 정치"를 세우고 계셨다. 이것은 예수님의 왕국이 다른 어떤 왕국보다 우월하다는 것을 보여주는 대안 사회, 즉 대항적인 상징이었다. 새로운 사회의 중심에는 예루살렘이 있다.[142]

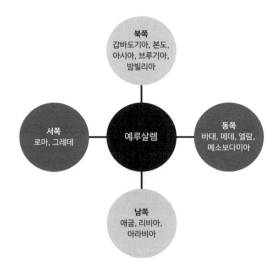

140 J. A. Brinkman, "Literary Background of the 'Catalogue of the Nations' (Acts 2:9–11)," *CBQ* 25 (1963): 418–27.

141 Gilbert, "The List of Nations in Acts 2," 497–529.

142 흥미롭게도 상당한 규모의 유대인 공동체가 있었던 그리스나 마게도냐, 수리아에 대한 언급은 없다. Goulder, *Type and History in Acts*, 153–58,은 이 목록의 이름을 창세기 10장과 노아의 손자들과 연결한다.

유대 전통에서 예루살렘은 우주의 중심으로 세워져야 했다(에녹 1서 26:1; *Pss. Sol.* 11:1-7; 사 66:17-20). 따라서 예루살렘은 예수님 이야기의 끝과 교회 이야기의 시작에 서 있다. 하나님 나라의 복은 이스라엘에서 흘러 나간다. 이사야가 예언한 대로 모든 나라에 거주하는 유배된 사람들이 다시 모이고 있다.

> 그 날에 주께서 다시 그의 손을 펴사 그의 남은 백성을 앗수르와 애굽과 바드로스와 구스와 엘람과 시날과 하맛과 바다 섬들에서 돌아오게 하실 것이라 여호와께서 열방을 향하여 기치를 세우시고 이스라엘의 쫓긴 자들을 모으시며 땅 사방에서 유다의 흩어진 자들을 모으시리니 에브라임의 질투는 없어지고 유다를 괴롭게 하던 자들은 끊어지며 에브라임은 유다를 질투하지 아니하며 유다는 에브라임을 괴롭게 하지 아니할 것이요 (사 11:11-12).[143]
> 두려워하지 말라 내가 너와 함께 하여 네 자손을 동쪽에서부터 오게 하며 서쪽에서부터 너를 모을 것이며 내가 북쪽에게 이르기를 내놓으라 남쪽에게 이르기를 가두어 두지 말라 내 아들들을 먼 곳에서 이끌며 내 딸들을 땅끝에서 오게 하며 내 이름으로 불려지는 모든 자 곧 내가 내 영광을 위하여 창조한 자를 오게 하라 그를 내가 지었고 그를 내가 만들었느니라 (사 43:5-7)

스바냐는 또한 주님께서 자기 백성을 모아 집으로 데려오실 날에 관해 이야기한다(3:20). 그러나 누가는 이미 유대인**과** 개종자(2:10)를 통해 확장을 암시한다.[144] 11절은 제자들이 "하나님께서 행하신 큰 일"(신 11:2; 시 71:19; 106:21)에 관해 이야기하고 있음을 나타낸다. 여기에는 베드로가 계속 설명하는 것처럼 예수님의 높임에 대한 확언도 포함된다(행 2:14-47).

언어의 다양성은 사람들이 각자의 언어로 주님을 부르게 한다(습 3:9). 선교학적 기능이 분명하다. 성령은 멀리 있는 사람들에게 증거할 수 있도록 힘을 주신다. 성령은 예수님의 이름을 널리 전파하는 일을 하시기 때문에 다른 사람들이 이해할 수 있는 말을 하게 만드신다. 사도들은 모세(출 15장)와 드보라(삿 5장)의 노래를 부르는 새 이스라엘과 같다.

2:12-13. 누가는 무리의 당황한 모습을 세 번째로 반복한다. 무리는 자신들

---

143 "여호와께 감사하라 그는 선하시며 그 인자하심이 영원함이로다 여호와의 속량을 받은 자들은 이같이 말할지어다 여호와께서 대적의 손에서 그들을 속량하사 동서 남북 각 지방에서부터 모으셨도다"(시 107:1-3)

144 M. Thiessen, *Contesting Conversion: Genealogy, Circumcision, and Identity in Ancient Judaism and Christianity* (Oxford: Oxford University Press, 2018), 135–37,는 누가는 자신의 이야기에서 유대인과 개종자를 구분하여 개종자가 "유대인"이 아니라고 가리키는 것을 주목한다.

의 언어로 듣는 것이 무엇을 의미하는지 묻는다. 누가복음에서 예수님께서 부활하신 후 제자들이 혼란스러워했다고 기록되어 있다(24:3-4,11-12,23-24,37-39,41). 이제 무리는 성령으로 "새 생명으로 일어난" 사람들을 바라보며 혼란스러워하고 당황한다.[145] 그들은 의미를 파악할 수 없기 때문에 가르침이 필요하다. 더 악한 그룹은 제자들이 포도주에 취했다고 비난한다.[146] 조롱하는 사람들은 마음이 굳어졌지만, 설명이 끝나면 많은 사람이 믿을 것이기 때문에 혼란스러워하는 사람들은 긍정적으로 보아야 할 것이다.

그러나 전반적으로 성령의 은사 이후에는 안정이 아닌 혼란이 지배적이다. 성령의 강림이 즉시 회복으로 이어지지는 않는다. 베드로의 한 마디가 성령의 역사를 설명한다. 사도행전에는 말씀과 성령이 매듭지어 있다. 폴힐Polhill이 말했듯이, "누가-행전 전체를 관통하는 주제가 처음으로 등장한다. ... 복음의 가장 심오한 측면조차도 스스로 확신을 주지 못하고 회의와 심지어 거부로 이어질 수 있다(참조. 눅 24:11; 행 17:32; 26:24)."[147] 예수님과 성령의 사건은 해석되고 설명되어야 한다.

1.2.3. 교회 설립 (2:14-17)

성령의 오심은 교회의 탄생을 뒷받침하며 사도행전의 이후 내러티브의 요람이다. 그러나 무슨 일이 일어났는지 설명하는 "말씀"이 없다면 사람들은 혼란에 빠질 것이다. 따라서 베드로의 긴 설교가 이어지며 성령과 그리스도를 연결하고 그 결과 교회가 탄생한다. 베드로는 새로운 시대가 도래했으며 사람들은 구원을 위해 부활하시고 승천하신 주님을 불러야 한다고 주장한다. 베드로는 세례 요한과 같은 선지자 역할을 하며 성령의 음성을 이해할 수 있도록 전달하고, 이 사건을 삼위일체 하나님의 사역을 중심으로 하는 구원의 역사적 틀에 넣는다.

내러티브적으로, 설교는 1장부터 13장까지 묘사된 사건을 해석하고 변호하며 새 성전과 성령 공동체를 세운다.[148] "설교는 일어난 일을 해석할 뿐만 아니

---

145 눅 24:31에서 제자들은 주님께서 눈을 뜨게 하시고 나서 비로소 주님을 알아본다. 이것은 이후 내러티브에서 지지되며 복음에 대한 모든 반응에 영향을 미친다(2:39-41; 8:22; 11:17, 21; 15:11; 16:14; 26:18).

146 포도주에 취한 사람들에 대한 선지자에 대한 공격과 하나님이 이방인의 입술로 자기 백성에게 말씀하실 것이라는 예언이 나오는 사 28:1-15까지 내용과 연결할 수 있다.

147 Polhill, *Acts*, 104.

148 Schnabel, *Acts*, 132,은 이 설교가 사도행전에서 긴 설교 중 하나라고 말한다(헬라어로 429단어). 비시디아 안디옥에서 행한 바울의 첫 번째 선교 설교(470단어)과 스데반의 설교(1,014단어)만 더 길다. Talbert, *Reading Acts*, 30,은 "베드로의 연설이 인접한 문맥에서 수행하는 역할은 적어도 세 가지이다. 첫째, 행 1:8에 나오는 예수님의 약속('너희는 예루살렘에서 내 증인이 되리라')의 성취가 무엇을 의미하는지에 대한 예시이다. 둘째, 일어난 일(오순절 현상, 1-11절)에 대한 설명이다. 셋째, 앞으로 일어날 일(유대인의 회심, 37-41절)을 위한 촉매제이다."라고 말한다.

라 청중이 회개하고 예수의 이름으로 세례를 받음으로써 어떤 일이 일어나게 한다."[149] 누가는 성령 강림 사건이나 그 반응에만 관심을 두지 않고 성령 강림의 구속사적 의미와 새 성전 백성의 탄생에 관심을 기울인다.

1.2.3.1. 그 사건을 해석하는 베드로의 설교 (2:14-41)

신학적으로 베드로의 설교는 성령의 도래를 이스라엘에 대한 하나님의 약속 성취로 설명하며, 다윗 왕의 죽음과 승천에 근거한다.[150] 베드로는 일관된 성경 사용으로 이를 입증한다. 베드로가 인용하는 모든 구절은 하나님의 계획의 일부임을 설명한다. 하나님은 성령(욜 2:28-32), 부활(시 16:8-11), 승천(시 110:1)을 약속하셨다.[151]

오순절 설교에서 구약	
베드로의 주제	구약 본문
성령을 약속하신 하나님	요엘 2:28-32
부활을 약속하신 하나님	시편 16:8-11
승천을 약속하신 하나님	시편 110:1

누가는 예수님의 부활과 승천이 아버지께서 예수님을 다윗의 왕으로 즉위시키시고 이스라엘에 대한 약속을 성취하는 수단이라고 확언한다. 따라서 오순절의 기초는 예수님의 부활과 승천이다(행 2:22-35). 예수님의 승천은 구원 역사의 다음 단계인 성령의 임재와 교회의 탄생을 시작했다. 요엘서의 인용은 하나님께서 그분의 일을 시작하셨지만, 아직 완성하지 않으셨음을 나타낸다.[152]

이 설교는 성령의 임재, 높임받으신 예수님, 무리의 반응을 중심으로 세 부분으로 나뉜다.[153] 첫째, 요엘서의 인용문은 설교를 성령 충만한 그리스도인들의 즉

---

149 Peterson, *Acts*, 139.

150 Bock, *Acts*, 108,은 "베드로의 첫 연설은 전적으로 약속, 성취, 부활 승천에 관한 것이다."라고 말한다.

151 Tannehill, *The Narrative Unity of Luke-Acts*, 2:28,가 다음처럼 말한 내용과 같다. "오순절 장면에서 화자의 목소리와 등장인물들의 목소리 사이에는 흥미로운 상호 작용이 있는데, 이것은 그러한 강조를 보여준다. 행 2:1에 나오는 화자의 소개는 하나님의 목적과 성경의 성취를 암시한다. 베드로는 이러한 관점을 강화할 것이다." 시 132:11은 또한 행 2:30-31에서 부활에서 승천으로 전환하는 경첩으로 암시된다.

152 Barrett, *Acts 1–14*, 135.

153 이 설교를 이해하는 또 다른 방법은 (1) 14-21절. 그들에게 죄가 없으며, 마지막 날이 왔다. (2) 22-36절. 당신에게는 죄가 있으며, 예수님은 메시아이시며 주님이시다. 이 개요의 장점은 베드로의 반박, 호소, 목격자, 증언, 그 이유에 대한 말로 베드로 설교의

각적인 상황과 연결한다(2:14-21). 설교의 중심 부분에서 시편 16편 8-11절은 예수님의 부활을, 시편 110편 1절은 예수님의 승천을 가리키며 예수님이 메시아 이심을 확증한다(2:22-36). 마지막으로 회개를 촉구하는 내용과 요엘서 본문에 대한 마지막 암시와 무리의 반응에 대한 보고가 있다(2:37-41).[154]

1.2.3.1.1. 마지막 날의 표징, 성령 (2:14-21)

14 베드로가 열한 사도와 함께 서서 소리를 높여 이르되 유대인들과 예루살렘에 사는 모든 사람들아 이 일을 너희로 알게 할 것이니 내 말에 귀를 기울이라 15 때가 제 삼 시니 너희 생각과 같이 이 사람들이 취한 것이 아니라 16 이는 곧 선지자 요엘을 통하여 말씀하신 것이니 일렀으되

17 하나님이 말씀하시기를 말세에
　내가 내 영을 모든 육체에 부어 주리니
　너희의 자녀들은 예언할 것이요
　너희의 젊은이들은 환상을 보고
　너희의 늙은이들은 꿈을 꾸리라
18 그 때에 내가 내 영을
　내 남종과 여종들에게 부어 주리니
　그들이 예언할 것이요
19 또 내가 위로 하늘에서는 기사를
　아래로 땅에서는 징조를 베풀리니
　곧 피와 불과 연기로다
20 주의 크고 영화로운 날이 이르기 전에
　해가 변하여 어두워지고
　달이 변하여 피가 되리라
21 누구든지 주의 이름을 부르는 자는
　구원을 받으리라 하였느니라

2:14-15. 베드로는 방언을 말하는 사람들의 무죄를 변호하고 선언하기 위해

수사학적 특성을 강조한다는 것이다. 그러나 키너(Keener, *Acts*, 1:862)가 지적했듯이 베드로의 수사학에 너무 집중하면 요점을 놓칠 수 있다. "베드로의 성공은 그 자신이 아니라 그의 선생을 영화롭게 한다"(행 4:13). 이 설교 구조는 눅 24:45-48에서 예수님이 제자들의 마음을 열어 그리스도께서 고난을 받으시고 죽은 자 가운데서 부활하셔서 죄 사함을 선포하실 것을 보여 주셨던 것과 매우 흡사하다.

154 Polhill, *Acts*, 107. Marshall, "Acts," 520,은 설교의 일부가 구약성경의 해설이었던 회당 예배와 회당 설교를 본뜬 것이라고 주목한다.

일어서서 다시 사도들의 목소리 역할을 한다.[155] 슈팡엔베르크Spangenberg는 "전에는 대제사장 가야바의 하인 소녀에게도 맞설 수 없었지만, 이제는 온 세상에 맞선다"라고 말한다.[156] 화자는 군중의 당혹감을 이용하여 설교의 내러티브적 필요성을 만들어 낸다.

베드로는 그들을 "동료 유대인"과 "예루살렘에 사는 모든 사람"이라고 부른다. 이방인 포용은 사도행전의 주요 부분이 되겠지만, 이스라엘을 통해 복이 모든 민족에게 임할 것이기 때문에(창 12:3) 시작은 예루살렘과 유대 민족에게 집중되어 있다. "이르되"를 뜻하는 단어(ἀπεφθέγξατο, 아페프텡크사토)는 2장 4절에서도 성령께서 말씀을 주신다는 의미로 사용되어 베드로의 설교도 성령의 역사라는 것을 나타낸다. 베드로는 사람들이 생각했던 것처럼 달콤한 포도주에 취한 것이 아닌데(2:13), 아침 9시밖에 되지 않았기 때문이라고 해학적으로 설명한다.[157] 그들의 설교는 너무 많이 마셔서가 아니라 다른 이유이다(엡 5:18-21).

2:16-18. 베드로는 요엘 선지자의 말을 인용하여 그들이 보는 것의 실체를 설명한다(욜 2:28-32). 이미 베드로는 첫 번째 설교에서 성경을 인용했는데, 다시 그 방법으로 돌아간다. 이 설교는 이 모든 것이 하나님의 계획의 일부임을 보여준다. 현재를 이해하려면 먼저 과거로 돌아가야 한다. 새 언약은 이스라엘의 과거 약속을 성취한다.

베드로는 17절에서 요엘서를 인용하기 시작하면서 첫 줄을 70인역 "이 후에"에서 "마지막 날에"(개역개정. "말세에")로 바꾼다(참조. 신 4:30; 사 2:2; 단 2:28; 호 3:8). "마지막 날"의 언급은 독자들에게 누가가 강조한 성령의 부으심과 제자들의 예언적 말이 포도주의 결과가 아니라 주님의 집이 세워질 종말론적 시대의 성취라는 단서를 제공한다(눅 3:16; 24:49; 행 1:4-5).[158] 시간은 새잎으로 바뀌고 요엘이 예언한 대로 예언, 환상, 꿈, 표적이 새 시대에 수반된다. 마지막

---

155 은유적 또는 문자 그대로 재판을 받는 그리스도인의 무죄는 사도행전 전체에 걸쳐 하나님의 백성이 기소되었지만 (대부분의 경우) 즉시 석방되거나 무죄가 선언되는 주제이다.

156 Spangenberg, *Brief Exegesis of Acts 2:14–36*, in Chung-Kim, Hains, et al., *Acts*, 25,은 "전에는 육신의 검으로 말고를 쳤으나 이제는 영적인 검, 즉 하나님의 말씀으로 온 세상을 치고 있다. 이것이 하나님의 일이며 성령의 능력이 아니겠는가?"라고 계속한다.

157 Bede, *Comm. on Acts* 2.15,은 나눌 수 없는 삼위일체의 영광을 세상에 선포하기 위해 세 번째 시간에 적절하게 강림하셨다고 말한다. Martin and Smith, *Acts*, 26, 28에서 아라토르와 예루살렘의 시릴이 포도주를 요한복음의 포도주 가죽에 담긴 새 포도주에 연결한다. 또한 두 사람 모두 숫자 3이 중요하다고 생각하는데, 아라토스는 삼위일체를 가리키고 시릴은 세 번째 시간에 십자가에 못 박힌 것을 가리킨다.

158 사도들은 자신들이 마지막 날에 있는 것처럼 보았다(벧전 1:20; 고전 10:11; 딤전 4:1; 딤후 3:1; 히 1:1-2, 9:36).

날은 하나님의 영이 모든 사람에게 "부어지는"(ἐκχεῶ, 엑케오) 것으로 표시되며, 이는 마지막 날의 징조이다(사 32:15; 렘 31:31-33; 겔 34-37). 스토트Stott는 이 동사가 은사의 관대함, 최종성, 보편성을 보여준다고 말한다.[159]

성령의 대상은 "모든 사람"(개역개정. "모든 육체", πᾶσαν σάρκα, 파산 사르카. 참조. 민 11:29; 사 40:5; 눅 3:6)이다. 원래 문맥상 요엘서는 모든 디아스포라 유대인만을 지칭하는 것으로 보이지만, 이중적 의미는 사도행전의 보편적 사명과 연결하는 것 같다.[160] 요엘서는 성(아들과 딸), 연령(청년과 노인), 계급(종)에 따라 모든 육체를 지칭하며 하나님 백성의 민주화를 나타낸다. 성령은 세상의 사회적, 계급적 구분을 뚫는다. 나이, 성별, 계급에 대한 차별은 존재하지 않는다. 남자와 여자 노예도 성령을 받아 예언할 수 있다.

성령의 약속은 민수기 11장 29절에서 모세가 "여호와께서 그의 영을 그의 모든 백성에게 주사 다 선지자가 되게 하시기를 원하노라!"라고 말한 것을 성취한다. 나중에 독자들은 약속을 성취하기 위한 요건도 있음을 알게 될 것이다(행 2:38).[161] 모두에게 주어지지만, 선물은 올바르게 응답하는 사람들에게만 주어진다. 구약에서는 선지자, 제사장, 왕에게만 정해진 기간에 성령이 주어졌다. 이제 모든 사람이 선지자, 제사장, 왕이 되었다.

성령 강림의 결과는 하늘의 **말씀**과 **환상**이다. 아들과 딸은 예언하고, 젊은이는 환상을 보고, 노인은 꿈을 꾼다.[162] 예언, 환상, 꿈은 하늘이 이 땅에 임하는 통로이다. 예언은 사도행전 전체에 걸쳐 공통으로 나타나는 사건이며, 사도행전이 사도들이 방언을 말하는 성취 본문이기 때문에 방언의 배경이 될 가능성이 높다.[163] 베드로(9:10; 10:3, 10, 17; 18:9)와 바울(9:3-6; 16:9-10)에게 환상이 나

---

159 Stott, *The Spirit, the Church, and the World*, 74.

160 사도행전은 성령을 받은 사마리아인들(8:15-17)과 이방인 대표 고넬료(10:45-47; 11:15, 17)에 관해 특별히 주목한다. 19:1-7에는 요한의 세례와 성령의 세례가 대조적으로 묘사된다.

161 여성을 선지자로 포함시킨 성경의 선례가 있다. 사라, 미리암, 드보라, 한나, 아비가일, 훌다, 에스더, 마리아, 엘리사벳, 안나와 같은 여성들이다. 요엘서에 나오는 약속의 평등주의적 또는 보편적 성격은 렘 31:34을 반영한다. F. S. Spencer, "Wise Up, Young Man: The Moral Vision of Saul and Other Νεανίσκοι in Acts," in *Acts and Ethics*, 34-48,는 누가복음이 LXX의 순서를 뒤집고 젊은이들을 노인들 앞에 배치했는데, 이는 아마도 누가복음의 시작 부분에 비해 젊은이들에게 초점을 맞추고 있음을 암시하는 것일 수 있다고 지적한다. 사도행전에 언급된 젊은이들은 (1) 아나니아와 삽비라를 장례한 사람들, (2) 스데반을 돌로 치는 사울의 첫 등장인물, (3) 유두고, (4) 바울의 조카이다.

162 결과의 구분이 결정적이지 않지만, 각 결과는 설명된 그룹과 특정한 친화성을 가지고 있다.

163 예언과 방언의 밀접한 관계에 관해서는 사도행전 10:46과 19:6을 참조하라. 예언은 정의하기 어렵다. R. Blaylock, "Towards a Definition of New Testament Prophecy," *Them* 44.1 (2019): 60,에서는 신약 예언을 "(1) 이해할 수 있는 의사소통의 기적적인 행위이며, (2) 자발적이고 신성한 계시에 뿌리를 두고, (3) 성령의 능력을 받아 (4) 신격의 모든 구성원(삼위하나님)에게 귀속될 수 있고 따라서 (5) 그것을 듣거나 읽는 사람들이

타난다. 사도행전에는 명시적인 꿈에 대한 기록은 없지만, 꿈과 환상의 범주는 다니엘서에서와 같이 일치될 수 있다.

2:19-20. 19-20절은 개인적 표적에서 우주적 표적으로, 또는 하늘의 **말씀**에서 하늘의 **일**로(그에 상응하는 지상의 표적과 함께) 전환한다. 우주적 표적으로 전환은 일부 해석가들이 17-18절을 성령 강림 때(현재)에, 19-20절을 마지막 날 또는 그 직전(미래)에 일어나는 것으로 간주하게 만든다.[164]

누가는 이러한 사건들이 주님의 크고 영광스러운 날 "전에"(πρίν, 프린) 일어날 것이라고 주장한다. 그러나 많은 학자가 두 부분이 성취되는 것은 "아직 이루어지지 않았다"라고 지적한다. 첫째, "표적"(σημεῖα, 세메이아)과 "기사"(τέρατα, 테라타)는 예수님(2:22), 이 문맥 안의 사도들(2:43), 이 문맥 밖 사도들(4:30; 5:12; 6:8; 7:36; 14:3; 15:12)의 사역과 병행을 이룬다. 모세도 "표적과 기사"를 행했다(출 7:3, 신 34:11, 시 105:27). 따라서 사도들은 새로운 출애굽을 이끄는 새로운 선지자로 분류된다.

둘째, 누가복음 23장 45절에 나오는 예수님의 죽음에서 하늘의 이적(해가 어두워짐)과 지상의 이적(휘장이 찢어짐)이 일어난다. 피, 불, 연기, 어둠은 적어도 부분적으로는 2장 1-4절의 성령 강림에 대한 묘사를 반영하며, 성령의 역사를 통한 만물의 재창조를 암시하는 창조 이미지를 재현한다. 제자들은 예수님이 하늘로 올라가시는 기적을 보았고(1:9-11), 불과 구름이 하늘에서 내려오는 것을 보았다(2:2-3). 인접한 문맥에서 피가 나오지 않는 것은 해석자들을 곤혹스럽게 만들었고, 미래적인 관점을 불러일으켰다.

그러나 셋째, 언어가 신현과 일치한다. 어두운 하늘과 피는 구약 본문에서 예수님의 죽음(눅 24:44-45; 마 27:51)과 우주적 해체(사 13:10-13; 24:1-6; 겔 32:6-8; 합 3:6-11)와 연관될 수 있다.[165] 우주적 해체 언어는 하나님의 심판 아

절대적으로 구속력 있고 진실한 것으로 받아들여야 하는" 것으로 정의하고 있다.

164 Chrysostom, *Homily 5 on Acts* (*NPNF* 1/11:34). 어느 쪽이든 본문은 현재를 마지막 날로 가리킨다. 베드로는 이 모든 사건을 현재 또는 마지막 날의 시작과 끝으로 언급한다. Bede, *Comm. on Acts* 2.20, 또한 후반부를 현재에 부분적으로 성취되고 미래에 부분적으로 성취되는 것으로 간주한다.

165 다른 성경 구절은 일반적으로 심판을 암시하는 상징적인 방식으로 우주 파괴 이미지를 사용한다(욜 2:2, 10; 3:15; 암 5:18-20; 8:9; 슥 1:14-16). Schnabel, *Acts*, 138–39,는 복음서에서 예수님의 피를 불, 연기 또는 기타 종말론적 징조와 연결하는 언급이 없기 때문에 피를 예수님의 죽음과 쉽게 연결할 수 없다고 말한다. 그러나 C. J. Humpreys and W. G. Waddington, "Dating the Crucifixion," *Nature* 306 (1983), 743–46,은 십자가 처형 날짜로 가장 유력한 날짜는 AD 33년 4월 3일이라고 주장한다. 그들은 그날 밤 사람들이 유월절 식사를 하기 위해 앉았을 때 예루살렘에서 핏빛 붉은 달이 보이는 월식이 있었을 것이라고 지적한다.

래서 세상/왕국이 파괴되고 새로운 왕국이 출현하는 것을 묘사한다. 시내 산에서
성전이 상징하는 물리적 우주 전체가 격변을 겪었고, 새로운 하나님 나라와 성전
이 잿더미에서 솟아올랐다.[166] 이제 지상의 왕국과 묶여 있는 새로운 하늘의 나라
가 로마 제국 바로 코 앞에서 일어난다.

마지막으로, 요엘의 전체 인용문은 요엘이 말한 것이 그들 가운데서 일어나고
있다는 주장으로 설정된다. 따라서 "아직 ~아닌"이라는 관점 아래 요엘의 모든 것
을 보는 것이 가장 좋다. 우주적 종말 사건은 이미 예수님 안에서, 오순절에, 그리
고 지금도 사도들을 통해 일어났지만, 그 위대한 마지막 날에 왕국과 성전이 최종
적으로 실현될 것이다. 역사는 순환적이면서도 목적론적이다.

2:21. 베드로는 요엘서 마지막 구절을 인용하여 설교를 마무리하고 다음 부분
으로 넘어간다. 성령의 민주적인 부으심과 하늘과 땅의 표적은 사람들이 주님의
이름을 부르도록 만든다(습 3:9). 이 주님은 누구인가? 유대인 독자들은 여호와에
관해 말하고 있다고 생각하겠지만, 설교의 다음 부분에서 주님은 예수님이라는
것을 보여줄 것이다(2:23, 24, 32, 36). 핸첸이 말했듯이, "우주적 사건들은 오직
주님(=예수님)의 이름을 부르는 자만이 구원받을 것이라는 두려운 종말의 위협을
묘사한다."[167] 즉, 성령의 종말론적 사건은 응답을 요구한다. 사람들은 단순히 당
황하거나 술에 취했다고 주장할 것이 아니라 회개하고 믿어야 한다.

사도행전에는 "예수님의 이름"에 대한 언급이 반복해서 등장하는데(3:6, 16;
4:7, 10, 12, 17, 18, 30; 5:28, 40), 이것으로 태너힐Tannerhill은 2-5장이 여호
와의 이름을 부르는 모든 사람이 구원받을 것이라는 약속을 설명한다고 주장한
다.[168] 하나님은 그분이 계신 곳에 그분의 이름이 함께 있을 것이라고 약속하셨다
(신 12:5; 왕상 9:3). 요엘은 구체적으로 여호와의 이름을 부르는 "누구든지"($\pi\tilde{\alpha}\varsigma$,
파스) 구원을 받을 것이라고 말한다. 누가는 이 메시지가 유대인뿐만 아니라 이방
인을 위한 것임을 암시한다.[169] 베드로는 다음 부분에서 "주권"($\kappa\acute{u}\rho\iota o\varsigma$, 퀴리오스)
이라는 주제에 초점을 맞출 것이다.

구원을 위해 주님의 이름을 부르는 것은 구원과 도움을 요청하는 것을 의미한
다(습 3:9). 누가에게 구원은 전체 책의 핵심 주제이다.[170] 누가는 구원이 무엇인지

---

166 참조. Beale, *The Temple*, 212–16.

167 Haenchen, *Acts*, 179.

168 Tannehill, *The Narrative Unity of Luke-Acts*, 2:31.

169 누가는 욜 2:32의 후반부를 생략하고 시내 산 주제에 대한 더 많은 증거를 제시한다.
"나 여호와의 말대로 시온 산과 예루살렘에서 피할 자가 있을 것이요 남은 자 중에 나
여호와의 부름을 받을 자가 있을 것임이니라."

170 누가는 내러티브와 연설 모두에서 "구원"이라는 단어를 21번이나 사용한다.

강조하지 않는다. 오히려 누가는 구세주가 누구인지, 구원을 어디서 찾을 수 있는
지 밝히고 새로운 다윗 왕의 인격 안에 구원이 **존재함**을 강조한다.[171]

1.2.3.1.2. 주님이시며 메시아이신 예수님 (2:22-36)

앞 구절의 "주"라는 단어는 성령에서 예수님(이 예수, 참조. 2:22, 32, 36)으
로의 전환을 촉발한다. 신론과 기독론은 함께 간다. 베드로는 그리스도의 삶(22
절), 죽음(23절), 부활-승천(24-36절)에 관해 이야기한다. 긴 설명은 예수님의 승
천에 관한 것으로 두 가지 요점으로 나뉜다. 예수님은 부활하셨고(22-32절; 시
16:8-11), 예수님은 아버지 우편으로 높임받으셨다(33-36절; 시 110:1).

전체적으로 성경이 성취됨에 따라 아버지의 일하심도 전면에 나온다. 전체 설
교는 구원의 경륜에 대한 삼위일체론적 서술이다. 14-21절까지는 성령과 관련하
여 예언하는 자들의 결백을 다루었고, 이제 베드로는 성령이 예수님을 주님으로
증거하고 청중들의 죄책감을 보여 준다고 설명한다. 새로운 시대가 도래했다. 그
들은 예수님께 구원을 위해 부르짖어야 한다. 성령이 그리스도를 증거하기 때문
에 베드로에게 성령의 역사는 그리스도의 이야기를 증언한다(요 15:26).

1.2.3.1.2.1. 부활하신 예수님 (2:22-32)

22 이스라엘 사람들아 이 말을 들으라 너희도 아는 바와 같이 하나님께서
나사렛 예수로 큰 권능과 기사와 표적을 너희 가운데서 베푸사 너희 앞에서 그
를 증언하셨느니라 23 그가 하나님께서 정하신 뜻과 미리 아신 대로 내준 바 되
었거늘 너희가 법 없는 자들의 손을 빌려 못 박아 죽였으나 24 하나님께서 그
를 사망의 고통에서 풀어 살리셨으니 이는 그가 사망에 매여 있을 수 없었음이
라 25 다윗이 그를 가리켜 이르되

내가 항상 내 앞에 계신 주를 뵈었음이여
나로 요동하지 않게 하기 위하여
그가 내 우편에 계시도다
26 그러므로 내 마음이 기뻐하였고
내 혀도 즐거워하였으며
육체도 희망에 거하리니

171 R. B. Hays, "The Paulinism of Acts, Intertextually Reconsidered," in *Paul and the Heritage of Israel: Paul's Claim upon Israel's Legacy in Luke and Acts in the Light of Pauline Letters*, ed. D. P. Moessner et al., LNTS 452 (Bloomsbury T&T Clark, 2012), 37–38,은 이 본문과 다른 많은 본문에서 누가가 행 2:21과 롬 10:12-13을 연결하여 베드로가 바울의 세계관으로 구체적으로 서술하고 있다고 주장한다.

27 이는 내 영혼을 음부에 버리지 아니하시며
주의 거룩한 자로 썩음을 당하지 않게 하실 것임이로다
28 주께서 생명의 길을 내게 보이셨으니
주 앞에서
내게 기쁨이 충만하게 하시리로다 하였으므로

29 형제들아 내가 조상 다윗에 대하여 담대히 말할 수 있노니 다윗이 죽어 장사되어 그 묘가 오늘까지 우리 중에 있도다 30 그는 선지자라 하나님이 이미 맹세하사 그 자손 중에서 한 사람을 그 위에 앉게 하리라 하심을 알고 31 미리 본 고로 그리스도의 부활을 말하되 그가 음부에 버림이 되지 않고 그의 육신이 썩음을 당하지 아니하시리라 하더니 32 이 예수를 하나님이 살리신지라 우리가 다 이 일에 증인이로다

2:22. 베드로는 여전히 이스라엘 사람들에게 "동료 이스라엘 사람들"(개역개정. "이스라엘 사람들아." Ἄνδρες Ἰσραηλῖται, 안드레스 이스라엘리타이)이라고 부른 다음 자기 말을 들어달라고 요청하면서 설교를 전환한다. 그는 최근 사건에 비추어 언약의 신실함을 간구하는 모세처럼 행한다. 베드로는 예수님의 인성과 아버지의 확증에 초점을 맞추면서 시작한다. 나사렛 예수는 하나님께서 그들에게 증명한 사람이었다.[172]

베드로가 예수님이 증명되었다고 말할 때, 그의 요점은 예수님이 행하신 기적과 기사와 표적으로 예수님의 삶이 뒷받침된다는 것이다. 하나님께서는 이 사람을 추천하고, 증명하고, 보증해 주셨다. 그 기적들은 "그분이 임명받았다는 사실을 구성하는 것이 아니라 ... 그분이 하나님과 특별한 관계에 서 있는 사람임을 분명히 보여주었다."[173] 이스라엘 백성은 이러한 실제 사실의 증인이며, 그 일은 "그들 가운데서" 이루어졌다. 그들은 변명의 여지가 없다. 예수님의 특별한 지위에 대한 물리적이고 가시적인 증거가 있었다.

2:23. 22절이 예수님의 생애에 관한 것이라면 23절은 예수님의 죽음에 관한 것이다. 하나님은 그분의 삶과 죽음에 적극적으로 개입하셨다. 예수님은 하나님의 "계획"(개역개정, "뜻", βουλή, 불레)과 "미리 아심"(πρόγνωσις, 프로그노시스)

---

172 예수님에게 초점을 맞추고 있지만, 다음 몇 구절에는 예수님 행동의 근원인 아버지 하나님도 포함된다. (1) 하나님은 예수님을 증거하셨고, (2) 하나님은 그분을 통해 기적을 행하셨으며, (3) 하나님의 계획에 따라 인도되었고, (4) 하나님이 살리셨고, (5) 하나님이 예수님을 높이셨다. 성령은 아버지의 뜻을 행하신 예수님을 증거하신다.

173 Barrett, *Acts 1–14*, 141.

에 따라 인도되셨다.[174] 하나님의 계획은 사도행전의 핵심 주제이다. 예수님의 죽음은 사고나 실수가 아니라 언약의 청사진의 일부였다. 그렇다고 해서 사람들의 죄가 사라지는 것은 아니다. 베드로는 유대인들이 예수님을 십자가에 못 박아 죽인 것은 로마 지도자들을 이용해 악한 욕망을 실행한 것이라고 말한다.[175] 십자가의 역설은 분명하다.

베드로는 하나님의 주권과 인간의 책임을 함께 제시하며, 이 두 가지가 어떻게 일어날 수 있는지 설명하려 하지 않고 실재를 가정한다. 인류 역사상 가장 악한 행위는 사람들의 선택으로 이루어진 것**이며** 하나님의 계획이었지만, 그것이 하나님의 책임이라거나 사람들의 죄가 사라진 것은 아니라는 것이다. 예수님이 십자가에 못 박히셨을 때 베드로의 청중 중 상당수는 예루살렘에 없었을 가능성이 높지만, 베드로는 공동의 죄라는 개념을 사용한다. 그들은 유대 민족의 일원으로서 책임을 져야 했다. 베드로는 죄인들을 위해 진실을 왜곡하지 않는다.

2:24. 베드로는 이 설교의 대부분을 차지하는 예수님의 삶과 죽음에서 예수님의 승천으로 전환한다. 그는 예수님의 부활로 시작하여 승천으로 넘어간다. 더 큰 맥락에서 베드로는 예수님의 즉위와 승리가 성령 강림의 근원이라는 주장을 한다. 이 땅에 오심, 부활, 승천은 예수님의 권위를 입증하고 그분이 생명의 영을 보내실 수 있게 만든다. 아버지 하나님의 일하심도 이 구절들의 주요 주제이기 때문에 강조된다(2:32; 3:15; 4:10; 10:40; 13:30, 33, 37; 고전 15:15; 갈 1:1; 엡 1:20; 살전 1:9-10).

베드로는 부활이 "사망의 고통을 끝낸다"(개역개정. "사망의 고통에서 풀어," λύσας τὰς ὠδῖνας τοῦ θανάτου. 뤼사스 타스 오디나스 투 다나투)라고 말하며 부활이 무엇을 성취하는지 명확히 설명한다. 70인역의 영향은 여기서 분명하게 드러나며, 스올의 밧줄이나 올무에 대한 언급이 있는 사무엘하 22장 6절, 시편 18편 5절, 116편 3절을 반향하고 있다. 요점은 "죽음은 예수님을 둘러싸지만 고통스러운 손아귀에 붙잡을 수 없었다."[176] 죽음과 생명은 이 설교의 핵심 주제이다(성령은 예수님의 생명을 가져다준다). 죽음이 예수를 붙잡을 수 없는 원인 또는 근거(καθότι, 카도티)는 하나님께서 생명에 대한 권세를 가지시며 죄의 삯은 사망이라는 것이다.

예수님은 죽음에 관해 한 푼도 빚지지 않으셨다. 그분은 죄가 없었다. 죽음은 그분의 생명에 대한 청구권이 없었다. 마치 하나님은 진노하시고 아들은 사랑하

---

174 계획에 대한 언급은 시 2:7과 주님의 명령(πρόσταγμα)을 연상시킬 수 있지만, 다른 헬라어 단어가 사용되었기 때문에 이 연관성은 불확실하다.

175 어떤 사람들은 "법 없는 자"에 이스라엘의 지도자들도 포함될 수 있다고 말한다(참조. 눅 22-23장 및 행 4:26-28).

176 Bock, *Acts*, 122.

시는 것처럼 아들의 사역을 아버지와 대립시키고 싶은 유혹이 있을 수 있지만, 아버지는 사랑으로 아들을 포기하셨고 아들은 기꺼이 자신의 생명을 내려놓으셨다. 두 분의 상황은 다르지만 뜻은 일치한다.

2:25-26. 설교의 첫 부분에서 베드로는 요엘서 2장을 사용하여 성령의 사역이 종말론적인 의미가 있음을 보여 주었고, 이제 시편 16편 8-11절을 각색해 그리스도의 부활과 사망의 무력함을 뒷받침한다. 25절의 시작 부분의 "γάρ"(가르, 개역개정은 생략)는 베드로가 죽음이 예수님을 붙잡을 수 없는 이유를 제시하거나 더 일반적으로 부활의 사실을 뒷받침하고 있음을 나타낸다. 다윗은 죽음이 예수님을 붙잡을 수 없는 구체적인 이유를 제시하지 않기 때문에 후자가 더 가능성이 높아 보인다.[177]

베드로는 시편을 기독론적으로 읽지만, 기독론적 읽기의 본질을 파악하기는 어렵다.[178] 단순히 예수님을 의로운 고난을 받으신 궁극적인 의인으로 간주하고 모형론적 해석을 고수할 수도 있다. 다윗과 그리스도는 다윗이 말한 대상이다. "다윗이 그를 가리켜 이르되"(αὐτόν, 아우톤)에서 그는 그리스도이다. 그러나 종말론적 관점으로 보지 않는다면, 다윗의 말이 어떻게 "나를 죽지 않게 하소서"에서 "내가 죽어도 죽지 않게 하소서"로 바뀔 수 있는지 알기 어렵다.[179] 원래 시편은 일찍 죽는 것만을 염두에 두고 있었고, 베드로는 종말론적인 최종 죽음을 의미한다고 받아들였다. 그러나 31절은 다윗이 이 시를 쓰면서 메시아의 부활을 예견했음을 확언한다(이 구절을 은유적으로 또는 문자적으로 받아들일 수도 있다).

이 견해는 부분적으로 만족스럽지만 원래 문맥에 대한 모든 질문에 답하지는 못한다. 보완적인 선택은 다윗이 자신의 인격이 아니라 다윗 메시아의 πρόσωπον (프로소폰. 문자적으로 얼굴, 또는 신격의 위격–역자주)으로 말하고 있으며(프로

---

177 하나님께서는 신실한 사람이 무덤에서 썩는 것을 보지 못하게 하셨기 때문에 죽음이 예수님을 붙잡을 수 없다고 주장할 수 있다.

178 G. Trull, "Views on Peter's Use of Psalm 16:8–1 in Acts 2:25–2," *BSac* 161.642 (2004): 194–14,은 베드로의 시편 16편 사용에 대한 견해를 조사한다. 해석학적 오류, 유대적 해석학, 더 풍성한 의미(*sensus plenior*), 정경적 접근, 모형론, 단일 메시지, 직접 예언과 같은 견해이다. 그러나 이들 중 많은 부분이 겹치는 것 같다. D. H. Juel, "Social Dimensions of Exegesis: The Use of Psalm 16 in Acts 2," *CBQ* 43 (1981): 543–56,은 적어도 일부는 자신의 가족 내에서 주님의 기름 부음 받은 자에 대한 적대감이 가지는 사회적 차원과 관련이 있다고 본다.

179 K. R. Harriman, "'For David Said Concerning Him': Foundations of Hope in Psalm 16 and Acts 2," *JTI* 11.2 (2017): 239–57,은 시편 16편에서 희망의 본질은 모호하지만 그 이미지는 부활 해석에 열려 있다고 주장한다. Crowe, *The Hope of Israel*, 81,은 사도행전에서 "희망"(ἐλπίς)이라는 용어가 부활을 지칭하기 위해 일곱 번 사용되었다는 점에 주목한다. 세 번은 26:6-7에, 두 번은 바울의 다른 변론(23:6; 24:15)에 등장한다. 두 번째 설교에서 바울은 "이스라엘의 소망"으로 돌아간다(28:20).

소폰적 주해), 베드로가 이를 인식했다는 것이다.[180] "내가 주를 뵈었음이여"는 다윗 메시아가 여호와(나 = 예수 / 주 = 여호와)를 본다는 말이다. 그러나 프로소폰적 해석은 여호와가 예수님 우편에 계신다는 문제(25절 참조)에 부딪힌다. 이는 성경에 나오는 대부분의 예와 상반된다. 그러나 이 그림이 우리가 허용할 수 있는 것보다 더 유연하게 해석될 수 있는지 의문스러울 수 있다.

2:27-28. 다윗(또는 다윗적인 메시아)은 하나님께서 그를 음부에 버리거나 거룩한 자가 썩게 하지 않으실 것이라고 말함으로써 그의 육체가 소망 가운데 살아간다는 것이 무엇을 의미하는지 계속 설명한다. 음부 또는 스올은 불의한 영혼(또는 의로운 영혼)이 심판이나 구원을 기다리기 위해 가는 죽은 자의 영역이다. 음부는 단순히 무덤이 아니라 죽은 자들의 장소이다.[181]

사도행전에서 누가는 하늘과 땅뿐만 아니라 하늘, 땅, 죽은 자의 영역으로 이루어진 세 계층의 우주를 나란히 놓는다. 땅은 하늘과 땅이 만나는 장소이자 인간의 결정이 이루어지는 곳이다. "썩어 없어짐을 본다"(개역개정. "썩음을 당한다")는 것은 다윗에게는 죽지 않음을 의미하지만, 메시아에게는 죽은 상태로 있지 않을 것을 의미한다. "생명의 길"(ὁδοὺς ζωῆς, 호두스 조에스)은 다윗 메시아와 그를 추종하는 자들에게 약속된 것이다. 누가는 이 언어를 빌려와서 새로운 운동을 "그 도"(ὁδός, 호도스)라고 부르는데, 이사야적 이미지와 지혜 전통에서 비롯된 것이다.

생명의 길과 죽음의 길은 서로 다르다. 예수님은 길이요, 진리요, 생명이시다. 부활의 삶은 궁극적으로 하나님의 임재로 인도하기 때문에 기쁨을 가져다준다. 성령은 생명을 주시고 하나님의 임재를 가져오며, 생명은 아버지의 계획에 따라 예수님의 부활을 통해 오기 때문에 설교의 두 부분은 서로 연결된다.

2:29. 베드로는 시편을 인용한 후 주석하고 "형제들아"라고 부르며 내러티브

---

180 프로소폰적 주해(Prosopological exegesis)는 "비록 본문 이전 텍스트 자체에서 다양한 인물 또는 인물들(πρόσωπα)이 시야에 들어오는 것이 분명하지 않더라도 본문의 저자가 본문 이전 텍스트에서 그들을 식별했음을 제안하는 것으로" 본문을 설명하는 것이다. M. W. Bates, *The Birth of the Trinity: Jesus, God, and Spirit in New Testament and Early Christian Interpretations of the Old Testament* (Oxford: Oxford University Press, 2016), 153,은 "다윗은 단순히 예수님에 관해 말한 것이 아니라 아직 계시되지 않은 예수님이 다윗을 통해 다윗 시대에 인격적인 연설을 하고 있었다"고 주장한다.

181 그리스도의 내려가심에 관한 자세한 내용은 다음을 참조하라. M. Y. Emerson, *"He Descended to the Dead": An Evangelical Theology of Holy Saturday* (Downers Grove: IVP Academic, 2019). Erasmus, *Paraphrases on Acts,* 21,는 "예수의 영혼이 죽은 자들에게 내려갔지만 그곳에 갇힌 것이 아니라 갇혀 있던 영혼들을 해방시켰기 때문이다"라고 말했다. 베데와 사이러스의 데오도렛(그리고 다른 많은 교부들)은 예수님의 강림이 예수님에게 영혼이 있었다는 사실을 뒷받침한다고 말한다. 참조. Martin and Smith, *Acts,* 33.

를 전환한다. 베드로는 다윗을 "조상"이라고 부르는데, 다윗에 대한 일반적인 호칭이 아니다.[182] 베드로는 다윗이 유대인들에게도 "아버지" 같은 인물이며, 유대인들은 예수님과 그분의 죽음을 초월한 삶에 관한 자기 말에 귀를 기울여야 한다고 말한다. 그들은 베드로의 주장을 거부해서는 안 된다.

베드로는 다윗이 죽었기 때문에 다윗이 이 시편을 온전히 성취할 수 없다고 자신 있게 이야기한다. 다음 구절은 이것이 왜 베드로의 요점에 중요한지 설명한다. 다윗이 죽었다면 자신에 관해 말한 것이 아니라 다른 사람에 관해 또는 다른 사람을 대신하여 말한 것이 틀림없다. 베드로는 이 시편을 역사적 의미보다 더 넓은 맥락에서 읽어야 한다고 단언한다. 기독론적으로 들어야 한다. 예수님은 그들이 구약을 읽는 방식을 다시 구성하신다.

2:30-31. 다윗은 조상일 뿐만 아니라 선지자이기도 하다. 그의 예언자적 행동은 31절에서 "장차 올 일을 보는 것"(개역개정, "미리 본")에서, 특히 메시아의 부활과 관련하여 나타난다. 베드로는 시편 16편을 다시 인용하여 음부와 그의 육체가 썩지 않을 것이라는 말씀을 강조한다. 베드로는 다윗의 말이 그리스도를 일차적이고 주로 언급하는 것으로 삼고, 다윗의 말에 권위 있는 의도를 부여한다.[183]

그러나 다윗의 예언자적 임무는 하나님께서 이전에 그에게 하신 확고한 약속에 근거한다. 다윗은 추측하는 선지자가 아니다. 다윗의 예언은 사무엘하 7장 12-13절에 나오는, 그의 후손 중 한 사람이 영원히 왕좌에 앉을 것이라는 하나님의 맹세(시 132:11에 나오는 말씀)에 기초를 두고 탄생했다. 여러 면에서 이것이 설교의 핵심이다. 그 다윗 왕은 일어났고 이것은 그의 즉위의 일부이다. 다윗은 하나님께서 이미 그에게 말씀하셨기 때문에 예언적으로 말할 수 있었다. 다윗의 삶에서 그리고 지금 약속과 예언적 선견이 결합되어 있다.

2:32. 32절은 그리스도의 승리와 높임을 더욱 발전시킨다. 베드로는 2장 24절에서 그랬던 것처럼 다시 한번 하나님께서 **이** 예수님을 살리셨다고 확언한다(인클루지오, 2:22). 하나님께서는 예수님을 살리심으로 다윗에게 하신 약속을 성취하셨다. 베드로는 이제 그들이 부활의 증인이라고 덧붙인다. 다윗은 부활을 예언했을 뿐만 아니라 베드로와 그의 일행은 부활하신 그리스도를 보았다.

그들은 과거와 현재의 증인이라는 이중적으로-분명한 단어를 가진다. 예수님은 1장 8절과 누가복음 24장 48절에서 그들을 증인으로 보내셨고, 베드로는 그

---

182 "족장"(πατριάρχης)이라는 명칭은 일반적으로 아브라함, 이삭, 야곱에게 적용된다(행 7:8-9; 히 7:4).

183 이것이 그리스도에 대한 다윗의 말씀이라는 확언이 신학적 해석에 위배되는지 여부는 논쟁의 여지가 있다.

들이 부활의 증인임을 분명히 한다. 베드로가 부활에 초점을 맞추지 않고 예수님에 대한 메시지를 전한다면 빈 그릇이 될 것이다(고전 15:1-8). 예수님은 부활의 생명을 주시기 위해 오셨기 때문이다. 아버지께서는 인간의 사망 선고를 뒤집고 생명을 전파하셨다. 이 생명의 표지는 성령이다.

1.2.3.1.2.2. 높임 받으신 예수님 (2:33-36)

33 하나님이 오른손으로 예수를 높이시매 그가 약속하신 성령을 아버지께 받아서 너희가 보고 듣는 이것을 부어 주셨느니라 34 다윗은 하늘에 올라가지 못하였으나 친히 말하여 이르되
　　주께서 내 주에게 말씀하시기를
　35 내가 네 원수로 네 발등상이 되게 하기까지
　　너는 내 우편에 앉아 있으라 하셨도다 하였으니

36 그런즉 이스라엘 온 집은 확실히 알지니 너희가 십자가에 못 박은 이 예수를 하나님이 주와 그리스도가 되게 하셨느니라 하니라

2:33. 베드로는 부활에서 승천으로 부드럽게 전환하며, 이 두 사건을 근본적으로 하나의 행위로 보고 있음을 나타낸다. 따라서 승천은 복음의 필수적인 부분이며 앞으로 전개될 이야기의 토대가 된다.[184] 베드로가 성령에 대한 주제를 떠난 것처럼 보일 수 있지만, 여기서 다시 강조한다.

예수님(2:22-36)에 대한 "그러므로"(οὖν, 운. 개역개정은 생략)는 이 사람들이 외국어로 말하는 이유에 대한 폭 넓은 설명을 제공한다. 이제 베드로는 성령을 부어주시는 분은 아버지가 아니라 예수님이라고 밀한다(눅 24:49; 행 1:4-5). 예수님은 최고의 주님이시며 모든 영광을 받으셔야 할 분일 뿐만 아니라, "피후견인 백성에게 주시는 후견인 아버지의 은사를 중개하시는 분"이시다.[185] 성령의 은사는 그리스도의 높아지심과 승천과 관련이 있다(시 110:1과 사 52:13을 모두 암시).[186] 베드로가 성령에 관해 말할 때는 반드시 그리스도를 언급하고, 그리스도에 관해 말할 때는 반드시 성령을 언급한다.

---

184 서론은 사도행전의 승천의 중심성을 주장한다. 이 구절은 시 16:11; 67:19; 118:16; 139:8-10을 반영한다. 이러한 선택지에 대한 논의는 다음을 참조하라. Marshall, "Acts," 541.

185 Spencer, *Acts*, 48.

186 N. Henrichs-Tarasenkova, *Luke's Christology of Divine Identity*, LNTS 542 (New York: Bloomsbury, 2016), 177,은 구약과 누가 모두 여호와께서 성령을 부어 주실 것을 예상하지만 여기서는 그 일이 예수님께 기인한다고 지적한다. 예수님은 여호와의 책임을 수행하므로 여호와의 신적 정체성을 온전히 공유한다.

어떤 학자들은 "받아서"(λαβὼν, 라본)가 시편 68편 18절을 암시하는 것을 발견하는데, 주님께서 승천하셔서 포로들을 인도하시고 "선물들을 사람들에게서 받으시며"(ἔλαβες δόματα ἐν ἀνθρώπῳ 엘라베스 도마타 엔 안드로포)를 가리킨다. 이는 시내 산에서 율법을 주신 것과 오순절에 예수님이 성령을 주신 것과 유사하며, 본문 전체에 걸쳐 시내 산 비유와 일치한다(엡 4:7-10).[187]

예수님의 승천은 하늘과 땅 사이의 막힌 담을 허물고 시내 산에서 율법을 받은 것처럼 성령을 부어 주시는 계기가 되었다. 이 사건은 새 언약 공동체의 설립이다. 백성들이 보는 것은 술에 취한 것이 아니라 시대의 전환, 즉 다윗 메시아의 더 나은 승리를 바탕으로 한 새롭고 더 나은 시내 산이다.

2:34-35. 성령의 임하심(욜 2장)과 부활(시 16편)에서 그랬던 것처럼 베드로는 구약성경(시 110편)을 인용하여 예수님의 높아지심을 뒷받침한다. 다윗이 몸이 썩지 않은 사람이 아니었듯이 하늘로 승천하신 분도 다윗이 아니었다. 오히려 시편 110편 1절에서 다윗은 주님께서 원수들이 그분의 발판이 될 때까지 주님의 오른편에 앉으라고 선언하는 것을 보았다고 선언한다.

시편 110편 1절은 신약에서 가장 자주 인용되는 구약 구절로, 누가가 1장에서 서술한 지상 사건에 대한 하늘의 관점(승천)을 독자들에게 제공한다.[188] 독자들은 하늘을 올려다보는 제자들의 관점에서만 승천을 보지만, 여기서 베드로는 하나님의 보좌에서 무슨 일이 일어났는지를 드러낸다. 예수님은 아버지 하나님께 하나님 우편에 앉으라는 말씀을 들으셨다. 예수님은 의로운 고난과 부활뿐만 아니라 자신의 즉위에 관한 다윗에게 주신 약속을 성취하신다. 누군가의 오른편에 앉는다는 것은 파생적인 권위를 부여받는 것이었지만, 하나님이 적들을 정복할 때까지 그 자리에 앉아야 한다는 기다림의 기간이 지속된다.

이것은 예수님이 일하지 않는다는 뜻이 아니라 마지막 행동이 아직 남아 있음을 의미한다. 따라서 베드로는 이 시편을 통해 사람들이 이미와 아직 사이에 살고 있음을 나타낸다. 그리스도는 부활하셔서 높임을 받으셨고 만물을 다스리시지만, 그리스도의 적들이 여전히 활동하기 때문에 그 나라는 온전히 임하지 않았다. 이제 사도들의 임무는 통치하시는 메시아를 증거하는 것이다.

2:36. 36절은 베드로가 전한 메시지를 요약하여 그 의미를 설명한다. 베드로는 "이스라엘 온 집"(겔 20:40; 36:10; 37:11, 21; 45:6)에 대한 설교에서 14

---

187 Strauss, *The Davidic Messiah in Luke-Acts*, 145-47; Crowe, *The Hope of Israel*, 118.

188 눅 20:42-44; 22:69; 행 7:55-56; 롬 8:34; 엡 1:20; 골 3:1; 히 1:3, 13; 8:1; 10:12-13; 12:2; 벧전 3:22. "내 우편에"라는 구절은 시 16:11과도 일치한다.

절을 떠오르게 하면서 시작한다. 에스겔 37장에서 "이스라엘 온 집"은 이스라엘 유배자들이 다시 모이는 것(37:21), 남북의 회복(37:15-22), 이스라엘의 부활(37:15-22), 다윗 왕의 통치(37:24-25), 하나님께서 자기 백성과 함께 거하시는 것(37:26-28)과 연관되어 있다.[189] 사도행전 2장은 전체적으로 에스겔에 나타난 회복 이미지를 응축하고 있다.[190]

사도행전 2장과 에스겔의 성취	
사도행전 2장	에스겔
2:5-11 이스라엘이 전체 디아스포라에서 모임	37:15-22 땅에서 나누어진 이스라엘 민족의 연합
2:4 성령으로 충만해짐	37:14 그의 백성들에게 하나님의 영을 부으심
2:36 "이스라엘 온 집은 확실히 알지니"	20:40; 36:10; 37:11 "이스라엘 온 집" = 열두 지파
2:29-36 부활하신 그리스도는 다윗 왕의 자손이다	37:24-25 새로운 다윗 = 메시아적 왕

이스라엘은 하나님께서 예수님을 주님이자 메시아로 삼으셨다는 사실(욜 2:32; 행 2:21 참조)을 "확실히"(ἀσφαλῶς, 아스팔로스) 알아야 한다. 그분은 다윗의 왕이다.[191] 흥미롭게도 누가는 지금까지 서술한 이야기에서 예수님을 "'모세적인' 예복과 시내 산 합창단으로 장식하여" 다윗 메시아를 주장했다. 이제 그는 예수님이 다윗의 약속을 성취하는 모습을 보여준다."[192]

"확실히"(ἀσφαλῶς, 아스팔로스)는 누가복음 1장 4절에서 누가의 기록 목적을 설명하는 데 사용된 단어와 동일하다. 누가는 예수님과 하나님의 약속에 관한 확

---

189 Crowe, *The Hope of Israel*, 23–24,은 특히 겔 37장과 함께 부활을 강조한다.

190 이 도표는 팀 맥키가 내게 보낸 메모를 수정한 것이다.

191 κύριος(주)라는 용어는 누가-행전에 나오는 모든 기독론적 칭호 중에서 가장 빈번하게 사용되며, 그리스도보다 거의 두 배나 자주 사용된다. 누가-행전에는 신약에서 사용된 717번 중 210번, 사도행전에는 104번(일부는 하나님, 일부는 예수님, 일부는 주인을 언급한다) 등장한다.

192 Turner, *Power from on High*, 279. 누가의 글은 새로운 출애굽 구원론에서 다윗 기독론과 모세 기독론을 합치는 경향이 있다. 시내 산 메아리가 설교에서 빠지는 것은 아니다. 민 11:29은 **모든 백성**이 성령을 받고, 묵시론적 언어인 시내 산에서 기사와 표적과 불과 연기가 넘쳐나고, 모세가 산에 오른다. 시 68:18의 반향과 베드로의 설교는 이 "패역한 세대"를 언급하는 것으로 마무리된다.

신을 주기 위해 글을 썼다. 예수님을 퀴리오스라고 부르는 것은 역사에 대한 예수님의 주권과 여호와로서 정체성을 표현한다. 또한 예수님은 여호와의 백성을 세우고 구원하실, 기름 부음 받고 선택받은 분이신 그리스도이시다(시 2:2).

어떤 사람들은 예수를 주님이자 메시아로 "만드셨다"는 이 표현에 관해 의아해할 수 있다. 이것은 양자 기독론이 아니라 예수님이 오래전부터 **임명되고**, 그분의 삶과 세례에서 **지정되었으며**, 주님과 메시아로 **즉위** 또는 **취임하신** 이야기에 관한 것이다. 위더링턴Witherington이 말했듯이, "예수가 이전과는 다른 사람이 된 것이 아니라 승천 후 그의 직위에서 새로운 단계에 접어들었거나 새로운 역할을 맡았다."[193] 로우Rowe는 예수님이 모태에서 χύριος(퀴리오스)였기 때문에(눅 1:43) 예수의 신분에 변화가 없었다고 올바르게 말한다. 오히려 사도행전 2장 36절은 예수의 거부와 죽음에 직면하여 이미 확립된 예수의 χύριος(퀴리오스) 신분을 확인시켜 준다.[194]

베드로가 전하는 복음의 메시지는 "예수님은 주님이시다"이다. "하늘과 땅의 운명을 다스리는 보좌는 아래에서 찾을 수 없다."[195] 그러나 이스라엘의 집은 그들의 메시아를 십자가에 못 박았다. 그러므로 성령을 가진 사람들은 술에 취한 것이 아니라 죄가 없는 사람들이다. 오히려 청중에게 죄가 있다(참조. 3:13, 14, 17; 4:10; 5:30; 7:52; 13:26-27). 베드로는 각본을 뒤집었다. 그들은 **이 예수**를 십자가에 못 박았지만(2:22, 32), 하나님께서는 그분의 종을 변호하셨다. 아버지께서는 그들에게 범죄에 관해 고발하셨고, 따라서 이 설교는 설명이면서 도전이 된다.

1.2.3.1.3. 언약적 회개와 세례 (2:37-41)

37 그들이 이 말을 듣고 마음에 찔려 베드로와 다른 사도들에게 물어 이르되 형제들아 우리가 어찌할꼬 하거늘 38 베드로가 이르되 너희가 회개하여 각각 예수 그리스도의 이름으로 세례를 받고 죄 사함을 받으라 그리하면 성령의 선물을 받으리니 39 이 약속은 너희와 너희 자녀와 모든 먼 데 사람 곧 주 우리 하나님이 얼마든지 부르시는 자들에게 하신 것이라 하고 40 또 여러 말로 확증

193 Witherington, *The Acts of the Apostles*, 149.

194 K. Rowe, "Acts 2.36 and the Continuity of Lukan Christology," *NTS* 53 (2007): 54. 로우는 행 2:36이 말하는 "되게 하셨다"(ποιέω)는 존재론적 변화가 아니라 인간 공동체에 대한 인식의 인식론적 변화라고 말한다(55쪽). 그러나 Crowe, *The Hope of Israel*, 113-14,은 예수님이 하나님 우편에 영화롭게 세워졌기 때문에 인식론적 전환일 뿐만 아니라 시대적 전환이라고 말하는 것도 옳다.

195 A. Kuyper, *Dagen van goede boodschap* (Amsterdam: J. A. Wormser, 1887), 32. Henrichs-Tarasenkova, *Luke's Christology of Divine Identity*, 183,은 예수님이 요엘의 예언을 성취하여 "주"(χύριος)라고 선언하는 것은 예수님이 하나님의 이름과 본성을 공유한다는 것을 의미한다고 지적한다.

하며 권하여 이르되 너희가 이 패역한 세대에서 구원을 받으라 하니 41 그 말을
받은 사람들은 세례를 받으매 이 날에 신도의 수가 삼천이나 더하더라

2:37. 37-41절은 베드로의 메시지에 대한 무리의 반응과 성전 공동체로 들어
가기 위한 베드로의 가르침을 자세히 설명한다.[196] 전체 내러티브는 베드로를 세
례 요한의 후계자로 지목하여 백성에게 언약에 신실하지 않음에 대한 책임을 묻고
죽음과 부활의 표지로서 새 언약의 머리에 헌신할 것을 촉구한다.[197]

백성들의 죄책감은 "마음에 찔렸기" 때문에 강력한 것을 알 수 있다. 이스라엘
은 자신들의 메시아를 거부하고 심지어 십자가에 못 박았다. 베드로의 메시지는
효과적이었다. 그들은 베드로와 다른 사도들에게 어떻게 해야 하는지 묻는다. 이
질문은 그들이 신실하지 않았으며 죽음이 마땅하다는 것을 깨닫고 있음을 나타낸
다. 그들은 하나님이 택하신 자를 거부함으로써 하나님을 배반했다(시 2:1-3). 그
들은 죽었다가 다시 일어나야 한다.

2:38. 베드로는 회개하고 세례를 받는 두 가지 일을 해야 한다고 대답한다.
회개는 세례 요한과 예수님의 메시지이다. 회개는 "그들의 길에서 돌이키는 것"
을 의미한다(암 7:3; 욜 2:13-14; 렘 4:28). 누가는 여기에 믿음을 포함하지 않
았지만, 믿음은 회개에 대한 결론이며 2장 44절("**믿는 사람**이 다 함께 있어," 강
조 추가)에 나온다. 또한 내려감(죽음), 올라옴(생명), 정결하게 하는 것을 상징
하는 세례 의식을 통해 주 예수님과 연합해야 한다. 이 관계는 요엘서 2장 32절
을 반향하며 예수 그리스도의 이름으로 "안에서" 세례를 받아야 하므로 분명해
진다.[198] 시편 기자들은 하나님의 이름이 보호하는 힘이라고 주장한다(시 20:1;
54:1; 118:10-12, 26).

이 두 행위의 결과는 "죄 용서"이다.[199] 예수님께서 이미 보여주셨듯이, 그들

---

196 누가는 "다른 사도들"라는 문구를 추가함으로써 베드로가 사도들을 대표하여 말하고 있으
며 사도들도 그의 메시지에 동의한다는 것을 분명히 한다. 베드로가 단독으로 언급되었지만
그는 여전히 사도들의 일원이다.

197 Tannehill, *The Narrative Unity of Luke-Acts*, 2:41,은 베드로와 세례 요한이 죄 사함을
위한 세례를 선포하고(눅 3:3; 행 2:38), 두 군중이 "우리가 어찌할꼬?"라고 응답하는
장면을 관찰한다(눅 3:10, 12, 14; 행 2:37). 두 메시지 모두 굽은 것을 곧게 펴는 것과
관련이 있으며(눅 3:5; 행 2:40), 마지막으로 베드로와 세례 요한은 모두 참 선지자 예수의
증인이라는 점을 알 수 있다.

198 Tannehill, *The Narrative Unity of Luke-Acts*, 2:40,은 사도들이 예수의 이름으로
말하고(4:17-18), 그분의 이름으로 기사가 일어나며(3:6, 16; 4:7, 10, 30), 그분의 이름을
통해 죄에서 해방이 온다고 주목한다(10:43).

199 D. B. Wallace, *Greek Grammar beyond the Basics: An Exegetical Syntax of the New Testa-
ment with Scripture, Subject, and Greek Word Indexes* (Grand Rapids: Zondervan, 1997), 369–

의 주된 문제는 로마나 민족 중심주의가 아니라 신실하지 않은 언약의 마음이었다. 죄의 얼룩은 다른 세상 사람들과 마찬가지로 그들의 영혼을 관통하고 있었다. 회개와 물 건너기/정결함을 통해 성령을 받고 율법이 그들의 마음에 기록될 것이다.[200] 설교 전체가 성령의 은사에 관한 질문을 중심으로 구성되어 있으며, 이제 베드로는 이 은사가 예수님에게 충성하는 사람들에게 주어진다고 알려준다.

2:39. 약속의 넓이는 요엘서 2장 32절과 주님의 날 이미지(2:20)로 독자들의 주의를 환기시킨다. "너희와 너희 자녀"가 성령을 받을 것이라는 구절은 구약 언어, 특히 창세기(창 9:9; 13:15; 17:7-10)를 반향하며 새로운 창조와 새로운 족보를 나타낸다. 유아 세례론자는 이 구절로 자녀를 새 언약의 일부로 보는 견해를 뒷받침하지만, 신자 세례론자(고백이 있는 사람에게 세례를 베풀어야 한다는 주장–역자주)는 이 구절이 모든 세대를 위한 약속의 환유적 표현이라고 주장한다.

"먼 데 사람"은 이사야서 57장 19절에서 나온 것으로, 모든 지역에서 온 유대인(2:9-11a)을 지칭할 수 있으며, 인접한 문맥에 가장 잘 어울린다. 더 넓은 성경적 맥락과 사도행전의 더 큰 문맥을 고려하면 더 광범위한 의미로 해석할 수 있다. 이사야서 57장의 해석과 에베소서 2장 13-17절에서 이 어구를 사용하는 것은 다른 민족들을 가리킨다. 둘 중 어느 것 중 하나가 아니라 둘 다이다.

2:40-41. 베드로의 설교에 대한 누가의 기록은 "여러 말로 확증하여 권하여"라고 말하며 마무리된다. "확증하다"(διεμαρτύρατο, 디에마르튀라토)는 "증인"(1:8)과 어근이다. 베드로는 또한 강력하게 "권했다"(παρακαλέω, 파라칼레오). 이 단어는 "권면했다"고 번역할 수 있다. 베드로의 메시지는 단순한 사실 전달이 아니라 응답을 촉구한다. 복음 메시지에는 행동 촉구도 포함되어 있다.

누가가 여기서 말하는 행동은 "구원을 받음"(σώθητε, 소데테)이다. 사람들은 응답해야 하지만 구원은 하나님의 일하심이다. 그들은 자신뿐만 아니라 이 "패역한 세대"(τῆς γενεᾶς τῆς σκολιᾶς, 테스 게네아스 테스 스콜리아스)로부터도 구원받아야 한다. 이 구절은 (곧장 가지 않고) 광야에서 방황하며 하나님의 음성을 무시

71,은 세례와 죄 사함의 관계가 해석자들을 괴롭혀 왔다고 인정한다. 죄 사함을 "위한"(εἰς) 세례는 목적이나 결과를 나타낼 수 있다. 문법적으로 확실한 것은 없지만 모든 것이 가능하므로 다른 성경과 다른 교리에 비추어 해석하는 것이 가장 좋다. 베드로는 정확한 관계를 설명하지는 않지만 벧전 3:21-22에서 깨끗하게 하는 것은 물이 아니라 깨끗한 양심이라고 말한다.

200 다른 문맥에서는 성령의 은사가 때때로 물세례보다 앞서기도 하고 때때로 뒤따르기도 하므로(8:12, 14-17; 9:17-18; 10:44-48; 19:5-6), 세례와 성령 받음 사이의 연관성을 분명하게 정의할 수 없다.

했던 광야 세대를 묘사한다(신 32:5, 20; 시 78:8; 95:10).[201] 그들은 새로운 출애굽 여정에서 다시 물을 통과해야 한다. "패역하다"는 헬라어는 "굽은"으로도 번역될 수 있으며, 곧은 길(눅 3:4-6; 사 40:3-5)과 대조된다. 악은 인간의 마음과 외부에서 오는 영향력 모두에서 비롯된다.

베드로의 설교를 듣는 사람들은 사도적 증인들을 통해 하나님의 말씀에 귀 기울이는 사람들이어야 한다. 그들은 이스라엘 중에서 믿는 남은 자들이어야 한다. 이 점은 베드로의 메시지를 받아들이고 세례를 받았기 때문에 삼천 명이 그들의 수에 추가되었다고 말할 때 더욱 강조된다. 그 말씀에 대한 명백한 "기쁘게 받아들임"이 네 번이나 나타나지만, 다른 곳에서도 분명히 존재한다. 예루살렘(2:41), 사마리아(8:14), 유대의 이방인(11:1), 베뢰아의 유대인과 이방인(17:11)이다. 오순절이 시내 산 전통을 암시한다면, 출애굽기 32장 28절에 나오는 삼천 명이 죽는 장면은 여기서 삼천 명이 베드로의 메시지에 응답하는 장면으로 다시 구성된다.

그리스도의 죽음과 부활, 승천, 성령 강림의 토대 위에 교회가 탄생하고 새 언약 공동체가 형성되었으며 성전의 백성이 세워졌다.[202] 하나님 나라와 그 왕에 대한 메시지는 사도행전이 계속됨에 따라 확립되었으며 앞으로도 계속 전해질 것이다. 하나님께서는 자기 백성에게 신실하셨으며, 그들에게는 오직 왕이신 예수님을 바라보고 성령을 받아야 하는 필요만 존재한다.

1.2.3.2. 성령, 토라, 성전 공동체 (2:42-47)

42 그들이 사도의 가르침을 받아 서로 교제하고 떡을 떼며 오로지 기도하기를 힘쓰니라 43 사람마다 두려워하는데 사도들로 말미암아 기사와 표적이 많이 나타나니 44 믿는 사람이 다 함께 있어 모든 물건을 서로 통용하고 45 또 재산과 소유를 팔아 각 사람의 필요를 따라 나눠 주며 46 날마다 마음을 같이하여 성전에 모이기를 힘쓰고 집에서 떡을 떼며 기쁨과 순전한 마음으로 음식을 먹고 47 하나님을 찬미하며 또 온 백성에게 칭송을 받으니 주께서 구원 받는 사람을 날마다 더하게 하시니라

이제 내러티브는 특정 사건에서 예루살렘 교회의 내적 삶에 대한 요약 단락과

---

201 시 45:6(시 44:7 LXX)은 왕의 규를 공평한 규(여러 번 "의" 또는 "올바름"으로 번역됨)이라고 말한다. "공평함"(εὐθύτης)이라는 단어는 구약에서 왕이나 하나님께 일관되게 적용된다(왕상 3:6; 9:4; 시 9:8; 11:7; 37:37; 99:4; 전 12:10).

202 D. Philips, *The Enchiridion: Concerning Spiritual Restitution*, in Chung-Kim, Hains, et al., *Acts*, 22,은 성령의 도래를 솔로몬의 성전 건축과 연결한다. 예수 그리스도는 영적인 이스라엘을 통해 성전을 건축하시는 진정한 솔로몬이시다.

일반적인 설명으로 전환된다.[203] 2장 1절-8장 4절의 주요 이야기 흐름은 일련의 사건과 그 사건들을 나누고 연결하는 중간 요약 구절로 이어진다. 대부분의 요약 구절은 예루살렘에서 나타난 초기 그리스도인의 삶을 다루고 있다. 2장 42-47절과 4장 32-35절은 공동체의 연합과 나눔에 대한 독특한 강조점을 전달한다.[204]

> **1. 사건: 오순절과 오순절 설교 (2:1-41)**
>   a. 요약: 성령 공동체 (2:42-47)
> **2. 사건: 성전 치유/설교, 성전 권력자들의 도전 (3:1-4:31)**
>   a. 요약: 성령 공동체 (4:32-35)
> **3. 사건: 아나니아와 삽비라 (5:1-11)**
>   a. 요약: 사도의 표적과 기사 (5:12-16)
> **4. 사건: 성전 치유/설교, 성전 권력자들의 도전 (5:17-41)**
>   a. 요약: 교회의 확장 (6:1-7)
> **5. 사건: 스데반의 설교, 순교, 그 이후 예루살렘 (6:8-8:1a)**
>   a. 요약: 교회에 대한 박해(8:1b-4)

이 부분은 따로 분리되어 있지만 연결성이 있다. 신학적으로 이 단락은 예수님의 높아지심과 그분의 백성을 하나 되게 하는 성령의 은사에 기초해서 그리스-로마 통치자들에게 반론과 비판을 제시한다.[205] 이 구절은 또한 새로운 공동체가 진정한 성령, 토라, 성전 공동체라는 증거를 제시한다. 그들은 다시 태어난 하나님의 백성이다. 이 단락은 내러티브적으로 베드로의 설교에서 다음 사건을 기대하는 전환 역할을 한다.

---

203 많은 사람이 누가가 이 구절에서 공동체에 대한 이상적인 그림을 제시하는 방식에 주목했지만, 누가는 나중에 공동체가 직면한 고난을 강조한다. 또한 존슨(Johnson, *Acts*, 62)은 헬라화된 독자들은 누가의 설명에서 공동체의 현실과 그들의 열망을 모두 가리키는 "기초적인 이야기"를 알아볼 수 있다고 지적한다. Erasmus, *Paraphrase on Acts*, 24,는 "모세는 유월절 후 50일째 되는 날에 첫 열매를 기념하라고 명령했는데, 여기서는 50일째 되는 날에 곡물이 아닌 영혼의 첫 열매를 주님께 봉헌한다"라고 언급한다.

204 Witherington, *Acts*, 157,은 사도행전에서 "요약 서술"(6:7; 9:31; 12:24; 16:5; 19:20; 28:30-31)과 "요약 단락"을 구별하는 것이 중요하다고 말한다. 요약 단락은 사도행전의 첫 여덟 장에 나타나며, 요약 서술은 사도행전 전체에 걸쳐 나타난다. Tannehill, *The Narrative Unity of Luke-Acts*, 2:44,은 2:42-47이 어떻게 사도행전 1-7장에 다시 나타날 특징들, 즉 사도들의 가르침(2:42; 4:2, 18; 5:21, 25, 28, 42), 기도(1:14, 24; 2:42; 4:24-30; 6:4, 6), 성전에 모이는 것(2:46; 3:1, 11; 5:12, 20-21, 25, 42), 두려움(2:43; 5:5, 11), 기사와 표적(2:19, 22, 43; 4:16, 22, 30; 5:12; 6:8; 7:36), 사람들의 호의(2:47; 4:21; 5:13, 26)를 보여주는지 주목한다.

205 통일된 백성이라는 주제는 다음을 참조하라. Thompson, *One Lord, One People*.

교회론적으로는 예수님을 따르는 제자들의 본질적인 특성을 설명한다. 스토트 Stott는 공동체를 배우는 교회, 사랑하는 교회, 예배하는 교회, 전도하는 교회라고 말한다.[206] 교회론적으로는 성전 용어로 교회의 지속적인 성장과 확장을 기록한다(고전 3:9-17; 벧전 2:5-6).[207] "겨자씨 한 알이 서서히 자라나 곧 온 세상에 그 가지를 뻗었다."[208] 하나님의 호흡이 들어와 교회를 창조하고 그들 사이에 연합을 일으킨다.[209]

2:42. 누가는 이 새로운 공동체에 관해 그들의 행동에 초점을 맞추어 간략하게 요약한다.[210] 그들은 회당 관습을 모델로 한 네 가지 관행, 즉 (1) 사도들의 가르침, (2) 교제, (3) 떡을 떼는 것, (4) 기도에 힘썼다.[211] "힘쓰니라"($\pi\rho o\sigma\kappa\alpha\rho\tau\epsilon\rho\epsilon\omega$, 프로스카르테레오)는 단어는 애착을 갖고, 충실하고, 지속한다는 의미를 지닌다. 제자들이 이런 일들에 힘썼다면, 이런 일들이 정기적으로 함께 모이는 모임의 일부였을 것이다. 어떤 사람들은 이것이 초대 교회의 전례 순서라고 생각하지만, 피터슨Peterson은 44-47절이 이러한 일들을 확장하는 것으로 보이며 다른 장소에서 다른 시간에 발생한다는 점에 주목하는 것은 옳다.[212]

그들이 힘쓰는 첫 행동은 가르침이다. 가르침은 공동체를 탄생시켰을 뿐만 아니라 공동체의 삶에서 필수적으로 되었다. 둘째, 공동체는 "교제"($\kappa o\iota\nu\omega\nu\acute{\iota}\alpha$, 코이노니아)에 힘썼는데, 서로 자원을 공유한다는 의미이다. 새로운 성령 공동체는 더 큰 사회 안에서 대안 사회를 형성하고 있었고, 그리스도께서는 그들을 단순히 개인이 아닌 집단으로 부르셨다.

셋째, 그들은 빵을 떼는 일에 헌신했는데, 이는 표면적으로는 함께 먹는 것을 의미한다. 그러나 이와 같은 공식적인 목록에서는 더 많은 의미가 있으며 성찬을

---

206 Stott, *The Spirit, the Church, and the World*, 82–87.

207 Schnabel, *Acts*, 175,은 역사적, 문학적, 신학적, 교회론적, 선교론적 다섯 가지 목적을 요약의 목적으로 제시한다.

208 Erasmus, *Paraphrase on Acts*, 26.

209 Marguerat, *The First Christian Historian*, 123.

210 Peterson, *Acts*, 158,은 "이 요약 구절들은 내러티브에서 몇 가지 기능을 한다. 첫째, 복음 전파와 성령의 역사를 통해 성장과 발전이 점진적으로 일어났음을 나타낸다. 둘째, 하나님께서 단순히 개인을 고립되게 만들지 않으시고 새로운 공동체를 세우고 계셨다는 사실을 강조한다. 셋째, 누가가 사도행전의 시작부터 독자들의 반응을 형성하면서 이 그룹에 관해 일종의 '변증'을 전하고 있었다고 제안한다."라고 말한다.

211 어떤 학자들은 사도행전의 활동을 가르침과 교제라는 두 가지 측면으로 이해하기도 한다. 떡을 떼고 기도하는 것은 단순히 교제를 정교하게 하는 일부라는 것이다. 식사와 기도는 분명히 교제에서 비롯된 것이지만, 이를 분리해서 볼 때 유익한 점이 있다. 각 활동에는 각각에 연결된 기사가 있으므로 어느 정도 거리를 둘 수 있다.

212 Peterson, *Acts*, 160.

가리킨다.[213] 마지막으로, 그들은 기도에 힘썼다. 강도의 소굴이 모두를 위한 기도와 정의의 집으로 바뀌었다. 성령께서 이끄시는 기도는 지상에서 승천하신 그리스도께 향하는 교회의 길로 존재한다.

그들은 기도로 어둠의 세력과 맞서는 종말론적 대전쟁에서 그리스도와 함께 무장한다.[214] 기도는 이 새로운 모임의 중심이 되며 사도행전의 주요 장소에서 자주 등장한다(1:14, 24; 4:31; 6:4; 8:15; 9:11, 40; 10:2, 9, 30; 11:5; 12:5, 12; 14:23; 16:16, 25; 20:36; 21:5; 27:29; 28:8). "이 순간부터 예수님의 제자들의 모든 일반적 일, 행정적 행위, 관료적인 몸짓은 기다림의 자세로 존재하며 성령께서 드리우신 그림자와 기도라는 필요한 사역 안에 서 있다."[215]

2:43. 43절은 새로운 성전과 토라 공동체에 대한 응답으로 이어진다. "모든 사람"은 공동체 내부 사람들로 제한될 수도 있지만, 더 넓은 공동체가 볼 수 있도록 기사와 표적이 행해지므로 외부 사람들도 포함될 수 있다. 무리는 이전처럼 그 사건에 당황하기보다는 이제 사도들이 행한 기사와 표적에 경외심으로 가득 차 있다. "기사와 표적"은 이스라엘 백성을 애굽에서 출애굽 시킨 모세의 사역을 떠올리게 한다. 이는 전사 하나님이 자기 백성을 적들로부터 구출해 내시는 일을 가리킨다.

이 언어는 또한 요엘서가 그들 가운데서 성취되었다는 추가적인 증거를 제공한다(2:22). 이 사람들은 주님이 하신 것과 같은 일을 하는 그리스도의 대리자들이다. 이것은 5장 12절에서 반복되는 사도들에 대한 누가의 요약 진술 중 하나이다. 독자들은 14장 3절과 15장 12절에서도 비슷한 진술이 나오지만 이방인 중 바울과 바나바를 말한다는 점에 유의해야 한다.

2:44-45. 누가는 44-45절에서 새로운 공동체에 대한 또 다른 중요한 현실을 덧붙인다. 그들은 아끼지 않는 박애주의자였다. 그들은 함께 모이는 데 힘썼을 뿐만 아니라 서로, 특히 궁핍한 사람들을 위해 재물을 나누는 데 힘썼다.[216] "시간과 재능과 보물, 소유의 삼위일체는 ... 이 거룩한 소용돌이의 끌어당김을 느낄 것이

---

213 누가복음 24:35, 41-42, 사도행전 1:4, 10:41은 식사 중에 예수님이 함께하신 것을 강조한다. 누가복음 전반에 걸쳐 식사의 중요성이 강조되어 있으며, 모든 사회에서 식사를 사람들과 물건을 나누고 유대감을 형성하는 방법으로 여겼다. 식탁 교제 문제는 사도행전 후반부에 많은 논란을 불러일으킨다. 루터와 슈팡엔베르크는 이를 성만찬의 성례전으로 간주한다(in Chung-Kim, Hains, et al., *Acts*, 35–36).

214 Torrance, *Atonement*, 297.

215 Jennings, *Acts*, 27.

216 사회, 경제적 현실에 대한 누가의 관심은 누가복음에서 계속된다. 누가는 사회에서 "높은" 사람들과 사회에서 과부와 나아만과 같은 "낮은" 사람들을 모두 가진 교회에 편지를 쓴다(눅 4:25-27).

다."[217] 구약의 토라 공동체는 빚을 탕감하고 그들 중에 가난한 사람이 없도록 관대해야 했다(신 15:1-4). 예수님도 제자들과 부자 관원에게 가진 것을 모두 팔라고 말씀하셨다(눅 12:33; 18:22).[218]

누가는 베드로의 오순절 설교를 들은 사람들이 새 언약 공동체이자 토라의 참된 추종자들이라고 말한다. 그들은 탐내지 않았으며 가인과 아벨, 요셉의 형제들과는 달랐다. 사도행전 후반부에도 여전히 집과 소유물이 있었던 사람들이 있었기 때문에 모든 사람이 모든 것을 팔았다는 의미는 아니다. 여기서 강조하는 것은 공동체의 관대함과 가난한 사람들을 위해 기꺼이 재물을 나누고자 하는 마음이다.

2:46-47. 공동체가 일상적으로 실행한 것들에 대한 자세한 설명은 46-47절에 나온다. 그들은 이러한 일들에 "함께"(ὁμοθυμαδόν, 호모뒤마돈) 참여하여 새로운 출애굽 세대로 묘사되었다(출 19:8). 그들의 교제는 매일 성전에서 함께 모이고 집집마다 떡을 떼는 것(모이고 흩어짐)이 특징이었다.[219] 이 성전과 집의 교체는 이 구절을 통해 계속되며, 5장 42절에서 전체 절에 대한 포괄적인 표현으로 반복된다. 성전 내러티브는 그 사이에 나온다. 아마도 성전 모임은 공식적이었고 집집마다 함께 식사하는 것은 비공식적이었을 것이다.[220] 그러나 누가복음에서 집은

---

217 Jennings, *Acts*, 39.

218 누가복음에서는 제자들이 누가 가장 위대한지, 누가 예수님과 함께 보좌에 앉을 것인지 (9:46-48; 22:24-27)에 관해 다투지만, 사도행전에서는 제자들이 재산을 나누어 주는 단합된 그룹으로 묘사된다. *Many of the Reformers*, in Chung-Kim, Hains, et al., *Acts*, 38,은 사도행전의 나머지 부분과 신약성경이 사람들이 모든 것을 팔지 않았음을 증명한다고 지적한다(다비다, 루디아, 마리아, 시몬, 고넬료, 빌립 등).

219 어떤 학자들은 2:46의 ὁμοθυμαδόν(CSB에서는 "함께"로 번역됨)을 "한마음으로, 만장일치로"로 해석하기도 한다. 이 의미에 관해서는 행 2:46을 언급한 BDAG (706)을 참조하라. 누가는 환대에 큰 관심을 가진 것으로 보이며, "집집마다"라는 문구가 이를 뒷받침한다. Witherington, *The Acts of the Apostles*, 166,은 "누가는 베드로나 바울 또는 다른 기독교 선교사의 손님이었다는 이유만으로 한 사람의 이름을 언급하는 경우가 많다(9:43, 무두장이 시몬; 17:5-9, 야손; 21:8-9, 빌립과 그의 딸들; 여기서 주된 관심사는 바울이 그들과 함께 머물렀다는 점이다). 두 차례에 걸쳐 베드로나 바울이 머물렀던 장소의 완전한 주소가 제공된다(9:11, 유다, 다메섹 거리; 10:5-6, 무두장이 시몬의 집, 욥바 바닷가)."라고 말한다. 이러한 세부 사항은 단순히 베드로의 사역을 역사로 만들기 위한 것이 아니라 환대를 통해 복음이 전파되었음을 보여주기 위한 것이다.

220 R. Gehring, *House Church and Mission: The Importance of Household Structures in Early Christianity* (Peabody: Hendrickson, 2004), 86–89, 116–17,은 κατ' οἶκον이라는 문구가 암시하는 것처럼 예루살렘에 복수의 가정 교회가 있었다고 주장한다. 이것은 "집집마다", "개별 가정에서" 또는 "집에서"로 번역될 수 있다. 그는 바울이 가정 교회 모임에 강제로 들어가는 행 8:3이 이 점을 더욱 뒷받침한다고 말한다. 그는 또한 가정 교회가 선교의 기초가 되었다고 강조한다. "예수님과 제자들의 사역에서 그랬던 것처럼 예루살렘의 원시 교회에서 가정은 선교 활동과 공동체 형성의 기초 역할을 했다. 가정 교회는 규모가 작았기 때문에 가족 같은 분위기를 유지하며 형제 사랑을 매우 개인적이고 구체적인 방식으로

"예배"의 장소가 되고 성전은 대체로 갈등의 공간이 된다.[221]

그러나 그들은 내부적으로만 집중하지 않았다. 그들은 또한 사람들의 호의를 누렸다. 그들의 증언은 완전히 고립된 것이 아니었고, 외부 사람들은 그들을 선한 시민으로 여겼다(4:33; 5:13, 15-16). 유대교의 최고 이상은 헬레니즘 철학의 최고 이상과 일치했다.[222] 이 구절은 그들이 가장 큰 두 계명(눅 10:27)에 순종하여 하나님과 이웃에게 헌신한 것을 암시하는 내용일 수 있다. 누가는 주님께서 구원받을 사람들을 **회중**에 더하셨다고 말하며 끝맺는다(나의 번역, CSB. "그들의 수에 더했다").[223]

성전의 임재가 확장되고 있었다(슥 1:16-17; 단 2:34-35). 새로운 출애굽 세대는 생육하고 번성했다. 이 공동체는 활기찬 공동체일 뿐만 아니라 영향력 있는 공동체로 성장했다. 예수님이 승천하셨고, 성령이 오셨으며, 베드로가 하나님 나라의 증인으로 일어섰다. 교회가 탄생했고, 구원 역사의 다음 단계가 도래했다.

실천할 수 있었다. 그래서 외부인들에게 매우 매력적이었다."

221 J. H. Elliott, "Temple Versus Household in Luke-Acts: A Contrast in Social Institutions," in *The Social World of Luke-Acts: Models for Interpretation*, ed. J. H. Neyrey (Peabody, MA: Hendrickson, 1991), 213,은 누가의 구원 경륜에서 성전과 가정은 상반된 유형의 사회 제도라고 주장한다. 오직 가정만이 보편적 구원의 복음의 구조, 가치, 목표를 사회적으로나 이념적으로 구현할 수 있었다. 성전은 파산한 유대인 권력자들의 자리였다. 사도행전의 첫 여덟 장에서 가정에서 성전으로 바뀌는 장면에서 이를 확인할 수 있다. 가정에서는 신자들이 모여 기도하고, 성령을 받고, 떡을 떼고, 소유를 나눈다. 반면 성전은 구제를 구하는 장소이며 갈등과 투옥, 폭력과 죽음의 장소이다.

222 G. E. Sterling, "'Athletes of Virtue': An Analysis of the Summaries in Acts (2:41-47; 4:32-35; 5:12-16)," *JBL* 113 (1994): 679-96; P. van der Horst, "Hellenistic Parallels to the Acts of the Apostles 2:1-47," *JSNT* 8.25 (1985): 49-60.

223 이 구절은 ἐπὶ τὸ αὐτό로 끝나기 때문에 "회중에"를 추가했지만(개역개정은 생략) 이 구절은 "함께"로도 번역할 수 있다. E. Ferguson, "'When You Come Together': Epi to Auto in Early Christian Literature," *RQ* 16.3-4 (1973): 202-8. 사도행전에서 "주"(κυριος)의 정체는 모호할 수 있다. 그러나 지금까지 "주"는 예수님과 더 밀접하게 동일시되었다(1:6, 21; 2:21, 25, 34, 36). 39절에서 사람들을 부르시는 분은 주 우리 하나님이시다. 따라서 Rowe, *Early Narrative Christology*, 201-2,는 "사도행전에서 κυριος(퀴리오스)의 모호한 사용이 많이 증가하는데, 예수님이 이제 아버지 우편으로 승격되었기 때문이다. 기독교 공동체의 관점에서 볼 때, 하늘에서 예수님의 '위치'는 ... 하나님과 그리스도가 κυριος(퀴리오스)로서 행하는 데 하나님과 그리스도 사이의 결합을 강화한다. ... 결정적인 의미에서 하늘과 땅은 κυριος(퀴리오스)라는 단어를 통해 결합된다."라고 주장하는 것은 옳다.

│ 단락 개요

2.4. 참 성전의 백성: 구제 (6:1-7)

2.5. 스데반의 성전 설교 (6:8-8:3)
    2.5.1. 성전 고발 (6:8-7:1)
    2.5.2. 스데반의 성전 설교 (7:2-53)
        2.5.2.1. 아브라함의 언약과 성전 임재 (7:2-16)
        2.5.2.2. 모세 언약과 하나님의 임재 (7:17-43)
        2.5.2.3. 다윗 언약과 성전 (7:44-50)
        2.5.2.4. 기소와 새 언약 (7:51-53)
    2.5.3. 성전 확장을 이끄는 죽음 (7:54-8:3)

2. 예루살렘 증인들에게 능력을 주시는 하나님(3:1-8:3)

지리는 사도행전에 필수적인 요소이다. 증인들은 특정한 장소에서 세워지고 성령의 능력을 받아 파송된다. 예루살렘은 땅끝 선교의 기초가 되는 곳이다. 이 단락에서는 종의 높여지심, 성령의 부으심이 어떻게 새로움을 가져오는지 설명한다.[1] 그러나 예루살렘에서 공동체를 성장시키는 데 따르는 복잡함도 보여준다.[2] 예수님의 증인은 새로운 움직이는 성전과 종들이다. 이들은 옛 수호자들과 충돌한다. 이스라엘의 새로운 정체성은 옛 정체성에서 출발하지만, 옛 체제는 곤경에 처한다.[3]

사도행전 3-8장에는 성전 지도자들의 반대와 함께 두 가지 성전 복원/부활 이야기가 나온다. 사도행전 2장 46절과 5장 42절은 첫 번째 부분에 대한 성전 인클루지오 역할을 한다. 이 이야기와 스데반의 설교는 진정한 하나님의 백성을 정의하는 두 가지 핵심 내용이다. 성전 이야기는 스데반이 죽임을 당하고 증인들이 예루살렘 밖으로 흩어지는 마지막 성전 설교에서 절정에 이른다. 집은 성전과 대조되고, 종들은 성전 당국과 나란히 놓이며, 사탄의 계획(죽음)은 하나님의 계획(생명)과 대치되는 것과 같은 **공간적, 사회적, 초자연적** 대립이 내러티브를 채운다.[4]

첫 번째 주제는 성전 회복과 부활 생명이다. 증인들은 걷지 못하는 자를 고치고 새 생명을 전파하면서 부활을 전파할 힘을 부여받는다. 이것이 돌로 변한 사람들에게 아슬란(나니아 연대기에서 모든 세계를 창조하였고 다스리며 심판하는

---

1 Butticaz, *L'identité de l'Eglise dans les Actes des apôtres; Beers, The FolRowers of Jesus as the "Servant,"* 134–35,는 예수와 제자들이 "종" 어휘를 어떻게 사용했는지 보여준다. 걷지 못하는 사람이 뛰고(3:8; 사 35:6), 베드로는 예수님을 "의로운 자"(3:14; 사 53:11)라고 부르고(3:15; 4:33; 사 43:10), 제자들은 스스로를 증인(4:29; 사 49:3)과 종(4:29; 사 49:3)이라고 칭한다. 예수님(3:13, 26; 4:27, 30)과 마찬가지로 다윗도 종(4:25; 사 37:35)으로 분류된다. 베드로의 메시지에는 예수님을 묘사하는 단어로 영화롭게 하다(3:13; 사 52:13), 높이다(5:31; 사 52:13), 넘겨주다(3:13; 사 53:6,12) 등이 사용된다. 예수님은 기름 부음 받은 자이시다(4:27; 사 61:1). 여기에 고난/박해(3:18; 4:1-3), 무죄, 반폭력적 대응(4:29-31, 33; 6:12-15; 7:57-60), 반대자들이 모순할 수 없음이라는 주제를 추가한다.

2 T. Penner, *In Praise of Christian Origins: Stephen and the Hellenists in Lukan Apologetic Historiography, Emory Studies in Early Christianity* (New York: T&T Clark, 2004), 262–63,은 행 1:1-6:7의 큰 줄거리 장치를 다음과 같은 방식으로 본다. 공동체의 설립(1:1-2:44); 요약 진술 (2:43-47); 외부인과의 갈등(4:1-31); 요약 진술(4:32-35); 내부인과의 갈등(5:1-11); 요약 진술(5:12-16); 외부인과의 갈등(5:17-41); 요약 진술(5:42); 내부인과의 갈등(6:1-6); 요약 진술(6:7)이다.

3 지금까지 대부분의 내러티브가 예루살렘에서 이루어졌기 때문에 모든 창이 예루살렘 내러티브로 분류될 수 있다. 1-7장을 예루살렘 내러티브로 분류할 수 있지만, 1-2장이 나머지 내러티브를 뒷받침하는 것도 사실이다.Schnabel, *Acts*, 188,에서 언급했듯이, 서론에서는 새로운 공동체의 시작과 정체성을 설명하고, 두 번째 부분에서는 교회의 삶과 증언, 시련과 성장을 설명한다.

4 Spencer, *Acts*, 52.

신. 황금빛으로 빛나는 거대한 사자의 형상을 하고 있다–역자주)의 숨결이다. 성전은 하늘과 땅의 축소판(참조. 시 78:69; 사 65:17-18)이며 온 땅을 채우는 것이었기 때문에 사도의 임무는 성령의 능력으로 땅에 다시 질서를 부여하는 것이다 (계 21장). 에덴 성전의 경계는 항상 확장되어야 했지만(민 24:5-9; 겔 17:22-23; 사 54:2-3; 66:1-2; 슥 1:16-17), 이는 성령의 능력으로 예수님의 이름으로 아버지의 조율로만 이루어질 수 있었다.

회복의 주제는 갈등, 거부, 죽음과 나란히 놓여 있다. 핍박이 실제로 발생하고 나머지 이야기에서도 조용해지지 않는다. 사도행전에서 가장 긴 스데반의 성전 관련 설교로 절정을 이루며 대립이 극심해진다. 사도들은 내부(아나니아와 삽비라, 헬레니즘 과부들)와 외부(성전 당국, 사탄, 사울)에서 반목과 분열에 직면한다.

승천하신 주님께서 사도들을 통해 교회의 일을 지시하시는 것처럼 누가는 사탄과 부패한 지도자들이 교회 성장에 반대한다고 말한다. 사도행전 전체에서 사탄은 단 두 번만 언급되지만(5:3; 26:18), 요한계시록은 이러한 좌절이 초자연적인 근원을 가지고 있음을 나타낸다. 요한계시록에서는 장막이 걷히고, 교회를 공격하는 용의 적대감이 드러난다.[5]

마침내 성장이 일어나고 생명이 퍼진다. 하나님의 계획은 좌절되지 않고 누가의 독자들을 격려한다.[6] 설교가 내러티브를 막는 것처럼 박해는 하나님의 살아 있는 말씀의 확산을 방해한다. 사도들은 "보고 들은 것에 관해 말하는 것을 멈출 수 없었다"(4:20, 31, 33). 심지어 아나니아와 삽비라의 행동은 큰 두려움을 불러일으키고 "믿고 주께로 나아오는 자가 더 많게" 된다(5:14). 대제사장이 말을 멈추라고 하자 베드로와 사도들은 "사람보다 하나님께 순종하는 것이 마땅하니라"(5:29)라고 반박하고, 심지어 가말리엘은 이 계획이 인간적이라면 실패할 것이지만, 하나님의 것이라면 성공할 것이라고 말한다(5:38-39).

사도행전의 첫 번째 부분에서 마지막으로 언급된 메시지는 "그들이 예수는 그리스도라고 가르치기와 전도하기를 그치지 아니하니라"(5:42)이다. 반대에도 불구하고, 아니 오히려 반대 때문에 말씀은 계속 진행된다. 성전 공간이 확장됨에 따라 삼위일체 하나님의 목적이 그분의 종들을 통해 성취된다.

성전 회복과 갈등 (3:1-4:31)
　　전환: 참 성전 사람들. 관대함 (4:32-5:11)
성전 회복과 갈등 (5:12-42)
　　전환: 참 성전 사람들. 공급 (6:1-7)
스데반의 성전 설교 (6:8-8:3)

5 Stott, *The Spirit, the Church, and the World*, 88–89.
6 서론에서 "격려" 또는 "확신"이 사도행전의 주요 목적 중 하나라고 주장한 부분을 참조하라.

2.1. 성전 회복과 갈등 (3:1-4:31)

온전한 첫 성전 내러티브는 누가가 이미 예수님이 모든 피조물을 다시 창조하기 위해 성령을 부어주신 새로운 다윗 왕이라고 주장한 사도행전 1-2장에 이어서 나온다(2:30-36). 걷지 못하는 자가 치유되어 성전 공간에 들어가면서 예수님이 주신 부활의 생명이 확장된다(3:1-10).

이 사람은 이스라엘의 궁핍을 상징하며 이스라엘의 회복을 가리킨다. 경계를 지나고 경계를 넘어서는 현실은 성령의 임재를 나타낸다. 현재의 성전 권력은 가난한 사람들을 착취하지만, 새로운 성전 사람들은 예수님의 아름다운 권능을 부여한다. 베드로는 이 능력의 원천이 사도들이 아니라 삼위일체 하나님이시라고 설명하며, 특히 "살아나신" 종의 사역에 초점을 맞추고 있다(3:11-26). 예수님의 부활과 승천은 걷지 못하는 자의 치유를 위한 기초이다(3:16). 이렇게 높임 받으신 주님을 거부한 백성들은 이제 회개할 기회를 얻었다.[7]

부패한 성전 권력자들은 새 성전 공동체에 도전하며 더 이상 예수님에 관해 설교하지 말라고 명령한다(4:1-31). 아이러니하게도 이 명령은 베드로에게 예수님의 이름을 전할 수 있는 또 다른 기회를 제공한다. 성전 권력자들은 더 이상 부활 소식을 전하지 말라고 경고한다. 다시 한번 이것은 더욱 담대함을 낳는다. 이 본문은 누가 이스라엘을 합법적으로 통치할 수 있는 지도자인지를 밝히기 시작한다. 예수님의 이름을 고백하고, 그분의 고난과 영광을 인정하며, 성전 확장에 성령을 따르는 사람만이 하나님의 계획을 따른다.

2.1.1. 성전 회복: 걷지 못하는 사람이 치유됨 (3:1-10)

이 치유의 배경, 사회적 현실, 재정적 취지, 구체성은 자의적이지 않다.[8] 옛 성전을 배경으로 한 새 성전 백성은 미래로 통하는 문이 된다. 베드로가 행한 치유는 메시아적 회복의 징표이며, 오순절 이후에도 새로워짐과 부활의 시대가 계속될 것임을 나타낸다. 사회적, 육체적으로 흠이 많았던 걷지 못하는 사람이 이제 환대받는다. 그는 공간적으로 하나님의 백성과 단절되었지만 이제 성전에 들어갈 수 있다. 경제적으로 궁핍했던 그는 이제 참된 왕께 부를 받았다. 새로운 시대가 도래했기 때문에 이 사람은 새로운 공간으로 들어간다. 부활의 생명이 퍼진다.

---

7 Johnson, *Acts*, 73,은 이 설교에서 사람들이 예수님을 거부하는 것에 관해 강조하고 있음을 지적한다.

8 3장은 2:42-47의 요약을 세 가지 방식으로 확장한다. 첫째, 3장에서 베드로와 요한은 성전에 있었고, 2:46은 그들이 매일 성전에 있었다고 말한다. 둘째, 3:1-10에서 독자는 베드로가 걷지 못하는 사람을 고친 이야기를 듣고, 2:43에서는 사도들을 통해 "많은 기사와 표적"이 일어났다는 이야기를 들었다. 2:41은 베드로의 메시지를 받아들이는 사람들에 관해 이야기하고, 2:47은 많은 사람이 그들의 수에 추가되는 것을 언급한다. 이런 식으로 3:1-10은 특정 이야기를 확대하고 2:42-47은 이야기를 요약한다.

걷지 못하는 남자가 걷는 것이 첫 치유인 것은 우연이 아니다. 요한복음은 주로 "보는 것"으로 "믿는 것"을 상징하지만, 누가의 기록에서는 기독교 그룹을 "그 길"(개역개정. "그 도")이라고 부른다(참조. 눅 4:18). 또한 이 내러티브에는 예수님, 오순절 내러티브, 바울 사이에서 복잡한 유사점이 있다.[9] 이러한 유사점은 누가의 목적이 부활하신 예수님의 사역이 자기 종들을 통해 계속된다는 것을 보여주기 위한 것임을 나타낸다. 사도들은 왕의 예언과 회복의 사역을 이어가고 있다. "예수님은 자신의 권위로 치유하셨지만, 베드로는 예수님의 '이름'으로 회복시킨다는 점에서 한 가지 큰 차이가 있다."[10]

2.1.1.1. 미문에서 (3:1-2)

1 제 구 시 기도 시간에 베드로와 요한이 성전에 올라갈새 2 나면서 못 걷게 된 이를 사람들이 메고 오니 이는 성전에 들어가는 사람들에게 구걸하기 위하여 날마다 미문이라는 성전 문에 두는 자라

3:1. 오순절 이후의 사건은 성전 안팎에서 적절하게 일어난다.[11] 1절은 내러티브를 소개하면서 등장인물과 배경의 이름을 밝힌다. 화자는 3장 1-3절에서 "성전"(ἱερόν, 히에론)을 네 번 언급하며 성전의 중요성을 강조하고 이 치유가 성전의 경계를 뛰어넘는 것임을 나타낸다.[12] 누가는 베드로와 요한이 기도하러 성전으로 "올라갔다"(ἀναβαίνω, 아나바이노, 오후 3시)라고 말한다. 사도행전에서는 기도 시간이나 높은 곳에서 극적인 하나님의 개입이 자주 일어난다.[13]

성전은 언덕 위에 있었지만, 유대인들은 성전을 세상의 중심이자 높은 곳에 있는 것으로 여겼다(사 2:2-3; 미 4:1-2). 따라서 누가가 "올라간다"라고 언급한 것은 역사적 기록일 뿐만 아니라 상징적인 의미도 있다. 오순절과 승천과 마찬가지로, 하늘이 땅에 닿기 위해 허리를 굽히는 높은 곳에서 쇄신이 일어난다. 베드로가 강조되지만 누가는 이 사명이 베드로만의 일이 아니라 다른 사도들도 참여했음을

---

9 3장의 내러티브는 사건이 진행되고 설교를 요구하는 2장과 유사하다. Tannehill, *The Narrative Unity of Luke-Acts*, 2:58,은 오순절 베드로의 설교와 그의 성전 설교 사이의 유사점이 사도들의 설교를 채울 뿐만 아니라 내러티브 진행을 제공한다고 관찰한다.

10 Polhill, *Acts*, 124.

11 Bock, *Acts*, 164,은 "이 모든 일이 구석에서 일어난 것은 아니다"라고 말한다. 회개를 공개적으로 촉구하는 공개적인 행사였다.

12 예수님은 성전 권력자들을 정죄한다(눅 19:45-46; 20:45-21:4). 이 치유는 걷지 못하는 거지가 예수님을 통해 그들의 경계를 뚫고 나오는 것을 강조한다.

13 Chrysostom, *Homily 5 on Acts* (*NPNF* 1/11:33),에 따르면 이 시간(오후 3시)은 이 불의 밝기가 밝은 날, 즉 모든 사람이 시장에 있는, 따라서 공공장소에서 모였음을 나타낸다.

보여준다.[14] 베드로와 요한이 가는 곳마다 구름과 불이 따라다닌다.

3:2. 베드로와 요한이 성전에 다가갈 때, "못 걷게 된"(χωλός, 콜로스) 한 남자
가 그들을 보고 돈을 달라고 요구한다.[15] 독자들은 이 남자가 성전 **밖에** 있다는 점
에 주목해야 한다. 베드로와 요한은 아직 성전에 들어가지 않았다. 자선을 베푸
는 행위는 유대교에서 "정의를 행하는" 중요한 부분이었지만, 이 걷지 못하는 사
람은 언약 공동체의 완전한 환대를 경험하려고 한다.[16] 누가는 그가 불구인 것과
있었던 장소에 관해 언급한다. 그는 태어날 때부터 못 걷게 된 자였기 때문에 절
망적인 상황을 나타내며, 아름다운 문(미문)에 있었다.[17] 그의 병은 그가 제사장
으로 봉사할 수 없음을 의미하며, 심지어 성전에 들어가지 못했을 수도 있다(레
21:18; 신 15:21; 말 1:8).[18]

누가는 3장 10절에서 다시 언급하는 아름다운 문에서 치유가 일어났다고 쓴
다. 그 이름을 많이 언급하지는 않지만 반복해서 언급하는 것은 의도적이다. 기도
시간에 걷지 못하는 남자가 아름다운 성전 문에 앉아 있는 동안 경건한 사람들이
안에서 기도하는 역설이 이 장면에 가득하다. 성전은 강도의 소굴이 되어버렸고
성전이 구현해야 할 생명력 넘치는 현실이 결여되어 있다. "아름답다"의 사용은
또한 성령의 역사가 회복하고 새롭게 하는 것, 즉 아름답게 만드는 것임을 암시한
다(설교 후반부 3:20-21에서 사용된 단어). 타락할 때 뒤틀렸던 것이 성령의 임

---

14 예수님께서 제자들을 짝을 지어 보내신 눅 10:1도 참조하라. 베드로와 요한은 기도할 뿐만
   아니라 예수님의 부활을 증거하기 위해 성전에 갔을 것이다. 오후 3시에 간 이유는 당시
   가장 많은 군중이 모였을 것이기 때문이다.

15 현대의 거지와 고대의 거지를 구분하는 것이 더 편하지만, Keener, *Acts*, 1:1061,은 거지가
   비극을 통해 노숙자로 간주할 수 있지만 때로는 게으름 때문이라고도 언급한다. Bede, *Comm.
   on Acts* 3.1–2a,에서 걷지 못하는 사람이 병든 이스라엘에게 먼저 복음을 전했다고 상징적으로
   해석한다. 걷지 못하는 사람은 반역적인 이스라엘을 상징하며, 야곱-이스라엘과 연결된다.

16 Tobit 1:3, 16; 2:14; 4:7-11; 12:8-9. 누가는 또한 구제에 관해 자주 언급한다(눅 11:41;
   12:33; 행 9:36; 10:2, 4, 31; 24:17).

17 Schnabel, *Acts*, 193,은 누가가 이 사람에 관해 묘사한 것을 그리스-로마 세계의 "골상학
   개념"과 연결한다. 그는 자신의 자리까지 도움을 받았기 때문에 도덕적 인격이 약한
   사람으로 간주할 것이다. 누가는 반전을 나타내기 위해 그를 그렇게 그렸을 수도 있다.
   사회가 보기에 성전 밖에 있는 사람들은 믿음으로 성전 안으로 환영받을 것이다. M. C.
   Parsons, "The Char- acter of the Lame Man in Acts 3–4," *JBL* 124 (2005): 295–312,는 이
   남자의 신체적 변화는 걷지 못하는 자의 치유가 이스라엘의 회복과 하나님 나라의 건설을
   위한 패러다임임을 보여주는 문학적 도구라고 말하면서 이와 유사하게 주장한다.

18 Gaventa, *Acts*, 84,은 성전 제사는 제사를 드리는 제사장에게만 적용되므로 그가 성전에서
   예배를 드릴 수 없었다고 주장하는 것은 무리한 주장이라고 주장한다. 그러나 그가 제사
   장으로 봉사할 수 없었던 것은 여전히 사실이며, 따라서 이를 성전 경계를 넘어선 것으로 볼
   수 있는 근거가 존재한다.

재와 함께 새로워지고 회복된다.[19]

2.1.1.2. 경계를 넘어서는 부활 (3:3-8)

3 그가 베드로와 요한이 성전에 들어가려 함을 보고 구걸하거늘 4 베드로가 요한과 더불어 주목하여 이르되 우리를 보라 하니 5 그가 그들에게서 무엇을 얻을까 하여 바라보거늘 6 베드로가 이르되 은과 금은 내게 없거니와 내게 있는 이것을 네게 주노니 나사렛 예수 그리스도의 이름으로 일어나 걸으라 하고 7 오른손을 잡아 일으키니 발과 발목이 곧 힘을 얻고 8 뛰어 서서 걸으며 그들과 함께 성전으로 들어가면서 걷기도 하고 뛰기도 하며 하나님을 찬송하니

3:3-5. 걷지 못하는 사람들은 구걸을 통해 생계를 유지해야 했고, 정기적으로 성전에서 구걸했다. 돈에 대한 강조는 2장 44-45절에서 이미 등장하며, 걷지 못하는 사람은 필요한 것을 구한다. 베드로의 대답은 예수님이 더 많은 것을 주실 수 있다는 것을 보여 준다. 구약은 장애인에 대한 정당한 대우를 강력하게 강조했다. 예수님과 그분의 제자들은 거지들을 단순히 구제의 지속적인 수혜자로 대하지 않고 그들의 상태를 전인격적으로 변화시키려고 노력했다.[20]

베드로의 반응은 현대 독자들에게는 이상하고 무례해 보일 수도 있다. 베드로는 걷지 못하는 사람에게 "우리를 보라"라고 말한다.[21] 베드로는 단순히 중요한 일이 곧 일어날 것이니 주의를 기울여야 한다는 것을 전달하고 있다. 새로운 시대가 도래했다. 예수님은 성령으로 이 땅에 임재하신다. 걷지 못하는 남자는 자기 삶 전체가 바뀔 것이라는 사실을 알지 못한 채 단지 그들에게 돈을 조금만 받기를 기대한다. 사도들은 새로운 경제적, 종교적 시대를 넘어 완전히 새로운 삶의 방식을 대표한다. 누가는 내러티브적 관점에서 걷지 못하는 남자의 주의를 집중시킬 뿐만 아니라 독자들에게 성령의 불꽃이 다시 타오르고 있음을 보여주기 위해 이 말을 포함했다.

---

19 C. Fletcher-Louis, *Luke-Acts: Angels, Christology, and Soteriology*, WUNT 2/94 (Tubingen: Mohr Siebeck, 1997), 103,은 사 64:11에서 성전이 하늘에 계신 하나님의 거처(사 63:15)를 반영하기 때문에 "아름답다"고 말하며 이것이 신성한 창조의 새로운 행위의 시작이라는 주장을 뒷받침한다고 지적한다. J. Taylor, "The Gate of the Temple Called 'the Beautiful' (Acts 3:2,10)," *RB* 106 (1999): 549–62,는 또한 빛과 연관될 수 있으므로 태양과 연관될 수 있다(눅 1:78). 이 점을 더욱 입증하는 것은 히브리어로 "좋다"라는 뜻의 טוֹב이다. 이 단어는 창세기 창조 기록에 등장하며, 이 치유가 새로운 창조 역사임을 암시한다(창 1:4, 10, 12, 18, 21, 25, 31).

20 레 19:14; 신 27:18; 욥 29:15. Keener, *Acts*, 1:1052, 1:1062.

21 Peterson, *Acts*, 169,은 걷지 못하는 사람이 요청하지도 않았는데 베드로가 치유를 제공한 것이 이상하다고 말한다. 초자연적인 응시에는 힘이 있다고 생각되었지만, Keener, *Acts*, 1:1063,은 누가가 이 동사를 응시하는 데 자주 사용했다고 지적한다(행 10장; 눅 2장).

3:6. 베드로는 은이나 금은 없지만 다른 것이 있다고 밝힌다.[22] 예수님의 이름이라는 능력을 가지고 있다. "이 문장은 중요한 점을 강조하기 위해 의도적으로 구성되어 있다. 베드로가 필요하다고 생각한 것과 실제로 필요한 것이 대조된다."[23] "예수의 이름"에 대한 반복적인 말은 2장 21절(3:6, 16; 4:7, 10, 12, 17, 18, 30; 5:28, 40) 이후에 나타나며, 태너힐은 사도행전 2-5장이 주의 이름을 부르는 모든 사람이 구원받을 것이라는 약속을 설명한다고 주장한다.[24]

불타는 떨기나무에서 자기 이름을 계시하시고(출 3:14) 성전에 자기 이름을 세우셨기 때문에(왕상 8:17) "여호와의 이름"은 당연히 성전 임재와 연관되어 있었다. 여호와는 자신과 자기 이름을 계시하신 다음, 구원을 베푸셨다. 여기에서도 예수님의 이름은 회복의 능력을 부여한다. 베드로는 사람에게 부활과 승천의 능력을 부여한다.

예수님의 이름에는 **나사렛**이라는 말도 붙는다. 베드로는 예수님이 나사렛 사람이라는 점을 덧붙임으로써 예수님의 높임뿐만 아니라 예수님의 인성과 겸손을 강조한다. 예수님은 왕일 뿐만 아니라 섬기는 왕이시다(2:22; 3:13, 26). 예수님은 나사렛 출신이셨기 때문에 걷지 못하는 자를 동정할 수 있었다(요 1:46).[25]

누가복음에서 예수님은 이미 걷지 못하는 자가 걸을 수 있도록 자신을 보내셨다고 말씀하셨다(눅 7:22; 14:13, 21). 구약의 풍부한 전통에는 구원의 날에 걷지 못하는 자가 포함된다. 예레미야는 하나님께서 땅의 오지에서 자기 백성을 모으실 것이며 "맹인과 다리 저는 사람과 … 함께 있으며"라고 말했다(렘 31:8). 하나님의 백성과 보지 못하는 사람과 걷지 못하는 사람이 모인다는 이 말은 사도행전 2장과 오순절에 사람들이 모인 장면, 그리고 현재 걷지 못하는 사람이 치유되는 장면과 잘 어울린다. 스바냐 3장 19절은 "저는 자를 구원하며 쫓겨난 자를 모으며 온 세상에서 수욕 받는 자에게 칭찬과 명성을 얻게 하리라."라고 말한다. 미가서 4장 6-7절도 비슷하게 말한다.

> 여호와께서 말씀하시되 그 날에는 내가 **저는 자**를 모으며 쫓겨난 자와 내가 환난 받게 한 자를 모아 발을 **저는 자**는 남은 백성이 되게 하며 멀리 쫓겨났던 자들이 강한 나라가 되게 하고 나 여호와가 시온 산에서 이제부터 영원까지 그들

---

22 Keener, *Acts*, 1:1064,는 소박한 삶으로 지도자들이 칭찬을 받았으며 탐욕스러운 냉소주의자나 돈을 요구하는 다른 순회자들과 대조적이었다고 관찰한다.

23 Peterson, *Acts*, 169.

24 Tannehill, *The Narrative Unity of Luke-Acts*, 2:31. 태너힐(ibid., 2:49)은 또한 빌립의 사마리아 선교(8:12, 16)와 바울의 초기 사역(9:14-16, 21, 27-28)에서 예수님의 이름이 언급된 것에 주목한다. 사도행전 9장 이후에는 언급 빈도가 줄어든다.

25 예수님은 여전히 나사렛 예수이시며, 이는 지상에서의 예수의 정체성이 영광스러운 상태와 어느 정도 상관관계가 있음을 암시한다. 그 의미에 관해서는 10절의 주석을 참조하라.

을 다스리리라 하셨나니(강조는 추가됨)

3:7-8. 베드로가 걷지 못하는 사람의 오른손을 잡고 일으켜 세우자, 그는 걷고 뛰며 성전으로 **들어가** 하나님을 찬양한다.[26] 누가는 이 남자의 "뛰는" 모습에 드물게 ἅλλομαι(할로마이)라는 단어를 사용했다. 이 단어는 이사야 선지자가 걷지 못하는 사람이 사슴처럼 뛰는 것에 관해 말할 때도 등장한다(사 35:6). 치유는 그리스도의 우주적 통치(눅 7:22)의 표징이며 이스라엘의 잠재적 회복에 대한 패러다임이다. 이 사람은 역사적 인물인 동시에 상징적인 인물이다.

독자들은 그가 성전에 들어갔다는 대목을 금방 지나칠 수 있지만, 걷지 못하는 자와 흠이 있는 제사장은 성전 안뜰에 들어갈 수 없었다(레 21:17-20; 삼하 5:8). 그는 육체적 치유를 받았을 뿐만 아니라 이제 하나님의 백성들과 함께 하나님의 임재로 들어갈 수 있다. 그는 하나님의 성전에서 기둥이 되었다(계 3:12). 성령의 역사는 사도들을 통해 그리고 예수 그리스도의 이름으로 임한다.

누가는 베드로가 "(그를) 잡아 일으키니"(ἤγειρεν αὐτόν, 에게이렌 아우톤)라고 말한다. 이 단어는 사도행전에서 예수님의 부활을 언급할 때 자주 사용되는 단어이다(3:15; 4:10; 5:30; 10:40; 13:30, 37; 26:8). 그리고 이 행위는 자신이 부활하신 예수님의 이름으로 행한다는 것을 말한다. 또한 예수님은 사람들에게 일어나라고 말씀하신다(눅 5:23-24; 6:8; 7:14; 8:54), 이는 베드로의 행동이 예수님의 행동과 닮았으며 그들이 예수님의 부활을 계승했음을 나타낸다.[27] 부활은 새 시대를 알리는 광범위한 상징이다.[28]

걷지 못하는 자가 "하나님을 찬송"하는 장면은 오순절에 사람들이 하나님의 위대한 행적을 선포하는 장면을 연상시킨다(2:11). 이 문장은 사도행전 2장 47절에서도 새 언약의 공동체를 설명하는 데 사용되며, 누가의 목자 이야기(눅 2:13, 20)에서도 두 번 등장한다. 성령과 사도들, 승천하신 주님의 사역은 궁극적으로 아버지께 영광을 돌리게 한다.

---

26 누가는 이 사람의 "발목이 강해졌다"라고 쓴다. 어떤 학자들은 이 언급을 누가가 의학 용어에 관심을 가졌기 때문이라고 말하지만, Parsons, *Acts*, 55–56; idem, "The Character of the Lame Man in Acts 3–4,"은 이것을 고대 세계에서 외적인 신체적 특징과 내적인 자질을 연관시킨 "골상학"의 관점에서 더 생각해야 한다고 주장한다. 발과 발목은 강인한 성격을 나타내는 생리학적인 고려 대상이었다.

27 베드로는 또한 애니아(9:34)와 다비다(9:40)에게 "일어나"(ἀνάστηθι)라는 부활 명령을 내린다. 베드로 자신도 빌립(8:26), 바울(9:6,11, 22:10, 26:16)과 함께 여러 번(10:13, 20, 12:7) 이 명령을 받는다. 나는 이 모든 것을 부활의 비유로 본다.

28 Crowe, *The Hope of Israel*, 30. 누가복음 20:27-40에서 예수님은 이 시대와 부활의 시대라는 두 가지 시대에 관해 말씀하신다. 마지막 날은 부활의 권능의 시대이다.

2.1.1.3. 부활 생명에 대한 놀라움 (3:9-10)

9 모든 백성이 그 걷는 것과 하나님을 찬송함을 보고 10 그가 본래 성전 미문에 앉아 구걸하던 사람인 줄 알고 그에게 일어난 일로 인하여 심히 놀랍게 여기며 놀라니라

3:9-10. 누가는 치유 사건과 걷지 못하는 자의 반응에 관해 설명한 후, 이제 "모든 백성"의 반응을 설명한다. 그들은 그가 하나님을 찬양하는 것을 보고 그가 걷지 못하게 태어난 사람임을 알아차리고 "경외와 놀라움"(θάμβους καὶ ἐκστάσεως, 담부스 카이 엑스타세오스, 개역개정, "심히 놀랍게 여기며 놀라니라")으로 가득 찬다.[29] 부활 생명의 능력이 온전히 드러난다. 오순절에 이 정확한 단어가 등장하지는 않지만, 누가가 사도행전 2장 7, 12절에 기록한 것과 비슷한 반응이 나타난다.

"놀랐다"는 뜻의 ἔκστασις(엑스타시스)는 누가복음 5장 26절에서 예수님이 걷지 못하는 사람을 고치시는 장면에서 등장한다.[30] θάμβος(담보스)는 예수님이 더러운 귀신을 쫓아낸 후 누가가 기록한 예수님의 사역에서도 등장한다. 무리가 "다 놀랐다"(눅 4:36). 피터슨Peterson은 누가가 기적 이야기가 끝날 때 종종 이러한 반응을 언급하지만, 이것이 관찰자들이 예수님을 믿었다는 것을 의미하지는 않는다고 주장한다. 이 사건의 중요성을 설득하기 위해서는 베드로의 설교가 필요했다.[31] 경외와 놀라움만으로는 충분하지 않다. 경외와 놀라움은 회개로 이어질 수 있다. 새로운 성전의 실재들이 존재하지만, 다른 사람들도 동참할 것인가?

2.1.2. 부활한 종에 대한 베드로의 성전 설교 (3:11-26)

베드로의 설교는 성전 치유의 근원을 삼위일체 하나님으로 돌린다.[32] 아버지께서는 그분의 종 예수께 영광을 돌리셨다. 베드로는 "종"이라는 용어를 사용함으로써 예수님을 영광스러운 다윗 왕(사도행전 2장에서처럼)일 뿐만 아니라 이사야의 종, 모세와 같은 선지자(3:22-23), 아브라함과 같은 인물(3:25)로 특징지었다. 이 모든 인물은 종의 칭호와 관련이 있다.[33] "생명의 주"는 예루살렘 사람들에

---

29 여기서 장애 연구에 대한 시사점 중 하나는 남자가 치유되는 동안 걷지 못하는 남자로서 정체성은 계속 유지된다는 점일 수 있다. 그것은 그가 성전에 들어왔을 때 없어진 것이 아니라 그의 정체성의 근본적인 부분이다.

30 ἔκστασις는 사도행전 10:10, 11:5, 22:17에도 등장하지만, 이러한 문맥에서는 "황홀경"과 관련이 있다.

31 Peterson, *Acts*, 171.

32 Pervo, *Acts*, 103,은 사도행전 2장이 "다윗의 아들" 기독론을 제시하지만, 이 연설은 "종-기독론"과 "모세와 같은 선지자"라는 주제를 불러일으킨다고 말한다.

33 이사야서 밖에서 "종"(παῖς)이라는 칭호는 다른 어떤 인물보다 다윗에게 더 많이 사용되며, 특히 소유 대명사와 함께 "종"을 고려할 때 더욱 그렇다. 이사야는 사 37:35에서 다윗 왕을

게 죽임을 당했지만, 그의 영은 이제 그들과 함께한다. 그분의 이름을 믿는 믿음으로 걷지 못했던 자가 완전히 건강해졌다(3:11-16).

무리는 예수의 죽음에 책임이 있다. 그들은 생명의 향기가 아니라 죽음의 향기를 퍼뜨렸다. 그러므로 그들은 회개하여 성령의 새롭게 하는 능력이 그들에게 임하도록 해야 한다. 그들이 선지자 예수를 거부하면 백성들과 단절될 것이다(3:17-26). 베드로의 연설은 근본적으로 그리스도 중심적이지만, 구약은 하나님께서 살리시고 다스리시는 종을 통한 회복을 약속하기 때문에 베드로는 구약에서 이러한 해석의 근거를 찾는다. 이 설교는 성전의 역할에 대한 논쟁이 근본적으로 구속 이야기에서 예수님의 역할에 관한 것임을 나타내는 반대의 길을 열어준다.

2.1.2.1. 부활한 종을 믿는 믿음으로 회복 (3:11-16)

11 나은 사람이 베드로와 요한을 붙잡으니 모든 백성이 크게 놀라며 달려 나아가 솔로몬의 행각이라 불리우는 행각에 모이거늘 12 베드로가 이것을 보고 백성에게 말하되 이스라엘 사람들아 이 일을 왜 놀랍게 여기느냐 우리 개인의 권능과 경건으로 이 사람을 걷게 한 것처럼 왜 우리를 주목하느냐 13 아브라함과 이삭과 야곱의 하나님 곧 우리 조상의 하나님이 그의 종 예수를 영화롭게 하셨느니라 너희가 그를 넘겨 주고 빌라도가 놓아 주기로 결의한 것을 너희가 그 앞에서 거부하였으니 14 너희가 거룩하고 의로운 이를 거부하고 도리어 살인한 사람을 놓아 주기를 구하여 15 생명의 주를 죽였도다 그러나 하나님이 죽은 자 가운데서 그를 살리셨으니 우리가 이 일에 증인이라 16 그 이름을 믿으므로 그 이름이 너희가 보고 아는 이 사람을 성하게 하였나니 예수로 말미암아 난 믿음이 너희 모든 사람 앞에서 이같이 완전히 낫게 하였느니라

3:11. 11절은 치유에서 베드로의 설교로 전환한다. 톰슨Thompson은 "3장 11-12절에서는 걷지 못하는 사람과 사도들에게서 진정한 기적의 근원, 예수님(3:12, 16)으로 관심이 옮겨가면서 초점이 바뀌고 있다"라고 주목한다.[34] 주동사는 베드로와 요한, 그리고 솔로몬의 행각에 있는 걷지 못하는 사람을 향해 달려가는 모든 사람의 모습을 묘사하고 있다.

기적이 일어났고, 아름다운 일이 일어났으며, 사람들이 "놀라며"(ἔκθαμβος, 에크

"나의 종"이라고 언급하고 있는데, 이는 이 두 인물이 일치한다는 것을 암시한다. 아브라함(참조. 창 18:3; 26:24)과 모세(참조. 출 4:10; 14:31; 민 11:11; 12:7-8; 신 34:5; 수 1:1-2, 7, 13, 15)도 종으로 불렸으며, 이 모든 인물은 "낮음"에서 "높음"으로 올라간다.

34 Thompson, *The Acts of the Risen Lord Jesus*, 156.

담보스) 무리가 모였다(사 11:12; 34:16; 43:5; 56:8; 60:4; 렘 23:3; 29:14; 31:8-
10). "오순절 사건이 첫 번째 설교의 본문이었던 것처럼, 앉은뱅이 치유 사건도 두
번째 설교의 본문이 되었다. 둘 다 높임을 받으신 그리스도의 강력한 역사였다."[35]

3:12. 무리가 모인 것을 본 베드로는 그들의 시선을 성부, 성자, 성령께 향하
게 한다.[36] 베드로는 이전 설교에서와 마찬가지로 무리를 "동료 이스라엘 사람
들"(2:22)이라고 부르며 설교한다. 그리고 두 가지 질문을 던진다. 너희는 왜 이
일에 놀라고, 왜 우리를 쳐다보느냐? 우리가 스스로 한 일이 아니다![37] 베드로의
질문은 두 가지를 암시한다.

첫째, 사람들이 이런 기적을 기대해야 했다는 것을 암시한다. 그들이 선지자
들의 말씀을 잘 읽었다면 하나님께서 이런 일이 일어날 것이라고 예언하셨음을
기억했을 것이다. 또한 예수님 자신이 죽은 자 가운데서 살아나셨기 때문에 놀
라지 말아야 한다는 것이다.[38] 이것은 더 큰 것에서 더 작은 것으로의 논증이다.

둘째, 그들은 기적이 사도들 "개인의 권능과 경건"(δυνάμει ἢ εὐσεβείᾳ, 뒤나메
이 에 유세베이아)으로 일어난 것이 아니라는 것을 알아야 한다. 권능은 사도행전
1장 8절과 누가복음 24장 49절에서 예수님께서 제자들에게 성령이 오시면 **권능**
을 받을 것이라고 말씀하시면서 어떤 종류의 권능인지 정의하신 것을 반향한다.

또한 누가복음 1장 17절에서 예수님이 "엘리야의 심령과 능력"을 가지고 있
다고 말씀하셨기 때문에 이 언급은 엘리야/엘리사의 이미지를 더욱 확실하게 만
들어 준다. 이제 사도들은 예수님의 영과 능력을 가지고 있으며, 이는 그들이 새
로운 종일뿐만 아니라 새로운 엘리사임을 나타낸다.[39] 누가는 또한 제자들이 예
수님께 이 능력을 받았다고 말하며(눅 9:1; 10:19), 곧 성전 권력자들은 베드로와
요한에게 이 능력을 어디서 얻었는지 질문할 것이다(4:7). 베드로는 이 능력이 높
은 곳에서 왔다고 말한다(눅 24:49; 행 1:8). 사도들은 능력의 중개자이다. 요점은
그 출처이다. 예수님이 부활하셨다면 더 많은 사람이 부활할 것이다.

---

35 Stott, *The Spirit, the Church, and the World*, 91.

36 Chrysostom, *Homily 9 on Acts* (*NPNF* 1/11:55),에서는 베드로의 반응을 다니엘(2:30),
   요셉(창 40:8), 다윗(삼상 17:34, 37)과 비교하며 자신에게서 주의를 돌려 하나님께 향하는
   베드로의 태도를 설명한다.

37 "놀라다"(θαυμάζετε)라는 단어는 출애굽 전통과 관련이 있다(출 3:20; 신 34:12; 행 7:31;
   Keener, *Acts*, 1:1082).

38 행 3:6의 각주에 인용된 구약 구절을 참조하라.

39 누가는 성령과 권능(눅 1:17, 35; 4:14, 36; 24:49) 또는 치유 능력(눅 5:17; 6:19; 8:46;
   9:1; 10:19)에 관해 반복적으로 언급한다. 이러한 맥락에서 누가는 사도들의 권능에 관해
   이야기한다(4:33). 스데반은 순교할 때 큰 능력을 가졌고(6:8), 빌립은 능력을 가졌으며(8:6-7),
   바울도 능력을 가졌다(19:11). 능력에 대한 설명은 1:8의 복음 전파에 대한 설명과 일치한다.

3:13. 베드로는 이제 13-15절에서 권능이 누구에게서 오는지 밝힌다. 죽임을 당하셨지만, 지금은 영광을 받으신 예수 그리스도를 통해 하나님에게서 온다.[40] 13절과 26절의 설교에는 영광(부활 승천)이 포함되어 있어 걷지 못하는 사람을 일으킨 것을 그리스도의 부활과 연결하고 있다. 그 능력은 아브라함, 이삭, 야곱과 그들의 조상들의 아버지에게서 나온다(참조. 3:25-26). 베드로는 두 가지 이유로 족장들을 언급한다.

첫째, 그들에게 **그들의** 하나님이 일하셨다는 것을 보여주고 싶어 한다. "이런 방식으로 그는 자신이 새로운 종교가 아니라 이스라엘과 세계 열방을 향한 하나님의 궁극적인 의도가 성취됨을 선포하고 있음을 확언한다."[41] 둘째, 유대 전통에서 하나님은 아브라함, 이삭, 야곱에게 생명을 주시는 분으로 알려져 있었다. 실제로 누가복음에서 예수님은 출애굽기 3장 6절을 부활을 확증하는 데 사용하셨다(눅 20:37). 하나님은 죽은 태에 생명을 불어넣으셨고, 따라서 그분은 생명과 회복의 원천이시다. 그러나 베드로는 이보다 더 많은 일을 한다. 그의 목적은 생명을 주시는 하나님의 중심적이고 주된 행동에 도달하는 것이다. 하나님은 "그의 종 예수를 영화롭게 하셨다"(ἐδόξασεν τὸν παῖδα αὐτοῦ Ἰησοῦν, 에독사센 톤 파이다 아우투 이에순).

이 구절은 이사야의 네 번째 종의 노래(사 52:13-53:12)에 나오는 구절이다. 키너Keener는 이사야의 "종"이 설교에 포괄적인 의미를 제공함으로써 "종"이 지배적인 칭호라는 것을 나타낸다고 말한다(3:13, 26).[42] 이것은 이미 언급된 아브라함, 모세, 다윗의 반향에 통일성을 부여한다. 사도의 능력의 원천은 예수님의 낮아지심**과** 높아지심에 있다. 이 두 가지가 함께한다. 권능은 희생과 섬김으로 정의된다. 사람이 높아지려면 자신을 낮춰야 한다. 생명을 주는 하나님의 능력이 이제 통회하는 모든 이에게 전파되고 있다.

메시아의 고난은 다음 구절들의 주제이다(3:13b-15).[43] 사람들은 예수를 넘겨주고 부인하고 죽였다.[44] 이러한 행동은 하나님뿐만 아니라 예수님을 풀어주고

---

40 Chrysostom, *Homily 9 on Acts* (*NPNF* 1/11:57),에서는 부활 생명의 창조주로서 아버지를 가리킨다. Beers, *The FolRowers of Jesus as the "Servant,"* 138–39,은 3:11-15에 "종"이라는 어휘가 풍부하게 나오는 것을 주목한다.

41 Peterson, *Acts*, 173–74.

42 Keener, *Acts*, 1:1042. Moessner, "Script," 228, 또한 베드로의 설교에서 이사야의 종의 여러 반향에 주목한다. 영화롭게 하다(3:13; 사 49:3, 5; 52:13), 넘겨주다(3:13; 사 53:6, 12), 의로운/정의로운(3:14; 사 53:11), 증거하다(3:15; 사 43:9-12), 언약(3:25; 사 42:6; 49:6, 8)이다.

43 오순절 설교는 예수님의 높아지심에 더 많은 시간을 할애했다. 이 설교는 높아지심으로 시작하지만 베드로는 예수님의 고난에 더 많은 시간을 할애한다.

44 베드로가 사용한 처음 두 동사는 그들이 빌라도 앞에서 그를 "넘겨주었다"(παρεδώκατε)와 "거부했다"(ἠρνήσασθε)는 것이다. παραδίδωμι는 누가복음 24:7, 20에서 사용된 단어와 동일한데, 여기서 예수님은 그를 "넘겨주어야 한다"라고 말씀하시고 누가는 대제사장들과

자 했던 빌라도와도 대조적으로 묘사되고 있다. 여기에서 베드로의 말이 얼마나 따끔하게 느껴졌을까? 베드로는 이방인 통치자가 예수를 석방하기를 원했지만 (눅 23:4, 14-16, 20, 22) 유대인들이 그분을 사형에 처했다고 말한다. 대속 신학이 없는 것은 아니다. 그들이 보았을 때 예수님의 피가 그들의 손을 덮었다. 그러나 예수님의 고난은 영광으로 이어졌다 (빌 2:5-11). 종의 신분이 되어야만 높아질 수 있다.

3:14. 14절은 무리의 죄와 거부에 관해 자세히 설명한다. 15절은 베드로가 그들이 예수님을 죽였다고 비난하면서 긴장감을 고조시킨다. 무리는 "거룩하고 의로운 이"(τὸν ἅγιον καὶ δίκαιον, 톤 하기온 카이 디카이온)를 거부했다. 이 명칭은 구약의 하나님 칭호(거룩한 자, 레 11:44-45; 시 77:41; 98:5; 102:1 LXX)와 다른 예언적 증인(왕하 4:9의 엘리사, 시 106:16의 아론에게 적용됨)을 결합한 것이다. "의로운 자"는 일반적으로 인간을 가리킨다(합 2:4; 롬 1:17; 갈 3:11; 히 10:38). 그러므로 예수님을 거룩하고 의로운 이라고 부르는 것은 예언자적, 메시아적 명칭이며 다시 그분을 "그 종"과 연관시킨다(사 32:1; 53:11; 렘 23:5; 슥 9:9; 참조. 전 38:2; 53:6; 시 17:35). 제목에 대한 베드로의 요점은 두 가지이다.

첫째, 베드로의 논리는 예수님이 거룩하고 의로우시므로 종으로서 영광을 받으셨다는 것이다.[45] 이것은 그의 변증이다. 둘째, 그는 이 칭호들을 사용하여 예수님의 무죄와 그들의 죄를 대조한다. 유대인들은 무죄와 의로움의 전형인 예수님을 거부했다. 그뿐만 아니라 바라바를 풀어달라고 요청했다. 바라바는 자유를 얻기 위해 혁명적인 무력과 폭력을 사용했던 급진적인 유대인 집단인 시카리(*sicarii*)의 일원이었다. 사람들은 고통받는 종 대신 이 "살인자"를 풀어주기를 원했다.

백성들은 죄 없는 자, 생명을 주는 자 대신 살인자를 선택했으니, 베드로의 대조는 이보다 더 강렬할 수 없다. 모세도 백성 앞에 삶과 죽음의 선택권을 주었다 (신 30:15, 19). 이후 이야기에서와 마찬가지로, 백성들은 예수님을 거부한 혐의를 받고 있으며, 이는 공동체의 책임감을 나타낸다(2:36; 3:13, 17; 4:10; 5:30; 7:52; 13:26-27). 예루살렘 사람들은 그들이 직접 저지르지 않을 수도 있었던 죄에 관해서도 책임을 져야 한다. 그들은 책임이 있으며 회개해야 한다.[46] 삶과 죽음으로 가는 길은 그들에게 열려 있다(시 16:11; 잠 12:28).

지도자들이 어떻게 그를 사형 선고를 위해 "넘겨주었는지" 쓴다. 그들은 또한 "그를 거부"(ἠρνήσασθε)했는데, 이는 다음 구절에서 더 자세히 설명할 것이다.

45 Crowe, *The Hope of Israel*, 32.

46 흥미롭게도 예루살렘을 떠난 후 설교는 이 행위에 관해 다른 지역의 유대인들에게는 책임을 묻지 않고 예루살렘에 있는 유대인들에게만 책임을 묻는다(10:39; 13:27). 이 과실은 집단적이었지만 제한된 의미에서였다.

3:15. 베드로가 그들이 "생명의 근원을 죽였다"(개역개정. "생명의 주")고 주장하면서 "죽음에서 생명으로"라는 주제는 더욱 선명해진다. "근원"을 뜻하는 헬라어는 ἀρχηγὸν(아르케곤, 5:31)으로, (1) 길을 여는 사람, (2) 어떤 것의 근원, (3) 또는 지도자-통치자를 의미할 수 있다.[47] 이러한 개념은 상호 배타적이지 않으며 새로운 영역을 탐험하고, 길을 열고, 창립 영웅이 되는 사람을 이야기하기 위해 결합되어 있다. 이 모든 주제는 사도행전에서 예수님이 "길"을 따라 사람들을 인도하면서 공명한다. 그러나 크로우Crowe는 문맥상 이 단어가 영광(부활)과 연결되어 있으므로 "생명의 지도자" 또는 "생명의 승리자"로 번역할 수 있다고 주장한다.[48]

이 특별한 맥락에서 "생명의 근원"은 죽음과 대조를 이룬다. 하나님은 인간의 결정을 뒤집으시고 승리하신 분을 죽음에서 살리셨다.[49] 그의 생명을 끝내려는 인간의 시도는 그들의 죄가 남아 있음에도 불구하고 헛되다. "하나님의 구원 목적은 이스라엘의 반역으로 좌절된 것이 아니라 완전히 성취되었다!"[50]

베드로는 사도들이 이 일에 대한 "증인"(순교자)이라고 선언한다(1:8, 22; 2:32). 사도들의 증인의 본질이 계속해서 명확해지고 있다.[51] 앞서 누가는 사도들이 예수님의 부활의 증인이라고 말했다. 이제 베드로는 그들이 유대 민족의 죄와 예수님의 죽음에 대한 증인이라고 강조한다. 사도행전을 요약하면 사도들은 예수님의 삶과 죽음, 부활과 승천의 증인으로 소개된다.

3:16. 베드로의 초점은 예수님의 죽음과 부활, 그리고 이 행위에 대한 사람들의 공모에 맞춰져 있다. 이제 베드로는 12절의 암시적인 질문이었던 걷지 못하는 사람이 어떻게 고침을 받았는지 설명한다. 예수님의 **이름**을 믿는 믿음으로 그는 "강해졌고"(개역개정. "성하게 되었고", 7절에서와 같이 ἐστερέωσεν[에스테레오센]) 지금은 완전한 건강을 되찾았다. 베드로는 이 구절에서 "예수의 이름"(헬라어에서 어색하게 느껴지는)을 두 번 언급하며 2장 21절에서 시작하여 3장 6절에서 계속되는 주제를 되풀이한다.

---

47 CSB에서 "근원"(ἀρχηγὸν)으로 번역된 이 용어는 지도자, 왕자, 저자, 창시자 같은 단어로도 번역될 수 있다. Keener, *Acts*, 1:1098,은 이 단어가 통치자와 중복되며 모세와 함께 두 번만 긍정적인 의미로 모호하지 않게 사용되었다고 주장한다(행 7:27, 35; 출 2:14). 구약에서 입다는 암몬 족속으로부터 길르앗을 구출하기 위해 길르앗의 통치자가 된다(삿 11:6).

48 Crowe, *The Hope of Israel*, 33-34.

49 Parsons, *Acts*, 60,은 3:13a-3:15b의 교차 대구 형식을 주장하며, 예수님의 영광과 그분을 죽은 자 가운데서 살리신 하나님이 무리의 행동을 둘러싸고 있어 베드로 청중의 행위와 하나님의 강력한 행위 사이의 근본적인 차이를 강조한다.

50 Peterson, *Acts*, 176.

51 3:15의 관계대명사 "이 일"(οὗ)은 부활을 단수로 지칭할 수도 있지만, 그들이 예수님의 유죄 선언과 사형 선고와 부활의 증인임을 확인하는 집합 단수일 수도 있다.

여기서 "이름"에 대한 강조는 성전 주제(출 3:14; 왕상 8:17-20)를 연상시키는데, 여기서 이름은 하나님의 활동적인 임재를 상징했다.[52] 이 구절에서 예수님의 이름은 주님이자 메시아일 뿐만 아니라 **종**이시다. 이제 성전 제도는 사람들을 자신에게 이끄시는 예수님의 이름으로 성취된다. 믿음은 사람들을 예수님의 부활 생명에 연결해 주는 매개체이다. 걷지 못했던 사람은 죽음에서 삶으로 예수님을 따랐다.

"완전한 건강"(개역개정. "완전히 낫게")은 성전에서 사용하기에 적합한 흠이 없는 동물을 묘사하는 데 사용되는 제의적 표현일 수 있다(슥 11:16).[53] 이 사람은 베드로와 요한의 능력이나 경건함이 아니라 예수님을 믿는 믿음으로 건강해졌다.[54] 그들은 모두 관심을 자신에게서 예수님께 돌린다. 여기서 베드로가 강조하는 것은 예수님이 이 사람을 건강하게 하셨다는 것, 즉 예수님이 승천하셨음에도 불구하고 여전히 성령의 능력으로 하늘 보좌에서 열심히 회복시킨다는 것이다.[55] 성령께서 버림받은 사람들에게 생명을 주시는 예수님의 사역을 적용하면서 성전은 확장된다.

2.1.2.2. 회복을 이끄는 부활 (3:17-21)

17 형제들아 너희가 알지 못하여서 그리하였으며 너희 관리들도 그리한 줄 아노라 18 그러나 하나님이 모든 선지자의 입을 통하여 자기의 그리스도께서 고난 받으실 일을 미리 알게 하신 것을 이와 같이 이루셨느니라 19 그러므로 너희가 회개하고 돌이켜 너희 죄 없이 함을 받으라 이같이 하면 새롭게 되는 날이 주 앞으로부터 이를 것이요 20 또 주께서 너희를 위하여 예정하신 그리스도 곧 예수를 보내시리니 21 하나님이 영원 전부터 거룩한 선지자들의 입을 통하여 말씀하신 바 만물을 회복하실 때까지는 하늘이 마땅히 그를 받아 두리라

---

52 Thompson, *The Acts of the Risen Lord Jesus*, 159,이 말한 것처럼 "그러므로 '예수의 이름'은 단순히 '예수'나 '주와 그리스도'라는 칭호가 아니라 하나님의 축복을 받는 수단으로써 그분의 성품이 충만하신 예수님의 적극적인 임재를 이 맥락에서 가장 잘 이해할 수 있을 것이다." 참조. 왕상 9:3.

53 Dunn, *Acts*, 40. 스펙크만은 ὁλοκληρία라는 단어를 신체적, 정신적 건강이라는 주제 아래, 즉 총체적으로 바라본다. M. Speckman, "Healing and Wholeness in Luke-Acts as Foundation for Economic Development: A Particular Reference to Ὁλοκληρία in Acts 3:16," *Neot* 36 (2002): 97–109.

54 헬라어로 "완전한 건강"은 ὁλοκληρίαν로, LXX에서는 제물로 바쳐질 수 있는 흠 없는 동물을 가리킨다(사 1:6; 슥 11:16). 이것은 이 사람이 흠이 있었기 때문에 치유될 때까지 성전에 들어갈 수 없었다는 생각을 뒷받침한다.

55 이 내러티브에서 성령이 명시적으로 언급되지는 않았지만, 내러티브의 흐름과 3:20-21에 나오는 "담대함"을 통해 성령의 임재가 암시된다. 2장에서 주요 사건은 사도들이 성령으로 충만해지는 것이었고, 3:20-21에서는 "회복하실 때"에 관해 이야기한다. 3:20-21의 주해를 참조하라.

3:17-18. "그리고 지금"(Καὶ νῦν, 카이 뉜. 개역개정은 생략)으로 표시된 설교의 새로운 부분이 시작된다. 베드로는 3장 11-16절에서 그 사람이 어떻게 치유되었는지 설명했으며, 이제 이스라엘 사람들에게 그들의 행동과 치유와 하나님의 계획의 관계에 관해 자세히 가르치고 응답을 촉구한다.[56]

그들은 지도자들이 그랬던 것처럼 "알지 못하여서"(ἄγνοια, 아그노이아) 행동했다.[57] 그들의 무지에 관해 말함으로써 그는 그들에게 가해지는 타격을 완화하지만 변명하지는 않는다. 그들의 무지는 구체적으로 예수님이 하나님의 종, 주님, 메시아라는 사실을 몰랐다는 것이다(눅 23:34; 고전 2:8; 딤전 1:13). 그들은 무고한 사람을 죽이고 있다는 것을 알았지만, 자신들이 진정으로 무엇을 하고 있는지 알지 못했다(행 13:27).[58]

그들의 행동과 무지조차도 하나님의 계획을 방해하지 않고 오히려 더욱 발전시켰다. 그들의 무지를 통해 하나님은 선지자들을 통해 예언하신 것을 "이루셨다"(πληρόω, 플레로오). 베드로의 신학은 선지자들이 하나님의 말씀을 전한다는 것이다. 이 경우 그는 메시아가 고난을 받을 것이라는 예언을 떠올린다(사 52-53장, 시 22편; 31편; 34편; 69편; 렘 11:19; 단 9:26; 슥 12:10; 13:7). 사도행전에서는 더 큰 차원에서 그리스도의 고난이 신자들에게 패러다임을 제공한다. 그들도 예수님의 이름을 위해 고난을 받을 것이다. 예수님의 고난이 계획된 것이라면 교회도 마찬가지이다. 어느 것도 하나님의 뜻을 벗어나는 것은 없다. 아무리 악한 행동이라도 하나님의 계획은 궤도에서 벗어나지 않는다.

3:19-20. 하나님의 계획이었지만 백성들은 여전히 손에 피를 묻혔으므로 "회개하고 돌이켜야 한다"(μετανοήσατε οὖν καὶ ἐπιστρέψατε, 메타노에사테 운 카이 에피스트렙사테). 이 단어들은 본질적으로 같은 뜻을 가진 두 단어이다.[59] 이 요청은 선지자들의 언약적 탄원을 반향한다(사 6:10; 10:21; 렘 3:7; 4:1; 호 14:1-2; 슥 1:3-4; 말 3:7). 회개의 결과는 세 가지이다. (1) 그들의 죄가 지워지고, (2) "새

---

56 Polhill, *Acts*, 183,은 회개에 대한 기본적인 요청과 하나님께서 주실 축복을 제시하고 있으며, 22-26절은 이 호소에 대한 성경적 근거를 제시하고 있다고 주장한다.

57 구약의 율법에는 자기도 모르는 죄에 대한 속죄가 있었다(민 15:27-31).

58 Bock, *Acts*, 173.

59 Ἐπιστρέφειν "돌이키다, 돌아오다"는 누가에서 반복적으로 사용됐다(참조. 눅 1:16-17; 2:39; 8:55; 17:4, 31; 22:32; 행 9:35, 40; 11:21; 14:15; 15:19, 36; 16:18; 26:18, 20; 28:27). R. Tannehill, *The Shape of Luke's Story: Essays on Luke-Acts* (Eugene: Cascade, 2005), 175,은 회개하라는 요청이 성전 연설의 중간에 주어지지만 오순절에는 마지막에 주어지는 것에 주목한다. "성전 설교는 더 이상 (십자가에 못 박힌 예수를 메시아로 인정하는) 초기 충격에 의존할 수 없으며, ... 대신 회개를 촉구한 후 일련의 뒷받침하는 동기를 제시한다."

로운"(ἀναψύξεως, 아납쉬크세오스) 때가 오고, (3) 예수님이 다시 오실 것이다.[60]

그들의 죄가 없이 된다는 것은 시편 51편 9절에서 다윗이 하나님께 "모든 [자신의] 죄악을 지워 주소서"라고 간구하는 것과 유사하다. 회개의 반대편에 있는 좋은 소식은 하나님께서 빚의 기록을 취소하신다는 것이다(사 43:25; 렘 18:23). "새롭게 되는"(ἀναψύξεως, 아납쉬크세오스)은 여기와 출애굽기 8장 15절에서만 사용되었는데, 바로가 땅에 "안도"(개역개정. "숨을 쉴 수 있음")가 있음을 본 것은 하나님의 심판으로부터 경험하는 안도감을 암시한다. 이 단어는 시원한 바람이나 물 한 잔으로 더위를 식히는 것을 의미하며, 안식일 안식(히 3:7-4:13)과 관련이 있다.

현재와 미래에 회개하면 사람들에게 안식이 찾아올 것이라는 의미이다. 안도감이나 새롭게 됨은 주님의 임재에서 비롯된다. "주"에 대한 이 언급은 아버지 하나님이어야 하며 베드로는 성령의 임재가 하나님의 임재임을 나타낸다. 슈나벨 Schnabel은 2장 38절과 3장 19-20절의 병렬 구조에 주목하며, 새롭게 하는 시간이 성령과 연결되어야 한다는 생각을 뒷받침한다.[61]

성령의 새롭게 하는 시간	
2:38	3:19-20
세례에서 보여지는 회개	회개
죄의 용서	죄의 용서
성령을 받음	새롭게 되는 시간

회개의 세 번째 결과는 예수님께서 재림하신다는 것이다. 사도행전의 나머지 설교에서는 예수님의 재림에 대한 구체적인 언급이 나오지 않지만 누가는 이미 승천과 예수님의 재림을 연결했다(행 1:11). 그는 현재의 현실을 강조하면서도 미래 또는 2단계 종말론을 포기하지 않았다.

베드로는 이스라엘의 소망은 회개하고 회개의 물로 걸어갈 때만 올 것이라고 강조한다. 스토트Stott가 지적한 대로, 예수님은 (1) 완전한 용서, (2) 영적으로 새

---

60 19절은 2:38에 나오는 베드로의 부르심과 비슷하지만, 20절은 조금 더 자세한 내용을 담고 있다.

61 Peterson, *Acts*, 181,이 언급했듯이, 2:38에 나오는 베드로의 약속과 비교하면 성령이 이 회복을 가져다주는 분일 수 있음을 시사한다. 이 표는 Schnabel, *Acts*, 215.에서 가져온 것이다. 이 아이디어를 뒷받침하는 것은 사 32:15의 심마쿠스(Symmachus) 번역에서 성령의 부으심을 가리키는 용어가 사용되었다는 점이다. Chrysostom, *Homily 9 on Acts* (*NPNF* 1/11:59),에서는 "회복"을 부활을 모호하게 가리키는 것으로 받아들인다. 이것은 성령과 상충되어서는 안 된다.

롭게 함, (3) 보편적 회복을 가져다준다.[62] 새로운 다윗 왕의 그늘에서 새로운 시대가 밝았다. 그리고 그는 자신을 죽인 자들에게도 선한 왕이다.

3:21. 베드로는 예수님의 재림에 관해 언급했으므로 이제 예수님의 현재 위치를 언급한다. 예수님은 회복의 날까지 하늘에 계신다(말 4:5-6). 그들은 그리스도께서 보좌에 앉은 시대에 살고 있지만 그분이 적을 무찌르기 위해 다시 오기 전이다. 베드로는 하늘의 관점에서 말하면서 하늘이 그를 "받아 두어야"(δέχομαι, 데코마이) 한다고 말함으로써 하늘을 의인화한다. "반드시"(개역개정, "마땅히". δεῖ, 데이)라는 단어는 현재 예수님의 승천이 필요하다는 것을 나타낸다. 이러한 예수님의 승천은 만물의 "회복"(ἀποκαταστάσεως, 아포카타스타세오스)이 이루어질 때까지 계속된다.[63] 예수님의 재림은 회개하는 사람들에게 복의 시간이다.

사도행전 1장 6절에서 사도들이 예수님께서 왕국을 회복하실 것인지 묻자, 예수님은 성령으로 그들의 주의를 돌리면서 "회복"이라는 단어를 사용한다. 어떤 사람들은 이것을 이스라엘의 회복으로 제한할 수도 있지만, **만물의** 회복은 새 하늘과 새 땅을 의미한다.

우주의 화해와 이스라엘의 회복은 하나로 합쳐진다(암 9:11-12; 사 65:17; 66:22-23). 베드로는 그들이 두 세계 사이에 살고 있다고 믿지만, 문맥상 이 회복은 이미 시작되었음을 암시한다(골 1:20). 하나님은 예수님을 보내셨고 그분의 고난에 관해 말씀하셨을 뿐 아니라 새로운 세상을 약속하셨다. 사람들은 이 새로운 세상을 엿보고 있다. 걷지 못하는 사람의 치유는 앞으로 일어날 일을 예고한다. 그것은 미래를 엿보는 것이다.

2.1.2.3. 부활한 종에 대한 성경적 지지 (3:22-26)

22 모세가 말하되 주 하나님이 너희를 위하여 너희 형제 가운데서 나 같은 선지자 하나를 세울 것이니 너희가 무엇이든지 그의 모든 말을 들을 것이라 23 누구든지 그 선지자의 말을 듣지 아니하는 자는 백성 중에서 멸망 받으리라 하였고

24 또한 사무엘 때부터 이어 말한 모든 선지자도 이 때를 가리켜 말하였느니라 25 너희는 선지자들의 자손이요 또 하나님이 너희 조상과 더불어 세우신 언약의 자손이라 아브라함에게 이르시기를 땅 위의 모든 족속이 너의 씨로 말미암아 복을 받으리라 하셨으니 26 하나님이 그 종을 세워 복 주시려고 너

---

62 Stott, *The Spirit, the Church, and the World*, 178.

63 누가의 종말론이 실현된다는 지적도 있지만, 여기에는 누가의 종말론이 미래 지향적이라는 것을 보여주는 균형 잡힌 진술이 있다(다음도 참조하라. 행 1:11; 눅 21:27).

희에게 먼저 보내사 너희로 하여금 돌이켜 각각 그 악함을 버리게 하셨느니라

3:22-23. 베드로는 신명기 18장 15, 19절 및 레위기 23장 29절의 인용문과 앞 단락의 관계를 완전히 설명하지 않는다. 그는 선지자의 존재와 거절할 때 나타날 결과를 강조하기 위해 구약 본문을 사용한 것 같다.[64] 새로운 예언의 종이 일어났으니 이제 들어야 할 때이다. 받아들임은 생명을 의미하고 거부는 죽음을 의미한다. 그러나 그는 비유를 바꾼다. 죽음 대신에, 그는 레위기에서 더 사회학적이거나 "안/밖"의 집단에서 추방의 의미를 가지는 "끊어진"(CSB "잘린", 개역개정 "멸망 받으리라") 사람을 말한다.[65]

신명기의 원래 문맥에서 새로운 선지자를 "일으킨다"(개역개정 "세운다." ἀνίστημι, 아니스테미)는 이 인용문은 단순히 "소명적으로 세우다"는 의미였을 수도 있지만, 그리스도의 오심과 함께 더 풍성한 의미(*sensus plenior*)로 예수님의 소명과 승천을 모두 가리킨다. 이 선지자의 말을 듣는 사람은 회복을 경험하고, 그분의 말을 듣지 않는 사람은 하나님의 백성에게서 완전히 "끊어질" 것이며(레 23:29; 신 18:19), 이는 4장에서 장차 다가올 반대를 예고한다. 구약에서는 여호와를 거역하는 사람은 하나님의 백성에게서 뿌리 뽑혔다(민 15:30). 정확한 문구는 레위기 23장 29절에 사용되었으므로 모세에 대한 거부뿐만 아니라 대속죄일에 대한 거부를 암시한다.[66] 참 이스라엘은 예수님과 그분의 속죄 희생에 대한 그들의 반응으로 정의될 것이다.

3:24. 모세는 장차 오실 선지자와 회복의 날에 관해 말했을 뿐만 아니라 사무엘 이후 모든 선지자가 이날에 관해 이야기했다. 구약의 예언자적 목소리는 한 목소리이다. 베드로는 구약성경이 미래 지향적이며 통일된 메시지를 전하고 있다고 단언한다. 구약성경은 하나님께서 자기 백성을 구출하고, 대속하고, 지도자를 교체하는 새로운 출애굽과 새 언약의 시대를 예언했다(삼상 13:14; 15:28; 16:13; 28:17). 걷지 못하는 사람의 치유는 새 시대의 표지이다.

3:25-26. 베드로는 이제 그들에게 자신의 메시지를 받아들이라고 간청한다.[67] 백

---

64 Pervo, *Acts*, 110,가 언급했듯이 구약의 인용문은 2장을 대조적으로 밝힌다. 2:39은 희망을 제시하지만, 3:23은 거절의 결과를 보여준다.

65 ἐξολεθρεύω라는 단어는 "파괴하다"라는 의미도 가질 수 있다(시 34:16; 37:38). 참조. BDAG, 351.

66 Keener, *Acts*, 2:1117.

67 설교는 족장들에게 주신 하나님의 약속을 언급하는 것으로 시작하고 끝난다(13절, 25-26절).

성들은 선지자들의 아들이며, 하나님은 그들의 조상들과 언약을 맺으셨고, 이 약속은 그들을 위한 것이다. 하나님의 약속은 모세와 선지자들을 거쳐 아브라함까지 거슬러 올라간다. 그들은 이 전통의 상속자이며, 하나님은 베드로의 말과 행동을 통해 그들에게 말씀하신다. 베드로는 창세기 12장 3절과 22장 18절, 아브라함과 맺은 언약을 인용하며 땅의 모든 족속이 그들의 후손을 통해 복을 받을 것이라고 말한다.

약속의 성취는 그 종의 영광을 통해 이루어진다(사 52:13-53:12). 그는 이 생명을 다른 사람들에게 전파하는 부활한 자이다(행 3:13). 주의 종은 야곱의 지파를 회복시켜 열방의 빛이 되게 한다(사 49:5-6). 그는 하나님께서 말씀하신 자손이다. 이 종은 이스라엘이 온 세상을 축복할 수 있도록 그들을 축복하기 위해 **먼저** 이스라엘로 보냄 받았다. 하나님은 그들을 정죄하지 않고 축복하기 위해 예수님을 보내셨다. 크리소스토무스는 "십자가에 못 박히신 예수님은 십자가에 못 박은 자들을 축복하셨다"라고 말했다.[68]

이러한 맥락에서 보편적으로 강조되는 것은 민족이 아니라 가난하고 억압받고 버림받은 사람들, 즉 걷지 못하는 사람(눅 4:18-19)에 대한 언급이다. 모든 인류(보편)는 이스라엘(특수)을 통해 축복받을 것이다. 그러나 이 약속은 조건부이며, 이스라엘이 메시아이신 주님을 거부하는 악한 길에서 돌이킬 때만 이루어질 수 있다. 이 메시지는 먼저 이스라엘을 위한 것이며, 문제는 그들이 이 선지자와 종에게 어떻게 반응할 것인가 하는 것이다.

2.1.3. 성전에서 일어난 갈등 (4:1-31)

4장에서는 나머지 이야기 전반에 걸쳐 지속될 주제인 반대를 소개한다. 이 이야기는 재판 이야기로 묘사되어 있으며 예수의 수난 이야기와 유사하다. 누가는 이러한 유사점을 제시함으로써 그리스도의 몸도 머리와 같은 적대감을 겪고 있음을 나타낸다.[69] 성전 권력자들은 예수님의 증인들을 거부함으로써 예수님을 또다시 배척한다. 사도행전의 나머지 부분과 마찬가지로, 종들은 예수님의 높아지심을 전파했다는 이유로 재판받는다.

본문은 누가 이스라엘을 합법적으로 이끌고 있는가에 대한 질문에 답하기 시작하는데, 이 모든 것은 성전 공간을 둘러싼 충돌을 중심으로 전개된다.[70] 기존 성

---

68 Chrysostom, *Homily 9 on Acts* (*NPNF* 1/11:60).

69 두 재판 내러티브에서 성전 권력자들은 아침에 판결하기 위해 모인다(눅 22:66; 행 4:5-6), 베드로가 특히 두드러진 역할을 하고(눅 22:56; 행 4:13), 유죄의 증거가 없으며(눅 23:4, 14-15, 22; 행 4:21), 백성들도 비슷하게 반응한다(눅 19:47; 행 4:21). 사도행전 마지막에 서술된 바울의 생애에도 동일한 재판 유형이 나타난다. 이 단락은 A. Fitzmyer, *The Acts of the Apostles*, AB 31 (New Haven, CT: Yale University Press, 1998), 297[= 『사도행전 주해』, 대구: 분도출판사, 2015].에 크게 의존한다.

70 Keener, *Acts*, 2:1124,는 이 갈등이 민족의 문제가 아니라 권력의 문제라고 지적한다.

전 권력자일까? 아니면 새로 등장한 이 단순한 제자들일까? 예수님에 대한 반응
이 나누어진다. 성전에 대한 도전은 여기서 시작하여 7장까지 이어지는데, 새 성
전 백성과 성전 권력자 사이의 갈등이 세 단계로 전개된다.

첫 번째 성전 갈등: 4:1-31
두 번째 성전 갈등: 5:17-42
스데반의 성전 갈등: 6:11-8:1

이러한 적대감은 스데반 이야기라는 위기로 이어진다. 스데반은 사도행전에서
가장 긴 설교를 하고 풀려나지 않고 순교한다. 이렇게 사도행전은 분수령을 만들며,
반대가 잦아들지 않음에도 교회 성장은 계속된다. 누가는 사도행전 4장에서 하나
님의 불이 임한 베드로와 요한이 도전받으면서 이 위기에 대한 이야기를 시작한다.
새 이스라엘이 등장하면서 성전 권력자들은 이제 "백성들로부터 단절"(3:23)된다.

4장에서 몇 가지 주제에 주목할 수 있지만, 신학에서 비롯된 사회학적 요인
이 표면으로 드러난다. 사도들이 새로운 부활의 권능을 선포하기 때문에(신학적
으로) 성전 권력자들은 자신들의 힘을 보존하려고 한다(사회학적으로). 지도자들
의 변덕스러움에 비해 사도들의 권위, 힘, 담대함은 두 시대의 대비를 보여준다.

권력 투쟁이 한창이지만, 초점은 주로 사도 대 성전 권력자가 아니라 성령을
통한 하나님과 그분의 메시아의 능력에 맞춰져 있다. 예수님은 부활하신 분(4:2)
이시며 구원을 가져다주시는 분이시며(4:11-12) 생명의 주인이시다. 부패한 유
대 지도자들은 죽음의 대리인이다. 진정한 대조는 신적 권위와 인간적 권위, 즉
어둠의 세력과 빛의 세력의 대조이다.[71]

이 구조는 여러 가지 방식으로 볼 수 있다. 옛 지도자와 새 지도자 사이의 대
립이 표면으로 드러나기 때문에 대립과 반응이라는 렌즈가 적절하다. 먼저 지도
자들은 사도들과 대립하고(4:1-7), 베드로는 예수님에 대한 메시지로 반응한다
(4:8-12).[72] 성전 권력자들은 다시 대립하며 설교하지 말라고 명령하지만(4:13-
22), ἐκκλησία(에클레시아), 즉 "회중"은 오직 하나님께 순종하고 담대함을 위해
기도하겠다고 말한다(4:23-31). 그들의 능력과 권위는 성령을 선물로 주신 삼위
일체 하나님으로부터 흘러넘친다.

---

71 Spangenberg, *Brief Exegesis of Acts* 4:1-4, in Chung-Kim, Hains, et al., *Acts*, 49,은 성전
지도자들의 반대를 빛의 천사로 변장한 사탄의 탓으로 돌리고 있다.

72 Talbert, *Reading Acts*, 41,은 이 부분을 "설교는 두 부분으로 나뉜다. (1) 첫 번째는 치유가
어떻게 일어났는지에 초점을 맞추고(8b-10절), (2) 두 번째는 치유가 **무엇을** 의미하는지를
다룬다(11-12절)"라고 말한다(강조는 원문).

2.1.3.1. 성전 백성과 대면하는 성전 권력자들 (4:1-7)

1 사도들이 백성에게 말할 때에 제사장들과 성전 맡은 자와 사두개인들이 이르러 2 예수 안에 죽은 자의 부활이 있다고 백성을 가르치고 전함을 싫어하여 3 그들을 잡으매 날이 이미 저물었으므로 이튿날까지 가두었으나 4 말씀을 들은 사람 중에 믿는 자가 많으니 남자의 수가 약 오천이나 되었더라

5 이튿날 관리들과 장로들과 서기관들이 예루살렘에 모였는데 6 대제사장 안나스와 가야바와 요한과 알렉산더와 및 대제사장의 문중이 다 참여하여 7 사도들을 가운데 세우고 묻되 너희가 무슨 권세와 누구의 이름으로 이 일을 행하였느냐

4:1. 장 구분이 존재하지만, 성전의 도전(4:1-31)은 베드로의 종 설교에서 바로 이어진다. 사도행전의 설교는 행동의 일부이자 행동에 박차를 가하는 역할을 한다. 사도행전은 진정 말씀 중심의 내러티브이다. 앞 장과 관계는 시간 분사 λαλούντων(랄룬톤)으로 표시된다.[73] 그들이 하나님의 종 예수님과 회개에 관해 말하고 **있을 때** 성전 권력자들은 그들을 대면했다.[74]

독자들은 사도들에게 도전하는 사람, 즉 제사장, 성전 대장과 사두개인들이 **누구인지**에 대한 중요성을 간과해서는 안 된다.[75] 여기서 사두개인들을 언급한 것은 사두개인들이 부활 교리를 부인했기 때문에 그리스도의 새 생명을 둘러싼 갈등을 가리킨다(4:19-20; 5:17-20). 사도행전의 시련은 부활 신학을 둘러싸고 일어난다(17:18, 32; 23:6-8; 24:21; 26:6; 28:20). 성전 지도자들은 새 성전 백성들이 그리스도의 영속적인 생명에 따라 동원된 것을 기뻐하지 않는다. **하나님의 이름**이 그들의 공간을 침범하고 있기 때문이다. 지각 변동이 일어났다. 옛 목자들은 이 예수쟁이들이 반갑지 않나. 그들은 현상 유지를 원한다.

---

73 Barrett, *Acts 1–14*, 216–17,은 이 내러티브가 시간 분사뿐만 아니라 베드로의 부활 선포를 많은 사람이 믿었다는 진술, 걷지 못한 사람의 존재(4:14)에 대한 언급으로 연결되어 있다고 지적한다.

74 Witherington, *The Acts of the Apostles*, 188,은 누가의 설교가 자주 중단되었거나 적어도 완성되지 않은 상태라고 주장한다. 위더링턴의 주장이 맞는다면, 이것은 내러티브의 진행에 박차를 가하는 효과를 가져올 수 있다. 이를 다른 방식으로 표현하면 사도행전에는 말씀과 교회의 성장에 초점을 맞추기 때문에 마무리되지 않은 많은 느슨한 결말이 포함되어 있다는 것이다. Johnson, *Acts*, 76,은 누가가 동사 ἐπέστησαν(이르렀다)을 갑작스러운 등장(눅 2:9, 38; 4:29; 21:34; 행 4:1-3; 6:12; 10:17; 11:11; 12:7; 22:13)에 사용했다는 점에 주목하여 결말 사이의 주장을 뒷받침하고 있다.

75 성전 경비대장(개역개정. "성전 맡은 자")은 대제사장 다음으로 높은 직위의 제사장이었다. 사두개파는 공식적인 성전 권한은 없었지만 많은 제사장이 이 그룹에서 배출되었다. 사두개파는 솔로몬의 대제사장이자 아비아달을 대신한 사독의 후손이었다(왕상 2:26-27, 35; 대상 5:30-35).

4:2. 성전 지도자들은 이어지는 부정사로 전달되는 두 가지 이유로 "불쾌하고" 또는 "동요했기"(개역개정, "싫어하여," διαπονούμενοι, 디아포누메노이) 때문에 베드로와 요한을 대면한다. 베드로와 요한은 사람들을 "가르치고"(διδάσκειν, 디다스케인), 예수님 안에서 죽은 자의 부활을 "전하고"(καταγγέλλειν, 카탕겔레인)하고 있다. 그들은 예수님을 미워하기 때문에 사도들을 미워한다. 그들은 생명을 반대한다.

누가가 그들의 설교에 사용한 문구, "예수로 말미암아"(개역개정, "예수 안에," ἐν τῷ Ἰησοῦ, 엔 토 이에수)는 사두개인들이 부인한 현실인 죽은 자들의 부활(복수형)이다(눅 20:27; 행 23:7-8). 누가는 예수님의 부활과 (걷지 못하는 사람의 치유에서 알 수 있듯이) 그리스도의 부활의 광범위하고 조직적인 효과를 강조한다.[76] 예수의 부활은 모든 것을 회복시키겠다는 하나님의 약속의 첫 열매였다(3:21; 23:6; 24:15; 24:21; 28:20).

베드로와 요한은 설교하면서 그들의 신학을 적용점과 연결했다. 예수님의 부활은 백성들의 부활을 의미했고(고전 15장 참조), 승천하신 주님은 하늘 보좌에서 이스라엘을 다시 만드셨다. 성전 당국은 "백성"을 빼앗아 간다는 이유로 그들의 메시지를 좋아하지 않았다. "백성"(ὁ λαός, 호 라오스)은 이스라엘을 가리키는 용어로, 베드로의 말씀을 통해 새로운 하나님의 백성이 형성되고 있음을 나타낸다.

4:3. 성전 지도자들은 이 새로운 성전 부활 운동에 동요하여 베드로와 요한을 "잡으매"(ἐπέβαλον, 에페발론) 예수님처럼 구금한다(눅 20:19, 같은 동사가 사용됨). 사도들은 생명을 전파했지만, 성전 지도자들은 두려움, 포로, 죽음을 전파했다. 예수님은 이미 자신의 이름으로 설교하면 고난당하고 잡힐 것이라고 예언하셨다(눅 21:12).

이제 사도들은 기존의 권력 구조를 흔드는 데서 오는 반대를 경험한다(5:18; 12:1; 21:27). 사도들은 예수님을 전파할 뿐만 아니라 예수님을 따라 자기 십자가를 져야 한다. 사도행전에는 고난이 만연한다. 하나님의 나라가 도래했지만, 그들은 여전히 하나님의 나라가 아직 오지 않은 "그 사이"의 시간에 살고 있다. 그러나 다음 구절에서 알 수 있듯이 "사두개인들은 사도들은 체포할 수 있었지만, 복음은 체포할 수 없었다."[77]

4:4. 반대파가 추악한 고개를 들었지만, 누가의 글은 평온하다. 지도자의 계

---

76 Barrett, *Acts 1–14*, 220,은 ἐν τῷ Ἰησοῦ가 도구적으로(예수님을 통해) 또는 공간적(예수님 안에서)으로 해석될 수 있다고 지적한다. 이 두 가지 선택지는 크게 다르지 않지만 도구적으로 사용되는 것이 더 선호된다. 그들은 예수님을 통해 죽은 자의 부활을 선포하고 있었다.

77 Stott, *The Spirit, the Church, and the World*, 96.

획이 실패한다고 해서 하나님의 목적이 좌절되지 않을 것이다. 베드로와 요한의 메시지를 들은 많은 사람이 "믿었다"(ἐπίστευσαν, 에피스튜산). 이 이야기에서 "백성"(λαός, 라오스)은 성전 권력자들과 대조를 이루며 "기독교를 전파하는 비옥한 밭"이다.[78] 베드로는 이미 그들을 예수님의 이름으로 "믿음"(πίστις, 피스티스, 3:16)과 회개(3:19)로 불러냈고, 이제 독자들은 많은 사람이 믿는다는 사실을 알게 된다. 모든 이스라엘이 새 시대를 거부한 것이 아니라 성전 지도자들만 거부했다.

누가는 그 수가 약 오천 명에 이르렀다고 기록한다. 이전에 보고한 마지막 숫자는 3천 명으로, 2천 명이 추가되었음을 나타낸다. 유대 전통에서 수천 명이라는 숫자는 군사적 맥락에서 가장 자주 등장한다. 이것은 숫자에 의한 그들의 승리이다. 민수기의 성취이다.[79] 누가가 교회의 성공을 수적 성장만으로 평가하지는 않지만, 평가의 한 요소이다.

4:5-6. 누가는 "이튿날"이라는 시간 표시를 함으로써 새로운 장면으로 전환하며, 이 장면을 이전 장면과 연결하기도 하고 약간 분리하기도 한다. 1-4절에서와 마찬가지로 누가는 반대파를 소개하지만, 이번에는 좀 더 자세히 설명한다. 이제 관리, 장로, 서기관, 대제사장 안나스, 가야바, 요한, 알렉산더, 그리고 대제사장 가문의 모든 구성원이 예루살렘에 모인다.[80] "사람들의 이름"의 목록이 도착했다. 이 장면은 예수님을 기소하는 장면을 연상시킨다(눅 22:66).

6절은 관련된 제사장들의 이름을 거의 나열함으로써 성전 주제를 확인하고 사도들과 나란히 배치한다. 선동하는 사람들이 지위가 낮은 사람들뿐만 아니라 이제 예루살렘의 모든 지도자를 동요시켰다. 누가의 포괄적인 자료를 놓치기는 어렵다. 사도들은 부활하신 주님께 예루살렘의 증인이 되라는 부름을 받았고, 이제 예루살렘의 모든 지도자가 주님과 주님의 기름 부음 받은 자들을 대적하기 위해 모였다(시편 2편). 곧 베드로는 이것조차도 성경을 성취한다고 선언할 것이다.

4:7. 7절은 지도자들이 베드로와 요한 앞에 던진 질문을 정의한다. 사도행전에서 일관되게 설교는 질문 또는 초청과 연결되어 있다(2:12; 5:27-28; 10:33; 13:15; 17:18-20). 그들은 베드로와 요한을 "그들 가운데"(ἐν τῷ μέσῳ, 엔 토 메

78 Tannehill, *The Narrative Unity of Luke-Acts*, 2:60. 태너힐은 누가복음에서 사람들이 때때로 긍정적으로 묘사되지만, 6:11-14; 12:3-4,11; 21:36; 22:22에서 볼 수 있듯이 변덕스럽고 쉽게 흔들린다는 점에 계속 주목한다. 누가는 또한 23:13-25에서 사람들이 예수님께 등을 돌리는 것을 기록한다.

79 Pao, *Acts and the Isaianic New Exodus*, 151.

80 누가가 시 4:26-27에서 시편 2편을 인용할 때 "모이다"(συνάγω)라는 동일한 단어가 사용되었다. 이 모임은 주님께서 사도의 간증을 통해 형성하시는 모임과는 대조적으로 악한 모임이다. 통치자와 장로는 일반적인 용어이다. 율법 교사들은 평신도 바리새 학자였다.

소) 서게 하여 4장 25-27절에 등장할 "함께 의논하는" 주제를 예고한다. 그들은 어떤 "능력"($\delta\upsilon\nu\acute{\alpha}\mu\epsilon\iota$, 뒤나메이)으로, 어떤 "이름"($\acute{o}\nu\acute{o}\mu\alpha\tau\iota$, 오노마티)으로 걷지 못하는 사람을 고쳤는지 묻는다. 누가의 질문 표현은 내러티브에서 이미 다루었던 주제(참조. 1:8; 2:21, 38; 3:6, 12, 16)와 예수님께 제기된 질문(눅 20:2; 막 11:28)을 다시 한번 강조한다.[81]

또한 이 질문은 지도자들이 예수님이 귀신의 왕을 통해 이런 일을 하고 있다고 주장했던 바알세불 논쟁을 암시할 수 있다(눅 11:15). 두 영적 왕국이 전쟁 중이다. 이것은 단순히 1세기에 발생했던 권력 다툼이 아니다. 예수님은 그들에게 높은 곳에서 오는 권능을 약속하셨고, 이 권능은 사탄을 무너뜨린다. 사탄은 성전에 자신의 집을 지었지만, 새로운 힘이 작용하고 있다. 예수님의 이름은 성전 주제와 연관되어 있다(왕상 8:17-20). 하나님의 성전 임재는 성령의 **능력**과 그리스도의 **이름**을 통해 이 땅에 임했다.

2.1.3.2. 예수님의 부활 생명을 전파하는 베드로 (4:8-12)

8 이에 베드로가 성령이 충만하여 이르되 백성의 관리들과 장로들아 9 만일 병자에게 행한 착한 일에 대하여 이 사람이 어떻게 구원을 받았느냐고 오늘 우리에게 질문한다면 10 너희와 모든 이스라엘 백성들은 알라 너희가 십자가에 못 박고 하나님이 죽은 자 가운데서 살리신 나사렛 예수 그리스도의 이름으로 이 사람이 건강하게 되어 너희 앞에 섰느니라 11 이 예수는

너희 건축자들의 버린 돌로서

집 모퉁이의 머릿돌이 되었느니라

12 다른 이로써는 구원을 받을 수 없나니 천하 사람 중에 구원을 받을 만한 다른 이름을 우리에게 주신 일이 없음이라 하였더라

4:8-9. 베드로는 이 기적을 가능하게 하는 능력과 이름이 무엇이냐는 질문에 대답한다. 누가는 지금까지 주로 베드로의 목소리에 초점을 맞추었는데, 여기서 베드로의 대답은 성령에서 비롯된 것이라고 말한다.[82] 예수님은 성령께서 자기 사자들

---

81 눅 1:17에서 예수님은 "엘리야의 심령과 능력"을 가지고 있다고 말씀하셨고, 이제 사도들은 예수님의 영과 능력을 가지고 있으며, 이는 그들이 엘리사의 발자취를 따르고 있음을 나타낸다.

82 Witherington, *The Acts of the Apostles*, 193,은 "여기서 누가는 베드로의 성화 수준이나 영적 체험에 관해 논의하기 위해 '성령으로 충만하다'는 표현을 사용한 것이 아니라 옛 선지자들과 마찬가지로 베드로도 성령의 감동과 인도를 받아 하나님의 말씀을 전할 것임을 나타내기 위해 이 표현을 사용한 것이 분명하다. 이것은 누가가 다른 곳에서 이 문구를 사용하는 방식이며, 화자의 예언자적 성격을 나타낸다(참조. 눅 1:15, 41, 67; 4:1; 행 2:4;

이 고발당할 때 할 말을 주실 것이라고 약속하셨다(눅 12:12; 21:15). 옛 피조물이 창조주의 말씀으로 생겨난 것처럼 새 피조물도 행동과 말을 통해 발전할 것이다.

베드로는 걷지 못하는 자를 위해 한 일 때문에 심문을 받는지 묻는다. 크리소스토무스가 말했듯이, 이 지도자들은 살인을 저지르기 위해 달려갈 뿐만 아니라 선행을 범죄로 만들고 있다.[83] 베드로는 수사학적이면서도 아이러니하게도 그 행위를 "착한 일"(εὐεργεσία, 유에르게시아, "선행")이라고 언급하면서 대답을 바꾼다. 이 헬라어 용어는 시민 의식을 가진 사람이 공동선을 위해 행하는 행위를 의미한다.[84]

고대 지중해 사회에서 선물에 대한 적절한 반응은 감사였으며, 감사를 표하지 않는 것은 사회적 무례(faux pas)였다. 또한 도시의 후원자는 대개 엘리트였지만, 이들은 돈도 없고 교육도 받지 못했다(4:13). 이들은 죄가 없을 뿐만 아니라 선을 행하기 위해 고난을 받는다는 베드로 자신의 편지 주제는 그리스도의 모범에서 비롯되었다(벧전 2:11-12, 15, 20, 21-25; 3:13-17; 4:15-16). 기독교는 도시와 사람들의 번영을 위한 것이다. 권력자들은 의문을 제기하기보다는 감사해야 한다. 그들은 메시아와 그분의 백성을 부정하기보다는 하나님을 찬양해야 한다.

4:10. 질문에 대한 성전 권력자들의 대답은 마침내 10절에 나온다. 베드로는 설교할 기회에서 돌아가지 않고, 기소를 당한 상황에서도 통치자들과 장로들뿐만 아니라 모든 이스라엘 백성에게 설교한다. 베드로는 예수님에 대한 백성들의 죄 (2:23, 36; 3:13-15; 참조. 요 1:11-13)와 하나님의 부활 능력(2:24-32; 3:15, 26)이라는 주제를 반복한다. 자신을 변호하는 것은 일반적인 관행이었지만, 재판관들을 고발하는 것은 이례적인 일이며 놀라운 담대함을 보여준다.[85]

베드로는 주님의 이름으로 치유가 일어났다고 주장한다. 부활하신 예수님은 부활하게 하신다. "건강하게"(ὑγιής, 휘기에스)는 "깨끗하다"는 말이며 성전 안으로 들어갈 수 있다는 뜻이다(레 13:10, 15-16; 사 38:21; 마 15:31; 막 5:34; 눅 7:10; 요 5:5-15).[86] 탈버트가 올바르게 지적한다.

4:31; 6:3, 5; 7:55; 9:17; 11:24; 13:9)."라고 올바르게 말한다.

83 Chrysostom, *Homily 10 on Acts* (*NPNF* 1/11:66).

84 BDAG, 405.

85 Keener, *Acts*, 2:1148.

86 NIDNTTE(1:516)는 "ὑγιής와 ὑγιαίνω는 단순히 건강한 신체 상태만을 나타내지 않는다. 예수님을 만나 치유받은 사람은 메시아의 말씀으로 전인격이 치유된 사람(참조. ὅλον ἄνθρωπον, "전신", 요 7:23), 즉 죄로부터 구원이 내포되어 있다."라고 말한다. M. Silva, ed., *New International Dictionary of New Testament Theology and Exegesis*, 5 vols. (Grand Rapids: Zondervan, 2014).

누가-행전의 줄거리에서 예수님은 하늘로 승천하셨지만(1:9-11), 그분이 부재하신 것으로 간주하지 않는다. 부활하신 예수님은 그분의 영을 통해(참조. 행 16:7, 예수의 영), 그분의 이름을 통해(3:6; 16:18, 이름을 통한 치유, 10:43, 이름을 매개로 한 용서), 그분의 말씀과 행동의 전수를 통해(10:34-43; 13:16-41), 예수님의 모범적인 삶을 따랐던 제자들의 삶을 통해(누가복음에 나오는 예수님의 생애 사건과 사도행전에 나오는 제자들의 생애 사건 사이의 일치를 기억하라), 그리고 다양한 환상(9:3-6, 10-12, 15-16; 22:17-21; 23:11)을 통해서도 세상에 임재하신다. 여기서 부활하신 예수님의 일하심은 그분의 이름을 통해 이루어진다.[87]

예수님은 그분의 교회 사역을 통해 현존하신다. 이 치유는 부활이었다. 새 성전 사람들은 성령을 통해 예수님의 생명을 전파한다.

4:11. 권력자들은 예수님을 거부했지만, 신적 권위로 택하심을 받아 자리를 잡으셨다.[88] 예수님은 건축가들이 버린 "돌"(ὁ λίθος, 호 리도스)이시다. 여기에서 그리고 시편 118편 22절에서 성전에 대한 언급은 부인할 수 없는 사실이다. 베드로전서 2장 4-9절에서 베드로는 교회를 거룩한 제사장 직분을 위해 세워진 산 돌인 신령한 집이라고 선언한다. 예수님은 이스라엘 백성의 장로들과 통치자들이 거부한 새 성전의 돌이시다.

비일Beale은 심지어 "사도행전 4장 11절은 사도행전에서 그리스도가 새 성전을 세우신 분임을 가장 직접적으로 드러내는 구절"이라고 주장하지만, 스데반의 설교도 포함되어야 한다.[89] 클라우니Clowney는 그리스도와 성전의 관계를 올바르게 묘사하고 있다.

> 그리스도 안에는 실재가 있다. 그리스도는 성전이 의미하는 바를 성취하는 것이 아니라 성전이 존재했던 의미 그 자체이다. ... 참된 분의 오심은 비유적인 것을 대체한다. 손으로 만든 성전에 대한 견해는 그 상징이 성취되었기 때문에 파괴된다.[90]

성전보다 더 큰 이가 참으로 여기에 있다(마 12:6). 새 성전이 건축되고 있지만 이스라엘의 지도자들은 이 새로운 시대를 맞이할 준비가 되어 있지 않다. 돌이

---

87 Talbert, *Reading Acts*, 42.

88 헬라어 본문에는 대명사(οὗτος)만 있지만, 베드로가 이것이 누구인지 더 설명하기 때문에 CSB는 "예수님"으로 올바르게 번역한다. 시편 118:22는 포도원 비유(마 21:42; 막 12:10; 눅 20:17)의 마지막에도 사용되었다.

89 Beale, *The Temple*, 216.

90 E. Clowney, "The Final Temple," *WTS* 35 (1972): 177, 182.

신 예수님은 "모퉁이의 머리돌"(χεφαλὴν γωνίας, 케팔렌 고니아스)이 되셨고, 새 성전 백성은 그 반석 위에 세워진다(단 2:34-35; 마 16:18; 엡 2:19-22).[91] "그는 이스라엘과 온 피조물의 회복을 위한 하나님의 계획의 핵심 인물이다."[92] 걷지 못하는 사람이 거절당했지만, 그 이후 성전으로 들어간 것은 예수님의 길을 반영한다. 예수님에게 일어난 일이 이제 세상에 전파된다.

4:12. 시편 118편 22절에 이어 베드로는 독자들에게 희망을 주면서 어떻게 하면 이 새로운 건축의 일부가 될 수 있는지 설명한다. **하늘 아래** 다른 이름이 없다고 말함으로써 베드로는 승천 내러티브를 일깨우고 그리스도의 주권적 통치라는 관점에서 지리를 재구성한다. 걷지 못하는 사람이 치유받는 사건은 단순한 의학적 회복이 아니라 포괄적이고 다차원적인 구원이었다. 치유는 곧 구원이다. 예수님처럼 사도들은 복음의 치유 능력을 온 세상에 전파했다. 그들의 질문에 대한 베드로의 명쾌한 대답은 분명하다. 구원과 생명은 예수의 이름으로 온다는 것이다(2:20-21; 33-36).[93] 이미 독자들은 예수님이 메시아이시며 주님이심을 안다(2:36).

2.1.3.3. 회복을 막으려고 시도하는 성전 권력자들 (4:13-22)

13 그들이 베드로와 요한이 담대하게 말함을 보고 그들을 본래 학문 없는 범인으로 알았다가 이상히 여기며 또 전에 예수와 함께 있던 줄도 알고 14 또 병 나은 사람이 그들과 함께 서 있는 것을 보고 비난할 말이 없는지라 15 명하여 공회에서 나가라 하고 서로 의논하여 이르되 16 이 사람들을 어떻게 할까 그들로 말미암아 유명한 표적 나타난 것이 예루살렘에 사는 모든 사람에게 알려졌으니 우리도 부인할 수 없는지라 17 이것이 민간에 더 퍼지지 못하게 그들을 위협하여 이 후에는 이 이름으로 아무에게도 말하지 말게 하자 하고 18 그들을 불러 경고하여 도무지 예수의 이름으로 말하지도 말고 가르치지도 말라 하니
19 베드로와 요한이 대답하여 이르되 하나님 앞에서 너희의 말을 듣는 것이 하나님의 말씀을 듣는 것보다 옳은가 판단하라 20 우리는 보고 들은 것을

---

91 시 118:22의 두 절 사이의 관계는 불분명하지만, 복음서의 수난 이야기와 사도행전 내러티브는 이것이 원인과 결과의 관계임을 가리킨다. 예수님을 거부한 것이 그분이 즉위하는 길이었다. 여기서 이미지는 성전과 관련이 있지만 나머지 성경은 왕과 제사장의 임무를 예수님과 연결한다.

92 Peterson, *Acts*, 192.

93 Schnabel, *Acts*, 242,은 ἐν ᾧ δεῖ σωθῆναι ἡμᾶς("우리가 구원을 받아야 한다")라는 어구가 "(1) 예수님은 구원의 유일한 장소(ἐν의 구체적 의미) 또는 대리인이라는 것을 강조한다. (2) 오직 예수님을 통해서만 구원을 얻는 것은 하나님의 계획의 필수적인 부분이다(δεῖ). (3) 하나님은 예수님을 통해 구원을 주시는 분이다(수동 부정사), (4) 예수님을 통해 오는 구원은 성취된 실체이다(부정과거 부정사)."라고 주목한다. 부정과거 동사에 대한 문법적 요점은 의문이다.

말하지 아니할 수 없다 하니 21 관리들이 백성들 때문에 그들을 어떻게 처벌할지 방법을 찾지 못하고 다시 위협하여 놓아 주었으니 이는 모든 사람이 그 된 일을 보고 하나님께 영광을 돌림이라 22 이 표적으로 병 나은 사람은 사십여 세나 되었더라

4:13. 성전 권력자들은 베드로와 요한의 "담대함"(παρρησίαν, 파레시안)에 놀랐다. 이 담대함은 그들이 당국에 도전하는 방식과 그리스도를 선포하는 방식 모두와 관련이 있다. 누가는 성령의 능력을 받은 사람들의 결과를 강조하기 위해 παρρησία(파레시아)를 자주 사용한다(2:29; 4:13, 29, 31; 9:27-28; 13:46; 14:3; 18:26; 19:8; 26:26; 28:31). 이 용어는 여론보다는 진리를 위해 헌신한 철학자나 현자에게도 사용되었다. 지도자들은 이 사도들이 "교육을 받지 못했거나" 더 문자 그대로 "학문이 없는"(ἀγράμματοί, 아그람마토이)이며 "훈련받지 못한"(개역개정. "범인". ἰδιῶται, 이디오타이)이라고 말한다. 이것은 성경 해석자로서 훈련받지 못했음을 나타낸다.[94]

키너Keener는 이것이 문해력 부족을 의미하는 것이 아니라 단순히 그들이 적절한 "학교" 출신이 아니거나 하층 계급 출신임을 의미할 수 있다고 지적한다.[95] 공식적으로 그들에게는 서기관으로서 자격이 없었다. 베드로와 요한은 지배 계급에 속하지 않았지만, 예루살렘 지도자들은 이들이 예수님과 함께 있었다는 사실을 인정한다. 누가는 스승이자 철학자인 예수님께 하나님 나라의 비밀에 관한 최고의 훈련을 받았다고 말한다.[96] 그 권위는 지위나 정치적 지위, 사회적 지위에서 나온 것이 아니라 그리스도와의 친밀함에서 비롯된 것이다. 통치자들은 기존의 권위적인 지위에 집착한다. 그러나 새로운 권위가 종말론적으로 도래했고 사도들은 그리스도의 권능을 받았다.[97]

---

94 사 44:25-26은 여호와가 "점 치는 자들을 미치게 하며 지혜로운 자들을 물리쳐 그들의 지식을 어리석게 하며 그의 종의 말을 세워 주며 그의 사자들의 계획을 성취하게 하며 예루살렘에 대하여는 이르기를 거기에 사람이 살리라 하며 유다 성읍들에 대하여는 중건될 것이라 내가 그 황폐한 곳들을 복구시키리라 하며"라고 말한다. J. Jonas, *Annotations on Acts* 4:13, in Chung-Kim, Hains, et al., *Acts*, 51,은 이것을 고린도 서신의 "미련한 자가 지혜로운 자를 부끄럽게 하는 것"과 "진흙 항아리에 보화를 담은 것"과 연결한다.

95 Keener, *Acts*, 2:1154–55; T. Kraus, "'Uneducated,' 'Ignorant,' or Even 'Illiterate'? Aspects and Background for an Understanding of Agrammatoi (and Idiōtai) in Acts 4.13," *NTS* 45 (1999): 434–49.

96 예수님이 제자들을 통해 새로운 서기관 학교를 만드셨다는 나의 주장을 참조하라. P. Schreiner, *Matthew, Disciple and Scribe: The First Gospel and Its Portrait of Jesus* (Grand Rapids: Baker Academic, 2019).

97 권위가 옮겨진 것은 성령이 사울을 떠나 다윗에게 임하실 때를 반영한다. 사울은 다윗에게 분노하지만 하나님은 기름 부음받은 자를 선택하셨다.

4:14. 유대 당국자들은 베드로의 주장에 반박하고 싶었지만, 눈앞에 부활의 권능이 보였기 때문에 반박할 수 없었다. 누가는 그들을 열광적으로 묘사하지 않는다. 그들은 눈앞에 있는 침묵하는 사람 때문에 침묵한다.[98] 누가는 이미 이 사람이 태어날 때부터 불구자였으며 대부분의 공동체가 그를 아는 것처럼 보였음을 분명히 했다(3:2, 10). 따라서 지도자들은 그들의 적대감을 방어할 자원이 없었다. 누가는 그들이 "반대하여"(ἀντειπεῖν, 안테이페인. 개역개정. 비난할) 할 말이 없었다고 말한다. 이 동사는 누가복음 21장 15절에서 열두 제자의 대적 중 누구도 "그들을 대적할" 수 없을 것(ἀντειπεῖν, 안테이페인)이라는 예수님의 약속이 성취되었음을 암시한다. 독자들이 3장에서 배웠듯이 이 무능력은 앞으로 일어날 일의 예고편이다.

4:15-17. 성전 지도자들은 베드로와 요한에게 아무런 대답이 없자, 그들끼리 "의논"(συνέβαλλον, 쉬네발론)할 수 있도록 산헤드린에서 나가라고 명령한다. 지도자들은 아이러니하게도 누가가 이미 자세히 설명한 대로 명백한 표적이 일어났음을 인식한다(2:43; 4:22, 30; 참조. 2:22). 그들은 표적의 실체는 인정하지만, 표적의 배후에 있는 능력은 인정하지 않는다. 설교를 통한 표적이 반드시 효과적이지 않다. 하나님의 영이 그들의 마음속에 역사해야 한다.

성전 권력자들은 교육받지 못한 이 집단을 해산시키려고 시도하면서 어떻게 해야 할지 질문한다. "사도들의 예언적/철학적 증거의 불타는 단순함과 대조되는 것은 지도자들의 이중적인 마음이다."[99] 그들은 침착하고 담대하며 성령으로 충만한 사도들과는 대조적으로 광적으로 답을 찾으려고 한다. 교육을 받은 사람은 답을 찾고, 교육을 받지 못한 사람은 답을 가지고 있다.

예루살렘 지도자들은 지상의 권세에 의지하여 교육받지 못한 예수 추종자들을 "위협"한다. 그들의 권력은 그들을 타락시켰다. 그들은 종의 약함과 겸손을 배우지 못했다. 이 결정의 목적은 사도들의 메시지가 더 이상 "퍼지지"(διανέμω, 디아네모) 않도록 하기 위한 것이다(1:8). 누가는 "이 이름"(τῷ ὀνόματι τούτῳ, 토 오노마티 투토)에 관한 사명을 명시하여, 그 이름이 성전에 널리 퍼지게 하는 것이 사명임을 나타낸다. 성전 권력자들은 이 사명을 막으려 한다.

4:18. 성전 지도자들의 심의 결과가 베드로와 요한에게 전달된다. 그들에게 "예수의 이름으로 말하지도(φθέγγεσθαι, 프텡게스다이) 가르치지도(διδάσκειν, 디다케인)" 말라고 한다. 독자들이 이 이야기를 너무 잘 알기 때문에 이 말의 충격을 때때로 지나쳐 버린다. 메시아를 환영해야 할 예루살렘의 지도자들은 여전히 예

---

98 Spencer, *Acts*, 61.

99 Johnson, *Acts*, 81.

수님 때문에 골치를 앓는다(마 2:3)! 그들은 그분의 이름으로 설교하는 것을 억누르고 싶어 하며 다시 그분의 이름을 듣지 못하면 기뻐할 것이다. 권력에 눈이 멀어 그들이 기대하던 분을 대적한다.

4:19-20. 베드로와 요한은 다시 매우 담대하게 대답한다. 큰 부분에서는 성령의 능력과 예수님의 이름에 초점을 맞추었다. 이제 베드로와 요한은 아버지 하나님 보시기에 "옳은"(δίκαιόν, 디카이온) 일이 무엇인지 이야기한다. 그들은 성전 당국자들에게 질문을 던지며 하나님보다 사람에게 순종해야 하는지를 묻는다.[100] 성경에 나오는 정중한 불순종의 모델이 내러티브에 반영되어 있다(단 3:16-18; 6:10, 13). 그리스인들 사이에서 소크라테스는 모범적인 저항으로 유명했다. 베드로와 요한은 증인으로서 책임을 포기하지 않는다.

20절은 이러한 순종이 무엇인지, 즉 보고 들은 것을 말하는 것이 무엇인지 자세히 설명한다. 성전 당국자들이 정치적 책략에 빠져 보고 들은 것을 부인하는 동안 사도들은 좋은 소식을 전하지 않을 수 없었다(눅 4:18-19).[101] 사도들은 예수님의 부활과 승천을 목격한 사람들이다(1:22). 사두개파와 성전 지도자들은 부활을 반대한다(5:18). 독자들은 이미 유다를 통해 하나님의 주권적인 계획을 거스르는 자들의 최종 결과, 즉 황폐한 장소를 보았다.

4:21-22. 예루살렘 권력자들은 마지막 위협을 가하지만, 베드로와 요한을 풀어준다. 사도행전에서는 인간의 행동(5:33-40)과 하나님의 능력(5:17-21; 12:6-11; 16:25-26)으로 풀려나지만, 구원이 절대적으로 보장되지는 않는다(스데반, 야고보, 바울). 이들은 교육받지 못한 사람들이지만, 백성들은 치유가 하나님의 손에서 나왔다는 것을 인식하기 때문에 지도자들은 처벌할 방법을 찾지 못한다.

누가는 지도자들이 사람들의 의견에 따르지만, 사도들은 하나님의 권위에 따라야 한다는 것을 보여준다. 아이러니하게도 성전 당국자들은 그들의 지위와 추종자들을 모두 잃게 되지만, 사도들은 수 세기 동안 확장될 교회의 기초가 될 것이다.

교육을 받지 못한 사람들이 승리한 이유는 그들이 하나님의 계획을 따르고, 생명을 주는 메시아를 전파하며, 성령의 권능을 가졌기 때문이다. 누가는 이 남자가 40년 이상 불구로 지냈다는 것을 중요하지 않게 보일 수 있는 이야기로 마무

---

100 소크라테스가 재판받을 때 그는 철학을 가르치지 말라는 명령을 받고 "나는 당신들보다 신께 순종할 것이며, 내 생명과 힘이 있는 한 철학의 실천과 가르침을 절대 멈추지 않을 것이다"(Plato, *Apol.* 29D)라고 대답했다. 누가는 아이러니하게도 그 철학자의 말을 배우지 못한 이들의 입에 담음으로써 기독교도 고귀한 철학임을 나타내고 있는지도 모른다. 참조. Witherington, *The Acts of the Apostles*, 197.

101 이 언어는 다음에서 왔다. Johnson, *Acts*, 81.

리한다. 누가는 이 내러티브를 마무리하며 걷지 못한 자가 걷게 된 능력을 소외된 민족를 위한 희망의 상징으로 만든다.

이스라엘 백성은 40년 동안 광야를 떠돌아다녔지만, 그들의 땅에 들어가지 못했다. 이 남자는 성전 **밖에** 앉아 40년을 기다렸지만 이제 그 종을 통해 부활의 생명과 안식이 찾아왔다. 마침내 이스라엘에 새 시대가 열렸지만, 치유를 받으려면 사람들은 모세와 같은 그들의 종을 따라야 한다.[102]

2.1.3.4. 담대함과 새로운 출애굽을 위한 기도 (4:23-31)

23 사도들이 놓이매 그 동료에게 가서 제사장들과 장로들의 말을 다 알리니 24 그들이 듣고 한마음으로 하나님께 소리를 높여 이르되 대주재여 천지와 바다와 그 가운데 만물을 지은 이시요 25 또 주의 종 우리 조상 다윗의 입을 통하여 성령으로 말씀하시기를

어찌하여 열방이 분노하며
족속들이 허사를 경영하였고
26 세상의 군왕들이 나서며
관리들이 함께 모여
주와 그의 그리스도를 대적하도다 하신 이로소이다

27 과연 헤롯과 본디오 빌라도는 이방인과 이스라엘 백성과 합세하여 하나님께서 기름 부으신 거룩한 종 예수를 거슬러 28 하나님의 권능과 뜻대로 이루려고 예정하신 그것을 행하려고 이 성에 모였나이다 29 주여 이제도 그들의 위협함을 굽어보시옵고 또 종들로 하여금 담대히 하나님의 말씀을 전하게 하여 주시오며 30 손을 내밀어 병을 낫게 하시옵고 표적과 기사가 거룩한 종 예수의 이름으로 이루어지게 하옵소서 하더라 31 빌기를 다하매 모인 곳이 진동하더니 무리가 다 성령이 충만하여 담대히 하나님의 말씀을 전하니라

4:23. 재판 장면은 끝났다. 누가는 공동체의 기도와 그 종에게 은사를 주신 하나님에 대한 소망에 초점을 맞춘 후 일어난 일에 대한 보고로 전환한다.[103] 더 이상 성전은 기도의 중심이 아니라 메시아의 백성이 모이는 곳이면 어디든 성전이 된다. 이 구절은 그들이 "자기 백성"(τοὺς ἰδίους, 투스 이디우스)에게 돌아가서 일어난 모든 일을 보고한다고 말한다. 사도들에게는 그들을 지지하는 공동체가 있

---

102 Spencer, *Acts*, 62.

103 4:23-31은 사도행전에서 가장 긴 기도이다. Sleeman, *Geography and the Ascension*, 116,쪽은 이 시점(4:23-5:16)는 "내러티브는 ἐκκλησία(에클레시아)-공간으로 관심을 돌려 사도들에게 충실한 공간의 생산, 유지 및 발전에 관해 이야기한다"라고 말한다.

고, 그들은 함께 하나님의 얼굴을 구한다. 기도문은 설교문과 마찬가지로 내러티브에 대한 신학적 해석이다.

누가는 지도자들의 반대에도 불구하고 희망의 소리로 이야기를 마무리한다. 그들은 힘을 달라고 기도한다. 반대조차도 하나님의 계획과 조화를 이룬다. 기도는 "그리스도 왕국의 최종 승리에 참여하는 것"이며, 이 승리가 이 땅에서 실현되기를 간구하는 것이다.[104] 이 사건은 박해에 대한 교회의 대응이 시작되었음을 알린다.[105]

4:24. 베드로와 요한에게 일어난 일에 대한 보고는 염려하는 것이 아니라 기도를 낳는다(눅 12:32). 신자들은 함께 목소리를 높여 하나님께 도움을 요청한다 (4:29-31).[106] 이미 사도행전에서 기도는 공동체의 삶의 필수 요소가 되었다(1:14, 24-25; 2:42, 46-47). 누가는 실제 간구(29-30절)보다 서문(23-28절)에 더 많은 시간을 할애하고 있지만, 간구는 서문에서 흘러나온다. 이것은 그들의 **하나님에 대한** 신학이 **하나님에 대한** 간구를 통제하고 있음을 나타낸다. 많은 경우 기도의 대부분은 단순히 하나님이 누구신지 이야기하고 기억하는 것이다(단 9장).

그들은 하나님을 "주"(δέσποτα, 데스포타)라고 부르는데, 사도행전에서 유일하게 등장한다. 이 단어는 누가복음 2장 29절에서 시므온이 예수님을 품에 안고 "주재여 이제는 말씀하신 대로 종을 평안히 놓아 주시는도다"라고 말할 때 나타난다(렘 4:10; 단 9:8; 딤후 2:21; 벧후 2:1; 유 4절; 계 6:10 참조). 일반적으로 하나님의 절대적인 권위를 나타내고 하나님께 적용되며, 억압 속에서 하나님의 도움을 간구하는 사람들이 사용한다. 누가는 이 용어로 자신의 목적에 대한 단서를 제공한다.

그들은 하나님을 "천지와 바다와 그 가운데 만물"을 창조하신 분으로 부른다. 이 구절은 시편 146편 6절과 창세기 신학을 떠올리게 한다. 땅을 창조하고 통제하시는 분으로 하나님을 가리키며, 그분의 영의 능력으로 이 땅을 정비하실 분으로 하나님을 가리킨다. 그러므로 기도의 첫 구절은 성경 이야기의 맥락에서 전개되는 갈등을 주권자이신 주님의 손 아래 놓는다.[107]

---

104 Torrance, *Atonement*, 297.

105 Goulder, *Type and History in Acts*, ch. 3,은 사도행전의 교회가 고난에서 영광에 이르는 예수님의 본을 따른다고 말한다. 기독교의 순환은 죽음과 부활의 순환이다.

106 누가는 다시 ὁμοθυμαδὸν를 사용하여 그들의 연합을 강조한다(참조. 1:14; 2:46).

107 Tannehill, *The Narrative Unity of Luke-Acts*, 2:63. 하나님의 계획에 반대하는 자들에게 박해당한 하나님의 백성은 그들이 처음이 아니다. 이 기도는 히스기야(사 37:16-20; 왕하 19:15-19)와 출애굽 백성들의 구원을 위한 외침(출 2:24)과 비슷하다. 유대 지도자들은 하나님의 백성을 대적하는 새로운 산헤립(앗수르 왕)과 바로가 되었다. 새로운 공동체와 화자인 누가는 스스로를 성경 이야기에 참여하는 사람으로 여긴다. Peterson, *Acts*, 199,는 "다시 말해, 그들은 단순히 상대방을 개인적으로 공격하는 것으로 간주하지 않고, 신학적으로나 역사적으로 [상황을] 평가했다"라고 말한다.

4:25-26. 독자들은 25절에서 하나님의 영감이 일하는 것을 조금 엿볼 수 있다. 우주의 주인은 성경을 통해 말씀하시며, 이 말씀은 성령과 다윗을 통해 중재된다. 다른 본문(히 3:7; 4:7; 벧후 1:21)에서와 마찬가지로 성경의 인간적 측면과 신적 측면이 확증된다. 성경(시 2편)은 이스라엘의 왕을 대적하는 자들에 관해 말하며, 하나님 자신에 관해서도 말한다.

하나님은 반대 가운데서도 주권적으로 자기 왕과 종을 세우셨다. 핍박은 성경을 성취하는 것이므로 제자들은 낙심해서는 안 된다. 흥미롭게도 시편 2편에서 이스라엘 왕을 대적하는 것은 이방인, 즉 땅의 왕들이다.

베드로는 이 시편을 다시 상황화하고 예루살렘 지도자들의 발밑에 걸림돌을 놓는다. 그들이 반대를 보여 준다! 이방인에서 유대인으로 죄가 전이되는 것은 어휘적 연결을 통해 강화된다. 땅의 통치자들이 주님을 대적하여 "모인"(συνήχθησαν, 쉬네크데산) 것처럼, 유대인 지도자들도 "모인"(συναχθῆναι, 쉬나크데나이, 4:5) 것이다. 성전 권력자들의 모임은 악의 소굴이 되었기 때문에 예수님은 새로운 회중을 만드셨다. 예루살렘 당국은 그리스도의 백성에 대한 음모를 꾸밈으로써 주님과 그분의 기름 부음 받은 자들을 대적한다. 그리스도께서는 자기 백성과 동일하게 여기셔서 그들에게 행하는 모든 일이 그분께 행하는 것으로 간주하신다.

시편 2편의 나머지 부분은 우주의 주인이 반역을 비웃으시며 분노로 그들에게 말씀하실 것임을 나타낸다(시 2:4). 하나님을 대적하는 자들의 음모는 하나님을 두렵게 하는 것이 아니라, 그분의 아들에게 그들을 질그릇처럼 깨뜨리겠다고 말씀하실 뿐이다(시 2:9). 누가가 시편 전체를 염두에 두고 있었다면(그럴 가능성이 높다), 이 인용문을 여기에 넣음으로써 초대 교회에 희망과 용기를 주고 있다. 원수들은 분노할 수 있지만 하나님은 주권적 음성으로 비웃으신다.

성전 권력자들은 사실상 주님의 기름 부음 받은 자들을 대적하여 모이는 이방인(땅의 왕들)이 되어 버렸다. 예루살렘은 하나님의 종을 대적하는 애굽, 바벨론, 앗수르 제국이 되었다. 대적은 주님의 기름 부음 받은 자와 반대되는 입장을 취하는 모든 사람이다. 그들이 종들에게 하는 짓은 예수님께 하는 짓이다.

4:27-28. 27절은 시편 2편 인용을 역사적으로 검토하면서 설명하며 시편에서 볼 수 있는 동일한 헬라어 동사 "합세하여"(συνήχθησαν, 쉬네크데산)로 시작한다. 이 구약 본문의 주석은 예수님을 예배하기 위해 모인 공동체와 대조적으로 예수님을 반대하기 위해 **합세한** 사람들을 중심으로 전개된다. 이방인들만 예수님을 대적했을 뿐만 아니라 이스라엘 백성들도 하나님의 종을 대적하기 위해 모였다.

누가는 "거룩한 종"(τὸν ἅγιον παῖδα, 톤 하기온 파이다)을 사용하여 예수님을 더 자세히 묘사한다. "종"이라는 용어는 이사야의 종의 노래로 거슬러 올라가며 하나님의 계획과 예수님을 반대하는 사람들의 악한 행동을 더 연결한다. 그뿐만 아니라 사도들은 선구자를 따라 그리스도의 고난에 동참하는 종이기도 하다. 그들은 기름 부음 받은 자의 학대를 경험한다.

누가는 또한 이 문장 중간에 "기름 부으신 자"(ὃν ἔχρισας, 혼 에크리사스)라는 혼란스러운 관계절을 삽입한다. 해석가들은 어떻게 예수님을 반대하면서 동시에 기름을 부을 수 있는지 궁금해할 수 있다. 아이러니가 짙다. 예수님은 반대**를 통해** 기름 부음을 받았다.

하나님은 자기 손으로(개역개정. "권능." 출 13:3, 14, 16; 시 9:16; 10:12), 뜻(βουλή, 불레. 행 2:22-24; 5:38-39; 13:36-37; 20:26-27; 27:12, 42)으로, 예정(προώρισεν, 프로오리센. 참조. 2:23; 3:18; 7:52)으로 반대 속에서 아들에게 기름을 부으셨다. 이 세 가지 개념은 각각 하나님의 주권적 통제를 나타낸다. 지도자들의 손, 뜻, 계획은 하나님의 결정과 충돌하지만, 예상하지 못한 방식으로 그들의 반대는 하나님의 목적을 달성하기도 한다. 바로 그들의 사악한 계획 속에서 예수님은 선택받은 분이 되신다. 하나님은 가장 악한 행동도 선으로 바꾸신다(창 50:20). 비슷한 방식으로, 이 하나님의 종들은 반대**를 통해** 기름 부음을 받고 즉위한다.

4:29-30. 24절에서 백성들은 하나님께 목소리를 높였고, 29-30절에서는 마침내 담대히 말할 수 있는 능력과 예수님의 이름으로 표적과 기사를 계속해 달라는 간구가 나온다. 이러한 주제는 이 내러티브에 전체적으로 나타난다. 우리는 이미 표적(3장)과 사도들의 담대함(4장)을 보았다.

흥미롭게도 사도들은 하나님께서 유대 지도자들을 비웃으시거나(시 2:4), 그들을 두려워하게 하시거나(시 2:5), 산산조각 내거나(시 2:9), 멸망하게 해 달라고 기도하지 않는다(시 2:12).[108] 그들은 용기와 말씀이 전해지기를 기도한다. 정복한다는 것은 전투를 계속하는 것이다. 그들은 인간 역사에 대한 하나님의 통제를 근거로 이렇게 요청한다.

초대 교회의 기도는 하나님이 통치하신다는 믿음에서 나오며, 그들은 공의로 우신 하나님께서 행동해 달라고 간구한다. 그들은 여기서 하나님을 주님으로 부르며, 하나님께서 자기 백성의 부르짖음을 들으셨을 때(출 2:24) 출애굽 전통을 반향하여 그들의 고통을 헤아려 달라고 간구한다. 담대함과 표적에 대한 기도가 모두 응답된다(4:31, 33; 5:12-16). 새 성전 백성들은 자신들의 상황이 구원 역사에서 새로운 것이 아니라는 것을 인식하지만(심지어 예언된 것이기도 하다), 주

---

108 Schnabel, *Acts*, 258. Chrysostom, *Homily 11 on Acts* (*NPNF* 1/11:71),은 이렇게 말한다. "그리고 보라, 그들은 '그들을 짓밟아 버리라'라고 말하지 않고, '주의 종들에게 허락하사 그들이 담대히 주의 말씀을 말하게 하소서'라고 말한다. 우리도 이렇게 기도하는 법을 배우자. 그런데도 자신을 죽이려는 사람들 사이에 넘어져 그런 식으로 위협을 가하면 얼마나 분노로 가득 차겠는가? 얼마나 적개심이 가득하겠는가? 그러나 이 성도들은 그렇지 않았다."

님의 도움이 필요하다.

4:31. 첫 번째 성전의 도전은 하늘의 표징으로 마무리된다. 그들의 하나님은 여전히 그들과 함께 계시며 그들의 기도를 듣고 계신다. 제자들이 기도한 후, 그들이 "모인"(συνάγω, 쉬나고) 장소는 오순절을 연상시키는 "진동하더니"(ἐσαλεύθη, 에살류데)라고 기록되어 있다. 오순절은 과거 사건일 뿐만 아니라 계속되는 현실이다.[109] 오순절은 절대 반복될 수 없지만 또한 절대 후퇴할 수도 없다.

누가는 시편 기자처럼 세상을 두 가지 모임, 즉 주님을 대적하는 사람들과 주님의 도우심을 간구하는 사람들로 나눈다. 구약에서 흔들림은 하나님의 강력한 임재를 새롭게 경험하는 하나님의 임재를 의미했다(참조. 출 19:18; 사 2:19, 21, 6:4; 암 5:8-9; 제4에스라서 6:15, 29; *Ant.* 4.51). 학개 2장 6-7절과 21-22절은 주님께서 하늘과 땅을 흔들고 성전에 영광을 다시 채우시고 적들을 무너뜨리실 것이라고 구체적으로 언급한다.

그들은 모두 성령으로 충만하여 하나님의 말씀을 "담대히"(παρρησία, 파레시아) 말하기 때문에 시내 산에서 백성들이 그랬던 것처럼 두려워할 필요가 없다.[110] "성전이 흔들렸지만, 그 때문에 그들 모두는 더욱 흔들리지 않았다."[111] 성전 권력자들과 예루살렘 지도자들의 반대에도 이 새로운 운동이 궤도에서 벗어나지는 않을 것이다. 그 이유는 교육을 잘 받았거나 5가지 리더십 전략을 쓰는 데 있지 않다. 하나님의 계획은 모든 권세와 권능을 가지신 하나님과 그분을 의지하는 백성에게 하나님의 능력의 임재가 충만하기 때문에 앞으로 나아간다. 나중에 가말리엘이 말하듯이 하나님이 이 운동의 배후에 계신다면, 이 운동은 실패할 수 없다.

---

109 Keener, *Acts*, 2:1173.

110 위의 장면은 의도적으로 오순절을 반영한다. 핍박에도 불구하고 하나님은 여전히 그들과 함께하신다. 그러나 그것은 "두 번째 축복"이나 "두 번째 오순절"이 아니다. 그들은 오순절 날보다 더 많은 성령을 받는 것이 아니라 그분의 임재를 새롭게 경험한다.

111 Chrysostom, *Homily 11 on Acts* (*NPNF* 1/11:73). Arator, *On the Acts of the Apostles* 1, in Martin and Smith, *Acts*, 55,은 이 흔들림을 평화를 가져오는 발과 연결한다. "성경은 평화를 가져다주는 발이 아름답다고 선언했으므로, 거룩한 스승의 말씀으로 평화가 주어진 그들[사도들]의 발자국 아래에서 기쁨의 땅이 움직였다. 그들을 통해 운반된 평화가 빠른 은혜로 모든 땅으로 퍼져 나갔다."

2.2. 참 성전의 백성: 관대함 (4:32-5:11)

주요 성전 이야기(3:1-4:31; 5:12-42) 사이에는 긍정적인 내용과 부정적인 내용이 짝을 이루어 참된 하나님의 백성을 정의하는 전환 부분이 있다.[112] 내러티브에는 두 개의 공개적인 성전 여행이 있다. 여전히 공동체 전체에 관한 이야기이지만 그 사이에 개인의 집이 있다. 이제 집은 하나님의 장소이며 성전은 갈등의 소굴이다.

누가는 이 새로운 공동체의 헌신을 긍정적으로 요약한 다음(4:32-37), 이를 아나니아와 삽비라의 행동과 대조한다(5:1-11). 두 내용은 주 예수님의 통치가 "이미" 그리고 "아직" 이루어지지 않았음을 나타낸다. 이미 하나가 되었지만, 모든 죄는 아직 제거되지 않았다.[113]

성전 주제가 뚜렷하게 드러나지는 않지만, 독자들은 이 부분을 성전 부분의 일부로 간주하여 성전과 토라 주제에 관심을 기울여야 한다. 성전은 종교적 중심지일 뿐만 아니라 하나님의 축복이 세상에 흘러 들어가는 사회적, 정치적, **경제적** 중심지였다.

하나님의 백성은 성령으로 충만할수록 가난한 사람을 억압하지 않고 관대하게 살아가는 백성이 된다(렘 7:4-7). 예수님은 성전에 들어가실 때 맘몬과 기도에 관해 구체적으로 말씀하셨다(눅 19:46; 마 21:13; 막 11:17). 관대한 레위인이 강조되지만, 아나니아와 삽비라는 부적절한 성전 헌금을 바친다. 하나님은 그들을 쳐서 죽이시고 예루살렘에 참된 교회를 세우실 것을 보여 주신다.

"고대 신전은 종종 신의 성소를 침범한 사람에 대한 저주로 보호되었다(Polybius 31.9.3; Diodorus Siculus 14.63,70; 22.5; 28.3; 31.189; Livy 29.18)."[114] 삼위일체 하나님은 공동체 성장을 허락하실 것이다. 그분은 또한 그들과 함께 계시므로 그 순결을 유지하신다. 그리스도인 공동체의 연합은 율법을 성취하지만(신 15:4), 탐욕과 분열은 예수님에 대해 신실하지 않음을 증명한다.

2.2.1. 관대한 공동체와 주목할 만한 레위인 (4:32-37)

32 믿는 무리가 한마음과 한 뜻이 되어 모든 물건을 서로 통용하고 자기 재물을 조금이라도 자기 것이라 하는 이가 하나도 없더라 33 사도들이 큰 권능으로 주 예수의 부활을 증언하니 무리가 큰 은혜를 받아 34 그중에 가난한 사람

---

112 누가는 이미 오순절 이야기(2:42-47)에서 이러한 긍정적/부정적 패턴을 따랐으며, 앞으로도 그렇게 할 것이다(5:12-16; 6:1-7; 8:1b-4). 이것은 특정 이야기와 짝을 이루는 동시에 더 넓은 역사적, 총체적 맥락에 배치하는 내러티브 효과를 가져온다. 이러한 요약 부분에 대한 개요는 3장의 도입부를 참조하라.

113 Thompson, *One Lord, One People*, 71.

114 Talbert, *Reading Acts*, 51.

이 없으니 이는 밭과 집 있는 자는 팔아 그 판 것의 값을 가져다가 35 사도들의 발 앞에 두매 그들이 각 사람의 필요를 따라 나누어 줌이라

36 구브로에서 난 레위족 사람이 있으니 이름은 요셉이라 사도들이 일컬어 바나바라 (번역하면 위로의 아들이라) 하니 37 그가 밭이 있으매 팔아 그 값을 가지고 사도들의 발 앞에 두니라

4장 32-37절의 요약 부분은 아끼지 않는 공동체를 보여준다. 그들은 자신의 소유를 팔아 도움이 필요한 모든 사람에게 나누어 준다.[115] 이 공동체에 대한 더 일반적인 서술에서 시기가 가득한 제사장들과 달리 자신의 제사장적 지위를 적절히 사용하는 특별한 레위인에 대한 서술로 옮겨간다. 이것은 ἐκκλησία(에클레시아)를 진정한 토라와 성전 공동체로 특징짓는다.

하나님은 이스라엘에게 "너희 중에 가난한 자가 없으리라"(신 15:4)라고 명령하셨고, 예레미야는 성전이 강도의 소굴이 되었다고 비난했다(7:9-11). 구약 전체에서 여호와는 이스라엘에게 가난한 사람들을 돌보라고 부르신다.[116] 옛 선지자들은 이스라엘을 우상 숭배와 가난한 사람들에 대한 방임이라는 두 가지 주요한 이유로 정죄한다. 예수님도 누가복음에서 자신의 사역을 이사야 61장 1-2절에 근거하여 설명하는데, 이 말씀은 성령께서 가난한 사람들에게 기쁜 소식을 전하도록 기름을 부으셨다고 말한다. 새 성전 사람들은 공급과 삶의 장소로서 지속된다.

4:32. 오순절에 관한 요약(2:42-47) 이후 교회가 성장했다. 누가는 이 새로운 공동체의 내부 리듬을 자세히 설명하는 또 다른 요약 부분을 제시한다.[117] 더 이상 베드로와 요한에 초점을 맞추지 않고 무리에게 초점을 맞춘다. 이는 누가가 하나의 이야기를 마무리하는 동시에 다른 이야기를 시작하고 있음을 나타낸다.

누가는 하나님의 백성에게 "한 마음과 한 뜻"이 되라고 명령하는 신명기 6장 5절을 암시하면서 전체 무리가 한 마음과 한 뜻이었다고 주장한다. 아우구스티누

---

115 새로운 공동체는 관대함으로 정의된다. 누가는 사회에서 "높은 지위에 있는" 사람들과 "낮은 지위에 있는" 사람들, 즉 과부와 나사로를 모두 포함하는 교회에 편지를 쓴다(눅 4:25-27). 이는 누가가 신분이 높은 개종자들에 초점을 맞추고 도움이 필요한 사람들과 자원을 나누라는 그의 명령을 통해 알 수 있다. Thompson, *One Lord, One People*, 92,은 아리스토텔레스와 달리 교육과 소유를 나누는 것이 진정한 일치를 위한 수단이 아니라는 점을 지적하는 것이 옳다(참조. *Pol.* 2.2.9-10, 2.4.1-11). 오히려 주 예수님과 그분의 가르침에 대한 헌신이 그 원천이다.

116 출 23:6, 11; 레 14:21; 19:10; 23:22; 신 15:1-11; 시 35:10; 41:1; 68:10; 72:12-13; 82:4; 112:9; 사 3:14-15; 10:2; 11:4; 25:4; 58:7; 렘 2:34; 22:6; 겔 16:49; 18:17; 22:29; 암 2:7; 4:1; 5:11-12; 8:4-6; 슥 7:10.

117 Bock, *Acts*, 212,은 "누가는 선교에 대한 노력을 기록하면서 동시에 공동체의 내적 추진력도 파악한다"라고 말한다.

스는 이러한 연합이 삼위일체의 연합에서 비롯된다고 올바르게 말한다.[118]

이러한 성령 안에서 교제와 연합은 소유물 공유의 기초가 된다. 그들은 헬레니즘 우정의 맥락에서 사용된 용어인 "모든 물건을 통용"(ἄπαντα κοινά, 하판타 코이나)하고 있었기 때문에 이 사회를 이상적인 모임으로 묘사했다.[119] ἄπαντα κοινά (하판타 코이나)는 2장 44-45절에도 사용된 동일한 어구이며 하나님께서 새 언약에서 백성에게 온 마음과 전심으로 행동하게 하시겠다고 약속하신 때를 암시한다(렘 31:31-34, 겔 36:26).

구약 선지자들은 여호와의 백성에게 "과부와 고아와 나그네와 궁핍한 자를 압제하지 말며"라고 가르쳤다(슥 7:10). 이제 누가는 이 공동체가 어떻게 그 비전을 실현하는지 자세히 설명한다. 누가는 이 공동체가 그들이 살았던 두 세계의 최고 이상, 헬레니즘과 유대교를 구현하는 것으로 묘사한다. 그들은 새로운 인류이자 새로운 이스라엘이다. 우리 교회도 세상에서 옳고 선한 것의 등대로 서야 한다.

4:33. 관대한 공동체는 박애주의적 공동체일 뿐만 아니라, 그들의 행동은 부활하신 예수님을 증언하는 것과 맞닿아 있다. 누가는 교회를 설교와 함께 공동체 안에서 정의를 추구하는 사람들로 생각한다. 생명을 주는 예수님의 메시지 없이 생명을 주는 행동은 공허하다.

누가는 32절과 34절 사이에 33절을 배치하여 그들의 관대함에 대한 언급으로 증언을 마무리하면서 이 사실을 나타낸다. 여기에는 사도행전의 다른 부분으로 연결되는 많은 핵심 단어가 등장한다. 사도들은 "큰 권능"(δυνάμει μεγάλῃ, 뒤나메이 메갈레)으로 "주 예수의 부활"(τῆς ἀναστάσεως τοῦ κυρίου Ἰησοῦ, 테스 아나스타세오스 투 퀴리우 이에수)을 큰 은혜로 "증언"(μαρτύριον, 마르튀리온)한다(참조. 6:8).

예수님은 승천하시기 전(1:8) 제자들에게 권능을 받고 자신의 "증인"(μάρτυς, 마르튀스)이 될 것이라고 말씀하셨다. 그들은 특별히 예수님의 부활과 승천을 증거

---

118 Augustine, *Tractates on the Gospel of John* 18.4, in Martin and Smith, *Acts*, 56. "사랑이 그토록 많은 영혼을 한 영혼으로, 그토록 많은 마음을 한 마음으로 만들었다면, 아버지와 아들 사이의 사랑은 얼마나 크겠는가! 분명히 그 사랑은 한 마음을 가진 사람들 사이의 사랑보다 더 클 것이다."

119 아리스토텔레스는 진정한 친구는 모든 것을 함께하고(ἄπαντα κοινά) 있으며 한마음(ψυχὴ μία; *Eth. nic.* 9.8.2)을 가지고 있다고 말한다. 그는 또한 친구를 "두 몸 안에 거하는 한 영혼"으로 정의했다. Witherington, *The Acts of the Apostles*, 205,은 그리스-로마 문화에서는 사회적으로 동등한 사람들이 친구가 되는 상호주의가 있었지만, 기독교의 비전은 궁핍한 사람들이 감사와 연합을 제외하고는 보답할 필요가 없는 비전이었다고 지적한다. 우정의 관점에서 2:44-47과 이 구절을 분석하려면 다음을 참조하라. A. C. Mitchell, "The Social Function of Friendship in Acts 2:44–47 and 4:32–37," *JBL* 111 (1992): 255–72. Basil the Great, *Letter 22.1*, in Martin and Smith, *Acts*, 57,은 "그리스도인은 자신에게 주어진 모든 것을 자기 소유로 여기거나 쌓아 두는 것이 아니라 사용해야 할 것으로 여겨야 한다"라고 말했다.

해야 했으며(1:22; 3:15; 4:2), 이 말씀은 4장 24-30절의 기도에서 반대에 직면하여 담대함을 구한 기도를 이행하는 것이다. 예수님의 부활 생명을 전파하는 것은 치유뿐만 아니라 관대함에서도 비롯된다. 사회적 행동과 구원은 동전의 양면과 같다.

4:34-35. 그들은 큰 "은혜/선물"(χάρις, 카리스)을 받았는데, 그들 중에 "가난한"(ἐνδεής, 엔데에스) 사람이 없었기 때문이다(마 25:35-40). 이것은 신명기 15장 4절에 기록된 이상적인 토라 공동체의 언어이다. 여기서 초점은 도시에 사는 사람들을 부양하는 것이 아니라 공동체에 속한 사람들을 부양하는 데 있다(갈 6:10). 밭이나 집을 소유한 많은 사람이 그것을 팔아 사도들에게 가져왔고, 사도들은 그 자금을 필요한 사람들에게 나누어 주었기 때문에 이 공동체에는 부자와 가난한 사람이 모두 있었다는 것을 알 수 있다.

당시에는 소수의 부자가 돈을 통제했지만, 새로운 공동체에서는 부자들이 가난한 사람들을 부양했다. 누가복음에서 예수님께서는 일관되게 부자들을 꾸짖으셨고(눅 6:24; 12:16-21; 16:1-13; 18:25), 제자들에게 하나님과 돈을 겸하여 섬길 수 없다고 말씀하셨으며(16:13), 바리새인들을 돈을 사랑하는 자들이라고 말씀하셨다(16:14). 이 공동체는 관대한 공동체였지만 신약의 나머지 부분을 보면 사람들은 여전히 집과 다른 재산을 소유하고 있었던 것으로 보이며(참조. 루디아, 야손, 빌립), 이것은 도움이 필요한 사람들을 부양하기 위해 "여분의 것"을 판 것과 같을 수 있다.

4:36-37. 누가는 이러한 행동을 덕있는 방식으로 행한 사람의 대표적인 예를 들면서 요약 부분을 마무리한다.[120] 바나바의 신원에 한 구절 전체를 할애하여 이름과 출신지에 관해 자세히 설명한 후 그의 행동을 자세히 설명한다.

그는 구브로 출신의 레위인 요셉이라고 불렸다. 레위인은 금송아지 사건 이후 제사장의 직무를 수행하도록 구별되었다(민 1:47-53; 출 32:26-29). 요셉은 이전 이야기에 나오는 제사장 통치자들과 대조되어야 한다. 그는 또한 구브로 출신(헬라파)으로 성전에서 봉사한 적이 없었을 가능성이 높다. 이제 그는 새로운 성전 봉사자 중 한 명이며, 성령의 충만함을 받았기 때문에 토라에 따라 행한다(눅 22:26-30 참조).[121]

예레미야는 하늘의 별을 셀 수 없는 것처럼, 주께서도 자기 종 다윗과 자신

---

120 Witherington, *The Acts of the Apostles*, 204,은 36-37절이 전환하는 내용이지만 여전히 요약 구절의 일부라고 주장하며, 다음 요약 부분(5:15)에 나오는 베드로에 대한 언급을 지적한다.

121 바나바는 디아스포라 유대인으로서 바울과 함께 첫 번째 여정에서 구브로를 방문하게 되는데(13:6-12), 구브로는 비유대인 선교에 대한 기대도 한다.

을 섬기는 레위인의 후손을 무수히 많게 하실 것이라고 약속했다(33:22). 요셉의 또 다른 이름은 바나바("위로의 아들"[παρακλήσεως, 파라클레세오스])이다.[122] 제 사장 귀족들은 "시기가 가득했지만"(5:17), 바나바는 후원으로 알려졌다. 위로의 아들이라는 이름은 그가 새로운 공동체를 "위로"(11:23; 14:22)하면서 유대인과 이방인 그리스도인 사이의 중재자로서 앞으로의 다스림을 예고한다.[123] 그는 이방인 지역 출신이기 때문에 이방인 선교에 적합한 자격을 갖추고 있으며, 앞으로의 선교를 예고한다.

바나바는 자신의 땅을 의존하지 않고 밭을 팔아 승천하신 예수님을 믿는 믿음으로 새로운 이스라엘에 들어왔음을 상징적으로 확인시켜 준다. 그는 온 땅을 얻기 위해 자신의 땅을 포기한다(눅 6:20, 24, 38).[124] 그는 왕국에 들어가기 위해 자신의 재물을 버린다. 바나바의 선물의 개방적인 단순함은 아나니아와 삽비라의 복잡한 폐쇄성과 대조를 이룬다. 바나바는 오른손이 하는 일을 왼손이 모르게 했다(마 6:3).

2.2.2. 아나니아와 삽비라와 부적절한 성전 헌금 (5:1-11)

아나니아와 삽비라의 수치스러운 이야기는 잘 알려져 있지만 당혹스러울 수도 있다. 한 부부가 회개할 기회도 없이 갑작스럽게 죽음을 맞이한다. 문학적, 신학적 해석을 통해 제기된 몇 가지 의문에 대한 답을 얻을 수 있다.

첫째, 구약은 아나니아와 삽비라의 죄를 단순히 임의적인 위반이 아니라 레위인의 예물과 대조적으로 부적절한 성전 헌금으로 지적한다.[125] 예레미야가 성전이 강도의 소굴이 되었다고 정죄했다면 하나님의 심판은 하나님의 임재에서 추방되는 것이다(7:11, 15). 이 사건은 또한 아담과 하와의 죄(창 3장), 여호와 앞에 부정한 불을 드린 죄(레 10:1-5), 아간의 죄(수 7장), 게하시의 행동(왕하 5:27), 웃사의 이야기(삼하 6장), 유다의 배신(눅 22:3-6)과 유사하다.[126]

---

122 Bede, *Comm. on Acts* 4.36b,는 "위로"라는 단어를 성령(παράκλητος)과 연결한다. 따라서 바나바는 "비둘기의 아들"이다.

123 Tannehill, *The Narrative Unity of Luke-Acts*, 2:78,은 누가가 중요한 인물들을 먼저 작은 인물로 등장시켰다가 사라지게 했다가 나중에 더 큰 역할로 다시 등장시키는 방식으로 소개하는 것을 좋아한다고 주목한다. 그는 빌립(6:5)과 사울(7:58; 8:1, 3)도 마찬가지로 중요한 지점에서 다시 등장시켰다.

124 참조. Sleeman, *Geography and the Ascension*, 120–21. 또한 바나바의 역할에 대한 그의 의견을 참조하라.

125 A. Le Donne, "The Improper Temple Offering of Ananias and Sapphira," *NTS* 59 (2013): 346–64,는 사도행전 1-7장에서 성령이 주님의 성전 임재를 회복시키며, 솔로몬 행각의 구체적인 위치가 3:11과 5:12에서처럼 명시되어 있지 않더라도 이 내러티브는 그러한 관점에서 보아야 한다고 올바르게 주장한다. 이 이야기는 유다 이야기와도 어느 정도 유사하다. 사탄과 돈이 개입되어 있고 둘 다 제대로 된 장례를 치르지 못한다는 점이다.

126 Chrysostom, *Homily 12 on Acts* (NPNF 1/11:76–80),은 이 내러티브를 아간과 웃사와

아나니아와 삽비라에 대한 성경의 반향	
창세기 3장	아담과 하와
레위기 10장	나답과 아비후
여호수아 7장	아 간
사무엘하 6장	웃 사
열왕기하 5장	게 하 시
누가복음 22장	유 다

둘째, 이와 관련하여 본문은 경고한다. 하나님의 임재는 축복이 될 수 있지만, 그분의 정결함을 지키기 위해 두려울 수도 있다. 에스겔 20장에 대한 암시는 회복의 본문 한가운데서 주님께서 "너희 가운데에서 반역하는 자와 내게 범죄하는 자를 모두 제하여 버릴지라"(38절)라고 말씀하시는 부분에서 나타난다. 그러면 주님은 자신의 백성을 기쁜 향기로 받아들이시고 열방이 보는 앞에서 그들을 통해 자신의 거룩함을 나타내실 것이다(41절). 하나님의 심판이 임할 때 경외심과 두려움이 백성을 가득 채운다(5:5, 11). 던Dunn이 주장하듯이, 이 부분은 하나님과 그분의 백성의 거룩함에 비추어 "경계를 정의"하는 것이다.[127] 아나니아와 삽비라는 성령을 거부하므로 "하나님은 아나니아와 삽비라에게 하나님만이 주시는 것, 즉 생명을 취하신다."[128]

셋째, 이 이야기는 초자연적인 힘으로 촉발된 초대 교회의 갈등이 외부의 힘뿐만 아니라 내부의 부패에서 비롯된 것임을 보여준다. 관대함을 없애는 것이 죄이다. 죄는 "실체가 아니라 실체를 망치고, 유기체가 아니라 유기체에 거머리를 붙이는 것"이다.[129] 이러한 내적 타락은 표면 아래에서 벌어지는 종말론적이고 초자연적인 전투에서 비롯된다. 사탄은 하나님의 새 성전에 대항하여 전쟁을 벌인다. 하나님의 백성은 혈과 육이 아니라 어둠의 권세와 싸운다(엡 6:12).

연결한다.

127 Dunn, *Acts*, 61.

128 Jennings, *Acts*, 53.

129 C. Plantinga Jr., *Not the Way It's Supposed to Be: A Breviary of Sin* (Grand Rapids: Eerdmans, 1996), 89,는 "죄는 기생충이며, 초대받지 않은 손님으로 숙주를 계속 두드려서 생계를 유지한다. 죄의 모든 힘, 끈기, 그럴듯함은 도둑맞은 물건일 뿐이다. 죄는 실체가 아니라 실체를 망치는 존재이며, 유기체가 아니라 유기체에 기생하는 거머리이다. 죄는 샬롬을 건설하는 것이 아니라 파괴한다."라고 말한다.

2.2.2.1. 아나니아의 헌금, 죽음, 매장 (5:1-6)

1 아나니아라 하는 사람이 그의 아내 삽비라와 더불어 소유를 팔아

2 그 값에서 얼마를 감추매 그 아내도 알더라 얼마만 가져다가 사도들의 발 앞에 두니

3 베드로가 이르되 아나니아야 어찌하여 사탄이 네 마음에 가득하여 네가 성령을 속이고 땅 값 얼마를 감추었느냐 4 땅이 그대로 있을 때에는 네 땅이 아니며 판 후에도 네 마음대로 할 수가 없더냐 어찌하여 이 일을 네 마음에 두었느냐 사람에게 거짓말한 것이 아니요 하나님께로다 5 아나니아가 이 말을 듣고 엎드러져 혼이 떠나니 이 일을 듣는 사람이 다 크게 두려워하더라 6 젊은 사람들이 일어나 시신을 싸서 메고 나가 장사하니라

5:1-2. 레위인 바나바와의 대조는 "그러나"(δέ, 데. 개역개정은 생략)로 공동체의 모든 것이 기도와 관대함은 아님을 보여준다.[130] 아나니아와 삽비라는 재산을 팔았지만, 이익의 일부를 남겨둔 사람으로 소개된다. 남편과 아내의 공모는 창세기 3장을 반향한다.

피터슨은 "교회의 '원죄'는 돈과 소유를 잘못 사용하는 측면에서 묘사된다!"라고 말한다. 예수님은 왕국에 대한 유혹을 받았고 유다는 돈 때문에 예수님을 배신했다."[131] "감추다"(ἐνοσφίσατο, 에노스피사토)는 주님께 바친 재산을 숨긴 아간(수 7:1)의 죄를 묘사하는 것과 같은 동사이다. 아간의 죄로 인해 주님의 진노가 이스라엘을 향해 불타올랐다. 이것은 단순히 개인적인 범죄가 아니라 부적절한 성전 제물이었다. 그들의 죄는 예수님께서 화를 선포하신 것, 즉 마음의 변화가 없는 외적인 의로움이었다.[132]

5:3-4. 누가는 방법을 설명하지 않지만, 베드로는 아나니아가 거짓말을 한 것을 알고 선지자적 역할을 계속한다.[133] 베드로는 이 악행을 사탄에게 돌리고, 성령을 거스르는 행위로 말한다. 아나니아가 성령으로 충만해진 것이 아니라 사탄이

---

130 Sleeman, *Geography and the Ascension*, 121,은 또한 아나니아와 삽비라가 교회 공간에서 환영을 받으려 하면서도 개인적인 공간도 지키려 한다고 지적한다. 그러나 이것은 그들이 그리스도의 공간 통치에 진정으로 복종하지 않았음을 보여줄 뿐이다.

131 Peterson, *Acts*, 209. Johannes Brenz, *Homilies* 22, Acts 5:1–11, in Chung-Kim, Hains, et al., *Acts*, 60,에서는 그들의 죄를 명예와 칭찬에 대한 욕망 때문이라고 설명한다.

132 "화 있을진저 너희 바리새인이여 너희가 박하와 운향과 모든 채소의 십일조는 드리되 공의와 하나님께 대한 사랑은 버리는도다 그러나 이것도 행하고 저것도 버리지 말아야 할지니라"(눅 11:42).

133 Polhill, *Acts*, 157,은 엘리사가 성령의 영감을 받아 나병 환자 나아만에게 돈을 받은 종 게하시의 이중성을 보았을 때와 연결한다(왕하 5:26).

아나니아의 마음을 "가득한"(ἐπλήρωσεν, 에플레로센) 결과, 승천하신 주님의 보화를 신뢰하기보다 지상의 소유를 더듬게 만들었다(눅 22:3).

베드로가 한 말은 독자들이 이 역사적 이야기를 악의 세력과 선의 세력 사이의 종말론적 전투로 보도록 촉구한다. 새로운 하나님의 백성이 직면하는 압력은 궁극적으로 사탄에게 비롯되며, 사탄은 안팎에서 그들을 타락시키려고 할 것이다. 아나니아는 사도들뿐만 아니라 성령께도 거짓말을 했다. 그는 "한 마음과 한 뜻"이 아니었다(행 4:32).

4절에서 베드로는 아나니아에게 땅을 팔아야 할 의무가 없었으므로 아나니아가 강요받아서 팔았다고 자신을 정당화할 수 없음을 보여주는 질문을 한다(민 30:2, 신 23:22-24). 아나니아의 죄는 하나님에 대한 전심 어린 언약의 신실함이 부족했다는 것이다. 그는 참됨보다 평판에 더 관심이 있었다. 베드로는 아나니아가 사람들에게 거짓말을 한 것이 아니라 하나님께 거짓말을 했다고 주장한다. 그는 "거짓말쟁이요 거짓의 아비"(요 8:44)이기 때문에 그의 아버지 마귀에게 났다.

하나님의 백성에 대한 반역은 하나님에 대한 반역이다(살전 4:7-8). 스바냐 3장 13절은 새롭게 된 하나님의 백성은 "악을 행하지 아니하며 거짓을 말하지 아니하며 입에 거짓된 혀가 없으며"라고 말한다. 그들의 실수는 인간 공동체를 상대하고 있다고 생각한 것이었지만, 이곳은 하나님의 백성이자 하나님의 장소이다.

5:5-6. 아나니아는 베드로의 말을 듣고 쓰러졌다.[134] 심판의 극단적인 성격은 해석가들을 괴롭혔고, 해석자들은 몇 가지 해결책을 제시했다. (1) 아나니아가 충격을 받아 심장마비를 일으켰다는 것, (2) 공동 재정에서 재물을 감춘 것에 대한 쿰란 공동체의 처벌을 반영한다는 것, (3) 사탄이 죽음으로 이끈다는 것, 그러나 가장 좋은 해결책은 (4) 이것을 구약 구절과 연결하여 부적절한 성전 헌금으로 보고 따라서 하나님의 손이 아나니아를 바로 죽게 했다는 것이다.[135]

---

134 사 33:14-17은 "우리 중에 누가 삼키는 불과 함께 거하겠으며 우리 중에 누가 영영히 타는 것과 함께 거하리요."라고 질문한다. 그 대답은 "오직 공의롭게 행하는 자, 정직히 말하는 자, 토색한 재물을 가증히 여기는 자, ... 눈을 감아 악을 보지 아니하는 자"이다. Keener, *Acts*, 2:1193,은 공동체와의 평화를 깨뜨린 고라 사람들(민 16:30-33), 엘리야를 위협한 사람들(왕하 1:10, 12), 엘리사를 조롱한 사람들(왕하 2:23-24)의 갑작스러운 죽음에 관해 언급한다.

135 아나니아의 죽음에 사용된 동사는 ἐξέψυξεν으로, "기절하다" 또는 "죽다"라는 뜻이다. 베드로나 하나님이 이 사건의 원인으로 명시적으로 언급되지는 않았지만, 이것이 내러티브에서 가장 자연스럽게 읽히는 방식이다(심장마비 가능성도 배제하지 않는다). 아나니아와 삽비라의 행동에 사탄이 분명히 관여했지만, 내러티브에서 그들의 죽음을 심판의 반대급부로 묘사하기 때문에 죽음을 사탄의 탓으로만 돌리는 것은 설득력이 없다. G. A. Boyd, *The Crucifixion of the Warrior God: Interpreting the Old Testament's Violent Portraits of God in Light of the Cross*, 2 vols. (Minneapolis: Fortress, 2017). 가장 가능성이 높은 해결책은 그들의

요한계시록 21장 27절에는 부정한 것이 하나님의 성에 들어올 수 없다고 명시되어 있다. 구약에서 부정한 것은 성전에 들어오지 못하게 했다(대하 23:19; 29:16; 30:1-20). 시편 101편 7절은 "거짓을 행하는 자는 내 집 안에 거주하지 못하며 거짓말하는 자는 내 목전에 서지 못하리로다"라고 선언한다. 말라기는 이렇게 말한다.

> 그는 금을 연단하는 자의 불과 표백하는 자의 잿물과 같을 것이라 그가 은을 연단하여 깨끗하게 하는 자 같이 앉아서 레위 자손을 깨끗하게 하되 금, 은 같이 그들을 연단하리니 그들이 공의로운 제물을 나 여호와께 바칠 것이라 (말 3:2-3)

또한 거짓말은 토라의 규정을 어기는 것이며(출 20:16; 레 19:11), 하나님은 자신의 말씀을 따르지 않고 성전을 더럽히는 모든 사람을 벌하실 것이다.[136] 거짓말 또는 맹세를 어기면 불못에 떨어지고(계 21:8), 죄는 하나님의 진리를 거짓과 교환한 결과이며(롬 1:25), 하나님은 거짓말을 미워하신다(잠 6:16-20).

이러한 견해를 뒷받침하는 것은 집단주의 사회가 나머지 공동체를 희생시키면서 자신만을 위해 재산을 축적하는 구성원을 처형하는 것으로 알려진 것이다. 걷지 못하던 사람의 **생명**은 아나니아의 **죽음**과 짝을 이룬다. 하나님이나 그분의 공동체를 경시해서는 안 된다. 공동체에는 큰 두려움이 엄습했다(참조. 5:11).

아간과 웃사의 죄처럼 회개의 기회가 주어지지 않았다는 사실에 놀라는 사람들도 있지만, "이러한 결과는 하나님께서 교회의 거룩함을 해치는 모든 것을 얼마나 심각하게 여기시는지 보여준다(고전 3:16-17; 고후 6:14-18 참조)."[137] 누가는

죽음이 하나님의 손에, 심지어 베드로를 통해서도 일어났다는 것인데, 이는 사람들이 두려움에 서 있다고 말한 누가복음의 표현 방식이다(눅 1:12, 65; 2:9; 5:26; 7:16; 8:25, 35, 37; 9:34, 45; 21:26; 행 2:43; 9:31; 19:17). D. R. McCabe, *How to Kill Things with Words: Ananias and Sapphira under the Prophetic Speech-Act of Divine Judgment*, LNTS 454 (London: T&T Clark, 2013),는 베드로가 형벌을 집행할 하나님의 권위를 가진 사도적 선지자라고 주장한다.

136 이 이야기에서 거짓말/맹세의 중요성에 관해서는 다음을 참조하라. J. A. Harrill, "Divine Judgment against Ananias and Sapphira (Acts 5:1–11): A Stock Scene of Perjury and Death," *JBL* 130 (2011): 351–69. 해릴은 많은 경건주의 저술가들이 이 구절에서 서원을 강조한다고 지적한다.

137 Peterson, *Acts*, 211. Chrysostom, *Homily 12 on Acts* (*NPNF* 1/11:79-80),는 다음처럼 목회적으로 언급한다. "죄를 자주 짓고도 벌을 받지 않는 사람들은 두려워할 이유가 더 크다. ... 현재 그들이 면죄받은 것과 하나님의 오래 참으심으로 인해 복수가 증가하기 때문이다. ... 각자가 그러한 죄를 범했는지 생각해 보라. 홍수 전에 행해진 것과 같은 일이 지금도 많이 행해졌지만 홍수를 보내지 않았다. 이것은 지옥의 위협과 보복이 있기 때문이다. 소돔 사람들처럼 많은 사람이 죄를 짓지만 불비가 쏟아지지 않았다. 불의 강이 준비되어 있기 때문이다. 많은 사람이 바로의 길로 가지만 바로와 같은 고통을 당하지 않았고 홍해에

아나니아의 시신을 가져다가 장례를 치른다는 특이한 세부 내용을 쓴다. 이것은 의도적이다. 이스라엘에서는 성전을 모독한 제사장들의 시신은 제거되었다(레 10:4-5). 아나니아의 시신은 그들의 땅이나 성전에 유업이 없으므로 바깥에 묻힌다.

2.2.2.2. 삽비라의 헌금, 죽음, 매장 (5:7-11)

7 세 시간쯤 지나 그의 아내가 그 일어난 일을 알지 못하고 들어오니 8 베드로가 이르되 그 땅 판 값이 이것뿐이냐 내게 말하라 하니 이르되

예 이것뿐이라 하더라

9 베드로가 이르되 너희가 어찌 함께 꾀하여 주의 영을 시험하려 하느냐 보라 네 남편을 장사하고 오는 사람들의 발이 문 앞에 이르렀으니 또 너를 메어 내가리라 하니

10 곧 그가 베드로의 발 앞에 엎드러져 혼이 떠나는지라 젊은 사람들이 들어와 죽은 것을 보고 메어다가 그의 남편 곁에 장사하니 11 온 교회와 이 일을 듣는 사람들이 다 크게 두려워하니라

5:7-10. 7-11절은 1-6절을 반영하지만, 이번에는 삽비라에게 초점을 맞춘다. 그녀는 세 시간 후에 와서 남편의 발자취를 따라 거짓말을 하고 죽고 끌려 나간다. 바울이 "누구든지 하나님의 성전을 더럽히면 하나님이 그 사람을 멸하시리라 하나님의 성전은 거룩하니 너희도 그러하니라"(고전 3:17)라고 말할 때 이 전통을 반영한 것인지는 분명하지 않다. 그런데 왜 같은 이야기를 반복할까?

적어도 한 가지 의미는 누가가 삽비라(여성)를 공동체에서 독립적인 도덕적 인물로 제시한다는 것이다.[138] 당시 많은 여성은 남편의 연장선에 있을 뿐 범죄에 대한 책임이 없는 것으로 여겼다. 삽비라는 타락했지만, 도덕적 주체이다.[139] 베

빠져 죽지 않았으니 이것은 그들을 기다리는 바다가 바닥이 없는 구덩이의 바다이기 때문이다. ... 이스라엘 자손과 같이 범죄한 자가 많았으나 뱀이 그들을 삼키지 아니하였으니 거기에는 영원히 죽지 아니하는 벌레가 그들을 기다리기 때문이다. ... 그러므로 여러분에게 무슨 일이 일어나고 있는 것을 볼 때, 여러분의 죄를 떠올려 보라. ... 하나님이 당신에게 자신을 깨끗이 씻을 때를 정하신다. 그러나 당신이 계속하면 마침내 그분이 보응하실 것이다. 당신은 거짓말쟁이의 운명을 보았다." 베데(Bede, *Comm. on Acts* 5.5)도 마찬가지로 하나님께서 그들을 치신 것은 후대에 두려움을 주기 위해서라고 말했다. 에라스무스(Erasmus, *Paraphrase on Acts*, 39-40)도 이와 비슷하게 말하며, 이것은 교회 초기에 그들을 본받을 만한 사람들에게 죄를 지은 사람이 즉시 형벌을 받지 않더라도 하나님의 보응을 피할 수 없다는 것을 경고하기 위한 놀라운 예라고 말했다.

138 J. Trapp, *Commentary on Acts* 5:1, in Chung-Kim, Hains, et al., *Acts*, 60,에서 그녀의 이름은 "아름답다" 또는 "매력적"이라는 뜻이다. 겉모습은 아름다웠을지 몰라도 그녀의 마음은 하나님 앞에서 썩어 있었다.

139 Keener, *Acts*, 1:606-7.

드로는 삽비라에게 스스로 고백하거나 정죄받을 기회를 주었다. 알면서 참여하는
것은 개인적으로 책임져야 함을 의미한다. 둘째, 누가는 아담과 하와에 해당하는
남자와 여자를 나란히 배치하는 것을 좋아한다.[140]

베드로는 그녀가 성령과 하나님께 거짓말을 했다고 말하기보다는 주님의 영
을 "시험"(πειράσαι, 페이라사이)했다고 말한다(눅 4:12). 하나님을 시험한다는
개념은 이스라엘의 광야 방랑 이야기에서 반복적으로 등장한다(출 17:2, 7; 민
14:22; 신 6:16; 9:22).[141] 그녀는 시험에 실패했고 광야에 있던 사람들처럼 멸망
할 것이다. 그녀도 죽었고 사람들이 들어와 묻었다.

그들의 시체를 옮기라는 강조는 거룩한 곳에서 부정한 것을 제거하라는 의미
이다(레 10:6-7).[142] 새 이스라엘은 또한 그들 가운데서 악을 제거해야 한다(신
13:6-15; 17:7, 12; 19:19; 21:21; 22:21, 23; 24:7). 독자들은 이 이야기가 창
세기 3장의 타락 이야기와 연결되는 특징들, 즉 (1) 평화와 조화의 파괴, (2) 사탄
의 유혹, (3) 부부의 잘못, (4) 하나님께 대한 거짓말, (5) 이야기의 마지막에 나오
는 추방에 주목해야 한다.[143] 이것이 바로 교회의 원죄이다.

5:11. 이러한 사건의 결과로 "큰 두려움"(φόβος μέγας, 포보스 메가스)이 온 교
회와 이 말을 들은 다른 사람들에게 임했다(5:5; 계 11:11). ἐκκλησία(에클레시
아)는 사도행전 전체에서 처음 사용되며, 헬레니즘 시대의 공개 모임과 여호와 앞
에 모인 이스라엘의 모임에서 그 기원을 찾을 수 있다(신 9:10; 18:16; 23:1-2;

---

140 Gonzalez, *The Story Luke Tells*, 47–50,는 마리아와 스가랴, 시므온과 안나, 사르밧 과부와
문둥병자 나아만, 열두 제자와 악한 영에게서 고침을 받은 여인, 야이로의 딸과 혈루증에서
고침을 받은 여인 같은 예를 언급한다.

141 하나님을 시험한다는 개념은 지혜서(Wis 1:2)에서도 찾아볼 수 있는데, 저자는 하나님을
시험하는 자들은 하나님을 찾지 못한다고 말한다. "지혜는 간사한 영혼에 들어가지 않는다.
... 거룩하고 훈련된 영은 속임수를 피할 것이다. ... 하나님은 그들의 가장 깊은 감정의
증인이시며 마음을 참으로 관찰하시는 분이시다."(1:4-6). "경건하지 않은 자들은 말과
행동으로 죽음을 불러왔다"(1:16). 이 지혜의 말씀은 솔로몬이 한 말이며, 이것은 부적절한
성전 제물이라는 점을 더욱 강조한다.

142 J. D. M. Derrett, "Ananias, Sapphira, and the Right of Property," in *Studies in the New
Testament* (Leiden: Brill, 1977), 198,은 아나니아와 삽비라의 시신을 수습하는 것에 관해
다음처럼 말한다. "(여호수아가 아간에게 일어난 일이라고 구체적으로 말한 것처럼, 수
7:25) 하늘의 손이 사람을 쓰러뜨릴 때 그의 시신을 반드시 신속하고 조용히 무덤에
보내야 한다. 아무도 그를 애도해서는 안 된다. 자살한 사람, 사회에 반역한 자, 파문당한
자, 배교자, 유대 법정에서 사형 선고를 받은 범죄자는 서둘러서 의식 없이 묻혀야 하며,
아무도 그를 위해 길고 번거로운 애도 의식을 지킬 필요도 없고 지킬 수도 없다." Erasmus,
Paraphrase on Acts, 39,은 순수하고 거룩한 회중을 오염시키지 않기 위해 제거해야 한다고
말한다.

143 Marguerat, *The First Christian Historian*, 174–75.

31:30; 수 8:35; 삿 20:2). 누가는 어떤 사람의 지위가 적어도 부분적으로는 경계
선으로 정의되기 때문에 여기서 이 단어를 사용했을 수 있다.[144] 이 경우, 진실하
기를 거부하는 사람들은 그 그룹의 일부가 아니다.

그들에게 닥친 큰 두려움은 하나님께서 이 공동체 안에서 분명히 활동하신다
는 현실에서 비롯된 경건하고 존경심에 찬 두려움이었다. 그분의 손은 구원의 권
능과 심판의 권능으로 그들에게 임했다. 4장 32절-5장 11절의 전환은 하나님께
서 더 넓은 총체적 관점에서 그리고 부패한 가운데서도 이 공동체에 임재하고 계
신다는 것을 나타낸다. 하나님은 자기 백성을 보호하시고 그의 명령을 따르지 않
는 자들을 끊으실 것이다. 그분의 성전은 깨끗해질 것이다.

2.3. 성전 회복과 갈등 (5:12-42)

두 번째 성전 이야기는 출애굽 전통을 반영한다. 선지자들은 표적을 행하고,
그림자는 하나님의 임재를 의미하며, 하나님의 백성은 반대하고, 고통을 받지만,
하나님께서 그들을 고난에서 구속하실 때 그들은 기뻐한다. 내러티브의 긴장감은
고조되지만, 이는 하나님의 구속과 구원과 부활의 삶을 더욱 분명하게 보여준다.

옛 성전 지도자들은 바로와 마찬가지로 하나님과 그분의 종들 앞에서 점점 더
무능하고 혼란스러워하며 무력하며 강퍅한 모습으로 묘사된다. 가말리엘은 이 새
로운 운동이 하나님으로부터 온 것이라면 반대하는 사람은 "하나님을 대적하는
자"로 보일 수 있다고 올바르게 지적한다. 그들은 자신들이 만든 바다에 빠져 허
우적거릴지도 모른다.

두 성전 내러티브는 비슷한 구조로 연결되어 있다. 둘 다 비슷한 소개(3:1-
10/5:12-16; 4:1-3/5:17-18), 체포 기록(4:3; 5:18), 지도자들 앞에서 선 것
(4:5-7; 5:27-28), 하나님께 순종하겠다는 짧은 설교(4:19-20; 5:29-32), 지도
자들의 심의(4:15-17; 5:34-39), 예수님의 이름으로 말하는 것을 금지하면서 사
도들을 풀어주는 것(4:17-19; 5:28)으로 구성되어 있다.

사도행전 5장은 발전과 증가된 긴장을 보여준다. 5장에서 심문이 시작된다. 5
장은 사도들 첫 명령을 어겼다는 것(28절)으로 시작하여, 베드로와 요한뿐만 아니

---

144 H. Havelaar, "Hellenistic Parallels to Acts 5.1–11 and the Problem of Conflicting
Interpretations," *JSNT* 67 (1997): 63–82,는 이것이 기적의 형벌 이야기이자 양식화된 파문
형태라고 주장하지만, 이야기에서 공동체의 참여는 분명하지 않다. 많은 종교개혁자도 이
본문을 파문과 연관시켰다(참조. Chung-Kim, Hains, et al., *Acts*, 62). 어떤 학자는 여기서
ἐκκλησία(에클레시아, "회중")라는 용어가 사용된 것은 부부가 추방된 후에야 교회라고 부를
수 있고, 순수하고 헌신적인 공동체가 되어야 하기 때문이라고 주장한다. 그러나 이 설명은
사도행전 1-2장의 교회 설립에 대한 더 큰 묘사와는 맞지 않으며, 해석자는 ἐκκλησία의 첫
번째 사용에서 너무 많은 것을 읽지 않도록 주의해야 한다.

라 모든 사도가 체포되어 죽을 위기에 처하고(33절), 하나님께서 극적으로 개입하셨음에도 불구하고 육체적 고통(40절) 없이 도망가지 못한다는 내용으로 전개된다. 이러한 긴장은 스데반의 죽음으로 극에 달할 때까지 계속 고조된다.

성전 내러티브의 긴장 고조	
사도행전 4장	사도행전 5장
베드로와 요한이 붙잡힘 (3절)	사도들 전체가 붙잡힘 (18절)
베드로와 요한이 갇힘 (3절)	죽음의 위험이 임박함 (33절)
베드로와 요한이 위협을 받고 풀려남 (17-18, 21절)	사도들이 채찍질 당함 (40절)
산헤드린은 그들이 무슨 능력으로 이런 치유를 하는가 질문함 (7절)	산헤드린은 그들이 침묵하지 않은 것뿐만 아니라 예수님의 죽음에 책임이 있다는 비난에 당황함 (28절)

2.3.1. 표적과 그림자 (5:12-16)

12 사도들의 손을 통하여 민간에 표적과 기사가 많이 일어나매 믿는 사람이 다 마음을 같이하여 솔로몬 행각에 모이고 13 그 나머지는 감히 그들과 상종하는 사람이 없으나 백성이 칭송하더라 14 믿고 주께로 나아오는 자가 더 많으니 남녀의 큰 무리더라 15 심지어 병든 사람을 메고 거리에 나가 침대와 요 위에 누이고 베드로가 지날 때에 혹 그의 그림자라도 누구에게 덮일까 바라고 16 예루살렘 부근의 수많은 사람들도 모여 병든 사람과 더러운 귀신에게 괴로움 받는 사람을 데리고 와서 다 나음을 얻으니라

5장 12-16절에 나타난 사도적 표적과 기사는 3장에 나오는 걷지 못하는 사람의 치유보다 덜 상세하지만, 사도들이 성전과 부활의 회복을 전파한다는 동일한 주제가 계속된다. 이번에는 반향이 출애굽의 주제를 더 암시한다.

사도들은 모세와 같은 이스라엘의 새로운 목자이자 지도자(겔 34장을 암시)가 된다. 에스겔서의 마지막은 주님께서 그들에게 영을 주시고(겔 36장), 그들을 살리시고(36장), 성전을 재건하실 것(40-48장)에 관해 이야기한다. 사도들은 병든 자를 고치고 길 잃은 자를 돌아오게 한다. 하나님의 임재가 그들 위에 임하여 그들의 그림자조차도 권능을 발휘한다.

5:12. 두 번째 회복과 갈등 부분에서 누가는 치유의 구체적인 예를 들지 않고

"민간에 표적과 기사(σημεῖα καὶ τέρατα πολλά, 세메이아 카이 테라타 폴라)가 많이 일어나매"라고 말하며 새롭게 하는 사도들의 활동을 일반화한다. 4장 30절의 기도가 응답되었다. 독자들은 오순절 이야기의 마지막 부분인 2장 43절의 요약과 바울과 바나바가 이방인들 사이에서 이러한 일을 행할 것이라는 15장 12절의 내용에서 이미 동일한 것을 보았다.

"표적과 기사"라는 어구는 출애굽 이야기에서 모세와 관련하여 등장한다(신 34:10-12).[145] 이 어구는 적을 물리치는 전사, 즉 하나님의 역사를 가리킨다. 제자들은 "백성 가운데"(ἐν τῷ λαῷ, 엔 토 라오) 하나님의 임재를 계속 중재하는 여호와의 새로운 예언자이자 종들이다. 누가는 그들이 솔로몬의 행각에서 "마음을 같이하여"(ὁμοθυμαδὸν, 호모뒤마돈, 마음을 같이하여, 참조. 1:14; 2:46; 4:24)있었다고 장소를 명시한다. 내러티브는 여전히 성전 중심이다.

5:13. 13절은 흥미롭게 병행한다. "그 나머지는 감히(ἐτόλμα, 에톨마) 그들과 상종하는 사람이 없으나"라고 말한다. 그러나 백성들은 그들을 존경하고 좋게 평가했다. "백성"의 정체성에 관해서는 논란이 있지만 아마도 예수님을 따르는 회중에 속하지 않는 일반적인 유대인을 가리킬 것이다.[146] 기독교 운동은 내부와 외부 영향력을 모두 가진다.

주저함은 ἐτόλμα(에톨마)로 묘사되는데, "성급하게 행동하다"라는 의미로도 사용되며, 아나니아와 삽비라 이야기(5:5, 11)와 이전에 유대인 지도자들이 체포한 사건에서 유래한다.[147] 교회 외부 사람들은 이 공동체가 가볍게 들어갈 수 있는 공동체가 아니라는 것을 알고 있지만, 그들이 돌보는 공동체임을 인정하고 좋게 평가한다(2:47; 4:33). 유대교의 최고 이상은 헬레니즘 철학의 미덕과 일치한다.

5:14-15. 사람들이 성급하게 행동하지는 않지만, 더 많은 신자가 그들 가운데 "나아온다"(προστίθημι, 프로스티데미). 이것은 13절과 상반되는 것처럼 들리지만, 두 주장은 모두 다른 주장의 절대적 성격을 인정한다. 동사 προστίθημι(프로스티데미)는 이미 2장 41절과 47절에서 사용되었으며 11장 24절에서 다시 사용된다. 내

---

145 2:19, 22, 43; 4:16, 22, 30. 사도들의 손을 통해 행해지는 표적과 기사를 강조하는 것은 하나님께서 그분의 대리자들의 손을 사용하셨던 출애굽 전통을 반영한다(출 14:16, 21, 26-27).

146 Schnabel, *Acts*, 291; Barrett, *Acts 1–14*, 274; Fitzmyer, *Acts*, 328; Haenchen, *Acts of the Apostles*, 242; Bock, *Acts*, 231,는 이들이 신자라고 주장한다. 다른 읽기 자료는 다음을 참조하라. D. R. Schwartz, "Non-Joining Sympathizers (Acts 5:13–14)," *Bib* 64 (1983): 550–55.

147 Witherington, *The Acts of the Apostles*, 225,는 이 두려움이 유대 당국의 분노와 관련하여 성전에서 처음 일어난 일에서 비롯된 것이라고 주장한다.

부 및 외부의 위협에도 불구하고 공동체는 번성한다. 박해 속에서도 출애굽 세대는 증가했다. 누가는 신자 수에 "남녀"(ἀνδρῶν τε καὶ γυναικῶν, 안드론 테 카이 귀나이콘)가 모두 추가되었다고 명시하여 이 공동체가 다양한 공동체임을 나타낸다.[148]

앞 이야기에서 베드로는 걷지 못하는 자에게 말함으로써 치유했지만, 여기서는 그의 "그림자"(σκιά, 스키아)가 "덮임"(ἐπισκιάσῃ, 에피스키아세)으로 치유한다.[149] 그리스와 유대 문학에서 그림자는 사람의 연장선으로 간주하였지만, 이 언어는 또한 구약의 몇 가지 비유가 떠오르게 한다.[150] 출애굽기 40장 35절에서 모세는 구름이 "회막 위에"(ἐπεσκίαζεν, 에페스키아젠) 있기 때문에 회막에 들어가지 못한다. 구약에서는 하나님의 그림자나 임재 때문에 들어갈 수 없었지만, 이제 베드로는 자신의 그림자를 통해 하나님의 임재를 확장한다(눅 1:35; 9:34).

이 언어는 여호와께서 자기 백성에게 말씀하시는 이사야 51장 16절도 떠올릴 수 있다. "내가 내 말을 네 입에 두고 내 손 그늘(σκιά, 스키아)로 너를 덮었나니 이는 내가 하늘을 펴며 땅의 기초를 정하며 시온에게 이르기를 너는 내 백성이라 말하기 위함이니라." 시편 91편 4절은 하나님께서 깃털로 그들을 "덮으시리니"(CSB. "덮으시리라")라고 말한다. 하나님의 임재는 사도들에게서 강력한 방식으로 발산되어 사도들의 그림자조차도 치유와 성전 임재를 가져온다.[151] 사도들의 사역 범위가 넓어짐에 따라 그 수단도 확장된다.[152]

5:16. 예루살렘에 있는 사람들뿐만 아니라 예루살렘 주변 마을에서 "모여든"(συνήρχετο, 쉬네르케토) 사람들이 "병든"(ἀσθενεῖς, 아스데네이스) 사람들과 더러운 귀신들린 사람들을 데려와서 고침을 받는다. 사도적 증언은 예루살렘의 한계를 넘어서기 시작한다. 예수님의 메시지는 또한 해방, 회복, 자유에 관한 것이

---

148 15절은 ὥστε로 시작하며 13, 14절 또는 이전 문맥 전체와 연결될 수 있다. 14절이 괄호 안에 있는 경우, 사람들을 들어온다는 것은 사람들이 그들에 관해 잘 말하는 것과 관련이 있다. 14절과 연결되어 있다면, 그 수가 늘어남에 따라 기적에 대한 기대가 더 커졌음을 의미한다.

149 이 내러티브는 무리가 베드로의 그림자가 그들을 고칠 수 있다고 생각했다는 것만 나타내지만, 베드로의 그림자가 이것을 할 수 없다면 누가가 더 이상 언급하지 않고 이것을 기록하는 것은 이상할 것이다(참조. 행 19:12).

150 베드로의 그림자는 사람들이 예수님께 가까이 가서 그분의 겉옷을 만지기만 해도 고침을 받았다는 점에서 예수님의 사역을 반영한다(막 6:55-56; 마 14:36). 또한 엘리야가 죽은 소년을 덮었을 때 엘리야와 엘리사를 암시할 수도 있다(왕상 17:17-24).

151 Bede, *Comm. on Acts* 5.15,는 베드로가 교회의 한 유형이라고 말한다. "그는 똑바로 걷지만 그림자를 동반하여 누워 있던 사람들을 일으켰다. 교회는 하늘에 있는 것들에 마음과 사랑을 집중하여 그림자처럼 땅과 여기[이땅에서]를 지나가며 성례전의 표징과 시간적[천국의]으로 영원한 선물로 갚아준다."

152 Spencer, *Acts*, 69.

었다(눅 4:18). 지상의 전투에는 초자연적인 근원이 있다.

에스겔 34장 4절에서 선지자는 이스라엘의 거짓 목자들이 "연약한 자"(ἠσθενη-κός, 에스데네코스)를 강하게 하지 않고, 병든 자를 고치지 않고, 상한 자를 싸매주지 않고, 쫓기는 자를 돌아오게 하지 않고, 잃어버린 자를 찾지 않았다고 비난한다. 베드로와 사도들은 이제 양 떼를 먹이고 다른 마을에 흩어져 있던 사람들을 모으는 이스라엘의 새로운 목자이자 선지자가 되었다. 이제 주님은 친히 자신의 양 떼를 찾고(34:11), 흩어진 곳에서 그들을 구원하고(34:12), 이방 나라에서 그들을 "데리고"(συνάξω, 쉬낙소) 자기 땅으로 오신다(34:13).

2.3.2. 두 번째 성전 갈등과 새로운 출애굽 해방 (5:17-42)

두 번째 성전 갈등(5:17-42)은 5장 12-16절의 요약에서 흘러나오며, 사도들을 체포하고 다시 침묵시키려는 옛 이스라엘의 마음을 드러낸다. 그러나 사도들은 기적적으로 풀려난다. 사도들이 선구자의 발자취를 따라가는 이 이야기는 죽음과 부활을 주제로 한 새로운 출애굽 이야기이다. 이 이야기는 사도들의 석방에 초점을 맞추는 것이 아니라 바로처럼 하나님의 사자 앞에서 인간 권력자들이 당황하는 것에 초점을 맞추고 있다. 산헤드린은 무능할 뿐만 아니라 윤리적이지도 않다.[153]

"하나님과 대적하는 것"에 대한 가말리엘의 말은 하나님의 계획과 역사가 멈추지 않을 것임을 나타내는 내러티브를 설명한다. 이 주제는 예수님께서 누가복음 12장 4-12절 및 21장 12-19절에서 이 모든 일이 일어날 것이라고 예언하셨음을 인식하고 예수님 자신의 시련과 유사점을 주목함으로써 더욱 강화된다. 하나님의 계획은 중단되지 않을 것이다. 그분은 수치심을 명예로, 거절을 받아들임으로, 핍박을 축복으로, 멸시를 높이심으로 바꾸신다.

이 내러티브는 다음 세 부분으로 나뉜다. 첫째, 체포와 기적적인 탈출(17-26절), 둘째, 재판(27-32절), 마지막으로 가말리엘의 반어적인 해설(33-42절)이다.

2.3.2.1. 체포와 기적적인 출애굽 탈출 (5:17-26)

17 대제사장과 그와 함께 있는 사람 즉 사두개인의 당파가 다 마음에 시기가 가득하여 일어나서 18 사도들을 잡아다가 옥에 가두었더니 19 주의 사자가 밤에 옥문을 열고 끌어내어 이르되 20 가서 성전에 서서 이 생명의 말씀을 다 백성에게 말하라 하매 21 그들이 듣고 새벽에 성전에 들어가서 가르치더니 대제사장과 그와 함께 있는 사람들이 와서 공회와 이스라엘 족속의 원로들을 다 모으고 사람을 옥에 보내어 사도들을 잡아오라 하니 22 부하들이 가서 옥에서 사도들을 보지 못하고 돌아와 23 이르되 우리가 보니 옥은 든든하게 잠기고 지키

---

153 Pervo, *Acts*, 140.

는 사람들이 문에 서 있으되 문을 열고 본즉 그 안에는 한 사람도 없더이다 하니
24 성전 맡은 자와 제사장들이 이 말을 듣고 의혹하여 이 일이 어찌 될까 하더니
25 사람이 와서 알리되 보소서 옥에 가두었던 사람들이 성전에 서서 백성
을 가르치더이다 하니 26 성전 맡은 자가 부하들과 같이 가서 그들을 잡아왔으
나 강제로 못함은 백성들이 돌로 칠까 두려워함이더라

5:17-18. 두 번째 성전 갈등 이야기는 행동과 말을 하는 등장인물이 17번이나
바뀌면서 빠르게 전개된다.[154] 사도들 주위에 무리가 모이자 성전 권력자들(대제
사장과 사두개파)은 다시 "시기가 가득하여"(ζήλου, 젤루, 참조. 13:45; 17:5; 롬
10:19) 있는 상태이다. 그들 바로 앞에서 새로운 움직임이 계속되고 있으며, 그들
은 나라를 이끄는 자신들의 권위를 지키고자 한다. "질투"(ζῆλος, 젤로스)라는 단
어는 독자들에게 두 가지 성경 이야기를 떠올리게 한다.

첫째, 요셉의 형들이 요셉을 질투하여 노예로 팔아넘기는 사건이 출애굽의 배
경이 된다(창 37:11; 행 7:9). 따라서 이스라엘의 지도자들은 거짓 형들로 묘사
되지만, 제자들은 하나님이 함께하시는 요셉을 대표한다(창 39:2, 21; 행 7:9).

둘째, 여호와의 집에 대한 ζῆλος(젤로스)는 예수님을 삼킨다(요 2:17; 시
69:9). 예수님의 열심은 순수하다. 성전 지도자들의 열심은 부패한다.[155] 열심 때
문에 그들은 4장 3절에서 그랬던 것처럼, 그리고 예수님께서 예언하셨던 것처럼
(눅 21:12) 사도들을 체포하여 감옥에 가두었다.

헬라어 본문은 5장 12절에서 사도들의 치유하는 손과는 대조적으로 그들이
사도들에게 손을 얹었다고 말한다. 폴힐Polhill은 "그들이 공개적으로 모든 사람이
볼 수 있는 공공 감옥에 갇힌 아이러니를 놓치지 말아야 한다. 곧 그들은 공개적
으로 감옥에 갇힌 바로 그 사람들을 찾을 수 없게 될 것이다."[156] 예수님의 사명은
포로들을 풀어주는 것이었다(눅 4:18).

5:19-20. 누가는 또 다른 부활의 표지이자 새로운 출애굽 사건인 사도들의 기
적적인 탈출을 재빨리 이야기한다.[157] "주의 천사"가 밤에 문을 열고 그들을 인도
하여 성전(분쟁이 시작된 바로 그 장소)에 서서 "이 생명의 말씀을 다 백성에게 말
하라"(τὰ ῥήματα τῆς ζωῆς ταύτης, 타 레마타 테스 조에스 타우테스)라고 지시했다.

---

154 Schnabel, *Acts*, 302.

155 마카비1서 2:24은 따르면 맛디아가 이교도 제물을 바친 유대인을 열심으로 불태워
   죽였다고 한다. 1QH 14:13-15에서 저자는, "내가 주께 가까이 갈수록 악을 행하는 모든
   사람과 속이는 모든 사람에 대한 열심이 더욱 충만하다"라고 말한다.

156 Polhill, *Acts*, 166.

157 이것은 감옥 문이 열리는 세 가지 기적 중 첫 번째 기적이다(참조. 12:6-11; 16:26-30).

그들은 이전의 성전 에피소드(3:26; 4:10)에서처럼 부활(1:22; 4:20)을 증거한다.

사도행전에서 누가가 이 메시지를 "이 생명의 말씀"이라고 묘사한 것은 처음이다. 그는 예수님을 생명의 근원으로 언급했고(3:15), 사도들은 나중에 이방인들에게도 이제 생명이 있음을 인정하며(11:18), 바울과 바나바는 이방인에게 영생의 말씀을 전한다(13:46, 48; 17:25). 성전 전통에서 생명은 보좌에서 물이 흐르듯 성전에서 흘러나온다(민 24:5-7; 겔 47장).

천사와 "끌러내어"(ἐξαγαγών, 엑사가곤, CSB "그들을 데리고 나오다")의 조합은 출애굽 전통(출 16:6, 참조. 행 12:17; 16:39)과 다니엘의 보호(단 6:22)를 연상시킨다. 불타는 떨기나무에서 모세에게 나타나 이스라엘 백성을 그들의 땅으로 인도한 것은 주님의 천사였다(출 3:2). 여호와는 그 천사에게 자신의 이름을 붙이셨다(출 23:20-21).[158]

"사두개인들이 존재 자체를 부인하는 천사가 사도들을 감옥에서 풀었다고 보고할 때 화자는 청중에게 신호를 준다(참조. 23:8)."[159] 이 석방은 하나님의 주권적인 손이 유대의 지도력을 무력하게 만든다.[160] 시편 102편 19-21절은 이렇게 표현한다.

> 주님은 높은 성소에서 내려다보시고, 하늘에서 땅을 보시며 죄수들의 신음소리를 들으시고 사형 선고를 받은 자들을 풀어 주셨다. 그래서 주님의 이름이 시온에서 선포되고 예루살렘에서 그분의 찬양이 선포될 것이다 (NIV 2011년판)

5:21-23. 사도들은 도망치려 하지 않고 주님의 사자에게 순종하여 그들이 하던 일로 돌아간다. 천사는 안전을 보장하기 위해 그들을 풀어주는 것이 아니다. 그들에게 사명을 계속 수행하라고 말한다. "안전은 예수님의 제자들이 상속받은 것이 아니며 오직 증언을 위한 것이다."[161]

예레미야와 모세에게도 비슷한 명령이 주어졌는데, 사도들은 거부당한 새로운 선지자로 묘사되었다(7:2; 17:19; 18:2; 22:1; 26:2). 21절 후반부는 성전 지도자들에게 무슨 일이 일어났는지 알아내려고 노력하는 이야기가 시작되며 25절 끝까지 이어진다. 성전 지도자들은 공회에 소집되어 시편 2편을 다시 암시한다.

---

158 때때로 천사가 여호와 자신인지 아니면 여호와와 구별되는 존재인지 불분명하다(출 3:2, 4; 삿 6:11, 14).

159 Parsons, *Acts*, 77. 이사야 42장은 주님의 영을 가지고 열방에 정의를 가져올 주님의 종(이스라엘)에 관해 이야기한다. 주님은 자신의 종을 돌보시고 "눈먼 자들의 눈을 밝히며 갇힌 자를 감옥에서 이끌어 내며 흑암에 앉은 자를 감방에서 나오게 하리라"(사 42:6-7)라고 말씀하신다. 그분은 자신의 영광을 다른 사람에게 주지 않으시고 자신의 종들을 구하실 것이다.

160 Bock, *Acts*, 238.

161 Jennings, *Acts*, 62.

그러나 부하들이 사도들을 데리러 갔을 때 사도들을 찾지 못하여 공회로 돌아와 서 그들이 사라졌다고 보고한다.

독자들은 이미 세부 내용을 알기 때문에 사실적인 해설이 우스꽝스러운 장면을 연출한다. 누가는 이 장면이 "대제사장과 일행이 당황하고 혼란스러워하는 모습을 아이러니하게 묘사한 것"이라고 말하면서 의도적으로 실제 석방보다 권력자들의 당혹스러움을 더 많이 표현했다.[162] 여기서 저자의 주된 관심은 구출뿐만 아니라 사건의 진행을 통제하려는 성전 권력자들의 우스꽝스러움에 있다. 나중에 가말리엘의 말이 이러한 해석을 확인시켜 준다(5:39).

5:24-25. 실종된 사도들에 대한 보고가 성전 맡은 자(경비대장)와 대제사장에게 전해지자 그들은 "당황"(개역개정. "의혹하여." διηπόρουν, 디에포룬)한다. 흥미롭게도 이 단어는 누가복음 9장 7절에서 헤롯 안디바가 예수님에 대한 소식을 듣고 세례 요한이 죽은 자 가운데서 살아났다고 생각하며 사용한 διηπόρει(디에포레이, "당황하니")와 동일하다. 두 이야기에서 지도자들은 자신이 하나님 자신을 대적하고 있다는 사실을 깨닫지 못한 채 살아난 것처럼 보이는 하나님의 종들을 반대한다.

그들이 사도들에게 무슨 일이 일어났는지 당황해하고 있을 때 누군가 들어와 사도들이 성전에 서서 사람들을 가르치고 있다고 보고한다. 성전에서 설교하는 것은 성전 지도자들을 시기하게 만든다(5:21). 성전 지도자들의 비효율성, 무력, 무능이 여실히 드러난다.

5:26. 성전 맡은 자(경비대장)이 사도들을 다시 공회 앞에 데려오지만, 그들은 백성들, 특히 백성들이 돌로 치는 것을 두려워하여 조심스럽게 행동한다. 이것은 7장에서 스데반에게 실제로 일어날 일을 예고한다. 누가의 이야기는 어떤 면에서 5장 17-18절 이후 실제로 진전을 이루지 못했다. 사도들은 시작했던 곳으로 다시 돌아왔다. 그곳은 공회 앞이다. 하나님의 백성은 체포될 수는 있어도 가만히 있을 수는 없다.

2.3.2.2. 재판: 사람이 아닌 하나님께 순종하기 (5:27-32)

27 그들을 끌어다가 공회 앞에 세우니 대제사장이 물어 28 이르되 우리가 이 이름으로 사람을 가르치지 말라고 엄금하였으되 너희가 너희 가르침을 예루살렘에 가득하게 하니 이 사람의 피를 우리에게로 돌리고자 함이로다 29 베드로와 사도들이 대답하여 이르되 사람보다 하나님께 순종하는 것이 마땅하니라 30 너희가 나무에 달아 죽인 예수를 우리 조상의 하나님이 살리시고 31 이

---

162 Tannehill, *The Narrative Unity of Luke-Acts*, 2:65.

스라엘에게 회개함과 죄 사함을 주시려고 그를 오른손으로 높이사 임금과 구주로 삼으셨느니라 32 우리는 이 일에 증인이요 하나님이 자기에게 순종하는 사람들에게 주신 성령도 그러하니라 하더라

5:27-28. 재판 이야기는 27절에서 시작하여 이번 장이 끝날 때까지 계속된다. 사도행전의 다른 모든 시련과 마찬가지로 사도들이 예수님의 메시지를 선포할 수 있는 기회를 제공한다. 걷지 못했지만 치유된 자와 바로를 연상시키는 상황에서 다스리는 자들은 (치유와 해방이라는 측면에서) 부활의 표적에 직면하지만 회개하지는 못한다. 이 재판의 주제는 거절당한 예수님뿐만 아니라 그분의 높아지심을 중심으로 한다. 수치는 명예로 이어진다.

27절에서 사도들은 산헤드린 앞에 서고, 대제사장은 사도들에게 이 이름으로 가르치지 말라는 말을 들었다는 것을 상기시킨다(참조. 4:17-18). 지금까지 사도행전 곳곳에 예수님의 이름이 언급되어 있다(2:21, 38; 3:6, 16; 4:7, 10, 12, 17, 18, 30). 이 언급은 성전 주제(왕상 8:17-20)를 가리키고 있기 때문에 유대 권력자들은 모든 이름 위에 있는 이름으로 도전받는다. 대제사장은 예수님의 이름조차 말하지 않고 그를 "이 사람"이라고 지칭한다. 누가는 이렇게 이 단락의 주제를 현체제를 전복하는 요점으로 지적한다. 예수님은 단순한 사람이 아니라(예루살렘 권력자들은 그렇게 생각하지만), 즉 그들이 어리석게도 반대하는 분이 높아지신 주님이라는 주제이다.

그들은 예루살렘 전체가 이 가르침으로 가득 차 있다고 주장한다(아마도 이 운동의 성공을 나타내는 것일 수도 있다). 대제사장도 이 설교에 통치 권력자들의 죄와 얽혀 있기 때문에 우려한다(마 27:25). 무익한 목자처럼 권력을 잡으려는 이들에게는 자신의 인기와 무죄가 관심이다. 진정한 권력은 겸손을 통해서만 온다.

5:29. 29절은 베드로의 작은 설교를 시작한다. 앞의 설교에서 동일한 주제가 많이 등장하여 모든 성전 시련 이야기를 하나로 묶어 준다.[163] 설교는 사람이 아닌 하나님께 순종하는 것으로 끝난다(29절과 32절). 원래 독자들은 재판관들보다 신께 순종했던 소크라테스의 이야기를 알고 있었을 것이다.[164]

"순종하다"라는 단어는 29절의 πειθαρχέω(페이다르케오)와 4장 19절의 ἀκούω (아쿠오)이지만, 개념은 유사하다. 사도들은 새로운 택하신 족속, 왕 같은 제사장

---

163 사도행전 2-5장에 나오는 베드로의 복음적 설교는 일관되게 짧아진다. 2장에서 베드로의 설교는 23절이고, 3장에서는 15절에 불과하다. 4장에서는 다섯 구절에 불과하고 여기에서 베드로의 설교는 네 구절이다. 우리는 이 설교를 함께 읽어야 하며, 내러티브 앞부분에서 작은 요약이 더 많이 다루어지는 것을 볼 수 있다.

164 Plato *Apol*. 29D.

나라, 거룩한 나라요, 그들을 어둠에서 불러내어 이 기이한 빛에 들어가게 하신
분의 찬송을 선포하도록 부름받았다(벧전 2:9). 제사장의 특징은 하나님에 대한
순종과 충성이다. 그분은 참된 권위자이며, 예수님을 보내심으로써 자기 백성에
게 신실함을 보여주셨다(30-32절).

5:30. 베드로는 하나님의 신실하심을 예수님을 살리신 것과 연결한다. 이 메
시지는 다시 부활 생명에 관한 내용이다. 예수님을 살리신 분은 "우리 조상의 하
나님"(τῶν πατέρων ἡμῶν, 톤 파테론 헤몬)이시다. 성전 지도자들은 하나님이 **그**
들에게 약속하신 언약의 그 인물을 반대하고 있다. 하나님은 그를 살리셨지만 예
루살렘 지도자들은 그를 나무에 매달아 죽였다(신 21:23; 갈 3:13-14).[165] "십자
가" 대신 "나무"라는 용어를 사용하여 그의 죽음에 대한 수치와 저주를 강조한다.
누가는 기름 부음, 높아지심, 영광과 반대, 핍박, 수치와 적절하게 짝을 이룬
다. 베드로는 기름 부음과 영광이 고난과 수치와 연결되어 있음을 이해한다(벧전
4:1-2; 12-16). 타협을 통해 풀려나기를 구하는 것은 오히려 수치로 가는 길이
다. 모든 것을 얻으려면 모든 것을 포기해야 한다(눅 9:23-26).

5:31. 나무에 매달리는 것이 하나님께서 예수님을 높이시는 것과 나란히 놓이
고 있다(빌 2:6-11; 벧전 5:6-7). 예수님의 수치가 그분의 영광으로 이어진 것처
럼, 사도들이 재판받으면서 겪은 수치가 그들의 영광으로 이어질 것이다(5:41).
하나님은 예수를 "임금"(ἀρχηγὸν, 아르케곤)과 "구주"(σωτῆρα, 소테라)로 자기 오
른편에 높이셨다.[166] "임금"를 뜻하는 헬라어는 ἀρχηγὸν(아르케곤, 3:15)으로, (1)
길을 여는 사람, (2) 어떤 것의 근원, (3) 또는 지도자-통치자를 의미할 수 있다.
이러한 개념은 상호 배타적이지 않으며 새로운 영역을 탐험하고, 길을 열고, 세우
는 영웅이 되는 사람을 가리킨다. 예수님은 그들의 인생 승리자이다. 그들은 새
로운 왕이 있기 때문에 하나님께 순종해야 한다. 통치자들은 부패한 목자들이다.
하나님께서 예수님을 높이셨다는 말씀 뒤에는 목적을 나타내는 부정사가 나
온다. "이스라엘에게 회개함과 죄 사함을 주시려고(δοῦναι, 두나이)" 예수님을 높
이셨다. 누가는 부정사를 통해 그리스도의 승천과 영광이 이스라엘에게 용서를
베푸는 권세와 관련이 있음을 나타낸다. 승천하실 때 그분은 왕뿐만 아니라 제사

---

165 T. W. Reardon, "'Hanging on a Tree': Deuteronomy 21.22–13 and the Rhetoric of Jesus'
  Crucifixion in Acts 5.12–42," *JSNT* 37 (2015): 408, 426,은 "나무에 달아 죽인 예수"라는
  어구가 예수님에 대한 지도자들의 판단을 전달하며 단순히 예수님의 죽음을 우회적으로
  표현한 것이 아니라고 주장한다. "십자가는 예수님과 백성을 위한 그분의 역할에 대한 두
  가지 상반된 전통적 반응 사이에서 결정을 내릴 것을 요구하는 지렛대가 된다."
166 사도행전 2장 33절의 주석과 이 서술이 시 110:1을 성취하는 2장 설교를 참조하라.

장으로도 임명되셨다(히 4:14). 새 성전 백성에게는 새 제사장이 생겼다.

이스라엘의 지도자들은 이 운동을 근절하고 있다고 생각했지만, 실제로는 예수님을 죽임으로써 진전시키고 있었다. 이제 예수님은 은혜로 그들을 품에 안으시고 용서를 베푸신다. 그들도 아직 늦지 않았다.

5:32. 베드로는 이 이야기에서 사도들의 역할로 전환하지만 여전히 하나님의 주권적인 사역을 강조한다. 사도들은 "이 말씀의 증인"(개역개정. "이 일의 증인." τῶν ῥημάτων τούτων, 톤 레마톤 투톤)이다. 사도들은 일관되게 자신에게서 예수님께로 관심을 돌린다. 증인이 된다는 것은 사도행전 전체를 지배하는 주제 중 하나이다.

사도행전 1장 8절은 이스라엘이 주님의 "땅끝까지 구원"(13:47)을 선포하는 "열방의 빛"이 될 것이라고 말하는 이사야 49장 6절을 암시한다. 그러나 그들만이 유일한 증인은 아니다. 따라서 성령께서 증인이다(히 2:3b-4). 신적 대리자는 인간 대리자보다 먼저 있고 또한 인간 대리자에게 힘을 부여한다. 성령은 증인이 되도록 용기를 주시는 분이지만, 하나님께서는 자신에게 순종하는 사람에게만 성령을 주신다.

베드로가 선포한 메시지에서 삼위일체적 본질은 놓칠 수 없다. 하나님 아버지는 예수님을 일으키셔서 높이셨고, 예수님은 죄 사함을 주셨으며, 성령은 자기 백성이 하나님 아버지와 아들 예수님의 일하심에 대한 증인이 될 수 있도록 힘을 주신다. 성전 지도자들은 단순히 지하 운동을 반대하는 것이 아니라 신실하신 삼위일체 하나님을 반대하고 있다.

2.3.2.3. 가말리엘과 하나님을 대적하는 자 (5:33-42)

33 그들이 듣고 크게 노하여 사도들을 없이하고자 할새 34 바리새인 가말리엘은 율법교사로 모든 백성에게 존경을 받는 자라 공회 중에 일어나 명하여 사도들을 잠깐 밖에 나가게 하고 35 말하되 이스라엘 사람들아 너희가 이 사람들에게 대하여 어떻게 하려는지 조심하라 36 이 전에 드다가 일어나 스스로 선전하매 사람이 약 사백 명이나 따르더니 그가 죽임을 당하매 따르던 모든 사람이 흩어져 없어졌고 37 그 후 호적할 때에 갈릴리의 유다가 일어나 백성을 꾀어 따르게 하다가 그도 망한즉 따르던 모든 사람이 흩어졌느니라 38 이제 내가 너희에게 말하노니 이 사람들을 상관하지 말고 버려 두라 이 사상과 이 소행이 사람으로부터 났으면 무너질 것이요 39 만일 하나님께로부터 났으면 너희가 그들을 무너뜨릴 수 없겠고 도리어 하나님을 대적하는 자가 될까 하노라 하니 40 그들이 옳게 여겨 사도들을 불러들여 채찍질하며 예수의 이름으로 말하는 것을 금하고 놓으니 41 사도들은 그 이름을 위하여 능욕 받는 일에 합당한 자로 여기심을 기뻐하면서 공회 앞을 떠나니라 42 그들이 날마다 성전에 있든지 집에 있든지 예수는 그리스도라고 가르치기와 전도하기를 그치지 아니하니라

5:33. 베드로는 예수님의 이름으로 성전 권력자들에게 용서를 제시했지만, 그는 또한 예수님의 피로 살인한 그들의 손을 다시 더럽힌다. 그들은 "분노" 또는 "격노"(διεπρίοντο, 디에프리온토)하여 비느하스를 모방해 비뚤어진 방식으로 사도들을 죽이려고 한다. 아이러니한 것은 예수님을 죽이는 것으로 그분을 영화롭게 했는데, 이제 사도들에게도 같은 실수를 저지르고 싶어 한다는 것이다. 그들은 보지 못하는 장님이다.

διαπρίω(디아프리오)는 스데반 이야기에서 스데반에게 분노하여 죽일 때 다가오는 위기를 예고한다(7:54). 교회는 성장하고 높아지지만 핍박의 구름 아래 그렇게 된다. 교회는 이상하게도 무질서를 통해서 발전하는 깨어질 수 없는 공동체이다.[167]

5:34. 성전 지도자들의 분노는 자신도 모르게 기독교 운동을 전파하는 바리새인 가말리엘(바울의 랍비) 때문에 진정된다. 가말리엘은 "율법교사"(νομοδιδάσκαλος, 노모디다스칼로스)이자 모든 사람에게 "존경"(τίμιος, 티미오스)을 받는 인물이다. 이것은 공동체에서 그의 지위를 뒷받침하는 동시에 교육을 받지 못하고 훈련을 받지 못하며 부끄러움을 당하는 제자들을 돋보이게 한다(4:13).

가말리엘에게 붙은 꼬리표는 아이러니하다. 이 율법 교사는 자신이 들은 율법의 성취를 볼 수 없다. 니고데모처럼 보지 못하는 상태이고 위로부터 성령을 받지 못했다(요 3:1-21). 가말리엘이 일어나서 공회 사회를 맡는다. 이것은 사도행전에서 메시아를 따르지 않은 사람이 한 첫 번째 연설이지만, 사건에 대한 해설로 기능한다. 누가는 외부인의 연설을 계속 사용해서 이 운동을 더 정의하고, 내러티브를 발전시키며, 자신의 신념을 표명한다.[168]

5:35-37. 가말리엘의 연설은 경고로 시작하며, 뒷받침하는 두 가지 예를 든다.[169] 그는 이 사람들에게 하려는 것을 조심하라고 말한다. 무장 저항 운동의 두 가지 예, 즉 드다와 유다를 제시한다. 두 사람 모두 (1) 일어났고, (2) 추종자를 모았고, (3) 죽임을 당했으며, (4) 추종자들은 흩어졌다.

---

167 T. W. Reardon, "'Hanging on a Tree': Deuteronomy 21.22-13 and the Rhetoric of Jesus' Crucifixion in Acts 5.12-42," *JSNT* 37 (2015): 408, 426. "어떤 것들은 충격으로부터 유익을 얻는다. 무작위성, 무질서, 스트레스 요인에 노출될 때 번성하고 성장하며 모험, 위험, 불확실성을 좋아한다. 이러한 현상의 보편성에도 불구하고 연약함의 정반대를 나타내는 단어는 없다. 이를 깨지지 않는(antifragile)이라고 부르겠다."

168 O. Padilla, *The Speeches of Outsiders in Acts: Poetics, Theology, and Historiography*, SNTSMS 144 Cambridge: Cambridge University Press, 2008), 1-5,가 주목한 것처럼 누가는 가말리엘, 갈리오, 데메드리오, 에베소 마을 서기, 글라우디오 루시아, 더둘로, 베스도의 연설과 같은 외부인의 연설에 상당한 지면을 할애하고 있다.

169 이 명령은 탄원에 가깝게 이해될 수도 있다.

표면적으로 이 표현은 단순히 계획이 자연스럽게 무산된 지도자들의 예를 가리키고 있지만, 좀 더 자세히 들여다보면 더 풍성한 의미(*sensus plenior*)를 알 수 있다. 이 지도자들은 각각 "일어났고," 인접한 문맥(5:30)에서도 예수님의 부활(2:24, 32; 3:22, 26)에 초점이 맞춰져 있다.[170] 또한 각 지도자는 사람들을 모았으며 예수님과 그분의 추종자들도 그렇게 했다. 이 지도자들은 모두 죽었고 예수님도 돌아가셨다.

다른 점은 지도자들이 죽은 후 백성들이 흩어졌다는 것이다. 예수님은 다시 살아나셨기 때문에 추종자들이 모인다. 누가복음 11장 23절에서 예수님은 "나와 함께 하지 아니하는 자는 나를 반대하는 자요 나와 함께 모으지 아니하는 자는 헤치는 자니라"라고 말씀하셨다. 부활은 모든 것을 변화시킨다.

5:38-39. 가말리엘은 공회에 조심하라고 경고한 다음, 일어났다가 없어진 두 운동의 예를 제시한다. 그는 성전 권력자들은 "이 사람들을 상관하지 말고 버려두어야 한다"라고 주장하며 결론을 내린다. 조언의 근거는 두 개의 조건절이 뒤따르는 접속사로 표시된다. 그는 두 가지 시나리오를 제시하는데, 두 가지 시나리오 모두 논리적으로 이 사람들에게서 멀리 떨어져 있어야 한다는 것이다.

이 "계획"(개역개정. "사상." βουλή, 불레)이나 "일"(개역개정. "소행." ἔργον, 에르곤)이 인간적이라면, 드다와 유다의 계획처럼 "무너질 것"(καταλυθήσεται, 카탈뤼데세타이)이다. 반면에 하나님으로부터 온 것이라면 성전 지도자들은 그들을 "무너뜨릴 수"(καταλῦσαι, 카탈뤼사이) 없을 것이다. 이 두 절은 다음 헬라어 단어로 연결된다. 38절의 "무너질 것이요"와 39절의 "무너뜨리다"는 같은 단어(καταλύω, 카탈뤼오)에서 왔다.

즉, 이 운동은 저절로 파괴되거나 아니면 하나님의 뜻이기 때문에 아무도 파괴할 수 없다는 논리이다. 가말리엘은 마지막으로 "하나님과 대적하는 자"(θεομάχοι, 데오마코이)가 될 수도 있다는 가능성을 나타내는 가정법 동사로 한 마디 덧붙인다.[171] 이 단어는 문자 그대로 하나님과 싸우는 자라는 뜻이다.

이 언어는 가말리엘의 청중만을 위한 것이 아니다. 누가는 이 부분과 사도행전 전체에 대한 내러티브 주해로 포함시킨다. 성전 지도자들은 바로처럼 하나님과 싸우는 사람들이다. 하나님의 증인을 반대하는 모든 사람은 하나님과 싸우는 사람이다.

태너힐Tannerhill이 지적했듯이, 이 구절에서 신적 권위와 인간적 권위가 대조된 것은 이번이 두 번째로, "이야기 속 인물들 사이에만 메시지를 전달하기 위한

---

170 이것이 선지자로서 "일어난" 예수와 모세를 암시하는 데 동의하는 Johnson, *Acts*, 103,을 참조하라.

171 Padilla, *The Speeches of Outsiders in Acts*, 126,은 "하나님을 대적하는 자"(θεομάχος)가 당시 다양한 문학 장르에서 핍박받는 집단을 입증하는 데 사용되었다고 말한다. 합법적인 대리인에 반대하는 사람들은 "하나님을 대적하는 자"이다.

것이 아니라 저자가 독자들에게 보내는 메시지"임을 시사한다.[172] 누가는 외부인의 입술에 지혜를 두며, 사명이 하나님의 βουλή(불레)임을 나타낸다.[173]

누가복음 신학에서는 하나님의 계획에 따르거나 그 계획에 반대하는 두 가지 길이 진행된다. 예수님은 이 갈라짐의 중심에 서 계신다. 가말리엘의 말은 의도한 효과를 발휘한다. 성전 권력자들은 그의 말에 설득된다. 가말리엘의 말은 독자들이 이 운동이 하나님으로부터 온 것임을 다시금 알게 될 뿐만 아니라, 그 결과마저도 아이러니로 가득 차 있다. 예수님을 반대하는 지도자가 안전과 풀려남을 돕고 복음을 계속 전파하는 데 도움을 주었다.[174] 반대자의 말조차도 하나님의 계획에 힘을 실어준다.

5:40. 가말리엘과 개인적인 대화가 끝난 후, 그들은 사도들을 풀어준다(이것이 문장의 주요절이다). 그러나 사도들을 "채찍질"(δείραντες, 데이란테스, 눅 22:63에서 예수의 매질에 사용된 단어와 같은 단어)하고 예수님의 이름으로 말하는 것을 금했다. 폭력의 절정은 계속된다. 스데반의 죽음으로 절정에 달하겠지만, 그것은 결과 없이 끝날 것이다.[175] 고통이 지속되더라도 하나님의 계획은 중단되지 않을 것이다. 하나님의 나라는 현존하고 가시 면류관을 쓸 것이다.

5:41. 마지막 두 구절은 사도들이 석방된 후 마음 상태와 행동에 관해 자세히 설명한다. 출애굽 백성(출 15장)처럼, 그들은 고난을 즐기기 때문이 아니라 "그 이름"을 위해 능욕을 당하는 일에 합당한 자로 여김받는 것을 "기뻐"(χαίροντες, 카이론테스)한다.[176] 가말리엘은 백성들에게 존경받지만(5:34), 그들은 능욕당하지만 기뻐한다.

고난을 기뻐하는 것은 신약에서 흔히 볼 수 있는 주제이며(벧전 1:6; 4:13; 롬 5:3; 고후 6:10), 바울은 나중에 그리스도인이 하나님 나라에 들어가기 위해 많은 고난을 겪어야 한다고 말한다(행 14:22). 명예-수치 개념이 분명하다. 신적 권위를 통한 명예는 인간적 권위로 받는 불명예보다 우선한다. 하지만 그보다 더 중요한 것은 그 이름을 위해 고난을 **받아야만** 자신이 명예롭다는 것을 안다는 것이다. 거꾸로 된 왕국이 여기 있다.

172 Tannehill, *The Narrative Unity of Luke-Acts*, 2:62,67.

173 누가는 βουλή라는 단어를 좋아하며 이미 누가복음에서 바리새인들이 자신들을 위한 하나님의 계획을 거부하고(눅 7:30) 예수를 죽이려고 계획했다고 언급했다(23:51). 누가는 이미 두 번이나 사용하여 하나님의 계획과 그들의 계획을 대조했다(행 2:23; 4:28).

174 Padilla, *The Speeches of Outsiders in Acts*, 133.

175 Pervo, *Acts*, 149.

176 예수님의 이름에 대한 더 많은 고찰은 2:21, 3:6, 3:16의 각주를 참조하라.

누가복음에서 예수님께서 말씀하신 대로이다. "인자로 말미암아 사람들이 너희를 미워하며 멀리하고 욕하고 너희 이름을 악하다 하여 버릴 때에는 너희에게 복이 있도다 그 날에 기뻐하고 뛰놀라 하늘에서 너희 상이 큼이라 그들의 조상들이 선지자들에게 이와 같이 하였느니라."(눅 6:22-23).

5:42. 두 번째 성전 분쟁은 두 가지 면에서 완전한 결말을 맞이한다. 첫째, 출애굽의 싸이클을 완성한다. 이 구체적인 이야기는 기사와 표적, 그림자로 시작하여 사도들이 하나님을 대적하는 자들의 반대를 받고 나서 풀려나고, 마침내 그들은 기뻐하며 성전에서 하나님의 임재를 전파하는 것으로 끝난다. 새로운 출애굽기 주제는 간과하기 쉽지 않다.

성전 내러티브와 출애굽 내러티브의 병행	
출애굽 내러티브	성전 내러티브
표적과 기사, 그림자 (출 4:21; 7:3; 40:35)	표적과 기사, 그림자 (행 5:12, 15)
하나님을 대적하는 바로 (출 1:22; 4:21; 5:2; 7:13-14, 22-23; 8:15, 19, 29, 32 등)	하나님을 대적하는 성전 지도자들 (행 5:17-18, 33, 39)
노예 생활 (출 1:11-14; 2:23; 6:9)	감옥에 갇힘 (행 5:18)
주님의 천사가 구원함 (출 14장; 16:6)	주님의 천사가 풀어줌 (행 5:19)
기뻐함 (출 15장)	기뻐함 (행 5:41)
성전 임재 (출 32-40장)	성전 임재 (행 5:42)

둘째, 더 큰 성전 내러티브는 제자들이 다시 "성전"(ἱερῷ, 히에로)에서 예수님이 메시아이심을 가르치고 "좋은 소식을 선포하는 것"(εὐαγγελιζόμενοι, 유앙겔리조메노이, 개역개정. "전도하기를")으로 마무리된다.[177] 이것은 2장 46절에서 시작하는 성전 내러티브와 수미쌍관(인클루지오)을 이룬다.

따라서 이 내러티브는 제자들을 시작 부분과 2장 46절-3장 1절까지 거슬러 올라가는 바로 그 지점으로 되돌려 놓는다. 성전 권력자들은 하나님의 계획을 멈

---

177 "예수는 그리스도라는 좋은 소식을 선포한다"는 구절은 11장 20절과 일치한다. 그러나 11장 20절에서 증인들은 헬라인들에게 말하며 **주 예수**에 관한 좋은 소식을 선포하고 있다(강조 추가). 때때로 "메시아"로서 예수님에 대한 메시지는 유대인들을 위해 준비되어 있고 헬라인들에게는 "주님"으로 번역된다. 하지만 주님이라는 칭호에는 유대인 어조가 있다. 이것은 주님이라고 주장하는 다른 모든 사람들에게 도전이 될 것이다.

추지 못했고, 심지어 흠집조차 내지 못했다.[178] 더 많은 사람이 믿는다. 사도들이 메시아 예수를 중심으로 삼위일체 하나님의 활동을 선포하면서 하나님의 계획은 앞으로 나아간다.

2.4. 참 성전의 백성: 구제 (6:1-7)

1 그 때에 제자가 더 많아졌는데 헬라파 유대인들이 자기의 과부들이 매일의 구제에 빠지므로 히브리파 사람을 원망하니 2 열두 사도가 모든 제자를 불러 이르되 우리가 하나님의 말씀을 제쳐 놓고 접대를 일삼는 것이 마땅하지 아니하니 3 형제들아 너희 가운데서 성령과 지혜가 충만하여 칭찬 받는 사람 일곱을 택하라 우리가 이 일을 그들에게 맡기고 4 우리는 오로지 기도하는 일과 말씀 사역에 힘쓰리라 하니 5 온 무리가 이 말을 기뻐하여 믿음과 성령이 충만한 사람 스데반과 또 빌립과 브로고로와 니가노르와 디몬과 바메나와 유대교에 입교했던 안디옥 사람 니골라를 택하여 6 사도들 앞에 세우니 사도들이 기도하고 그들에게 안수하니라

7 하나님의 말씀이 점점 왕성하여 예루살렘에 있는 제자의 수가 더 심히 많아지고 허다한 제사장의 무리도 이 도에 복종하니라

헬라파 과부 내러티브의 위치는 두 가지 일관된 방식으로 보아야 한다. 첫째, 아낌없는 토라 공동체로서 참된 하나님의 백성을 정의하는 4장 32절-5장 11절의 경제적 강조와 짝을 이룬다. 이번에는 그들의 위치 밖에 있는 헬라파 유대인들을 위해 공급한다는 점에서 2장 42-47절에서 시작한 내러티브가 발전된다.

둘째, 이 내러티브는 전환되는 내용이다. 헬레니즘 지도자들에 초점을 맞춘 세 번째 절정으로 성전 싸이클이 시작된다.[179] 기독교 공동체의 연합은 그 다윗 왕의 통치 아래서 율법을 성취한다(신 15:4). 이 새로운 성전 공동체에 대한 도전은 다양한 형태로 다가온다.[180]

---

178 누가가 고난과 말씀의 전파를 연결한 것은 이 부분이 세 번째이며(4:4-5; 5:19-20), 이 주제는 스데반의 죽음(8:1, 4; 11:19-21)에 대한 이야기에서 계속 발전될 것이다.

179 Pervo, *Acts*, 152. Keener, *Acts*, 2:1247–48, 그리고 다른 학자들은 6:1-9:31을 한 단위로 간주한다. 키너Keener는 스데반, 빌립, 헬라파의 적 사울에 초점을 맞추기 때문에 "헬레니즘 확장"이라는 제목을 붙였다. 이는 사도 선택 이야기(1:23-26; 6:3-6), 가르침, 체포, 재판, 성령의 임재(4:31; 8:14-17)가 있다는 굴더Goulder(*Type and History*, 65-110)의 제안에 부합한다. 이 내러티브는 새로운 부분을 여는 것으로 볼 수 있지만 여전히 유대인에 초점을 맞추고 있으며 "성전" 설교가 이어진다.

180 Kuecker, *The Spirit and the "Other,"* 148,은 6-9장에서 성령은 그룹 내부와 "타자"사이의 그룹 간 접촉을 조율하며 성령은 이 새로운 사회적 실체의 주요 정체성에 대한 표지가 된다

6장에서 누가복음은 성장이 내부 문화 갈등으로 인해 막힐 수 있음을 보여준다. 이 새로운 공동체는 시민적 갈등에 어떻게 대응할까? 모범적인 πολιτεία(공동체, 폴리테리아)가 될까, 아니면 압력에 굴복할까? "연합에 대한 위협은 교회의 연합이 가장 분명하게 드러났던 삶의 영역, 즉 돈과 관대함에서 정확하게 나타난다."[181] 문화적 장벽을 허물어야 한다.

이 이야기에서는 헬라파 유대인과 히브리파 유대인 사이의 장벽이 극복된다. 누가는 예루살렘 교회의 모범적인 위기 대응과 헬라파 지도자인 스데반과 빌립을 소개한다. 위협은 하나님의 직접적인 개입이 아니라 구조적, 행정적 수정을 통해 해결된다.[182] 이 공동체는 시민의 갈등(στάσις, 스타시스)에 대응하는 모범이 되는 πολιτεία(폴리테이아, 공동체), 또는 시민으로서의 공동체이다.[183] 이들은 지도자로서도 외부인에게 점진적인 개방성을 보여주며 이것은 사도행전 전체에 걸쳐 계속되는 주제이며 성장에 박차를 가한다.

빌립과 스데반은 6-8장에서 예루살렘을 넘어 복음을 전하는 선구자가 된다. 이 이야기에서는 새로운 지도자 그룹이 임명되고 임무가 분담되면서 말씀이 전파된다.[184] 이 이야기는 또한 이 책을 관통하는 삼위일체론적 주제를 이어간다. 아버지 하나님께서는 성령으로 충만한 사람들(6:3, 5)과 함께 예수님에 관한 말씀을 통해(5:39), 아버지로부터 온 말씀을 통해(6:2, 4, 7) 교회를 성장시키실 것이다.

6:1. 본문에서 전환이 일어나는데, 누가는 "그 때에"(눅 1:39; 6:12; 행 6:1, 11:27)로 전환을 나타내며, 70인역 성경을 반향하고 종말론적 억양을 담고 있다(욜 3:1). 제자들의 수가 **더 많아지는** 동안 차별에 대한 불만이 제기되었다.[185]

"더 많아졌는데"(πληθυνόντων, 플레뒤논톤)는 시간 분사이며, 이 단어는 7절

고 주장한다.

181 Tannehill, *The Narrative Unity of Luke-Acts*, 2:80. 사도행전에 따르면 사회 문제를 다루는 것은 재정을 지원하는 것 이상이다.

182 따라서 성령은 자발적인 방식뿐만 아니라 의도적이고 계산적이며 덕스러운 결정의 지혜를 통해서도 역사하신다. 조직과 성령의 능력은 함께 작용한다.

183 Penner, *In Praise of Christian Origins*, 274,는 디오니시우스가 예시한 로마의 역사를 통해 강력한 공동체는 부자들이 가난한 사람들의 말에 귀를 기울여 코이노니아(κοινωνία)가 존재한다는 것을 보여 준다. 이것이 로마 세계에서 이상적인 공동체이다.

184 이 이야기는 모세가 백성들을 위해 신뢰할 수 있는 재판관들을 임명하는 것(출 18:13-26; 민 11장; 신 1:9-18)과 누가복음 9-10장에서 예수님이 지도자들을 임명하는 것을 암시한다. 사도행전이 열두 번째 사도의 선출로 시작되었듯이, 이제 교회는 새로운 사역자를 선출한다.

185 내러티브에서 믿는 사람들을 제자라고 부르는 것은 여기에서 처음이다. Dunn, *Acts*, 81,은 이것이 헬레니즘 그룹이 스스로 묘사한 것 때문일 수 있다고 제안한다(6:1, 2, 7; 9:1, 10, 19, 25-26; 11:26).

(ἐπληθύνετο, 에플레뒤네토)에서 다시 사용되어 전체 부분을 포괄하고 이 상황이 어떻게 발생했는지와 그 결정의 결과를 모두 보여준다. 성장은 행정적 어려움을 일으킨다. 번성에 대한 강조는 독자들에게 출애굽(출 1:9)과 창조 기록(πληθύνω, 플레뒤노, 창 1:22, 28; 8:17; 9:1; 16:10; 17:2, 20; 22:17; 26:4, 24; 28:3; 35:11; 48:4)을 상기시켜 초대 교회가 창조 명령을 성취하는 사역 가운데 있음을 나타내고 여호와의 성전 임재를 전파한다. 교회 성장을 경험한 목회자라면 누구나 알다시피, 교회 성장은 새로운 복과 도전을 가져다준다. 교회는 우선순위를 바로 세울 수 있을까?

교회가 성장하는 동안 ("마음과 영혼이 하나"가 되는 것과는 대조적으로) "원망"(γογγυσμός, 공귀스모스)이 일어났다. 특히 음식과 관련하여 주님과 지도자들에 관해 불평했던 출애굽에도 같은 단어가 사용되었다(출 16:2-12; 민 11:1; 17:5, 10). 그러나 이번에는 근거 없는 불평은 아니었다. 출애굽기에서와 마찬가지로, 원망은 음식, 즉 "일용할 양식"에 관한 것이다.[186] 원망은 헬라파(Ἑλληνιστῶν 헬레니스톤)의 히브리파(Ἑβραίους 헤브라이우스)에 대한 원망이다.

CSB는 이들이 헬라파 유대인과 히브리파 유대인이라고 가정하는 점에서 옳다(2:7-12; 4:36). 언어와 문화 차이가 문제의 원인이다.[187] 원망은 간과되거나 무시당하는 과부들에 관한 것이다. 디모데전서 5장에서 과부는 중요한 관심을 받고 있으며, 토라 공동체에는 과부에 관한 엄격한 지침이 있다(출 22:22; 신 10:18; 24:17-21; 26:12-13).

신명기 27장 19절에는 "객이나 고아나 과부의 송사를 억울하게 하는 자는 저주를 받을 것이라"라고 기록되어 있으며, 누가복음도 이미 가난한 사람이 있으면 안 된다고 말한다(행 2:44-45; 4:32, 34). 이 문화권의 과부들은 남편이 죽은 후에도 관리되지 않고 경제적 기회도 적기 때문에 특히 취약했다.

6:2. 누가가 "열두"(οἱ δώδεκα, 호이 도데카)라고 부르는 사도들이 이 문제에서 리더십을 발휘한다. 여기(6:2)와 사도행전 1장에서만 "열두"라는 표현이 나온다. 신명기 27장의 더 큰 맥락은 온 이스라엘의 하나 됨을 강조한다(9절, 14-26절). 그러므로 열두 제자들의 구제는 율법을 마음에 새긴 그리스도인 공동체 안에서 신명기적 명령을 성취한다.[188]

---

186 음식에 대한 강조와 사역의 중심성은 계속되고 있으며 누가가 사람들과 함께 식사하는 예수님의 묘사에서 비롯된다. J. Spangenberg, *Brief Exegesis of Acts*, 6:1, in Chung-Kim, Hains, et al., *Acts*, 73,은 그들의 불평이 벌을 받아 마땅하다고 생각하지만 이는 일반적인 견해가 아니다.

187 예루살렘과 유대의 동심원을 중심으로 생각한다면 갈릴리 사람, 헬라파 사람, 사마리아인, 하나님을 경외하는 사람, 이교도 순으로 갈 것이다. 이것은 사도행전의 내러티브 흐름과 일치한다.

188 Beale, *The Temple*, 47,은 요세푸스와 필론이 열두 조각으로 된 제사장 흉패를 열두

열두 사도는 많은 제자를 모두 불러 모아 그들이 이 문제를 다루지 않을 것이고 말한다. 문제의 절반은 문화적 상황에서 비롯된 것이고, 나머지 절반은 임무를 나누는 일에 관한 것이다.[189] 사도들이 음식을 베푸는 것(개역개정. "접대를 일삼는")은 마땅하지 않다는 것은 이 문제에 관심이 없거나 자신들의 일이 그런 일들 위에 있다는 것이 아니라 부활을 증거하는 특별한 임무를 받았기 때문이라고 말한다(1:8; 2:32; 3:15; 4:33; 5:32).[190] 내러티브에서 사도들의 말을 신뢰할 만하다고 받아들이며 누가가 이것이 이기적인 반응이었다고 지적하지 않는다는 사실이 이 견해를 뒷받침한다.

열두 사도의 진술을 부정적으로 받아들일 수도 있다. 여러 가지 논거가 있다. 첫째, 내러티브 앞부분에 가르침과 구제로 섬기는 일이 결합되어 있다(2:42-46; 4:32-37). 둘째, 예수님은 자신을 식탁을 섬기는 분으로 소개하셨다(눅 6:12-21; 9:10-17; 22:14-27). 셋째, 스데반과 빌립이 음식을 나누는 일꾼으로 소개된 후, 그들의 주요 사역은 선포하는 일로 묘사된다.[191]

그러나 해석 역사는 이 결정에 관해 더 긍정적인 견해를 지지한다. 예수님과 모세와 유사하게 사역이 너무 커서 위임한 내용으로 보인다. 또한 누가는 헬라파 사람들을 음식을 베푸는 일을 섬기는 사람들일 뿐만 아니라 강력한 설교자로 묘사하여 두 그룹 간 연합을 상징하고 헬라파의 사역을 정당화하고자 했을 수도 있다.[192] 어느 쪽이든 말씀 사역은 자비를 베푸는 일과 공의로운 사역을 뒷받침하고 그 원천이 되어야 한다.[193]

6:3-4. 열두 사도가 지도력을 행하지만, 일부 과정을 민주화하고 회중이 이 특별한 일을 섬길 일곱 명을 선택하도록 한다(참조. 1:23).[194] 교회 구조와 권위

별자리를 상징하는 것으로 이해하여 이 제사장들이 하늘과 땅을 상징한다고 언급한다(*War* 4.324).

189 Talbert, *Reading Acts*, 49. Pervo, *Acts*, 157,은 이것이 식사이며 그 식사가 기독교 성찬(또는 그 원형)이라고 결론을 내리는 것이 합리적이라고 주장한다.

190 Peterson, *Acts*, 232–33.

191 Spencer, *Acts*, 76–77; F. S. Spencer, "Neglected Widows in Acts 6:1–7," *CBQ* 56 (1994): 715–33.

192 Penner, *In Praise of Christian Origins*, 275,는 헬라파들이 구제하도록 임명되는 이 "문제"에 초점을 맞추지만 실제로는 말씀을 전하는 사역을 하는 사람들은 이 구절의 요점을 놓치고 있다고 말한다. 누가는 이 새로운 공동체(πολιτεία)에서 그리스와 로마의 최고의 미덕이 나타나서 헬레니즘적 그리고 헤브라이즘적 조화를 정당화한다는 주장을 한다. D. W. Pao, "Waiters or Preachers: Acts 6:1–7 and the Lukan Table Fellowship Motif," *JBL* 130 (2011): 127–44,는 사도들을 모호하다고 말하면서 중재 과정을 기록한다.

193 "말씀"은 6:2, 4, 7에 언급되어 있으며 예수님에 대한 메시지로 확인된다(4:4, 29, 31).

194 누가는 이미 이 본문에서 사도들을 열두 사도로 분류했기 때문에, 해석자들은 숫자 7에서

에 관해 어느 쪽이든 회중이 건강하게 참여한 것 같지만 정확한 과정에 관해서는 모호한 것 같다. 누가는 이 본문을 정확한 교회론적 패턴으로 설정한 것 같지 않다.[195] 사도들은 회중이 원하는 사람이면 누구든지 선택하도록 허용하지 않고 결정을 이끌어야 한다.

선택된 사람은 (1) "남자"(개역개정, "사람." ἄνδρας, 안드라스)여야 하고, (2) "칭찬 받는"(μαρτυρουμένους, 마르튀루메누스) 사람이어야 하며,[196] (3) 성령과 지혜가 충만해야 한다.[197] 성령이 충만하다는 것은 예수님이 성령을 부어 주셨기 때문에, 예수님께서 선택하셨음을 의미한다(2:33). 페너Penner는 성령이 사건들을 서로 연결해 주는 것으로 예루살렘과 바울의 다리를 놓는 역할을 하는 일곱 명의 임명을 주목하는 점에서 옳다.[198]

"성령과 지혜"의 충만은 누가복음 내러티브에서 헬라파 부분에서만 나타난다. 이것은 "지혜"(σοφία, 소피아)가 그리스-로마 전통에서 중요한 철학적 위치를 차지했기 때문에 그들이 더 넓은 세상에서 대화할 수 있어야 했다는 생각을 뒷받침한다.[199]

유대교 전통에서도 σοφία(소피아)는 중요한 역할을 한다. 실제로 이사야는 다윗 왕에 관해 "여호와의 영 곧 지혜와 총명의 영이요 모략과 재능의 영이요 지식과 여호와를 경외하는 영이 강림하시리니"(사 11:2)라고 말한다. 또한 스데반의 연설에서 요셉과 모세에게 지혜가 돌려지며, 이는 다시 디아스포라 상태와 관련이 있다(7:10, 22).

지혜는 성전 건축 용어이기도 하다. 성막 건축의 감독자인 브살렐은 하나님의 영과 지혜로 충만했다(출 31:3). 히람은 솔로몬의 지혜를 찬양하며 주를 위해서 집을 짓는 솔로몬의 계획을 칭찬한다(왕상 5:2). 이 사람들은 성전 건축의 책임을 맡아 새로운 돌을 올린다.[200]

상징성을 찾는 데 큰 무리가 없다. 유대교와 헬레니즘 기독교인이 모두 하나가 되는 지도력 또는 그리스도의 몸의 완전성을 의미할 수 있다. 수 6:4, 스 1:14, 렘 52:25의 비슷한 구절도 참조하라.

195 O. Brunfels, *Annotations on Acts 6:1–2*, in Chung-Kim, Hains, et al., *Acts*, 74, 그리고 몇몇 다른 종교개혁자들은 이 본문을 다수결에 의한 결정에 대한 논거로 본다.

196 딤전 3:7에서도 장로의 자격에 동일한 동족 명사가 사용된다.

197 신명기에서 선택된 사람들은 또한 "분별력"과 "이해력"을 가지고 있다. 히브리어 성경에서 발견되는 지혜의 주제에 따라 두 그룹을 모두 "지혜로운 사람"으로 그렸다.

198 Penner, *In Praise of Christian Origins*, 270.

199 T. Longman III, *The Fear of the Lord Is Wisdom: A Theological Introduction to Wisdom in Israel* (Grand Rapids: Baker Academic, 2017), chaps. 1–3,은 지혜가 과거에는 주로 실제적인 것으로 묘사되어 왔지만, 지혜는 신학적, 윤리적, 실제적이라고 주장한다.

200 지혜와 성전은 솔로몬이 성전 건축을 위해 지혜를 구하는 지혜서(Wis 8:21-9:8)에서 서로 연관된다.

4절에서 베드로는 사도들이 기도와 말씀 사역에 "힘쓸"($\pi\rho o\sigma\kappa\alpha\rho\tau\epsilon\rho\acute{\eta}\sigma o\mu\epsilon\nu$, 프로스카르테레소멘, 1:14; 2:42, 46에서 사용된 것과 같은 단어) 것이라고 거듭 강조한다. "섬김"(개역개정. "사역")이라는 동일한 용어가 일곱 (집사)와 열두 사도에 모두 사용되어 사역의 일치와 임무의 위임을 나타낸다(6:2, 4). 사도들은 말씀을 전하는 일과 사역을 일곱에게 맡기는 것을 통해, 집사들은 구제를 통해 섬김에 힘쓴다.

6:5-6. 사도들이 한 말이 온 회중을 기쁘게 했는데, 다시 한번 지도자와 회중 사이에 결정을 주고받았음을 나타낸다. 누가는 "그들이 스데반을 택하였다"라고 삼인칭 복수를 사용하여 회중이 스데반을 선택했음을 나타낸다. 누가는 앞서 바나바를 소개할 때와 마찬가지로 스데반을 잠시 소개한다. 다음 장에서는 스데반이 중심이 된다. 스데반은 "믿음과 성령이 충만한 사람"으로 묘사되며, 이것이 올바른 선택이었음을 보여준다.

다음 인물인 빌립도 8장에서 이야기의 전면에 등장한다. 스데반과 빌립은 곧 사도들처럼 말씀 사역에 몰두하여 1장 8절의 성취를 위한 다음 단계를 시작할 것이다. "누가는 이 두 핵심 인물을 소개하면서 그들의 권위와 열두 제자와의 연결고리를 세운다."[201]

다른 이름들 역시 헬라어(헬라파)에서 유래한 이름들이다.[202] 브로고로, 니가노르, 디몬, 바메나, 니골라가 그들이다. 키너Keener는 이를 적극적으로 차별을 금지하는 조치의 첫 예라고 부른다. "정치 권력을 가진 사람들은 일반적으로 불만을 제기하는 소수를 억압했지만, 사도들은 불만을 제기하는 소수에게 전체 시스템을 넘겨준다."[203] 해석가는 이 행동이 현대적 맥락에서 어떻게 적용될 수 있는지 자문해 보아야 한다. 불만을 품은 소수에게 제도를 넘겨주는 것은 모든 사람 안에서 일하시는 하나님의 역사에 대한 신뢰가 전제되어야 하며, 더 자주, 더 많이 실행되어야 한다.

니골라는 안디옥에서 온 개종자이다. 이것은 두 가지를 나타내고 예표 역할을 한다. 첫째, 다른 사람들은 아마도 유대인으로 태어났지만 초대 교회에는 팔레스타인 유대인, 비팔레스타인 유대인, 이방인이 포함되어 있었음을 나타낸다![204] 둘

201 Peterson, *Acts*, 228.

202 Gaventa, *Acts*, 115,은 많은 유대인이 헬라식 이름을 가졌기 때문에 그 이름이 일곱 사람이 반드시 헬라파임을 의미한다고 생각하지 않는다.

203 Witherington, *The Acts of the Apostles*, 248; Keener, *Bible Background Commentary*, 338.

204 개종자는 할례를 받은 이방인이지만, 이 용어는 거주 외국인에게도 사용될 수 있다. Penner, *In Praise of Christian Origins*, 282–83,은 로마인들이 고대 관습을 소중히 여겼을 뿐만 아니라 이방인들을 정치적 통일체에 받아들이는 것도 중요하게 여겼다는 것을 보여준다. 혼합이 허용되었지만 그룹은 전통적인 정체성을 유지하고 보호하도록 권장되었다.

째, 안디옥은 유대인과 이방인 교회의 거점이 될 것이다(10장). 예루살렘의 초기 교회에는 안디옥 교회가 존재했다.

일곱 사람이 사도들 앞에 선다. 사도들은 그들을 위해 기도하고 안수한다. 그들은 섬김을 위해 따로 세워진다(참조. 13:1-3). 안수는 족장들의 축복(창 48:14), 모세가 여호수아에게 위임하는 일(민 27:23; 신 34:9), 백성들이 제사장을 세우는 일(민 8:10)을 연상시킨다.

다음 이야기는 헬라파 지도자들의 본질적인 역할을 계속한다. 누가는 문제가 **어떻게** 해결되고 **무엇이** 문제를 만들었는지에만 관심이 있는 것이 아니라, 집단 내 갈등을 가장 잘 관리할 수 있는 사람이 **누구인가**에도 관심을 기울인다.[205]

6:7. 이 행동의 결과는 "그래서"(καί, 카이. 개역개정은 생략)라는 단어로 나타난다. καί(카이)는 단순히 "그리고"라는 뜻일 수도 있지만, 이전 행동에서 비롯된 결과를 나타낼 수도 있다(참조. 마 5:15; 23:32; 막 8:34; 고후 11:9; 히 3:19; 요일 3:19).[206] 교회가 과부들의 정의 문제를 처리한 결과로 하나님의 말씀이 "전파"(문자적으로, "성장." 개역개정, "왕성하여." ηὔξανεν, 에욱사넨, 참조. 12:24, 19:20) 되었다는 것이다.

"왕성하여"라는 묘사가 특이하다는 점에 주목해야 한다. 이 단어는 그들을 고난에도 번성하는 새로운 출애굽 세대로 묘사한다(출 1:7, 20). 피터슨Peterson이 개념의 중요성을 요약한 것은 도움이 된다.

> 성경에서 "하나님의 말씀"은 사람들의 삶에 영향을 미치고 하나님의 뜻에 따라 상황을 변화시키는 생명력으로 간주한다(예. 사 2:3; 55:10-13; 렘 23:28-29; 롬 1:16; 10:17-18; 살전 2:13; 히 4:12-13; 벧전 1:23-25). 좋은 땅에 떨어진 복음의 씨앗이 "뿌린 것보다 백 배나 더 많은 수확을 거두었다"(눅 8:8 NIV)라는 예수님의 좋은 땅 비유(눅 8:4-15)는 누가가 특별히 염두에 두었던 말씀이었을 것이다. 따라서 누가는 말씀의 피조물인 교회가 성장했다는 것을 의미하는 표현을 만들어 냈다.[207]

파오Pao는 사도행전에서 "성장하다" 또는 "권능을 가지다"라는 단어가 반복적으로 사용된 것은 반대 속에서도 정복한다는 의미라고 지적한다.[208] 예수님이 주님이 되시는 복음의 성장과 중심성이 없는 교회는 교회가 아니라 단순한 사교

---

205 이 표현은 다음에서 왔다. Kuecker, *The Spirit and the "Other,"* 151.

206 참조. BDAG, 495: 1.b. ζ.

207 Peterson, *Acts,* 236.

208 Pao, *Acts and the Isaianic New Exodus,* 150.

모임일 뿐이다. 실제로 누가는 이 구절에서 교회의 성장에 관해 두 가지 다른 방식으로 언급한다.

첫째, 그는 하나님의 말씀이 점점 왕성했다고 말한다. 둘째, 예루살렘에 있는 제자의 수가 "더 심히 많아졌다"(ἐπληθύνετο σφόδρα, 에플레뒤네토 스포드라).[209] 제사장들이 그 수에 더해진다. "대제사장들"은 이 메시지를 거부했지만, 다른 많은 제사장이 더해진다.

두 이미지 모두 박해 속에서 번성하고 수가 심히 많아져 제사장 나라가 된 새로운 출애굽 세대로 묘사한다. 어떤 학자들은 사도행전이 약한 예루살렘 교회와 강한 이방인 교회를 제시한다고 생각하지만, 이 언급은 누가가 활력있는 예루살렘 교회를 긍정적으로 보고 있음을 확인시켜 준다.[210]

내가 주장했듯이, 2-7장은 성전 권력자들이 새로운 성전 백성들에게 도전하는 성전 주제를 중심으로 전개된다. "그 말씀"은 사람들이 받아들이거나 거부할 수 있는 "움직이는 하나님의 대리인" 또는 "하나님의 방문"이다.[211] 누가는 이 말을 덧붙임으로써 이 운동이 옛 체제의 갑옷에 흠집을 내고 성전 공간을 확장하고 있음을 독자들에게 알린다(슥 1:16-17; 단 2:34-35). 교회는 격려받아야 하지만 또한 현실로 돌아와야 할 필요도 있다. 핍박은 더욱 심해질 뿐이다.

전반적으로 마지막 구절의 요점은 수적 성장과 가난한 사람들에 대한 신실함에서 성장하는 것이 일치한다는 것을 보여준다. 이 부분은 과부들을 돌보는 것뿐만 아니라 과부들을 돌봄으로써 교회가 성장하는 것에 관한 것이다. 부정적으로 말하면, 소외된 자에 대한 돌봄이 부족하면 성장이 둔화한다는 뜻이다. 소외된 사람을 적극적으로 돌보는 것은 하나님의 축복을 가져온다. 누가의 신학은 말씀이 교회를 낳고, 말씀이 교회를 변화시키며, 말씀이 교회를 성장시킨다는 것이다.

2.5. 스데반의 성전 설교 (6:8-8:3)

예루살렘 이야기의 주기와 성전에 대한 강조는 스데반의 재판, 연설, 죽음에 관한 이야기에서 절정에 달한다.[212] 반대는 점점 커지고, 이제 헬라파 증인이 순교

---

209 창세기, 출 1:7, 신 26:5, 28:62와의 연관성을 보라.

210 Tannehill, *The Narrative Unity of Luke-Acts*, 2:82.

211 Jipp, *Divine Visitations*, 236–40.

212 Talbert, *Reading Acts*, 57,은 예루살렘 싸이클 사이의 병행을 관찰한다. (1) 세 사람 모두 공회에 증인이 출석하고(4:3; 5:17-18; 6:12), (2) 세 사람 모두 변호하고(4:5-12; 5:27-32; 7:1-54), (3) 세 사람 모두 공회의 반응(4:16-17, 21; 5:33-39; 7:54, 57-58)을 보여준다. 그러나 스데반 내러티브에서 적대감은 절정에 달한다. 첫 번째는 경고로 끝났고(4:21) 두 번째는 매질로 끝났으며(5:40) 이번은 죽음으로 끝났다. Talbert, *Reading Acts*, 46,도 "이 세 주기는 마가복음 2:1-3:6에 나오는 다섯 가지 갈등 이야기 모음과 같으며,

하지만 이마저도 더 확장을 이룬다.[213] 이 부분은 사도행전에서 가장 긴 설교를 담고 있으며 누가는 스데반 이야기로 두 번이나 돌아간다(11:19; 22:20), "초기 기독교 역사에서 누가가 이 에피소드에 얼마나 중요성을 부여했는지"를 나타낸다.[214]

스데반은 성전과 율법을 무시했다는 비난을 받는다. 그는 물리적 성전의 일시적이고 부패한 본질과 역사를 통한 하나님의 선지자들을 받아들이는 일에 관한 구원사적 논증으로 대답한다.[215] 스데반은 의로운 고난을 당한 사람들의 긴 대열에 서 있다. 아브라함, 요셉, 모세, 그리고 궁극적으로 예수님은 전형적으로 의로우며 동시에 고난을 받은 사람들이다.[216]

누가는 하나님을 성전 안에 가둘 수 없다는 것을 보여 주면서 스데반의 설교를 마무리한다. 성전을 중심으로 하지 않는 일이 지리적 확장을 위한 토대를 제공한다. 한편으로 스데반의 죽음은 이야기의 새로운 인물인 사울 때문에 교회에 대한 큰 박해를 불러일으키지만, 스데반의 죽음은 예루살렘을 넘어 복음이 전파되는 촉매제가 된다(8-28장).

따라서 스데반의 죽음은 하나님의 뜻을 벗어난 것이 아니라 그리스도의 고난을 완성하는 성경 성취의 일부이다(골 1:24). 스데반(Στέφανος, 스데파노스, "면류관")은 죽음으로 생명의 면류관을 받을 것이다(계 2:10).[217]

2.5.1. 성전 고발 (6:8-7:1)

8 스데반이 은혜와 권능이 충만하여 큰 기사와 표적을 민간에 행하니 9 이른 바 자유민들 즉 구레네인, 알렉산드리아인, 길리기아와 아시아에서 온 사람

반대는 불평으로 시작하여 예수님을 죽이려는 음모로 끝난다"라고 지적한다.

213 Goulder, *Type and History in Acts*, 26,은 누가가 나선형 운동을 전개하며 운동마다 박해의 파도 속으로 더 멀리 나아간다고 말한다. 세 번의 물결이 일어났고 네 번째 물결은 순교로 이어진다. Stott, *The Spirit, the Church, and the World*, 125,은 "성령은 그분의 백성을 세상으로 밀어 넣으려고 움직이고 있지만, 누가는 먼저 두 명의 놀라운 사람(스데반과 빌립)과 함께 이방인 선교의 기초를 설명하고, 이어서 두 명의 놀라운 회심자(고넬료와 사울)를 소개한다"라고 말한다. S. Matthews, *Perfect Martyr: The Stoning of Stephen and the Construction of Christian Identity* (Oxford: Oxford University Press, 2010), 66,은 스데반의 역할이 전형적인 순교자로서 예수님과 바울 사이의 구심점으로서 상징적이라고 주장한다.

214 Witherington, *The Acts of the Apostles*, 252.

215 Witherington, *The Acts of the Apostles*, 253,는 의도적으로 스데반의 마지막 날을 예수님과 바울과 병행하여 언급한다. (1) 그는 재판받고, (2) 거짓 증인들이 생겨나고, (3) 성전 파괴에 관한 증언이 존재하고, (4) 손으로 만든 성전에 관해 말하고, (5) 신성 모독 혐의가 발생하고, (6) 대제사장이 그에게 질문하고, (7) 예수님과 스데반 모두 영혼을 다해 큰 소리로 외치고, (8) 둘 다 원수를 위해 중보기도를 구한다.

216 J. Hamilton, "Was Joseph a Type of the Messiah? Tracing the Typological Identification between Joseph, David, and Jesus," *SBJT* 12 (2008): 52–77.

217 Eusebius, *Hist. eccl.* 2.1.1.

들의 회당에서 어떤 자들이 일어나 스데반과 더불어 논쟁할새 10 스데반이 지혜와 성령으로 말함을 그들이 능히 당하지 못하여

11 사람들을 매수하여 말하게 하되 이 사람이 모세와 하나님을 모독하는 말을 하는 것을 우리가 들었노라 하게 하고 12 백성과 장로와 서기관들을 충동시켜 와서 잡아가지고 공회에 이르러 13 거짓 증인들을 세우니 이르되 이 사람이 이 거룩한 곳과 율법을 거슬러 말하기를 마지 아니하는도다 14 그의 말에 이 나사렛 예수가 이곳을 헐고 또 모세가 우리에게 전하여 준 규례를 고치겠다 함을 우리가 들었노라 하거늘 15 공회 중에 앉은 사람들이 다 스데반을 주목하여 보니 그 얼굴이 천사의 얼굴과 같더라

1 대제사장이 이르되 이것이 사실이냐

누가는 스데반을 성령으로 충만하고 지혜롭지만 거절당한 선지자로 묘사한다. 거짓 증인들이 나타나 스데반이 성전과 율법에 반대하는 말을 한다고 주장한다.[218] 그러나 스데반은 모세처럼 성령으로 충만하고 이미 하나님의 임재 안에 있기 때문에 천사의 얼굴을 한다. 하나님의 성전 임재는 스데반에게서 발산되며, 특히 그가 고난을 당할 때 더욱 두드러진다.

6:8. 스데반은 이전 이야기에서 지혜와 성령이 충만한 사람으로 소개되었다. 이제 그는 마지막 성전 싸이클에서 전면에 등장한다. 누가는 스데반에게 사도적/선지자적 외투를 입혔다. "스데반은 거부와 고난을 겪지만 궁극적으로 하나님의 변호를 받는 선지자적 운명을 성취하는 선지자적 인물로 제시된다."[219] 그는 "은혜와 능력이 충만한"(πλήρης χάριτος καὶ δυνάμεως, 플레레스 카리토스 카이 뒤나메오스, 6:8) 사람으로 묘사된다. "충만하다"의 동족 단어(πλῆθος, 플레도스 또는 πληρόω, 플레로오)는 사도행전 전체에서 반복적으로 사용되며, 일반적으로 성령, 하나님의 계획 또는 하나님의 계획에 대한 어떤 반대와 관련이 있다.[220]

사도행전의 다른 곳에서는 두 용어(은혜와 능력)가 결합하지 않았지만 사도들은 능력(1:8; 2:22; 3:12; 4:7, 33)과 은혜(2:47; 4:33)가 충만한 것이 특징이었다.[221] 은혜는 과부들 사이에서 스데반의 사역을 가리킬 수 있다. 여기서는 특별히

---

218 고발에 대한 세 요약 중 두 가지가 성전에 관해 언급하고(6:11, 13-14), 스데반은 나중에 설교에서 같은 언어를 사용한다(7:33, 49).

219 Peterson, *Acts*, 238.

220 행 1:16; 2:1, 2, 4, 28; 3:18; 4:8, 31; 5:3, 17; 6:3; 7:7, 55; 9:17, 36; 11:24; 12:24-25; 13:9-10, 27, 33, 45, 52; 19:28-29.

221 Sleeman, *Geography and the Ascension*, 143,은 "기사와 표적"과 "은혜와 능력이 충만하다"라는 표현이 사도행전의 초기 공간적 표지를 기반으로 하며 스데반의 설교에 나오는 제한되

"백성 가운데 기사와 표적(τέρατα καὶ σημεῖα, 테라타 카이 세메이아)"과 연관되어 있는데, 이는 모세의 사역을 연상시키는 예수의 증인들에게 이미 사용된 문구이다 (2:22, 43).[222] 스데반은 베드로처럼 백성에게 은사(χάρις, 카리스)를 베풀고 있다.

6:9-10. 이전 성전 이야기와 마찬가지로, 현재 사회 질서를 뒤집는 사람들에 대항하는 지도자들이 등장한다.[223] 이 지도자들은 독자들이 이전에 보았던 지도자와는 다르다. "새로운 주인공은 새로운 반대자들과 짝을 이룬다."[224] 그들은 자유민이면서 회당 회원들이다. 구레네, 알렉산드리아(아프리카, 남부), 길리기아, 아시아(소아시아, 북부)에서 온 사람들이다. 반대는 디아스포라 유대인(헬레니즘)이지만 해방된 유대인들로부터 일어났다.

그들은 이전에 유대인으로부터 분리되어 있었기 때문에 유대인의 유산과 관습을 특별히 소중히 여겼을 가능성이 높다. 또한 자신의 구성원들을 징계해야 할 책임감을 느꼈을 것이다.[225] 헬라파(스데반)가 생겨나 그들이 알고 있는 것과 상반되는 행동과 가르침을 행했다. 그들은 자신들의 예배의 중심성을 보호해야 했기 때문에 스데반을 예루살렘의 산헤드린으로 데려갔다.

스데반에 대한 그들의 주장은 "지혜와 성령[τῇ σοφίᾳ καὶ τῷ πνεύματι, 테 소피아 카이 토 프뉴마티]으로 말함"에 대항할 만큼 권위 있는 주장이 아니었다. 예수님은 제자들에게 "모든 대적이 능히 대항하거나 변박할 수 없는 구변과 지혜"를 약속하셨다(눅 21:15). 성령과 지혜의 결합은 성막 건축으로 거슬러 올라간다 (출 31:3; 35:31). 성막의 수석 장인인 브살렐은 성령과 지혜의 관점에서 묘사된다.[226] 또한 지혜로 땅을 세우신 분이 여호와이신 것처럼 새로운 창조 주제를 암시한다(잠 3:19; 8:22-23).

6:11-13. 회당 지도자들은 다른 전술, 즉 예수님에게도 사용된 전술을 사용한다. 그들은 은밀하게 일을 한다. 그들은 사람들을 선동하고 거짓 증인을 선동한다.

지 않는 성전이라는 주제와 상반된다고 지적한다.

222 Johnson, *Acts*, 111,은 심지어 6장 전체는 누가가 리더십에서 이러한 전환을 확립하려고 시도한 것이라고 주장한다.

223 9절의 "더불어 논쟁할새"(συζητέω)는 예수님이 어떻게 도전을 받았는지 설명하는 데에도 사용된다(막 1:27; 8:11; 9:10,14,16; 12:28; 눅 22:23; 24:15-16; 행 6:9-10; 9:28-29).

224 Tannehill, *The Narrative Unity of Luke-Acts*, 2:84.

225 Keener, *Acts*, 2:1298; R. Thompson, "Diaspora Jewish Freedmen: Stephen's Deadly Opponents," *BSac* 173 (2016): 166–81.

226 σοφία "지혜"라는 용어는 사도행전에서 네 번만 발견되며, 모두 6-7장(6:3, 10; 7:10, 22)에 등장하며, 지혜로운 왕(눅 2:40, 52)뿐만 아니라 고난과 핍박 속에서도 번영하는 방법을 아는 지혜로운 나라에 대한 소망을 성취한다.

그들은 스데반을 예루살렘의 주요 권력자들 앞에 데려간다. 그들은 사도행전 6장 1절부터 6절까지에 나오는 덕이 있는 사도들과는 정반대이다. 그들은 악행으로 πολιτεία(폴리테이아, 공동체)를 전혀 고려하지 않는 모습을 보여준다.

구약에서 거짓 증인은 분명하게 금지되어 있다(출 20:16; 신 19:16-19; 시 27:12, 35:11; 잠 24:28; 왕상 21장; 마 26:60). 거짓 증인들은 참 증인이 모세와 하나님을 모독했다고 비난한다(마 26:65; 막 14:57-64). 아이러니하게도 누가는 이미 스데반을 모세의 한 모형으로 묘사했다.

이 비난은 백성, 장로, 서기관들을 자극하고, 그들은 이제 스데반이 "이 거룩한 곳"(τοῦ τόπου τοῦ ἁγίου, 투 토푸 투 하기우, 행 21:28; 대하 6:20-21)과 "율법을 거슬러 말하기를 마지 아니하는도다"라고 말한다.[227] 누가는 모세나 하나님을 반대하는 신성 모독을 구분하는 것이 아니라 더 구체적으로 설명하는 데 초점을 맞추고 있다. 모세와 하나님을 모독하는 것은 개괄적이지만, 성전과 율법을 반대하는 고소는 더 구체적이다. 고발은 구체적으로 더 발전되고 있다.[228]

스데반을 반대하는 고소
하나님 > 거룩한 곳 > 이곳을 헐고
모세 > 율법 > 규례를 고치겠다

반대자들은 스데반이 성전, 율법, 그리고 그들의 하나님이라는 신앙의 핵심 교리를 공격하는 것으로 간주한다. 가말리엘처럼 그들은 스데반의 설교에서 묘사하듯이 새로운 성전 시대가 도래했음을 잘 알고 있다. "성전에 대한 위협은 현실이든 상상이든 그들의 종교적 이익뿐만 아니라 생계에도 위협이 되었다."[229]

베드로의 설교는 불평을 만들어내는 것이었지만, 이제 스데반은 그들의 가장 신성한 건물에 관해 노골적으로 반대하는 말을 했기 때문에 그들은 그를 붙잡았다. "반대는 비방을 통해 신학에서 폭력으로 변질되었다."[230] 헬라파 사람은 곧 예루살렘 성전에 대한 예수님의 승천의 의미에 관해 가르칠 것이다. 변방에 있는 사람들이 외부에서 보는 관점으로 더 많은 통찰력을 가지고 있는 경우가 많다.

---

227 4:21과 5:26에서 백성들은 사도들을 지지했지만, 이제는 스데반을 반대한다. 이러한 반전은 예수님에게 일어난 일(눅 23:13-25)과 유사하며 사도들과 예루살렘의 지도자들 사이의 완충 장치를 제거한다.

228 Keener, *Acts*, 2:1316.

229 Bruce, *Acts*, 134.

230 Stott, *The Spirit, the Church, and the World*, 127.

6:14. 이 구절에는 성전과 율법에 대한 고소가 명시되어 있는데, 성전을 헐고 모세의 관습을 바꾸겠다는 예수님의 말씀을 반복한다고 고발한다.[231] 이는 마가복음 14장 57-64절에 나오는 예수님에 대한 고발과 유사하기 때문에 이 장면 전체가 예수님이 고발당한 사건을 떠올리게 하며 7장 53절-8장 1절에서 속편이 나온다. 스데반은 예수님처럼 고소당하고, 예수님처럼 재판받고, 예수님처럼 죽는다. 그는 또한 살아날 것이다.

제자는 스승 위에 있는 것이 아니며, 스데반 역시 자기 십자가를 지고 예수님을 따라야 한다. 스데반의 대답을 어떻게 정리하든, 율법과 성전에 대한 발언으로 인해 (옳든 그르든) 재판을 받고 있다는 고발은 분명하다. 독자들은 스데반의 답변이 이 같은 주제를 다룰 것이라고 가정해야 한다.

6:15. 누가가 스데반에 대한 고발을 자세히 설명했으니, 이제 내러티브는 다시 스데반에게 시선을 돌린다. 산헤드린이 스데반을 주목하니 천사의 얼굴과 같았다.[232] 이 구절에 관해서는 논란이 있지만 누가는 스데반이 하늘의 하나님의 사자이자 중재자이며 대표자임을 가리키는 것 같다. 예수님과 모세의 틀에서 변화된 종류의 한 장면이다.

천사들은 사람들에게 하나님의 말씀을 중재했다. 이제 스데반은 성전에 관한 하나님의 뜻을 중재한다(7:30, 35, 38; 갈 1:8; 3:19; 히 2:2). 스데반은 성령께서 하늘과 땅 사이의 간격을 막으셨기 때문에 마치 하늘에 있는 것처럼 보인다. 밝은 얼굴은 구약에서 하나님의 임재에 있었던 하나님의 사자들의 전형적인 모습이기도 하다(창 33:10; 겔 8:2; 단 10:5-6).

천사의 얼굴은 시내 산에서 하나님을 만난 모세와 가장 닮았다(출 34:29-35). 재판 장면의 시작과 끝은 스데반이 하나님의 대변인으로서 지위를 인정하는 장면이다. 스데반을 고발한 사람들은 그가 모세와 하나님을 반대한다고 주장한다. 그러나 누가는 그를 모세와 같은 사람으로 묘사한다. 이러한 해석은 스데반이 자신

---

231 예수님과 스데반에 대한 이러한 고발이 "사실"인지 아닌지는 이러한 특정 본문에 대한 주석보다는 구원 역사에 대한 이해에 더 많이 달려 있다. 나는 옛 성전 제도는 옛 시대를 위한 것이고 새 시대와 새 성전 제도는 성령과 함께 왔다는 의미에서 이러한 고발이 사실이라고 주장한다. 예수님은 이를 성전 소망의 성취로 보셨고(마 12:6), 예루살렘 지도자들은 이를 성전에 대한 공격으로 보았다. 크리소스토무스를 포함한 초기 주석가들은 이 비난을 이 설교와 직접적으로 연결한다.

232 Fletcher-Louis, *Luke-Acts*, 96,은 6:15에서 스데반의 천사 같은 얼굴이 의로운 사람의 이생의 천사 형태가 보인 것이라고 말한다. 벅(Bock, *Acts*, 274)은 열한 제자가 예수님의 승천을 관찰하는 모습(1:10-11), 스데반이 하늘을 바라보는 모습(7:55-56), 베드로가 자신이 받은 환상에 주의를 기울이는 모습(10:4; 11:6), 바울이 증언할 때 공회를 바라보는 모습(13:9-10; 14:9-10)에 "주의를 기울이다"(ἀτενίζω)라는 분사가 사용되었다고 지적한다. 예수님은 제자들에게는 참된 시력을 주셨지만 성전 지도자들에게는 눈을 멀게 하셨다.

을 모세와 연관시키는 설교에서 확인된다(7:17-43).

성전이 하나님의 임재가 있기 때문에 거룩한 것처럼, 스데반은 산헤드린과 달리 하나님의 영이 있기 때문에 거룩하다(6:5, 8). "천국은 기독교 사역자를 변호하기 위해 온다."[233]

7:1. 대제사장의 말은 스데반이 성전 설교를 시작하기 전에 독자들이 마지막으로 듣는 말이다. 스데반이 헬라파이기 때문에 많은 학자들이 스데반 이야기를 새로운 단락 아래에 두도록 하지만, 예루살렘과 성전에 초점을 맞추는 것은 여전히 분명하다(참조. 8:1, 4). 스데반은 예루살렘에서 대제사장의 반대를 무릅쓰고 성전에 대한 자신의 견해로 고소를 당하고 성전에 관해 설교한다. 장소, 주제, 상대방, 주어를 보면 장면이 바뀌지 않았음을 알 수 있다.

대제사장은 스데반이 유대 전통의 기둥들, 율법과 성전에 신실하지 않았는지 묻는다. 이스라엘을 배교로 이끄는 것은 중대한 범죄였다(신 13:1-5). 성전 예전이 공격받는다면 대제사장은 상황을 처리할 준비가 되어 있어야 한다. 성전에서 가장 권위 있는 사람, 하나님의 임재로 들어갔던 사람이 하나님의 광채를 가진 사람에게 하나님께 충성되지 않았는지 묻는다.

2.5.2. 스데반의 성전 설교 (7:2-53)

스데반의 설교는 사도행전 전체에서 가장 길지만(다음으로 긴 연설보다 두 배나 길다!), 그 목적과 통일성으로 해석가들을 혼란스럽게 만들었으며, 심지어 어떤 학자들은 그의 설교가 고발과 단절되어 있다고 주장하기도 한다.[234] 그러나 이 설교는 사도행전의 앞(또는 뒤)과 분리될 수 없다. 따라서 어떤 구성이든 설교 내부와 외부에서 그 기능에 대한 단서를 찾아야 한다.

스데반 담화는 한 가지 요점을 중심으로 이해될 수 있다. **하나님의 초월적 임재**는 어떤 건물이나 지역, 심지어 어떤 사람들 그룹에 제한되지 않고 예수님 인격 안에서 발견된다.[235] 물리적 성전이 그 당시에는 복으로 기능했지만 스데반은

---

233 Fitzmyer, *Acts*, 355.

234 Fitzmyer, *Acts*, 364. Sleeman, *Geography and the Ascension*, 141,은 하늘에서 예수님을 보는 것이 공간적 절정이기 때문에 스데반의 설교가 7:56까지 이어진다고 지적한다. 7:56이 내러티브의 절정이라고 확인하는 것이 더 좋지만 실제 설교는 7:53까지만 진행된다.

235 N. A. Dahl, "The Story of Abraham in Luke-Acts," in *Studies in Luke-Acts*, ed. L Keck and J. L. Martyn (Nashville: Abingdon, 1966), 147–48,은 스데반의 설교를 잘 요약하고 있지만 성전 주제는 무시하고 있다.

> 스데반은 예루살렘의 유대인들과 그들의 하나님의 역사를 대면하여 하나님이 약속을 지키셨음을 보여준다. 그러나 그 역사에는 하나님과 그분의 사자들에 대한 끊임없는 불순종과 반대의 역사라는 또 다른 측면도 있다. 성경 자체가 이러한 관점에 대한 자료를 제공했지만 스데반은 예루살렘의 유대인들이 예수님을 배신하고 살해함으로써 자신들과 모세의 동시대

하나님의 임재를 위해 필요하다는 것을 반박한다. 하나님은 지역에 제한되지 않으시고 될 수도 없다.[236] 어떤 의미에서 스데반은 성전을 바라볼 뿐이며, 그의 시선은 통치하시는 주 예수님께 고정되어 있다. 스토트가 적절하게 표현한 것처럼,

> 네 시대의 공통된 특징은 어느 시대에서도 하나님의 임재가 특정 장소에 제한되지 않았다는 것이다. 반대로 구약의 하나님은 살아계신 하나님, 움직이고 행진하는 하나님이셨다.[237]

반대자들은 스데반이 "이 거룩한 곳"(6:13)에 반대하는 말을 하고 성전을 헐겠다고 말씀하신 예수님(6:14)을 인용했다고 비난하지만, 그는 성전 시대가 아니라 그 땅에 들어가 성전을 짓기 전의 시기에 초점을 맞추고 있다.

실제로 스데반은 역사를 서술하면서 49절 중 5절만 성전 시대에 할애하고 있다. 성전 이전에 있었던 일들은 성전을 어떻게 바라보아야 하는지 알려 준다. 하나님은 성전이 있기 훨씬 전부터 모든 족장과 가까이 계셨다.

- 하나님은 이방 땅에서 아브라함에게 나타나셔서 그를 구원하셨고, 그가 이곳에서 하나님을 예배할 수 있도록 하셨다(7:2, 7).
- 하나님은 애굽에서 요셉과 함께 계셨다(7:9).
- 하나님은 애굽에서 모세와 함께 계셨다(7:20).
- 하나님은 미디안에 있을 때 불타는 떨기나무 가운데 모세에게 나타나셨다

사람들 및 선지자들을 박해하는 사람들 사이에 연대를 형성했다고 주장하면서 그 관점을 더욱 선명하게 드러낸다. 예언자적 성령에 대한 이러한 지속적인 저항에 맞서 의로운 고난을 당한 요셉, 모세, 선지자, 예수님, 스데반이 그 뒤를 잇고 있다. 결론은 분명히 이 노선을 따라 하나님의 약속이 성취되지만, 예수님과 그분의 증인을 거부하는 사람들은 아브라함의 후손에 대한 하나님의 약속에서 상속받지 못한다는 것이다. ... 스데반의 설교와 순교에 대한 기록은 예루살렘에서 초기 사도들과 전도자들의 마지막 설교로 주어진다. 스데반 자신의 역사는 아브라함에게 주신 하나님의 계시로 시작된 역사의 연속이며, 사마리아와 그 밖의 지역에서 일어나는 전파 활동으로 이어진다.

236 하나님의 임재를 위한 그분의 계획은 삼위일체 하나님의 계획에 따른 것이다. 누가는 스데반의 설교를 성령에 대한 언급으로 묶는다(6:10; 7:51, 55). 스데반은 하나님을 모독하는 말을 했다는 비난을 받고(6:11), 순교할 때 고개를 들어 하나님의 영광을 보게 된다(7:55-56). 설교 내용에서 계속 족장들에게 지시하는 분은 하나님이시다(7:2, 4, 6-7, 9, 17, 25, 32, 35, 37, 42, 45-46). 예수님이 다른 설교에서처럼 명시적으로 등장하지는 않지만(스데반은 7:52에서만 예수를 직접적으로 언급한다), 암묵적으로 내러티브는 기독론을 중심으로 구성되어 있다. 이것은 시작과 끝을 다시 보면 분명해진다. 재판에서 반대파는 스데반의 말이 성전을 헐겠다고 말한 예수님을 중심으로 한다고 주장한다(6:14). 스데반이 순교하기 직전, 그는 고개를 들어 하나님 우편에 서 계신 예수님을 본다(7:55-56). 그분만 아니라 스데반의 죽음은 기독론적 반향과 함께 이야기된다(7:60). 그러나 예수님도 은연중에 설교에서 등장한다. 요셉과 모세는 모두 거부당한 구원자로 묘사되며, 스데반은 새로운 선지자가 일어날 것이라는 모세의 말을 인용한다(7:37).

237 Stott, *The Spirit, the Church, and the World*, 130–31.

(7:30-33).
- 하나님은 시내 산에서 모세에게 나타나셨다(7:38).

폴힐Polhill이 주장하듯이, "하나님의 백성은 '순례하는 백성,' 즉 이동하는 백성일 때 그분과 가장 가까이 있다."[238] 이 주제는 7장 44-50절에서 솔로몬이 하나님께 집을 짓고, 하나님은 성벽으로 가둘 수 없으며 온 땅이 하나님의 것임을 인정하는 장면에서 확인된다. 하나님의 계시는 거룩한 땅 또는 거룩한 곳에만 제한되지 않기 때문에 하나님의 임재는 물리적 성전에만 제한되지 않는다. 그것은 예수님 안에서 발견된다.

성전 주제의 최종 검증은 스데반이 마지막에 하늘 성전의 예수님을 보고 그분의 제사장적 섬김이 온 땅을 덮고 있음을 나타낼 때 이루어진다(7:55-56). 예수님은 성전의 역할을 완수하셨고, 이제 자기 백성은 움직이는 성전이다. 그러므로 스데반은 성전을 상대화하지 않고 성전을 긍정하며 성전에 대해 고립되고, 잘못된 생각, 폐쇄적이고 부패한 관점을 상대화한다.[239] 빌Beale은 "이스라엘의 성전이나 인간의 손으로 재건된 성전이 영원히 지속될 것이라고 믿는 것은 상징적인 성전(히 9:8-10)을 실제 성전(히 9:11)으로 착각하는 잘못된 견해이다."[240] 성전은 계속되지만 이제 하늘의 성전이 변화된 방식으로 땅에 침범한다. 성전과 땅의 중심성을 없애는 일은 땅끝까지 선교하기 위한 신학적, 내러티브적 토대를 제공한다. 성전과 율법을 반대하는 사람은 스데반이 아니라 오히려 우상 숭배를 하고 할례를 받지 않은 스데반을 고발하는 사람들이다.[241]

성전 주제에 종속되어 있으면서 동시에 **하나님의 선지자들을 거부하는 것**이 성전 주제와 맞닿아 있다. 요셉과 모세도 거부당했다. 요셉은 질투 때문에 노예로 팔렸다(7:9). 모세도 백성들의 선지자이자 구원자로서 거부당했고(7:27-28, 35, 39), 그 결과 추방당했다. 궁극적으로 예수님은 거부당한 선지자이다. 스데반은 하나님의 성전 임재를 경험하는 거부당한 사자들의 전통으로 자신을 그린다. 하나님의 임재는 공간이 아니라 사람에게서 발견된다. 백성들은 목이 뻣뻣하고 성령을 거역하며 조상들의 일을 행하고 있다(7:51-53). 그들은 그들의 구원자(예수

238 Polhill, *Acts*, 188.

239 Sleeman, *Geography and the Ascension*, 137은 "장소와 공간은 승천으로 상대화되었지만 이 새로운 질서에서 여전히 매우 중요하다. ... 이스라엘과 같은 '집' 공간, 성전과 같은 '신성한' 공간, 산헤드린과 같은 '권위적인' 공간 같은 지상 공간은 그리스도의 승천 이후 다르게 '배치'되었다(다시 읽히고, 다시 쓰이고, 다시 정렬되었다)."

240 Beale, *The Temple*, 297.

241 따라서 이 설교는 반유대주의로 가득 차 있다고 결론을 내릴 수도 있지만, 이 설교를 특정 유대인 그룹에 전달한 사람은 유대인이라는 점을 기억해야 한다. 따라서 이 설교는 새로운 시대의 도래에 대한 유대인 내부 논쟁이다.

님)가 누구인지 볼 수 있어야 하지만 그들은 눈이 멀었다.

많은 학자가 하나님의 선지자들을 거부하는 것이 스데반의 주요 주제라고 주장하지만, 이에 반대하는 몇 가지 요점이 있다. 첫째, 설교의 시작과 끝이 거절이라는 주제(아브라함, 다윗/솔로몬)가 없다. 둘째, 거절은 인물들 각각에 대한 하나님의 임재에서 **비롯된다.** 우선순위는 하나님의 임재이다.[242]

설교의 전반적인 구조도 논쟁이 있다. 대부분은 아브라함, 요셉, 모세, 다윗, 솔로몬을 바라보는 전기적 시각을 고수한다. 그러나 전기적 초점은 아브라함과 솔로몬에 대한 거부라는 주제는 결여되어 있으며 성전과 선지자들에게 초점이 맞춰지는 마지막 부분에서 무너진다(44-50절). 롱네커Longenecker는 유대교의 기둥인 땅(2-36절), 율법(37-43절), 성전(44-50절)을 통해 바라본다.[243] 그 요소들이 존재하지만 이러한 견해는 전기적 초점을 최소화하는 것으로 보인다.

슈나벨Schnabel은 이스라엘 역사의 주인공이 하나님이기 때문에 하나님을 통해 구조를 보지만 언약 구조를 가볍게 여긴다.[244] 브루노Bruno, 콤튼Compton, 맥패든McFadden은 언약을 통해 본다. 그것은 아브라함과 족장들(2-16절), 출애굽과 정복 시대(17-43절), 다윗과 솔로몬 시대(44-50절), 마지막으로 새 언약(51-53절)이다.[245] 이 마지막 도식은 전기적 초점을 인정하지만 각 인물을 가족 역사라는 더 큰 내러티브에 넣는다.

스데반 설교의 구조		
언약	하나님의 임재	거절된 종

---

242 P. Melanchthon, *Postil for the Feast of Stephen*, in Chung-Kim, Hains, et al., *Acts*, 85,은 스데반의 첫 번째 주장은 성전 예배가 조상들 사이에서 최초의 예배 형태가 아니었다는 것이고, 두 번째 주장은 조상들에게 약속이 있었다는 것이라고 말한다. 조상들은 이 제도를 받아들이지 않았다. 따라서 근본적으로 이 제도는 약속된 것이 아니라 더 큰 것이었다.

243 R. N. Longenecker, "The Acts of the Apostles," in *The Expositor's Bible Commentary*, ed. F. E. Gaebelien, 12 vols. (Grand Rapids: Zondervan, 1981), 9:337–39.

244 Schnabel, *Acts*, 362.

245 C. Bruno, J. Compton, and K. McFadden, *Biblical Theology According to the Apostles: How the Earliest Christians Told the Story of Israel*, NSBT 52 (Downers Grove: IVP Academic, 2020). 나는 구절을 약간 변경했다. 킬갈렌은 아브라함에 관한 부분은 약속에 관한 것이고 요셉 부분은 그 약속의 완전한 성취라고 말하는 비홀러의 말을 인용하면서 2-16절을 하나의 부분으로 보는 것을 고려한다. 그러나 J. Kilgallen, *The Stephen Speech: A Literary and Redactional Study of Acts 7:2–53*, AnBib 67 (Rome: Biblical Institute Press, 1976), 10–14,는 아브라함과 요셉을 분리하여 본다. 17절의 "아브라함에게 약속"이라는 어구는 요셉과 아브라함의 이야기를 연결한다. 또한 2-16절은 모두 성전이 있기 훨씬 이전부터 하나님께서 이방 땅에서도 족장들과 가까이 계셨음을 보여준다.

아브라함 언약 (2-16절)	아브라함(우르)/ 요셉(애굽)	요셉
시내 산 언약 (17-43절)	모 세 (애굽, 미디안, 시내 산)	모세
다윗 언약 (44-50절)	솔로몬 (성전, 그리고 다른 곳들)	아모스 (와 선지자들)
새 언약 (51-53절)	예수님 (온 세상)	그리스도

2.5.2.1. 아브라함의 언약과 성전 임재 (7:2-16)

2 스데반이 이르되 여러분 부형들이여 들으소서 우리 조상 아브라함이 하란에 있기 전 메소보다미아에 있을 때에 영광의 하나님이 그에게 보여 3 이르시되 네 고향과 친척을 떠나 내가 네게 보일 땅으로 가라 하시니 4 아브라함이 갈대아 사람의 땅을 떠나 하란에 거하다가 그의 아버지가 죽으매 하나님이 그를 거기서 너희 지금 사는 이 땅으로 옮기셨느니라 5 그러나 여기서 발 붙일 만한 땅도 유업으로 주지 아니하시고 다만 이 땅을 아직 자식도 없는 그와 그의 후손에게 소유로 주신다고 약속하셨으며 6 하나님이 또 이같이 말씀하시되 그 후손이 다른 땅에서 나그네가 되리니 그 땅 사람들이 종으로 삼아 사백 년 동안을 괴롭게 하리라 하시고 7 또 이르시되 종 삼는 나라를 내가 심판하리니 그 후에 그들이 나와서 이곳에서 나를 섬기리라 하시고 8 할례의 언약을 아브라함에게 주셨더니 그가 이삭을 낳아 여드레 만에 할례를 행하고 이삭이 야곱을, 야곱이 우리 열두 조상을 낳으니라

9 여러 조상이 요셉을 시기하여 애굽에 팔았더니 하나님이 그와 함께 계셔 10 그 모든 환난에서 건져내사 애굽 왕 바로 앞에서 은총과 지혜를 주시매 바로가 그를 애굽과 자기 온 집의 통치자로 세웠느니라 11 그 때에 애굽과 가나안 온 땅에 흉년이 들어 큰 환난이 있을새 우리 조상들이 양식이 없는지라 12 야곱이 애굽에 곡식 있다는 말을 듣고 먼저 우리 조상들을 보내고 13 또 재차 보내매 요셉이 자기 형제들에게 알려지게 되고 또 요셉의 친족이 바로에게 드러나게 되니라 14 요셉이 사람을 보내어 그의 아버지 야곱과 온 친족 일흔다섯 사람을 청하였더니 15 야곱이 애굽으로 내려가 자기와 우리 조상들이 거기서 죽고 16 세겜으로 옮겨져 아브라함이 세겜 하몰의 자손에게서 은으로 값 주고 산 무덤에 장사되니라

7:2. 스데반의 설교는 구원 역사, 특히 언약을 개관하면서 율법과 성전의 권위를 확증하면서 올바르게 이해한다. 아브라함은 유대 민족의 조상이었기 때문에

아브라함부터 시작하는 것이 자연스럽다. 그러나 스데반은 약속의 실현보다는 하나님의 일하심, 아브라함의 순례, 약속에 대한 기대에 더 초점을 맞춘다. 아브라함은 더 나은 날을 갈망했다. 이제 그날이 도래했다.

아브라함 이야기의 세 가지 측면은 성전을 암시한다. 하나님의 나타나심, 아브라함이 거주하던 장소, 예배의 목적이다. 스데반은 영광의 하나님이 **우리** 조상 아브라함에게 나타나셨다고 말한다. "하나님이 가장 먼저 언급된 주제이며(7:2), 모든 중요한 행하심이 하나님의 것이다."[246]

누가는 바울과 달리 아브라함의 믿음에 관해서는 언급조차 하지 않는데, 그 이유는 아브라함의 순례 각 단계에서 하나님의 주도권과 그분의 인도하심에 중점을 두고 있기 때문이다. "이스라엘 역사의 핵심은 아브라함이 아니라 영광의 하나님이다." 따라서 스데반은 하나님을 예배하는 것과 성전에 집중하고 있음을 알 수 있다.[247] 이는 55-56절에 다시 등장하는 "영광의 하나님"으로 어구로 확인되며 전체 설교 틀을 구성한다. 하나님의 영광은 이제 예수님의 얼굴에서 볼 수 있다. 구약에서 성전은 하나님의 영광과 연관되며(출 29:43; 40:34-35; 왕상 8:10-11; 겔 43:1-5), 이 구절은 또한 설교의 주제인 이스라엘 하나님의 초월성을 암시한다. 하나님은 "성전을 통해 우리에게서 나오는 영광이 필요하지 않으시다. 그분 자신이 그 영광의 원천이시기 때문이다."[248]

스데반은 아브라함이 이교도 땅인 메소보다미아(우르, 갈대아, 또는 현대의 이라크)에 있을 **때** 하나님이 언제, 어디서 나타나셨는지에 대한 공간적, 시간적 위치에 초점을 맞춘다. 이교도 땅은 다른 신들이 다스리는 것으로 여겨졌다.[249] 스데반은 아브라함이 하란이 아니라 메소보다미아에서 부름을 받았다는 사실을 청중에게 알리기 위해 노력한다.[250] 그는 그 성취를 간절히 바랐다.

여호와의 스스로 나타나심은 어느 한 장소에 국한되지 않고 이방 땅에서도 드러났다. 크리소스토무스가 말했듯이, 스데반은 처음에 "성전은 아무것도 아니며, 그들의 관습도 아무것도 아니다. ... 성전도 제사도 아무것도 아니었지만, 아브라

---

246 Johnson, *Acts*, 121.

247 Bock, *Acts*, 281.

248 Chrysostom, *Homily 15 on Acts* (*NPNF* 1/11:95).

249 M. S. Heiser, *The Unseen Realm: Recovering the Supernatural Worldview of the Bible* (Bellingham: Lexham, 2015), 112-15[=『보이지 않는 세계』, 서울: 좋은씨앗, 2019],에 따르면 신 32:8-9는 여호와께서 어떻게 열방을 흩으시고 다른 나라들이 낮은 신들(elohim)에게 배정되었는지를 설명한다. 그러나 이것은 MT (마소라 본문)문구보다는 LXX(70인역)와 DSS(사해문서)를 따른다.

250 창 12:1은 하란에서 부르심이 있었다고 말하지만, 창 15:7은 그보다 더 이른 부르심이 있었다고 확인한다. 스데반의 요약과 구약의 주요 차이점을 비교하는 요약은 다음을 참조하라. Keener *Acts*, 2:1336.

함에게 하나님의 나타나심이 보장되었다."[251]

7:3. 아브라함은 새로운 땅에서 하나님을 예배할 수 있도록 순례자로 부름을 받았다(참조. 7:7; 히 11:8). 하나님은 메소보다미아에서 아브라함에게 자신을 계시하셨지만, 아브라함이 더 자유롭게 하나님을 예배할 수 있는 땅으로 그를 부르셨다. 인용은 창세기 12장 1절에서 왔다. 야곱이 여호와의 기업(신 32:9)이기 때문에 다시 한번 땅에 초점을 맞춘다. 지극히 높으신 하나님은 다른 땅에서도 자신을 드러내실 수 있지만, 아브라함의 허리에서 한 민족을 탄생시키고 계셨다.

7:4-5. 스데반은 아브라함의 나그넷길에 관해 계속 이야기한다. 그는 갈대아에서 하란으로 갔다가 이스라엘 땅으로 갔다. 하나님께서 그를 정착시키셨다. 아브라함의 이동은 하나님께서 주도한 결과였다. 그러나 5절에 따르면 아브라함은 순종했지만, 하나님은 그의 후손에게 약속된 땅을 한 발짝도 주지 않으셨다(신 2:5).[252]

아브라함은 매장하기 위해 구입한 땅을 제외하면 대체로 이주민의 삶이었다(창 23:4). 아브라함에게 주신 약속은 그 땅에 들어가기 전에 하나님께서 그를 만나셨다는 점에서 거룩한 땅과 무관하게 이루어졌다. "그 약속은 그 장소 이전에, 할례 이전에, 제사 이전에, 성전 이전에 이루어졌다."[253]

언약의 표지들이 중요하지 않은 것은 아니지만, 약속을 더 큰 틀에 넣는다. 약속은 예수님 안에서 온전히 성취된다(7:52). 아브라함은 땅을 소유하지 못했지만 하나님은 여전히 그와 함께하셨다. "땅이 없는 아브라함에게 하나님은 이스라엘의 약속을 주셨다."[254] 아브라함은 평생을 떠돌았지만, 유대 민족의 설립자였다.

---

251 Chrysostom, *Homily 15 on Acts* (*NPNF* 1/11:95).

252 바울은 아브라함에게 약속된 기업을 세상으로 해석한다(롬 4:13, 참조. 시 2편; 사 54장; 65-66장; 슥 3:9-10; 슥 32:19; 시 44:21). 이것은 땅 약속을 상대화하는 것이 아니라 확장하는 것이다. 땅의 약속에 대한 자세한 내용은 다음을 참조하라. O. Martin, *Bound for the Promised Land: The Land Promise in God's Redemptive Plan*, NSBT 34 (Downers Grove: IVP Academic, 2015); M. Echevarria, T*he Future Inheritance of Land in the Pauline Epistles* (Eugene, OR: Pickwick, 2018). Keener, *Acts*, 2:1358,은 신 2:5에 대한 암시가 적합하다면, 본문이 에서의 유업에 관한 것이기 때문에 하나님이 모든 사람을 돌보시고 지리적으로 주권자임을 보여준다고 말한다. Irenaeus, *Against Heresies* 5.32.2, in Martin and Smith, *Acts*, 75,도 이 약속을 교회와 연결해 "그러므로 하나님께서 그에게 땅의 기업을 약속하셨음에도 불구하고 그가 그곳에 머무는 모든 기간에 그것을 받지 못했다면, 그의 씨, 즉 하나님을 경외하고 그분을 믿는 사람들과 함께 의인이 부활할 때 그것을 받을 것이 틀림없다. 그의 씨는 하나님께 양자로 입양되는 교회이기 때문이다."라고 말한다.

253 Chrysostom, *Homily 15 on Acts* (*NPNF* 1/11:97).

254 Polhill, *Acts*, 190.

7:6-7. 스데반이 창세기 15장 13-14절과 출애굽기 3장 12절을 인용하면서 아브라함 이야기의 여행하는 성격은 계속된다. 아브라함만이 순례자가 아니라 그의 후손인 이스라엘 백성도 이집트에서 "나그네"($\pi\acute{\alpha}\rho o\iota\kappa o\nu$, 파로이콘)가 될 것이다.[255] 그들은 순례자 민족이다.

사도행전의 큰 틀에서 볼 때, 이것은 예수님의 증인들이 세상에 "나그네와 거류민"으로 파송된 것을 가리킨다(벧전 1:1,17; 2:11). 그러나 하나님은 애굽을 심판하실 것이며, 그 후에 백성들은 "이곳에서"($\acute{\epsilon}\nu$ $\tau\tilde{\omega}$ $\tau\acute{o}\pi\omega$ $\tauo\acute{\upsilon}\tau\omega$, 엔 토 토포 투토) 나와 여호와를 경배할 것이다. 킬갈렌Kilgallen은 7절을 아브라함 전체 구절에서 가장 핵심적이고 가장 드러나는 구절로 간주한다.[256] 다른 모든 것은 7절로 이어진다. 7절의 첫 부분은 창세기 15장을 인용하고 있지만, 두 번째 부분은 출애굽기 3장 12절에서 나온다.

출애굽기에서는 **이 장소**가 아니라 **이 산**(시내 산)이라는 표현이 나온다. "이곳"에 대한 언급은 의도적으로 모호하다. 하나님은 어느 산이나 어느 곳에서나 예배할 수 있다(요 4:23-24). 스데반은 이 표현을 바꾸어 시내 산과 시내 산을 본뜬 성전을 가장 작게 여긴다. 하나님은 이제 애굽이 아니라 성전 수호자들을 심판하신다.

하나님은 땅이 없는 아브라함에게 나타나셨지만 언젠가는 더 큰 의미에서 그의 후손들과 함께하실 것이라고 약속하셨다. 방황하던 아브라함의 자녀들은 하나님이 불과 연기 속에서 자신을 드러내신 외땅 광야에서 하나님을 만났다. 이제 그 약속은 그리스도 안에서 성취되었으며, 시내 산과 성전은 그저 부수적인 것에 불과했다. 킬갈렌Kilgallen이 지적했듯이, "예배는 바로 그 민족의 근본적인 이유이자 본질적인 특징이었다."[257] 그리고 순례하는 백성에게 하나님은 항상 그분의 임재를 약속하셨다.

7:8. 스데반은 하나님께서 아브라함에게 후손을 주심으로써 아브라함에게 신실하셨음을 확언하며 아브라함 이야기를 마무리한다(창 17:10).[258] 아브라함은 이삭을 낳았고, 이삭은 열두 족장의 조상인 야곱을 낳았으므로 언약의 표지는 부분적으로 유효했다. 아브라함의 후손은 누구인가(갈 3:7)? 아브라함에게 주신 하

---

255 창 15:13의 헬라어 인용은 "그들이 그들을 노예로 삼을 것이다"에서 대명사를 "그들이 **그것**(그 후손)을 노예로 삼을 것이다"(개역개정. "그 땅 사람들이 종으로 삼아")로 바꾸었다. Parsons, *Acts*, 92,은 "단수의 사용은 아브라함의 후손이 한 무리의 사람을 통해서가 아니라 일련의 개인(요셉, 모세, 여호수아, 다윗)을 통해 보존되며, 의로운 자의 오심으로 절정에 이른다는 스데반의 요점을 강조한다(행 7:52)."라고 말한다.

256 Kilgallen, *The Stephen Speech*, 35–42.

257 Kilgallen, *The Stephen Speech*, 94.

258 하나님께서는 아브라함에게 할례의 언약을 주셨지만 스데반의 청중은 할례받지 않은 마음을 가지고 있었으므로(7:51) 성전 약속은 그들을 위한 것이 아님을 나타낸다.

나님의 계시와 그분의 섭리는 아브라함과 맺은 언약의 기초가 되었다. 하나님께서는 아브라함을 위해 더 좋은 것을 준비하셨다. 그는 이미 자신의 영광이 이스라엘의 경계를 초월한다고 말씀하셨다.

스데반이 종교 지도자들에게 요청하는 것은 더 넓은 시각으로 읽어야 한다는 것이다. 그들은 이야기를 더 거슬러 올라가서 이야기가 계속되고 있음을 인식해야 한다. 그들의 초점은 제1, 제2성전기 시대에 좁혀졌다. 태너힐Tannerhill은 스데반의 설교가 그들의 기초가 되는 역사의 목적과 약속으로 시작하여 백성들이 어떻게 이 본래의 목적에서 멀어졌는지를 이야기하는 정치적 내용과 같다고 지적한다.[259] 본래의 목적은 여호와를 예배하는 것이며, 이것은 방랑하는 순례자에게 주어진 것이었다.

7:9. 9절은 족장들의 이름을 다시 언급함으로써 아브라함의 이야기에서 요셉의 이야기(창 37-46장)로 부드럽게 전환한다. 요셉은 아브라함 언약과 족장들의 기치 아래 있다. 하나님은 요셉이 이방 땅에서 버림받았음에도 불구하고 요셉과 함께하셨고, 민족을 보존하고 구원하기 위해 그를 사용하셨다.[260]

"족장"(개역개정. "조상")이라는 명칭은 의도적이다. 누가는 그들을 단순히 "형제들"이라고 부를 수도 있었다. 하지만 누가는 요셉의 배신자들이 이스라엘의 창시자이기 때문에 그들을 족장이라고 불렀다. 족장들은 요셉을 질투하여 애굽의 노예로 팔아넘긴다(창 37:11).

누가가 "시기"라는 단어를 사용한 것은 사도행전 5장 17절에 나오는 성전 지도자들에 대한 이야기를 암시한다(참조. 13:45; 17:5). 하나님의 택하심을 받은 자들이 하나님의 택함을 배반한 자들이 되었다. 백성들은 조상들이 그랬던 것처럼 항상 성령을 대적한다(7:51). 요셉 이야기는 아브라함과 이스라엘이 모두 나그네가 되었지만 하나님은 여전히 그들과 함께하셨다는 점에서 아브라함과 이스라엘의 이야기와도 연결된다. 하나님은 메소포다미아의 아브라함과 애굽의 요셉에게 자신을 드러내셨다. 스데반은 다음 일곱 구절에서 여섯 번이나 "애굽"이라는 단어를 반복하여 청중이 지루해하지 않도록 한다. 물리적 위치는 하나님의 임재를 고립시키지 않는다.

스데반은 가나안에서 애굽으로 가는 네 번의 여정을 추적하며 각 여정을 확장해 나간다. 처음에는 요셉 혼자서, 그다음에는 열한 형제가 두 번 여행하고, 마지막으로 야곱의 집안 전체가 애굽으로 향한다. 스펜서Spencer가 말했듯이, "요컨

---

259 Tannehill, *The Narrative Unity of Luke-Acts*, 2:89.

260 Chrysostom, *Homily 16 on Acts* (*NPNF* 1/11:100),은 요셉이 그리스도의 모형이라고 말한다.

대 방랑은 하나님의 백성에게 삶의 방식이 된다."²⁶¹ 가족 간의 싸움은 이스라엘 역사의 특징이며, 누가는 이미 예수님의 죽음에 대한 이스라엘의 죄를 다루었다 (2:23-24; 3:15-16; 5:30-31).

7:10. 따라서 하나님은 요셉을 "건져내셨다" 또는 "구출하셨다"(ἐξείλατο, 엑세일라토). 이 동사는 출애굽기 3장 8절(참조. 18:8-10)에서 하나님께서 백성들을 애굽에서 구출하실 때 사용된 동사와 비슷하다. 하나님은 요셉에게 보디발과 바로 앞에서 "은총과 지혜"(χάριν καὶ σοφίαν, 카린 카이 소피안, CSB "은총과 지혜를 찾았다")를 주셨으며(창 39:4), 모세, 예수님, 스데반도 동일한 특징을 가진다(행 6:8, 10; 7:22; 눅 2:52). 요셉, 스데반, 모세는 형제들에게 핍박받지만 이방인들 사이에서도 듣는 일은 보장된다.²⁶²

요셉, 브살렐, 모세는 최초의 성막 건축자이며(출 31:3), 원래의 창조 계획을 성취한다(잠 3:19-20).²⁶³ 요셉은 외국 법정에서는 받아들여졌지만 자기 집에서는 받아들여지지 않았다. 하나님의 복은 거룩한 땅 너머에 계시되었기 때문에 그 땅 밖에 있다고 해서 하나님의 뜻이나 임재 밖에 있다는 의미는 아니다. 요셉은 그리스도의 형상으로서 애굽과 모든 궁전의 통치자가 되었다(창 41:40-52; 45:8; 시 105:21-22).

7:11-12. 요셉의 순례는 목적이 있었다. 그 땅에 기근이 들어 하나님의 백성에게 먹을 것이 없었기 때문이다. 야곱은 애굽에 양식이 있다는 소식을 듣고 아들들을 그곳으로 보내 큰 고통을 피할 수 있도록 했으며, 이는 사도행전 이야기에서 증인들이 생존을 위해 예루살렘에서부터 보내질 때 반복되는 현실이다.²⁶⁴

요셉은 예수님처럼 동족에게 버림받았지만 자신을 배척한 사람들을 구원하도록 하나님께서 힘을 주신다. 애굽으로 도피는 하나님의 백성을 보존하려는 하나님 계획의 일부였다. 하나님은 그들이 애굽에 있을 때 그들을 떠나지 않으셨다. 세상으로 도피는 하나님 계획의 일부였다. 하나님의 계획은 또한 스데반의 죽음 이후 그분의 백성이 흩어지는 것이다.

---

261 Spencer, *Acts*, 82.

262 Keener, *Acts*, 2:1366.

263 지혜 주제에 대한 더 자세한 내용은 다음을 참조하라. J. R. Middleton, *The Liberating Image: The Imago Dei in Genesis 1* (Grand Rapids: Brazos, 2005), 81–90.

264 Peterson, *Acts*, 252,는 7:10과 11절 사이의 언어유희에 주목한다. 하나님은 요셉을 모든 고난(ἐκ πασῶν τῶν θλίψεων)에서 구출하셔서 택한 백성들을 큰 고통(θλῖψις μεγάλη)에서 구출하셨다.

7:13-14. 두 번째로 요셉의 형들이 애굽에 오자, 요셉은 자신을 밝혔다. 그들도 애굽으로 와서 바로 밑에서 살았다. 족장들은 그 땅 밖에서 살았다. 스데반은 이 장면을 비유적으로 사용해서 지도자들이 이전에 무지하게 행동했기 때문에 "두 번째 기회"에 구주를 인식해야 함을 암시한다(3:17). 이 해석은 나중에 모세에 관한 설교에서 같은 유형이 반복될 때 확인된다(첫 번째 방문, 27-28절, 두 번째 방문, 35-36절).

이렇게 조상들은 애굽에 가서 살았다. 애굽에서 하나님은 그들을 만나셨다. 야곱과 모든 친척이 애굽으로 간 것은 하나님께서 아브라함과의 언약을 성취하고 계심을 보여 준다. 하나님께서는 스데반을 고발하는 사람들에게 그들의 구원자를 볼 수 있는 또 다른 기회를 주신다. 그들은 "애굽"으로 가야 할지도 모르지만 그곳에서 번성하고 수가 많아질 것이다.

7:15-16. 야곱과 다른 조상들은 가나안이 아닌 애굽에서 죽었다. 그들의 뼈는 세겜으로 옮겨져 아브라함의 무덤에 장사 되었다. 매장(장소, 가격, 구매자, 판매자)에 대한 강조는 현대 독자들에게는 이상하게 보일 수 있지만, 조상을 매장하는 일은 고대에 중요한 의식이었으며 토지를 유업으로 받는 일이 초기에 성취되었음을 나타낸다(창 47:29-30). 하나님께서는 또한 스데반의 몸으로 성전 약속을 성취하실 것이다.

세겜은 매장지로서 논쟁을 일으킬 만하다. 지배적인 전통은 족장들을 헤브론에 매장하는 것이지만(창 23:1-20; 25:9-10; 50:13), 또 다른 전통은 세겜에 매장하는 것이다(수 24:32; 참조. 창 33:19).[265] 이것은 스데반이 부주의한 것이 아니라 같은 시대의 주제와 일치한다. 세겜은 사마리아인들의 신성한 중심지였던 그리심 산과 가까웠다. 스데반은 온 땅이 이스라엘의 땅(사마리아까지!)이 될 것이라고 믿고 이 "매장지"를 하나님의 일하심의 특정 장소로만 제한하려는 사람들에 대한 비판으로 사용한다. 세겜에 매장지를 두는 것은 "거룩한 장소"의 중요성을 약화한다.

아브라함에게 그랬던 것처럼 스데반은 처음에는 반대되는 견해처럼 보이는 것을 확언한다. 하나님은 의문스러운 곳에 있는 자기 백성과 함께하셨지만 그들

---

265 구약에서는 아브라함의 무덤이 헤브론에 있고(창 49:29-32) 요셉의 무덤이 세겜에 있다(수 24:32). 누가는 다음 절에서 사마리아에 대한 증거를 예고하기 위해 이 자료를 각색한 것일 수도 있다. 또한 세겜에 "조상들"만 묻혔다는 의미일 수도 있지만 가능성은 작다. 16절에서 스데반은 또한 아브라함이 하몰의 아들들에게 땅을 샀지만, 그렇게 한 사람은 야곱이었다고 말한다(창 33:19). 어떤 사람들은 누가/스데반이 이 사건을 하나의 장소로 확대하여 두 장소를 함께 제시했다고 제안한다. 누가는 이 혼용을 통해 사마리아인의 연결을 강조할 수 있다. 참조. Bruce, *Acts*, 196; Marshall, *The Acts of the Apostles*, 560; Bock, *Acts*, 289; Keener, *Acts*, 2:1371-72.

253

의 땅을 약속하셨다는 것이다. 이는 땅이 더 큰 실재, 즉 모든 피조물을 가리키기 때문에 땅을 상대화하는 동시에 우선순위를 정하는 것이다.

2.5.2.2. 모세 언약과 하나님의 임재 (7:17-43)

17 하나님이 아브라함에게 약속하신 때가 가까우매 이스라엘 백성이 애굽에서 번성하여 많아졌더니 18 요셉을 알지 못하는 새 임금이 애굽 왕위에 오르매 19 그가 우리 족속에게 교활한 방법을 써서 조상들을 괴롭게 하여 그 어린 아이들을 내버려 살지 못하게 하려 할새 20 그 때에 모세가 났는데 하나님 보시기에 아름다운지라 그의 아버지의 집에서 석 달 동안 길리더니 21 버려진 후에 바로의 딸이 그를 데려다가 자기 아들로 기르매 22 모세가 애굽 사람의 모든 지혜를 배워 그의 말과 하는 일들이 능하더라

23 나이가 사십이 되매 그 형제 이스라엘 자손을 돌볼 생각이 나더니 24 한 사람이 원통한 일 당함을 보고 보호하여 압제 받는 자를 위하여 원수를 갚아 애굽 사람을 쳐 죽이니라 25 그는 그의 형제들이 하나님께서 자기의 손을 통하여 구원해 주시는 것을 깨달으리라고 생각하였으나 그들이 깨닫지 못하였더라 26 이튿날 이스라엘 사람끼리 싸울 때에 모세가 와서 화해시키려 하여 이르되 너희는 형제인데 어찌 서로 해치느냐 하니

27 그 동무를 해치는 사람이 모세를 밀어뜨려 이르되 누가 너를 관리와 재판장으로 우리 위에 세웠느냐 28 네가 어제는 애굽 사람을 죽임과 같이 또 나를 죽이려느냐 하니

29 모세가 이 말 때문에 도주하여 미디안 땅에서 나그네 되어 거기서 아들 둘을 낳으니라 30 사십 년이 차매 천사가 시내 산 광야 가시나무 떨기 불꽃 가운데서 그에게 보이거늘 31 모세가 그 광경을 보고 놀랍게 여겨 알아보려고 가까이 가니 주의 소리가 있어 32 나는 네 조상의 하나님 즉 아브라함과 이삭과 야곱의 하나님이라 하신대 모세가 무서워 감히 바라보지 못하더라

33 주께서 이르시되 네 발의 신을 벗으라 네가 서 있는 곳은 거룩한 땅이니라 34 내 백성이 애굽에서 괴로움 받음을 내가 확실히 보고 그 탄식하는 소리를 듣고 그들을 구원하려고 내려왔노니 이제 내가 너를 애굽으로 보내리라 하시니라

35 그들의 말이 누가 너를 관리와 재판장으로 세웠느냐 하며 거절하던 그 모세를 하나님은 가시나무 떨기 가운데서 보이던 천사의 손으로 관리와 속량하는 자로서 보내셨으니 36 이 사람이 백성을 인도하여 나오게 하고 애굽과 홍해와 광야에서 사십 년간 기사와 표적을 행하였느니라

37 이스라엘 자손에 대하여 하나님이 너희 형제 가운데서 나와 같은 선지자를 세우리라 하던 자가 곧 이 모세라 38 시내 산에서 말하던 그 천사와 우리 조상들과 함께 광야 교회에 있었고 또 살아 있는 말씀을 받아 우리에게 주던 자

가 이 사람이라 39 우리 조상들이 모세에게 복종하지 아니하고자 하여 거절하며 그 마음이 도리어 애굽으로 향하여 40 아론더러 이르되 우리를 인도할 신들을 우리를 위하여 만들라 애굽 땅에서 우리를 인도하던 이 모세는 어떻게 되었는지 알지 못하노라 하고 41 그 때에 그들이 송아지를 만들어 그 우상 앞에 제사하며 자기 손으로 만든 것을 기뻐하더니 42 하나님이 외면하사 그들을 그 하늘의 군대 섬기는 일에 버려 두셨으니 이는 선지자의 책에 기록된 바

이스라엘의 집이여 너희가 광야에서 사십 년간 희생과 제물을
내게 드린 일이 있었느냐
43 몰록의 장막과 신
레판의 별을 받들었음이여
이것은 너희가 절하고자 하여 만든 형상이로다
내가 너희를 바벨론 밖으로 옮기리라 함과 같으니라

7:17-19. 스데반의 설교에서 모세는 가장 큰 비중을 차지한다. 스데반은 모세와 거룩한 곳의 관습에 도전했다는 비난을 받았다(6:13-14). 모세는 성막의 본이 된 성막에 대한 지시를 받았기 때문에 모세에 대한 초점은 더욱더 적절하다.

스데반은 모세의 생애를 40년의 세 부분으로 나누어(신 34:7) 양육(17-22절), 거절당하고 미디안으로 유배됨(23-29절), 마지막으로 불타는 떨기나무와 광야 방랑에서 모세를 부르시는 하나님의 부르심(30-43절)에 관해 설명한다.

40년은 혼돈과 방황에도 불구하고 하나님은 각 시기에 걸쳐 일하신다는 것을 보여준다. 스데반은 각 부분에서 애굽, 미디안, 광야에서 하나님이 그와 함께하셨음을 지적한다. 그러나 시기마다 모세는 거부당하고 추방당하고 방황하는 삶을 살았다. 모세 이야기는 선지자에 관한 이야기이다. 스데반은 선지자 예수님을 따르기 때문에 이 역할을 성취한다.

첫 40년은 모세가 이스라엘의 구원자가 되기까지 돌아가는 경로에 관한 이야기이다. 아브라함과 요셉처럼 모세도 애굽 사람의 지혜 아래 이방 땅에서 자랐다. 스데반은 이스라엘이 애굽에서 "번성하여 많아졌더니"(ηὔξησεν, 에욱세센과 ἐπληθύνθη, 에플레튄데)라고 언급하며 이방 땅에서 하나님이 그들과 함께하셨고 하나님의 임재는 땅으로 제한될 수 없음을 다시 한번 강조한다(출 1:7).

수적 성장에 대한 표현은 누가가 교회의 성장을 설명하기 위해 사용한 것과 동일하다(6:1, 7). 유배는 하나님 보시기에 번영의 원천이 될 수 있지만, 역설적으로 번영은 적대의 결과를 낳는다.[266] 그들은 요셉을 알지 못하는 새로운 왕이 등장

---

266 베드로는 첫 번째 서신에서 이 주제를 다룬다. 베드로의 독자는 "택하심을 받은 나그네로 사는 자들"(벧전 1:1)이다. 하나님의 선택을 받았지만 세상에서는 나그네인 사람들이다.

할 때까지 번영했다(출 1:8). 이 왕은 이스라엘을 기만하며(출 1:10; 욘 5:11), 이스라엘이 갓난아이들을 버리도록 한다.

"교활한 방법을 써서"(κατασοφίζομαι, 카타소피조마이)라는 단어는 개념적으로 "지혜"라는 주제와 연관되어 있다.[267] 이 이야기는 독자들에게 뱀이 교활(또는 지혜로운, 창 3:1)하여 여자의 씨(개역개정. "후손")와 뱀의 씨(개역개정. "후손") 사이에 전쟁이 선포된 창세기를 떠올리게 한다. 하나님의 선지자들의 지혜는 뱀의 교활함에 도전한다.

시대가 흐르면서 당시 유대 통치자들도 백성을 버리고 스스로 바로가 되어 그들을 학대하기 시작한다(겔 34장). 스데반 이야기의 미묘함이 인상적이다. 스데반은 나중에 지도자들이 하나님의 백성을 대적하는 자들의 길을 따르고 있다고 주장함으로써 자신의 요점을 분명히 밝힌다(7:51-53). 베드로가 이미 앞 설교에서 같은 내용을 지적한 바 있다(2:23; 3:13-15; 4:25-28).

7:20-21. 이 격동의 시기에 모세가 태어났다. 상황은 암울해 보였지만 모세는 하나님 보시기에 "아름다웠다"(출 2:2; 히 11:23). 히브리어로 "좋았다"는 "토브(טוב)"는 창세기 창조 기록에 반복해서 등장한다(창 1:4, 10, 12, 18, 21, 25, 31).

죽음의 통치 아래 있던 애굽에서 새로운 창조가 시작된다. 그는 하나님 보시기에 아름답고, 학식이 풍부하고, 말과 일에 능했으며(7:22), 하나님의 특별한 부르심을 받았지만(7:25), 백성들과 애굽 통치자들에게 거부당했다(참조. 7:35).

목자 출신이라는 배경은 애굽 사람들에게는 나쁜 혈통의 표지가 될 수 있지만, 유배의 흔적이 그를 하나님의 마음을 닮은 사람으로 다듬었기 때문에 하나님께서는 그를 좋은 가계의 사람으로 간주하신다. 이러한 묘사 대부분은 누가복음(2:52; 24:19)에 나오는 예수님의 생애와 스데반의 생애를 반향한다. 하나님께서는 바로의 딸이 모세를 입양하여 키우도록 지시함으로써 모세를 살려 주셨다.

하나님은 여성들(산파, 모세의 어머니와 누이, 바로의 딸)을 사용하여 바로의 뜻을 뒤엎으신다. 이제 하나님은 로마와 예루살렘 지도자들의 손아귀에서 하나님의 나라를 확장하기 위해 헬라파들을 사용하신다. 크리소스토무스는 "왕은 자신의 지배권을 전복시킬 바로 그 사람을 키웠다"고 말한다."[268]

피터슨Peterson은 "스데반의 설교(20, 23, 26, 30, 36, 41, 45절)에는 날짜에 대한 특별한 관심이 있는데, 이는 전체 과정에서 하나님의 돌보심과 통제의 시간이라는 의미를 부여한다."[269] 하나님은 메소보다미아의 아브라함, 애굽의 요셉,

---

267 BDAG, 527.

268 Chrysostom, *Homily 16 on Acts* (*NPNF* 1/11:101).

269 Peterson, *Acts*, 254.

그리고 애굽의 모세와 함께하셨다고 말한다. 하나님께서는 이방 가정과 땅에서 자기 자녀들을 입양하셨고, 공동체가 성장함에 따라 계속 그렇게 하실 것이다.

7:22. 이러한 양육의 결과로 모세는 애굽인의 모든 지혜를 배웠고 말과 일에 힘이 있었다. 스데반과 요셉처럼 모세도 디아스포라에서 교육받았다. 모세가 걸었던 구불구불한 길은 결국 좋은 결과를 가져왔다. 스데반(6:10)과 요셉(7:10)이 지혜가 충만한 사람(브살렐과 같은 성전 건축가)으로 묘사된 것처럼 모세도 지혜가 충만하여 이교에서 자랐음에도 불구하고 구원자-지혜자로서 역할 한다.

이 세부 사항은 헬라화된 유대인임에도 불구하고 그리스인의 지혜를 배워 이스라엘의 역사를 정확하게 파악한 스데반에 대한 누가의 견해와 일치한다. 그렇다면 누가는 외부의 영향이 이스라엘의 내러티브에 깨달음을 줄 수 있음을 미묘하게 암시한다. 하나님의 임재는 여전히 유배지에서 살던 사람들에게 머물러 있었으며, 심지어 그들의 외국 교육을 자신의 목적을 위해 사용하신다.[270]

7:23-24. 23절은 모세 이야기의 두 번째 40년을 시작하며, 누가복음과 사도행전의 다른 곳에서 하나님의 백성 방문을 말할 때 사용된 동사(눅 1:68; 7:16; 행 15:14)로 그의 첫 "방문"(개역개정. "돌볼." ἐπισκέπτομαι, 에피스켑토마이)을 이야기한다.[271] 모세는 동족 중 하나가 "원통한 일 당함"(ἀδικέω, 아디케오)을 보고 애굽인을 쳐서 그들에게 구원자로서 온다.

스데반은 이스라엘 역사를 선별적으로 소개하지만, 실제로는 출애굽기보다 더 많은 시간을 이 이야기에 할애하여 설교에서 이 이야기가 얼마나 중요한지 보여준다. 모세는 거부당한 구원자였다. 언어적으로는 다르지만 개념적으로 이 학대는 요셉이 형들에게 학대받았을 때 이야기와 유사하다.

7:25. 누가는 이 에피소드에 관한 모세의 생각을 간략하게 언급하는데, 출애굽기에는 없는 내용이다. 모세는 하나님께서 자기 손을 통해 구원을 주시는 것을 형제들이 이해할 것으로 생각했지만, 그들은 "깨닫지"(συνίημι, 쉬니에미) 못했다. 누가는 모세의 지혜와 백성들의 이해 부족을 대조적으로 묘사한다.

---

270 Gregory of Nyssa, *Life of Moses* 2.112, in Martin and Smith, *Acts*, 79,는 애굽인들을 약탈하는 것에 관해 이야기한다. "그것은 덕을 통해 자유로운 삶에 참여하는 사람들에게도 신앙에 관해서 외국인들이 자신을 아름답게 하는 이교도 학문의 풍요로움을 갖추도록 명령한다. 덕의 길잡이는 부유한 애굽인들에게서 도덕과 자연 철학, 기하학, 천문학, 변증법, 그리고 교회 밖 사람들이 추구하는 다른 것들을 '빌려' 받으라고 명령한다. 이러한 것들은 때가 되면 신비의 성소가 이성의 풍요로움으로 아름다워져야 할 때 유용할 것이기 때문이다."
271 헬라어 ἐπισκέπτομαι는 구약에서도 하나님께서 자기 백성을 도우실 때 사용되었다(창 21:1; 50:24; 출 3:16; 4:31).

스데반은 모세가 구원자로 그들에게 왔음에도 그를 이해하거나 알아보지 못했기 때문에 세부 내용을 이야기한다. 위더링턴Witherington은 "스데반은 하나님 (이스라엘에 지도자를 보내심)과 하나님의 백성(보내신 지도자를 거부함) 양쪽에서 반복되는 행동 유형을 지적한다."[272] 이스라엘은 모세를 거부했고, 고난받는 종에게도 똑같은 일을 했으며, 이제 스데반은 재판받는다.

7:26-28. 다음 날 모세는 그들을 구원할 뿐만 아니라 중재자가 되려고 한다. 그는 왜 그들이 서로를 "해치는지"(ἀδικέω, 아디케오) 묻는다. 이 말은 서로에게 "불의를 행하는 것"으로도 번역될 수 있다. 이것은 상징적인 의미를 담고 있을 가능성이 높다. 스데반은 현재 요셉처럼, 그리고 궁극적으로는 예수님처럼 친족들에게 부당한 대우를 받고 있다.[273] 이것은 스데반이 형제들끼리 싸우지 말라는 요청이다. 그러나 형제들은 모세에게 "누가 너를 관리와 재판장으로 우리 위에 세웠느냐?"라고 물으며 모세에게 대답한다.[274]

모세는 애굽에서 자랐기 때문에 애굽인의 일부로 여겨졌을지 모르지만 여호와께서 선택하신 지도자이다. 스데반 역시 헬레니즘의 영향을 받았다고 해서 자격이 없는 것은 아니다. 요셉의 첫 번째 방문(7:12)과 마찬가지로 백성들은 그들의 구원자를 알아보지 못했지만, 내러티브의 흐름은 훨씬 더 고조된다. 그들은 그들의 통치자를 알아보지 못할 뿐만 아니라 거부한다.

7:29. 하나님의 백성의 반응에 비추어 모세는 미디안으로 도망쳐 πάροικος, (파로이코스, 나그네)가 된다.[275] 그는 바로와 그의 형제들을 피해 도망쳤다(출 2:15). 아브라함 이야기에서도 같은 용어가 사용되어 그들이 "다른 땅에서 나그네(πάροικον, 파로이콘)"(7:6)가 될 것이라고 주장하고 있으며, 요셉 이야기에서도 애굽으로 팔릴 때 비슷한 개념이 등장한다. 각 이야기에서 하나님의 백성은 그들의 땅에서 쫓겨났지만, 하나님은 그들에게 나타나셔서 여전히 그들과 함께하신다.

이러한 현실은 모세가 "아들 둘을 낳는 것"으로 증명된다. 아내와 자녀를 모두 주신 것은 유배 생활 중에도 모세를 향한 하나님의 복의 표시이다. 요셉이 애굽인 아내에게서 두 아들을 낳았듯이(창 41:50; 46:27; 48:1), 모세도 미디안에서 결혼을 통해 자녀를 낳았다. "이스라엘의 위대한 두 지도자의 이러한 디아스포라,

---

272 Witherington, *The Acts of the Apostles*, 270.

273 Johnson, *Acts*, 127,은 출 2:13이 "왜 이웃을 공격하는가?"라고 말한다고 지적한다.

274 "형제"(ἀδελφός)에 대한 설명은 이스라엘 자손들의 부정적인 성격과 이 에피소드에서 발생하는 내분을 강화한다.

275 구약 기록에서 모세는 바로에 대한 두려움 때문에 떠난다. 여러 가지 전통이 가능하고, 모세가 동족과 바로에 대한 두려움 때문에 떠났다고 볼 수도 있다.

인종 간 결혼은 스데반을 고발한 사람들의 민족 중심주의와 지리적 우월주의에 도전했다."[276] 이스라엘의 초기 이야기는 국제적인 국가를 예고하고 뒷받침한다.

7:30. 가장 긴 40년에 관한 내용은 불타는 떨기나무 사건부터 시내 산과 광야에서의 방황에 이르기까지 모든 것을 이야기한다. 30절은 하나님께서 시내 산 광야에서 모세에게 "보이거늘"(ὤφθη, 옵데)이라는 말씀으로 시작하는데, 이는 특정 장소에 하나님께서 나타나셨다는 세 번째 언급이다(7:2, 9). 거룩한 곳이 다시 그 땅 밖에 있다!

정확한 표현은 천사가 모세에게 나타났다는 것이지만(출 3:2와 일치), 하나님은 가시나무 떨기에서 모세에게 말씀하신다(출 3:4). 구약에서는 여호와와 천사 사이에 신비하고 복잡한 관계가 존재한다.[277] 크리소스토무스는 이 천사를 그리스도와 연결한다. "하나님의 아들을 그는 천사라고 부른다."[278] 이 내러티브 단서는 독자들이 천사의 얼굴을 가진 스데반을 어떻게 생각해야 하는지를 알려준다(6:15; 7:35, 38). 스데반은 예수님의 형상을 한 하나님의 대변인이다.

중요한 점은 계시가 예루살렘 밖, 심지어 광야에서도 다시 일어난다는 것이다. 하나님께서는 약속의 땅에서 멀리 떨어진 곳에서 자기 백성을 세우셨다. 하나님은 불타는 떨기나무 불꽃 가운데 모세에게 나타나셨는데, 이는 오순절을 연상시키는 성전 이미지이기도 하다. 땅 밖에서 하나님이 임재하신다는 주제는 이제 세 번이나 등장했다. 스데반은 이스라엘의 이야기를 조심스럽게, 선택적으로, 전복시키는 방식으로 들려준다.

7:31-32. 모세는 불타는 떨기나무를 보고 "놀랐다"(θαυμάζω, 다우마조).[279] 그때 주님의 음성이 떨기나무에서 나와서 말씀하셨다. 하나님의 임재는 그의 설교와 연결되어 있다. 스데반은 하나님의 임재를 경험하고 이제 하나님을 대신하여 말한다. 하나님은 모세에게 자신이 조상 아브라함, 이삭, 야곱의 하나님이라고 말씀하셨다. 하나님의 영광은 하나님께서 온 이스라엘에게 자신을 드러내셨던 바로 그 장소인 떨기나무에서 모세에게 계시되었다(출 24:16-18).

새로운 땅에서 새로운 하나님이 아니라 하나님은 경계를 초월하고 산과 바다를 넘나들며 임재하시는 분이시다. 모세의 반응은 무서움이었다. 그는 감히 바라보지

---

276 Keener, *Acts*, 2:1396.

277 때때로 말하는 이가 여호와인지 천사인지 불분명할 때가 있다(출 3:2, 4; 삿 6:11, 14). 이 때문에 사도행전 독자들은 천사들이 감옥에서 풀어주는 일에 대한 기록을 다시 읽어야 한다.

278 Chrysostom, *Homily 16 on Acts* (*NPNF* 1/11:103).

279 "놀라다"(θαυμάζω)는 2:7; 3:12; 4:13; 13:41에도 나오는데, 이 장면들이 모세가 성전 형상을 바라보는 장면을 재현한 것임을 나타낸다.

못했는데, 이는 하나님의 계시에 대한 전형적인 반응이다(사 6:5; 계 1:17).[280] 에스겔처럼 모세는 그 땅 밖에서 주님의 영광을 보았다(겔 1:28; 3:23; 8:4).

7:33-34. 주님은 모세가 서 있는 곳이 거룩한 땅이기 때문에 신을 벗으라고 말씀하신다. 스데반은 땅이나 성전이 하나님의 임재를 통제하는 것이 아니라 하나님의 임재가 땅을 거룩하게 만들기 때문에 이 내용을 이야기한다. "성전이 아니라 그리스도의 임재와 일하심으로 그 장소가 거룩해졌다."[281] 거룩한 곳은 그 거룩한 땅 밖에 존재한다. "스데반의 하나님은 그의 고발하는 사람들이 강조하는 제도에서 주로 발견되는 하나님이 아니라 극적인 신현에서 발견되는 하나님이다."[282]

그런 다음 34절에서 하나님은 모세에게 자기 백성의 "괴로움 받음"(κάκωσις, 카코시스, "고통 또는 고난")과 신음을 들으시고 모세를 보내어 그들의 구원자가 되실 것이라고 말씀하신다.[283] 하나님의 영광의 계시는 위임으로 이어진다. 하나님은 임명하기 위해 나타나신다. 스데반은 고난을 당할 것이지만 이 역시 사명으로 이어질 것이다. 모세가 자기 백성을 구출하기 위해 애굽으로 보내졌듯이, 사도들과 예수님을 따르는 사람들은 모든 민족으로 가라는 사명을 받았다(1:8).

이미 사도행전에는 출애굽 이야기와 비슷한 부분이 많이 등장하며, 사도들 역시 억압에 맞서 목소리를 높였다. 예수님 시대와 마찬가지로, 이제 억압은 외국 통치자가 아니라 자기 집에서 발생한다.

7:35. 35-43절은 모세에서 벗어나지는 않지만 약간의 전환이 이루어진다. 스데반은 이제 자신을 고발한 사람들을 바라보며 더 직접적으로 말한다. 이 전환은 구문으로 알 수 있다. 다음 네 구절에서는 하나님께서 모세를 택하신 종으로 선택하셨다는 점을 강조하기 위해 "이 [사람]"(οὗτος, 후토스)이라는 용어가 다섯 번 반복된다(1:11; 2:23, 32, 36; 4:11; 6:14). 그러나 성전 지도자들은 조상들과 마찬

---

280 보는 것과 영광의 관계는 구약에서 흔히 볼 수 있으며, 스데반이 예수님의 얼굴에서 하나님의 영광을 보는 장면에서 절정을 이룬다(7:55). 누가는 스데반을 나그네로서 하나님의 영광을 경험하는 새로운 모세로 묘사한다. 창 45:13; 출 16:7; 33:18; 민 14:22; 신 5:24; 시 63:2; 97:6; 사 35:2; 40:5; 62:2; 66:18-19; 겔 39:21; 43:2; 마 24:30; 눅 21:27; 요 11:40; 12:41; 17:24; 고후 4:4; 히 2:9도 참조하라.

281 Chrysostom, *Homily 16 on Acts* (NPNF 1/11:103).

282 Keener, *Acts*, 2:1398.

283 "탄식하다"(στεναγμός)는 출 2:24과 예수님께서 듣지 못하는 사람과 말하지 못하는 사람의 곤경에 관해 "깊은 한숨"을 쉬실 때에도 사용되었다(막 7:34). 또한 롬 8:22, 26에서 모든 피조물이 탄식하는 것과 성령께서 새로운 피조물을 위해 탄식하는 우리를 어떻게 도와주시는지에 관해 이야기할 때도 사용되었다. 우리는 모두 저주와 노예의 속박 아래 살고 있지만 예수님은 우리와 함께 신음하신다는 것이다.

가지로 모세를 거부했다(출 2:14, 행 3:13-15와 일치).

35절은 백성들의 모세 거부를 하나님의 신적 위임과 연결한다. 모세는 떨기나무에서 임명되었지만(출 3장), 백성들은 그가 받은 사명에 의문을 제기했다. 모세는 그리스도를 예표하지만 스데반은 그리스도를 이후에 나타낸다. 모세는 그리스도와 같은 인물로 거부당하지만, 통치자이자 구원자로 보내심을 받는다(개역개정, "임금과 구주." 5:31; 참조. 요 19:15).[284] 흥미롭게도 스데반은 그들이 모세를 "통치자이자 재판관"(개역개정, "관리와 재판장")으로 거부하지만, 하나님은 그를 "통치자이자 구원자"(개역개정, "관리와 속량하는 자")로 보내셨다고 말한다. 그리스도도 자기 백성을 구원하러 오셨지만 그들이 들을 수 있는 것은 심판뿐이다.

7:36-38. 다음 구절은 계속해서 백성들의 구원자인 모세의 역할을 강조하고 지도자들을 미묘하게 정죄한다. 모세는 표적과 기사로 그들을 애굽에서 인도했으며(36절), 스데반도 같은 능력을 가진 것으로 언급된다(6:8). 모세는 다른 선지자가 올 것이라고 약속했고(37절), 스데반은 다른 선지자가 왔다고 선언했다. 모세는 시내 산에서 천사가 그에게 율법을 주며 말한 사람이고(38절), 스데반은 천사의 얼굴로 새 언약의 메시지를 전달한다. 스데반은 모세의 생애에서 중요한 순간을 추적하여 출애굽, 예언, 산에 올라간 일 등을 자신의 생애와 연결한다. 예수님께서는 예언하셨고, 유배를 겪으셨으며, 산에서 가르치셨기 때문에 궁극적으로 이 모든 것이 예수님 안에서 성취되었다.

산에서 하나님은 모세에게 "살아있는 말씀"(λόγια ζῶντα, 로기아 존타)을 주셨다. 구약에서 율법과 생명은 서로 연결되어 있었으며(레 18:5; 신 4:1, 33; 5:26; 16:20; 30:15, 19-20; 32:46-47), 이는 참 성전 백성 또한 번영과 예수님의 부활 생명의 증인으로 부름받았다는 것을 나타낸다. 이와 대조적으로 죽음의 조상들은 모세와 대립하고 있으며, 성전 지도자들은 예수님을 십자가에 못 박았다. 표적과 기사는 예루살렘 지도자들이 아니라 사도의 행동을 반영한다(2:19, 22, 43; 4:30; 5:12; 6:8; 7:36). 신명기 18장 15절이 그들 가운데서 성취되었다.

38절에서 스데반은 하나님의 구약 백성들의 모임인 "광야 교회"(τῇ ἐκκλησίᾳ ἐν τῇ ἐρήμῳ, 테 에클레시아 엔 테 에레모)를 언급한다. 하나님의 백성은 항상 순례의 길을 걸어왔으며, 스데반은 진정한 하나님의 백성에 속하지만 반대자들은 모세를 거부한 사람들과 비슷하다. 모세의 교회는 이 땅이 아니라 메시아가 통치하는 하늘에 있다(행 2:32-36; 히 12:22-24; 계 5장, 7장). 스데반은 판을 뒤집어 놓았다. 그들은 자신들이 모세와 하나님을 변호한다고 생각한다(6:11). 그러나

---

284 Kilgallen, *The Stephen Speech*, 76,는 또한 예수님을 "통치자이자 구원자"로 묘사한다 (5:31). 이스라엘 족장들의 거부는 이스라엘이 예수님을 거부한 것과 유사하다(3:13-14).

그들은 실제로 모세와 하나님과 그분의 종 예수님을 반대한다.

7:39-41. 모세의 중요한 지위에도 불구하고 "조상들"은 모세에게 순종하지 않았다. 그들은 모세를 거부하고 마음을 돌려 애굽의 노예 생활로 돌아갔다(출 16:3, 민 14:2-3). 그들은 출애굽에서 하나님께서 그들을 위해 행하신 모든 것을 거부하고 모세를 다시 거부한다. 여기에는 기독론(또는 거부된 선지자)과 거짓 숭배가 암묵적으로 결합되어 있다.

스데반은 모세에 대한 거부를 그들의 우상 숭배의 마음과 연결한다.[285] 모세가 산에 올라갔을 때 그들은 아론에게 다른 신들을 만들게 하고(출 31:1-23), 천사들이 받은 율법과 달리 자신들의 손으로 만든 것을 숭배하기 시작했다(7:38). 모세를 거부하는 것은 하나님께서 모세에게 주신 언약을 거부하는 것을 의미한다. 반대자들은 "율법을 준 모세보다 출애굽기 32장에 나오는 우상 숭배자들과 더 많은 공통점이 있다."[286]

스데반은 모세와 예수님, 그리고 자신 사이의 복잡한 관계 때문에 이 특정한 죄를 강조한다. 성전 지도자들은 성전에 관한 스데반의 말을 듣지 않으려 했고, 그렇게 함으로써 스스로 종이 되었다. 그들은 성전을 자신들을 구원해 줄 "금송아지"로 바꾸어 버렸고(렘 7장 참조), 하나님의 좋은 선물을 혐오스러운 우상으로 바꾸어 버렸다(시 115:4-8; 135:15-18; 사 44:6-20; 호 8:4-6).

성전 지도자들이 자기 역사를 기억한다면 이것이 이스라엘의 반복되는 역사라는 것을 깨달을 것이다(암 5:25-27; 7:42-43). 예수님도 모세와 같은 방식으로 하나님의 임재 앞으로 올라가셨다. 그들이 그분을 거부하면 그분의 피로 주신 새 언약을 버리는 것이다. 지도자들은 예수님 안에서 발견되는 하나님의 참된 임재를 버리고 있다(마 12:6; 요 2:20-21; 4:10-14).

7:42-43. 스데반은 이스라엘의 거부에 대한 하나님의 응답과 이스라엘의 역사를 예배의 관점에서 정리하는 구약의 인용으로 모세 부분을 마무리한다. 그들 자신의 이야기가 그들을 정죄한다. 하나님께서는 그들을 "외면"(στρέφω, 스트레포)하시고 하늘의 별들을 숭배하도록 "내어 주셨다"(개역개정. "버려 두셨으니." παραδίδωμι, 파라디도미. 참조. 롬 1:18-32). 그들은 하나님을 거부하고 하나님도 그들을 거부한다.

아모스 5장 25-27절은 반역적인 이스라엘에 대한 스데반의 모형론을 뒷받침

---

285 Kilgallen, *The Stephen Speech*, 92.

286 Dunn, *Acts*, 95.

하며 출애굽에서 유배, 그리고 출애굽에서 현재를 구분한다.[287] 이스라엘의 우상 숭배는 광야 방황에서 느부갓네살의 승리에 이르기까지 이어졌다. 아모스는 북부 지파들이 앗수르에 유배되었을 때 이스라엘이 정의를 소홀히 한 것에 관해 비난한다. 아모스는 8세기 중반에 이스라엘이 광야에서 했던 반역적인 패턴을 반복하고 있음을 인정한다.

스데반은 이 패턴이 계속되고 있음을 인식한다. 이스라엘은 광야에서 여호와께 제사를 드리지 않고 다른 신들을 숭배했다. 아모스 시대 이스라엘도 마찬가지로 하나님과 그분의 지도자들에게 반역했기 때문에 하나님은 그들을 다메섹 너머(즉, 앗수르)로 보내실 것이다.[288] 하나님을 거부한 결과는 시내 산에서 유배를 거쳐 오늘날까지 이어진다. 유배는 거짓 숭배의 결과이다. 이스라엘의 지도자들은 또다시 유배당할 위기에 처해 있다.

이제 스데반은 이스라엘의 어두운 역사가 오늘날에도 계속되고 있다고 말한다. 아모스 5장 25-27절 앞에 있는 구절은 스데반 시대의 성전 주제 및 이스라엘 백성과의 관계 때문에 전체를 인용할 가치가 있다.

> 내가 너희 절기들을 미워하여 멸시하며 너희 성회들을 기뻐하지 아니하나니 너희가 내게 번제나 소제를 드릴지라도 내가 받지 아니할 것이요 너희의 살진 희생의 화목제도 내가 돌아보지 아니하리라 네 노랫소리를 내 앞에서 그칠지어다 네 비파 소리도 내가 듣지 아니하리라 오직 정의를 물 같이, 공의를 마르지 않는 강 같이 흐르게 할지어다 (암 5:21-24)

지도자들은 성전 공간을 보호하고 있다고 생각하지만, 하나님께서는 그들을 거부하셨다. 악으로 가득 찬 그들을 받아들이지 않으시고 그들의 음악도 듣지 않으신다. 성전은 거짓 우상이 되어 버렸고, 그것은 그들이 다시 별을 숭배하는 것과 같다. "우리는 송아지 숭배 사건에서 이스라엘이 거부하고 배척하는 모습을 볼 수

---

287 LXX 본문에서 두 가지 변형이 나타난다. 첫째, 우상 숭배가 언약을 이행하지 않는 것임을 보여주기 위해 "그들에게 경배하다"라는 단어가 추가되었다. 둘째, 스데반은 "다메섹 밖으로"(ἐπέκεινα Δαμασκοῦ)를 "바벨론 밖으로"(ἐπέκεινα Βαβυλῶνος)로 바꾸어 사용한다. Keener, *Acts*, 2:1412에 따르면 아모스의 "다메섹 밖으로"는 앗수르 유배를 의미하지만, 스데반은 바벨론을 사용하여 우상 숭배가 그 시대를 훨씬 넘어 로마 아래 "바벨론" 포로기까지 계속되었음을 보여준다.

288 몰렉은 가나안-페니키아의 하늘과 태양의 신이며, 레판은 아마도 이집트의 태양신 라를 가리킬 것이다. 아모스와 스데반은 하나님의 영광이 주로 성전에서 밝은 빛으로 드러나기 때문에 여호와와 대조적으로 이 신들을 사용할 수 있다. 또한 요한계시록은 새 하늘과 새 땅이 성전이며 주 하나님이 그들에게 빛을 주실 것이기 때문에 태양이 필요하지 않다고 말한다(계 22:5).

있다."[289] 이 점을 뒷받침하는 저자의 중요한 단어는 43절에서 "형상"으로 번역되었지만 "모형" 또는 "천막"을 의미할 수도 있는 τύπους(튀푸스)이다. 44절에서 스데반은 그들이 주어진 "양식"(τύπον, 튀폰)에 따라 성막을 지었다고 언급한다.[290]

독자들은 또한 이 본문에서 설교 앞부분에 언급된 아브라함의 약속과 관련하여 반전이 일어남을 주목해야 한다. 첫째, 하나님께서 아브라함을 그의 땅에 "정착시키셨지만"("옮기셨다." μετοικίζω, 메토이키조. CSB "이동시키다", 7:4), 이제 하나님은 그들을 바벨론으로 "정착" 또는 "보내"(μετοικίζω, 메토이키조) 유배시키겠다고 약속하신다. 신약에서 μετοικίζω(메토이키조)는 7장 4절과 7장 43절에서 두 번만 사용된다.

둘째, 아브라함은 그의 후손들이 이곳에서 하나님을 "경배"(λατρεύω, 라트류오)할 것이라고 약속받았지만(7:7), 7장 42절에서 하나님은 그들을 하늘의 군대에 "경배"(λατρεύω, 라트류오)하도록 넘겨주신다. 아브라함에게 주신 약속은 백성들 때문에 진전된 것이 아니다. 패역한 백성임에도 불구하고 진전되었다. 그들의 역사가 그들을 정죄한다.

2.5.2.3. 다윗 언약과 성전 (7:44-50)

44 광야에서 우리 조상들에게 증거의 장막이 있었으니 이것은 모세에게 말씀하신 이가 명하사 그가 본 그 양식대로 만들게 하신 것이라 45 우리 조상들이 그것을 받아 하나님이 그들 앞에서 쫓아내신 이방인의 땅을 점령할 때에 여호수아와 함께 가지고 들어가서 다윗 때까지 이르니라 46 다윗이 하나님 앞에서 은혜를 받아 야곱의 집을 위하여 하나님의 처소를 준비하게 하여 달라고 하더니 47 솔로몬이 그를 위하여 집을 지었느니라 48 그러나 지극히 높으신 이는 손으로 지은 곳에 계시지 아니하시나니 선지자가 말한 바

49 주께서 이르시되
하늘은 나의 보좌요
땅은 나의 발등상이니
너희가 나를 위하여 무슨 집을 짓겠으며
나의 안식할 처소가 어디냐
50 이 모든 것이 다 내 손으로 지은 것이 아니냐 함과 같으니라

7:44-45. 스데반은 의도적으로 성막과 성전 이전 시대를 매우 자세하게 이야기했다. 크리소스토무스가 언급했듯이, "이 모든 섭리가 이루어지는 동안 성전에

---

289 Kilgallen, *The Stephen Speech*, 87.

290 Pervo, *Acts*, 189.

관한 한마디도, 제사에 관한 한마디도 하지 않았다."[291]

마지막으로 44절에서 스데반은 자신의 주요 주제에 대한 직접적인 진술로 전환한다.[292] 그러나 강조점은 성전에 대한 하나님의 초월성에 남아 있다. 마치 성전을 가볍게 여김으로 성전의 중요성을 전복시키는 것과 같다. 하나님은 하늘과 온 땅에 거하시므로 성전은 "하나님의 임재를 통제하는 부적으로 사용된 적도 없고 앞으로도 그럴 수 없다."[293]

스데반은 다윗 언약으로 능숙하게 전환하면서 **우리** 조상들이 광야에서 증거의 장막을 가졌다고 주장한다. 이 성막은 하나님의 임재에 대한 증언 또는 증거(μαρτυρίου, 마르튀리우)이며, 새로운 증인들이 증언하는 바로 그것이지만 이제는 부활하신 주 예수님에 초점을 맞춘다. 성막은 하나님께서 광야에서 모세에게 자신을 계시하셨던 것처럼 광야에 세워졌다. 하나님의 임재는 성막 시대(300년!) 동안 이동이 가능했고, 심지어 지리적 이동 중에도 성막이 세워지고 유지되었다.

이제 성전은 다시 이동이 가능하며 지리적 도약을 앞두고 있다(8:1). 모세는 자신에게 주어진 "양식"(τύπος, 튀포스)에 따라 성막을 만들었는데, 스데반은 성막을 직접적으로 비판하는 것이 아니라 새로운 시대가 왔다고 주장한다.[294] 성전은 여전히 존재하고 강력하지만, 예수님과 그분의 백성에게 그 역할이 옮겨졌다. 이제 이동할 수 있는 성전은 주님께서 어떻게 땅을 하늘처럼 만드시는지에 대한 메시지를 전파함으로써 정복한다.[295]

7:46. 앞 구절에서 다윗을 언급함으로써 스데반은 광야 세대에서 왕의 시대로, 더 중요하게는 성막에서 성전으로 전환할 수 있는 기회를 얻는다. 이미 언급했듯이, 성전에 관한 설교에서 스데반이 성전 시대에 얼마나 적은 시간을 할애했는지

---

291 Chrysostom, *Homily 16 on Acts* (*NPNF* 1/11:10). Bede, *Comm. on Acts* 7.44,는 "성전을 지을 때 성막이 버려진 것처럼 성전 자체도 파괴되어야 한다는 것을 이해하기를 원하셨다"라고 말한다.

292 6:13에서 스데반은 "이 거룩한 곳"에 관해 말한 혐의로 고발당했다. "솔로몬 성전 시대"에 주어진 장소의 결여는 성전이 없었던 유대인 역사의 큰 부분을 강조한다. 스데반의 요점은 이동이 불가능한 물리적 성전 시대가 일시적이었다는 것이다. 초기 유대 역사는 더 근본적인 것을 드러낸다. 하나님의 임재는 인간이 만든 건축물을 초월한다. 그분의 임재는 이제 예수님의 승천과 성령의 선물로 인해 온 땅에 퍼졌다.

293 O. Padilla, *The Acts of the Apostles: Interpretation, History and Theology* (Downers Grove: IVP Academic, 2016), 164.

294 Beale, *The Temple*, 29–66, 105–7,은 이 유형이 3개로 이루어지며 모세가 시내 산에서 이 유형을 보았다고 주장한다. 바깥 뜰은 눈에 보이는 땅, 성소는 눈에 보이는 하늘을, 지성소는 눈에 보이지 않는 하늘의 차원을 상징했다.

295 마태복음에서 이 주제에 대한 자세한 내용은 마태복음에서 예수님의 몸의 중요성에 대한 나의 분석을 참조하라(Schreiner, *The Body of Jesus*).

는 성전이 얼마나 덧없고 일시적인 의미를 지니는지를 보여준다.

다윗은 야곱의 하나님께 거할 곳을 지을 수 있는지 물었지만 허락을 받지 못한다. "다윗 왕이 성전을 짓고 싶었지만 건축이 허락되지 않았다는 사실은 예루살렘의 성전이 유대인들이 생각하는 것만큼 이스라엘의 예배에 중요하지 않다는 것을 암시한다."[296] 퍼보Pervo의 말처럼,

> 하나님과 모세에게 성막이 좋았다면 솔로몬에게도 충분히 좋았어야 했다는 의미이다. 좀 더 명확하게 말하면, 설교는 광야에서 우상 숭배로 이어진 모세를 거부한 것과 광야 예배 시설을 영구 건물로 대체하는 것 사이의 유사점을 암시한다.[297]

스데반은 다윗이 손에 피를 흘렸기 때문에 성전을 건축할 수 없었다는 사실을 빼놓는다(대상 22:8; 28:3). 이것은 스데반을 살해하려는 사람들에게는 은근한 비판일 수 있다. 성전 지도자들도 하나님의 집을 짓지 않을 것이다. 그들의 손은 피로 범벅이 되어 있다.

7:47-48. 솔로몬 시대까지 이스라엘에는 이동하지 않는 고정된 성전이 없었다.[298] 하나님은 다윗의 아들 솔로몬에게 성전 건축의 임무를 주셨다(왕상 6:1-2; 8:17-20; 대하 3:1). 이 사실을 통해 스데반은 지극히 높으신 분은 손으로 만든 성소에 거하지 않으신다는 사실을 재빨리 증명할 수 있다.[299] 스데반의 요점은 지극히 높으신 분은 이스라엘 역사 대부분 동안 손으로 만든 구조물에 포함될 수 없고, 그렇게 하지 않으셨다는 것이다.

드실바deSilva가 주장하듯이, 스데반의 설교는 성전에서 하나님의 임재를 찾을 수 없다는 것이 아니라 하나님이 인간의 건물을 초월하신다는 것을 뒷받침한다.[300] 그러나 드실바는 전체 내러티브에서 그들이 이 좋은 선물을 타락시켰다고

---

296 Schnabel, *Acts*, 384.

297 Pervo, *Acts*, 190.

298 이것은 스데반이 성막을 선호한다고 말하는 것이 아니다. 둘 다 우상 숭배로 변질되었기 때문이다.

299 스데반이 자신의 비판에 솔로몬을 포함하는지에 대한 논쟁이 있다. 어떤 사람들은 솔로몬이 이전에 σκηνή(텐트)를 사용했을 때 οἶκος(집)를 사용한 것이 비판이라고 주장한다. 그러나 οἶκος를 사용한 것은 단지 σκηνή의 일시적인 특성과 대조적일 수 있다. 성전(ἱερόν)의 일반적인 용어가 사도행전 7장에는 나오지 않지만 누가는 사도행전에서 25번을 포함하여 39번을 사용한다는 점이 흥미롭다.

300 D. A. deSilva, "The Meaning and Function of Acts 7:46–50," *JBL* 106 (1987): 261–75. Pervo, *Acts*, 191,은 47절에 이어 48-50절을 근거로 솔로몬의 성전 건축 행위는 잘못이라고 판단해야 한다고 말한다. 그러나 성경 저자들은 솔로몬의 행동을 이렇게 표현하지 않는다.

말하기 때문에 충분히 나아가지 못한다. 하나님의 임재는 성전에서 발견되었지만 이제 하나님의 임재는 집에서 발견된다.

하나님의 거처인 성전은 사탄의 장소로 변질되지만, 집은 성령의 장소가 되었다.[301] 거짓 성전 예배는 광야에서 거짓 예배를 드리는 것과 다름없으며, 유배로 이어지는 거짓 예배에 비유할 수 있다.

"손으로 지었다"는 이스라엘이 금송아지를 만들고 "자기 손으로 만든 것을 기뻐"했던 7장 41절을 암시한다. 성경에서 "손으로 지은"은 옛 창조물을 가리키고, "손으로 짓지 아니한"은 새 창조물을 가리킨다(막 14:58; 히 9:11, 24; 행 17:24; 단 2:34, 45). 다른 경우에 "손으로 지었다"는 우상 숭배를 의미한다(사 2:18; 10:11; 16:12; 19:1; 21:9; 31:7; 46:6; 행 19:26; Jdt 8:18; Wis 14:8; Bel 1:4b-5). 이 주제는 사람들이 자신의 손으로 하나님께 가는 길을 만들려고 했던 바벨탑 이야기(창 11:1-9)까지 거슬러 올라간다. 구원자 또는 선지자를 거부하면 그 예배는 우상 숭배가 된다.

스데반 설교에서 거짓 예배		
7:39-41	우리 조상들	금송아지 사건
7:42-43	이스라엘의 집	그 땅에서 몰록과 레판 숭배
7:48-50	현세대	성전 제도 숭배

하나님의 임재는 손으로 지은 것에서는 불완전하게 표현될 수 있지만, 하나님께서 직접 지으신 것에서는 온전히 드러난다. 다니엘 2장 44-45절은 사람의 손으로 지은 것이 아닌 "반석"(즉, 성전)에 관해 이야기한다.

그 왕들의 시대에 하늘의 하나님께서는 절대 멸망하지 않을 왕국을 세우실 것이며 다른 민족에게 맡기지 않으실 것이다. 그 왕국은 모든 왕국을 무너뜨리고 종말을 가져올 것이지만 그 자체는 영원히 지속될 것이다. 이것은 **사람의 손이 아니라** 산에서 잘라낸 바위, 즉 철, 청동, 진흙, 은, 금을 산산조각 낸 바위에 대한 환상의 의미이다. (NIV; 강조 추가)

사람의 손으로 지은 것이 아닌 새로운 주춧돌이 놓였고, 그 주춧돌은 확장될 것이다. 스데반이 말하는 현실은 단순한 성전이 아니라 새로운 왕국이다. 스데반

---

301 Elliott, "Temple Versus Household."

은 당시 성전의 역할을 긍정하지만 새로운 종말의 시대가 도래했다고 말한다.[302] 그뿐만 아니라 그들은 이 좋은 하나님의 선물을 타락시켜 우상 숭배로 변질시켰다. 죄는 종교 자체를 부패시킨다. "악은 그것을 제거하기 위해 고안된 모든 도구도 오염시킨다."[303] 이제 성전 공간은 교회로 옮겨졌고, 정복하는 자는 성전의 기둥이 될 것이다(계 3:12).

7:49-50. 49-50절은 구약(왕상 8:27-30; 대하 6:18)에서도 발견되는 개념인 지극히 높으신 이가 손으로 지은 건물에 거하지 않는다는 48절의 진술을 뒷받침하는 이사야 66장 1-2절을 인용한다.[304] 하나님은 지역적으로 제한되지 않으시고 성전 제도를 자유롭고 주권적으로 다스리신다. 주님은 이사야에서 온 땅이 그분의 것이며, 하늘은 그분의 보좌이고 땅은 그분의 발등상이라고 말씀하신다. 사람들이 성전에서 하나님의 임재에 들어갔을 때 그분의 발은 성전이라는 장소에서 땅에 닿았지만, 그분의 보좌는 예수님이 오른편에서 통치하시는 하늘에 있는 것을 보았다.

이사야서 본문은 하나님께서 새 하늘과 새 땅을 창조하실 것이라고 이사야가 선언한 바로 뒤에 나온다(사 65:17-25). 새 시대에는 성전이 필요하지 않다. 모든 피조물은 하나님의 성전이며, 하나님께서 일하시던 창조의 일곱째 날(창 2:1-3)로 거슬러 올라가는 단어인 "안식"(χατάπαυσις, 카타파우시스)의 장소이다. 안식일이 시간이라면 성전은 공간이다.[305]

하나님의 보좌는 땅의 일을 지휘하는 하나님의 통제실이며, 지금 예수님은 그 보좌에 앉아 땅의 공간을 통제하고 계신다. (과거에도 그랬고 지금도 그렇지만) 성전이 타락했다면 그분은 만물을 지으셨기 때문에 임재를 없애실 수 있다. 이스라엘의 역사를 통틀어 하나님은 자기 백성과 함께 하시겠다고 약속하셨지만, 자신의 길

---

302 S. Smith, *The Fate of the Jerusalem Temple in Luke-Acts: An Intertextual Approach to Jesus' Laments over Jerusalem and Stephen's Speech*, LNTS 553 (London: Bloomsbury T&T Clark, 2017), 161-2,는 사도행전 7장이 누가복음 13:33-34를 밝히고, 누가복음 13:33-34가 사도행전 7장을 밝힌다고 주장한다. 7장에 따르면 예수님은 성전을 비판하신다. 7장에서는 지도자들이 (1) 하나님을 성전에 잘못 제한하고, (2) 제의가 죄를 덮는다고 생각하며, (3) 성전과 함께 하나님을 조종하고, (4) 하나님의 임재인 선지자를 거부하기 때문이라고 말한다. 이런 식으로 누가는 성전 자체에 관해 비판적인 것이 아니라 성전에 대한 태도에 관해 비판적이다.

303 Plantinga Jr., *Not the Way It's Supposed to Be*, 79.

304 스데반은 하나님께서 겸손하고 마음이 통회하는 자에게 은혜를 베푸신다는 사 66:2b를 인용하지 않지만, 독자들은 이 지도자들이 교만하고 스데반은 변호와 비난 속에서도 겸손으로 가득 차 있다는 의미로 더 넓은 맥락을 가정해야 한다. 진리를 옹호하는 것은 겸손과 반대되는 것이 아니라 실제로 통회하는 모습을 보여준다.

305 이 개념은 다음에 따른다. A. J. Heschel, *The Sabbath* (New York: Farrar Straus Giroux, 2005)[= 『안식』, 복있는사람, 2007].

을 따르지 않는 백성에게는 임재를 거두어들이는 방식으로 벌을 내리기도 하셨다.

2.5.2.4. 기소와 새 언약 (7:51-53)

51 목이 곧고 마음과 귀에 할례를 받지 못한 사람들아 너희도 너희 조상과 같이 항상 성령을 거스르는도다 52 너희 조상들이 선지자들 중의 누구를 박해하지 아니하였느냐 의인이 오시리라 예고한 자들을 그들이 죽였고 이제 너희는 그 의인을 잡아 준 자요 살인한 자가 되나니 53 너희는 천사가 전한 율법을 받고도 지키지 아니하였도다 하니라

7:51. 이스라엘 역사에 대한 스데반의 선택적이고 핵심적인 이야기가 결론에 이르렀다. 이제 스데반은 언약을 어긴 자들을 직접 언급한다. 앞에서 스데반은 청중과의 연대를 강조한 적이 있다. "우리 조상"을 아홉 번, "우리 민족"을 한 번, "우리 종족"을 한 번 말했다. 그는 대명사를 바꾸면서 비난으로 전환한다. 그는 **너희 조상들**"(51, 52절), "이제 **너희**는 그 의인을 잡아 준 자요 살인한 자가 되나니."(52절), "**너희는** … 그것[율법]을 지키지 아니하였도다"(53절).[306] 갑자기 틈이 열린다. 메시아의 종말론적 오심과 성령은 이스라엘 내부에서도 분열을 일으킨다.

스데반은 세 가지 묘사를 사용하여 그들을 책망하고 율법을 어긴 패역한 조상들과 같다고 말하며 마무리한다. 독자들은 이 단어들의 의미를 채우는 이스라엘의 역사를 되돌아보면서 새 언약에서 성취되기를 기대해야 한다.

첫째, "목이 곧고"(σκληροτράχηλος, 스클레로트라켈로스)는 여호와의 말씀을 듣지 않던 광야 세대(출 33:3, 5; 34:9; 신 9:6, 13, 27)를 지칭하는 용어이다. 예레미야의 성전 설교에서도 이스라엘이 애굽에서 나올 때와 주님께서 자기 모든 종, 선지자들을 보내실 때 이 용어를 반복해서 사용했다. 그러나 "너희가 나에게 순종하지 아니하며 귀를 기울이지 아니하고 **목을 굳게 하여.**" 즉, CSB는 "완고해졌다"(렘 7:25-26)라고 표현한다.

둘째, 그들은 할례받지 않은 마음을 가졌다. 스데반은 이미 아브라함에게 할례의 언약이 주어졌고(7:8), 할례는 유대교의 기둥 중 하나였다고 언급했다. 할례를 받지 않았다고 말하는 것은 이교도 이방인이라고 말하는 것이며 선지자들의 말을 반향한다(렘 6:10). 에스겔 선지자는 심지어 이스라엘이 할례받지 않은 자들을 성전에 데려왔을 때 성전이 더럽혀졌으며(겔 44:7), "마음과 몸에 할례를 받지 아니한 이방인은 내 성소에 들어오지 못하리라"(겔 44:9)라고 말한다.

마지막으로 스데반은 그들이 성령을 "거스르는도다"(ἀντιπίπτω, 안티핍토)라고

---

306 유대인들이 그리스도를 죽였다는 주제는 곳곳에 등장한다(2:22-23, 36; 3:12-15; 4:8-10; 5:30; 10:39; 13:27-28).

말한다. 새 언약의 약속은 성령이었고, 오순절에 베드로의 설교는 그때와 **그분**이 오셨음을 확언했다(욜 2:28-29; 슥 12:10; 사 11:2-4; 32:15; 42:1; 59:21; 61:1; 겔 36:26-27; 37:5, 14). 가장 분명한 암시는 이사야 63장 10절에서 나오는데, 이 구절에서 광야 세대는 "그들이 반역하여 주의 성령을 근심하게 하였으므로 그가 돌이켜 그들의 대적이 되사 친히 그들을 치셨더니"라고 묘사된다. 스데반은 이스라엘의 유명한 선지자들, 즉 아모스, 예레미야, 이사야의 흐름과 방식에 발을 들여놓는다.

스데반을 고발한 사람들은 하나님을 따르지 않아 광야에서 죽은 사람들과 같다. 이스라엘은 자신들의 역사와 유산을 부인한다. 주목할 점은 하나님의 성막 임재 후에도 이 모든 묘사가 이스라엘 백성에게 주어졌다는 것이다. 그들의 성전은 그들의 완고한 마음을 구원하지 못한다(렘 7장; 마 21장).

7:52. 그들의 반역은 항상 하나님의 선지자들을 핍박해 왔다는 점에서 더욱 분명해진다(왕상 19:10, 14; 느 9:26; 눅 11:47-50; 13:34). 스데반은 이미 요셉과 모세를 거부당한 선지자라고 지명했지만, 이사야, 특히 예레미야도 마찬가지였으며 반대에 부딪혀 성전에서 쫓겨났다(렘 26:20-24). 이 선지자들은 모형이며, 지금 사람들이 배신하고 살해한 예수님(의인, 벧전 3:1; 요일 5:6; 요일 2:1, 29; 3:7b)에 관해 예언했다.

스데반은 이 시점 이전에 예수님을 분명히 언급하지는 않았지만 모세와 요셉을 예수님의 예표로 제시한다. 스데반은 예수님을 의인이라고 표현함으로써 예수님이 욥과 다윗처럼 의롭고 버림받은 고난받는 분임을 나타낸다(참조. 행 3:14). 이스라엘은 그들이 기다린다고 주장한 사람을 죽였다. 율법에 따라 정죄받는 사람이 있다면 바로 그들이다.

7:53. 스데반은 율법과 하나님과 이 거룩한 곳을 거스르는 말을 했다는 비난을 받았는데, 이제 스데반은 (천사의 지시로 받은) 율법은 선하지만, 자신이 아니라 고소하는 사람들이 율법을 범했다고 단언한다.[307] 지도자들은 율법을 따르지 않는다고 그를 비난하면서도 자신의 마음을 시험하는 것은 멈추었다.

> 너희가 만일 길과 행위를 참으로 바르게 하여 이웃들 사이에 정의를 행하며 이방인과 고아와 과부를 압제하지 아니하면. ... 내가 너희를 이곳에 살게 하리니. ... 보라 너희가 무익한 거짓말을 의존하는도다. ... 이는 이 모든 가증한 일을 행하려 함이로다 ... 내가 너희 모든 형제 곧 에브라임 온 자손을 쫓아낸 것 같이

---

307 Fletcher-Louis, *Luke-Acts*, 103,은 7:53을 "천사의 구조를 목적으로 율법을 받은 자"로 번역한다. 따라서 율법은 천사의 생활 방식과 질서를 따르는 공동체를 만들기 위해 주어졌다.

내 앞에서 너희를 쫓아내리라 하셨다 할지니라(렘 7:5-15)

예수님은 제자들에게 율법은 하나님을 사랑하고 다른 이들은 사랑하는 것으로 요약된다고 가르치셨지만, 그들은 살인자가 되고 거짓 증거로 하나님의 계명을 어겼다(출 20:13, 16).

2.5.3. 성전 확장을 이끄는 죽음 (7:54-8:3)

54 그들이 이 말을 듣고 마음에 찔려 그를 향하여 이를 갈거늘

55 스데반이 성령 충만하여 하늘을 우러러 주목하여 하나님의 영광과 및 예수께서 하나님 우편에 서신 것을 보고 56 말하되 보라 하늘이 열리고 인자가 하나님 우편에 서신 것을 보노라 한대

57 그들이 큰 소리를 지르며 귀를 막고 일제히 그에게 달려들어 58 성 밖으로 내치고 돌로 칠새 증인들이 옷을 벗어 사울이라 하는 청년의 발 앞에 두니라 59 그들이 돌로 스데반을 치니 스데반이 부르짖어 이르되 주 예수여 내 영혼을 받으시옵소서 하고 60 무릎을 꿇고 크게 불러 이르되 주여 이 죄를 그들에게 돌리지 마옵소서 이 말을 하고 자니라

1 사울은 그가 죽임 당함을 마땅히 여기더라

그 날에 예루살렘에 있는 교회에 큰 박해가 있어 사도 외에는 다 유대와 사마리아 모든 땅으로 흩어지니라 2 경건한 사람들이 스데반을 장사하고 위하여 크게 울더라 3 사울이 교회를 잔멸할새 각 집에 들어가 남녀를 끌어다가 옥에 넘기니라

삼위일체 하나님은 스데반의 죽음 속에서도 멀리 계시지 않고 항상 임재하시며, 예수님의 승천은 그분의 부재가 아니라 임재로 전환한 것임을 확인시켜 준다. 스데반은 성령으로 충만하여 아들 예수님을 보고 하나님의 영광을 바라본다. 스데반의 환상은 설교의 논거를 입증한다. 하나님은 사람이 만든 성전이 아니라 하늘과 모든 피조물 위에 거하신다.

스데반의 죽음은 예수님을 반영하며 첫 번째 예루살렘 내러티브를 마무리하고 새로운 인물을 소개하며 서로 맞물리는 본문으로 기능한다. 내러티브는 더 이상 예루살렘을 중심으로 전개되지 않는다.[308] 이러한 지리적 현실은 사도들이 유대와 사마리아 전역으로 흩어지면서 더욱 확인된다(1:8; 8:1, 4). 이 장면의 한가

---

308 이 내러티브는 예루살렘으로 돌아오기는 하지만 여기서부터 예루살렘을 "중심"으로 하지 않는다. 누가는 베드로가 이방인의 받아들임을 변호하기 위해(11:1-18), 예루살렘을 떠나는 긴 이야기를 전하기 위해(행 12장), 예루살렘 회의를 위해(행 15장), 바울이 재판을 위해 도시로 돌아오기 위해(21:15-23:11) 예루살렘으로 돌아온다.

운데 또 다른 인물이 등장한다. 순교를 주관하는 사울이다. 그는 하나님의 임재를 땅끝까지 가져오는 핵심 인물이 될 것이다.

7:54. 성전 지도자들은 스데반의 말을 가로막고 그의 비난에 관대하게 응하지 않는다.[309] 그들은 분노하고(5:33) 이를 갈며 악인들이 하나님의 의로운 백성들을 대적하는 구약의 모습을 암시한다(욥 16:9; 시 112:10). "그들은 연회에서 망령되이 조롱하는 자 같이 나를 향하여 그들의 이를 갈도다"(시 35:16), "악인이 의인 치기를 꾀하고 그를 향하여 그의 이를 가는도다"(시 37:12). 복음서에서는 이를 가는 것을 하나님 나라에서 쫓겨난 사람들의 반응으로 묘사한다(예. 마 8:12; 13:42, 50; 22:13; 24:51; 25:30; 눅 13:28).[310]

7:55. 스데반의 도전자들의 적대적인 태도는 스데반의 침착한 대응과 대조를 이룬다. 평화로운 예수 추종자와 폭력적인 유대인의 모습이 병행된다. 스데반은 하늘을 "주목"하는 것으로 묘사된다. 이 시선은 예수님의 승천을 바라보던 사도들의 시선을 떠올리게 한다(1:9-11). 지상의 성전에서는 성전이 하나님의 발등상이고 그분의 보좌가 하늘에 있었기 때문에 하늘을 엿볼 수 있었다. 이 말은 스데반이 성전에 있다는 뜻이다.

스데반은 하나님의 영광(7:2 주석 참조)과 하나님 우편에 서 계신 예수님을 본다(2:33-35; 5:31; 눅 22:69). "스데반의 지리적 지향은 승천 지리학의 패러다임으로 남아 있다."[311] 일반적으로 예수님은 하나님 우편에 앉아 계신 것으로 묘사되지만, 여기서는 서 계신 것으로 묘사되는데, 이는 적어도 세 가지를 나타낸다.[312]

첫째, 예수님은 아버지 하나님과 함께 교회의 일을 주권적으로 지휘하신다. 누가는 예수님이 승천하신 위치에서 교회의 활동을 지휘하신다는 것을 나타내는 내러티브를 구성했으며, 이와 같은 주요 지점에서 등장인물들은 내러티브에서 부활하신 주님이 중심이 되심을 엿볼 수 있다.[313]

둘째, 에스겔 1장 21-24절에서처럼 성전이 움직이기 때문에 예수님이 서 계

---

309 J. Garroway, "'Apostolic Irresistability' and the Interrupted Speeches in Acts," *CBQ* 74 (2012): 738-52,은 사도행전의 중단된 설교(3-4장, 7장, 10장, 17장, 22장, 24장, 26장)를 살펴보고 중단되지 않은 설교(2장, 11장, 13장, 15장, 20장)와 비교하면서 할례받지 않은 귀나 중단이 누가복음 21:12-15에 예언된 성공을 방해한다고 주장한다.

310 Peterson, *Acts*, 266.

311 Sleeman, *Geography and the Ascension*, 168.

312 Johnson, *Acts*, 139,은 "서 있다"가 문화적으로(레 14:11; 시 22:3), 예언적으로(겔 1:21; 2:1-2), 법정적으로(창 18:22; 출 8:20; 9:13; 슥 3:1-8; 렘 18:20; 사 3:13) 또는 예수님이 스데반을 환영하는 환대의 관점에서(눅 21:36) 해석될 수 있다고 설명한다.

313 Ambrose, *Letter* 59, in Martin and Smith, *Acts*, 86,은 "예수님은 도움의 동반자로 서 계셨고, 투쟁 중인 스데반을 돕고 싶어 하는 것처럼 서 계셨다"라고 말한다.

신다. 이 사건 이후 디아스포라와 이방인들이 부활 승천하신 예수님에 대한 기쁜 소식을 듣기 시작하면서 하나님의 말씀이 예루살렘에서 흘러나온다. 그 후 주님은 다시 오셔서 제자들을 변호하실 것이다(행 1:8-11).

셋째, 가장 두드러진 것은 주님이 법정에서 스데반을 변호하고 무죄를 선언하는 인자(56절 참조)로 서신다는 점이다. 인간 법정에서 정죄를 받았지만 스데반은 하나님의 법정에서 변호를 받는다. 사람은 자신이 기뻐하는 사람을 맞이하기 위해 서 있으며(전 4:47), 평결을 내린 사람들도 그렇게 서 있었다. 성경에 나오는 인자 이미지는 법정 이미지와 자주 연결된다. 누가복음 12장 8절에서 예수님은 "내가 또한 너희에게 말하노니 누구든지 사람 앞에서 나를 시인하면 인자도 하나님의 사자들 앞에서 그를 시인할 것이요"라고 말씀하신다. 스데반은 자유로워져야 하고 자유로워질 것이지만, 이 자유는 목숨을 구하는 것이 아니라 목숨을 포기해야만 얻을 수 있다.

7:56. 스데반은 하늘이 열리고 인자가 하나님 우편에 서 있는 것을 보았다고 말한다. 복음서 밖에서 "인자"라는 칭호를 사용하는 것은 드문 일이다. 따라서 이 명칭은 다니엘 7장 13절, 시편 110편 1절, 누가복음 12장 8-9절, 22장 69절과 밀접히 연결되어야 한다.[314] 예수님은 높아지신 인자이시다. 누가복음 22장 69절에 대한 암시의 역설은 분명하다. 예수님의 높아지심을 긍정하는 것은 예수님과 스데반 모두에게 죽음으로 이어지지만, 오직 죽음으로 높임을 받으신 분과 하나가 될 것이다. 하늘이 열린다는 언어는 이사야 64장 1절, "주는 하늘을 가르고 강림하시고 주 앞에서 산들이 진동하기를"이라는 탄원을 떠올리게 한다. 하늘이 새롭게 열린다는 것은 복음이 하늘에서 아래의 새로운 지역으로 퍼져나갈 것임을 나타낸다.

이미 하나님께서는 예수님의 위격과 성령을 통해 오셨고 성전 산들이 흔들리고 있다. 에스겔과 요한도 하늘이 열리고 하나님의 환상을 보는 경험을 했고(겔 1:1; 계 4:1), 예수님도 세례를 받으실 때 하늘이 열렸다(마 3:16; 막 1:10; 눅 3:21). 성전은 하늘의 축소판이었지만, 이제 모든 육체에 성령이 부어졌기 때문에 하늘은 독특한 방식으로 열렸다.

7:57. 이 장면은 스데반을 반대하는 사람들과 함께 시작되었고, 이제 초점이 다시 그들에게 향한다. 그들은 소리 "지르며"(κράζω, 크라조), 귀를 막고(συνέχω, 쉬네코), 할례를 받지 않은 귀를 가지고 있었고(7:51), 그를 향해 "일제히 달려들어"(όρμάω όμοθυμαδόν, 호르마오 호모뒤마돈, 2:46; 4:24; 5:12) 대항한다. 그들은 거짓 회중에 대한 스데반의 말을 성취한다(7:38).

---

314 신약성경에서 복음서 외에 인자에 대한 유일한 언급은 계 1:13, 14:14이다.

이 외침은 그들이 예수님을 십자가에 못 박으라고 외칠 때 울려 퍼진다(마 27:23). 그들은 스데반을 성 밖으로 끌고 나가(눅 4:29) 돌로 치기 시작한다.[315] 나 봇도 누명을 쓰고 성 밖에서 돌에 맞아 죽었고(왕상 21:13), 예수님도 마찬가지로 성문 밖에서 고난을 당하셨다(히 13:12). 스가랴가 돌에 맞은 이야기는 율법과 성 전과 관련된 범죄로 성전 뜰에서 죽임을 당하는 장면이 특히 가슴 아프게 다가온다.

여호야다가 죽은 후에 유다 방백들이 와서 왕에게 절하매 왕이 그들의 말을 듣고 그의 조상들의 하나님 여호와의 전을 버리고 아세라 목상과 우상을 섬겼으 므로 그 죄로 말미암아 진노가 유다와 예루살렘에 임하니라 그러나 여호와께서 그들에게 선지자를 보내사 다시 여호와에게로 돌아오게 하려 하시매 선지자들 이 그들에게 경고하였으나 듣지 아니하니라

이에 하나님의 영이 제사장 여호야다의 아들 스가랴를 감동시키시매 그가 백성 앞에 높이 서서 그들에게 이르되 하나님이 이같이 말씀하시기를 너희가 어찌하 여 여호와의 명령을 거역하여 스스로 형통하지 못하게 하느냐 하셨나니 너희가 여호와를 버렸으므로 여호와께서도 너희를 버리셨느니라 하나 무리가 함께 꾀 하고 왕의 명령을 따라 그를 여호와의 전 뜰 안에서 돌로 쳐죽였더라 요아스 왕 이 이와 같이 스가랴의 아버지 여호야다가 베푼 은혜를 기억하지 아니하고 그의 아들을 죽이니 그가 죽을 때에 이르되 여호와는 감찰하시고 신원하여 주옵소서 하니라 (대하 24:17-22)

스가랴의 죽음은 유대 전통에서 성전 파괴와 연관되어 있기 때문에 지금 상호 텍스트적인 언급은 특히 놀랍다(눅 11:49-52). 아이러니하게도 지도자들은 스데 반을 성전과 도시에서 멀리 옮기지만, 그는 이미 하나님의 임재는 움직일 수 있다 는 것을 증명한 바 있다.

7:58. 권력자들은 스데반을 성 밖에서 죽임으로써 성을 오염시키지 않는다고 생 각하지만, 화자는 이미 그 행동이 반역적인 옛 이스라엘과 일치한다는 것을 분명히 밝혔다. 그들은 하나님의 계명(출 20:13, 16)에 순종하려고 하면서도(레 24:14; 민 15:35) 계명을 어긴다. 스데반의 시신은 땅에서 죽었지만, 예수님 이야기와 부활 하신 주님에 대한 스데반의 환상은 독자들에게 **부활을 기대**할 근거를 제공한다.[316]

---

315 Matthews, *Perfect Martyr*, 76,는 제국 사회학 관점에서 볼 때 돌에 맞아 죽는 것은 야만 적이고 비로마적인 것으로 표시되며, 이는 누가복음의 주제인 유대인의 율법 관습을 부정 하는 데 기여할 수 있다고 지적한다. 돌을 던지는 것은 "폭도 및 폭동"의 한 형태일 수 있다. 그러나 이 점은 구약의 관습이었기 때문에 잘못된 것일 수 있다.
316 이 개념은 내 학생이자 동료인 데릭 히버트에게 빚지고 있다.

누가는 이미 두 명의 중요한 인물(바나바와 스데반)을 짧은 단역 출연으로 소개한 바 있으며, 사울을 다시 한번 흥미진진하게 등장시킨다. 스데반 살인의 "증인"(μάρτυς, 마르튀스)들이 사울의 발 앞에 옷을 놓아두었는데, 사울이 이 일을 감독했음을 암시한다(4:34, 37; 5:2, 10에서 비슷한 행위를 반복적으로 언급한다). 누가가 사울의 발을 언급한 것은 이 땅이 그리스도의 발등상이지만, 사울의 권위는 제한된 영역에만 있다는 것을 대조하고 있는 것일 수도 있다. 사울이 온 세상을 얻으려면 다른 분의 발에 절해야 할 것이다.

"증인"(μάρτυς, 마르튀스)이라는 용어를 사용한 것은 절대 우연이 아니다. 교회의 위대한 박해자는 스데반의 죽음을 목격하고, 어떤 의미에서 예수님의 죽음을 목격함으로써 땅끝까지 이르러 위대한 변호자이자 증인이 된다(1:8). 여기서 스데반은 옷이 벗겨졌지만, 하나님은 그에게 흰옷을 입혀 주셨다(계 6:11; 7:13-14; 11:11-12). 동산에서 하나님의 자비로운 행동은 아담과 하와를 입히신 것이었고, 예수님 안에서 하나님의 위대한 행동은 자기 교회를 위해 수치를 당하신 것이었다.

7:59-60. 다시 스데반에게 초점이 향한다. 스데반도 반대자들과 마찬가지로 외치지만, 그의 말은 분노나 복수의 말이 아니라 주님께 자신의 영을 의탁하고 사람들에게 죄를 묻지 말아 달라고 간구한다(2:21).[317] 두 진술은 십자가에 달리신 주님의 말씀을 반향하여 그를 그리스도를 닮은 인물로 묘사한다(눅 23:34; 시 31:5; 마 27:50; 요 19:30).

스데반은 자신을 고발한 사람들을 비난했지만, 동시에 관용이 넘친다. 그는 신념을 가지고 진실을 말하면서도 자신의 목숨을 앗아간 사람들에게 화를 내거나 보복하지 않는다. 메노 시몬스Menno Simons가 말했듯이 "참된 그리스도인은 어떤 학대를 당하더라도 복수를 알지 못한다."[318] 예수님은 이미 세사들에 생명을 구하고자 하는 사람은 반드시 생명을 잃어야 하며(마 16:25; 막 8:35; 눅 9:24), 원수를 사랑하고 박해자를 위해 기도하는 것이 하나님 나라의 길이라고 말씀하셨다(마 5:44; 눅 6:27, 35).

원수 사랑과 보복 금지가 예수님의 두드러진 가르침이었으며, 이는 유대 지도자들과 비교했을 때 예수 운동의 윤리적 우월성을 보여준다. 피터슨Peterson이 말하는 것처럼 "이 기도는 사도행전 설교에서 흔히 볼 수 있는 용서의 제시를 대

---

317 Augustine, *Tractates on the Gospel of John* 6.4.2–4, in Martin and Smith, *Acts*, 85,은 다음처럼 말한다. "그는 격분하지만, 분노 없는 비둘기처럼. ... 그는 비둘기의 연합을 고수했다. 비둘기가 내려왔던 그의 주인은 일찍이 십자가에 매달려 '아버지, 저들을 사하여 주옵소서 자기들이 하는 것을 알지 못함이니이다'라고 말씀하셨다."

318 Menno Simons, *Reply to False Accusations*, in Chug-Kim, Hains, et al., *Acts*, 101.

신하는 역할을 한다(참조. 2:38; 3:19; 10:43; 13:38)."[319] 제자들은 자기 십자가를 지고 예수님을 따라야 한다고 배웠지만, 이제 이 사실을 체험적으로 배운다.

스데반은 원수들을 용서해 달라고 부르짖은 후 잠이 들었는데, 이는 죽음에 대한 일반적인 관용구로 죽음의 일시적인 성격을 암시한다. 사도들은 반대와 투옥, 경고를 받아왔지만 이제 그 도를 따르는 한 사람이 죽음을 맞이했다. 사도행전의 내러티브는 새로운 단계로 전환되었다. 삼위일체 하나님께서 탄생시킨 예루살렘 교회와 성장에 대한 누가의 이야기는 스데반의 십자가 순교로 절정에 이르렀다.

8:1. 8장의 처음 세 구절은 1-7장과 8-12장을 연결한다.[320] 누가는 사울이 스데반을 죽이는 데 동의했다고 말한다. 사울은 교회를 핍박했지만, 스데반 이야기는 바울의 사역을 위한 길을 열어주기도 한다. 스데반의 순교는 예루살렘에서 교회에 대한 "심한 박해"의 촉매제가 된다(눅 11:49; 21:12). 이 박해로 증인들은 예루살렘을 떠나 유대와 사마리아로 향하는데, 이는 그리스도께서 1장 8절에서 명령하신 계획이다. 교회가 고난 속에서 그리스도를 본받을 때 그들의 메시지는 힘을 얻는다.

스토트Stott가 말했듯이, "마귀는 지나치게 욕심을 부리다가 실패한다. 그의 공격은 정반대의 효과를 가져왔다. ... 복음을 질식시키는 대신에. 복음을 전파하는 일이 성공했다."[321] 누가가 사도들이 예루살렘에 남아 있었다는 점을 강조하는 이유는 분명하지 않다. 박해에 직면한 사도들의 헌신과 용기를 강조하고 싶었기 때문일 수 있다. 또는 유대를 넘어선 확장이 두 문화에 모두 익숙한 지도자들이 이루었다는 것을 보여주고 싶었을 수도 있다.[322]

8:2. 2절은 스데반의 장례식과 그의 죽음에 대한 슬픔을 이야기한다. 스데반이 이스라엘 역사를 기록하면서 야곱과 조상들의 장사(7:15-16)에 관해서도 언급했는데, 이는 스데반의 장사가 모든 피조물을 되찾는 것을 암시하는 것일 수도 있다. 야곱, 예수님, 스데반의 장사는 땅을 되찾는 것이다. 그들의 피가 땅에서 울부짖으며 그 땅을 자신의 것으로 주장하기까지 한다. 부활 생명은 그들의 장사에

---

319 Peterson, *Acts*, 266.

320 이 연결은 문학적 도구였다. Lucian (125–180), *Hist. conscr.* 55,은 "첫 번째 부분이 완성되면 두 번째 부분은 그것과 본질적으로 연결되고 사슬의 한 고리처럼 서로 연결될 것이므로 분리될 가능성이 없어야 한다."라고 썼다. Quintilian, *Inst.* 9.4.129,은 "움직임의 연속성과 스타일의 연결이 있어야 한다. 모든 구성 요소는 서로 밀접하게 연결되어 있어야 한다."라고 말한다. 이 언급은 다음을 참조하라. Parsons, *Acts*, 111.

321 Stott, *The Spirit, the Church, and the World*, 146.

322 Erasmus, *Paraphrase on Acts*, 57,은 "이것은 제자들이 공포를 느끼는 문제가 아니라 하나님의 섭리 문제였다. ... 열두 사도만이 목자로서 이 폭풍에 굴복하지 않고 굳은 마음으로 예루살렘에서 인내했다."

서 나올 것이다.[323]

이제 성전 임재는 유대와 사마리아 밖으로 나가 이스라엘 북 왕국과 남 왕국 사이의 분열을 다시 결합한다. 장사와 함께 이 경건한 사람들의 감정 상태는 "깊이 울었다"(χοπετὸν μέγαν, 코페톤 메간)라고 표현되는데, 즉 "크게 애도했다"라고도 번역할 수 있는 단어로 표현된다. 아버지 하나님의 계획이 추진되고 있지만, 그분은 고통과 애통이 없을 것이라고 약속하지 않으셨다.

8:3. 스데반에 대한 애통과 장사는 사울이 교회(남녀, ἄνδρας καὶ γυναῖκας. 안드라스 카이 귀나이카스)를 희생시킨 것과 대조된다. 사도행전은 남녀 성별이 포함된 유일한 신약성경이며, 누가는 다섯 번이나 사용한다. 다섯 번 중 네 번은 5-9장에 모여 있다. 누가는 초대 교회의 성별 포용성을 강조한다.

독자들은 사울이 "남녀"를 어떻게 핍박했는지 세 번 언급한다(행 8:3; 9:2; 22:4). 가장 가능한 설명은 누가가 그리스도의 이름을 위해 고난을 당한 신실한 여성까지 괴롭힌 바울의 야만적 성격을 기록하는 것이 중요하다고 생각했기 때문일 것이다.[324]

또한 위더링턴Witherington이 단언하듯이, "[사울이 여성을 박해하는 것은] 누가의 독자들에게 사울이 남성뿐만 아니라 여성도 포로로 잡지 않고는 운동을 멈출 수 없다고 생각할 정도로 여성들이 그 수와 중요성에서 충분히 중요했다는 것을 암시한다."[325] 여성 박해는 분명히 존재했지만 흔하지는 않았고, 남성들이 훨씬 더 자주 표적이 되었으며, 이것은 많은 여성이 있었음을 암시한다.[326]

친구를 잃고 슬퍼하는 사람들이 있을 때 사울은 집에 들어가서(참조. 2:46; 5:42) 남녀를 끌어내어 감옥에 던져 넣는다.[327] 스펜서Spencer가 지적했듯이, 사울의 존재에는 점점 더 큰 중요성이 있다. 첫 독자들은 그의 참여(7:58), 그의 승인(8:1), 마지막으로 그의 공격에 관해 알았다.[328] 사울은 한 번 살인에 만족하지 않는다. 죄는

---

323 Goulder, *Type and History in Acts*, 97,은 스데반의 죽음이 세 번이나 승리로 바뀌었다고 말한다. 어둠에서 빛으로 옮긴 사울, 8년 만에 중풍에서 일어난 애니아, 그리고 도르가이다.

324 Erasmus, *Paraphrase on Acts*, 57.

325 B. Witherington III, *Women in the Earliest Churches*, SNTS 59 (Cambridge: Cambridge University Press, 1996), 144.

326 Keener, *Acts*, 2:1483.

327 M. V. Hubbard, *Christianity in the Greco-Roman World: A Narrative Introduction* (Peabody, MA: Hendrickson, 2010), 199,는 "기독교 모임을 위한 개인 집을 사용하는 것은 합리적이고 실용적이었으며 초기 기독교 정체성을 형성하는 영향을 미쳤다고 주장한다. 가족 또는 가정으로서 갖는 교회 이미지는 생산적인 은유 그 이상이었으며 기독교 관계와 윤리를 정의하는 패러다임이 되었다."라고 주장한다.

328 Spencer, *Acts*, 92.

더 많은 죄를 낳기 때문이다. 그것은 "치명적이고 많아지며" "죽이고 번식"한다.[329]

삼키는 마귀는 교회를 파괴하려고 돌아다니지만, 역설적으로 다른 지역의 다른 가정으로 복음을 전할 뿐이다. 고난과 핍박, 순교는 성령의 확산을 촉진하는 원동력이 된다. 스데반의 증언이 확인된다. "이스라엘의 하나님은 순례자 하나님이시며, 한 곳에 제한되지 않으시고 ... 그분의 임재는 지역에 제한될 수 없다."[330] 이 사실은 부활 승천하신 예수님에게 찾을 수 있다.

---

329 Plantinga Jr., *Not the Way It's Supposed to Be*, 52–77.

330 Stott, *The Spirit, the Church, and the World*, 139.

| 단락 개요

3.5. 예루살렘 밖에서 (12:1-25)

    3.5.1. 바로와 같은 반대 (12:1-5)

    3.5.2. 주님의 천사를 통한 베드로의 출애굽 (12:6-19)

    3.5.3. 하나님의 원수들에 대한 심판 (12:20-23)

    3.5.4. 요약 진술 (12:24-25)

3. 유대와 사마리아로 증인을 보내시는 하나님 (8:4-12:25)

성전의 영광은 더 이상 예루살렘에만 제한되지 않을 것이다. 사도들은 성령의 역사를 검증하는 역할을 하겠지만 내러티브와 긴밀하게 연결되지는 않을 것이다. 사도행전 8-12장은 두 개의 큰 내용인 1-7장과 13-28장 사이의 연결 부분이다. 1-7장과 13-28장 사이에 있지만 그중요성은 무시할 수 없다. 삼위일체 하나님은 주변부(유대와 사마리아)에 있는 사람들에게 자신의 증인을 파송하여 하늘에 계신 그리스도의 통치 아래 이 땅을 다시 구성하신다.[1]

하늘의 수행자들은 이 부분에서 틀림없이 활동한다. 사람들이 이동하고, 환상이 나타나고, 성령이 말씀하시고, 예수 그리스도께서 아버지 하나님의 뜻이라는 깃발 아래 모든 사람을 치유한다. 이제 다윗 왕이 즉위하고, 이스라엘이 재건되고, 유배자들이 모여들고, 성령이 임하고, 사도들이 이사야의 종으로 파송되어 회복되고, 추방자들과 지역 전체가 포함될 것이며(사 56:4-5, 8), 더욱 공식적인 이방인 선교가 시작될 것이다. 새로운 공동체는 이전 상태로 회복될 뿐만 아니라 새로운 구성원이 환영받을 것이다. "성령은 성전이 분열되었던 곳에 통합을 증명한다."[2]

사도행전 8-12장은 다섯 개 부분(빌립, 바울, 베드로, 안디옥, 예루살렘)으로 구성되어 있지만 모두 버려진 자들을 환영하거나 앞으로 사역을 준비하는 내용이다.[3] 먼저 빌립의 사마리아 선교와 에디오피아 내시의 회심(8:4-40)이 나온다. 두 집단(사마리아인과 에디오피아 사람)은 유대교의 가장자리에 있었다. 둘째, 누가는 교회의 적이었던 사울이 이방인 선교의 핵심이 되는 소명을 이야기한다(9:1-30). 셋째, 베드로가 환상을 받고 고넬료에게 가서 이방인 선교를 승인한다(9:31-11:18). 넷째, 헬라파들이 안디옥에 이방인 선교의 모교회가 되는 다민족 교회를 설립한다(11:19-30). 다섯째, 헤롯이 교회를 핍박하여 베드로가 예루살렘을 떠나지만 그는 결국 주님의 손에 심판받는다(12:1-25).

---

1 앞서 언급했듯이 안디옥, 수리아, 다메섹, 예루살렘이 이 장에 포함되어 있기 때문에 사도행전 8-12장을 하나의 장으로 보는 것에 반대하는 의견도 있다. 하지만 나는 1장 8절의 유대와 사마리아를 그 지역 전체를 포괄하는 하나의 통합체로 본다. 두 지역은 문법적으로 연결되어 있으며(하나의 관사) 형용사 수식어 "모두"(καὶ [ἐν] πάσῃ τῇ Ἰουδαίᾳ καὶ Σαμαρείᾳ)를 포함하고 있다.

2 J. Dunn, *Acts*, 103.

3 Pervo, *Acts*, 203,은 8-12장의 구조가 3-7장보다 꽉 차 있지 않다고 주장한다. 그 주요 주제는 회심이다. Beers, *The FolRowers of Jesus as the "Servant,"* 140–54,는 "종"이라는 주제가 사도가 아닌 사람들에게서도 계속된다고 주장한다. 가장 분명한 예는 8:32-33 에서 사 53:7-8을 인용한 것이다. 바울도 고난을 받으라는 사명을 받고(9:16), 12:2에서 야고보의 죽음은 궁극적인 종(사 53:8)과 유사하며, 베드로는 넘겨진다(12:4; 사 53:6, 12). 비어스는 이 장에서 더 큰 이사야의 새로운 출애굽 유형(사 40:1-4), 좋은 소식을 선포하는 주제(사 61:1), 기타 종의 용어와 행동을 지적하면서 주장을 이어간다.

3.1. 버림받은 사람들을 포용하는 빌립 (8:4-40)

빌립 이야기는 1장 8절에 나오는 예수님 말씀의 지리적 주제 아래서 보아야 한다. 메시아를 중심으로 한 성령을 통한 하나님의 계획은 사마리아(북쪽)와 아프리카(남쪽)로 확장된다. 스데반의 피의 씨앗에서 새로운 생명이 싹트고 있다.[4] 스펜서Spencer가 주장하듯이 빌립은 단순히 과도기적이거나 다리를 놓는 인물이 아니다. 그는 그 자체로 진정으로 선구적이고 장벽을 허문 인물이다.[5] 스데반의 보편적 신학은 지리적으로 광범위한 선교를 위한 토대였다.

내러티브는 유대교의 밖에 있는 사람들, 즉 사마리아인과 내시를 다루는 두 부분으로 구성되어 있다. 둘 다 버림받은 자들이며 성전과는 불편하다. 사마리아인들은 예루살렘 성전을 거부했고 내시들은 이방인의 뜰에도 들어갈 수 없었다. 그러나 하나님은 성전의 장애물에 얽매이기를 거부하셨다. 주님은 이스라엘의 흩어진 자들과 "이미 모은 백성 외에 또"(사 56:8) 모으시겠다고 선언하셨다.

사마리아 선교는 크게 성공하여 이스라엘 땅을 재결합하고 어둠의 세력을 정복한다. 사마리아인들은 예루살렘 성전을 거부했지만 오순절에 움직이는 새로운 성전이 세워졌다. 사마리아인 신자들은 성령의 역사를 통해 유대인 신자들과 동등한 지위를 얻었다. 재물에 중독된 마법사가 자신을 신적이라고 주장하며 반대하지만, 그리스도는 이미 승천하셨고 주님과 메시아로 선포되었다(2:36). 그러므로 성령은 이 이방 세력을 정복하신다.

에디오피아 내시에 대한 이야기는 약간 다르다(8:26-40). 갈등은 일어나지 않지만 능력 있는 성령은 빌립이 성전, 지리적, 심지어 성별의 경계를 넘도록 인도한다. 그분은 세례를 통해 내시를 성전 사람으로 맞이한다. 빌립은 이사야 53장의 기독론적 신발을 신고 이러한 경계를 넘나든다. 이제 남쪽의 재무관은 하나님 집의 재무관이 된다.

3.1.1. 시몬과 사마리아, 성령 (8:4-25)

첫 번째 빌립 이야기는 사마리아에 관한 내러티브이다. 이 내러티브에는 긍정적인 환영과 반대가 모두 기록되어 있다.[6] 말씀에 대한 환대는 예상하지 못한 출

---

4 Goulder, *Type and History in Acts*, 23. Spencer, *Journeying through Acts*, 104,은 빌립의 전도가 사울의 공격하는 내용(8:3; 9:1)으로 괄호 안에 묶여 있다고 지적한다.

5 F. S. Spencer, *Portrait of Philip in Acts: Study of Roles and Relations*, JSNT 67 (Sheffield: Sheffield Academic Press, 1992), 272. 빌립은 심고 베드로는 물을 주지만 하나님은 성장하게 하신다(241, 273). 스펜서는 빌립을 개척하는 선교사, 모세와 엘리야/엘리사와 같은 역동적인 선지자, 마지막으로 협력하는 종이라는 세 가지 범주로 본다.

6 Spangenberg, *Brief Exegesis of Acts* 8:4–8, in Chung-Kim, Hains, et al., *Acts*, 106,은 빌립이 사마리아에 들어가 복음의 그물을 던져 좋은 물고기와 나쁜 물고기를 모두 잡았다고 말한다.

처에서 비롯되었다. 사마리아에서 시작한다. 사마리아는 사회적, 지리적으로, 심지어 종교적으로도 예루살렘 민족과 분리되어 있었다.[7] 가장 중요한 것은 그들이 다른 산에서 예배를 드렸다는 점이다.

누가복음 17장 18절에서 사마리아인은 "이방인"이라고 불렸지만, 사마리아인은 이교도나 이방인이 아니라 "이단적인 유대인" 또는 "혼혈"로 생각하는 것이 더 낫다. 따라서 빌립의 선교는 민족주의적 국경과 민족적 편견을 뛰어 넘는다(눅 10:30-37). 이방인 선교를 시작하기 전에 이스라엘의 남북이 다시 통합되었다.

선지자들의 소망은 하나님의 영의 능력으로 온 이스라엘이 다시 모이는 것이었다. 에스겔은 유다(남쪽)의 지팡이와 에브라임(북쪽)의 지팡이가 하나로 합쳐질 때를 말한다(겔 37:16-17). 여호와께서 …

> 그들이 한 나라를 이루어서 한 임금이 모두 다스리게 하리니 그들이 다시는 두 민족이 되지 아니하며 두 나라로 나누이지 아니할지라 그들이 그 우상들과 가증한 물건과 그 모든 죄악으로 더 이상 자신들을 더럽히지 아니하리라 내가 그들을 그 범죄한 모든 처소에서 구원하여 정결하게 한즉 그들은 내 백성이 되고 나는 그들의 하나님이 되리라 내 종 다윗이 그들의 왕이 되리니 (겔 37:22-24a)

하지만 사도행전에서 흔히 볼 수 있듯이 복음 전파는 반대를 맞이한다. 적대감은 사마리아인이나 종교 지도자들이 아니라 시몬에게서 비롯된다. 시몬은 하나님의 주권에 대항하는 초자연적인 힘을 상징적으로 나타낸다. 그의 반응은 또한 사마리아인은 환영하지만 이교도 관습은 허용되지 않는다는 것을 보여준다.[8] 문은 열려 있지만 비판 없이 열려 있지는 않다.

복음이 다른 지역으로 나아갈 때, 복음은 종교성뿐만 아니라 다른 신들에게 비롯된 힘과 압력에 직면한다. 하나님 나라는 다른 모든 거짓 왕국에 대항한다. 복음 사역자들과 사마리아 사람들은 모두 마술사 시몬과 비교되고 대조되지만, 예수 이름의 능력은 시몬의 영향력을 압도한다(행 2:21, 38; 3:6, 16; 4:10, 12, 30; 5:41; 8:12).

---

7 유대인과 사마리아인의 관계의 배경은 열왕기상 12장에 나오는 북 왕국이 남 왕국에 반란을 일으킨 사건에서 시작된다. 사마리아인들은 다윗 가문에 대한 여로보암의 반란의 후손으로 간주되었다(왕상 12:16-20). 북 왕국의 오므리는 결국 사마리아 도시를 건설하는데(왕상 16:24), 예루살렘이 남 왕국의 수도였던 것처럼 사마리아는 북 왕국의 수도가 되었다. 북쪽과 남쪽 모두 추방되었지만 그 땅에 남아있던 북쪽 사람들은 가나안 사람들과 결혼했다. 결국 그들은 알렉산더 대왕에게 그리심 산에 성전을 지을 수 있도록 허락을 구했고, 그들만의 오경을 가졌다. 따라서 사마리아인들은 다른 수도, 관습, 성전을 가지고 있었다. Bock, *Acts*, 324,은 그들이 어떻게 혼혈 취급을 받았는지 기록한다. 사마리아인과 함께 식사하는 것은 돼지고기를 먹는 것과 같다고 말했고, 그들의 딸들은 부정하다고 여겨졌으며, 태아를 낙태했다는 비난을 받았다.

8 Johnson, *Acts*, 152.

본문은 모세가 애굽 마술사들을 만났을 때와 유사하게 시몬을 거짓 선지자로, 빌립을 구원자로 묘사하고 있다. 또한 이 싸움이 뱀의 씨에서 비롯되었음을 보여준다.[9] 사마리아 선교는 크게 성공하여 이스라엘 백성을 다시 연합시키고 어둠의 세력을 정복한다.

3.1.1.1. 북쪽으로 가는 빌립 (8:4-8)

4 그 흩어진 사람들이 두루 다니며 복음의 말씀을 전할새 5 빌립이 사마리아 성에 내려가 그리스도를 백성에게 전파하니 6 무리가 빌립의 말도 듣고 행하는 표적도 보고 한마음으로 그가 하는 말을 따르더라 7 많은 사람에게 붙었던 더러운 귀신들이 크게 소리를 지르며 나가고 또 많은 중풍병자와 못 걷는 사람이 나으니 8 그 성에 큰 기쁨이 있더라

8:4. 누가는 억압의 결과를 간략한 개요로 시작한다.[10] 예루살렘 교회에 대한 바울의 박해는 "흩어짐"(διασπαρέντες, 디아스파렌테스, 마 10:23)으로 이어진다. 누가는 스데반의 죽음과 관련하여 세 번이나 사용했는데(8:1, 4; 11:19), 스데반의 죽음이 새로운 선교를 위한 원동력이었음을 나타낸다. 승천하신 주님은 피 흘림을 통해 자기 백성을 흩으신다. 성령의 능력과 하나님의 계획에 따라 주 예수님에 대한 말씀이 박해의 직접적인 결과로 퍼져 나간다.

사도행전에서 흔히 볼 수 있듯이 "말씀"은 반대 맥락에서 발생한다. 선지자 이사야는 이미 예루살렘에서 말씀이 선포될 것이라고 선언했다. "율법이 시온에서부터 나올 것이요 여호와의 말씀이 예루살렘에서부터 나올 것임이니라 그가 열방 사이에 판단하시며 많은 백성을 판결하시리니"(사 2:3-4). 이 구절은 이사야 본문을 성취한다.

누가는 빌립에 초점을 맞추고 있지만, 4절과 25절은 누가의 관심사가 말씀 전파에 있음을 보여주는 부분이다. 이는 말씀을 전파하는 사람들이 이름 없는 "흩

---

9 요세푸스는 모세가 궁정 마술사들을 만났던 일을 이야기하면서 이렇게 말한다. "왕이시여, 저도 애굽인의 교활함을 경멸하지 않지만, 신적인 것은 인간적인 것과는 거리가 먼 것처럼 제가 지금까지 행한 일들은 그들의 마술과 기술을 능가한다고 단언합니다. 그리고 나의 기적이 주술이나 참된 판단을 속이는 것이 아니라 하나님의 섭리와 능력에서 나온다는 것을 보여줄 것입니다"(*Ant* 2.286). 다마스커스 문서는 "고대에 모세와 아론은 빛의 왕자의 손에 일어났고 사탄은 그의 간교함으로 이스라엘이 처음 구원받을 때 얀네와 그의 형제를 일으켰다"(CD 5:17b-19)라고 기록한다.

10 누가복음은 8:4에서 μὲν οὖν(그래서)로 시작하여 새로운 장으로 시작을 알린다. 이것은 내러티브의 새로운 전환을 나타내는 누가의 전형적인 방식이다(참조. 1:6, 18; 5:41; 8:25; 9:31; 11:19; 12:5; 13:4; 14:3; 15:3, 30; 16:5; 17:12, 17, 30; 19:32, 38; 23:18, 22, 31; 25:4, 11; 26:4, 9; 28:5).

어진 자들"이라는 점에서 더욱 확인된다. 가장 중요한 하나님 나라 사업의 대부분은 이름 없는 사람들로부터 비롯된다. 하나님께서는 그들에게 이름을 주실 것이다(계 2:17; 3:5).

8:5. 누가는 일반적인 내용(흩어진 자들이 말씀을 전함)에서 구체적인 내용(빌립이 메시아의 메시지를 가지고 사마리아로 감)으로 넘어간다. 빌립은 이미 스데반과 함께 믿음과 성령이 충만한 사람으로 소개되었다(행 6:5).

빌립은 북쪽으로 여행하지만 누가는 빌립이 사마리아의 한 도시로 "내려갔다"(κατελθών, 카텔돈)라고 구체적으로 쓴다. 지금까지의 모든 일은 예루살렘이나 유대 지리학의 정점인 성전에서 일어났다. 빌립은 1장 8절에서 유대와 사마리아에서 증거하라는 예수님의 명령에 따라 사마리아의 한 도시로 내려간다.

대부분 주석가들은 이곳을 "사마리아의 그 도시"에 더 강력한 본문 증거를 인정하며, 누가가 수도를 언급하고 있으며 따라서 그 위치를 이스라엘 북부 왕국의 상징으로 묘사하고 있음을 나타낸다.[11] 이제 복음이 예루살렘 산에서 강물처럼 흘러 북이스라엘에 생명을 제공한다.

주목할 점은 사마리아로 가는 사람은 사도들이 아니라 헬라파 유대인이라는 점이다. 상황별 사역이 여기에 전시된다. "1장 8절에 나오는 예수님의 사명이 성취되는 것은 사도들이 사마리아를 포함할 준비가 될 때까지 기다리지 않는다."[12] 이것은 사도들을 비판하려는 것이 아니라 하나님의 다문화적 계획을 보여주기 위한 것이다. 헬라파 사람들은 헬라파 사람들에게 간다. 예루살렘 교회가 이것을 조율하지 않았다. 그들은 이 일을 할 것이다.

8:6-7. 사마리아 무리에게 관심이 옮겨간다. 누가는 그들이 빌립이 행한 표적을 보고 "모두 주의를 기울이고" 또는 "경계"(개역개정. "듣고." προσεῖχον, 프로세이콘, 참조. 8:10)하고 있었다고 기록한다. 누가는 사마리아인들을 "스데반에게 일제히 달려들었던"(7:57, ὁμοθυμαδόν, 호모뒤마돈) 성전 지도자들과 대조한다. 사마리아인들은 말씀을 환영하며, 나중에 빌립의 메시지를 믿고(8:12) 성령을 받는다고 말한다(8:17).[13]

여기서 무리는 표적 때문에 귀를 기울인다. 가렛Garrett은 심지어 "빌립의 표적은 ... 빌립이 전한 말씀을 시각적으로 구현한 **것이었다**. 표적과 선포는 일관성이

---

11 참조. Pao, *Acts and the Isaianic New Exodus*, 128.

12 Tannehill, *The Narrative Unity of Luke-Acts*, 2:104. 이것은 사도들이 불순종했다는 것을 암시하지 않는다.

13 빌립은 예수님(2:22)과 사도들(2:43; 4:16, 30; 5:12; 6:8)처럼 표적을 행한다. 따라서 그는 예수님과 사도들의 사역을 이어간다. 초대 교회의 패턴은 설교와 치유(말과 행동)였다.

있었기 때문에 서로를 강화했다."[14] 7절은 (1) 귀신이 나가고 (2) 걷지 못하는 사람과 중풍병자가 치유되는 표적을 자세히 설명한다(마 4:24; 눅 4:18-19). 걷지 못하는 사람을 고치고 귀신을 쫓아내는 것은 부활의 영향이다.

축귀는 요약 진술(5:16)에 단 한 번 언급된다. 이제 기쁜 소식이 예루살렘을 벗어나면서 우주적 갈등이 중심 무대가 된다. 더러운 영에 대한 언급은 마법사 시몬에 대한 앞으로의 이야기를 예고한다. 우주적 관점에서 볼 때 사탄은 남쪽과 북쪽의 재결합을 막기 위해 할 수 있는 모든 것을 다하겠지만 성령은 고요하게 진행하신다.

8:8. 빌립의 사역한 결과는 사마리아 도시에서 "큰 기쁨"(πολλὴ χαρά, 폴레 카라)이었다. 이 단어를 사용한 것은 이번이 처음이지만, 예루살렘에서 초기 긍정적인 반응과 일치한다(행 2:41, 46-47; 4:4). 누가는 예루살렘에서 일어난 일이 이제 사마리아로 퍼져 나가고 있음을 보여주는 단서를 서술적으로 제시한다. 누가는 갈등과 성령의 강림을 보도하기 전에 성공을 앞에 둔다.

폴힐Polhill의 말처럼 "복음은 평등을 만드는 위대한 장치이다. 복음에는 '이방인'도 없고, 신체적 거부감도 없으며, 인간의 편견이 끼어들 틈도 없다."[15] 메시아의 소식을 가장 기대하지 않았던 사람들이 빌립의 메시지를 환영한다. 유대인과 사마리아인 사이의 경계 분쟁은 예수님 때문에 사라졌다. 예수님은 이미 사마리아 여인에게 그리심 산이나 예루살렘에서 아버지께 예배하지 않을 것이라고 말씀하셨다. 사람들이 영과 진리로 예배할 때가 다가온다. 이것이 아버지께서 원하시는 바이다(요 4:21-24).

3.1.1.2. 시몬의 마술 (8:9-13)

9 그 성에 시몬이라 하는 사람이 전부터 있어 마술을 행하여 사마리아 백성을 놀라게 하며 자칭 큰 자라 하니 10 낮은 사람부터 높은 사람까지 다 따르며 이르되 이 사람은 크다 일컫는 하나님의 능력이라 하더라 11 오랫동안 그 마술에 놀랐으므로 그들이 따르더니 12 빌립이 하나님 나라와 및 예수 그리스도의 이름에 관하여 전도함을 그들이 믿고 남녀가 다 세례를 받으니 13 시몬도 믿고 세례를 받은 후에 전심으로 빌립을 따라다니며 그 나타나는 표적과 큰 능력을 보고 놀라니라

8:9-11. 아버지의 계획은 진행되지만 반대도 있을 것이다. 하나님의 일에는 레

---

14 S. Garrett, *The Demise of the Devil: Magic and the Demonic in Luke's Writings* (Minneapolis: Fortress, 1989), 83–87.

15 Polhill, *Acts*, 215.

드 카펫의 편안함이 포함되지 않는다. 누가는 이야기를 잠시 멈추고 되돌아가 적대자를 소개한다. 마법사 시몬과 그의 사마리아에 대한 이전 영향력이다. 예루살렘에서와 마찬가지로 긍정적인 환영과 반대가 짝을 이룬다. 누가는 먼저 시몬이 사마리아에서 오랫동안 성공적으로 일했던 것을 회상한다.

9절과 11절은 사마리아인들이 (1) 시몬의 사역에 놀랐고, (2) 그의 말을 따르고(προσεῖχον, 프로세이콘, 8:6 참조), (3) 여호와를 가리키는 사마리아식 이름인 "하나님의 큰 능력"이라고 불렀으며,[16] (4) 그에게 세심한 주의를 기울였다고 말한다. 그들은 그의 "마술"(8:9, 11) 때문에 이렇게 한다. 이 지역에 대한 사탄의 권세는 시몬이 "표적"을 사용하여 사람들이 진리에 눈을 멀게 할 때 분명했다. 요점은 사마리아인들이 변덕스럽다는 것이 아니라 하나님의 권능이 다른 강력한 힘과 충돌한다는 것이다. 더 강력한 힘이 도래했다.

빌립과 시몬의 유사점은 틀림없이 앞으로 일어날 갈등을 예고한다.[17] 누가는 기독교 표적과 마술의 외형적 유사성을 활용하지만, 다른 힘에서 비롯된 것임을 미묘하게 보여준다. 이것은 모세 대 애굽 마술사(출 7:10-12), 엘리야 대 바알 선지자(왕상 18:21-40)와 같은 이야기를 연상시키며, 바울 대 바예수를 예고한다.[18] 빌립이 모세 유형의 참 선지자라면 시몬은 애굽 마술사 유형의 거짓 선지자라고 할 수 있다(막 13:22). 시몬은 하나님에 대한 이해를 타락하게 만들지만 빌립은 명확성을 제공한다.

순교자 유스티누스Justinus Marty는 시몬이 악마의 힘을 받아 마술을 행하고 나중에 로마에서 신으로 추앙받는 인물로 묘사한다(Apol. 1:26; Dial. ote: 120.6). 하늘에 계신 그 하나님의 사람과 혼합주의적인 사마리아인 사이의 충돌이 본격화된다. 빌립이 예수님의 이름을 설교하는 동안(8:12), 시몬은 자신을 능력이라고 말한다.[19] 여기서 "능력"(δύναμις, 뒤나미스)에 대한 강조는 사도들이 성령에게 받은 것(1:8; 3:12; 4:7, 33; 6:8)과 연결된다. 빌립은 점유된 영역에 들어갔지만 여호와의 영이 그의 편에 있다. 기독교는 마술과 미신에 대한 해독제이다.

8:12. 사마리아인들은 마술에 대한 매력을 버리고 빌립의 메시지에 사로잡힌

---

16 이 언급은 나중에 나온 것이지만, 사마리아인 탈굼과 *Memar Marqah*의 증거는 그들이 하나님의 히브리어 이름을 "그 능력" 또는 "능력 있는 자"로 표현했다는 것이다. 시몬은 마귀와 같은 죄를 지었고(눅 4:6-7), 예수님께서는 이스라엘이 거짓 선지자들에게 그랬던 것처럼 잘 말하는 자들에게 재앙을 선포하셨음을 주목해야 한다(눅 6:26).

17 CSB는 생략했지만, 9절은 "그러나"(δὲ)로 시작하여 시몬과 빌립 사이의 병치를 강조한다.

18 Garrett, *The Demise of the Devil*, 77.

19 아우구스티누스가 말했듯이, "자신의 직분과 임무를 사랑한다면 누구도 좋은 감독이 될 수 없다"(Saint Augustine, *The City of God*, Books XVII–XXII, vol. 24 of *The Fathers of the Church* [Washington, D.C.: Catholic University of America Press, 2010], 231).

다. 누가는 남자들과 여자들이 왕이신 예수님에 관한 기쁜 소식을 믿을 때 세례를
받았다고 침착하게 이야기한다.[20] 파오Pao는 한 도시 전체에 대한 포괄적인 진술
이 사도행전에만 나타나며, 따라서 북 왕국과 남 왕국의 통일을 가리킨다고 지적
한다.[21] 말씀은 효력이 있다. 사람들이 죽고 새로운 실재로 일어난다. 성령은 성전
이 새겨놓은 경계를 뛰어넘는다.

누가는 빌립의 메시지를 하나님 나라의 복음과 예수님의 이름이라는 두 가지
절로 설명한다. 그리스도에 관한 메시지는 정치적이고 강력하며 초자연적인 왕국
에 관한 메시지이다. 누가는 "하나님의 나라"를 많이 사용하지 않지만, 그의 이야
기에서 중요한 전환점에 이 표현을 사용한다(1:3, 6; 8:12; 14:21; 19:8; 20:25;
28:23, 31). 사도들의 메시지는 예수님의 메시지(눅 4:43)와 동일하게 하나님 나
라의 복음이다(이 장에서 εὐαγγελίζομαι[유앙겔리조마이]가 5번 사용됨. 8:4, 12,
25, 35, 40).

누가가 "하나님 나라"를 사용한 것은 내러티브의 전환을 의미할 뿐만 아니라,
이 장면을 우주적 갈등으로 표시하는 것이다. 예수님은 자기 나라의 주님이자 메
시아로서 용을 힘의 원천으로 하는 땅의 왕국들과 전쟁을 벌인다(계 13:2). 하나
님의 왕의 통치는 예수님 안에서 실현되었지만, 그 나라는 완전히 완성되지 않은
채로 시작된다(시 110:1).

예수님의 이름에 대한 언급은 예수님이 이미 주님과 메시아로 선포되었기 때
문에 시몬이 "하나님의 큰 능력"이라고 불리는 것과 대조적인 역할을 한다. 예
수님의 이름과 하나님 나라에 대한 빌립의 메시지는 초자연적인 전쟁의 메시지
였다. 예수님의 이름은 사람들을 사탄의 권세에서 해방한다(눅 10:9, 17-20).[22]

8:13. 시몬과 겪는 갈등은 세례로 수습된다. 사마리아의 많은 사람이 세례를
받았을 뿐만 아니라 시몬 자신도 믿고 세례를 받고 빌립을 따랐으며, 그는 최초로
유명한 개종자가 되었다. "'큰 능력'은 빌립이 행하는 '큰 능력'을 보고 믿는다."[23]
예수님의 통치가 가까운 곳과 먼 곳 모두에서 확립된다.

시몬의 믿음이 진짜인지에 관해 해석가들 사이에 의견이 분분하다. 피터슨

---

20 믿음에 대한 언급은 이미 2:44; 4:4, 32; 5:12에 나온다. 동사형 πιστευω와 명사형 πιστις는
   최근에 지속적인 분석을 거쳤다. N. Gupta, *Paul and the Language of Faith* (Grand Rapids:
   Eerdmans, 2020)[= 『바울과 믿음 언어』, 서울: 이레서원, 2021],는 이 용어가 다형적이지만
   인지적/인식론적에서 의지적/사회적/실용적 변조를 따른다고 주장한다. 여기서는
   인지적(그들은 메시지를 믿었다)이고 사회적/의지적(그들은 세례를 받았다)인 두 의미로
   사용되는 것 같다.

21 Pao, *Acts and the Isaianic New Exodus*, 128.

22 Garrett, *The Demise of the Devil*, 65 (강조는 원문).

23 Parsons, *Acts*, 115.

Peterson과 벅Bock은 이 기록에서 두 가지 문제점을 지적하며 그의 믿음을 의심한다. 첫째, 시몬의 "따르다"(προσκαρτερῶν, 프로스카르테론)는 개인적 제자도에 사용된 적이 없고 기도와 사역에 대한 신자의 헌신(1:14; 2:42, 46; 6:4)과 관련하여 사용되었기 때문에 건강하지 않은 애착을 나타내는 것일 수 있다.

둘째, "표적과 큰 기적"에 관해 시몬이 매력을 느낀 것은 치명적인 약점으로 드러날 것이다.[24] 그러나 시간이 지나면 잘못이 드러나겠지만 처음에는 진정한 회심으로 누가가 제시했다고 보는 것이 더 낫다.[25] 슈나벨Schnabel이 말했듯이 "빌립이 시몬에게 세례를 주었다는 힌트는 없다."[26] 시몬은 제자들이 예수님을 따르듯이 빌립을 따르고 사마리아인들처럼 빌립의 표적에 놀랐다(8:6-7).

이것을 진정한 회심이라고 보기에 주저하는 것은 이야기의 결말을 이미 알고 있기 때문이다. 누가는 시몬의 변화를 긍정적으로 묘사한 후 그 거짓을 드러낸다. 놀라운 요소는 다른 읽기로 없어진다. 하나님 나라 사역에서 모든 것이 보이는 대로 이루어지는 것은 아니다.[27] 어떤 사람들은 잘못된 이유로 끌릴 수 있지만, 바로 드러나지는 않는다.

3.1.1.3. 예루살렘 교회와 늦춰진 성령 (8:14-17)

14 예루살렘에 있는 사도들이 사마리아도 하나님의 말씀을 받았다 함을 듣고 베드로와 요한을 보내매 15 그들이 내려가서 그들을 위하여 성령 받기를 기도하니 16 이는 아직 한 사람에게도 성령 내리신 일이 없고 오직 주 예수의 이름으로 세례만 받을 뿐이더라 17 이에 두 사도가 그들에게 안수하매 성령을 받는지라

8:14. 장면은 갑자기 사마리아에서 예루살렘으로 바뀐다. 박해로 인해 예루살렘의 모든 사람이 흩어지지 않았다.[28] 사도들은 여전히 예루살렘에 남아 있었고, 사마리아가 하나님의 말씀을 "받았다" 또는 "환대했다"(δέδεκται, 데덱타이, 참조. 눅 4:19)는 소식을 듣고 베드로와 요한을 그곳으로 보낸다. 누가가 계속 지

---

24 Peterson, *Acts*, 284; Bock, *Acts*, 329–30.

25 Witherington, *Acts*, 288–89,와 Polhill, 219,도 시몬의 신앙을 부정적으로 본다. 이를 긍정적으로 보는 학자들은 Haenchen, 305, Dunn, *Acts*, 110이다. Bruce, *Acts*, 139,는 시몬의 긍정적인 면과 부정적인 면을 모두 보고 있어 나의 견해와 더 밀접하게 일치한다.

26 Schnabel, *Acts*, 409.

27 누가의 독자들은 여전히 다양한 기적을 접하면서 그것이 하나님으로부터 온 것인지 어떻게 평가할 수 있는지 궁금해하고 있었을 가능성이 크다. 나머지 내러티브는 누가가 독자들에게 본질적으로 "돈을 따라가 보라"라고 (그 결론이 어떤 것인지) 말하고 있음을 나타낸다.

28 어떤 학자들은 사도들이 예루살렘을 떠나지 않은 것이 불순종이라고 생각하지만, 누가는 절대 그렇게 말하지 않는다.

적했듯이, 말씀은 "하나님의 방문"이기 때문에 "말씀"을 받은 것은 하나님의 임재를 받는 것이다.[29]

사도들은 도착했을 때 성령이 없음을 파악하지만, "문제 해결을 위한 원정"을 떠난 것이 아니다.[30] 베드로와 요한은 예루살렘 교회의 대표로 활동한다. 예수 운동은 여전히 **예루살렘에서** 시작되었다. 그들은 빌립의 사명을 승인하는 도장으로 확인한다. 교회의 성장은 그 발상지와 절대 분리되지 않는다.

8:15-17. 다음 세 구절은 베드로와 요한이 사마리아를 방문했을 때의 행동과 결과를 묘사한다. 베드로와 요한은 사마리아 사람들이 성령을 받기를 기도하고, 그들에게 안수한 후 성령이 임한다.[31] 키너Keener는 사마리아 사람들을 진지한 교리 교육 없이 포용한 것은(적어도 누가는 언급하지 않는다) 성전이 나누어지는 문제가 아니라는 신호라고 말한다.[32] 빌립은 사마리아 선교를 시작한 사람이고 베드로는 그것을 검증하는 사람이다.[33] 이 행동(15b-16절) 사이에 누가는 사마리아인들에게 왜 성령이 없는지 설명한다.

첫째, 성령이 **아직** 그들에게 내려오지 않았다고 말한다. 둘째, 그들이 예수의 이름으로**만** 세례를 받았다고 주장한다. 두 어구 모두 이 패턴이 기대에 반하는 것을 보여준다. 누가는 왜 그런지 설명하지 않기 때문에 해석가들은 당황한다. 사도행전에서 유일하게 비슷한 사건은 에베소에 있는 요한의 제자들에 관한 것이다(19:5-6).[34]

---

29 Jipp, *Divine Visitations*, 235–52.

30 Peterson, *Acts*, 285.

31 행 8:38과 10:44은 세례와 성령이 안수를 필요로 하지 않음을 보여준다. 바울은 19:6에서 아나니아가 9:17에서 안수한 것처럼 안수할 것이다. 흥미롭게도 안수하는 예는 그 사람의 진위에 대한 의심의 상황에서 발생한다. Tannehill, *The Narrative Unity of Luke-Acts*, 2:103,은 진정한 주도권은 지상의 손에 있지 않다고 말한다. 실제로, 그것은 1:9이후 하늘의 손에 있었다. 참조. Sleeman, *Geography and the Ascension*, 180.

32 Keener, *Acts*, 2:1487.

33 Tannehill, *The Narrative Unity of Luke-Acts*, 2:102–12,은 "이 시점부터 사도들은 다른 사람들과 다른 힘으로 촉발된 사명을 반복적으로 따라잡아야 한다. 이러한 변화가 사도들을 중요하지 않게 만드는 것은 아니다. 사도들은 자신의 계획이나 통제 없이 새로운 지역과 그룹으로 이동하는 선교에서 안정화, 확인, 통합의 역할을 한다."라고 말한다. 그러나 Spencer, *Acts*, 95–97; Witherington, *The Acts of the Apostles*, 287,은 세례 요한과 예수와 비교하여 빌립을 구원의 사역을 시작한 사람으로, 사도들을 마무리하는 사람으로 보는 것이 더 낫다고 주장한다.

34 Talbert, *Reading Acts*, 73,는 이 경험은 마술이 실패하면 일반적으로 마술사의 실수라고 생각했던 당시의 전형적인 마술과 대조될 수 있다고 주장한 스타크Stark를 인용한다. 주문이 제대로 암송되지 않았거나 의식이 올바른 방식으로 수행되지 않았기 때문이다. 이와는 대조적으로, 이 특별한 상황을 통해 하나님의 능력은 이 이야기의 앞부분에서 보여 주듯이 혼동될 수 있는 당시의 전형적인 마술과 분리되도록 의도되었다(참조. 8:6, 9).

어떤 사람들에게는 사마리아에 있던 사람들이 구원받은 후 성령을 받은 것처럼 보인다. 오순절 전통에서는 두 번째 축복, 즉 물세례와 성령세례의 2단계 신앙 체험 증거로 받아들였다.[35]

또 다른 가능성은 사마리아인들의 믿음이 진짜가 아니었다는 것이다. 우리는 이미 빌립의 표적을 보고 무리가 시몬에게 놀랐던 것처럼 무리에게 빌립의 표적이 인상적이었음을 보았다. 가능성이 있지만, 내러티브 흐름은 사마리아인들의 믿음에 관해 부정적이지 않고 긍정적이다. 또 다른 견해는 성령은 높은 지위에 있는 사람들을 통해 받을 수 있다는 것이다. 즉, 예루살렘 사도들이다.[36]

가장 설득력 있는 견해는 예루살렘과 사마리아 사이의 균열로 기록된 예외적인 상황이라는 것이다.[37] 바로 "사마리아 오순절"이었다. 이미 언급했듯이 누가는 이 장면을 예루살렘에서 처음 일어난 일과 병행하여 묘사한다. 그는 심지어 성령의 지연에 주목하여 그 간격이 표준을 벗어난 것임을 암시한다. 전체 내러티브는 지리적으로 설정되어 있다. 이제 하나님 나라의 기쁜 소식이 "북이스라엘"에 침투하면서 독특한 일이 일어난다.

예루살렘 교회의 사도들은 교회의 분열을 막기 위해 성령의 중재를 받는다. 사마리아인들은 예루살렘 유대인들과는 별도로 예배를 드린 오랜 역사가 있었다. 그들은 구약 전체가 아닌 오경을 소중히 여겼다. 따라서 성령께서는 하나님의 백성의 연합이 깨어지는 것을 막기 위해 이 상황을 잠시 멈추게 하셨다(2:1, 44, 46; 4:24; 5:12).[38]

그 결과는 사마리아인과 사도들 모두에게 영향을 미치는 양면성을 지닌다. 예루살렘 사도들은 새 시대의 표징인 성령이 부어지는 것을 목격하면서 사마리아인에 대한 하나님의 사랑을 확신한다(2장; 8장; 10장; 눅 3:16). 사마리아인들은 자신들이 예루살렘 교회와 분리되어 있지 않고 연결되어 있다는 것을 알았다. 두 사도를 보낸 것은 **증언하는** 역할을 나타낸다. 요한은 사마리아를 삼키기 위해 하늘

---

35 Chrysostom, *Homily 18 on Acts* (*NPNF* 1/11:114),은 2단계 관점을 일찍이 옹호했다. "그러면 그들은 어떻게 성령을 받지 못했는가? 그들은 죄 사함의 영, 즉 성령을 받았지만 기적의 영은 받지 못했다."

36 Bede, *Comm. on Acts* 8.14,에 따르면 이 은사는 교황의 지위에 있는 사람들에게만 주어진다. 사제들이 세례를 베풀 때는 주교의 권위에 따라 베푼다. Erasmus, *Paraphrase on Acts*, 59,에서도 비슷한 주장을 하면서 이 은사는 사도들과 그 후계자들에게만 주어졌다고 말한다.

37 마지막 견해는 세 번째 견해와 상호 배타적이지 않다. 세 번째 견해와 네 번째 견해는 모두 일치한다.

38 Origen, *On First Principles*, 1.3.2,는 "구원하는 세례는 가장 탁월하신 전체 삼위일체의 권위로, 즉 성부, 성자, 성령의 이름으로 행하지 않는 한 완전하지 않다"라고 주장한다. Keener, *Acts*, 2:1524,는 이것이 성령의 역사에 대한 규범에서 예외적인 것이 아니라 초기 그리스도인의 다양한 경험을 보여주는 예라고 생각한다.

에서 불이 내려오도록 요청한 사람이었고, 이제 그들이 구원받는 것을 목격한다 (눅 9:54). "사도행전 8장은 예루살렘과 사마리아를 반사적으로 다시 정렬한다."[39]

3.1.1.4. 시몬의 죄 (8:18-25)

18 시몬이 사도들의 안수로 성령 받는 것을 보고 돈을 드려 19 이르되 이 권능을 내게도 주어 누구든지 내가 안수하는 사람은 성령을 받게 하여 주소서 하니

20 베드로가 이르되 네가 하나님의 선물을 돈 주고 살 줄로 생각하였으니 네 은과 네가 함께 망할지어다 21 하나님 앞에서 네 마음이 바르지 못하니 이 도에는 네가 관계도 없고 분깃 될 것도 없느니라 22 그러므로 너의 이 악함을 회개하고 주께 기도하라 혹 마음에 품은 것을 사하여 주시리라 23 내가 보니 너는 악독이 가득하며 불의에 매인 바 되었도다 24 시몬이 대답하여 이르되 나를 위하여 주께 기도하여 말한 것이 하나도 내게 임하지 않게 하소서 하니라 25 두 사도가 주의 말씀을 증언하여 말한 후 예루살렘으로 돌아갈새 사마리아인의 여러 마을에서 복음을 전하니라

8:18-19. 누가는 예루살렘 사도들이 성령을 수여하는 것을 지켜보던 시몬에게로 돌아간다. 비극적으로 시몬은 사도들에게 성령 수여를 중재할 수 있는 능력에 돈을 제안한다. 시몬은 예수님을 섬기는 것이 아니라 권력과 돈을 갈망한다.[40] 시몬은 사도들이 자신과 같은 마술사이며 성령을 사서 기계적으로 조종할 수 있다고 생각했다.

이사야 55장 1절은 "목마른 자들아 물로 나아오라 **돈 없는 자도** 오라 너희는 와서 사 먹되 **돈 없이, 값 없이** 와서 포도주와 젖을 사라!"(강조 추가)라고 선언한다. 독자들은 이미 성령은 구하거나 통제할 수 없으며 아버지와 아들에게서 나온다는 것을 배웠다. 이 내러티브는 아나니아와 삽비라와 그들의 맘몬 사랑(5:1-11)과 유사하지만, 누가는 그렇게 함으로써 사마리아인과 시몬을 구별하여 사마리아인이 참된 믿음을 가지고 있으며 그들의 교회가 예루살렘 선교보다 절대 열등하지 않다는 것을 보여준다.[41] 하나님은 경계를 정의하신다.

시몬에 대한 누가의 기록은 하나님의 일을 보고 자신의 출세와 발전을 위해

---

39 Sleeman, *Geography and the Ascension*, 182.

40 시몬이 돈을 바치고 돈을 요구하지 않았지만, Barrett, *Acts 1-14*, 413,이 "그가 안수로 성령을 부여하는 권능에 관해 기꺼이 돈을 지불할 의향이 있었다면, 그는 분명히 그 권능을 전달할 때 상품으로서 대가를 청구하려고 했을 것이다"라고 관찰하는 것은 옳다.

41 V. J. Samkutty, *The Samaritan Mission in Acts*, LNTS 328 (New York: T&T Clark, 2006), 225.

그것을 얻으려는 사람들에게 경고한다.[42] 또한 사마리아인을 무비판적으로 받아들이지 않는다는 것을 보여 주는 역할을 한다. "그 도"은 마술과 분리되어 있기 때문에 이교도 관습도 버려야 한다. 태너힐은 "종교가 지도자를 위대하고 강력하게 보이게 하는 데 사용될 때마다, 그리고 종교가 돈을 가지고 있거나 원하는 사람들의 이익을 위해 봉사함으로 상품이 될 때마다 타락했다."라고 말한다.[43]

8:20. 베드로는 시몬을 꾸짖으며 은에 관해 그에게 묻는다. "작은 오순절 (4:31) 후에 베드로는 돈을 사랑하는 아나니아를 꺾고, 사마리아인에게 부으심이 있은 후에 베드로는 돈을 생각하는 마술사 시몬을 꺾었다."[44] 시몬은 성령의 은사를 돈으로 살 수 있다고 생각했다.[45] 오직 성전의 사람들이 솔로몬의 보물을 되찾을 수 있다. 하나님께서는 참 성전을 통해 더 큰 "선물"(δωρεὰν, 도레안)을 주셨다.

신약성경에서 여기에서만 "네 은과 네가 함께 망할지어다"라는 강력한 소원을 표현하기 위해 현재 희구법 동사가 사용되었다.[46] 돈은 이미 새 성전 공동체의 중요한 문제가 되었다. 예루살렘에서는 유다가 돈을 위해 예수를 배신하고 아나니아와 삽비라가 자신이 판 물건에 관해 거짓말을 하지만, 그들은 관대한 공동체로 묘사된다.

돈을 오용하는 자는 하나님의 백성과 단절되어 멸망한다. 그러나 크리소스토무스가 말했듯이, "[사도들이] 항상 돈으로부터 자유로웠던 것을 보는가?"[47] 베드로는 나중에 장로들에게 돈에 대한 탐욕으로 지도력을 행사해서는 안 된다고 경고한다(벧전 5:2).

8:21. 베드로는 시몬의 행동으로 그에게 구약의 저주를 선포한다.[48] 거짓 추종자들은 비난받는다. 베드로는 누가 "안에" 있고 "밖에" 있는지 경계를 그린다. 첫째, 시몬에게 이 단어에 "관계"(μερίς, 메리스)이나 "분깃"(κλῆρος, 클레로스)이 없다

---

42 Gwalther, *Homily 59*, Acts 8:18–24, in Chung-Kim, Hains, et al., *Acts*, 107–8,은 시몬의 예는 교회 안에 위선자가 항상 존재한다는 것을 보여준다고 말했다. Cajetan, *Commentary on Acts 8:9–13*, in Chung-Kim, Hains, et al., *Acts*, 107–8,은 시몬이 하나님의 공짜 선물을 사려고 한다고 주장하고, Philips, *The Enchiridion*, in Chung-Kim, Hains, et al., *Acts*, 107–8,은 세례는 외적인 것뿐만 아니라 내적이어야 한다고 지적한다.

43 Tannehill, *The Narrative Unity of Luke-Acts*, 2:107.

44 Goulder, *Type and History in Acts*, 23.

45 여기에서 기원법은 소원을 표현한다.

46 Haenchen, *Acts*, 304.

47 Chrysostom, *Homilies on Acts*, 18.

48 Bede, *Comm. on Acts*, 8.20,은 그레고리의 말을 인용하여 "거룩한 사람들이 저주를 선고할 때는 복수에 대한 욕망 때문이 아니라 사건에 대한 정당한 고려에서 저주를 선포한다."라고 말한다.

고 주장한다. 이 단어는 긍정적으로 레위인과 그 기업을 가리킨다(신 10:9; 12:12; 14:27, 29; 18:1). 이 저주는 부정적으로 이스라엘의 적들이 이스라엘 땅에서 배제되는 신명기 12장 12절을 암시한다(신 14:27, 29 및 느 2:20). κλῆρος(클레로스)는 유다 이야기(1:17, 26)에서도 사용된 용어이며, 유다의 운명은 단절된 곳에 있다.

둘째, 베드로는 이스라엘 땅에서 배제되는 근거를 시몬의 마음 상태에 둔다. 그의 마음은 하나님 앞에서 바르고, 올바르며, "곧은"(εὐθεῖα, 유데이아) 마음이 아니다(사 40:3). 이것은 그가 구부러진 광야 세대와 연관되어 있음을 의미한다 (2:40). 하나님께서는 이미 자기 종 왕을 통해 백성에게 곧은 "길"을 만드셨다.

베드로가 오순절에 설교했을 때 백성들은 마음이 찔리고 나서(2:37) 마음이 넉넉해졌지만(2:46), 사탄은 아나니아와 삽비라의 마음을 가득 채웠다(5:3). 시몬의 마음에 관한 이 구절은 시편 78편 37절과 사도행전 7장 36-43절에 나오는 광야 세대와 유사하다. 시몬은 자신이 여전히 사마리아의 주권자라고 생각하며 "하늘 아래 자신의 위치를 잘못 그렸다."[49]

8:22-23. 베드로는 시몬을 책망할 뿐만 아니라 회개할 것을 촉구한다. 그는 시몬의 행동을 "악함"(κακίας, 카키아스)이라고 부르는데, 이는 1장 18절에서 유다를 정죄한 것과 같은 맥락이다. 베드로는 시몬에게 주님께 기도하여 마음의 의도를 용서받으라고 말한다(시 78:38). 베드로의 부르심은 이사야 55장 6-7절을 떠올리게 한다.

> 너희는 여호와를 만날 만한 때에 찾으라 가까이 계실 때에 그를 부르라 악인은 그의 길을, 불의한 자는 그의 생각을 버리고 여호와께로 돌아오라 그리하면 그가 긍휼히 여기시리라 우리 하나님께로 돌아오라 그가 너그럽게 용서하시리라

베드로는 주님께서 "가능하다면"(개역개정. "혹," εἰ ἄρα, 에이 아라) 용서해 주실 수 있다는 부정적 표현을 포함시켜 시몬의 죄가 심각하다는 것을 나타낸다. 누가의 요점은 주님께서 용서를 보류하시거나 용서받을 수 없는 죄라는 것이 아니라 시몬의 범죄가 심각하다는 것이다. 하나님의 선물을 사려고 하는 것은 하나님의 성전을 도둑의 소굴로 만드는 것이다.

"가능하다면"이라는 구절은 23절에서 베드로가 시몬의 마음이 "악독이 가득하며(χολὴν πικρίας, 콜렌 피크리아스) 불의에 매인 바 되었도다"라고 말하는 대목에서도 설명된다.[50] 이 말은 신명기 29장 16-21절에서 모세가 백성들이 이방 나

---

49 Sleeman, *Geography and the Ascension*, 185.

50 "악독"(ἀδικία/κακία)이라는 이 단어는 사도행전에서 두 번만 등장하며 유다가 받은 대가를

라를 지나가면서 하나님을 등지고 다른 신들을 섬기면 저주를 받을 것이라고 경고하는 대목에서 유래한 것이다. 이것이 바로 시몬에게 일어난 일이다. 이방 나라들은 그의 헌신을 왜곡했고, 이는 여호와께 진정으로 복종하는 사람들과 혼합주의 관습을 고수하는 사람들을 구별하는 것을 확인시켜 준다.

> 너희 중에 남자나 여자나 가족이나 지파나 오늘 그 마음이 우리 하나님 여호와를 떠나서 그 모든 민족의 신들에게 가서 섬길까 염려하며 **독초와 쑥의 뿌리**(χολῇ καὶ πικρίᾳ, 콜레 카이 피크리아)**가 너희 중에 생겨서** 이 저주의 말을 듣고도 심중에 스스로 복을 빌어 이르기를 내가 내 마음이 완악하여 젖은 것과 마른 것이 멸망할지라도 내게는 평안이 있으리라 할까 함이라 **여호와는 이런 자를 사하지 않으실 뿐 아니라** 그 위에 여호와의 분노와 질투의 불을 부으시며 또 이 책에 기록된 모든 저주를 그에게 더하실 것이라 여호와께서 그의 이름을 천하에서 지워버리시되 여호와께서 곧 이스라엘 모든 지파 중에서 그를 구별하시고 이 율법책에 기록된 모든 언약의 저주대로 그에게 화를 더하시리라(신 29:18-21, 강조 표시 추가)

시몬은 성령을 사려고 함으로써 주님에게서 마음을 돌렸고, 주님의 진노가 그에게 임했다. 그러므로 베드로는 시몬이 이스라엘의 참 하나님보다 권력과 통제를 숭배하기 때문에 시몬에게 저주를 내린다. 그는 악에 묶여 있고 여전히 사탄의 권세 아래 있다. 예수님은 죄에서 벗어나는 풀려남과 자유를 선포하기 위해 오셨다(눅 4:18-19).[51]

8:24. 시몬은 베드로가 말한 일이 자신에게 일어나지 않도록 기도해 달라고 요청한다. 누가는 이 요청을 진정성 있는 것으로 제시할 수 있지만, 몇 가지 요인이 이에 반하는 것으로 보인다.[52]

첫째, 베드로는 **그에게** 회개하라고 말했지만 이제 시몬은 베드로에게 다시 자신을 위해 기도해 달라고 요청한다. 둘째, 시몬의 요청은 마치 바로가 모세와 아

"불의의 삯"(1:18)이라고 수식한다. 사 58:6의 반향일 가능성이 높다. 예수님은 사람들을 악에서 해방하기 위해 기름 부음을 받았지만, 시몬의 목에는 여전히 이 무게가 놓여 있다.

51 Spencer, *Portrait of Philip in Acts*, 124,은 시몬의 배교를 예수님의 씨 뿌리는 자 비유(눅 8:10-15)와 연결한다. 좋은 토양을 가진 사람은 진실한 마음에서 굳게 붙잡고 인내한다. 이 생각은 시험당할 순간에 넘어지는 사람들의 일시적인 "기쁨"과 대조된다. 시몬은 빌립의 말을 믿고 의심할 여지 없이 사마리아의 기쁨을 느낀다(8:8). 그러나 시몬의 갈망은 자신의 비뚤어진 "마음"(21, 22절)에서 비롯된 것이며, 그는 이 "문제"(8:21)에서 자신의 몫을 잃는다.

52 Schnabel, *Acts*, 415와 Marshall, *Acts*, 159,는 이 요청을 진정한 것으로 본다. Bock, *Acts*, 335; Polhill, *Acts*, 219–20; Talbert, *Acts*, 74,는 그 진정성을 의심하고, Dunn, *Acts*, 112와 Pervo, *Acts*, 66,은 불가지론적이다. Pervo, *Acts*, 216,은 사도행전이 미완성 결말을 사용하여 미래가 하나님의 것임을 확언하기 때문에 이 에피소드의 열린 내용이 좋은 결말이라고 생각한다.

론에게 주님께 호소하여 애굽에서 재앙을 제거해 주면 자기 백성을 보내 주겠다고 하면서도(출 8:8, 28; 9:28; 10:17) 계속 마음을 강퍅하게 하는 바로의 호소처럼 들린다. 셋째, 구약과 신명기의 저주에 대한 앞의 암시도 이 요청에 대한 부정적인 견해를 가리킨다.

나는 시몬의 미래에 관해 좀 더 부정적인 견해에 기울어 있지만 누가는 시몬의 마음 상태에 관해 공식적으로 침묵한다.[53] 이 생략은 두 가지 역할을 한다. 첫째, 해석가가 이 본문의 요점을 다른 곳에서 찾도록 이끈다. 빌립의 설교와 베드로와 요한의 손을 통해 사마리아에 강력하게 전파된 하나님의 말씀이 강조된다. 유명 마술사인 시몬조차도 그들의 입과 손에서 나오는 권능을 인정한다. "그의 종 시몬의 몸에서 사탄은 짓밟혔다. 사탄은 여전히 약간 힘을 가지고 있지만, 훨씬 더 큰 신적 권위에 직면하면 쉽게 정복된다. ... 누가의 주된 관심사는 마귀가 정복되었다는 것을 보여주는 것이다."[54]

둘째, 누가는 시몬의 미래를 열어 두어 청중으로 시몬에 관해 신중하게 생각하도록 촉구한다. 누가는 이 내러티브를 통해 회심은 복잡한 과정일 수 있음을 가르친다. 처음 회심을 받아들이는 것은 칭찬받아야 하지만 시간이 지나면 신실함이 결정된다. 시몬의 모호한 운명은 그리스도를 따르는 사람들로 하여금 자신의 마음을 돌아보게 한다. 하늘의 은사를 맛보았지만 이제는 자신의 출세만을 추구하고 있지는 않은가?[55]

8:25. 25절은 요약이자 전환 구절이다. 베드로와 요한은 "주님의 말씀을 증언(διαμαρτυράμενοι, 디아마르튀라메노이)하고" 예루살렘으로 돌아간다. 마을을 떠나는 길에 많은 사마리아 마을에서 복음을 전한다. "그들은 사마리아인 선교를 지지했을 뿐만 아니라 열정적으로 선교에 참여했다."[56] 예루살렘 교회와 성령의 권능은 연합의 깃발 아래 비상한다. 아버지의 계획은 예수님의 이름과 성령의 권능

---

53 Otto Brunfels, *Annotations on Acts* 8:13, in Chung-Kim, Hains et al., *Acts*, 109,은 "신자가 되겠다고 약속하는 사람은 비록 악한 사람으로 보일지라도 교회에서 배제될 수 없다. 대신 그는 하나님께 칭찬을 받아야 한다. 사람은 자신을 속일지라도 하나님을 속일 수는 없기 때문이다."라고 말한다. P. Walpot, *The Great Article Book: On the Sword*, in Chung-Kim, Hains et al., *Acts*, 111,은 열쇠(파문)의 권세는 교회에 주어졌지만 칼의 권세는 주어지지 않았다고 지적한다.

54 Garrett, *The Demise of the Devil*, 74.

55 Klauck, *Magic and Paganism in Early Christianity*, 23,은 시몬의 미래에 대한 침묵에 관해서도 비슷하게 주장한다. "누가는 마술사 시몬이 구원받았는지 아니면 멸망했는지에 관해 의식적으로 말하지 않는데, 그 이유는 그의 목적이 독자들에게 호소하는 것이기 때문이다. 안타깝게도 신자들이 위에서 설명한 방식으로 넘어지는 경우가 종종 발생하며 심각한 회개 요청이 필요하다. 다음에 일어나는 일은 무엇보다도 죄인 자신의 행동에 달려 있다."

56 Polhill, *Acts*, 221.

으로 앞으로 나아간다. 어떤 사람들은 맘몬으로 성령의 권능을 얻으려고 하지만, 말씀은 여전히 번성한다.

3.1.2. 빌립, 성전, 에디오피아 내시 (8:26-40)

사마리아인 이야기와 마찬가지로 에디오피아 내시의 이야기는 사도행전 1장 8절을 충족시키며 한 버려진 자의 회심에 관해 이야기한다. 파슨스Parsons가 주장하듯이 누가는 이 에피소드를 통해 성경적 근거에 따라 누가 안에 있고 누가 밖에 있는지에 대한 지도를 근본적으로 다시 그린다.[57] 그러나 이 사람의 정확한 성격은 논란이 있다. 이 내러티브에서 누가는 그를 "내시"라고 반복해서 언급하는데, 이는 주로 성전에 걸림돌이 되는 사람 및 성별 장애를 가리킨다.[58]

옛 선지자들은 땅끝까지 하나님의 구원을 볼 것이라고 약속했으며, 여기에는 버림받은 자들도 포함되었다(사 52:10; 눅 3:6). 신명기 23장 2절은 거세된 자는 "주님의 회중"에 들어가지 못한다고 말한다. 내시가 이사야 53장을 읽는 동안 이사야 56장이 성취되는데, 이사야 두루마리에서 불과 조금 아래에 있다.

> 여호와께 연합한 이방인은 말하기를 여호와께서 나를 그의 백성 중에서 반드시 갈라내시리라 하지 말며 고자도 말하기를 나는 마른 나무라 하지 말라 여호와께서 이와 같이 말씀하시기를 나의 안식일을 지키며 내가 기뻐하는 일을 선택하며 나의 언약을 굳게 잡는 고자들에게는 내가 내 집에서, 내 성 안에서 아들이나 딸보다 나은 기념물과 이름을 그들에게 주며 영원한 이름을 주어 끊어지지 아니하게 할 것이며 (56:3-5)

---

[57] Parsons, *Acts*, 124.

[58] 누가가 이 사건을 최초의 이방인 개종으로 묘사하고자 했는지에 대한 논쟁이 있지만, 고넬료 사건은 누가복음(10:1-11:18)에서 더 중요한 의미를 지닌다는 데 대부분 동의한다. 고넬료에게 복음이 전파된 것은 사회학적인 문제가 되지만, 이 이야기는 개인적인 만남으로 묘사된다. 아프리카의 복음에 대한 후속 조치는 제공되지 않으며 내시는 성(gender) 정체성에 더 초점을 맞춘다. 이 논쟁에 대한 벅Bock의 간략한 요약을 참조하라. Bock, *Acts*, 338. S. Shauf, "Locating the Eunuch: Characterization and Narrative Context in Acts 8:26–40," *CBQ* 71 (2009): 762–75,는 이것이 유대인에서 이방인으로 전환이라기보다는 중요한 지리적 단계라고 주장한다. J. Squires, "The Function of Acts 8:4–12:25," *NTS* 44.4 (1998): 608–17, 역시 사도행전 13장의 이방인 전환을 위한 준비 단계로 본다. 반면에 엘리야와 그에게 명령한 이스라엘 국경을 넘어 이방인을 섬기기 위해 "일어나 가라"라는 명령과 땅끝까지 세계 선교를 위한 씨앗을 심는다는 점에서 유사하다고 주장할 수도 있다. Keener, *Acts*, 2:1534–5,는 이것이 최초의 이방인 개종자라고 주장하는데, 역사적 차원에서는 사실이지만 누가의 문학적 목적은 달랐을 수 있다. Spencer, *Portrait of Philip in Acts*, 186, 273,은 베드로의 고넬료에 대한 전도가 전체적인 내러티브에 더 큰 영향을 미쳤음에도 불구하고 내시가 초대 교회의 이방인 선교를 위한 첫 번째 돌파구라고 말한다. 그는 두 이야기 사이의 유사점을 지적하며, 이러한 유사점은 의도적인 것이며 누가가 이 두 사건을 연결하여 기록했다고 말한다.

그리스 지리학에서 에디오피아(구약에서는 구스라고도 함)는 종종 땅끝과 동일하게 여겼다.[59] 따라서 다양한 지리적, 공간적 표지가 내러티브에 등장하면서 이야기는 훨씬 더 큰 단계를 예고한다.

공간적인 강조는 전체 사건을 하나님께서 이끌어가시는 가운데 있다. 천사가 빌립에게 가라고 하고, 하나님의 영이 병거에 타라고 하고, 이사야의 중요한 부분을 읽는 동안 에디오피아 사람에게 섭리적으로 다가가고, 우연히 물을 만나고, 빌립이 성령에 이끌려 사라진다.[60] 사마리아인 이야기에서 빌립이 마법사에게 대항하는 모세 같은 선지자로 그려진다면, 내시 이야기에서 빌립은 엘리야와 엘리사와 같은 선지자로 그려진다. 그는 전능하신 하나님의 지시에 따라 나타났다가 사라지기도 하지만(왕상 18장; 왕하 2장), 병거 탄 사람을 만나 나아만처럼 씻으라고 말하기도 한다(왕하 5장).[61]

이 이야기 이후 누가는 21장 8-9절에서 빌립을 조연으로 등장시키는 것을 제외하고 나머지 이야기에서 삭제한다. 내시 또는 그의 나라의 결과에 대한 정보를 더 제공하지 않는다. 피터슨Peterson이 지적했듯이 이 사실은 추방된 자들에게 복음이 전파되는 것을 보여주는 누가의 요점을 강조한다.[62] 증거도 중요하고 회심도 중요하지만 초점은 삼위일체 하나님의 숨결을 통한 성전 확장에 맞춰져 있다. 이 이야기는 초자연적인 만남(26-29절), 고난받는 종(30-35절), 마지막으로 성전으로 포함됨(36-40절), 세 부분으로 나뉜다.

3.1.2.1. 초자연적인 만남 (8:26-29)

26 주의 사자가 빌립에게 말하여 이르되 일어나서 남쪽으로 향하여 예루살렘에서 가사로 내려가는 길까지 가라 하니 그 길은 광야라 27 일어나 가서 보니 에티오피아 사람 곧 에티오피아 여왕 간다게의 모든 국고를 맡은 관리인 내

---

59 Herodotus, *Hist.* 3.25.114; Strabo, *Geogr.* 1.1.6; 1.2.24; Philostratus, *Vit. Apoll.* 6.1; Esth 1:1; 8:9; Ezek 29:10; Zeph 3:10. 참조. Witherington, *The Acts of the Apostles*, 290.

60 Witherington, *The Acts of the Apostles*, 301,은 "사도행전 8-10장에서 성령께서 그 과정에 개입하셨다는 직접적인 증거가 점점 더 많이 나타나는 것은 우연이 아니며, 누가는 교회가 선교 사업을 추구하는 과정에 영향을 미치고 실제로 변화시킨 사건들에 대한 하나님의 지시를 강조하고자 했기 때문이다"라고 주장한다.

61 빌립이 엘리야 역할로 정해진 행 8:26-40은 엘리야 사역의 **시작**(왕상 1:17)을 암시하고, 행 8:26-40은 엘리야 사역의 끝(왕하 2:2)을 암시하는 것으로 시작된다. 누가는 빌립과 엘리야(왕상 17:1-2), 터무니없는 명령에 대한 순종(왕상 17:8-9), 이방인을 연결한 신적 만남(왕상 17:10), 물 공급(왕상 17:4, 6, 10)의 배경을 유사하게 묘사한다. 엘리야의 사역이 끝날 무렵, 두 사람이 함께 걷다가(행 8:36-39, 왕하 2:1-14) 기적적인 이별이 일어난다(행 8:39-40, 왕하 2:12,16-17). 이 비유는 빌립이 예수님이 사마리아에서 시작한 일을 거의 엘리야(예수님) 엘리사(교회) 주기로 마무리한다는 것을 보여준다.

62 Peterson, *Acts*, 297.

시가 예배하러 예루살렘에 왔다가 28 돌아가는데 수레를 타고 선지자 이사야
의 글을 읽더라
　29 성령이 빌립더러 이르시되 이 수레로 가까이 나아가라 하시거늘

8:26. 두 번째 빌립 내러티브는 하나님의 주도권에 대한 분명한 세 언급과 몇
가지 언급되지 않은 내용이 있다. 내러티브는 주의 사자가 빌립에게 남쪽으로
가라고 말하면서 시작된다.[63] 공간적 표지는 여기서부터 시작된다. 바이센리더
Weissenrieder는 "빌립은 거의 육체가 없는 것처럼 보이며, 성령의 도움을 받아 사
람이 살지 않는 지역에 나타나 위로부터 그 공간을 대표하며 에디오피아 사람과
대조적으로 배치된다"라고 말한다.[64] 이는 빌립의 마음이 메시아를 따라 하늘로
옮겨졌기 때문이다.

　누가는 중요한 사건에 천사가 나타나는 것을 즐겨 언급하는데, 이번에는 버림
받은 자들을 환대하는 장면에 나타난다.[65] 교회는 단순히 버림받은 자를 전도하려
는 생각을 우연히 발견한 것이 아니라 하나님의 지시에 따른 것이다.[66] 천사는 빌
립에게 예루살렘에서 가사(사막 길 또는 사막이라고 불림)로 가라고 지시한다. 빌
립이 예루살렘에서 출발하는 것인지 사마리아에서 출발하는 것인지는 분명하지
않지만, 어느 쪽이든 이 여정에서 세 가지를 주목해야 한다.

　첫째, 빌립은 처음에는 예루살렘 북쪽에 있는 사람들(사마리아인들)에게 다가
갔지만 이제는 "남쪽" 길로 간다.[67] 둘째, 지금까지 일어난 대부분 일이 도시에서

---

63 구약에서 여호와의 천사는 여호와와 밀접하게 연관되어 있다(참조. 출 3:2). 출애굽기
　23:20-21은 여호와의 천사가 이스라엘 백성보다 먼저 그 땅으로 들어가는 것에 관해 이야
　기한다. 여호와는 그들에게 "너희는 삼가 그의 목소리를 청종하고. ... 내 이름이 그에게
　있음이니라"라고 말한다. 기드온 이야기에서는 여호와의 천사가 와서 기드온에게 자신을 드
　러내다가 갑자기 주님께서 기드온에게 직접 말씀하시는 장면으로 전환된다(삿 6:11,
　14). Rowe, *Early Narrative Christology*, 20,은 사도행전에서 주님으로서 예수님에 대한
　묘사는 누가복음에서 예수님의 지상 생애를 살펴보는 것과 대조적으로 하늘에서의 삶에
　초점을 맞추고 있다고 주장한다. 이 모든 것은 주의 천사가 아버지 하나님과 예수님과 매우
　밀접하게 연관되어 있으며 실제로 내러티브에 존재한다는 것을 나타낸다. H. C. van Zyl,
　"Vehicles of Divine Initiative: The Function of Angels in Acts," *JECH* 1.1 (2011): 205–20,은
　천사의 출현은 하나님의 뜻이나 계획과 관련이 있다고 주장한다.

64 A. Weissenrieder, "Searching for the Middle Ground from the End of the Earth: The
　Embodiment of Space in Acts 8:26–40," *Neot* 48 (2014): 154–55.

65 누가복음에서는 천사가 스가랴에게 나타나 세례 요한의 탄생을 알리고(1:11-13),
　마리아에게 나타나 예수님의 탄생을 알리고(1:26-35), 목자들에게(2:9), 동산에 계신
　예수님에게(22:43) 나타난다. 이미 사도행전에서 독자들은 천사가 베드로를 위해 감옥 문을
　여는 장면을 보았고(행 5:19), 스데반의 연설에서는 수풀 속에서 모세에게 천사가 나타난
　장면을 강조했다(7:30).

66 Marshall, *The Acts of the Apostles*, 161.

67 "남쪽"(κατὰ μεσημβρίαν)은 다른 계시(10:9; 22:6; 왕상 18:26-29)와 일치하는 "정오에"로

일어났지만 이제는 성령이 광야로 이동하여 변두리에 있는 사람들에게 다가가고 있다. 광야는 위험과 죽음의 장소(렘 2:6, 31)이기도 하지만 쇄신과 시험의 장소이기도 하다. 여기서 성령은 자기 백성을 변방으로 밀어내어 죽은 자의 영역을 극복하신다.[68] 광야 길은 유배로 가는, 그리고 유배에서 나오는 길이었다.

셋째, 누가는 이 길을 광야 길이라고 부름으로써 성령의 회복 역사가 추방된 사람들과 주변 지역으로 확산하는 것을 보여준다.[69] 이 길은 애굽으로 가는 광야로 들어가기 전 마지막 물을 얻을 수 있는 장소였다. 이사야 선지자는 성령이 높은 곳에서 부어지면 "광야가 아름다운 밭이 되며 아름다운 밭을 숲으로 여기게 되리라"(사 32:15), 사막이 기뻐하며 꽃이 피고(35:1), 광야에 물이 솟아나고 사막에 시냇물이 흐르게 될 것이라고 말한다(35:6). 세례 요한처럼 빌립은 광야에서 주님의 길을 예비하는 목소리를 낸다(40:3).[70]

8:27. 빌립은 요셉과 마리아(눅 1:38; 마 2:14, 21)처럼 천사에게 순종하여 "내시"(나머지 이야기에서 그를 부르는 명칭)를 만나게 된다. 하나님은 주권적으로 자기 증인들을 움직이신다. 성령은 국경을 넘나든다. 누가는 청중이 이 남자의 신분을 놓치지 않도록 성별(남자), 민족(에디오피아), 성 정체성(내시), 계급(관원)이라는 네 가지 표지로 묘사한다. 이 남자의 민족성을 무시해서는 안 되며 일반적으로 가장 큰 관심을 받지만 그의 성별 특징이 표면으로 떠오른다. 전반적으로, 각 꼬리표는 그를 성전에서 "부적절하게" 만든다.

첫째, 그는 "남자"(개역개정. "사람," ἀνήρ, 아네르)로 분류된다. 이것은 일반적인 용어인 ἄνθρωπος(안드로포스)와는 반대로 남성에 대한 성별 용어이다. 이 설명은 내시라는 위치와 짝을 이룬다. 그리스-로마 세계의 내시는 남성성이라는 주요 특징

번역해야 할 수도 있다. 이것은 공간적 표시가 아니라 시간적 표시가 될 수 있으며, Spencer, *Acts*, 100,가 언급했듯이 정오에는 더위 때문에 여행할 수 있는 시간이 아니었다. 따라서 정오는 일반적인 문화적 리듬과 일치하지 않는 특별한 시간을 가리키며 경계를 넘나들 수 있는 기회를 열어준다. Scott, "Luke's Geographical Horizon," 533–38,은 누가의 "나라의 표"(2:9-11)에 비추어 이 이야기를 읽으며, 따라서 에디오피아 사람은 남쪽으로의 함족 선교를 대표하며 유대인 선교와 경쟁하지 않는다고 말한다. 참조. Keener, *Acts*, 2:1542. 다음의 비평을 참조하라. Schnabel, *Early Christian Mission*, 2:1297–99.

68 O. Keel, *The Symbolism of the Biblical World: Ancient Near Eastern Iconography and the Book of Psalms*, trans. T. J. Hallett (Winona Lake: Eisenbrauns, 1997), 76–77.

69 Sleeman, *Geography and the Ascension*, 187,은 위치를 강조한다. "누가의 전형적인 도시 위치에서 드문 광야라는 제한적인 환경은 사건의 구원-지리적 중요성에 기여한다. ... 남쪽 민족들의 관문이 되고, 내러티브에서 방문하지 않은 두 곳(가사와 에디오피아)을 언급하고, 예루살렘에서 멀리 떨어진 곳에 있음으로써, 이 배경은 ... 승천 지리학이 더욱 확장되는 데 기여한다." Bede, *Comm. on Acts*, 8.26b,는 이 언급이 알레고리라고 주장한다. "알레고리적으로 이것은 이방인의 동족을 가리킨다."

70 다른 구절들도 참조하라. 사 41:18-19; 42:11; 43:19-20; 51:3

이 결여되어 있기 때문에 궁극적인 "비남성"으로 간주하였다. 필론은 내시가 "남성도 여성도 아닌" 존재라고 썼고(*Somn.* 2.184), 요세푸스는 청중에게 "영혼이 여성스러워졌기" 때문에 "남성성을 박탈당한 자들"을 몰아내라고 촉구했다(*Ant.* 4.290-91).

그를 남성과 내시로 분류하는 요점은 윌슨Wilson이 묘사한 것처럼 그의 정체성이 "여기에도 저기에도 없는, 역설적인 인물"이었기 때문일 수 있다.[71] 그러나 그가 여전히 ἀνήρ(아네르)로 묘사된다는 것은 중요한 의미가 있다. 그는 "사이"에 있지만 성별은 논쟁의 여지가 없다.

에디오피아 내시의 "사이라는 특징"은 두 번째 설명인 민족성으로 강화된다. 그는 에디오피아 사람이며 흑인이다. 성경에 따르면 에디오피아는 먼 땅이었으며(겔 29:10; 스 1:1; 8:9), 에디오피아 사람들은 고대에 유색인종을 측정하는 기준으로 피부색이 어두운 사람들(렘 13:23)이었다. 에디오피아는 먼 남쪽을 상징한다. 아라토르Arator는 이러한 현실을 아가서의 "영원한 신부가 그 지역에서 오니 검고 아름답다"라는 구절과 연결한다.[72] 따라서 에디오피아 출신이라는 것은 적어도 유대인의 세계관에서는 그가 "타자성"을 지니고 있고 "이질적"이라는 것을 의미했다.

셋째, 누가는 그가 "내시"(εὐνοῦχος, 유누코스)라고 언급하는데, 이는 그가 거세되었다는 것을 의미한다. 내시는 귀하게 여김받기도 하고 악마화되기도 했는데, 성적 모호함 때문에 악마화되기도 하고 신뢰성 때문에 귀하게 여기기도 했다. 내시들은 위에서 언급했듯이 남성/여성 이분법 사이에 있는 여성적인 존재로 간주하였다. 대부분 인류는 내시를 경멸하는 것으로 알고 있다.[73] 내시는 독특한 방

---

71 B. E. Wilson, *Unmanly Men: Refigurations of Masculinity in Luke-Acts* (Oxford: Oxford University Press, 2015), 135.

72 Arator, *On the Acts of the Apostles*, 1.

73 Keener, *Acts*, 2:1569. 최근에는 내시의 모호한 성 정체성에도 불구하고 그를 받아들이는 것을 강조하는 기사가 더 많이 나오고 있으며, 이는 교회가 간성(間性) 및 트랜스젠더를 대하는 방식과 심지어 성별에 관해 말하는 방식에 영향을 미친다. M. B. Kartzow and H. Moxnes, "Complex Identities: Ethnicity, Gender and Religion in the Story of the Ethiopian Eunuch (Acts 8:26–40)," *R&T* 17 (2010): 184–204,는 내시가 제3의 성으로 가장 잘 이해된다고 제안한다. B. E. Wilson, "'Neither Male nor Female': The Ethiopian Eunuch in Acts 8.26–40," *NTS* 60 (2014): 403–22,는 많은 본문 각주에서 통찰력이 있다. 여기서 세 가지 점을 짚어 볼 필요가 있다. 첫째, 여기에는 성 포용의 의미가 있다. 그러나 내시를 환영하지만 이스라엘이 내시를 만들거나 성 이데올로기에 대한 생각을 바꾼다는 힌트는 없다. 둘째, 성을 성 문화적 고정관념과 구별해야 한다. 당시 문헌과 구약성경에서 내시가 항상 남성성에 대한 사회적 기준에 부합하지 않더라도 여전히 남성으로 간주했다는 것은 분명하다. 따라서 성경이 내시를 새로운 성적 범주를 여는 것으로 제시한다고 주장하기는 어렵다. 셋째, 이 본문은 새 언약에서 민족적 분열뿐만 아니라 성적 분열도 극복된다는 현실을 지적한다. 누구도 자신이 누구인지, 무엇을 했는지, 어떤 일을 당했는지에 근거하여 하나님 나라에서 배제되지 않는다. 참조. E. Percy, "Can a Eunuch Be Baptized?: Insights for Gender Inclusion from Acts 8," *Theology* 119 (2016): 327–34; A. Perry, "Lift Up the Lowly and Bring Down the Exalted: Gender Studies, Organizations, and the Ethiopian Eunuch," *JRL* 14.1 (2015): 45–66. Erasmus,

식으로 현 통치자에게 애착을 가졌으며 왕조에 대한 봉사에 희망을 걸었다. 그러
나 유대인 성경에서는 내시를 정결하지 못한 존재로 간주하여 성전에 출입하지
못하게 했다(레 21:20; 22:24; 신 23:1). 이 사람은 "이방인"일 뿐만 아니라 부정
한 존재로 여겨졌다.

넷째, 내시는 관리였다. 간다게의 재무관이다. 실제로 그는 간다게의 모든 재
정을 책임지고 있었다.[74] 그는 "새로운 스바 여왕"의 특권을 누리는 부유한 왕실
궁정인이었다. 내시이자 재무관이었다는 것은 자신의 통치자를 육체적으로 대신
해서 확장하는 일을 한다는 의미이다. 그는 어떤 궁정에서는 소외되었지만 다른
궁정에서는 고귀하게 대접받았다.[75]

독자들은 이 구절에서 내시의 타자성, 의식적으로 정결하지 않음, **그리고** 명
예 사이에서 균형을 잡아야 한다. 그는 사회적 지위가 높은 사람이다. 그러나 그
리스인과 로마인들은 여성의 통치가 "다른" 국가의 연약한 여성스러운 측면을 나
타내는 또 다른 표지라고 믿었기 때문에, 내시의 섬김은 연약함을 나타내는 표시
였을 수도 있다. 예를 들어, 클레오파트라 7세는 적들에게 마크 안토니우스를 "여
성화"했다는 비난을 받기도 했다.[76]

마지막으로, 그는 예루살렘에 예배를 드리러 갔고, 자신이 하나님을 경외하는
자(유대교에 약간 소속된 이방인)임을 암시하며 집으로 돌아가는 길에 선지자 이
사야를 읽고 있었다. 이 세부 사항은 구약에서 예언된 열방의 예루살렘 순례의 원
형으로 그려질 수 있다(시 72:10-11; 사 2:2-3; 미 4:2-3). 그는 지혜를 얻기 위
해 스바에서 온 새로운 통치자이다. 그는 관심이 있었지만 이방인의 신분과 신체
적 흠 때문에 유대인 예배에 온전히 참여할 수 없었다.

여러 딱지로 빌립이 이 사람에 관해 여러 반응을 보였을 것 같지만, 나머지 내
러티브에서 그를 "내시"(8:34, 36, 38, 39)로 지칭하고 있어 누가는 그의 성별과

Paraphrase on Acts, 61,는 내시의 성에 관해 언급하고 인종 차별을 드러낸다. "내시, 그
몸은 실제로 거세되어 거의 남자가 아니지만 남자다운 영혼을 가지고 있으며 인종적으로는
에디오피아인이며 검은 피부를 가지고 있지만 곧 흠 없는 어린 양의 흰 눈과 같은 털로 옷을
입고 세례의 물을 통해 그의 원주민 피부를 바꿀 것이다."

74 Bede, *Comm. on Acts* 8.27b,에 나오는 남방 여왕에 대한 언급은 이 본문을 스바 여왕과
연결한다.

75 내시의 재무관 역할에 대한 언급은 열방이 예물을 예루살렘으로 가져올 것이라는 약속
의 성취를 암시할 수 있다(왕상 10:1-2; 사 45:14; 60:3-5; 시 72:8-11; 마 2:1-13).

76 Wilson, *Unmanly Men*, 128. 윌슨은 또한 예수께서 일찍이 사람들에게 "그러면 너희가 무엇
을 보려고 나갔더냐 부드러운 옷 입은 사람이냐 보라 화려한 옷을 입고 사치하게 지내는
자는 왕궁에 있느니라"(눅 7:25)라고 물으셨기 때문에 내시의 부는 그의 여성적인 본성을
가리킨다고 주장한다. μαλακός라는 단어는 눅 7:25에서처럼 고대 세계에서 부드러움과
여성스러움을 나타낸다(고전 6:9). 그는 또한 마술사 시몬과 대조된다. 그는 자신의 부나
권위를 이용해 구원을 사려고 하지 않는다.

이방인으로서 갖는 정체성에 집중하고 있음을 알 수 있다. 내시는 정결하지 못하고 깨끗하지 못했지만, 하나님께서는 요나가 니느웨 사람들에게 인도된 것처럼 하나님의 백성 가운데 버림받은 자들을 포함하기 위해 빌립을 그에게 보내셨다. 이방인이었지만 하나님께서는 외국인도 이스라엘의 하나님을 찬양할 것이라고 약속하셨다(시 68:31-32; 슥 3:9-10). 비록 성전에는 들어갈 수 없었지만, 하나님께서는 광야 길에서 그를 위한 길을 만들어 주셨다.[77]

8:28-29. 빌립은 수레에서 내시를 만난다. 그는 부유하고 여행도 잘하며 두루마리도 가지고 있었다. 부유할 뿐만 아니라 이사야 두루마리를 읽고 있었기 때문에 교육도 받은 것으로 보인다. 천사가 빌립을 그 길로 인도했는데, 이제 성령께서 그에게 가까이 가라고 말씀하신다.[78] 성령께서 빌립에게 수레에 타라고 지시하신다.

누가는 빌립이 망설였다고 말하지 않지만, 성령께서 전체 사건을 세심하게 지시하셨다는 의미를 가진다. 성령은 때때로 바람과 불을 타고 내려오기도 하는데, 여기서 성령은 빌립에게 직접 말씀하시며 무엇을 해야 할지 지시하신다. 성령은 적대감이라는 벽을 허무는 데 친밀하게 관여하신다.

3.1.2.2. 도살당하고 높임 받은 자 (8:30-35)

30 빌립이 달려가서 선지자 이사야의 글 읽는 것을 듣고 말하되 읽는 것을 깨닫느냐 31 대답하되 지도해 주는 사람이 없으니 어찌 깨달을 수 있느냐 하고 빌립을 청하여 수레에 올라 같이 앉으라 하니라 32 읽는 성경 구절은 이것이니 일렀으되

> 그가 도살자에게로 가는 양과 같이 끌려갔고
> 털 깎는 자 앞에 있는 어린 양이 조용함과 같이
> 그의 입을 열지 아니하였도다
33 그가 굴욕을 당했을 때 공정한 재판도 받지 못하였으니
> 누가 그의 세대를 말하리요
> 그의 생명이 땅에서 빼앗김이로다 하였거늘
34 그 내시가 빌립에게 말하되 청컨대 내가 묻노니 선지자가 이 말한 것이

---

77 지혜서(Wisdom) 3:14은 "그 손에 불법한 일이 없는 내시도 복이 있나니, … 그의 신실함으로 말미암아 그에게 특별한 은혜가 나타나고 주님의 성전에서 큰 기쁨의 자리가 주어질 것이기 때문이다"(NRSV)라고 말한다.

78 J. Hur, *A Dynamic Reading of the Holy Spirit in Luke-Acts*, JSNTSup 211 (Sheffield: Sheffield Academic Press, 2001), 148,은 사도행전에서 성령께서 직접 말씀하실 때는 한 가지 경우를 제외하고는 항상 이방인 선교와 관련되어 있다고 지적한다(8:29; 10:19; 11:12; 13:2; 21:11).

누구를 가리킴이냐 자기를 가리킴이냐 타인을 가리킴이냐 35 빌립이 입을 열어 이 글에서 시작하여 예수를 가르쳐 복음을 전하니

8:30-31. 내러티브의 중심에서 빌립은 기독론적 관점을 통해 이사야 53장을 설명한다. 빌립이 내시에게 달려가 선지자 이사야를 읽는 소리를 듣는다.[79] 성령께서 빌립을 적절한 장소로 인도하셨을 뿐만 아니라 적절한 시점에 인도하셨다.

빌립은 내시에게 자신이 읽고 있는 내용을 이해할 수 있는지 물었고, 내시는 누군가가 설명하거나 "지도해"(ὁδηγέω, 호데게오)주지 않으면 이해할 수 없다고 대답한다. 공간적 이미지로 가득 찬 텍스트에서 내시는 방향 또는 "길"이 필요하다고 주장한다. 성경이 항상 자명하지는 않다. 해석자와 공동체가 필요하다.

이사야는 이미 이새의 뿌리가 만민의 기치로 서게 될 것이며, 주님께서 앗수르, 애굽, 바드로스, **그리고 구스**(에디오피아의 다른 이름)에서 남은 자기 백성에게 어떻게 손을 뻗으실지에 관해 이야기했다(사 11:10-11). 하나님께서는 성경의 은사뿐만 아니라 교사의 은사도 주셨다. 내시는 빌립을 초대하여 함께 앉으라고 한다.

성령께서 빌립을 인도하시지만, 빌립은 단순히 내시 앞에 나아가 복음을 전하기만 하는 것이 아니라 먼저 그의 말을 듣고 적절한 순간에 핵심적인 질문을 던진다. 성령의 인도하심 아래서도 때로는 먼저 경청한 다음 질문하는 것이 가장 좋다.[80]

8:32-33. 누가는 내시가 읽고 있던 성경 구절을 설명하기 위해 이야기를 잠시 멈춘다. 아사야 53장 7-8절이다. 이 본문은 신약에서 자주 직접 인용되지는 않지만, 메시아에 대한 초기 기독교 사상의 중심 구절이다(참조. 요 12:38; 롬 10:16; 벧전 2:21-25). 이사야 53장의 더 넓은 맥락은 자신의 죄뿐만 아니라 다른 사람의 죄로 인해 고통받는 한 개인에 관한 것이다. 그는 동족**에게** 그리고 동족**을 위해** 버림받지만, 오히려 높임을 받는다.[81]

---

79 본문은 빌립이 선지자들의 일반적인 활동인 수레에 달려갔다고 말한다(민 16:47; 삼상 20:6; 왕상 18:46; 시 147:15). Jennings, *Acts*, 82,은 "하나님이 이 내시를 쫓고 계신다"라고 말한다. R. Strelan, "The Running Prophet (Acts 8:30)," *NovT* 43.1 (2001): 31–38,은 빌립이 달려간 것은 그가 엘리야 선지자의 틀에 갇혀 자신이 선택하지 않은 사명을 수행한 것이라고 주장한다.

80 A. Fernando, *Acts*, NIVAC (Grand Rapids: Zondervan, 1998), 287–92[= 『NIV 적용주석 사도행전』, 서울: 솔로몬, 2011],는 이 구절에서 좋은 전도의 요소인 순종, 문화적 경계를 넘으려는 의지, 하나님이 준비하신 마음에 민감함, 성경의 가르침에 뿌리를 둔 상대방의 질문에서 시작함, 예수님이 중심이 되는 것에 관해 언급한다.

81 이사야의 더 넓은 맥락은 종들이 유배에서 돌아오는 길, 즉 새로운 출애굽을 이끌고 있음을 가리킨다. 따라서 전체 내러티브는 새로운 출애굽의 주제 아래서 이해될 수 있다.

53장 7-8절에서 강조되는 것은 그 종의 굴욕이다.[82] 구체적인 인용은 "내시"
로 전달되는 고난받는 종의 어조가 가득하다. 궁극적으로 본문은 예수님에 관한
것이지만 예수님은 내시의 색채로 그려져 있다. 내시와 종의 결합은 여러 가지 방
식으로 나타난다.

첫째, 부요한 두 사람이 자신을 낮추고 높임을 받는다. 둘째, 두 사람 모두 가
위질하는 사람, 즉 문자 그대로 "그를 자르는 사람"(개역개정, "털 깎는 자") 앞에
나온다. 이것은 내시가 거세된 남성이라는 점을 분명히 연상시킨다.[83] 셋째, 두 사
람의 "절단"은 모두 자손과 함께 이루어진다.

이사야 53장 8절의 마지막 두 구절은 논쟁의 여지가 있다. "누가 그의 세대
를 생각할 것인가? 그가 생명의 땅에서 끊어졌기 때문이다." 원래 문맥에서 이 구
절은 그 종의 자녀가 부족하다는 것과 그의 죽음에 대한 한탄이다. 그러나 사도
행전에서는 반전된다.[84] 더 이상 한탄이 아니라 헤아릴 수 없는 그의 후손의 범위
에 놀라는 본문이다.[85]

고난받는 종과 내시		
본 문	이사야의 의미: 애 통	사도행전의 의미: 높아지심
누가 그의 세대를 말하리요	자손이 없음	많은 자녀
그의 생명이 땅에서 빼앗김이로다	죽임을 당함	생명으로 일으켜지고 보좌에 앉으심

예수님은 지상의 왕조나 후손이 아니라 하나님 나라에 속한 "신실한 내시"이
다. "땅의 후손"을 포기하고 자신의 생명을 끊으심으로써 예수님은 하늘의 후손

82 D. L. Bock, "Isaiah 53 in Acts 8," in *The Gospel according to Isaiah 53: Encountering the Suffering Servant in Jewish and Christian Theology* (Grand Rapids: Kregel, 2012), 141.

83 Wilson, *Unmanly Men*, 140–41.

84 이사야서에는 이미 자신의 생명을 포기함으로써 자손과 생명을 얻는다는 증거가 있다. "그가 씨를 보게 되며 그의 날은 길 것이요"(사 53:10). "내가 그에게 존귀한 자와 함께 몫을 받게 하며 강한 자와 함께 탈취한 것을 나누게 하리니 이는 그가 자기 영혼을 버려 사망에 이르게 하며"(53:12). "홀로 된 여인의 자식이 남편 있는 자의 자식보다 많음이라"(54:1). 행 8:33에서도 마지막 구절의 헬라어 동사 αἴρω는 "빼앗기다"로 번역될 수 있다. 히브리어 동사 "자르다"(גזר)가 αἴρω로 번역된 것은 이번이 유일하다. 이러한 문법적 전환과 사도행전 설교 전반에 걸쳐 승천에 대한 강조를 고려할 때 누가 자신의 죽음으로 영광을 받고 자녀를 얻었음을 보여주기 위해 이 본문을 선택했다고 생각하지 않는 것은 어렵지 않다. 베데는 행 8:33에서 "세대"라는 용어를 사용하여 이 구절을 그리스도의 신성과 인성이라는 관점에서 바르게 해석한다.

85 다음도 동의한다. Klauck, *Magic and Paganism in Early Christianity*, 28.

을 얻으시고 높임을 받으셨다. 이제 그분의 성막의 휘장이 펼쳐졌다. 예수님은 큰
가계의 장자이시다(롬 8:29; 고전 15:20, 23; 골 1:15, 18). 그분은 아무 잘못이
없음에도 정의를 거부당했다. 정의는 그분께 거절되었지만 그분에게 후손이 주
어지고 높임을 받았다.

누가는 이렇게 상처 입은 자, 수치를 당한 자를 통해 복이 임한다는 것을 전한
다. 그뿐만 아니라 유대와 사마리아에 복음이 전파되는 원천은 예수님의 생명과
부활이다. 승천과 부활은 여전히 내러티브 진행의 중심이다.

이 본문은 예수님과 내시의 거부당한 신분과 굴욕 사이의 유사성 때문에 인
용된다. 예수님은 굴욕당한 자, 변두리에 있는 자들을 위해 오셨고, 내시가 예수
님과 하나가 된다면 그는 주님의 자손이 될 것이다. 그가 예수님과 함께 높아짐에
따라 그의 "마른나무" 지위는 반전될 것이다(사 56:3-4). 이사야 본문은 **그 종**에
관한 것이다. 그러나 **그 종**은 종들을 환영한다.

8:34-35. 빌립이 질문을 가지고 왔고, 이제 내시가 빌립에게 질문한다. 그는 선
지자가 누구를 말하는지 묻고, 선지자 자신일 것으로 생각하지만 다른 사람일 수
도 있다고 생각한다.[86] 본문의 의미를 이해하지 못하는 것이 아니라 누구에 관해
말하는지 이해하지 못한다. 의미는 **언급된 내용**이다. 그 언급된 내용은 예수님**이
다.** 예수님은 "성전에 숨지 않고 거룩한 책에 숨어 계신다."[87]

빌립은 이 기회로 이사야부터 시작하여 예수님에 관한 좋은 소식을 전한다.
이야기는 항상 그리스도로 이어진다. 제자들에게도 지도가 필요했고, 그리스도는
그들을 위해 성경을 열어 주셨으며, 자신이 항상 기준이 되신다는 것을 알 수 있
도록 도와주셨다(눅 24:45). 빌립은 이 본문, 아니 모든 본문이 예수님에 관한 이
야기라는 것을 이해한다.

내시 내러티브는 전체적으로 엠마오 길의 만남(눅 24:13-53)에 맞춰져 있
다.[88] 빌립의 사역은 예수님의 사역과 유사하다. 이제 내시가 부활하신 예수님을
만난다. 기독론적 해석은 도서관에 보관되거나 신학교에서 토론되는 것이 아니라
지극히 작은 자를 향한 선교에 박차를 가하는 것이다.

---

86 종의 노래는 일인칭 단수로 표현되어 있다. 렘 11:18-20은 이 구절이 다양한 방식으로
  적용될 수 있음을 보여준다.

87 Erasmus, *Paraphrase on Acts*, 61.

88 Witherington, *The Acts of the Apostles*, 292,는 엠마오 길과 다음과 같은 유사점을 지적한다.
  (1) 예루살렘을 떠나는 여행자들이 함께 함, (2) 소식을 전달하는 자가 여행자들에게 날카로
  운 질문을 던짐, (3) 예수님의 죽음과 부활을 중심으로 한 메시아적 해석이 중심 주제, (4) 두
  이야기 모두 성례 행위(떡 떼기와 세례)로 마무리, (5) 예수와 빌립 모두 현장에서 사라졌다
  가 다른 곳에서 다시 등장, (6) 여행자들은 만남에 깊은 영향을 받음이다. 또한 다음을 참조
  하라. R. F. O'Toole, "Philip and the Ethiopian Eunuch (Acts 8:25–40)," *JSNT* 17 (1983): 32.

3.1.2.3. 성전의 기둥 (8:36-40)

36 길 가다가 물 있는 곳에 이르러 그 내시가 말하되 보라 물이 있으니 내가
세례를 받음에 무슨 거리낌이 있느냐 37 (없음) 38 이에 명하여 수레를 멈추
고 빌립과 내시가 둘 다 물에 내려가 빌립이 세례를 베풀고 39 둘이 물에서 올
라올새 주의 영이 빌립을 이끌어간지라 내시는 기쁘게 길을 가므로 그를 다시
보지 못하니라 40 빌립은 아소도에 나타나 여러 성을 지나 다니며 복음을 전하
고 가이사랴에 이르니라

8:36-38. 빌립은 예수님의 죄 없는 희생을 중심으로 복음을 설명했다. 사도행
전은 그리스도의 죽음을 소홀히 다루지 않고 그분의 즉위와 짝을 이룬다. 두 가지
가 함께 등장한다. 내시는 물에 이르면서 물이 자신을 예수님의 백성과 상징적으
로 결합시킬 것임을 안다. 이스라엘에도 물을 통과하는 이야기가 많이 있다. 에덴
에서 물이 흘러나왔지만 유배지는 광야였다. 내시는 분리되기 전이지만 물은 광
야 길의 "타자성"을 씻어 준다.[89] 제롬은 "그는 회당의 금빛 성전이 아닌 광야에서
교회의 샘을 발견했다"라고 말한다.[90]

내시는 세례를 받는 데 "방해되는지" 또는 "거리낌이 있는지"(κωλύει, 콜뤼에
이) 묻는다. "방해하다"라는 단어는 누가복음(9:49-50; 18:16)에서 고넬료 이야
기(10:47; 11:17), 바울의 선교(16:6), 사도행전의 마지막 구절에서 바울이 "방
해 없이" 복음을 선포하는 장면(28:31)에 사용되어 중요하다.

빌립은 이 질문에 "당신이 내시라는 사실"이라고 대답할 수 있었을 것이다. 그러
나 그는 아무 말도 하지 않는다! 누가는 인종적, 성적, 지리적 장벽이 제거되었음을
나타낸다. 내시의 경우 "신체적 편견과 인종적 편견이라는 이중 장벽이 무너졌다."[91]

이 내러티브는 엘리사가 병거를 타고 나아만을 만나 깨끗해지기 위해 씻으러
가라고 말하는 열왕기하 5장을 연상시킨다. 그러나 내시는 즉시 자신을 낮추고

---

89 Bede, *Comm on Acts*, 8.27a,는 "예레미야가 '에디오피아 사람이 피부가 변했다.' 즉 죄의
얼룩을 물로 씻은 채 하얗게 빛나며 예수님께 올라갔다고 선언한 일이 거기[광야]에서
일어났기 때문이다."라고 말한다. 베데는 에라스무스와 마찬가지로 인종 차별의 징후를
보이지만, 렘 13:23에서 구스인이 피부를 바꾼 것에 관해 말한 예레미야의 요점은 아닌 것
같다.

90 Jerome, *Letter* 53.5 (Corpus Scriptorum Ecclesiasticorum Latinorum 54:452).

91 Polhill, *Acts*, 226. Stagg, *Book of Acts*, 108. 또 다른 의로운 구스인 내시가 렘 38:1-13에 등
장한다. 흥미롭게도 에벳멜렉은 도시와 성전이 멸망할 것이라는 예레미야의 예언을 믿지만
왕은 예레미야의 말을 듣지 않을 것이라고 믿는다. J. D. Hays, "Central Paradigms for
Gentile Inclusion: An Intertextual Comparison of Jeremiah's Ebedmelech and Luke's Ethiopian
Eunuch," *Sapientia Logos* 3 (2010): 1–24,는 상호 텍스트가 성전 확장을 예루살렘에 있는
사람들보다 이 내시가더 잘 이해하고 있음을 나타낼 수 있음을 지적한다. 예루살렘은 심판
아래 떨어졌고 그 "왕국" 밖에 있는 사람들은 예언자의 메시지를 받아들인다.

낯선 사람의 지도를 받아들인다. 빌립은 세례를 받고 싶은지 묻지 않으며 누가는 내시가 고백하는 장면을 이야기하지 않는다.[92] 세례는 그 운동과 밀접하게 연관되어 있었기 때문에 내시는 언약 백성의 일원이 되기 위해 무엇을 해야 하는지 알고 있었음에 틀림없다.

빌립과 내시 모두 물에 "내려가"고(καταβαίνω, 카타바이노), 내시는 세례를 받았다. 여기에는 물이 풍부한 곳으로 내려간 물에 잠기는 세례가 암시되어 있다.[93] 성례는 그리스도의 오심과 승천의 움직임을 반영하며, 또한 새로운 질서의 표지인 동시에 지상의 질서에 속하기 때문에 세례는 내시를 승천의 궤도로 이끈다. 그리스도께서는 "그분의 피로 [그를] 구속하셨을 뿐만 아니라, [어린 양의] 양털로 [그를] 입히셨다."[94]

이제 내시는 성전의 기둥, 하나님의 집의 재무관이 되었다. 애굽의 산물과 구스의 상품이 이스라엘로 건너와 그들의 것이 되었다(사 45:14). "내게 구하는 백성들 곧 내가 흩은 자의 딸이 구스 강 건너편에서부터 예물을 가지고 와서 내게 바칠지라"(습 3:10). 시편 기자의 말씀이 성취된다. "구스인은 하나님을 향하여 그 손을 신속히 들리로다"(시 68:31).

8:39-40. 그들이 수레로 돌아와 물 밖으로 나오자 "주의 영"이 빌립을 이끈다. 그리스도께서는 여전히 이 땅의 일을 주관하시며 심지어 그분의 종들을 이끌어가신다. 열왕기상 18장 12절에서 (아합의 왕궁을 책임지고 있는) 오바댜는 아합이 엘리야를 만나기 전에 성령께서 엘리야를 데려가실 것을 두려워한다. 성령께서 빌립을 이곳으로 데려오신 것처럼 성령께서 엘리야를 데려가신다. "선교는 무엇보다도 인간 사업의 결과가 아니라 성령의 충동으로 일어난 결과이다. 기독교 선

---

92 37절은 더 긴 서방 본문 전통에만 포함되어 있기 때문에 많은 번역본에 포함되어 있지 않다. 이 구절이 영어에서 생략된 이유는 이 구절이 KJV와 NKJV에 포함되어 있기 때문이며, 모든 구절을 다 합치면 명확성보다는 혼란이 더 커질 수 있기 때문이다. 서방 본문은 다음처럼 읽는다. "그러자 빌립이 '온 마음을 다해 믿으면 될 것이다'라고 말했다. 그리고 그는 대답하여 '나는 예수 그리스도를 하나님의 아들이라고 믿는다'라고 말했다." 후대의 필사자들이 내시가 세례를 받기 전에 신앙고백을 해야 한다고 생각했을 것이다.

93 Peterson, *Acts*, 297,은 "물속으로 내려갔다"는 어구가 "수레에서 물속으로 내려갔다"는 의미이기 때문에 여기서 물에 잠긴 것이 명확하지 않다고 주장한다. 그러나 헬라어 본문의 순서는 피터슨이 인정하는 것보다 더 구체적인 내용을 가리킨다. 수레가 멈추고 καὶ 가 이 사건과 두 사람이 물속으로 내려가는 것을 구분한다. E. Ferguson, *Baptism in the Early Church: History, Theology, and Liturgy in the First Five* Centuries (Grand Rapids: Eerdmans, 2009), 857,은 초대 교회의 세례에 대한 포괄적인 조사에서 "세속적인 단어 사용과 유대인의 종교적 물에 잠김으로 뒷받침되는 기독교 문학 자료는 정상적인 행동으로서 완전히 물에 잠기는 것을 압도적으로 지지한다. ... 물이 부족한 경우, 특히 병상 세례의 경우에는 예외가 있었다."

94 Bede, *Comm. on Acts*, 8.32b.

교사들은 끊임없이 하나님의 행동에 발맞추기 위해 노력하고 있다."[95]

누가는 빌립이 아소도(구약의 아스돗)에 나타나 "아스돗은 대낮에 쫓겨나며"라는 스바냐 2장 4절의 저주를 뒤집어 놓았다고 말한다. 그는 해안가에 있지만 북쪽에 있는 가이사랴에 도착할 때까지 복음을 전했다. 던Dunn은 "모든 도시"에는 유대인 정착지가 있을 것이므로 누가가 헬라화된 도시 두 곳만 언급한 것은 중요할 수 있다고 지적한다.[96] 누가는 아소도(블레셋의 옛 거점)와 가이사랴(로마의 지방 수도)에 초점을 맞추어 이방인에 대한 초점을 구체화하는 확장된 운동을 요약한 것으로 보인다.[97]

누가는 빌립의 사역에 관해 두 가지만 언급하지만, 그는 중요한 인물이다. 빌립은 삼위일체 하나님의 능력으로 버림받은 사람들에게 예수님의 복음을 적극적으로 전했다. 이사야 56장 8절(강조 추가)의 말씀에 따라 변두리에 있는 사람들을 환대한다. "이스라엘의 쫓겨난 자를 모으시는 주 여호와가 말하노니 내가 이미 모은 백성 외에 **또 모아** 그에게 속하게 하리라 하셨느니라."

3.2. 사울의 묵시 (9:1-31)

사울은 이미 교회의 큰 적으로 소개되었다. 이제 위대한 반전의 순간에, 승천하신 예수님의 묵시는 그를 교회의 위대한 선교사로 임명한다. 하나님은 "삶을 가로막음으로 옛 질서를 파괴하신다."[98] 내러티브는 바울의 이방인 선교가 하나님의 아이디어, 주도권, 성취임을 강조한다.[99] 사울은 스데반의 피라는 씨에서 나온 두 번째 싹 또는 가지로 서 있다. 또 다른 "버림받은 자"는 환대받고, 그 역시 쓰임받게 된다.

이 본문 전체에서 중심적인 이미지는 빛/시력과 어둠/보지 못함, 즉 예수님의 빛과 사울의 보지 못함에 관한 것이다. 사울은 이사야의 종이자 그리스도의 증인

---

95 Johnson, *Acts*, 160.

96 Dunn, *Acts*, 116.

97 Spencer, *Portrait of Philip in Acts*, 153.

98 Jennings, *Acts*, 90. 바울에 대한 이 사건을 정확히 어떻게 묘사해야 하는지 많은 논쟁을 불러일으켰으며, "유대교"와 "기독교" 사이의 관계에 대한 더 큰 질문을 중심으로 전개되었다. 많은 학자는 이를 사울이 유대교에서 기독교로 개종한 사건이라고 부르며, 사울은 이전의 삶의 방식에서 돌이켜 회개하고 메시아를 신뢰한다. 또한 바울은 그리스도를 만난 후 율법, 종말론, 성전에 관해 근본적으로 다시 생각해야 했다(고후 5:16-17). 그러나 K. Stendhal, *Paul among Jews and Gentiles*, 7–22[=『유대인과 이방인 사이에 있는 바울』, 감은사, 2021],에서 이러한 "개종" 관점에 이의를 제기하고 "소명" 또는 "사명"과 같은 명칭을 주장했다. 바울 자신은 갈 1:11-17, 2:2, 엡 3:3에서 이 변화를 "묵시"(계시)과 "소명"으로 묘사한다.

99 Keener, *Acts*, 2:1617.

으로서 이방인들에게 빛을 가져다줄 것이다.[100] 이미 누가는 이방인 선교를 위해 독자들을 준비시켰고, 사울의 묵시는 이 과정에서 사울을 성전 임재의 영광을 바라보는 옛 선지자로 묘사하는 핵심 에피소드가 된다.[101]

다메섹 길에서 바울과 선지자적 반향		
사건	다메섹 길 이야기	구약 선지자
이름을 두 번 부르심	사울아 사울아(9:4)	모세야 모세야(출 3:4) 사무엘아 사무엘아(삼상 3:10)
환상으로 위임받음	사울의 부르심은 환상과 연결됨 (9:3, 10, 12)	구약 선지자들은 위대한 환상을 봄 (창 15:1; 46:2; 출 3:3; 민 12:6; 삼상 3:15; 삼하 7:17; 사 1:1; 겔 8:4; 11:24; 단 2:19; 10:17; 합 2:2)
반응	아나니아로부터 대답: 내가 여기 있나이다 (9:10)	모세로부터 대답: 내가 여기 있나이다 (출 3:4) 사무엘로부터 대답: 내가 여기 있나이다 (삼상 3:4)
환상에서 인물의 정체	나는 ... 예수라 (9:5)	나는 ... 이니라(출 3:14)
여호와께 속함	우리 조상의 하나님이 사울을 보냄 (22:14-15)	너희 조상의 하나님이 선지자를 보냄 (출 3:15)
선택의 언어	아나니아는 하나님께서 사울을 선택하셨고 (22:14; 26:16), 사울이 선택된 도구라고 선포한다 (9:15).	모세는 주님께 다른 사람을 선택해 달라고 간구한다 (출 4:13).

100 D. T. Prince, "Seeing Visions: The Persuasive Power of Sight in the Acts of the Apostles," *JSNT* 40 (2018): 337–59,는 사도행전에서 보는 것과 듣는 것이 이중적으로 강조되어 있으며, 두 가지 모두 서로를 뒷받침한다고 주장한다.

101 Johnson, *The Message of Acts*, 113–14.

반응: 엎드림	사울은 땅에 엎드려 일어나라는 말을 듣는다 (9:4, 6)	구약 선지자와 지도자들은 사자와 환상 앞에서 땅에 엎드렸다 (수 7:10; 렘 1:17; 겔 1:28-2:1; 단 8:18)

사울은 사도행전 13-28장에 나오는 누가복음의 주요 내용인 버림받은 자들에게 복음을 전할 뿐만 아니라 예수님의 빛을 땅끝까지 전해야 한다는 비전을 품는다. 그러나 사울은 누가의 주인공이 아니다. 이 부분과 다음 부분 모두 환상과 선포 모두에서 그리스도를 중심으로 전개된다.[102]

누가는 다메섹 길에서 바울의 경험에 관해 세 번이나 언급할 정도로 이 사건을 매우 중요하게 다루고 있다. 그 차이점은 해석가들을 곤혹스럽게 했다. 이러한 차이는 다양한 내러티브 관점과 청중을 고려할 때 가장 잘 드러난다.[103] 여기 9장에서 모든 것을 아는 화자는 바울의 심리적 체험이 아니라 전체 계획에서 그리스도의 나타나심이 가지는 중심성을 강조하면서 암묵적인 독자에게 이야기를 들려준다.

이 모든 그리스도 중심성과 지리에 대한 함의는 놓치기 쉽지 않다. 내러티브는 세 부분으로 나뉜다. 사울의 묵시(9:1-9), 아나니아의 환상(9:10-19), 사울의 순종(9:19-31) 세 부분이다. 내러티브 구조에서도 하나님의 행동과 계획의 우선순위를 알 수 있다.

3.2.1. 사울의 묵시 (9:1-9)

1 사울이 주의 제자들에 대하여 여전히 위협과 살기가 등등하여 대제사장에게 가서 2 다메섹 여러 회당에 가져갈 공문을 청하니 이는 만일 그 도를 따르는 사람을 만나면 남녀를 막론하고 결박하여 예루살렘으로 잡아오려 함이라 3 사울이 길을 가다가 다메섹에 가까이 이르더니 홀연히 하늘로부터 빛이 그를 둘러 비추는지라 4 땅에 엎드러져 들으매 소리가 있어 이르시되 사울아 사울아 네가 어찌하여 나를 박해하느냐 하시거늘

5 대답하되 주여 누구시니이까 이르시되 나는 네가 박해하는 예수라 6 너는 일어나 시내로 들어가라 네가 행할 것을 네게 이를 자가 있느니라 하시니

7 같이 가던 사람들은 소리만 듣고 아무도 보지 못하여 말을 못하고 서 있더

---

102 Schnabel, *Acts*, 438,에 따르면, 바울과 관련된 능동태 동사는 박해자로서 활동(1, 2, 3, 13절)에 관한 것이지만, 이 이야기에서 바울에 대하여 대부분 수동태 동사(6, 8, 11-17절)로 되어 있다.

103 다메섹 길에 대한 다른 두 기록은 바울의 입에서 나온 것인데, 하나는 적대적인 유대인 군중에게(22:3-21), 다른 하나는 아그립바 왕 앞에서(26:9-18) 나온다. 유대인들에게는 자신이 선한 유대인임을 설득하려 하고, 아그립바에게는 자신을 선지자로 소개한다.

라 8 사울이 땅에서 일어나 눈은 떴으나 아무것도 보지 못하고 사람의 손에 끌려 다메섹으로 들어가서 9 사흘 동안 보지 못하고 먹지도 마시지도 아니하니라

9:1-2. 사울 이야기는 8장 3절에서 중단된 부분부터 다시 시작된다. 사울은 여전히 "제자들에 대한 위협과 살인(ἐμπνέων, 엠프네온)의 숨을 쉬고 있다"(개역개정. "위협과 살기가 등등하여," 7:51-52).[104] 사울의 박해가 광범위하고 활동적이라는 의미이다. 2절에서 누가는 사울이 남자와 여자 모두를 찾아다닌다고 말한다. 삼위일체 하나님께서 예루살렘 밖에서 선교를 추진하실 때(8:12), 사울은 대제사장의 권위로 포학 행위를 확장하여 영역을 되찾으려 한다. 성전 분쟁은 여전히 격렬하다.

사울을 위협과 살인을 내뿜는 사람으로 묘사하는 것은 일반적인 관용구이지만 사도행전의 내러티브 흐름에서는 성령(πνεῦμα, 프뉴마)의 새롭게 하는 사역과 사울의 혼란한 사역을 대조적으로 보여준다. 사울은 위협을 내뿜음으로써 프뉴마의 역사에 반대한다.[105]

"위협"(ἀπειλῆς, 아페일레스)은 이미 4장 29절에서 사도들이 성전 권력자들의 "위협"에 비추어 종들이 담대함을 갖도록 기도하는 대목에서 등장한다. 마찬가지로 사울의 권위는 대제사장에게 나오는데, 그는 다메섹에서 예수님을 따르는 사람들을 체포할 수 있는 허가서를 요청한다. 따라서 그는 지금 권력을 가진 대제사장의 위임을 받았지만 참된 대제사장은 그에게 또 다른 위임을 주려고 한다.

이 운동이 "그 도"라고 불린 것은 이번이 처음이지만, 사도행전에는 이 명칭이 다섯 번 더 등장한다(19:9, 23; 22:4; 24:14, 22). 이 단어에 어울리게 사울은 곧 "길"에서 예수님을 만난다(9:17, 27).[106] 예수님을 따르는 공동체를 "그 도"라고 부르는 것은 이스라엘이 유배에서 회복될 때 주님이 가실 길에 관해 말하는 이사야 40장 3절에서 유래했다. 이사야에서 "길"은 출애굽 당시의 언어와 이미지이다(출 13:21-22; 23:20). 이 길은 하나님께서 그들을 바벨론에서 인도하시는 길이며, 적절한 지리적 초점이다.[107]

---

104 사울은 비느하스(민 25:7-13), 엘리야(왕상 18:40; 19:10, 14), 맛디아(1 Macc 2:23-28)와 같은 열심이 있다. 바울 자신은 자신이 교회의 큰 핍박자라고 말한다(고전 15:9, 갈 1:13-14, 빌 3:6, 딤전 1:13). Spangenberg, *Brief Exegesis of Acts* 9:1, in Chung-Kim, Hains, et al., *Acts*, 120,는 베냐민 지파에 대한 야곱의 예언을 성취한 것이라고 말한다. "베냐민은 물어뜯는 이리라 아침에는 빼앗은 것을 먹고 저녁에는 움킨 것을 나누리로다."

105 Calvin, *Acts*, 256, 260,은 하나님의 은혜는 "잔인한 늑대가 양으로 변하는 것뿐만 아니라 목자의 성품을 취하는 것에서도 볼 수 있다"라고 말한다.

106 Spencer, *Acts*, 107,은 사울이 옛 삶의 방식에서 새로운 길로 나아가는 여정에서 '길'에서 가진 만남이 갖는 공간적 의미에 관해 언급한다. 모세의 변화도 광야에서 일어났고 내시의 변화도 마찬가지였다.

107 Pao, *Acts and the Isaianic New Exodus*, 68,은 "그 도"가 공동체의 정체성을 구축하는 과정

사도행전은 구원의 길(16:7), 주님의 길(18:25), 하나님의 길(18:26)을 언급하지만 모든 문맥에서 지리적으로 강조한다.[108] 주님은 "길"을 따라 여행하시며 종들을 통해 구원을 가져온다(눅 3:4-6). 파오Pao는 사도행전에서 "그 도"라는 용어는 일반적으로 논쟁적인 맥락에서 사용되며, 이 종파를 대다수 유대인 문화와 구별한다고 지적한다.[109]

여기서 유대인 사울은 "그 도"의 사람들을 찾는다. 누가는 이렇게 두 그룹을 구별하지만, 그 도를 여호와의 길을 가는 "참 이스라엘"로 묘사한다. 거류민은 그의 백성이다. 언어는 사울이 하나님의 백성이 경험하는 새롭고 확장된 출애굽을 막으려는 것으로 묘사한다. 곧 그 도를 핍박하던 그가 승천하신 주님을 위해 언덕을 평탄하게 하고 곧은 길을 만들 것이다.

9:3-4. 사울은 교회를 핍박하기 위해 길을 가고 있지만, 이 길에 다른 사람이 살고 있다는 사실을 깨닫지 못한다. 그는 이스라엘을 저주하려던 발람과 같지만 축복만 할 수 있을 뿐이다. 예수님을 찾지 않고 적극적으로 반대하기 때문에 그의 마지막은 순전히 오직 은혜로만 이루어진다.[110] 그에게 빛이 나타나고 그에게 말하는 음성을 들으면서 땅에 엎드린다.[111]

하나님의 사자(겔 1:28; 단 8:17; 마 17:6)에 대한 표준적인 반응은 엎드려 절하는 것이지만, 보통 위로의 말씀이 있다. 여기에는 사울이 곤경에 처했음을 나타

에서 이사야 40-55장에 나오는 변화된 이스라엘의 기초 이야기를 연상시키는 상징으로 기능한다고 설명한다. 이 상징은 과거와의 연속성뿐만 아니라 그 운동의 차별성을 의미한다.

108 J. B. Green, *Conversion in Luke-Acts: Divine Action, Human Cognition, and the People of God* (Grand Rapids: Baker Academic, 2015), 68-69,은 누가가 "그 도"를 일관성 있지만, 다양하게 사용함으로써 누가-행전에서 여행 주제의 중요성에 주목한다. 누가는 눅 3:4에서 순종과 회개를 알기 위해 이 단어를 사용했다. 그는 하나님의 목적을 "그 도"로 이해한다(눅 20:21, 행 18:25,26). 그는 예루살렘으로 향하는 예수님의 여정과 관련하여 이 단어를 사용했다(눅 9:52; 10:38; 13:22,33; 17:11; 19:4; 행 20:22).

109 Pao, *Acts and the Isaianic New Exodus*, 62.

110 Stott, *The Spirit, the Church, and the World*, 168,은 "사울의 회심의 원인을 묻는다면 오직 한 가지 대답 ... 즉 예수 그리스도를 통한 하나님의 주권적 은혜만이 가능하다. 사울이 '그리스도를 위해 결정'한 것이 아니라 ... 오히려 그리스도가 그를 위해 결정하시고 그의 삶에 개입하신 것이다."라고 주장한다. Chrysostom, *Homily 20 on Acts* (NPNF 1/11:129),은 "그는 사람에 의해 유도되어서는 안 되고 오직 그리스도에 의해서만 유도되어야 한다"라고 말한다.

111 그리스-로마 세계에서는 점술이 일반적이었고 방향과 지식을 얻기 위해 추구했다. Hubbard, *Christianity in the Greco-Roman World*, 55,은 바울이 본 묵시의 가장 큰 차이점은 바울이 의도적으로 예식, 의식, 공식, 기술을 통해 환상을 찾았다는 증거가 없다는 점이라고 지적한다.

내는 위로의 말이 없다.[112] 빛이 나타난 것은 새로운 창조와 부활을 가리키며, 신현과 성전 환상의 특징이다(출 19:16; 삼하 22:13, 15; 시 77:18, 97:4, 144:5-6; 겔 1:4, 13, 14; 단 10:6; 눅 9:29; 17:24; 24:4).[113] 누가 문헌에서는 스가랴가 성전에서 신현을 만나는 사건(눅 1:22)과도 일맥상통한다.

이 특별한 에피소드는 또한 하늘이 열리고 사방에 찬란한 빛이 보였던 에스겔의 환상을 독자들에게 상기시켜 준다(겔 1:1-25). 다음 몇 구절과 그 이후의 언급은 이 빛이 예수님 자신(9:5, 27; 22:14-15; 26:16)과 그분의 하늘 영광(고후 4:6)임을 분명히 한다. 따라서 이 빛은 그리스도의 현현이다(Christophany, 고전 9:1; 15:5-8).[114]

에스겔 장면에서는 피조물과 보좌가 매우 자세하게 묘사되어 있지만, 보좌에 있는 "사람"은 빛이 너무 밝아서 (자세히 설명하지 않고) 두 구절만 주어진다(겔 1:26-28). 이제 사울이 고개를 들자 예수님이 보좌에 계신 분으로 드러난다. 에스겔이 선명하게 보지 못했던 것을 사울은 이제 본다.[115] 구약의 선지자들이 보좌가 있는 방을 보았을 때 그들은 예수님을 보았다(요 12:41). 누가는 이미 그리스도께서 승천하셔서 보좌에서 통치하신다는 사실을 분명히 밝혔다. 그는 연결하는 내러티브에 등장한다. 슬리먼이 말했듯이, "사울은 승천의 지리학, 즉 예수의 공간적 궤도 안으로 끌려 들어가고 있다."[116]

이 사건은 구약의 특정 내러티브 및 선지자들에게 사명을 주는 장면(출 3:2-4; 사 6:1-13; 렘 1:4-10)과 유사성 때문에 바울을 선지자로 특징지을 수 있다. 구약 인물들과 마찬가지로 사울은 땅에 엎드려 여호와뿐만 아니라 예수님께도 말씀을 듣는다. 예수님은 그에게 "사울아, 사울아, 왜 나를 핍박하느냐?"라고 물으

112 Keener, *Acts*, 2:1633–34.

113 D. Hamm, "Paul's Blindness and Its Healing: Clues to Symbolic Intent (Acts 9; 22 and 26)," *Bib* 71 (1990): 63–72,은 빛이 또한 하나님의 임재의 특징이라고 이해한다(시 4:6; 36:9; 56:13; 78:14; 89:15; 97:11; 104:2; 사 2:5; 60:19).

114 S. Kim, *The Origin of Paul's Gospel* (Eugene: Wipf & Stock, 2007)[=『바울 복음의 기원』, 두란노, 2018].

115 D. Allison, "Acts 9:1–9, 22:6–11, 26:12–18: Paul and Ezekiel," *JBL* 135 (2016): 807–26,는 예수님에 대한 바울의 환상을 인간화된 주님의 모습에 대한 에스겔의 환상에 비유하며, 바울에게 나타나신 주님은 에스겔에 나오는 인물이라고 주장한다.

116 Sleeman, *Geography and the Ascension*, 200, 202.

신다.[117] 교회를 핍박하는 것은 예수님을 괴롭게 하는 일이다.[118] 살인자는 살해당한 자로 멈춰진다. 제닝스의 말처럼,

> [예수님의] 질문은 개인적이기 때문에 우리가 감당하기에는 너무 방대하다. 우리는 수 세기 동안 가난한 사람, 여성, 어린이, 소외된 사람들에게 이 질문을 들어왔다. 이제 이 질문은 하나님의 질문이다. 그것은 하나님의 것이다. 상처와 고통과 아픔이 최종 목적지인 예수님의 몸에 도달했다.[119]

9:5-6. 사울은 누가 자신에게 말하는지 혼란스러워하지만, 하나님을 대표하는 분이 왔다는 것을 안다(그를 주님이라고 부른다). 승천하신 그리스도는 "나는 예수라"라고 대답하신다. "나는 ~이다"라는 자기 동일시는 신현에서 흔히 볼 수 있다.[120] 그런 다음 예수님은 사울이 자기 몸을 박해하는 현실을 반복한다.[121] 이 말씀은 가능한 한 가장 가까운 방식으로 예수님과 그분의 교회를 동일시한다. 사울은 그리스도의 백성을 박해함으로써 예수님을 고통스럽게 하고 있다. 예수님을 머리로, 교회를 몸으로 비유하는 것은 단순한 비유 그 이상이다. "하나님의 임재 앞에서 온전하게 남을 수 있는 살인의 이유는 없다."[122]

주님은 이제 자신의 정체성과 이름을 분명히 밝히신다. 에스겔과 다른 선지

---

117 독자들은 사울의 이름이 9:1의 헬라어 형태(Σαῦλος)와 다른 철자(Σαούλ)로 표기되어 있다는 점에 주의해야 한다. 그의 히브리어 이름은 이스라엘의 초대 왕 사울과 연결된다. 누가는 사울의 회심 기록(9:4, 17; 22:7, 13; 26:14)에서 이 철자를 사용하는데, 이는 바울이 사울과 같은 인물이 되기 위한 길을 가고 있었지만 다윗 왕과 맞닥뜨렸음을 암시한다. Martin and Smith, *Acts*, 103의 Ephrem the Syrian, *Homily on Our Lord 34*은 강렬한 빛과 함께 겸손한 목소리가 어떻게 동반되는지 언급한다. "우리 주님의 겸손은 모태에서 무덤에 이르기까지 널리 퍼졌다. ... 아래에서는 박해자들을 정복하시고 위에서는 천사들을 다스리시는 분이 위로부터 겸손한 목소리로 말씀하셨다. 땅에서는 십자가에 못 박는 자들에게 열 가지 재앙을 선포하신 그분은 위에서는 박해자 사울에게 단 한 가지 재앙도 선포하지 않으셨다."

118 Martin and Smith, *Acts*, 103의 Augustine, *Sermon* 122.6,은 다음처럼 말한다. "그때 바울이 하늘로 올라갔을까? 바울이 하늘을 향해 돌을 던졌을까? 그가 핍박하고, 묶고, 죽이려고 끌고 다니고, 은신처를 찾아 사방에서 사냥하고, 발견하면 절대 아끼지 않았던 대상은 그리스도인들이었다. 주님은 그에게 '사울아, 사울아'라고 말씀하셨다. 주님은 어디에서 부르짖으셨나? 천국이다. 그분은 하늘 위에 계셨다. '너는 왜 나를 핍박하느냐?'라고 말씀하신다. 따라서 그분은 아래에 있다."

119 Jennings, *Acts*, 91. Martin and Smith, *Acts*, 103의 Basil the Great, *Letter 8*,은 "우리에게 일어나는 역경조차도 주님은 우리와 교제하시기 때문에 우리의 고난을 친히 짊어지시고 자신의 것으로 만드신다"라고 말했다.

120 창 15:7; 17:1; 26:24; 28:13; 31:13; 35:11; 46:3; 출 3:6, 14-16.

121 예수님은 또한 "나는 예수다"라는 어구로 자신을 밝히신다(ἐγώ εἰμι Ἰησοῦς, 사도행전 9:5; 22:8; 26:15).

122 Jennings, *Acts*, 91.

자들이 보고 싶어 했던 분이 바로 예수님이시다(벧전 1:10-12). 예수님은 사울에게 일어나서 시내로 가서 무엇을 해야 할지 지시받으라고 말씀하신다. 이것은 위임 장면이다. 이전 내러티브와 같이 삼위일체 하나님은 중요한 진전에서 그의 종들에게 지시하신다.

예수님은 나타나실 뿐만 아니라 다음에 해야 할 일을 지시하신다. 사울은 "일어나야 한다." 이 장면은 부활 장면으로 묘사된다(22:10, 16; 26:16). 환상은 그 자체로 끝이 아니다. 사울에게는 할 일이 더 있다. 하나님은 사람들에게 나타나실 때 그들을 섬기도록 이끄신다.

9:7. 사울의 체험을 기록한 후 누가는 사울과 함께 있던 사람들에게 잠시 시선을 돌린다. 그들은 소리를 들었기 때문에 음성을 들었음을 암시하지만 아무도 보지 못했다. 사울의 환상은 주관적이거나 심리적인 것이 아니었다. 사람들이 보지 못하는 것은 이해력이 부족하다는 것을 의미하며, 이것은 이 이야기가 이후에 말하는 내용과 일치한다고 주장한다.[123]

어느 쪽이든 요점은 사울이 부활하신 주님의 표적이 되었다는 것이다. 사울과 함께 있던 사람들은 무슨 일이 일어났는지 알지 못한 채 말하지 못하는 상태로 그와 서 있었다. 사울과 함께 여행하는 사람들의 반응은 그 환상이 초자연적이고 역사적이며 사울을 직접 겨냥한 것임을 보여준다.

9:8-9. 누가는 사울에게 돌아간다. 사울은 옛 선지자들처럼 영광의 주님이 나타나자 땅바닥에 엎드렸다. 그는 그리스도의 현현을 보았다. 환상 후에 그는 일어났지만 앞을 보지 못한다. 누가가 사울이 보지 못하는 것을 강조한 이유는 해석자들이 이 이미지를 해석할 수 있는 근거를 제공한다.[124] 바울이 하나님의 계획에 반대하여 일시적으로 실명한 것은 스가랴가 믿지 못함으로 일시적으로 말을 하지 못한 것과 유사하다(눅 1:20, 22).

나중에 바울은 이 일이 정오에 있었다고 말하는데, 이는 언약에 신실하지 않은 사람들에 관한 이사야의 저주를 반영한다. "우리가 맹인 같이 담을 더듬으며 눈 없는 자 같이 두루 더듬으며 낮에도 황혼 때 같이 넘어지니"(사 59:10). 사도

---

123 보는 것은 종종 하나님의 활동을 인식하는 것과 관련이 있다(눅 10:18; 24:37, 39; 행 3:16; 7:56). 또는 사건의 중요성을 이해하는 것과 관련이 있다(행 4:13; 17:22; 21:20; 27:10). Gaventa, *Acts*, 150,와 Parsons, *Acts*, 128,가 이렇게 주장한다. 그러나 내러티브에서 문자적으로 보는 것을 강조하기 때문에 나는 "그들은 예수를 보지 못했다"라고 보려고 한다. 여기에는 그들이 이해하지 못한다는 의미도 포함된다. Keener, *Acts*, 2:1639,는 이러한 사소한 차이와 의문은 현대 역사학에서 더 많이 비롯된다고 주장한다. 고대 역사가들은 이러한 변형에 신경 쓰지 않았을 것이다.

124 Hamm, "Paul's Blindness and Its Healing," 63–72.

행전의 나머지 부분에서도 빛은 이방인에게 복음을 전하는 사울의 이미지로 두드러지게 등장한다(13:47; 26:17-18; 26:23). 예수님은 이방인에게 빛이시다(눅 2:32). 그러므로 보지 못하는 바울은 언약에 신실하지 못했음을 상징한다. 이제 오순절과 같이 주님의 불이 나타났다. 눈을 뜨게 된 바울의 사명은 눈을 뜨게 하는 것이다(사 35:5; 42:7).

동료들은 그를 다메섹으로 이끌어가는데, 예수님이 사흘 동안 죽음의 어둠 속에 계셨던 것처럼 바울은 사흘 동안 보지 못한다.[125] 사울은 사람들을 "결박"('결박하다'[δέω, 데오]의 분사는 CSB에서 '죄수로'로 번역됨)하기 위해 대제사장의 권세 아래 다메섹으로 출발하지만(9:2, 13-14, 21) 그리스도의 명령과 그분의 손이 인도하는 대로 다메섹으로 들어간다(9:8).[126]

누가는 또한 그가 아무것도 먹지도 마시지도 않았다고 기록하는데, 이는 생명이 없고 죽었다는 또 다른 표지이자 그의 슬픔과 회개의 징표이기도 하다.[127] 그리스도의 영광의 구름이 그를 압도했고, 이제 사울은 그 왕을 대표하는 자에게 눈을 뜨게 해달라고 요구한다. 사울의 묵시는 스스로 한 것이 아니라 예수님께 사로잡힌 것이므로 "그 도"의 사람들의 도움이 필요하다. 사울은 이전에 주님의 길을 막았다. 이제 그는 주님을 위한 "길"을 만들라는 사명을 받을 것이다.

3.2.2. 아나니아의 환상과 중재 (9:10-19a)

10 그 때에 다메섹에 아나니아라 하는 제자가 있더니 주께서 환상 중에 불러 이르시되 아나니아야 하시거늘 대답하되 주여 내가 여기 있나이다 하니 11 주께서 이르시되 일어나 직가라 하는 거리로 가서 유다의 집에서 다소 사람 사울이라 하는 사람을 찾으라 그가 기도하는 중이니라

12 그가 아나니아라 하는 사람이 들어와서 자기에게 안수하여 다시 보게 하는 것을 보았느니라 하시거늘 13 아나니아가 대답하되 주여 이 사람에 대하여 내가 여러 사람에게 듣사온즉 그가 예루살렘에서 주의 성도에게 적지 않은

---

125 Parsons, *Acts*, 129,은 유대인 사상에서 시력을 읽어버리는 것이 저세상으로 가는 필수적인 단계였다고 말한다(시 49:19; 58:8). 스올은 어둠의 장소이다(욥 17:13; 시 23:4; 49:14; 88:6; 잠 7:27). Bede, *Comm. on Acts* 9.9,에서도 사흘을 그리스도의 죽음과 연관시킨다. "그는 주님께서 사흘째 되는 날 부활하심으로 죽음을 정복하셨다는 것을 믿지 않았기 때문에, 이제 사흘간의 어둠이 빛이 왔으므로 대체되었다는 것을 자신의 경험으로 배웠다."

126 Sleeman, *Geography and the Ascension*, 202,은 바울이 다메섹에 눈이 보이지 않는 상태로 들어간 것은 기독론적 개입이 있을 때까지 공간을 탐색하고 영향력을 행사할 수 있는 능력을 제거한 것이라고 말한다.

127 Keener, *Acts*, 2:1638,은 금식이 더 많은 계시를 위한 훈련된 준비를 의미할 수 있다고 말한다(출 34:28; 단 10:2-3).

해를 끼쳤다 하더니 14 여기서도 주의 이름을 부르는 모든 사람을 결박할 권한을 대제사장들에게서 받았나이다 하거늘 15 주께서 이르시되 가라 이 사람은 내 이름을 이방인과 임금들과 이스라엘 자손들에게 전하기 위하여 택한 나의 그릇이라 16 그가 내 이름을 위하여 얼마나 고난을 받아야 할 것을 내가 그에게 보이리라 하시니 17 아나니아가 떠나 그 집에 들어가서 그에게 안수하여 이르되 형제 사울아 주 곧 네가 오는 길에서 나타나셨던 예수께서 나를 보내어 너로 다시 보게 하시고 성령으로 충만하게 하신다 하니 18 즉시 사울의 눈에서 비늘 같은 것이 벗어져 다시 보게 된지라 일어나 세례를 받고 19 음식을 먹으매 강건하여지니라

9:10. 사울은 부활하신 주님의 환상을 보았고, 이제 아나니아가 교회의 중보자로 온다. 그 역시 예수님의 환상을 보았다. 아나니아의 중요성은 그에게 할당된 지면으로 알 수 있다. 아나니아가 참여한 이유는 세 가지이다.

첫째, 아나니아는 바울의 변화를 승인하는 역할을 한다. 다메섹 공동체의 대표자가 바울의 체험을 확인해야만 바울의 체험이 신빙성을 가질 수 있다. 예수님의 환상조차도 단순히 개인적인 경험으로 끝나는 것이 아니라 공동체를 하나로 모으는 기능을 한다.

둘째, 아나니아 내러티브는 성령께서 빌립을 유대와 사마리아로 보내신 것처럼 부활하고 승천하신 왕이 이 사건을 친밀하게 지휘하고 있음을 보여준다. "사도행전에서 하나님의 역사는 종종 하나님께서 한 이야기의 여러 측면을 동시에 역사하시는 것을 포함한다."[128] 성령의 역사는 한 개인에게만 국한되지 않고 지속해서 반대하는 사람들을 하나로 묶어 준다.[129]

셋째, 아나니아는 단순히 소식을 전하는 자가 아니라 극복해야 할 두려움의 상징이다. 아나니아는 사울이 다메섹에서 핍박하려 했던 바로 그 사람 중 한 명인 예수님의 제자였다(9:1). 주 예수님께서 그에게 나타나셔서 그의 이름을 부르신다. 아나니아는 "주여, 내가 여기 있나이다"라고 대답하며 순종할 준비가 되어 있음을 나타낸다(창 22:1-2; 11-12; 삼상 3:4-14; 사 6:8). 아나니아는 우리가 회개할 것으로 기대하지 않는 사람들에 대한 하나님의 급진적인 역사를 의심할 수 있는 사람들의 상징이다.

---

128 M. Skinner, *Intrusive God, Disruptive Gospel: Encountering the Divine in the Book of Acts* (Grand Rapids: Brazos, 2015), 70.

129 독자들은 이미 에디오피아 내시 이야기에서 성령께서 내러티브 이야기의 여러 측면에서 역사하시는 것을 목격했으며, 베드로와 고넬료의 만남에서 끊임없이 활동하시는 성령을 다시 볼 것이다.

9:11-12. 누가는 아나니아에게 주신 주님의 명령을 이야기한다. 주님은 그에게 곧은 길(개역개정. "직가")에 있는 유다의 집으로 가서 사울을 찾으라고 말씀하신다.[130] 승천하신 주님은 일을 올바른 방향으로 세우시고 그 길을 "곧게"(εὐθείας, 유데이아스) 만드시지만, 거부하는 사람들은 구부러진(CSB "부패한," 개역개정 "패역한") 세대의 일부이다(2:40). 이는 광야에서 하나님의 길을 곧게 만들라고 외치는 소리가 나오는 이사야 40장 3절을 암시한다(참조. 눅 3:4-5).

또한 마술사 시몬의 마음은 하나님 앞에서 **바르지** 않았고(CSB "옳다," 개역개정 "바르지 못하니," 8:21), 바울은 "주의 바른 길을 굽게"한 거짓 선지자를 대면한다(행 13:8, 10).[131] 하나님은 자기 백성을 유배지에서 구출하는 임무를 수행 중이며, 바울이 예수님을 만난 것은 "그 길"(τῇ ὁδῷ, 테 호도. 참조. 9:27)에서 일어났다.

주님은 아나니아에게 사울도 시력을 되찾을 수 있도록 아나니아라는 사람이 그에게 오는 환상을 보았다고 말씀하신다. 예수님의 환상은 두 대적을 한 지붕 아래 하나로 묶어 준다. 그리스도의 공동체는 사울과 세상 모두가 시력을 회복하는 일에 관여할 것이다.

9:13-14. 아나니아는 환상을 보았지만 사울이라는 사람의 명성을 알고 있었다. 예루살렘에서 사울이 박해한다는 소문이 다메섹까지 퍼졌고, 아나니아는 사울이 예수님의 이름을 부르는 모든 사람을 체포하러 왔다는 사실을 안다. 그는 모세가 하나님의 부르심에 주저했던 것처럼 돕기를 주저한다.[132] 아나니아는 예수님을 "주님"이라고 부른다.

이 부분에서 "주님"이 다섯 번째로 나오는데, 이는 사울과 아나니아가 본 것이 에스겔의 환상에서 보좌에 앉으신 분이라는 것을 확인시켜 준다. 하늘과 땅의 주님은 여전히 사울과 아나니아의 사명에 친밀하게 관여하고 계신다. 14절은 "예수님의 이름"을 계속해서 강조한다. "예수님의 이름을 부른다"는 표현은 이 구절 전체에 흩어져 있으며 요엘서 2장 32절과 예수님께서 높임 받으심에서 유래한다. 이는 그리스도인의 특징이다(롬 10:9; 고전 12:3; 빌 2:11).

누가는 사울의 급격한 변화를 강조하고, 그 도의 일원이 된 사람들이 사울의 변화를 받아들이는 데 시간이 걸린다는 것을 보여주기 위해 이 응답을 넣었다. 하

---

130 Keener, *Acts*, 2:1652,는 헬레니즘 이전 도시의 대부분 거리가 구불구불하고 좁아서 길을 잃기 쉬웠다고 지적한다.

131 Green, *Conversion in Luke-Acts*, 102,은 "하나님의 길은 곧은 길이며(눅 3:4-5), 바울은 저는 사람에게 똑바로 서라고 지시하며(행 14:10), 굽거나 비뚤어진 것은 믿음이 없는 사람들의 특징이라고 말한다(눅 9:40; 행 2:40). 사탄은 사람들을 똑바로 서지 못하게 함으로써 불구로 만든다(눅 13:11, 13). 예수님은 하나님의 백성을 굽게 만들었다는 비난을 받는다(눅 23:2)"라고 지적한다.

132 Chrysostom, *Homily 20 on Acts* (NPNF 1/11:129).

나님께서는 자신의 대표자들조차도 따라잡을 수 없을 정도로 선교를 진전시킨다.

9:15. 주님은 아나니아에게 앞으로 사울의 사명을 밝히시며 사도행전의 나머지 이야기의 틀을 마련하신다. 사울은 주님의 "택한 그릇"(σκεῦος ἐκλογῆς, 스큐오스 에클로게스)이다.[133] 그는 부활 승천하신 주님의 이름을 이방인과 왕, 이스라엘 백성에게 전하여 이방인의 빛이 되라는 이사야 49장 6절을 성취해야 한다.[134] 예수님의 이름을 전한다는 것은 예수님과 여호와의 성전 임재와 영광을 모든 민족에게 전한다는 것을 뜻한다. 이는 또한 주님의 이름을 공허하거나 거짓으로 전하는 것에 관해 더욱 문자 그대로 경고하는 세 번째 계명(출 20:7)을 반향한다.[135]

바울의 이방인 선교는 13장 44절에서 시작되고, 왕들에 대한 선교는 24장, 이스라엘 백성들에 대한 선교는 22장에서 시작된다는 주장도 있어 이 선교 순서에 대한 논란이 있다. 그러나 사도행전 13-28장은 그렇게 깔끔한 그림을 보여주지 않는다. 바울은 종종 유대인에게 먼저 설교한 다음 이방인에게 더 일반적으로 설교한다(예. 13:4-48). 이 구절은 일부 학자가 생각하는 것만큼 명확하게 계획적이지 않다.[136]

독자들은 이 구절의 중요성을 가볍게 여기면 안 된다. 슬리먼은 이 구절이 나머지 내러티브의 공간적 진행에 중추적인 역할을 하며, 1장 8절만이 내러티브의 영향을 넘어선다고 말한다.[137] 누가의 요점은 바울의 선교 범위가 넓고 1장 8절처럼 나머지 내러티브의 무대를 설정하는 것으로 보인다. 또한 목록에서 이방인을 가장 먼저 언급한 것은 이방인의 우선순위를 나타낸다. 그럼에도 사울은 여전히 이스라엘에 대한 사자였다. 바울의 선교 범위는 분명하지만, 이 모든 것은 열방에 복음을 펼치는 하늘에 계신 그리스도를 만난 것을 기반으로 한다. 아브라함처럼 사울은 세

---

133 Tannehill, *The Narrative Unity of Luke-Acts*, 2:118,은 ἐκλογή와 ἐκλέγομαι가 일반적으로 언약적 구원을 위한 하나님의 백성 선택을 가리키는 것이 아니라 특별한 사명을 위한 선택을 가리키는 경우가 더 많다고 주목한다(눅 6:13; 행 1:2, 24; 6:5; 15:7; 15:22, 25). 이것은 누가가 바울이 이제 하나님의 선민(그는 이미 유대인이었다!)의 일부가 아니라 특별한 사명을 받았다고 말한다는 것을 나타낸다. 그러나 구약에서는 육신으로 하나님의 백성의 일부가 되어도 여전히 정죄를 받을 수 있었다(롬 2:28-29; 9:6-9). σκεῦος는 특정 기능이나 역할을 수행하는 사람을 위해 정기적으로 사용된다(딤후 2:20-21; 롬 9:20-24).

134 Tannehill, *The Narrative Unity of Luke-Acts*, 2:119-20,은 사도행전에서 바울이 주님의 선택을 받고(13:47; 20:24; 22:14; 26:16), 유대인과 이방인의 증인으로 보냄받고(13:46-47; 20:21; 22:15,18-21; 26:16-17), 거부와 고난에 직면하는(13:46; 20:19; 20:23; 22:18; 26:17) 모습을 어떻게 묘사하고 있는지를 나열한다.

135 C. J. Imes, *Bearing God's Name: Why Sinai Still Matters* (Downers Grove: IVP Academic, 2019).

136 Peterson, *Acts*, 309.

137 Sleeman, *Geography and the Ascension*, 206.

상을 축복하기 위해 선택받았다. 예레미야처럼 바울은 열방의 선지자이다(렘 1:5).

9:16. 15절은 바울의 사명을 자세히 설명하지만, 16절은 그 사명에는 고난이 수반될 것을 설명한다. "그가 내 이름을 위하여 고난을 받아야 할 것"(δεῖ αὐτὸν ὑπὲρ τοῦ ὀνόματός μου παθεῖν, 데이 아우톤 휘페르 투 오노마토스 무 파데인)은 9 장 13-14절에서 아나니아의 불평을 뒤집는다. 예수님의 이름을 부르는 사람들 에게 악을 행한 이 사람은 예수님의 이름 때문에 고난을 받을 것이다. 고난과 사 명은 함께 따라온다. 핍박은 전파하는 데서 비롯된다. 종은 그 종, 예수 그리스도 의 모양을 따라야 한다.[138]

사도행전에서 "고난을 받다" 동사는 거의 그리스도 자신의 고난을 의미하기 때문에 이 언어는 예수님의 수난 예언(눅 9:22; 10:16; 17:25; 24:26)을 떠올리 게 한다. 하나님의 도구가 되라는 부르심은 곧 핍박에 대한 부르심이다. 예수님은 이미 제자들에게 자신을 따르려면 자기 십자가를 져야 한다고, 주인이 고난을 받 으면 제자들도 고난을 받을 것이라고 말씀하셨다(마 10:25; 요 15:20).

특히 15-16절에서 바울의 사역은 왕이신 예수님의 권위 아래에서 설명된다. 그는 주님께서 "선택하신 도구"이며, 주님의 이름을 이방인에게 전할 것이며, 예 수님의 이름을 위해 고난받을 것이다. 바울의 사역은 부활 승천하신 주님에게 비 롯되며, 바울과 관련이 있으며, 바울의 고난은 예수의 이름 때문일 것이다. 그러 므로 사도행전 13장부터 28장까지는 승천하신 주님께서 여전히 그분의 사명을 성취하고 계신다는 주제 아래 놓여야 한다.

9:17-19a. 아나니아는 위험에도 불구하고 순종하여 새로운 아브라함(창 12:4), 모세(출 3:11), 기드온(삿 6:27)이 되었다. 그는 죽음을 두려워했지만 아브라함, 요셉, 마리아처럼 자신을 나타내시는 분의 말씀에 귀를 기울였다. 그는 바랄 수 없는 일을 바랐다.[139] 아나니아가 집에 들어간다. 다시 말하지만, 지역적인 공간인 집은 성령이 임하시는 장소이다. 그 집은 새 성전을 보호한다. 사울은 집에 침투 하기 위해 왔지만(8:3), 이제 그는 아나니아의 집에 손님이자 동반자로 들어간다. 폭력의 집이 평화의 집이 된다.

아나니아는 사울에게 안수하고 그를 형제라고 부른다.[140] 하나님은 이미 이 사

---

138 Beers, *The FolRowers of Jesus as the "Servant,"* 149–51.

139 T. F. Torrance, *Atonement: The Person and Work of Christ*, ed. R. T. Walker (Grand Rapids: IVP Academic, 2014), 305,은 승천이 수평적 관계(아나니아와의 관계)와 수직적 관계(그리스도와의 관계)를 중재한다고 지적한다.

140 여기서 "형제"는 단순히 유대인이 다른 유대인을 지칭할 때 사용하는 용어일 수도 있다 (2:29, 37; 7:2, 26; 22:1). 하지만 아나니아의 두려움 때문에 문맥상 더 중요한 의미를

람을 소유하셨다.[141] 17-18절은 9장 8-9절에서 바울이 앞을 보지 못하고 먹지도 못하는 죽음의 상태와 대조되어야 한다. 이제 그는 시력을 되찾고 성령 충만함을 받고 세례를 받는다.[142] 사울이 성령을 받고 세례를 받은 것은 그의 부활을 상징한다 (롬 6:3-11).[143] 태너힐은 "열방의 빛으로 유대인과 이방인의 눈을 뜨게 하도록 부르심을 받은 이 사람은 그 빛을 만났고 그 자신은 치유된 소경이다."라고 말한다.[144]

메시아의 빛은 이방인을 향한 길을 비춰야 한다. 사울은 이제 예수님의 형제이자 제자로 그 도의 일부가 되었다. 사울은 성취해야 할 사명과 짊어져야 할 십자가가 있기에 사회학적이자 상징적인 식사인 음식을 먹고 힘을 되찾는다.

3.2.3. 사울의 예언된 미래 (9:19b-31)

19b 사울이 다메섹에 있는 제자들과 함께 며칠 있을새 20 즉시로 각 회당에서 예수가 하나님의 아들이심을 전파하니 21 듣는 사람이 다 놀라 말하되 이 사람이 예루살렘에서 이 이름을 부르는 사람을 멸하려던 자가 아니냐 여기 온 것도 그들을 결박하여 대제사장들에게 끌어 가고자 함이 아니냐 하더라 22 사울은 힘을 더 얻어 예수를 그리스도라 증언하여 다메섹에 사는 유대인들을 당혹하게 하니라 23 여러 날이 지나매 유대인들이 사울 죽이기를 공모하더니 24 그 계교가 사울에게 알려지니라 그들이 그를 죽이려고 밤낮으로 성문까지 지키거늘 25 그의 제자들이 밤에 사울을 광주리에 담아 성벽에서 달아 내리니라 26 사울이 예루살렘에 가서 제자들을 사귀고자 하나 다 두려워하여 그가 제자 됨을 믿지 아니하니 27 바나바가 데리고 사도들에게 가서 그가 길에서 어떻게 주를 보았는지와 주께서 그에게 말씀하신 일과 다메섹에서 그가 어떻게 예수의 이름으로 담대히 말하였는지를 전하니라 28 사울이 제자들과 함께 있어 예루살렘에 출입하며 29 또 주 예수의 이름으로 담대히 말하고 헬라파 유대인들과 함께 말하며 변론하니 그 사람들이 죽이려고 힘쓰거늘 30 형제들이 알고 가이사랴로 데리고 내려가서 다소로 보내니라 31 그리하여 온 유대와 갈릴리와 사마리아 교회가 평안하여 든든히 서 가

지닌다.

141 17절의 분사 ὁ ὀφθείς "나타난 자"(개역개정, "나타나셨던")는 이 사건을 부활의 출현으로 특징지었다(고전 15:5-8; 눅 24:34).

142 사도가 아닌 사람이 디아스포라에서 성령을 중개한다.

143 사도행전 8장에서처럼, 어떤 사람들은 이 지연된 성령의 역사에 관해 혼동하지만 이것은 그 길('도')에 따라 한 사람이 확인하고 증거해야 하는 비정상적인 상황이다. 다음 부분 (9:19-30)에서 독자들이 보겠지만, 아나니아가 사울의 변화를 간증하더라도 여전히 의심하고 있을 것이다. 아나니아가 사울에게 안수하자 사울의 눈에서 비늘이 떨어지고 사울은 시력을 되찾고 세례를 받는다. Bede, *Comm. on Acts* 9.18,는 바울의 비늘을 비늘로 덮인 용의 몸이나 뱀의 가죽에 비유한다.

144 Tannehill, *The Narrative Unity of Luke-Acts*, 2:121.

고 주를 경외함과 성령의 위로로 진행하여 수가 더 많아지니라

9:19b-20b. 사도행전에는 많은 "시작"이 있었는데, 누가는 또 다른 시작에 주목한다. 디아스포라 생활 한가운데서 그리스도의 새로운 대사이자 종이 사역을 시작한다. 스데반을 핍박하던 사울이 스데반의 자리를 이어받는다. 그는 다메섹을 떠나지 않고 한동안 머물렀다.[145] 그는 "즉시"(εὐθέως, 유데오스) 회당에서 예수님을 선포하기 시작한다. 사울은 몇 가지 중요한 면에서 변했지만 여전히 열심으로 가득 차 있다.[146]

이 내러티브는 사울이 위임받은 원인에서 결과로 전환된다. 내러티브는 베드로, 스데반, 빌립에서 바울로 등장인물을 빠르게 바꾸었고 앞으로도 그렇게 할 것이지만, "화자는 사명의 유사성을 강조한다."[147] 그들은 모두 예수님을 전한다(8:5, 12; 9:15; 27-29). 인물이 아니라 메시지가 중심이다.

누가가 요약한 바울의 설교는 바울이 예수님을 "하나님의 아들"로 선포했다는 것이다. 이것은 헬레니즘과 유대교적 의미를 모두 내포하고 있지만, 던Dunn은 이 문구가 사도행전의 다른 곳에서는 발견되지 않기 때문에 바울은 통치하시는 메시아의 메시지를 더욱 헬레니즘화된 무리에게 상황화시켰다고 주장한다(참조. 갈 1:16; 롬 1:1-4).[148]

9:21-22. 무리는 예수의 이름을 부르는 사람들을 혼란에 빠뜨리기 위해 온 사람이 이제 그 이름을 선포하고 있다는 사실에 놀랐다.[149] 아나니아는 여전히 불신에 빠져 있었고, 무리도 마찬가지였다. "인간의 불신은 주님이 일하신 사울의 놀라운 변화를 강조한다."[150] 이 내러티브는 또한 인간이 주의 일을 따라잡는 데 어려움을 겪고 있는 현실을 지적한다. 그들의 이해는 뒤쳐져 있다. 사도행전 8-12장은 사람들이 따라갈 수 있든 없든 하나님께서 주권적으로 선교를 추진하신다는 점을 강조한다.

그러나 사울은 더 강해져서 "예수님이 메시아라는 것을 증명함으로써" 다메섹

---

145 해석가들은 갈 1:17에 따르면 사울이 회심 후 아라비아로 갔고 고후 11:32-33에 따르면 아레다 왕이 다메섹에서 바울을 체포하려 했다고 말하기 때문에 연대기에 관해 논쟁을 벌인다. 바울은 다메섹을 거점으로 삼아 다메섹에서 아라비아로 갔다가 나중에 돌아왔을 수 있다.

146 Stott, *The Spirit, the Church, and the World*, 173,는 "하나님의 은혜는 인간의 인격을 짓밟지 않는다. 오히려 그 반대이다. 인간이 진정으로 인간이 될 수 있게 해주기 때문이다. 가두는 것은 죄이고 해방하는 것은 은혜이다."라고 올바르게 주장한다.

147 Tannehill, *The Narrative Unity of Luke-Acts*, 2:115.

148 Dunn, *Acts*, 124.

149 "멸하려던"(πορθέω)은 LXX에서 4 Macc 4:23, 11:4에서만 안티오쿠스 4세가 유대인들에게 저지른 폭력을 묘사하기 위해 사용되었다(갈 1:13, 23).

150 Haenchen, *Acts of the Apostles*, 324.

유대인들을 계속 혼란스럽게 만들었다. 요한과 예수님도 "강해졌다"(눅 1:80; 2:40, 52). 이 작은 사건은 사울의 미래 사역을 예고한다. 사울은 의심받고 조롱당하지만 주님은 계속해서 그에게 힘을 주실 것이다. 이 능력은 성령과 관련이 있을 가능성이 높지만(삿 6:34; 대상 12:18), 후대의 사본에는 사울이 "말씀 안에서" 더 강해졌다고 덧붙인다.[151]

9:23-25. 사울이 예수님을 메시아로 선포하자 "그 도"를 따르지 않는 유대인들이 화를 냈고, 그들은 사울을 죽이려고 "공모"했다(20:19). "공모하다"라는 헬라어는 "음모를 꾸미다" 또는 "권하다"라는 뜻으로, 이 행동은 하나님의 계획에 반하는 것으로 묘사되며 주님의 기름 부음 받은 자를 대적하여 함께 권하는 자들의 자리에 그들을 올려놓는다(시 2:2; 마 26:4). 예수님을 믿는 바울의 믿음은 친구를 적으로 바꾸고 그를 배신자로 만들었다. 제닝스Jennings는 "예수님에 관한 메시지의 스캔들이 이제 사울의 삶의 스캔들이 되었다"라고 말한다.[152]

사울의 사명에 대한 예수님의 말씀은 빠르게 성취되고 있다. 이제 핍박하는 자가 핍박받는 자가 되었다. 사울은 그들의 음모를 알고, 예수님의 제자들은 여호수아 2장 15절의 정탐꾼과 사무엘상 19장 12절의 다윗처럼 밤에 큰 바구니에 사울을 내려놓고, 사울은 도망친다(고후 11:33). 구약의 인물들은 이스라엘의 구원자이며, 누가는 유대인들이 사울을 적으로 보았지만 실제로는 하나님이 선택한 해방자였음을 나타낸다.

9:26-27. 사울이 예루살렘으로 돌아오면서 이 내러티브는 완전히 원점으로 돌아간다(9:2). 그는 "그 도"를 억압하는 자로 떠났다가 제자가 되어 돌아온다. 그는 보지 못하는 자로 떠났지만 빛으로 가득 차 돌아온다. 예수님을 미워하는 자로 떠났지만 예수님의 종이 되어 돌아온다. 사울은 예루살렘에서 제자들과 함께하려고 하지만, 이전의 핍박이 걸림돌이 된다.

누가가 이 내러티브에서 사람들이 사울을 두려워한다고 언급하는 것이 이번이 세 번째이다(아나니아, 다메섹, 예루살렘). 교회에 잘 알려진 적이 바뀌었다. 예루살렘 사람들은 그가 "그 도"에 속한 사람들을 찾기 위해 계략을 꾸미고 있다고 두려워했을 것이다. "예루살렘 교회조차도 ... 주님의 최근의 놀라움에 즉시 적응하지 못했다."[153] 그러나 한 사람이 주님을 위해 일어섰다. 4장 36절에서 위로의 아들로 소개

---

151 5세기 사본 C(Codex Ephraemi Rescriptus)를 참조하라.

152 Jennings, *Acts*, 97.

153 Tannehill, *The Narrative Unity of Luke-Acts*, 2:123.

된 바나바는 사울의 환상과 다메섹에서 사역을 설명한다.[154]

바나바는 사울의 장점을 믿으며 회의론으로 가득 차 있지 않고, 성령은 아무리 강퍅한 마음도 변화시킬 수 있다고 믿는다. 동시에 바나바는 사울의 행동, 즉 사울이 예수님을 만난 것과 그 이후의 행동에서 이 진리를 근거로 삼는다. 다른 사람들은 모두 두려워하지만 바나바는 주님이 예상하지 못한 방식으로 일하신다는 것을 알고 있다. 하나님의 백성은 상상할 수 없는 일에 대비해야 한다.

9:28-30. 누가는 바나바가 그들을 설득했는지 말하지 않지만, 사울이 예루살렘에서 제자들과 함께 "출입하며"(헬라어 성경. 들어갔다 나왔다) 예수님의 이름으로 "담대히"(παρρησιαζόμενος, 파레시아조메노스) 말하는 것으로 보아 설득이 암시되어 있다. 이미 누가는 베드로의 사역을 담대함(4:13)으로 묘사했고, 제자들은 담대함을 위해 기도했다(4:29-31). 사도행전의 마지막 구절은 바울이 계속해서 담대하게 예수님에 관해 이야기한다고 선언한다(28:31). 사울의 사역은 담대함으로 시작되고 담대함으로 마무리된다.

그의 사역은 헬라파 유대인들과의 논쟁도 포함되지만, 그들 역시 사울을 죽이려고 한다. 스데반의 죽음을 감독했던 사울은 이제 스데반의 역할을 맡는다. 나중에 사울은 스데반과 비슷한 비난에 직면한다(21:28).[155] 다메섹과 마찬가지로 형제들은 사울을 예루살렘에서 데리고 나와 다소로 보내며, 독자들은 다음에 사울에 관해 듣는다(11:25).[156]

존 스토트는 사울의 초기 사역을 잘 묘사한다. 초기 사역은 그리스도 중심적이었고, 성령께서 주도하셨으며, 용기가 있었고, 대가를 치른 사역이었다.[157] 사울은 변화되었다. 이것은 시작에 불과하다. 앞으로 더 많은 일이 일어날 것이다.

9:31. 31절은 서로 맞물려 있는 본문으로서(참조. 6:7), 요약하는 동시에 다음 절로 매끄럽게 넘어가는 역할을 한다. 8-9장은 유대, 갈릴리, 사마리아의 교회에 관한 이야기이며, 누가는 박해받는 헬라파들이 흩어지면서 어떻게 버림받은 사람들을 환대하는 결실을 맺었는지를 이야기한다. 바울도 또 다른 버림받은 사람이었다. 이스라엘은 승천하신 주님 아래 다시 하나가 된다.

교회는 "평안하여 강건해졌다" 또는 "세워졌다"(οἰκοδομουμένη, 오이코도무메

---

154 Bede, *Comm. on Acts* 4.36b,는 "위로"(παράκλησις)라는 단어를 성령과 연결한다.

155 Tannehill, *The Narrative Unity of Luke-Acts*, 2:114.

156 Tannehill, *The Narrative Unity of Luke-Acts*, 2:124,는 지리적 위치가 다른 내용으로 끊어진 내러티브의 연결 고리를 만드는 데 사용되어 사도행전이 지리적 요소에 근거하고 있다는 추가 논거를 제공한다고 주장한다.

157 Stott, *The Spirit, the Church, and the World*, 178-79.

네, 개역개정. "든든히 서 가고").[158] 늑대는 어린 양에게 길들었다. 수동태 "세워지다"는 것은 (아마도 기독론인) 신적 대리자를 제시하며, 교회를 성장하는 "집"(οἶκος, 오이코스) 또는 성전을 가리킨다.[159] 주 예수님께서는 자신의 증인들을 지리적 선교로 보내셨으며, 지금도 개인적으로나 성령의 능력으로 이 사명을 지시하고 인도하신다. 사울이 더 이상 그들을 핍박하지 않았기 때문에 그들은 평안을 누렸고, 빌립과 바울이 복음을 전했기 때문에 더욱 힘을 얻었다.

백성들은 하나님 나라 공동체로서 주님을 경외하며(지혜 문구) 성령의 격려를 받으며 살았다. 성령은 그들이 태어날 때뿐만 아니라 함께 살아가는 동안에도 그들 가운데서 활동하신다. 그들은 또한 "수가 더 많아졌다"(ἐπληθύνετο, 에플레뒤네토, 참조. 6:1, 7; 7:17; 12:24). 피터슨Peterson은 "신자들의 수와 경건의 성장은 성령의 역사로, 지도자와 백성들이 서로를 섬기고 핍박자에 대한 두려움보다는 하나님을 두려워하는 방식으로 살 수 있었다(참조. 빌 1:27-30; 벧전 3:13-17)"라고 말한다.[160]

3.3. 베드로와 이방인 성령 강림 (9:32-11:18)

내러티브는 갑자기 베드로로 다시 전환되는데, 이는 바울이 13-28장의 중점이 될 것이기 때문에 다소 의외이다. 그러나 누가는 사울이 공식적인 선교를 시작하기 전에 베드로와 예루살렘이 이방인을 환대하는 모습을 보여주는 것이 중요하다고 생각한다. 이 부분은 사울의 이방인 사역을 인증하는 효과가 있으며 예루살렘이 전 세계 선교와 연결되어 있음을 보여준다.

또한 존슨Johnson은 두 사람의 사역이 번갈아 나오는 것은 그들의 경력이 긴밀하게 융합되어 있음을 보여준다고 지적한다.[161] 이 부분은 사울에서 베드로로, 예루살렘에서 예루살렘 밖으로, 유대인에서 이방인으로 전환되지만, 요점은 여전히 이 이야기들이 예수님을 만남으로써 하나님이 교회를 성장시킨다는 동일한 그림을 그리고 있다는 것이다.

공간적으로도 지금 베드로 편에 등장하는 대부분의 만남이 가정에서 이루어진다는 점이 중요하다. 이 부분에는 방이나 집에 대한 언급이 많이 나오는데, 이는 새로운 공동체가 하나님의 성전이라는 생각을 더욱 뒷받침한다. 가장 중요한 것은 이방인

---

158 "교회"(ἐκκλησία)를 단수로 사용한 것은 여러 지역과 관련하여 몇 가지 논의를 불러일으켰다. 이는 ἐκκλησία가 그 지역 교회가 아니라 유대, 갈릴리, 사마리아 지역 교회를 포괄하기 때문에 유연하게 사용될 수 있음을 나타낸다.

159 이 "세워지다"라는 표현은 신약 전체에 흩어져 있다(롬 15:20; 고전 8:1; 10:23; 14:4, 17; 살전 5:11; 벧전 2:5).

160 Peterson, *Acts*, 318.

161 Johnson, *Acts*, 179.

의 오순절이 구원 역사의 획기적인 전환을 알리는 신호탄이라는 점이다. 이제 이방인은 **이방인으로서** 정결하다고 간주한다. 성령은 새로운 시대가 왔음을 분명히 한다.

8-12장 전체에서 성령께서 움직이시고, 사람들을 예루살렘 밖으로 밀어내어 복음을 전하게 하신다. 이 특별한 부분에서 베드로는 세 사람을 만난다. 애니아, 다비다, 고넬료이다. 첫 번째 부분에서 베드로는 부활의 능력을 가지고 룻다와 욥바에서 사역한다(9:32-43). 이 단락은 베드로를 예수님과 같은 선지자로 그리는 것뿐만 아니라 베드로가 중요한 환상과 가이사랴 여행을 준비하게 한다(10:1-11:18).[162] 욥바에서 베드로는 고넬료를 만나러 가라는 환상을 받고 가이사랴에서 이방인이 더 이상 부정하지 않다는 확신을 얻는다. 요나의 반향은 생생하다.[163]

고넬료 에피소드는 8-12장의 중심 본문이며, 지면 분량(10:1-11:18)에서 알 수 있듯이 사도행전 전체에서 가장 중요한 본문 중 하나이다. 퍼보Pervo는 이 에피소드의 중요성에 관해 다음처럼 말한다.

> 이 장에서 제기된 문제들은 15장까지 최종적으로 해결되지 못할 것이다. 15장까지 최종적으로 해결되지 못하지만, 바울의 성취를 둘러싼 논쟁은 사도행전 마지막까지 해결되지 않을 것이다. 사도행전의 근본적인 문제는 이방인 선교의 타당성이다. 그 밖의 모든 것은 전주곡이며 주가 주석이며, 부차적이며 배경이 된다.[164]

신약성경 대부분은 이 문제를 염두에 두고 기록되었다고 덧붙일 수 있다. 고넬료는 베드로가 처음으로 식탁 교제를 나눈 이방인으로, 새로운 공동체에 받아들여졌음을 나타낸다.[165] 누가는 이야기 속도를 늦추고 본질적으로 같은 이야기를 세 번 반복함으로써 이 점을 분명하게 드러낸다. 베드로가 환상을 보고, 이방인의 집에 가서 음식을 나누고, 예수님을 선포하고, 성령이 강림한다.

---

162 B. R. Wilson, "Jew-Gentile Relations and the Geographic Movement of Acts 10:1-11:18," *CBQ* 80 (2018): 81-96,은 예루살렘에서 욥바, 가이사랴로 이어지는 지리적 이동이 의도적이라고 주장한다. 욥바는 유대 민족주의의 유산(하스모니아 시대 유대인의 거점)이 남아 있는 곳이고, 가이사랴는 로마의 권위와 헬레니즘 문화의 중요한 전초기지였다. 가이사랴는 욥바의 경제적 경쟁자이자 예루살렘의 정치적 경쟁자였다.

163 요나는 이방인들에게 말씀을 선포하는 것을 피하고자 욥바로 간다. 베드로는 욥바에서 이방인들에게 복음을 전하라는 부름을 받는다. 그러나 두 이야기 모두에서 이방인들은 하나님의 말씀에 반응한다. Keener, *Acts*, 2:1711, chart (Acts, 2:1730). R. W. Wall, "Peter, 'Son' of Jonah: The Conversion of Cornelius in the Context of Canon," *JSNT* 29 (1987): 79-90.

164 Pervo, *Acts*, 264-65.

165 Esler, *Community and Gospel in Luke-Acts*, 96,은 이 문제가 주로 이방인 선교의 정당화 문제가 아니라 유대인과 이방인 사이의 식탁 교제 문제라고 말한다. 그러나 이 둘은 일치할 수 있다. 본문 전체의 구체적인 초점은 베드로가 이전에 부정하다고 여겼던 사람들과 "식사"할 수 있는 능력이라는 점에서 에슬러의 말이 맞다. 사회적 현실과 신학적 현실은 충돌하지 않으며, 이를 분리하려는 시도는 설득력이 없다.

아버지께서는 교회가 이 발걸음을 내딛게 하시고, 성령께서 합법화하시며, 아들이 계시된다. 베드로와 교회는 마지못해 참여한다.[166] 내러티브는 여기까지 축적되었다. 이제 예루살렘 사역은 이방인이 형제자매가 되는 그 배경으로 옮겨갈 것이다.

3.3.1. 베드로의 부활 치유 (9:32-43)

32 그 때에 베드로가 사방으로 두루 다니다가 룻다에 사는 성도들에게도 내려갔더니 33 거기서 애니아라 하는 사람을 만나매 그는 중풍병으로 침상 위에 누운 지 여덟 해라 34 베드로가 이르되 애니아야 예수 그리스도께서 너를 낫게 하시니 일어나 네 자리를 정돈하라 한대 곧 일어나니 35 룻다와 사론에 사는 사람들이 다 그를 보고 주께로 돌아오니라

36 욥바에 다비다라 하는 여제자가 있으니 그 이름을 번역하면 도르가라 선행과 구제하는 일이 심히 많더니 37 그 때에 병들어 죽으매 시체를 씻어 다락에 누이니라 38 룻다가 욥바에서 가까운지라 제자들이 베드로가 거기 있음을 듣고 두 사람을 보내어 지체 말고 와 달라고 간청하여 39 베드로가 일어나 그들과 함께 가서 이르매 그들이 데리고 다락방에 올라가니 모든 과부가 베드로 곁에 서서 울며 도르가가 그들과 함께 있을 때에 지은 속옷과 겉옷을 다 내보이거늘 40 베드로가 사람을 다 내보내고 무릎을 꿇고 기도하고 돌이켜 시체를 향하여 이르되 다비다야 일어나라 하니 그가 눈을 떠 베드로를 보고 일어나 앉는지라 41 베드로가 손을 내밀어 일으키고 성도들과 과부들을 불러 들여 그가 살아난 것을 보이니 42 온 욥바 사람이 알고 많은 사람이 주를 믿더라 43 베드로가 욥바에 여러 날 있어 시몬이라 하는 무두장이의 집에서 머무니라

베드로의 두 기적 이야기는 한 쌍으로 간주해야 하며, 중요한 고넬료 에피소드보다 먼저 나오지만 그렇다고 해서 중요하지 않다는 의미는 아니다. 이 이야기에서 베드로는 지리적, 문화적으로 평화와 부활을 전하는 역할을 수행할 준비가 되어 있다. 베드로는 또한 해안 평야에서 빌립의 사역을 이어서 하나님이 일하시는 장소가 한 곳에 제한되지 않음을 보여준다. 두 번째 주기가 성전에서 걷지 못하는 사람의 치유로 시작되었듯이(3:6), 이 새로운 부분은 부활 이야기로 시작된다.[167]

지리적으로 도르가와 애니아는 베드로를 예루살렘에서 유대로 끌어내어 이방인들과 더 가까워지게 한다. 신학적으로 이러한 이야기는 베드로가 예수의 부활/승천 능력을 전파하는 것으로 그려진다. 그는 예수님(눅 5:17-26; 7:11-17)과 엘리야와 엘리사(왕상 17:17-24; 왕하 4:32-37)의 사역을 이어받아 하나님의 생명

---

166 Turner, *Power from on High*, 380.

167 Goulder, *Type and History in Acts*, 24.

을 전파하는 역할을 한다.[168]

이러한 기적은 그 자체로 끝나는 것이 아니라 기적을 통해 말씀이 계속 전파되기 때문이다. 베드로는 "거룩한 땅 북쪽에서 온 위대한 예언적 치유자의 긴 대열에 서 있는 것으로 묘사된다."[169] 사도행전에서 베드로의 사역은 새로운 것이 아니라 삼위일체 하나님의 계획을 이어가는 것이다. 베드로는 부활의 능력으로 예루살렘뿐만 아니라 유대의 다른 도시들도 재건한다.

9:32. 누가는 오랫동안 다른 주제를 다루고 베드로에게 돌아온다. 그는 순회 사역을 위해 "두루 다니"(διερχόμενον διὰ πάντων, 디에르코메논 디아 판톤)며 여행한다. 독자들은 베드로의 활동력을 느낄 수 있다. 베드로는 가만히 앉아서 기다리지 않고 돌아다니며 메시아의 소식을 전하고 성도들을 격려한다. 여기서 누가는 베드로가 "성도들에게도 내려갔더니"라고 구체적으로 표현했는데, 이는 이미 룻다에 신자들이 있다는 것을 의미한다. 사역은 누가의 펜 끝을 넘어 베드로의 여정을 능가할 정도로 확장된다. 룻다는 예루살렘에서 북서쪽으로 약 40킬로미터 떨어진 곳이다. 슬리먼은 "사도행전 9장 32절은 9장 31절의 요약 진술과 일치하는 베드로가 활동하는 영토 범위를 제시한다"라고 말한다.[170]

다시 말하지만, 누가는 예루살렘에서 여호와의 복이 흘러나오기 때문에 베드로가 룻다로 "내려가는"(κατελθεῖν, 카텔데인) 것에 관해 말한다(겔 47:1-5). 이 사건은 엘리야가 사르밧에 가서 과부의 아들을 죽은 자 가운데서 살린 것과 유사하다(왕상 17장). 예수님도 엘리야 이야기를 사용하여 시돈에서는 기적이 일어났지만 자기 고향에서는 불신 때문에 기적이 일어나지 않았음을 보여 주셨다(눅 4:25-26). 문맥상 이것은 예루살렘이 베드로의 메시지를 거부했기 때문에 베드로가 예루살렘 밖을 여행하며 치유한 것을 가리킬 수 있다.[171]

9:33. 룻다에서 베드로는 중풍병으로 8년 동안 마비된 애니아라는 남자를 발견한다. 애니아라는 이름에서 아마도 고넬료를 준비하는 로마를 떠올릴 수도 있다.[172]

---

168 Keener, *Acts*, 2:1711,는 베드로와 엘리야/엘리사 사이의 유사점을 보여준다.

169 Witherington, *The Acts of the Apostles*, 327.

170 Sleeman, *Geography and the Ascension*, 218.

171 예루살렘 권력자들은 이 메시지를 거부했지만, 이 부분은 이스라엘의 회복이 계속되고 있음을 보여준다.

172 Bede, *Comm. on Acts* 9.33,는 "이 애니아는 병든 인류를 의미한다"라고 주장한다. M. Kochenash, "You Cannot Hear 'Aeneas' without Thinking of Rome," *JBL* 136 (2017): 667-85,는 "애니아"라는 이름이 로마(트로이의 아이네이아스)를 떠올리게 하므로 행 1: 8의 문학적 이정표로 기능하며, 이는 욥바 및 요나 이야기와 함께 등장함으로써 더욱 확인된다고 주장한다.

베드로의 치유에 관한 두 이야기에서 누가는 치유받은 사람들을 단순한 대상으로 취급하지 않고 이름과 사연을 부여한다. 애니아는 고통스러운 삶을 살았던 사람이다.

아마도 애니아는 성도이자 신자였을 것이다. 베드로가 애니아를 치유한 사건은 공동체 내에서 관대함을 보여주며 더 많은 회심을 유도한다. 내부에 있는 사람들을 돌보는 것은 성장으로 이어진다.[173] 누가의 관심은 예수님의 치유 능력과 무리의 회심에 있다(참조. 9:35). 이 치유는 하나님께서 애니아를 돌보셨다는 가시적인 증거이며, 누가복음 5장에 나오는 예수님의 치유와 사도행전 3장 1-10절에 나오는 베드로의 치유를 반향한다.

9:34-35. 내러티브는 간결하다. 베드로는 애니아에게 예수 그리스도께서 그를 고치셨다고 말한다. 애니아는 사도행전 9장에서 예수님 때문에 자신의 삶이 변화되고 다시 정렬된 세 번째 인물이다. 이 치유는 누가복음 5장 17-26절에 나오는 예수님이 중풍 병자를 고치신 것과 비슷하다. 예수님은 마비된 사람을 고칠 뿐만 아니라 죄를 용서할 수 있는 권세가 있음을 보여 주셨다.

그러나 스펜서Spencer의 주장대로 베드로가 예수님을 모방하여 치유하는 것이 아니라 예수님 자신이 베드로를 통해 계속 치유하신다는 점에 주목하는 것은 옳다. 이 순서가 중요한 이유는 예수님이 비록 육신은 부재하지만 여전히 "선교 현장에서 고려해야 할 능력"이시기 때문이다.[174] 예수님은 승천하셨지만 여전히 일하신다. 예수님의 부활 생명은 광대하다.

누가는 35절에서 이 치유의 결과를 설명한다. 그 지역에 살던 모든 사람이 애니아를 보고 주님께 돌아왔다. "주께로 돌아오니라"는 선지자들이 민족적인 회개를 표현하는 언어였다. 이 지역에는 룻다뿐만 아니라 사론도 포함된다. 사론은 룻다 북서쪽의 해안 평야로 화려하지만 황폐한 곳으로 유명했다(시 2:1; 사 33:9).

이사야 35장 1-2절은 광야와 메마른 땅이 기뻐하고 노래하며 갈멜과 사론의 화려함처럼 될 것이라고 말한다. 예수님은 베드로를 통해 해안 평야에 복음을 전하고 그 땅을 일으켜 세우셨다. 사람들은 애니아를 보고 베드로를 경배하는 것이 아니라 승천하신 주님을 경외한다. 회복의 표지는 광범위한 효과를 가져온다. 선교의 영역이 예루살렘을 넘어 확장되었지만 선지자적 능력은 잃지 않았다. 예수님은 자신의 임재로 땅을 다시 정돈하신다.

9:36-37. 누가는 별다른 소개 없이('Εν 'Ιόππη, 엔 이오페) 베드로를 남겨둔 채 다른 유대 지역으로 빠르게 이동한다. 욥바는 룻다의 서쪽과 북쪽에 있는 지

---

173 Tannehill, *Acts*, 125; Bock, *Acts*, 376; Schnabel, *Acts*, 468,는 애니아가 성도라고 주장한다.

174 Spencer, *Acts*, 106.

역으로, 선행과 구제로 유명한 다비다(또는 도르가)라는 "여제자"(마데트리아,
μαθήτρια)가 있다(마 6:2-4; 눅 11:41; 12:33; 참조. 행 10:2).

누가는 이미 초기 그리스도인의 경건과 관대함을 엿볼 수 있는 짧막한 묘사를
제공했으며(행 2:44; 4:32; 6:1-7), 다비다는 예수님을 따르는 부인이자 제자의
모범적인 예이다. 애니아와 연결되어 있는 그녀는 누가-행전에서 흔히 볼 수 있는
남성과 여성의 짝이기도 하다. 마데트리아(μαθήτρια, "여제자")는 여기에서 유일
하게 나타나는데, 그녀는 성령의 능력으로 "충만한"(πλήρης, 플레레스) 사람이며,
이는 과부들을 위한 구제 활동에서 설명된다. 그녀는 삽비라와 반대된다. 그녀는
관대하여 죽은 자 가운데서 살아났다.

히브리어(다비다)와 헬라어(도르가)로 된 그녀의 이름은 "가젤"을 의미한다.
"신약성경에서 치유를 받은 대부분 사람들은 … 무명이고, 애니아와 다비다는 이름
이 있다"라고 말하며 그들의 호칭이 가지는 중요성을 지적한다.[175] 가젤은 아가서 2
장 9절, 8장 14절에서 사랑하는 사람을 비유한 것으로, 그녀의 이름이 복음의 빠른
전파 또는 욥바에서 사랑받는 그녀의 명성과 관련이 있을 수 있음을 암시한다.[176]

공동체의 사랑을 받던 사람이 병에 걸려 죽는다. 그녀는 위층 방에 안치된다.
벅Bock은 이것이 이례적인 일이며, 그 행동은 그녀가 살아날 수 있다는 믿음을 표
현한 것일 수 있다고 말한다.[177] 이미 중요한 "성전" 사건은 높은 곳과 다락방에서
일어났다(1:12-13; 7:30).

9:38-39. 이제 누가는 룻다와 욥바의 관계를 보여준다. 이곳은 서로 가까이 있
다. 사람들은 베드로가 룻다에 있다는 소문을 들었기 때문에 두 사람이 욥바에서
와서 베드로에게 오라고 요청한다. 베드로가 사람들을, 심지어 죽은 자까지 고친
다는 평판은 이 시기에 이미 널리 알려져 있었을 것이다. 다비다의 평판도 대단했
기 때문에 그녀를 위해 두 사람을 보냈을 것이다. 그들은 베드로에게 함께 가기를
지체하지 말도록 부탁했다.

베드로는 그들과 함께 도르가와 누워 있는 다락방으로 간다. 다락방은 영적
능력과 부활 능력의 핵심 장소가 되지만, 성전은 탐욕스러운 자들의 죽음의 덫이
되었다. 누가는 다시 한번 도르가의 구제 활동을 특별히 강조하며 사람들이 도르
가를 어떻게 사랑했는지 보여준다. 그녀는 욥바의 주요 후원자였지만, 그녀의 삶
은 그리스도 안에서 가장 큰 선물을 준 진정한 후원자였을 뿐이었다. 세례 요한은

---

175 Tannehill, *The Narrative Unity of Luke-Acts*, 2:125.

176 Chrysostom, *Homilies on Acts*, 21,는 "저자가 여자의 이름을 알려준 것은 목적이 없는 것이
아니라 그 여자의 성품이 이름과 일치한다는 것을 보여주기 위한 것이었다."

177 Bock, *Acts*, 378.

회개하고 유배지에서 돌아오는 것은 곤경에 처한 사람에게 옷을 나누어 주는 것과 같다고 말했다(눅 3:11). 도르가의 죽음은 단순한 죽음이 아니라 과부를 부양함으로써 성령의 역사를 구현한 사람의 죽음이었다(6:1).[178]

베드로에게 도르가가 만든 속옷과 겉옷을 보여 주었다. 베데Bede는 그들이 죽은 여인을 위해서 목소리가 아니라 행동으로 간구했다고 말한다.[179] 그녀는 도움이 가장 필요한 사람들에게 예수님의 삶을 전파하는 데 적극적이었으며 공동체의 사랑을 받는 사람이었다.

9:40-41. 베드로는 다비다의 손을 잡기 전에도 의식으로는 불결하게 만들 수 있는 다락방으로 들어간다. 그는 모든 사람을 내보내고 무릎을 꿇고 기도한다. 그의 치유 능력은 하늘에서 비롯되며 기도와 순종으로 이 땅에 임할 것이다. 이제 위층 방은 성전 중보 기도의 장소가 되었다.

그런 다음 그는 그녀에게 말한다. "다비다야, 일어나라." 이 말은 마가복음의 "달리다굼"(막 5:41)을 연상시킨다.[180] 그의 말, 즉 하나님의 말씀은 효력이 있다. "베드로가 와서 이곳에 있는 것은 여성이 중요하다는 명백한 진리를 선언한다. 이 여자는 중요하며, 과부들을 위해 하는 일은 하나님께 중요하다. 그것은 하나님께서 죽음을 허용하지 않으실 정도로 중요하다."[181] 누가는 "일어나다"(아나스테디, ἀνάστηθι)라는 동사를 예수님의 부활에 사용했다(눅 9:22; 18:33; 24:7, 46; 행 2:24, 32; 3:26; 13:32). 새로운 창조는 메시아의 능력과 성령을 통해 존재한다.

40-41절은 그녀가 눈을 뜨고, 베드로의 도움으로 일어나고, 다른 사람들에게 살아 있는 모습으로 보이는 그녀의 삶에 대한 증거를 제공한다. 그녀가 눈을 뜬다는 것은 아이가 눈을 뜨는 열왕기하 4장 35절을 연상시킨다. 다비다의 섬김은 아직 끝나지 않았다. 그녀는 예수님의 빛으로 어둠에서 구원받았다. 사실 이 에피소드와 예수님이 어린 소녀를 살리신 사건(눅 8:49-56)은 닮은 점이 많다. 두 이야기 모두 사자, 울고 있는 구경꾼, 방에서 사람들이 배제되고, 일어나라는 부름과 손을 잡는 장면이 등장한다. 예수님의 부활 생명은 여전히 살아 있다.

---

178 다비다의 구제 활동에 대한 기록은 또한 선한 일을 행하는 고넬료에 대한 독자들의 이해를 돕는다(10:2). J. D. Woodington, "Charity and Deliverance from Death in the Accounts of Tabitha and Cornelius," *CBQ* 79 (2017): 634–50,은 일부 초기 해석가는 다비다와 고넬료가 그들의 구제 활동으로 인해 부활/회심했다고 주장한다. 제2성전기 유대교 전통에 따르면 구제는 수행자를 죽음에서 구할 수 있는 능력이 있다고 믿었다.

179 Bede, *Comm. on Acts* 9:39b.

180 누가는 아람어 "달리다"를 연상시키기 때문에 의도적으로 "다비다"라는 이름을 사용했을 수 있다.

181 Jennings, *Acts*, 100.

9:42-43. 룻다에서처럼 부활의 능력이 욥바 전역에 알려지고 많은 사람이 믿는다. 베드로의 기적은 그 자체로 독립된 것이 아니라 예수님의 부활 능력을 증거한다. 앞서 설명한 것에 비해 이야기는 짧아졌지만 강조점은 네 가지이다. 예수님의 계속되는 치유 사역, 베드로의 위치, 이 사람들의 정체성(애니아 = 로마 / 도르가 = 가젤), 무리의 긍정적 반응이다.

사역이 성공하자 베드로는 가죽 무두장이 시몬과 함께 유대에서 멀리 떨어진 욥바에 한동안 머문다. 이 이야기는 독자들이 다음 에피소드를 준비할 수 있도록 한다.[182] 무두장이들은 죽은 동물을 다루는 일 때문에 더 철저한 유대인들에게 부정하게 여겨졌다(레 11:39-40). 그들은 또한 작업 도구와 냄새 때문에 일반적으로 바닷가에 자리 잡았다. 베드로는 유대주의의 상징적인 가장자리로 가서 이방인들을 위한 자신의 사역에 대한 신성한 예표를 만들고 있다.[183]

3.3.2. 베드로의 이방인 계시와 변호 (10:1-48)

하늘의 꿈, 하나님의 주도권, 성령의 강림이 베드로가 로마 백부장에게 이끌리면서 이야기를 이끌어 간다.[184] 유대인들은 에디오피아에서 온 사람들을 원망할 이유가 거의 없었지만 로마인들, 특히 장교들에 대해 상당한 문제가 있었다. 1장 8절에 나타나는 그리스도의 방향은 베드로가 이방인을 정결하지 못한 존재로 보지 않음으로 계속 성취되고 있다. 이방인들도 이스라엘의 변화와 성령의 깨끗하게 하심에 동참할 수 있다. 폴힐Polhill이 지적했듯이, "10장은 확장되는 교회의 사명에서 정점을 찍는다."[185] 그것은 내러티브의 중심을 잡는다.

사도행전 10장 1절-11장 18절은 사도행전 전체에서 가장 긴 이야기이며, 길이와 반복으로 알 수 있다. 이야기는 말해지고(10:1-48) 다시 이야기되고(11:1-

---

182 Jennings, *Acts*, 101,은 "베드로는 부정한 사람을 만지는 사람과 함께 있으며, 곧 하나님도 그렇게 하시는 것을 볼 것이다"라고 말한다.

183 Parsons, *Acts*, 141; I. W. Oliver, "Simon Peter Meets Simon the Tanner: The Ritual Insignificance of Tanning in Ancient Judaism," *NTS* 59 (2013): 50-60; Oliver, *Torah Praxis after 70 CE*, 327-37. 올리버Oliver는 유대인 무두장이가 시체를 의식적으로 청결하게 유지하는 방식으로 시체를 취급하지 않을 수 있다고 말하면서 이러한 입장과 시몬의 직업이 중요하지 않다고 주장한다. 올리버Oliver는 의식적 불결에 대한 해석은 주로 랍비적 출처에서 비롯되었으며, 이러한 출처는 실제로 무두장이의 악취, 오물, 도덕적 양심의 결여로 인한 경멸을 드러낸다고 지적한다.

184 Haenchen, *Acts of the Apostles*, 362,은 내러티브를 비판하면서도 다음과 같은 훌륭한 말을 남긴다. "누가는 사실상 모든 인간의 결정을 배제한다. 그는 인간의 결정에서 하나님의 뜻이 실현되는 대신 인간의 결정을 통해 천사의 출현, 동물의 환상, 성령의 자극, 열광적인 성령의 부으심과 같은 일련의 초자연적 개입을 우리에게 보여준다. ... 그것들은 사람이 아니라 하나님이 일하고 계시다는 것을 강력하게 증명한다."

185 Polhill, *Acts*, 249.

18), 그리고 나중에 회상되는(15:7-11, 14) 것으로 구성된다. 베드로와 고넬료 에피소드는 지리적, 민족적, 사회학적으로 보편적인 종교를 향한 또 다른 발걸음을 내디뎠다. 그 효과는 11장 18절을 훨씬 넘어 15장 7-11절, 심지어 28장까지 이어지므로 사도행전 1장 6-8절에 기록된 예수님의 위임 외에 다른 어떤 사건보다 사도행전의 무대에서 더 오래 지속된다.[186]

마샬Marshall은 이 구절이 "초대 교회 역사에서 결정적인 문제, 즉 복음이 유대인뿐만 아니라 이방인을 위한 것이라는 인식을 다루고 있으며, 이것이 단순한 인간의 결정이 아니라 하나님의 인도하심의 결과임을 분명히 한다."라고 말하는 것은 과장이 아니다.[187]

새로운 질서에 대한 결정적인 증거는 하나님께서 세 가지로 다루시는 것에서 나온다. 첫째, 고넬료와 베드로의 환상이 서로 맞물리면서 그들을 함께 이끈다(10:1-16). 둘째, 베드로는 성령의 인도하심을 따라 고넬료에게 간다(10:19-20; 11:12). 셋째, 고넬료와 그의 가정에 성령이 부어져 이방인들이 유대인의 의식을 따르지 않고도 그리스도의 주권 아래 있음을 확인한다(10:17-48).

이방인을 환대하고, 성령의 은사를 주시고, 예수님을 통해 평화의 소식을 전하는 하나님의 환대가 드러난다. 베드로는 확신한다. 그는 하늘의 발자취를 따라 이방인들을 식탁 교제에 받아들이고 예루살렘에 포함되는 것을 옹호한다(11:1-18).

마르게라Marguerat가 지적했듯이, 누가는 여러 차례 다시 말하면서 민족적으로(10:28), 성부론적으로(10:34), 기독론적으로(10:36-43), 성령론적으로(11:17), 마지막으로 구원론적으로(15:9-10) 다양한 관점에서 이 포용을 바라볼 수 있게 해준다. 이 본문은 사회학에서 밝혀진 "교리의 진정한 과정"이다.[188]

3.3.2.1. 고넬료의 성전 환상과 기도 (10:1-8)

1 가이사랴에 고넬료라 하는 사람이 있으니 이달리야 부대라 하는 군대의 백부장이라 2 그가 경건하여 온 집안과 더불어 하나님을 경외하며 백성을 많이 구제하고 하나님께 항상 기도하더니 3 하루는 제 구 시쯤 되어 환상 중에 밝히 보매 하나님의 사자가 들어와 이르되 고넬료야 하니

4 고넬료가 주목하여 보고 두려워 이르되 주여 무슨 일이니이까

천사가 이르되 네 기도와 구제가 하나님 앞에 상달되어 기억하신 바가 되었으니 5 네가 지금 사람들을 욥바에 보내어 베드로라 하는 시몬을 청하라 6 그는 무두장이 시몬의 집에 유숙하니 그 집은 해변에 있다 하더라

---

186 Sleeman, *Geography and the Ascension*, 222.

187 Marshall, *The Acts of the Apostles*, 181.

188 Marguerat, *The First Christian Historian*, 55.

7 마침 말하던 천사가 떠나매 고넬료가 집안 하인 둘과 부하 가운데 경건한 사람 하나를 불러 8 이 일을 다 이르고 욥바로 보내니라

10:1. 이방인을 향한 베드로의 사역은 누가가 고넬료의 직업과 위치, 경건을 비교적 상세하게 소개하는 것으로 시작된다.[189] 첫째, 고넬료는 주로 이방인이 거주하고 로마 황제 가이사를 연상시키는 이름을 붙인 가이사랴에 거주한다. 이 도시는 로마 군사, 상업 중심지였기 때문에 상징성이 가득했다. 이전에는 유대의 먼 지평선(8:40)으로 묘사되었지만, 이제는 주요 격변 장소가 되었다.

둘째, 고넬료는 백부장(약 100명의 병사를 지휘하는 지휘관)으로 로마의 군대 대장과 같은 지위에 있었기 때문에 상당히 중요한 인물이다. 예수님도 백부장을 만났다(눅 7:1-10). 고넬료는 로마 시민이었고, 로마의 고위 관리였으며, 로마의 한 마을에 거주했고, 로마식 이름을 가진 사람이었다. 그는 반대되는 세력과 반대되는 왕을 위해 일했다.

10:2. 고넬료는 또한 "경건"(εὐσεβής, 유세베스)하고 "하나님을 경외"(φοβού-μενος τὸν θεόν, 포부메노스 톤 데온)하는 사람이었다.[190] 그는 하나님의 구원에 대한 지식이 있었지만, 그리스도의 영광을 듣지 않고는 불완전한 지식이었다. 여호와에 대한 이러한 헌신은 "유대인을 위한 많은 구제"와 기도에서 드러났다.[191] 누가는 고넬료가 다비다와 독실한 유대인에 필적하는 경건을 가진 것으로 묘사한다.[192] 이것은 내러티브에 몇 가지 영향을 미친다.

첫째, 이 이방인이 이미 여러 중요한 면에서 유대인처럼 행동하고 있었음을 보여준다.[193] 둘째, 누가의 요점은 하나님의 백성에서 멀어지는 것이 아니라 누가 하나님의 백성의 일원이 될 수 있는지를 더 명확하게 정의하는 것임을 보여준다. 믿는 이방인들은 여호와께 충성하지만, 하나님께서 간과하지 않으실 중요한 측

---

189 Gaventa, *Acts*, 164.

190 "하나님을 경외하는 것"은 지혜 전통에서 두드러진 주제이다(잠 9:10). 이 주장을 하는 사람은 본 적이 없지만, 유대인들이 언약의 규정에 집중한 나머지 지혜 전통과 토라에 나오는 지혜를 모두 소홀히 한 것일 수도 있다.

191 Witherington, *The Acts of the Apostles*, 341-44,은 "하나님을 경외하는 자"와 "개종자"의 차이에 관한 자료를 요약하면서, 이 둘은 전문적인 용어가 아니라고 주장한다. "개종자"는 일반적으로 유대교로 개종하는 할례받은 이방인을 지칭하지만, "하나님을 경외하는 자"는 경계 표지(할례 등-역자주)를 하지 않고 여호와를 숭배한다. Esler, *Community and Gospel in Luke-Acts*, 38,은 고넬료 이후 약 20건의 개종 기록이 있으며, 대부분 이미 회당에 출석하는 유대인이며 하나님을 경외하는 자들이라고 말한다. 에슬러는 이 사례를 과장했지만, 대다수가 이 분야에서 나온 것은 사실이다.

192 Tannehill, *The Narrative Unity of Luke-Acts*, 2:133.

193 그렇다고 고넬료가 회심할 필요가 없었다는 뜻은 아니다. 다른 유대인들과 마찬가지로 그는 여호와를 예배하는 사람이었지만 메시아 예수를 알지 못했다.

면에서는 그렇지 않다.

셋째, 이러한 특성화는 슬리먼Sleeman이 지적한 것처럼 독자들에게 혼란을 주는 "고넬료에 대한 불안정한 평가"를 낳는다.[194] 고넬료는 유대인의 긍정적 기준을 제시하지만 여전히 이방인, 즉 로마 이방인임이 분명하다. 적어도 누가복음의 이야기에서는 파격적인 일이 벌어진 것이다.

10:3-4. 고넬료에 대한 전체 소개는 주요 행동을 위한 방법, 즉 환상을 준비한다. 이 이야기는 베드로의 환상으로 더 유명하지만, 누가는 고넬료의 이야기로 시작한다. 이미 7-12장에는 이미 하나님의 개입이 산재해 있다. 스데반은 예수님을 보고(7:56), 천사가 빌립을 사막 길로 인도하며(8:26), 성령께서 그를 데려가신다(8:39). 사울은 부활하신 그리스도를 보고(9:3-6), 예수 그리스도는 애니아를 치유하는 데 일하신다(9:34).

누가는 예수님의 탄생에 관한 환상으로 첫 권을 시작하면서 고넬료의 에피소드가 또 다른 '거듭남'임을 나타낸다(눅 1:10-11). 천사가 고넬료의 집에 나타나 그의 기도와 구제가 "하나님 앞에 예물[ἀνέβησαν εἰς μνημόσυνον, 아네베산 에이스 므네모쉬논]로 상달되었다"라고 말한다.[195] 사도행전에서 천사는 하나님의 목적을 이루는 데 중요한 역할을 하며(5:19; 8:26; 10:3; 12:7; 27:23), 여기서 기도는 하늘의 천사를 지상으로 내려오게 한다. 사도행전에서 기도는 하늘이 땅으로 내려오는 통로이다.

고넬료의 기도와 구제를 "하나님 앞에 상달되어 기억하신 바가 되었으니"라고 묘사하는 것은 구약의 제사 언어로서 하나님께서 그의 선행과 간구를 들으시고 기록하셨다는 의미이며(레 2:2; 시 66:19-20; 빌 4:18), 고넬료를 애굽 노예 상태에서 이스라엘 백성들이 부르짖는 것과 나란히 놓는다(출 2:23). 고넬료의 간구와 행위는 하늘로 올라가는 틀 안에 들어왔다.

이 이방인의 연보는 유대인들이 성전에서 드리는 제사를 대신하여 하나님께 열납되었다. "다시 말해, 하나님께서는 이방인의 기도와 연보를 유대인의 제사와 동등하게 취급함으로써 유대인과 이방인 사이의 장벽을 허물기 위해 행동하셨다."[196] 고넬료의 집이 새 성전이 되었다.

---

194 Sleeman, *Geography and the Ascension*, 224. Jennings, *Acts*, 103,에서 말했듯이, 그는 "살아있는 모순이다. 그는 옛 질서 안에 있지만 그의 행동은 새로운 질서를 준비한다."

195 Keener, *Acts*, 2:1750,은 기도에 덧붙인 2절의 "계속"이라는 정의가 출 30:8의 분향 제사를 암시할 수 있다고 말한다. Parsons, *Acts*, 144,은 고넬료의 기도가 행 3:1과 유사하지만 장소가 성전에서 집으로 바뀌었다고 지적한다. "성전에서 집으로 전환되는 것은 고넬료가 전통적인 문화적 맥락에서 매우 분명하게 전통적인 경건 행위를 할 수 있는 사람이라는 특성을 강화한다."

196 Esler, *Community and Gospel in Luke-Acts*, 162.

10:5-8. 천사는 단순히 고넬료에게 자신의 말을 들었음을 알리기 위해 나타난 것이 아니라 지시하기 나타났다. 하나님의 계시가 환상의 목적이다. 계시는 공동 체를 통해, 즉 베드로의 방문을 통해 이루어질 것이다. 천사는 고넬료에게 베드로 를 찾기 위해 욥바로 사자를 보내라고 말한다. 이 환상의 목적은 고넬료와 베드로 가 함께 하나님의 가족으로 환영받을 수 있도록 하는 것이다.[197]

이방인은 예루살렘의 참여 없이는 하나님의 가족이 될 수 없다. 고넬료는 천 사의 말에 순종하여 베드로를 데려오기 위해 사자를 보낸다. 누가는 천사의 지시 에 따라 베드로가 무두장이 시몬과 함께 바닷가 욥바에 있는 베드로의 위치를 자 세히 설명한다. 이러한 세부 사항은 베드로의 수락을 예고하고, 요나 이야기를 연 상시키며, 환상에서 말씀하신 하나님으로부터 온 기원을 전달한다. 본문은 또한 고넬료의 순종을 강조한다. 그는 기도와 구제를 하는 사람일 뿐만 아니라 초자연 적인 인도에도 열려 있다.

3.3.2.2. 베드로가 포용하는 환상 (10:9-16)

9 이튿날 그들이 길을 가다가 그 성에 가까이 갔을 그 때에 베드로가 기도하 려고 지붕에 올라가니 그 시각은 제 육 시더라 10 그가 시장하여 먹고자 하매 사람들이 준비할 때에 황홀한 중에 11 하늘이 열리며 한 그릇이 내려오는 것을 보니 큰 보자기 같고 네 귀를 매어 땅에 드리웠더라 12 그 안에는 땅에 있는 각 종 네 발 가진 짐승과 기는 것과 공중에 나는 것들이 있더라 13 또 소리가 있으 되 베드로야 일어나 잡아 먹어라 하거늘

14 베드로가 이르되 주여 그럴 수 없나이다 속되고 깨끗하지 아니한 것을 내가 절대 먹지 아니하였나이다 한대 15 또 두 번째 소리가 있으되 하나님께서 깨끗하게 하신 것을 네가 속되다 하지 말라 하더라 16 이런 일이 세 번 있은 후 그 그릇이 곧 하늘로 올려져 가니라

10:9-10. 고넬료의 환상은 시기와 지시 모두 베드로의 환상과 일치한다. 두 환 상은 하루밖에 차이 나지 않지만 둘 다 영혼들의 만남을 인도한다. "옛 질서는 걸

---

197 Augustine, *Christian Practice*, preface 6, in Martin and Smith, *Acts*, 121–22,은 하나님께서 자신의 메시지를 전하는 도구로 사람들을 선택하신다고 말한다. "사도 바울 자신은 하늘 에서 들려오는 하나님의 음성으로 매를 맞고 훈계를 받았음에도 불구하고 성찬을 받고 교회에 입교하도록 한 사람에게 보내졌다는 사실을 생각해 보자. 백부장 고넬료는 천 사가 그의 기도가 들리고 그의 구제가 기억되었다고 알려 주었지만 베드로에게 가르침을 받았으며 사도의 손에서 성례를 받았을 뿐만 아니라 믿음, 소망, 사랑의 적절한 대상에 관해서도 그에게 가르침을 받았다. 의심할 여지 없이 천사라는 도구를 통해 모든 것을 할 수 있었지만, 하나님께서 사람들을 말씀의 사역자로 사용하기로 선택하지 않으셨다면 우리의 상태는 훨씬 더 타락했을 것이다."

어서 다가오고 새 질서는 하늘에서 떨어진다."[198] 성령은 평소에는 어울리지 않던 사람들을 하나로 모으는 일을 하고 계신다.

9절에서, 사람들이 길을 가다가 도시에 가까워졌을 때 베드로는 환상을 본다. 하나님께서는 이 사건의 시간까지도 이끄신다. 고넬료가 기도하는 중에 환상을 보았듯이 베드로도 기도하는 중에 계시를 받는다. 주목할 점은 두 에피소드 모두 하나님께서 사람들과 교제하면서 말씀하신다는 점이다.[199] 베드로는 기도하는 동안 배가 고파서 "황홀경"(개역개정. '황홀한 중에,' ἔκστασις, 에크스타시스, 11:5,; 22:17)에 빠진다. 이때는 공식적으로 기도할 시간이 아니라 식사할 시간이었다. 흥미롭게도 베드로는 배가 고플 때 먹으라는 명령을 받는다. 하나님은 초월적으로 이러한 사건을 지시하시지만, 각 사람의 필요를 친밀하게 충족시켜 주신다. 점심시간에 베드로는 음식을 꿈꾼다.

10:11. 베드로는 천사를 보지 못하지만 하늘이 "열렸다"(눅 3:21; 행 7:56; 10:16). 지상의 구조는 현실을 흐리게 하지만 이제 베드로는 하늘의 오이코노미아(οἰκονομία, 질서)를 바라본다. 이미 누가는 사도행전에서 하늘을 복음 전파를 위한 가장 중요한 공간으로 묘사했다. "승천 지리학은 공간에 대한 새로운 개념을 위한 여지를 창출"하며, 베드로는 이방인들이 그리스도의 공간에서 어떻게 환영받을지 배운다.[200] 베드로가 천국의 진리를 볼 때 죽은 자들의 장소(무두장이의 집)에 있었다는 사실을 기억하라. 천국의 빛은 가장 어두운 곳을 뚫고 들어온다.

하늘에서 "물체" 또는 "그릇"(σκεῦος, 스큐오스)이 나온다. 그것은 네 모서리로 내려오는 커다란 보자기이다. 보자기가 어떻게 내려오는지에 대한 세부 사항은 중요하지 않을 수 있지만 네 모서리는 지리적 상상력을 자극한다. 네 모서리는 지구 전체를 상징한다(사 11:12; 렘 49:36; 겔 7:2). 성막의 많은 물건에는 네 모퉁이에 관한 구체적인 지침이 있었다(출 27:2, 4; 37:13; 38:2, 5; 신 22:12).[201] 네 모퉁이의 내려옴은 온 땅을 덮는 하나님의 진리와(1:8-11; 7:55-8:4; 9:13-16) 모든 사람을 받아들이는 것을 상징한다. "이 환상은 베드로의

---

198 Jennings, *Acts*, 105.

199 Ambrose, *Letter 59*, in Martin and Smith, *Acts*, 124,는 "모세가 금식할 때 율법을 받았듯이 베드로도 금식할 때 신약성경의 은혜를 배웠다. 다니엘도 금식함으로써 사자의 입을 막고 미래의 사건을 보았다."라고 말한다.

200 Sleeman, *Geography and the Ascension*, 97.

201 크리소스토무스, 베데, 아라토르, 아우구스티누스는 상징적 보자기에 관해 동의한다. Chrysostom, *Homilies on Acts*, 22,에서는 이 보자기를 "온 세상의 상징"이라고 부른다. Bede, *Comm. on Acts* 10.11b,에 따르면 네 모퉁이는 교회가 뻗어 있는 세계의 네 지역을 가리킨다고 한다. Barrett, *Acts 1–14*, 506,은 지붕 위에 있었기 때문에 이 종이가 배의 돛을 나타낼 수도 있고, 이 유리한 지점에서 바다에 있는 배들을 볼 수 있었을 것이라고 말한다.

'정신적인 지도'에 도전할 것이다."[202]

10:12-14. 보자기에는 네 발 달린 동물, 파충류, 새와 같은 동물들이 있었다(레 11:1-47). 이 동물들은 창세기 1장 24절과 창세기 6장 20절의 노아 이야기에서 언급된 땅과 궁창의 피조물이며, 어쩌면 노아의 동물들은 전 세계를 포용하는 예 표로 읽어야 한다는 것을 암시할 수 있다. 창세기에 대한 이 두 가지 문맥적 연결 을 통해 하나님은 베드로에게 새로운 창조 질서를 계시하신다.

베드로가 동물들로 가득 찬 이 보자기를 본 후, "베드로야, 일어나[ἀναστάς, 아나스타스] 잡아먹으라"는 음성이 들린다.[203] 이 명령에는 눈에 보이는 것보다 더 많은 것이 있을 수 있다. 애니아와 다비다도 일어나라는 말을 들었고(9:34, 40), 제자들은 음식을 먹을 때 눈을 떴다(눅 24:30-31). 이것은 단순히 음식을 먹는 것 이상의 의미이다. 먹는 공간은 삶의 공간이기도 하다.[204] 고넬료처럼 베드로도 독특한 방식으로 승천에 이끌린다.

베드로는 여느 선한 유대인처럼 이 명령을 거역하고 에스겔처럼 정결하지 않 거나 부정한 것을 먹은 적이 없다고 주장한다(레 11:1-47; 20:25-26; 겔 4:14).[205] 에스겔의 부정한 음식은 오염된 하나님의 백성을 상징하지만, 베드로의 새로운 음식은 이방인의 정결을 상징할 것이다.[206] 베드로는 이것을 토라에 대한 자신의 충성을 시험하는 것으로 여겼을 수 있으며, 다니엘의 전통에 따라 정결한 식사를 하겠다고 서약한다(단 1:8). 하늘이 열린다고 해도 처음에는 그의 토라 준수를 흔들지 못했다.

10:15-16. 베드로가 첫 번째 명령을 거부하자, 베드로의 반대에 대응하는 더욱 구체적인 명령이 또 한 번 나온다. 이번에는 "하나님께서 깨끗하게 하신 것을 네가 속되다 하지 말라"(롬 14:14; 막 7:15; 딤전 4:1-4)라는 음성이 들려온다. 하나님께서는 아들의 피를 통해 열방을 깨끗하게 하셨다. 새로운 시대가 도래했다.

성령은 두 그룹 사이의 구분을 무너뜨리지 않고 새로운 계통 원칙을 창조하셨다. 이 도전은 베드로의 저항을 더 지적하고 있다. 베드로는 자신이 하나님보다

---

202 Sleeman, *Geography and the Ascension*, 228.

203 동사 "죽이다"(개역개정. '잡아,' θῦσον)는 희생 제사 또는 제의적 살인과 관련하여 사용된다.

204 Jennings, *Acts*, 107.

205 M. C. Parsons, "'Nothing Defiled and Unclean': The Conjunction's Function in Act 10:14," *PRS* 27 (2000): 263-74,은 καί를 "그리고"로 번역해야 한다고 주장하며 베드로가 "더럽혀진" 유대인과 본질적으로 "부정"한 이방인을 모두 받아들여야 함을 보여준다고 주장한다. 그러나 여기서 먹는 것을 가리킨다는 것은 더럽혀진 것이 부정할 수 있기 때문에 이 주장에 반대된다.

206 Didymus the Blind, *Catena on the Acts of the Apostles* 10.10, in Martin and Smith, *Acts*, 124-25,는 이 본문에서 모든 형태의 인종 차별에 반대한다고 주장한다.

정결하고 부정한 것을 더 잘 안다고 생각해서는 안 된다. 토라의 제한은 일시적이었고, 이제 예수님과 성령의 임재를 통해 구원 역사의 새로운 단계가 시작되었다.[207] 하늘이 열렸기 때문에 이 구분이 분명해졌다.

진전없는 베드로에 대해 동감할 수 있다. 그의 사고에 큰 전환이었기 때문이다. 누가는 이 사건이 세 번 일어났다가 갑자기 사라졌다고 말한다.[208] 이 세 번의 반복은 베드로에게 요점을 분명히 하고 하나님의 인내심을 보여준다.[209] 결정적인 변화에는 결정적인 사건, 심지어 반복되는 사건이 필요하다. 새로운 관점은 쉽게 자리 잡지 않는다. 우리를 설득하기 위해서는 종종 충격적이고 평범하지 않은 무언가가 필요하다.

3.3.2.3. 베드로가 고넬료에게 가는 여정 (10:17-33)

17 베드로가 본 바 환상이 무슨 뜻인지 속으로 의아해 하더니 마침 고넬료가 보낸 사람들이 시몬의 집을 찾아 문 밖에 서서 18 불러 묻되 베드로라 하는 시몬이 여기 유숙하느냐 하거늘 19 베드로가 그 환상에 대하여 생각할 때에 성령께서 그에게 말씀하시되 두 사람이 너를 찾으니 20 일어나 내려가 의심하지 말고 함께 가라 내가 그들을 보내었느니라 하시니 21 베드로가 내려가 그 사람들을 보고 이르되 내가 곧 너희가 찾는 사람인데 너희가 무슨 일로 왔느냐

22 그들이 대답하되 백부장 고넬료는 의인이요 하나님을 경외하는 사람이라 유대 온 족속이 칭찬하더니 그가 거룩한 천사의 지시를 받아 당신을 그 집으로 청하여 말을 들으려 하느니라 한대 23 베드로가 불러 들여 유숙하게 하니라

이튿날 일어나 그들과 함께 갈새 욥바에서 온 어떤 형제들도 함께 가니라 24 이튿날 가이사랴에 들어가니 고넬료가 그의 친척과 가까운 친구들을 모아 기다리더니 25 마침 베드로가 들어올 때에 고넬료가 맞아 발 앞에 엎드리어 절하니

26 베드로가 일으켜 이르되 일어서라 나도 사람이라 하고 27 더불어 말하며 들어가 여러 사람이 모인 것을 보고 28 이르되 유대인으로서 이방인과 교제하며 가까이 하는 것이 위법인 줄은 너희도 알거니와 하나님께서 내게 지시하

---

207 Oliver, *Torah Praxis after 70 CE*, chap. 10,에서는 누가가 유대인 식생활 체제의 마지막을 선포한 것이 아니라 음식이 아닌 이방인에 관한 환상을 선포한 것이라고 주장한다. 그러나 이 환상은 이방인과 음식에 관한 것으로 보아야 한다.

208 Chrysostom, *Homily 22 on Acts* (*NPNF* 1/11:144),에서는 세 번의 환상을 세례와 연결하고, Arator, *On the Acts of the Apostles*, 1; Origen, *Homilies on Leviticus*, 7.4.5,에서는 이를 삼위일체와 연결한다.

209 베드로는 예수님을 세 번 부인했다가 세 번의 명령으로 다시 세움을 받았고, 이 세 번의 계시는 그의 사역이 전환되는 것을 의미한다. Bede, *Comm. on Acts* 10.16a,은 동물이 모든 민족이며, 세 번 낮아짐은 세례받을 때 나타나는 성삼위일체의 신비라고 주장한다.

사 아무도 속되다 하거나 깨끗하지 않다 하지 말라 하시기로 29 부름을 사양하
지 아니하고 왔노라 묻노니 무슨 일로 나를 불렀느냐

30 고넬료가 이르되 내가 나흘 전 이맘때까지 내 집에서 제 구 시 기도를
하는데 갑자기 한 사람이 빛난 옷을 입고 내 앞에 서서 31 말하되 고넬료야 하
나님이 네 기도를 들으시고 네 구제를 기억하셨으니 32 사람을 욥바에 보내
어 베드로라 하는 시몬을 청하라 그가 바닷가 무두장이 시몬의 집에 유숙하느
니라 하시기로 33 내가 곧 당신에게 사람을 보내었는데 오셨으니 잘하였나이
다 이제 우리는 주께서 당신에게 명하신 모든 것을 듣고자 하여 다 하나님 앞
에 있나이다

10:17-18. 환상은 이제 끝났고, 베드로는 세 번이나 반복되었음에도 불구하고
여전히 "당황"(개역개정. '의아해 하더니,' διαπορέω 디아포레오)한다. διαπορέω
(디아포레오)는 누가가 예수님에 대한 헤롯의 반응(눅 9:7), 오순절에 모인 무리의
방언에 대한 다양한 반응(2:12), 성전 권력자들의 사도들에 대한 반응(5:24)을 묘
사하는 데 사용되었다. 성령이 능력을 주시는 동안 하나님의 빠른 움직임은 혼란
을 가져오기도 한다. 우리는 사람들이 이 땅에서 성령의 역사에 자연스럽게 이끌
리거나 이해하기를 기대해서는 안 된다. 베드로에게는 특별한 설득이 필요했다.

당황한 베드로에게 문 앞에 대답이 도착하고 있었다. 고넬료의 부하들이 시
몬의 집에 와서 베드로를 찾아온 때는 "그동안"(개역개정은 생략. '의아해 하는
동안'-역자주. ὡς 호스, 17절) 이런 일이 벌어지고 있었을 때였다. 하나님께서는
이 사건을 세세한 부분까지 정하셨다. 특히 누가는 베드로가 고넬료의 대리인들
을 만나고 숙소를 제공한 것만큼이나 많은 지면을 할애하여 개인의 환상을 묘사
한다(17-23절).[210]

10:19-20. 성령께서 베드로에게 더 많은 도움을 주신다. 베드로가 환상을 깊
이 생각하는 동안 성령은 사람들이 그를 보러 왔다고 말씀하신다. 하늘은 계속해
서 지상의 사건을 지시하고 방해한다. 성령은 베드로에게 그들이 하나님으로부터
보내심을 받았으니 아래층으로 내려가 그들과 함께 가라고 지시하신다.[211] 성령
은 문 양쪽, 땅과 지붕에서 일하고 계셨다. 하나님의 성전 임재는 제한될 수 없다.

---

210 Keener, *Acts*, 2:1774.

211 Sleeman, *Geography and the Ascension*, 229,은 경계선을 넘기를 꺼리는 사람에게 주어진
"일어나서 내려가라"는 이 명령이 요나서 1:2, 3:2을 반향하고 있다고 지적한다. Bede,
Comm. on Acts 10.20,은 "베드로는 교회가 높은 곳에 올라가서 주님을 지켜볼 뿐만 아니라,
활동적인 삶으로 돌아가서 ... 모든 가장 낮은 자들과 아직 밖에 있는 사람들에게 주님을
전파해야 한다는 것을 보여주기 위해 내려가야 했다."라고 말한다.

육신은 연약하지만 성령은 베드로가 환상이 무엇을 의미하는지 이해하도록 도와준다. 그러나 그는 소식을 전하는 자들에게 순종하고 따를 때만 이해할 수 있다. 흥미롭게도 성령은 모든 것을 즉시 설명하지 않는다. 베드로는 즉시 이해하지 못한다. 여기서 성령의 역할은 부추기고 유인하는 것이다. 이에 대한 반응은 혼란 속에서도 순종하는 것이다.

10:21-23. 베드로는 사람들에게 내려가서 그들이 왜 자신을 찾아왔는지 묻는다. 그들은 고넬료가 환상을 보았다고 설명한다. 두 환상을 통해 고넬료와 베드로는 하나가 된다. 환상은 두 사람을 같은 공간으로 끌어당기는 자석과 같았다. 육신은 싸울지라도 성령은 그들의 세계가 충돌하도록 유도한다. 베드로는 다음 날 가이사랴로 떠날 때까지 그들이 머물도록 집으로 초대한다.

이 환대는 유대인이 이방인을 맞이할 때 제한된 수준을 넘어서지 않는다. 식주인(환대자, host)이 되는 것은 문제가 되지 않았다. 문제는 유대인이 상황을 통제할 수 없기 때문에 이방인의 집에 손님으로 들어가는 것이었다. 성령께서 교회에 가르치시는 것 중 하나는 식주인(환대자)이 되는 것뿐만 아니라 다른 사람의 공간에 손님으로 들어가는 방법이다. 다음날 베드로는 욥바에서 고넬료를 향해 출발했다. 요나(욘 1:3)와 달리 베드로는 이방인들에게 복음을 전하기 위해 욥바에서 출발한다.

10:24-26. 누가는 이제 베드로와 고넬료의 만남, 즉 환상이 나타난 목적에 주목한다. 베드로가 이방인 공간으로 들어가는 중요성은 아무리 강조해도 지나치지 않으며, 베드로가 들어가는 것을 세 번 반복하여(10:24a, 25a, 27a) 이 사실을 나타낸다.[212] 이것은 전체 사건의 클라이맥스 중 하나이다.

이 사건이 집에서 일어났다는 것은 쉽게 지나칠 수 있다. 그러나 예수님의 탄생이 마구간에서 일어나고 목자들이 방문한 것처럼 가정이라는 친밀한 공간에서 세상은 변화한다. "하나님은 좁은 공간, 가족과 친한 친구들의 친밀한 환경 안팎에서 일하시며 민족과 국가의 넓은 공간을 변화시키신다."[213]

다음 날 베드로는 고넬료가 친구 및 친척들과 함께 자신을 기다리고 있는 가이사랴로 들어간다. 이것은 내시 이야기보다 더 공개적인 사건이다. 베드로가 집에 들어가자 고넬료는 그의 발 앞에 엎드려 경배한다. 고넬료는 베드로가 천사의 사자라고 생각한 것 같지만, 베드로는 자기는 단지 사람일 뿐 경배를 받을 사람이

---

212 누가는 이미 복음서에서 예수님이 72명 제자들에게 집에 들어가서 그들 앞에 놓인 음식을 먹으라고 말씀하셨을 때 인종적 차별이 극복될 것을 예상했다(10:5-9).

213 Jennings, *Acts*, 110.

아니므로 일어나라고 말한다.[214] 구약의 일부 율법은 이제 그리스도 안에서 성취되었지만, 우상 숭배에 대한 금지는 여전히 유효하다(출 20:3).[215]

10:27-29. 베드로는 이제 이방인의 집에 들어갔다. 주변을 둘러보며 유대인이 "외국인"(ἀλλοφύλῳ, 알로퓔로)과 교제하는 것이 일반적으로 금지되어 있지만,[216] 하나님께서는 그에게 어떤 사람도 "속되거나 깨끗하지 않은"(κοινὸν ἢ ἀκάθαρτον, 코이논 에 아카다르톤) 사람이라고 불러서는 안 된다고 계시하셨다고 설명한다.[217] 따라서 그는 아무런 반대 없이 이방인에게 왔다.

베드로가 바로 이 점을 설교했기 때문에(눅 24:47; 행 1:8; 2:39; 3:25-26), 문제는 이방인을 위한 복음이냐 아니냐가 아니었다.[218] 장애물은 이방인의 부정함과 식탁 교제였다(11:3의 이의 제기 참조).[219] 육체와 사회적 몸은 밀접한 관련이 있고 식탁은 연합을 상징한다. 이방인들이 부정한 상황에서 어떻게 환대받을 수 있었을까? 유대인과 이방인 사이의 협력과 식탁 교제는 어떤 모습이었을까? 하늘에서 이방인이 깨끗하다고 계시함으로써 이 두 가지 문제가 모두 해결된다.[220]

---

214 Polhill, *Acts*, 258,에 따르면 베드로의 발 앞에 엎드려 경배하는 것은 마 8:2, 9:18, 15:25, 18:26, 20:20에서 볼 수 있듯이 단순히 경건과 존경의 몸짓이라고 한다. 그러나 무릎을 꿇는 것은 일반적이지만 경배는 그렇지 않다. 경배라는 용어가 단순히 존경을 의미할 수도 있지만, 베드로의 대답은 그 이상의 의미로 바뀔 수 있다는 증거를 제시한다.

215 Talbert, *Reading Acts*, 96.

216 ἀθέμιτος("위법인")는 "금기" 또는 "강하게 눈살을 찌푸리게 하다"로 번역될 수도 있으므로 반드시 불법은 아니다.

217 10:14에서 베드로는 "나는 속되고 깨끗하지 아니한 것을 절대 먹지 아니하였다"(κοινὸν καὶ ἀκάθαρτον)라고 말한다. Thiessen, *Contesting Conversion*, 126–31,에서는 κοινός καὶ ἀκάθαρτος가 "불결한/부정한/더럽혀진"을 의미하는 동의어라고 주장한다. 문제는 '고넬료가 어떻게 부정한가'하는 점이다. 고넬료가 의식적으로나 도덕적으로 부정한가? 누군가는 고넬료를 도덕적으로 부정한 사람으로 그리지 않는 것 같고, 유대인들이 이방인을 의식적으로 부정하다고 생각했다는 증거도 거의 없다. 티센은 선천적, 계보적, 유전적으로 불결한 세 번째 범주의 불순물이 있다고 주장한다. 돼지가 그 예이다. 돼지는 목욕을 하거나 코셔가 될 수 없으며 도덕적으로 불결하지도 않다. 그들은 선천적으로 부정하다. 이것이 이방인의 상태이지만 성령은 이방인의 상태를 해결하기 위해 "유전적 치료"를 수행한다.

218 또는 베드로가 그 의미를 완전히 이해하지 못한 채 이방인도 구원받을 수 있다고 말했다고 주장할 수도 있다.

219 그러나 베드로가 이방인들과의 식탁 교제를 변호할 때 그들이 구원받았거나(11:14) "회개하여 생명을 얻었기 때문에"(11:18) 그들과 함께 먹을 수 있다고 주장하기 때문에 이 문제도 복잡하다. 따라서 사회학적 또는 수평적 현실은 수직적 현실에서 비롯된다. 일부 새 관점 학파가 강조점을 잘못 파악하는 부분이 바로 이 부분이다. 그들은 사회학적 현실만 주목하고 11장에서 베드로의 변호를 대충 훑어본다.

220 흥미롭게도 바울은 나중에 자신이 하나님의 복음의 제사장이며 그 목적은 이방인들이 성령으로 거룩하게 된 산 제물이 될 수 있도록 하기 위함이라고 말한다(롬 15:16). 바울은 자신의 사역을 문화적인 범주에 넣어 자신을 제사장으로, 이방인을 제물로 묘사한다. 같은

베드로의 첫 말씀은 베드로가 이방인 공간으로 들어가는 것이 얼마나 중요한지를 보여준다. 이방인은 구원받을 수 있을 뿐만 아니라 **이방인 상태에서도** 믿음으로 하나님께 받아들여질 수 있다. 나중에 베드로는 고넬료 에피소드를 통해 이 사실을 확인하게 된다(15:9).[221] 폴힐의 주장대로,

> 식탁 교제의 친밀함을 나누지 않으려는 사람을 온전히 받아들이는 것은 불가능하다. 초대 교회는 이방인 선교를 시작하기 위해 코셔(kosher) 음식법 문제를 해결해야 했다. 정결의 구별과 인간 차별은 동일하다.[222]

고넬료의 에피소드가 획기적인 본문인 이유가 바로 여기에 있다. 이미 이방인 개종자(내시)가 있었지만, 사도는 유대인 그리스도인들이 이방인을 이방인으로 받아들일 수 있음을 깨닫는다. 그런 다음 베드로는 그들이 왜 자신을 보냈는지 묻는다. 이 그룹은 이제 주 예수의 기쁜 소식을 들어야 하므로 이상한 질문처럼 보인다.

10:30-33. 고넬료는 독자들이 이미 10장 1-8절에서 알고 있는 내용을 반복하고 있으며, 누가는 세 가지 이유로 이중 자료를 포함시킨다. 첫째, 누가는 단순히 무슨 일이 일어났는지에만 관심이 있는 것이 아니라 자료의 전달에도 관심이 있기 때문이다. 둘째, 누가는 중요성을 강조하기 위해 내러티브의 속도를 늦춘다. 누가는 화자로서 청중을 베드로와 고넬료와 함께 그 방에 있게 한다. 셋째, 세부 사항을 다시 포함함으로써 이 장면을 요약이 아닌 대화로 묘사한다.

사도행전 15장과 공의회가 다가오고 있지만 누가는 이방인의 환대를 법적인 영역이 아닌 개인적인 공간에 먼저 배치한다. 이 일은 두 사람으로부터 시작되며 그 파급 효과는 세상으로 퍼져나갈 것이다. 이 그림을 완성하는 데 도움이 되는 두 가지 세부 사항만 추가되며, 둘 다 30절에 나와 있다.

첫째, 고넬료는 환상을 보았을 때 기도하고 있었다. 둘째, 천사는 눈부신 옷을 입고 있었다. 33절 마지막에서 고넬료는 베드로가 온 것은 그의 집에 있는 모든 사람이 베드로의 말을 들을 수 있도록 하기 위해서라고 설명한다. 이제 그들은

방식으로 베드로는 제사장이고 이방인은 이 맥락에서 받아들일 수 있는 제물이다.

221 베드로는 사자들이 도착했을 때나 고넬료의 집으로 가는 도중에 환상이 무엇을 의미하는지 이해한 것 같다. 본문은 그전에는 환상에 관해 의아해했다고 말하고 있으며, 고넬료의 집에 도착한 후 베드로는 통찰력을 얻었다. 사자들이 왔을 때 그는 정결하고 부정한 것에 대한 말씀이 정결한 음식을 먹는 것뿐만 아니라 사람들에게도 적용되어야 한다는 것을 곧 깨달았을 것이다. 음식과 분리된다는 것은 이방 민족과 그들의 신과 분리되는 것이었기 때문에 이 두 가지는 서로 연결되어 있었다(레 20:24-26). 음식은 예배에 관한 것이었고, 베드로는 이 점을 혼동하지 않았을 것이다.

222 Polhill, *Acts*, 256.

"하나님 앞에"(ἐνώπιον τοῦ θεοῦ, 에노피온 투 데우) 있다. 독자들은 이곳이 이방인의 집이라는 사실을 기억해야 한다. 이것은 놀라운 고백이다. 이방인의 집은 성전과 비슷하게 되었으며, 메시아의 회복에 포함된다.

하나님의 메시지를 듣는 것은 하나님의 임재 안에 있는 것과 관련이 있다.[223] 하나님의 임재는 그분의 사자뿐만 아니라 메시지에서도 나타난다. 설교는 성스러운 것과 속된 것의 구분을 허물고 하늘과 땅을 연결한다. 따라서 사도들이 오순절을 기다리던 사도행전 1장 13-14절을 암시하며 지상에서 하늘의 예배를 드리기 위해 모이고 준비된다. 이 환상의 목적은 단순히 베드로와 고넬료가 함께 모이는 것만이 아니었다. 고넬료는 이제 함께 모임으로써 예수님이 만유의 주님이시라는 메시지를 들을 수 있다.[224] "이방인의 오순절"이 바로 앞에 다가왔다.

3.3.2.4. 하나님의 이방인 환대를 인정하는 베드로 (10:34-43)

34 베드로가 입을 열어 말하되 내가 참으로 하나님은 사람의 외모를 보지 아니하시고 35 각 나라 중 하나님을 경외하며 의를 행하는 사람은 다 받으시는 줄 깨달았도다 36 만유의 주 되신 예수 그리스도로 말미암아 화평의 복음을 전하사 이스라엘 자손들에게 보내신 말씀 37 곧 요한이 그 세례를 반포한 후에 갈릴리에서 시작하여 온 유대에 두루 전파된 그것을 너희도 알거니와 38 하나님이 나사렛 예수에게 성령과 능력을 기름 붓듯 하셨으매 그가 두루 다니시며 선한 일을 행하시고 마귀에게 눌린 모든 사람을 고치셨으니 이는 하나님이 함께 하셨음이라 39 우리는 유대인의 땅과 예루살렘에서 그가 행하신 모든 일에 증인이라 그를 그들이 나무에 달아 죽였으나 40 하나님이 사흘 만에 다시 살리사 나타내시되 41 모든 백성에게 하신 것이 아니요 오직 미리 택하신 증인 곧 죽은 자 가운데서 부활하신 후 그를 모시고 음식을 먹은 우리에게 하신 것이라 42 우리에게 명하사 백성에게 전도하되 하나님이 살아 있는 자와 죽은 자의 재판장으로 정하신 자가 곧 이 사람인 것을 증언하게 하셨고 43 그에 대하여 모든 선지자도 증언하되 그를 믿는 사람들이 다 그의 이름을 힘입어 죄 사함을 받는다 하였느니라

10:34-35. 설교는 사도행전의 중심이며, 여기서 베드로는 마지막 말씀을 전한다.[225] 그는 복음의 보편적 적용에 관해 말하면서 설교를 시작하고 끝낸다(34-35,

---

223 Peterson, *Acts*, 334.

224 누가는 베드로가 고넬료의 집에 들어가는 이야기에서 συν- 접두사(함께)를 6번 사용한다 (10:23b, 24b, 25a, 27a, 27b).

225 이 설교는 베드로가 이방인을 대상으로 한 유일한 설교이지만, 바울이 이방인을 대상으로 한 설교(14:15-18; 17:22-31)와는 다르다. 바울은 유일신교를 소개하는 것이 아니라 메시아에 관해 들어야 하는 하나님을 경외하는 자들에게 말했기 때문이다.

43절). 중간에 핵심 문구가 있다. 예수님은 만유의 주이시다(36절). 이 메시지는 이방인 청중을 위한 상황에 맞추어져 있다. 그러나 또 다른 의미에서 이 메시지는 여전히 유대인의 예수 이야기이다. "따라서 이 연설은 이방인들에게 유대인 메시아의 중요성을 확증하는 것이 된다."[226]

베드로는 자신이 깨달은 진리를 말하는 것으로 시작한다. 부정적으로, 하나님은 사람의 외모를 보지 않으신다(신 10:17-19).[227] 궁극적으로 베드로를 설득한 것은 어떤 사회적 또는 정치적 운동이 아니라 하나님의 성품의 실체였다. 외모를 본다는 것(편애)는 유대인이나 이방인에 대한 하나님의 편파성을 의미한다. 그분의 눈에는 둘 다 동등하다. 폴힐Polhill은 "편애"에 사용된 헬라어($\pi\rho\sigma\omega\pi\sigma\lambda\eta\mu\pi\tau\eta\varsigma$ 프로소폴렘프테스)가 "얼굴을 들어 올리다"라는 뜻의 히브리어 관용구를 기반으로 만들어졌다고 말한다. 하나님은 인종적 배경에 따라 차별하지 않으신다. 그분은 자신에게 절하는 사람들에게 얼굴을 들어 보이신다.[228]

하나님은 이방인에게 전폭적인 환대를 베푸셨으니 베드로도 그렇게 해야 한다. 베드로는 이미 이방인도 구원받을 수 있다는 것을 알고 있었으며(눅 24:47; 행 1:8; 2:39; 3:25-26), 이 에피소드에서 배운 것은 이방인도 부정하지 않다는 것이다(10:28; 15:9). 땅의 방식은 한 민족이나 민족 집단을 지지하는 것이지만 하늘의 방식은 그 패러다임을 파괴하고 도전한다. 그리스도를 따르는 사람은 하나님의 성품을 본받아야 한다(약 2:1, 9).

베드로는 하나님을 경외하고(출 20:3; 신 10:12) 의를 행하는 사람(마 6:1)은 누구든지(어느 나라 출신이든) 하나님으로부터 "환대"($\delta\epsilon\kappa\tau\acute{o}\varsigma$, 덱토스)를 받는다고 말한다(욥 1:1, 8; 2:3). 이방인들도 이스라엘의 변화에서 한 자리를 차지한다. 이 단어($\delta\epsilon\kappa\tau\acute{o}\varsigma$)는 70인역에서는 하나님이 제사를 받을 때 사용되지만(출 28:38; 레 1:3-4; 17:4; 19:5; 말 2:13; 사 56:7; 60:7; 렘 6:20; 시 32:7), 환대라는 의미 아래 놓일 수 있으며 이 부분에서 환대에 대한 많은 언급 중 첫 번째 언급이다.[229]

"받으시는"($\delta\epsilon\kappa\tau\acute{o}\varsigma$, 덱토스. 때때로 '호의'로 번역되기도 하는)은 예수님께서 누가복음 4장 19절(사 61:2)에서 자신이 이 일을 하러 오셨다고 선포하신 바로 그 단어이며, 누가복음 10장에 기록된 70명의 파송(눅 10:8,10)에서 두드러진 주제가 된다.[230] 베드로는 마침내 하나님이 모든 것을 받아들이신다는 사실을 깨달았

---

226 Tannehill, *The Shape of Luke's Story*, 184.

227 신명기 10장은 이스라엘 안에 있는 사람들을 언급하고 있지만, 이제는 이방인들에게도 적용된다. J. M Bassler, "Luke and Paul on Impartiality," *Bib* 66.4 (1985): 546–52.

228 Polhill, *Acts*, 260.

229 사도행전에는 다양한 형태의 δεκ 어근이 등장한다: 2:41; 8:14; 11:1; 17:11, 7; 18:27; 21:17; 22:18; 28:7.

230 Jipp, *Divine Visitations*, 214, 220–52,는 누가-행전 전체를 환대의 주장 아래 놓을 수

다고 고백한다. "이제 나는 … 깨달았도다."

이야기 전체에 걸쳐 고넬료의 경건함이 강조되고 있으며, 베드로는 하나님께서 선을 행하는 자들을 받으신다고 말한다(롬 2:9-11). 해석자는 항상 이러한 유형의 진술을 더 큰 성경신학적 범주와 조화시켜야 하지만, 이러한 유형의 본문을 다른 고려 사항보다 우선으로 두고 즉시 설명하지 않는 것도 좋다. 고대 세계에서 은혜(은사)는 항상 그 대가로 호의를 요구했다.[231]

10:36. 베드로는 이 메시지가 어떻게 전해졌는지에 관해 이야기하기 위해 자리를 바꾼다. 하나님의 일하심, 이 메시지의 원래 수신자, 예수님의 주되심의 중심과 범위라는 세 가지 영역에 중점을 둔다. 첫째, 아버지 하나님께서 메시지를 보내셨다. 사도행전의 다른 설교와 마찬가지로, 하나님의 사건의 질서와 조율에 관해 강조하고 있다.

둘째, 하나님은 이스라엘에게 먼저 메시지를 보내셨다. 이스라엘에 대한 초점은 여전히 남아 있다. 이것은 이방인의 맥락과 단절된 것처럼 보일 수 있지만, 베드로의 요점은 이것이 세상을 향한 **이스라엘의 메시지**라는 것이다. 이 말씀은 전달 방식은 특별하지만 목적은 평등주의였다. 베드로는 설교 내내 예수님 사역의 유대적 지리 배경(유대 땅 전체, 갈릴리, 나사렛)을 유지하는데, 그 이유는 "베드로는 예수님을 이방인으로 변화시키지 않기 때문이다. … 하나님께서 모든 사람을 위해 일하시는 분은 유대인 예수님이시다."[232] 상황화는 절대 역사성에서 벗어날 수 없다. 또는 폴힐Polhill이 말했듯이 누가는 복음의 시작의 제한적 성격과 그 무한한 범위를 해석한다.[233] 이스라엘**의** 축복은 이스라엘**을 통해** 흐른다.

셋째, 베드로는 예수님의 보편적 왕권에 근거하여 메시지의 범위를 언급한다. '예수님은 **만유의** 주님이시다'(시 107:20)라는 말씀이 나온다.[234] 로우Rowe는 헬라어에서 "이 사람"(CSB에서는 '그분'으로 번역됨)이라는 대명사가 사용된 것이 베드로의 주장의 극적인 성격을 어떻게 가리키는지 지적한다. 이 사람은 만유의 주 되신 예수님이시다.

있다고 주장하기도 한다. 첫째, 하나님은 복음서에서 예수님을 통해 그의 백성을 방문하신다. 둘째, 하나님의 방문은 누가복음-행전에서 예수님과 사도들을 통해 기적, 축귀, 말씀 선포를 통해 이루어진다.

231 이점은 다음을 참조하라. J. Barclay, *Paul and the Gift* (Grand Rapids: Eerdmans, 2017), 24[=『바울과 선물』, 서울: 새물결플러스, 2019].

232 Tannehill, *The Narrative Unity of Luke-Acts*, 2:142.

233 Polhill, *Acts*, 261.

234 C. K. Rowe, "Luke-Acts and the Imperial Cult: A Way through the Conundrum?," *JSNT* 27 (2005): 291; J. R. Howell, "The Imperial Authority and Benefaction of Centurions and Acts 10.34–43: A Response to C. Kavin Rowe," *JSNT* 31 (2008): 25–51.

이 지시대명사는 반박 장치 역할을 한다. "다른 사람이 아니라 '이 사람'이 만유의 주님이시다. 가이사랴의 로마 백부장의 맥락에서 볼 때 이것은 중요한 의미가 있다. 황제 숭배에 대한 암시일 가능성이 높다. 예수님은 주님이시다. 가이사는 그렇지 않다. 그러나 누가는 고넬료가 예수를 자신의 유일한 주님이라고 고백하면서 여전히 가이사를 섬길 수 없다는 것을 암시하지 않는다."[235]

70인역에는 "만유의 주"라는 정확한 문구가 나오지 않지만, 밀접하게 관련된 문구는 지리적, 국가적 이해를 가리킨다. 그것은 "온 땅의 주"이다(수 3:11, 13; 시 97:5; 슥 6:5; 잠 6:7; 8:3).[236] 누가는 예수님의 왕권에 관한 이 복음이 "평화"(εἰρήνην, 에이레넨)를 가져온다는 점을 강조한다.[237]

평화의 메시지를 보내는 것은 적대 행위의 종식을 위한 언어가 될 수 있다(신 2:26; 삿 21:23). 이사야 선지자는 "먼 데 있는 자에게든지 가까운 데 있는 자에게든지 평강이 있을지어다 평강이 있을지어다 내가 그를 고치리라 하셨느니라"(57:19), "평화를 공포하며 ... 네 하나님이 통치하신다 하는 자의 산을 넘는 발이 어찌 그리 아름다운가"(52:7; 참조. 엡 2:17)라고 선언한다. 누가복음에서 예수님은 제자들에게 가정에 평화를 가져다주라고 명령하셨다(눅 10:5). 평화는 인간적 차원과 우주적 차원, 즉 하나님과의 평화와 서로 간의 평화를 모두 의미한다. 로마의 평화는 군대를 통한 다른 민족의 평화를 이루는 것이지만, 예수님의 평화는 고난과 희생을 통한 평화였다.

10:37-38. 이 설교는 이방인을 향한 하나님의 환대에 관한 것이지만, 베드로는 요한의 세례 이후 갈릴리에서 유대에서 일어난, 나사렛 예수에 관한 이스라엘에 대한 예수님의 특별한 계시에 초점을 맞추고 있다. 모두 이스라엘 중심적인 언급이다.

베드로는 제자들에게 예수님의 모습과 그분을 둘러싼 사건에 관해 알고 있음을 상기시킨다. 그는 세례 요한의 사역으로 시작하여 예수님의 사역에 대한 하이라이트 장면을 제공한다.[238] 누가는 다른 설교와 누가복음에서 읽은 내용을 통해 내용을 채울 수 있기 때문에 설교를 간략하게 한다. 예수님의 사역은 세례와 함께 시작되었으며, 세례에서 하나님은 예수님께 성령과 능력을 "기름부으셨다"(χρίω,

---

235 S. Kim, *Christ and Caesar: The Gospel and the Roman Empire in the Writings of Paul and Luke* (Grand Rapids: Eerdmans, 2008), 182[= 『그리스도와 가이사』, 두란노아카데미, 2009].

236 Gaventa, *Acts*, 171.

237 R. F. O'Toole, "Eirēnē, an Underlying Theme in Acts 10:34–43," *Bib* 77 (1996): 461–76,은 "평화"라는 개념이 전체 설교의 기초가 된다고 주장한다.

238 Tannehill, *The Narrative Unity of Luke-Acts*, 2:142,는 베드로의 마지막 설교에서 예수 이야기를 종합적으로 검토하는 것이 적절하다고 지적한다. Johnson, *Acts*, 195,는 베드로의 설교가 지리적 이동, 요한 세례의 시작점, 치유에 대한 강조, 십자가, 부활, 식사의 중심성에 대한 언급과 함께 누가복음 내러티브의 핵심을 요약한 것이라고 주장한다.

크리오, 사 61:1). 예수님의 사역이 세례와 성령을 받음으로 시작된 것처럼 베드로의 이방인 청중도 곧 성령을 받고 세례를 받게 될 것이다(10:44, 48).

예수님의 사역 기간에 베드로는 마귀의 폭정 아래 있는 사람들을 구출하는 것으로 해석하는 "치유"('선을 행하는,' εὐεργετῶν, 유에르게톤)에 적극적으로 참여했다(눅 4:14-18; 사 61:1-2).[239] 땅의 공간은 사탄이 자신의 목적을 위해 사람들을 차지한 전쟁터였는데, 그리스도께서 오셔서 그들을 자신의 것으로 되찾으셨다. 누가는 예수님이 이렇게 하실 수 있었던 것은 하나님의 임재가 있었기 때문이라고 말한다. 여호와의 임재는 마귀의 힘을 압도했다.

누가는 이미 이 이방인의 집에 "하나님의 임재"(10:33)가 있었다고 언급했는데, 고넬료와 가족이 어둠의 왕국에서 빛의 왕국으로 옮겨졌음을 암시한다. 이 한 구절에서 아버지는 기름 부으셨고, 성령은 능력을 주셨고, 아들은 성취하셨다는 하나님의 삼위일체 사역이 분명하게 드러난다.

10:39-41. 예수님에 대한 이야기는 끝나지 않았지만 베드로는 이 사건에 대한 "증인"(순교자)으로서 사도들의 역할을 삽입하기 위해 이야기를 중단한다. 사도들의 확증 기능은 이 세 구절을 괄호로 묶고, 중심은 예수님의 궁극적인 사역으로 정점을 찍는다. 베드로와 사도들은 예수님의 사역을 목격했을 뿐만 아니라 예수님의 죽음과 부활도 목격했다. 예수님은 죽임을 당하고 나무에 못 박히셨지만 하나님은 예수님을 죽음에서 살리셨고 많은 사람이 그분을 보았다. "인간의 거절은 하나님의 변호로 상쇄된다."[240]

베드로의 청중에 대한 이해는 여기서 이방인들에게 **"그들이** 죽였으나"라고 말하면서 전면에 등장한다. 2-5장의 예루살렘에서는 "**너희가** 그를 죽였도다"(3:15; 5:30)였다. 베드로는 이스라엘의 발치에 궁극적인 책임을 돌린다.[241] 베드로는 예수님이 십자가에서 죽으신 수치를 구체적으로 언급한다. 모든 사람이 사도들처럼 예수님을 본 것은 아니었지만, 선택된 소수만 증인으로 "미리 택하셨다"(προκεχει-ροτονημένοις 프로케케이로토네메노이스). 부활 후 예수님과 함께 먹고 마신 사람들만이 그분의 종으로 임명되었다.

---

239 예수님의 기적에 대한 이러한 해석과 이사야 61장에 대한 반향은 영적 전쟁의 주제 아래 이 구절을 해석하는 것을 보증한다. Bock, *Acts*, 397-98,은 "선을 행하는 것"은 사회를 위해 봉사하는 식주인(환대자, host)을 가리킨다고 지적한다. Kim, *Christ and Caesar*, 127,은 이 본문을 사용하여 축귀에 대한 "반제국적" 읽기가 부족하다는 것을 보여준다.
240 Talbert, *Reading Acts*, 98.
241 베드로는 예수님이 십자가에 처형된 이유를 예루살렘 사람들(2:22-23; 3:13-15; 4:10-11; 5:30; 13:27-29)의 탓으로 돌렸지만 가이사랴 사람들에게는 그렇지 않았다. 공동체적 죄는 존재하지만 무한정 확대하지 않는다.

여기서 환대의 중요성이 다시 한번 부각된다.[242] 예수님은 사도들이 따라야 할 환대의 본을 보이셨다. 베드로가 오늘 사도들 앞에 선 것은 예수님이 죽은 자 가운데서 살아나신 것을 보았고 예수님이 그에게 위임하셨기 때문이다(1:8).

10:42-43. 베드로는 "전파하다"(κηρύξαι, 케뤽사이)와 "증언하다"(διαμαρτύρασθαι, 디아마르튀라스다이)는 사명의 본질을 더 설명한다.[243] 이는 목적을 나타내는 부정사로, 사도들의 구체적인 임무를 나타낸다. 그러나 더욱 구체적으로, 그들은 하나님께서 예수님을 산 자와 죽은 자의 심판자로 임명하셨다는 것을 전파하고 증언하는 것이다.

예수님은 주님, 기름 부음 받은 자, 치유자로 묘사되어 왔다. 이제 그는 심판자로 분류된다. 예수님은 왕이기 때문이다. 왕은 기름 부음을 받고 백성에게 치유를 가져다준다. 왕은 또한 백성을 위해 분쟁을 재판하는 재판관이다. 예수님은 모든 사람을 심판하실 최종적이고 의로운 재판관이다. 베드로는 모든 선지자에게 이러한 일에 대한 지지를 받았다고 주장한다.

베드로의 다른 설교에서는 구약을 좀 더 노골적으로 사용하지만, 누가는 여기서 구약을 짧지만 중요하게 언급한다. 선지자들은 또한 그 이름(주님)을 믿는 모든 사람이 죄 사함을 받는다는 것을 "증거"(μάρτυσιν, 마르튀신)한다. 예수님은 마귀를 물리치고 속죄하기 위해 오셨다. 모든 사람에는 이방인도 포함된다.

왕은 심판할 뿐만 아니라 사면한다. 그러나 사람들은 그분을 믿어야 한다. 설교의 마지막 단어는 적절하게 포괄적이며 첫 단어를 반영한다. 그분을 믿는 "모든"(πάντα, 판타) 사람들은 환대받는다. 유일한 요구 사항은 믿음이다. 아브라함은 모든 사람의 조상이다(롬 4:16-18; 갈 3:7).

3.3.2.5. 이방인의 오순절 (10:44-48)
44 베드로가 이 말을 할 때에 성령이 말씀 듣는 모든 사람에게 내려오시니 45 베드로와 함께 온 할례받은 신자들이 이방인들에게도 성령 부어 주심으로 말미암아 놀라니 46 이는 방언을 말하며 하나님 높임을 들음이러라 47 이에 베드로가 이르되 이 사람들이 우리와 같이 성령을 받았으니 누가 능히 물로 세

---

242 A. E. Arterbury, "The Ancient Custom of Hospitality: The Greek Novels, and Acts 10:1–11:18," *PRS* 29 (2002): 53–72.

243 Witherington, *The Acts of the Apostles*, 359,은 τούτῳ(10:43)가 남성적인지 중성적인지("이 사람" 또는 "이 메시지"), 즉 선지자들이 증언한 그리스도인지 명확하지 않다고 지적한다. Barrett, *Acts 1–14*, 528,은 선지자들이 사건에 관해 증언한다고 말한다(참조. 2:16, 30; 3:18, 21, 24; 13:27, 40; 15:15; 24:14; 26:22, 27; 28:23, 25). 그러나 이것은 차이가 없을 수 있다.

례 베풂을 금하리요 하고 48 명하여 예수 그리스도의 이름으로 세례를 베풀라
하니라 그들이 베드로에게 며칠 더 머물기를 청하니라

10:44. 베드로가 말하는 동안 성령이 "내려오셔서"(ἐπιπίπτω, 에피핍토) 그 말
씀을 듣는 모든 사람에게 "부어졌다"(ἐκκέχυται, 에케퀴타이, 45절).[244] 두 동사
는 이 사건을 오순절의 "부어 주심"(2:17, 33)과 사마리아인들에게 성령이 "내리
심"(8:16)과 연결한다. 이제 이방인들도 하나님의 백성 가운데 한 자리를 차지한다.
성령의 임재가 시기적절하지 않은 것은 두 가지 이유에서 주목해야 한다. 첫
째, 고넬료 이야기 전체에서 시간상 "동시에 일어난 것"을 독특하게 강조한다. 세
사람이 도시로 다가오는 동안 베드로는 기도하러 올라갔다(9절). 베드로가 환상
에 관해 궁금해하는 동안 사람들이 문 앞에 멈췄다(17절). 베드로가 여전히 환상
에 관해 생각하고 있을 때 성령께서 그에게 세 사람에게 내려가라고 말씀하셨다
(19-20절). 베드로가 말하는 동안 성령이 강림하신다. 이 이야기에서 하나님의
섭리적인 손길이 이보다 더 분명할 수 없다.
둘째, 성령이 강림한 시기는 베드로가 설교하는 동안(말씀의 능력을 가리키는)
세례를 받기 전이라는 점에서 중요하다. 누가는 다른 곳에서도 세례 전에 성령의
은사에 대한 설명을 제공하지 않는다. 내러티브에서는 성령이 베드로의 설교를 방
해하는 것처럼 보인다. 하나님은 자신의 강조점을 증명하기 위해 상황을 주도하고
이방인은 환대받는다. "천국 자체가 '이방인'의 들어옴에 대한 길을 가리킨다."[245]
성령, 예수, 말씀의 상호 의존성은 예수님을 주님으로 믿는다는 베드로의 메
시지를 들은 **모든** 사람에게 성령이 임할 때 분명해진다. 이 은사의 공동체적 특성
은 종종 지나치기 쉽지만, 이 내러티브의 핵심이다. 단지 한 이방인이 아니라 **이
방인들이** 환영받았다. 이제 복수의 주어와 목적어가 이 내러티브의 나머지 부분
을 지배하며, 이것은 공동체로 전환되는 것을 나타낸다.[246]
누가는 45절에서 성령을 "선물"(개역개정은 생략)로 묘사한다. "선물" 언어는
다시 환대의 맥락에 적합하다. "주인이 손님에게 선물을 주는 것은 고대 환대의
관습이었으며 종종 일시적인 환대 관계에서 영구적인 환대 관계로 전환되는 것을

244 Origen, *Comm. Rom.* 6.13,은 베드로의 연설 중간에 성령이 부어지는 장면을 통해 예수님
만이 성령을 전달하는 것이 아니라 그분의 이름으로 하나님의 말씀을 전하는 모든 사람에게
성령이 임한다는 것을 보여준다.

245 H. Conzelmann, *Acts of the Apostles*, Hermeneia (Philadelphia: Fortress, 1987), 84.

246 Matson, *Household Conversion Narratives in Acts*, 113. 누가는 10:7, 24에서 가족에
포함된 사람 중 적어도 일부를 혈족, 친한 친구, 하인이라고 밝히고 있다. 집안에서 주는
세례는 유아세례나 신자세례에 찬성한다고 명확하게 주장하지 않는다.

표시했다."[247] 이미 오순절에 성령이 부어졌고(2:1-4), 사마리아인들이 성령을 받았으며(8:17), 이제 이방인과 그의 가정이 충만하여 부정한 자들이 거룩해졌다.

이 이방인 오순절은 내러티브에서 여러 번 언급된다. 성령은 하늘을 땅으로 내려오게 하고 하나님의 백성을 증거한다. 성령은 하나님의 임재가 그들에게 임함에 따라 사람들을 새로운 성전 공동체의 일원으로 구성한다.

10:45-46. 누가는 유대인(할례받은 신자들)의 반응에 시선을 돌린다. 그는 베드로와 함께 온 사람들이 놀랐다고 말한다. 그들은 이제 이방인이 성령이 거할 수 있는 깨끗한 그릇이라는 것을 이해한다. 성령의 은사는 이스라엘의 구별되는 표식이었다. 신자들은 이 사건의 중요성을 즉시 인식했다. 이방인에게도 성령이 주어졌다면 그들도 하나님의 백성의 일부가 되었다.

성령은 **양자의 영**이다(롬 8:15).[248] 성령에 대한 증거는 오순절 이야기에서 성령이 부어지고(2:17-18, 33), 방언을 말하고, 하나님을 찬양하는(2:4, 11) 세 가지 반향 효과가 있다. 성령의 임재를 부인할 수 없었다. "성령이 그들에게 임하셨다는 것은 들리고 보이는 **객관적인** 증거였다."[249] 유대인들은 이방인을 환영하기를 주저했다. 베드로에게는 환상과 성령 강림이라는 두 가지 표징이 필요했다.

제닝스가 말했듯이, "로마 제국의 한적한 구석, 한 백부장의 집에서 시공간 구조가 찢어지는 사건이 일어났다."[250] 이방인들은 집이라는 공간에서 성령을 받았다. 이것은 훗날 교회가 의문을 제기하는 원인이 되기도 하지만, 하나님께서 사회의 구석진 곳에서 일하시는 것을 싫어하지 않으신다는 것을 보여준다. 사실, 그분은 그렇게 일하기를 좋아하신다.

10:47-48. 베드로도 무슨 일이 일어났는지 알아차리고, 자신들처럼 성령을 받은 이들에게서 세례를 "금할"(κωλῦσαί, 콜뤼사이, 개역개정. "금하리요") 수 있는 사람이 있는지 묻는다.[251] "금하다"는 내시를 위한 세례 요청(8:36)과 유사하지만

---

247 참조. Homer, *Od.* 1.311–18; 8.430–32; Longus, *Daphn.* 3.9.4.6; Virgil, *Aen.* 8.152–69; Tob 10:10–11; Josephus, *Ant.* 5.281–82 (Parsons, *Acts*, 155).

248 Calvin, *Institutes*, III.i.I,은 성령을 언급하며 "그리스도께서 우리 밖에 계시고 우리가 그분과 분리되어 있는 한, 그분이 인류의 구원을 위해 고난을 당하시고 행하신 모든 일은 쓸모없고 우리에게 아무런 가치도 없다"라고 말한다.

249 Polhill, *Acts*, 263.

250 Jennings, *Acts*, 115.

251 Cyril of Jerusalem, *Catechetical Lectures* 3.4, in Martin and Smith, *Acts*, 140–41,에 따르면 물과 성령 세례는 사람의 두 가지 본질, 즉 영혼과 육체를 가리킨다. 물은 몸을 깨끗하게 하고 성령은 영혼을 인친다. P. Walpot, *The Great Article Book*, in Chung-Kim, Hains, et al., *Acts*, 146,은 물세례를 창조 기록과 연결하여 태초와 마찬가지로 물에서 새로운 피조물이

이번에는 외부인이 아닌 내부인이 밖에서 바라보는 시선에서 나온다. 어떤 면에서 사도행전은 이러한 장애물을 무너뜨리는 것에 관한 책이다(참조. 11:17). 동음이의어인 ἀκωλύτως(아콜뤼토스)는 누가복음의 마지막 단어로, 바울이 "거침없이"(28:31) 왕국을 선포한다.[252]

이방인들은 교회에 들어오는 것을 예전적으로 환대받아야 하므로 베드로는 그들에게 예수님의 이름으로 세례를 받으라고 명령한다. 여기에는 세례가 성령을 받은 후에도 여전히 중요한 단계라는 의미가 내포되어 있다. 하늘에서 이 두 그룹 간의 일치를 확인했다면 이 현실은 이 땅에서도 완전히 실현되어야 한다. 세례는 저항 의식이기도 하다.[253] 고넬료와 그의 가족은 새로운 충성심을 갖는다. 또 다른 장벽, 또 다른 분열의 벽이 무너졌다. 옛 성전 제도는 분열되지만 성령은 하나 되게 하셨다.

베드로는 며칠 동안 그들과 함께 머물면서 함께 식사하고 식탁 교제를 나눈다. 사도행전 10장은 환대에 대한 언급으로 적절하게 끝난다. 하나님께서는 베드로를 환대하셨고, 예수님의 이름으로 평화를 말했으며, 성령의 은사가 주어졌으며, 이제 베드로는 이전에는 출입이 금지되었던 공간에 머물면서 하늘의 윤리를 구현한다(눅 10:7).[254] 고넬료의 집은 사도행전 이야기에서 사회적, 민족적 장벽이 무너지는 거룩한 중심지를 상징한다. 민족적 장벽을 무너뜨리는 이 일은 절대 끝나지 않았다. 베드로에게 따르라고 하신 부르심은 오늘날까지도 계속된다.

3.3.3. 예루살렘에서 이방인 포용에 대한 변호 (11:1-18)

누가는 계속 나아갈 준비가 되어 있지 않다.[255] 이방인 포용은 사건뿐만 아니라 사건에 대한 변호를 통해서도 확립되어야 한다. 하나님의 백성이 이루는 연합이 위태롭다. 위더링턴이 지적했듯이, 예루살렘에서 변호는 고넬료의 이야기가 내시와 같이 예외적이거나 사적인 상황이 아니라 공동체적이고 결정적인 사건이었음을 분명히 한다.[256] 이방인 오순절 소식은 유대 전역으로 빠르게 퍼져 나갔다.

베드로는 승천하신 주님께서 다시 땅을 구성하시는 일을 예루살렘에 변호한다. 예루살렘은 기독교 운동에 하나 됨이 필요하기 때문에 "이방인 포용"을 확인해야

태어났다고 말한다.

252 Sleeman, *Geography and the Ascension*, 244.

253 A. Streett, *Caesar and the Sacrament: Baptism: A Rite of Resistance* (Eugene: Cascade Books, 2018).

254 Gaventa, *Acts*, 174–75,에서 삼위일체의 사역을 언급한다. 하나님이 주도권을 잡으시고, 예수 그리스도는 계획의 중심이며, 성령은 이 모든 것이 하나님의 사역임을 확인시켜 준다.

255 W. S. Kurz, "Effects of Variant Narrators in Acts 10–11," *NTS* 43 (1997): 570–86.

256 Witherington, *The Acts of the Apostles*, 361.

한다. 예수님은 떠나시기 전에 사랑과 하나 됨이 자기 백성에게 표지가 되기를 기
도하셨다(요 15:9-17; 17:21-23). 사마리아(8:14)와 안디옥(11:22)에서와 마찬
가지로 예루살렘은 이방인 선교를 지지해야 한다. 사도행전 11장의 첫 부분은 할
례파의 질문(1-3절), 베드로의 변호(4-17절), 해결(18절)의 세 부분으로 나눈다.

3.3.3.1. 질문 (11:1-3)

1 유대에 있는 사도들과 형제들이 이방인들도 하나님의 말씀을 받았다 함
을 들었더니 2 베드로가 예루살렘에 올라갔을 때에 할례자들이 비난하여 3 이
르되 네가 무할례자의 집에 들어가 함께 먹었다 하니

11:1-3. 이방인 환대의 소문이 유대의 형제자매들에게 퍼졌다. 누가는 다시
한번 성령과 말씀의 상호 연관성을 강조한다. 이전 이야기는 성령 강림으로 절정
에 달한 것처럼 보였지만, 누가는 이를 "하나님의 말씀을 받는 것"으로 요약한다.

"말씀"을 받는다는 것은 하나님의 임재를 받는 것이며, 누가는 이미 사마리아
인들도 비슷한 행동을 했다고 언급했다(8:14).[257] 베드로가 예루살렘으로 올라가
자 할례파 사람들은 그를 "비난"(διακρίνω, 디아크리노)한다.[258] 그는 자기 행동에
관해 책임을 지라고 요청받는다.

베드로도 일방적으로 교회를 지시할 수 없었고, 율법적인 규범을 위반했으므
로 변호가 필요했다. 예루살렘에 있던 사람들은 베드로의 환상을 보지 못했고, 성
령이 이방인들에게 임하실 때 그곳에 있지 않았다. 성령과 성전 공동체는 민족
적 차이에 따라 분열될까, 아니면 새로운 다윗 왕 아래에서 하나 됨을 유지할까?

3절에서 구체적인 비판은 베드로가 이방인들에게 메시아의 기쁜 소식을 전
했거나 심지어 그들이 세례를 받았다는 것이 아니라, 베드로가 (1) 고넬료의 집에
들어갔고 (2) 부정한 사람들과 식탁 교제를 했다는 것이다(10:48).[259] 식탁 교제는
초기 유대교에서 중요한 문제였으며 이방인을 토라 표지가 없는 회원으로 취급하
는 것은 충격적인 일이었다.[260]

베드로는 이방인이라는 낯선 공간에 들어갔다. 독자들은 이미 하나님께서 개

---

257 Jipp, *Divine Visitations*, 235-52,에는 다음과 같은 네 가지 기쁘게 받아들이는 환대가
언급되어 있다. 누가복음 예루살렘(2:41), 사마리아(8:14), 유대의 이방인(11:1), 베뢰아의
유대인과 이방인(17:11)이 그것이다.

258 그들을 "할례받은 자들"이라고 부르는 것은 사도들과 구별되며, 또한 그들이 유대인의 관점을
강하게 가지고 있다는 특징이 있다. 그들은 15:5에 나오는 사람들과 같은 그룹일 수 있다.

259 Chrysostom, *Homily 24 on Acts* (*NPNF* 1/11:156),에서도 설교가 아니라 식탁 교제에 관한
것이라고 말한다.

260 Jubilees 22:16; 3 Macc 3:4,7; Jos. Asen. 7:1.

입하셔서 이방인들을 환대하도록 지시하셨다는 사실을 알고 있지만, 유대인들은 이 사건에 관해 더 자세히 들어볼 필요가 있다. 정결법은 여전히 유효했고 베드로는 경계를 넘었다. 그는 자신을 변호해야 했다.

3.3.3.2. 변호 (11:4-17)

4 베드로가 그들에게 이 일을 차례로 설명하여 5 이르되 내가 욥바 시에서 기도할 때에 황홀한 중에 환상을 보니 큰 보자기 같은 그릇이 네 귀에 매어 하늘로부터 내리어 내 앞에까지 드리워지거늘 6 이것을 주목하여 보니 땅에 네 발 가진 것과 들짐승과 기는 것과 공중에 나는 것들이 보이더라 7 또 들으니 소리 있어 내게 이르되 베드로야 일어나 잡아 먹으라 하거늘

8 내가 이르되 주님 그럴 수 없나이다 속되거나 깨끗하지 아니한 것은 절대 내 입에 들어간 일이 없나이다 하니 9 또 하늘로부터 두 번째 소리 있어 내게 이르되 하나님이 깨끗하게 하신 것을 네가 속되다고 하지 말라 하더라

10 이런 일이 세 번 있은 후에 모든 것이 다시 하늘로 끌려 올라가더라 11 마침 세 사람이 내가 유숙한 집 앞에 서 있으니 가이사랴에서 내게로 보낸 사람이라 12 성령이 내게 명하사 아무 의심 말고 함께 가라 하시매 이 여섯 형제도 나와 함께 가서 그 사람의 집에 들어가니 13 그가 우리에게 말하기를 천사가 내 집에 서서 말하되 네가 사람을 욥바에 보내어 베드로라 하는 시몬을 청하라 14 그가 너와 네 온 집이 구원 받을 말씀을 네게 이르리라 함을 보았다 하거늘

15 내가 말을 시작할 때에 성령이 그들에게 임하시기를 처음 우리에게 하신 것과 같이 하는지라 16 내가 주의 말씀에 요한은 물로 세례를 베풀었으나 너희는 성령으로 세례를 받으리라 하신 것이 생각났노라 17 그런즉 하나님이 우리가 주 예수 그리스도를 믿을 때에 주신 것과 같은 선물을 그들에게도 주셨으니 내가 누구이기에 하나님을 능히 막겠느냐 하더라

11:4-9. 예수님처럼 베드로도 두 집단 사이에서 중재자 역할을 해야 한다. 제닝스Jennings가 지적했듯이, "베드로는 할례받은 자와 할례받지 않은 자 사이의 경계에 자기 몸을 놓아 다리가 된 변화를 증거해야 한다."[261] 흥미롭게도 이방인과 함께 식사하는 것에 대한 책임을 바로 말하지 않는다. 그는 음식 환상을 말한다.

이것은 이방인들에 대한 하나님의 환대와 환상이 동일하다는 것을 증명한다. 베드로는 할례파를 위해 자신에게 일어난 일을 "차례로"(καθεξῆς, 카덱세스, 눅 1:3) 이야기한다. 이것은 시간순이 아니라 질서 있다는 뜻이다. 베드로는 지금 새로운 오순절에 관해 여전히 증언하고 있다.

---

261 Jennings, *Acts*, 116.

이 사건은 두 번의 환상, 성령께서 베드로를 고넬료에게 인도하신 일, 성령의 은사 등 하나님의 네 가지 주도권의 사례로 구성되어 있다.[262] 하나님의 주도권과 함께 인간의 순종도 있다. 스토트는 "[베드로의] 민족적, 종교적 편견이 극복되기까지 네 번의 연속적인 하나님의 계시의 망치질이 필요했다."라고 말한다.[263]

베드로는 사실상 하나님의 계획에 끌려간 셈이다. 예루살렘 유대인들은 베드로의 환상에 관해 처음 들었지만 독자들은 이 사건에 관해 세 번째로 들으며 그 중요성을 강조하고 이야기를 느리게 진행한다(10:28). 대체로 기록은 비슷하다.[264] 베드로는 동물의 환상을 보고 여러 번 먹으라는 말을 듣는다.

11:10-14. 환상이 세 번 나타난 후 베드로는 고넬료의 사람들이 자신의 문 앞에 나타났고 성령께서 함께 가라고 말씀하신 것을 이야기한다. 그는 성령의 인도하심에 순종하여 가이사랴로 가서 고넬료 집으로 갔다.[265] 이것은 11장 3절에 나오는 이방인의 집에 들어간 혐의를 설명해 준다. 고넬료는 자신도 베드로를 보내라는 환상을 보았다고 말한다.

이 기록은 중요한 세부 사항을 추가한다. 환상에서 천사는 고넬료에게 베드로가 그의 가족이 구원받을 수 있는 메시지를 전할 것이라고 말한다. 이 "가정 공식"은 내러티브의 중요한 부분이며 앞으로 이러한 장면 유형의 무대를 설정된다(루디아, 16:15; 빌립보 간수, 16:31; 그리스보, 18:8). 맷슨Matson이 지적했듯이, 고넬료가 이야기 초반에 가장 많은 관심을 받지만 서서히 시야에서 사라지고 집이 더 두드러진다.

나중에 베드로와 야고보가 이 사건에 관해 말할 때, 그들은 개인이 아닌 한 민족의 회심을 이야기한다(15:7-11, 14).[266] 식탁 교제와 구원 문제는 서로 연관되어 있었다. 고넬료는 베드로가 왜 오는지에 관해 혼란스러워하시지 않고 예수님의 메시지를 기다리고 있었다.

11:15-17. 베드로는 이야기를 계속하며 절정에 이른다. 예수님이 만유의 주님이시라는 메시지를 전할 때 성령이 그들에게 임했다. 이것은 갑자기 일어난 일이며, 다시 한번 하나님의 집행을 가리킨다. 베드로가 아니라 하나님이 그들에게 세

---

262 Talbert, *Reading Acts*, 100.

263 Stott, *The Spirit, the Church, and the World*, 194.

264 Keener, *Acts*, 2:1823,은 이 환상이 원래 이야기에서 차지하는 비중은 1/4도 안 되지만 베드로의 전략적 재구성의 핵심이라고 지적한다.

265 베드로와 동행한 여섯 사람에 대한 언급으로 Bede, *Comm. on Acts* 11.12,은 성령 부으심의 증인이 일곱 명이었기 때문에 이것을 사 11:2-3의 성령의 일곱 가지 은사와 연결한다.

266 Matson, *Household Conversion Narratives in Acts*, 113.

례를 주셨다.[267]

베드로는 중요한 부연 설명을 덧붙인다. 오순절에 유대인에게 임하셨던 것처럼 이방인에게도 성령이 임하셨다는 것이다.[268] 그것은 이방인의 오순절이었다. 그런 다음 베드로는 독자들이 10장에서 배우지 못한 새로운 심리적 세부 사항을 추가한다. 성령이 이방인들에게 임했을 때 누가복음 3장 16절과 사도행전 1장 5절에 나오는 주님의 말씀을 기억했다. "요한은 물로 세례를 주었지만 너희는 성령으로 세례를 받으리라." 구원 역사의 또 다른 단계가 드러났다. 이제 베드로는 하나님의 공평하심(신 10:17)의 의미를 다시 생각하듯이 예수님의 말씀을 다시 생각한다. 이 말씀은 유대인뿐만 아니라 이방인에게도 적용된다. 키너는 베드로의 요점을 다음처럼 요약한다. "예수님의 성령 세례는 요한의 물 세례보다 더 크므로, 베드로는 이미 성령을 받은 사람들에게 물 세례를 주지 않을 수 없었다."[269]

베드로는 유대인들과 같은 선물를 받았다면(이 사건을 오순절과 다시 연결하여) 어떻게 하나님을 "방해"(κωλῦσαι, 콜뤼사이)할 수 있겠느냐고 결론을 내린다. 이 단어는 8장 36절과 10장 47절에서 사용된 단어이다(참조. 28:31). 이방인을 대적하는 것은 하나님을 대적하는 것이다. 하늘이 행동하면 지상에 있는 하나님의 종들이 반응한다. 그 반대는 일어나지 않는다(마 16:18). 이 종말론적 변화의 근원, 즉 베드로가 이방인과 함께 식사한 이유는 바로 하나님 자신이다.

3.3.3.3. 결의 (11:18)

18 그들이 이 말을 듣고 잠잠하여 하나님께 영광을 돌려 이르되 그러면 하나님께서 이방인에게도 생명 얻는 회개를 주셨도다 하니라

11:18. 할례자 그룹이 베드로의 사건에 대한 설명을 듣고 "잠잠했다"(ἡσυχάζω 헤쉬카조). 이것은 놀라움으로 해석될 수 있지만 누가는 이미 무리의 반응을 묘사할 때 이 단어를 사용했다. 따라서 할례자 그룹이 더 이상 이의를 제기하지 않는다는 의미로 보는 것이 더 낫다. 그들은 "하나님께서 이방인에게도 생명 얻는 회개를 주셨도다"라고 결론을 내린다(5:31과는 대조적으로).

고넬료는 더 큰 집단의 상징으로 서 있다. 회개를 받은 것은 고넬료뿐만 아니라 **이방인들**도 마찬가지이다. 누가는 이 문제를 식탁 교제와 구원의 문제 사이에서 왔다 갔다 하는 것 같다. 둘은 실제로 나눌 수 없다. 이방인들도 공동체로 환

---

267 Chrysostom, *Homily 24 on Acts* (*NPNF* 1/11:158).

268 15절 마지막에는 창조(요 1:1; 창 1:1)에 적용되는 "태초에"(ἐν ἀρχῇ)라는 구절이 있어 새로운 창조 주제를 가리키는 것일 수 있다.

269 Keener, *Acts*, 2:1826.

대받을 수 있었지만, 그들은 특정한 관습을 따라야 했으나 더는 그렇지 않았다.

교회가 변한 것이 아니다. 오랜 시간이 지나고 계획한 것처럼 보이는 것도 아니다. 하나님께서 하셨다. 새로운 역사적 전환이 일어났다. 우리는 새로운 시대에 살고 있다. 교회는 하나님과 보조를 맞춰야지 그 반대가 되어서는 안 된다. 누가에 따르면 "베드로가 새로운 발걸음을 내딛는 것만으로는 충분하지 않고, 예루살렘 교회가 그 옳음을 확신해야 한다."[270]

교회는 하나가 되어야 한다. 성령의 은사는 갱신을 가져다주지만, 성령의 은사는 또한 생명과 조화를 가져다준다.[271] 처음부터 성령의 사역은 수면 위에 운행하고 혼돈에서 질서를 가져오는 것이다. 예루살렘 교회는 베드로의 체험과 이방인의 체험을 긍정해야 한다는 결론을 내리고 평가했다. 그러나 독자들이 이 논의에 관해 마지막으로 들을 이야기는 이것이 아니다. 이 논의는 15장에서 다시 등장할 것이다. 15장에서 다시 등장하며 신약 전체에 걸쳐 이어진다. 사회적, 문화적, 민족적 장벽은 쉽게 극복되지 않는다.

3.4. 다양한 민족으로 구성된 안디옥 교회 (11:19-30)

누가는 다른 추방된 사람들이 환대받는 것에서 예수님 제자들의 초기 역사에서 다른 중요한 에피소드인 안디옥 교회로 관심을 옮긴다.[272] 이방인의 받아들임은 북쪽 이방인 교회가 활발하게 복음화되는 것으로 이어진다. 이방인 선교가 시작되었지만 이방인 선교의 범위는 여전히 미미했다.

이제 안디옥에는 예수를 따르는 많은 이방인 무리가 주목받고 있다. 안디옥은 로마 제국에서 세 번째로 큰 도시였고, 신들이 가득한 국제적인 도시였으며, 이방인 선교의 주요 선교 기지가 되었다(13:1-4; 14:26-28; 15:22-23, 30-35).[273] 예루살렘에 가려진 것은 아니지만, 안디옥이 이방인을 위한 "어머니 교회"로 기능한다는 의미는 있다. 안디옥에 관한 내러티브는 고넬료와 그의 가족뿐만 아니라 비유

---

270 Tannehill, *The Narrative Unity of Luke-Acts*, 2:143.

271 누가복음-사도행전에 나오는 회개에 관해 더 깊이 묵상하려면 다음을 참조하라. D. L. Bock, *A Theology of Luke and Acts: God's Promised Program, Realized for All Nations* (Grand Rapids: Zondervan, 2012).

272 초대 교회에는 누가가 안디옥 출신이었을 것이라는 증거가 일부 존재한다. 이는 누가가 이방인 선교를 위해 안디옥을 매우 중요하게 여기고 사도행전을 예루살렘의 유대인 교회(1-12장)와 디아스포라의 이방인 교회(13-28장)의 두 부분으로 나눈 것을 이해하게 한다.

273 로마의 인구는 120만 명, 알렉산드리아는 50만-60만 명, 안디옥은 20만-60만 명으로 추산되었다. 안디옥 근처에는 월계수로 변신한 다프네 숭배의 중심지가 있었다. 이에 따라 아폴로 신전에서 월계수를 숭배했다. 생명나무와 그 열매가 열방을 치유할 새 성전이 건축되고 있었다(계 22:2).

대인 성전 공동체가 확장됨에 따라 도시 전체에 복음이 전파되는 것과 관련이 있다.

이 말씀은 이방인 개인(내시)에서 이방인 가정(고넬료)으로, 그리고 이제는 주로 이방인이 거주하는 도시(안디옥)로 옮겨졌다. 그러나 이 내러티브의 주요 포인트 중 하나는 예루살렘과 안디옥이 일치한다는 것이다. 바나바는 예루살렘에서 격려를 위해 보내졌고, 안디옥은 유대에서 도움이 필요한 사람들을 위해 섬긴다. 두 배의 긍휼이 나타나며 교회는 단결한다.

3.4.1. 안디옥 교회 설립 (11:19-21)

19 그 때에 스데반의 일로 일어난 환난으로 말미암아 흩어진 자들이 베니게와 구브로와 안디옥까지 이르러 유대인에게만 말씀을 전하는데 20 그 중에 구브로와 구레네 몇 사람이 안디옥에 이르러 헬라인에게도 말하여 주 예수를 전파하니 21 주의 손이 그들과 함께 하시매 수많은 사람이 믿고 주께 돌아오더라

11:19. 누가는 이야기를 8장 1-4절로 되돌려 스데반 순교의 결과인 흩어짐을 반복한다.[274] 따라서 빌립, 사울, 베드로의 이야기는 안디옥 회중 형성의 선구자적 역할을 한다. "추방된" 교회가 세워진다. 누가는 이 일을 스데반의 죽음과 연결하면서 선교가 예루살렘 교회와 관련이 있지만 계획이나 허락으로 된 것이 아님을 나타낸다. 그것은 하나님의 사업이다. 누가는 흩어짐의 결과에 대한 몇 가지 구체적인 이야기를 들려주었지만, 이제 그는 광각 렌즈를 사용하여 말씀이 지리적으로 확장되는 것을 보여준다.

하나님의 임재로 충만했던 헬라파 증인들은 베니게, 구브로, 안디옥으로 향했다. 예수님은 떠나시기 전에 성령께서 자기 백성이 여러 지역에서 증인이 될 수 있도록 능력을 주실 것이라고 약속하셨다(1:8). 이제 그분은 하늘 보좌에서 복음이 전해지지 않은 지역으로 복음이 퍼지도록 지시하신다. 누가는 증인들이 주로 유대인들에게 말씀을 전했다고 보고한다. 이것은 20절에서 발견되는 대조를 설정할 뿐만 아니라 사도행전 전체에서 발견되는 "유대인에게 먼저"라는 주제를 되풀이한다.

11:20-21. "그러나"(δέ, 데) 증인 중 일부는 "헬라인들에게 말하기 시작했

---

274 이것은 누가가 좋아하는 또 다른 연쇄 연결고리이다. Parsons, *Acts*, 164,는 12:25까지 이 전체 부분을 연쇄 연결고리라고 부른다. Chrysostom, *Homily 25 on Acts* (NPNF 1/11:162),는 "'하나님을 사랑하는 자들에게는 모든 것이 합력하여 선을 이루느니라'(롬 8:28)라는 말씀처럼 박해는 조금도 유익하지 않은 것으로 판명되었다."라고 말한다. Spangenberg, *Brief Exegesis of Acts* 11:19–25, in Chung-Kim, Hains, et al., *Acts*, 155,은 "기독교인들이 박해를 많이 받을수록 더 많은 기독교인이 탄생한다. 테르툴리아누스는 '그리스도인의 피는 그리스도인이 자라는 씨앗'이라고 썼기 때문이다. 그리고 그리스도인의 피에 마귀는 익사해야 한다."라고 말한다.

다."[275] 누가는 놀랍게도 이들의 신원을 밝히지 않는다. 누가는 안디옥 교회와 말씀의 성장, 그리고 베드로가 고넬료와 함께한 경험보다 이방인 포용이 더 광범위했음을 보여주는 데 초점을 맞추고 있기 때문이다. 알려지지 않은 증인들이 가장 중요한 하나님 나라 사업 일부를 전파한다.[276] 조지 엘리엇이 말했듯이, "세상의 선이 커지는 것은 부분적으로 역사적이지 않은 행위에 달려 있으며, 여러분과 나의 상황이 예전만큼 나쁘지 않은 것은 숨겨진 삶을 충실히 살고 아무도 찾지 않는 무덤에서 쉬고 있는 사람들이 많기 때문이다."[277]

누가는 이미 빌립의 사역과 사울의 회심, 베드로의 계시를 이야기했지만, 이제 이방인의 수용이 어떻게 새로운 단계에 들어가고 "이름 없는 개척자" 또는 "대담한 영혼들"을 중심으로 시작되는지를 보여준다. 헬라인들은 "주 예수"(χύριον Ἰησοῦν, 퀴리온 이에순)에 대한 좋은 소식을 듣는다.[278]

사도행전 2장에 따르면 여기에는 예수님의 삶과 죽음이 포함되지만, 특별히 예수님의 승천에 초점을 맞추고 있다. 이것은 두 구절에서 예수님을 주님으로 언급하는 세 가지 언급 중 첫 번째이다. 그들은 주님에 대한 소식을 듣고 주님의 손이 그들과 함께하며 주님께 향한다.[279] 예수님은 하늘 보좌에서 여전히 일하신다. 베드로는 고넬료에게 예수님이 만유의 주님이심을 선포하고(10:36), 예수님이 주님이시며 메시아이심을 확인했다(2:36).

이제 예수님의 주되심은 이방인들이 믿는 대로 새로운 도시에서 실현되고 있다. 그들 중 "많은 수"가 믿는다(4:4; 6:7; 16:5). 누가는 이전에 이방인의 회심을 기록했지만, 이 정도 규모의 회심은 없었다.

3.4.2. 예루살렘 교회의 승인 (11:22-24)

22 예루살렘 교회가 이 사람들의 소문을 듣고 바나바를 안디옥까지 보내니
23 그가 이르러 하나님의 은혜를 보고 기뻐하여 모든 사람에게 굳건한 마음으

---

275 Keener, *Acts*, 2:1842,는 "헬라인"을 "헬라파"로 번역해야 한다고 생각하지만(개역개정은 헬라인으로 번역), 더 많은 사본은 "헬라인"이라고 말한다. 헬라파라면 헬라파 유대인(6:1)이 될 수 있지만, 이것은 이방인에 관한 것이다.

276 Fernando, *Acts*, 351; Stott, *The Spirit, the Church, and the World*, 201.

277 G. Eliot, *Middlemarch: A Study of Provincial Life*, ed. G. Maertz (Orchard Park: Broadview, 2004), 640.

278 "주 예수에 관한 좋은 소식을 전파한다"(개역개정. "주 예수를 전파하니")는 어구는 5:42와 일치한다. 그러나 5:42의 유대적인 문맥에서는 "예수가 메시아라는 좋은 소식을 전파한다"(개역개정. "예수는 그리스도라고 … 전도하기를")라고 말한다. 예수의 메시아 되심은 주님이라는 호칭을 통해 이방인들이 이해할 수 있게 한다.

279 "주의 손"은 하나님의 구속의 임재를 나타내는 일반적인 LXX 표현(출 9:3; 삼상 5:3, 6, 9; 삼하 3:12; 왕상 18:46; 사 59:1; 66:14; 겔 1:3)이다.

로 주와 함께 머물러 있으라 권하니 24 바나바는 착한 사람이요 성령과 믿음이
충만한 사람이라 이에 큰 무리가 주께 더하여지더라

11:22-24. 안디옥에서 일어난 최근 사건에 대한 소문이 고대 세계에 빠르게 퍼
진다. 예루살렘에서 베드로와 고넬료의 만남에 대한 소식을 들은 것처럼 안디옥
에서 헬라인들의 반응에 대한 소식을 듣는다.[280] 예루살렘 교회는 바나바(구브로
출신이자 위로의 아들/성령)를 안디옥으로 보내 그곳의 신자들을 격려한다. 따라
서 안디옥 교회의 유산은 예루살렘과 연결되어 있다.

그가 도착했을 때, 그는 의심이나 반대하지 않고 오히려 이교도 사회에서 주님
께 신실할 것(개역개정. '굳건한 마음으로')을 격려한다.[281] 그는 위험을 본다. 이
세상의 염려가 그들의 믿음을 질식시킬 수 있다(막 4:7). 이 구절은 안디옥에 관한
이야기이지만 누가는 바나바의 역할에 관해 이야기하기 위해 느리게 전개한다.
헬라파 유대인이 헬라파 이방인에게 다가간다. 누가는 바나바를 두 가지 문구로
묘사한다. "착한 사람"과 "성령과 믿음이 충만한 사람"(6:5; 7:55)이다.

누가가 그리스-로마 사회에서 미덕을 나타내는 용어인 "착한"(ἀγαθός, 아가도
스) 사람을 묘사한 것은 이번이 유일하다(9:36; 23:1). 바나바는 바울이 편지에서
장로에게 요구한 요건(딤전 3:7)인 외부인에게 호의적인 평가를 받았을 가능성이
높다. "바나바는 사안의 양쪽에서 긍정적인 측면을 보고 두 관점 사이를 중재할
수 있는 '다리를 만드는 사람'이었다."[282]

누가는 바나바의 신실함을 안디옥 교회의 성장과 느슨하게 연결한다(카이
[καί] 사용). 누가는 이 구절 전체에서 안디옥 교회를 예루살렘 교회와 비슷한 표
현으로 묘사한다(2:41, 47; 5:14). 하나님은 예루살렘에서와 마찬가지로 안디옥
에서도 일하셨다. 신실함이 기계적으로 성장을 가져오는 것은 아니지만, 이 둘은
서로 연관되어 있다.

3.4.3. 안디옥과 유대의 일치 (11:25-30)

25 바나바가 사울을 찾으러 다소에 가서 26 만나매 안디옥에 데리고 와서
둘이 교회에 일 년간 모여 있어 큰 무리를 가르쳤고 제자들이 안디옥에서 비로
소 그리스도인이라 일컬음을 받게 되었더라

---

280 Bock, *Acts*, 415,는 예루살렘 교회가 공동체로서 자기 정체성이 커지고 있음을 나타내는
"교회"를 사용했다고 언급한다. 이 용어는 9:31 이후에는 사용되지 않았으나 지금은 더
자주 사용된다.

281 Dunn, *Acts*, 155,은 바나바의 열린 마음(그는 기뻐했다)이 예루살렘의 부정적인 반응
(11:3)과 대조적이라고 지적한다.

282 Polhill, *Acts*, 272.

27 그 때에 선지자들이 예루살렘에서 안디옥에 이르니 28 그중에 아가보라 하는 한 사람이 일어나 성령으로 말하되 천하에 큰 흉년이 들리라 하더니 글라우디오 때에 그렇게 되니라 29 제자들이 각각 그 힘대로 유대에 사는 형제들에게 부조를 보내기로 작정하고 30 이를 실행하여 바나바와 사울의 손으로 장로들에게 보내니라

11:25-26. 누가는 바나바에게 도움이 필요했다고 명시하지 않지만, 바나바가 사울을 안디옥으로 부르기 위해 다소에 가는 것으로 보아 도움이 필요했을 것으로 추정된다.[283] 사역은 혼자서 할 수 있는 것이 아니다. 퍼보Pervo가 지적했듯이, 헬라파 이야기는 처음부터 사울 이야기와 얽혀 있다(7:58).[284] 바나바와 사울은 디아스포라 선교의 쌍둥이 역할을 하며, 이는 그들의 미래 역할을 예견한다.

그들은 1년 동안 안디옥에 머물며 사람들을 가르쳤다. 예루살렘 교회와 안디옥 교회 모두 지도자들의 가르침에 헌신한다(2:42). 안디옥에서 제자들은 처음으로 "그리스도인"(Χριστιανούς, 크리스티아누스)이라고 불린다.[285] 이전에는 성도, 제자, 신자, 형제자매, 집회, 그 도라고 불렀다. 이제 외부인들은 아마도 조롱의 의미로 그들을 그렇게 부른다.[286] 예수를 따르는 사람들은 이제 문자 그대로 그리스도의 이름을 "지니고" 있다(9:15-16).

이 용어는 라틴어 정치 용어와 유사하며 "유대에서 더 큰 로마 세계로 초점이

---

283 사울의 이야기는 9:30에서 중단되었다가 여기서 다시 시작되었다.

284 Pervo, *Acts*, 231.

285 사도행전에서 Χριστιανούς(크리스티아누스)가 등장하는 유일한 다른 때는 아그립바 2세의 입에서이며 모욕으로 보인다(26:28). Rowe, *World Upside Down*, 167–69,는 누가가 예수님을 따르는 사람들을 기독교인으로 특징짓는 것을 신중하게 피할 뿐만 아니라 "기독교인"의 의미에 대한 그들의 정의에 반대하도록 내러티브를 구성한다고 지적한다. Χριστιανούς(크리스티아누스)가 두 번째로 등장한 후 바울은 무죄를 선고받는다. "따라서 누가는 이방인이 교회에 가시적으로 들어오는 것과 동시에 Χριστιανούς(크리스티아누스)를 소개하고, 이야기의 나머지 부분에서는 이 단어를 보류한 다음, 그 단어의 지배적인 의미에 대항하기 위해 중요한 정치적 순간에 이 단어를 삽입한다." 다음에서 논의를 참조하라. D. G. Horrell, *Becoming Christian: Essays on 1 Peter and the Making of Christian Identity*, LNTS 394 (Bloomsbury: T&T Clark, 2015), 167–69.

286 접미사 -ianoi는 라틴어 -iani에서 파생되었는데, 이 접미사는 종종 특정 인물의 추종자, 특히 정치 지도자의 당파를 나타내는 접미사이다. 타키투스는 네로가 "군중들이 크리스티아니[Christiani]라고 불렀던 가증스러운 일로 미움을 받던 계급을 극도로 잔인하게 처벌했다"(*Ann.* 15.44, LCL)고 말한다. Suetonius, *Nero* 16.2,는 크리스티아니[Christiani]를 "새롭고 사악한 미신"이라고 말했다. J. Taylor, "Why Were the Disciples First Called 'Christians' at Antioch? (Acts 11, 26)," *RB* 101 (1994): 84,는 "비기독교적인 1세기 자료에서 그리스도와 그리스도인이라는 이름이 항상 공공의 무질서와 범죄와 연관되어 있다는 것은 놀랍다."라고 말한다. 안디옥의 이그나티우스는 "그리스도인"을 자주 사용하지만(엡 11:2; 마 4장; 롬 3:2; 빌 7:3), 이는 그가 어디 출신인지와 관련이 있을 수 있다.

옮겨가고 있음을 나타낸다."[287] 사실 이 용어는 라틴어와 셈어를 배경으로 하는 헬라어 단어로, 초기 기독교의 국제적 배경을 함축하고 있다.[288]

새로운 정체성과 사명을 위해 새로운 이름이 만들어졌다. 예수님을 따르는 사람들을 가리키는 가장 인기 있는 영어 용어의 기원은 다민족 현실에 기반을 두고 있다. 교회는 제3의 인류이며, 구별을 없애는 것이 아니라 주 그리스도의 깃발 아래 사람들을 하나로 모으는 역할을 한다.

11:27-28. 다민족 공동체의 새로운 이름이 적절했을 수도 있지만, 누가는 안디옥 교회의 행동에 대한 단면을 보여주기로 했다. 예루살렘이 안디옥을 도왔고, 이제 안디옥이 예루살렘을 도울 것이다. 이야기는 예루살렘에서 온 선지자들이 안디옥에 도착하여 로마 세계에 기근이 닥칠 것이라고 예언하는 것으로 시작된다. 하나님은 기근을 사용하여 자기 백성을 모으고 그들을 구원하셨다.

이 내러티브는 하나님께서 선지자 중 한 명을 통해 기근을 예견하여 백성들을 먹이신 요셉 이야기를 떠올리게 한다(창 45:4; 50:20). 엘리사도 기근을 예언했다(왕하 8:1). 누가는 아가보라는 선지자 중 한 명을 언급한다. 이 선지자들은 "성령으로" 말하며, 이것이 안디옥에 대한 주님의 말씀임을 나타낸다. 그들은 유대의 다른 사람들의 필요에 어떻게 반응할까?

11:29-30. 안디옥 교회는 관대함으로 응답한다. 누가는 이미 예루살렘 교회를 관대함으로 가득 찬 교회로 묘사하면서 이 두 공동체를 다시 한번 짝지어 묘사했다(2:44-45; 4:32-37; 6:1-7). 두 공동체는 서로 다른 민족적 배경을 가지고 있지만 같은 성령으로 충만하여 그 행함이 서로 비슷하다. "화해는 말뿐 아니라 행동에서도 분명하게 드러난다."[289]

안디옥 교회는 자신들을 유대인 모 교회와 분리된 존재로 보지 않았다. 그들은 공동체를 하나의 공동체로 여기고 더 넓은 지역에 있는 다른 신자들을 신속하게 돌보았다. 현대 교회가 자신들과 "다른" 교회들과도 그렇게 행동한다면 얼마나 놀라운 일이 될까?

3.5. 예루살렘 밖에서 (12:1-25)
사울과 바나바가 안디옥으로 떠나는 이야기(11:30)와 예루살렘으로 돌아오

---

287 Keener, *Acts*, 2:1848.

288 Pervo, *Acts*, 295.

289 Bock, *Acts*, 411.

는 이야기(12:25) 사이에 갈등과 결말의 이야기가 끼어 있다.[290] 이방인 교회 이야기와 예루살렘 교회 이야기는 분리할 수 없다. 따라서 누가는 이방인 선교(13장)에 계속 초점을 맞추기 전에 예루살렘 교회에 대한 회고적 설명을 제공함으로써 1장에서 시작된 예루살렘 이야기를 마무리한다.[291]

던Dunn이 지적했듯이, 이 에피소드는 두 가지 점에서 한 시대의 종말을 의미한다. 첫째, 야고보의 죽음으로 사도적 순환이 끊어지고, 그 순환을 마무리하려는 어떠한 시도도 이루어지지 않는다. 둘째, 이것은 예루살렘에서 베드로의 마지막 무대이다.[292] 더 이상 베드로는 내러티브에서 등장하지 않는다. 12장 17절에서 누가는 베드로가 "다른 곳으로 갔다"고 기록하고 있으며, 독자들은 이 시점부터 베드로에 관해 듣지 못한다.[293]

이 에피소드는 갈등으로 점철된 예루살렘 내러티브를 마무리한다. 하나님의 대리인(베드로)이 하나님의 대적(헤롯 아그립바 1세)을 피한다.[294] 헤롯(왕)과 주님 사이의 대조는 더욱 적절하다. 삶과 죽음의 권리는 오직 하나님만이 가지고 계시지만, 헤롯은 하나님이 없애는 심각한 대적이다. 전체 기록은 헤롯 왕권에 대한 언급으로 구성되어 있다(12:1, 20-21). 마지막 구절에서는 헤롯의 신하, 그의 나라, 왕의 옷, 왕좌에 관해 이야기한다.[295] 독자들은 오직 한 왕좌만이 통치하리라는 것을 알고 있다.

주님의 구원이 더 깊은 의미로 폭발하면서 문맥 간 단서들이 내러티브를 채운다(5:18-20; 16:23-39, 27). 헤롯의 백성과 하나님의 백성 모두 이 사건에 관한 당황스러운 아이러니가 이 장면을 강조한다. 누가는 출애굽 이야기와 예수님의 체포와 투옥에 대한 반향을 모두 사용하여 새로운 출애굽이 교회의 삶에서 계속되고 있음을 보여준다. 누가는 이미 예수님의 수난을 "출애굽"(CSB '떠남'[departure], 눅 9:31)으로 묘사했다.[296]

---

290 Pervo, *Acts*, 10, 302,은 이것이 베드로의 "수난 내러티브"라고 주장한다. 27-28장은 바울의 수난 내러티브이다.

291 이것은 두 교회를 연결하고 이방인 선교가 예루살렘의 사건에서 비롯되었음을 보여준다. 이방인 선교는 예루살렘 교회와 연속성을 가지고 시작될 것이다.

292 내러티브는 예루살렘으로 돌아가지만, 이방인 선교를 더욱 확증하거나 바울이 체포되면서 내러티브를 마무리하는 것이 될 것이다. 이것은 누가의 내러티브에서 한 부분을 마무리하는 것이다.

293 Dunn, *Acts*, 159.

294 Keener, *Acts*, 2:1830,은 "11:19는 8:4가 끝나는 지점에서 시작하고, 11:30은 12:25가 끝나는 지점에서 시작한다"라고 언급한다.

295 Thompson, *The Acts of the Risen Lord Jesus*, 57.

296 Pervo, *Acts*, 301-2,는 이 본문이 "새로운 출애굽 본문"이라는 것과 더 많은 유사점을 제공하는 아르타파누스의 반향이 있다고 덧붙인다. 키너의 병행 도표(Keener, *Acts*, 2:1879)를 참조하라.

이제 하나님의 백성은 애굽을 떠나지 않는다. 그들은 겉옷, 신, 옷을 가지고 예루살렘을 떠나는 것으로 서술되어 있다. 헤롯은 국가와 사탄의 대리인인 새로운 바로이고, 베드로는 자유를 위해 하나님의 인도를 받는 새로운 이스라엘이다.[297] 하나님의 종들은 약속의 땅으로 가는 것이 아니라 땅끝까지 간다. 베드로가 전하는 구원은 그의 위대한 믿음 때문이 아니라 하나님의 위대한 목적 때문에 이루어진다. 예배는 예루살렘 밖에서 이루어질 것이다. 땅끝은 새로운 약속의 땅이다.

사도행전 12장. 새로운 출애굽 병행	
기근으로 전환 (11:28)	기근으로 전환
헤롯의 반대 (1-5절)	바로와 같은 반대
베드로의 석방 (6-19절)	새로운 출애굽
헤롯에 대한 심판 (20-23절)	바로와 애굽에 대한 심판
요약 진술 (24-25절)	백성의 증가와 번성
사울과 바나바가 땅을 정찰하기 위해 파견	갈렙과 다른 사람들의 땅 정찰

이야기 흐름은 세 부분(박해, 개입, 심판)과 요약문으로 구성되어 있다. 첫째, 헤롯이 형제들을 핍박하는 자로 등장한다(12:1-5). 둘째, 주님께서 베드로를 감옥에서 풀어 주시기 위해 개입하신다(12:6-19). 셋째, 헤롯은 하나님의 형벌을 받아 끔찍한 죽음을 맞이한다(12:20-23). 마지막으로 누가는 말씀의 성장에 관해 요약적으로 설명한다(12:24-25). 하나님의 계획은 신을 자처하는 정치권력자라 할지라도 멈출 수 없다.

3.5.1. 바로와 같은 반대 (12:1-5)

1 그 때에 헤롯 왕이 손을 들어 교회 중에서 몇 사람을 해하려 하여 2 요한의 형제 야고보를 칼로 죽이니 3 유대인들이 이 일을 기뻐하는 것을 보고 베드로

---

297 Parsons, *Acts*, 170, 은 신적 권세와 지상의 권세를 구분하는 다음과 같은 대조에 주목한다. (1) 야고보는 헤롯 왕에게 처형되고 베드로는 구출된다. (2) 헤롯은 그리스도인들에게 무력을 행사하지만 끔찍한 죽음을 맞는다. (3) 헤롯은 베드로를 철저히 감시하지만 하나님은 그를 쉽게 구출하신다. (4) 교회는 베드로를 위해 기도하지만 그가 자유롭다는 사실을 받아들이기 어렵다. (5) 베드로는 소극적이고 지체하지만 천사는 빠르고 단호하다. (6) 베드로의 석방은 빠르지만 교회의 수용은 느리다. (7) 헤롯은 유대인의 호의를 원하지만 하나님의 호의를 잃는다. (8) 베드로는 맞서서 살아나고 헤롯은 맞서서 죽는다.

도 잡으려 할새 때는 무교절 기간이라 4 잡으매 옥에 가두어 군인 넷씩인 네 패에게 맡겨 지키고 유월절 후에 백성 앞에 끌어 내고자 하더라 5 이에 베드로는 옥에 갇혔고 교회는 그를 위하여 간절히 하나님께 기도하더라

12:1-2. 예루살렘 교회를 향한 국가의 칼이 일어난다. 지리적 확장과 숫자의 증가는 부정적인 관심을 불러일으킨다. 누가는 당시 헤롯 왕이 교회에서 일부 사람을 "격렬하게 공격"('안수'. 개역개정. '손을 들어', ἐπέβαλεν... τὰς χεῖρας 에페발렌... 타스케이라스)했다고 말한다. 증인들의 손은 치유와 은사, 하나님의 임재를 가져왔지만 헤롯의 손은 죽음만을 가져왔다.

누가복음 20장 19절에서 예수님이 체포될 때도 "잡고자"라는 동일한 문구가 사용된다. 헤롯은 하나님의 백성을 멸망시키려는 바로의 유형으로 묘사된다. "그 때에"라는 시간적 표시는 정확하지는 않지만, 예루살렘 교회가 출애굽의 첫 번째 단서인 기근(11:27-30) 때문에 도움을 받고 있을 때라는 것이 가장 자연스럽다.[298] 도움을 받고 있지만 예루살렘 교회는 기근, 유대인의 저항, 정치적 반대와 같은 상황으로 암울하다. 사탄은 교회를 폐쇄하려고 사방에서 시도한다.[299]

누가는 먼저 헤롯 왕이 저지른 폭력(κακόω, 카코오)에 초점을 맞추고 있다. 폭력과 관련된 용어는 창세기 15장 13절, 출애굽기 1장 11절, 5장 23절(행 7:6, 19, 34 참조)에서 애굽인들의 억압에 사용되었는데, 이 본문은 출애굽 전통에 비추어 읽어야 하는 두 번째 단서이다. 헤롯과 유대인들은 바로와 애굽인이 되었다. 이 헤롯(아그립바 1세)은 마태복음에서 아기 예수를 반대했던 헤롯 대왕의 손자이다. 특히 마태는 이 가문을 참된 왕과 그분의 목적에 반대하는 것으로 그린다.[300] 땅의 왕이 하늘의 왕을 대적한다.

헤롯은 야고보(요한의 형제, 눅 5:10; 6:13)를 칼로 "처형"(ἀναιρέω 아나이레오)했다.[301] 이 칼은 바로의 칼(출 5:21; 15:9)을 암시할 수 있다. 야고보는 보통

---

298 또한 안디옥 교회의 구제는 헤롯 왕의 환대와 대조된다. 이방인들이 예루살렘 교회를 부양하는 동안, 그들의 "왕"은 "그 도"의 사람들을 처형하고 체포한다.

299 예수님은 자신을 따르는 자들이 왕과 총독에게 끌려갈 것이라고 경고하셨다(눅 21:12).

300 아그립바 1세가 "헤롯 왕"이라고 불린 곳은 이곳이 유일하며, 헤롯이 왕이신 예수님의 전형적인 적대자라는 사실을 더욱 강화한다.

301 동사 ἀναιρέω('처형하다')는 눅 22:2; 23:32; 행 2:23; 10:39; 13:28에서 예수님과 관련하여 사용되었다. 칼을 사용한 것은 제자들이 예수님을 왕이라고 주장했기 때문에 예수님이 그들을 정치적 위협으로 여겼음을 암시할 수 있다. 이러한 해석은 마태복음 2장에서 헤롯 왕이 예수님을 정치적 위협으로 여긴다는 점에서 뒷받침된다. Gregory of Nyssa, *Homily 2 on St. Stephen 152*,에서 야고보의 순교에 관해 다음처럼 말한다. "야고보는 자신의 참된 머리이신 그리스도를 잘라내라는 압력을 받고 참수되었지만, 사도에 따르면 모든 사람의 머리는 그리스도이시며 동시에 전체 교회의 머리이시다."

"세베대의 아들"(막 1:19; 3:17)로 파악되는데, 여기서 "요한의 형제"라고 부르는 것은 세례 요한이 순교할 때 예수님을 앞서간 것처럼 다른 요한의 형제인 야고보가 순교할 때 베드로를 앞서간 것을 상기시킬 수 있다.[302] 교회는 계속해서 고난 속에서 예수님을 본받고 있다.

더 자세한 내용은 나오지 않지만, 이 기록은 베드로가 체포된 사건의 심각성을 강조하는 역할을 한다. 헤롯은 성도들의 시신을 차지하기 위해 정치적 수완을 부린다. 그러나 예수님은 이미 이 몸들을 자신의 것으로 주장하셨다. 헤롯은 그들의 유업을 훔칠 수 없다(벧전 1:3-12).

12:3-5. 헤롯은 야고보를 죽일 뿐만 아니라 무교절 기간에 베드로를 "잡으려"(συλλαμβάνω, 쉴람바노)하여 경비병들에게 "맡겼다"(παραδίδωμι, 파라디도미). 이 단어는 누가복음 22장 54절, 사도행전 1장 16절, 누가복음 9장 44절, 18장 32절, 24장 7절에서 각각 예수님이 체포될 때 사용되었다. 이것은 사도행전에서 네 번째 체포이다(4:1; 5:17; 6:11).

잔치에 대한 언급은 출애굽 이야기를 연상시킨다(출 12:17-20; 23:15). 누가가 4절에서 유월절을 언급할 때 내러티브의 연결고리가 확인된다. 예수님도 무교절 절기에 체포된다(눅 22:1, 7). 누가는 이 이야기를 출애굽과 예수님의 체포와 재판이라는 전통 속에서 구성한다. 누가는 헤롯이 유대인들을 기쁘게 하기 위해 베드로를 체포했다고 주장한다. 유대인들은 베드로의 이방인에 대한 열심이 마음에 들지 않았고, 헤롯은 정치적 승인을 구했다.

헤롯은 베드로를 경호하기 위해 각각 군인 네 명으로 구성된 분대 4개를 배치해서 베드로를 최대한 감시한다. 베드로의 투옥, 어둠, 잠, 쇠사슬이 강조된 것은 베드로의 죽음과 노예 생활을 암시한다. 헤롯은 재판을 위해 베드로를 데리고 나오기 전에 도망칠 가능성을 없애고 싶어 한다. 그는 다른 사람의 몸을 자기 것으로 주장하고 싶어 한다. 그러나 베드로가 감옥에 있는 동안 교회는 그를 위해 하나님께 기도한다. 헤롯은 궁전에 있었고 베드로는 감옥에 있었지만, 교회는 그들의 집에서 하나님께 베드로를 위해 기도하고 있었다(12:12).

헤롯이 칼(12:3)을 그리고 경제력(12:20)의 의식을 휘두르는 동안 그리스도인들은 기도로 대응했다.[303] 교회는 하나님이 하늘 보좌에서 이 땅의 사건을 조율하신다고 믿었다. 헤롯보다 더 높은 왕이 계셨다. 따라서 그들은 베드로를 석방해 달라고 하나님께 간청한다. 출애굽 이야기에서도 이스라엘의 부르짖음이 하나님

---

302 Goulder, *Type and History in Acts*, 43. Chrysostom, *Homily 26 on Acts* (*NPNF* 1/11:168),은 "하나님은 사도들에게 죽임을 당해도 승리할 수 있다는 것을 보여 주기 위해 이를 허락하셨다"라고 말한다.

303 Kauppi, *Foreign but Familiar Gods*, 55.

앞에 올라갔고, 하나님은 구원을 약속하셨다(출 3:7-10). 그들은 상황이 암울해 보이지만 믿음으로 가득 차 있다.

3.5.2. 주님의 천사를 통한 베드로의 출애굽 (12:6-19)

6 헤롯이 잡아 내려고 하는 그 전날 밤에 베드로가 두 군인 틈에서 두 쇠사슬에 매여 누워 자는데 파수꾼들이 문 밖에서 옥을 지키더니 7 홀연히 주의 사자가 나타나매 옥중에 광채가 빛나며 또 베드로의 옆구리를 쳐 깨워 이르되 급히 일어나라 하니 쇠사슬이 그 손에서 벗어지더라 8 천사가 이르되 띠를 띠고 신을 신으라 하거늘 베드로가 그대로 하니 천사가 또 이르되 겉옷을 입고 따라오라 한대 9 베드로가 나와서 따라갈새 천사가 하는 것이 생시인 줄 알지 못하고 환상을 보는가 하니라 10 이에 첫째와 둘째 파수를 지나 시내로 통한 쇠문에 이르니 문이 저절로 열리는지라 나와서 한 거리를 지나매 천사가 곧 떠나더라

11 이에 베드로가 정신이 들어 이르되 내가 이제야 참으로 주께서 그의 천사를 보내어 나를 헤롯의 손과 유대 백성의 모든 기대에서 벗어나게 하신 줄 알겠노라 하여 12 깨닫고 마가라 하는 요한의 어머니 마리아의 집에 가니 여러 사람이 거기에 모여 기도하고 있더라 13 베드로가 대문을 두드린대 로데라 하는 여자아이가 영접하러 나왔다가 14 베드로의 음성인 줄 알고 기뻐하여 문을 미처 열지 못하고 달려 들어가 말하되 베드로가 대문 밖에 섰더라 하니

15 그들이 말하되 네가 미쳤다 하나 여자아이는 힘써 말하되 참말이라 하니 그들이 말하되 그러면 그의 천사라 하더라 16 베드로가 문 두드리기를 그치지 아니하니 그들이 문을 열어 베드로를 보고 놀라는지라

17 베드로가 그들에게 손짓하여 조용하게 하고 주께서 자기를 이끌어 옥에서 나오게 하던 일을 말하고 또 야고보와 형제들에게 이 말을 전하라 하고 떠나 다른 곳으로 가니라 18 날이 새매 군인들은 베드로가 어떻게 되었는지 알지 못하여 적지 않게 소동하니 19 헤롯이 그를 찾아도 보지 못하매 파수꾼들을 심문하고 죽이라 명하니라 헤롯이 유대를 떠나 가이사랴로 내려가서 머무니라

12:6-7. 누가는 베드로의 석방에 초점을 맞추면서 이야기를 극적으로 전개한다. 헤롯이 베드로를 재판에 넘기려던 바로 그 밤에 주님의 천사가 "홀연히"(ἰδοὺ 이두) 나타나서 베드로를 쳤다.[304]

---

[304] Peterson, *Acts*, 363,은 베드로가 잠을 자고 있었다는 사실은 미래에 대한 그의 확신을 나타낼 수 있다고 말한다. 그러나 구약에서 잠은 죽음에 대한 은유이기도 하므로 그가 상징적으로 죽음에 가까워졌거나 아직 구조될 준비가 되지 않았음을 나타낼 수도 있다. 이 마지막 해석을 뒷받침하는 것은 유월절 "밤을 세우심"(출 12:42)으로 지켰다는 사실과 베드로가 구조되는 순간에도 혼수상태에 빠져 있는 것처럼 보인다는 점이다. 유월절 밤은 사드락, 메삭, 아벳느고가 풀무불에서 구출되고 다니엘이 사자 굴에서 구출된 날이다.

출애굽기 3장 2절에서 여호와의 천사는 불 가운데서 모세에게 나타난다. 출애굽기 23장 20-23절은 이스라엘 백성이 새로운 집을 찾을 때 "여호와의 천사"(ἄγγελος κυρίου, 앙겔로스 퀴리우)가 그들을 보호한다고 말한다. 여호와는 심지어 자신의 이름이 천사에게 있다고 말한다(출 23:21). 이 내러티브에서 예수님과 하나님 그분이 임재하고 있음(삿 6:11,14)을 나타낸다. 베드로의 구원은 출애굽의 구원과 유사하다.

누가는 베드로가 군인 두 명 사이에서 쇠사슬 두 개에 묶여 자는 동안, 그리고 두 보초병이 문 앞에 있는 동안을 세 번 반복하여 이 사건의 특별한 성격을 강조한다. "베드로의 유일한 탈출 희망은 하나님의 개입뿐이다."[305] 천사가 감옥에 빛을 비추며 베드로의 옆구리를 치며 일어나라고 말한다. 베드로는 이 매질을 그리스도의 수난과 구원이 부어졌던 옆구리의 상처와 연결한다.[306] 분명히 베드로는 죽음을 앞둔 예수님의 외침을 흉내 내며 부르짖지만, 그것은 생명의 외침이다. 이것은 죽음과 부활의 상징적인 장면이다. 천사들은 예수님이 부활하실 때 무덤 곁에 서 있었다.

또한 에베소서 5장 14절에서도 이 이미지와 부활을 연결 짓는 유사한 사상과 상징이 발견된다. "잠자는 자여 깨어서 죽은 자들 가운데서 일어나라 그리스도께서 너에게 비추이시리라." 감옥은 죽음의 영역이었다. 시편 107편 10-16절은 죄수들이 어둠과 침울 속에 앉아 있지만 하나님께서 그들을 어둠에서 끌어내시고 그들의 사슬을 끊어 주신다고 말한다. "그가 놋문을 깨뜨리시며 쇠빗장을 꺾으셨음이로다"(시 107:16).

12:8-10. 누가는 천사의 명령과 베드로의 탈출을 자세히 설명한다. 천사는 베드로에게 띠를 띠고, 신을 신고, 겉옷을 두르고, 마치 놀러 가는 아이에게 나를 따르라고 지시하듯 단계적으로 지시를 내린다. 이 장면은 절대 사소하고 우스꽝스럽지 않다.

이 명령의 상징적 배경을 이해하면 그 심각성을 알 수 있다. 이스라엘은 출애굽할 때 허리를 감고 발에 신을 신은 채 유월절을 먹을 준비를 해야 했다(출 12:11).[307] 퍼보Pervo는 천사를 따르라는 부름은 개인적 부름일 뿐만 아니라 새로운 종교적 공동체의 형성을 알리는 교회론적 부름이라고 말한다. 출애굽이 이스라엘 백성을 형성했듯이, 예수님과 베드로의 출애굽은 새로운 하나님의 백성을 형성한다.[308]

또한 베드로에게 옷을 입힌다는 것은 그의 인간성을 회복한다는 의미였다. 헤

---

305 Jennings, *Acts*, 127

306 Bede, *Comm. on Acts* 12.7.

307 Tannehill, *The Narrative Unity of Luke-Acts*, 2:155.

308 Pervo, *Acts*, 311.

롯은 베드로의 옷을 벗기고 자유를 빼앗았지만, 성령은 능력과 생명과 자유를 주신다. 베드로는 자신이 환상을 보고 있다고 생각하며 어떻게 해야 할지 몰랐다. 하나님께서 이 사건을 전적으로 인도하신다. 베드로는 순종하여 경비병 두 명을 지나 천사를 따라간다. 그가 성문에 이르자 성문이 열렸고, 갑자기 천사가 사라졌다.[309]

누가는 두 가지 목적을 위해 세부 내용을 기록했다. 첫째, 이 기록은 탈출의 기적적인 성격을 보여준다. 이것은 환상이나 공간 이동이 아니라 하나님이 인도한 역사적 탈출이었다. 둘째, 이 사건에서 베드로의 전적인 의존을 보여주기 위해서이다. 베드로는 전적으로 수동적이다. 풀려나고, 지시를 받고, 자유로 인도받았다.[310]

12:11-12. 베드로는 정신을 차리고 주님께서 이 사건에 적극적으로 개입하셨다는 사실을 깨닫는다(단 3:25). 때때로 하나님의 역사를 깨닫는 것은 죽고 나서 이루어진다. 이 사건에 대한 베드로의 이야기는 출애굽 당시의 언어로 가득 차 있다. 베드로는 "주께서 그의 천사를 보내어 헤롯의 손에서 [베드로를] 구해 주셨다"($\dot{\epsilon}\xi\epsilon i\lambda\alpha\tau\dot{o}$ $\mu\epsilon$ $\dot{\epsilon}\kappa$ $\chi\epsilon\iota\rho\dot{o}\varsigma$ Ἡρῴδου, 엑세일라토 메 에크 케이로스 헤로두)는 것을 알았다고 말한다.

이 구절은 출애굽기 18장 4절, 8-10절에서 이스라엘 백성이 바로의 손에서 구출된 출애굽 사건을 연상시킨다.[311] 사도행전 8-12장 전체에서 주 예수님은 자신의 주권적 보좌에서 사건을 지휘하신다. 참된 왕에게는 땅의 왕들이 세운 어떤 장애물도 신속하게 돌파할 수 있는 사자가 있다(히 1:14).

베드로는 자신이 자유를 얻었다는 사실을 깨닫고 많은 사람이 모여 기도하고 있던 마리아의 집으로 간다. 그들의 기도가 하늘과 땅 사이의 막힌 담을 허물고 베드로의 탈출을 촉발했다.

12:13-16. 충격과 당황이 다시 나타나며, 이 사건이 전적으로 전능하신 하나님의 일임을 나타낸다. 누가는 이미 5장 21-26절의 또 다른 감옥 탈출 장면에서 아이러니와 유머를 사용했지만, 이번에는 외부인뿐만 아니라 내부자들도 이해하지 못하고 당황한다. 베드로가 문을 두드리자 로데라는 여자아이가 대답한다.[312]

그녀는 흥분한 나머지 문을 여는 것을 잊고 베드로의 도착을 알리기 위해 돌

---

309 Parsons, *Acts*, 175,은 유세비우스가 기록한 모세의 기적적인 탈출에 관한 기적적으로 열린 문으로 모세가 탈출한 이야기를 담고 있다.

310 누가는 베드로가 준비되지 않았다고 비판하고 있을지도 모른다. 그는 잠들어 있었고, 깨어나야 했으며, 그에게 일어나 가라고 말할 필요가 있었다.

311 출애굽기 LXX의 구절은 사도행전의 구절과 일치한다(출 18:4. $\dot{\epsilon}\xi\epsilon i\lambda\alpha\tau\dot{o}$ $\mu\epsilon$ $\dot{\epsilon}\kappa$ $\chi\epsilon\iota\rho\dot{o}\varsigma$ $\Phi\alpha\rho\alpha\omega$; 출 18:10. $\dot{\epsilon}\xi\epsilon i\lambda\alpha\tau o$ $\alpha\dot{\upsilon}\tau o\dot{\upsilon}\varsigma$ $\dot{\epsilon}\kappa$ $\chi\epsilon\iota\rho\dot{o}\varsigma$ $A\dot{\iota}\gamma\upsilon\pi\tau i\omega\nu$ $\kappa\alpha\dot{\iota}$ $\dot{\epsilon}\kappa$ $\chi\epsilon\iota\rho\dot{o}\varsigma$ $\Phi\alpha\rho\alpha\omega$).

312 Pervo, *Acts*, 307,은 베드로가 누가복음 22장에서 여종과 이전에 만난 적이 있다고 말한다. 누가복음 22장 59절과 사도행전 12장 15절에서 같은 동사($\delta\iota\ddot{\iota}\sigma\chi\upsilon\rho i\zeta\epsilon\tau o$, '주장하다')를 통해 그 유사성을 분명히 알 수 있다. 이런 식으로 로데는 시적 정의의 그림이 된다.

아온다. 하나님께서 베드로를 위해 주권적으로 잠긴 문을 열어 주셨지만, 베드로는 교회가 자신을 위해 집 문을 열어 주도록 할 수 없다. 회중은 로데가 미쳤다고 생각하며 믿지 않는다.[313]

주석가들은 여자아이의 실수를 많이 지적하지만 누가는 성령의 역사에 열려 있고 제자도의 모범이 되는 덕있는 사람으로 묘사한다.[314] 네 가지 점이 이를 뒷받침한다.

첫째, 누가는 짓밟힌 자를 일으켜 세우는 것을 좋아한다. 가정 교회는 여자아이가 환각을 본다고 생각하고(12:15), 베드로는 자신이 환상을 본다고 생각하는 동안(12:9), 노예 여자아이는 진리를 정확하게 인식한다. 사회에서 가장 낮은 위치에 있던 로데에게 이름이 주어진다.[315] 둘째, 로데는 때가 가까워졌을 때 준비된 예수님의 "깨어 있는" 제자이다(마 25:13; 막 13:33-37; 눅 12:37; 21:36). 셋째, 예수님의 빈 무덤을 본 두 여인이 천사들의 말을 듣고 예수님의 부활을 믿었듯이(눅 24:1-12), 로데는 베드로의 음성을 듣고 베드로의 "부활"을 믿었다(행 12:14).[316] 그녀는 베드로를 보거나 만질 필요가 없었다. 그녀는 그저 믿기만 하면 된다. 넷째, 그녀는 "기쁨"(χαρά, 카라) 때문에 달려간다. "기쁨"이라는 단어는 사도행전에서 세 번밖에 나오지 않는다. 성령의 역사 및 사람들의 긍정적인 반응과 관련이 있다(8:8; 13:52; 15:3). 로데는 베드로의 목소리만 듣고 베드로가 그곳에 있다고 믿지만 주인은 그녀를 믿지 않고 베드로의 천사라고 생각한다(출애굽 이야기에 대한 또 다른 미묘한 단서이다).

로데는 노예 여자아이로서 자유인보다 하나님의 역사에 관해 더 예리한 통찰

313 신약에서 "미쳤다"라고 불린 사람은 단 세 명뿐이다. 로데, 예수님, 바울(요 10:19; 행 26:25). 세 사람 모두 부활을 선포한다.

314 P. E. Spencer, "'Mad' Rhoda in Acts 12:12–17: Disciple Exemplar," *CBQ* 79 (2017): 282–98. 어떤 사람들은 그녀가 주로 희극적인 전환(comic relief)으로 거기에 있다고 주장하지만, 그것은 단지 아이러니일 수 있으며 유머를 포함하지 않을 수 있다. J. A. Harrill, "The Dramatic Function of the Running Slave Rhoda (Acts 12.13–16): A Piece of Greco-Roman Comedy," *NTS* 46 (2000): 150–57. Chrysostom, *Homily 26 on Acts* (NPNF 1/11:169),은 로데의 경건에 관해 말하면서 로데에 대한 긍정적인 평가에 동의한다.

315 메이요J. Mayo는 아직 출판되지 않은, 곧 발표될 Western Seminary(웨스턴 신학교) Th.M 논문(2020)에서 로데를 헤롯, 베드로, 교회와 대조한다. 헤롯은 사회적 지위가 높고 이기적으로 이익을 위해 복음을 억압한다. 로데는 낮은 신분으로 복음을 전하며 기쁨으로 복음을 전한다. 베드로는 구원을 확신하지 못한 채 잠들어 있다. 로데는 깨어 있고, 서두르고, 구원을 확신한다. 교회는 의심하고 행동하지 않으며 합리화한다. 로데는 기쁨이 있고, 믿고, 행동하며, 끈질기다.

316 Bede, *Comm. on Acts* 12.13. Parsons, Acts, 171,은 부활하신 예수와 베드로 사이의 비슷한 점에 주목한다. (1) 한 여자가 베드로를 보았다고 보고하고, 여자들도 예수님을 보았다고 보고한다. (2) 좋은 소식을 받은 사람들이 믿기를 거부한다. (3) 베드로를 천사로 오인하고 예수님을 귀신으로 오인한다. (4) 베드로와 예수님 모두 일어난 일을 설명하고 명령을 내린다.(5) 베드로와 예수 모두 신비하게 떠난다.

력을 가지고 있다. 본문은 반전에 관한 이야기이다. 로데는 단순히 문을 여는 것을 잊어버렸다는 이유로 비웃음거리가 되는 존재가 아니다. 그녀는 하나님의 부활과 기적, 지속적인 능력을 믿지 않는 교회와 대조되는 명예로운 본보기로 서 있다. 베드로는 계속 문을 두드린다. 교회가 문을 열자 그들은 깜짝 놀란다.

12:17. 누가는 이제 그들에게 베드로의 말을 들려준다. 베드로는 그들에게 조용히 하라고 말한다.[317] 베드로는 탈출을 주님의 역사로 돌린다. 주님께서 그를 구출하셨거나 "그를 이끌어 내셨다"(ἐξάγω, 엑사고)는 출애굽기 18장 4절, 8-10절의 출애굽 해방 언어와 유사하다(참조. 출 32:1; 신 5:6; 레 23:43). 구약에서와 마찬가지로 주님의 천사의 사역과 주님 자신 사이에는 공생 관계가 있다(출 3:2, 4; 삿 6:11, 14).

사도행전 12장. 주의 사자	
7절	주의 사자
11절	주께서 그의 천사를 보내어
17절	주께서 자기를 이끌어 옥에서 나오게 했다

톰슨Thompson이 지적했듯이, 주님의 손으로부터 구출을 강조하는 것은 헤롯왕의 폭력적인 반대를 극복하는 주님의 능력에 내러티브의 초점을 맞추고 있다.[318] 베드로는 야고보와 형제들에게 자신이 탈출한 이야기를 들려주라고 말한다. 어떤 이들은 여기서 리더십의 전환이 일어나고 이제 예수님의 형제 야고보가 예루살렘 교회를 이끌 것이라고 제안한다(15:13-21). 베드로는 때때로 체포를 피하지 않는 것처럼 보이지만(5:25), 이 구절의 끝에서 알 수 있듯이 체포를 피하고 다른 곳에 머무르기 위해서 갔다.

던Dunn은 베드로가 예루살렘을 떠난 이 기록이 "사실상 사도행전의 전반부를 완성한다."[319] 베드로는 예루살렘을 떠났다고 말한다. 17절의 마지막 문구는 불길하다. "그는 떠나 다른 곳으로 가니라." 이 구절은 유다의 운명에 관해 마지막으로 사용되었고(1:25), 베드로 자신의 죽음에 관해서도 사용될 것이다(1 Clem. 5:4). 퍼보Pervo가

---

317 Shiell, *Reading Acts*, 139–40,은 사도행전(13:16; 19:33; 21:40; 26:1)에서 "그가 그들을 향하여 손을 내밀어"라는 구절을 연사가 몸짓을 취하는 단서로서 살핀다.

318 Thompson, *The Acts of the Risen Lord Jesus*, 58.

319 Dunn, *Acts*, 164.

말했듯이, "베드로는 바울이 두각을 나타낼 수 있도록 '자기 자리로' 가야 한다."[320]

12:18-19. 누가는 감옥 현장으로 돌아와 베드로가 실종된 후의 상황을 묘사한다. 병사들은 무슨 일이 일어났는지, 무엇을 해야 할지 알지 못한다. 베드로가 풀려난 후의 일련의 사건은 예수님의 부활을 반영한다.[321]

예수님과 베드로의 부활 이후 등장
둘 다 처음 목격자는 여자였는데, 그 보고를 믿지 않았다(12:13-15; 눅 24:11)
그런 다음 둘 다 모인 공동체에 나타난다(12:16; 눅 24:36)
둘 다 다른 곳으로 간다(12:17; 눅 24:51)

헤롯은 베드로를 찾기 위해 수색하고 파수꾼들을 처형하라고 명령한다. 헤롯의 공포 통치는 계속된다. 그는 곧 삶과 죽음에 대한 권세는 오직 하나님께만 있다는 것을 알 것이다. 그 후 왕은 유대를 떠나 가이사랴로 간다. 헤롯은 자신이 하나님의 손에서 벗어났다고 생각하지만, 하나님의 영에는 국경의 제한이 없다는 사실을 깨닫지 못한다.

3.5.3. 하나님의 원수들에 대한 심판 (12:20-23)

20 헤롯이 두로와 시돈 사람들을 대단히 노여워하니 그들의 지방이 왕국에서 나는 양식을 먹는 까닭에 한마음으로 그에게 나아와 왕의 침소 맡은 신하 블라스도를 설득하여 화목하기를 청한지라 21 헤롯이 날을 택하여 왕복을 입고 단상에 앉아 백성에게 연설하니 22 백성들이 크게 부르되 이것은 신의 소리요 사람의 소리가 아니라 하거늘 23 헤롯이 영광을 하나님께 돌리지 아니하므로 주의 사자가 곧 치니 벌레에게 먹혀 죽으니라

12:20-21. 폴힐Polhill은 "아그립바의 핍박에 대한 이야기에는 두 가지 절정이 있다. 하나는 베드로가 그의 손아귀에서 탈출한 것이다. 다른 하나는 아그립바의 소름 끼치는 운명이다"라고 말한다.[322] 누가의 내러티브 시선은 이제 헤롯을 따라 두로와 시돈으로 향한다.

헤롯과 이 지역의 관계는 좋지 않았다. 여기서 헤롯은 화합과 평화를 지키지 못하는 왕으로 묘사된다. 백성들은 그에게 "매우 분노"하고 평화를 호소하는 데

---

320 Pervo, *Acts*, 315.

321 S. R. Garrett, "Exodus from Bondage: Luke 9:31 and Acts 12:1–24," *CBQ* 52 (1990): 673–74.

322 Polhill, *Acts*, 284.

"단결"한다. 왕국의 단결이 없는 통치자는 실패한 지도자이며, 헤롯의 묘사는 교회와 대조적으로 설정된다. 헤롯 왕이 평화를 펼치지 않았다. 그의 왕국(유대, 갈릴리, 사마리아) 전체에 평화를 가져다준 것은 교회였다(9:31).

자랑스러운 헤롯은 왕복을 입고 왕좌에 앉아 왕으로서 모습을 보여준다. 요세푸스는 헤롯의 옷이 햇빛에 반짝반짝 빛나서 신처럼 보였다고 말한다.[323] 두로와 시돈에 앉은 왕좌는 하늘의 왕좌에 도전하지만, 그의 운명은 이미 정해져 있다. 에스겔은 두로 통치자에게 "네 마음이 교만하여 말하기를 나는 신이라 내가 하나님의 자리 곧 바다 가운데에 앉아 있다 하도다 네 마음이 하나님의 마음 같은 체할지라도 너는 사람이요 신이 아니거늘"(28:2)라고 말한다.[324]

선지자는 두로 왕을 하나님의 산에서 쫓겨난 에덴 동산의 교만한 존재와 비교하며 그를 징계한다(겔 28:11-16). "네가 아름다우므로 마음이 교만하였으며 네가 영화로우므로 네 지혜를 더럽혔음이여 내가 너를 땅에 던져 왕들 앞에 두어 그들의 구경거리가 되게 하였도다"(겔 28:17). 헤롯은 자신의 아름다움과 지혜로 왕위에 오를 수 있다고 생각했지만, 오직 성령으로 그리스도와 연결된 사람들만이 참된 지혜를 가지고 있다.

12:22-23. 헤롯의 연설이 끝난 후 백성들은 헤롯은 사람이 아니라 신이라고 외친다.[325] 이미 베드로는 예배를 거부했고(10:25), 바울도 그렇게 할 것이다(14:14-15). 그러나 헤롯은 자신의 왕좌에서 빛나는 찬양을 환영한다. 사탄은 예배에 대한 대가로 보좌를 제공한다(눅 4:5-7).

이 언어는 그리스-로마 통치자 숭배를 반영하며 사도행전의 전반부를 마무리할 뿐만 아니라 후반부를 예고 한다. 13-28장에서는 예수님과 그분의 종들이 세상의 신들을 대적한다.[326] 헤롯의 영광은 오래가지 못하는데, 그가 하나님께 영광을 돌리지 않았기 때문에 여호와의 천사가 그를 쳐서 쓰러뜨리기 때문이다(민 22:22).

천사는 생명에 대한 권세가 누구에게 있는지에 관한 기록을 바로잡는다. 주님은 지리적으로 제한되지 않으신다. 주님은 예루살렘과 두로와 시돈에 계실 수 있

---

323 *Ant.* 19:344. 에픽테투스는 "개인적 장식에 관하여"라는 제목의 강의에서 소피스트들의 복장을 비판했다.

324 참조. 사 14장; 단 4:26-34; 삿 16:17

325 그리스-로마 세계에서 연설가와 소피스트는 "참으로 신성하다", "신처럼 말한다" 등의 찬사를 받곤 했다. 철학자들은 궤변가들이 피상적이고 일시적이라고 주장하지만, 철학자들은 청중들의 인격을 향상하는 데 더 관심을 기울였다. 이러한 배경을 염두에 두고 누가는 수사학이 아닌 철학 아래 기쁜 소식을 전하기 위해 부분적으로 이 이야기를 전했을 수 있다. 2세기에는 많은 저자가 기독교를 철학에 비유했다.

326 이 본문을 "통치자 숭배"로 읽는 것은 다음을 참조하라. Kauppi, *Foreign but Familiar Gods*, 42–63.

다. 하만, 느부갓네살, 그리고 다른 많은 사람의 예에서 볼 수 있듯이, 성경은 주님의 백성을 대적하려는 사람들은 결국 하나님의 진노를 받을 것이라고 말한다. 베드로는 천사에게 맞아 살아났고(12:6), 헤롯은 천사의 채찍에 맞아 죽었다. "헤롯에 대한 하나님의 심판은 야고보에 대한 헤롯의 심판과 아이러니한 반전을 이룬다."[327]

자신을 신성한 존재로 높이는 왕은 구약에서 흔히 볼 수 있는 본보기이다. 주님께서는 유월절 첫날 밤에도 다른 왕을 치셨고(출 12:12, 23, 29), 이사야는 바벨론 왕의 몰락을 약속한다.

> 너 아침의 아들 계명성이여 어찌 그리 하늘에서 떨어졌으며 너 열국을 엎은 자여 어찌 그리 땅에 찍혔는고 네가 네 마음에 이르기를 내가 하늘에 올라 하나님의 뭇 별 위에 내 자리를 높이리라 내가 북극 집회의 산 위에 앉으리라 가장 높은 구름에 올라가 지극히 높은 이와 같아지리라 하는도다 그러나 이제 네가 스올 곧 구덩이 맨 밑에 떨어짐을 당하리로다

따라서 헤롯은 바로, 느부갓네살(단 3:1-7; 6:7), 애굽(겔 32:2-3), 두로 왕(겔 28:6, 9), 아기 예수님을 박해한 헤롯(마 2:1-23)의 유형이 된다. 헤롯이 교회를 공격했지만 교회는 폭력으로 보복하지 않았다. 복수는 주님의 것이니 주님께서 갚으실 것이다.

마리아의 노래Magnificat에서 마리아는 "권세 있는 자를 그 위에서 내리치셨으며"(눅 1:52)라고 선언한다. 하나님은 자신의 영광을 다른 사람에게 주지 않으시는데, 이 건방진 왕은 주권을 주장하고 있었다. 누가는 그의 죽음에 관해 끔찍하지만 중요한 세부 내용을 기록한다. 그의 몸이 벌레에게 먹혔다는 것이다.[328] 헤롯은 몸에 대한 권력을 추구했고, 이제 그의 몸은 먼지 속에서 썩는다. 주 예수의 왕국은 영원히 지속되지만 이 땅의 왕국들은 먼지로 소멸될 것이다.

---

327 Jennings, *Acts*, 132. Keener, *Acts*, 2:1965,는 주님의 천사가 앗수르 군대를 공격하는 유일한 다른 시간은 왕하 19:35에 나오는 천사의 "공격"이라고 지적한다. 앗수르 왕과 마찬가지로 헤롯도 하나님의 백성을 억압하는 폭군이었으며 타격을 받았다. Klauck, *Magic and Paganism in Early Christianity*, 43–44,은 아그립바의 죽음을 네로와 연결 짓는데, 타키투스와 디오 카시우스는 왕자의 아름다운 모습과 목소리에서 하나님의 이름을 따왔다고 기록한다. "이것은 네로를 헤롯 안티파스, 헤롯 아그립바와 함께 위치시킨다. 각 통치자는 세례 요한, 야고보, 바울의 폭력적인 죽음에 차례로 책임이 있다. 그리고 네로 역시 불명예스러운 이른 사망의 벌을 받았다."

328 이 세부 내용으로 가장 비슷한 것은 자신을 신으로 만든 안티오쿠스 에피파네스의 죽음이다. 맛디아는 자기 아들들에게 의인을 압제하는 자의 영광은 벌레가 될 것이라고 말했다(1Macc 2:62). 마카비 2서에서 안티오쿠스의 죽음은 불치병인 장 질환으로 묘사된다(2Macc 9:5-6). 이 질병은 벌레 때문이라고 말한다(9:12-13). Keener, *Acts*, 2:1969,는 이 "유대인 왕"이 하나님의 백성을 압제하는 이방인과 비교된다고 지적한다.

하나님과 그분의 목적에 반대하는 사람들(유다, 아나니아, 삽비라)은 쫓겨날 것이다. 하나님의 영광과 그분의 백성은 경시되어서는 안 된다. "하늘과 땅의 운명을 다스리는 보좌는 아래에서 찾을 수 없다."[329]

3.5.4. 요약 진술 (12:24-25)

24 하나님의 말씀은 흥왕하여 더하더라 25 바나바와 사울이 부조하는 일을 마치고 마가라 하는 요한을 데리고 예루살렘에서 돌아오니라

12:24. 누가는 다시 요약한다. 이 내용의 위치는 과거와 미래를 모두 보여준다. 누가가 예루살렘 교회에 초점을 맞춘 것을 마무리하고 안디옥 교회로 전환한다.

누가는 말씀이 "흥왕하여"($\alpha \dot{\upsilon} \xi \acute{\alpha} \nu \omega$, 아욱사노) "더하니라"($\pi \lambda \eta \theta \acute{\upsilon} \nu \omega$, 플레뒤노)라고 보고한다(6:7; 9:31; 19:20).[330] 교회는 핍박에도 번성하는 새로운 출애굽 세대이다(출 1:7; 20). 누가는 교회가 성장했다거나 제자가 늘었다고 말하지 않고, **그 말씀**이 이야기 속에서 활동하는 인물처럼 의인화되어 있다.[331] "말씀"은 사람들이 환대하거나 거부하는 "여행하는 신적 대리인"이다(눅 1:68-79).[332] 말씀이 사람들의 마음에 들어가면 그것은 퍼져 나간다(막 4:3-9). 이사야의 말씀은 여기서 가슴을 울린다. "이는 율법이 시온에서부터 나올 것이요 여호와의 말씀이 **예루살렘에서부터** 나올 것임이니라 그가 열방 사이에 판단하시며 많은 백성을 **판결하시리니**"(사 2:3-4, 강조 추가).

아이러니가 본문을 가득 채운다. 헤롯의 연설과 말씀의 확산 사이의 대조가

---

329 Kuyper, *Dagen van goede boodschap*, 32. Goulder, *Type and History in Acts*, 177–78,은 헤롯이 니느웨 왕의 부정적인 예가 된다고 지적한다. 선지자가 니느웨에 왔을 때 왕은 (1) 회개하고 (2) 일어나서 겉옷을 벗고 (3) 먼지와 재 속에 앉는다. 여기서 유대인 왕은 (1) 하나님의 선지자를 죽이려 하고, (2) 왕의 옷을 입고, (3) 왕좌에 앉아 하나님의 명예를 받고, (4) 요나의 식물처럼 벌레에게 잡아먹힌다.

330 R. Gwalther, *Homily 85*, Acts 12:20–25, in Chung-Kim, Hains, et al., *Acts*, 170,은 헤롯 사후 교회의 인내에 관해 다음처럼 주장한다. "우리는 교회가 굳게 서서 모든 대적과 모든 폭군으로부터 살아남는 것을 보았으니, 이는 교회가 영원토록 지속되는 하나님의 말씀으로 태어나고 보존되기 때문이다. 이것은 모든 시대와 국가의 역사가 우리에게 가르쳐주는 것이다. 비참하고 더럽게 죽은 바로, 가나안 사람, 산헤립, 바벨론 사람, 안티오쿠스, 세 헤롯, 네로, 도미티안, 트라야누스, 안토니우스, 세베루스, 막시미누스, 데키우스, 발레리안, 아우렐리우스, 디오클레티아누스, 두 막시미누스, 리시비우스, 막센티우스, 율리안과 같은 그리스도의 교회를 공격한 모든 사람이 비참하고 더러워진 죽음을 맞았기 때문이다. 왜냐하면 교회는 믿을 수 있고 가장 승리하신 변호자이신 예수 그리스도 아래에서 번성하고 살아 있으며 영원히 살아 있을 것이기 때문이다."

331 아마도 사도행전의 "말씀"은 일반적으로 알려진 것보다 더 깊은 기독론과 창조신학적 연관성을 가지고 있을 것이다(요 1:1).

332 Jipp, *Divine Visitations*, 236–40.

분명하게 드러난다. 헤롯의 계략에도 불구하고, 어쩌면 헤롯의 계략 **때문에** 말씀이 번성하고 성장했다.

8-12장은 예루살렘에서 유대와 사마리아로 말씀을 더 일반적으로 전파하려는 하나님의 주도권에 관한 것이다. 예수님이 왕이라면 다른 왕들이 와서 그분을 반대할 것이다. 그러나 누가는 핍박 속에서도 말씀이 전파된다는 것을 보여준다. "인종(11:20)이나 기근(11:27-30), 박해자(12:1-19), 자기를 신으로 높이는 통치자(12:20-23)도 복음을 막을 수 없다."[333]

12:25. 누가는 11장 마지막에 사울과 바나바를 떠났다가 이제 그들에게 돌아오는데, 이것은 누가의 또 다른 연결 고리 중 하나이다. 바나바와 사울은 구제 임무를 마치고 요한 마가를 데리고 예루살렘으로 돌아갔다. 복음이 새로운 지역으로 퍼져 이스라엘이 통일되고 이방인들도 환영받았지만, 예루살렘은 여전히 거점이었다.

예루살렘과 안디옥에서 선교는 진행된다. 성전 사람들로부터 생수의 강이 열방으로 흘러나올 것이다. 이제 이야기는 사울과 바나바의 사역으로 넘어가지만, 언제나 그렇듯이 삼위일체 하나님의 강력한 팔로 그들은 행동한다.

---

333 Talbert, *Reading Acts*, 113.

| 단락 개요

4.3. 에베소에 증언 (18:24-21:14)

4.3.1. 에베소에서 짐승들과 싸우다 (18:24-19:41)

4.3.1.1. 세례 요한보다 우월함 (18:24-19:7)

4.3.1.1.1. 에베소의 아볼로 (18:24-28)

4.3.1.1.2. 에베소 열두 제자 (19:1-7)

4.3.1.2. 마술보다 우월함 (19:8-20)

4.3.1.2.1. 바울의 메시지와 능력(19:8-12)

4.3.1.2.2. 마술을 정복하다 (19:13-20)

4.3.1.3. 우상보다 우월한 것 (19:21-41)

4.3.1.3.1. 여행? 걱정하지 말라 (19:21-22)

4.3.1.3.2. 데메드리오의 고소: 전쟁하는 신들 (19:23-27)

4.3.1.3.3. 도시에서 폭동 (19:28-34)

4.3.1.3.4. 무리를 진정시킨 서기장 (19:35-41)

4.3.2. 예루살렘으로 여행 (20:1-21:14)

4.3.2.1. 격려와 생명을 위한 일루리곤 여행 내러티브 (20:1-16)

4.3.2.2. 에베소에 대한 작별 (20:17-38)

추가 주석 4. 고별 설교

4.3.2.2.1. 장로 소환 (20:17)

4.3.2.2.2. 바울의 과거 사역 (20:18-21)

4.3.2.2.3. 바울의 미래 사역 (20:22-27)

4.3.2.2.4. 바울의 훈계와 위임 (20:28-35)

4.3.2.2.5. 바울의 마지막 포옹과 기도 (20:36-38)

4.3.2.3. 예루살렘으로 향하는 어두운 길 (21:1-14)

4. 세 번의 선교 여행에 증인을 보내시는 하나님 (13:1-21:14)

바울은 앞으로 나아가는 중심인물이 아니다. 여전히 성전의 빛을 이사야의 종들을 통해 땅끝까지 전파하시는 분은 삼위일체 하나님이시다.[1] 태너힐Tannehill의 말처럼 바울은 "그보다 먼저 시작되어 그 후에 끝날 사명에 참여한다."[2] 바울은 이방인과 왕과 이스라엘 자손에게 **예수의 이름**을 전하도록 선택받았다(9:15). 이제 독자들은 그 사명이 어떻게 성취되었는지 알 것이다.

바울은 동료들과 함께 아버지의 계획에 따라 성령의 권능을 받아 예수를 주님으로 전파한다. 그러나 그는 그 종처럼 고난을 받을 것이다(1:8; 사 43:10). 그 제국, 로마에 새로운 질서가 도래했다. 하나님의 종들이 열방을 여행할 때 계속해서 예루살렘으로 다시 부름을 받는 것은 이 사명이 여전히 **예루살렘에서** 시작되었음을 나타낸다. 지리적 초점은 계속 유지되지만 소아시아, 마게도냐와 아가야, 에베소까지 확장된다.[3]

가이사가 사람이 사는 세계를 다스린다고 주장했지만, 새로 즉위한 왕은 우월과 평화의 메시지로 영토를 되찾고 있었다. 바울의 복음은 혼합주의, 다른 구원자, 은사, 신, 가정, 왕, 철학, 미덕, 마술, 우상, 초자연적 힘보다 우월했다.

이 부분에서 강조하는 것은 말씀 전달자, 범위, 내용뿐만 아니라 반응이다. 복음은 여전히 유대인에게 먼저 전달되지만, 이 새로운 메시지를 받아들이는 그

---

1 Beers, *The FolRowers of Jesus as the "Servant,"* 154–65,는 종의 주제가 13-20장에서 다음처럼 계속된다고 주장한다. 바울이 종의 직분을 긍정적으로(13:31; 사 43:10; 13:32; 사 61:1; 15:7; 사 41:8-9) 그리고 부정적으로 여기고(13:45; 14:2, 4-5, 19; 17:5-9, 13; 18:5-6,12, 17, 19:8- 9; 사 49:4; 50:6-9; 53:2-3; 66:5), 복음이 유대인과 이방인에게 전파되고(사 42:6; 49:6-7; 52:15), 새로운 출애굽 이미지가 지속해서 사용되며(13:10-11; 14:8-10; 16:17; 18:25-16; 19:9, 23), 바울이 비시디아 안디옥과 밀레도에서 한 설교는 종 비유에 대한 증거를 보여 준다. Keel, *Symbolism of the Biblical World*, 113-19,는 고대 근동 우주론에서 혼돈의 정복은 하나님의 산과 성전과 관련이 있다고 관찰한다. 예루살렘에서 여호와의 메시지는 열방으로 (심지어 아래로) 전달된다.

2 Tannehill, *The Narrative Unity of Luke-Acts*, 2:159.

3 세 가지 선교 여행에 대한 변호는 서론을 참조하라. 누가는 아마도 바울 자신에게서 지리적 강조점을 파악했을 것이다. 롬 15:19에서 바울은 자신의 사역을 성취의 주제로 공간적 범주에 따라 요약한다. "내가 예루살렘으로부터 두루 행하여 일루리곤까지 그리스도의 복음을 '편만하게'(πεπληρωκέναι) 전하였노라"(골 1:6. 참조). P. T. O'Brien, *Gospel and Mission in the Writings of Paul: An Exegetical and Theological Analysis* (Grand Rapids: Baker Books, 1995), 37,은 바울이 다메섹과 아라비아에서 시작했지만 예루살렘에서 시작했다고 말할 수 있다고 주장하는데, 이는 바울이 자신의 사명을 다른 사도들의 사명과 연결하기 때문이다. 그는 또한 계속해서 예루살렘으로 돌아간다. 롬 15:19의 첫 부분에서 바울은 18절에서 "표적과 기사의 능력으로 성령의 능력으로" 그리스도께서 자신을 통해 이루신 일에 대한 생각을 이어간다. 이 "표적과 기사"라는 표현은 출애굽의 기적을 표현하는 전통적인 방식이었다(출 7:3, 9; 11:9-10; 신 4:34; 6:22). 이것은 바울이 자신의 사역을 새로운 출애굽으로 간주했음을 나타낸다.

리스인과 로마인, 거부하는 사람들에 초점을 맞추기 시작한다. 반응은 격렬해지지만, 이는 사소한 짜증의 분출이 아니라 바울이 전하는 지진에 대한 떨림이다.

바울의 메시지는 통치하시는 예수님을 선포하기 때문에 그들의 "그 도"에 이의를 제기한다.[4] 바울의 복음은 유대인과 로마의 권력 구조의 우월성에 도전하지만, 조상의 신앙을 버리거나 제국에 대해 선동도 하지 않는다. 기독교는 평화를 설교하지만 폭동을 일으킨다. 기독교는 유대교를 정당화하지만 많은 충성스러운 유대인을 분노하게 만든다. 기독교는 참된 성전을 증식하지만 신들의 신전을 허물어 버린다. 그리스도의 부활과 승천은 돌이다. 그것은 다민족 성전 공동체의 걸림돌이 될 수도 있고 초석이 될 수도 있다.

4.1. 소아시아와 예루살렘 공의회에 증언 (13:1-15:35)
4.2. 마게도냐와 아가야에 증언 (15:36-18:23)
4.3. 에베소에 증언 (18:24-21:14)

바울의 선교 여행과 그의 메시지			
여 행	장 소	구 절	바울이 전한 소식
1 차	구브로	13:4-12	혼합주의보다 우월함
	비시디아 안디옥	13:13-52	우월한 구원자
	이고니온	14:1-7	우월한 선물
	루스드라	14:8-20	우월한 하나님
2 차	빌립보	16:6-40	우월한 가정
	데살로니가+베뢰아	17:1-15	우월한 왕
	아덴	17:16-34	우월한 철학
	고린도	18:1-17	우월한 덕
3 차	에베소 파트 1	18:24-19:7	세례 요한보다 우월함
	에베소 파트 2	19:8-20	마술보다 우월함
	에베소 파트 3	19:21-41	우상보다 우월함

---

4 이 도표는 뉘앙스가 부족한 것은 사실이지만, 본문을 잘 조명해 준다. 이 범주는 또한 이러한 영역에 바울이 쓴 편지와도 잘 어울린다. 본문의 틈새는 예루살렘 공의회와 여행 서술을 다루고 있는데, 이는 "탁월한 연합"과 "탁월한 돌봄"이라는 주제로 분류할 수 있다.

사도행전 13-28장의 패턴[5]				
	소아시아	마게도냐/ 아가야	에베소	예루살렘/로마
동 역 자	바나바(13:2)	실라(15:40), 디모데 (16:1-3), 누가(16:10)	브리스길라 와 아굴라 (18:18)	소바더, 아리스다고, 세군도, 가이오, 디모데, 두기고, 드로비모(20:4), 아리스다고와 누가(27:2)
설 교	안디옥의 유대인들 (13:13-52)	아덴의 헬라인들 (17:16-34)	에베소 그리스도인들 (20:17-38)	유대인들과 로마인들 앞에서 바울의 변호 (22:1-24, 23장, 24장, 25장, 26장)
치 유	루스드라의 발 쓰지 못하는 사람 (14:8-10)	빌립보의 귀신(파이돈 [phyton] 들린 여종 (16:16-18)	유두고 (20:7-12)	보블리오의 부친 (28:8)
거짓 제자	바예수(13:6)	요한 마가 (15:37-38) 또는 유대인들 (17:5)	스게와의 아들들 (19:13-15)	유대인 지도자들과 아나니아(21:27-28; 23:1-3)
고 난	루스드라에서 돌로 맞음 (14:19)	빌립보 감옥 (16:22-23)	에베소 폭동 (19:23-24)	예루살렘 폭동과 재판, 파선(21:27; 23장; 24장; 25장; 26장; 27:41)
부 활	루스드라 (14:20)	감옥에서 풀려남 (16:25-27)	폭동에서 구출됨 (19:35-41)	폭동, 재판, 파선에서 구해짐 (21:31-33; 28:1)

4.1. 소아시아와 예루살렘 공의회에 증언 (13:1-15:35)

바울과 바나바를 통한 하나님의 사역에 대한 적절한 소개가 13-14장에 나온다. 이 장들은 성령께서 안디옥의 다양한 민족이 모인 교회에 바울과 바나바에게 예수님을 전하라고 강권하시는 것으로 시작된다(13:1-3). 종이면서 증인인 자들은 다양한 토양에 말씀을 뿌릴 것이다.

사도들은 먼저 바다로 구브로 섬으로 가서 마술사를 통해 마귀의 능력을 만나지만, 하나님께서 이 위협을 물리치신다. 그리고 한 유명한 이방인이 구원받는다(13:4-12). 그 후 바울은 비시디아 안디옥의 유대인 회당에서 베드로의 첫 설교와 마찬가지로 구주 예수 그리스도를 통해 성취된 구약의 약속에 초점을 맞춘 첫 설교이자 가장 긴 설교를 한다(13:13-52). 그들은 이 지역에서 추방되어 왕의 도

---

5 이 내용은 대부분 Goulder, *Type and History in Acts*, 101,에서 가져왔으며 약간 수정했다.

로를 따라 이고니온과 루스드라로 이동한다. 루스드라에서 그들은 사도들을 신이라고 생각하지만 곧 사도들을 배신하고 바울을 돌로 치는 이교도들에게 유일하신 참 하나님의 선하심과 선물을 전한다.

이 부분에서 사자들은 유대인과 이방인 모두에게 성공과 반대에 직면하지만, 말씀을 심고 교회를 견고하게 하는 임무를 수행한다. 바울이 안디옥에 보낸 마지막 보고에서 강조하는 것은 이방인을 위해 문이 열린 것(환대의 이미지)이며, 이는 예루살렘 공의회의 주제가 되고 첫 번째 선교 여정을 마무리한다.[6] 이 여정은 진정으로 하나님의 환대를 전파한다.

예루살렘 공의회는 사도행전의 중심에 자리 잡고 있으며, 이방인들이 **어떻게** 하나님 백성의 일원이 될 수 있는지에 대한 문제를 더욱 공식적으로 다룬다(15:1-35). 베드로, 바울, 바나바의 증언과 야고보의 성경 주해는 이방인이 메시아 공동체의 일원이 되기 위해 할례를 받거나 모세의 율법을 따를 필요가 없다고 주장한다. 바울과 바나바(유다, 실라와 함께)는 이 기쁜 소식을 전하기 위해 안디옥으로 돌아간다. 이 내러티브는 이방인에게 전하는 메시지뿐만 아니라 예루살렘 지도자들이 성령께서 바울을 주도하고 예수님이 중심이 되며 하나님께 영광을 돌리는 선교에 관해 긍정적으로 평가하고 더 많은 사역에 박차를 가하는 것을 강조한다.

4.1.1. 첫 번째 선교 여행 (13:1-14:28)

13-14장은 파송 장면(13:1-3)과 안디옥 교회에 대한 보고(14:26-28)에서 알 수 있듯이 내러티브 형식으로 구성되어 있다.[7] 성령께서 사울과 바나바를 선교사로 세우시면서 안디옥 교회는 파송 기관이 된다(13:1-3).

누가는 선교사들이 겪는 다양한 장애물과 성공에 대한 간략한 스냅 사진과 단역 인물을 제시한다. 처음과 마지막 도시(구브로와 루스드라)는 선교가 궁극적으로 여호와와 그분의 말씀이 열방의 신들을 정복하는 우주적 갈등 중 하나임을 보여준다. 이 두 도시 사이에는 비시디아 안디옥과 이고니온이 있으며, 바울은 이곳에서 탁월한 구주와 선물에 대한 소식을 전한다. 이방 신들은 이스라엘의 소망을 이루시는 예수님께 정복된다. 안디옥, 이고니온, 루스드라는 아마도 바울이 편지를 쓴 "갈라디아 교인들"일 것이다.[8]

---

6 어떤 학자들은 공의회를 첫 번째 선교 여행과 분리하지만, 내러티브가 안디옥에서 시작되고(13:1), 분쟁이 안디옥에서 발생하며(15:1), 공회의 편지가 안디옥으로 전달되기 때문에(15:35) 함께 묶는 것이 더 낫다. Schnabel, *Acts*, 620,은 이 에피소드들이 모든 장면에서 바울과 바나바의 존재로 연결되어 있다고 언급한다.

7 바울의 "첫 번째 선교 여행"이라고 부르면 다메섹(9:20-22), 예루살렘(9:28-29), 안디옥(11:25-26)에서의 바울의 초기 사역을 간과할 수 있다.

8 Keener, *Acts*, 2:1986-87,은 갈라디아서를 논증한다. 바울은 갈라디아 교인들을 적어도 두 번

바울의 첫 번째 선교 여행					
장소	구절	행동	소식	결과	긴장
안디옥	13:1-3	바울과 바나바 파송			
구브로	13:4-12	설교,마술사와 만남	혼합주의 보다 우월함	마술사를 물리치고, 유명한 이방인이 구원받음	떠남
비시디아 안디옥	13:13-52	회당에서 설교	우월한 구원자	유대인과 이방인이 믿고 말씀이 그 지역에 퍼짐. 유대인들이 충돌을 일으킴	쫓겨남
이고니온	14:1-7	설교와 표적을 행함	우월한 선물	많은 유대인과 헬라인들이 믿음. 어떤 유대인들은 시기함	돌로 치려고 달려듦
루스드라	14:8-20	치유, 신으로 오해받음	우월한 하나님	혼란	돌에 맞음
안디옥	14:21-28	바울과 바나바의 보고			

이야기의 마지막에 그들은 안디옥으로 돌아와(바울은 약 960킬로미터를 여행했다) 하나님께서 이방인들이 믿음을 가질 수 있도록 문을 열어 주셨다고 보고하는데, 이 부분에서 일어난 일을 요약하여 전체 부분을 환대 또는 메시지에 대한 적대감의 주제 아래 놓는다.

이방인을 향한 선교는 어떤 의미에서 새롭지 않다. 8-11장에서 돌파구가 생겼다. 새로운 것은 이방인 공동체, 지역 교회의 협력, 더 큰 세계로 선교사를 공식적으로 파송하는 것이다.

방문했으며(갈 4:13), 이는 사도행전과 두 번째 방문(14:21-25 또는 16:1-6)과 일치한다. 고대 문헌에서는 갈라디아 지역 전체를 갈라디아로 취급한다. 따라서 사람들은 민족적으로 갈라디아 사람이 아니라 정치적으로 갈라디아 사람이었으며, 누가는 16:6과 18:23에서 프리지아와 갈라디아를 밀접하게 연결하고 있다. 딤후 3:11에는 안디옥, 이고니온, 루스드라가 함께 등장한다.

4.1.1.1. 구브로의 혼합주의보다 우월함 (13:1-12)

바울과 바나바가 첫 번째 지역인 구브로 섬에 들어가면서 우주적 갈등이 장면을 가득 채운다(13:4-12).[9] 섬은 산처럼 땅에서 불규칙하게 튀어나온 것으로 여겼기 때문에 갈등, 변화, 전환의 장소로 여겨졌다. 이사야 49장 1절에는 여호와의 부르심이 담겨 있다. "섬들아 내게 들으라 먼 곳 백성들아 귀를 기울이라."

어떤 학자들은 이 이야기를 베드로가 5장에서 아나니아와 삽비라에게 행한 행동과 연결 짓기도 하지만, 8장의 빌립과 시몬의 만남이 더 유사하다. 복음이 새로운 영토에 들어가면 신들은 그곳을 대표하는 마법사들을 통해 그들의 영토를 통제하려고 한다. 그러나 성령의 우월성은 문화적, 지리적, 마귀의 바리케이드를 뚫고 전진한다.

바울과 바예수 사이의 유사점은 이 내러티브가 먼저 배치된 이유를 설명하는 데 도움이 된다. 바울의 선교는 반대에 부딪힐 것이다. 그는 혼합주의 배후의 근원인 어두운 초자연적 세력에 저항받는다. 하늘의 주님은 대리인을 통해 땅의 주인과 싸우신다. 가렛이 말했듯이 바울과 바예수는 초인간적 존재를 대표한다. 바울은 성령의 권능 아래 있고 바예수는 사탄의 권능 아래 있다.[10]

바예수는 이방인 지도자들의 환심을 산 유대교의 거짓 선지자였지만, (출애굽 재앙을 반향하는) 바울이 그의 눈을 멀게 하자 이방인 통치자는 그 말을 믿는다. "사울은 ... 사탄의 하수인을 처단하고 총독을 개종시키며 화려하게 등장한다."[11] 많은 사람이 주님의 길을 굽게 만들려고 하지만, 바울의 소명은 굽은 길을 곧게 만드는 것이다. 바울은 지혜를 전달하는 역할을 하지만 바예수는 속임수로 가득 차 있다.

4.1.1.1.1. 종들을 파송하는 안디옥 교회(와 성령) (13:1-3)

1 안디옥 교회에 선지자들과 교사들이 있으니 곧 바나바와 니게르라 하는 시므온과 구레네 사람 루기오와 분봉 왕 헤롯의 젖동생 마나엔과 및 사울이라
2 주를 섬겨 금식할 때에 성령이 이르시되 내가 불러 시키는 일을 위하여 바나바와 사울을 따로 세우라 하시니 3 이에 금식하며 기도하고 두 사람에게 안수하여 보내니라

---

9 우주적 갈등의 중심성은 말씀 전파를 부정하지는 않지만(13:5, 7), 전자는 내러티브에서 강조를 받는다.

10 Garrett, *The Demise of the Devil*, 80.

11 Pervo, *Acts*, 324, 또한 첫 번째 (구브로) 및 마지막 에피소드 (에베소)에서 다음처럼 지적한다. 바울의 여정에서 모범적인 지도자들은 바울을 긍정하고(서기오 바울과 아시아 관리), 마술은 비난받고 정복당한다(바예수와 에베소의 스게와의 아들들/마술사들).

13:1. 이야기는 안디옥 교회에 대해 짧지만 안디옥 교회의 조연들과 함께 다시 시작된다.[12] 안디옥 교회는 최초의 이방인 교회 공동체였다(11:19-30). 적절하게도 이 교회는 열방 선교의 거점이 된다. 개척된 교회는 교회 개척자가 된다. 세계 및 타문화권 사역은 지역 교회에서 지원되고 자원이 공급된다.

누가는 안디옥 교회 일부 지도자 구성을 설명하면서 그들을 "선지자와 교사"라고 부르며 시작한다.[13] 이 선지자적 초상은 바울이 거짓 선지자를 책망할 때 구브로를 방문하는 데 중요한 역할을 한다. 바나바와 사울은 목록의 마지막을 장식하며 앞으로 주목받을 인물이다. 누가가 기록한 지도자 명단은 잠시 멈춰서 살펴볼 가치가 있다.

세 사람의 이름이 언급되어 있는데, 공동체의 다양한 성격을 나타낸다. 누가는 성, 출신 지역, 친구 관계 같은 일반적으로 제공되지 않는 세부 정보로 이 점을 강조한다. 지리적 다양성이 두드러진다.

누가는 시므온으로 시작하는데, 시므온은 라틴어로 흑인을 뜻하는 "니게르"라고도 불리며 남쪽 출신일 가능성이 높다.[14] 루기오는 북아프리카에 있는 "구레네 사람"(ὁ Κυρηναῖος, 호 퀴레나이오스)이다. 마나엔은 헤롯 왕과 함께 "양육"(개역개정. '젖동생,' σύντροφος, 쉰트로포스)된 것으로 묘사된다.[15] 누가복음 3장 1절과 사도행전 4장 27절에 나오는 헤롯(안티바스)과 같은 인물로 예수님을 반대하는 음모를 꾸민 사람이다. 따라서 마나엔은 왕의 어린 시절 동반자였던 "상류사회" 출신이었을 가능성이 높다.

누가의 목록은 유익하다. 사울은 다소 출신이지만 바리새인으로서 훈련받았다. 바나바는 구브로 출신으로 제사장 배경을 가진 디아스포라 유대인이다. 남쪽에서 온 두 명의 흑인과 상당한 사회적 지위를 가진 한 남자가 있다. 안디옥의 선지자와 교사에는 바리새파 유대인, 아프리카에서 온 두 사람, 헬라화된 유대인, 특권층 인사가 포함되었다.

---

12 헬라어는 안디옥 신자들을 τὴν οὖσαν ἐκκλησίαν으로 묘사한다. 5:17, 11:22, 28:17에서도 비슷한 구조가 사용된다. "그곳에 있는 교회"로 국지적으로 해석할 수도 있고, "안디옥에 있는 지역 교회들"로 분산적인 의미로 해석할 수도 있다.

13 "교사"라는 명사는 사도행전에서만 발견된다. 선지자의 역할은 성령의 은사로 묘사된다(롬 12:6; 고전 12:10; 엡 4:11). 선지자는 미래 사건을 예언하는 사람을 묘사하는 데 사용될 수 있지만(11:27), 더 자주 공동체를 세우는 일을 위해 하나님의 영감받은 말씀을 말하는 것과 관련하여 사용된다.

14 Keener, *Acts*, 2:1986-87,은 고대 세계에서 "니게르"라는 용어의 복잡성을 보여주는 긴 논의를 포함한다.

15 σύντροφος(쉰트로포스, 개역개정. '젖동생,')는 말은 그가 헤롯과 "함께 자랐다"는 뜻이다.

안디옥의 다양한 지도자들			
이 름	고 향	민 족	사회적 지위
사 울	다 소	유대인	바리새인
시므온	니게르	이방인	외국인
루기오	구레네	이방인	외국인
마나엔	알려지지 않음	이방인	지식인
바나바	구브로	유대인	헬라파 유대인

이들은 모두 안디옥의 "지도자"였으며, 안디옥의 철저한 다양성을 보여주었다. 안디옥에서 처음 이들을 "그리스도인"이라고 부른 것은 당연한 일이다. 다양한 리더십은 다양한 교회의 핵심이다. 독자들이 다음 구절에서 알겠지만, 성령은 이 다양한 사람들을 통해 말씀하신다. 다양한 억양, 피부색, 문화적 관습은 성령의 음성을 가로막는 장애물이 아니라 오히려 성령을 자극하는 원동력이다.

13:2-3. 누가는 안디옥의 다양성을 보여 주는 조연들을 소개하고 이제 본론으로 넘어간다. 제자들이 "예배"(개역개정. '섬겨'. λειτουργούντων 레이투르군톤)와 "금식"(νηστευόντων 네스튜온톤)을 하고 있을 때, 성령께서 오셔서 그들에게 말씀하신다. 하나님과의 친교는 더 많은 친교로 이어진다.[16] 공동체의 예배는 성령의 음성을 받아들이기에 적절한 맥락이다. 여기서 사용되는 언어는 그들의 행동이 제사 제도의 문화적이고 제사장적인 활동을 반영하고 있음을 가리킨다.[17]

그들이 함께 있는 동안 성령께서는 바나바와 사울에게 성령께서 그들을 부르신 "일"(ἔργον, 에르곤)을 위해 "구별"(개역개정. '세우라'. ἀφορίζω, 아포리조)

---

16 예수님께서 기도하실 때 성령이 강림하셨고(눅 3:21-22), 기도하실 때 예수님의 모습이 변화되었다(눅 9:28-29). 사도행전은 기도로 하나 된 공동체로 시작된다(1:14). 오순절 전에 사도들은 함께 모여 예배하고 기도하고 있었다(행 2:1). 성령이 사마리아인들에게 임하기 전에 사도들은 기도하고(8:15-17), 고넬료와 베드로의 예배에 대한 응답으로 환상을 본다(10:1-15). Bock, *Acts*, 438,은 "선교는 하나님의 명령, 즉 헌신에 참여하는 교회의 응답에 근거한다"라고 말한다.

17 "예배하다" 동사(λειτουργέω)는 성전에서의 제사장 예배의 맥락에서 사용된다(출 28:35; 39:1, 민 1:50).

하라고 말씀하신다.[18] "사도적 위임은 하나님의 임명을 따랐다."[19] 위-바실은 바울의 삶에서 삼위일체 하나님의 행동에 주목한다. 예수님이 그에게 나타나셨고 (9:15), 아버지 하나님께서 그를 미리 예정하셨다(22:13-14). 이제 성령께서 그를 보내신다(13:4).[20]

헬라어 ἔργον(에르곤, '일')은 14장 26절에서 다시 등장하는데, 이것은 이방인들에게 빛을 전하는 것이 그들의 임무, 사명, 과제임을 나타낸다. 백성들은 금식하며 기도하고 사울과 바나바에게 안수하고 그들을 보낸다(딤전 4:14). "첫 번째 주기에서 하나님께서 맛디아를 선택하셨고, 두 번째 주기에서 집사들을 선택하셨던 것처럼 성령께서 바나바와 사울을 선택하신다."[21] 피터슨Peterson이 지적했듯이, 이제 우리는 개인이 아닌 특정 교회의 대표들이 수행하는 최초의 계획된 해외 선교를 보게 된다.[22]

4.1.1.1.2. 구브로와 우주적 갈등 (13:4-12)

4 두 사람이 성령의 보내심을 받아 실루기아에 내려가 거기서 배 타고 구브로에 가서 5 살라미에 이르러 하나님의 말씀을 유대인의 여러 회당에서 전할새 요한을 수행원으로 두었더라 6 온 섬 가운데로 지나서 바보에 이르러 바예수라 하는 유대인 거짓 선지자인 마술사를 만나니 7 그가 총독 서기오 바울과 함께 있으니 서기오 바울은 지혜 있는 사람이라 바나바와 사울을 불러 하나님의 말씀을 듣고자 하더라 8 이 마술사 엘루마는 (이 이름을 번역하면 마술사라) 그들을 대적하여 총독으로 믿지 못하게 힘쓰니

9 바울이라고 하는 사울이 성령이 충만하여 그를 주목하고 10 이르되 모든 거짓과 악행이 가득한 자요 마귀의 자식이요 모든 의의 원수여 주의 바른 길을 굽게 하기를 그치지 아니하겠느냐 11 보라 이제 주의 손이 네 위에 있으니

---

18 "예배하다"와 "금식하다"(섬겨 금식할 때) 분사의 주어(αὐτῶν)인 예배와 금식은 논쟁의 여지가 있다. 안디옥의 전체 회중을 가리키는 것으로 볼 수도 있고, 1절 지도자들을 가리키는 것으로 받아들일 수도 있다. αὐτῶν의 가장 자연스러운 선행사는 지도자들이지만, 안디옥 교회 전체가 함께 예배하고 금식하는 것이 더 합리적이다. 이 주제가 중요한 이유는 누가 이 사람들을 구별하는지를 결정하기 때문이다. 성령이 어떻게 말씀하시는지에 대한 자세한 내용은 언급되어 있지 않다. 성령의 음성은 들리는 음성일 수도 있고 내적인 인도일 수도 있으며, 지도자 중 한 사람을 통해 공개적으로 말씀하실 수도 있다. 이 동사 "구별하다"는 LXX에서 "구별하다" 또는 "거룩하게 하다"와 유사하다(출 13:12; 29:26-27; 레 13:4; 민 18:24; 삼하 8:1; 사 52:11).

19 A. von Karlstadt, *The Enchiridion: The Sending of Preachers*, in Chung-Kim, Hains, et al.,172.

20 Pseudo-Basil, *Against Eunomius*, 5, in Martin and Smith, *Acts*, 206.

21 Goulder, *Type and History in Acts*, 27.

22 Peterson, *Acts*, 376.

네가 맹인이 되어 얼마 동안 해를 보지 못하리라 하니 즉시 안개와 어둠이 그를 덮어 인도할 사람을 두루 구하는지라 12 이에 총독이 그렇게 된 것을 보고 믿으며 주의 가르치심을 놀랍게 여기니라

13:4-5. 4-5절은 사울과 바나바의 선교 여행 이야기를 설명하면서 안디옥에서 구브로로 넘어가는 장면을 보여준다. 누가는 이 이야기에서 처음으로 하나님의 종들이 바다를 건너는 장면을 언급한다. 고대 우주론에서 세계는 하늘, 땅, 바다의 삼위일체로 구성되어 있다고 설명할 수 있다.[23] 지금까지는 하늘과 땅이 중심이었지만, 이제 바울은 예수님의 소식을 전하기 위해 마지막 장벽을 넘는다.

13장 3절에서 누가는 교회가 그들을 보낸다고 말한다. 이제 성령이 파송의 주체로 등장한다. 주된 파송 주체는 교회가 아니라 성령이다(4:31; 8:29, 39; 10:44; 16:6). 이 내러티브는 안디옥 교회와 성령 사이의 밀접한 연관성을 일깨운다. 성령의 주도권이 교회의 역할을 없애버리지 않는다. "한쪽의 행동이 다른 쪽의 행동을 부정하지 않는다."[24] 교회는 성령의 일하심을 수행한다.[25] 이미 성령은 8-12장에서 일하셔서 사람들을 독특한 장소로 인도하셨다. 이제 이방인 선교가 시작되면서 성령은 계속해서 교회를 인도하신다. 예수님과 베드로에게 그랬던 것처럼 성령의 능력은 갈등으로 이어질 것이다(눅 4:1-13; 행 4:23-5:11). 성령께서 땅을 새롭게 하실 때 혼돈의 영역은 질서에 반대할 것이다.

사울과 바나바는 지중해의 항구 도시인 실루기아로 내려가 구브로 섬, 더 구체적으로 살라미로 항해한다. 그들은 새로운 지역으로 소식을 전하기 위해 바다를 건너간다. 구브로는 바나바의 고향이자(4:36) 바다 여행을 위한 중간 기착지로서 자연스럽게 출발할 수 있는 곳이다.

구브로는 기원전 22년부터 로마의 관할 아래 있었고, 사울은 이곳에서 어둠의 세력과 맞서 싸우기 시작한다. 그들이 도착하자 "하나님의 말씀(τὸν λόγον τοῦ θεοῦ, 톤 로곤 투 데우)을 유대인의 여러 회당에서 전했다." 누가는 마가 요한이 그들과 함께 있었다고 말한다. 유대인들에게 먼저 메시지를 전하는 것은 이사야 49장 6절을 성취하는 것이다. 주님은 이방인의 빛이 되기 전에 이스라엘을 다시 모으신다(롬 1:16).

13:6. 구브로의 수도 바보에 도착한 그들은 예수님이 이방인의 영토에서 발견하신 것, 즉 귀신의 지배를 발견한다. 바예수(예수/여호수아/구주의 아들)라는

---

23 Keel, *The Symbolism of the Biblical World*, 35-47.

24 Jennings, *Acts*, 133.

25 Skinner, *Intrusive God, Disruptive Gospel*, 96.

유대인 거짓 선지자가 이들과 맞선다.[26] 그는 예수님과 여호수아와는 반대 인물
이다. 바예수는 왕국을 위해 땅을 차지하지 않고 거짓 숭배를 퍼뜨린다. 이는 그
를 "유대인"('Ιουδαῖος, 이우다이오스)과 "마술사"(μάγος, 마고스)로 묘사하는 데서
확인되는데, 두 용어는 서로 어울리지 않는 용어이다(신 18:10; 왕하 17:17; 렘
27:9; 겔 12:24). 바예수는 그 지역의 마술에 사로잡혔다.

그러므로 바예수는 어둠의 왕자와 이방인의 관습에 영향을 받은 유대인이었
다. 바울이 바예수에게 어둠/눈먼 자를 괴롭히고(출 10:21-29; 신 28:28-29) 사
람들을 약속의 땅으로 인도하는 모세와 여호수아와 같다면, 바예수는 애굽의 마
술사와 같다고 할 수 있다. 다른 비유를 들자면, 바울은 엘리야이고 바예수는 갈
멜산에 있는 바알의 제사장들이다(왕상 18장).

바울의 첫 번째 여행은 영적 전쟁으로 시작된다. 이 세력은 다른 종교에서 나
타나 유대교를 공격한다. 그러나 바울과 바나바는 예수님을 만유의 주님으로 선
포한다. 그분은 다른 신들과 그 자리를 나누지 않으실 것이다(2:36). 복음이 새로
운 지역으로 전파될 때, 혼합주의 세력은 그들의 메시지를 방해할 것이다.[27]

13:7-8. 바예수는 귀신의 힘을 사용하여 지배 계층에서 청중을 확보했다. 거
짓 선지자는 단순히 거리의 마술사가 아니라 바나바와 사울을 불러 그들의 메시
지를 들은 이방인 총독(서기오 바울)과 친분이 있었다. 누가는 바예수의 이름이
"엘루마"를 의미한다고 기록한다.

엘루마라는 이름의 유래에 관해서는 논란이 있다. 어떤 사람들은 엘루마를 현
자 및 꿈의 해석과 연관시킨다. 아마도 이 이름은 "현명하다"는 뜻의 셈어 어근에
서 유래한 것으로, 내러티브에 지혜의 색채를 입혔을 가능성이 높다. 이를 뒷받침
하는 것은 서기오 바울이 그리스-로마 사회에서 중요한 덕목 중 하나인 "현명한"
사람으로 묘사된다는 점이다.[28] 이방인 통치자는 유대인 마술사보다 더 많은 지혜
를 가진 것으로 묘사된다. 바예수는 하나님의 영과 지혜로 충만하여 성막에 필요

---

26 이것은 사도행전에서 누군가를 거짓 선지자라고 부르는 유일한 본문이다. 그러므로
내러티브 문맥에서 그는 안디옥에서 나온 선지자-교사들과 반대되는 역할을 한다(13:1).

27 R. Strelan, "Who Was Bar-Jesus (Acts 13:6-12)?," *Bib* 85 (2004): 65-81,는 바예수는 이방
마술이나 혼합주의를 행한 것이 아니라 하나님의 의로운 길을 거짓된 방식으로 가르쳤다고
주장한다. J. J. Kilgallen, "Acts 13:4-12: The Role of the Magos," Estudios Bíblicos 55 (1997):
223-37,도 마찬가지로 이것은 이교도 마술에 관한 것이 아니라 특정 유대인과 갈등에
관한 것이라고 주장한다. 킬갈렌의 입장이 더 가까워 보이지만, 여기에도 혼합주의적
관습이 작용했다고 생각한다. Klauck, *Magic and Paganism in Early Christianity*, 54,은
"누가가 보기에 기독교 메시지의 확산에 가장 큰 걸림돌은 최악의 경우 예수의 이름과 같은
기독교적 실체까지 빼앗는 모든 것을 삼키는 혼합주의였다"라고 말한다.

28 Parsons, *Acts*, 188. 참조. Aristotle, *Eth. nic.* 1.13.20; Diogenes Laertius, *Vit. Phil.* 7.126; Phil,
Mos. 1.154.

한 물품을 제작하는 브살렐과 대조를 이룬다(출 31:3). 서기오 바울은 긍정적으로 그려지지만, 유대인 마술사는 타락한 인물로 묘사된다. 바예수는 바울과 바나바의 메시지에 반대한다. 누가는 바울과 바나바를 모세, 다니엘, 솔로몬의 전통에 따라 강대국의 영향력 아래 있는 통치자들과 맞서는 지혜로운 자로 묘사한다. 여기서 사탄은 타락한 유대인을 통해 열방을 타락시킨다. 서기오 바울은 말씀을 들을 뿐 아니라 주님을 경외하기 때문에 "현명"한 사람으로 드러난다.

13:9-10. 엘루마가 유대인 이름과 헬라어 이름을 가지고 있듯이 사울도 헬라어 이름인 바울을 가지고 있다.[29] 이름이 바뀌는 것은 해석가들이 이렇게 읽도록 보증한다. 이제 누가는 사울을 바울로 부른다. 이 변화는 내러티브에서 두 가지 전환을 나타낸다.

첫째, 이제 바울에게 초점을 맞춘다. 둘째, 이름 변경은 유대인 중심의 예루살렘 교회에서 그리스인 중심의 "땅끝까지"로 이동했음을 나타낸다. 이 아브라함의 아들은 또한 제국의 자녀이자 로마 시민으로서 이중적인 정체성을 지니고 있다. 기독교는 유대인과 헬라인 모두에게 속한다(22:28).[30]

바울은 엘루마가 집정관을 말씀에서 멀어지게 하려고 하는 것을 보고(디아스트레포) 엘루마를 똑바로 바라보며 저주한다. 이것은 학문적 갈등이 아니라 영적 힘의 충돌이다. 예레미야도 거짓 선지자들을 비난하며 백성들을 거짓으로 인도하지 말라고 경고하며 하나님께서 거짓 선지자들을 땅에서 쫓아내실 것이라고 말했다(28:15-16). 누가는 이 책망의 근원이 성령께 있으며, 성령은 궁극적으로 구브로 섬에서 이 마술사와 전쟁을 벌인다고 말한다. 대부분 이방인의 영토는 성령의 능력으로 차지해야 한다.

바울은 엘루마에 관해 (1) "거짓"(δόλος, 돌로스)과 "속임"(개역개정. '악행'. ῥᾳδιουργία, 라디우르기아)로 가득 차 있고, (2) "마귀의 자식"(υἱὲ διαβόλου, 휘에 디아볼루), (3) "모든 의의 원수"(ἐχθρὲ πάσης δικαιοσύνης, 에크드레 파세스 디카이오쉬네스)라는 세 가지 비난을 한다. 시편과 잠언은 특히 속이는 자를 정죄하고 있으며, 예수님은 마귀를 거짓말쟁이라고 부르셨다(요 8장). 속이는 자는 하나님의 집에 올라가지 못하며(시 24:4), 미워하는 사람은 자기 안에 속임수를 품고 있

---

29 어떤 사람들은 사울이 다메섹 길에서 바울이 되었다고 잘못 생각하지만, 그는 이 시점까지 계속 사울로 불리고 있다. B. A. French, "The Completion of King Saul in Acts," *JSNT* 40 (2018): 424–33,는 바울의 변화가 사울 왕의 이야기를 반영하며 영적 변화는 예수님 이후에 가능하다는 것을 보여 준다고 주장한다.

30 D. Marguerat, *The First Christian Historian*, 67. Chrysostom, *Homily 28 on Acts* (*NPNF* 1/11:178),은 사울이 성령으로 충만해졌기 때문에 이름을 바꾼 것을 안수받은 것과 연결한다.

다(잠 26:24). 바울은 진리의 영으로 충만하지만 엘루마는 거짓으로 가득 차 있다. 둘째, 엘루마는 마귀의 자식이다. 바울은 거짓 선지자의 정체를 폭로한다. 그는 예수의 아들이 아니라 마귀의 자식이다(요 8:44). 셋째, 엘루마는 정의를 싫어한다. 예수님의 메시지는 억눌린 자와 포로 된 자를 해방시키라는 것이었는데, 엘루마는 이 사명에 반대한다(눅 4:18-19). 바울은 엘루마에게 "주의 바른 길"(τὰς ὁδοὺς [τοῦ] κυρίου τὰς εὐθείας, 타스 호두스 [투] 퀴리우 타스 유데이아스)을 "왜곡"하거나 "굽게 하는"(διαστρέφω, 디아스트레포) 일을 멈추지 않겠느냐고 질문한다.

이 공간적 언어는 이사야, 미가, 호세아, 잠언에 반복적으로 등장한다(사 40:3; 59:8; 미 3:9; 호 14:9; 잠 10:9). 이사야서에서 여호와의 사자들은 여호와의 길을 예비하고 광야에 하나님을 위한 "곧은"(εὐθείας, 유데이아스) 길을 만들라고 외친다. 바울은 자신이 이방인 영토에서 구주를 위한 길을 준비하면서 새로운 출애굽을 확장하는 것으로 여긴다. 큰 그림은 엘루마가 지혜, 유배에서 귀환, 하나님 나라에 반대한다고 그린다. 그는 주님의 길을 구부러지게 만들고, 잘못된 정보를 제시하며, 마귀와 한통속이다.

13:11. 11절은 출애굽 이미지로 가득 차 있다. 하나님의 선지자는 마귀의 자식인 마술사를 계속 저주한다. 바울은 주님의 "손"(χείρ, 케이르)이 바예수를 대적한다고 말한다.[31] 주님의 손은 세상에서 일하기 위해 땅에 내려오신 그리스도를 상징한다(삿 2:15; 행 4:28, 30; 11:21).[32] 그리스도는 물리적으로 계시지 않지만 증인들 안에 그리고 그들을 통해 임재하시며 그들에게 원수의 권세를 이길 권세를 주셨다(눅 10:18-19).

애굽을 향해 뻗은 손은 주님의 손이었고(출 7:4-5; 9:3; 13:3; 15:6), 모세의 손은 여호와의 손이 되었다(출 7:15-19; 8:5, 16-17; 9:22-23; 10:12, 21-22; 14:16, 21, 26-27). 주님의 손길은 바예수를 보지 못하게 만든다. 실명 또는 시력이 약한 것은 이사야서에서 우상 숭배를 비난하는 수사적 표현이다. 바예수는 또한 반-바울의 역할을 한다.[33] 바울은 빛에 눈이 멀었지만 엘루마는 안개와 어둠에

---

31 French, "The Completion of King Saul in Acts," 428-31,은 바울이 마술사 바예수를 포기한 것이 사울이 다윗의 왕권을 거부하고 사울이 마술로 돌아선 것을 무효로 만들고 대체한다고 주장한다.

32 Rowe, *Early Narrative Christology*, 201–2,는 사도행전에서 "주"는 아버지 하나님과 아들 예수 사이에 완전히 모호하다고 주장한다.

33 Garrett, *The Demise of the Devil*, 84,는 바예수 이야기에서 바울 자신의 경험담과 풍부한 유사점을 지적한다. 둘 다 주님의 일을 방해하고 있었고, 둘 다 눈이 멀었고, 둘 다 그 손의 인도를 받았다. 바예수는 구부러진 길을 만들었지만 바울은 곧은 길로 인도되었다. 바예수는 어둠에 눈이 멀었고 바울은 빛에 눈이 멀었다. 이 유사점은 누가가 바울에게 빛이 주어지기 전에 바울을 마귀의 대리인으로 보았다는 것을 암시한다.

눈이 멀었다. "'어둠의 자식'이 되는 형벌은 어둠 그 자체이다."(마 8:12; 22:13; 25:30, 벧후 2:17).[34]

이 이야기는 손을 뻗은 모세와 이집트를 뒤덮은 짙은 어둠(출 10:21-22)과 유사하다. 또한 모세가 이스라엘 백성에게 주님께서 자신을 버리는 자들을 치셔서 정오에 "장님이 어둠 속에서 더듬는 것처럼"(29절) 더듬을 것이라고 말한 신명기 28장 28-29절도 암시한다. 이것은 다른 신들을 쫓아 섬기는 자들에 대한 저주이다. 따라서 바울은 언약을 버린 엘루마를 저주한다. 소경 상태는 그의 영적 상태와 지혜 부족을 상징한다(요 3:19-20; 9:39).[35] 권능이 충만하고 이방인 지도자들의 귀를 기울이던 마술사는 이제 손에 끌려 다녀야 했다. 더 크신 하나님과 더 크신 영이 그의 능력을 박탈했다.

13:12. 누가는 이제 바울의 표적이 가져온 긍정적인 효과를 이야기한다. 이방인 총독은 표적과 가르침 때문에 바울의 메시지를 믿는다. 어둠이 빛의 길을 열었다. 스팡겐버그Spangenberg는 "마술사는 장님이 되고 총독은 앞을 볼 수 있다. 불신은 마술사를 장님으로 만든다. 믿음은 총독을 볼 수 있게 한다."라고 말한다.[36]

많은 주석가는 이 내러티브에서 서기오 바울의 중요성을 가볍게 여기지만, 바울은 어둠의 세력을 극복하여 이방인 청중에게 복음을 전할 수 있었다. 말씀을 전파하는 데는 장애물을 극복해야 한다. 바울은 거짓 선지자 때문에 어둠 속에 갇혀 있던 서기오 바울에게 참된 지혜를 가져다주며 그를 풀어주었다. 서기오 바울은 이 선교에 참여한 최초의 이방인 개종자로 중요한 인물이다. 바울과 바나바는 경쟁이 치열한 지역에 들어가 정복했다. 기독교는 혼합주의와 마술보다 우월하다. 그들은 적에 대한 모든 권세를 소유하고 있다(눅 10:19).

현대 기독교인들은 왜 이런 사건이 더 자주 일어나지 않는지 궁금해할지 모르지만, 사도행전에서는 복음이 새로운 지역으로 전파되면서 초자연적인 표적이 더 많이 일어난다. 외적인 표적은 외적인 드러남으로 대응한다. 영적 전쟁이 더욱 공개적으로 드러나면서 성령은 공개적인 방식으로 임재하신다.

4.1.1.2. 비시디아 안디옥의 우월한 구세주 (13:13-52)

누가는 첫 번째 선교 여행의 구절 중 3분의 1 이상을 비시디아 안디옥(갈라디

---

34 Garrett, *The Demise of the Devil*, 83.

35 Hubbard, *Christianity in the Greco-Roman World*, 46,는 바예수가 "거짓 선지자"로 분류되고 실명을 당했기 때문에 점성술사일 수 있다고 제안한다. "실명은 계산되고 논쟁적인 것처럼 보인다. 그것은 해와 별, 달을 특별히 경외하는 사람에게는 특히 잘 선택된 오명일 것이다."

36 Spangenberg, *Brief Exegesis of Acts* 13:11–12, in Chung-Kim, Hains, et al., *Acts*, 175.

아로 추정)에서 행한 바울의 설교에 할애한다.[37] 2장의 베드로 설교가 1-12장에 반향되는 것처럼 이 설교는 13-28장에 반향된다.[38] 두 설교는 다양한 방식으로 서로 반향을 일으키며 (1) 예루살렘 안팎의 사람들에게 전하는 메시지 사이의 연결고리, (2) 미래의 요약을 알리는 확장된 전달, (3) 바울의 가르침의 진원지를 제공한다.[39]

누가는 나머지 이야기 대부분에서 바울의 가르침을 간략하게 요약할 뿐이다. 안디옥에서는 바울이 예수님을 구주로 설교하는 것에 주된 초점을 맞추고 있다. 벅Bock은 "메시지의 중심에는 예수 그리스도의 인격, 약속, 공급이 있다."[40] "구주"와 "구원"이라는 개념이 특별히 강조되며(23, 26, 47절), 이를 탁월한 구주에 대한 메시지로 제시한다.

사회학적으로나 문화적으로 예수님을 하나님의 아들, 구주, 복음을 통해 구원을 가져오기 위해 오신 분이라고 부르는 것은 정치적 색채를 띠고 있다. 안디옥에서 가장 인상적인 건축물 중 하나는 아우구스투스를 신이자 구세주로 기리기 위해 지은 아우구스투스 신전(Augusteum, 아우구스테움)이었다. 아우구스투스 시대의 비문에는 "신성한 아우구스투스가 성취한 일"과 시민들이 [아우구스투스의] 건강을 위해 모든 신전에서 끊임없이 제사를 드린" 것에 관해 이야기하는 "신성한 아우구스투스(Res Gestae Divi Augusti)"에서 아우구스투스 자신의 견해가 드러나 있다.[41]

바울은 평화의 메시지로 가이사의 그늘아래 구주 예수의 영토를 확장한다. 예수님은 약속된 다윗의 왕으로서 그분의 삶과 죽음, 부활과 승천은 율법(15, 39절), 선지자(15, 40-41절), 시편(33, 35절) 등 이스라엘의 전체 정경의 완성을 의미한다.[42] 이 성경은 또한 이방인이 모일 날을 가리킨다. 예수님의 왕권은 제국주의 이데올로기에 도전한다. 그 결과 많은 이방인과 유대인이 대사의 말에 기뻐한다.

---

37 논쟁의 여지가 있지만, 어떤 학자들은 바울이 갈라디아 교인들에게 보낸 편지가 비시디아 안디옥과 나머지 갈라디아 남부 교회에 있는 사람들에게 보낸 것으로 본다.

38 Johnson, *Acts*, 237; Pervo, *Acts*, 331,은 내러티브 순서가 바울과 예수를 유사하게 묘사한다고 말한다. 둘 다 성령의 능력을 받고(눅 3:21-22; 행 13:1-3), 악마의 세력에 맞서고(눅 4:1-13; 행 13:4-2), 첫 설교를 하고(눅 4:14-21; 행 13:13-41), 호의적인 반응을 얻고(눅 4:22; 행 13:42-43), 같은 민족에게 거부당한다(눅 4:23-30; 행 13:44-52).

39 Spencer, *Journeying through Acts*, 155,은 내러티브와 관련해 구브로에서 안디옥으로의 이동이 예수님의 사역을 반영한다고 관찰한다. 둘 다 회당에 들어가기 전에 먼저 마귀와 싸운다(눅 4:16). 둘 다 예수님 안에서 성경의 예언적 성취를 설명한다. 그리고 둘 다 적대적으로 변하기 전에 열광적인 무리가 있다.

40 Bock, *Acts*, 466.

41 D. deSilva, "The Social and Geographical World of Pisidian Antioch," in *Lexham Geographic Commentary on Acts through Revelation*, ed. B. J. Beitzel (Bellingham: Lexham, 2019), 323–31.

42 Strauss, *The Davidic Messiah*, 154–55,는 설교와 삼하 7:6-16 사이의 많은 유사점을 제시하면서 전체 연설이 이 본문에 집중되어 있다고 주장한다.

바울이 예수님을 구세주로 소개하기 전에는 언약적 하부 구조가 존재한다 (13:26-37).[43] 예수님이 소개된 후 바울은 잠시 멈추고, 성경에 따라 거부당했지만(26-29절) 하나님께서 직접 일으키신 예수님(30-37절; 시 2:7; 16:10)에 초점을 맞춘다. 수난과 부활은 그분이 그들의 구주가 되시고 죄 사함을 주시는 수단이다(38-41절).

바울의 비시디아 안디옥 설교 구조
하나님의 백성을 위한 하나님의 계획: 구세주 예수님 (16-25절)
아브라함 시대와 모세 시대 (17-20절)
다윗 시대 (21-22절)
새로운 시대 (23-25절)
거부되었으나 다시 살리신 예수님 (26-37절)
거부당한 구세주 (26-29절)
부활하신 구세주 (30-37절)
믿음의 도전 (38-41 절)

4.1.1.2.1. 여행 내러티브 (13:13-15)

13 바울과 및 동행하는 사람들이 바보에서 배 타고 밤빌리아에 있는 버가에 이르니 요한은 그들에게서 떠나 예루살렘으로 돌아가고 14 그들은 버가에서 더 나아가 비시디아 안디옥에 이르러 안식일에 회당에 들어가 앉으니라 15 율법과 선지자의 글을 읽은 후에 회당장들이 사람을 보내어 물어 이르되 형제들아 만일 백성을 권할 말이 있거든 말하라 하니

13:13-15. 바울과 동료들이 구브로에서 비시디아 안디옥으로 이동하는 과정을 설명하기 위해 두 구절의 지리적 전환이 등장한다. 바울은 신앙을 실천하기 위해 광야로 후퇴한 것이 아니라, 부패한 로마 정부를 그 심장부인 도시에서부터 변화시키려고 했다. 누가가 바울을 일행의 우두머리로 지목한 것은 그가 지도자임을 나타낸다. 그들은 바보에서 버가로 가고 마가 요한은 예루살렘으로 떠난다. 독자들은 나중에 이것이 고통스러운 출발이었다는 것을 알 것이다. 사역은 내부에

---

43 다음 도표를 약간 수정했다. Bruno, *Compton, and McFadden, Biblical Theology according to the Apostles*, 119.

서도 위험과 탈진으로 가득 차 있다(15:37-39).

그들은 비시디아 안디옥에 도착하여 회당에 들어가 앉는다. 요세푸스는 안디옥에 상당한 유대인 인구가 있었다고 기록하는데, 바울과 그의 동료들이 안디옥에 간 이유를 설명해 줄 수 있다.[44] 회당 지도자들은 율법과 선지서를 읽은 다음 사람들에게 전할 "격려"(개역개정. '권할'. παρακλήσεως, 파라클레세오스)의 말씀이 있는지 물었다. 바울은 곧 율법과 선지자들을 성취하시는 분에 관해 이야기할 것이다.

회당 관습에 대한 작은 시야가 열린다. 회당은 디아스포라 유대인 공동체의 중심지였다. 예배당일 뿐만 아니라 교육, 사법의 중심지이자 사교 모임의 장소이기도 했다. (물론 미리 준비했을 수도 있지만) 회당 관습은 구약성경을 낭독하고, 손님을 초대하여 사람들과 함께 나누기도 했다. 따라서 바울과 바나바는 처음에 길모퉁이가 아닌 그들이 들어 줄 장소로 간다.

4.1.1.2.2. 이스라엘을 위한 하나님의 계획: 구주 예수 (13:16-25)

16 바울이 일어나 손짓하며 말하되 이스라엘 사람들과 및 하나님을 경외하는 사람들아 들으라 17 이 이스라엘 백성의 하나님이 우리 조상들을 택하시고 애굽 땅에서 나그네 된 그 백성을 높여 큰 권능으로 인도하여 내사 18 광야에서 약 사십 년간 그들의 소행을 참으시고 19 가나안 땅 일곱 족속을 멸하사 그 땅을 기업으로 주시기까지 약 사백오십 년간이라 20 그 후에 선지자 사무엘 때까지 사사를 주셨더니 21 그 후에 그들이 왕을 구하거늘 하나님이 베냐민 지파 사람 기스의 아들 사울을 사십 년간 주셨다가 22 폐하시고 다윗을 왕으로 세우시고 증언하여 이르시되 내가 이새의 아들 다윗을 만나니 내 마음에 맞는 사람이라 내 뜻을 다 이루리라 하시더니

23 하나님이 약속하신 대로 이 사람의 후손에서 이스라엘을 위하여 구주를 세우셨으니 곧 예수라 24 그가 오시기에 앞서 요한이 먼저 회개의 세례를 이스라엘 모든 백성에게 전파하니라 25 요한이 그 달려갈 길을 마칠 때에 말하되 너희가 나를 누구로 생각하느냐 나는 그리스도가 아니라 내 뒤에 오는 이가 있으니 나는 그 발의 신발끈을 풀기도 감당하지 못하리라 하였으니

13:16-20. 바울은 일어나서 베드로의 오순절 설교와 병행되는 첫 번째 긴 설교를 한다. 그의 초점은 메시아 왕국에 관한 하나님의 약속과 구주 예수 안에서 성취된 약속에 있다.[45] 첫 번째 부분은 아브라함과 모세의 언약과 이스라엘에 대한 하나님

---

44 *Ant.* 12.147–53. Peterson, *Acts*, 385, Witherington, *Acts*, 403-4,와 같은 다른 학자들은 서기오 바울이 비시디아 안디옥에 가족 관계가 있었으며 바울과 바나바가 그곳으로 가도록 영향을 미쳤다고 주장한다.

45 Strauss, *The Davidic Messiah*, 156,은 설교의 두 주요 부분이 비슷한 절정으로 이어지는데,

의 지속적인 신실하심에 초점을 맞추고 있다. 하나님은 그들을 선택하셨고(13:17), 인내하셨으며(13:18), 땅을 주셨고(13:19), 사사들을 보내셨다(13:20). 바울은 회당에 모인 "동료 이스라엘 사람들"과 하나님을 경외하는 사람들을 향해 설교한다.

적절하게도 그는 이스라엘에 대한 하나님의 "선택"(ἐκλέγομαι, 에클레고마이)으로 이스라엘 이야기를 시작한다(창 12:1-3; 출 6:6-7; 신 4:37). 이 부분은 이스라엘에 대한 하나님의 약속을 나타내는 중요한 부분이 된다. 바울은 이스라엘의 선택을 이집트에서 "나그네 됨"(παροικία, 파로이키아)와 연관시킨다. 성경에서 선택과 나그네는 일관되게 결합해 있다(벧전 1:1; 행 7:6, 9, 22, 29). 비록 애굽에 나그네였지만 하나님께서는 그 백성을 "번성하게" 또는 "높이셨다"(ὑψόω, 휩소오). 이것은 가족의 성장을 의미하며 예수님의 높아지심과 그 가족이 성장하는 것을 함께 연결한다.[46]

하나님은 그들의 가족에게 복을 주셨을 뿐만 아니라, 들어 올리신 팔로 그들을 "인도"(ἐξάγω, 엑사고)하셨다(출 6:1, 6; 15:16; 32:11; 신 3:24; 시 136:11-12). 출애굽 이야기에는 바울의 주제를 예고하는 구원의 용어들이 모여 있다(출 14:13; 15:2). 바울은 디아스포라 청중을 향해 그들이 구원의 메시지를 들어야 하는 새로운 출애굽과 유배에서 돌아온 귀환자임을 분명히 보여준다. 바울은 광야 세대를 하나님께서 "그들을 참으셨다"(τροποφορέω, 트로포포레오)라는 부정적인 표현으로 묘사한 다음, 곧바로 하나님께서 그들을 위해 땅을 깨끗하게 하고 그들에게 기업을 주실 것이라는 내용으로 넘어간다(신 7:1).

하나님은 모든 동사의 주어로 이스라엘 역사가 하나님의 역사라는 것을 보여주셨고, 지금도 그러하신다. 지금까지 이스라엘 백성은 부정적으로만 묘사되었다. 바울은 이 기간(이집트, 광야, 초기 정복 기간)이 모두 450년이나 걸렸다고 언급한다. 그리고 사무엘 때까지 사사들이 있었다.

13:21-22. 이스라엘이 사울 왕을 요청하는 21절에서 갑자기 주제가 바뀌는데, 이는 이스라엘에게 좋은 순간이 아니다. 사울의 제거를 언급한 후 바울은 다윗에 관해 잠시 멈춘다. 족장들에게 더 많은 시간을 할애했던 스데반의 설교와 달리 바울은 다윗에게 가장 많은 관심을 기울인다. 폴힐Polhill이 말했듯이, "다윗에 도착할 때까지 다른 것들은 중요하지 않다. 모든 강조점은 하나님의 자비, 즉 이스라엘을 택하심, 백성을 높임, 약속의 땅에서 기업을 선물하심, 통치자와 왕을 선물

다윗에게 한 약속이 예수님 안에서 성취되었다는 것이다(23, 32-33절). 전자는 세례 요한의 증언(24-25절)으로, 후자는 성경의 증거(32-37절)로 이 주장을 증명하며 결론을 맺는다.

46 Crowe, *The Hope of Israel*, 51,은 "들어 올리다, 높이다"라는 동사는 예수의 승천과 연결되어 있으므로 청중이 그리스도의 부활에 관해 말할 수 있도록 준비시킨다고 주장한다.

하심에 있다."[47]

바울은 청중들이 예수님을 다윗의 계보를 잇는 구세주이자 주님으로 보기 원한다. 누가는 하나님께서 다윗을 일으켜 세우셨다고 말한다. 이스라엘이 사울을 요청했을 때와 대조해 보라. 그러므로 다윗은 그리스도와 유사하게 일으켜 세우셨고, 누가는 다윗이 주님의 마음을 본받아 그분의 뜻을 수행할 사람이라고 말한다(삼상 13:14; 시 89:20).[48] 지금까지 바울의 메시지는 이스라엘이 하나님의 뜻을 따르지 않았기 때문에 하나님께서 자신이 택하신 종을 통해 주권적으로 그분의 뜻을 이루신다는 것이었다.

"내 [하나님의] 뜻을 이루리라"(ποιήσει πάντα τὰ θελήματά μου, 포이세이 판타 타 델레마타 무)라는 표현은 고레스 왕이 성전을 재건하여 [하나님의] 뜻을 다 행한다"(CSB '나의 모든 기쁨을 다 이루다')는 이사야 44장 28절과 비슷하다. 이는 다윗과 그 뒤를 이은 다윗의 아들을 새로운 출애굽 지도자이자 성전 재건자로 묘사한다.[49] 예수님도 현재 증인들을 통해 이와 같은 일을 하고 계신다.

사도행전 13:22와 구약성경	
사도행전 13:22	구약성경
다윗을 왕으로 세우시고	내가 내 종 다윗을 찾아내어 (시 89:20)
내 마음에 맞는 사람이라	여호와께서 그의 마음에 맞는 사람을 구하여 (삼상 13:14)
내 뜻을 다 이루리라	그가 나의 모든 기쁨을 성취하리라 (사 44:28)

13:23-25. 독자들은 다윗 언약에서 새 언약으로의 전환으로 이스라엘의 왕이 **그 왕**이 오실 길이 준비하는 것을 볼 수 있다. 하나님은 다윗의 "자손"(σπέρμα, 스페르마)으로부터 "약속하신 대로"(ἐπαγγελία, 에팡겔리아) 이스라엘에 구세주 예수를 보내셨다.[50] 지금까지 설교에서 암시된 것은 이스라엘이 죄 때문에 구주가 필요하다는 것이다. 아우구스투스도 구세주로 칭송받았으므로 두 가지 유형의 왕

---

47 Polhill, *Acts*, 300.

48 "세우시고"(ἐγείρω)는 예수님의 부활과 관련이 있다(행 3:15; 4:10; 5:30; 10:40). Crowe, *The Hope of Israel*, 51,은 누가가 "주어졌다"는 사울에 관해 같은 단어를 사용하지 않는다고 관찰한다.

49 Schnabel, *Acts*, 577.

50 "구주"라는 명칭은 사도행전에서 두 번만 나온다(5:31; 13:23). 누가복음 2:11도 참조하라.

권이 대조된다.

에팡겔리아(ἐπαγγελία)는 설교 전체 주제가 되어 32-33절에 다시 등장한다. 이 구체적인 약속은 다윗의 왕좌에 영원히 앉으실 분을 가리킨다(삼하 7:12-16; 시 89:29; 사 11:1-16). 다윗이 예수님을 준비했다면 세례 요한도 마찬가지이다.

요한은 과도기적인 인물이다. 그는 구약에 언급된 마지막 선지자였으며 구약 메시지와 사람들과 함께 예수님의 사역에 동참했다. 요한은 회개의 세례를 선포했지만, 그의 "사명" 또는 "경주"(δρόμος, 드로모스)가 끝날 무렵에는 자신이 그들이 기다리던 사람이 아니라고 선언했다.[51] 다른 이가 오실 것이다(말 3:1). 요한은 이스라엘의 회개를 요청했다. 예수님과 바울도 마찬가지이다.

4.1.1.2.3. 거절당했으나 다시 살아나신 예수 (13:26-37)

26 형제들아 아브라함의 후손과 너희 중 하나님을 경외하는 사람들아 이 구원의 말씀을 우리에게 보내셨거늘 27 예루살렘에 사는 자들과 그들 관리들이 예수와 및 안식일마다 외우는 바 선지자들의 말을 알지 못하므로 예수를 정죄하여 선지자들의 말을 응하게 하였도다 28 죽일 죄를 하나도 찾지 못하였으나 빌라도에게 죽여 달라 하였으니 29 성경에 그를 가리켜 기록한 말씀을 다 응하게 한 것이라 후에 나무에서 내려다가 무덤에 두었으나 30 하나님이 죽은 자 가운데서 그를 살리신지라 31 갈릴리로부터 예루살렘에 함께 올라간 사람들에게 여러 날 보이셨으니 그들이 이제 백성 앞에서 그의 증인이라 32 우리도 조상들에게 주신 약속을 너희에게 전파하노니 33 곧 하나님이 예수를 일으키사 우리 자녀들에게 이 약속을 이루게 하셨다 함이라 시편 둘째 편에 기록한 바와 같이

너는 내 아들이라
오늘 너를 낳았다 하셨고

34 또 하나님께서 죽은 자 가운데서 그를 일으키사 다시 썩음을 당하지 않게 하실 것을 가르쳐 이르시되 내가 다윗의 거룩하고 미쁜 은사를 너희에게 주리라 하셨으며 35 또 다른 시편에 일렀으되 주의 거룩한 자로 썩음을 당하지 않게 하시리라 하셨느니라 36 다윗은 당시에 하나님의 뜻을 따라 섬기다가 잠들어 그 조상들과 함께 묻혀 썩음을 당하였으되 37 하나님께서 살리신 이는 썩음을 당하지 아니하였나니

13:26-29. 바울은 유대 역사의 절정인 예수님께 도달하고 청중을 향하여 직접 설교한다. 이전에 아브라함만 언급했지만, 이제 그들을 "아브라함의 자손"(υἱοὶ

---

51 Δρομος는 20:24과 딤후 4:7에서 사용되었다.

γένους Ἀβραάμ, 휘오이 게누스 아브라암)이자 하나님을 경외하는 자들로 말한다.
유대인과 이방인 모두를 말하고 있다.

그는 "우리"(ἡμῖν, 헤민)에게 구원의 말씀이 전해졌기 때문에 그들이 특권적인
위치에 서 있다고 말한다(시 107:20). "구원"은 출애굽을 기념하기 위해 사용된
용어이다. 아우구스투스도 구원을 가져다준 구세주로 알려져 있었기 때문에 바
울은 제국의 이데올로기에 도전한다. 이 단어는 이스라엘에서 이스라엘로 전해졌
다. 그러나 모든 것이 순조롭지만은 않다.

두 그룹이 두 가지 부주의에 관해 책임져야 한다. 두 그룹은 예루살렘에 거주
하는 사람들과 통치자들이다. 그들은 선지자들의 목소리와 예수님의 목소리에 관
심을 기울이지 않았다. 아이러니하게도 이스라엘은 예수님을 정죄함으로써 선지
자들의 말씀을 성취했다(4:25-28). 이 구절에는 세 번이나 성취가 명시적으로 언
급되어 있다(27, 29, 32-33절). 예루살렘 사람들은 예수님에게 아무런 죄가 없음
에도 불구하고 빌라도에게 넘겨 사형에 처했다(눅 23:4, 14, 22).

바울의 설교는 광야 세대부터 사울의 선택, 예수님을 거부한 사건까지 이어진
다. 이스라엘의 역사는 치욕으로 가득 차 있다. 바울의 첫 설교는 회당을 부끄럽게
한다. 그들은 희망을 보기 전에 자신의 죄책감을 먼저 깨달아야 한다.

바울은 이스라엘 역사의 어두운 한가운데에 있지만 여전히 그것이 하나님의
계획이었다고 주장한다. **그들은** 예수님을 죽임으로써 하나님의 계획을 실행했다.
이스라엘이 구주를 배신한 것조차 예정된 일이었다. 이사야 53장은 고난받는 종
에 관해 말한다. 시편 118편 22절은 그 돌이 버림받을 것이라고 말한다. 무덤은
일시적이고 잠시 머무는 것일 뿐이다.

13:30-33. 하나님은 이스라엘의 과거 어둠을 뚫으신다. 예수님을 죽음에서 살
리신다.[52] 그 후 예수님은 많은 사람에게 나타나셨고, 사도들은 예수님의 무죄와
변호의 "증인"(순교자)이 되었다(1:22). 바울도 같다. 그 역시 증인이다. 그는 조
상들에게 주신 약속의 기쁜 소식을 선포한다. 좋은 소식은 약속이다.

사도행전에 기록된 대부분의 설교와 마찬가지로 구약 본문은 예수님이 이스
라엘의 소망을 성취하신다는 것을 보여주기 위해 많이 사용되었다. 바울은 다윗
언약의 약속과 아브라함과 모세에 대한 아들 됨의 약속이 예수님의 승천으로 성
취되었다고 말한다.[53] 시편 2편 7절은 이 약속에 관해 "너는 내 아들이라 오늘 내

---

52 Severus of Antioch, *Catena on the Acts of the Apostles* 13:30–31, in Martin and Smith, *Acts*,
165,에서 예수님은 아버지의 능력이기 때문에 성경이 아버지와 예수 자신이 예수님을 죽은
자 가운데서 살리셨다고 말하는 것에 관해 문제를 느끼지 말라고 말한다.

53 어떤 학자들은 시편 2편에 비추어 예수의 "살리심"이 단순히 지상에서 사역을 가리킨다고
주장하지만, Strauss, *The Davidic Messiah*, 164,는 역사에 나타난 예수의 모습과 부활을 모두

가 너를 낳았도다"라고 말했다.

이 구절은 원래 여호와의 왕인 다윗을 가리키는 것이었지만, 최절정에서 아버지 우편에 오르신 예수님을 가리킨다.[54] "오늘"은 예수님의 부활 승천 사건을 가리킨다. 예수님은 자신의 승리로 하나님의 아들이자 구세주, 왕으로 세워지셨다. 아우구스투스와 그의 후계자 중 많은 사람도 "하나님의 아들"로 불렸다. 시편 2편의 더 큰 맥락이 아마도 베드로의 마음속에도 있었을 것이다. 그 왕이 지상의 왕들 가운데서 대관식을 거행하신다는 것이다.

13:34-37. 다음 구절은 바울의 성경 사용과 예수님의 높임에 관한 주제를 계속 이어가지만 부정적인 관점에서 다룬다. 예수님은 썩는 것을 보지 않으실 것이다. 바울은 다시 성경을 인용하여 자신의 요점을 확인한다. 예수님의 썩지 않는 본성에 대한 첫 번째 증거는 이사야 55장 3절에서 나오는데, 이 말씀은 다윗의 거룩하고 확실한 약속을 받은 종에 관해 말한다. 예수님의 부활은 이사야가 예언한 영원한 다윗의 왕으로 그분을 세우셨다.

바울은 오순절 설교(2:25-28)에서 베드로가 인용한 것과 같은 다른 본문을 인용하여 예언된 부활을 확인한다. 시편 16편 10절은 거룩하신 분이 썩음을 보지 않으실 것이라고 말하는 네 구절의 중심이다. 예수님은 죽은 자의 영역을 정복하셨지만 다윗의 시신은 썩었다. 이스라엘은 영원히 왕좌에 앉을 왕이 있을 것이라는 약속을 받았지만, 왕이 스올에 머무르면 이런 일은 일어날 수 없다.[55]

다윗은 이 내용의 대상이 될 수 없다. 예수님은 부활하시고 승천하셔서 왕위에 오르셨으므로 더 이상 부패가 그분을 위협하지 않는다. 그분은 죽음을 정복하셨다. 예수님은 "야곱의 집을 왕으로 다스리실 것이며 그 나라가 무궁하리라"(눅 1:32-33)라고 말씀하셨다. "이스라엘의 미래는 메시아에게 일어날 일과 밀접하게 연결되어 있기 때문에 이스라엘에게 이것은 중요한 문제이다."[56] 또는 올리버 오도노반Oliver O'Donovan이 말한 것처럼 "사도들은 그리스도의 부활을 선포하면

가리키는 것 같다고 주장한다. 또한 오랜 주석 전통에서는 시 2:7을 영원한 탄생과 연관시켜 13:33을 영원한 아들 됨의 확증에 관한 것으로 본다. 그러므로 시편 2편의 "오늘"은 양면성을 지니고 있으며 아들의 영원한 탄생과 그분이 세상에서 현현하신 것을 말한다. Crowe, *The Hope of Israel*, 59–60.의 논의를 참조한다.

54 Bates, *The Birth of the Trinity*, 67–8,은 다른 초기 해석가들과 함께 시 2:7이 설교 안의 설교라고 주장한다(Prosopological exegesis. 초대 교회의 성경 해석 방법으로 다양한 사람이나 인물을 화자로 식별했음을 암시함으로 본문을 설명하는 주해 방법. 역자주). 우리는 아들에게 들려주는 아버지의 음성을 듣는다. Hughes, *How the Spirit Became God*, 66,은 이레나이우스에 이어 이 다른 인격들 안에서 말씀하시는 일이 성령에 기인한다고 주장한다.

55 그리스도의 내려가심에 관한 연구는 다음을 참조하라. Emerson, "He Descended to the Dead."

56 Peterson, *Acts*, 393.

서 그리스도 안에서 인류의 부활도 선포했고, 인류의 부활을 선포하면서 그 안에서 모든 피조물의 새로움을 선포했다."[57]

4.1.1.2.4. 믿음의 도전 (13:38-43)

38 그러므로 형제들아 너희가 알 것은 이 사람을 힘입어 죄 사함을 너희에게 전하는 이것이며 39 또 모세의 율법으로 너희가 의롭다 하심을 얻지 못하던 모든 일에도 이 사람을 힘입어 믿는 자마다 의롭다 하심을 얻는 이것이라 40 그런즉 너희는 선지자들을 통하여 말씀하신 것이 너희에게 미칠까 삼가라

41 일렀으되

보라 멸시하는 사람들아

너희는 놀라고 멸망하라

내가 너희 때를 당하여 한 일을 행할 것이니

사람이 너희에게 일러줄지라도

도무지 믿지 못할 일이라 하였느니라 하니라

42 그들이 나갈새 사람들이 청하되 다음 안식일에도 이 말씀을 하라 하더라 43 회당의 모임이 끝난 후에 유대인과 유대교에 입교한 경건한 사람들이 많이 바울과 바나바를 따르니 두 사도가 더불어 말하고 항상 하나님의 은혜 가운데 있으라 권하니라

13:38-39. 이제 바울은 이스라엘의 역사를 간략하게 개괄하면서 그들의 소망을 성취하신 예수님을 강조하면서 회개할 것을 촉구한다. 좋은 소식이 이스라엘에게 주어졌지만 그들은 구주가 오셨을 때 그분을 알아보지 못했다. 이제 그들에게 두 번째 기회가 주어졌다. 바울의 말씀을 통해 그들에게 죄 사함이 선포된다 (10:43). 새 언약의 약속이 그들의 문 앞에 다가왔다(렘 31:34; 겔 36:25).

바울은 로마서와 갈라디아서에서 일관되게 사용하는 은유인 칭의에 대한 법적인 언어로 전환한다. 그는 자신의 메시지를 믿는 모든 사람은 모세의 율법으로는 의롭다 함을 받을 수 없었던 모든 것에서 예수님께 의롭다함을(법적으로 올바르게 됨) 받았다고 말한다. 바울의 청중은 예수님의 죽음에 관해 유죄이기 때문에 여기서 반전이 암시된다. 이제 그들은 의롭다고 선언될 수 있다. 칭의는 유대인과 이방인의 관계에만 적용되는 교리일 뿐만 아니라 유대인을 포함한 모든 인류를 위한 메시지이다(갈 2:16). 유대인들도 옛 언약을 지킬 수 없었기 때문에 거룩하신 하나님 앞에서 바로 서야 한다.

---

57 O. O'Donovan, *Resurrection and Moral Order: An Outline for Evangelical Ethics* (Grand Rapids: Eerdmans, 1994), 15.

13:40-41. 바울은 희망을 제시하면서 성경 구절을 다시 적절히 인용하여 경고로 연설을 마무리한다. 바울은 비웃는 자들이 있을 것이라고 경고했다. 어떤 사람들은 행위에 관해 설명해도 믿지 않을 것이다(합 1:5; 사 29:14 참조).

하박국은 원래 이스라엘이 회개하지 않으면 느부갓네살 왕과 바벨론이 강대국이 될 것이라고 경고했다. 이제 "일하심"의 대상이 바뀌었다. 그 대상은 더 이상 느부갓네살 왕이 아니라 예수님과 그분의 사역이다. 경고는 여전히 동일하지만, 그들이 거부할 수 있는 대상은 훨씬 더 무서운 구주이다.

그들은 시온 산에 이르렀으니 "너희는 삼가 말씀하신 이를 거역하지 말라 땅에서 경고하신 이를 거역한 그들이 피하지 못하였거든 하물며 하늘로부터 경고하신 이를 배반하는 우리일까보냐"(히 12:25). 메시지는 분명하다. 그들은 들은 것에 반응할까?

13:42-43. 바울의 메시지에 대한 초기 반응은 긍정과 모호함 사이 어딘가에 있다. 사람들은 바울의 말을 더 듣고 싶어 했고, 바울을 다시 초대했다. 많은 유대인과 하나님을 경외하는 사람들이 바울과 바나바를 따랐다. 그들은 이 위대한 구세주를 받아들였다.

이것이 그들이 제자가 되었다는 것을 의미하는지, 아니면 단순히 그들에게 더 많은 가르침을 듣고자 하는 일종의 분리된 관심을 가졌던 것인지는 분명하지 않다. 아마도 많은 사람이 바울의 설교를 듣고 예수님의 진정한 제자가 되었으며 하나님의 은혜를 "계속" 받으라는 권고를 받았을 것이다(참조. 11:23).

4.1.1.2.5. 유대인의 거부, 이방인의 받아들임 (13:44-52)
44 그다음 안식일에는 온 시민이 거의 다 하나님의 말씀을 듣고자 하여 모이니 45 유대인들이 그 무리를 보고 시기가 가득하여 바울이 말한 것을 반박하고 비방하거늘
46 바울과 바나바가 담대히 말하여 이르되
하나님의 말씀을 마땅히 먼저 너희에게 전할 것이로되 너희가 그것을 버리고 영생을 얻기에 합당하지 않은 자로 자처하기로 우리가 이방인에게로 향하노라
47 주께서 이같이 우리에게 명하시되
내가 너를 이방의 빛으로 삼아
너로 땅끝까지 구원하게 하리라
하셨느니라 하니
48 이방인들이 듣고 기뻐하여 하나님의 말씀을 찬송하며 영생을 주시기로 작정된 자는 다 믿더라 49 주의 말씀이 그 지방에 두루 퍼지니라 50 이에 유대인들이 경건한 귀부인들과 그 시내 유력자들을 선동하여 바울과 바나바를 박해

하게 하여 그 지역에서 쫓아내니 51 두 사람이 그들을 향하여 발의 티끌을 떨어
버리고 이고니온으로 가거늘 52 제자들은 기쁨과 성령이 충만하니라

13:44-45. 회당으로 돌아오라는 초대는 진심이었다. 다음 안식일에 많은 무리
가 바울의 설교를 듣기 위해 모였다.[58] 바울의 메시지에 대한 소문은 급속히 퍼졌
을 것이다. 유대인들은 이 새로운 운동이 계속되는 것을 보고 "시기"(ζῆλος, 젤로
스)하여 바울을 반대하기 시작한다. 거부는 이사야의 종에게 **필수 요소**(*sine qua
non*)이다(사 50:6-8; 53:2-3).[59]

이미 누가는 예수님과 그분의 사자들을 반대하는 사람들을 묘사할 때 "시기"
라는 용어를 사용했으며(5:17; 7:9), 요셉의 형제들이 그를 어떻게 대했는지를 나
타내는 핵심 용어이기도 하다(창 37:11). 바울 자신도 유대인의 전통에 열심이었
으며 하나님의 교회를 핍박했다(빌 3:6). 많은 유대인이 바울의 메시지를 받아들
인 것으로 보였기 때문에 이 "유대인"이 누구인지는 불분명하다.

누가는 유대인들이 바울을 "반박"(ἀντιλέγω, 안티레고)한다고 서술한다. 그들
은 예수님에게도 적용된 혐의(마 26:65; 막 2:7; 요 10:36)인 "모독"(βλασφημέω,
블라스페메오, CSB '모욕')하고 있다고 말한다. 예수님은 제자들에게 성령을 모
독하는 자는 용서받지 못할 것이라고 말씀하셨다(눅 12:10). 그들은 바울이 하나
님의 말씀을 거부한다고 생각하기 때문에 그런 강한 용어를 사용했을 수 있다(신
21:22-23). 아이러니하게도 그는 그들에게 말씀을 선포한다.

13:46. 바울과 바나바는 성령의 표지인 담대함으로 거절에 대답한다(2:29;
4:13, 29, 31; 9:27-28; 14:3; 18:26; 19:8; 26:26; 28:31). 그들은 유대인들의
거절이 이방인 선교의 문을 열었다고 선언한다. 그들은 유대인들에게 먼저 말"해
야 했다"(개역개정. '마땅히'. ἦν ἀναγκαῖον, 엔 아낭카이온)고 말하지만, 유대인들
이 그들의 말씀을 거부하고 스스로를 영생에 합당하지 않다고 판단하기 때문에
이방인들에게 눈을 돌리고 있다(갈 3:8, 28).

말씀은 항상 유대인을 위한 것이었고 유대인을 위한 것이 될 것이다. 그리고 이방
인을 위한 것이 될 것이다(롬 1:16). 선교는 보편적이지만 정해진 순서가 존재한다.
예수님은 유대인의 메시아이시기 때문이다. 바울은 먼저 자기 민족의 선지자였다. "
영생" 개념은 여기와 48절에만 언급되어 있다. 요한복음에서 영생은 하나님 나라와

---

58 포틴은 바울이 안식일에 회당을 방문한 것은 초기 기독교와 1세기 유대교 사이의 진정한
   연속성을 보여준다고 주장한다. 참조. D. Fortin, "Paul's Observance of the Sabbath in Acts
   of the Apostles as a Marker of Continuity between Judaism and Early Christian- ity," *AUSS* 53
   (2015): 321–35.

59 Beers, The FolRowers of Jesus as the "Servant," 160–64.

유사하며 사도행전에서도 같은 의미로 받아들여야 한다(요 3:5, 16; 단 12:2 참조).

13:47. 바울과 바나바는 마지막으로 구약을 인용한다. 그들은 이사야 49장 6절을 자신들에게 적용하여 하나님께서 이방인들에게 "빛"(포스, φῶς)이 되게 하셨다고 주장한다(요 1:1-5). 바울의 설교를 사도행전 시작 부분으로 연결한다. 1장 8절의 명령도 이사야 49장 6절에 근거한다. 바울과 바나바에게는 이방인을 향한 선교와 그 종의 역할에 관해 말하는 구약 본문이 직접적으로 적용된다. 그들은 **그 종**과 함께 결속한다(눅 2:32).

빛의 이미지는 또한 빛이 하나님의 임재와 연관되어 있기 때문에 성전 주제를 암시한다. 이제 하나님의 임재는 그분의 종들을 통해 온 땅에 퍼진다(마 28:19). 누가는 종 기독론에 근거한 그의 이야기에서 **공동체-종-선교**라고 부를 수 있는 것을 반복해서 강조한다(3:13-46, 26; 4:27, 30; 8:35).

13:48-49. 온 시민이 모였기 때문에 참석한 이방인들은 하나님이 아니라 "주의 말씀"을 "기뻐"(χαίρω, 카이로)하고 "찬송"(δοξάζω, 독사조)한다. 이 구절에서 두 가지 점에 주목해야 한다. 첫째, 누가는 하나님과 그분의 메시지를 분리하지 않는다(참조. 살후 3:1). 말씀은 하나님으로 받아들여야 할 하나님의 대리자이다. 어떤 이들은 성경학(성부, 성자, 성경을 경배하는 것)에 관해 긴장하지만 누가는 주님과 그분의 말씀 사이의 밀접한 관계를 두려워하지 않는다. 구약에서 주님의 임재는 언약궤가 있는 곳에 있었다.

둘째, 메시지에 긍정적으로 반응하는 것은 역시 이방인들이다. 바울의 여행은 이방인들이 말씀을 받아들이는 것에 초점을 맞춘다. 이방인들은 여호와의 백성이라는 분명한 표지인 하나님의 말씀을 존중한다. 누가는 믿도록 "지명"(τάσσω, 타소. 개역개정. "작정된")된 모든 사람이 그렇게 했다고 덧붙인다. 이방인을 환영하는 하나님의 예정된 목적은 그분의 종들을 통해 성취된다. 이 메시지는 모든 사람에게 선포되어야 하지만 일부만 응답하도록 지명되었다.

49절은 주님의 말씀이 온 지역에 퍼지거나 흩어졌음을 확언한다(6:7; 9:31; 12:24; 16:5; 19:20; 28:30-31). 갈라디아와 소아시아는 이제 사도행전 1장 8절이 성취된 결과로 메시아의 소식을 들었다. 서기오 바울은 구브로에서 믿었고, 이제 많은 이방인이 비시디아 안디옥에서 믿는다. 문이 열렸다.

13:50-52. 누가는 보통 말씀 전파를 핍박과 짝을 이루게 하는데, 이 부분도 다르지 않다. 사역의 성공은 유대인들을 괴롭혔고, 유대인들은 지도적인 남성과 하나님을 두려워하는 여성들을 선동하여 바울과 바나바를 핍박한다. 그들은 예수님이 주의 해(눅 4:19, 29)를 선포할 때 회당에서 추방된 것처럼 그 지역에서 "추

방"(ἐκβάλλω, 엑발로)된다.

그들은 예수님의 지시에 따라 발에 묻은 먼지를 털어내고 이고니온으로 향한다(눅 9:5; 10:11). 유대인에게 발에 먼지를 묻혀 성전으로 들어가는 것은 부정한 것을 상징한다. 그들은 이방인의 먼지가 아니라 메시아를 거부하는 유대인의 먼지를 털어낸다. 반전이 일어나고 있다. 이방인은 말씀을 존중하고 유대인은 더럽혀졌다. 일부 유대인이 그들의 파송을 경멸했기 때문에 땅이 타락했다. 이제 하나님의 사자들은 이고니온으로 가야 한다.

하나님의 종들은 추방당하지만 제자들은 "기쁨"과 성령으로 충만하다. 기쁨은 누가가 사용하는 주제이다(눅 1:14; 2:10; 8:13; 10:17; 15:7, 10; 24:41, 52; 행 8:8; 12:14; 15:13). 이번에는 말씀에 대한 수용과 그로 인한 핍박 모두에 적용된다(약 1:2-4). 그들의 성령 사역은 만족을 낳는다.

4.1.1.3. 이고니온의 우월한 선물 (14:1-7)

바울과 바나바는 잘 알려진 비아 세바스테(*via Sebaste*), "왕의 도로"를 통해 이고니온으로 여행한다. 그들은 왕의 메시지를 가지고 왕의 도로를 횡단한다. 탁월한 "선물"이 선포되고 표적과 기사가 이를 확인시켜 준다.[60]

이고니온은 부유한 지역이었지만 새로운 은혜가 주어진다. 그 결과 수많은 유대인과 헬라인이 믿는다. 바울과 바나바의 이고니온 방문에 관한 이야기는 비시디아 안디옥에서 그들이 사역한 축약 형태이다. 더 이상 긴 설교가 내러티브를 차지하지 않지만, 그들의 선포가 여전히 중심이며(14:1, 3), 비시디아 안디옥 설교는 요약적인 내용을 알려 준다.

이번에는 메시지가 은혜와 후원의 조율에 맞춰져 있다. 그것은 "그의 은혜의 말씀"(χάριτος, 카리토스, '선물')이다.[61] 일부 유대인과 헬라인은 믿지만, 다른 유대인들은 증인들에 관해 무리를 선동한다. 이번에는 누가가 새로운 은혜의 메시지를 뒷받침하는 표적과 기사를 행하는 것을 추가한다. 그 도시 사람들은 하나님의 증인들을 추방할 뿐만 아니라 돌로 치려고 한다.

이 사실을 알게 된 바울과 바나바는 주변 지방으로 도망한다. 다음 에피소드(루스드라)에서는 바울이 돌에 맞아 박해의 강도가 점점 더 심해지는 것을 보여 준다. 누가는 바울과 바나바의 사역이 성장함에 따라 반대 세력이 어떻게 커지는지를 내러티브적으로 보여준다. 승리는 핍박을 동반한다. 고난을 통한 승리는 사역의 모습 중 하나이다.

---

60 Spangenberg, *Brief Exegesis of Acts* 14:1, in Chung-Kim, Hains, et al., *Acts*, 192,은 은혜, 선함, 은사에 대한 강조에 주목한다.

61 선물로서 은혜를 이해하려면 다음을 참조하라. Barclay, *Paul and the Gift*.

4.1.1.3.1. 은혜에 대한 담대한 증거 (14:1-3)

1 이에 이고니온에서 두 사도가 함께 유대인의 회당에 들어가 말하니 유대와 헬라의 허다한 무리가 믿더라 2 그러나 순종하지 아니하는 유대인들이 이방인들의 마음을 선동하여 형제들에게 악감을 품게 하거늘 3 두 사도가 오래 있어 주를 힘입어 담대히 말하니 주께서 그들의 손으로 표적과 기사를 행하게 하여 주사 자기 은혜의 말씀을 증언하시니

14:1. 이고니온은 비시디아 안디옥처럼 큰 대도시가 아니다. 바울과 바나바는 주요 도시와 작은 전초기지를 모두 방문한다. 도착하자마자 바울과 바나바는 회당에 가서 설교한다. 누가는 이것이 그들의 일반적인 관행(κατὰ τὸ αὐτό, 카타 투 아우토. 개역개정은 생략)이라고 언급한다.[62] 이방인 선교에 초점을 맞추고 있지만, 바울은 유대인을 먼저 찾아간다. 바울에게 전도의 첫 번째 단계는 유대인 앞에서 그들에게 예수님의 은혜에 관해 말하는 것이었다. 주님의 말씀이 나머지를 할 것을 알았다.

안디옥에서 추방당했다고 해서 바울과 바나바의 정책이나 전술이 바뀌지 않는다. 성공과 실패가 사역의 방법을 결정하지 않는다. 그들이 선포한 결과(οὕτως ὥστε, 후토스 호스테, '그런 방식으로.' 개역개정, '말하니')는 수많은 유대인과 헬라인의 믿음이다.

첫 번째 여행을 이방인의 받아들임과 유대인의 거부라는 큰 획으로 그리고 싶은 유혹이 있을 수 있지만, 누가가 그리는 그림은 더 복잡하다. 이고니온에서는 유대인과 헬라인 모두 믿고, 유대인과 헬라인 모두 마음을 굳게 한다. 누가가 그리는 분열은 일차적으로 민족적 분열이 아니다. 세상은 모퉁이 돌 위에서 나누어진다.

14:2-3. 어떤 유대인들은 믿지만, 다른 "순종하지 아니하는 유대인들[ἀπει-θήσαντες Ἰουδαῖοι, 아페이데산테스 이우다이오이]"은 이방인들을 자극하여 형제들이 악감을 품게 한다. 그들을 "순종하지 아니하는 유대인"이라고 부르는 것은 1절에서 믿는 유대인들과 구별될 뿐만 아니라 반역의 성격을 가진다(레 26:15; 민 11:20; 신 1:26; 9:7, 23-24; 32:51; 사 30:12).

그들은 사도들을 반대하는 사람에게 영향을 미쳐 이방인의 마음을 동요시키고 악감을 품게 만들었다. 동사 κακόω(카코오, '악감을 품다')는 애굽 사람들의 억압(행 7:6, 19)과 교회에 대한 헤롯의 행동(12:1)에 사용되었다.[63] 13절에 나오

---

62 Thompson, *One Lord, One People*, 144–45,는 이 구절이 유대인 회당에 "함께" 들어갔다는 의미이며, 이는 도시 내 분열과 대조적으로 그들의 연합을 강조한다고 주장한다. 통일된 민족과 왕국은 정복하고 분열된 왕국은 멸망한다.

63 Johnson, *Acts*, 246.

는 바울과 바나바의 반응은 충격적이다. μὲν οὖν(멘 운, CSB, '그래서')은 "그럼에도 불구하고" 또는 "여전히"로 번역될 수 있는데, 그들이 주님께서 표적과 기사를 행할 수 있도록 허락하시는 한 오랫동안 머물면서 담대하게 말했음을 나타낸다. 결심과 결단은 저항에 직면한 주님의 종들의 특징이다.[64]

누가는 주님을 은혜의 말씀을 증거하는 분으로 밝힌다(20:32). 비시디아 안디옥에서처럼 왕의 이미지로 메시지를 묘사하는 대신, 이고니온에서 내용은 은혜 또는 선물에 관한 것이다. 사도들은 예수의 증인이지만, 예수님은 그들의 표적과 기사를 통해 자신을 증거하신다.[65] 사도들의 증거는 그분의 증거에서 비롯된다. 이 모든 용어는 사도행전의 앞부분에서 사도들이 담대하게 기도하고(행 4:13) 표적과 기사를 행하는 장면(2:19, 22, 43; 5:12; 6:8; 8:6)과 연결되어 있다. 바울이 베드로와 마찬가지로 말하고 표적을 행하는 것은 그의 패턴이었다. 주님은 첫 번째 원동자(primum movens)이시다.

4.1.1.3.2. 분열된 반응 (14:4-7)

4 그 시내의 무리가 나뉘어 대인을 따르는 자도 있고 두 사도를 따르는 자도 있는지라 5 이방인과 유대인과 그 관리들이 두 사도를 모욕하며 돌로 치려고 달려드니 6 그들이 알고 도망하여 루가오니아의 두 성 루스드라와 더베와 그 근방으로 가서 7 거기서 복음을 전하니라

14:4-6. 바울의 머무른 결과는 엇갈린다. 사람들은 분열한다. 그들은 편을 가르고, 어떤 이들은 유대인들을, 어떤 이들은 사도들을 선택한다. 기독교는 평화뿐만 아니라 분열도 가져온다. 누가는 바울과 바나바를 사도라 칭하며 두 사람을 사도행전 1-12장의 열두 제자와 연결한다.[66]

---

64 때때로 박해는 바울이 다른 곳으로 복음을 전하도록 한다(9:25, 30; 13:50; 14:6; 17:10, 14). 바울과 그의 동료들은 다른 때에도 그곳에 머물며 계속해서 복음을 전한다(14:9-10; 20:22-24; 21:13). Thompson, *The Acts of the Risen Lord Jesus*, 59,은 '바울의 사역에서 말씀 전파가 박해와 반대를 계속 동반했지만 어느 쪽이든 말씀 전파를 방해하지는 못한다'라고 말한다.

65 모세도 "표적과 기사"(출 7:3; 신 34:11; 시 105:27)를 행했기 때문에 사도들은 선지자이자 스승의 사역을 따르는 새로운 선지자로 분류된다.

66 사도행전 14장에서 두 번(4, 14절) 바울과 바나바는 사도로 분류된다. 해석가들은 이 호칭을 세 가지 중 한 가지로 보았다. 첫째, 바울과 바나바가 공식적인 사도에 합류한 것일 수 있다. 그러나 1:21-22에 나열된 요건에 문제가 있다. 둘째, 그들은 선교사로서 "파송"되었기 때문에 사도가 될 수 있으며, 따라서 이것이 기술적이거나 지위적인 용어가 아니다. 셋째, 사도는 그리스도께 선택받고, 하나님께 임명되고, 교회가 보낸다는 점에서 어느 정도 중재하는 위치가 가능하다. 그들은 공식적으로 열두 사도에 포함되지 않고 땅끝까지 사역을 계속한다. Schnabel, *Acts*, 604,에서도 사도들이 공식적으로 사도가

유대인과 이방인(그리고 그들의 통치자) 모두 이들을 학대하고 돌로 치려고 한다.[67] 예수님은 선지자를 죽이고 보냄 받은 자를 돌로 치는 도시들을 한탄하셨다(눅 13:34). 누가복음 독자들은 스데반이 돌로 치는 장면을 이미 읽었지만, 그 이야기 한가운데서 주 예수님이 높임 받으신 분으로 나타나셨다는 사실도 안다(7:58-59). 박해는 그들이 올바른 길을 가고 있다는 것을 의미한다. 유대인과 헬라인 모두 믿었지만, 양쪽 모두에서 반대가 일어났다. 그것은 이제 폭력으로 변질되었다.

사도들이 새로운 은사를 제안하는 것을 이방인과 유대인들이 거절한다. 모든 사람이 예수님 안에서 하나님의 은혜의 아름다움을 볼 수 있는 것은 아니다. 그들은 이번에는 머물지 않고 루스드라와 데베와 그 근방으로 도망한다. 바울은 의견 충돌과 위험 속에서도 머물러야 할 필요가 있다고 생각한다. 그러나 이번에는 아직 해야 할 일이 더 많기 때문에 떠나기로 결정한다.

14:7. 7절은 이전 내러티브를 마무리하는 동시에 새로운 내러티브의 전망을 열어주는 기능을 한다. 루스드라와 더베에서 제자들은 계속해서 다양한 방면으로 복음을 전한다. 누가는 박해가 새로운 땅으로 복음을 전하여 그들이 예수님의 메시지를 들을 수 있도록 만든다는 것을 반복해서 보여준다. 바울과 동료들은 핍박을 받지만 말씀은 멈출 수 없다.

4.1.1.4. 루스드라에서도 우월한 하나님 (14:8-20)

루스드라에서 바울과 바나바는 이교도 사상을 접한다. 비시디아 안디옥에서 바울이 우월한 구주와 우월한 은혜를 선포했다면, 여기서 바울은 우월한 하나님을 선포한다. 그는 걷지 못하는 남자를 고쳐 베드로와 예수님과 병행된다. 이 사건으로 이방인들은 신들이 그들을 방문하러 왔다고 생각하고, 루스드라 사람들은 바울과 바나바에게 제사를 드리며 바울과 바나바가 환대 받도록 한다.

바울과 바나바는 선지자-현자로서 저항하지만 결국 바울은 돌에 맞는다. 누가는 안디옥과 예루살렘에서 멀어질수록 선교가 더 많이 받아들여지는 것으로 묘사하지 않는다. 장애물은 여전히 존재한다. 장애물은 심지어 증가한다.

신학적으로 이 부분은 여호와가 "비어 있는"(헛된) 이방 신들과는 달리 모든 곳을 자신의 선으로 "채우시는"(만족하게 하신) 유일하신 참하나님이라고 주장한

아니라는 비슷한 견해를 표현한다. 바울은 자신의 편지에서 자신이 사도임을 분명히 밝힌다. 이 점을 고려하는 것은 흥미롭지만 누가는 바울의 직책에 초점을 맞추는 데 관심이 없는 것 같다. 자세한 논의는 다음을 참조하라. Keener, *Acts*, 2:2125,

67 누가는 바울과 동료들에 대한 폭도들의 폭력을 이고니온, 루스드라(14:8-20), 빌립보(16:19-24), 데살로니가(17:5-9), 베뢰아(17:13-15), 고린도(18:12-17), 에베소(19:23-41)에서 기록하고 있다.

다. 바울은 치유라는 재창조 행위를 통해 이러한 현실을 보여 주었지만, 많은 사람이 하나님이 주시는 생명을 거부한다. 반대자들은 바울을 돌로 치면서 죽음의 향기를 퍼뜨린다. 부활의 하나님은 그를 살리신다. 루스드라는 그리스-로마 신들을 열렬히 환영하지만 유대인의 영향을 받아 하나님의 사자를 거부함으로써 참하나님을 외면한다. 하나님의 사자들에 대한 반응이 곧 하나님에 대한 반응이다.

4.1.1.4.1. 발을 쓰지 못하는 사람을 고치는 바울 (14:8-10)

8 루스드라에 발을 쓰지 못하는 한 사람이 앉아 있는데 나면서 걷지 못하게 되어 걸어 본 적이 없는 자라 9 바울이 말하는 것을 듣거늘 바울이 주목하여 구원 받을 만한 믿음이 그에게 있는 것을 보고 10 큰 소리로 이르되 네 발로 바로 일어서라 하니 그 사람이 일어나 걷는지라

14:8-10. 루스드라에서 바울은 사도행전 3장의 베드로와 누가복음 7장의 예수님처럼 "걷지 못하는 사람"(χωλός, 콜로스)을 고친다. 사도행전의 두 이야기 모두 은혜를 받은 사람의 연약함을 강조한다. 그는 앉아서 힘도 없고 한 번도 걸어 본 적이 없는 사람이었다. 걷지 못하는 사람들은 모두 성전 근처에 앉아 있었지만 (14:13), 루스드라에서는 거짓 신의 신전에서 일어난다.[68] 베데Bede는 "베드로와 요한이 성전 문 앞에서 고친 걷지 못하는 자가 유대인의 구원을 예표한 것처럼, 이 병든 루가오니아 사람 역시 이방인의 구원을 예표했다"라고 말한다.[69]

루스드라는 변두리 시골 마을로 알려져 있다.[70] 성전의 치유 능력은 멀리 떨어진 지역까지 퍼져 나갔다. 누가는 바울이 그를 "주목하여"(ἀτενίζω, 아테니조) 바라보고 "큰 소리로"(μεγάλη φωνῇ, 메갈레 포네) 말하며 "일어서라"라고 말했다고 기록한다. 이 모든 세부 사항은 바울을 루스드라의 신으로 묘사한다. 신은 눈을 깜박이지 않고 정면을 응시하며 무서울 정도로 큰 목소리로 말한다는 고대 믿음이 있었기 때문에 바울의 명령을 신이나 선지자의 명령으로 여겼다(신 9:12; 수

---

68 이 내용은 다음에 빚지고 있다. Johnson, *Acts*, 247.

69 Bede, *Comm. on Acts* 14.8.

70 루스드라는 산악 거주자들의 시골 지역으로 간주한다. Strabo, *Geogr.* 12.6.5; 14.5.24,는 그들이 외딴 "산 동굴"에 살면서 "소금을 섞지 않은" 음식을 먹었고 바다에 관해 무지했다고 말한다(참조. Parsons, *Acts*, 200). 기독교를 비판하는 많은 사람들이 초기 선교사들이 교육받지 못한 사람들로 이 운동이 채워졌다고 비난하는 것처럼 이러한 지리적, 문화적 현실은 이야기의 핵심 부분이 되었다. 그러나 누가는 이 장면에서 바울과 바나바가 사람들을 조종하지 않고 그들의 진정한 정체성과 그들이 경배하는 분의 정체성을 드러내는 것을 보여준다. Keener, *Acts*, 2:2169,는 누가가 그들의 시골의 단순함을 가지고 놀았을 것 같지 않다고 생각한다. 인간을 신성하게 여기는 것은 농촌의 행동이 아니라 도시 거주자들도 포함한 이방인의 행동이었다.

7:10; 삼상 23:4; 욘 1:2).[71]

누가는 마치 루가오니아 사람들의 눈을 통해 바라보는 것처럼 이야기를 구성한다. 누가는 특히 걷지 못하는 사람이 믿음을 가지고 있었다는 점에 주목한다. 누가복음에는 이방인과 가난한 사람들의 믿음이 두드러진다. 걷지 못하는 사람은 구걸로 생계를 유지해야 했고 사회적으로 배척당했다. 바울은 구브로에서처럼 이방인 통치자뿐만 아니라 사회의 변두리에 있는 사람들을 찾는다. 바울은 그 남자에게 일어서라고 말한다. 그 남자는 "일어나(ἅλλομαι, 할로마이) 걷기 시작했다."

ἅλλομαι(할로마이)는 사도행전 3장 7절에 사용된 단어로, 선지자가 걷지 못하는 자가 사슴처럼 뛰어오를 것이라고 예언한 이사야 35장 6절을 암시한다. 구약 전통에는 구원의 날에 걷지 못하는 사람도 포함된다. 예레미야는 하나님께서 오지에서 자기 백성을 모으실 것이라고 말했다. "그들 중에는 맹인과 다리 저는 사람과 ... 함께 있으며"(렘 31:8)라고 예언한다. 미가 4장 6-7절도 비슷하게 말한다.

> 여호와께서 말씀하시되 그 날에는 내가 **저는 자**를 모으며 쫓겨난 자와 내가 환난 받게 한 자를 모아 **발을 저는 자**는 남은 백성이 되게 하며 멀리 쫓겨났던 자들이 강한 나라가 되게 하고 나 여호와가 시온 산에서 이제부터 영원까지 그들을 다스리리라 하셨나니(강조 표시 추가)

스바냐 3장 19절은 "그 때에 내가 ... 저는 자를 구원하며 쫓겨난 자를 모으며 온 세상에서 수욕받는 자에게 칭찬과 명성을 얻게 하리라"라고 말한다. 이제 예루살렘의 걷지 못하는 사람뿐만 아니라 루스드라의 걷지 못하는 사람도 치유되고 있다. 이방인인 걷지 못하는 사람은 사탄과 다른 신들의 영역과 권세 아래 있었지만, 이제 여호와의 제사장이 되었다.

4.1.1.4.2. 바울과 바나바를 신으로 착각한 무리 (14:11-13)

11 무리가 바울이 한 일을 보고 루가오니아 방언으로 소리 질러 이르되 신들이 사람의 형상으로 우리 가운데 내려오셨다 하여 12 바나바는 제우스라 하고 바울은 그중에 말하는 자이므로 헤르메스라 하더라 13 시외 제우스 신당의 제사장이 소와 화환들을 가지고 와서 무리와 함께 제사하고자 하니

---

71 참조. 이 시선에 관해서 Heliodorus, *Aeth.* 3.13.2–3; Homer, *Il.* 20.375–80; *Od.* 24.529–35; Apollonius of Rhodes, *Argon.* 4.640–62; Lucian, *Icar.* 23; Silius Italicus, *Pun.* 9.306–8,을 인용한 Parsons, *Acts*, 198–99를 참조하라. 그리고 유대 문헌들(출 19:19; 삼상 7:10; 시 18:7-15; 29:3-5; 46:6; 겔 9:1)에서는 큰 소리로 말하는 신들을 볼 수 있다.

14:11. 걷지 못하는 사람을 치유한 것에 대한 무리의 반응은 베드로가 경험한 것과 다르며, 지리적 위치가 이러한 차이를 잘 설명해 준다. 그러나 두 치유 이야기는 모두 반대가 커지는 상황에서 일어난다. 3장 10절에서 무리는 경외심과 놀라움으로 가득 차 있지만, 여기서 무리는 자신들의 언어로 "신들이 사람의 형상대로 우리 가운데 내려오셨다"라고 외친다.

이 반응은 현대인의 귀에 충격적이지만, 고대 세계에서는 당연한 일이었다(창 18:1-16; 히 13:2). 누가가 오순절 장면을 제외하고 지역 방언을 언급한 것은 이 장면이 유일한데, 이 지역의 외딴 특성을 더욱 강조한다. 신들이 인간의 모습으로 그들에게 내려왔다는 말은 누가의 이야기에서 이중적인 의미일 수 있다. 가말리엘처럼 그들은 자신이 아는 것보다 더 잘 말할 수 있다. 유일하신 참하나님이 예수님의 인격으로 인간의 모습으로 그들에게 내려오셨기 때문이다. 이제 이 사자들은 그분의 대표로 왔다.

14:12-13. 루스드라 사람들은 바나바와 바울에게 제우스와 헤르메스라는 이름을 지어 주었다.[72] 그리스 로마 신들이 사람들을 방문하는 전통도 강했다. 제우스와 헤르메스는 이 지역을 방문했다가 거절당한 후 마침내 필레몬과 바우키스에게 환대를 받았다고 믿었다(Ovid, *Metam.* 8.611-725). 신들은 필레몬과 바우키스를 제우스 신전의 제사장으로 삼아 보답했지만 나머지는 홍수로 멸망시켰다.

이 이야기가 이미 알려져 있었을 가능성이 높기 때문에 루스드라는 천사나 신을 접대하는 것일 수 있기 때문에 환대하는 모습을 보이려고 한다(히 13:2). 신들은 위험하고 변덕스러우며 사람들이 불쾌하게 여길 경우 보복할 수 있다. 루스드라 사람들은 강력한 손길이 작용하고 있음을 올바르게 보지만, 그 손길이 작용하는 힘과 창조주와 피조물의 중요한 구분을 잘못 파악한다.

이 소박한 무리의 열정은 17장에서 아테네의 지적 분위기와 대조되고 비교될 수 있다. 어떤 의미에서는 다를 수 있지만, 지역 사람들의 마음속에 있는 수많은 신이 동일하게 존재했다. 제우스의 제사장은 황소와 화환을 가져와 자신들을 방문한 "신들"에게 제사를 드리고 찬양을 올린다. 이미 독자들은 예수님 안에서 진정한 희생이 이루어졌다는 것을 알고 있다. 하나님의 임재로 가득 찬 성전 증인들이 1세기의 이교도 성전으로 침투해 맞선다.

결론적으로, 루스드라 도시를 방문한 신들을 환대하고자 했다. 전통과 이야기들은 신들이 인간의 모습으로 내려왔을 때 도시가 환대하지 않았기 때문에 멸망

---

72 Kauppi, *Foreign but Familiar Gods*, 80,에서는 누가의 이야기에서 바나바는 이 시점 이후 대부분 사라지는 조연인데도 불구하고 바나바가 최고 신 제우스에게 귀속되는 아이러니를 지적한다. 이것은 무리가 혼란으로 가득 찬 것으로 특징짓는다.

시켰다고 말한다. 루스드라 사람들은 같은 운명을 겪지 않기 위해 신들에게 빨리 환대를 베풀고 싶어 했다.

4.1.1.4.3. 오직 한 분 하나님 (14:14-18)

14 두 사도 바나바와 바울이 듣고 옷을 찢고 무리 가운데 뛰어 들어가서 소리 질러 15 이르되 여러분이여 어찌하여 이러한 일을 하느냐 우리도 여러분과 같은 성정을 가진 사람이라 여러분에게 복음을 전하는 것은 이런 헛된 일을 버리고 천지와 바다와 그 가운데 만물을 지으시고 살아 계신 하나님께로 돌아오게 함이라 16 하나님이 지나간 세대에는 모든 민족으로 자기들의 길들을 가게 방임하셨으나 17 그러나 자기를 증언하지 아니하신 것이 아니니 곧 여러분에게 하늘로부터 비를 내리시며 결실기를 주시는 선한 일을 하사 음식과 기쁨으로 여러분의 마음에 만족하게 하셨느니라 하고 18 이렇게 말하여 겨우 무리를 말려 자기들에게 제사를 못하게 하니라

14:14. 사도들은 황소와 화환을 받는 대신 옷을 찢고 무리 속으로 달려가 사람들에게 자신들도 신이 아니라 피조물이라고 설명한다. 그들은 더 많은 우상을 소개하러 온 것이 아니라 그것을 파괴하러 왔다.[73]

파슨스Parsons는 이러한 행동이 순진한 사람들을 조종하는 혐의에 대항하여 일하려는 "자기 자신을 드러내는 현자"와 닮았다고 지적한다. 크리소스토무스Dio Chrysostom는 무리의 과도한 찬사의 대상이 된 현자는 다음처럼 행동해야 한다고 말한다. (1) 옷을 찢고 (2) 알몸으로 뛰어나와 (3) 자신이 다른 사람보다 나을 것이 없다는 것을 증명해야 한다고 말한다.[74] 구약에서 옷을 찢는 것은 애도 또는 신성모독을 의미했다.[75]

누가는 때때로 특정 행위의 주체가 누구인지(하나님, 주님, 성령 또는 그분의 증인)에 관해 모호한 태도를 취했지만, 여전히 창조주와 피조물을 구별하는 신학을 유지하고 있다. 하나님의 사자는 하나님이 아니다.

14:15. 누가는 짧은 다른 설교를 제시하지만, 이번에는 비시디아 안디옥 설교에서처럼 하나님께서 약속을 성취하신다는 것에 관해서는 말하지 않는다. 사실

---

73 Chrysostom, *Homily 29 on Acts* (*NPNF* 1/11:195). Gwalther, *Homily 98*, Acts 14:14–18, in Chung-Kim, Hains, et al., *Acts*, 195,에서 목회자는 거짓 종교를 타도하고 참 종교를 심어야 한다고 말하면서, 뿌리를 뽑고 파괴하고 세우고 심으라는 부름을 받은 예레미야의 말을 인용한다.

74 *Cel. Phryg.* 35.9–10. 참조. Parsons, *Acts*, 201.

75 창 37:29, 34; 민 14:6; 수 7:6; 삿 11:35; 삼하 1:2, 11.

예수님에 대한 명시적인 언급도 없다. 바울은 17장에서와 같이 자연신학에 초점을 맞추고 있다.

이 설교는 사도행전에서 주로 이교도 그룹을 대상으로 한 첫 번째 설교이다. 무리는 먼저 유일신론과 유일하신 참하나님의 능력을 확신해야 한다. 그러나 이것이 예수님이 완전히 계시지 않는다는 의미는 아니다. 바울의 메시지는 좋은 소식으로 묘사되고, 그들은 아마도 예수님의 이름으로 기적을 행하며, 비시디아 안디옥에서 행한 설교는 짧게 요약된 내용을 알려주어야 하며, 마지막으로 데살로니가전서 1장 9-10절에서 이방인들은 하나님께 "돌아와서"(이 문맥에서 동일한 헬라어 단어) 아들을 기다리는 것으로 묘사되어 있다. 이 모든 유사점에는 예수 중심주의가 내포되어 있다. 예수님 없이는 좋은 소식도 없다.

루스드라 사람들이 따르는 신들은 만물을 지으신 "살아 계신" 하나님께 돌아갈 때 버려야 한다(살전 1:9).[76] 로우Rowe는 "누가의 요청은 … 단순히 의식을 수정하거나 의식을 중단하라는 훈계가 아니다. 오히려 그것은 종교적 삶의 방식 전체를 파괴하는 것을 동시에 포함하는 요청을 포함하고 있다."라고 말한다.[77]

제우스는 좋은 것을 주는 신이자 비의 신으로 여겨졌기 때문에 사람들은 이교도 모델을 파괴하고 새로워 보이는 신에게 절해야 했다. 바울은 그들의 신을 "무가치한" 또는 "헛된"($\mu\acute{\alpha}\tau\alpha\iota o\varsigma$, 마타이오스, 롬 1:21; 출 20:7; 왕상 16:26; 17:15; 호 5:11; 슥 10:2; 사 44:9; 렘 10:3,8-16 참조) 신이라고 불렀다.

스가랴 10장 2절에서도 같은 단어를 사용한다. 선지자는 "드라빔들은 허탄한 것을 말하며 복술자는 진실하지 않은 것을 보고 거짓 꿈을 말한즉 그 위로가 헛되므로($\mu\acute{\alpha}\tau\alpha\iota\alpha$ 마타이아) 백성들이 양 같이 유리하며 목자가 없으므로 곤고를 당하나니"라고 말한다. 베드로는 소아시아 사람들에게 보낸 편지에서 "너희가 알거니와 너희 조상이 물려 준 **헛된** 행실에서 대속함을 받은 것은 은이나 금 같이 없어질 것으로 된 것이 아니요"(벧전 1:18)라고 말한다.

이 헛됨은 하늘과 땅과 바다를 지으시고 채우시는 하나님과 대조된다(창 1:1; 출 20:11; 시 146:6; 렘 14:22; 계 14:7).[78] 세 가지 묘사는 모든 창조물을 묘사하는 일반적인 방식이었다. 사도행전에서 이 표현이 사용된 것은 하나님이 이스라엘의 하나님일 뿐만 아니라 모든 피조물의 하나님이라는 증거이다. 바울은 여호와의 창조 행위를 통해 여호와와 이방 세계의 신들을 구별한다. 다른 신들은 무력하지

---

76 "살아 계신" 하나님에 대한 자세한 내용은 호 1:10; 4:15; 사 37:4; 단 5:23; 6:26; 고후 3:3; 6:16; 딤전 3:15 참조.

77 Rowe, *World Upside Down*, 21.

78 Keener, *Acts*, 2:2166,는 많은 브루기아 사람이 대지의 어머니, 위대한 어머니, 어머니 키벨레 또는 신들의 어머니로 불리는 "어머니 레아"를 숭배했다고 언급한다. 이방인들은 하늘, 땅, 바다를 그 자체로 신으로 여겼다.

만 이스라엘의 하나님은 만물을 창조하셨기 때문에 지극히 높으신 하나님이시다. 이 창조주 하나님은 생명을 주시는 분이시다. 그분은 걷지 못하는 사람을 고치신다. 걷지 못하는 사람을 고치는 것은 만물을 창조하신 하나님의 재창조와 부활의 행위이다. 그리스-로마 신들은 끊임없이 파괴하러 왔지만 여호와는 치유하고 회복하신다.[79] 그분은 예배와 황소, 화환, 희생 제물을 받기에 합당하시다.

14:16-17. 바울은 계속해서 여호와와 열방의 과거의 관계를 설명한다. 이전 시대에는 여호와께서 모든 민족이 자기가 기뻐하는 길로 행하도록 허락하셨다. 오직 이스라엘만 주권적으로 자신에게 이끄셨다. 그분은 열방을 그들의 욕망과 죄에 내어주셨다(롬 1:18-32; 신 32:8).

17장 30절에서 바울은 과거를 "알지 못하던 시대"라고 표현하지만, 바울은 이제 자신이 시대의 전환점에 서 있다고 본다. 그러나 이전 시대가 열방에 대한 여호와의 사랑과 환대가 부족했음을 나타내는 것은 아니다. 그분은 그들에게 "선한 일을 하사"(ἀγαθουργῶν, 아가두르곤) 자기를 "증언" 하셨기 때문이다.

벅Bock은 이 드문 신약 용어가 제우스가 "선한 일을 행하고" 열매를 맺게 하는 분이라는 생각에 대한 상황적 반응일 수 있다고 지적한다.[80] 제우스는 날씨의 신으로 알려졌지만 바울은 여호와가 날씨와 결실을 주관한다고 확언한다.[81] 여호와는 그들에게 비와 양식을 주시고 그들의 마음을 기쁨으로 채우신다(창 8:22; 시 4:7; 14:15-16; 147:8-9; 사 25:6; 렘 5:24; 전 9:7). 바울이 말한 것처럼 여호와께서 만물의 창조주라면 만물은 모두 그분의 손에서 나온 것이다.

그분은 열방이 그분에게 떠나도록 허락하셨지만, 그들에게 먹을 것을 주시고 행복을 주심으로 그들을 사랑하셨다. "유대인의 하나님은 좁은 지역에 제한되는 관심사를 가진 부족의 신이 아니다. 이방인 역시 우주 창조주의 지속적인 선하심의 수혜자이다."[82] 하나님은 단순히 친절한 분이 아니라, 그들이 환대를 거부했음에도

---

79 H. Smith, *The World's Religions* (New York: HarperOne, 2009), 275,는 여호와와 고대 이집트 신들의 차이점을 비교하면서 다음처럼 말한다. "올림푸스의 신들은 아름다운 여인들을 끊임없이 추구하지만, 시내 산의 신은 과부와 고아들을 돌보았다. 메소포타미아의 아누와 가나안의 엘이 냉담한 길을 추구할 때 여호와는 아브라함의 이름을 부르며 자기 백성을 노예에서 해방하고, 바벨론에서 외롭고 마음이 아픈 유대인 유배자들을 찾는다. 하나님은 의의 하나님이시며, 그분의 사랑의 인자하심은 영원부터 영원까지 변함없고, 그분이 행하시는 모든 일에는 부드러운 자비가 깃들어 있다." 또한 다음을 참조하라. T. B. Slater, "The Possible Influence of LXX Exodus 20:11 on Acts 14:15," *Andrews University Studis* 30 (1992): 151–52.

80 Bock, *Acts*, 479.

81 Schnabel, *Acts*, 610,은 이것이 이교도 우주론에 대한 비판이라고 지적한다. 아킬루스는 "제우스는 공기이고, 제우스는 땅이며, 제우스는 하늘이고, 제우스는 모든 것"이라고 주장했다.

82 Tannehill, *The Narrative Unity of Luke-Acts*, 2:180.

불구하고 그들에게 환대의 모범을 보이신 분이다. 하나님은 신적 존재에 대한 자연스러운 가정에 맞서신다. 여호와는 모든 사람을 기쁨으로 채우기를 열망하신다.

14:18. 누가는 무리의 반응을 다시 보여주기 위해 이야기를 잠시 멈춘다. 그들은 바울의 말을 알아듣지 못한다. 그 도시 사람들은 여전히 그들을 위해 제사를 드리려고 한다. 그들은 사도들이 제우스이며 헤르메스가 그들을 방문하기 위해 내려왔다고 계속 생각한다. 굳은 관습과 신념은 한순간에 바꾸기 어렵다. 아이러니하게도 루스드라 사람들은 하나님의 사자를 다시 거부함으로써 하나님을 환대하기를 거부한다. 그들이 드릴 수 있는 제물은 참된 예배에서 자신들의 몸이다(롬 12:1-2).

4.1.1.4.4. 생명을 주시는 한 분 하나님 (14:19-20)

19 유대인들이 안디옥과 이고니온에서 와서 무리를 충동하니 그들이 돌로 바울을 쳐서 죽은 줄로 알고 시외로 끌어 내치니라 20 제자들이 둘러섰을 때에 바울이 일어나 그 성에 들어갔다가 이튿날 바나바와 함께 더베로 가서

14:19-20. 바울과 바나바는 루스드라에서 헬라인들의 거짓 숭배를 막아야 한다. 그리고 안디옥과 이고니온의 유대인들도 바울과 바나바를 따라다니며 무리를 선동하여 사도를 반대한다. 바울의 사역을 방해하기 위해 선동가들이 이동한다. 이것은 사도행전의 핵심 주제가 된다. 놀랍게도 그 지역 유대인들은 우상 숭배자들과 합류하여 유일신교 설교자들에 반대한다. 태너힐Tannehill은 이것이 안디옥-이고니온-루스드라 내러티브의 절정을 이룬다고 지적한다.[83]

두 집단은 바울을 공격하고 돌로 쳐서 도시 밖으로 끌고 나간다. 바울은 모든 사람들에게 미움을 받았다. 그들은 그에게 제물을 바치려 했지만, 이제 그는 제물이 되었다. 많은 사람이 이것이 예상하지 못한 결론이라고 주장하지만, 바울과 바나바가 더베와 루스드라의 이교도 세계관을 철폐할 것을 요구하고 있었고 독자들이 첫 번째 선교 여행의 **내러티브 흐름**을 따라왔다면 이것은 예측 가능한 결론이다. 예수님은 바울이 자신의 이름을 위해 얼마나 많은 고난을 받아야 하는지 보여주겠다고 말씀하셨다(9:16).[84]

크리소스토무스Dio Chrysostom는 선생들에게 제자들을 돌로 쳐서 쫓아내라는 말로 참된 현자에 대한 조언을 끝냈다.[85] 이 내러티브에서는 주제의 반전이 있다.

---

83 Tannehill, *The Narrative Unity of Luke-Acts*, 2:180.

84 Chrysostom, *Homilies on Acts 31, in Martin and Smith, Acts*, 178,은 바울을 돌로 치는 것이 고후 12:9을 성취한다고 말한다. "내 은혜가 네게 족하도다 이는 내 능력이 약한 데서 온전하여짐이라."

85 *Or.* 35.10.

바울과 바나바에게 제물로 바쳐질 수도 있었지만, 대신 바울은 돌을 맞는다. 열심을 가진 유대인들의 선동을 받은 도시 사람들은 여호와의 사자들을 환대하지 않았다. 그들은 바울이 참된 생명만을 제시하자 그를 죽이려고 했다.

제자들이 바울 주위로 모여들자 누가는 바울이 일어나 마을로 들어갔다고 말한다. 하나님의 능력은 약한 데서 온전해진다(고후 12:9). 하나님은 계속해서 부활의 생명을 전파하신다. 바울은 거의 죽을 뻔했지만 생명의 하나님, 창조의 하나님, 걷지 못하는 자를 고치신 하나님께서 그를 일으켜 세워 주님의 일을 계속하게 하셨다. 죽음과 부활은 하나님의 종들에게 구현된다. 첫 번째 선교 여행은 스데반과 예수님으로 돌아가는 메아리로 마무리된다. 예수님과 비슷한 점이 인상적인데, 이것은 죽음과 부활의 장면임을 나타낸다.[86]

루스드라에서 바울의 부활		
장면의 종류	누가복음의 예수님	루스드라의 바울
무리가 적대자를 죽여야 한다고 설득함	눅 23:13-23	행 14:19
도시 밖으로 끌려감	눅 23:33	행 14:19
처형이 실행됨	눅 23:46	행 14:19
명백한 죽음에서 다시 일어남	눅 24:6,7,46	행 14:20
도시로 돌아가 계속 설교	눅 24:33-49	행 14:20-21

다음날 바울과 바나바는 더베로 떠난다. 바울과 바나바는 도시에서 추방당하고 돌에 맞아 목숨을 걸고 도망친다. 그들은 아브라함, 요셉, 모세, 이스라엘, 다윗, 그리고 그들의 주 예수님과 같은 유배자들이다. 그들은 영광을 받기도 하지만 수치심을 당하기도 한다. 이것이 바로 그리스도인의 삶의 역설이다.

4.1.1.5. 안디옥으로 돌아가는 여정 (14:21-28)

21 복음을 그 성에서 전하여 많은 사람을 제자로 삼고 루스드라와 이고니온과 안디옥으로 돌아가서 22 제자들의 마음을 굳게 하여 이 믿음에 머물러 있으라 권하고 또 우리가 하나님의 나라에 들어가려면 많은 환난을 겪어야 할 것이라 하고 23 각 교회에서 장로들을 택하여 금식 기도 하며 그들이 믿는 주께

---

86 Horton, *Death and Resurrection*, 55–56. H. Bullinger, *Commentary on Acts 14:20*,은 부활이라고 말한다(Chung-Kim, Hains, et al., *Acts*, 197에서 발췌).

그들을 위탁하고

24 비시디아 가운데로 지나서 밤빌리아에 이르러 25 말씀을 버가에서 전하고 앗달리아로 내려가서 26 거기서 배 타고 안디옥에 이르니 이곳은 두 사도가 이룬 그 일을 위하여 전에 하나님의 은혜에 부탁하던 곳이라 27 그들이 이르러 교회를 모아 하나님이 함께 행하신 모든 일과 이방인들에게 믿음의 문을 여신 것을 보고하고 28 제자들과 함께 오래 있으니라

누가의 여행 내러티브는 단순한 역사적 기록이 아니다. 그는 내러티브에서 자신의 신학을 등장시킨다. 바울과 바나바가 안디옥으로 돌아가는 여정에는 세 가지 주제가 등장한다. 첫째, 바울과 바나바의 귀환은 단순히 고향으로 돌아가거나 대적을 물리치기 위한 것이 아니라 교회들을 격려하기 위한 여정이다. 교회는 연약하고 돌봄이 필요한 곳이다.

여기에는 불가능한 힘을 가진 지도자가 아니라 지치지 않는 믿음과 사랑, 소망을 가진 지도자의 모습이 그려져 있다. 그들은 교회를 버리지 않고 계속 목회적 돌봄을 이어간다. 그들은 장로를 임명하고 그들을 위해 기도함으로 돌본다. "누가는 여기에서 바울의 인격이나 능력보다는 초기 기독교 공동체가 생겨나고 양육되는 과정에 주목한다."[87] 고난은 하나님 나라에 있다는 의미의 일부이며, 바울과 바나바는 단순히 그들에게 복음을 전하기 위해 그곳에 있는 것이 아니라 계속해서 신앙을 이어가도록 촉구하기 위해 그곳에 있다.

둘째, 바울과 바나바가 안디옥으로 돌아간 이유는 그들이 고독한 선교사가 아니라 파송 교회와 지역 교회에 묶여 있기 때문이다. 그들의 사명은 안디옥 교회에서 받은 사명이다. 따라서 그들은 이방인들에게 문을 여는 데 그들을 통해 **하나님께서 행하신** 일을 보고한다.

이것이 세 번째 주제로 이어진다. 이방인 무대가 설정되어 있고, 이 부분은 이방인 선교를 둘러싼 갈등이 예루살렘 공의회로 유명한 논쟁을 불러일으키면서 다음 장으로 연결되는 다리 역할을 한다.

14:21-22. 이야기의 다음 부분에서는 바울과 바나바가 안디옥으로 돌아가는 여정을 자세히 설명한다. 그들은 먼저 더베로 가서 복음을 전하고 "제자로 삼고"(μαθητεύω, 마데튜오)라고 말하지만 누가는 더 이상 자세한 내용을 제공하지 않는다.[88] "제자를 삼는다"라는 마태복음에서만 나타나며, 특히 지상 명령(마

---

87 Johnson, *Acts*, 256.

88 여기서 "복음을 그 성(πόλιν)에서 전하여"라는 말은 누가가 선교의 도시적 성격을 강조한 것과 일치한다. 예수님은 72제자를 집(10:5-7)과 도시(10:8-12)로 보냈다. 사도행전에서도 사자들은 도시로 간다(8:5, 40; 13:14; 14:1, 20-21; 15:36; 16:4; 17:1; 18:10; 19:26).

28:19; 13:52; 27:57)에서 가장 두드러진다. 바울은 떠나기 전 예수님의 지시를 따라 제자의 역할을 수행한다.

그런 다음 루스드라, 이고니온, 안디옥으로 돌아간다. 바울이 루스드라에서 돌에 맞고, 이고니온에서 공격을 받았고, 안디옥에서 추방당한 상태였기 때문에 충격적인 일이다. 사도들은 핍박을 피해 도망치지 않고 이 지역의 제자들을 견고하게 하고 격려하기 위해 돌아온다.[89] 이 지역에 있는 제자들의 건강과 인내를 바라는 마음이 학대에 대한 두려움을 극복했다.

좀 더 구체적으로, 그들은 요한복음 15장 1-7절에 나오는 예수님의 말씀과 같이 믿음 안에서 "계속" 또는 "머물러"(ἐμμένω, 엠메노) 있으라고 격려한다.[90] 이러한 인내가 필요한 이유는 하나님 나라에 들어가기 위해 많은 고난을 겪어야 하기 때문이다(눅 18:24-25; 빌 1:28-30; 살전 3:3; 살후 1:5). 폴 하우스Paul House는 "사도행전은 고난 없이는 목적도, 줄거리도, 구조도, 역사도 없다."라고 말한다.[91]

"많은 고난을 통해"라는 문구는 강조를 위해 앞에 배치되었으며, 헬라어 δεῖ (데이)는 이 모든 것이 여전히 하나님의 계획에 따른 것임을 나타낸다. 예수님의 고난은 계획된 것이었고(3:18, 17:3, 26:23), 바울의 고난도 마찬가지였다(9:15-16). 교회도 같은 현실을 기대할 수 있다. 하나님 나라는 쉽게 들어갈 수 있는 곳이 아니다. 바울은 이 사실을 경험으로 안다. 이제 그는 갈라디아 전역의 제자들에게 성도들에게 단번에 전달된 믿음을 계속 지키라고 격려한다.

14:23. 바울과 바나바는 단순히 믿음을 계속하라고 격려하는 데 그치지 않고 실질적으로 도움을 제공한다. 주동사는 그들이 주님께 맡기고 그분의 보호에 맡긴다는 의미이다. 그들은 이 땅의 행동을 할 수 있지만, 승천하신 주님만이 궁극적으로 사람을 안전하게 지켜 주실 수 있다.[92]

그들은 분사가 나타내는 두 가지 행동, 즉 "장로"(πρεσβύτερος, 프레스뷔테로스)를 임명하고 금식으로 그들을 위해 기도하는 것으로 실질적인 도움을 준다.[93]

Matson, *Household Conversion Narratives in Acts*, 37–38,에 따르면, 집은 도시 내에서 더욱 전략적인 건축 위치를 구성하며 누가의 글에서 두 영역이 겹쳐 있다.

89 Chrysostom, *Homily 29 on Acts* (*NPNF* 1/11:199),는 "너를 학대하는 사람이 많을수록 그는 너에게 더 많은 온유함을 필요로 한다"라고 말한다.

90 다음도 참조하라. 행 11:23; 13:43; 고전 15:1-2; 갈 1:6.

91 P. R. House, "Suffering and the Purpose of Acts," *JETS* 33 (1990): 321.

92 누가의 사도행전에서 "주"을 사용하는 데 결정적으로 그리고 의도적으로 모호하게 표현한 방법에 관해서는 다음을 참조하라. Rowe, *Early Narrative Christology*, 201-2.

93 사도행전 14:23은 누가가 바울과 바나바가 장로를 임명했다고 말하는 유일한 사례이다. 아마도 다른 도시에서도 그랬을 가능성이 있지만 누가는 이에 관해 공식적으로 침묵한다. H. Bullinger, *Commentary on Acts* 14:23, in Chung-Kim, Hains, et al., *Acts*, 200,은 사도가

다시 말해, 그들은 만군의 주님께 이 땅에서 도와줄 것을 요청하고 지도자들을 통해 인도해 달라고 요청한다. 장로는 하나님의 양 떼를 목회하며 핍박을 당할 때 격려해야 한다(벧전 5:1-5).

바울은 장로 한 명이 아니라 각 교회에 **장로들을** 임명한다. 각 지역 교회에는 고유한 리더십 구조가 있다. 이상하게 사도들은 일찍 이렇게 하지 않았다. 그들은 각 마을 다 다녔고 그렇게 할 시간이 없었을지 모른다. 또한 장로를 임명하는 것은 바울과 바나바이다. 누가는 교회 정치에 대한 자세한 내용을 제공하지 않는다. 회중이 관여했을 수도 있지만 명시적으로 그렇게 말하지는 않는다.

14:24-26. 누가는 이제 바울과 바나바의 여행 내러티브를 간략하게 이야기한다. 그들은 비시디아를 지나 밤빌리아에 와서 버가모에서 설교한다. 앗달리아에서 그들은 다시 안디옥으로 항해한다. 누가는 안디옥에서 그들이 "그들이 이룬 그 일"(ἔργον, 에르곤)에 관해 칭찬을 받았다고 기록한다.

이 일과 사역에 대한 기록은 성령과 안디옥 교회가 바울과 바나바를 하나님께서 부르신 "일"(13:2)을 위해 따로 세웠던 13장 1-3절로 거슬러 올라간다. 이 사역은 소아시아로 가서 유대인과 이방인에게 예수님의 복음을 전하는 것이었는데, 특히 이방인 지역에 초점을 맞추었다. 누가는 그들이 이 지역에서 행한 사역을 "완료했다" 또는 "이루었다"(πληρόω, 플레로오)고 기록한다.[94] 그들의 사명은 대형 교회를 개척하거나 모든 마을을 방문하는 것이 아니라 주님의 이름을 듣지 못한 곳에 복음을 선포하는 것이었다.

바울과 바나바는 쫓겨날 때까지 여러 도시를 다니며 복음을 선포했다. 그들은 교회 개척자였다. 이제 그 지역에 복음이 전파되는 일은 성취되었다. 독자들이 나중에 알게 되겠지만, 이것이 그 일이 끝났다는 것을 의미하지는 않는다.

14:27-28. 안디옥은 첫 번째 선교 여행의 시작과 끝이 되는 거점이다. 사도들은 안디옥의 다민족 교회를 한자리에 모아 모든 것을 보고한다. 바울은 여전히 안디옥 교회에 묶여 있었다. 그는 본부 교회와 아무런 연고가 없는 외톨이 선교사가 아니었다. 누가는 소아시아에서 행한 일의 주체를 분명히 하고 있다. 그들은 "하나님이 함께 행하신 모든 일"(ὅσα ἐποίησεν ὁ θεὸς μετ' αὐτῶν, 호사 에포이센 호 데오스 메타우톤)을 보고한다. 바울과 바나바의 행동은 삼위일체 하나님의 활동

자유롭게 돌아다니는 동안 장로와 감독이 한 특정한 교회에 배치된다고 말한다.

94 이것은 롬 15:19에서 바울이 "예루살렘으로부터 두루 행하여 일루리곤까지 그리스도의 복음을 편만하게 전하였노라"라고 말한 것과 비슷하다. 여기서 "이루다"(πληρόω)는 바울의 사명을 종말론적 틀, 즉 구약에서 예언한 대로 열방을 하나님이 주관하여 모으는 일이라는 틀에 넣는 것이다.

이었다. 그분은 편애하지 않으셨기 때문에 이방인들에게 믿음의 문을 열어 주셨다(10:34).

"그들과 함께"라는 문구가 이상하게 보일 수 있지만, 하나님께서 "요셉과 함께"(7:9) 또는 "예수님과 함께"(10:38) 하셨다고 말할 때 비슷한 문구가 나온다. 하나님의 임재는 그분의 사자들과 함께 했다. 루스드라에 있던 사람들이 혼란스러워하는 것은 당연하다.

안디옥에서 그들은 제자들과 상당한 시간을 보냈다. 새로운 그리스도의 공동체는 처음부터 교제에 전념했다(2:42). 두 사람은 이방인들이 믿음을 가졌다는 점에서 그들의 사명이 독특하다고 보고한다. 유대인들의 반응도 있었지만, 이 보고의 초점은 이방인들의 환대에 맞춰져 있다. 이것이 바로 그들이 부름받은 "일"이다.

누가의 표현대로 "문을 여신" 것은 환대의 주제를 더욱 강조한다(고전 16:9; 고후 2:12; 골 4:3). 이방인에 대한 환대는 다음 장에 나오는 질문에 대한 답으로 이어지는 다리이다. "이 이방인들은 어떻게 하나님께서 열어 주신 문으로 들어올 수 있을까?"[95]

4.1.2. 예루살렘 공의회 (15:1-35)

예루살렘 공의회는 사도행전의 중심에 있지만, 내러티브에서 그 역할은 논란이 있다.[96] 대부분 학자는 이 공의회를 분수령, 전환점, 내러티브의 중심이라고 본다. 던Dunn은 "역사적으로 볼 때 위태로웠던 것은 새로운 운동의 존재 그 자체였다."[97] 그러나 고넬료 에피소드에서도 중심 문제가 다루어졌고, 내러티브는 바울의 첫 번째와 두 번째 선교 여행 사이에 놓여 있다.

가벤타Gaventa는 공의회가 내러티브의 절정이 아니라 내러티브의 종결이라고 주장한다.[98] 가벤타의 주장은 일리가 있다. 공의회는 사도행전의 중심축이 아니며 근본적으로 새로운 지평을 여는 것도 아니다. 그러나 예루살렘 공의회는 세 가지

---

95 Gaventa, *Acts*, 205.

96 논쟁의 일부는 예루살렘 공의회가 바울의 세 차례 예루살렘 방문에 어떻게 부합하는지에 관한 것이다. 다른 주석가들은 더 깊이 들어가서 결론에 관해 논쟁을 벌이고 있지만 갈 2장을 행 15장과 일치시켜야 하는지 의문을 제기하기에 충분한 차이가 존재한다. 네 가지 근거가 이를 뒷받침한다. 첫째, 갈라디아서에서 바울은 사도들과 사적으로 만났다고 말하지만 행 15장은 공개적인 모임인 것 같다. 둘째, 바울은 베드로를 반대할 때 갈라디아서에서 이 규정을 언급하지 않는다. 셋째, 갈 2장에서 베드로의 배반이 그 규정 이후에 일어났는지 의문이 제기되어야 한다. 넷째, 사도행전에서는 할례에 대한 문제가 미리 제기되고 갈라디아서에서는 할례 문제가 그가 도착한 후에 제기된다. 따라서 나는 갈 2장을 행 15장이 아닌 행 11:29-30과 연결하는 쪽에 무게를 두고 있다.

97 Dunn, *Acts*, 195.

98 Gaventa, *Acts*, 212.

측면에서 이전과 다르다.[99]

첫째, 예루살렘 공의회는 이전에는 비공식적이었던 이방인 선교를 공식화했다. 더 많은 이방인이 들어오면서 그 배경에 대한 의문이 제기되었다. 공의회가 열리고, 안디옥에서 온 사람들이 참석하고, 편지가 작성되고, 예루살렘의 대리인이 안디옥으로 가서 절차를 전달하는 것처럼 이 결정의 공식적인 성격은 분명하다. 안디옥 교회가 바울과 바나바를 파송했지만(13:1-3), 이제 예루살렘 교회가 하나님의 주도권을 따라잡는다.[100] 그러므로 15장은 단순히 반복하는 것이 아니라 이전의 결정을 명확히 하고 공식화한다.[101]

둘째, 이 논쟁은 이방인을 그리스도인의 교제에 **받아들여야 하는지**에 관한 것이 아니라 **어떻게** 받아들여야 하는지에 관한 것이다.[102] 이 구원의 역사적 전환에 관한 세부 사항을 구체화하기 위해서는 시간이 필요하다. 이방인 문제는 사도행전에서 쉽게 해결되지 않는다. 이 문제는 만성적인 문제이며, 마지막까지 반복된다(행 21:21; 28:26-28). 예루살렘 공의회는 11장 1-18절에서 고넬료에 대한 베드로의 메시지를 확인했지만, 그들이 어떻게 들어와야 하는지에 대한 질문은 또 다른 문제이다. 누가는 공의회를 통해 성전 공동체에 들어가는 것은 오직 믿음에 근거한 것임을 명확히 밝힌다.

셋째, 누가는 예루살렘 공의회를 통해 이스라엘의 회복과 이 계획의 연속성을 명시적으로 확인하면서 이스라엘을 재정의할 수 있었다. 하나님의 백성은 족보적 기원이나 의식적 준수보다는 메시아적 신앙에 근거를 두고 있다. 이방인을 포용하는 것은 반드시 이스라엘의 거부를 의미하는 것이 아니라 다윗의 장막 재건에서 비롯되었다.[103] 이것이 바로 **예루살렘** 공의회이다.[104] 피터슨은 "예루살렘은

---

99 이 책의 더 자연스러운 중심축은 베드로와 예루살렘, 바울과 이방인 선교(1-12장, 13-28장) 사이이다.

100 Johnson, *Acts*, 268.

101 Parsons, *Acts*, 211,은 그 차이점이 앞부분에 있다고 주장한다. 11장에서 베드로는 이방인과 교제하는 유대인은 더럽혀지지 않는다고 주장했다. 이제 15장에서 그는 유대인 청중 앞에서 이방인이 깨끗하다고 주장한다. 고넬료 편에서는 유대인이 더럽혀졌는지 여부만 해결했다면, 베드로는 이방인이 깨끗하다고 선언한다. 그러나 파슨스의 해결책은 너무 깔끔하다. 베드로는 유대인이 이방인과 함께 먹을 수 있는 유일한 이유는 하나님이 그들을 깨끗하게 하셨기 때문이라고 주장한다(11:9).

102 Pervo, *Acts*, 319,은 이렇게 말한다. "사도행전 15장은 유대인과 이방인 배경을 가진 신자들을 포함한 혼합 공동체가 공동 생활과 예배를 어떻게 관리해야 하는지에 대한 다른 문제를 다룬다." Talbert, *Reading Acts*, 127,은 사도행전에는 베드로(10장), 익명의 사람(11:19-21), 바울과 바나바(13-14장), 바울과 실라(16-20장)의 이방인을 향한 네 가지 주요 움직임이 있다고 지적한다. 이 모든 예에서 이방인들에게 복음이 확장된 다음에는 예루살렘의 승인에 관한 에피소드가 이어진다(11:1-18, 22-24; 15:1-29; 18:22; 21:17-25).

103 Johnson, *Acts*, 268.

104 R. Bauckman, "James and the Jerusalem Church," in *The Book of Acts in Its First-Cen-*

문제의 근원인 동시에 해결되는 장소이다."[105] 열방에 관한 결정은 예루살렘에서 수렴된다(사 60:3-16, 슥 8:20-23, Tob 13:11-13). 이제 유대인 선교와 이방인 선교가 모두 번창할 수 있다.

공의회의 구체적인 쟁점은 이방인이 유대인 개종 요건(특히 할례)을 따라야 하는지이다. 아니면 유대인의 정체성 표지를 따르지 않고도 자유롭게 친교에 참여할 수 있을까? 이에 대한 답은 교회의 숙고와 함께 나오지만, 궁극적으로 하나님께서 결정하셨다. 베드로, 바울, 바나바는 하나님께서 그들을 통해 행하신 일을 이야기하고, 야고보는 성경이 말하는 바를 이야기한다. 하나님은 세상에서 일하셨다. 사도들은 그들의 마음의 혁명이 아니라 하나님의 일의 우위와 우선순위를 증언한다. 하나님께서는 이방인을 깨끗하게 하셨다. 그분은 이미 부르셨다. 그들은 그저 따르고 믿기만 하면 된다.

이 이야기는 공의회의 필요성(1-5절), 고넬료 편에서 하나님의 역사에 대한 베드로의 간증(6-11절), 야고보의 성경 말씀과 판결(12-21절), 공의회의 편지(22-29절), 공의회의 결과(30-35절)의 다섯 부분으로 나뉜다.[106]

4.1.2.1. 공의회의 요구 (15:1-5)

1 어떤 사람들이 유대로부터 내려와서 형제들을 가르치되 너희가 모세의 법대로 할례를 받지 아니하면 능히 구원을 받지 못하리라 하니

2 바울 및 바나바와 그들 사이에 적지 아니한 다툼과 변론이 일어난지라 형제들이 이 문제에 대하여 바울과 바나바와 및 그중의 몇 사람을 예루살렘에 있는 사도와 장로들에게 보내기로 작정하니라 3 그들이 교회의 전송을 받고 베니게와 사마리아로 다니며 이방인들이 주께 돌아온 일을 말하여 형제들을 다 크게 기쁘게 하더라

4 예루살렘에 이르러 교회와 사도와 장로들에게 영접을 받고 하나님이 자기들과 함께 계셔 행하신 모든 일을 말하매 5 바리새파 중에 어떤 믿는 사람들이 일어나 말하되 이방인에게 할례를 행하고 모세의 율법을 지키라 명하는 것이 마땅하다 하니라

15:1. 누가는 평온한 안디옥의 장면을 떠나고 있다. 이제 갈등이 일어난다. 선

---

tury Setting, 450-51,은 예루살렘 교회의 권위의 본질에 관해 사람들이 논쟁하는 것을 관찰하지만, 이 본문과 갈 2:2, 도마복음(logion 12)은 예루살렘 교회에 일종의 우선권이 있음을 뒷받침한다. 해석가들은 예루살렘의 권위에 관해 너무 많은 것을 읽어서 공식적인 권위가 없다고 주장하는 사람들을 과도하게 고치면 안 된다.

105 Peterson, *Acts*, 417.

106 또는 Spencer, *Acts*, 162-63,는 이 부분을 불화(1-5절), 토론(6-18절), 결정(19-29절), 전파(15:30-16:5)라는 네 가지 제목으로 분류하고 있다.

교는 큰 위기에 직면한다.[107] 이 분쟁은 외부 세계가 아니라 내부 분파, 즉 유대에서 온 사람들에게 비롯된다.[108] 많은 경우 교회를 탈선시키려고 위협하는 것은 세상이 아니라 내부의 논쟁과 분쟁이다. 교회를 무너뜨리기 위한 마귀의 가장 교활하고 효과적인 방법 중 하나는 내부에서 불화를 일으키는 것이다.

어떤 면에서 이 장면은 유대와 안디옥 사이의 피할 수 없는 충돌을 상징한다. 누가는 의식적으로 이방인 선교로 방향을 전환했고, 유대에 있는 일부 사람은 이에 항의할 것이다. 그러나 예루살렘은 이 문제를 해결할 것이다. 유대에서 온 어떤 사람들은 이방인이 구원을 받으려면 할례를 받아야 한다고 "형제들"을 가르치러 온다.[109] 유대에서 왔다고 표시하는 것은 예루살렘 공동체를 지칭하는 방법이 될 수 있다.

독자들은 나중에 이 사람들이 예루살렘 교회의 승인 없이 왔다는 사실을 알 것이다(15:24). 그들은 형제자매들을 통제하고 지배적인 문화에 순응하도록 강요한다. 유대인들은 미지의 것, 다른 것을 두려워한다. 두 세계가 충돌하지만 누가의 주된 초점은 갈등이 아닌 해결에 맞춰져 있다. 유대인들은 이방인을 개종자로 널리 받아들였지만, 이방인이 할례를 받지 않고 들어온다는 생각은 새로운 것이었다.

특히 할례는 유대인에게 중요한 표지였다. 하나님께서 아브라함에게 할례 언약을 주셨고(창 17:13) 시내 산에서 그들을 자기 소유의 백성으로 표시하라고 명령하셨기 때문이다.[110] 유대인들에게 할례가 없으면 언약이 없다.[111]

---

107 Skinner, *Intrusive God, Disruptive Gospel*, 107,은 "독자들이 이야기가 완전히 바울에게 옮겨갔다고 생각할 때쯤 이방인들의 환대가 사도행전 15장에 등장한다"라고 말한다. 누가의 목적은 다윗의 장막의 회복이 이방인 선교와 연결되어 있어야 한다는 것을 항상 보여준다. H. Bullinger, *Commentary on Acts* 15:1–2, Chung-Kim, Hains, et al., *Acts*, 206,은 주님께서 여러 가지 고난으로 자기 백성을 끊임없이 시험하신다고 말한다. 지금까지는 핍박으로 시험하셨다면 이제는 다양한 이단으로 시험하신다.

108 Bock, *Acts*, 495,는 특정 문맥에서 "분쟁"이라는 용어가 폭동이나 반란을 의미할 수 있으며(행 19:40; 눅 23:19, 25), 이는 논쟁의 격렬함을 보여 준다고 지적한다.

109 Gaventa, *Acts*, 213,은 누가가 "형제들"이라는 호칭은 처음에 이 문제에 대한 누가의 성향과 입장을 드러낸다고 지적한다. 할례와 구원의 관계는 유대교에서 다양하게 이해되었다. Johnson, *Acts*, 259,는 일부 분파가 다른 분파보다 더 심각하게 받아들였다고 가정하는 것이 어렵지 않다고 단언한다. Keener, *Acts*, 2:2213–14,는 누가가 이 논쟁을 어떻게 경험했는지, 그리고 이방인 기독교인들이 이스라엘에 합류하기 위해 할례를 요구하는 유대인 그리스도인들이 마치 구원을 위해 할례를 요구하는 것처럼 들었을 수 있다고 주장한다. 그는 할례가 교회론 문제인지 구원론 문제인지에 관해 논의하지만, 이 두 가지 흐름이 충돌한다고 올바르게 결론 내린다.

110 할례는 모세의 율법보다는 아브라함에 대한 하나님의 요구에서 비롯되었지만(창 17:9-14), 유대인들은 그들의 역사를 통일된 것으로 보는 듯하다. 모세에게 주어진 언약은 아브라함에게 주어진 언약에서 비롯되었다(참조. 요 7:22; 출 12:48-49; 사 56:6).

111 마카비 시대에 시리아 통치자들은 할례를 금지함으로써 유대인의 고유성을 파괴하려 했다(1 Macc 1:48,60-61). 희년서(Jubilees 15.26)는 "여덟째 날에 할례를 받지 않고 태어난 자는 누구든지 주께서 아브라함을 위하여 세우신 언약의 자손이 아니니라"라고 말한다.

15:2. 안디옥 교회 성도들은 괴롭고 불안해했다(15:24). 바울과 바나바는 지도자들을 참여시켜 안디옥 교회를 지키고 보호하며 목양하기 위해 서 있다. 누가의 표현을 빌리자면, 그들은 약간의 다툼과 변론에 참여하고 있었다. 이것은 친근한 저녁 식탁 대화가 아니었다. 긴장이 고조된 다툼이었다.

합의에 이르지 못하자 바울과 바나바를 비롯한 몇몇 사람이 예루살렘으로 가기로 결정한다. "바나바는 예루살렘과 안디옥의 상황(11:22-24, 29; 12:25), 그리고 열두 제자와 바울(9:27; 11:25, 29) 사이의 핵심 연결고리 역할을 한다."[112] 그들은 이 문제에 관해 어떤 종류의 합의를 도출하기 위해 더 높은 권위자에게 호소한다. 이것은 선교를 계속하기 전에 반드시 이루어져야 한다. 일치하지 못하는 것은 복음 확장을 망칠 수 있다. 연합해야만 선교가 진행된다.

15:3-5. 3-5절은 예루살렘으로 가는 여정과 예루살렘에 도착하는 과정을 묘사한다. 베니게와 사마리아를 지나면서 이방인들이 회심했다는 소식을 전한다. 이것은 모든 형제자매에게 큰 기쁨을 가져다주며, 복음 선포에 대한 긍정적인 반응에 대한 일반적인 묘사이다(8:8, 39; 11:23; 13:48, 52). 이방인 선교는 예루살렘 밖에서도 폭넓게 받아들여진다. 문제는 예루살렘이 뭐라고 말할 것인가 하는 것이다.

그들은 예루살렘에 도착해서 세 그룹, 즉 회중, 사도, 장로들의 환영을 받는다.[113] 바울과 바나바가 안디옥에 하나님께서 그들을 통해 행하신 모든 일을 보고했던 것처럼, 그들도 예루살렘에 보고한다. 그들은 더 큰 기관과 단절된 선교사가 아니다. 예루살렘 교회가 권위 있는 기관처럼 행동하지만, 주목할 점은 그들이 진행 상황을 예루살렘에 먼저 보고하지 않고 안디옥에 보고한다는 것이다. 예루살렘 교회의 권한은 제한적이다.

할례는 그들이 보고를 할 때 다시 긴장의 포인트가 된다. 어떤 바리새인들은 이 이방인들에게 할례를 베풀고 모세의 율법을 지키도록 가르치는 것이 "마땅하다"($\delta\varepsilon\tilde{\iota}$, 데이)라고 주장한다. 누가는 하나님의 계획을 설명할 때 $\delta\varepsilon\tilde{\iota}$(데이)를 즐겨 사용한다. 이제 바리새인들은 하나님의 계획에 반대한다. 그들은 새로운 시대가 왔다는 것을 이해하지 못한다. 문화적 적합성이 항상 하나님에게 적합한 것은 아니다.

---

112 Bauckham, "James and the Jerusalem Church," 450.

113 6절과 23절은 의사 결정을 사도와 장로로 제한하고 있기 때문에 누가 실제로 회의에 참여했는지는 분명하지 않다. 그러나 회중은 여전히 존재할 수 있다(15:22).

4.1.2.2. 이방인을 환대하시는 하나님을 증거하는 베드로 (15:6-11)

6 사도와 장로들이 이 일을 의논하러 모여 7 많은 변론이 있은 후에 베드로가 일어나 말하되 형제들아 너희도 알거니와 하나님이 이방인들로 내 입에서 복음의 말씀을 들어 믿게 하시려고 오래전부터 너희 가운데서 나를 택하시고 8 또 마음을 아시는 하나님이 우리에게와 같이 그들에게도 성령을 주어 증언하시고 9 믿음으로 그들의 마음을 깨끗이 하사 그들이나 우리나 차별하지 아니하셨느니라 10 그런데 지금 너희가 어찌하여 하나님을 시험하여 우리 조상과 우리도 능히 메지 못하던 멍에를 제자들의 목에 두려느냐 11 그러나 우리는 그들이 우리와 동일하게 주 예수의 은혜로 구원 받는 줄을 믿노라 하니라

15:6. 공의회는 공식적으로 사도들과 장로들이 함께 모여 **어떻게** 이방인들이 그리스도인 공동체에 들어올 수 있는지 고려하는 것으로 시작된다.[114] 이 문제는 이방인들이 하나님의 백성이 되기 위해 어떤 의식을 수행해야 하는지에 관한 것이다. 한 가지 흥미로운 점은 사도들과 장로들이 함께 모여 모세의 율법이 새 시대에 어떻게 적용되는지 고려한다는 점이다. 이것은 구원의 역사를 해독하는 해석학 문제이다.

이 간단한 구절과 구절의 나머지 부분(특히 앞으로의 요구 사항)에 함축된 의미는 지도자들이 모세 율법의 권위 있는 해석자로서 역할한다는 것이다. 율법이 가리키던 분이 이제 승천하셨고 그분의 영이 그들을 인도하기 때문에 그렇게 할 수 있다. "모세의 율법은 하나님의 백성을 직접 다스리는 권위로 대체되었다."[115] 그러나 해석자는 잘못된 구별을 경계해야 한다. 앞으로 요구 사항도 모세의 말씀(15:21)의 권위에 근거하고 있으며, 야고보는 구약성경(15:16-17)을 인용하여 자신의 결정을 뒷받침한다. 율법은 여전히 권위적으로 작용하지만 **직접적으로** 작용하지는 않는다. 모든 명령은 예수라는 새로운 기준을 통과해야 한다.

누가는 분쟁을 결정하기 위한 처방이나 유형을 제시하는 데 관심이 없으며, 예루살렘을 영구적인 권위로 세우는 데에도 관심이 없는 것 같다. 참석자들에 대한 설명과 그 이유는 제한적이다. 15장 6절에서 누가는 사도들과 장로들이 고심하고 있으며, 나중에 사도들과 장로들이 보낸 편지라고 언급한다(15:23; 16:4). 그러나 누가는 4절에서 전체 회중이 참석했다고 말한다.

15:7. 이 문제는 이미 베드로, 바울, 바나바의 마음속에서 결정되었지만 논쟁이 계속된다. 따라서 많은 논쟁 끝에 베드로는 설득하려고 일어서서 발언한다. 그

---

114 누가는 안디옥에는 "선지자와 교사"(13:1)가 있고, 예루살렘에는 사도와 장로가 있다고 말한다. 이것은 누가가 명확하거나 규범적인 공식을 제시하려고 시도하지 않았음을 다시 한번 확인시켜 준다.

115 Thompson, *The Acts of the Risen Lord Jesus*, 186.

는 자신의 경험에 대한 자전적 이야기를 제공한다. 분별력에는 개인적인 경험(특히 천사가 나타날 때)을 듣는 것도 물론 포함되지만, 독자들이 야고보서를 통해 알 수 있듯이 성경이 훨씬 더 중요하다.[116] 베드로의 증거는 자전적 주장일 뿐만 아니라 신학적 논증이기도 하다. 이 두 가지를 대립시킬 필요는 없다.

하나님은 다음 동사 대부분에서 주어이다. 하나님은 택하셨다. 하나님은 마음을 아신다. 하나님은 이방인들에게 증거하셨다. 하나님은 성령을 주셨다. 하나님은 깨끗하게 하셨다. 하나님은 차별하지 않으셨다.[117] 베드로의 증언은 하나님의 사역과 증인으로서 베드로에 관한 것이다. 베드로는 사도행전 10장에 나오는 고넬료 에피소드를 언급하며 초기부터 하나님의 선택으로 시작한다. 하나님은 베드로의 입을 통해 메시지를 전달하고 이방인들이 복음을 들을 수 있도록 "택하셨다"(ἐκλέγομαι, 에클레고마이).

하나님께서 "택하셨다"라는 표현은 이스라엘을 선택하신 하나님이나 제자들을 선택하신 예수님(1:2, 24; 13:17; 눅 6:13)과 같이 사용되었다. 이 말은 이방인도 하나님의 가족의 일원임을 암시한다. 베드로는 그들이 자신과 고넬료와 만난 사실을 알고 있음을 상기시킨다. 하나님은 이방인들을 환영하셨고 베드로는 단지 통로였을 뿐이다(10:44-47; 11:15-17).

15:8-9. 베드로는 성령의 외적이고 가시적인 활동뿐만 아니라 하나님만이 아시는 이방인의 내면적인 마음도 지적한다. 사도들은 이방인의 마음을 알지 못하지만 하나님께서는 아시고 성령을 주셨다. 마음을 안다는 것은 하나님께서 민족적 혈통이나 외모를 기준으로 사람을 대하지 않고 성품을 기준으로 사람을 대하신다는 뜻이다(삼상 16:7). 다윗처럼 이방인들도 선택되었다. 하나님께서는 그들을 환대하셨다. 그분은 유대인보다 그들의 마음을 더 잘 아신다.

하나님의 선택의 증거와 중심성은 계속된다. 베드로는 오순절에 유대인들에게 그랬던 것처럼 하나님께서 이방인들에게 성령을 주심으로써 외적인 방법으로 "증언"(μαρτυρέω, 마르튀레오)하셨다고 이야기한다. 지금까지는 사도들이 하나님의 활동을 증언하는 데 중점을 두었지만, 이제는 하나님께서 자신의 계획을 증언하신다. 하나님의 증언은 사도들의 증언을 이끌어 낸다. 하나님의 백성은 자신의 목소리가 아닌 하나님의 음성을 전하는 사자일 뿐이다. 하나님은 이방인에게도 동일한 성령을 주심으로 유대인과 이방인을 구별하지 않으셨다(10:20; 11:12; 롬 3:22; 10:12). 사실, 그는 "믿음으로 그들의 마음을 깨끗이"(καθαρίζω, 카다리조) 하셨다.

---

116 베드로의 증언은 경험의 중요성을 뒷받침하는 데 사용되어 왔으며, 이것이 분명 사실이지만 독자들은 고넬료 편에 하나님이 분명히 개입했다는 사실도 기억해야 한다. 베드로의 경험은 분명 독특했다.

117 Parsons, *Acts*, 211.

καθαρίζω(카다리조)는 의식적인 정화를 통해 사물을 정결하게 했던 모세의 율법으로 거슬러 올라간다. 이제 그들은 의식적으로 더러워지지 않았으며 성전에 들어갈 수 있다. 베드로의 요점은 성령께서 그들을 깨끗하게 하셨다는 것이다. 새 언약이 약속한 대로 그들의 마음이 새로워졌기 때문에 할례가 필요하지 않다(렘 4:4; 9:26; 겔 36:24-26; 롬 2:29).[118] 그들은 성전에 들어갈 수 있다.

15:10. 베드로는 하나님께서 이방인들 가운데 행하신 일에 관해 이야기한 후, 이제 요구 사항을 더하려는 사람들에게 도전한다. 하나님께서 말씀하셨는데 어떻게 이방인의 목에 멍에를 메어 하나님을 "시험"(πειράζω, 페이라조) 할 수 있을까? 과거 이스라엘은 모세의 율법에 순종하지 않아 하나님을 "시험" 또는 "대적"했다(출 15:22-27; 17:2, 7; 민 14:22; 신 6:16; 사 7:12; 눅 4:12). 아나니아와 삽비라도 거짓말로 하나님을 시험하다가 죽임을 당했다(5:9). 이제 일부 유대인들은 모세의 율법을 확장하여 하나님을 시험한다. 이 문맥은 하나님을 시험한다는 것은 그분께 불순종하고 그분의 뜻에 저항하는 것임을 나타낸다.

이방인에게 멍에를 씌운다는 부정사는 그들이 하나님을 시험하는 방법을 자세히 설명한다. 할례를 요구하는 사람들은 하나님께서 이미 선언하신 것, 즉 이방인은 성령으로 깨끗해졌다는 것을 넘어서는 것이다. 그들은 추가적인 정결이 필요하지 않다. 베드로가 말하는 "멍에"(ζυγός, 쥐고스)는 모세 율법이다. 율법을 멍에로 언급하는 것이 긍정적인 의미인지 부정적인 의미인지에 관해서는 많은 논쟁이 있다.[119]

피츠마이어Fitzmyer는 이 멍에가 긍정적이며 여호와와 이스라엘을 서로 연결하는 것을 의미한다고 말한다. 유대교에는 이러한 주장에 대한 몇 가지 증거가 있다(시 6:24-30; 51:26).[120] "멍에"는 그 자체로 부정적이지 않다. 그러나 "멍에"는 정치적 또는 사회적 억압과 관련하여 사용될 때 경멸적으로 사용되었다(창 27:40; 레 26:13; 대하 10:4,9-11; 시 2:3; 사 9:4; 10:27; 14:25; 47:6; 렘 2:20; 5:5).

야고보가 나중에 율법을 "짐"(βάρος, 바로스, 15:28)과 "괴롭게 하는 것"(παρενοχλέω, 파레노클레오, 15:19)이라고 부르는 것은 여기서 "멍에"를 부정적인 의미로 해석한 것이다(15:28). 멍에는 부정적일 수도 있고 긍정적일 수도 있다. 예

---

118 T. W. Reardon, "Cleansing through Almsgiving in Luke-Acts: Purity, Cornelius, and the Translation of Acts 15:9," *CBQ* 78 (2016): 463–82.

119 Bock, *Acts*, 501,은 율법으로서 멍에에 대한 다음과 같은 언급이 긍정적이라고 지적한다(Sir 51:26; Ps Sol 7.9; 17:30; Josephus, *Against Apion* 2.37). Oliver, *Torah Praxis after 70 CE*, 446; J. Nolland, "A Fresh Look at Acts 15:10," *NTS* 27.1 (1980): 105:15,은 베드로가 모세 율법의 압도적인 규정이 아니라 율법을 이행하지 않은 이스라엘을 비난하고 있다고 주장한다.

120 Fitzmyer, *Acts*, 548. 피츠마이어는 출 19:5; 34:10을 언급한다. 그러나 LXX는 "멍에"라는 용어가 사용되지 않았다. Keener, *Acts*, 2:2236,의 다른 참고문헌을 참조하라.

수님은 자신의 "멍에는 쉽고 [자신의] 짐은 가볍다"(마 11:30; 갈 5:1)고 선언하
셨지만, 베드로는 바람직하지 않은 의미로 이 단어를 사용한다. 베드로는 우리 조
상들도 현 세대도 이 멍에를 메지 못했다고 말하면서 교제와 구원과 관련하여 율
법에 관해 열심을 보이지 않는 견해를 취한다. 그렇다면 어떻게 비유대인에게 이
멍에를 강요할 수 있을까?

베드로의 이 말씀은 다양한 방식으로 해석되어 왔으며, 그리스도가 오신 지
금 유대인과 율법의 관계에 대한 까다로운 질문을 제기한다. 베드로는 율법 자체
에 문제가 있다고 보거나, 인간이 율법에 따라 살지 못하기 때문에 문제가 있다
고 보거나 둘 중 하나이다. 후자는 성경에서 더 많은 지지를 받고 있다(마 5:17;
행 10:9-16; 롬 3:31; 7:12; 빌 3:6). 율법은 이스라엘의 강퍅한 마음 때문에 이
스라엘을 구원할 수 없었고, 그들의 조상들에게 짐이 되었다. 왜 이방인들에게도
같은 짐을 지우려고 하는가?

15:11. 이 멍에에 반대하여 베드로는 이제 유대인들도 주 예수님의 은혜로 구
원받는다고 믿는다. 이것은 단순히 식탁 교제 문제가 아니다. 베드로는 그것을 구
원과 연관시킨다. 하나님의 백성은 의식적 준수가 아니라 메시아 신앙으로 정의된
다. 바울 서신은 이것이 유대인 신학의 변화가 아님을 암시한다. 그것은 항상 실재
였다(롬 3:21-5:11; 갈 2:15-3:14). 유대인은 율법 준수로 구원받는 것이 아니라
(일부 관습을 계속 지킬 수는 있지만) 주 예수님께서 주신 선물로 구원받는다. 그
러므로 이방인은 구원받기 위해 할례의 멍에나 모세의 계명을 따를 필요가 없다.

베드로의 요점은 이방인도 유대인처럼 성령의 역사로 메시아 공동체 안으로
들어온다는 것이다(갈 2:15-21). 그들이 할 수 있는 일은 아무것도 남지 않았다.
그들은 아브라함과 같은 방식으로 구원받고 환영받는다. 하나님의 예정, 예수님
의 사역, 성령의 능력으로 말이다. 이방인은 율법에서 자유롭고, 유대인은 교회에
서 소수적인 교인의 권리를 보호할 자유가 있다.[121]

4.1.2.3. 바울과 바나바가 이방인을 환영하시는 하나님을 증언하다 (15:12)

12 온 무리가 가만히 있어 바나바와 바울이 하나님께서 자기들로 말미암아
이방인 중에서 행하신 표적과 기사에 관하여 말하는 것을 듣더니

15:12. 무리는 베드로의 말에 침묵으로 응답한다. 이전에는 많은 논쟁이 있었
지만(15:7), 이제는 무리들 사이에 침묵이 감돈다. 그들이 베드로의 말을 생각하
고 있는지 아니면 확신이 생겨서 반박하지 않는지 판단하기는 어렵지만, 최종 결

---

121 Tannehill, *The Narrative Unity of Luke-Acts*, 2:192.

과를 고려할 때 후자가 더 가능성이 높다. 하나님께서 그들의 입을 막으셨기 때문이다(롬 3:25; 사 52:15).

공의회는 바나바와 바울이 하나님께서 이방인들 가운데서 그들을 통해 행하신 모든 일을 간략하게 설명하는 것을 듣는다. 예루살렘 교회에서 바울은 놀랍게도 바나바 다음으로 두 번째로 이름이 올랐다. 이 장면은 바울이 회심하고 약 16년 후에 일어난 일이지만, 예루살렘 교회에는 여전히 바울에 대한 의심이 남아있었을 수도 있다. 바나바와 바울은 베드로와 같은 전술을 취한다. 그들은 자신들을 통해 하나님이 행하신 일들을 증언한다. 그들은 하나님의 증언을 증언한다. 하나님께서는 이방인들 가운데 기적을 행하셔서 이방인들을 환대하신다는 것을 보여 주셨다.

누가가 바울과 바나바에게 더 많은 지면을 할애하지 않은 이유는 알기 어렵지만, 누가의 목적은 베드로와 야고보를 중심으로 한 예루살렘 사도들이 이러한 결정을 내렸다는 것을 보여주기 위한 것일 수 있다. 바울과 바나바도 참여했지만 초점은 예루살렘의 결정에 맞춰져 있다. 공의회는 바울과 바나바의 사역을 인증할 뿐 그 반대가 아니다.[122]

4.1.2.4. 야고보가 성경으로 확인하고 결정을 내림 (15:13-21)

13 말을 마치매 야고보가 대답하여 이르되 형제들아 내 말을 들으라 14 하나님이 처음으로 이방인 중에서 자기 이름을 위할 백성을 취하시려고 그들을 돌보신 것을 시므온이 말하였으니 15 선지자들의 말씀이 이와 일치하도다 기록된 바

16 이 후에 내가 돌아와서
다윗의 무너진 장막을 다시 지으며
또 그 허물어진 것을 다시 지어 일으키리니
17 이는 그 남은 사람들과
내 이름으로 일컬음을 받는
모든 이방인들로
주를 찾게 하려 함이라 하셨으니 18 즉 예로부터 이것을 알게 하시는
주의 말씀이라 함과 같으니라
19 그러므로 내 의견에는 이방인 중에서 하나님께로 돌아오는 자들을 괴롭게 하지 말고 20 다만 우상의 더러운 것과 음행과 목매어 죽인 것과 피를 멀리하라고 편지하는 것이 옳으니 21 이는 예로부터 각 성에서 모세를 전하는 자가 있어 안식일마다 회당에서 그 글을 읽음이라 하더라

---

122 Gaventa, *Acts*, 218,은 "현대 독자들보다 개인적인 문제에 관심이 적은 누가는 이 에피소드의 화자들이 거의 서로 바꿔 쓸 수 있기 때문에 바울과 바나바가 많은 공간을 차지하지 않는다"라고 제안한다.

15:13-14. 바울과 바나바가 말을 멈춘 후 야고보가 목소리를 높인다. 베드로가 성령의 은사를 근거로 율법 없이도 이방인들이 포함될 수 있다고 주장하고 바울과 바나바가 표적과 기사를 증거로 제시했다면, 이제 야고보는 성경에서 자신의 주장을 뒷받침한다.[123] 누가는 야고보의 역할에 관해 명시적으로 자세히 설명하지 않아 그의 목적이 다른 곳에 있음을 나타낸다. 그러나 야고보는 여기서 예루살렘 교회의 지도자 또는 일종의 회의 의장 역할을 하는 것으로 보인다.

야고보는 먼저 하나님의 일하심의 시기와 하나님의 이방인 선택에 대한 시몬의 보고를 요약한다. 하나님께서는 "처음으로 이방인 중에서 자기 이름을 위할 백성[λαός, 라오스]을 취하시려고[λαμβάνω, 람바노] 그들을 돌보신 것[ἐπισκέπτομαι, 에피스켑토마이]을 시므온이 말하였다." 이 구절은 성경의 울림으로 가득 차 있으며 이방인을 하나님의 백성으로 분류한다.

첫째, 하나님께서 자기 백성을 "취하기 위해 방문"(CSB, '취하기 위해 개입')하신다는 것은 출애굽 당시 하나님께서 이스라엘을 방문하셨거나 예수님이 나타나셨을 때(출 3:16; 4:31; 눅 1:68, 78; 7:16)를 떠올리게 한다. 출애굽 이야기는 이스라엘 정체성의 근간이자 근본적인 내러티브였다. 이제 하나님은 열방을 "방문" 하시고 물과 불을 통해 그들을 구원하신다.

둘째, 이방인을 "취하다" 또는 획득하다(λαμβάνω, 람바노)로, 이스라엘이 하나님의 특별한 소유라고 불리는 오경(출 19:5; 23:22; 신 7:6; 14:2; 26:18-19)을 암시한다.[124] 셋째, 누가복음과 구약에서 λαός(라오스)는 거의 항상 이스라엘을 가리킨다(2:47; 6:8; 7:34; 13:17; 눅 24:19; 출 23:22; 신 7:6; 14:2; 호 2:23).

넷째, 이방인과 주의 이름에 관해 말하는 것은 스가랴 2장 11절의 "그 날에 많은 나라가 여호와께 속하여 내 백성이 될 것이요"라는 말씀을 떠올리게 한다. 그러므로 야고보는 이방인을 하나님의 백성으로 맞이하시는 하나님의 일하심에 관해 말하고 있다. 예수님을 믿은 이방인은 가족의 일부이다. 그들은 환대 받고 입양되었다. 새 언약과 새 출애굽이 왔다. 하나님의 가족은 참 아브라함이자 참 이스라엘이신 예수님을 통해 확장되었다.

15:15-16. 야고보는 유대인 성경(특히 선지서)에서 하나님의 가족 확장을 지지하

---

123 Bauckham, "James and the Jerusalem Church," 452,는 야고보가 성경을 사용한 것을 결정적인 논증이라고 부르지만 이것이 무엇을 의미하는지 명확하지 않다. 그것은 확실히 마지막 주장이지만 베드로의 주장 위에 서 있는가? Johnson, *Acts*, 271,은 야고보가 성경을 인용할 때 "선지자들이 이것에 동의한다"라고 말하지 않고 "이것은 선지자들에 동의한다"라고 말하면서 내러티브에서 하나님의 일하심에 해석학적 우선순위를 부여한다고 지적한다. 존슨은 이 점을 너무 멀리 밀어 붙일 수 있지만 보컴은 그 반대 방향으로 너무 멀리 기울어진다.

124 Schnabel, *Acts*, 637.

지만, 70인역 성경에 작지만 중요한 변형이 있는 부분을 인용한다. 옛 언약의 명령은 무거운 멍에이지만, 성경은 여전히 예언과 지혜로 기능한다.[125] 예루살렘 지도자들은 과거를 버리지 않고 최근의 상황에 비추어 과거를 더 깊이 읽는다. 빛이 왔다.

야고보는 아모스 9장 11-12절을 인용하고 호세아 3장 5절, 예레미야 12장 15절, 이사야 45장 21절에 대한 암시로 끝맺는다.

사도행전 15:16-17의 아모스 9:11-12	요 약
이 후에(호 3:5) 내가 돌아와서 다윗의 무너진 장막을 다시 지으며 (렘 12:15-16) 또 그 허물어진 것을 다시 지어 일으키리니	하나님께서는 다윗적인 왕을 회복시키고 보좌에 앉히실 것이다
이는 그 남은 사람들과 내 이름으로 일컬음을 받는 모든 이방인들로 주를 찾게 하려 함이라 하셨으니(사 45:21)	그 결과 이방인들도 하나님의 가족으로 환대받을 것이다

추가 언급은 누가가 "선지자들"(προφητῶν, 프로페톤)라는 용어를 복수로 사용한 것을 설명하고 이방인을 더 넓은 예언자적 기대의 일부로 받아들인 것을 뒷받침할 수 있다. 복수의 "선지자"는 열두 사도 또는 야고보가 언급한 내용을 가르치는 선지자 전체를 지칭할 수도 있다(슥 2:11; 8:22; 사 2:2; 45:20-23; 호 3:4-5; 렘 12:15-16). 호세아, 예레미야, 이사야에 대한 암시는 아모스 9장 11-12절을 성전 회복의 맥락에서 찾아볼 수 있다.[126] 이방인이 하나님의 백성의 일원이 되는 것이 성전이 온 땅으로 확장되는 방법이다.

아모스 9장 11-12절은 사도행전 전체의 순서를 한눈에 보여준다. 이스라엘의 회복에서 이방인들이 성전 아래 환영받는 장면으로 이어진다. 먼저 아모스는 여호와께서 다윗 왕국을 회복하실 때를 예언한다. 하나님께서 친히 오셔서 다윗의 무너진 "장막"(σκηνή, 스케네, 사 16:5)을 "재건" 또는 "회복"(개역개정. '다시 지으며,' ἀνοικοδομέω, 아노이코도메오)하실 것이다.[127] 이스라엘의 회복은 누가의 이야기에서

---

125 B. Rosner, *Paul and the Law: Keeping the Commandments of God*, NSBT 31 (Downers Grove: IVP Academic, 2013).

126 호세아 3:5은 "그 후에"(μετὰ ταῦτα)로 시작하며 문맥상 성전 회복에 관해 말한다. 예레미야 12:15-16은 "돌아오다"(ἐπιστρέφω)를 사용하며, 하나님께서 자기 백성을 버리고 이스라엘 가운데 세워질 이방 민족에게 자비를 베푸실 것이라는 예언을 따른다. 이사야 45:21에는 "오래전에 예언하셨다"라는 구절이 있지만 사도행전에서는 헬라어가 다르다. 이사야의 예언은 열방이 하나님께 돌아와 구원받을 것이라고 예언한다. 참조. Bauckham, "James and the Jerusalem Church," 455; Schnabel, *Acts*, 639-40.

127 다윗의 장막 재건은 논쟁의 여지가 있다. Bauckham, "James and the Gentiles," 157,은 종말론적 성전 재건에 대한 언급으로 삼는다. Crowe, *The Hope of Israel*, 90-91,은 다윗 왕조의 회복을 의미하는 것으로 더 광범위하게 받아들인다. 다윗의 장막은 다윗의 집과 동등한

두드러지게 등장한다(눅 1:32-33, 69: 2:10-11; 행 2:30-36; 13:22-23, 32-34).

다윗의 장막은 다윗 왕조에 대한 언급이지만 성전과 밀접한 관련이 있다. 다윗 이야기에서처럼 하나님을 위해 집을 짓는 것은 이스라엘이 아니라 하나님이 그들을 위해 집을 지으실 것이다(삼하 7장). 여호와께서 다시 오시면 성전을 재건하고 회복하실 것이다(사 16:5; 54:2). 원래 문맥에서 이것은 포로에서 돌아오는 것을 의미했지만 야고보는 현재 사건을 언급하는 것으로 해석한다.

오순절에 성령이 오셨을 때, 하나님께서 이스라엘을 회복시키셨다(1-7장). 여호와의 돌아오심은 성령을 보내신 예수님의 강림이었다. 이스라엘의 회복은 삼위일체 하나님의 손길로 이루어졌다. 다윗의 장막은 이제 재건되었지만 이것은 더 큰 목적을 위한 것이었다. 이스라엘은 이 계획의 첫 번째 장면을 기대했다. 그들은 두 번째 장면을 잊었을지도 모른다.

15:17. 17절은 중요한 접속사로 시작된다. "그래서"(ὅπως, 호포스. 개역개정. '이는')는 연속된 내용의 두 번째 단계를 제시한다. 이 구절은 두 번째 단계를 소개할 뿐만 아니라 바로 그 목적을 소개한다. 다윗의 장막은 나머지 인류가 주님을 찾을 수 **있도록** 재건되었다.[128] 이스라엘은 복이 되는 복을 받았다.

MT(마소라 텍스트)는 에돔을 말하지만, LXX(70인역)는 "나머지 인류"(οἱ κατάλοιποι τῶν ἀνθρώπων, 호이 카탈로이포이 톤 안드로폰, 개역개정. '그 남은 사람들')라고 읽는다. 이것은 의도적인 수정이다. 에돔은 구약에서 이스라엘의 잃어버린 형제로서 열방을 상징하는 역할을 한다. 하나님은 성령의 능력으로 모든 인류를 다시 결합하려 하신다.[129] 하나님은 아브라함에게 열방의 복이 되도록 복 주

것으로 보이며 왕권이 성전과 연결되어 있었기 때문에 더 넓게 해석하는 것이 좋다(왕상 12:19, 6; 13:2; 시 121:5; 삼하 7:13). 그럼에도 불구하고 οἶκος가 아닌 σκηνή를 사용하면 읽기에 성전적인 색채를 줄 수 있다.

128 이 본문에서 또 다른 어려움은 MT는 에돔의 남은 자들이 하나님께 "소유"되었다고 말하지만, LXX는 그들이 하나님을 "구할" 것이라고 말하는 것이다. 주님을 찾는 것과 하나님의 백성에게 소유되는 것을 연관시키는 것이 가장 좋다.

129 MT에서 암 9:12은 에돔을 언급하며 그 심판과 포용을 바라본다. LXX와 야고보서는 이제 에돔을 모든 인류를 지칭하는 말로 사용한다. B. Dicou, *Edom, Israel's Brother and Antagonist*, JSOTSup 169 (Sheffield: Sheffield, 1994),는 에돔이 구약의 국가를 대표하게 되었다고 주장한다. 히브리어 "에돔"과 "아담"은 비슷하게 들리며, 에돔은 장자의 명분을 팔아넘긴 에서의 후손이다. 이제 그들은 하나님으로부터 멀어졌다가 다시 돌아온 사람들을 대표한다. 따라서 그들은 회복된 다윗 왕국 아래에서 정복당하는 나라들을 대표한다. 하나님께서는 열방을 소유하시겠다고 약속하셨지만(시 82:8), 에돔이 특별히 강조되었다(민 24:18, 사 11:13-14). 이러한 주해적 움직임은 15절이 이 책의 경첩 역할을 하는 오바댜서에서도 뒷받침된다. 1-14절은 에돔에 관한 내용이고, 16-21절은 회복된 나라들에 관한 내용이다. 이것은 에돔에 관한 신탁이 모든 나라에 관한 것으로 보편화되었음을 나타낸다. 개인 이메일로 이러한 참고문헌을 알려 준 맥키Tim Mackie에게 감사를 전한다.

시겠다고 약속하셨다(창 12:3; 행 3:25-26; 갈 3장). 하나님의 복은 절대 혼자만의 것이 아니며, 앞으로도 그럴 것이다.[130] 하나님께서 사람들에게 은혜를 부어주시는 것은 그들이 그 은혜를 독차지하기 위해서가 아니라 다른 사람들에게 넘치도록 하기 위해서이다.

이 경우 하나님은 다윗의 집(특수한)에 은혜를 베푸셔서 그들이 모든 사람(보편적인)에게 하나님의 사랑을 보여줄 수 있도록 하셨다.[131] 이제 모든 인류, 심지어 이방인들도 주님을 찾을 수 있다. 구약의 다른 본문들은 이방인들이 개종자가 된다는 의미로 해석될 수 있지만(사 19:25; 슥 2:11), "아모스는 열방을 하나님께 속한 **나라로** 말한다." 보컴Bauckham은 계속 말한다.

> 아모스 9장 11-12절은 이방인 나라들이 여호와께 속한 나라**라고** 말한다. 정확히 "모든 나라"로서 언약 관계에 포함된다 (하나님의 이름이 그들 위에 불렸다). 따라서 이방인은 유대인이 되지 않고는 옛 성전에서 하나님의 임재에 나아갈 수 없었지만, 메시아 시대의 새 성전인 기독교 공동체에서는 이방인으로서 나아갈 수 있었다. 아마도 이 성경 본문 외에 이 점을 명확하게 설명하는 데 사용될 수 있는 본문은 없었을 것이다.[132]

하나님은 돌, 벽돌, 나무가 아니라 이방인과 유대로 종말론적 왕국을 건설하실 것이다. "내 이름으로 일컬음을 받는 모든 이방인들로"라는 어구는 여호와의 소유권(삼하 12:28)을 나타낼 뿐만 아니라 보호와 특별한 관계 또는 소유를 나타낸다(신 28:10; 사 61:9; 대하 7:14; 렘 14:9; 단 9:19). "일컬음"은 베드로의 오순절 설교와 모든 사람이 여호와의 이름을 부른다는 요엘 2장 32절에 대한 언급과 연결된다(참조. 슥 3:9). 구약에서 하나님의 이름은 여호와였지만, 새 언약에서는 주 예수께서 이방인의 이름을 부르신다.[133]

15:18. 야고보는 "예로부터 이것을 알게 하시는"이라는 구절과 함께 다른 구약 본문(사 45:21)으로 전환한다.

---

130 아모스에 나타난 하나님의 은혜의 광대함은 민 24:5-7에서 야곱의 장막이 시냇가 정원처럼 아름답게 펼쳐진 것으로 묘사된 것과 어느 정도 닮았다. 나중에 민 24:17-18에서 야곱에게 별이 나오고 에돔이 그의 소유가 될 것이다.

131 J. P. Tanner, "James's Quotation of Amos 9 to Settle the Jerusalem Council Debate in Acts 15," *JETS* 55 (2012): 65–85; W. E. Glenny, "The Septuagint and Apostolic Hermeneutics: Amos 9 in Acts 15," *BBR* 22 (2012): 1–25.

132 Bauckham, "James and the Jerusalem Church," 458.

133 주님이신 여호와 주님이신 예수 사이의 이러한 응집력은 누가가 이 구절의 마지막에 "하나님"을 생략한 데서 확인된다.

열방 중에서 피난한 자들아 너희는 모여 오라 함께 가까이 나아오라 나무 우상을 가지고 다니며 구원하지 못하는 신에게 기도하는 자들은 무지한 자들이니라 너희는 알리며 진술하고 또 함께 의논하여 **보라 이 일을 옛부터 듣게 한 자가 누구냐 이전부터 그것을 알게 한 자가 누구냐** 나 여호와가 아니냐 나 외에 다른 신이 없나니 나는 공의를 행하며 구원을 베푸는 하나님이라 나 외에 다른 이가 없느니라 땅의 모든 끝이여 내게로 돌이켜 구원을 받으라 나는 하나님이라 다른이가 없느니라 내가 나를 두고 맹세하기를 내 입에서 공의로운 말이 나갔은즉 돌아오지 아니하나니 내게 모든 무릎이 꿇겠고 모든 혀가 맹세하리라 하였노라 (사 45:20-23. 강조 표시 추가)

이사야 42장의 큰 맥락은 여호와께 나아가는 열방에 관한 것이다. 하나님께서는 땅의 모든 끝을 부르셔서 모이고, 참되신 하나님께 돌아와 구원을 받도록 하셨다. 주님 외에 다른 신은 없다. 모든 무릎이 그분 앞에 꿇을 것이다(45:20-23). 야고보의 요점은 이방인이 **이방인으로** 들어오는 것이 처음부터 계획된 일이었다는 것이다. 이사야서를 다시 읽어 보라. 이제 그 계획이 실현되고 있다. 이방인은 단순히 성전에 들어오는 것이 아니라 그들이 성전이다.

15:19-20. 야고보는 선지자들의 말을 인용한 후 결론과 결정을 내린다.[134] 아모스는 이방인이 **이방인으로서** 여호와께 나아갈 것이므로 교회는 하나님께로 돌아오는 이방인 앞에 "괴롭게 하지"(παρενοχλέω, 파레노클레오) 말아야 한다고 지적한다(14:15; 26:20). 이 "괴로움"은 할례와 모세의 명령을 따르는 것이다. 유대인은 유대인으로 남고 이방인은 이방인으로 남을 것이다. 성령의 은사와 예수님의 이름으로 받는 세례가 전통적인 의식을 대체했지만, 그렇다고 해서 이방인이 유대인이 되거나 유대인이 이방인이 되는 것은 아니다.

야고보서는 이방인에 대한 몇 가지 제한 사항을 자세히 설명한다. 공의회는 그들에게 편지를 보내어 세 가지(또는 네 가지)를 "멀리하라고"(ἀπέχω, 아페코) 말한다.[135]

---

134 Skinner, *Intrusive God, Disruptive Gospel*, 108,는 이 에피소드에서 몇 가지 실용적인 점을 도출한다. 첫째, 신학은 회고할 때 가장 잘 이루어진다. 베드로, 바울, 바나바, 야고보는 10년 전에 일어난 일을 회고한다. 순간적으로 이해하는 신학은 대개 나쁜 신학이다. 둘째, 고립된 채로 행하는 신학은 처음부터 왜곡되거나 불완전하다. 그러나 이 마지막 요점은 이방인을 옹호하는 사람들은 참석했지만 공의회 회의에서 이방인의 의견을 듣지 못했기 때문에 이상하다.

135 이 마지막 요건을 두 가지로 나누어야 하는지에 대한 논쟁이 있지만, 대부분 주석가들은 동물의 피를 빼지 않은 음식을 준비하는 것을 의미하므로 두 가지 요건을 함께 사용해야 한다는 데 동의한다(창 9:4; 레 7:26-27; 17:10-14). 목매어 죽인 것에 대한 언급은 70인역에는 없는데, 이는 이방인의 제사나 식사에서 일어나는 일에 대한 설명일 가능성이 높다는 것을 의미한다.

(1) 우상으로 더러운 것,[136] (2) 음행,[137] (3) 목매어 죽인 것이다(참조. 15:29; 21:25).

이러한 요구 사항은 자연적으로 서로 맞지 않는 도덕적 및 의식적 율법을 부과하는 것처럼 보이기 때문에 해석가들을 곤란하게 만들었다. 이러한 요건들 간의 관계에 관해 네 가지 기본 견해가 있다.

사도행전 15장의 사도의 규정에 대한 네 가지 견해	
도덕적 견해	도덕적 영역에서 유대인의 감정을 가장 거스르는 내용들
거주하는 이방인 견해	이방인에 대한 금지(레 17-18장)
노아의 법 견해	아담과 노아에게 주어진 "창조 명령"
이교 신전 견해	우상 숭배 및 이교 신전과 관련된 관습

첫째, 어떤 학자들은 이러한 제한이 임시적인 **도덕적** 요구 사항이라고 주장한다. 이러한 제한은 이 상황에만 해당되며 유대인의 감성을 가장 거스르는 것들을 반영한다는 것이다. 그러나 이러한 견해는 사도행전에서 이 공의회의 중요성, 모든 이방인에게 일반적으로 적용되는 점(15:19; 16:4; 21:25), 이 단락에서 장로와 사도의 권위에 대한 일관된 언급(15:2, 4, 6, 22-23, 28; 16:4)을 간과한다. 또한 율법을 도덕적, 시민적, 의식적 범주로 나눌 수 있다고 가정한다.

둘째, 이러한 제한이 많이 나오는 레위기 17장 8절-18장 18절과 관련하여 **거주하는 이방인** 관점을 주장하는 사람들도 있다.[138] 이방인은 유대인 사이에서 거주하는 이방인처럼 살아야 하며 다른 유대인과 교제할 때 유대인의 음식법을 존중해야 한다.[139] 그러나 이 관점에는 여러 가지 약점이 있다. 이 견해는 이방인들이 거룩한 땅에서 사는 것과 비슷한 방식으로 흩어진 유대인 신자들과 함께 살고 있었다는 의미이다. 레위기 17-18장에는 거주하는 이방인이 이스라엘을 위한 요구 사항이 포함되어 있다. "목매어 죽인 동물"을 17장과 연결 짓는 것은 어렵다. 18장에서 음행이 근친상간으로 제한될 가능성도 낮다. 벅Bock은 "이 목록은 특정

---

136 우상으로 더럽힌 것들은 다양한 것들을 지칭할 수 있지만, 특히 다른 신들에게 바친 음식과 음료와 관련하여 사용되었다(단 1:8; 말 1:7, 12; 고전 8-10). S. K. Lee, "The Issue of Εἰδωλόθυτον in the Early Christian Church: A Lexical Semantic Study of Εἰδωλόθυτον," *Korean Christian Theology* 105 (2017): 95–115.

137 유대 전통에서 성적 부도덕과 우상 숭배는 밀접한 관련이 있었다(호 5:3-4; 겔 16:15-46; 렘 3:1-10; 잠 14:12,24; Jub. 22:16-23; 고전 10:7-8; 계 2:14,20).

138 T. Callan, "The Background of the Apostolic Decree (Acts 15:20,29; 21:25)," *CBQ* 55 (1993): 284–97.

139 Oliver, *Torah Praxis after 70 CE*, chap. 11.

본문의 내용이라기보다 하나의 관습을 반영한다"라고 말한다.[140]

셋째, 어떤 학자들은 이러한 전통이 **노아의 법**이 된 전통을 반향한다고 주장한다. 후기 랍비들은 이방인들이 노아 시대에 모든 인류에게 주어진 요구 사항을 지킬 책임이 있다고 주장했다. 하나님은 아담에게 여섯 가지 계명을 주셨고, 노아 시대에 피 묻은 고기 금지를 추가하셨다(창 9:4-6).[141] 이 견해의 가장 큰 문제점은 시기를 고려할 때 랍비 문헌에서 늦게 증명되었다는 점과 일곱 가지 율법 중 네 가지가 누락되었다는 점이다.

마지막으로, 다른 사람들은 이러한 요구 사항이 모두 **이교 신전 관습**, 즉 우상 숭배와 관련이 있다고 주장한다. 식탁 교제와 우상 숭배는 동전의 양면과도 같다. 음식과 우상 숭배는 고린도전서 10장과 요한계시록 2장 4, 10절에서 연관되어 있다. 성행위는 고기 제물과 관련하여 정기적으로 발견되었다. 마지막 선택이 문제가 가장 적은 것 같다.

21절은 이러한 요구 사항이 개인적인 타락 때문뿐만 아니라 유대인 형제들을 거스르지 않기 위해서도 피해야 한다는 것을 보여줌으로써 네 번째 견해를 보완한다.[142] 따라서 이러한 요구 사항은 두 그룹 간의 교제를 규제**하고** 우상 숭배를 방지**한다**. 야고보는 이방인이 할례를 받을 필요는 없지만 우상 숭배를 피하고 유대인에게 동정심을 가져야 한다고 말한다.[143]

이방인은 유대인처럼 행동할 필요가 없고, 유대인은 이방인처럼 행동할 필요는 없지만, 두 집단 모두에 동정심을 갖고 이해하며 우상 숭배를 경계해야 한다.

---

140 Bock, *Acts*, 507,은 다음처럼 말한다. "유대인과 이방인이 섞인 공동체에서 관계가 긴장되는 것을 막기 위함일 것이다. 유대인과 이방인의 혼합 공동체에서 우상 숭배와 연관성에 관해 경고한다."

141 Keener, *Acts*, 2:2263-67,은 노아의 견해를 취하지만, 이 두 가지 선택이 상호 배타적이지 않다고 말한다. M. Bockmuehl, "The Noachide Commandments and New Testament Ethics: With Special Reference to Acts 15 and Pauline Halakhah," *RB* 102 (1995): 72-101. P. Walpot, *The Great Article Book*, in Chung-Kim, Hains, et al., *Acts*, 212,에서도 피를 마시고 먹는 것에 관한 명령과 함께 노아를 언급하고 있다.

142 Erasmus, *Paraphrase on Acts*, 98,은 우상을 더럽히는 것을 금하고 우상에게 제사하거나 제물로 바친 것을 먹지 말며 음행을 금하라고 말한다. "전자는 우상이 아무것도 아니며 우상에게 바친 고기가 시장에서 파는 고기와 다르지 않다는 것을 아직 설득하지 못하는 약한 사람들 때문이고, 후자는 음행이 죄라고 생각하지 않는 사람들 때문이다. ... 또한 ... 목을 맨 짐승과 피를 삼가게 하라 ... 사랑은 어떤 형제의 연약함을 잠시 만족시켜야 한다고 촉구하기 때문이다."

143 어떤 학자들은 십계명의 항목과 같이 더욱 명백하게 "도덕적인" 것들이 왜 요구되지 않았는지 의문을 제기한다. 그러나 이것은 율법(도덕적, 시민적, 의식적)에 대한 특정 관점을 전제로 하며 사도행전에 자세히 설명된 문제들이 우상 숭배와 관련이 없다고 가정한다. 또는 이것을 단지 유대인의 의식과 관련된 것으로만 본다면, 도덕적 율법은 이미 가정되고, 가르치고, 따랐을 가능성이 높다.

유대인도 유대인대로, 이방인도 이방인대로 신앙을 실천할 수 있지만 모두 사랑으로 씻겨야 한다. 그리스도인의 교제에서 필요한 것과 주변적인 것을 구별하는 것이 가장 중요하다.

15:21. 위의 결론은 야고보의 마지막 말과 어떤 식으로든 관련이 있을 것이다. 야고보는 암호 같은 진술로 자신의 결론을 뒷받침한다. 문법과 인용이 어렵지만 주요 의미는 이것이다. 모세는 옛 시대부터 모든 도시에서 안식일마다 토라를 낭독하는 것으로 선포되어 왔다.

모세 낭독은 오래전부터 (모든 도시에서) 널리 퍼져 있고 (모든 안식일마다) 규칙적으로 이루어졌기 때문에 이방인들은 무엇이 유대인을 거스르는지 알고 있어야 한다.[144] 야고보가 자세히 설명하는 조건은 이방인에게 낯설지 않아야 한다. 왜냐하면 이방인들이 유대인의 방식에 관해 알아야 하기 때문이다.

또는 키너Keener는 이스라엘 민족이 어떤 일이 있어도 이 관습을 지켜서 이방인 유입으로 민족의 정체성이 위태로워지지 않도록 하라는 의미로 받아들인다.[145] 어느 쪽이든 야고보는 이방인이 유대인에게 민감해야 하고 유대인도 이방인에게 민감해야 한다고 말한다. 사랑과 이해는 연합을 위한 기본 원칙이다.

4.1.2.5. 편지. 짐을 지우지 말라는 내용과 몇 가지 요구 사항 (15:22-29)

22 이에 사도와 장로와 온 교회가 그중에서 사람들을 택하여 바울과 바나바와 함께 안디옥으로 보내기를 결정하니 곧 형제 중에 인도자인 바사바라 하는 유다와 실라더라 23 그 편에 편지를 부쳐 이르되

사도와 장로 된 형제들은 안디옥과 수리아와 길리기아에 있는 이방인 형제들에게 문안하노라

24 들은즉 우리 가운데서 어떤 사람들이 우리의 지시도 없이 나가서 말로 너희를 괴롭게 하고 마음을 혼란하게 한다 하기로 25-26 사람을 택하여 우리 주 예수 그리스도의 이름을 위하여 생명을 아끼지 아니하는 자인 우리가 사랑하는 바나바와 바울과 함께 너희에게 보내기를 만장일치로 결정하였노라 27 그리하여 유다와 실라를 보내니 그들도 이 일을 말로 전하리라 28 성령과 우리는 이 요긴한 것들 외에는 아무 짐도 너희에게 지우지 아니하는 것이 옳은 줄 알았노니 29 우상의 제물과 피와 목매어 죽인 것과 음행을 멀리할지니라 이에 스스로 삼가면 잘되리라 평안함을 원하노라 하였더라

---

144 Johnson, *Acts*, 267. T. R. Hanneken, "Moses Has His Interpreters: Understanding the Legal Exegesis in Acts 15 from the Precedent in Jubilees," *CBQ* 77 (2015): 686–706,은 희년을 통해 모세에 관해 알고 있다고 주장한다.

145 Keener, *Acts*, 2:2279.

15:22. 베드로, 바울, 바나바가 증언을 하고 야고보가 결정을 선포한 후 누가는 교회의 합의와 그 결정을 실행하는 것을 보여 준다. 그들은 편지와 함께 안디옥으로 보낼 사람들을 선택한다. 누가는 이것이 민주적인 선택이었다고 말한다. 이전에는 사도들과 장로들이 결정을 주도했지만, 이제는 사도들과 장로들, 그리고 온 교회가 바울과 바나바와 함께 안디옥으로 보낼 사람들을 선택한다(15:4; 16:4).

예루살렘 공의회나 교회가 어떤 종류의 권한을 부여했는지는 명시되어 있지 않다. 공의회는 유다(바나바)와 실라를 바울과 바나바와 함께 가서 증언할 사람으로 선택한다.[146] 여기서 주된 관심사는 신학적인 결정이 내려지긴 했지만 목회적인 것이다. 신학적 결정은 목회적 결정이다. 따라서 판단을 내린 후 다음 단계는 안디옥 회중에게 알리는 것이다.

15:23-24. 공의회는 안디옥에 있는 사람들에게 편지를 써서 결정을 알린다.[147] 구전 및 문화에 대한 개인적인 특징에 대한 많은 연구가 있었다(15:27). 말로 하는 증언도 추가되었을 것이지만 여전히 문서가 정확성을 위해 어느 정도 가치가 있었다. 내러티브 관점에서 볼 때, 이미 알려진 결정이라면 누가는 왜 그것을 기록했을까?

태너힐Tannehill은 화자가 결정을 기록할 뿐만 아니라 이 규정을 적극적으로 홍보하고, 실제 편지를 알리는 일에 포함시킴으로써 공식적인 방식으로 한다고 지적한다.[148] 누가는 이 결정을 기록함으로써 이를 확증한다. 이 편지의 중요성은 사도행전에서 세 번이나 언급된 것(15:20, 29; 21:25)에서도 알 수 있다. 안디옥 신자들은 이미 바울과 바나바가 자신들을 변호하고 있다는 사실을 알고 있었기 때문에 이런 일이 필요했다. 예루살렘 교회는 안디옥에 더 공식적인 결정이 내려졌다는 사실을 알리기 원했다. 그들은 편지를 써서 바울과 바나바와 함께 형제들을 보내어 여전히 논쟁을 벌이기를 소망한다.

15:25-27. 사도들과 장로들은 만장일치로 바울과 바나바와 함께 보낼 사람들, 즉 믿음으로 신뢰받고 편지 내용을 직접 보고할 사람들을 선정했다고 안디옥 교회에 전한다.

분열은 공동체가 망한다는 신호이지만, 화합은 칭찬할 만한 일이며 이상적

---

146 실라는 이후 바울과 동행하도록 선택된다(15:40).

147 Polhill, *Acts*, 334,는 이 편지가 그리스-로마 문체로 되어 있는데, 이는 기본적으로 유대인 회중이 안디옥에 있는 헬라어를 사용하는 형제자매들의 문제로 명확하게 의사소통하기 위해 노력하고 있었음을 나타낸다. 이것은 사실일 수 있지만, 당시에는 헬레니즘화되지 않은 유대인 같은 것은 없었지만 확실히 일부 그룹이 다른 그룹보다 더 분리되려고 노력했다는 점도 고려해야 한다.

148 Tannehill, *The Narrative Unity of Luke-Acts*, 2:191.

인 πολιτεία(폴리테이아, 공동체)의 힘을 나타낸다. 편지로 전달된 내용은 어느 정
도 명확성을 가져다주지만, 개인적인 증언은 두 배의 설득력을 가져다준다. 파송
된 이들은 신뢰할 수 있는 사람들이며, 그들의 인격에 대한 증거는 예수님을 위
한 그들의 희생이다.

15:28-29. 공의회의 결정이 기록된다. 안디옥 교회에 보낸 편지는 성령의 "결
정"(δοκέω, 도케오)이었으며, 교회가 그 임명을 확인했다고 말한다. "여기서 교회
의 역할은 엄청나게 능동적이지만, 하나님의 능력으로 능동적이다."[149] 성령은 이
방인 선교에서 중추적인 역할을 했으며, 키너Keener는 이를 사도행전의 성령론적
절정이라고 부른다. 성령은 이방인 선교를 위해 증인들에게 힘을 주셨고(1:8), 오
순절에 하나가 된 목소리를 정하셨으며(2:4), 빌립을 내시에게, 베드로를 고넬료
에게 인도하셨고(8:29), 고넬료의 신분을 확인시켜 주셨다(10:44). "이제 같은 성
령께서 예루살렘 교회를 이방인을 환대하는 신학으로 인도하셨다."[150]

성령의 음성은 공의회의 결정을 통해 들린다. 하나님의 일하심과 교회의 결정
이 합쳐졌다. 존슨Johnson이 말했듯이, "하나님과 교회가 동등한 파트너인 것처럼
보이는 것이 아니라, 교회의 결정은 하나님께서 이미 내린 결정을 최종적으로 따
라잡고 확인하는 결정이다."[151]

하나님과 교회의 결정은 이방인들에게 더 이상 "짐"(βάρος, 바로스)을 지워서
는 안 된다는 것이지만, 이방인들은 20절에 열거된 세 가지를 삼가야 한다는 것
이다.[152] 이 편지는 "스스로 삼가면 잘 되리라"라는 말로 끝을 맺는다. 이 문구는
공식 편지에 사용되었으며 상호의존의 현실을 가정한다.[153] 그들이 지시를 따르면
유대인과 편지를 쓰는 사람들의 호의를 얻을 수 있다.

4.1.2.6. 결과. 안디옥의 기쁨 (15:30-35)

30 그들이 작별하고 안디옥에 내려가 무리를 모은 후에 편지를 전하니 31
읽고 그 위로한 말을 기뻐하더라 32 유다와 실라도 선지자라 여러 말로 형제
를 권면하여 굳게 하고 33 얼마 있다가 평안히 가라는 전송을 형제들에게 받

---

149 Gaventa, *Acts*, 227.

150 Keener, *Acts*, 2:2291.

151 Johnson, *Acts*, 279.

152 여기서는 우상에서 시작하여 피와 목매어 죽인 것, 그리고 마지막으로 성적 부도덕으로
나아가는 순서가 다르다. Origen, *Commentary on Romans* 9:28, in Martin and Smith, *Acts*,
191,은 다른 어떤 도덕법도 금지되어 있지 않다고 지적한다. 그는 "인간의 법이 아무 말도
하지 않았고 종교에 적합해 보이는 것들만 선언한 것"이라고 결론지었다.

153 Witherington, *Acts*, 469.

고 자기를 보내던 사람들에게로 돌아가되 34 (없음) 35 바울과 바나바는 안디
옥에서 유하며 수다한 다른 사람들과 함께 주의 말씀을 가르치며 전파하니라

15:30-31. 이제 공의회가 끝나고 편지가 작성되었으므로, 선택된 사람들은 안
디옥으로 보내진다. 에피소드의 마지막 구절은 첫 구절을 뒤집어 이전의 혼란스
러운 장소에 평화를 가져다준다(1-5, 30-35절). 대표단이 도착하자 그들은 회중
을 모아 편지를 전달한다.

이 내러티브는 일부 유대인들 때문에 일어난 안디옥의 혼란에서 시작되었다.
이제 예루살렘에서 평화와 기쁨, 기쁜 소식이 전해진다. 동료 신자들은 스트레스
의 원인이 되기도 하지만 위로의 원천이 되기도 한다. 그들이 **보혜사**와 함께 발걸
음을 맞추고 있다면 그들은 치유를 손에 들고 도착할 것이다. 이방인들은 이스라
엘의 이야기를 배웠지만, 그들의 차이점을 통해 교회의 생명을 확장한다.

15:32-33. 누가는 예루살렘에서 파송된 유다와 실라도 선지자였다고 언급한
다. 바울과 바나바 외에도 선지자들이 있었다는 증거가 될 수 있다. 그들은 안디
옥에 있는 형제자매들을 격려하고 힘을 실어주었다. 그들의 임무는 편지를 전달
하고 절차에 관해 증언하는 것뿐만 아니라 유대에서 온 유대인들로 화가 난 교회
를 격려하는 것이었다.

유다와 실라는 안디옥에서 시간을 보낸 후 평화롭게 예루살렘으로 돌아간다.
의견이 달랐던 두 어머니 교회는 이제 하나가 된다. 다윗의 장막이 재건되어 열방
이 메시아의 소식을 계속 들을 수 있었다.[154]

15:35. 누가는 공의회를 마무리하는 동시에 다음 선교 여행의 발판을 마련하
는 연계 구절로 이야기를 마무리한다. 바울과 바나바는 안디옥에 남아 주님의 말
씀을 가르치고 선포했다. 누가는 주님의 말씀이 어떻게 계속 전파되었는지에 대
한 전형적인 진술로 이야기를 마무리한다.

사도행전에서 해결된 각 문제는 더 많은 사람이 메시아에 대한 소식을 들을
수 있는 길을 열어준다. 큰 장애물을 넘었다. 이방인이 공동체에 들어올 때 할례
를 받거나 모세의 율법을 따르지 않아도 된다는 것은 유대인의 전통에서 급진적
으로 벗어난 것이지만 하나님 아버지의 계획과 일치한다.

안디옥 교회는 평화로웠고 말씀은 계속 선포되었다. 예루살렘 공의회는 교회

---

154 대부분 현대 영어 본문은 행 15:34이 사본에서 잘 증명되지 않기 때문에 생략한다.
그들은 이 구절을 생략했지만 KJV와 같은 오래된 번역본에는 15:34이 포함되어 있다.
일부 서방 사본에는 "실라가 그곳에 머무는 것이 좋게 보였더라"라고 되어 있는데, 이는
40절에서 바울이 다음 선교 여행을 위해 실라를 선택한 것을 이해하기 위해 추가되었다.

가 신학적 분쟁을 결정하는 것뿐만 아니라 삼위일체 하나님의 선교에 관한 것이다. 분열된 교회는 선교가 없는 교회이다. 성령은 교회를 온전하게 하셔서 열방이 예수님의 메시지를 듣고 성전이 이 땅을 가득 채울 수 있도록 하신다.

4.2. 마게도냐와 아가야에 증언 (15:36-18:23)

바울의 두 번째 선교 여행은 첫 번째 여행과 마찬가지로 안디옥에서 시작된다.[155] 그러나 이번에는 동행할 동역자들에 대한 의견 차이가 생긴다. 바울은 바나바와 마가 요한 대신 실라와 디모데와 동행한다(15:36-16:5).

바울 일행은 첫 번째 여정에서 설립한 교회들을 격려하고 예루살렘 공의회 보고를 전달한다. 그러던 중 마게도냐 사람에 대한 영적인 환상을 보고 서쪽으로 더 멀리 간다. 그들은 로마(마게도냐와 아가야)에 가까워지고 예루살렘에서 멀어지면서 독특한 도전에 직면하고 그리스도의 우월성에 관해 계속 논쟁한다.[156]

로마 식민지 빌립보에서는 독특한 회심자 세 명이 새로운 가정을 세우지만 바울과 실라는 결국 투옥된다(16:6-40). 데살로니가와 베뢰아에서 그들은 우월한 왕을 선포한다. 어떤 사람들은 이것이 현재의 정치 질서를 뒤흔들어 더 큰 격변을 일으킬 것이라고 생각한다(17:1-15). 바울과 실라는 아가야로 향한 후 아테네에서 우월한 철학을 선포한다(17:16-34). 마지막으로 그들은 고린도로 가서 주님의 백성이 많이 살고 있다고 선언하고, 법정 판결을 통해 기독교가 우월한 덕을 가지고 있음을 보여준다(18:1-17).

바울의 두 번째 선교 여행		
장 소	구 절	행 동/메 시 지
안디옥에서 파송됨	15:36-41	

---

155 서론에서 나는 선교 여행 모델이 내러티브를 나누는 가장 좋은 방법인지에 관해 논의했다. Thompson, *The Acts of the Risen Lord Jesus*, 64,은 16:1-5을 사도행전 15장에 포함시키고 18:22-18:23 사이에 문학적 단절이 없다는 점을 근거로 대부분 학자와 다른 방식으로 첫 번째, 두 번째, 세 번째 선교 여행을 나눈다.
156 현대의 그리스는 사도행전에서 마게도냐와 아가야로 나뉜다. 사도행전 19:21에서 바울은 "마게도냐와 아가야"를 통과하기로 결심한다. 롬 15:26에서 바울은 "마게도냐와 아가야"가 예루살렘 교회에 기여하여 기뻤다고 말한다. 살전 1:7에서도 "마게도냐와 아가야"에 관해 언급한다.

소아시아	16:1-5	격려와 또 다른 동역자
빌립보	16:6-40	우월한 가정
데살로니가+베뢰아	17:1-15	우월한 왕
아덴	17:16-34	우월한 철학
고린도	18:1-17	우월한 덕
안디옥까지 여행 내러티브	18:18-23	

바울의 두 번째 선교 여행은 세 가지 과제로 구성된다. 첫째는 그가 세운 기존 교회를 견고하게 하는 것이다. 두 번째 여행은 새로운 영토를 확보하는 것뿐만 아니라 이미 세워진 왕국의 전초기지를 강화하는 것이기도 하다. 바울에게 자신의 사명은 빛나는 교회가 아니라 그리스도를 따르는 자로서 고난을 견디는 공동체를 만드는 것이다.

둘째, 빌립보, 데살로니가, 베뢰아, 고린도에 새로운 교회를 개척한다. 새로운 지역에는 새로운 공동체가 필요하다. 셋째, 바울은 실라, 디모데, 누가, 브리스길라, 아굴라를 고용하여 동역자 네트워크를 넓힌다. 이 일은 절대 바울 혼자서 할 수 있는 일이 아니었다. 복음은 사역자 한 명을 초월한다.

이 여정은 특히 복음이 그리스-로마 가정에 미친 영향을 강조한다. 현지 식주인(환대자; host. 간수, 루디아, 야손, 아굴라와 브리스길라, 디도 유스도)이 강조된다. 하나님의 여행하는 나그네에 대한 환대는 이방인 가정을 확장시킨다. 메시아를 중심으로 새로운 친족 그룹이 형성되어 자원을 나누고 서로를 형제자매라고 부른다(16:40).

누가복음 전체에서 메시지에 대한 반대가 주제이지만, 두 번째 여정에서는 사자들에 대한 구체적인 비난에 초점을 맞춘다. 바울은 율법 위반자, 배신자, 평화를 방해하는 자, 협박자로 낙인찍힌다.[157] 더 큰 이야기에서 유대인(14:2, 5, 19; 17:13; 21:27-36)과 이방인(16:19-22; 19:24-29) 모두 결국 바울에게 문제의 근원이 된다.

그들은 바울의 메시지가 현재의 체제와 안정을 위협하기 때문에 폭동과 불안을 일으킨다. 바울의 복음은 종교적 신념, 사회적 결속, 정치적 안정을 위협하는 문화적으로 불안전하게 만들어버리는 세력이었다.[158] 예수님의 몸으로 새 시

---

157 에베소 이야기는 공식적으로는 다음 단락에 속하지만 바울에 대한 비난과 관련이 있으므로 여기에 함께 넣었다.

158 Tannehill, *The Narrative Unity of Luke-Acts*, 2:203,에서 지적했듯이, 이러한 비난 중 어느 것도 변호하는 설교로 이어지지 않는다.

대가 왔다. 누가는 바울의 메시지가 가진 문화를 뒤흔들고 문화를 형성하는 힘을 강조한다.

바울을 반대하는 고소			
장 소	본문	고소자	고소 내용
빌립보	16:20-21	이방인	로마 관습을 훼손하는 외부에서 들어온 관습
데살로니가	17:5-7	유대인	가이사의 법에 반하는 행동. 예수를 왕으로 선포하는 행위
아덴	17:18	이방인	이방 신을 전함
고린도	18:12-13	유대인	율법에 어긋나게 하나님을 경배하도록 사람들을 설득함
에베소	19:25-27	이방인	손으로 만든 신은 신이 아니라고 주장하여 신을 경멸하는 행위

4.2.1. 용감한 바울의 사람들 (15:36-16:5)

두 번째 선교 여행은 공의회에서 바울이 안디옥을 떠나는 장면으로 독자들을 이동시키는 연결 고리, 즉 연결 부분으로 시작된다.[159] 첫 번째 여행과 달리 이 출발은 평온하게 진행되지 않는다. 바울과 바나바 사이에 동행자에 대한 열띤 논쟁이 벌어진다. 이 논쟁은 너무 심각해서 바울과 바나바는 결별한다. 바울은 교회들을 견고하게 하기 위해 실라를 동행자로 선택한다(15:36-41).

갈라디아에 도착한 그들은 바울이 동행하기를 원하는 디모데를 발견한다. 바울은 디모데에게 할례를 받게 하고 교회가 계속 성장할 수 있도록 교회를 견고하게 한다. 바울에게 디모데는 다윗의 용사들과 같은 동반자였다(삼하 23장). 누가복음이 동역자에 관해 이렇게 많은 정보를 제공하는 이유에 관해 해석가들은 논쟁을 벌였지만, 몇 가지 목적이 있다.

첫째, 임무는 명확하지만 누구를 데려올지는 항상 명확하지 않다. 여기에는 임무가 표류하는 것이 아니라 인원에 대한 실수가 드러나 있다. 둘째, 누가의 관심은 분쟁에서 누가 "옳은가"가 아니라 두 팀이 나가서 더 많은 지역을 맡는 것

---

159 어떤 학자들은 15:36-16:5이 단지 전환 부분이라고 주장하는데, 부분적으로는 사실이다. 그러나 그것은 또한 두 번째 선교 여행의 도입부로 기능한다. 누가는 자주 μετά와 함께 시간 참조를 사용하여 새로운 부분을 시작한다(15:36; 18:1; 21:15; 24:1; 25:1; 28:11,17). Polhill, *Acts*, 341,에서 "바울의 두 번째 주요 임무인 새로운 부서가 이 시점에서 실제로 시작된다"라고 주장한다.

이다. 심한 의견 불일치는 분열을 일으키지만 아버지의 계획은 여전히 전진한다.

셋째, 두 사자는 모두 동행자를 데리고 간다. 그들은 절대 혼자서 사역을 시작하지 않는다. 넷째, 마지막으로, 동행자는 특정한 상황에서 사역할 수 있는 능력으로 선택된다. 실라는 예루살렘을 대표하고 디모데는 민족적으로 예루살렘과 그 사이에 있다. 이 여정에서 바울은 다시 유대인과 이방인을 찾아간다.

4.2.1.1. 험난한 시작 (15:36-41)

36 며칠 후에 바울이 바나바더러 말하되 우리가 주의 말씀을 전한 각 성으로 다시 가서 형제들이 어떠한가 방문하자 하고 37 바나바는 마가라 하는 요한도 데리고 가고자 하나 38 바울은 밤빌리아에서 자기들을 떠나 함께 일하러 가지 아니한 자를 데리고 가는 것이 옳지 않다 하여 39 서로 심히 다투어 피차 갈라서니 바나바는 마가를 데리고 배 타고 구브로로 가고 40 바울은 실라를 택한 후에 형제들에게 주의 은혜에 부탁함을 받고 떠나 41 수리아와 길리기아로 다니며 교회들을 견고하게 하니라

15:36. 바울과 바나바는 이방인이 메시아 공동체에 들어가기 위해 할례를 받아야 하는지에 대해서 숙고한 결정을 안디옥에 전달했다. 그들은 한동안 안디옥에 머물렀지만 누가의 주된 목적은 그들의 선교를 서술하는 것이었다. 그는 바울과 바나바의 대화로 빠르게 넘어가면서 첫 번째 선교 여행을 떠난 교회로 돌아가서 격려해야 한다고 말한다.

바울은 특별히 형제자매들을 "방문"(CSB) 또는 "돌보고 보살피고"(ἐπισκέπτομαι, 에피스켑토마이) 싶어 한다. 이 동사는 누가복음과 사도행전의 다른 곳에서 하나님이 자기 백성을 방문하시는 것을 말할 때 사용하며(눅 1:68; 7:16, 23-24; 행 15:14), 구약에서 하나님이 자기 백성을 도우신 것(창 21:1; 50:24; 출 3:16; 4:31)에서 유래한다. 바울과 바나바가 성령을 통해 예수님을 선포함으로써 여호와의 임재를 전할 때 바울의 "방문"은 삼위일체 하나님의 사역과 결합된다.

바울에게 목회 사역에는 사람의 방문과 건강을 측정하기 위한 지속적인 점검이 포함된다. 그는 사탄이 길 잃은 양을 삼키기 위해 배회하고 있다는 것을 안다(벧전 5:8). 독자들은 동역자에 대한 의견 차이가 있다는 것을 알게 되겠지만, 선교의 범위와 성격에 관해서는 일치된 의견이 존재한다는 것을 알 것이다.

15:37-38. 바나바는 여행에 동의하지만, 첫 번째 선교 여행 일부를 함께했던 요한 마가를 데려가기를 원한다(13:13). 바울은 과거 여행에서 그들을 "떠났

던"(ἀφίστημι, 아피스테미) 사람을 데려가서는 안 된다고 주장한다.[160] 이 선교는 현대의 관광 여행이 아니라 위험한 모험이었다. 사도행전 13장 13절은 개인의 이탈에 관해 부정적이든 긍정적이든 거의 자세히 언급하지 않았다. 그러나 여기에서 바울은 요한 마가의 이탈을 변절로 간주했음을 분명히 밝히고 있다. 복음 사역에는 종종 실망과 배신이라는 현실이 포함된다. 누가의 목표는 이러한 사명을 가볍게 여기지 않는다.

내러티브 전체에서 바나바는 사람들의 선한 면을 보는 경향이 있었다. 그는 "바울을 옛것에서 새것으로 인도하는 다리"(9:27)였고,[161] 안디옥으로 보내져 바울을 도와 사역을 도왔으며(11:22), 첫 번째 선교 여행을 위해 성령께 구별되었고(13:2), 공의회를 위해 예루살렘으로 파송되었다(15:2). 이제 바나바의 넓은 마음은 요한 마가에게 다시 한번 기회를 주고 싶어 한다. 그러나 바울은 그 생각에 반대한다.[162]

누가는 이 상황에서 누가 도덕적인지 밝히지 않고 다른 곳에 초점을 맞춘다. 이 에피소드는 선교적 노력의 내적 투쟁과 본질을 보여준다. 인간의 연약함과 실수조차도 하나님의 계획을 궤도에서 벗어나게 할 수는 없다. 신약 후반부에서 독자들은 바울이 마가와 화해하는 모습을 볼 것이다(골 4:10; 딤후 4:11).

15:39-40. 이 논쟁의 결과는 바울과 바나바의 친밀한 관계에 비추어 볼 때 실망스러운 일이다. 바울과 바나바는 "날카로운 의견 불일치"(παροξυσμός, 파록쉬스모스, 개역개정. "심히 다투어")로 헤어지게 된다(신 29:28; 렘 32:37). 친한 친구가 되어 수백 킬로미터를 함께 여행하며 여러 차례 예수님을 전했던 두 사람이 개인적인 의견 차이로 결별했다. 성령으로 충만한 두 사람이 의견이 다를 수 있으며, 누가는 그들 중 한 사람이 성령 충만도가 낮다고 암시하지 않는다.[163]

---

160 예수님의 가르침에 담긴 원리가 작용했을 수 있다. "손에 쟁기를 잡고 뒤를 돌아보는 자는 하나님의 나라에 합당하지 아니하니라"(눅 9:62). 바울의 동역자(골 4:14; 몬 24절)였다가 바울을 버리고 데살로니가로 가는 데마(딤후 4:10)에 대한 유사한 생각도 참고하라. 그러나 요한 마가와 데마가 버리고 간 것은 다른 버림이다. 하나는 마음의 실패이고 다른 하나는 정신의 실패이다.

161 Jennings, *Acts*, 151.

162 어떤 학자들은 두 가지 다른 요인이 작용할 수 있다고 지적한다. 첫째, 요한 마가는 바나바의 사촌이다. 둘째, 바나바가 안디옥에서 이방인과 분리한 베드로의 모범을 따랐을 때(갈 2:11-13) 바울과 바나바 사이가 오래 떨어져 있었을 수 있다. 이 두 가지 가능성 모두 가능하지만, 바울과 바나바는 선교를 위해 하나가 된 것처럼 보였고 누구를 데려갈지에 관해서만 의견이 갈렸기 때문에 두 번째 가능성은 작다.

163 Jonas, *Annotations on Acts* 15:36–41, in Chung-Kim, Hains, et al., *Acts*, 219,은 이것이 죄였지만 성령은 여전히 거룩하게 하신다고 말한다. "죄 가운데서, 사탄의 수많은 올무 가운데서, 육체의 믿을 수 없는 연약함 가운데서, 성령은 우리를 거룩하게 하시고, 우리를 지지하고 보호하신다. 의심할 여지 없이 이 불화는 큰 스캔들이었다."

바나바는 마가를 데리고 구브로 섬으로 간다. 바나바는 다시 돌아오지 않고 사도행전의 무대를 떠난다. 반면에 바울은 실라를 선택하고 형제자매들에게 주님의 은혜로 부탁을 받은 후 떠난다. 안디옥 교회는 분쟁으로 그의 자격에 의문을 제기하지 않았다. 실라는 이방인 포용에 동의하는 유대인 그리스도인이자 로마 이방인일 가능성이 크다(16:37-38). 그는 예루살렘 공의회의 메시지를 전달하는 데 좋은 동반자가 될 수 있다. 그는 로마가 점령한 영토로 더 많이 들어갈 때 유용하게 쓰일 것이다.

15:41. 누가는 교회가 견고하게 되었다는 점을 강조한다(14:22; 15:32; 18:23). 바나바와 요한 마가가 바다를 통해 구브로로 가는 동안 바울과 실라는 육로로 시리아와 길리기아를 거치면서 신자들을 견고하게 한다.[164] 한 팀이 아닌 두 팀이 파송되어 더 많은 지역을 맡을 수 있다.[165]

마귀가 악으로 시도하는 것을 하나님은 선으로 돌이키실 것이다(창 50:20). 동행자는 필수적이지만, 더 중요한 것은 신자들이 용기를 얻고 말씀이 퍼지는 것이다.

4.2.1.2. 소아시아의 바울, 실라, 디모데 (16:1-5)

1 바울이 더베와 루스드라에도 이르매 거기 디모데라 하는 제자가 있으니 그 어머니는 믿는 유대 여자요 아버지는 헬라인이라 2 디모데는 루스드라와 이고니온에 있는 형제들에게 칭찬 받는 자니 3 바울이 그를 데리고 떠나고자 할새 그 지역에 있는 유대인으로 말미암아 그를 데려다가 할례를 행하니 이는 그 사람들이 그의 아버지는 헬라인인 줄 다 앎이러라 4 여러 성으로 다녀 갈 때에 예루살렘에 있는 사도와 장로들이 작정한 규례를 그들에게 주어 지키게 하니 5 이에 여러 교회가 믿음이 더 굳건해지고 수가 날마다 늘어가니라

16:1. 바울과 실라가 첫 번째 선교 여행에서 교회를 개척했던 지역(수리아, 길리기아, 더베, 루스드라)을 통해 동쪽에서 서쪽으로(서쪽에서 동쪽이 아니라) 여행하면서 동역의 주제는 계속 이어진다. 바울과 실라는 1,280킬로미터가 넘는 거리를 이동하지만 누가는 마게도냐에 초점을 맞추기 위해 이야기를 빠른 속도로 진행한다.

누가는 바울이 더베와 루스드라로 돌아가는 이야기를 잠시 멈추고 또 다른 동행자를 강조한다. 이곳은 바울이 돌에 맞았던 곳이다. 과거의 핍박이 바울의 목적을 막지는 못했다. 루스드라 또는 데베에서 바울은 혼혈 출신 디모데라는 제자를 만

---

164 바나바는 구브로 출신이므로(4:36) 그곳으로 돌아가는 것은 당연한 일이다.

165 Parsons, *Acts*, 222,는 바나바와 요한 마가가 구브로로 항해하는 것은 바나바가 고향으로 돌아갈 수 있기 때문에 비판을 누그러뜨릴 수 있다고 제안한다(4:36). 그러나 바나바가 누군가를 데리고 갔고 누가는 그것을 선교사로 묘사하고 있기 때문에 그럴 가능성은 작다.

난다.[166] 그의 어머니는 유대인(유니게, 딤후 1:5)이었지만 아버지는 헬라인이었다.

그를 유대인으로 분류할지 이방인으로 분류할지는 논쟁의 여지가 있지만 누가의 요점은 혼혈이라는 것이다.[167] 바레토Barreto가 주장하듯이, 사도행전의 나머지 부분에서 디모데는 그리스도를 따르는 사람들이 "갈등하는 민족 정체성의 복잡성을 포용하는 민족적 협상의 길을 발전시켜 왔음을 보여준다."[168] 실라가 예루살렘과 바울의 선교 사이의 연합을 상징한다면 디모데는 인종적으로 다양한 예수 공동체를 형성하면서 새로운 선교를 상징하는 인물이다.[169]

바울의 동역자들은 바울의 충성심과 목적을 반영한다. 파슨스Parsons는 "그러므로 실라와 디모데는 이방인 선교의 본질적인 것을 희생하지 않으면서 유대인의 감수성에 대한 바울의 헌신을 구현한다."라고 주장한다.[170]

16:2-3. 누가는 루스드라와 이고니온 (인근 도시)에 있는 형제자매들이 디모데의 성품에 관해 증언했다고 기록한다. 바울은 디모데에게 보낸 편지에서 장로는 책망할 것이 없는 사람이 되어야 한다고 설명한다(딤전 3:2, 7). 바울은 이미 실라를 동반자로 삼고 있지만 디모데도 함께 가기를 원한다. 그는 유대인들이 공격하지 않게 디모데에게 할례를 베풀었다.

디모데는 할례를 받지 않았기 때문에 그 지역의 유대인들에게 배교자로 여겨졌을 것이다. 앞서 바울은 이방인 디도가 할례를 받는 것이 복음의 진리에 위배

---

166 디모데가 어디 출신인지는 분명하지 않지만 많은 사람이 루스드라로 추정한다. 디모데는 17:14-15, 18:5, 19:22, 20:4에서만 명시적으로 언급되지만, 바울 서신에 따르면 바울의 선교에 큰 역할을 담당한다. 바울은 그를 "동료 일꾼"(롬 16:21)이자 그의 특별 대리인(고전 4:17; 16:10; 빌 2:9; 살전 3:2, 6)이라고 불렀다. 또한 바울의 서신(고후 1:1; 빌 1:1; 골 1:1; 살전 1:1; 딤후 1:1; 몬 1절)을 쓰는 데 크게 관여했으며, 디모데전서와 후서의 수신인이기도 했다. 따라서 디모데에 대한 정보가 부족하다는 것은 누가의 보도가 매우 선택적이라는 것을 보여준다.

167 어떤 사람들은 모계 원칙을 따른다. 즉, 자녀의 민족적 정체성은 어머니의 민족에 의해 결정된다. 그러나 이것은 미쉬나까지 명확하지 않다. 테르툴리아누스, 클레멘트, 오리게네스, 아우구스티누스, 히에로니무스, 크리소스토무스는 디모데를 이방인으로 간주했다. 라이라의 니콜라스에 이어 암브로시아스는 유대인 어머니 때문에 디모데가 유대인이라고 생각했다. 대부분 사람들은 바울이 디모데에게 할례를 주었기 때문에 디모데를 유대인으로 이해하는 것이 합리적이라고 주장한다. 예루살렘 공의회는 이미 이방인은 할례를 받을 필요가 없다고 선언한 바 있다. 디모데의 정체성에 대한 논의는 Keener, *Acts*, 3:2318,을 참조하라.

168 E. D. Barreto, *Ethnic Negotiations: The Function of Race and Ethnicity in Acts 16*, WUNT 294 (Tübingen: Mohr Siebeck, 2010), 182; Thiessen, *Contesting Conversion*, 120–22.

169 Tannehill, *The Narrative Unity of Luke-Acts*, 2:195–96. Jennings, *Acts*, 152,은 "더베와 루스드라 사이의 어딘가에 인종간 공간을 그의 몸에 감싼 사람이 있었다"라고 올바르게 말한다.

170 Parsons, *Acts*, 223.

될 수 있기 때문에 거부했다(갈 2:1-5). 바울의 선교적 유연함이 잘 드러난다. 그는 구원하기 위해 기꺼이 모든 사람에게 모든 것이 되고자 했다(고전 9:20-22).

어떤 지역에 들어간다는 것은 때때로 불쾌감을 피하기 위해 현지인의 기대에 부응하는 것을 의미한다. 바울은 예루살렘 공의회의 숙고한 결정을 거스르지는 않지만, 할례를 받지 않으면 디모데(또는 바울)가 유대인들 사이에서 사역하기 어렵다는 것을 실용적으로 인식한다.[171]

바울은 구원에 관한 문제가 아니라면 할례를 받아들일 수 있었다. 할례는 그 자체로 아무것도 아니므로 복음을 섬기는 데 사용할 수 있다(고전 7:19). 필요하다면 바울은 그것을 맹렬히 비난한다. 필요하지 않다면 신중하게 판단할 문제이다. 바울은 절대 자신의 유대인 유산을 버리지 않지만, 다른 사람들에게도 그렇게 하라고 요구하지 않는다. 그는 단순히 이방인에게 유대인이 되라고 요구하지 않는다.

16:4-5. 바울과 실라, 디모데는 도시들을 여행한다. 아마도 이 도시들은 갈라디아에 있는 것으로 추정된다. 다음 지리적 기록에 무시아지만, 소아시아에서는 말하는 것이 금지된 곳으로 나와 있기 때문이다. 누가는 1,280킬로미터가 넘는 거리에 50일 이상 걸렸을 여정을 간결하게 요약하여 설명한다. 누가의 시선이 마게도냐에 고정된 이유는 성령의 인도하심이 있는 곳이기 때문이다.

그들은 여행하면서 예루살렘 공의회의 결정을 전달한다.[172] 그들의 사명 중 하나는 교회들을 견고하게 하는 것이었고, 다른 하나는 그 결정을 전달하는 것이었다. 두 가지가 함께 진행되었다. 공의회의 결정을 알게 된 교회들은 힘을 얻었다. 교회들은 날마다 그 수가 증가했다.

이것은 9장 31절에서와 같은 요약이다.[173] 누가의 관점에는 교회의 내적 건강과 성장이 함께 녹아 있다. 교리적으로 건전하고 번성하는 공동체는 서로 연결되

---

171 Johnson, *Acts*, 290,은 디모데의 할례가 독자들에게 세 가지를 알려준다고 말한다. 첫째, 할례는 유대인들이 적절하다고 여기는 그들의 전통에서 모든 것을 계속 행할 수 있게 해주었다. 둘째, 이방인을 향한 바울의 선교는 유대교를 포기한 것이 아니다. 셋째, 바울이 유대인들에게 모세를 버리라고 가르치지 않았다는 증거인데, 이는 바울이 명백히 비난받은 내용이다(21:21). Augustine, *Letter 82.8 to Jerome*, in Martin and Smith, *Acts*, 196,은 바울이 할례로 구원을 얻는다고 생각하지 않았으며 모세를 버리지도 않았다고 말한다. 오리게네스 (*Commentary on the Gospel of John* 13.111)과 알렉산드리아의 클레멘트(*Stromateis.* 7.9)는 바울이 수용했다고 말한다. 오리게네스는 참된 예배자는 때때로 상징의 노예가 된 사람들을 해방하고 상징이 나타내는 것으로 인도하기 위해 상징적 행위를 수용하는 방식으로 수행한다고 말했다(Martin and Smith, *Acts*, 197).

172 흥미롭게도 누가는 공의회 결정이 교회 전체가 아니라 사도와 장로들이 내린 결정이라고 말한다.

173 많은 사람이 성장이라는 표현을 구조적 전환의 지표로 사용한다.

어 있다. 교리적이고 실제적인 문제의 해결은 성장을 촉진했다(6:7; 9:31).[174] 교리, 힘, 성장은 같은 나무에서 나온 가지이다.

4.2.2. 마게도냐 선교 (16:6-17:15)

소아시아나 마게도냐는 모두 로마 제국의 영토였지만, 소아시아에서 마게도냐로 전환은 문화적, 지도학적, 그리고 경계를 넘나드는 사건이다.[175] 당시에는 현대 지리적 구분이 두드러지지 않았지만, "유럽" 영토는 제국과 더 밀접하게 연계되어 있었고, 바울의 여행은 알렉산더의 정복에 대한 반전이 될 수 있었다. 새로운 왕의 메시지가 도착했지만 이번에는 평화의 메시지이다(슥 9:10).

바울은 가능하면 유대인에게 먼저 말하지만, 이 부분에서는 이방인과 만남이 더욱 두드러져 유대인들에게 더 많은 핍박을 받는다. 바울은 먼저 빌립보, 그다음 데살로니가, 마지막으로 베뢰아(총 250킬로미터)로 간다. 각 도시에서 그는 성경에 나오는 예수님에 대한 자신의 주장을 펼친다. 이 메시지는 가정 교회, 즉 디아스포라 성전의 축소판을 만들어 낸다.

많은 이방인이 바울을 환대하는 모습을 통해 복음을 받아들인다는 것을 보여준다. 누가는 처음으로 온 가족이 구원을 받았다고 말하지만, 이 소식으로 소란과 반목이 일어나기도 한다. 바울은 로마의 다신교에 도전하면서 가이사에 대한 선동죄로 고발당한다.

빌립보에서 바울은 사회의 다양한 신분 계층을 대표하는 세 사람, 즉 자색 옷감 파는 부자(16:14), 점치는 자(16:16-18), 간수(16:23-37)를 만난다. 루디아와 간수는 바울에게 환대를 베풀며 바울을 받아들였음을 나타낸다. 바울은 투옥에 직면하지만, 복음 선포에 더욱 박차를 가할 뿐이다. 데살로니가에서 바울은 유대인에게 먼저 설교한 후 이방인에게도 설교하지만, 유대인들은 시기하며 바울을 가이사 칙령을 어긴 죄로 고발한다.

바울은 베뢰아로 피신하여 따뜻한 환영을 받지만 데살로니가 유대인들이 그를 따라가 그곳에서도 무리를 선동한다. 누가는 다시 말씀과 박해의 진전을 짝지어 설명한다. 사도행전에서는 이 두 가지가 교차한다.

---

174 Peterson, *Acts*, 452.

175 Barreto, *Ethnic Negotiations*, 120,는 마게도냐는 "마게도냐 사람"의 부름에 근거한 민족적 전환에 가깝고 지리적 기록은 현대적 가정에 근거한 것이라고 주장한다. 그러나 지리적 요소와 민족적 요소는 함께 보아야 한다.

바울의 마게도냐 사역			
장 소	메시지	받아들임	박 해
빌립보	우월한 가정	가정의 믿음과 세 가지 다양한 만남	매를 맞고, 감옥에 갇힘
데살로니가	우월한 왕	유대인과 그리스인은 긍정적으로 반응하지만 어떤 유대인은 시기함	선동 혐의로 기소됨
베뢰아	우월한 왕	베뢰아의 너그러운 반응	데살로니가에서 온 유대인들이 군중을 선동함

4.2.2.1. 빌립보의 우월한 가정 (16:6-40)

누가는 마게도냐의 첫 번째 지역인 로마 식민지 빌립보에 가장 많은 시간을 할애하고 있다. 빌립보에서는 두 가지 현실이 집중적으로 다뤄진다. 첫째, 두 가정이 예수님의 통치 아래 들어오고 다양한 세 명이 구원을 받으면서 성장에 대한 강조가 계속된다. 누가가 (고넬료 이후) 처음으로 가정 세례에 관해 언급하는 것은 빌립보 선교의 성공을 보여준다.

루디아는 바울과 그의 동료들을 후원하는 중심인물이 되어 가정 교회가 활기를 띠는 계기를 마련한다. 간수와 그의 가족도 회심한다. 로마와 이교도가 뚜렷한 이 지역에 복음이 들어와 승리를 거둔다. 복음은 자연적인 것과 초자연적인 것을 이기고, 사회적으로 인정받는 사람과 버림받은 사람, 명예로운 사람과 명예롭지 않은 사람을 모두 환대한다.

둘째, 예수님의 메시지는 새로운 공동체를 형성할 뿐만 아니라 현재 권력 구조와 충돌하여 박해를 유발한다. 그러나 이 핍박은 기쁨으로 맞이한다(빌 1:18-26). 예수님의 통치는 로마 지역에 격변을 일으킨다. 예수님의 왕권에 대한 메시지는 그들의 재정적 안녕과 사회적 결속을 위협한다. 바울과 실라는 감옥에 갇히지만, 하나님은 주권적으로 그들을 구출하시고 사역을 계속할 수 있도록 허락하신다.

온 땅에 복음이 선포되겠지만 예수님은 제자들에게 고난과 핍박을 피하라고 말씀하신 적이 없다. 놀랍게도 빌립보서에는 두 가지 주제가 모두 포함되어 있다. 바울은 빌립보 교인들에게 기쁨이 넘치는 하나님 나라의 시민으로 살라고 격려한다(빌 1:27; 3:20). 로마 시민권과 가정은 하늘나라 시민권 및 가정과 대비된다. 이 편지에는 명예와 수치, 기쁨과 고통에 대한 가르침도 스며들어 있다.

4.2.2.1.1. 마게도냐 사람의 부름 (16:6-10)

6 성령이 아시아에서 말씀을 전하지 못하게 하시거늘 그들이 브루기아와 갈라디아 땅으로 다녀가 7 무시아 앞에 이르러 비두니아로 가고자 애쓰되 예수의 영이 허락하지 아니하시는지라 8 무시아를 지나 드로아로 내려갔는데 9 밤에 환상이 바울에게 보이니 마게도냐 사람 하나가 서서 그에게 청하여 이르되 마게도냐로 건너와서 우리를 도우라 하거늘 10 바울이 그 환상을 보았을 때 우리가 곧 마게도냐로 떠나기를 힘쓰니 이는 하나님이 저 사람들에게 복음을 전하라고 우리를 부르신 줄로 인정함이러라

16:6-7. 성령은 바울과 실라를 땅끝까지 적극적으로 밀어붙이시지만 이번에는 좌절시키는 힘으로 작용한다. 바울과 실라, 디모데는 브루기아와 갈라디아를 통과하지만 성령의 지시에 따라 아시아에서 말씀을 전하지 않는다. 소아시아 북서부에 이르러 비두니아로, 북쪽으로 가려고 하지만 예수님의 영이 막으신다. 두 번째 선교 여행의 전개는 인간의 계획대로 진행되지 않는다.

먼저 분쟁이 일어나고 성령께서 선교 확장을 시도하려는 바울을 막으신다.[176] 분명히 이것은 삼위일체 하나님의 선교이다(8:26-40; 9:1-16; 10:1-33; 11:1-18; 13:1-4; 15:1-29). 구체적인 경로는 명확하지 않지만, 폴힐Polhill이 지적했듯이 "지리적 계획은 확실히 지배적인 모티브가 아니며, 하나님의 인도하심"이 주된 주제이다.[177]

사도행전 전체에 걸쳐 성령은 인도하는 존재였다(10:10-20; 13:2). 누가는 성령께서 제자들을 내적으로 또는 청각적으로/시각적으로 어떻게 좌절시키는지 밝히지 않는다. 성령은 사도행전에서 두 가지 방식으로 역사하셨으며(13:1-3; 15:32), 누가가 강조하는 것은 **방법**이 아니라 결과이다. 6절에서는 "성령"이 그들을 인도했지만, 이제는 "예수의 영"이 인도하신다(롬 8:9-10; 빌 1:19).[178]

누가는 성령이 일하실 때 예수님도 일하신다는 것을 확신한다. 예수님은 아버지 우편에 오르셨지만 여전히 개인적으로나 지리적으로 교회를 지휘하신다(단 7:13-14). 이 강조점은 9장 15-16절에 자세히 설명된 바울의 변화와 일치한다. 바울의 사역은 부활 승천하신 주님에게서 비롯되며, 바울과 관련이 있으며, 바울의 고난은 예수님의 이름 때문일 것이다. 이제 누가는 지리적 여행이 예수님의 지시에 따라 이루어졌다고 덧붙인다.

---

176 Tannehill, *The Narrative Unity of Luke-Acts*, 2:194.

177 Polhill, *Acts*, 345.

178 Luther, *Sermon on Acts* 16:7, in Chung-Kim, Hains, et al., *Acts*, 224,은 성령의 인도하심과 마게도냐의 부르심에 관해 "아무리 좋은 일이라 할지라도, 심지어 그의 명령 때문이라도, 여전히 하나님은 공간과 장소와 시간과 방식을 자신에게 남겨두신다"라고 언급한다.

16:8. 누가는 그들이 드로아로 내려갔다고 말한다. 드로아에 대한 지리적 언급은 의미가 있다. 고대의 논의에서는 논쟁의 여지가 있지만 아시아와 유럽 사이에는 동양과 서양이라는 큰 구분이 존재했다. 마게도냐는 이 분열에서 큰 역할을 했다.[179]

실제로 키너Keener는 드로아가 마게도냐와 연결되었을 때 사람들은 알렉산(마게도냐 사람)가 아시아를 침략한 것으로 생각했을 것이라고 주장한다. 바울의 여정은 알렉산더 정복과 반대된다. 더 이상 마게도냐 문화는 아시아에 도달하지 않지만, "아시아" 신앙은 모든 문화에 도달한다.[180] 그러나 이 운동은 제국의 정복이 아니라 고난받는 지도자들을 통해 확산될 것이다. "전쟁하는 활도 끊으리니 그가 이방 사람에게 화평을 전할 것이요 그의 통치는 바다에서 바다까지 이르고 유브라데 강에서 땅끝까지 이르리라"(슥 9:10; 단 7:13-14).

그러므로 "예수의 영"에 대한 언급은 또한 새롭고 고귀한 왕이 그의 영을 통해 자기 백성에게 연합을 가져다준다는 것을 보여준다(참조. 2:42-46; 4:23-37). "주 예수의 통치 아래 아시아와 마게도냐가 하나가 되었다."[181]

16:9-10. 드로아에서 성령의 목적이 환상을 통해 분명해진다. 밤중에 한 마게도냐 사람이 바울에게 나타난다. 민족 협상이 진행 중이다. 이것은 사도행전에서 유일하게 민족적으로 구체적인 환상이었다.[182] 그는 서서 바울에게 마게도냐로 오라고 촉구했다.

가이사, 알렉산더 대왕, 티아나의 아폴로니우스도 "신적 환상"을 정치적으로 비유하여 환상을 제국주의적 또는 군사주의적 색채로 그렸다. 마게도냐 남자는 "마게도냐로 건너와서 우리를 도우라!"라고 말했다. 환상은 베드로에게 주신 꿈(10:10-20)과 첫 번째 선교 여행에서 성령의 역할(13:2)을 떠올리게 한다. 바울은 환상을 본 후 마게도냐로 떠날 계획을 세운다.

마태복음에 나오는 요셉처럼 바울과 그의 동료들은 주님이 주신 환상에 순종

---

179 Thompson, *One Lord, One People*, 76–78.

180 Keener, *Acts*, 3:2236–40. 키너는 아시아와 유럽을 구분하는 것은 시대착오적이며 로마 식민지가 양쪽 모두에 존재했기 때문에 아시아와 유럽의 구분을 강조해야 하는지 의심하는 학자들도 있다고 지적한다. 그러나 고대 독자들은 드로아에서 마게도냐로 넘어가는 것으로 대표되는 상징적인 구분을 인정했다. 로마인과 그리스인은 때때로 아시아에 대한 외국인 혐오를 표현하기도 했다.

181 Thompson, *One Lord, One People*, 78.

182 26:14에서 바울은 예수님이 자신에게 나타나서 아람어로 말씀하셨다고 말하는데, 이는 민족적 의미를 담고 있다. Origen, *Homilies on the Gospel of Luke* 12.2–3, in Martin and Smith, *Acts*, 200,에서는 바울의 도움이 필요했던 목자-천사이며 마게도냐 사람으로 나타났다고 말한다.

한다. 그리고 다니엘처럼 해석은 하나님의 은사였다(단 1:17). 인도하심에서 삼위일체적 성격은 분명하다. 6절에서 인도하시는 분은 성령이시고, 7절에서 예수님의 영이시며, 10절에서 바울은 아버지 하나님께서 그들을 마게도냐로 부르셨다고 결론짓는다. 삼위일체 하나님께서는 바울과 그의 동료들을 예정된 장소로 인도하신다.

10절은 사도행전에서 바울의 선교 여행 중에 일인칭 복수(우리)가 사용된 첫 번째 구절이다. 누가는 '우리'를 많이 썼다. 대부분 학자들은 이것이 누가가 바울과 함께 있었음을 알리는 방식이라고 결론짓는다. 그 의미는 누가가 드로아에 있었고 이 시점에서 바울과 합류했다는 것이다.[183]

4.2.2.1.2. 루디아의 새로운 마음, 환대, 가정 (16:11-15)

11 우리가 드로아에서 배로 떠나 사모드라게로 직행하여 이튿날 네압볼리로 가고 12 거기서 빌립보에 이르니 이는 마게도냐 지방의 첫 성이요 또 로마의 식민지라 이 성에서 수일을 유하다가 13 안식일에 우리가 기도할 곳이 있을까 하여 문 밖 강가에 나가 거기 앉아서 모인 여자들에게 말하는데 14 두아디라 시에 있는 자색 옷감 장사로서 하나님을 섬기는 루디아라 하는 한 여자가 말을 듣고 있을 때 주께서 그 마음을 열어 바울의 말을 따르게 하신지라 15 그와 그 집이 다 세례를 받고 우리에게 청하여 이르되 만일 나를 주 믿는 자로 알거든 내 집에 들어와 유하라 하고 강권하여 머물게 하니라

16:11-12. 11절과 12절은 드로아에서 사모드라게와 네압볼리를 거쳐 빌립보로 가는 여정을 자세히 설명한다. 이 도시들에서는 복음 전도 활동이 언급되지 않는다. 누가는 흥미롭게도 육로 여행보다 바다 여행에 관해 더 자세히 설명한다 (16:11-12; 20:5, 13-15; 21:1-8; 27:1-28:16).

11절에서 바다를 건너는 것은 불필요한 세부 사항처럼 보일 수 있지만, 구약과 그리스-로마 세계에서 바다를 건너는 것은 역동적인 여정을 의미했다. 27장을 보면 알 수 있듯이 바다 여행은 위험한 모험이었다. 여호와는 자기 백성에게 바다를 건너 이방 땅을 혼란스럽게 하라고 지시한다. 이 주제는 여기서의 맥락과 잘 어울린다.

이러한 문화적 경계는 누가가 빌립보에 관해 설명하는 데 특이한 세부 사항으로 더욱 뒷받침된다. 그는 빌립보가 로마의 식민지이자 마게도냐 지역의 주요

---

183 Holladay, *Acts*, 318,은 "우리"를 문체 장치로 사용하거나 누가가 "여행 출처"를 사용하기 시작하는 지점을 표시하는 등의 다른 선택지에 주목한다. 다음도 비슷하게 주장한다. T. E. Phillips, "Paul as a Role Model in Acts: The 'We'-Passages in Acts 16 and Beyond," in *Acts and Ethics*, 61. 학자들이 "우리"를 어떻게 해석하는지는 다음을 참조하라. Keener, *Acts*, 3:2350-74.

도시라는 점을 구체적으로 언급하여 민족적 모호성을 전면에 내세우고 있다. 바울, 실라, 누가, 디모데는 이제 예루살렘에서 멀리 떨어져 로마의 영향력이 있는 주요 도시로 향한다.

바울은 다른 로마 식민지를 방문했지만, "식민지"(χολωνία, 콜로니아)로 정의하는 도시는 이곳이 유일하다. 이 에피소드의 로마적 성격을 강조하는 것은 다음과 같은 단어 선택에서 분명하게 드러난다. 콜로니아(χολωνία)는 라틴어 외래어이고, 관리들은 로마 집정관에 사용하는 헬라어 στρατηγός(스트라테고스. 개역개정, '상관')라고 불리고, 경찰은 로마 하급관리에 사용하는 ῥαβδοῦχος(랍두코스. 개역개정, '부하')라고 불리고, 마지막으로 바울과 실라는 스스로를 로마 시민이라고 말한다(16:37-38). 이러한 세부 사항은 단순히 지역적 색채를 더하기 위한 것이 아니라, 선교가 로마 세계로 침투하는 것과 관련된 이야기이다.[184] 빌립보는 소우주 속의 로마이다.[185]

16:13-14. 바울이 보이는 전형적인 유형은 안식일에 회당을 방문하는 것이지만 빌립보에서는 도시 외곽의 강가로 가서 기도할 장소를 찾는다. 어떤 학자들은 빌립보에 공식 회당이 있을 만큼 유대인 인구가 많지 않았거나 빌립보의 유대인들이 박해에 대한 두려움이 있었을 수 있다고 추측한다. 그러나 회당은 기도하는 장소이기도 했다.[186] 어느 쪽이든, 사회학적으로 볼 때 로마 식민지 내에서 유대인들은 도시 외곽이나 강가에 있는 것처럼 주변적인 존재로 그려진다.

사자들이 도착해서 그곳에 모인 여성들에게 말을 건네는데, 그중 한 명은 두아디라-두로에서 온 이방인이다. 마게도냐 남자가 그들을 부르지만 바울은 여인

---

184 Peterson, *Acts*, 459; Tannehill, *The Narrative Unity of Luke-Acts*, 2:201.

185 Witherington, *The Acts of the Apostles*, 488.

186 Witherington, *The Acts of the Apostles*, 490,은 "바울이 마침내 발견한 집회의 위치는 아마도 빌립보에서 사회적 인식이 부족했음을 시사하는 것"이며 회당이 아닌 "단순히 기도하는 장소를 의미한다"라고 주장한다. Holladay, *Acts*, 321,와 Johnson, *Acts*, 292,은 "기도하는 장소"(προσευχή)가 비문과 다양한 고대 문헌에서 회당, 특히 디아스포라에서 회당을 지정하는 데 일반적으로 사용되었다고 주장한다(3 Macc 7:20; Philo, *Against Flaccus* 45, 47, 49; Josephus, *Against Apion* 2:10; *Life* 277, 280, 293). 할러데이Holladay는 이것이 회당이 아니라 다른 지역이기 때문에 다르게 묘사했다고 상상할 이유가 없다고 결론지었다. 유대에서는 회당이라고 불렸고 디아스포라에서는 프로슈케(προσευχή)라고 불렸다. 존슨Johnson은 이것이 회당과는 별개이며 회당으로 가는 길목에 있을 수도 있다고 주장한다. 할러데이Holladay는 또한 회당이 물 근처에 위치하는 빈도를 지적한다. 회당일 수도 있지만, 17:1에서 회당에 대한 명시적인 언급은 누가가 다른 지역을 다루고 있기 때문에 언어를 변경하는 것과는 거리가 멀다고 지적한다. 또는 Matson, *Household Conversion Narratives in Acts*, 151,는 "회당"이 아닌 "기도"를 사용한 것이 중요한 순간에 복음 전파를 위해 기도하는 누가의 패턴에 부합한다고 지적한다. 그 패턴은 예루살렘(1:14, 24), 사마리아(8:14-15), 땅끝까지(10:4, 9, 30-31; 11:15)이다.

들을 만난다. 루디아에 대한 자세한 묘사가 주어진다. 루디아에 대한 묘사 중 일부는 고넬료(또 다른 누가의 남/여 한 쌍)와 유사하다.[187] 그녀는 두아디라 출신의 "하나님을 경외하는 여인"이었으며 자주색 옷감을 파는 사람이었다(눅 16:19). 그녀는 부유한 사업가였을 뿐만 아니라 하나님을 경외했다.[188] 고넬료와 마찬가지로 루디아도 하나님의 구원에 대한 지식은 있었지만 그리스도의 영광을 듣지 않고는 불완전하다.[189]

루디아가 마게도냐 사람인지 로마 사람인지는 분명하지 않으며, 이는 디모데에서 시작된 누가의 민족적 모호성을 더욱 심화시킨 것일 수 있다. 이러한 민족적 모호성은 이 내러티브의 마지막 부분에서 바울이 자신이 로마 시민이라고 주장할 때 다시 등장한다. 독자들이 바울의 시민권에 관해 처음 듣는 것은 이번이 처음으로, 그는 신실한 바리새인으로 소개되었다. 루디아의 사회적 지위는 바울과 일행에게 환대를 제공하면서 중요해진다. 빌립보 교인들의 관대함은 바울의 편지에 기록되어 있다(빌 4:15-18).

루디아가 예수님에 대한 바울의 메시지를 듣는 동안 주님은 그녀의 마음을 열어 바울에게 응답하게 하신다. 그녀와 고넬료 사이의 연결고리는 분명하다. "고넬료가 사도행전에서 최초의 로마 이방인 개종자였듯이, 루디아는 최초의 유럽인 개종자이다."[190] "열어"는 부활 후 제자들의 눈을 뜨게 할 때 사용된 단어이다(눅 24:31). 변화된 루디아의 마음은 부활하시고 승귀하신 주님을 본 환상을 바탕으로 한다. 누가가 "주님"을 언급하는 것은 모호하지만 일반적으로 예수님을 가리키기 때문에 이 장면에서 해석자들이 예수님의 임재를 보는 것은 잘못된 것이 아니다(눅 24:45).

예수님은 바울에게 사명을 주셨고 경계를 넘도록 인도하셨을 뿐만 아니라 바울의 설교를 듣는 사람들의 마음을 열어 주셨다. 모든 회심이 같은 방식으로 묘사되는 것은 아니지만, 논리적 순서에는 인간의 행동보다 앞서 하나님의 은혜가 있다. 스토트Stott가 말했듯이, "메시지는 바울의 것이었지만 구원의 주도권은 하나

---

187 Matson, *Household Conversion Narratives in Acts*, 152,은 사도행전에서 루디아의 회심은 예루살렘 공의회 이후의 위치에서 비롯된 것이라고 지적한다. 공의회는 이방인 남성은 할례를 받을 필요가 없다고 결정했지만 누가는 공의회 이후 첫 회심자로 여성을 등장시켜 그녀가 환영받는 여성 "고넬료"임을 나타낸다. 루디아는 또한 바울의 선교 여행에서 바울의 첫 번째 식주인(환대자; host)이 된다.

188 Holladay, *Acts*, 321,은 자주색 옷감은 품질과 가격대가 다양했기 때문에 자주색 옷감이 반드시 그녀가 부유했다는 것을 의미하지는 않는다고 주장한다. 그러나 그녀가 적어도 손님 네 명을 맞이할 수 있었다는 사실은 그녀의 부를 나타낸다.

189 Crowe, *The Hope of Israel*, 71.

190 Spencer, *Acts*, 174.

님의 것이었다."[191] 이것은 인간 행위자들을 수동적으로 만드는 것이 아니라, 먼저 하나님을 통해 힘을 얻게 한다. 은혜는 효력이 있다. 하나님은 구원을 부르실 뿐만 아니라 구원을 제정하신다.

16:15. 누가는 주님께서 루디아의 마음을 열어 주신 효과에 관해 설명하지 않는다. 그녀가 방언을 했을 수도 있지만 분명히 말하지 않는다. 그는 결과를 묘사한다. 루디아와 그녀의 가족은 세례를 받음으로써 사도행전(10:47)에 기록된 두 번째 가정 세례가 된다. 어린아이와 노예가 포함되었는지는 불분명하지만 누가의 요점은 빌립보에 가정 교회가 세워졌다는 것이다. 가정은 제국의 축소판으로 간주되어 갈등을 예고했다.

마게도냐 여행은 개인 신자뿐만 아니라 예수 공동체를 설립한다. 세례는 루디아의 이야기를 그리스도의 삶과 죽음, 부활, 승천과 연결한다. 이 시대에 여성이 속한 가정으로 묘사하는 것은 이례적인 일로, 누가의 글에서 이 여성이 얼마나 두드러지고 초점이 맞춰져 있는지 알 수 있다(갈 3:28).

세례를 받은 후 루디아는 바울과 그의 일꾼들을 자신의 집에 머물러 달라고 초대한다. 들어와서(CSB '오다') 머무는 것은 누가복음 10장 5-7절에 나오는 70/72인의 사명을 연상시킨다. "만일 나를 주 믿는 자로 알거든 내 집에 들어와 유하라."[192] 이것은 제1 조건절로, 루디아는 그들이 그녀가 신자라고 생각하는지(이미 세례에서 보여 주었음)를 묻지 않고 자신의 믿음의 실제를 가정한다는 것을 의미한다. 그녀는 바울과 동료들에게 이제 존중과 존경으로 요청한다. 이제 그들이 그녀의 후원자이기 때문이다. 여러 손님을 수용할 수 있다는 사실은 부유함을 증명한다.

바울과 동료들은 그녀의 초대에 설득된다.[193] 환대와 복음 동역은 복음 전파의 주요 주제이다(롬 12:13; 딤전 3:2; 히 13:2; 벧전 4:9; 요삼 5-8절). 바울은 편지에서 빌립보 교인들에게 예수님의 사역에 동역해 준 것에 관해 특별히 감사를 표하기도 한다(1:5, 27; 2:25; 4:3, 15).

---

191 Stott, *The Spirit, the Church, and the World*, 263.

192 "강권하여"($\pi\alpha\rho\alpha\beta\iota\acute{\alpha}\zeta\omicron\mu\alpha\iota$)는 여기와 누가복음 24:29에서만 사용되었는데, 엠마오의 제자들은 예수님께 그들의 집에 함께 머물러 달라고 "촉구"했다. 그러자 예수님은 그들의 집에 "들어가" 그들과 함께 "머물러" 계셨다(24:30). 이러한 언어적 유사점은 바울이 루디아의 집에서 식사한 것이 본질적으로 성찬이었다는 것을 암시한다.

193 Keener, *Acts*, 3:2406-8,은 여자의 집에 머무는 것이 추문으로 간주할 수 있는지에 관해 논의한다. 그는 특히 개인이 아닌 집단에서 항상 그런 것은 아니라고 결론지었다. 그러나 반대자들은 여전히 이 점을 이용해 비판할 수 있다.

4.2.2.1.3. 뱀의 영에 대한 꾸짖음과 투옥 (16:16-24)

16 우리가 기도하는 곳에 가다가 점치는 귀신 들린 여종 하나를 만나니 점으로 그 주인들에게 큰 이익을 주는 자라 17 그가 바울과 우리를 따라와 소리질러 이르되 이 사람들은 지극히 높은 하나님의 종으로서 구원의 길을 너희에게 전하는 자라 하며 18 이같이 여러 날을 하는지라

바울이 심히 괴로워하여 돌이켜 그 귀신에게 이르되 예수 그리스도의 이름으로 내가 네게 명하노니 그에게서 나오라 하니 귀신이 즉시 나오니라

19 여종의 주인들은 자기 수익의 소망이 끊어진 것을 보고 바울과 실라를 붙잡아 장터로 관리들에게 끌어 갔다가 20 상관들 앞에 데리고 가서 말하되 이 사람들이 유대인인데 우리 성을 심히 요란하게 하여 21 로마 사람인 우리가 받지도 못하고 행하지도 못할 풍속을 전한다 하거늘 22 무리가 일제히 일어나 고발하니 상관들이 옷을 찢어 벗기고 매로 치라 하여 23 많이 친 후에 옥에 가두고 간수에게 명하여 든든히 지키라 하니 24 그가 이러한 명령을 받아 그들을 깊은 옥에 가두고 그 발을 차꼬에 든든히 채웠더니

16:16. 누가는 루디아와 대조되는 역할을 하는 여종에 대한 내러티브로 전환한다. 바울과 동료들은 계속해서 기도 장소로 가는데, 가는 길에 "미래를 예언하는 영"(πνεῦμα πύθωνα, 프뉴마 퓌도나. 개역개정, '점치는 귀신 들린')을 가진 여종을 만난다. 여성 예언자를 만나는 일은 로마 세계에서 잘 알려져 있다.

해석가들은 영의 정체성에 초점을 맞출지, 아니면 영의 행동에 초점을 맞출지에 관해 의견이 분분하다. 정체성 측면에서 볼 때, 이 영혼은 퓌도나(πύθωνα)로 분류되며 아폴로 신을 상징하는 델포이 신탁을 지키는 뱀일 수 있다. 아폴로는 미래 사건을 예측한다고 믿었다. 할러데이Holladay는 이 행동에 초점을 맞추고 이 문구가 복화술사(자신의 목소리를 다른 곳에 투사하는 사람) 또는 점쟁이(미래를 예언하는 사람)를 의미한다고 주장한다.[194] 누가는 이 여종은 "점으로"(μαντευομένη, 만튜오메네) 그 주인들에게 큰 이익을 준다고 말한다.[195] 만튜오메네(μαντευομένη)는 70인역에서 이교도 또는 거짓 예언을 위해 광범위하게 사용된다. 이러한 행위는 성경에서 금지되어 있으며 미래를 인도하시는 삼위일체 하나님과 대조를 이룬다.[196]

여종의 정체와 행동에 반대할 필요는 없다. 창세기에서 뱀(정체성)은 하나님

---

194 Holladay, *Acts*, 323.

195 F. S. Spencer, "Out of Mind, Out of Voice: Slave-Girls and Prophetic Daughters in Luke-Acts," *BibInt* 7 (1999): 133–55,는 누가-행전에 등장하는 세 명의 여종, 즉 베드로를 고발하는 여종(눅 22:54-62), 로데(행 12:12-17), 빌립보의 종(16:16-18)을 서로 연결한다. 그는 이것을 사도행전 2장에 나오는 요엘의 예언과 연결해 여종들이 성령의 영감을 받은 선지자가 될 것이라고 말한다.

196 신 18:10; 삼상 28:8; 왕하 17:17; 렘 27:9; 겔 12:24.

의 미래 계획(행동)에 의문을 제기했다. 그러므로 예수님의 영은 빌립보에서 거짓 말하는 뱀과 충돌한다.[197] 성령은 바울과 실라, 디모데를 이곳으로 인도했지만, 이제 뱀은 바울이 하나님 나라를 위해 정복한 영토를 구하려고 시도한다. 여호와는 이미 자신이 주님이라고 선언하셨고, 말하지 않는 우상에게 자신의 영광을 주지 않겠다고 선언하셨다(사 42:8-9; 44:9-11, 18-20; 48:3, 14).

누가는 이 여인이 주인을 위해 많은 돈을 벌었다고 구체적으로 언급한다. 루디아와 여종을 비교하고 대조하는 것은 분명하다. 둘 다 부와 관련된 여성이다. 루디아는 그녀의 직업, 고향, 종교적 성향 및 사업에 대한 자세한 설명과 함께 이름이 명시되어 있다. 여종은 익명으로 아무것도 소유하지 않는다.[198] 루디아는 이제 새로운 주님을 모셨지만, 여종은 다른 영과 다른 주인의 지배를 받고 있어 이름과 형태가 없다. 마귀의 역사는 억압하고, 왜곡하고, 노예로 만들고, 죽인다(요 8:44). 하나님의 역사는 사람들에게 새로운 정체성, 심지어 새로운 이름을 부여한다(계 2:17).

16:17-18. 바울과 그의 동료들을 따라가면서 노예는 외쳤다. "이 사람들은 지극히 높은 하나님의 종으로서 구원의 길을 너희에게 전하는 자라." 가말리엘, 갈리오와 같은 사람들과 마찬가지로 외부인이 역설적으로 화자의 관점을 선언한다. 기독교 독자들은 바울의 진술에서 진실을 발견하지만, 다원주의와 다신교 문화권에서도 자신들의 신을 지칭할 때 이 용어를 사용했기 때문에 이 진술은 그들의 세계관에도 맞았을 것이다.[199] 바울과 그의 동료들은 민족적 경계를 넘나들었다.

그녀의 증언은 그녀를 하나님의 사자들과 나란히 놓는다. 그녀도 종이며 영

---

197 "아폴로 신전의 무녀들(피도네스, pythoness)"이라는 제목은 아폴로가 거대한 뱀 피톤을 물리친 이야기에서 유래되었다. Johannes Brenz, *Homily 74 on Acts 16*, 그리고 K. Pellikan, *Commentary on Acts 16:1*,도 이 뱀을 사탄과 연관시킨다(Chung-Kim, Hains, et al., *Acts*, 231–32).

198 누가의 요점은 이방 신들은 우리의 인간성을 제거하는 것을 목표로 하지만 지극히 높으신 하나님은 인간성과 존엄성을 회복하신다는 것일 수 있다.

199 제우스와 아이스킬로스도 "가장 높은 신"이라고 불렸기 때문에 이 선언은 최고의 존재로 취급되는 모든 신에게 적합하기 때문에 모호하다. 따라서 누가가 아이러니한 효과를 위해 이 단어를 사용하고 그 지역 사람들은 여전히 이 단어에 다신교적 해석으로 들었을 가능성이 크다. 참조. C. K. Barrett, *Acts 15–28*, ICC (London: T&T Clark, 2004), 786; Rowe, *World Upside Down*, 24–25; P. Trebilco, "Paul and Silas: 'Servants of the Most High God' (Acts 16:16–18)," *JSNT* 11.36 (1989): 51–73. 반면에 Bede, *Comm. on Acts* 16.17–18,은 실라가 성령의 강권으로 말했고, 바울은 부정한 영이 복음의 말씀을 선포하는 것이 보기에 좋지 않았기 때문에 짜증을 냈다고 주장한다. Ammonius, *Catena on the Acts of the Apostles* 16.17, in Martin and Smith, *Acts*, 202,은 그리스도가 귀신을 통해 선포되었고 이방인이 믿었다고 말한다. Ammonius, *Catena on the Acts of the Apostles* 16.17, in Martin and Smith, *Acts*, 202,은 그리스도께서도 귀신들의 증거를 받아들이지 않으셨다고 말한다.

으로 충만하지만, 이들은 "지극히 높으신 하나님의 종들"이다.[200] 바울과 동료들의 메시지는 구원의 "길"(ὁδός, 호도스)을 말하며(4:12; 15:11; 시 18:1-2; 35:3; 37:39; 51:14; 사 40:3), 그녀는 또 다른 "길"을 말한다. 영으로 충만한 여종은 바울이 그녀가 "심히 괴로워하여" 또는 "슬퍼"(διαπονέομαι, 디아포네오마이)할 때까지 여러 날 그들을 불렀다.[201]

이러한 괴로움은 소녀의 주장이 다신교에 부합하거나 귀신 들린 소녀가 진리를 선포한다고 생각한 지역 주민들의 오해에서 비롯된 것일 수 있다.[202] 어느 쪽이든, 그녀는 그들의 메시지를 상대화한다. 바울은 돌이켜 예수님의 이름으로 그 영을 책망한다. 로우-Rowe가 올바르게 지적했듯이, 지극히 높으신 분의 정체성은 바울의 말에서 기독론적으로 구체화된다.[203] 지극히 높으신 하나님은 예수의 이름을 통해 일하신다.

이것은 사도행전에 기록된 최초의 본격적인 축귀로, 나머지는 요약적인 방식으로 이루어졌으며(5:16; 8:7), 예수님의 사역(눅 4:31-37; 8:26-39)에 해당한다. 바울이 예루살렘에서 멀어질수록 어둠의 세력과 예수님의 영이 충돌하는 장면이 강조된다. 전투는 시작하기도 전에 끝나고 현지의 영은 즉시 순종한다. 바울은 경계를 초월하는 권세를 가진 능력을 만났다.

16:19. 다음 여섯 구절은 귀신을 쫓아낸 반응을 이야기하는데, 긍정적이지 않다. 여종을 그대로 내버려 두었다면 박해를 피할 수 있었을 것이다. 그러나 바울과 실라에게는 구원이 자신의 안전보다 우선시되었다.

바울과 실라를 반대하는 세 인물, 즉 여종의 주인, 관리들, 무리가 있다.[204] 해석가들은 누가가 박해에 대한 일방적인 그림을 제시하지 않고 유대인과 이방인 모두 선교에 반대한다는 점에 주목해야 한다. 이 메시지는 모든 사람에게 미움을 받는다.

노예를 소유한 주인들은 자신들의 손해를 깨닫고 부정적인 반응에 박차를 가

---

200 여종는 바울과 실라를 하나님의 "종"이라고 불렀는데, 이는 델피에 있는 아폴론의 종들에게 사용되는 칭호이다. 예수님을 "지극히 높으신 하나님"이라고 부르는 것은 예수님이 바다를 건너 이방인 지역으로 가실 때 귀신 들린 사람이 예수님을 "지극히 높으신 이의 아들"이라고 부르는 것을 반영한다(눅 8:28; 참조. 1:32, 35, 76; 6:35; 행 7:48; 16:17).

201 "심히 괴로워하여"(διαπονέομαι)는 4:2에서도 사두개인들이 그리스도의 부활을 전파하는 것에 화가 나서 사도들과 대면할 때 사용된다. Keener, *Acts*, 3:2465,와 Klauck, *Magic and Paganism*, 69,는 바울이 자신의 행동이 자신을 공개적으로 위험에 빠뜨릴 수 있다는 것을 알았기 때문에 며칠 동안 그렇게 하도록 허용했을 수 있다고 지적한다. Erasmus, *Paraphrase on Acts*, 103,은 바울이 귀신 들린 소녀의 칭찬을 인정하는 것처럼 보일까 봐 두려워서 괴로워했다고 말한다.

202 Witherington, *The Acts of the Apostles*, 494.

203 Rowe, *World Upside Down*, 25.

204 디모데와 누가는 설명할 수 없는 이유로 그림에서 빠져 있다.

한다.[205] 독자들이 사도행전을 통해 알 수 있듯, 맘몬과 어둠의 세력은 함께 연합한다. 바울의 축귀는 영적인 차원을 뒤흔들었을 뿐만 아니라 재정적, 사회적 측면에서도 큰 영향을 미쳤다. 이것은 바울이 빌립보 교인들이 보낸 재정적 선물에 관해 그토록 감사한 이유를 신학적으로 설명해 준다(빌 2:25; 4:10-20).

그들의 자원 관리는 그들의 삶에서 누가 진정으로 주님인지 보여준다(빌 1:6). 예수님은 하나님과 맘몬을 겸하여 섬길 수 없다고 말씀하셨다(마 6:24; 눅 16:13). 주인들은 바울과 실라를 붙잡아 권력자들에게 끌고 가면서 그들의 행동이 도시를 "심히 요란하게 한다"(ἐκταράσσω, 엑타라소)라고 주장한다.[206]

16:20-21. "도시를 요란하게 하는 일"은 세 가지 관련 고발로 더 자세히 정의된다. 첫째, 주로 평화를 어지럽힌다는 것이다. 로마인들은 공공질서를 매우 중요하게 여겼는데, 바울과 실라는 평화로운 팍스 로마나를 어지럽게 했다.

둘째, 이것은 그들의 유대인 정체성과 관련이 있다. 바울과 그의 추종자들은 민족의 경계를 넘나들며 민족 정체성에 도전했다. 로마 식민지의 사람들은 국가주의와 자기 민족 중심주의에 호소한다.

셋째, 그들은 로마인이 행하거나 실천하기에 합법적이지 않은 관습을 선포한 혐의를 받는다.[207] 1세기의 "종교"는 주로 제의라는 프리즘을 통해 이해되었다. 바울과 실라는 새로운 신앙고백에 기초한 의식을 도입하여 로마 사회 구조를 뒤흔든다.

흥미롭게도 누가는 먼저 주인이 질투한다고 언급했는데, 이제 그들의 주장은 로마 관습에 관한 것이다. 여종의 주인이 바울과 실라에게 거짓 혐의를 씌우려 했는지는 확실하지 않지만, 이러한 혐의는 타당성이 있다고 보는 것이 가장 좋다.[208] 부분적으로만 사실적인 혐의가 붙을 것이다. 그들의 마음속에는 금전적인 문제뿐만 아니라 사회적, 정치적, 외국인 혐오적인 문제가 있다. 개인적인 공격은 문화

---

205 헬라어 본문에서 영이 "그녀를 떠났다"(ἐξῆλθεν)라고 말하고, 돈에 대한 주인의 희망이 "그들을 떠났다"(ἐξῆλθεν)고 말할 때 18c절과 19절에 단어 유희가 존재한다. 누가는 영과 돈이 서로 연결되어 있음을 보여준다. 흥미롭게도 영적인 힘에 관해 말하는 대부분 본문은 소유와 관련이 있다(유다, 아나니아와 삽비라, 마술사 시몬). 재정의 중요성에 관한 본문은 눅 12:21; 16:1-9, 16, 19-26; 행 1:16-21; 5:1-11; 8:18-24를 참조하라. 이 연결은 돈과 탐욕이 관련된 곳에서 영적 전쟁을 찾는 것에 대한 신빙성을 제공한다.

206 ἐκταράσσω("심히 요란하게 하다")는 시 18:4; 88:16; 지혜서(Wis) 17:3-4; 18:17의 LXX에서 사용되었으며 일반적으로 문제가 있을 때를 말한다. 복합어가 아닌 단어(ταράσσω)는 15:24; 17:8, 13(갈 1:7; 5:10; 벧전 3:14)에서 사용되었다.

207 이 시대에는 종교와 정치가 분리되어 있지 않았기 때문에 두 가지가 함께 사용된다. 아이러니하게도 바울과 실라는 법을 어긴 혐의로 기소되었지만, 로마 시민으로서 바울과 실라를 학대하는 것은 불법이 될 것이다(16:37).

208 바울과 그의 동료들은 로마의 생활 방식과 상충하는 유대인의 관습을 장려하는 것일 수 있다(행 17:7).

적 공익을 위한 주장으로 빠르게 변모한다.

이 고발은 로마 식민지 사람들이 예수님의 메시지를 어떻게 바라보았는지에 대한 통찰력을 제공한다. 기독교는 단순한 개인적 신념이 아니라 사회를 뒤흔드는 메시지였다. 기독교인들이 믿는 것뿐만 아니라 이러한 믿음을 따르는 관습도 중요했다. 마찬가지로 현대 복음 설교가 우리 시대의 특정 사회 질서를 뒤집지 못한다면, 우리는 복음이 얼마나 세속적인 이야기에 맞게 희석되었는지 의문을 가져야 한다. 영적인 힘은 잠들지 않기 때문에 복음은 항상 파괴적이다.

16:22-24. 이전에는 주인들만 바울과 실라를 공격했지만, 이제는 무리가 싸움에 동참한다. 로마 식민지에서 관습을 바꾸는 것은 흔한 일이 아니다. 분명한 지지를 받은 상관들은 선교사들의 옷을 벗기고 채찍질하여 감옥에 집어넣는다. "매로 치라"는 것은 로마의 형벌 형태였는데, 이는 바울이 유대인 상황에서 받았던 채찍질과는 달랐다(고후 11:25). 그들은 이런 일이 일어날 것이라고 예언하신 예수님처럼 고난을 받았다(눅 9:23).

바울은 빌립보서에서 자신이 그들을 위해 고난을 받고 그 고난을 기뻐한다고 언급한다(빌 1:18, 30; 2:18, 28). 예수님이 유대 땅에서 현재의 사회적, 정치적 질서에 문제를 제기했듯이, 바울과 동료들도 마게도냐 지역에서 같은 일을 하고 있다. 투옥을 통해 누가는 빌립보에서 세 번째 인물, 즉 "간수"라고 부르는 사람을 소개한다.

루디아는 이름이 밝혀졌지만, 간수와 여종은 사회적 신분과 직업적 지위를 알 수 있지만 익명의 인물이다. 간수는 바울과 실라를 삼엄한 경비가 이루어지는 감옥에 가뒀고 발을 묶어두었다. 사회 질서를 어지럽힌 바울과 실라는 감옥에 갇혔지만, 이 또한 복음을 전진시키는 데 도움이 될 것이다(빌 1:12-14). 바울과 실라는 예수님과 열두 제자의 발자취를 따르고 있다(5:17; 12:2).

4.2.2.1.4. 간수의 새 가정 (16:25-34)

25 한밤중에 바울과 실라가 기도하고 하나님을 찬송하매 죄수들이 듣더라 26 이에 갑자기 큰 지진이 나서 옥터가 움직이고 문이 곧 다 열리며 모든 사람의 매인 것이 다 벗어진지라 27 간수가 자다가 깨어 옥문들이 열린 것을 보고 죄수들이 도망한 줄 생각하고 칼을 빼어 자결하려 하거늘
28 바울이 크게 소리 질러 이르되
네 몸을 상하지 말라 우리가 다 여기 있노라 하니
29 간수가 등불을 달라고 하며 뛰어 들어가 무서워 떨며 바울과 실라 앞에 엎드리고 30 그들을 데리고 나가 이르되 선생들이여 내가 어떻게 하여야 구원을 받으리이까 하거늘 31 이르되 주 예수를 믿으라 그리하면 너와 네 집이 구원

을 받으리라 하고 32 주의 말씀을 그 사람과 그 집에 있는 모든 사람에게 전하더라 33 그 밤 그 시각에 간수가 그들을 데려다가 그 맞은 자리를 씻어 주고 자기와 그 온 가족이 다 세례를 받은 후 34 그들을 데리고 자기 집에 올라가서 음식을 차려 주고 그와 온 집안이 하나님을 믿으므로 크게 기뻐하니라

16:25-26. 이제 내러티브는 감옥 안으로 들어간다. 바울과 실라가 하나님께 기도하고 찬송을 부르는 한 밤에 내러티브는 시작된다(단 6:11; 빌 1:18-20). 그들은 동산에 계신 예수님처럼 형을 선고받기 전에 기도하면서 고통 속에서도 기쁨을 표현한다(롬 5:3; 약 1:2; 벧전 5:6).

이러한 행동은 고대에 고귀한 행동으로 여겨졌으며 누가의 기록은 이미 그들의 결백을 지적하고 있다.[209] 당국이 하나님의 종들에게 세상적인 권력을 행사했지만 왕의 사자들은 하나님 나라 시민이다(빌 1:27, 3:20). 감옥에 갇혀 있다는 것은 그들이 예수님의 이름을 위해 고난을 받기에 합당하다는 것을 의미한다. 누가는 고난에 직면한 그들의 결의를 보여줄 뿐만 아니라 가장 어두운 시기에도 여전히 종의 증인임을 나타내기 위해 이 이야기를 들려준다. 죄수들은 감옥에 갇혀 있는 동안 고결한 방문객들의 노래를 듣는다.

갑자기 큰 지진이 감옥의 터를 흔들고 문이 열리고 쇠사슬이 풀린다. 지진은 고대 세계에서 신이 나타난다는 징조였다(시 18:7; 60:1-2; 사 29:5-6; 슥 14:4-5).[210] "옥터"라는 표현은 관용구에 불과할 수 있지만, 성경은 하나님께서 "땅의 기초"를 세우신다고 말한다.[211] 예루살렘에서 멀리 떨어진 곳에서 하나님의 임재는 로마 제국의 기초를 흔든다.

지진은 권위를 주장하며 로마 제국과 식민지의 주권자로 하나님을 선포한다. 하나님의 통치는 이스라엘 영토를 초월한다. 지진은 하나님의 인격적인 임재를 나타낼 뿐만 아니라 운명의 변화를 상징하기도 한다. 어떤 이들에게는 해방을 의미하지만, 어떤 이들에게는 죽음을 의미하기도 한다(겔 38:19).

흥미롭게도 누가는 선교사들의 석방이 아니라 간수가 다른 신에게서 풀려나는 것에 초점을 맞추고 있다. 바울은 두 번이나 자유의 기회가 주어졌지만 그 기회를 거절한다(27, 35-36절). 지진이 간수의 운명을 바꾸어 놓는다. 이제 그는 이

---

209 감옥에서 찬송하는 것의 고귀함에 관해서는 다음의 참고문헌을 참조하라. Talbert, *Reading Acts*, 146; Parsons, *Acts*, 233. 바울은 죽어도 부끄러워하지 않는다고 말한다.

210 에스겔에서 주님의 영이 선지자를 들어 올리실 때, 그의 뒤에서 큰 지진이 일어나고(겔 3:12), 생물들이 서로 부딪치는 소리가 들린다(3:13). 예수님이 죽으시고 부활하실 때 격렬한 지진이 뒤따르는데, 이는 옛 시대에서 새 시대로 전환될 것을 나타낸다(마 27:54; 28:2).

211 Ammonius, *Catena on the Acts of the Apostles* 16.29-30, in Martin and Smith, *Acts*, 208,은 이 사건을 그리스도께서 지옥에 내려가 잠시 죽음을 맛보시고 땅의 기초가 흔들리고 쇠사슬이 풀렸던 때와 비교한다.

스라엘이 시내 산에서 지진 가운데서 하나님을 만났던 것처럼 하나님을 만난다. 주님의 천사가 무덤에 내려와 돌을 굴릴 때에도 지진이 일어났다(마 28:2). 부활과 계시는 이 이야기 전체에 걸쳐 있다.

16:27-28. 감옥 문이 열린다. 시편은 주님께 부르짖는 사람들과 그분이 그들을 고통에서 구원해 주시는 것에 관해 이야기한다. "흑암과 사망의 그늘에서 인도하여 내시고 그들의 얽어 맨 줄을 끊으셨도다 … 그가 놋문을 깨뜨리시며 쇠빗장을 꺾으셨음이로다"(시 107:14-16; 빌 1:19). 죄수들의 탈옥은 간수에게 확실한 죽음을 의미했기 때문에 그는 명예롭게 칼을 뽑고 죄수들을 돌보지 못한 죄책감으로 자결하려고 했다.

바울은 "큰" 목소리로 죄수들이 아직 감옥에 있으니 자해하지 말라고 외친다.[212] 예수님은 제자들에게 원수를 사랑하고(눅 6:27) 반대하는 사람들을 돌보라고 가르치셨으며(빌 1:15-18), 바울은 이제 예수님의 가르침을 구현하고 그리스도의 종의 본을 따라 다른 사람을 위해 자신의 생명을 버릴 기회를 맞았다(빌 2:5-11). 로마의 질서는 죽음의 질서였지만 바울은 간수의 삶이 예수 안에서 발견된다는 것을 보여준다.

지진은 주님의 진노와 임재를 나타낼 수 있지만(계 11:19), 바울은 하나님의 임재 또한 거룩하게 하는 힘을 가질 수 있음을 알고 있다. 사자의 목표는 단순히 탈출하는 것이 아니라 새로운 왕이신 예수님에 관해 계속 말하는 것이다. 이 기적은 바울과 실라뿐만 아니라 간수까지 구출한다. 크리소스토무스는 "그것은 두 종류의 쇠사슬을 풀어 주었고 … 그의 마음의 문을 열어 주었다"라고 말했다.[213]

16:29-32. 죽음의 문턱에 있던 간수가 바울과 실라 앞에서 떨면서 "주인님"(κύριοι, 퀴리오이, 개역개정과 CSB. "선생들")이라고 부르며 엎드린다. 누가가 퀴리오스(κύριος, 주님)를 사용하는 것의 중요성을 감안할 때, 퍼보Pervo는 간수가 이 사건을 신적 방문인 신현으로 취급한다고 주장한다.[214] 하나님의 임재는 성령을 가진 예수님의 사람들을 통해 매개된다.

그는 이제 하나님의 권능을 보았으니 구원을 받으려면 어떻게 해야 하는지 그들에게 묻는다. 바울과 실라는 그가 주 예수를 믿으면 그의 가족과 함께 구원을 받을 것이라고 대답한다. 고귀하신 주님이신 예수님은 이야기 전체의 핵심 주제이

---

212 Pervo, *Acts*, 412,은 "큰 음성"(μεγάλη φωνῇ)이라는 문구가 종종 현현과 연결되기 때문에 이 장면을 환대(theoxeny)라고 부를 수 있다고 지적한다.

213 Chrysostom, *Homily 36 on Acts* (NPNF 1/11:225).

214 Pervo, *Acts*, 412.

다(2:21, 36). 지금까지 누가는 이 내러티브에서 주님에 관해 비밀스러운 언급만 했다. 이제 그는 이 주님이 예수님이라고 분명히 밝힌다(빌 2:9-11). 로마의 관습은 많은 신과 황제를 숭배하는 것이었지만, 이제 바울과 실라는 온 땅을 다스리는 주님은 오직 한 분뿐이라고 말한다.

그러므로 그들은 그와 그의 가족에게 그리스도의 즉위에 관한 복음의 메시지인 "주의 말씀"에 관해 이야기한다. 간수는 예수님을 "믿고", 맹세하고, 충성하기만 하면 빛의 왕국에 들어갈 수 있다.[215] 이전에는 간수가 현 정치권력에만 충성했지만, 예수님의 삶과 성령의 사역을 통해 새로운 통치가 이 땅을 분열시켰다. 간수는 이제 왕국 시민에 합류한다(빌 1:27; 3:20).

16:33-34. 누가는 간수나 그의 가족이 믿는 것에 관해 바로 이야기하지 않고, 간수와 간수가 행한 특정한 행동과 의식에 초점을 맞추고 있다. 첫째, 간수는 바울과 실라를 돌본다. 누가는 간수의 환대에 관해 다른 어떤 것보다 더 많은 단어를 사용한다. 그는 하나님의 사자들을 데려다가 상처를 씻겨 준다. 가정 자체가 국가의 모태였기 때문에 그들을 자신의 가정으로 맞이하는 것은 암묵적으로 로마 제국에 도전하는 것이다.[216] 누가는 복음을 긍정적으로 받아들이는 새로운 사회적 분위기를 분명하게 보여준다.

둘째, 간수와 가족 모두가 세례를 받았다. 성경에는 신앙고백 후 세례를 받기까지 기다리는 시간이 거의 또는 전혀 없는 것으로 보인다.[217] 이것은 빌립보에서 "온 집안"(πανοικεί, 파노이케이)이 신앙을 가진 두 번째 언급으로, 이야기의 핵심 주제인 로마 식민지에서 예수 공동체가 형성되었다는 점을 가리킨다. "두 사람 모두 상처를 씻는 물과 세례를 받는 물을 받고 간수는 그들 앞에 음식을 차려 놓는다. 간수는 루디아처럼 적절한 식주인(환대자) 역할을 함으로써 자신의 신앙의 진정성을 보여준다."[218] 맷슨Matson은 누가복음에서 식탁 교제의 시기, 중요성, 기쁨에 대한 언급이 이를 성찬식 쪽으로 기울인다고 주장한다.[219]

셋째, 간수가 "기뻐했다"(ἀγαλλιάω, 아갈리아오)는 말은 누가가 종교적 반응

---

215 M. W. Bates, *Salvation by Allegiance Alone: Rethinking Faith, Works, and the Gospel of Jesus the King* (Grand Rapids: Baker Academic, 2017)[= 『오직 충성으로 받는 구원』, 서울: 새물결플러스, 2020],는 πιστεύω("믿다")가 충성을 포함하는 의미 범위를 가질 수 있는 이유를 주장하지만, N. K. Gupta, *Paul and the Language of Faith* (Grand Rapids: Eerdmans, 2020),는 이 단어가 "믿다"(인지적)에서 "순종하다"(의지적) 까지 스펙트럼에 속한다고 바르게 주장한다.

216 Cicero, *Off.* 1.53–55.

217 33절은 그들이 모두 "즉시"(개역개정 "~후," παραχρῆμα) 세례를 받았다고 말한다.

218 Parsons, *Acts*, 234.

219 Matson, *Household Conversion Narratives in Acts*, 163–64.

에 사용한 용어이다(눅 1:47; 10:21; 행 2:26). 이 모든 것은 간수가 하나님을 믿는 믿음, 즉 바울이 그에게 내린 바로 그 명령(16:31)에 근거한 것이다. 간수는 유대인의 영향을 전혀 받지 않고 이교도에서 개종한 개별적인 이방인 이야기를 다룬 최초의 명확한 사례이다.

4.2.2.1.5. 빌립보 통치자들의 반전 (16:35-40)

35 날이 새매 상관들이 부하를 보내어 이 사람들을 놓으라 하니 36 간수가 그 말대로 바울에게 말하되 상관들이 사람을 보내어 너희를 놓으라 하였으니 이제는 나가서 평안히 가라 하거늘

37 바울이 이르되 로마 사람인 우리를 죄도 정하지 아니하고 공중 앞에서 때리고 옥에 가두었다가 이제는 가만히 내보내고자 하느냐 아니라 그들이 친히 와서 우리를 데리고 나가야 하리라 한대

38 부하들이 이 말을 상관들에게 보고하니 그들이 로마 사람이라 하는 말을 듣고 두려워하여 39 와서 권하여 데리고 나가 그 성에서 떠나기를 청하니 40 두 사람이 옥에서 나와 루디아의 집에 들어가서 형제들을 만나 보고 위로하고 가니라

16:35-36. 다음 날 두 사람이 석방될 것이라는 보고가 들어온다. 이전의 모든 행동은 어둠 속에서 일어났으며, 성령은 때때로 사회의 구석진 곳에서 일하신다는 것을 보여준다. 성령은 때때로 산꼭대기에서, 때때로 감추어지고 조용한 곳에서 일하신다.

상관들이 그들을 석방하려는 이유는 분명하지 않다. 이교도들은 정기적으로 지진을 신과 연결했기 때문에 아마도 지진과 이 사람들을 연결했을 것이다.[220] 간수는 바울에게 석방 소식을 보고하고 그들에게 나와서 "평안히 가라"고 지시한다. 간수들은 "그 사람들을 풀어주라"라고 말했지만, (평화에 관한) 간수의 구체적인 말은 미묘하게 새로 얻은 종교적 정체성을 가리킨다.[221]

전에는 간수가 억압의 왕국에 동조했다면, 이제는 예수님의 샬롬을 전파한다. 내러티브에 따르면 바울과 실라는 지진 때 감옥에서 탈출하지 않고 간수의 집에 갔다가 다시 감옥으로 돌아왔다. 하나님으로 인한 탈출은 그들의 육체적 자유를 위한 것이 아니라 간수의 영적, 사회적 해방을 위한 것이었다.

16:37-39. 간수들은 바울과 실라를 조용히 풀어주고 싶었지만, 바울과 실라는 공

---

220 베자 사본(Codex D)은 이 풀려남을 지진과 연결한다.

221 Holladay, *Acts*, 328.

개적인 면죄 없이 떠나기를 원하지 않았다. 예수님의 사자들은 재판도 없이 매를 맞고 감옥에 갇혔는데, 그들은 로마 시민이다! 범죄자 취급을 받는 이들이 무죄이며, "무죄한 자"가 범죄자이다.[222] 지진은 사회 질서의 격변을 드러냈다. 바울과 실라는 자신의 명예를 지키고 상관들에게 부끄러움을 줄 수 있도록 호위를 받기를 원했다.

피터슨Peterson은 "바울은 자신의 권리를 주장하는 습관이 없었는데(고전 9:12 참조), 왜 여기서 그렇게 했을까?"라고 말한다.[223] 네 가지 관련 이유가 있다. 첫째, 바울과 실라는 마을 사람들 사이에서 그들의 메시지가 불명예스러워지는 것을 원하지 않았다.[224] 그들은 복음이 깨끗하고 명예로운 평판을 얻기를 원했다. 이것은 고귀한 운동이다.

둘째, 바울과 실라는 새로운 양 떼를 보호하고 있다. 도시에 예수님을 따르는 사람들이 남아 있기 때문에 선교의 대중적 평판은 고귀해야 한다. 셋째, 빌립보에서 바울과 실라의 내러티브 형식은 그리스도의 낮아지심과 궁극적인 높아지심의 구성을 따른다(빌 2:5-11).

마지막으로, 문화적 시민권은 내러티브와 밀접한 관련이 있다. 로마 시민권에 대한 뒤늦은 언급은 독자가 내러티브를 다시 읽게 하고, 그 혼란이 피상적으로 읽는 것보다 더 민족적 현실에 집중되어 있었을 수 있음을 알게 한다. 바울은 유대인으로서 로마 도시의 인종적 균형을 무너뜨렸다는 비난을 받았지만, 사실 그는 로마 시민이었다(16:20, 37).[225] 빌립보에서 바울의 존재 자체가 인종적 경계를 모호하게 만들었다. 새로운 다민족, 다문화, 다-성별 운동이 일어나고 있다.

그들이 로마 시민이라는 사실을 안 부하들이 이제 두려워할 차례이다. 그들은 바울과 실라를 달래기 위해 감옥에서 호위하며 마을을 떠나라고 촉구한다. 바울과 실라는 현 체제를 뒤흔들었을 뿐만 아니라 자신들의 결백을 증명하고 통치

---

222 B. W. Winter, "Paul and Roman Law: 'The Luck of the Draw?,'" in *Reading Acts in the Discourses of Masculinity and Politics*, ed. E. D. Barreto, M. L. Skinner, and S. Walton, LNTS 559 (London: Bloomsbury T&T Clark, 2017), 128,은 사도행전과 제국에 관해 무엇을 하든 이 에피소드(그리고 사도행전의 나머지 부분, 참조. 25:16)에서 관리들이 로마의 법적 절차를 위반한 것이 분명하다고 지적한다. G. Diodati, *Annotation on Acts 16:37*, in Chung-Kim, Hains, et al., *Acts*, 235,는 "바울은 자신을 위한 시민적 만족이나 세상의 명예를 원하지 않고, 오히려 하나님의 영광과 복음의 진보를 위해 자신의 무죄를 공적으로 인정받기를 원한다"고 말한다.

223 Peterson, *Acts*, 473.

224 Rowe, *World Upside Down*, 5,에서는 베드로가 소아시아에 있는 성도들에게 이방인들 사이에서 명예롭게 행동하라고 말한다(벧전 2:11). 그리스도께서 그들에게 모범을 보이셨기 때문에 그들은 선을 행하고 불의한 고난을 받아야 한다(2:18-25). 이 면제를 바라보는 또 다른 방법은 누가가 기독교 선교의 위협을 로마와 직접적으로 경쟁하는 것으로 생각할 가능성을 없애기 위해 서술했다고 가정하는 것이다. 누가는 기독교에 관해 제기된 혐의에 관해 무죄라고 선언한다.

225 Barreto, *Ethnic Negotiations*, 183.

자들의 손아귀에서 부당하게 고통받기까지 했다. 그들은 예수님처럼 학대를 받았다(눅 23:4, 14-15, 37).

예수님은 부당하게 고난을 받으시고 우리에게 "본받을 만한 본보기"(ὑπο-γραμμός 휘포그라모스, 벧전 2:21)를 남기셨다. 제자들은 로마법에 따르면 문제를 일으키는 사람이 아니라 희생자이다. 하나님은 그분의 사자들을 보호하시고 로마의 방식이 얼마나 공허한지를 보여 주셨다.

16:40. 바울과 실라가 감옥을 나와 루디아의 집으로 돌아가면서 빌립보에서의 시간이 완전히 마무리된다. 루디아로 귀환은 내러티브의 틀을 형성하고 후원자의 중요한 역할에 관심을 집중시킨다.

이전에는 현지 식주인(환대자, 시몬, 고넬료, 요한 마가의 어머니)에 대한 언급이 몇 차례 있었지만, 이 시점부터는 화자가 이 현실(야손, 아굴라와 브리스길라, 디도 유스도)에 더 중점을 둔다. 지역 후원자들은 특히 복음이 땅끝까지 전파되는 데 중요한 역할을 하며(빌 1:4; 4:15-18), 그리스도인 모임을 위한 장소를 제공하기도 했다.[226] 환대를 통해 그들의 가정이 확장되고, 자원을 나누고 서로를 형제자매라고 부르면서 새로운 친족 그룹이 형성된다(16:40).

나중에 바울은 "너희가 아는 바와 같이 우리가 먼저 빌립보에서 고난과 능욕을 당하였으나"(살전 2:2)라고 말한다. 자주색 옷감을 파는 부잣집 여인, 다른 영의 지배를 받던 여종, 로마 정권 아래서 고통받던 간수와 같은 서로 다른 세 사람이 이제 모두 믿음을 가졌다. 인종적, 사회적, 심리적으로 다양한 이들이지만 승천하신 그리스도의 메시지로 인해 세 사람 모두 변화된다.

그뿐만 아니라 위더링턴Witherington은 유대인의 집회 장소(16:14-15), 로마의 요새(16:18-19), 로마 감옥(16:25-26) 한가운데서 복음이 승리를 거둔다는 점에 주목한다. 이 땅의 세력과 마귀의 세력을 정복하고 로마 식민지에 신자들의 공동체를 위한 공간을 창조한다.[227] 하나님의 구원의 능력이 그의 증인들을 통해 로마 식민지 안으로 파고들었다. 그러므로 바울과 실라는 떠나기 전에 형제자매들을 격려한다. 예수님은 로마의 그늘 아래 새로운 가정을 창조하셨다.

4.2.2.2. 데살로니가와 베뢰아의 우월한 왕 (17:1-15)

삼위일체 하나님은 바울과 그의 동료들을 데살로니가와 베뢰아로 보내어 마게도냐에서 선교를 이어가시는데, 이 두 도시는 누가의 이야기에서 지리적, 서술적으로 연결된다. 따라서 독자들은 두 도시를 비교하고 대조한다. 데살로니가는

---

226 이 단락은 주로 다음에 의존한다. Tannehill, *The Narrative Unity of Luke-Acts*, 2:196–97.
227 Witherington, *The Acts of the Apostles*, 487.

대체로 열악한 환경이지만 베뢰아는 말씀을 열렬히 환영한다. 그러나 두 곳 모두에 가정 교회가 세워졌다.

누가는 고귀한 사람들과 폭동을 일으키는 사람들을 대조하여 이 새로운 운동의 덕을 강조한다. 바울과 그의 동료들이 선동죄로 빠르게 고발당하면서 무죄는 중요해진다. 데살로니가 사람들은 이 메시지가 세상을 뒤집어엎고 새로운 왕을 선포함으로써 가이사의 법령에 위배된다고 주장한다. 바울의 메시지에 사회적, 정치적 의미가 없다고 생각하는 것은 진실을 놓치고 있다.

선교사들이 로마에 가까워질수록 마게도냐 시민들은 유대인 왕에 대한 바울의 메시지가 자신들의 다신교적 방식을 전복하고 가이사가 가져온 팍스 로마나(*Pax Romana*)를 방해하는 것으로 받아들인다. 로마라는 "집" 아래 있는 것을 소중히 여기는 지역에 새로운 집을 세우는 것은 절대 가볍게 여겨지지 않았다. 그러나 누가는 그리스도의 사자들이 혐의에 관해 결백하다는 것을 보여준다. 누가는 논쟁을 재구성한다. 도전자는 그리스도가 아니라 가이사이다.

4.2.2.2.1 데살로니가에서 세상을 뒤집다 (17:1-9)

1 그들이 암비볼리와 아볼로니아로 다녀가 데살로니가에 이르니 거기 유대인의 회당이 있는지라

2 바울이 자기의 관례대로 그들에게로 들어가서 세 안식일에 성경을 가지고 강론하며 3 뜻을 풀어 그리스도가 해를 받고 죽은 자 가운데서 다시 살아나야 할 것을 증언하고 이르되 내가 너희에게 전하는 이 예수가 곧 그리스도라 하니 4 그중의 어떤 사람 곧 경건한 헬라인의 큰 무리와 적지 않은 귀부인도 권함을 받고 바울과 실라를 따르나

5 그러나 유대인들은 시기하여 저자의 어떤 불량한 사람들을 데리고 떼를 지어 성을 소동하게 하여 야손의 집에 침입하여 그들을 백성에게 끌어내려고 찾았으나 6 발견하지 못하매 야손과 몇 형제들을 끌고 읍장들 앞에 가서 소리 질러 이르되 천하를 어지럽게 하던 이 사람들이 여기도 이르매 7 야손이 그들을 맞아 들였도다 이 사람들이 다 가이사의 명을 거역하여 말하되 다른 임금 곧 예수라 하는 이가 있다 하더이다 하니 8 무리와 읍장들이 이 말을 듣고 소동하여 9 야손과 그 나머지 사람들에게 보석금을 받고 놓아 주니라

17:1. 바울과 일행은 빌립보에서 암비볼리와 아볼로니아를 거쳐 비아 에그나티아(*Via Egnatia*)를 따라 데살로니가로 내려간다. 비아 에그나티아는 "유럽"과 "아시아"를 잇는 주요 육로였는데, 이제 아시아 선교사들은 유럽으로 더 나아간

다. 그들은 유대인 회당에 도착한다.[228] 바울은 로마의 고유한 영역에 있지만, 바울의 선교는 항상 "유대인을 먼저"고려한다. 회당에 대한 명시적인 언급은 빌립보의 기도 장소(16:13)와는 다르다.

데살로니가는 비아 에그나티아를 따라 동서 주요 무역로와 남북 무역로가 교차하는 지점에 위치해 마게도냐에서 가장 크고 중요한 도시 중 하나였다. 마게도냐는 이전에는 로마와 끊임없는 긴장 관계를 유지했지만 기원전 43년 데살로니가는 자유 도시로 인정받아 세금 면제와 성벽에 로마 군대를 주둔시키지 않는 특권을 얻었다. 그들은 팍스 로마나(*Pax Romana*)를 누리고 있었다. 이것은 이야기가 진행됨에 따라 중요한 포인트가 된다.

17:2-3. 바울은 관습대로 회당에 들어가 세 안식일 동안 성경을 가지고 그들과 "강론"(διαλέγομαι, 디알레고마이)했다(눅 4:16).[229] 바울은 유대인 성경에서 분리된 메시지나 수년간 가르치면서 얻은 수사학을 가지고 오지 않았다. 그는 여호와의 권위인 토라를 가지고 왔으며, 유대인 철학자로서 왔다. 세 번의 안식일은 바울이 데살로니가에서 최소 3주를 보냈으며, 어쩌면 그 이상을 보냈음을 나타낸다.[230]

바울의 성경적 논의의 구체적인 내용은 3절에 두 개의 분사와 함께 제시되어 있다. 그는 그리스도의 고난과 부활의 필요성을 "설명" 또는 "계시"(개역개정. "뜻을 풀어." διανοίγω, 디아노이고)하고 "증명"(개역개정. "증언하고." παρατίθημι 파라티데미)했다.[231] "열다", "계시하다", "설명한다"는 누가복음 24장에서 예수님이 제자들의 눈을 열어 주님을 보고 성경을 이해하게 할 때 세 번 사용된다(눅 24:31-32, 45. 참조. 행 16:14).

바울이 성경에서 전하는 메시지는 그리스도의 고난과 부활의 "필연성"(δεῖ, 데

---

228 데살로니가에서 바울의 동행자로 실라만 언급되어 있다. 디모데와 누가는 빌립보에 남아 있었을 수도 있고, 아니면 단순히 언급되지 않았을 수도 있다. 디모데는 17:14-15에 다시 등장하는데, 바울이 아덴으로 갈 때 베뢰아에 머물렀다고 기록되어 있다.

229 17:17; 18:4, 19; 19:8, 9; 20:7, 9; 24:12, 25에서 "추론"이라는 같은 헬라어 단어가 사용되었는데, 이는 바울이 명시적으로 언급되지 않았을 때도 일반적으로 성경에서 추론하고 있었음을 암시하는 것일 수도 있다. 이 단어는 철학적 전통에서 논증을 제시하고 대화와 토론에 참여하는 것을 의미한다. Johnson, *Acts*, 309,에 따르면 누가는 바울을 청중을 본문에 대한 "검토"로 불러들여 그들과 "토론"을 벌이는 철학자로 묘사하기도 한다. 바울은 그들에게 증거를 제시할 수 있다. 살전 2:3-5은 바울이 수사학을 사용하지 않았다는 뜻이 아니라 잘못된 동기에 관여하지 않았다는 뜻이다.

230 빌립보서 4:16은 바울이 데살로니가에 더 오래 머물렀다는 것을 암시할 수 있다.

231 "증명하다"(παρατίθημι)는 종종 논리적 증명을 사용하는 설득을 나타낼 때 사용된다 (Lucian, *Rhet. praec.* 9; Josephus, *Vita* 6; Dio Chrysostom, *Or.* 17.10; Johnson, *Acts*, 305). 다음을 참조하라. Parsons, *Acts*, 236. 이것은 바울이 수사학으로 가득 찬 헬레니즘 사회에 사는 유대인들을 위해 자신의 주장을 상황화했음을 나타낼 수 있다.

이)이다(참조. 3:18; 13:26-39; 눅 9:22; 17:25; 24:26, 46).[232] 그리스도의 고난은 그분의 수난뿐만 아니라 삶 전체를 포함한다. 그리스도는 고난을 받음으로써 대속하고 악의 세력을 정복함으로써 죄 사함, 영생, 그 나라에 들어갈 기회를 주셨다.

누가의 요약에서 알 수 있는 것은 예수님이 엠마오 도상에서 제자들에게 가르치셨던 것처럼 바울이 구약을 열어 그들의 토라가 어떻게 예수님을 가리키는지에 관해 제자들과 함께 논의했다는 것을 알 수 있다(행 13:13-52). 누가는 바울의 결론을 요약한다. 예수님은 메시아다. 예수님은 유대인들이 기다려온 기름 부음 받은 자이다.[233]

17:4-5. 누가가 이전에 바울의 메시지를 요약한 내용은 간단하다. 그는 이미 비시디아 안디옥에서 바울이 전한 메시지에 대한 전체 이야기를 들려주었다. 초점은 반응과 메시지가 어떻게 해석되는지에 맞춰져 있다. 4절은 긍정적인 반응을 보여준다. 바울의 말에 관해 "그중 어떤 사람들이 권함을 받았다"는 것은 유대인들이 설득당했다는 것을 의미한다. 누가는 4절의 나머지 부분에서 비유대인들도 호의적인 반응을 보였음을 언급함으로써 "그들"의 유대인 정체성을 확인시킨다. 하나님을 경외하는 많은 헬라인도 바울의 메시지에 응답했으며, 지도적인 많은 여성도 바울의 메시지에 응답했다.

교육 수준이 낮고 사회적 지위가 낮은 사람들로만 구성되었다는 주장에 반박할 수 있을 만큼 다양하지만 존경할 만한 무리가 호응했다. 여성은 초기 공동체의 중심적인 부분이었는데, 빌립보 에피소드부터 계속되는 주제이며, 18장을 통해 지속된다(16:15, 40; 17:4, 12, 34; 18:2, 18, 26).[234]

이 감동적인 반응은 유대인들의 "질투"로 이어진다.[235] 이 단어는 스데반 이야기(7:9, 11-12)와 연결된다. 그들은 요셉의 형제들(7:9), 성전 지도자들(5:17), 회당 지도자들(13:45)과 비슷하다. 그들의 질투는 바울이 그들의 공간에 들어와

---

232 "필요"(δεῖ)라는 용어는 누가가 가장 좋아하는 표현 중 하나이다(눅 2:49; 4:43; 9:22; 11:42; 12:12; 13:14, 16, 33; 15:32; 17:25; 18:1; 19:5; 21:9; 22:7, 37; 24:7, 26, 44; 행 1:16, 21; 3:21; 4:12; 5:29; 9:6, 16; 14:22; 15:5; 16:30; 17:3; 19:21, 36; 20:35; 23:11; 24:19; 25:10, 24; 26:9; 27:21, 24, 26).

233 지시 대명사(οὗτός, "이것")의 사용은 가이사에 관한 혐의에 기여할 수 있다(참조. 행 10:36). 참조. 1:11; 2:22, 32, 36; 17:3; 19:4.

234 Peterson, *Acts*, 479,에 따르면 누가는 사도행전의 시작 부분(1:14; 5:14; 8:3, 12; 9:2)에서도 여성 개종에 대한 관심을 분명히 드러내지만, 마게도냐 여성에 대한 독특한 초점을 가진다. 서방 사본은 여성의 역할을 본문에서 제거하여 저명한 남성의 아내로 바꾸어 놓았다. 교회 초기부터 반페미니즘적인 읽기가 있었다.

235 Polhill, *Acts*, 361,에 따르면, "16-19장에는 유대인이 시작한 반대와 이방인이 유발한 반대 사이에 동등한 균형이 있다."

양을 훔친 데서 비롯되었다. 그들은 자신들이 여호와의 참 숭배자라고 생각했고, 바울은 유대교의 이단 분파의 일부였다. 이 이야기에는 사회학적, 민족적 현실이 크게 드러난다. 이러한 사회 변화의 원천은 메시아 예수님의 주되심과 그분이 모든 사람을 환영하는 현실이다.[236]

유대인들은 이 문제를 스스로 해결하지 않고 지역 시장에서 "폭도"(개역개정. "불량한 사람")로 활동하는 사악한 사람들을 조달하기로 결정했다. "폭도"와 고귀하고 존경받는 사람들 사이의 대조는 이 짧은 부분에서 일관된 주제이며, 바울을 반대하는 사람들을 부정적인 시각으로 그렸다.[237] 복음을 반대하는 사람들은 폭도들 속에서 동맹을 찾아야 하지만, 바울의 메시지를 받아들이는 사람들은 고귀한 사람들이다(17:4, 11).

시장(개역개정. "저자") 사람들은 도시에서 폭동을 선동하고 바울과 실라가 머물고 있던 야고보의 집을 공격하여(17:7) 재판에 넘기려고 한다. 빌립보에서와 마찬가지로 하나님의 종들이 이야기의 큰 부분을 차지한다.[238] 바울과 실라를 집으로 맞이하는 것은 가이사 집안이 아닌 하나님 나라에 동조하는 것이다. 그들을 환대함으로써 야손은 어둠과 빛 사이의 공간을 넘었다.[239]

17:6. 바울과 실라를 찾을 수 없자, 그들은 야고보와 다른 그리스도인 몇 명을 시 관리들 앞에 "끌고"(σύρω, 쉬로) 갔다.[240] 누가의 단어 선택은 독자들에게 사울 자신이 교회를 황폐화시키고 남녀를 "끌고" 감옥에 가두었던 때를 상기시켜 줄 것이다(8:3). 핍박하는 자가 쫓기는 자가 되었다(참조. 14:19).

시 관리들의 고발은 두 부분으로 나뉘는데, 야손의 역할은 구조적으로 그 사

---

236 Rowe, *World Upside Down*, 93, 사회적 차원을 지적하는 데 도움이 되지만 신학적 측면을 경시한다.

237 Witherington, *The Acts of the Apostles*, 507,은 "어떤 불량한 사람들"(ἄνδρας τινὰς πονηρούς)을 뜻하는 헬라어 단어의 억양이 불평분자 또는 선동자를 나타낸다고 지적한다. 이 명칭은 그들이 낮은 출생의 평범한 노동자, 장인, 소규모 사업가였음을 의미한다. 그는 이것이 기독교가 어떤 사회적 지위를 가진 사람들에게 호소력이 있고 일반적으로 "폭도"로 인식되는 사람들이 반대한다는 것을 보여 주려는 누가의 관심을 나타낼 수 있다고 말한다. 나중에 기독교를 대적하는 사람들은 기독교가 "하층 사회"의 사람들을 위한 종교라고 주장했다. 그러나 누가가 기독교에 매료된 사람들의 초상에는 낮은 계층과 높은 계층이 모두 포함되어 있다.

238 이 사람은 롬 16:21에 언급된 야손과 같은 사람일 수 있다.

239 28:1-10에 나오는 '환대'(theoxeny)라는 주제를 참조하라.

240 바울은 데살로니가전서에서 이 공동체의 고난에 관해 언급한다(살전 1:6; 2:14-16). 바울은 소스데네(18:12-17)와 가이오와 아리스다고(19:23-31) 등 바울 대신 고난을 당하는 다른 사람들의 이야기를 시작한다. 누가의 요점은 바울이 안전한 곳으로 피신하는 동안 그들이 고난을 받는다는 것이 아니라, 박해가 바울 이후에도 이어질 것이며 하나님께서 때때로 바울을 보존하셔서 그가 계속 증거할 수 있도록 하신다는 것이다.

이에 놓여 있다. 야손이 연루된 결과, 공범이 되었다. 첫 번째 비난은 이 사람들이 "전복" 또는 "세상을 뒤집어 놓았고"(개역개정. "어지럽게 하던." τὴν οἰκουμένην ἀναστατώσαντες 텐 오이쿠메넨 아나스타토산테스) 이제 여기까지 왔다는 것이다.[241]

"세상을 뒤집어 놓다"라는 문구는 이중적인 의미로 가득 차 있다. 더 깊은 의미는 "부활을 통해 로마 제국을 뒤집는다"는 의미일 수 있다. 오이쿠메네(οἰκουμένη)는 로마 제국으로 번역될 수 있으며(참조. 눅 2:1; 행 24:5), "뒤집다"라는 용어는 부활을 뜻하는 어근(ἀνάστασις, 아나스타시스)에서 유래했다.[242] 오이쿠메네(οἰκουμένη)가 항상 이렇게 번역될 필요는 없지만, 가이사와 밀접하게 연관되어 있는 것은 이 맥락에서 어느 정도 타당성을 부여한다. 바울과 실라는 로마가 지배하는 신성한 공간에 들어가 도전했다.

피터슨은 "유대인 지도자들이 **폭도들을 조직하여 도시에서 폭동을 일으킨** 후 선교사들을 문제를 일으키는 자들이라고 비난한 것은 아이러니하다"라고 말한다.[243] 그들의 진술은 바울의 메시지가 환영받지 못한다는 뜻이 내포되어 있다. 그의 선언과 새로운 사회 집단은 팍스 로마나*Pax Romana*의 확산에 반대했다.

(세상을 뒤집어 놓았다는) 비난은 바울이 예수님의 왕권을 주장한 데서 비롯되었다. 바울의 메시지는 이제 **모든** 사람에게 예수님을 유일하신 주님으로 믿으라고 촉구한다. 반항적인 유대인들이 로마의 질서를 신경 쓸 이유가 없으니 소송에서 이기기 위해 거짓 혐의를 뒤집어씌웠다고 주장할 수도 있다. 그러나 이러한 혐의는 사실일 가능성이 더 크다.[244] 로우Rowe가 말했듯이, 그 혐의는 사실인 동

---

241 Johnson, *Acts*, 307,은 τὴν οἰκουμένην ἀναστατώσαντες를 "제국을 전복하는 것"으로 번역한다. ἀναστατώσει 는 단 7:23에서 네 번째 짐승이 왕국을 "짓밟는" 것과 관련하여 사용되었고, 21:38에서 사령관이 바울이 "얼마 전에 반란을 일으킨" 애굽인인지 물었을 때 사용되었다.

242 Johnson, *Acts*, 205-6,은 이 구절을 이렇게 번역한다. 또한 다음을 참조하라. B. Rossing, "Turning the Empire (Οἰκουμένη) Upside Down: A Response," in *Reading Acts in the Discourses of Masculinity and Politics*, 148–55.

243 Peterson, *Acts*, 480.

244 어떤 의미에서 이러한 혐의가 사실이지만 다른 의미에서는 거짓이다. 바울은 로마 제국을 전복하거나 폭동을 일으키려고 명시적으로 시도한 적이 없다. 그는 편지에서 사람들에게 정부에 복종하라고 명령했다(롬 13장). 예수 안에 있는 하나님의 보편적 주되심은 반로마가 아니라 진정으로 다른 삶의 방식이었다. Talbert, *Reading Acts*, 149,은 "누가-행전 전체의 플롯은 감사관들이 이것을 거짓 증거로 들 수 있도록 준비시켰다"고 주장한다. 그러나 이것은 사건을 과장한다. Witherington, *The Acts of the Apostles*, 508,은 데살로니가전후서 1-2장이 정치적 언어로 가득 차 있다고 지적한 것이 옳다. 그러므로 나는 다음의 주장에 동의한다. Rowe, *World Upside Down*, 140. 누가 문헌에는 예와 아니오가 병치되어 있다. Rowe, *World Upside Down*, 140.은 "예, 예수님은 사람들을 새로운 삶의 방식으로 부르기 위해 오셨다. 아니, 기독교인은 반란죄가 아니다. 예, 가이사는 왕 예수의 주권에 도전한다. 아니, 예수님은 가이사의 왕좌를 노리지 않는다. 예, 예수의 부활과 승천은 로마 생활의 안정을 위협한다. 아니, 기독교인들은 폭력적인 광신도가 아니다."

시에 거짓이기도 하다.[245]

바울의 파송은 유대인과 헬라인 모두의 믿음에 도전했지만, 그들이 생각하는 방식에 이의를 제기하지는 않았다. 예수님은 가이사의 왕좌를 구하지 않으신다. 그는 가이사에게 왕좌를 내주었다. 이방인은 모세의 율법에 복종할 필요가 없다는 메시지 때문에 그 도가 유대인들과 대립한다. 그러나 또한 헬라인의 다신교 세계관과 모순되어 주님은 오직 한 분이라고 주장했지만 이것이 폭력적인 반란을 의미하지는 않는다. 일부 기독교인은 2세기에 로마와 그리스 신을 거부하여 무신론자라고 불리기까지 했다.[246] 이는 두 집단의 관습과 모순되기 때문에 세상을 전복한다.

17:7. 두 번째 비난은 가이사에 대한 선동에 관한 것이다. 그들은 바울이 가이사의 법령에 위배되는 다른 왕을 선포했다고 주장한다.[247] 이는 예수님에게 제기된 혐의와 비슷하다(눅 23:2-4; 요 19:12, 15). 로우Rowe가 말했듯이, 가이사는 이제 "주님의 라이벌"인 가짜로 등장한다.[248] 예수님이 메시아라는 메시지는 헬라인과 로마인들에게 왕권을 주장하는 것으로 해석되는데, 이는 가이사가 명령한 것, 즉 가이사는 왕이라는 명령과 상반된다.

다시 말하지만, 이 비난에는 사실**과** 거짓이 있다. 그들은 바울이 자신의 메시지로 가이사를 대신하려 한다고 가정하기 때문에 거짓이다. 선교는 어떤 면에서는 가이사를 뒤집어 약화시키고 어떤 면에서는 그를 지지하는 삶의 방식에 대한 부름이기 때문에 사실이다. 데살로니가 사람들에게 보내는 첫 번째 편지에서도 우상으로부터 돌이키라(1:9), 예수님의 파루시아가 오고 있다(4:15), 로마의 "평화와 안전"(5:3)에 도전하는 정치적 진술과 명령으로 가득 차 있다.

누가는 이러한 법령이 무엇인지 구체적으로 밝히지 않지만, 파블로고니아 주민들이 가이사 가문에 대한 개인적인 충성을 맹세하는 맹세문이 존재하는데, 그 내용은 다음과 같다

---

245 Rowe, *World Upside Down*, 101,은 누가가 말하는 하나님 나라는 명백하게 "인간 왕국"이 아니라고 지적한다. 동시에 사도행전의 비전은 우리가 정의하는 "영적"과 반대되는 왕국에 대한 것이다. 사도행전의 왕국은 물질적이고 사회적이며 공공의 공간을 차지한다.

246 Justin Martyr, *The First Apology of Justin*, VI, (*ANF* 1, 1:11)는 다음처럼 말한다. "그러므로 우리는 무신론자라고 불린다. 그리고 우리는 이런 종류의 신들에 관한 한 무신론자임을 고백하지만, 모든 불순물이 없는 가장 참되신 하나님, 의와 절제와 다른 덕의 아버지이신 하나님에 관해서는 그렇지 않다."

247 기원전 27년 데살로니가에서 주조된 동전 앞면에는 율리우스의 이미지와 함께 "신"이, 뒷면에는 옥타비아누스/아우구스투스의 이미지가 새겨 있어 아우구스투스가 "신의 아들"이라는 인상을 주었다.

248 Rowe, *World Upside Down*, 112.

나는 가이사 아우구스투스와 그의 자녀와 후손들을 말과 행동, 생각으로 평생 지지할 것을 맹세한다. ... 그들과 관련된 일이라면 몸도 영혼도 생명도 자녀도 아끼지 않을 것이다. ... 그들에 관해 말하거나 계획하거나 행하는 것을 보거나 들을 때마다 보고할 것이다. ... 그들이 적으로 여기는 사람은 누구든지 육지와 바다에서 무기와 칼로 공격하고 추격할 것이다.

새로운 철학은 가이사가 가져온 평화를 거스른다. 데살로니가전서 5장 3절에서 바울은 로마가 약속하는 "평화와 안전"에 관해 언급한다. 그는 로마에는 이를 이룰 힘이 없다고 주장한다. 오직 예수님만이 하실 수 있다.[249]

17:8-9. 바울과 실라에게 제기된 혐의는 가볍게 여겨지지 않는다. 무리와 도시 관리들은 이 말을 듣고 "소동했다"(ταράσσω, 타라소). 타라소(ταράσσω)는 마태복음 2장 3절에서 헤롯이 베들레헴에 새 왕이 태어났다는 소식을 들었을 때 사용된다. 왕이 통치하는 나라에 새로운 왕이 태어났다는 것은 위협이 된다.

데살로니가는 로마와 비교적 평화로운 관계를 유지했음을 기억하라. 그러나 로마와 연관된 역사는 갈등으로 가득 차 있었다. 이 새로운 메시지는 로마의 그늘 아래서 이룩한 현재의 안정을 뒤흔들 수 있었다. 로마는 대가족으로 여겨졌는데, 이제 바울이 들어와서 새로운 가족을 정점으로 하는 대가족을 세웠다.

그래서 그들은 야손과 다른 신자들의 안전을 확보한 다음 그들을 풀어주었다. 이것은 그들이 좋은 행동을 할 것이라는 서약이었으며 바울과 실라를 추방하라는 지시가 포함되어 있었을 가능성이 높다. 이것이 바울이 데살로니가 사람들에게 사탄이 그들이 돌아오는 것을 막았다고 말하는 이유일 수 있다(빌 2:18). 특히 통치자들은 야손이나 바울과 실라를 처벌하려고 하지 않는데, 이것은 이 문제에 대한 그들의 결백을 나타낸다. 누가는 "그리스도인들의 결백을 보여주기 위한 목적으로 그리스도인들에 대한 기소가 이루어졌다"라고 말한다.[250] 새 왕이 선포되었지만 그들에게는 죄가 없다.

4.2.2.2.2. 베뢰아에서 고귀한 응답 (17:10-15)

10 밤에 형제들이 곧 바울과 실라를 베뢰아로 보내니 그들이 이르러 유대인의 회당에 들어가니라 11 베뢰아에 있는 사람들은 데살로니가에 있는 사람들보다 더 너그러워서 간절한 마음으로 말씀을 받고 이것이 그러한가 하여 날

---

249 데살로니가전서에서 바울 복음의 정치적 성격에 대한 또 다른 논거는 데살로니가전서에서 군사적 또는 정치적 고위 인사의 방문 또는 귀환을 연상시키는 파루시아("오다")를 사용했다는 점이다.

250 Rowe, *World Upside Down*, 99.

마다 성경을 상고하므로 12 그중에 믿는 사람이 많고 또 헬라의 귀부인과 남
자가 적지 아니하나 13 데살로니가에 있는 유대인들은 바울이 하나님의 말씀
을 베뢰아에서도 전하는 줄을 알고 거기도 가서 무리를 움직여 소동하게 하거
늘 14 형제들이 곧 바울을 내보내어 바다까지 가게 하되 실라와 디모데는 아직
거기 머물더라 15 바울을 인도하는 사람들이 그를 데리고 아덴까지 이르러 그
에게서 실라와 디모데를 자기에게로 속히 오게 하라는 명령을 받고 떠나니라

17:10-12. 바울과 실라가 비아 에그나티아(*Via Egnatia*)에 있는 도시도 아니고
주요 도로의 도시도 아닌 베뢰아로 출발한다. 베뢰아에 있는 사람들은 "길에서 벗
어났다." 그러나 그들은 데살로니가에 있는 사람들보다 더 "고귀한"(즉, 귀족. 개
역개정. "너그러워서") 사람들임을 증명할 것이다. 이것이 거꾸로 된 하나님 나라
의 성격이다. 여행자들은 박해의 위협 때문에 밤에 이동한다.

누가의 이야기는 그리스도의 사자들이 적대감에 어떻게 대응하는지를 한 가
지 그림으로 보여주지 않는다. 때때로 그들은 기꺼이 학대를 향해 걸어가기도 하
고, 때때로 학대를 피하려고 노력하기도 한다. 이러한 행동의 근거는 박해가 아니
라 하나님의 인도하심에 있다. 박해로 열매 맺는 사역이 중단되거나 그 지역에서
할 일이 끝났다면 떠나야 할 때이다.

바울과 실라는 베뢰아에 도착하여 유대인 회당에 들어가 "말씀"을 선포한다.
이 짧은 요약에 함축된 것은 베뢰아 사람들에게 전하는 메시지가 데살로니가에
서와 마찬가지로 그리스도의 고난과 부활이다. 누가는 베뢰아의 환대가 데살로
니가보다 더 호의적이었던 것은 그들이 말씀을 받거나 환영했기 때문이라고 말한
다. 말씀은 "신성한 방문"이기 때문에 "말씀"을 영접하는 것은 하나님의 임재 자
체를 영접하는 것이다.[251]

누가는 그들이 데살로니가에 있는 사람들보다 더 "고귀한"(εὐγενής, 유게네스.
개역개정. "너그러워서") 사람들이라고 명시적으로 말한다. 이 단어는 헬레니즘
문헌에 더 사용된다. 헬라인 또는 귀족을 지칭할 때 더 많이 사용되며, 데살로니
가에서 "폭도들을 고용한 사람들"과는 직접적인 대조를 이룬다.[252] 흥미롭게도 누
가는 베뢰아에 있는 유대인들에게 헬레니즘 용어를 주로 적용하고 있다. 이 유대
인들은 폭동을 일으킬 만한 사람이 아니다. 또한 누가의 그리스도인 청중에게
이방인들 사이에서 고귀한 행동을 하도록 할 수도 있다(벧전 2:11-12). 이 고귀
함은 성경을 대하는 태도로 정의된다.

누가는 εὐγενής,(유게네스)의 의미를 다시 정의한다. 그들은 바울이 말한 것이

---

251 Jipp, *Divine Visitations*, 235–52.

252 εὐγενής라는 단어는 고전 1:26; 4 Macc 6:5; 9:13; 10:3; Josephus *Ant.* 10:186; 12:255.

사실인지 확인하기 위해 성경을 열심히 살펴보았다. 치암파Ciampa는 이 "시험"
이 고대의 문맹률을 고려할 때 성경을 읽는 것이 아니라 질문을 하는 것으로 구성
되었을 가능성이 높다는 것을 보여준다.[253] "베뢰아" 교회에 대한 우리의 대중적
이해가 완전히 틀린 것은 아니지만, 그 교회는 일반적으로 상상하는 것보다 더 공
동체적이고 더 중재하는 활동을 한다.

그들이 성경을 받아들이고 검토한 결과는 12절에 "그들 중 많은 사람이 믿더
라"라고 나와 있다. 여기에는 유대인뿐만 아니라 저명한 그리스 여성과 남성도
포함된다. 누가의 진술은 데살로니가(17:4)에 나오는 것과 유사하여 두 이야기
를 연결하고 독자들에게 두 도시의 반응을 비교하고 대조하도록 촉구한다. 공통
점은 이 새로운 "가정" 집단이 폭동을 일으키고 가이사에게 반란을 일으킬 집단
이 아니라는 점이다.

17:13. 두 내러티브 사이의 연관성은 이 부분의 마지막 구절에서 더 자세히 설
명한다. 베뢰아에서 거둔 사역의 성공은 주목할 만하지만 오래 지속되지는 않는다.
데살로니가에서 온 유대인들이 베뢰아에서 바울의 사역에 관해 알았고, 그들은 "무
리를 움직여(σαλεύω, 살류오) 소동하게(ταράσσω, 타라소)" 하기 위해 그곳에 왔다.

데살로니가에 있는 사람들이 적대적이었다고 해도 과언이 아닐 정도로 72킬
로미터나 되는 거리를 이동하며 계속 반대했다. 베뢰아에서도 데살로니가에서 했
던 같은 방법을 사용했다. 진정한 선동자들이 드러난다. "움직이다" 또는 "흔들
다"(σαλεύω, 살류오)는 2:25; 4:31; 16:26에 등장한다. 독자들은 이미 빌립보서에
서 하나님께서 자신의 증인들과 함께 땅을 흔드는 모습을 보았을 것이다. 사도행전
2장 25절은 시편 16편 8절을 인용한 것으로, 시편 16편 8절은 그리스도의 승천을
전형적으로 언급하고 있으므로 하나님의 백성은 "흔들리지" 않을 것이다. 이 내러
티브는 이미 무리의 "동요"에도 불구하고 승천하신 주님의 주권으로 인해 하나님
의 백성이 흔들리지 않을 것이라고 약속했다. 고난이 그들을 정복하지 못할 것이다.

17:14-15. 누가는 이제 신자들의 반응에 주목하면서 무리의 소란은 더 이상
무대의 시간이 주어지지 않는다. 무리의 소란과는 대조적으로 "형제자매들"은 하

---

253 R. E. Ciampa, "'Examined the Scriptures'? The Meaning of Ἀνακρίνοντες Τὰς Γραφάς in Acts
17:11," *JBL* 130 (2011): 527–41. 그러나 이 문맥을 사법 장면으로 본다면 이 단어는 본문을
조사한다는 의미일 수 있다. 누가는 12절에서 높은 지위의 여성들이 믿었다고 말한다.
Spangenberg, *Brief Exegesis of Acts 17:10–15*, in Chung-Kim, Hains, et al., *Acts*, 241,는
다음처럼 말한다. "성경은 우리 신앙의 유일한 규칙이자 기초이기 때문이다. 목수나 석공이
무언가를 능숙하게 만들려면 다림줄이 있어야 한다. 금세공인이 금을 시험하려면 시금석이
있어야 한다. 따라서 우리 그리스도인이 하나님의 말씀이나 인간의 가르침이 무엇인지
판단하려면 우리도 시금석이 있어야 하며, 이것이 바로 성경이다."

나가 된다. 17장 4절에서 누가는 새로운 공동체의 다양성에 주목했지만, 여기서는 그들을 단순히 "형제자매"라고 칭함으로써 그들의 단합을 강조한다.[254] 새로운 가족이 왔다. 이 이야기의 주된 행동은 좋은 소식에 대한 반대가 아니라 오히려 복음의 확장이다.

바울을 해안으로 보내는 한편, 실라와 디모데는 베뢰아에 머문다. 누가는 실라와 디모데가 베뢰아에 남아있는 이유를 밝히지 않는다. 바울이 공격의 주요 초점이었을 수 있으므로 그를 보내면 무리가 진정될 것이다. 17장 6-7절의 비난은 복수형이기 때문에 이 선택은 가능성이 낮다. "이 사람들"이 이런 일을 했고 "그들 모두"가 가이사의 법령에 위배되는 행동을 했기 때문이다. 바울이 떠남으로써 폭동의 최고점은 완화되었을 수 있다. 실라와 디모데는 남아서 새 회중을 섬기고 그들을 새로운 성전 백성으로 계속 세워나갔을 것이다.

공식적으로 본문은 바울이 떠나고 실라와 디모데가 남는 이유에 관해 침묵하고 있다. 바울은 호위를 받으며 아덴까지 갔고, 실라와 디모데에게 합류할 것을 요청한다. 예수님의 왕권은 이 지역에 새로운 가정을 세우는 동시에 로마의 가정과 황제에게 도전했다. 로마를 전복시키려는 것이 아니라 진정으로 자유롭고 존귀하게 사는 시민을 창조하기 위해서이다(벧전 2:16).

4.2.3. 아가야 선교 (17:16-18:23)

빌립보, 데살로니가, 베뢰아에 예수 공동체를 세운 바울은 두 개의 중요한 도시를 방문하기 위해 아가야로 향한다. 아덴과 고린도이다.[255] 두 도시에서 바울은 재판을 받지만 각 이야기의 목표는 다르다. 바울은 아테네에서 우월한 철학을 선포하고, 고린도에서는 그 도의 결백함과 미덕을 암시하며 재판을 기각한다. 예수님의 메시지는 체제를 전복하지만 선동적이지는 않다.

아테네는 전성기는 지났지만, 소크라테스, 플라톤, 아리스토텔레스와 연관되기 때문에 여전히 그리스 철학의 중심지였다.[256] 누가는 아고라, 에피쿠로스 및 스토아 철학자, 이교도 신전, 아레오바고에 대한 언급을 통해 독자들이 이 점을 놓치지 않도록 하고 있다. 빌립보에서 바울이 로마의 관습에 맞서고 루스드라에서 소박한 이교도 관습에 도전했다면, 아테네에서는 지적인 엘리트들과 충돌한다.[257]

---

254 Thompson, *One Lord, One People*, 148.

255 아테네는 베뢰아에서 약 600킬로미터 떨어져 있었다.

256 Cicero, *For Flaccus* 26.62.

257 Johnson, *Acts*, 319,는 누가가 가졌던 것보다 이 본문에 더 큰 비중을 두는 것에 관해 경고한다. "해석가의 어려움은 결국 가느다란 장면에 감당할 수 있는 것보다 더 많은 의미를 부여하는 것을 피하는 데 있다. … 그것은 이 책의 끝이 아니며, 하나의 클라이맥스가 아니라 복음의 말씀과 그 말씀이 변화시키기로 결심했던 세상의 여러 측면 사이의 일련의

하나님은 바울을 통해 그리스-로마 세계의 도구와 글을 모방하여 모든 사람의 번영을 위해 그 땅을 자신의 것으로 주장하신다.[258]

고린도는 마게도냐와 아가야에서 바울의 사역의 결론 부분이다. 바울의 소송은 저명한 그리스-로마 재판관(갈리오) 앞에서 기각되어 바울의 사역이 로마 영토에서 전체적으로 흠이 없고 덕이 있다고 선언된다. 바울은 1년 반 동안 고린도에 머물며 유대인을 먼저 찾아갔지만 자신의 메시지가 거절당하자 이방인에게로 향한다.

예수님은 바울에게 핍박에도 불구하고 그 도시에서 인내하라고 말씀하신다. 왜냐하면 이곳에서 자신의 이름을 따라 공동체를 세울 것이기 때문이다. 전반적으로 누가의 메시지는 바울의 앞길을 가로막는 것이 무엇이든 복음에는 웅변가, 제국, 심지어 신들의 방식에 맞서 싸울 수 있는 자원과 해답이 있다는 것이다.

바울의 아가야 사역			
장 소	메시지	받아들임	박 해
아 덴	우월한 철학을 선언	아레오바고에서 어떤 이들이 합류	아마추어 철학자라는 비난을 받으며 시험당함
고린도	인내심을 갖고 우월한 덕을 발휘함	회당 지도자의 가문과 다른 많은 사람이 믿음	법정에 회부됨

4.2.3.1. 아테네보다 우월한 철학 (17:16-34)

하나님은 아테네에서 이데올로기 전쟁을 벌이신다.[259] 누가는 바울을 히브리

상징적인 만남 중 하나이다."

258 예수님은 제자들에게 "너희 대적들이 저항하거나 반박할 수 없는 말씀과 지혜"를 주겠다고 약속하셨다(눅 21:15).

259 여기서 의도적으로 "전쟁"이라는 용어를 사용한 이유는 아레오바고가 그리스 전쟁의 신 아레스의 언덕이라는 뜻이기 때문이다. "마르스"는 그 신의 라틴어 이름이다. 바울이 그곳에

성경의 논리에 근거한 철학자로 묘사하면서 수준 높은 군중에게 더욱 보편적인 메시지를 선포한다. 바울은 메시지를 선포하면서 도시에서 목격한 다양한 우상과 무지로 자극받는다. 바울의 설교 자료 중 일부는 세 가지 주요 설교 중 두 번째 설교를 반복하지만, 뚜렷한 강조점이 나타난다.[260] 바울은 이스라엘의 역사를 건너 뛰고, 구약을 인용하지 않으며(암시하긴 하지만), 창조주와 그분의 피조물에 초점을 맞추고, 철학 학파의 언어와 이미지를 활용하면서도 여전히 예수님에 관해 직접적으로 이야기한다.

바울이 청중의 시선을 성전 임재를 확장시키는 분에게 향하게 할 때 동사의 주어는 아버지 하나님이시다. "철학의 중심지"였던 아테네는 지적인 짝을 만났다. 많은 대학에서 이 설교를 변증학이나 세계관 신학의 훈련장으로 삼고 있지만, 아테네의 장면은 특별하게 다가온다. 아테네의 문화와 철학적 군중이 강조된다. 이런 식으로 이 연설은 **보편적인** 예가 아니라 문화 간 만남을 위한 지침이다.[261]

바울이 구약을 더 많이 암시하는가, 아니면 그리스 철학을 더 많이 암시하는가 하는 두 가지 영역에서 엄격한 논쟁이 여전히 존재한다. 이와 관련해서, 바울은 아테네에서 더 부정적이고 화가 났는가 아니면 긍정적이고 평화로운가?

바울의 아테네 설교에서 논란이 되는 점들
바울의 설교는 구약에 또는 그리스 철학에 더 많은 빚을 지고 있는가?
바울의 설교는 평화적인가 아니면 전투적인가?

갔는지 아니면 그곳에서 이름을 따온 행정 기관을 만났는지에 관해서는 논쟁이 있다. 제 요점은 그것이 장소이든 정치 단체이든 상관없이 여전히 유효하다. 대부분의 주석가들은 이제 아테네 법정 쪽으로 기울고 있다.

260 누가의 계획은 바울이 세 가지 청중에게 세 가지 다른 연설을 하는 데서 분명하게 드러난다. 먼저 유대인들에게 연설하고(13:16-41), 이방인들에게 연설하고(17:22-31), 마지막으로 기독교 지도자들에게 고별 연설을 한다(20:18-35). 따라서 Gaventa, *Acts*, 247,은 현재의 연설이 초기 누가의 주제를 현지 관용어로 "번역"한 것이라고 주장한다.

261 Barreto, *Myers, and Young, In Tongues of Mortals and Angels*, 45–60.

가장 좋은 해결책은 이러한 선택을 서로 대립시키지 않고 잘못된 이분법을 인식하는 것이다. 바울은 두 가지 배경을 모두 활용한다. 그는 이중적으로 말한다.[262] 그는 철저하게 성경적인 핵심을 가지고 그리스 철학으로 장식한다.[263] 바울은 아테네 사람들의 기본 가정에서 연설하고 철학적 언어를 사용하여 공통의 근거를 마련한다. 그러나 그는 그들의 세계관을 성경적 세계관으로 변화시키기 위해 그렇게 한다.

이 설교는 본질적으로 회개를 촉구하는 것이지 공통점을 찾기 위한 게임이 아니다. 로우Rowe와 파딜라Padilla가 말했듯이, 이 설교는 그리스 철학자들과 **공모한** 것이 아니라 그들과 **충돌한** 것이다. 바울은 그들과 연결하면서도 경쟁적인 개념 체계를 떠올린다.[264] 바울은 예수님의 메시지와 이방 종교 사이의 부조화를 서술하면서 동시에 기독교 운동이 그리스 철학의 가장 좋은 특징을 포함하고 있다고 주장한다. 그것은 우월한 철학이다.[265]

아덴 단락은 내러티브적 도입(16-21절), 연설(22-31절), 응답(32-34절)의

---

262 Padilla, *The Acts of the Apostles*, 179,는 "극적인 아이러니를 포함하는 것으로 담론을 이해하는 것은 연설에 대한 전반적인 평가에 중요하다. 평면적인 읽기는 기독교와 이교도 사이 만남의 복잡성을 모호하게 하기 때문이다. ... '누가는 아덴 사람들에 관해 긍정적이다' 또는 '누가는 전적으로 부정적이다'처럼 단순하지 않다."라고 올바르게 말한다. Klauck, *Magic and Paganism*, 94,는 이렇게 말한다. "누가가 여기서 하는 일은 교양과 복음화 사이의 긴장을 표현하고 있다. 창조주에 대한 성경적 신앙을 새롭게 설명하기 위해 스토아 사상을 적용한 것은 복음의 토착화의 한 예이다. ... 그렇다고 해서 누가가 다른 극단, 즉 이방인 종교의 형태를 복음으로 생성된 비판의 대상으로 삼는 문화의 복음화를 놓치는 것은 아니다." M. Luther, *Sermon on Acts 17:16–21*, in Chung-Kim, Hains, et al., *Acts*, 243–44,는 이 이야기가 하나님의 지혜와 인간의 이성이 어떻게 조화를 이루는지를 보여줄 뿐만 아니라, 세상적인 문제에서 가장 지혜로운 사람이 영적인 문제에서 가장 어리석다는 것을 보여준다고 말한다.

263 Talbert, *Reading Acts*, 156,은 "누가의 바울은 지금까지 선포의 핵심에 있는 모든 진술에서 성전, 제사, 우상에 대한 일반적인 지중해 철학적 비판을 사용한다."라고 말한다. Padilla, *The Acts of the Apostles*, 185,은 "바울은 그리스 철학적 진술들을 원래의 문맥에서 추출함으로써 이교도적 사고에서 독을 제거했다"고 멋지게 주장한다. ... 이제 창조에서 완성으로 이어지는 성경의 흐름 속에 놓인 그리스 시인들의 구절은 바울에게 소통의 가교 구실을 할 수 있다."

264 Rowe, *World Upside Down*, 40; Padilla, *The Acts of the Apostles*, 184. 로우는 "그리스도인과 스토아학파는 같은 말을 하는 것이 아니다. 그들은 모든 것에 관해 서로 다른 경쟁적인 이야기를 가지고 서로 마주하고 있다. ... 그들은 영구적으로 그리고 환원할 수 없을 정도로 대립하는 전통이다." 참조. C. K. Rowe, *One True Life: The Stoics and Early Christians as Rival Traditions* (New Haven: Yale University Press, 2016), 235.

265 J. Jipp, "Paul's Areopagus Speech of Acts 17:16–34 as Both Critique and Propaganda," *JBL* 131 (2012): 568. Barreto, Myers, and Young, *In Tongues of Mortals and Angels*, 46–47,은 이 연설이 초월적이고 보편적인 문화보다는 특정한 아테네 문화를 더 많이 다루고 있다고 올바르게 주장한다. "복음은 풍부한 지역 토양에서 뿌리를 찾는다. 좋은 소식은 항상 보편적인 것이 아니라 특수한 것이다." 그러나 이것이 여호와를 모르는 사람들의 본보기가 되는 것도 사실이다.

세 가지 간단한 단계로 진행된다. 연설은 바울이 소개한 후(22-24절) 두 가지 신학적 실재를 중심으로 구성된다. 첫째, 하나님은 인류를 포함한 모든 것의 창조주이자 보존자이시다(24-29절). 둘째, 하나님은 다가오는 심판 때문에 모든 사람을 회개하라고 부르신다(30-31절). 예수님은 이 연설에서 두드러지게 등장하지 않지만, 그분의 부활은 연설의 대미를 장식한다(17:18, 31).[266]

4.2.3.1.1. 우상 숭배에 대한 대응 (17:16-21)

16 바울이 아덴에서 그들을 기다리다가 그 성에 우상이 가득한 것을 보고 마음에 격분하여 17 회당에서는 유대인과 경건한 사람들과 또 장터에서는 날마다 만나는 사람들과 변론하니 18 어떤 에피쿠로스와 스토아 철학자들도 바울과 쟁론할새 어떤 사람은 이르되 이 말쟁이가 무슨 말을 하고자 하느냐 하고 어떤 사람은 이르되 이방 신들을 전하는 사람인가보다 하니 이는 바울이 예수와 부활을 전하기 때문이러라 19 그를 붙들어 아레오바고로 가며 말하기를 네가 말하는 이 새로운 가르침이 무엇인지 우리가 알 수 있겠느냐 20 네가 어떤 이상한 것을 우리 귀에 들려 주니 그 무슨 뜻인지 알고자 하노라 하니 21 모든 아덴 사람과 거기서 나그네 된 외국인들이 가장 새로운 것을 말하고 듣는 것 이외에는 달리 시간을 쓰지 않음이더라

17:16. 아덴의 유명한 설교는 기다림 속에서 탄생한다. 하나님께서 자신의 철학을 새로운 지역으로 전파하실 때 내러티브는 놀라움으로 가득 찬다. 바울은 실라와 디모데를 기다리는 **동안** 우상으로 가득 찬 도시를 보고 "격분"($\pi\alpha\rho\omega\xi\acute{\upsilon}\nu\varepsilon\tau o$, 파록쉬네토)했는데, 우상 숭배에 대한 이사야의 정죄를 따르고 로마서에서 바울이 쓴 진술을 반향하는 것으로 보인다(롬 1:18-32).[267]

아덴에 우상이 있었다는 것은 놀라운 일이 아니다. 이 시대에는 다신교가 지배적이었기 때문에 대부분 로마 도시에는 우상이 가득했다. 우상을 단순히 신의 "살아 있지 않은 대표물"로만 생각하기 쉽지만, 사람들이 우상을 만드는 의식은 신적 존재가 우상에 자신의 영혼을 불어넣는 것을 포함한다.

따라서 우상은 신적 존재가 자기 이름을 넣은 신의 살아있는 대리자로 여겨졌다. 아덴의 관광객이라면 기념비들에 감명을 받았을 것이고 지금도 그럴 수 있지만, 바울은 그 겉모습을 지나쳐 생명이 없는 것만 보았다. 그는 하나님이 새로운 세상을 창조하셨다는 것을 알았기 때문에 그 아름다움에 매료되지 않았다.

---

266 아테네 설교는 누가가 주목하는 또 하나의 방해받는 설교이다.

267 사 40:18-20; 41:5-7, 21-29; 42:8, 17; 45:16-17, 20-21; 46:1-7; 48:5. Schnabel, *Acts*, 723,은 바울이 회당에서 가르쳤기 때문에 아테네에서 사역한 것이 우연적일 가능성이 없다고 말한다.

파록쉬노(παροξύνω, "격분하다")라는 단어는 "도발하다"로도 번역될 수 있으며, 사도행전 15장 39절에서 바울과 바나바가 날카로운 의견 차이를 보였을 때 동족어 형태가 사용되었다. 파록쉬노(παροξύνω)는 70인역 신명기 9장 18절, 시편 106편 29절, 이사야 65장 3절, 호세아 8장 5절, 스가랴 10장 3절에도 사용되었다. 이 본문들도 우상에 관한 것이다.[268] 스가랴와 호세아는 구체적으로 언급한다,

> 그들이 왕들을 세웠으나 내게서 난 것이 아니며 그들이 지도자들을 세웠으나 내가 모르는 바이며 그들이 또 그 은, 금으로 자기를 위하여 우상을 만들었나니 결국은 파괴되고 말리라 사마리아여 네 송아지는 버려졌느니라 내 **진노가** 무리를 향하여 **타오르나니**(παρωξύνθη, 파록쉰데). (호 8:4-5)

> 드라빔들은 허탄한 것을 말하며 복술자는 진실하지 않은 것을 보고 거짓 꿈을 말한즉 그 위로가 헛되므로 백성들이 양 같이 유리하며 목자가 없으므로 곤고를 당하나니 내가 목자들에게 **노를 발하며**(παρωξύνθη, 파록쉰데) 내가 숫염소들을 벌하리라(슥 10:2-3).

이것은 당혹감 그 이상이다. 바울은 아덴이 거짓 신을 숭배하기 때문에 우상들에 대한 분노로 불타고 있다. 스토트Stott가 말했듯이, "[전도에 대한] 가장 큰 동기는 예수 그리스도의 영광에 대한 열심이나 질투이다. ... 그러므로 [하나님]이 사람들의 삶에서 그분의 정당한 위치를 부인당할 때마다 우리는 내적으로 상처를 받고 그분의 이름에 관해 질투를 느껴야 한다."[269]

바울은 내적으로 자극을 받으면서도 우상 숭배에 관해 논쟁하면서 청중과 접점을 찾는다. 바울은 어리석음에서 보호하고자 하는 사람들에게 참된 목자이자 파수꾼 역할을 한다. 그는 우상 숭배자들을 외면하지 않고 그들을 향해 나아간다. "스데반을 돌로 치는 데 동의한 사람은 이제 의로운 분노를 불러일으키는 돌에 둘러싸여 서 있지만, 성령께 굴복해야 한다."[270]

성경의 전체 이야기는 인간을 하나님의 형상으로 묘사한다. 최고의 신 여호와는 인간에게 자신의 영을 불어넣고, 인간은 이 땅에서 살아있는 대리인 역할을 한다. 이 이야기를 염두에 두면, 바울이 우상을 볼 때 단순히 우상이 싫어서가 아니라 사람들이 하나님과 자신에 대한 진리를 거짓과 바꾸고 있기 때문에 분노하는 것이 분명하다(롬 1:23).

---

268 παροξύνω("도발당하다, 괴로워하다")는 고전 13:5에서도 사용된다.

269 Stott, *The Spirit, the Church, and the World*, 279.

270 Jennings, *Acts*, 176.

17:17. 바울의 분노가 만들어낸 결과는 토론과 논쟁이다.[271] "도시의 우상 숭배에 대한 바울의 반응은 부정적인 것(공포와 경악)만이 아니라 긍정적이고 건설적인 것(증거)이었다."[272] 그는 그들의 철학에서 가장 좋은 측면을 취하여 기독교 복음에 근거를 둔다. 바울의 사명은 참된 로고스(The Logos)를 전파하는 것이다.

누가는 17-18절에서 세 그룹(유대인, 에피쿠로스파, 스토아파), 두 장소(회당, 시장), 두 가지 반응(부정적, 관심)을 밝힌다. 첫째, 바울은 유대인 회당에서 유대인들과 함께 "변론"(διελέγετο, 디엘레게토)했다. 누가는 회당 사역에 관해서는 거의 언급하지 않았는데, 바울이 수준 높은 이방인들과 교류하는 데 초점을 맞추었기 때문이다.

둘째, 바울은 또한 "시장"(ἀγορά, 아고라)에 가서 그곳에 있던 사람들과 대화를 나누었다. 누가는 바울을 일종의 소크라테스처럼 청중을 설득하기 위해 "추론"을 사용했던 인물로 묘사하기 시작한다.[273]

17:18 18절에서 누가는 바울과 토론을 벌인 철학자들에 관해 설명하면서 이러한 철학적 유사성을 더욱 보완한다. 에피쿠로스 철학자들은 모든 것이 원자나 물질 입자에서 나온다고 믿었다. 따라서 우주는 우연의 결과이다. 그들은 겸손하게 살고 욕망을 제한함으로써 쾌락을 추구해야 한다고 주장했다. 또한 신의 개입을 기피하고 죽음 이후의 삶을 부정했다.

이 시기에 더 인기를 끌었던 금욕주의는 헤라클레이토스의 가르침을 바탕으로 행복의 길은 순간을 받아들이고 쾌락이나 고통에 지배당하지 않는 것이라고 주장했다. 오히려 사람들은 신성한 로고스가 스며든 세상을 이해하기 위해 자신의 마음을 사용해야 했다. 그들은 신이 만물 안에 있다고 믿는 범신론자이자 에피쿠로스주의자 같은 유물론자였다.

두 그룹 모두 신의 본질이 물질이라고 믿었다. 바울은 하나님이 물질의 창조주이심을 확언하지만, 동시에 하나님이 물질을 초월하여 다스리신다고 주장한다. 철학자들은 바울과 논쟁을 벌였고, 그 결과 다양한 반응이 나왔다. 어떤 이들은 "이 수다쟁이"(개역개정. "말쟁이" σπερμολόγος 스페르몰로고스)가 무엇을 말하려고 하는지를 묻는 부정적인 반응을 보이기도 했다.[274]

---

271 사용된 헬라어는 διαλέγομαι(17절)로, "대화하다, 토론하다, 논쟁하다"라는 의미를 지닌다. Witherington, *The Acts of the Apostles*, 514,은 이 동사가 바울이 청중을 설득하기 위해 논리와 수사를 사용하는 것을 계속 강조한다고 말한다. συμβάλλω는 18절에도 사용되었는데, "대화하다, 의논하다, 다투고 논쟁하다"라는 뜻이다.

272 Stott, *The Spirit, the Church, and the World*, 280.

273 Diogenes Laertius, *Lives* 2.20, 45, 122.

274 Keener, *Acts*, 3:2595–96,은 σπερμαλογος를 에피쿠로스주의자들과, "이방 신들의 설교자"를 스토아주의자들과 연결한다. Chrysostom, *Homily 38 on Acts* (*NPNF* 1/11:234),은 고전 2:14을 인용한다. "육에 속한 사람은 하나님의 성령의 일들을 받지 아니하나니 이는 그것들

이 헬라어는 새가 씨앗을 줍는 모습을 묘사한 것으로, 쓸모없는 사람들이 찌꺼기를 모아 결국에는 정보를 퍼뜨리는 것을 비유적으로 표현한다. 이 단어로 바울을 자신이 이해하지 못하는 간접적인 생각을 전달하는 사이비 철학자로 분류한다. 그는 아마추어, 위조품, 사기꾼이다. 아테네에는 자신의 이름을 알리려는 사기꾼들이 많이 있었다.

어떤 사람들은 바울이 "이방 신들"(ξένων δαιμονίων, 제논 다이모니온)을 설교한다고 주장하며 바울을 더 사실적으로 대한다. 이 단어는 아테네에 이방 신을 소개한 혐의로 기소된 소크라테스를 암시한다. 누가는 바울에 관해 오해를 받는 사람, 청렴한 교사, 우수한 철학을 전하는 사람이라는 이미지를 구축한다.[275] 누가는 바울의 설교에 대한 간략한 요약만 제공하며, 이 시점에서 그의 메시지를 "예수와 부활에 관한 좋은 소식"으로 요약한다. 사도들이 어디에 있든 그들의 메시지는 그리스도의 부활에 집중되어 있다.[276]

여기서 헬라어는 독특하게도 "예수와 아나스타시아(Anastasia. 부활, 헬라어 문법적으로 여성형이며 누가가 사용한 헬라어는 ἀνάστασιν-역자주)"로 번역될 수 있는데, 남성과 여성(이방 신)의 신적인 한 쌍을 선포하는 것을 들었음을 암시한다. 제우스에게는 테미스(질서), 아테나에게는 니케(승리), 아프로디테에게는 사랑, 예수에게는 아나스타시아(부활)이 있었다.[277] 폴힐Polhill은 "그들이 바울을 자신들과 같은 다신교 신자로 만들었다는 것은 참으로 아이러니한 일"이라고 지적했다.[278]

죽은 자가 살아난다는 생각은 그리스인들에게 새로운 것이었기 때문에 그들의 귀에는 새로운 가르침이었다.[279] 이러한 오해는 현대 독자들에게 적절한 철학적 토대 없이 복음이 이해되지 못하거나 기존의 사상과 신들의 판테온(만신전)에 추가되는 것에 불과하다고 이해하도록 강요한다.

17:19-20. 바울의 변론은 철학자들이 이 "새로운 가르침"에 관해 배우기 위해 바울을 아레오바고로 데려올 만큼 충분한 관심을 불러일으켰다. 아덴은 새로운

이 그에게는 어리석게 보임이요, 또 그는 그것들을 알 수도 없나니 그러한 일은 영적으로 분별되기 때문이라."

275 Plato, *Apol.* 24B-C; *Euthyphr.* 3B. Witherington, *The Acts of the Apostles*, 515,은 소크라테스에 대한 암시 때문에 이것을 경멸적인 비난을 넘어 위험한 비난으로 받아들이는데, 이방신이나 이상한 신은 소크라테스의 죽음을 초래한 주장이기 때문이다(Plato, *Apol.* 24B-C). 또한 다음을 참조하라. Dunn, *Acts*, 233.

276 Crowe, *The Hope of Israel*, 65-68.

277 많은 주석가가 "이중 신"이라는 주제에 주목한다. Chrysostom, *Homily 38 on Acts* (*NPNF* 1/11:233),은 이 견해를 일찍 받아들였다.

278 Polhill, *Acts*, 367.

279 "먼지가 사람의 피에 스며들면 일단 죽으면 부활이 없다"(Aeschylus, *Eumenides* 647-48).

숭배에 개방적일 수 있지만, 이방 신들에 관해서는 적대적일 수도 있다.[280] 바울을 아덴으로 데려간다는 것은 "붙들어 가며"(9:27; 23:19) 또는 "체포하다"(16:19; 18:17)라는 의미일 수 있다.[281] 21절은 이것이 일종의 재판이라고 볼 수 있다. 소크라테스에 대한 지속적인 암시는 재판임을 가리킬 수 있다.[282] 바울의 가르침을 "이상한"(ξενίζω 크세니조)이라고 부르면서 또 한 번의 소크라테스에 대한 암시가 나타난다.

아덴에서 소크라테스 암시	
본 문	**소크라테스 암시**
17:17 - 시장에서 변론하는 바울	플라톤, 『소크라테스의 변명』, 1.17; 크세노폰, 『소크라테스의 변명』, 1.11; Diogenes, Lives 2.20–21, 45, 122
17:18 - 철학자들이 바울이 이방 신을 전하는 사람이라고 말함	크세노폰, 『소크라테스의 변명』, 1.1.
17:20 - 바울은 그들의 귀에 이상한 것을 소개함	크세노폰, 『소크라테의 변명』, 1.1; 플라톤, 『소크라테스의 변명』, 1.10.
17:22 - 사람들. 아덴 사람들	아테네 법정 앞에 소크라테스

소크라테스에 대한 이러한 암시는 내러티브에 몇 가지 영향을 미친다.[283] 첫째, 소크라테스에게 무슨 일이 일어났는지 모두가 알고 있었기 때문에 긴장감과 형식을 부여한다. 소크라테스처럼 바울도 이방 신을 추종하는 것에 관해 공식적인 질문을 받는다. 철학자들의 초대는 바울의 흥미로운 신념에 관해 듣고자 하는

---

280 Josephus, *Ag. Ap.* 2.262,는 아테네인들이 "그들의 법에 어긋나는 신들에 관해 단 한마디라도 말한 사람에게는 가차 없는 형벌을 가했다"라고 주장한다. Jipp, "Paul's Areopagus Speech of Acts 17," 572,는 이방 신을 소개한 여사제 니누스의 이야기를 언급하며 사형이라는 형벌을 내렸다고 말한다(*Ag. Ap.* 2.266–68).

281 Witherington, *The Acts of the Apostles*, 515,는 ἐπιλαμβάνομαι라는 단어가 "체포하다"가 더 가능하다고 주장한다. 그는 인접한 문맥과 소크라테스에 대한 암시가 이 극단적인 독해를 암시한다고 생각한다. 그것은 더 큰 선교적 맥락과 잘 맞는다. Jipp, "Paul's Areopagus Speech of Acts 17," 573,도 비슷하게 주장한다. Spencer, *Acts*, 173,은 "아덴의 장면은 적대적인 심문이라기보다는 공개적인 조사의 모습에 가깝다"며 "채찍질이나 형벌은 없고 묻고 듣는 것만 있다"라고 반박한다.

282 Keener, *Acts*, 3:2602,는 누가가 이것을 정식 재판으로 제시하지 않았다고 주장한다 (17:20-21). 지프Jipp는 재판을 찬성한다. 다음을 참조하라. J. W. Jipp, "Paul at the Areopagus in Athens," in *Lexham Geographic Commentary on the Acts through Revelation*, ed. B. J. Beitzel (Bellingham: Lexham, 2019), 344–52. Erasmus, *Paraphrase on Acts*, 108,은 아레오바고는 이 삶과 죽음의 사건을 조사하는 가장 유명한 장소였다고 언급한다.

283 다음 내용 중 일부는 Padilla, *The Acts of the Apostles*, 180–81.에서 발췌한 것이다.

정중한 요청이라기보다는 정보를 얻기 위한 사건이다.[284]

둘째, 이 암시는 독자들이 예루살렘과 아덴의 관계에 관해 질문하도록 유도한다. 후대의 이교도 작가들(갈레노스Galen)은 철학적 엘리트의 자질을 보여준 기독교인들을 존경한다. 심지어 기독교도 철학과와 어느 정도 닮은 점이 있었다.[285] 누가는 복음의 메시지가 어떤 면에서는 당시의 철학과 일치하면서도 이교도 세계관보다 우월하고 전투적인 것으로 묘사한다.

셋째, 누가는 이러한 암시를 통해 바울을 소크라테스가 부활한 사람으로 묘사한다. 바울은 이질적인 것을 선포하는 것이 아니라 진정한 철학적 전통과 연속성을 가지고 있다. 스토아학파와 에피쿠로스 학파는 이 뛰어난 철학과 철학자에 비할 바가 못 된다.

17:21 화자로서 누가는 21절에 갑자기 등장하는데, 누가가 거의 하지 않는 방식이다. 그는 독자들에게 아테네 사람들이 새로운 것을 말하고 듣는 데 많은 시간을 보낸다는 사실을 알려준다. 그들은 유행하는 최신 이론을 좋아한다.

누가는 이것이 공식적인 사건(즉, 공식적인 재판)이 아니라는 것을 암시할 수도 있지만, 설교가 시작되기 전에 아덴의 엘리트들을 향해 이야기식으로 한 방 날린 것일 가능성이 더 크다. 그들은 아마추어 철학자이자 고정관념에 사로잡힌 바쁜 사람들이다.[286] 이것은 독자들이 바울의 연설에 더 호의적으로 반응하게 만드는 효과가 있다.

4.2.3.1.2 아레오바고의 진정한 철학 (17:22-31)

22 바울이 아레오바고 가운데 서서 말하되 아덴 사람들아 너희를 보니 범사에 종교심이 많도다 23 내가 두루 다니며 너희가 위하는 것들을 보다가 알지 못하는 신에게라고 새긴 단도 보았으니 그런즉 너희가 알지 못하고 위하는 그것을 내가 너희에게 알게 하리라 24 우주와 그 가운데 있는 만물을 지으신 하나님께서는 천지의 주재시니 손으로 지은 전에 계시지 아니하시고

25 또 무엇이 부족한 것처럼 사람의 손으로 섬김을 받으시는 것이 아니니 이는 만민에게 생명과 호흡과 만물을 친히 주시는 이심이라 26 인류의 모든 족속을 한 혈통으로 만드사 온 땅에 살게 하시고 그들의 연대를 정하시며 거주의 경계를 한정하셨으니 27 이는 사람으로 혹 하나님을 더듬어 찾아 발견하

---

284 Jipp, "Paul's Areopagus Speech of Acts 17," 574.

285 L. Hurtado, *Destroyer of the Gods: Early Christian Distinctiveness in the Roman World* (Waco: Baylor University Press, 2017), 26–27, 110–11.

286 P. Gray, "Athenian Curiosity (Acts 17:21)," *NovT* 47 (2005): 109–16.

게 하려 하심이로되 그는 우리 각 사람에게서 멀리 계시지 아니하도다 28 우리가 그를 힘입어 살며 기동하며 존재하느니라 너희 시인 중 어떤 사람들의 말과 같이 우리가 그의 소생이라 하니 29 이와 같이 하나님의 소생이 되었은즉 하나님을 금이나 은이나 돌에다 사람의 기술과 고안으로 새긴 것들과 같이 여길 것이 아니니라

30 알지 못하던 시대에는 하나님이 간과하셨거니와 이제는 어디든지 사람에게 다 명하사 회개하라 하셨으니 31 이는 정하신 사람으로 하여금 천하를 공의로 심판할 날을 작정하시고 이에 그를 죽은 자 가운데서 다시 살리신 것으로 모든 사람에게 믿을 만한 증거를 주셨음이니라 하니라

17:22. 바울은 먼저 그들의 의식을 살펴보는 것으로 아레오바고 설교를 시작한다. 그는 그들의 "종교성"(δεισιδαίμων, 데이시다이몬)을 보았다고 주장한다. 아덴의 "종교성"에 대한 증거는 바울이 "숭배의 대상"이라고 부르는 우상들의 광경이었다. 데이시다이몬(δεισιδαίμων)이 긍정적(종교적)인지 부정적(미신적)인지는 논쟁의 여지가 있다.[287]

철학자들은 일반적으로 청중을 비판하는 것으로 시작하지 않기 때문에 긍정적인 해석에 유리하다. 그러나 지금까지 내러티브는 바울이 분노로 불타고 있다는 점에서 부정적인 견해에 힘을 실어주고 있다. 또한 이 설교의 배경이 우상 숭배라는 점(17:16), 누가가 그들의 호기심을 비판했다는 점(17:21), 바울이 회개를 촉구할 것이라는 점(17:30) 같은 특징이 모두 부정적인 독해에 힘을 실어준다.

아덴 사람들은 이 말을 긍정적으로 들었지만 독자들은 바울의 부정적인 태도를 알고 있다는 이중적 의미일 가능성이 높다. 어느 쪽이든 바울은 그들의 전제에서 시작한다. 태너힐Tannehill이 말했듯이, "접근하는 사람들의 전제와 지배적인 관심사에 관여하지 않는 선교는 듣는 사람들을 변화시키지 못한다."[288] 복음을 전하는 사역자들은 현재의 세계관을 다루기 위해 그들의 전통 안에서 자원을 발견해야 한다. 목표는 불쾌감을 주지 않지만, 복음은 필연적으로 이데올로기와 충돌할 수밖에 없다.

17:23. 바울은 더욱 일반적인 관찰에서 구체적인 관찰로 이동한다. 그는 알지 못하는 신에게라고 새겨진 제단을 보았다.[289] 여기서 무지라는 핵심 주제가 시작

---

287 Bruce, *Acts*, 355,는 바울이 칭찬을 하는 것이 아니라 사실을 말하고 있다고 주장하면서 고르디우스의 매듭을 잘라낸다.

288 Tannehill, *The Narrative Unity of Luke-Acts*, 2:215.

289 D. Strait, "The Wisdom of Solomon, Ruler Cults, and Paul's Polemic against Idols in the Areopagus Speech," *JBL* 136 (2017): 609–32,는 "예배의 대상"과 "귀중한 물질"(17:29)에 대한 바울의 비판을 솔로몬의 지혜서와 함께 읽을 때 정치적으로 무해한 연설 행위가

되고, 바울은 이 주제를 두 번 더 언급한다(23b, 30절). 아덴 사람들을 무식하다고 말하는 것은 세련된 사람들에 대한 교묘한 공격이다. 헬라인과 스토아학파에게 무지는 가장 큰 죄악이었다.

"알지 못하는 신"에 대한 언급은 모호하지만 헬라인에게 익숙하지 않은 신 또는 한 민족(예. 유대인)에게만 알려진 신을 지칭할 수 있다. 유대교는 "우상"이 없는 "이름 없는" 신을 숭배한다는 점에서 이교와 구별된다. 두 언급 모두 바울이 여호와로 전환하는 것과 잘 어울리지만, 아덴에서 발견된 비문은 전혀 알려지지 않은 신을 가리킨다.[290] 그들이 무지하게 숭배하는 것을 바울은 이제 그들에게 알릴 것이다.

17:24. 바울은 이 알려지지 않은 신의 정체를 밝히고 아테네의 우상들과 구별한다. 그분은 초월자이시며(24-25절), 만물을 창조하시고 지탱하시는 분이시다(26-29절). 이 하나님은 "우주(κόσμος, 코스모스)와 그 가운데 있는 만물"을 지으셨으며, 하늘과 땅의 주님이시다.[291]

지금까지 바울과 베드로의 설교는 대부분 유대인을 대상으로 한 것이었지만, 바울은 이방인 청중을 위해 창조주 하나님에 대한 더욱 일반적인 진리를 주장한다. 코스모스(κόσμος)는 그리스 철학 전통에서 공감을 불러일으켰기 때문에 이 진술은 그리스인의 감수성을 자극할 수 있다.[292] 그러나 바울의 전제는 주로 그리스 철학이 아니라 구약성경(창 1-2장; 출 20:11)에서 비롯되었다. 특히 이사야 42장 5절, "하늘을 창조하여 펴시고 땅과 그 소산을 내시며 땅 위의 백성에게 호흡을 주시며 땅에 행하는 자에게 영을 주시는 하나님 여호와께서 이같이 말씀하시되"에서 그 연관성을 찾을 수 있다.

이사야 42장의 주요 주제 중 하나는 이교도에 대한 하나님의 계시이다(사 42:1, 6). 하나님의 정체성은 하나님의 거처를 알려준다. 70인역에 사용되는 24절의 주동사는 하나님이 손으로 만든 "성전"(ναός, 나오스)에 "계시지"(κατοικέω, 카토이케오) 않는다는 것이다.

아니라고 주장한다. 솔로몬의 지혜서가 우상 숭배에 대한 이사야의 논쟁을 혁신하는 방식에 비추어 볼 때, 누가는 바울이 신과 왕의 가시성에 기초한 시각 문화에 만유의 주님의 복음으로 맞서게 한다.

290 Holladay, *Acts*, 342,는 참된 예배 또는 고결한 삶에 대한 논의를 소개하기 위해 비문을 사용하는 것이 확립된 수사학적 장치라고 지적한다. Justin Martyr, *2 Apology* 10.5– 6,은 소크라테스가 아테네인들에게 알지 못하는 신을 알 것을 촉구했다고 말하며, 따라서 이것은 소크라테스에 대한 또 다른 암시일 수도 있다고 말한다.

291 세상의 창조주로서 하나님은 다른 설교에서도 등장하신다(4:24; 14:15). 하나님은 손으로 지은 성전에는 거하지 않으신다는 말씀도 마찬가지이다(7:48). 또한 많은 설교에서 회개를 촉구했다(2:38-40; 3:19; 11:18).

292 Holladay, *Acts*, 343.

이것은 바울의 세 가지 부정적인 진술 중 첫 번째이다. 성전 설교(7:47-48)에서 이미 스데반은 "손으로 만든"이라는 표현을 사용했다. "손으로 만든"은 우상 숭배(사 2:18; 10:11; 16:12; 19:1; 21:9; 31:7; 46:6; 행 19:26; Jdt 8:18; Wis 14:8; Bel 1:4b-5)를 의미하며, 금송아지 사건으로 거슬러 올라간다. 하나님의 임재는 손으로 만든 것에서는 불완전하게 표현될 수밖에 없으며, 하나님 자신이 만든 것(인간)에서 더 온전히 드러난다.

현대 독자들에게 놀라운 사실은 이러한 진술이 철학적 청중에게도 통했을 것이라는 점이다.[293] 플라톤은 천체에 근거한 예배가 지상의 신전보다 우월하다고 말했다. 그러므로 바울의 메시지는 어떤 의미에서는 이방인과 다르지만, 다른 의미에서는 유대인과 이방인에게 동일한 메시지를 전한다. 하나님의 성전 임재는 유대인**이나** 이방인의 의식으로는 담을 수 없다.

17:25. 앞 구절이 하나님이 거하시는 곳에 관한 것이었다면, 바울은 이제 하나님이 어떻게 자족(자존)하시는지를 설명한다.[294] 하나님은 인간이 만든 구조물에 담을 수 없으며, 인간의 손으로 그분에게 어떤 것도 더할 수 없다. 그리스 철학에서도 신은 그 자체로 완전하다고 보았다. 여호와 하나님 역시 인간에게 섬김을 받지 않는다.

하지만 아덴 사람들은 일관성이 없었다. 그들은 우상을 먹이고 쉬게 했다. 바울이 말하는 하나님은 이런 종류의 경의를 필요로 하지 않으신다. 오히려 그분은 후견인이고 인간은 피후견인이다. 그분은 주시고 인간은 받는다. 그분은 만물에 생명과 숨을 주신다. 그분은 만물의 보존자이자 지지자이다. 그러나 그들의 우상은 태어나는 존재이다.

표면적으로 생명과 호흡의 언어는 단순히 존재를 의미한다. 그러나 히브리어 성경의 내러티브를 살펴보면 창세기 2장 7절, 시편 50편 9-13절, 이사야 42장 5절을 암시하는 더 깊은 의미가 내포되어 있다고 추측하는 것은 어렵지 않다. 또한 "생명"(ζωή, 조에)은 일반적으로 제우스와 연관되어 있다. 따라서 바울은 "제우스가 아니라 여호와가 생명의 근원이다"라고 말하고 있는지도 모른다. 참되고 영속적인 생명과 호흡("영")은 예수님께서 이미 구현하신다고 말씀하신 하나님의 임재에서만 발견된다(요 1:14). 바울은 "새로운 것"을 선포하는 것이 아니라, "오

---

293 다음을 참조하라. Gaventa, *Acts*, 251. 이 책은 다음 내용을 인용한다. Plutarch, *Stoic Self-Contradiction* 1034B; Seneca, *Epistles* 95.47; Lucian, *Charon* 12.

294 Keener, *Acts*, 3:2641,은 에피쿠로스주의자들은 25절의 전반부를, 스토아주의자들은 후반부를 지지했을 것이라고 말한다. 다음을 참조하라. N. C. Croy, "Hellenistic Philosophies and the Preaching of the Resurrection (Acts 17:18, 32)," *NovT* 39 (1997): 21–39. 신성에 대한 개요는 다음을 참조하라. M. Barrett, *None Greater: The Undomesticated Attributes of God* (Grand Rapids: Baker Books, 2019), 55–70.

래된 것"을 선포한다.[295]

17:26. 이제 초점이 바뀌었지만 중요한 의미에서는 동일하게 유지된다. 하나님은 여전히 주체이시며 그분의 피조물은 여전히 대상이다. 이 구절은 이전 구절과 대조적으로 나타난다. 하나님은 인간을 섬기지 않으시지만(25절), 모든 인류를 지으시고 그들의 때와 거처를 결정하신다(26절). 그분은 인간을 필요로 하지 않으시지만 그들의 일을 주관하신다. 그분은 초월적**이고** 내재적이다. 하나님은 인간에게 우연적인 존재가 아니라 그들의 시간과 장소를 주권적으로 주관하시는 분이다. 인류는 하나님께 의존하지 그 반대가 아니다.

바울은 이와 관련하여 인류의 연합에 관해서도 언급한다. 그는 모두가 하나의 기원을 가지고 있다고 단언한다. 헬라어는 "인류의 모든 족속을 **한 혈통으로 (from one)** 만드사"라고 문자 그대로 말한다. 이 모호한 구절은 이교도와 유대인 청중 모두에게 적용될 수 있는데, 이교도는 우주의 기원을 하나의 원리로 추적하지만 유대인은 아담(창 1:26-28)을 생각하기 때문이다.[296] 그러나 인류에 관한 다음 어구 때문에 바울이 "한 사람"을 의미한다고 CSB가 가정하는 것이 옳다. 따라서 바울은 인류가 하나의 공통된 족속에서 왔다고 확언한다(창 10:32). 인류의 근본적인 진리는 그들의 차이점이 아니라 공통점이다.

이 구절의 후반부에서는 시간적, 지리적 초점이 표면으로 드러나며 사도행전의 두 가지 주요 주제와 맞물려 있다. 사도행전은 출범한 하나님 나라(시간적)와 이 하나님 나라가 모든 지역으로 확산되는 것(공간적)에 관한 것이다. 바울은 창조된 인류가 창세기 1장 28절의 기대에 부응하여 온 지면에 거한다고 말한다. 하나님은 모든 사람을 만드셨을 뿐만 아니라, 정해진 "때"(καιρός, 카이로스. 개역개정, "연대")와 "거주"(κατοικία, 카토이키아, CSB "그들이 사는 곳")의 경계를 "결정"(ὁρίζω, 호리조, 개역개정 "한정")하셨다.[297] 이는 신명기 32장 8절(참조. 창 10:5,32)의 "지극

---

295 K. Rowe, "The Grammar of Life: The Areopagus Speech and Pagan Tradition," *NTS* 57 (2011): 31–50,은 두 세계관이 모두 "생명"을 제공하지만 다른 방식으로 제공한다고 말한다. "누가는 환원할 수 없을 정도로 특정한 삶의 패턴이 환원할 수 없을 정도로 다른 존재 방식을 제공할 때 발생하는 갈등과 대립을 인식하고 있다. ... 누가의 논리에서 스토아주의나 기독교는 다른 어떤 것에도 포섭되지 않는다. 이 둘은 세상의 진리에 대한 서로 다른 경쟁적 언어이며, 앞으로도 그럴 것이다."

296 Parsons, *Acts*, 246,은 "이 '하나'와 '다수'라는 개념은 플라톤 우주론의 일부였다(Plato, *Resp.* 596a)"라고 주장한다. 또한, Seneca, *Ep.* 44:1; Dio Chrystostom, *Charid*, 26,과 같은 일부 이교도 철학적 전통은 인류의 신성한 기원을 주장했다." 또한 다음을 참조하라. Klauck, *Magic and Paganism*, 85.

297 "때"는 "계절"로 이해될 수 있으며 14:17은 이 번역을 선호하지만, 인접한 문맥은 역사의 시기를 가리킨다. Cicero, *Tusculanae Disputationaes* 1.28.68–69,도 계절과 지역이 신의 존재에 대한 증거라고 주장한다.

히 높으신 자가 민족들에게 기업을 주실 때에, 인종을 나누실 때에 이스라엘 자손의 수효대로 백성들의 경계를 정하셨도다"와 잘 일치한다."[298]

신명기는 여러 높은 존재와 여러 민족을 긍정하지만, 안디옥 내러티브는 신명기 32장 8절이 반전된다는 것을 주장한다. 하나님은 여러 민족과 각 민족의 고유한 특성(다양성)을 세우셨지만, 그 다양성을 하나의 통일성(조화)으로 모으는 계획을 가지고 계신다. 이를 위해 하나님은 국경을 넘어 당시의 다신교와 철학을 정복하신다. 이것은 차이의 소멸을 의미하지 않는다. 이방인은 여전히 이방인이다. 아테네인도 여전히 아테네인이다. 그러나 그들은 모두 하나님의 것이다.[299]

17:27. 이 구절의 시작은 개념적으로나 문법적으로 어렵다.[300] CSB가 요점을 잘 포착하고 있다. 하나님은 인류를 창조하시고 **그들이 하나님을 찾을 수 있도록** 그들의 시간과 장소를 정하셨다. 다시 말해, 그들이 특정한 장소와 시간에 존재하는 것은 그들에 대한 하나님의 친절이지만 최종 목표는 아니다. 그들의 존재는 하나님을 찾는 데서 종결되어야 한다. 시간과 장소는 하나님을 찾고 아마도 그분을 만지고 찾을 수 있는 기회를 제공한다.[301]

그러나 이방인이 하나님을 찾는다는 바울의 선언과 유사점은 없으며, 심지어 자연계시는 정죄할 뿐이라고 말한 로마서 1장의 바울 신학에 위배된다고 주장하는 사람들도 있다. 바울이 여기서 의미하는 바를 설명하는 데 도움이 되는 세 가지 요소가 있다.

첫째, "손을 뻗다"라는 단어는 소경이 더듬는 것 또는 어둠 속에서 더듬는 것을 의미한다(사 59:10; 삿 16:26; 신 28:29; 욥 5:13-14; 12:25). 두 경우에서 이 동사는 사람의 형상을 하고 있지만 아무것도 느낄 수 없는 이교도 우상을 묘사하는 데 사용되었다(시 113:15; 134:17).

둘째, 조건절에서 희구법은 이 목적이 저절로 달성될 것에 의문을 표현한다.[302]

---

298 이에 대한 자세한 내용은 다음을 참조하라. Heiser, *The Unseen Realm*. LXX와 DSS에는 "하나님의 아들 / 하나님의 사자"가 있고 MT에는 "이스라엘의 아들"이 있다. CSB는 MT를 따른다(개역개정도 MT를 따른다).

299 L. S. Nasrallah, "The Acts of the Apostles, Greek Cities, and Hadrian's Panhellenion," *JBL* 127 (2008): 564.

300 CSB는 이 구절의 시작 부분에서 헬라어를 부드럽게 한다(헬라어는 "하나님을 찾다"라고 말한다). 목적을 나타내는 부정사 (그래서 그들이 추구 할 수 있도록)가 26절의 주동사 및 분사와 연결되어 있다는 것을 암시한다. 따라서 CSB 번역에서 암시되는 것은 "그가 이렇게 하셨다"의 "이것"이 하나님의 창조 행위(주동사)와 아마도 그들의 시간과 장소를 결정하는 것(분사)을 가리킨다는 것이다.

301 27절을 목적절로 이해하는 데 문제가 없는 것은 아니다. 민족이 분열되어 하나님을 찾는다는 것은 바울의 주장과 정확히 반대되는 것으로 이해될 수 있다. 민족 분열은 그들이 하나님을 찾는 것을 방해했다.

302 Peterson, *Acts*, 498. Porter, *Paul in Acts*, 148,은 심지어 희구법과 함께 제4조건문의

다시 말해, 도움 없이는 하나님을 찾지 못하고 그분을 발견하지 못할 것이다.

셋째, 이사야 55장 6절의 암시가 있을 수 있다. "너희는 여호와를 만날 만한 때에 찾으라 가까이 계실 때에 그를 부르라." 열방은 주님께 돌아오라는 부름을 받았지만, 그 종의 희생 없이는 그렇게 할 수 없다. 인간은 하나님께 다가갈 수 있는 잠재력을 가지고 있지만, 계시가 없다면 무지와 어둠 속에서 할 것이다.

바울은 사람들이 신을 향하는 **경향**을 가지고 있다는 것이 아니라, 비록 그들이 **기회**를 부패하게 만들지라도 모든 사람이 신을 찾고 그를 알 수 있는 기회를 가지고 있다고 말한다. 그들의 존재는 바울이 지금 그들에게 선포하는 하나님을 찾을 수있는 기회를 제공한다. "죄가 눈멀게 하고 타락시키는 영향에도 불구하고 인류를 향한 하나님의 목적은 여전히 남아 있다."[303]

그런 다음 바울은 하나님이 우리 각자에게 멀리 떨어져 있지 않다는 것을 분명히 밝힌다. 여기에는 역설이 존재한다. 하나님은 초월자이시지만 또한 내재자이시다(시 145:18-20). 하나님은 어디에나 계시지만 인간은 어둠 속에서 비틀거리며 하나님을 찾으려고 애쓴다. 하나님은 열방의 우상이나 신들보다 위대하시기 때문에 두 가지 모두 사실일 수 있다. 다음 구절에서 알 수 있듯이 하나님은 시간과 공간을 초월하시므로 우리 모두와 가까이 계신다.

17:28. 바울은 사람들이 하나님의 임재가 멀리 있다고 생각하지 않기를 바라며, 모든 사람에게 하나님이 친밀하게 가까이 계심을 확인한다. 하나님은 "이질적인" 존재가 아니며, 실제로 모든 행동에 힘을 실어주실 정도로 가까이 계신다. "우리가 그를 힘입어 살며 기동하며 존재하느니라."[304] 자연 신학은 심지어 하나님의 능력의 임재 안에서 유지된다. 이 삼중주는 하나님에 대한 인류의 절대적인 의존을 보여준다.

이 동사 자체는 이사야의 우상 숭배 반대 논증에 사용되었다(개역개정 사 41:7; 46:7; 37:19a).[305] 다시 말해, 우상은 살지도 움직이지도 존재하지도 않지만 인간의 모든 존재와 모든 행동은 하나님으로부터 나온다는 것이다. 그리스 작가들도 비슷한 주장을 했으며(Dio Chrysostom, *Or.* 12.43), 신은 모든 것에 스며들어 있다고 생각했는데, 이것은 스토아 철학자들에게 특히 호소력이 있는 진리였다. 우상

조건절이 가장 조건의 진술이 많은 헬라어 형식이라고 지적한다.

303 Peterson, *Acts*, 498.

304 Augustine, *On the Trinity* 16, in Martin and Smith, *Acts*, 220,에서 하나님의 임재의 여러 유형을 구분한다. "분명히 사람들은 절대 그분 없이 존재하지 않는다. 즉, 존재하시는 그분 안에 있다. 그러나 사람이 그분을 기억하지 못하거나 이해하지 못하거나 사랑하지 않으면 그분은 그와 함께하지 않는다."

305 K. D. Litwak, "Israel's Prophets Meet Athens' Philosophers: Scriptural Echoes in Acts 17:22–31," *Bib* 85 (2004): 199–216.

은 섬겨야 하지만, 인간은 하나님의 숨결로 살아갈 수 있는 힘을 얻었다(창 1-2장).

우리가 하나님의 자손 또는 가족이라고 말하는 사람은 바울뿐 아니라 아테네의 시인들도 긍정한다. 원래 이 시인의 말은 제우스와 관련된 것으로, 바울이 이중적으로 말하는 또 다른 분명한 예이다.[306] 하나님은 그분의 가족을 확장하는 과정에 계신다. 바울은 고대 세계에서 가장 널리 읽힌 시 중 하나였던 유명한 시인 아라투스와 그의 시 페노메나(*Phaenomena*)를 인용한다.[307]

여기서 "시인"(ποιητής, 포이에테스)이라는 용어를 사용한 것은 의도적으로 보인다. 시인이 된다는 것은 무언가를 만들어내는 사람, 즉 제작자가 된다는 뜻이다.[308] 하나님 자신에게 삶의 원천을 얻는 아덴의 우상 제작자들은 하나님이 원래 시인이라는 사실을 재확인할 필요가 있다. 바울은 자신의 주장을 뒷받침하기 위해 당대 문헌을 인용하는 것을 두려워하지 않는다. 그들이 고수하는 진리에는 더 깊은 마법이 있다.

17:29. 바울은 자신이 주장한 두 가지 요점에서 결론을 도출한다. 하나님은 만물의 창조주이시며 우리는 그분의 후손이다. 금, 은, 돌이 신성한 본성을 가진다고 생각해서는 안 된다. 비슷한 주장이 이교도 작가들에게도 나타난다.[309] 그러나 더욱 근본적으로 유대인의 관점에서 바울은 인간을 하나님의 형상(창 1:26-27)으로, 예수님을 하나님의 형상의 완성(골 1:15)으로 지적하면서 형상 숭배(사 40:18-20; 41:5-7; 44:9-20)를 정죄한다.

인격적 존재가 인격적 존재들을 낳았다. 이것은 바울이 하나님에 대한 오해를 폭로하는 세 번째 부정적 진술이다. (1) 하나님은 손으로 만든 성전에 거하지 않으신다. (2) 인간의 손으로 섬김을 받지 않으신다. (3) 인간의 물건은 신성한 본성을 담을 수 없다. 우상은 인간의 기술과 상상력으로 만들어진다.

17:30. 바울은 하나님께서 이제 모든 사람을 회개하라고 부르신다고 언급하면서 여전히 동사의 주어를 하나님이라고 말한다. 바울의 목적은 그들의 판테온에 또 다른 신을 추가하는 것이 아니라, 하나님은 한 분이라고 주장하며 회개를 촉구

---

306 인간이 제우스의 자손이라는 언급은 바울이 대부분 설교에서 두 가지 수준으로 말하고 있음을 뒷받침하지만, 현대 기독교 독자들은 한쪽 측면만 듣는 경향이 있다. 헬라인들은 바울의 말에 동의할 수 있지만 바울은 자신이 말하는 모든 것에 더 깊은 진리가 존재한다고 확언하기 때문에 유대인들도 동의할 수 있다.

307 이 시의 인기가 가지는 의미는 바울이 스토아 철학이나 그 체계의 장점에 관한 전문가와 공모했다는 결론이 잘못되었다는 것이다.

308 BDAG, 842.

309 Seneca, *Epistles* 31.11.

하는 것이었다. 그는 이방 신들의 설교자가 아니라(17:18) 유일하신 참 하나님의 사자이다. 이제 무지의 시대는 끝났고, 알려지지 않은 신이 알려진 신이 되었다.

시대의 시간적 진보가 분명하다. 이전에는 하나님이 무지의 시대를 간과했지만 이제는 미래에 세상을 심판하기 위해 오실 것이기 때문에 모든 사람에게 회개를 촉구하는 새로운 시대가 도래했다. 여기서 구체적인 용어는 하나님이 앉으시는 행정 기관(집)을 암시한다.[310]

사도행전 17:30-31의 시간	
과 거	알지 못하던 시대
현 재	이제는 어디든지 사람에게 다 명하사 회개하라
미 래	심판할 날을 작정하시고

과거는 "알지 못하던 시대"로 묘사된다. 이 시기는 하나님께서 이스라엘에게 자신을 독특하게 계시하셨던 그리스도 이전의 시기이다(신 32:8). 하나님께서는 그들의 무지 때문에 그들을 벌하지 않으셨다는 점에서 이 시기를 간과하셨다 (14:16). 예수님의 성육신은 시대의 분열을 일으켰다. 이제 그리스도의 사역으로 인해 새로운 주되심이 미치는 지리학은 모든 인류에게 회개하도록 한다.

이 명령의 평등주의적 성격은 분명하다. 모든 사람이 우상 숭배에서 돌이켜 하나님을 섬겨야 한다는 것이다.[311] 가벤타Gaventa는 아테네에서 "모든 사람"을 반복해서 강조하는 것에 주목한다.[312]

아덴에서 "모두"에 대한 강조	
17:24	하나님은 우주와 그 가운데 있는 만물($πάντα$)을 만드셨다
17:25	하나님은 만민($πᾶσιν$)에게 생명과 호흡과 만물($πάντα$)을 친히 주셨다

---

310 연설의 앞부분에서 누가는 세상에 관해 $κόσμος$라는 용어를 사용했다. 여기서 그는 $οἰκου$-$μένη$를 사용한다. 이것은 "제국"으로 번역하는 쪽으로 기울어질 수 있다(참조. 눅 2:1; 행 17:6; 24:5).

311 Stott, *The Spirit, the Church, and the World*, 287,은 우상 숭배는 하나님을 지역화하고, 길들이고, 소외시키고, 왕좌에서 끌어내리려는 시도라고 말한다.

312 Gaventa, *Acts*, 253.

17:26	하나님은 인류의 모든(πᾶν) 족속을 한 혈통으로 만드사 온(παντὸς) 땅에 살게 하셨다
17:30	하나님은 이제는 어디든지 사람에게 다(πάντας) 명하사 회개하라 하셨으니

누가는 예수님의 옹호에 대한 기쁜 소식이 세상에 퍼져 나가면서 이 메시지가 모든 사람을 위한 것임을 확언한다.

17:31. 주권이 미치는 지리학은 회개의 근거가 될 뿐만 아니라 부정적으로 심판으로 이어진다. 이 이야기는 바울이 예수와 부활을 선포한 혐의로 재판을 받는 것으로 시작되었지만(17:18-19), 이제 상황이 바뀌었다. 부활하신 분은 아레오바고가 아니라 세상의 심판자이시다. 하나님께서는 의로 세상을 심판하실 날을 정하셨다(시 9:8; 96:13; 98:9). 하나님의 우주적 심판은 두려움을 강요하여 그에게 향하게 해야 한다.

하나님께서는 달력에 재판 날짜를 표시하여 그날을 정하셨다(암 5:18; 사 2:12). 또한 재판관을 "임명"(ὁρίζω, 호리조)하셨다(행 2:23-24; 10:42; 단 7:13, LXX). "재판하는 사람"은 순교하는 스데반의 환상을 암시할 수 있다. 호리조(ὁρίζω)는 26절에서 바울이 하나님께서 인류에게 정해진 때를 "정하셨다"라고 말할 때 사용된 단어와 동일하다. 아버지 하나님께서는 사람들이 살 곳과 시기를 정하셨을 뿐만 아니라 한 사람을 그분의 우편에 앉아 나머지 인류의 심판자가 되도록 **임명하셨다.** 하나님은 모든 것을 조율하신다. 예수님은 옳고 그름을 아시기 때문에 솔로몬처럼 분쟁을 결정할 때 행동하는 선택된 재판관이다. 바울은 부활 때문에 우리가 이 사실을 안다고 말한다.

부활은 사도행전 설교의 중심이며 그리스도의 삶과 죽음을 입증한다(행 2:32; 3:15; 10:41; 13:31). 아덴에서 설교를 통해 하나님은 모든 것을 조율하시는 분이심이 선포된다. 그분은 세상(24절)과 모든 인간(26절)을 만드셨고, 그분 안에서 인간이 살고(27절), 무지의 시대를 간과하셨으며(30절), 모든 사람에게 회개하라고 명령하시고(30절), 모든 사람을 심판하실 것이다(31절). 이 말씀 전체에서 인류는 죽은 자 가운데서 부활하신 예수 그리스도 안에서 그들의 성취를 발견한다는 사실도 분명하다. 아테네에는 우상이 있다. 이것들은 죽은 것들이다. 바울은 하나님의 살아 계신 우상을 선포한다.

소크라테스는 죽음에서 부활하지 않았다. 바울이 성경 전통을 헬레니즘화하고 헬라적 전통을 성경화하면서 거의 전체 내러티브가 이중적 발언으로 채워져 있다. 의도적인 이중성은 때때로 의도적인 수사학적 전략이었다.[313] 독자들은 청중과 다리를 놓는 바울의 굽히지 않는 신학에서 많은 것을 배울 수 있다.

본 문	CSB 번역	일차적 의미 헬라/아덴 철학과 세계관	이차적 의미 누가/유대인의 세계관
	아덴에서 이중적인 발언		
17:16	우상으로 가득함	아덴은 신들로 가득함	아덴은 거짓 신들로 가득함
17:17	바울은 시장에서 토론했다	소크라테스는 아덴 사람들과 함께 토론했다	바울은 부활한 소크라테스로서 아덴 사람들과 토론했다
17:18	아덴 사람들은 바울을 "무식한 과시꾼"이라고 불렀다	바울은 철학적으로 훈련되지 않았다	바울은 그들에게 진정한 철학을 전한다
17:21	아덴 사람들은 이 "새로운 가르침"을 듣고 싶어 한다	소크라테스는 아덴에 "이방 신들"을 소개한 혐의를 받았다	바울은 소크라테스와 같은 혐의를 받고 있지만 부활하신 그리스도가 신원하실 것이다
17:21	아덴 사람들은 둘러앉아 새로운 것을 듣는다	지적이다	지적인 아덴 사람들은 새로움에 집착한다
17:22	바울은 그들이 극도로 종교적이라고 관찰한다	극도로 종교적인, 독실한	극도로 미신적인
17:23	너희가 숭배하는 대상	아덴 사람들은 독실하다	아덴 사람들은 미신적이다
17:23	알지 못하는 신에게 바치는 단	아덴 사람들은 자신들이 알지 못하는 신을 숭배한다	아덴 사람들은 자신들을 알고, 자신들을 창조하고, 자신들을 지탱하는 신을 찾고 있다
17:24	하나님은 세상과 그 안의 모든 것을 만드셨다	코스모스는 그리스 철학 전통에서 울려 퍼진다	여호와는 우주와 그 안에 있는 모든 것을 만들었다(사 42:5)

---

313 Klauck, *Magic and Paganism*, 81,쪽은 이중 화법이 "말해진 정보 교환과 내레이션을 통한 정보 교환 사이의 차이"를 보여주는 좋은 예라고 주장한다. 바울이 아첨하는 것처럼 보일 수 있지만 내러티브는 다른 차원에서 독자와 소통한다. 누가는 이야기를 들려주면서 독자들에게 눈짓한다. 누가의 내러티브와 신학적인 요점은 동일하지만, 이것이 바울의 원래 연설의 일부였다고 주장하는 것과는 약간 다르다.

17:24	그는 신전에 살지 않는다	헤라클레이토스는 신은 신전에 갇혀 있지 않다고 주장한다	여호와는 신전에 가둘 수 없다
17:25	그는 인간의 손으로 섬김을 받지 않는다	세네카는 성전 예배, 제사, 성상을 미신이라고 비판한다	여호와는 아무것도 필요로 하지 않으시고 자족하신다 (자존, 시 50:9-13)
17:25	그는 모든 사람에게 생명과 호흡과 모든 것을 주신다	"생명"이라는 단어는 흔히 제우스와 연관되어 있다	여호와는 모든 사람에게 생명과 숨을 주신다 (창 2:7; 사 42:5)
17:26	한 사람으로부터 온 땅에 살도록 모든 민족을 만드셨다	한 원리(λόγος)로부터 모든 인간이 만들어졌다	한 사람으로부터 모든 인간이 만들어졌다 (창 2:6)
17:27	하나님은 우리 각자와 멀리 떨어져 있지 않다	세네카는 신은 사람들에게 가까이 계시며, 당신과 함께 계시며, 당신 안에 계신다고 주장했다	주님은 가까이 계신다 (사 55:6). 이러한 맥락에서 바울이 주님을 선포하기 때문에 주님은 가까이 계신다
17:28	우리는 그분 안에서 살고 움직이며 존재한다	이 정서는 스토아 철학이나 플라톤 철학과 잘 어울린다	에픽테토스는 신은 모든 움직임을 자신의 것으로 인식한다고 말했으며, 여호와는 사람들에게 자신의 숨과 생명과 정신을 부여한다 (사 41:7; 42:5; 46:7)
17:28	우리도 그의 자손이다	우리는 제우스의 자손이다	우리는 여호와의 자손이다
17:29	하나님은 금이나 은, 돌과 다르다	스토아학파와 에피쿠로스 학파는 신전과 인간이 만든 건물을 비판했다	여호와는 피조물이 아닌 하나님이다 (사 40:18-20)
17:31	죽음에서 부활	소크라테스는 죽음에서 부활하지 않았다	예수님은 죽음에서 부활하여 그의 위대한 철학을 입증하고 하나님의 참된 형상을 구현했다

4.2.3.1.3. 아테네에 교회가 탄생하다 (17:32-34)

32 그들이 죽은 자의 부활을 듣고 어떤 사람은 조롱도 하고 어떤 사람은 이 일에 대하여 네 말을 다시 듣겠다 하니 33 이에 바울이 그들 가운데서 떠나매 34 몇 사람이 그를 가까이하여 믿으니 그중에는 아레오바고 관리 디오누시오 와 다마리라 하는 여자와 또 다른 사람들도 있었더라

17:32-34. 바울의 메시지에 대한 반응은 사도행전의 대부분 메시지와 마찬가지로 엇갈린다. 그러나 새로운 공동체가 형성된다. 어떤 이들은 살아계신 하나님을 믿는다. 많은 주석가가 아덴에서 성공하지 못했다고 말하지만, 슈나벨Schnabel은 부정적인 요소들이 존재해도 더 긍정적으로 보는 것이 옳다고 말한다.[314]

부정적으로 듣는 사람들은 (명시적으로 유일신이나 단일 혈통이 아닌) 죽은 자의 부활에 관해 문제를 제기한다. "에피쿠로스 학파는 죽음 이후 인간의 존재를 믿지 않았다. 스토아학파는 물질이 아닌 정신만이 죽음에서 살아남는다고 믿었다. 헬라인들에게 육체가 죽음에서 살아남는다는 생각은 말이 되지 않았고, 심지어 변형된 육체도 말이 되지 않았다."[315] 이 때문에 어떤 사람들은 예수를 조롱하기 시작했다.[316] 이미 내러티브 초반에 그들은 부활에 관해 이 말쟁이(σπερμολόγος, 스페르몰로고스)가 무슨 말을 하려고 하는지 질문했다(17:18).

부활은 시대와 사람들을 나눈다. 다른 사람들은 더 많은 것을 듣고 싶어 했다. 이것을 긍정적으로 받아들여야 하는지 아니면 단순한 호기심인지 명확하지 않다. 그는 이미 아덴 사람들이 새로운 것을 듣는 데 시간을 보냈다고 언급했고(17:21), 34절에서는 긍정적인 반응에 관해 자세히 설명한다. 이것은 누가가 부정적, 호기심, 긍정적이라는 세 가지 반응을 제시하는 것으로 보는 쪽으로 기울어진다.

바울이 그들을 곁을 떠난다는 것은 그냥 지나치는 말처럼 들릴 수 있지만, 이는 부활의 증인이 더 이상 그들에게 메시지를 전하지 않는다는 것을 의미한다. 그

---

314 Polhill, *Acts*, 365,은 "누가는 이에 관해 언급하거나 아테네에 교회가 설립되었다고 언급하지 않았다"고 과장되게 말한다. 다른 사람들은 고전 16:15을 아가야에 교회가 설립되지 않았다는 의미로 받아들인다. Schnabel, *Acts*, 715 n. 3,은 누가가 개종자 두 명을 언급한 것은 의도적이라고 생각한다(하지만 다른 개종자의 이름도 언급하지 않았다!). 바보, 빌립보, 데살로니가, 고린도에는 개종자 이름이 한 명만 언급되어 있다. 누가는 비시디아 안디옥, 이고니온, 루스드라, 더베, 버가, 베뢰아, 에베소의 이름은 언급하지 않는다. Spangenberg, *Brief Exegesis of Acts*, 17:32-34, in Chung-Kim, Hains, et al., *Acts*, 250,은 "그렇게 인구가 많은 도시에서 그리스도인이 된 사람이 그렇게 적다는 것은 의아한 일이다. 그러나 바울의 방법에는 세상의 지혜와 육신의 총명이 깔려 있었다. 복음과 세상의 지혜는 서로 옆에 있어도 고통받지 않을 것이기 때문이다."

315 Polhill, *Acts*, 378.

316 조롱하는 반응은 이것이 공식적인 재판 장면이 아니라는 것을 인정한다.

러나 몇몇은 바울과 함께하며 이름이 거론된 사람들보다 더 많이 믿는다(17:34). 두 사람의 이름이 거론된다. 아레오바고 사람 디오누시오와 다마리라는 여인이다. 일부 주장과는 달리 바울의 아덴 사역은 실패하지 않았다. 누가는 이 두 사람을 대표적이고 상징적인 인물로 등장시킨다. 디오누시오가 복음을 받아들인 것은 아레오바고 사람들이 바울의 가르침을 받아들였음을 보여주며, 다마리가 바울과 밀접한 관계를 맺었다는 것은 다마리 역시 저명한 아레오바고 사람임을 시사한다.[317]

이 시기에 많은 집단이 여성 학자들에 대한 편견을 보였지만, 에피쿠로스와 스토아학파를 포함한 일부 공동체는 여성에게 더 개방적이었다.[318] 이것은 누가가 여성 학자들을 환영한다는 방식으로 기독교를 그렸다는 것을 나타낸다. 그럼에도 한 서방 편집자(Codex D)는 기록에서 "다마리라라 하는 여자"을 삭제했고, 일부 기독교인도 그 이후 여성을 침묵시켰다.

바울의 철학은 철학자들을 변화시켰다. 후에 유세비우스는 바울이 디오누시오를 아덴의 첫 번째 감독으로 임명했다고 기록한다.[319] 삼위일체 하나님은 세계의 지적인 중심지에 부활의 뿌리를 내려놓으셨다. 그의 메시지는 그리스 철학보다 더 철학적으로 일관성이 있다.

4.2.3.2 고린도에서 탁월한 덕들 (18:1-17)

아가야에서 두 번째 목적지는 고린도이다. 그리스에서 가장 크고 국제적인 도시 중 하나인 고린도는 아덴에서 서쪽으로 80킬로미터 떨어진 지중해 동부와 서부의 교차로에 위치해 있었다.[320] 고린도에서 누가가 주변 문화보다 더 뛰어난 덕을 가진 그 도를 보여 주면서 두 번째 여행에서 바울이 겪는 시련은 절정에 이른다. 바울은 저명한 이방인 법정에서 무죄를 선고받는다.

예수님은 바울에게 그 도시에 많은 사람이 있기 때문에 핍박에도 불구하고 그 도시에서 인내할 것을 권유한다. 유대인과 로마 관리와 같은 다양한 반대자가 바

317 Keener, *Acts*, 3:2678–80,는 그는 누가가 제목을 반복했을 것으로 생각하기 때문에 다마리아가 아레오바고 사람인지 의심한다. 그러나 그 반대의 경우일 수 있다. 그는 제목이 서로 연관되어 있기 때문에 제목을 반복할 필요가 없었다. Bede, *Comm. on Acts* 17.34,에 따르면 디오누시오는 후에 감독으로 선임되어 고린도 교회를 다스리고 많은 책을 저술했다고 한다.

318 Spencer, *Acts*, 183–84.

319 Eusebius, *Hist. Eccl.* 3.4.10; 4.23.3.

320 이 도시에서는 바다의 신 포세이돈을 기리는 체육 및 음악 경연 대회인 이스미아 게임이 개최되어 다양한 여행객이 모였다. 포세이돈의 이름은 "땅의 주"라는 뜻이지만, 여기서 하늘과 땅의 주님은 포세이돈과 다른 신들을 무장 해제시키며 바울을 설득한다. 이 축제를 기념하는 행사는 4세기에 기독교가 지배적이 되면서 사라졌다. 사랑의 여신 아프로디테 신전은 산 정상에 있었다. 아래쪽에는 선원들의 수호신인 멜리케르테스 신전이 있었다. 고린도에서도 아테네와 마찬가지로 많은 신을 섬기는 데 전념했다(고전 8:5).

울을 에워싸지만, 그들은 예수님의 음성을 이길 수 없다. 예수님은 평화와 의의 왕이시기 때문에 유대인 회당이나 로마 법정도 복음 확장을 막을 수 없다. 바울은 자신에게 적용된 혐의에 관해 무죄이다. 누가는 또한 바울이 인간 정부에 희망을 둘 수 없고 오직 예수님의 임재에만 희망을 두었음을 보여준다.

세 가지 선언이 고린도 내러티브를 구성한다(바울, 6절; 예수님, 9-10절; 갈리오, 16절).[321] 누가의 기록의 중심에서 예수님은 바울에게 말씀을 전할 때 인내하라고 말씀하신다(9-11절). 이 말씀은 유대인의 반대와 이방인 통치자 자신이 한두 가지 선언으로 이어진다. 1-8절에서 바울은 자신이 유대인들에게 먼저 갔지만 그들이 자신의 메시지를 거부했기 때문에 이방인들에게 간다고 선포한다. 12-17절에서 고린도 유대인들은 바울을 갈리오 앞에 데려오지만 갈리오는 바울에 관해 아무런 판단도 내리지 않는다.

이것은 바울의 두 번째 여정 전체에 대한 요약적인 내러티브 진술이 된다. 태너힐Tannehill이 말했듯이, "이 장면들은 바울이 유대인들의 강력한 반대에도 불구하고 유익하고 오랫동안 [그리고, 덧붙인다면, 죄책감 없이] 사역하는 모습을 보여주기 위해 결합되었다."[322] 우수한 윤리, 삶의 방식, 무죄한 운동이 고린도에 도착했다.

4.2.3.2.1. 먼저 유대인에게, 그다음은 이방인에게 (18:1-8)

1 그 후에 바울이 아덴을 떠나 고린도에 이르러 2 아굴라라 하는 본도에서 난 유대인 한 사람을 만나니 글라우디오가 모든 유대인을 명하여 로마에서 떠나라 한 고로 그가 그 아내 브리스길라와 함께 이달리야로부터 새로 온지라 바울이 그들에게 가매 3 생업이 같으므로 함께 살며 일을 하니 그 생업은 천막을 만드는 것이더라 4 안식일마다 바울이 회당에서 강론하고 유대인과 헬라인을 권면하니라

5 실라와 디모데가 마게도냐로부터 내려오매 바울이 하나님의 말씀에 붙잡혀 유대인들에게 예수는 그리스도라 밝히 증언하니 6 그들이 대적하여 비방하거늘 바울이 옷을 털면서 이르되 너희 피가 너희 머리로 돌아갈 것이요 나는 깨끗하니라 이 후에는 이방인에게로 가리라 하고 7 거기서 옮겨 하나님을 경외하는 디도 유스도라 하는 사람의 집에 들어가니 그 집은 회당 옆이라 8 또 회당장 그리스보가 온 집안과 더불어 주를 믿으며 수많은 고린도 사람도 듣고 믿어 세례를 받더라

18:1-3. 바울은 고린도에서 사역의 동반자인 한 부부를 만난다. 아굴라와 브

---

321 또는 본문을 네 부분으로 나누고 1-4절에 바울의 도착과 초기 성공을 추가할 수 있다.

322 Tannehill, *The Narrative Unity of Luke-Acts*, 2:221.

리스길라이다.[323] 누가는 이 부부에 대한 세 가지 배경 정보, 즉 민족, 직업, 최근 역사를 기록한다. 첫째, 아굴라는 유대인이다(브리스길라의 민족은 명시되지 않음). 그들은 바울과 동역자가 되어 증인의 범위가 확장되는 것을 보여준다(딤후 4:19; 롬 16:3).

둘째, 브리스길라와 아굴라는 바울과 같은 직업을 가졌다. 그들은 "천막을 만드는 자"로, 일반적으로 가죽을 다루는 일을 한다는 의미일 수 있다.[324] 그러나 고린도는 여행자들이 와서 때때로 천막에서 머물러야 하는 이스미아 경기를 개최했기 때문에 그들의 직업이 이 장면에 적합할 수 있다.[325] 바울과 그 부부는 부분적으로 공통의 직업 때문에 연결된다.[326] 이것은 바울이 부유층뿐만 아니라 실제로 시장에서 일하는 겸손한 장인 계층으로 그려진다.

"천막 제작자"는 더 깊은 의미일 수 있다. 성령이 하나님의 성전 임재를 전파하는 과정에 있었다면 바울이 "장막을 만드는 사람"이었다는 것은 두 배로 중요하다.[327] 고린도에서 그는 사람들에게 육체적 거처와 영적 거처를 모두 제공할 것이다.

셋째, 누가는 브리스길라와 아굴라가 고린도에 있는 이유에 관해 이야기한다. 아굴라("독수리"라는 뜻)와 브리스길라는 최근 글라우디오의 명령으로 이달리야(로마)에서 나온 상태였다. 날짜에 관해서는 복잡한 점이 있지만, 역사가 수에토니우스는 "유대인들이 크레스투스의 사주를 받아 끊임없이 소란을 피우자 로마

---

323 Witherington, *The Acts of the Apostles*, 539,은 "이 부부는 신약에서 항상 함께 언급되며, 대부분의 경우 브리스길라의 이름이 먼저 나온다(18:18, 26; 롬 16:3; 딤후 4:19). 이는 다소 놀라운 일이며 브리스길라가 남편보다 사회적 지위가 높았거나 교회에서 더 명성을 얻었음을 반영하는 것일 수 있다."라고 말한다.

324 바울은 자주 자신의 손으로 스스로를 부양했다고 주장한다(고전 4:12; 살전 2:9; 살후 3:7-8). 텐트 제작자로서 소명을 가진 바울은 사람들의 돈을 가지고 사라지는 여행하는 철학자와 구별된다. 바울은 아테네에서 철학을 전파했지만, 독자들이 알다시피 그는 스스로 부양했다.

325 Keener, *Acts*, 3:2733–34,는 "텐트 제작자"가 단순히 가죽공일 가능성이 더 높다고 주장한다. 천막을 짓기 위한 장비는 부피가 커서 이동하는 사도가 휴대하기 어려웠을 것이고, 가죽 공예는 훨씬 더 다루기 쉬웠을 것이다. 아마도 그는 방문한 마을에서 더 큰 자원을 모았을 것이다.

326 Peterson, *Acts*, 508,은 Spencer, *Acts*, 178에서 다음처럼 인용한다. "그리스 문화는 육체 노동을 경멸하는 경향이 있었기 때문에 누가가 여기서 바울의 행위에 관해 사실적으로 기록한 것은 이례적인 일이라고 할 수 있다. '기술자 부부와 함께 숙박하고, 더 나아가 그들의 직업에 실제로 참여함으로써 바울은 더 이상 고귀한 신사 숙녀와 고상한 학자들 사이에서 떠오르는 스타가 아닌 것처럼 보인다.'"

327 Origen, *Homilies on Numbers* 17.4.6–7, in Martin and Smith, *Acts*, 224–25,은 성경에 나오는 천막에 대한 이야기를 이렇게 말한다. "바울도 내 주 예수 그리스도로 말미암아 '사도'라고 불렸기 때문에, 어부에서 사람을 낚는 어부로 바뀐 것처럼, 그의 직업도 비슷한 변화를 받아 땅의 장막을 만드는 일에서 하늘의 장막을 짓는 일로 바뀌었다. 그는 구원의 길을 가르치고 하늘에 있는 복된 거처의 길을 보여줌으로써 하늘의 천막을 만들었다."

에서 추방됐다"라고 썼다.[328] 브리스길라와 아굴라는 예수님에 대한 충성 때문에
로마를 떠났다고 기록한다.[329] 이것은 또한 예수 운동이 누가가 보고한 것보다 훨
씬 광범위했음을 증명한다. 주님은 사람이 닿지 않는 곳, 보이지 않는 곳, 눈에 띄
지 않는 곳에서 일하신다.

18:4-5. 바울은 회당에 가서 유대인 및 헬라인들과 "변론"(διαλέγομαι, 디알레
고마이. 개역개정. "강론")하는 것으로 고린도에서 사역을 시작한다. 바울은 가능
하면 유대인들과 함께 시작했는데, 이스라엘의 증인들이 열방의 빛이 될 이스라
엘 사람들을 다시 불러올 것이라는 이사야 49장 6절을 성취하기 위해서였다(참
조. 13:46-47). 철학적 설득은 유대인과 헬라인 모두에게 바울의 유형이다(17:2,
17; 18:19; 19:8-9; 20:7, 9; 24:12, 25).

고린도에는 유대인과 헬라인 모두 회당에 있다. 이 헬라인들은 "하나님을 두
려워하는 자들"이었을 수도 있고, 고린도에서 바울의 선교 활동을 전체적으로 요
약한 것일 수도 있다.[330] 바울이 먼저 회당에 가고 누가가 나중에 이방인 개종자를
보고하는 본문의 흐름을 고려할 때 전자가 더 가능성이 높다.

실라와 디모데가 마게도냐에서 도착했을 때 바울은 말씀을 선포하는 일에 "헌
신" 또는 "붙잡혔다"(συνέχω, 쉰에코).[331] 누가는 그 이유를 자세히 설명하지 않지
만, 바울의 편지에서 얻을 수 있는 단서는 실라와 디모데가 방문한 결과, 바울이
말씀 사역에 전념할 수 있었음을 보여준다(고후 11:8-9; 빌 4:15-16).

바울은 유대인들에게 예수님이 메시아라는 사실을 "증언"했다. 누가는 이미
13장 16-41절에서 유대인들에게 바울이 가르친 내용을 요약해 놓았기 때문에 독
자들이 13장부터 내용을 이해하도록 간략하게 요약해 놓았다(참조. 17:2-3). 브
리스길라는 아굴라는 그리스도 때문에 로마에서 추방당했고, 이제 바울은 고린도
에 예수님의 메시지를 전하며 자신의 미래를 예고한다.

18:6. 반응은 냉담하다. 회당은 바울을 저항하고 모독한다(13:46-48; 14:1-

---

328 Suetonius, *Divus Claudius* 25.4.
329 에베소에서 브리스길라와 아굴라의 사역을 참조하라(행 18:18-28).
330 Schnabel, *Acts*, 758,은 헬라인들에 대한 언급이 고린도에서 바울이 한 사역을 요약한 것이
라고 생각한다.
331 수동태 동사로 읽으면 συνέχω는 "말씀으로 제한된다"라는 뜻이 된다. 중간태 동사라면
"말씀에만 전념했다"로 이해할 수 있다. 수동태는 사도행전의 다른 곳에서도 볼 수 있는
것처럼 그 단어가 실행자를 가지고 있음을 암시한다. 중간태는 말씀을 전하고자 하는
바울의 결심을 나타낸다. 데살로니가전서 3:1-2은 디모데가 아테네에서 바울과 함께
있다가 다시 데살로니가로 파송되었음을 암시한다.

2252

7). 바울은 말과 행동, 그리고 앞으로 계획을 통해 반박한다. 바울은 언약 파기의 예언적 상징인 옷을 털어내는데, 마치 발에 묻은 먼지를 털어내는 것과 비슷하다 (느 5:13; 행 13:51; 눅 10:1-12).[332] 그는 그들의 피가 자신의 머리에 묻었다고 선언한다. 그는 결백하다. 이제 바울은 이방인들에게로 갈 것이다.[333]

"너희 피가 너희 머리로 돌아갈 것이요"는 에스겔 33장 1-9절에 나오는 말씀으로, 신실한 파수꾼이 자신의 메시지에 귀를 기울이지 않는 자들은 머리에 피를 흘릴 것이라고 경고한다(33:4-5). 예수님은 이미 새 언약의 식사에서 자신의 피를 제자들에게 주셨고(눅 22:20), 유다의 운명이 결정된 장소는 "피의 밭"으로 묘사되었다(1:19). 자신이 속한 공동체의 피에 관해 결백하다고 말할 수 있는 목회자가 얼마나 될까?

바울과 그의 동료들은 끊임없이 곤경에 처하지만 누가는 그들이 의롭고 그들에게 제기된 혐의에 관해 결백하다는 것을 공들여 보여준다. 고린도 유대인들의 거절은 바울이 이방인들에게 말씀을 전하도록 한다.

18:7-8. 바울은 사역을 계속하지만 회당 옆집에 살던 이방인 디도 유스도의 집으로 간다. 누가는 성전에서 가정으로 변화되는 것뿐만 아니라 회당에서 가정으로 바뀌는 과정을 이야기한다. 이제 이방인이 하나님의 사람을 환대한다. 그의 집이 새로운 성전이 된다. 바울은 도시에서 도망치거나 즉시 재판에 회부되는 대신 공간적으로 몇 발자국 이동한다. 그는 고린도 땅을 포기하지 않는다.

디도는 바울이 회당 사역을 하는 동안 회심했을 가능성이 높으며, 바울이 자신의 집을 설교 거점으로 사용하도록 기꺼이 허락했다. 환대와 복음의 성장은 다시 한번 서로 얽혀 있다. 회당장이었던 그리스보(고전 1:14-16)와 그의 가정도 회심했고, 그 소식을 들은 많은 고린도 사람도 회심했다. 지금까지 성전과 회당 지도자들은 대부분 복음을 반관해 왔지만, 회당 지도자 중 회심한 사람은 그리스보가 처음이다.[334] 이방인의 집으로 옮긴다고 해서 유대인의 출입이 금지되거나 막히지 않는다.

---

332 Witherington, *The Acts of the Apostles*, 549,은 이 표시는 바울이 마을을 떠나지 않기 때문에 발에 묻은 먼지를 털어내는 것과는 다르다고 말한다.

333 Schnabel, *Acts*, 759,가 "이후에는"의 의미를 더 정확하게 명시하는 것은 옳다. 그것은 그가 이방인에게 말씀을 선포하지 않았거나 더 이상 유대인에게 선포하지 않을 것이라는 뜻이 아니다. 오히려 사역의 초점이 회당에서 유대인이 아닌 사람들에게 옮겨갈 것이다. Esler, *Community and Gospel in Luke-Acts*, 105,은 이 구절과 13:46을 유대인을 버린 것이 아니라 바울이 이제 이방인들도 유대인들과 식탁에서 교제하는 것을 환영할 것이라는 진술로 받아들인다.

334 Gaventa, *Acts*, 258.

이번이 네 번째로 온 가족이 신앙을 가진 것으로, 각 가정은 나름대로 중요한 의미를 지니고 있다.

사도행전의 가정에서 회심		
10:44-48; 11:15	고넬료	회심한 첫 이방인 남자
16:15	루디아	회심한 첫 이방인 여자
16:31-33	빌립보 간수	회심한 첫 이교도
18:8	그리스보	회심한 첫 회당 지도자

이것은 단순히 흥미로운 역사적 기록이 아니라 누가는 독자들에게 곧 닥칠 박해에 대비하도록 준비시킨다. 바울에게는 두 가지 공격이 있었다. 그는 회당 옆집에서 머물고 있었고, 그 회당의 지도자가 개종했다. 회당 모임에서 바울과 그가 평화를 어지럽힌 것에 대한 토론으로 가득 찼을 것이라고 상상해야 한다.

4.2.3.2.2. 바울에게 인내를 요구하시는 예수님 (18:9-11)

9 밤에 주께서 환상 가운데 바울에게 말씀하시되 두려워하지 말며 침묵하지 말고 말하라 10 내가 너와 함께 있으매 어떤 사람도 너를 대적하여 해롭게 할 자가 없을 것이니 이는 이 성중에 내 백성이 많음이라 하시더라 11 일 년 육 개월을 머물며 그들 가운데서 하나님의 말씀을 가르치니라

18:9. 누가의 고린도 이야기에서 중심부에 이르렀을 때 긴장감이 무겁다. 바울은 자신을 배척한 회당 옆에 있다. 바울은 이미 자기 선언을 했고(18:6), 이제 주 예수님께서 그 현장에 등장하여 자기 자신을 선언하신다.

주석 전체에서 언급했듯이 주 예수님은 사도행전 이야기에서 계시지 않는다. 그는 단지 다른 장소에서 계속 일하고 계실 뿐이다. 예수님은 스데반(7:55-56), 사울(9:5; 22:8-10; 26:5), 아나니아(9:10-15), 고넬료(10:4), 베드로(10:14), 바울에게 여러 차례 등장한다(18:9-11; 22:17-21; 23:11). 예수님은 예수의 영(16:7), 주의 영(5:9; 8:39)으로 불리는 성령의 역사에 임재하신다. 어떤 이들은 주님의 천사가 예수님이라고 생각하기도 한다(5:19; 8:26; 12:7, 11, 17; 12:23). 이제 예수님이 즉위하신 후, 그분의 불이 증인들에게 임할 때 능력 주시는 성령을 통해 하나님의 임재를 전파한다.

밤의 환상에서 주님은 바울에게 오셔서 두려워하지 말고 계속 말하라고 말씀하신다. 이스라엘의 선지자들에게도 하나님의 보호에 대한 약속과 함께 비슷한 말씀이 주어진다. 모세(출 3:10-15; 4:10-12), 여호수아(수 1:1-9), 예레미야(렘

1:4-10)이다. 바울은 앞으로 닥칠 핍박을 두려워하지 말라고 하신다. 예수님께서 그를 보호하실 것이기 때문이다.

예수님의 지시는 바울의 입에 관한 것이다. 예수님은 바울에게 계속해서 말씀을 선포하라고 요구하신다. 이 언어는 성령께서 자기 백성을 모든 담대함으로 채우신다는 누가복음의 주제를 상기시킨다(4:13, 29, 31; 9:27-28; 13:46; 28:31). 바울은 유대인들에 대한 두려움이 극에 달했고, 다른 지역으로 가야 할 때가 온 것은 아닌지 고민했을 것이다. 주 예수님의 계획은 바울이 고린도에서 계속 설교하는 것이었다.

18:10. 주 예수님께서는 자신의 명령(임재, 보호, 사람)에 대한 근거, 즉 이유를 제시하신다. 첫째, 주 예수님이 함께하신다는 것, 즉 내러티브 속 숨겨진 행위자를 드러내신다.[335] 하나님은 그분의 영이 자기 백성과 함께 거하시겠다고 약속하셨고, 독자들은 2장에서 그 약속이 성취되는 것을 보았다. 예수님 자신이 제자들에게 항상 함께하시겠다고 약속하셨다(마 28:20). 구약에서 하나님의 임재는 아브라함, 모세, 예레미야, 이사야와 같은 선지자와 그분의 백성에게 적극적인 도움을 주었다.[336] 예수님은 박해 가운데서도 바울에게 자신의 임재를 확신시켜 주셨다.

둘째, 예수님이 바울과 함께 하신다는 것은 바울을 보호하는 것과 연결된다. 임재에 근거한 보호는 흔한 약속이다. 예레미야는 "내가 네게 무엇을 명령하든지 너는 말할지니라 너는 그들 때문에 두려워하지 말라. … 내가 너와 함께 하여 너를 구원하리라 그들이 너를 치나 너를 이기지 못하리니"(1:7-8, 19; 15:19-20 참조). 이 약속은 바울이 반대자들의 핍박을 피할 때 성취된다(12-17절).

셋째, 예수님은 이 도시에 많은 사람이 있다고 말씀하신다. "백성"(λαός, 라오스)을 뜻하는 헬라어는 보통 이스라엘 백성을 가리키지만, 여기에는 이방인도 포함된다(15:14). 이방인 역시 하나님의 선택받은 소유물이자 왕 같은 제사장이다(출 19:5; 신 7:6). 이 표현은 또한 예레미야와 에스겔의 새 언약 약속을 반영한다.[337] 도시에 있는 사람들은 바울의 것이 아니라 예수님의 것이다. 바울은 단순히 대변인일 뿐이다.

18:11. 11절에는 바울이 주 예수님의 지시에 순종하여 일 년 반 동안 고린도에 머물면서 그들 가운데 하나님의 말씀을 가르친 내용이 자세히 나와 있다. 예수님은 그에게 그리스도의 즉위에 관해 계속 말해야 하며 하나님께서 그를 보호해

---

335 이 문구는 다음에서 왔다. Tannehill, *The Narrative Unity of Luke-Acts*, 2:226.
336 창 21:22; 26:3; 31:3; 출 3:12; 수 1:5; 사 41:10; 43:1-2, 5; 렘 1:8.
337 렘 7:23; 11:4; 24:7; 38:1, 33; 39:38; 겔 11:20; 14:11; 36:28; 37:23.

주실 것이라고 말씀하셨다. 바울이 지금까지 다른 어떤 지역보다 고린도에 더 오래 머물렀을 때 이 말씀은 실현되었다.

말씀 사역에 대한 인내심은 예수님의 말씀에서 비롯된다. 하나님의 말씀을 직접 듣지 않으면 복음을 전하는 사역자들은 금방 메말라 버릴 것이다. 우리가 항상 우리 자신의 삶에 관해 그러한 명확한 지시를 기대할 수는 없지만, 동일한 예수님은 여전히 아버지 우편에서 통치하시며 그의 백성을 인도하신다.

여기에서 이야기가 끝날 것 같지만 누가는 어떻게 보호하는지 보여주기 위해 한 가지 에피소드를 더 이야기한다. 고린도 방문은 성공적이지만 핍박으로 점철되어 있다. 바울의 방문은 반대에 부딪혔고, 오직 예수님의 약속과 보호의 말씀만이 바울을 고린도에 머물도록 설득한다. 많은 복음 사역자와 하나님의 백성들이 사역을 감당할 때 이러한 격려의 말이 필요하다.

4.2.3.2.3. 재판하지 않는 로마 권력 (18:12-17)

12 갈리오가 아가야 총독 되었을 때에 유대인이 일제히 일어나 바울을 대적하여 법정으로 데리고 가서 13 말하되 이 사람이 율법을 어기면서 하나님을 경외하라고 사람들을 권한다 하거늘

14 바울이 입을 열고자 할 때에 갈리오가 유대인들에게 이르되 너희 유대인들아 만일 이것이 무슨 부정한 일이나 불량한 행동이었으면 내가 너희 말을 들어 주는 것이 옳거니와 15 만일 문제가 언어와 명칭과 너희 법에 관한 것이면 너희가 스스로 처리하라 나는 이러한 일에 재판장 되기를 원하지 아니하노라 하고 16 그들을 법정에서 쫓아내니 17 모든 사람이 회당장 소스데네를 잡아 법정 앞에서 때리되 갈리오가 이 일을 상관하지 아니하니라

18:12-14. 이 내러티브는 바울이 유대인들과 관계를 맺는 것으로 시작하지만, 결국 멀어지면서 끝난다. 갈리오(로마 관리)가 지도자로 있는 동안 유대인들은 연합하여 바울을 공격했다.[338] "연합"(ὁμοθυμαδόν, 호모뒤마돈. 개역개정. "일제히")이라는 단어는 누가가 이미 기독교 공동체(1:14; 2:46; 4:24; 5:12; 8:6; 15:25)와 복음 메시지를 반대하는 사람들(7:57)을 묘사하는 데 사용했다. 누가는 사람들을 예수님과 함께 모이거나 흩어지는 두 그룹 중 하나로 분류한다(눅 11:23). 어느 쪽이든 고결한 공동체의 일원이거나 부도덕한 공동체의 일원이다.

고린도 유대인들은 바울을 개인적으로 상대하지 않고 국가라는 무기를 동원

---

338 "공격하다"(κατεφίσταμαι)라는 단어는 "일어나다"로도 번역할 수 있다. 참조. BDAG, 532. 독자들은 이미 오직 한 분만이 모든 통치, 권력, 권위를 뛰어넘어 일어났다는 것을 알고 있다.

하여 적을 공격하기로 한다. 그들은 바울을 법정으로 데려왔는데, 법정은 판사가 재판하는 곳이다.[339] 바울은 공식적으로 국가 앞에서 재판받는다. 이전에 바울이 사법 기관에 끌려갔을 때 좋은 결과를 얻지 못했다. 따라서 독자들은 동일한 패턴을 기대한다. 여기에 더해 사람들이 바울에게 제기한 혐의는 13절에서 발견되며 스데반에게 제기된 혐의(6:13-14)를 연상시킨다. 바울은 "율법"에 대한 자신의 견해 때문에 국가 앞에서 재판받고 있다.

모호한 법에 대한 언급으로 모세 율법을 가리키는지 로마법을 가리키는지에 관해서는 논란이 있다. 역사적 관점에서 볼 때 로마 총독은 유대인에게 유대 율법을 지키도록 강요할 책임이 없었고, 데살로니가에서 바울의 메시지는 가이사에 반대하는 것으로 간주되었다(17:7). 따라서 로마법을 가리킬 수 있다.[340] 그러나 문맥상 두 구절 후에 갈리오는 분명히 유대 율법을 언급하며(15절) 그 일에 대한 재판관이 되기를 거부한다.

갈리오는 고발을 로마법에 관한 사건으로 듣고 나중에야 유대 율법에 관한 것임을 알아차리고 기각했을 가능성이 있다.[341] 누가는 (저자로서) 기독교가 유대교와 로마법 모두에 무죄라고 주장하면서 의도적으로 모호한 태도를 취했을 수도 있다.[342]

더 중요한 점은 부도덕한 유대인들이 그들의 현재 삶의 방식을 뒤엎은 이 사람에 관해 더 높은 권력의 보호를 요청했다는 것이다. 바울이 예수를 선포하는 데 성공하면 유대인의 정체성이 훼손되어 폭동이 일어나거나 더 심하면 정치적 결과를 초래하는 반란이 일어날 수 있다. 그들은 예수님이 그들의 소망을 성취하신다는 사실을 이해하지 못한다. 인류는 참된 평화와 소망을 가져다주는 것에 관해 반항하며 달려간다.

18:15-16. 다음 행동은 놀라움으로 가득 차 있다. 일반적으로 증인이 담대하게 일어나 복음의 메시지를 전할 때이다. 그러나 바울이 입을 열려고 할 때 갈리오가 끼어들어 자신이 상관할 바가 아니라고 말한다. "이 생생한 [예상치 못한] 세부 사항은 바울이 제시하려던 주장이 실제로 갈리오가 제안한 것임을 암시할 수 있다."[343]

내러티브의 세 번째 선언이 나온다. 바울은 이방인들에게 돌아갈 것이라고 말했지만(6절), 예수님은 바울이 머물러야 하며 자신의 임재와 보호가 그와 함께할

---

339 1세기에는 재판관의 존재가 재판소의 장소를 결정했다.

340 Schnabel, *Acts*, 762,는 이것이 로마법이라고 주장한다. Bock, *Acts*, 581,과 Peterson, *Acts*, 516–17,은 모세 율법이라고 말한다.

341 Dunn, *Acts*, 244,은 모호성에 동의한다.

342 모호성에 대한 논의는 다음을 참조하라. Marguerat, *The First Christian Historian*, 68–75.

343 Padilla, *The Speeches of Outsiders in Acts*, 161.

것이라고 말씀하셨고(9-11절), 이제 갈리오가 그러한 문제를 판단하지 않겠다고 말하면서 예언이 성취된다. 이것은 암묵적으로 그 도가 덕과 윤리의 영역에서 바울의 고발자들보다 우월하다는 것을 의미한다. 갈리오는 예수님의 재판에서 빌라도처럼 바울이 잘못한 것이 없다고 단언하며, 이것은 말씀과 이름, 유대 율법에 대한 "논쟁"에 불과하다고 말한다.[344]

누가가 "말씀"과 "예수님의 이름"을 반복해서 강조했듯이 갈리오는 자신이 아는 것보다 더 많은 것을 말하고 있다. 갈리오는 판단하기를 거부한다. 바울과 유대 율법 사이 관계는 문제가 되어 왔으며(15장) 앞으로도 계속 문제가 될 것이다.[345] 로마 관리(그 당시에는 주목할 만한 관리)가 예수를 따르는 사람에 관해 법적 판결을 내린 것은 이번이 처음이며, 공식 절차에 기록되어 광범위한 영향을 미칠 가능성이 높다. 기독교인들에게 유리한 선례가 될 수도 있다. 빌립보, 데살로니가, 아덴은 모두 공개 고발을 포함한다는 점에서 고린도와 관련이 있지만, 다른 도시에서는 법적 판결을 내리지 않았다.[346]

공식적인 바울에 대한 고소				
본 문	**장 소**	**고 소**	**고소자**	**판 결**
16:19-24	빌립보	도시를 어지럽히고 로마인에게 합법적이지 않은 관습을 조장함	이방인	매 맞음, 투옥
17:5-9	데살로니가	다른 왕이 있다고 말하며 가이사의 법령에 반하는 행위로 세상을 뒤집어 놓음	유대인	추방되고 결박됨
17:18-20	아덴	이방신 전파	이방인	조롱
18:12-17	고린도	율법에 어긋나는 방식으로 하나님을 경배하도록 설득함	유대인	법정에서 쫓겨남

이 판결은 기독교 운동을 긍정적으로 보거나(13:4-12; 19:31) 무시하는 로마 관리들과 일치한다(25:18-19; 26:32). 갈리오의 반응에는 몇 가지 시사점이 있다.

---

344 Thompson, *One Lord, One People*, 149,는 CSB에서 "질문"으로 번역된 ζητήματά는 사도행전 다른 본문에서 나타나는 예들(15:2; 23:29; 25:19; 26:3)로 "분쟁"으로 이해되어야 한다고 주장한다.

345 행 21:21, 24, 28; 22:3; 24:14; 25:8; 28:17.

346 이러한 장면에 대한 자세한 논의와 비교는 다음을 참조하라. Tannehill, *The Shape of Luke's Story*, 220–37.

첫째, 로마 관리들의 눈에 바울이 결백하다는 분명한 신호이다. 누가는 부분적으로 정치적 비난으로부터 새로운 운동을 방어하기 위해 글을 썼을 수 있다. 이 역사적 세부 사항은 초기 운동에 죄가 없었다는 견해를 뒷받침한다. 윈터Winter는 갈리오가 역사 기록에서 밝고 책임감이 강하며 법률 전문가로 알려져 있었다고 지적한다.[347] 이 판결은 후대 총독들에게 선례가 될 수 있다. 기독교 이후 문화에서 기독교적 가치가 혐오스러운 것으로 분류됨에 따라 이 주제는 점점 더 중요해질 것이다.

둘째, 갈리오의 판결이 꿈에서 예수님이 하신 말씀을 성취한다는 사실(18:10)로 바울의 무죄가 부각될 수도 있다. 바울은 위협받지만 보호받을 것이고 그의 사역은 연장될 것이다. "중요한" 갈리오는 예수님의 계획에서 아무것도 아닌 것이 되고 바울이 고린도에 남을 수 있는 수단이 된다.[348] 바울은 유대인이나 헬라인에게 구원을 기대할 수 없으며 오직 그리스도 안에서만 구원을 얻는다.[349]

셋째, 대부분 사람이 "기독교"를 조직 내 논쟁으로 여겼다는 것을 보여준다(참조. 23:6; 24:14,21). 예수님이 그리스도인지에 대한 문제는 말씀, 이름, 유대 율법을 어떻게 해석할 것인가에 대한 논쟁이었다(25:19). 다시 말해 갈리오는 사소한 의견 차이에 신경을 쓰고 싶지 않았고, 유대인들은 자기 집안을 깨끗하게 할 필요가 있었다. 존슨Johnson이 말했듯이, "로마 당국은 기독교를 전복적인 종교 집단으로 취급해서는 안 되며, 제국의 공인된 종교(religio licita) 중 하나로서 논쟁의 여지가 있는 선택지로 취급해야 했다."[350]

가말리엘과 마찬가지로 누가는 외부인의 말을 빌려 그 도에 대한 자신의 견해를 피력한다. 갈리오가 몰랐던 것은 곧 메시아 예수가 로마의 공식 종교가 되고 이스미아 대회가 중단될 것이라는 사실이다. 그는 작은 신생 운동을 상대하는 것이 아니다. 새로운 질서가 생겨났다.

18:17. 갈리오는 유대인들에 대한 인내심과 편견이 없음을 표현하며 그들을 재판정에서 쫓아낸다. 나가는 길에 "모든 사람이 회당장 소스데네를 잡아" 때렸다. 무리의 신원을 파악하기는 어렵다. 어떤 사본은 "그리하여 모든 헬라인들이 소스데네를

---

347 B. W. Winter, "Rehabilitating Gallio and His Judgment in Acts 18:14–15," *TynBul* 57 (2006): 291–308.

348 Padilla, *The Speeches of Outsiders in Acts*, 159.

349 Johnson, *Acts*, 334.

350 Johnson, *Acts*, 334. 승인된 종교(*religio licita*)의 반대는 미신(*superstitio*)이다. 이것은 아테네와 고린도의 내러티브와 연결될 수 있다. 아테네에서 바울은 그 도가 미신이 아님을 증명하고, 고린도에서 갈리오가 아무런 판단을 내리지 않고 "기독교"를 유대교의 깃발 아래에 두면서 그 결론이 확인된다. 그러나 Esler, *Community and Gospel in Luke-Acts*, 211–17,은 누가나 바울이 종교적 미신을 옹호했을 가능성은 작으며, 오히려 유대교를 존중하는 것과 같은 방식으로 기독교를 존중해야 한다고 주장하고 있다고 생각한다.

붙잡았다"고 기록하고, 다른 사본은 "모든 유대인들이 그를 붙잡았다"고 기록한다.[351] 또 다른 선택지는 둘 모두 관련이 있다는 것이다. 누가가 지금까지 그린 그림은 주로 유대인들에 관한 것이지만, 일부 그리스인도 이 소송 절차에 관심을 가졌을 수 있다.

실제로 17절에서 갈리오가 유대인들을 재판정에서 몰아냈다는 암시가 있는 것 같다. 소스데네는 도시의 질서를 어지럽히고 말썽꾼으로 여겨졌기 때문에 그리스인들에게 구타당했을 수 있다. 누가는 독자들에게 분명히 말하지 않지만, 폭동의 경계에 있는 무리는 다른 동기가 있었을 수 있다. 누가는 무리를 구체적으로 누구인지 지나치게 관심을 두지 않는 것 같다. 요점은 회당 지도자 소스데네가 구타를 당했고 갈리오는 신경 쓰지 않았다는 것이다.

소스데네의 정체를 밝히는 것도 쉽지 않다. 소스데네는 사건을 잘못 처리한 그리스보를 대신하여 유대인들이 그에게 분노를 표출한 것일까, 아니면 바울이 개종시킨 사람이었을까(고전 1:1)?[352] 아니면 그리스인들이 그에게 화를 냈을까? 다시 말하지만, 누가는 전체 부분에서 갈리오의 반응에 초점을 맞추고 있다. 갈리오는 소스데네가 구타당하는 것을 신경 쓰지 않는다. 무리가 분노를 표출할 필요가 있다는 것을 알았기 때문에 신경 쓰지 않았을 수도 있고, 아니면 여전히 자신이 상관할 일이 아니라고 생각했기 때문에 한발 물러섰을 수도 있다. 어느 쪽이든 갈리오를 통해 알 수 있는 것은 그가 정의의 수호자가 아니라는 점이다. 바울을 사이에 둔 두 그룹 모두 덕이 부족하다.

독자들은 갈리오가 바울의 소송을 기각한 것을 기뻐하려고 하는지 모르지만 누가는 이 새로운 운동과 로마 정부의 관계가 불안한 지경에 있었음을 보여준다. 비록 그들이 유죄 선언을 받지 않았다고 해도 관리들은 그들을 "위하는" 사람들이 아니었고 금방 등을 돌릴 수 있었다. 그리스도인들은 국가의 안녕을 추구해야 하지만 진정한 협력 효과가 나타날 것을 상상하지 못했다. 성경에 따르면 국가는 어둠의 세력에 선택되며, 오직 한 분 참된 왕만이 존재한다. 로마 관리들에게도 위안은 거의 없다. 예수님께서 이미 말씀하셨듯이, 로마의 무력이 아닌 주님의 임재가 우리를 보호해 줄 것이다. 바울은 안전을 위해 인간의 영향력이 아닌 하나님을 바라보아야 한다.[353]

---

351 베자 사본은 다른 사본들과 함께 이들을 헬라인으로 본다. 몇몇 사본 (453, 2818)은 그들을 유대인으로 파악한다.

352 Erasmus, *Paraphrase on Acts*, 113,은 그가 유대인들을 버리고 온 가족과 함께 바울과 함께했기 때문에 매를 맞았다고 말한다.

353 하나님을 바라보는 것은 Gaventa, *Acts*, 261,가 지적한 내용이다.

4.2.3.3. 격려를 위한 여행 (18:18-23)

18 바울은 더 여러 날 머물다가 형제들과 작별하고 배 타고 수리아로 떠나 갈새 브리스길라와 아굴라도 함께 하더라 바울이 일찍이 서원이 있었으므로 겐그레아에서 머리를 깎았더라 19 에베소에 와서 그들을 거기 머물게 하고 자기는 회당에 들어가서 유대인들과 변론하니 20 여러 사람이 더 오래 있기를 청하되 허락하지 아니하고 21 작별하여 이르되 만일 하나님의 뜻이면 너희에게 돌아오리라 하고 배를 타고 에베소를 떠나

22 가이사랴에 상륙하여 올라가 교회의 안부를 물은 후에 안디옥으로 내려가서 23 얼마 있다가 떠나 갈라디아와 브루기아 땅을 차례로 다니며 모든 제자를 굳건하게 하니라

18절부터 23절까지 동쪽으로 향하는 짧은 여행 내러티브가 나온다. 바울이 곧 에베소로 돌아갈 텐데 누가는 왜 이 여행 내러티브를 삽입했을까? 존슨Johnson은 "누가는 극적인 이야기나 명백한 해설을 제공하지 않지만, 선택 자체가 해석이다"라고 말한다.[354] 몇 가지 이유가 제시된다.

첫째, 누가는 이 기록을 통해 바울이 브리스길라와 아굴라의 역할로 전환하기 전에 에베소 교회를 설립한 사람으로 바울을 묘사할 수 있다. 둘째, 누가는 바울을 주요 파송 교회(예루살렘과 안디옥)와 지속해서 연결된 사람으로 묘사한다. 그는 배신자나 변덕쟁이가 아니다. 제닝스Jennings가 말했듯이, "바울의 삶에는 중간적, 이중적 성격이 있다." 그는 예루살렘(유대인)이나 안디옥(이방인)을 절대 잊지 않았다.[355] 이방인 선교와 예루살렘 교회 사이의 연결은 끊어지지 않고 남아 있다.[356] 셋째, 빠른 에베소 방문과 재방문 약속은 문학적 욕구를 더 많이 자극한다. 에베소는 결실을 맺었지만 기다림의 현장이다.[357] 넷째, 이 여행 내러티브는 마게도냐와 그리스 사역을 마무리하고 에베소 선교를 소개하는 상호 연결고리 역할을 한다. 여행은 내러티브를 서로 연결하기도 하고 분리하기도 한다. 모든 여정은 여행 이야기로 끝난다(14:21-28; 18:18-23; 20:1; 21:14).

18:18. 이 절은 고린도에서 겐그레아, 에베소, 가이사랴, 예루살렘, 안디옥, 마지막으로 갈라디아와 브루기아에 이르는 수백 킬로미터 여행을 빠르게 요약한

---

354 Johnson, *Acts*, 334.

355 Jennings, *Acts*, 182.

356 Parsons, *Acts*, 262. 나중에 누가는 바울이 유대인들을 버렸다는 혐의에 관해 이야기할 것인데(21:20-24), 누가는 이미 이 여행 이야기에서 반박하기 시작한다.

357 Pervo, *Acts*, 456.

다.[358] 누가는 고린도에서 시작하여 이 내러티브를 이전 내러티브와 연결한다. 또한 브리스길라와 아굴라가 고린도에서 바울과 동행한다는 내용을 포함하지만 실라와 디모데가 함께 동행했는지는 언급하지 않는다.

성경 뒷부분에서 독자들은 브리스길라와 아굴라가 그리스도인들을 자기 집에서 환대했다는 사실을 안다(고전 16:19). 다음 이야기(행 18:24-28)에서 이들이 두드러지게 등장한다. 이 부부는 아나니아와 삽비라를 뒤엎는 역할을 한다. 아나니아와 삽비라가 첫 열매를 움켜쥐지만 그들은 모든 것을 포기하고 난민 신분으로 로마에서 도망쳐 하나님의 백성을 섬긴다.

바울은 고린도를 떠날 때 서원 때문에 겐그레아에 들러 머리를 깎는다. 이 짧은 세부 사항은 바울이 이방인을 향한 사명에도 불구하고 여전히 경건한 유대인이라는 것을 보여준다. 바울은 머리를 깎음으로써 나실인 서원을 마치기 위해 예루살렘으로 갈 준비를 하고(민 6:1-21; 행 21:23-24), 21장에서 임박한 방문을 예고한다.[359] 세 번째 여정 곳곳에 바울이 예루살렘을 방문할 것이 임박했다는 언급이 나온다.

18:19-21. 에베소에 도착한 바울은 회당에서 "변론"했다. 이 단어는 데살로니가(17:2), 아덴(17:17), 고린도(18:18)에서 사용된 것과 같은 단어로, 이 내러티브를 연결한다. 다른 지역에서도 알 수 있듯이 바울은 유대인들에게 주님이시자 메시아이신 예수님의 정체성을 설명하면서 수치에서 영광으로 나아가는 그의 행보에 초점을 맞춘다. 유대인들이 바울에게 더 머물러 달라고 요청하자 바울은 거절한다.

누가는 이유를 밝히지 않았지만, 바울이 예루살렘과 안디옥을 거쳐 유월절까지 예루살렘에 도착하기를 원했을 것으로 추정된다.[360] 바울은 작별 인사를 하고 하나님의 뜻이 있으면 다시 오겠다고 말한다(마 6:10). 이것은 바울의 사명이 아니라 하나님의 사명이다(잠 19:21).

"작별하다"(ἀποτάσσω, 아포타소)는 바울이 고린도에 있는 사람들에게 작별 인사를 하는 18절에 이미 등장했다. 이 단어는 에베소 후반부(20:17-38)에 나오는 바울의 고별 연설에는 나오지 않지만, 공통된 주제는 에베소 내러티브의 시작과 끝의 수미쌍관 역할을 한다.[361] 이 내러티브에서 바울은 자신이 돌아올 것이라고 말하고, 20장 38절의 고별 설교에서는 그들이 자신을 다시 보지 못할 것이라고 말한

---

358 Schnabel, "Paul's Missionary Work in the Provinces of Asia and Illyricum," 385–97,은 수리아 안디옥에서 갈라디아 안디옥까지의 육지 이동 거리가 700킬로미터이고 에베소로 돌아오는 길은 약 320킬로미터라고 추정한다.

359 또는 바울의 서원은 고린도나 여행 중에 보호를 요청하는 것과 관련이 있을 수 있다.

360 서방 사본에는 세부 사항이 포함되어 있다. 참조. Bock, *Acts*, 587.

361 ἀπησπασάμεθα(작별)라는 용어는 바울이 두로를 떠날 때 21:6에 나타나며, 따라서 더 큰 부분의 끝을 장식한다.

다. 여행 이야기는 바울의 자유로운 선교가 끝나는 시작이다.

18:22-23. 바울은 예루살렘으로 항해한 후 안디옥으로 간다. 바울은 유대인 모 교회와 이방인 파송 교회 모두와 접촉하며 이 운동의 일치를 보여준다. 모든 것이 여전히 "예루살렘 밖"에 있으며 안디옥의 다민족 교회를 통해 이루어진다. 누가는 바울이 안디옥에서 얼마 동안 시간을 보낸 후 갈라디아와 브리기아에서 첫 번째 선교를 통해 교회들을 견고하게 했다고 언급한다.

바울은 지속해서 사역지로 돌아와 사람들이 어떻게 지내는지 확인했다(14:22; 15:32, 41). 바울은 그리스도를 자랑하고 떠난 사람이 아니다. 교회의 지속적인 믿음이 그의 끊임없는 관심사였다. 많은 사람이 22절과 23절을 구분하는 경우가 많지만, 문법은 그것을 뒷받침하지 않는다.[362] 교회를 견고하게 하는 일은 이미 선교 여행의 완료(14:21-28; 15:30-35)나 다른 선교 여행의 시작(15:36-41)을 나타내는 경계 표시가 되었다.

4.3. 에베소에 증언 (18:24-21:14)

에베소는 바울이 로마로 향하는 여정의 암흑기가 시작되기 전 밝은 빛을 비추는 곳이다.[363] 에베소는 단순히 바울의 노력의 흔적을 따라가는 일상적인 기착지가 아니다. 에베소는 바울이 복음을 전한 가장 중요하고 큰 도시 중 하나였으며, 마술과 아데미 숭배로 유명했다.[364] 서아시아의 상업, 인구, 정치의 중심지였다. 아테네에서 바울이 **지적인 엘리트**들을 상대하고 로마에서 **정치 지도자**들을 상대

---

362 이 부분이 바울의 세 번째 여정으로 전환을 표시하는지 여부는 논쟁의 여지가 있다. 참조. P. Schreiner, "Evaluating the Validity of the 'Three Missionary Journeys' Structuring Motif in Acts," *JETS* 63.3 (2020): 505–16.

363 Pervo, *Acts*, 463.

364 B. A. Foreman, "What Has Athens to Do with Jerusalem?," in *Lexham Geographic Commentary on Acts through Revelation*, ed. B. J. Beitzel (Bellingham: Lexham, 2019), 361,은 1세기의 인구를 다음처럼 추산한다.

도 시	1세기 추산 인구
로마	120만
알렉산드리아	50-60만
안디옥	20-60만
에베소	20-25만
고린도	15-30만
예루살렘	8만
아덴	3만

했다면, 에베소에서는 **우상 숭배의 중심지**에서 어둠과 마술의 세력이 예수님의 이름을 제압할 수 없음을 증명한다. 따라서 이 내러티브는 자유인으로서 바울의 사역, 더 정확히 말하자면 자유인으로서 바울을 통한 하나님의 사역에 대한 선언이자 결론이자 정점이 된다.[365]

이 내러티브의 결론적 성격은 내러티브에 주어진 분량, 바울이 에베소에서 보낸 시간, 바울의 선교를 검토하고 미리 보는 장소로서 에베소, 바울의 행동에 담긴 예언자적 능력, 마지막으로 자유인으로서 바울의 모든 여정을 마무리하는 고별 설교 같은 여러 가지 요소에서 알 수 있다. 또한 누가가 이미 언급한 주제인 여행, 이전 교회를 견고하게 하는 일, 회당에서 설교, 그로 인한 갈등, 마술과 맞선 대결이 여기서도 반복된다.[366]

구조적으로 에베소 내러티브는 앞뒤로 왔다 갔다 하는 움직임과 흐름을 방해하는 미니 여행 내러티브로 혼란스러울 수 있지만, 요점은 분명하다. 삼위일체 하나님은 바울과 다른 인물들을 통해 마술과 귀신의 세력을 정복하신다. 하나님의 왕국이 확장됨에 따라 귀신은 영토를 잃는다.

주석가들은 에베소 이야기가 언제 시작되고, 어디서 끊어지며, 언제 끝나는지 의견이 분분하다. 나는 세 번째 여정을 두 부분으로 나누어 하나는 에베소에 있는 바울에 초점을 맞추고, 다른 하나는 바울이 예루살렘으로 가는 여정으로 나누려고 한다. 모든 선교 여행은 여행 내러티브로 끝난다.

에베소 내러티브의 첫 부분은 교회 건축에 관한 이야기이고, 두 번째 부분은 반대의 모습을 보여준다. 각 이야기는 이전 이야기와 연결되지만, 바울이 에베소에서 다양한 그룹을 만나고 메시아 운동과 관계를 맺으면서 사역의 일부 측면을 더 발전시킨다. 20장에서 바울은 에베소를 떠나 예루살렘으로 향하는 순회 여행을 시작한다. 이것은 첫 번째와 두 번째 선교 여행의 마무리 여행 내러티브를 반영한다.

세 번째 여행 내러티브는 바울 여행의 특정 측면을 확장한다. 이 책은 사도행전의 짧은 여행 내러티브를 다시 읽을 수 있는 단서를 제공한다. 바울은 이 여정에서 이전 교회 개척지를 격려하고, 부활의 생명을 전파하며, 슬픈 이별을 하고, 예루살렘에서 박해가 기다리고 있다는 경고를 계속 받는다. 여행 내러티브의 중심은 에베소 장로들에게 바울이 작별 인사를 하는 것으로, 에베소 내러티브의 일부이자 바울의 다가올 여행을 예고한다. 이 설교는 바울을 통한 하나님의 사역을 검토하고 예시한다.

---

365 Scott Shauf, *Theology as History, History as Theology: Paul in Ephesus in Acts 19* (New York: Walter de Gruyter, 2005), 124,은 에베소 에피소드가 "사도행전 내러티브에서 차지하는 위치와 내용 면에서 바울 선교의 절정"을 나타낸다고 말한다.

366 Bock, *Acts*, 589; Gaventa, *Acts*, 262.

에베소 사역			
구 절	장 면	내러티브 기능	메시지
에베소의 바울(18:24-19:41)			
18:24-28	아볼로	예비적인 부분	세례 요한보다 우월함
19:1-7	요한의 제자	기초 서술	
19:8-12	바울 사역 개요	개요	마술보다 우월함
19:13-20	스게와의 아들들	갈등 1	
19:21-41	이교 신전을 만드는 자들	갈등 2	우상보다 우월함
예루살렘으로 여행(20:1-21:14)			
20:1-16	여행 내러티브: 마게도냐와 아가야	전환	
20:17-38	고별 설교	결론	
21:1-14	여행 내러티브: 예루살렘	전환	

4.3.1 에베소에서 짐승들과 싸우다 (18:24-19:41)

에베소에서 바울은 야생 짐승과 싸운다(고전 15:32). 이것은 귀신, 마술사, 우상 숭배자들과의 격렬한 투쟁에 대한 종말론적 묘사이다.[367] 유대교에서 짐승은 종종 악한 영을 상징적으로 사용되었고 사탄은 포효하는 사자로 묘사되었다.[368] 에베소 사역이 이미 소개되었지만 누가는 18장 24절에 이르러서야 이 도시에 관심을 기울인다. 아시아 사역은 당황스러울 수 있지만, 누가는 바울과 말씀이 마법사, 마술, 우상 숭배에 대항하여 승리하는 모습을 묘사한다는 신학적, 내러티브적 요점은 분명하다.

구조적으로, 이 장면들은 "그 도"에 우호적인 곳에서 덜 우호적인 곳으로 나아가는 과정이다. 이 단락은 예수 운동에 가장 가까운 사람들에게 시작하여 가장 멀리 떨어진 사람들로 끝난다.[369] 다시 말해, 18장 24절-19장 41절은 모두 기독교 복음에 더 가까운 종교와 더 멀리 떨어진 종교의 기이한 형태를 다루고 있다. 그러나 모든 경우에 주님의 말씀은 전진한다.

367 G. Williams, "An Apocalyptic and Magical Interpretation of Paul's 'Beast Fight' in Ephesus (1 Corinthians 15:32)," *JTS* 57 (2006): 42–56; M. Hooker, "Artemis of Ephesus," *JTS* 64 (2013): 37–46.

368 욥 40:15-24; 시 91:13; 사 34:14.

369 Spencer, *Acts*, 192–93.

에베소 장면의 구조와 주제			
구 절	장 면	특 징	말씀이 진전됨
18:24-28	아볼로	바울의 가르침에 가깝지만 더 정확한 지침이 필요함	아볼로는 예수님의 길을 더 정확하게 앎
19:1-7	요한의 제자	예수님의 이름으로 세례를 받아야 하는 요한의 제자들	요한의 열두 제자가 세례를 받고 성령을 받음
19:8-20	스게와의 아들들	예수님의 이름을 축귀에 사용	스게와의 아들들은 심판받지만, 많은 사람이 예수님에게 돌아오면서 그분의 이름이 영광을 받음
19:21-41	이교 신상을 만드는 자들	바울의 메시지와 그룹에 반대하여 폭동을 일으킴	메시지는 무죄로 선언됨

    신학적으로 이 내러티브는 말씀의 진보와 우월성을 보여준다. 새로운 운동이 경계를 어떻게 정의하는지 보여준다. 삼위일체 하나님은 자신의 종 바울과 다른 하나님 나라의 증인들을 통해 계속해서 이 땅을 형성하고 계신다. 공동체 "안에" 있는지에 대한 진정한 시험은 성령의 임재이다. 그러나 내러티브는 우상 숭배와 빚는 갈등도 보여준다.

    이교도, 마술, 사탄의 세력을 정복하는 복음의 능력을 나타내는 바울의 예언적 행위에 특별히 초점을 맞춘다. 에베소인들은 아데미를 운명을 통제하고 생명을 주는 존재로 생각하지만, 여호와는 영원한 번영을 위해 자신을 희생한 종의 메시지를 통해 그들에게 생명을 제공한다.

에베소 주제		
에베소 파트 1	18:24-19:7	세례 요한보다 우월함
에베소 파트 2	19:8-20	마술보다 우월함
에베소 파트 3	19:21-41	우상보다 우월함

4.3.1.1. 세례 요한보다 우월함 (18:24-19:7)

    처음 두 내러티브는 세례 요한에 대한 언급으로 연결되어 비교를 유도한다 (18:24-28; 19:1-7).[370] 누가의 관심은 세례 운동과 기독교의 지속적인 관계였지만(1:5; 11:16; 13:25; 18:25), 그의 요점은 예수님의 사역이 요한의 사역을 초

---

370 Witherington, *The Acts of the Apostles*, 569,은 "누가가 18:24-28과 19:1-7을 함께 묶은 데는 이유가 있고, 비교를 의도한 것은 의심할 여지가 없다"라고 말한다.

월하고 성취한다는 것이다. 현대 독자들에게는 당연해 보일 수 있지만, 바울의 선교 기간에 상당한 규모의 "세례 요한의 추종자"가 있었던 것 같다.

아볼로와 에베소 열두 명의 내러티브는 모두 주변적이지만 관련된 운동을 통합하는 방법을 자세히 설명한다. 기독교의 초기 발전에는 뒤늦게 생각하는 것처럼 뚜렷한 경계가 없었다. 누가는 이 이야기들을 전하면서 비슷한 종파들과 기독교의 경계를 명확히 하고 성령이 있음이 핵심이라고 가르친다.

아볼로 내러티브가 먼저 나온다.[371] 그는 예수님을 전하지만 요한의 세례만 알고 있다. 그러나 그는 성령을 받았기 때문에 세례를 받지 않는다. 에베소 열두 명은 아볼로와는 다르다. 구체적인 세부 사항에서는 이 그룹을 "요한의 유산에서 타락한 형태"(눅 3:15-16)로 묘사한다.[372] 아볼로는 긍정적으로 묘사되지만, 에베소 열두 명에 대한 묘사는 성령을 받기 전까지는 더 의심스럽기 때문에 환대받는 주변인 그룹으로 묘사된다.

바울은 에베소를 떠났지만 다시 그들에게 돌아가겠다고 말했다(18:19-21). 이제 에베소에서 바울의 집회는 공식적으로 열두 명과 함께 설립되었다. 예루살렘, 사마리아, 가이사랴에서와 마찬가지로 선교의 새로운 단계는 성령의 부으심과 방언의 증거로 시작된다.[373] 방언은 예수님의 사역이 요한의 사역보다 우월하고 성취되었음을 증명한다. 이것은 불로 세례를 받는 것이다. 이런 의미에서 이 내러티브는 교훈, 회심, 세례, 성령을 부어주심과 함께 "기초 설명"으로 기능한다.[374]

4.3.1.1.1. 에베소의 아볼로 (18:24-28)

24 알렉산드리아에서 난 아볼로라 하는 유대인이 에베소에 이르니 이 사람은 언변이 좋고 성경에 능통한 자라 25 그가 일찍이 주의 도를 배워 열심으로 예수에 관한 것을 자세히 말하며 가르치나 요한의 세례만 알 따름이라 26 그가 회당에서 담대히 말하기 시작하거늘 브리스길라와 아굴라가 듣고 데려다가 하나님의 도를 더 정확하게 풀어 이르더라 27 아볼로가 아가야로 건너가고자

---

371 아볼로 부분은 또한 에게해 사역이 바울을 넘어선다는 것을 보여준다. 브리스길라, 아굴라, 아볼로는 모두 바울이 없는 상태에서 사역하는데, 이는 누가의 관심이 바울을 넘어 말씀의 전진에 관한 이야기임을 보여준다.

372 Tannehill, *The Narrative Unity of Luke-Acts*, 2:234.

373 이 내러티브에서 방언은 흥미롭다. 이 표적은 구원의 중요한 역사적 순간에만 일어났다. 오순절(2:4)과 가이사랴(10:46)이다. Turner, *Power from on High*, 395–97,은 문학적 요인이 이를 설명해 준다고 말한다. 에베소에 대한 기록은 자유인으로서 바울의 선교가 끝나고 수난을 당하기 직전에 기록되어 있다. 에베소서는 또한 바울 사역의 "능력"으로 특징지어지는 내러티브로서, 바울 사역의 절정을 이루며 요한의 사역과 성령의 부어주심(눅 3:16-17; 행 1:4-5; 11:16)의 관계를 포괄적으로 보여준다.

374 Johnson, *Acts*, 343.

함으로 형제들이 그를 격려하며 제자들에게 편지를 써 영접하라 하였더니 그
가 가매 은혜로 말미암아 믿은 자들에게 많은 유익을 주니 28 이는 성경으로써
예수는 그리스도라고 증언하여 공중 앞에서 힘있게 유대인의 말을 이김이러라

18:24. 이제 이야기는 에베소로 돌아온다. 바울의 메시지는 계속되지만 바울
은 없다. 새로운 인물인 아볼로가 도착하여 성경을 설교한다. 바울이 없는 에베소
에서도 예수님의 임재를 느낄 수 있다.

누가는 아볼로를 자세하게 설명한다. 그는 학문의 도시로 유명하고 훌륭한 도
서관을 자랑하던 알렉산드리아 출신 유대인이다. 그는 언변이 좋고 성경에 "능통
한" 사람이었다. 지금까지의 모든 묘사는 "아볼로는 문제가 아니라 자산이다."[375]
그는 기독교에 교육적이고 수사학적인 유익을 준 사람이다.

18:25. 긍정적인 묘사가 계속된다. 아볼로는 "주님의 도"를 배웠다. 이 용어는
새로운 출애굽과 귀환에 대한 구약의 희망을 상기시키며, 요한의 사역을 연상시
킨다(눅 1:76; 3:4; 7:27). "주님"은 아마도 하늘에서 여전히 활동하시며 영적 광
야를 통해 자기 백성을 인도하시는 예수님을 가리킬 것이다. 아볼로는 예수님을
설교하고 예수님은 성령을 통해 에베소에 임재하신다.

아볼로는 말할 때 마음이 뜨거웠다(개역개정. "열심으로 ... 말하며." ζέων τῷ
πνεύματι ἐλάλει, 제온 토 프뉴마티 엘랄레이). 이것이 (대부분의 영어 번역이 가
정하는 것처럼) 그의 가르침의 강렬함을 의미하는지 아니면 그가 성령으로 충만
한 실체를 의미하는지는 논쟁의 여지가 있다. 성령에 대한 언급을 뒷받침하는 다
섯 가지 주장이 있다.

첫째, 프뉴마티(πνεύματι, "성령")는 "성령"을 가리키는 경향이 있는 관사를 포
함한다. 둘째, 누가는 성령과 말을 일관되게 연결하고 있으며, 누가는 아볼로가
성령과 사도들의 사역을 반복적으로 언급하는 용어인 "담대히"(παρρησιάζομαι, 파
레시아조마이) 가르쳤다고 단언한다.[376] 셋째, 그는 예수님에 관한 것들을 "정확
하게"(ἀκριβῶς, 아크리보스) 가르쳤다. 넷째, 로마서 12장 11절에서도 같은 문구
가 사용되었는데, 이 문구는 그리스도인들을 명확하게 묘사하고 있지만 그 정확
한 의미에 관해서는 논란이 있다(참조. 행 6:10; 고전 14:2). 마지막으로, 문맥상
이 내러티브는 다음 내러티브와 대조되는데, 아볼로는 세례를 받을 필요가 없기
때문이다.[377] 따라서 누가는 사도들의 전통에 따라 아볼로를 성령에 열렬한 사람

---

375 Tannehill, *The Narrative Unity of Luke-Acts*, 2:232.

376 참조. 행 2:29; 4:13, 29, 31; 9:27-28; 13:46; 14:3.

377 Marshall, *The Acts of the Apostles*, 322,는 "전체적으로 볼 때 아볼로는 성령을 받았기

으로 그린다.[378] 성령의 역사는 바울을 넘어서까지 이어진다.

긍정적인 묘사들이 길게 나열된 후에 아볼로의 결핍이 언급된다. 그는 요한의 세례만 안다. 아볼로는 주된 흐름에서 가장자리에 있으며 통합될 필요가 있다.[379] 요한의 세례는 시작이었지만 그 자체로 끝이 될 수 없었다. 아볼로는 다른 세례를 알고 있지만 더 정확한 방법으로 가르침을 받기만 하면 된다. 그는 이미 성령을 받았기 때문에 다시 세례를 받을 필요가 없다.

새로운 교육은 잘못된 생각을 바로잡는 것이 아니라 세세한 점을 명확히 하는 것이다.[380] 성령은 기독교의 특징이며(롬 8:9; 고전 12:13; 갈 3:2-3), 아볼로는 교육받아야 했지만 이미 공동체 "안에" 있었기 때문에 성령을 다시 받을 필요가 없었다. 이 내러티브가 세례에 대한 다양한 견해와 구제와 가르침을 모두 적용하는 방법에 어떤 의미가 있는지 궁금해할 수 있다.

18:26. 브리스길라와 아굴라는 회당에서 아볼로가 담대하게 말하는 것을 듣고 그를 옆으로 데려가 하나님의 도에 관해 "더 정확하게"(ἀκριβέστερον, 아크리베스테론) 설명한다. 이 용어는 앞 구절에서 아볼로가 예수를 가르치는 것과 관련하여 사용되었지만 여기서는 비교형으로 사용되어 아볼로의 결핍을 보여준다. 그는 정확하게 알고 있었다. 그러나 요한의 세례만으로는 충분하지 않았기 때문에 더해야 했다. 이런 의미에서 그들은 "그의 지식 기반을 늘렸다."[381]

이 구절과 다음 구절은 초대 교회가 주류로 편입될 수 있는 운동의 분파를 어

때문에 물로 다시 세례를 받을 필요가 없었다고 보는 것이 더 타당하다"라고 말한다. 이것은 세례 요한과 함께 물세례를 받은 후 나중에 더 큰 성령 세례를 받았지만 재세례가 필요하지 않았던 사도들과 비슷할 것이다. Chrysostom, *Homily 40 on Acts* (*NPNF* 1/11:246–47),도 이 본문에 관해 비슷하게 혼란스러워한다. 그는 때때로 아볼로에게 세례가 필요하다고 말하고 다른 때는 아볼로에게 세례가 필요하지 않았다고 말하는 것 같다. 그는 또한 아볼로의 세례를 제자들과 연관시킨다.

378 Johnson, *Acts*, 335,는 누가가 아볼로를 "성령 충만"한 사람으로 묘사하지 않고, "하나님의 말씀"을 말하지 않으며, "표적과 기사를 행하지 않는" 전형적인 사도상을 부여하지 않았다고 주장하면서 이에 동의하지 않는다. 그러나 누가의 기록에는 보냄을 받은 사람들에 대한 묘사도 다양하다. 존슨은 아볼로에 대한 이러한 특징을 사용하여 아볼로가 메시아 운동에 보조적이지만 도움이 되는 참여자이며 바울 선교가 유대교와 밀접한 관계를 유지했다는 사실을 뒷받침한다고 주장한다. Ammonius, *Catena on the Acts of the Apostles* 18.25; 19:5, in Martin and Smith, *Acts*, 234,에서도 마찬가지로 아볼로는 성령으로 불탔지만 성령을 소유하지 않았다고 말한다. 그는 방언을 말하거나 예언하지 않았다. "하나님에게는 모든 것이 가능한 것처럼, 열이 내면에 머물지 않더라도 누군가가 불에 타는 것은 가능하다."

379 Dunn, *Acts*, 250. 성령은 요한의 세례를 예수님과 구별하기 때문에(막 1:8; 행 1:5), 요한 세례는 해석자들이 아볼로를 성령이 없는 것으로 보게 하는 핵심적인 진술이다.

380 Spencer, *Acts*, 194.

381 Keener, *Acts*, 3:2809.

떻게 다루었는지를 보여준다.[382] 누가는 브리스길라와 아굴라의 가르침이나 아볼로의 반응에 관해서는 언급하지 않지만, 다음 구절에 따르면 그가 긍정적으로 반응했음을 알 수 있다.

26절은 여성의 가르침에 대한 함의와 관련하여 많은 논의가 있었다. 이 주제는 누가의 요점이 아니다. 그러나 여전히 시사점을 도출할 수 있다. "가르치다"($\delta\iota\delta\acute{\alpha}\sigma\kappa\omega$, 디다스코)라는 단어는 나오지 않지만(누가는 "설명하다"[$\grave{\epsilon}\kappa\tau\acute{\iota}\theta\eta\mu\iota$ 엑티데미]를 사용함), 일종의 가르침이라는 추론이 가능하다.[383] 많은 학자는 브리스길라가 먼저 언급되는 것으로 그녀를 중요한 역할에 두었다는 점에 주목한다.[384] 이 가르침은 아볼로를 제쳐두고 (반드시 집은 아니지만) 개인적으로 한 것 같다.

누가는 디모데전서 2장 내용을 뒤집지는 않지만, 특정 영역에서 여성이 성인 남성을 가르치는 문화를 묘사하고 있다. 이것이 가능하지 않거나 남녀 평등주의적 교회라면, 교회가 이 논쟁적인 문제에 관해 얼마나 일관되게 "성경적"인지 질문할 필요가 있다. 가르침과 교훈의 은사는 한 성별에만 국한되지 않는다. 개별 교회는 여성이 가르침의 은사를 발휘할 수 있는 적절한 영역을 만들 수 있는 구조를 만들어야 한다.

18:27-28. 아볼로가 올바르게 가르침을 받은 후 누가는 아볼로에 대한 긍정적인 묘사를 계속한다. 그는 에베소를 떠나 고린도로 가기를 원했고, 에베소 형제들은 추천서를 썼다. 누가가 사역을 계속하기 위해 바울이 갔던 곳으로 가는 다른 선교사에 관해 이야기하는 것은 처음이다. 바울이 심고 아볼로는 물을 주었다(고전 3:6).

아볼로가 고린도에 왔을 때 그는 바울이 남겨두고 떠난 사람들을 위한 사역에 큰 도움을 주었다. 그는 공개적으로 유대인들을 반박하고 예수님이 메시아이심을 보여줌으로써 이 일을 성취했다. 고린도 유대인들은 바울과 새로 형성된 공동체를 반대하는 무리를 선동했다(18:6, 12). 이제 아볼로는 자신의 언변과 지식으로 고린도 교회를 강력하게 지원하지만, 이것은 나중에 고린도에서 문제를 일으키게 된다(고전 1:12-17)

---

382 Holladay, *Acts*, 364.

383 Bock, *Acts*, 593,에 따르면 $\grave{\epsilon}\kappa\tau\acute{\iota}\theta\eta\mu\iota$라는 용어는 "주의 깊게 설명하다" 또는 "누군가에게 무언가를 채워주다"라는 뜻이다. Ammonius, *Catena on the Acts of the Apostles* 18.25, in Martin and Smith, *Acts*, 231,은 "우리는 여성들이 신앙을 전수했다는 사실을 믿어야 한다. 아볼로가 얼마나 구원을 갈망했는지 보라, 그는 교육받은 사람이고 성경의 비밀에 정통한 사람임에도 불구하고 여자에게서 신앙의 완전함을 배우는 것을 무가치하게 여기지 않았다"라고 말한다.

384 서방 본문과 다른 후대의 사본에서는 순서가 뒤바뀌어 아굴라가 먼저 언급되어 있다. 이것은 단순히 실수일 수도 있지만 더 악의적이고 가부장적인 것을 나타낼 가능성이 높다. 더 오래된 사본들은 브리스길라가 먼저 언급된 것을 지지한다.

4.3.1.1.2. 에베소 열두 제자 (19:1-7)

1 아볼로가 고린도에 있을 때에 바울이 윗지방으로 다녀 에베소에 와서 어떤 제자들을 만나 2 이르되 너희가 믿을 때에 성령을 받았느냐 이르되 아니라 우리는 성령이 계심도 듣지 못하였노라 3 바울이 이르되 그러면 너희가 무슨 세례를 받았느냐 대답하되 요한의 세례니라 4 바울이 이르되 요한이 회개의 세례를 베풀며 백성에게 말하되 내 뒤에 오시는 이를 믿으라 하였으니 이는 곧 예수라 하거늘 5 그들이 듣고 주 예수의 이름으로 세례를 받으니 6 바울이 그들에게 안수하매 성령이 그들에게 임하시므로 방언도 하고 예언도 하니 7 모두 열두 사람쯤 되니라

19:1-2. 에베소에 도착한 바울은 "어떤 제자들"(τινας μαθητὰς, 티나스 마데타스)을 발견하고 그들에게 성령을 받았는지 묻는다. "어떤 제자들"이라는 모호한 문구는 요한이나 예수님의 제자들을 지칭할 수 있다. 이 모호함은 의도적일 수도 있고, 바울이 제자들에 관해 확신하지 못했기 때문일 수도 있다.[385] 이 단어는 일반적으로 기독교 제자들을 지칭하지만,[386] 요한의 제자들을 지칭하는 것 같다(눅 5:33; 7:18-19).[387] 이것은 내러티브의 여러 지점에서 확인된다.

첫째, 마데테스(μαθητής)라는 단어가 정관사 없이 사용된 곳은 이곳이 유일하다. 둘째, 그들은 성령에 관해 들어본 적도 없다고 말한다(반면 아볼로는 성령에 열심인 것으로 묘사된다).[388] 셋째, 일부 제자에 대한 모호한 언급이 7절에서 더 구체적인 열두 제자로 대체되어 내러티브에 수미쌍관과 완결성을 부여한다. 이들은 내시, 사마리아인, 이방인의 패턴을 따르는 "마지막 변두리 그룹"이다. 이 경우

---

385 Marshall, *The Acts of the Apostles*, 305–6; Polhill, *Acts*, 398.

386 눅 5:30; 6:1, 13, 17, 20, 40; 7:11; 8:9, 22; 9:14, 16, 18, 40, 43, 54; 10:22–23; 11:1; 12:1, 22; 14:26-27, 33; 16:1; 17:1, 22; 18:15; 19:29, 37, 39; 20:45; 22:11, 39, 45; 행 6:1, 2, 7; 9:1, 10, 19, 25-26 (2회), 38; 11:26, 29; 13:52; 14:20, 22, 28; 15:10; 16:1; 18:23, 27; 19:9, 30; 20:1, 30; 21:4, 16 (2회).

387 Witherington, *The Acts of the Apostles*, 570; Keener, *Acts*, 3:2816를 참조하라. Bock, *Acts*, 599, 그리고 다른 많은 학자는 2절의 "믿음"에 대한 언급이 그들이 그리스도 안에 있다는 것을 가리킨다고 생각하면서 동의하지 않는다. 그러나 다시 말하지만, 이 용어는 모호하며 그들이 성령을 모른다는 말을 듣기 전의 바울의 초기 견해를 반영할 수 있다.

388 "우리는 성령이 있다는 말도 듣지 못했다"라는 문구는 지식이 완전히 부족하다는 것을 의미할 수 있지만 거의 모든 고대 유대교가 성령에 관해 이야기하기 때문에 그럴 가능성은 작다. Keener, *Acts*, 3:2819,에 따르면 이 구절은 성령이 오셨다는 말을 듣지 못했다는 의미일 가능성이 더 높다. 다시 말해, 그들은 오순절을 알지 못했다는 것이다. Polhill, *Acts*, 399은 누가가 "요한의 참 제자, 요한의 완성된 제자는 그리스도인이었다"고 말한다. Spangenberg, *Brief Exegesis of Acts 19:1–3*, in Chung-Kim, Hains, et al., *Acts*, 262,는 그리스도의 부활과 승천 후에 하나님께서 사도들에게 역사하신 놀랍고 놀라운 은사에 관해 들어본 적이 없다고 말한다.

제자도는 최종 목표인 텔로스(τέλος), 즉 소망의 성취를 이루는 것처럼 보였다.[389]

19:3-7. 바울은 질문자에서 교사의 역할로 옮기면서 요한의 기능을 설명한다. 이렇게 그는 요한의 메시지를 완성한다. 세례자의 메시지와 세례는 모두 예수님을 위한 "**그 도**"를 준비했다. 요한은 사람들에게 예수님을 믿으라고 말했기 때문에 요한에 대한 그들의 지식은 결함이 있다(눅 3:15-17). 이 제자들은 목적지에 도달하지 못했다. 요한의 제자들은 바울의 말에 확신을 얻어 예수의 이름으로 세례를 받는다(2:38; 8:16; 10:48). 승천하신 주님의 권능이 계속해서 임한다(2:36).

이것은 신약성경에 기록된 유일한 "재세례" 사례로, 아볼로 에피소드에서 이야기가 시작되며, 이 그룹을 "세례 요한의 결함 있는 추종자"로 분류한다. 세례를 받고 바울이 안수한 결과 성령이 강림하여 방언과 예언을 한다.[390] 바울은 정규의 배경이 아닌 신자들이 성령의 은사를 받는 도구가 되는 베드로와 같은 유형이 된다(8:14-17).[391] 성령의 부으심으로 새로운 싸이클이 시작된다(2:1; 8:17, 10:44).

사도행전에는 성령이 임하는 방식에 대한 정해진 패턴이 존재하지 않는다. 때로는 성령이 세례 전에 임하기도 하고 때로는 세례 후에 임하기도 한다. 성령은 주권적이고 자유로우며 방해받지 않으신다. 속임당하거나 조종당하지 않으신다. 누가는 열두 사람이 있었다고 말함으로써 이 에피소드의 중요성을 보여준다. 이제 "에베소" 오순절이 일어났다.

열두 사람은 예루살렘에서 성령을 받은 열두 사람을 반향하며, 에베소에서 이 새로운 공동체의 이야기가 시작된다. 두 이야기의 전체적인 요점은 이것이다. 예수님은 세례 요한보다 우월하시며 그의 사역을 완수하신다는 것이다. 주변 그룹이 교육받은 후 환대를 받는다.

4.3.1.2. 마술보다 우월함 (19:8-20)

복음이 새로운 영토로 들어갈 때 다른 세력은 대표적인 대리자를 통해 그 지역을 통제하려고 시도한다(참조. 8:9-24; 13:4-12; 16:16-18). 사탄은 땅으로 쫓겨났을지 모르지만 여전히 여자와 그 아이를 상대로 전쟁을 벌인다(계 12장). 누가는 전형적인 패턴으로 이야기를 진행한다. 증인들이 예수님을 주님이라고 선포하고, 그 후 땅을 정복하는 전쟁이 이어진다. 말씀은 계속해서 번성하고 악과 마

---

389 이 이야기는 사마리아인들이 하나님의 말씀을 받았지만 성령을 받지 못한 사도행전 8장을 연상시킨다(8:15-17). 그러나 에베소 사람들은 요한의 세례를 받지만 사마리아인들은 주 예수의 이름으로 세례를 받았다는 점에서 차이점도 존재한다.

390 사 44:3-5; 겔 36:26-27; 욜 2:28-29; 행 2:2-4, 9-11, 26-29; 10:45-46; 19:5-6.

391 Pervo, *Acts*, 467.

법의 세력을 정복한다.[392]

　바울의 사역에 대한 반응이 에베소 내러티브를 지배하지만, 누가는 그 가운데서 바울 사역의 내용과 형식을 제시한다. 바울은 말과 행동에서 예언자적인 인물이다. 내러티브는 회당에서 시작되지만, 거절당하자 서원으로 향한다. 그러나 누가는 바울이 성령의 능력으로 아들을 설교할 때 이것이 아버지 하나님의 일하심이라고 명시적으로 언급하기 때문에 이 내러티브는 주로 바울에 관한 것이 아니다.

4.3.1.2.1. 바울의 메시지와 능력 (19:8-12)

　8 바울이 회당에 들어가 석 달 동안 담대히 하나님 나라에 관하여 강론하며 권면하되 9 어떤 사람들은 마음이 굳어 순종하지 않고 무리 앞에서 이 도를 비방하거늘 바울이 그들을 떠나 제자들을 따로 세우고 두란노 서원에서 날마다 강론하니라 10 두 해 동안 이같이 하니 아시아에 사는 자는 유대인이나 헬라인이나 다 주의 말씀을 듣더라

　11 하나님이 바울의 손으로 놀라운 능력을 행하게 하시니 12 심지어 사람들이 바울의 몸에서 손수건이나 앞치마를 가져다가 병든 사람에게 얹으면 그 병이 떠나고 악귀도 나가더라

　19:8-10. 성령이 에베소 열두 제자에게 임한 바울은 회당에 들어가 석 달 동안 하나님 나라에 관해 이야기한다. 여러 가지 전형적인 요소들이 등장한다. 바울은 담대하게 말하고(9:27-28; 13:46; 14:3; 19:8; 26:26), 이유를 대고(17:2, 17; 18:4, 19; 20:7, 9; 24:12, 25), 설득하며(13:43; 14:19; 17:4; 18:4; 19:26; 21:14; 23:21; 26:26, 28; 27:11; 28:23-24), 처음에는 회당 안에서, 그다음에는 회당 밖에서 말한다.

　바울의 다른 사역과 유사한 점과 함께 변형도 나타난다. 첫째, 바울은 회당에서 다른 어떤 에피소드보다 더 긴 시간(3개월) 설교한다. 둘째, 바울이 유대인에서 이방인으로 돌아섰다고 분명하게 말하지 않는다. 유대인들이 완고해졌지만, 그는 아시아에 사는 **모든** 유대인과 헬라인이 메시지를 들을 수 있도록 서원에서 설교한다. 셋째, 그의 메시지는 "하나님 나라"라는 문구로 요약된다.

　사도행전에는 하나님 나라에 대한 언급이 많이 나오지 않지만 중요한 순간에

---

392 마술과 기적에 대한 고대의 태도에 관해 Witherington, *The Acts of the Apostles*, 577,은 "더 중요한 질문은 그들이 기적을 마술과 구별했는지 아닌지이다. 대답은 한쪽 끝에는 순수한 기적이 있고 다른 쪽 끝에는 순수한 마술이 있는 차등이 있었던 것 같으며, 어떤 경우에는 둘 다 포함되는 것처럼 보인다. ... 마술의 특징은 다양한 종류의 의식과 힘의 말을 통해 어떤 신이나 초자연적인 힘을 조종하여 간구하는 사람의 뜻대로 하려는 시도이다."라고 말한다.

등장한다. 처음에 두 번(1:3, 6), 마지막에 두 번(28:23, 31) 하나님 나라를 언급하여 전체 내러티브의 틀을 잡는다. 작품 본문에는 내러티브의 주요 전환점에서 네 번 언급된다(8:12; 14:22; 19:8; 20:25). 여기서 "하나님의 나라"를 사용한 것은 에베소 에피소드의 중요성을 암시한다.

바울의 대담한 설교는 대중의 반응을 불러일으킨다. 어떤 사람들은 강퍅하고 믿지 않았으며 무리 앞에서 "그 도"에 관해 악하게 말했다. 강퍅하고 불신앙적이라는 표현은 무리를 하나님께서 약속의 땅으로 인도하시려 할 때 믿지 않았던 방황하는 출애굽 세대로 묘사한다(신 10:16; 시 95:8).[393] 에베소 지역 유대인들은 조상들의 발자취를 따라 걷고 있다.

바울은 제자들과 함께 회당에서 물러나 두란노 "서원"(σχολή, 스콜레)에서 토론을 계속한다. 스콜레(σχολή)는 학교 또는 학교가 모이는 장소를 가리키는 단어이다. 이것은 바울이 강의를 시작하는 철학자 또는 대중적인 현자로 그려진다. 바울의 전형적인 모습처럼, 회당에서 시작하여 더 많은 공공장소로 이동한다. 스토트Stott는 "종교적인 건물에서 종교적인 사람들에게 다가갈 수 있다면, 세속적인 건물에서 세속적인 사람들에게도 다가갈 수 있어야 한다."라고 말하며 적용을 끌어낸다.[394]

바울은 서원에서 2년 동안 사역을 계속하여 모든 아시아(유대인과 헬라인)가 주님의 말씀을 듣도록 했다.[395] 삼위일체론적 초점이 분명하다. 바울은 성령의 능력(담대함)으로 예수님(주님의 말씀)을 전하며, 이 메시지는 "하나님 나라"에 관한 것으로 요약할 수 있다.

19:11-12. 바울은 말만 하는 것이 아니라 예수님처럼 놀라운 기적을 행하기도 한다. 에베소 네러티브는 다른 어떤 이야기보다도 바울의 예언 능력을 중심으로 전개된다. 그는 성령을 부여하고 귀신을 쫓아내며 아시아의 모든 주민이 주님의 말씀을 듣는다.

누가는 이를 통해 에베소를 귀신의 세력이 정복되어 자유롭게 된, 바울의 사

---

393 "굳어"(ἐσκληρύνοντο)는 바로(출 10:1)와 바울이 이방인에게 갈 수 있도록 하나님께서 자기 백성을 굳게 하신 것과도 연관되어 있다(롬 11:11, 25).

394 Stott, *The Spirit, the Church, and the World*, 312.

395 고전 16:19에서 바울은 아시아에 있는 모든 교회에 인사를 전한다. 아마도 요한이 요한계시록에서 교회들에 편지를 쓸 때, 이들 중 많은 교회가 바울이 머무는 동안에 세워졌을 것이다. Stott, *The Spirit, the Church, and the World*, 314,은 바울의 전도에 관해 다음과 같은 결론을 내린다. "현대의 많은 전도와 바울의 전도를 대조해 보면 그 얄팍함이 즉시 드러난다. 우리의 전도는 지나치게 교회적인 경향(사람들을 교회로 초대하는 것)을 보이지만, 바울은 세속 세계로 복음을 들고 나갔고, 우리는 지나치게 피상적인 경향(충분한 이해의 근거 없이 결정에 호소하는 것)을 보이지만, 바울은 고린도와 에베소에 5년 동안 머물면서 충실하게 복음의 씨앗을 심었고 때가 되면 수확하였다."

역이 승리로 마무리되는 장면으로 묘사한다. 바울은 에베소에서 짐승들과 싸워서 그들을 정복했다(고전 15:32). 사탄의 힘의 열매가 멸망하면서 기적은 지상의 공간을 천국으로 되찾는다. 누가의 구문은 이러한 기적의 저자가 아버지 하나님임을 보여준다. 그분은 주연 배우이며 바울은 도구로 기능한다. 바울을 통한 하나님의 능력은 너무나 강렬해서 물질적인 것(옷과 앞치마)으로도 병자를 고치고 귀신을 쫓아낼 수 있었다.[396]

이 언급은 텔레비전 복음 전도자, 중세 유물 관습 또는 이교도와 이방인 마술의 혼동을 뒷받침할 수 있는 것처럼 들리기 때문에 해석자들을 곤란하게 만든다.[397] 그러나 누가는 이 언급을 역사적이고 긍정적인 것으로 제시한다. 누가는 이방인의 주술에 빠지지 않고 바울의 육체를 넘어서는 강력한 임재에 관해 이야기한다. 구약에서 언약궤와 성전은 이와 같았다. 성경에서 영적인 능력은 성례와 같은 물리적 수단을 통해 전달될 수 있지만, 이러한 관행도 타락하고 왜곡될 수 있다. 바울은 베드로와 예수님의 한 유형으로, 그의 그림자와 옷은 하나님을 통해 사람들을 치유하는 데 사용되었다(눅 6:18-19; 행 5:15).[398]

누가는 악한 영들이 바울과 그의 옷에 순종하는 것으로 묘사함으로써 사탄의 권세가 더 큰 힘으로 가려졌음을 보여준다.[399] 이러한 놀라운 기적에 대한 이야기는 바울의 사역과 그 뒤를 따르는 마술을 구별하고 혼란을 야기할 수 있는 특정한 상관관계를 이끌어낸다. 그러나 다음 구절에서 알 수 있듯이 바울은 기계적인 방법이나 가짜 방법을 사용하지 않는다.

4.3.1.2.2. 마술을 정복하다 (19:13-20)
13 이에 돌아다니며 마술하는 어떤 유대인들이 시험삼아 악귀 들린 자들에게 주 예수의 이름을 불러 말하되 내가 바울이 전파하는 예수를 의지하여 너희에게 명하노라 하더라

396 Parsons, *Acts*, 270,은 강론의 상황으로 이러한 물품이 설교자의 복장으로 받아들여졌다고 주장한다. "손수건"은 연설자가 이마를 닦을 때 사용하는 천을 말한다. "앞치마"는 앞치마가 아니라 종종 생명을 주는 힘을 상징하는 벨트나 어깨 띠를 가리킨다. 누가는 설교자의 옷이 바울의 피부에 닿았다는 점을 강조하여 치유가 바울의 몸, 즉 새 성전을 통해 이루어졌음을 보여준다. 이것은 천막 제작과 연관시키는 Peterson, *Acts*, 537,과 구별된다.

397 Chrysostom, *Homily 41 on Acts* (*NPNF* 1/11:251),은 바울의 능력을 요 14:12와 연결한다. "내가 진실로 진실로 너희에게 이르노니 나를 믿는 자는 내가 하는 일을 그도 할 것이요 또한 그보다 큰 일도 하리니 이는 내가 아버지께로 감이라."

398 Keener, *Acts*, 3:2841,은 이 구절이 그리스-로마 세계에서 참된 하나님의 능력에 대한 상황화일 수도 있다고 주장한다.

399 Garrett, *The Demise of the Devil*, 91.

14 유대의 한 제사장 스게와의 일곱 아들도 이 일을 행하더니 15 악귀가 대답하여 이르되 내가 예수도 알고 바울도 알거니와 너희는 누구냐 하며 16 악귀 들린 사람이 그들에게 뛰어올라 눌러 이기니 그들이 상하여 벗은 몸으로 그 집에서 도망하는지라 17 에베소에 사는 유대인과 헬라인들이 다 이 일을 알고 두려워하며 주 예수의 이름을 높이고

18 믿은 사람들이 많이 와서 자복하여 행한 일을 알리며 19 또 마술을 행하던 많은 사람이 그 책을 모아 가지고 와서 모든 사람 앞에서 불사르니 그 책 값을 계산한즉 은 오만이나 되더라 20 이와 같이 주의 말씀이 힘이 있어 흥왕하여 세력을 얻으니라

19:13-14. 대제사장의 아들인 마술하는 유대인들은 앞서 시몬과 엘루마처럼 자신의 이익을 위해 예수님의 능력을 이용하려고 한다. 그들은 예수님이나 제자들이 어떤 축귀 이야기에서도 사용하지 않은 단어인 "너희에게 명하노라"(ὁρκίζω, 호르키조)라고 말한다.[400] 사실 호르키조(ὁρκίζω)는 마술의 주문에 자주 사용된다.[401] 에베소 열두 제자는 성령에 순종했지만 스게와의 일곱 아들은 예수님의 이름을 오용한다. 그들은 바울의 사역을 마술로 여겼고(아마도 바울의 옷과 관련이 있었을 것이다) 바울을 따라 하려 했다. "믿음으로 말하지 않으면 그 이름은 아무 일도 하지 못한다."[402]

애굽에서는 모세가 표적을 행할 때 애굽의 마술사들도 그들만의 표적을 행했다. 오늘날 세상과 마찬가지로 사탄의 세력도 기독교 관습을 모방하고 왜곡한다. 여기서 누가는 바울을 따라 하려는 것은 마술을 행하는 유대인들이라고 강조한다. 흥미롭게도 사도행전의 초기 마술 본문에도 유대인이나 사마리아인에 관한 내용이 나오는데(8:9-11; 13:6), 이는 왜곡이 대부분 자기 계급 내부에서 비롯된다는 것을 보여준다. 유대의 체제는 이 지역에서 여호와의 장막보다 몰록과 레판의 장막을 더 선호하며 타락했다(행 7:43; 신 18:9-14).

바울이 "그는 허물과 죄로 죽었던 너희를 ... 이 세상 풍조를 따르고 공중의 권세 잡은 자를 따랐으니 곧 지금 불순종의 아들들 가운데서 역사하는 영이라"(엡 2:1-2)라고 말하는 것을 들을 수 있다. 마술을 행하는 유대인들에 대한 언급은 또한 아볼로로부터 시작된 기독교에 가까운 그룹의 줄거리를 더욱 심화시킨다. 이 일곱 명의 마술을 행하는 유대인들은 예수님의 이름이 가진 힘 때문에 자신의 이

---

400 막 5:7에서 귀신들은 "맹세하다"(ὁρκίζω)라는 용어를 사용한다.

401 Jennings, *Acts*, 186,에서 언급했듯이, "죽음의 대리인이 삶에 대한 목 조르기를 풀 수 있는 열쇠라고 상상하며 기술에 집착하는 것은 위험하다."

402 Chrysostom, *Homily 41 on Acts* (NPNF 1/11:251).

익을 위해 그 이름을 사용하려고 한다. 이런 식으로 그들은 자신을 섬기기보다는 교회와 예수님을 섬기는 일곱 집사를 돋보이게 하는 역할을 한다.

19:15-16. 누가는 이 적대자들을 소개한 후, 패러디와 유머로 가득 찬 이 행동을 확대하여 보여준다. 본문은 13절에서 진지하게 시작하지만, 스게와의 아들들은 힘이 부족하여 영광은커녕 굴욕을 당하는데, 거꾸로 말하면 귀신을 쫓아내는 사건이다. 사탄은 사탄을 쫓아낼 수 없다 (눅 11:17-19).

15절은 예수님의 이름으로 악한 영을 쫓아내려고 했을 때 악한 영의 반응을 묘사한다. 귀신은 이 아들들이 자신에게 아무런 힘이 없다고 주장한다. 네가 누구냐? 예수님의 이름은 힘이 있지만 마법 장치는 아니다.[403] 귀신은 예수님의 이름을 알고 바울을 알지만 그들을 알아보지 못한다. 분명히 바울은 영적 세계에서 유명한 이름, 즉 그들이 몸서리치게 할 만한 이름이었을 것이다. 거짓 귀신 쫓는 자들은 언어적 공격을 받았고 이제 육체적 공격을 받는다.[404] 귀신 들린 남자가 그들에게 "뛰어올라"(ἐφάλλομαι, 에팔로마이) "눌러"(ἰσχύω, 이스퀴오) 이기니 그들은 벌거벗고 상처 입은 채 집 밖으로 뛰쳐나온다.[405]

퇴마가 거꾸로 일어났다. 헬라어 에팔로마이(ἐφάλλομαι)의 아이러니는 70인역 성경이 사울과 다윗에게 권능을 가진 주의 영이 뛰어오르는 장면에 이 단어를 세 번이나 사용했다는 사실에서 찾을 수 있다(삼상 10:6; 11:6; 16:13). 성령에 대한 자기 능력을 나타내거나 성령이 그들에게 뛰어오르는 대신, 오히려 그들은 제압당하고 패배와 수치심을 남기는 것이 중요하다. 성령의 능력은 장난으로 다룰 수 있는 것이 아니다. 더 큰 권능이 도래했다.

19:17-19. 이 유머러스한 사건의 결과는 에베소 주민들에게 긍정적이다.[406] 영들이 예수님의 능력은 인정하지만 사기꾼의 능력은 인정하지 않기 때문에 그들에게 두려움이 가득 차고 예수님의 이름이 영광스럽게 된다. "예수님의 이름은 폄하되는 것이 아니라 찬양을 받아야 한다."[407] 에베소 교인들의 두려움은 오순절 설교(2:43)

403 M. Bates, "Why Do the Seven Sons of Sceva Fail?: Exorcism, Magic, and Oath Enforcement in Acts 19:13–17," *RB* 118 (2011): 408–21.

404 Schnabel, *Acts*, 798.

405 동사 κατακυριεύω("지배하다")와 ἰσχύω("강하다")는 눅 11:21-22에서 사탄이 "강한 자"로 묘사되고 힘이 있는 것으로 묘사된 것을 상기시켜 준다.

406 책을 태우는 이 주민들이 이미 신자인지 아니면 신자가 된 주민들인지에 관해서는 논란이 있다. 18-19절은 이 사람들이 신자임을 가리키고 있지만, 누가는 19절에서 집단을 바꿀 수 있다.

407 Parsons, *Acts*, 272.

에 대한 반응과 아나니아와 삽비라의 운명을 목격했을 때의 반응(5:5, 11)을 반영한다. 초기 예루살렘 이야기의 메아리는 말씀이 예루살렘에서와 마찬가지로 에베소에서도 강력하다는 것을 암시한다.[408] 승천하신 주님의 능력에는 제한이 없다.

많은 신자가 그들의 관습을 고백하고 모든 사람 앞에서 책을 불태웠다(50,000일의 임금에 해당).[409] 이는 예수님의 이름으로 세례를 받는다고 해서 즉각적으로 특정 관습을 포기하거나 고백하는 것은 아니지만, 결국에는 포기하고 회개한 죄는 용서받는 것을 암시한다. 새로 개종한 사람들은 이전 습관을 어느 정도 유지할 가능성이 높다. 그러나 이 행동은 예수님의 이름으로 마술이 패배했음을 알리는 신호이다. "마법은 쓸모없어졌다. ... 그 책들은 패배한 권력의 상징이다."[410]

누가는 또한 이 책들의 가치에 관해 특이한 세부 사항을 언급한다. 그는 세 가지 목적을 위해 그렇게 말한다. 첫째, 이 마술사들은 유다, 아나니아와 삽비라, 시몬처럼 은을 가지고 멸망하지 않기로 결심한다. 그들은 한 말씀에서 다른 말씀으로 나아간다. 둘째, 주님께 돌아온 마술사들은 소수 마술사만이 아니라 수많은 마술사였다. 바울과 동료들은 에베소에서 상당한 반대에 부딪혔지만 큰 성공을 거두기도 했다. 마지막으로, 이 세부 사항은 많은 사람이 도시에 오시는 예수님의 이름으로 직업 수단을 잃으면서 폭동이 일어날 것을 예고하고 준비한다.

19:20. 그 결과 주님의 말씀이 널리 퍼지고 우세해진다. 누가는 6장 7절과 9장 31절에서처럼 "번성"(πληθύνω, 플레뒤노)이 아닌 "흥왕하다"(αὐξάνω, 아욱사노, CSB "퍼지다"), "세력을 얻다"(ἰσχύω, 이스퀴오, CSB "승리하다"), "능력"(κατὰ κράτος, 카타 크라토스)으로 표현했다. 이 독특한 단어 선택은 에베소 내러티브에서 갈등과 권력이라는 주제를 확인시킨다. 그것은 군사주의적 색채로 예수 복음의 승리를 의미한다.

이는 마술사들을 "제압"한 악령에 관해서도 같은 헬라어 단어가 사용되었다는 사실로 뒷받침된다(19:16). 누가복음 1장 51절에서 주님은 팔로 "권능"(κράτος, 크라토스)을 행하신다. 여기서 크라토스라는 단어는 출애굽 문헌과 이사야의 새로운 출애굽 언어 모두에서 두드러지게 나타나는 주님의 팔과 연결되어 있다. 이 단어는 군사적 언어이며 "행동과 말에 능력이 있는"(눅 24:19) 분에게 유래한다.

그것은 사람에게는 평화의 메시지이지만(슥 9:10; 엡 2:14), 영에게는 정복의 메시지이다(엡 1:20-23). 누가는 교회가 성장했다거나 제자가 늘었다고 말하

---

408 Peterson, *Acts*, 540; Tannehill, *The Narrative Unity of Luke-Acts*, 2:238.

409 Ammonius, *Catena on the Acts of the Apostles* 19.18, in Martin and Smith, *Acts*, 240,에서는 책을 태우는 것을 죄를 고백하는 것과 연관시키고, Eusebius, *Proof of the Gospel* 3.6, in Martin and Smith, *Acts*, 240,에서는 금지된 것을 드러내는 것과 연관시킨다.

410 Garrett, *The Demise of the Devil*, 95.

지 않고, 오히려 이 **말씀**은 악마의 세력을 제압하고 그들의 책을 파괴하는 이야기 속 적극적인 인물로 의인화되어 있다. 마귀의 영역은 주님의 영역이 커질수록 축소된다. 아시아에 있는 사람들에게 쓴 에베소 서신은 바울이 예수님을 어둠의 영적 세력을 정복한 분으로 소개하는 것과 같은 주제를 반영한다(엡 1:20-21; 2:1-4; 6:10-20). "말씀"은 "여행하는 신적 대리인" 또는 "방문"이며, 도시는 그분의 임재를 환대하거나 거부할 것이다.[411] 승천하신 주님은 사도들을 통해 온 세상에 말씀을 흩뿌리신다.

새로운 모세가 일어나 바로의 마술사들을 능가하는 새로운 출애굽 무리가 창세기(출 1:7, 20)에서 하나님이 명령하신 대로 번성한다. 이 구절은 사도행전의 핵심 요약 구절로, 사도행전의 내러티브를 구분하는 데 사용되기도 한다(6:7; 9:31; 12:24; 16:5; 19:20; 28:30-31). 그러나 이 구절은 에베소 이야기 중간에 나오므로 구조적으로 밀어붙여서는 안 된다.[412] 사도행전은 아버지의 계획에 따라 성령의 능력으로 부활 승천하신 주님에 관한 말씀이 전파되는 내용이다.

4.3.1.3. 우상보다 우월한 것 (19:21-41)

복음은 초자연적인 요새와 상업을 교란한다. 바울은 은과 우상에 영향을 미침으로써 에베소 경제를 방해한다.[413] 이 지역적 색채와 생생한 기록은 사도행전 후반부의 다른 "폭동 이야기"를 연상시키며 독자들을 놀라게 한다. 이 에피소드는 여호와와 그리스-로마 체제의 신들 사이의 대립을 보여준다. 예수님의 메시지는 에베소인의 삶의 방식을 비판했다.

좋은 소식의 급진적인 타자성은 박해에 박차를 가하게 만들지만 이번에는 우상 제작자들이 박해를 가한다. 로우Rowe의 말처럼,

> 루스드라에는 사제와 무리, 빌립보에는 종교 세일즈맨과 식민지 치안판사, 아테네에는 철학자와 정치 당국자, 에베소에는 마술사와 장인이 있다. 이러한 수치를 종합해 보면 기독교 선교가 본질적으로 문화적으로 무해하다는 주장의 가능성을 무너뜨린다. 오히려 사회적, 정치적, 경제적으로 기독교가 이교 문화에 얼마나 광범위하고 심오하게 문제를 일으켰는지를 보여준다.[414]

---

411 Jipp, *Divine Visitations*, 236–40.

412 그래도 21절은 성령께서 성취하신 사건들과 바울의 미래 계획에 관해 말함으로써 명확한 서술적 구분을 제공한다는 점에서 흥미롭다.

413 Spencer, *Acts*, 197.

414 Rowe, *World Upside Down*, 51.

놀랍게도 여기에서 한 가지 큰 차이점이 있다. 바울은 이 기록에서 주변적인 존재이다. 여러 면에서 바울이 전혀 등장하지 않아도 이야기가 매끄럽게 전개될 수 있다. 누가의 목적은 바울보다 더 크다. 사도행전은 "주로 바울과 그의 업적에 관한 것이 아니라 사회 운동의 발전과 멈출 수 없는 하나님의 말씀에 관한 것이다."[415] 그러나 다른 방식으로, 전체 내러티브는 예수님이 우상 숭배에 맞서면서 "아시아에서 바울의 사역이 얼마나 강력한 효과를 발휘했는지를 보여준다."[416]

이교도 도시 한가운데서 새로운 공동체가 형성되고 있다. 에베소 시민들은 혼란스럽고 분열되어 그들의 멸망을 드러내지만, "그 도"의 사람들은 무죄를 선언받는다. 누가는 바울을 노골적으로 옹호하지는 않지만, 폭도들을 비난하는 방식으로 이야기를 서술하고 있다.

첫째, 데메드리오는 대체로 탐욕스러운 인물로 묘사되지만, 좀 더 시민적인 방식으로 불만을 토로한다. 돈에 대한 사랑은 사람들을 지속해서 예수님에게서 멀어지게 하며 우상 숭배의 주요 형태 중 하나이다. 둘째, 지역 관리들은 바울에게 응답하지 말라고 말하는데, 바울에게 권위 있는 친구들이 있었음을 나타낸다. 셋째, 군중은 혼란스럽고 이성을 잃은 것이 특징이다. "그 도"가 도시를 어지럽힌다는 비난을 받지만, 실제로 반란을 일으킨 것은 신상 제작자들이다. 마지막으로 다른 지역 관리가 "그 도"의 결백을 변호하며 장면을 마무리한다. 아시아 문화와는 매우 다른 새로운 공동체가 형성된다.[417]

연설이 시작되고(19:23-27) 내러티브가 마무리되며(19:35-40), 연설이 시도되었지만 폭동이 중간을 채운다(19:28-34). 첫 번째 설교에서 그리스도인들은 위협적인 존재로 분류되고, 마지막 설교에서는 무죄가 선언되며, 그 사이에 에베소 시민들은 폭동을 일으킨다. 데메드리오의 연설이나 서기의 연설 모두 바울의 사역에 대한 누가의 견해를 완전히 대변하지는 않지만, 각각 부분적인 진실을 제시하고 있다.[418] 누가는 이 이야기를 통해 말씀이 전파될 때 그 말씀의 명예를 옹호한다.

4.3.1.3.1. 여행? 걱정하지 말라 (19:21-22)

21 이 일이 있은 후에 바울이 마게도냐와 아가야를 거쳐 예루살렘에 가기로 작정하여 이르되 내가 거기 갔다가 후에 로마도 보아야 하리라 하고 22 자기를 돕는 사람 중에서 디모데와 에라스도 두 사람을 마게도냐로 보내고 자기는 아시아에 얼마 동안 더 있으니라

---

415 Witherington, *The Acts of the Apostles*, 584.

416 Tannehill, *The Narrative Unity of Luke-Acts*, 2:241.

417 이러한 요점 중 상당수는 다음에서도 언급한다. Johnson, *Acts*, 352-53.

418 Keener, *Acts*, 3:2891.

19:21. 짧은 여행 이야기가 에베소 내러티브의 다른 부분을 연결한다. 이 첫 구절은 이 위대한 교향곡의 피날레를 장식하는 분위기를 조성한다.[419] 종결의 의미는 "성취되었다"(개역개정. "있은")는 ἐπληρώθη(에플레로데)라는 단어로 나타나며, CSB에서는 번역하지 않는다. 첫 절은 더 문자 그대로 "이 일이 있은 후에"이다.

그런 다음 21절은 바울의 나머지 두 곳, 즉 예루살렘과 로마를 미리 보여주는 구절이 된다.[420] 바울의 계획, 즉 성령의 계획은 마게도냐와 아가야(일루리곤, 참조. 롬 15:19)를 거쳐 예루살렘으로 가는 것이며, 아마도 가는 길에 교회들을 견고하게 하기 위한 것으로 추정된다(14:22; 15:41; 16:5; 18:23). "성령으로"라는 구절은 "그의 영으로"로 번역될 수 있지만 누가는 이런 식으로 **영**을 사용하는 경우는 거의 없으며, "로마로 향하는 여행을 신적 필요성과 연결하면서 예루살렘으로 향하는 여행을 인간의 결정으로 돌리는 것은 이상할 것"이다.[421]

예루살렘으로 향하는 계획된 여정은 예수님이 예루살렘을 향해 얼굴을 향하신 것과 유사하다(눅 9:51). 예수님처럼 바울도 집으로 돌아갈 때 환영 마차가 아니라 쇠사슬에 묶여 체포될 것이다. 그 후 바울은 로마를 보는 것이 "필요하다"고 말한다. 데이(δεῖ, "필요하다." 개역개정. "하리라")라는 용어는 사도행전 전체에 걸쳐 광범위하게 사용되며, 신적 요구 사항을 나타낸다.[422]

스콰이어스Squires는 누가가 초대 교회에 대한 이야기를 가능한 한 가장 광범위한 신학적 맥락, 즉 하나님의 계획에 따라 설정했다고 주장하기도 한다.[423] 로마가 땅끝을 대표한다면, 여기에 로마를 포함시킴으로써 에베소 이야기는 자유인으로서 바울의 사명에 대한 결론으로 마무리된다.

4.3.1.3.2. 데메드리오의 고소: 전쟁하는 신들 (19:23-27)

23 그 때쯤 되어 이 도로 말미암아 적지 않은 소동이 있었으니 24 즉 데메드리오라 하는 어떤 은장색이 은으로 아데미의 신상 모형을 만들어 직공들에게 적지 않은 벌이를 하게 하더니 25 그가 그 직공들과 그러한 영업하는 자들을 모아

---

419 "시도된" 여행 내러티브와 예루살렘과 로마에 대한 언급은 내러티브의 이 시점에서 단락 나누기에 대한 논거를 제공한다. 그러나 에베소 내러티브도 계속된다. 어쩌면 다음 장면에서 바울이 등장하지 않는 것은 바울이 같은 의미로 존재하지 않은 후에도 계속되는 사역을 보여주는 내러티브의 짤막한 묘사일 수 있다.

420 Tannehill, *The Narrative Unity of Luke-Acts*, 2:239.

421 Tannehill, *The Narrative Unity of Luke-Acts*, 2:239.

422 눅 2:49; 4:43; 9:22; 11:42; 12:12; 13:14,16,33; 15:32; 17:25; 18:1; 19:5; 21:9; 22:7, 37; 24:7, 26, 44; 행 1:16, 21; 3:21; 4:12; 5:29; 9:6, 16; 14:22; 15:5; 16:30; 17:3; 19:21, 36; 20:35; 23:11; 24:19; 25:10, 24; 26:9; 27:21, 24, 26.

423 J. Squires, "The Plan of God in the Acts of the Apostles," in *Witness to the Gospel*, 20.

이르되 여러분도 알거니와 우리의 풍족한 생활이 이 생업에 있는데 26 이 바울이 에베소뿐 아니라 거의 전 아시아를 통하여 수많은 사람을 권유하여 말하되 사람의 손으로 만든 것들은 신이 아니라 하니 이는 그대들도 보고 들은 것이라 27 우리의 이 영업이 천하여질 위험이 있을 뿐 아니라 큰 여신 아데미의 신전도 무시당하게 되고 온 아시아와 천하가 위하는 그의 위엄도 떨어질까 하노라 하더라

19:22. 21절의 강한 표현("바울이 마게도냐와 아가야를 거쳐 예루살렘에 가기로 작정하여"라는 표현) 때문에 22절은 다소 충격으로 다가온다. 바울은 마게도냐로 돌아가지 않고 아시아에 머무는 동안 디모데와 에라스도를 보낸다.[424] 이러한 변화는 내러티브가 계속 진행되면서 부분적으로 설명된다. 바울은 실제로 마게도냐와 아가야로 돌아간 후 예루살렘으로 향한다(20:1-16). 또한 바울은 상황, 요구, 기회에 따라 여행 계획을 변경하는 것으로 잘 알려져 있다(롬 1:10-13; 고후 1:15-18; 살전 2:17-20).

바울이 다시 길을 떠나기 전 누가의 관심이 에베소에 머무는 이유는 중요한 사건이 곧 일어날 예정이기 때문이다. 바울은 놀랍게도 방관자에 불과하지만, 그 사건은 바울의 사역과 하나님 말씀의 능력의 결과이다. 누가는 에베소 폭동을 바울의 임박한 여정에 대한 언급 뒤에 배치함으로써 바울의 미래 계획을 예고하고 이 이야기를 시련에 처한 기독교의 마지막 예시로서 시작한다.

19:23-24. 바울이 에베소에 더 머물기로 한 직후, "그 도"에 관한 적지 않은 "소동"(τάραχος, 타라코스)이 일어난다. 내러티브는 책을 불태우는 의식에서 우상을 둘러싼 격렬한 논쟁으로 바뀐다. 이 소동은 메시아 운동에 도전을 주지만, 복음에 대한 지역적 관심은 에베소와 아시아 전역에서 말씀이 얼마나 큰 영향을 미치고 있는지를 보여준다.

이 "소동"은 아데미(라틴어. 다이애나)를 위한 신전을 만들고 이 사업을 통해 수입을 얻었던 데메드리오라는 은세공인에게 비롯되었다. 데메드리오는 우상 숭배자일 뿐만 아니라 우상 제작자이기도 했다(삿 17:4)! 누가는 이미 소유의 위험성에 관해 경고했다. 이것은 이미 데메드리오를 부정적인 시각으로 비춘다. 이 두 가지 세부 사항(그의 직업과 직업에서 얻은 부)은 누가가 이미 예루살렘(1:17-20; 5:1-11), 사마리아(8:20-22), 빌립보(16:16-18)에서 다룬 주제인

---

424 Brenz, *Homily on Acts* 19, in Chung-Kim, Hains, et al., *Acts*, 270,은 이렇게 말하며 성경의 작은 메모들은 불필요한 것이 아니라고 말한다. 성령께서는 각 메모를 통해 무언가를 전달하고 계신다. 이 경우, 우리는 바울이 자신의 사도적 은사를 관리하기 위해 엄청나고 지칠 줄 모르는 부지런함을 본다.

신, 우상, 맘몬 간의 싸움으로 이야기를 구성한다.

맘몬의 유혹은 국경을 넘고 문화를 초월한다. 스토트Stott가 말했듯이, "근본적으로 [혼란의 원인은] 교리적인 것도, 윤리적 문제도 아닌 경제적인 문제였다."[425] 하나님의 메시지는 시장을 불안하게 만든다. 에베소 이야기는 아볼로에서 에베소 열두 사도, 유대인 마술사, 그리고 마침내 아데미 신전을 만드는 이교도들에게까지 내려왔다.

에베소에서는 아데미 숭배가 지배적이었다고 해도 과언이 아닐 정도였다. 아데미는 "하늘의 여왕", "주님", "구세주"로 알려졌으며 하늘과 땅, 땅 아래에서 권력과 권위를 행사하는 것으로 여겨져 에베소에서 갈등을 일으켰다. 그녀가 하는 역할은 여성과 남성의 입교 및 다산과 관련이 있었을 가능성이 높다. 그녀는 제우스와 레토의 처녀 딸로 건강과 관련이 있으며 출산을 돕거나 보호하는 역할을 했다.

에베소에 있는 그녀의 신전은 아테네 파르테논 신전의 4배에 달하는 거대한 규모였으며 고대 세계 7대 불가사의 중 하나로 꼽혔다. 예루살렘 신전을 제외하면 동부 제국에는 아데미 신전과 같은 신전을 가진 도시가 없었다. 시돈의 안티파테르는 기원전 140년에 경외감을 표현한다.

> 나는 전차 도로가 있는 높은 바벨론 성벽과 알페우스 강가의 제우스 동상, 매달린 정원, 태양의 거상, 높은 피라미드의 거대한 노동력, 마우솔로스의 광대한 무덤을 보았지만, 구름 위로 솟은 아데미 신전을 보았을 때 다른 경이로운 것들은 그 광채를 잃었고, 나는 외쳤다. "올림푸스를 제외하고는 태양이 그렇게 웅장한 것을 본 적이 없다"(*Greek Anthology* 9.58).

아데미 동상은 머리 장식을 하고 황도 12궁 목걸이를 착용한 모습으로, 운명을 지배하고 별을 통제하는 힘을 나타낸다. 두 마리의 동물이 그녀의 곁에 있고 가슴에는 방울이 장식되어 있는데, 이는 유방, 희생용 음낭 또는 알을 상징할 수 있다. 다산을 의미한다. 그녀의 치마는 동물 주제로 가득 차 있다.

이 모든 이미지는 그녀가 야생 동물과 자연, 존엄성, 에베소 사람들에게 베푸는 은혜와 관련된 다양한 종류의 영혼을 통제한다는 것을 말해준다. 그녀는 에베소 사람들의 보호자이자 구세주였다. 데메드리오는 아마도 아데미의 작은 신상을 만들어 후원자들에게 팔았을 것이다. 에베소와 아데미 사이에는 거의 "언약의 연대"가 있었다. 기독교 독자들은 아르테미스의 은총, 보호, 언약의 연대, 성전을 여호와의 성전과 대조해 보아야 한다.

---

425 Stott, *The Spirit, the Church, and the World*, 308.

19:25-26. 데메드리오는 자신의 곤혹을 개인적인 것으로 생각하지 않는다. 그는 동료 신전 제작자들을 모아 바울을 고발한다. 하나님에 대한 바울의 메시지 때문에 우상 제작자들이 파산하고 풍족한 삶(εὐπορία, 유포리아)에서 벗어날 것이라고 주장한다. 이 혐의는 이전 도시에서 바울에 관해 제기된 다른 고발과 **유사하면서도 다르지만**, 예루살렘에서 일어난 다음 폭동을 예고하는 것이기도 하다. 사도행전에서 이방인과 유대인 모두 바울을 반대하지만 그 이유는 다르다.

바울에 대한 고소			
도시	고소	고소자	구절
빌립보	로마 관습	종의 주인들(이방인)	16:20-21
데살로니가	가이사의 법령	유대인	17:6-7
아덴	이방신 전파	철학자들(이방인)	17:18
고린도	반대되는 예배	유대인	18:13
에베소	종교/경제	신상을 만드는 자들(이방인)	19:25-27
예루살렘	유대 율법에 반대하는 가르침	아시아 지역 유대인들	21:27-28

누가의 목적은 "그 도"에 대한 반대를 보여줄 뿐만 아니라 에베소에서 말씀의 성공을 보여주는 데 있다. 누가는 이 말씀을 데메드리오의 입에 넣음으로써 역설적으로 복음이 이교도의 심장을 얼마나 깊이 흔드는지 보여준다.[426] 복음이 새로운 영역에 도달하면 다른 신을 섬기며 생계를 유지하는 사람들은 그들의 사업에 관해 두려워한다. 그러나 그들은 싸워서 무너지지 않을 것이다. 복음은 경제적 효과를 가져온다. 우리는 또한 성령의 검으로 우상 숭배와 부패한 예배를 종식하기 위해 기도하고 노력해야 한다.

데메드리오는 바울이 에베소 사람들뿐만 아니라 아시아 전역에 "손으로 만든 것들은 신이 아니라"라고 설득했다고 이 거짓 집회를 설득하는데, 바울의 이전 본문(14:15-17; 17:22-31)과 일치하는 주장이다. 데메드리오가 한 말은 아이러니하게도 바울의 견해를 대변하는 사람으로 만든다. "손으로 만든 신들"은 구약의 여러 본문(신 4:28; 시 115:4; 렘 10:3)을 반영하지만, 이사야 44장 9-20절(행 17:29; 계 9:20)에서 특별히 강조된다. 이사야는 손으로 만든 우상을 숭배하는 사람들을 이해할 수 없고 이해와 감각이 결여된 사람들이라고 부른다.

---

426 이 용어는 다음에서 빌려왔다. Haenchen, *Acts*, 578. Padilla, *The Speeches of Outsiders in Acts*, 181–82,는 데메드리오가 신뢰할 수 없는 인물이지만 누가복음에 등장하는 신뢰할 수 없는 인물들은 일관되게 진실을 말하며 누가의 메시지를 더욱 발전시킨다고 주장한다.

19:27. 데메드리오는 27절에서 문제를 일으킨다. 그는 자기 보존뿐만 아니라 아데미 여신과 그녀의 위대한 신전에 대한 공동체적, 사회적 효과에 호소한다. 그는 교활하게도 자신의 욕심을 근거로 삼지 않는다. 그는 종교적 열심과 지역적 충성심을 교묘히 이용한다.[427] 데메드리오는 스데반을 반대하는 사람들(6:14)과 바울(21:28)처럼 신전을 옹호하는 사람이다. 바울은 새 성전의 장인이다. 이사야서의 우상 반대 비유와 또 다른 연관성은 27절에서 데메드리오가 사용하는 문구에서 찾을 수 있다.

데메드리오는 아데미의 웅장함이 "무시당하고" 더 문자 그대로 "아무것도 아닌 것으로 간주할"(εἰς οὐθὲν λογισθῆναι, 에이스 우덴 로기스데나이)까봐 두려워한다. 이 정확한 구절은 70인역 이사야 40장 17절에 나오는데, 이 구절에서는 모든 나라가 "아무것도 아닌 것과 같다"라고 표현한다. 데메드리오와 그의 모임, 그리고 그들의 신은 여호와와 그분의 종에 대한 바울의 메시지에 반대한다. 데메드리오가 아데미의 작은 은 우상을 만드는 동안 바울은 에베소 시민들로 여호와의 우상(형상)을 만드는 작업을 진행하고 있었다.

형상(εἰκόνος)을 만드는 자, 바울과 데메드리오				
인물	일	그룹	신/신들	신의 거주지
바울	우상을 만드는 일	명령을 따라 회집	여호와, 주 예수	하늘 위
데메드리오	우상을 만드는 일	비공식 회집	아데미	에베소 신전

4.3.1.3.3. 도시에서 폭동 (19:28-34)

28 그들이 이 말을 듣고 분노가 가득하여 외쳐 이르되 크다 에베소 사람의 아데미여 하니 29 온 시내가 요란하여 바울과 같이 다니는 마게도냐 사람 가이오와 아리스다고를 붙들어 일제히 연극장으로 달려 들어가는지라 30 바울이 백성 가운데로 들어가고자 하나 제자들이 말리고 31 또 아시아 관리 중에 바울의 친구된 어떤 이들이 그에게 통지하여 연극장에 들어가지 말라 권하더라 32 사람들이 외쳐 어떤 이는 이런 말을, 어떤 이는 저런 말을 하니 모인 무리가 분란하여 태반이나 어찌하여 모였는지 알지 못하더라 33 유대인들이 무리 가운데서 알렉산더를 권하여 앞으로 밀어내니 알렉산더가 손짓하며 백성에게 변명하려 하나 34 그들은 그가 유대인인 줄 알고 다 한 소리로 외쳐 이르되 크다 에베소 사람의 아데미여 하기를 두 시간이나 하더니

---

427 Padilla, *The Speeches of Outsiders in Acts*, 171,은 데메드리오의 특징이 세 가지라고 주장한다. 그는 우상을 만들고, 돈을 사랑하고, 위선적인 거짓 증인으로 묘사된다.

19:28-29. 데메드리오의 연설은 효과적이며, 바울과 또 다른 유사성을 보여준다. 신상 제작자들은 자신들의 수입이 위험에 처하고 소중한 아데미 신전이 분쟁에 직면했다는 소식을 듣고 분노하여 "크다 에베소 사람의 아데미여!"라고 외쳤다. 아이러니하게도 이 지역에서 예수님의 이름이 위대해지고 있었다.

도시는 혼란에 휩싸였고, 그들은 함께 원형 극장으로 달려가 바울과 함께 도착한 두 마게도냐 사람(가이오와 아리스다고)을 끌고 간다. 바울은 가이오에게 세례를 주었고(고전 1:14), 가이오는 그의 집에 교회를 설립한다(롬 16:23). 데살로니가 사람인 아리스다고는 바울과 함께 바다로 나갔고(행 27:2), 바울과 함께 투옥된다(골 4:10, 몬 24절). 군중의 무질서와 혼란은 도시가 패배했다는 증거이다. 혼란스러운 무리는 정복당한 무리이다. "그 도"의 사람들은 통일되지만 나머지 도시는 혼란에 빠졌다.

그들을 원형 경기장으로 끌고 간다는 것은 재판을 받게 한다는 뜻이거나, 군중이 고심하는 동안 더 사악하고 무질서한 일이 벌어질 수 있다는 뜻일 수 있다. 이것은 악몽 같은 장면이다. "함께 달려들었다"는 표현은 스데반을 돌로 치는 사람들에게만 사용된 표현이다(7:57).[428]

19:30-31. 상황의 격렬함이 고조되고 누가는 바울의 동료들이 바울이 사람들 앞에 가지 못하게 함으로써 이를 나타낸다. 이상하게도 바울은 이야기의 중심에서 제외된다. 누가는 바울의 여행과 행적을 이야기하는 것보다 더 큰 목적이 있었을 것이다. 두 그룹이 바울이 중보하지 못하도록 방해하여 자신을 위험에 빠뜨린다.

첫째, 바울과 함께 있던 제자들이 바울을 막는다. 이것은 바울 주변에 이미 충성스러운 추종자들이 형성되어 있었음을 나타낸다. 둘째, 바울의 친구였던 아시아 관리들('Ασιάρχης, 아시아르케스)조차 바울에게 폭도들과 어울리지 말라고 경고했다. 아시아르케스('Ασιάρχης)는 아시아의 저명한 관리들이다. 누가가 이 후자의 세부 사항을 포함시킨 데에는 여러 가지 이유가 있겠지만, 이야기 전체가 도시 관리들 앞에서 기독교 운동의 순수성을 보여주기 위한 것이다. 바울은 도시 통치자들과 따뜻한 관계를 맺었다.

이들은 폭동을 일으킨 군중을 좌절시킨다. 누가는 상류층 사이에서 선교의 성공을 보여준다(17:4, 12, 34). 바울은 "세상을 뒤집어 놓았다"는 비난을 받았지만, 당국자들과도 좋은 관계를 맺을 수 있었다. 기독교는 다양한 방식으로 정부 당국과 공존할 수 있다.

---

428 Gaventa, *Acts*, 272.

19:32-34. 누가는 이제 폭동 상황을 확대해서 보여준다. 그곳에 있던 많은 사람은 자신이 왜 그곳에 있는지조차 몰랐다. 그들은 모두 다른 구호를 외치고 있었다. 이것은 기독교 운동에 대한 통일된 공격이 아니라 혼란스럽고 변덕스러우며 무질서한 폭도들이다.[429] 무질서한 폭도는 그리스-로마 문학에서 정복당한 폭도이다.[430]

상황을 진정시키기 위해 폭도들 중 일부 유대인은 알렉산더를 앞으로 밀치며 무엇을 말하라고 한다. 이 모호한 내용은 알렉산더를 포함시킨 목적에 관해 해석자들을 혼란스럽게 만들었다. 알렉산더는 유대교와 기독교를 **구별**하기 위해, 또는 두 집단이 우상 숭배를 거부했기 때문에 **둘을 하나로 묶기 위해** 알렉산더를 내세웠을 수도 있다.[431] 후자의 경우, 누가는 바울이 예루살렘에서 체포되기 전에 유대교와 메시아 운동 사이의 연속성을 확인할 수 있게 해 준다. 알렉산더는 우상 숭배를 거부함으로써 유대인과 기독교인을 하나로 통합한다. 전자라면, 유대교와 메시아 운동 사이의 이별을 보여준다.

다른 의미에서 알렉산더는 바울을 눈에 띄게 한다. 바울은 군중에게 말하고 싶어 하지만 알렉산더가 앞으로 밀려서 서게 된다. 바울은 유대교의 최고를 대표하지만, 알렉산더는 다른 사람들의 강요로 연설하는 것처럼 보인다. 군중은 알렉산더가 유대인이라는 것을 알고 두 시간 동안 일제히 외친다. "크다 에베소 사람의 아데미여!" 어쩌면 누가의 요점은 혼돈이 지배한다는 것일지도 모른다. 초자연적, 사회적 거점은 외침 없이는 분쇄되지 않는다.

4.3.1.3.4. 무리를 진정시킨 서기장 (19:35-41)

35 서기장이 무리를 진정시키고 이르되 에베소 사람들아 에베소 시가 큰 아데미와 제우스에게서 내려온 우상의 신전지기가 된 줄을 누가 알지 못하겠느냐 36 이 일이 그렇지 않다 할 수 없으니 너희가 가만히 있어서 무엇이든지 경솔히 아니하여야 하리라 37 신전의 물건을 도둑질하지도 아니하였고 우리 여신을 비방하지도 아니한 이 사람들을 너희가 붙잡아 왔으니 38 만일 데메드리오와 그와 함께 있는 직공들이 누구에게 고발할 것이 있으면 재판 날도 있고 총독들도 있으니 피차 고소할 것이요 39 만일 그 외에 무엇을 원하면 정식으로 민회에서 결정할지라 40 오늘 아무 까닭도 없는 이 일에 우리가 소요 사건으로

---

429 Gaventa, *Acts*, 273,은 이 장면에서 가이오와 아리스다고가 체포된 이유, 바울에게 경고하는 아시아 관리, 알렉산더의 개입, 그리고 기독교가 아데미를 해치지 않는다고 선언하는 시 서기장 같은 여러 가지 혼돈스러운 요소에 관해 언급한다. 이 모든 것이 혼돈스러운 느낌을 강화한다.

430 이 주제에 대한 자세한 내용은 다음을 참조하라. Thompson, *One Lord, One People*.

431 Tannehill, *The Narrative Unity of Luke-Acts*, 2:243.

책망 받을 위험이 있고 우리는 이 불법 집회에 관하여 보고할 자료가 없다 하고
41 이에 그 모임을 흩어지게 하니라

19:35. 내러티브는 연설로 시작하여 연설로 끝난다. 시 서기장(에베소의 최고 관리 중 한 명)이 개입한다. 그는 에베소에서 아데미의 역할과 그들의 선의에 호소하여 군중을 진정시킨다.[432] 그는 에베소 사람들이 아데미의 "성전 수호자"(개역개정. "신전지기." νεωχόρον, 네오코론) 임을 확인한다. 이 단어(네오코로스, νεωχόρος)는 에베소 주화에 쓰여 있었다.

누가는 이것을 성전 전복 주제의 연장선상에 포함했을 수 있다. 새로운 성전 수호자(νεωχόρος, 네오코로스)가 세워지고 있다. 서기는 또한 아데미의 형상이 "하늘에서 떨어졌다" 또는 "제우스로부터 내려왔다"라고 말하는데, 이는 신들의 영역에서 왔다는 것을 의미한다. 누가복음 10장 18절("사탄이 하늘로부터 번개 같이 떨어지는 것을 내가 보았노라")에 대한 미묘한 암시가 존재할 수 있으며, 아데미를 패배한 우주의 힘 아래 그려지고 있다. 바울은 이미 다른 모든 신들은 인간의 손으로 만들어졌다고 주장했다(17:24-25). 기독교 독자들은 하나님의 참된 대리자도 하늘에서 왔다는 사실을 기억할 것이다.

19:36-39. 서기장은 가이오와 아리스다고가 신성 모독을 하거나 여신을 모독한 것이 아니므로 섣불리 행동하지 말라고 촉구한다. 역사상 다른 사람들이 아데미 신전을 불태우려 한 적이 있었기 때문에 사람들은 이 혐의에 민감했을 것이다. 그러나 이 사람들은 우상을 훔치거나 신전을 훼손하지 않았기 때문에 아데미에게 죄를 짓지 않았다.

다른 도시에서는 바울과 예수님을 주님으로 **전하는** 메시지가 다른 도시의 신들을 깎아내렸다는 혐의가 있었지만(17:24-25), 여기서 서기장은 그들이 신성 모독범이 **아니라고** 선언한다. 해석가는 두 가지를 어떻게 조화시킬 수 있을까?[433]

첫째, 시 서기장은 재치가 있다. 정치적으로 군중을 진정시키기 위해 군중에게 장난을 칠 수 있다. 이렇게 서기는 청중이 받아들일 수 없는 것을 선언하지만 결국 메시아 운동에 유리한 방향으로 돌아서게 된다.[434]

---

432 시 서기장(γραμματεύς)은 복음서 기자들이 율법 서기관을 가리키는 데 사용했다. 헬레니즘에서 γραμματεύς는 기록 보관자, 등록 기관 및 관료제의 일부였다.

433 Tannehill, *The Shape of Luke's Story*, 227,은 이 관료의 연설이 군중을 잠재우기 위한 전략적 아첨으로 해석될 수도 있고, 소수자 운동을 무시하는 기성 인사의 잘난 척하는 확신으로 해석될 수도 있다고 말한다. 후자의 경우, 그는 순진하다.

434 Padilla, *The Speeches of Outsiders in Acts*, 175,는 마을 읍장이 주로 군중을 달래는 데 관심이 있었고 폭동을 막으려는 개인적인 관심에 동기를 부여받았을 가능성이 있다고 주장한다.

둘째, 서기장은 실제로 "그 도"에 관해 호의적인 견해를 가지고 아시아의 관리들과 내러티브에서 더 가까워질 수 있다(19:31). 셋째, 바울이 에베소에서 다른 신들을 암묵적으로 깎아내렸을 뿐이라고 주장할 수 있다. 이러한 관점에서 누가는 그리스도인들이 공식적으로 성전 모독죄를 범하지 않은 것으로 묘사한다. 그러나 누가의 이야기(14:15-17; 17:22-31)와 바울의 말에 나오는 다른 증거를 보면 아데미를 비하하는 것으로 해석될 수 있다.[435] 누가는 예수님의 메시지가 다른 신전 시스템에 도전하지만 1세기 사람들이 기대했던 방식으로는 하지 않는다는 것을 보여준다. 바울과 그의 동료들은 특정 신을 지목하지 않고 우상 숭배에 관해 이야기한다. 에베소 시민들은 이 새로운 체제를 이해할 수 있는 틀이 부족했다.

복합적인 접근이 필요하다. 서기장은 정치적인 입장을 취하고 **있으며**, 기독교 메시지가 아데미에 어떻게 반대하는지 이해할 해석학이 없다. 그러나 어떤 관점을 취하든 누가는 다시 한번 외부인이 아이러니하게도 기독교 선교의 확산을 계속 추진하고 있음을 보여준다. 서기장은 바울과 그의 일행이 에베소에서 안전하게 빠져나갈 수 있는 출구를 확보한다.[436] 그는 데메드리오와 장인들에게 폭도들의 정의가 아닌 법정에 정식으로 소송을 제기할 것을 촉구한다. 데메드리오와 에베소 우상에 대한 최후의 일격이 울려 퍼진다.

19:40-41. 서기장은 무리를 약간 꾸짖으며 그들이 "위험"(κινδυνεύω, 킨뒤뉴오)에 처해 있으며, CSB는 폭동의 "위험"에 처해 있다고 말한다. 가말리엘은 하나님의 계획에 호소하여 반대파에게 경고했고, 서기는 로마의 폭력에 관해 경고했다. 데메드리오는 처음에 자신의 사업과 아데미 숭배가 모두 위험에 처해 있다고 말했다(κινδυνεύω, 킨뒤뉴오, 19:27). 소요(στάσις, 스타시스)의 혐의는 바울에 대한 것이지만 바울을 반대하는 사람들에게 속했다. 에베소 교인들은 메시아와 그 증인들을 배척하면서 자신들만의 위험한 길을 개척한다.

누가는 기독교 운동에 반대하는 사람들을 도시를 어지럽히는 자들로 묘사한다. 그 도의 사람들은 폭도들의 정의에 무죄한 사람들이다. 역할이 뒤바뀌었다. 서기장은 이들에게 정식 법정에 기소할 것을 촉구한 후 집회를 기각한다. "그

---

435 Spencer, *Acts*, 199,는 알렉산더의 입장이 모호한 것은 바울과 디아스포라 동료 유대인들 사이의 복잡한 관계의 균형을 반영하는 것일 수 있다고 주장한다.

436 Padilla, *The Speeches of Outsiders in Acts*, 186. R. Walther, *Homily 130*, Acts 19:35–41, in Chung-Kim, Hains, et al., *Acts*, 273,은 하나님이 자녀를 돌보신다는 것이 요점이라고 말한다. "여기서 우리는 하나님께서 그의 자녀들을 구원하시고 보호하시는 섭리적인 돌보심을 볼 수 있다. 이 같은 하나님은 갑작스러운 돌풍으로 바다의 파도를 일으키셨다가 갑자기 다시 잔잔하게 하시는 데 익숙하신 것처럼, 같은 방식으로 무서운 폭풍우로 자녀들을 시험하시다가도 적합하다고 생각하시면 아무런 해를 입히지 않고 회복시켜 주신다."

도"가 많은 도전에 직면했지만 신자들은 무죄를 선언 받았고 말씀은 어둠의 영적 세력인 짐승과 우상 앞에서도 전진했다.[437] 이것은 자유인으로서 바울의 사명에 대한 적절한 결론이다.

4.3.2. 예루살렘으로 여행 (20:1-21:14)

바울의 각 선교 여행은 여행 내러티브로 마무리되며(14:21-28; 18:18-23), 세 번째 여행도 다르지 않다. 그러나 이 마지막 여정은 바울의 고별 순회 여행이라는 점에서 특별하다. 바울은 이미 "성령으로" 예루살렘으로 가기로 결심했다(19:21; 20:16). 그는 우회적인 경로를 여행하지만 결국 예루살렘 문 앞에 도착한다. 누가복음에 나오는 예수님의 여행과 분명하게 일치한다(눅 9:51-19:45). 둘 다 작별 여행에 참여하고, 둘 다 묶여 이방인에게 넘겨지고(21:11; 눅 24:7), 둘 다 하나님의 뜻과 관련되어 있다는 점(21:14; 눅 22:42)에서 누가는 두 여정을 평행하게 배치함으로써 이러한 일치성을 보여준다.

에베소에서 기독교 운동의 변방이나 외부에 있는 그룹에 초점을 맞추었다면, 다음 이야기에서는 신자들에게 초점을 맞춘다. 바울은 성도들을 격려하고 작별 인사를 하기 위해 여행을 떠난다. 밀레도 고별 설교는 사도행전의 다른 어느 곳보다 바울의 파토스(개인적 관계와 인격)를 드러내는 바울의 큰 애정을 독특하게 보여준다. 바울은 교회를 격려하고 어둠 속에서 빛을 전파하기 위해 여행을 떠난다. 그리스도인은 결승점을 향해 달려가는 경주에서 서로 힘을 합쳐야 한다.

누가는 고별 설교를 시작하면서 상세한 여행 이야기를 들려준다(20:1-16; 21:1-15). 이 여정은 바울의 이방인 선교의 성공을 보여준다. 공동체들은 2장 42-47절과 4장 32-35절에서 예루살렘 그리스도인들이 했던 것처럼 가르치는 일에 헌신하고(20:7-12), 집에서 떡을 떼고(20:7, 11), 바울을 환대하고(21:4, 7-8, 10), 기도와 예언에 전념한다(21:5, 9, 11-14).[438] 새로운 성전 공동체는 이제 풍경에 활력을 불어넣는다. 이것은 바울이 재판을 받기 전 누가가 정리한 내용이다.

구조적으로 누가는 여행 내러티브와 사건 사이를 오가며 바울이 교회를 격려하고(20:1-12), 고통스러운 이별에 동참하며(20:36-38; 21:5-6, 12-15), 부활 생명을 전파하는(20:7-12) 모습으로 묘사하지만, 바울의 운명에 대한 불길한 예감도 스며들어 있다(21:1-14). 이 모든 짧은 이야기와 "작은 모임은 성령의 역사

---

437 J. M. Tripp, "A Tale of Two Riots: The Synkrisis of the Temples of Ephesus and Jerusalem in Acts 19–23," *JSNT* 37 (2014): 86–111,은 에베소와 예루살렘에서 일어난 두 폭동 장면을 연결하여 "성전"이 기독교인들에게 위험한 장소였음을 보여준다. 하지만 놀랍게도 에베소에서는 고소가 기각되지만 예루살렘에서는 바울이 체포되어 재판받는다.

438 이 목록은 다음에서 왔다. Jipp, *Reading Acts*, 103.

하심을 위한 장소이다."[439] 전반적으로 누가는 바울이 또 다른 여행을 시작하거나 평소와 같이 사업을 하는 것이 아님을 나타낸다. 이것은 그의 고별 여행이다.

바울의 예루살렘 여행 구조		
본 문	사 건	내러티브 단위
20:1-6	여행	일루리곤 여행 내러티브
20:7-12	사건(드로아와 유두고)	
20:13-16	여행	
20:17-38	사건(에베소 장로들과 작별인사)	밀레도에서 작별 인사
21:1-7	여행	예루살렘 여행 내러티브
21:8-14	사건(가이사랴와 예언)	
21:15-17	여행	

4.3.2.1. 격려와 생명을 위한 일루리곤 여행 내러티브 (20:1-16)

1 소요가 그치매 바울은 제자들을 불러 권한 후에 작별하고 떠나 마게도냐로 가니라 2 그 지방으로 다녀가며 여러 말로 제자들에게 권하고 헬라에 이르러 3 거기 석 달 동안 있다가 배 타고 수리아로 가고자 할 그 때에 유대인들이 자기를 해하려고 공모하므로 마게도냐를 거쳐 돌아가기로 작정하니 4 아시아까지 함께 가는 자는 베뢰아 사람 부로의 아들 소바더와 데살로니가 사람 아리스다고와 세군도와 더베 사람 가이오와 및 디모데와 아시아 사람 두기고와 드로비모라 5 그들은 먼저 가서 드로아에서 우리를 기다리더라 6 우리는 무교절 후에 빌립보에서 배로 떠나 닷새 만에 드로아에 있는 그들에게 가서 이레를 머무니라 7 그 주간의 첫날에 우리가 떡을 떼려 하여 모였더니 바울이 이튿날 떠나고자 하여 그들에게 강론할새 말을 밤중까지 계속하매 8 우리가 모인 윗다락에 등불을 많이 켰는데 9 유두고라 하는 청년이 창에 걸터 앉아 있다가 깊이 졸더니 바울이 강론하기를 더 오래 하매 졸음을 이기지 못하여 삼 층에서 떨어지거늘 일으켜보니 죽었는지라 10 바울이 내려가서 그 위에 엎드려 그 몸을 안고 말하되 떠들지 말라 생명이 그에게 있다 하고 11 올라가 떡을 떼어 먹고 오랫동안 곧 날이 새기까지 이야기하고 떠나니라 12 사람들이 살아난 청년을 데리고 가서 적지 않게 위로를 받았더라 13 우리는 앞서 배를 타고 앗소에서 바울을 태우려고 그리로 가니 이는 바울이 걸어서 가고자 하여 그렇게 정하여 준 것이라 14 바울이 앗소에서 우리를 만나니

---

439 Gaventa, *Acts*, 296.

우리가 배에 태우고 미둘레네로 가서 15 거기서 떠나 이튿날 기오 앞에 오고 그 이튿날 사모에 들르고 또 그다음 날 밀레도에 이르니라 16 바울이 아시아에서 지체하지 않기 위하여 에베소를 지나 배 타고 가기로 작정하였으니 이는 될 수 있는 대로 오순절 안에 예루살렘에 이르려고 급히 감이러라

일루리곤 여행 이야기는 에베소에서 시작하여 에베소에서 조금 남쪽에 있는 밀레도에서 끝난다(롬 15:19).[440] 그러나 궁극적인 목표는 예루살렘이다(20:16). 바울은 직선으로 항해하지 않고 마게도냐와 아가야로 돌아가 교회를 격려한 다음 드로아, 앗소, 미둘레네, 기오를 거쳐 320킬로미터를 여행한다.

상세한 여행 이야기는 지루해 보일 수 있지만, 이 시기는 하나의 공통된 내러티브였다. 신학적으로는 성전 확장을 반복한다. 처음 두 구절에서 "격려하다"(개역개정. "권하고")라는 동사가 두 번, 12절에서 다시 한번 사용되어 "격려하는 순회"를 한다. 누가는 예루살렘을 위한 바울의 모금에 관해 아무 말도 하지 않지만, 바울의 서신은 이것이 재방문의 주요 목적 중 하나임을 보여준다.[441]

내러티브 구조는 바울의 여행으로 시작하고, 중간 부분에서는 바울의 동행자들과 부활 이야기를 들려준다. 박해로 사마리아인, 내시, 애니아, 도르가(8:15, 38; 9:34, 40)와 같은 순회 부활 이야기가 지속해서 등장한다. 이 부활 이야기는 바울의 사역, 즉 예수님의 생명을 통해 생명을 전파하는 바울의 사역을 구체화한 그림이다. 이 구조는 바울의 여행이 공간과 사람들을 향한 구원 작전이자 평화를 일깨우는 일임을 나타낸다. 이것은 식민지화가 아니라 참된 삶으로 이끄는 초대이다.

20:1-3. 처음 세 구절은 바울이 에베소에서 마게도냐와 아가야(약 2240킬로미터)로 돌아가는 여정을 이야기한다.[442] 누가는 "소란"(개역개정. "소요")을 언급함으로써 이 이야기를 앞의 이야기와 연결한다. 바울은 폭도들의 소란 중에 도망가지 않고 소란이 끝날 때까지 기다렸다가 제자들을 보내어 "격려"($\pi\alpha\rho\alpha\kappa\alpha\lambda\epsilon\omega$ 파라칼레오)하고 마게도냐로 떠났다.

---

440 Schnabel, "Paul's Missionary Work in the Provinces of Asia and Illyricum," 392–93.

441 바울의 편지를 보면 이 여행이 예루살렘 교회 헌금(롬 15:26; 고전 16:1-5; 고후 8-9장)을 위한 것임이 분명하지만 누가는 24:17에서 헌금에 관해서만 언급할 뿐 이에 관해 거의 언급하지 않는다. 누가의 목적은 다른 곳에 있는 것으로 보이는데, 이는 누가가 바울의 생애를 자세히 설명하기보다는 주요 사건들을 요약하고 있음을 나타낸다.

442 신약에서 '헬라'가 사용된 것은 이 구절이 유일하다. 보통은 아가야를 가리킨다. 아가야는 고린도와 관련하여 사용되기도 하고(18:12, 27, 고전 16:15; 고후 1:1; 11:10), 마게도냐와 아가야가 짝을 이루어 에게해 서쪽에서 바울의 선교를 가리킬 때도 있다(롬 15:26; 고후 9:2; 살전 1:7-8). 다음을 참조하라. Holladay, *Acts*, 354 n. 152.

마게도냐에 도착했을 때 그는 그곳의 교회들도 "격려"했다. 파라칼레오
(παρακαλέω)의 이중 사용은 박해와 유혹에 비추어 바울의 여행 이야기를 격려
여행으로 보여준다.[443] 바울은 정기적으로 자신이 설립한 교회로 돌아가 그들의
신앙을 강화하는 것을 습관화했다. 마게도냐에서 그리스로 간 것도 격려를 위해
서였을 것이다. 그는 유대인들이 자신을 반대하는 음모를 꾸미고 마게도냐를 거
쳐 다시 돌아갈 때까지 3개월 동안 그곳에 머물렀다. 이들은 바울이 고린도에서
만났던 유대인들과 같은 사람들일 가능성이 높다(18:6; 12-17).

두 번째 선교 여행 지역으로 돌아가는 것은 이 여행을 이전 여행과 연결하기
도 하고 분리하기도 한다. 두 번째 선교 여행에서 바울은 격려를 위해 첫 번째 선
교 장소를 통과했다. 바울의 사명은 교회를 개척한 다음 그들 스스로 알아서 하
도록 내버려두는 것이 절대 아니다. 그는 핍박과 어둠의 세력이 일어날 것을 알
고 있다. 바울은 그들에게 하나님의 갑옷을 입으라고 말하며 격려하기 위해 돌아
온다. 그들이 하나님 나라를 유업으로 받으려면 인내가 필요하다.

20:4-6. 바울은 혼자 여행하지 않는다. 그는 각 선교지의 주요 지도자들로 구
성된 수행원을 데리고 가는데, 대부분 헬라인이다. 바울의 선교팀은 여행을 계속
하면서 성장한다. 그들은 바울이 여행한 곳의 모습, 소리, 냄새를 닮았다. 다윗에
게 용사들이 있었고 예수님에게 열두 제자가 있었던 것처럼 바울에게도 동역자
들이 있었다. 하나님의 선교에는 협력이 필요하고 우정이 필요하다.

이 목록은 그의 사명을 나타낸다. 베뢰아(17:10-15), 데살로니가(17:1-9),
더베(14:6-20; 16:1-5), 아시아(13:1-14:28). 디아스포라 선교는 통일되어 있
다(롬 15:26-27). 누가는 이 동역자들의 목록을 지리적으로 배열한 것으로 보이
며, 이는 누가가 지리적 문제를 중심으로 사역을 구성했음을 뒷받침한다.

또한 일곱 명 동역자 명단은 이방인 선교의 완결성을 나타낸다.[444] 이들 중
다수는 다른 이야기나 서신에 간략하게 언급되어 있다.[445] 우정은 그리스-로마

---

443 Spangenberg, *Brief Exegesis of Acts* 20:3, in Chung-Kim, Hains, et al., *Acts*, 275,에서 바울은
"그들이 시들지 않고 오히려 더 강해지도록 물을 주고 위로하기를 원한다고 말한다. 교회는
정원이나 포도원과 같다. 정원은 이슬이나 비로 물을 주어야 하며, 그렇지 않으면 더위와
가뭄으로 인해 망가질 것이다. 마찬가지로 그리스도인 교회도 환난과 고난, 핍박을 통해
시들어 간다. 그러므로 그들은 성령의 물과 위로로 물을 주고 지탱해야 한다."

444 Pervo, *Acts*, 507,은 "사도행전의 이름 목록은 내러티브에서 중요한 순간을 예고한다(1:13;
6:5; 13:1). 일곱 명의 목록은 디아스포라 선교를 예고했으며, 이 일곱 명의 목록은 바울이
수고했던 지역을 대표하는 측근을 제공함으로써 그 결론을 반영한다."라고 서술한다.

445 소바더와 세군도는 여기에서만 언급되지만, 아리스다고는 에베소 폭동(19:29)에서 이미
언급되었고 이후 여행 이야기(27:2)에도 다시 등장한다. 바울은 그가 함께 갇힌 동료 죄수라고
언급한다(골 4:10; 몬 24절). 가이오도 19:29에 인용되었으며 롬 16:23, 고전 1:14에 다시

세계에서 문화적으로 중요했으며 바울 사역의 필수적인 측면이었다.[446] 이 사람들은 모두 바울의 동행자였고 드로아로 향했지만 바울과 누가(그리고 다른 동행자)는 빌립보에서 출발하여 나중에 드로아에서 다른 동행자를 따라잡는다. 누가는 이제 바울이 에게해 서쪽(마게도냐와 그리스)으로 갔다가 동쪽(아시아)으로 돌아오는 이야기를 재빨리 전한다.[447]

20:7-9. 드로아에서 누가는 이야기를 천천히 진행하면서 한 부활 사건을 이야기한다. 내러티브는 떡을 떼는 것으로 시작하고 끝난다(20:7, 11). 성전의 메아리가 가득하다. 누가복음 2장 42절 이후 누가가 "떡을 떼는 것"을 언급한 것은 이번이 처음이다. 이것은 일반적인 식사를 의미할 수도 있지만, 주의 만찬을 가리킬 가능성이 더 높다.[448] 누가복음 24장에서 예수님께서 떡을 떼실 때 제자들의 눈이 열려 예수님의 부활을 보았는데(눅 24:35), 이는 이것이 계시적인 사건이 될 것임을 암시한다.

처음 몇 구절은 이야기를 소개하고 해결될 긴장감을 조성한다. 제자들은 창조와 부활의 날인 첫날에 모인다. 그들은 빵을 떼기 위해 모였다. 바울은 곧 떠날 것을 알았기 때문에 자정까지 오랫동안 그들과 이야기를 나눈다.[449] 청년 유두고("좋은" 또는 "행운"이라는 뜻의 이름)는 창문에서 잠이 들었다가 떨어져 죽는다.[450] 이 이야기에서 사소해 보이는 많은 세부 사항은 성전 주제를 가리킨다.

첫째, 빛과 어둠이 내러티브를 채운다. 위층 방에는 많은 등불이 있었고, 자

등장할 수 있다. 두기고는 여기에 처음 등장하지만 엡 6:21, 골 4:7, 딤후 4:12, 딛 3:12에 다시 등장한다. 드로비모는 행 21:29과 딤후 4:20에도 다시 등장한다.

446 S. McKnight, *Pastor Paul: Nurturing a Culture of Christoformity in the Church* (Grand Rapids: Brazos, 2019), 31–56[=『목회자 바울』, 새물결플러스, 2021].

447 이 시점에서 누가는 바울의 여행 이야기와 관련하여 항구, 중간 기착지, 바울이 각 장소에서 보낸 시간에 대한 간략한 설명 등 더 자세한 내용을 제공하기 시작한다.

448 Augustine, *Letter* 36.12.28, in Martin and Smith, *Acts*, 247,은 빵을 떼는 행위가 성만찬이라고 주장한다.

449 Keener, *Acts*, 3:2964,가 누가의 목적은 바울의 장황한 설교를 비판하려는 것이 아니라는 점에 주목하는 것이 옳다. 오히려 요점은 바울의 메시지가 매우 중요한 내용을 담고 있었으며 그가 그들과 함께 있을 시간이 짧았다는 것이다. 이 시대에는 장황한 연설이 흔했다.

450 유두고를 태만하다고 보아야 하는지 아닌지는 불분명하지만, 나는 좀 더 부정적인 해석을 선호한다. 초기 본문에서는 이를 유두고의 약점으로 보고 있으며, 바울이 에베소 장로들에게 "깨어 있으라"고 촉구하는 다음 내러티브와도 연관지을 수 있다. Arator, *On the Acts of the Apostles* 2, in Martin and Smith, *Acts*, 246,의 아라토르는 신앙 안에서 깨어 있는 것에 대한 예시로 유두고를 사용한다. "오, 선으로 보호받지 못하고 항상 잠에 빠져 있는 마음들이여! 밤을 홀로 지키며 더 나은 것을 위해 고민하는 고개를 들지 않는 그가 얼마나 큰 재앙에 노출되어 있는가! 하나님께 잠들도록 허용하는 사람은 위험을 위해 깨어 있는 방법을 알지 못한다."

정 무렵이었다.[451] 등불은 사람들에게 성막과 성전을 떠오르게 한다. 밤이 되면 광야에서는 성막에서 빛이 비춰졌을 것이다. 누가는 빛과 어둠을 영적 시력 또는 실명에 대한 은유로 사용하기 때문에 빛과 어둠은 더욱 강조될 수 있다. 유두고가 집 안에 있는 동안 그는 빛 가운데 있었다. 그러나 그는 위험한 어둠 속으로 떨어졌다. 이것은 바울의 여행 이야기에 대한 주석이자 빛 가운데로 걸어가라는 간구일 수 있다(시 89:15; 사 50:11; 요일 1:7; 엡 5:8, 14; 살전 5:5).

둘째, 빵과 "말씀"의 존재는 언약궤와 진설병을 반영하는 성전 주제를 암시한다. 성전 이미지를 가리키는 세 번째 세부 사항은 공간적 배치이다. 사도들은 "다락방"에 있었고, 나중에 바울은 그를 치료하기 위해 "내려간다." 사도들은 성령이 임하셨을 때 다락방에 있었다. 성전은 모세가 시내 산에 올라가 하나님의 임재 앞에 있는 것을 본뜬 것이다.

네 번째 세부 사항은 성전과 관련된 주제는 아니지만 누가의 목적과 관련이 있다. 유두고의 잠은 제자들의 잠과 동산에서 예수님의 책망(눅 9:32; 22:45-46)과 예수님이 제자들에게 깨어 있으라고 명령하는 모습(막 13:33-37; 눅 12:37)을 떠올리게 한다. 잠드는 것은 치명적인 결과를 초래하는 심각한 실패(눅 22:45-46)이다. 이 여행은 예수님을 따르는 사람들이 영적으로 깨어 있어야 함을 일깨워준다. 다음 이야기에서 바울은 에베소 장로들에게 깨어 있으라고 말한다(20:31). 이러한 언급은 지나치게 많이 읽은 것처럼 보일 수 있지만, 죽음/부활이라는 큰 주제는 상징적인 접근을 뒷받침한다.[452]

20:10-12. 바울의 메시지는 생명과 빛을 가져오기 위한 것이지만, 유두고는 어둠에 빠져 죽었다. 바울은 유두고에게 내려가 살아있다고 말하며 그를 껴안는다. 바울은 유두고를 잘못 진단한 것이 아니다. 어둠으로 들어가 예수님의 빛을 가져왔다. 이것이 바울이 모든 마을에서 한 일이며 모든 복음 사역자가 부름을 받은 일이다. 우리는 빛을 반사하는 사람이다. 바울은 엘리야와 엘리사(왕상 17:17-24; 왕하 4:33-36)와 같이 육체적 접촉으로 죽은 자를 살린 구약의 위대한 선지자들과 같은 인물로 묘사된다.

이 기적은 또한 베드로(행 9:36-43)와 예수님(눅 7:11-17; 8:41-56)을 연상시킨다. 이 본문을 좀 더 알레고리적으로 읽으면 바울이 여행 중인 사람들을

---

451 Parsons, *Acts*, 289,은 야간 집회가 부도덕한 것으로 알려져 있었으므로 이 이야기는 그들이 밤에 하는 일에 대한 반박일 수도 있다고 지적한다.

452 Glavic, "Eutychus in Acts and in the Church: The Narrative Significance of Acts 20:6–12," *BBR* 24 (2014): 179–206,은 유두고 장면이 바울의 권위와 기독교 공동체에서 그의 지속적인 역할을 보여준다고 주장한다.

돌보는 것을 상징할 수 있다. 바울은 죽은 자들에게 내려가 그들을 끌어안고 살 수 있다고 말한다. 더 큰 내러티브의 목적은 바울의 사역이 생명을 가져온다는 것을 보여준다. 죽음과 어둠이 최후의 승자가 될 수 없다.

유두고가 죽은 자 가운데서 살아난 후, 바울은 교우들에게 돌아와 떡을 떼고 새벽까지 계속 말씀을 전한다. 유두고가 집으로 돌아왔고, 그들은 크게 "위로"(παρακαλέω, 파라칼레오)를 받는다. 파라칼레오(παρακαλέω. 참조. 20:1-2)가 반복되는 것은 바울의 여정이 죽은 자를 살리는 격려의 여정임을 나타낸다. 유두고는 바울의 여행 목적에 대한 실제적이고 역사적이며 상징적인 예이다. 바울은 설교하고 빵을 떼면서 예수님의 몸과 피, 메시지를 통해 생명을 전한다. 이 여행 이야기의 한가운데에 배치된 유두고의 죽음과 부활은 여행 중 바울의 사역을 구체화한 그림을 보여준다.

20:13-16. 누가가 그들의 여정을 계속 이야기하면서 내러티브가 중단된 것이 이제 끝난다. 그들은 드로아를 지나 앗소, 미둘레네, 기오로 갔다가 밀레도로 간다. 던Dunn은 마치 누가가 에게해 가장자리에 선을 긋는 것 같다고 지적한다.[453] 바울은 오순절 날을 위해 예루살렘으로 서둘러 가려고 했기 때문에 에베소로 가고 싶지 않고 아마도 에베소에서는 더 이상 환대받지 못했을 것이다. 오순절에 대한 언급은 이 짧은 글에서 이미 시작된 생명에 대한 주제를 더욱 심화시킨다. 성령은 생명을 가져다주며, 바울은 생명과 격려를 가져다준 선교사였다. 바울은 이 축제를 축하하기 위해 돌아오기를 원했다.

이러한 여행 이야기는 해석가들을 혼란스럽게 했다. 누가는 왜 이러한 세부 사항을 제공했을까? 누가는 복음의 지리적 확산을 검토하는 동시에 바울이 새롭게 설립한 교회를 포기하지 않았음을 보여주기 위해 그렇게 했다. 바울은 미전도 지역으로 갈 뿐만 아니라 기존 사역자들이 사회적, 정치적, 종교적 압력에 굴복하지 않도록 격려한다. 그는 계속해서 그들에게 빛을 비춘다. 마지막 기록은 또한 바울이 예루살렘에 더 가까워졌음을 나타낸다. 그의 시선은 예수님의 생명을 끝내고 자유인으로서 바울의 사역을 끝낼 그곳에 맞춰져 있다. 생명을 주는 가운데 그는 죽음을 통한 삶, 즉 자신이 노예가 되는 곳으로 향한다.

4.3.2.2. 에베소에 대한 작별 (20:17-38)

바울이 가장 오래 머물렀던 곳은 에베소였다. 이제 누가는 바울이 고별 설교를 하는 것으로 이야기를 마무리한다. 어떤 의미에서 이것은 자유인 선교사로서

---

453 Dunn, *Acts*, 266.

전하는 바울의 고별 설교이다. 지상의 권력은 내러티브의 나머지 부분 동안 그를
감옥에 가둔다. 따라서 이 이야기는 바울에서 교회 전체로 전환되는 것을 알리
는 역할을 한다. 이 본문이 사도직 계승에 대한 바울의 관심을 드러낸다고 말하
는 것은 과장된 표현일 수 있지만, 고별 설교는 바톤을 넘겨주는 역할을 한다. 그
러나 그것은 그들의 교회가 아니다. 하나님의 교회이다. 바울은 교회를 하나님께
맡기고 성령의 활동과 예수님의 가르침에 관해 이야기한다. 삼위일체 하나님께
서 교회를 세우시고 유지하신다.[454]

사도행전에는 세 개의 긴 바울 설교가 기록되어 있다. 모두 청중이 다르다.[455]

바울의 주요한 설교와 청중들		
설교	청중	구절
비시디아 안디옥	유대인	13:16-41
아레오바고 설교	헬라인	17:22-31
에베소 고별 설교	동료 그리스도인	20:17-38

이 설교의 배치는 자유인으로서 바울의 사역이 마무리되었음을 알릴 뿐만 아
니라, 목회자(장로/감독)로서 바울에 대한 더욱 친밀한 그림과 교회에 대한 방향
을 제시하는 방식으로 이루어진다. 그는 **이상적인** 목자를 바라보는 모범적인 목
자로서 목자들에게 말한다.

바울은 여정의 막바지에 이르러 교회에 복음을 전하는 방법에 관해 지시한
다. 바울은 자신의 (1) 함께 함, (2) 선포, (3) 핍박, (4) 작별에 초점을 맞추고 있
다. 바울은 에베소 장로들에게 거짓 선생들이 일어날 것이므로 경계하고 깨어 있
으라고 권고한다. 흥미롭게도 바울의 대부분 지침은 다른 나라에 복음을 전하는
것이 아니라 지역 교회를 지원하는 것에 관한 것이다.

긍정적으로 바울은 자신이 그리스도를 따랐던 것처럼 자신의 모범을 따르라
고 말한다. 부정적으로는 공동체 외부와 내부의 거짓 가르침에 관해 경계해야 한
다고 말한다. 목양 이미지가 내러티브의 중심을 이룬다. 궁극적으로 바울은 자신
이 한 일이 실제로 삼위일체 하나님의 일하심이기 때문에 하나님과 그분의 말씀
에 그들을 맡긴다.

---

454 Gaventa, "Theology and Ecclesiology in the Miletus Speech: Reflections on Content and
Context," *NTS* 50 (2004): 36–52,은 이 부분 이후 "전환"은 바울이 신자 공동체에서 분리되는
것과 관련이 있다고 생각한다.

455 바보(13:7-11)와 루스드라(14:15-18)도 포함될 수 있다. Beers, *The FolRowers of Jesus
as the "Servant,"* 160–65,는 비시디아 안디옥과 에베소 고별 설교가 "그 종" 비유로 가득 차
있다고 올바르게 지적한다.

가벤타Gaventa가 말했듯이 바울은 영웅으로 제시되지 않는다. 그는 따라야 할 모범이지만 그의 사역은 겸손, 눈물, 수고, 고통으로 특징지어진다. 바울은 자신의 축귀, 치유 또는 사역의 놀라운 성공에 관해 말하지 않는다. 바울에게 중요한 것은 자신이 복음의 **신실한 증인**이었다는 것이다. 그의 삶은 성부, 성자, 성령의 사역을 위한 배경일 뿐이다.[456]

내러티브의 구조에 관해서는 논쟁이 있지만, 아래 개요를 따르려고 한다.[457] 내러티브는 서론(17절)과 결론(36-38절)으로 나뉘며, 설교는 크게 바울의 사역에 대한 이야기(18-27절)와 그의 훈계와 위임(28-31절)이라는 두 부분으로 구성된다.

장로들을 소집 (20:17)
바울의 사역 (20:18-27)
　과거 사역 (20:18-21)
　　신실한 임재 (20:18-19)
　　신실한 선포 (20:20-21)
　미래 사역 (20:22-27)
　　신실한 박해 (20:22-24)
　　신실한 작별 (20:25-27)
바울의 훈계와 위탁 (20:28-35)
　훈계: 경계하라 (20:28-31)
　위탁: 하나님과 그분의 말씀 (20:32)
　바울의 모범: 신실한 일꾼 (20:33-35)
　　바울의 마지막 포옹과 기도 (20:36-38)

---

456 Gaventa, *Acts*, 290-91.
457 또 다른 좋은 교차대구조 개요는 다음에 나온다. Talbert, *Reading Acts*, 180-81.
　1. 과거 기록: 여러분도 아는 바니 (18b절)
　　a. 현재 활동: 보라 이제 (22a절)
　　　ii. 예언적 미래: 나는 아노라 (25절). 그러므로 (26절)
　　　　I. 고소 (28절)
　　　iii. 예언적 미래: 나는 안다 (개역개정은 생략. 29절). 그러므로 (31a절)
　　d. 현재 활동: 지금 내가 (32a절)
　2. 과거 기록: 여러분이 아는 바와 같이 (34a절)

추가 주석 4. 고별 설교

바울의 설교는 야곱의 고별 예언(창 49장), 여호수아의 고별 설교(수 23-24장), 사무엘의 고별 설교(삼상 12장)과 같은 구약의 "고별" 설교와 비교할 수 있다. 또한 신약의 다른 고별 담화에도 비유할 수 있다. 예수님(눅 22:14-38; 요 13-17장)과 바울의 편지(딤전 4:1-16; 딤후 3:1-4:18)와 같은 고별 담화이다. 대부분 고별 설교는 다음과 같은 요소가 있다. (1) 친구, 가족 또는 추종자들의 모임, (2) 설교자가 곧 떠나거나 죽을 것이라는 언급, (3) 신앙을 지키거나 특정한 방식으로 행동하라는 권고, (4) 다가올 시련과 환난에 대한 경고.[458] 설교의 다른 측면은 아래에 나열되어 있으며 사도행전의 바울 고별 설교와 비교할 수 있다.[459] 이 설교는 교체할 이름을 제외하고 다른 고별 설교의 모든 요소가 포함되어 있다. 교회 전체가 바울의 사명을 이어간다.

이 설교는 그리스-로마 고별 연설 옆에 놓을 수 있다. 이것은 바울이 영웅 내러티브를 재해석하는 것으로 그려진다. 바울은 취하기보다는 베풀었다. 바울은 싸우기보다는 다른 사람들을 위해 포로가 되었다. 바울은 군대를 버리지 않고 위임받은 지도자들에게 지휘봉을 넘겼다.[460]

성경의 고별 설교								
	야 곱	모 세	여호수아	다윗	예수님	바울	바울	베드로
	창 47:29-49:23	신명기	수 22-24장	대상 28-29장	요14-17장	행 20장	딤후 3-4장	벧후
떠남을 알림	47:29-30; 48:21; 49:29	4:22; 31:1-2	23:14		13:33; 14:2-3, 28,30; 16:5,10, 16,28; 17:11	22, 25절	4:6-8	

---

458 이 목록은 다음에서 발췌했다. Witherington, *The Acts of the Apostles*, 612.

459 이 도표는 레이 루벡Ray Lubeck이 기꺼이 보내준 것이다. 이 설교는 고별 설교일 뿐만 아니라 위임 설교이기도 하다. Keener, *Acts*, 3:2997,은 누가복음 10장에서 70인에게 하신 예수님의 가르침에 대한 암시가 이를 말해 준다고 말한다.

460 많은 학자가 바울의 고별사가 호메로스 이후 그리스 문학적 패턴을 따른다고 지적했다. D. R. MacDonald, "Paul's Farewell to the Ephesian Elders and Hector's Farewell to Andromache: A Strategic Imitation of Homer's Iliad," in *Contextualizing Acts*, 189–203,에서는 일리아드에서

그들의 설움과 그의 위로	48:21-22	31:6		28:20	13:37; 14:1, 27-28; 16:6-7,22	37-38절		
과거 일을 회상	48:3-4, 11	1:6-4:30; 9:7-10:11; 7:18-19; 26:5,9 "기억하라"/ "잊지 말라"	22:1-4; 23:3-4, 14; 24:2-13	28:3-6	13:14-17; 15:20; 16:14-15; 17:4-8	18-21, 26-27, 33-35절	3:10-11	1:12-2:1; 3:2
하나님 명령을 지키라		4:1-2; 5-26; 30:16	22:5; 23:6-11; 24:14-15	28:8	14:15, 21,23; 15:10, 14	28, 30절	3:14-17; 4:2,5	1:5-11; 3:14-18
사랑 하라		10:19 (14:27-15:18; 23:19-20)			13:34; 15:12-13, 17; 17:11, 21-23	28절	4:5	1:7
예언: 박해와 기쁨	48:20; 49:1-28	4:25-30; 7:12-15; 28; 30:1-10	24:19-24		15:18-21; 16:2-3,13,20-33	29-30절	3:1-9, 12-13; 4:3-4	2:1-22; 3:2-13
하나님 임재에 대한 확신	48:21	4:31; 20:4		28:6, 20	14:20, 23	32절	2:22	1:8
이름 변경	48:13-16							
아들들		31:7-8, 23 (여호수아)		28:6-7; 29:1, 22-25 (솔로몬)	14:16-17,26; 15:26; 16:7-15 (HS)			
평화를 소망함	49장	33장			14:27; 16:22, 33	32절	4:22	1:2; 3:18
기도		32장		29:11-19	17장	36절		3:18

4.3.2.2.1. 장로 소환 (20:17)

17 바울이 밀레도에서 사람을 에베소로 보내어 교회 장로들을 청하니

20:17. 바울은 에베소에서 지체되기를 원하지 않았지만 에베소 지도자들에게 작별 인사를 하고 싶었다. 그는 에베소에서 상당한 시간을 보냈고 이것이 마지막 작별이 되리라는 것을 알고 있었다. 그는 밀레도에서 "교회의 장로들"을 불렀다. 에베소 장로들이 있었다는 것은 바울이 떠나기 전에 교회 리더십을 구성했

헥토르의 고별 연설을 비교하면서 헥토르가 군사적 전투와 용맹을 자랑하지만, 바울은 베풂과 돌봄을 자랑했음을 보여 준다.

음을 나타낸다(11:30; 14:23).[461] 교회의 장로들은 여러 에베소 공동체들의 공식적인 지도자였을 가능성이 높다.[462]

고별 설교의 배치는 설교가 동심원을 그리며 확장되는 다양한 문학적 기능을 가지고 있음을 나타낸다. 설교는 바울의 에베소 사역에 초점을 맞추고 있지만, 13-19장의 결론이기도 하다.[463] 그러므로 (1) 에베소 선교의 끝을 알리고, (2) 바울의 세 번째 선교 여행을 마무리하며, (3) 자유인으로서 바울의 사명을 완성한다. 이 설교는 바울을 통한 하나님의 사역을 회고하고 예시한다.

4.3.2.2.2. 바울의 과거 사역 (20:18-21)

18 오매 그들에게 말하되 아시아에 들어온 첫날부터 지금까지 내가 항상 여러분 가운데서 어떻게 행하였는지를 여러분도 아는 바니 19 곧 모든 겸손과 눈물이며 유대인의 간계로 말미암아 당한 시험을 참고 주를 섬긴 것과 20 유익한 것은 무엇이든지 공중 앞에서나 각 집에서나 거리낌이 없이 여러분에게 전하여 가르치고 21 유대인과 헬라인들에게 하나님께 대한 회개와 우리 주 예수 그리스도께 대한 믿음을 증언한 것이라

20:18. 에베소 장로들이 바울을 찾아왔을 때 바울은 27절까지 계속되는 자신의 사역에 대한 설명을 시작한다. 바울은 몇 가지 이유로 자신의 행동을 개괄적으로 설명한다. 첫째, 장로들에게 자신의 모범을 상기시키고 앞으로의 책임을 알리기 위해서이다. 둘째, 자신의 사역을 정당화하여 자신이 그들의 피에 관해 결백하다는 것을 보여준다. 첫 번째 부분은 바울의 과거 사역을 다루고 있고(18b-21절), 두 번째 부분은 미래에 관해 말하고 있다(22-27절).

바울의 과거 사역의 첫 번째 주제는 "신실한 임재"(신실하게 함께 함–역자주)라고 할 수 있다. 바울은 34절에서 다른 헬라어 단어로 반복되는 "여러분도 아는 바니"라는 말로 시작한다.[464] 그들이 아는 내용은 바울의 함께 함과 관련되어 있다. 바울은 아시아에 발을 디딘 이후 내내 "그들과 함께"(μεθ᾽ ὑμῶν 메드 휘몬. 개역개정. "그들 가운데") 있었다. 바울이 "그들과 함께" 있었다는 표현은 마태복음 28장 20절에서 내가 세상 끝날까지 너희와 항상 "함께"(μεθ᾽ ὑμῶν 메드 휘몬) 있으리라

---

461 Bock, *Acts*, 626.

462 28절에서 장로들은 감독 또는 감독자(ἐπισκόπους)라고 불린다. 나중에 바울은 디모데와 디도에게 보낸 편지에서 장로의 자격을 제시한다(딤전 3:1-7; 딛 1:6-9).

463 Peterson, *Acts*, 564.

464 18절은 Ὑμεῖς ἐπίστασθε("너희가 알고 있다")이고, 34절은 αὐτοὶ γινώσκετε("너희 자신이 알고 있다")이다. 바울 서신에서도 같은 개념이 반복된다(롬 13:11; 고전 6:16; 7:17; 고후 8:9; 살전 1:5; 2:1; 3:3; 4:2; 5:2; 살후 3:7; 딤후 3:14-15; 딛 3:11; 행 10:28).

고 하신 예수님의 말씀과 요한복음에서 믿는 자들과 영원히 함께(μεθ' ὑμῶν 메드 휘몬) 계실 성령에 관한 예수님의 말씀(요 14:16)을 독자들에게 상기시켜 줄 것이다.

바울은 예수님의 약속과 성령의 임재를 자기 사역의 모델로 삼는다. 바울이 가장 먼저 말하는 것은 성령의 임재, 즉 목회 사역의 우선순위이다. 많은 사람이 목회 사역을 단순히 예언자적이고 주로 개인적인 일로 여기는 시대에 바울의 예는 임재의 우선순위를 증명한다. 영상 설교, 냉담한 목회자 또는 CEO는 바울이 추구하는 모습과는 거리가 멀어 보인다.

20:19. 바울의 임재는 19절에서 분사("섬긴")와 세 개의 속격으로 그 내용을 더 자세히 설명한다. 바울의 신실한 임재는 섬김, 더 문자적으로 말하면 노예(δουλεύων, 둘류온)였다. 바울의 사역은 메시아의 사역을 본보기로 삼았다(롬 12:11; 골 3:24).[465] 예수님은 섬김을 받으러 오신 것이 아니라 섬기러 오시고 목숨을 버리러 오셨다(막 10:45, διακονέω, 디아코네오). 예수님은 궁극적인 그 종이셨다(눅 22:27).

바울은 자신의 섬김이 주로 자신에 대한 것이 아니라 주 예수님에 대한 것임을 상기시킨다. 주 예수를 섬기면서 에베소 교인들을 섬겼다. 이 두 가지가 상충할 필요는 없다. 하나는 다른 하나에서 흘러나온다. 사실, 체력과 인내력은 궁극적으로 목자를 섬기는 경우에만 지속될 수 있다. 바울이 에베소에 보낸 편지에서 "기쁜 마음으로 섬기기를 주께 하듯 하고 사람들에게 하듯 하지 말라"(엡 6:7)라고 말한 것은 이를 반영한다.

이 섬김은 (1) 겸손, (2) 눈물, (3) 시련이라는 세 가지 속성으로 더 정의된다. 에베소서에서 바울은 겸손의 삶을 살면서 사랑으로 서로를 용납하라고 말한다(4:2). 빌립보서에서는 "아무 일에든지 다툼이나 허영으로 하지 말고 오직 겸손한 마음으로 각각 자기보다 남을 낫게 여기고"(2:3)라고 말한다.[466] 바울이 그들 가운데 충실하게 존재했다는 것은 다른 사람의 이익을 자신의 이익보다 더 중요하게 여겼다는 의미이다. 그는 자신의 영광을 위해서가 아니라 다른 사람들의 유익을 위해 그곳에 있었다.

그는 또한 눈물로 그들을 섬겼다. 이 눈물은 아마도 기쁨의 절정이라기보다는 깊은 고통과 관련이 있을 것이다(고후 2:3-4; 빌 3:18; 딤후 1:4). 곧 누가는

---

465 Didymus the Blind, *Catena on the Acts of the Apostles* 20.22, in Martin and Smith, *Acts*, 250, 는 바울이 그리스도께 노예가 된 것에 관해 언급한다. "'나는 날마다 죽노라'는 그의 말은 '우리가 살아 있는 동안 그리스도 예수 때문에 죽음에 넘겨졌다'는 말과 마찬가지로 그의 결심의 표현이다. 여기에 '나는 채찍에 맞을 준비가 되어 있다'는 시편 기자의 말을 덧붙일 수 있다."

466 또한 골 3:12을 참조하라.

20장 31절에서 바울이 눈물로 경고한다고 말한다.[467] 그는 눈물을 흘릴 정도로
온 마음을 다해 그들을 사랑했다. 이 애정 어린 행동은 눈물로 예수님의 발을 씻
겼던 마리아를 떠올리게 한다(눅 7:44). 사역과 고통은 함께 간다.

마지막으로 바울은 유대인들이 당하는 시련 중에 그들을 섬겼다. 시련(또는
시험)은 바울이 경험한 모든 핍박을 총칭하는 용어이다.[468] 바울은 겸손과 눈물,
고통 속에서 그들 가운데 함께 함으로써 십자가 사역을 구체화했다. 사역은 지금
최고의 삶을 경험하기 위한 시험지가 아니다.

20:20. 바울의 신실한 함께 함에는 섬김뿐만 아니라 선포도 포함되었다. 실제
로 신약의 나머지 구절들은 선포가 섬김의 주제 아래 있음을 뒷받침한다.[469] 바울
은 그들에게 선포하고 가르치는 일에서 물러나거나 침묵하지 않았다. 이는 목적
을 나타내는 부정사(선포하고 가르치다)로, 바울이 그들에게 유익한 일에서 물러
서지 않았으며, 설교 활동을 통해 이를 수행했음을 나타낸다. 바울과 장로들은 메
시지를 희석하려는 유혹을 받았을 것이다. "진리를 희석하지 않으려는 바울의 거
부는 바울의 여러 편지(예. 고후 2:17; 4:2-5; 갈 4:16)에서 강조된다."[470]

가르침은 공개적으로 그리고 "집집마다" 이루어졌다. 바울의 사역은 무대나
강의실 또는 짧은 집회에 국한되지 않았으며, 가능한 모든 수단을 동원하여 가르
침을 전했다. 그는 그들의 집에 가서 가르쳤다. 현대 가정은 사적인 공간이지만,
바울은 그리스도인 모임(가정)과 공적인 영역에서 선포했다는 의미이다. 에베소의
목사였던 바울은 자신의 선포가 교회에만 국한되지 않고 더 큰 사회, 즉 서원에서
도 증거되었다. 바울은 나중에 자신의 변호에서 이 모든 일이 구석에서 이루어진
것이 아니라고 말한다(26:26). 바울의 목회적 습관은 함께 함, 섬김, 선포였다.

20:21. 분사("증언한")가 20절과 21절을 연결하고 주어와 동사 "피하지 않았
다"를 수식한다. 바울은 유대인과 헬라인 모두에게 "증언"(διαμαρτυρόμενος, 디아
마르튀로메노스)하는 일을 피하지 않았다(롬 1:16; 고전 9:20-23). 독자들은 이
단어의 어원이 되는 사도행전 전체의 일관된 "증인" 주제를 기억해야 한다(1:8).
이전 구절에서 바울이 사역한 지역을 언급했다면, 여기서는 청중, 즉 유대인과

---

467 Holladay, *Acts*, 397.

468 행 19:9; 20:3; 살전 2:14-15; 고후 2:4; 빌 3:18. Schnabel, *Acts*, 839,에서는 바울의
사역을 공동체적이고, 모범적이며, 복종적이고, 이타적이고, 전투적인 사역이라고 말한다.

469 영어는 헬라어 본문이 접속사로 시작하기 때문에 20:18과 연결되므로 "당신은 알고 있
다"라는 문구로 시작한다.

470 Peterson, *Acts*, 564.

헬라인을 정한다. 바울은 공적 사역과 가정 사역에 걸맞게 모든 사람에게 자신의 메시지를 선포하는 데 주저하지 않았다.

그의 간증 내용은 믿음과 회개, 즉 아버지에 대한 회개와 예수님에 대한 믿음으로 정의된다(살전 1:9-10; 렘 34:15; 26:3-5; 호 6:1-3). 바울은 성령의 능력으로 말했고 아버지와 아들에 관해 증거했다. 믿음과 회개는 예수님의 부르심과 닮았다. 바울은 예수님이 전파하신 것을 전파했고, 예수님은 구약 선지자들이 전파한 것을 주로 전파하셨다. 바울은 이제 자신의 증거에 관해 내용, 청중, 지역, 지속성 등 모든 것을 포괄하는 주장을 펼쳤다.[471]

4.3.2.2.3. 바울의 미래 사역 (20:22-27)

22 보라 이제 나는 성령에 매여 예루살렘으로 가는데 거기서 무슨 일을 당할는지 알지 못하노라 23 오직 성령이 각 성에서 내게 증언하여 결박과 환난이 나를 기다린다 하시나 24 내가 달려갈 길과 주 예수께 받은 사명 곧 하나님의 은혜의 복음을 증언하는 일을 마치려 함에는 나의 생명조차 조금도 귀한 것으로 여기지 아니하노라

25 보라 내가 여러분 중에 왕래하며 하나님의 나라를 전파하였으나 이제는 여러분이 다 내 얼굴을 다시 보지 못할 줄 아노라 26 그러므로 오늘 여러분에게 증언하거니와 모든 사람의 피에 대하여 내가 깨끗하니 27 이는 내가 꺼리지 않고 하나님의 뜻을 다 여러분에게 전하였음이라

20:22-23. 바울은 22절에서 약간 전환한다. 그는 여전히 자신의 사역에 집중하지만 미래를 바라본다.[472] 과거 사역이 신실한 함께 함과 선포였다면, 미래 사역은 신실한 핍박과 작별을 포함한다. 바울의 미래 사역은 과거 사역을 반향한다(14:22; 16:23-29). 바울의 미래는 예루살렘이며, 그는 성령으로 묶이거나 강제로, 또는 "매여"(δέω, 데오) 올라간다. 성령은 바울을 예루살렘으로 인도하신다.

나중에 가이사랴에서 아가보는 바울이 예루살렘에 "결박"될 것이므로 예루살렘에 가지 말라고 권유하지만, 바울은 이미 성령에 의해 예루살렘으로 향한다. 바울이 아버지와 아들을 증거할 때(21절), 성령은 결박과 고난이 기다리고 있음을 "경고" 또는 "증언"(διαμαρτύρεται, 디아마르튀레타이)하신다. 바울의 과거와

---

471 Schnabel, *Acts*, 839-40,은 바울의 기독교적 증언을 중요한 정보를 포함한 말로 선포하는 일, 공적 및 사적 공간에서 일어나는 일, 모든 청중을 대상으로 하는 일, 회개와 신앙을 선포하는 일이라고 설명한다.

472 이 전환은 내용뿐만 아니라 구문에서도 문자 그대로 나타난다. "그리고 이제 보라"(개역개정. "보라 이제," 참조. 20:32).

미래 모두에서 복음 사역의 패턴은 고난이다. 예수님은 자기를 따라오는 사람은 자기 십자가를 지고 따라야 한다고 말씀하셨다. 이것이 바울이 고난당할 것에 대한 예언이다.[473]

20:24. 해석가들은 고난에 관한 바울의 사고 과정을 간략하게 엿볼 수 있다. 바울은 자신의 삶을 명예롭거나 소중하거나 가치 있는 것으로 여기지 않기 때문에 고난에 직면할 수 있다(고후 4:7-12; 6:4-10; 12:9-10; 빌 2:17; 3:8; 딤후 4:7). 예수님은 제자들에게 생명을 구하고자 하는 사람은 반드시 생명을 잃어야 한다고 가르치셨다(눅 9:24; 14:26-27; 17:33). 바울의 목표는 경주를 완주하는 것이다.

바울은 다시 자신의 사역을 섬김(고후 5:18)으로 묘사하지만, 이제 운동 비유를 추가한다. 운동 이미지는 바울 서신에서 자주 사용되며 고난에 직면한 인내와 관련이 있다(고전 9:24; 빌 3:14; 딤후 4:7). 그의 사명은 그가 달리고 봉사하는 주님에게서 나온다. 이 봉사는 특별히 하나님의 은혜의 복음을 "증언[하는]"(διαμαρτύρασθαι, 디아마르튀라스다이) 하는 것으로 정해져 있다. 동사가 광범위하게 사용되기는 했지만 사도행전에서 "복음"이라는 명사가 사용된 것은 이번이 두 번째이다(15:7).

"증언하다"라는 단어는 이 부분에서 세 번 등장하는데, 바울과 나머지 사도들의 사명이 주로 복음을 증언하는 것이었음을 나타낸다(1:8). 누가는 바울의 메시지에 대한 두 번째 요약 설명인 하나님의 은혜의 복음을 추가한다. 복음은 군사적 승리가 있을 때 사신들이 시민들에게 전한 내용이다. 바울에게 좋은 소식은 하나님의 선물에 집중되어 있었다. 그 선물은 예수 그리스도이다. 사역자는 예수님을 왕으로 선포하며 섬긴다. 아버지께서 그분을 보내셨고, 이제 성령께서 그분을 증언하신다.

20:25. 25절에서 또 다른 전환이 일어나는데, 이 구절의 내용뿐만 아니라 구문("그리고 이제", 개역개정은 생략. 22절 참조)으로도 다시 한번 알 수 있다. 이것은 바울의 미래 사역에 대한 강조를 계속한다. 그러나 앞 절이 바울의 신실한 박해에 관한 것이었다면, 25-27절은 바울의 신실한 이별에 관한 것이다. 바울은 에베소 장로들이 알고 있는 것에 관해 이야기했고, 이제 자신이 알고 있는 것에 관해 이야기한다. 그는 그들이 자신을 다시는 볼 수 없다는 것을 알고 있다.[474]

---

473 Goulder, *Type and History in Acts*, chap. 3,은 사도행전의 교회가 죽음과 부활에서 예수의 본을 따른다고 지적한다.

474 바울은 생애 후반에 이 지역으로 돌아갔지만 아마도 여기 특정한 곳이 아니었던 것 같다. 그는 그레데(딛 1:5), 니고볼리(딛 3:12), 마게도냐(딤전 1:3), 드로아(딤후 4:13)에서 시간을

성령은 바울에게 자유인으로서 사역이 끝나고 있음을 알려 주셨음에 틀림없다.

앞 구절에서 언급했듯이 바울은 자신의 메시지를 다양한 방식으로 설명했다. 이제 그는 세 번째 방법을 추가한다. "하나님 나라를 전파한다"(κηρύσσων τὴν βασιλείαν, 케뤼손 텐 바실레이안). 이렇게 하면 설교, 증언, 선포, 가르침이 모두 병렬적으로 이루어진다. 또한 "하나님 나라"는 예수님에 관한 메시지를 요약하는 용어이기도 하다. 바울과 예수님은 서로 다른 메시지를 전하지 않았다.

20:26-27. 바울은 그들에게 충실하게 함께하여 왕국을 선포했기 때문에 자신이 그들의 피에 관해 결백하다는 것을 "증언"(μαρτύρομαι, 마르튀로마이)한다(18:6). 바울은 여기에서 자신의 본보기를 이야기하는 것에서 하나님의 심판과 관련하여 그 중요성을 설명하는 것으로 전환한다.[475]

여기서 피는 그들의 삶에 대한 동의어로 사용된다. 바울은 파수꾼처럼 모든 사람의 피에 관해 자신이 무죄하다고 선언한다(겔 3:17-21; 33:4-5). 에스겔에 대한 암시는 계속해서 이어지며 바울을 이스라엘과 열방의 신실한 파수꾼이자 목자로 묘사한다.

새로운 에스겔, 바울		
파수꾼	겔 3:17-21; 33:2, 6-7	행 20:26
피에 관해 깨끗함	겔 3:18, 20	행 20:26
목자	겔 34:1-8	행 20:28
사나운 이리	겔 20:28-29	행 20:29

바울은 그들 사이에서 경주를 마쳤고, 그들을 섬기고 그들에게 "하나님의 뜻"(τὴν βουλὴν τοῦ θεοῦ, 텐 불렌 투 데우)을 말했다. 이제 그는 깨끗한 양심으로 예루살렘으로 갈 수 있다. 바울은 이미 20-21절의 그들에게 꼭 필요한 것을 이야기하는 내용에서 물러서지 않는다는 언어를 사용했다. 하나님의 전체 계획은 예수님과 성령을 통해 움직이신 창조 질서에 대한 하나님의 설계를 말한다.

누가는 사도행전 전체에 걸쳐 하나님의 뜻을 명시적으로나 암시적으로 언급한다. 예수님을 보내신 것은 하나님의 계획이었고(2:23), 다윗은 하나님의 계획을 섬겼으며(13:36), 가말리엘은 새로운 운동이 인간의 계획이라면 실패할 것이라고 말한다(5:38). 이는 하나님의 계획에 대한 명시적인 언급일 뿐, 사도행전

보냈다. Bock, *Acts*, 628-29,에 따르면 이 세부 사항은 바울이 아직 로마에서 죽지 않았고 누가가 사도행전을 기록할 때 에베소 여행이 아직 이루어지지 않았음을 암시하는 것일 수 있다.

475 Keener, *Acts*, 3:3027.

전체가 하나님의 계획이라는 주제 아래 놓여 있다. 누가는 고난받는 교회가 흔들리는 것처럼 보이는 시작이 하나님의 계획에 따른 것이라고 격려하기 위해 특별히 글을 썼다. 이것은 바울이 에베소 장로들에게 작별 인사를 하면서 전한 메시지의 네 번째이자 마지막 요약이다.

바울 메시지 요약	구 절
하나님을 향한 회개와 예수님에 대한 믿음	20:21
하나님의 은혜의 복음	20:24
하나님의 나라 선포	20:25
하나님의 전체 계획 선포	20:27

4.3.2.2.4. 바울의 훈계와 위임 (20:28-35)

28 여러분은 자기를 위하여 또는 온 양 떼를 위하여 삼가라 성령이 그들 가운데 여러분을 감독자로 삼고 하나님이 자기 피로 사신 교회를 보살피게 하셨느니라 29 내가 떠난 후에 사나운 이리가 여러분에게 들어와서 그 양 떼를 아끼지 아니하며 30 또한 여러분 중에서도 제자들을 끌어 자기를 따르게 하려고 어그러진 말을 하는 사람들이 일어날 줄을 내가 아노라 31 그러므로 여러분이 일깨어 내가 삼 년이나 밤낮 쉬지 않고 눈물로 각 사람을 훈계하던 것을 기억하라

32 지금 내가 여러분을 주와 및 그 은혜의 말씀에 부탁하노니 그 말씀이 여러분을 능히 든든히 세우사 거룩하게 하심을 입은 모든 자 가운데 기업이 있게 하시리라 33 내가 아무의 은이나 금이나 의복을 탐하지 아니하였고 34 여러분이 아는 바와 같이 이 손으로 나와 내 동행들이 쓰는 것을 충당하여 35 범사에 여러분에게 모본을 보여준 바와 같이 수고하여 약한 사람들을 돕고 또 주 예수께서 친히 말씀하신 바 주는 것이 받는 것보다 복이 있다 하심을 기억하여야 할지니라

20:28. 바울의 고별 설교에서 첫 명령은 28절에 나온다. 바렛Barrett은 이것을 설교의 실제적, 신학적 중심이라고 설명한다.[476] 그것은 바울이 효과적인 사역을 촉구하기 때문에 실제적인 중심이다. 삼위일체적 본질 때문에 교리적 중심이다. 성령께서 그들을 임명하셨고, 하나님의 피로 사신 하나님의 교회이기 때문이다. 바울은 에베소 장로들에게 경계하고 자신과 양 떼 모두에게 주의를 기울이라고 지시하는 것으로 시작한다.

---

476 Barrett, *Acts 15–28*, 974.

바울은 자신을 양 떼의 파수꾼으로, 장로들을 양 떼의 파수꾼으로 묘사한다(겔 33:1-6; 벧전 5:2-3; 참조. 렘 21:1-4; 슥 10:3). 그들은 자신의 인내와 그리스도인 회중 모두에 대한 책임이 있다. 이는 바울이 디모데에게 한 말과 비슷하게 들린다. "네가 네 자신과 가르침을 살펴 이 일을 계속하라 이것을 행함으로 네 자신과 네게 듣는 자를 구원하리라"(딤전 4:16). 또한 목양 이미지는 구약(시 100:3; 미 5:5; 사 40:11; 렘 13:17; 겔 34:12)에서 유래했으며 베드로가 이를 인용했다(벧전 5:1-4).

지도자들이 스스로 주의를 기울여야 하는 이유는 29절에 나와 있지만, 바울은 먼저 잠시 멈추고 지도자들에 관해 좀 더 자세히 설명한다. 장로들은 자신과 회중을 보호해야 하는데, 그 이유는 그들의 사명은 하나님께 받은 것이기 때문이다. 에베소 장로들은 스스로 선출된 것이 아니다. 오히려 성령은 "감독자"(ἐπίσκοποι, 에피스코포이)의 권한을 부여하는 대리인이다.[477] 하나님께서 그들을 임명하신다. 그들은 성령의 도구이다. 그들에 대한 하늘의 부름은 경계를 명령한다. 이 신성한 사명은 그들의 성품과 은사(딤전 3:1-7; 딛 1:5-9)로 인간적인 임명과 반대되지 않으며, 이 둘은 일치한다(행 13:2-3; 15:28). 바울의 신학은 교회의 지도자 임명을 단순한 인간의 결정이 아니라 머리 되신 하나님의 행위로 간주하게 한다. 이는 그 임무에 진지함을 부여하는 동시에 일정한 책임을 부여한다.

"감독자"라는 용어는 직함의 기능처럼 보이지만, 언어적 특성을 보여 초대 교회의 직책에 대한 그림을 그리는 데 도움이 된다. 벅Bock은 "감독자라는 개념은 종종 수호자 및 보호자라는 개념과 연관되었다(빌 1:1; 딤전 3:2; 딛 1:7)."[478] 역사적으로 감독자는 재판하고(욥 20:29), 군사 지도자가 되고(민 31:14), 백성을 다스리고(사 60:17), 성전을 감독했다(민 4:16; 왕하 11:18; 느 11:22).

20장 17절에서 바울은 교회의 "장로"(πρεσβύτεροι, 프레스뷔테로이)를 불렀지만 여기서는 "감독자"라고 부른다.[479] 이 용어는 동일한 대상을 지칭한다.[480] 장로/감독자의 기능은 다음에 나온다. 성령은 그들을 "하나님의 교회를 목양(ποιμαίνειν, 포이마이네인. 개역개정. "보살피게") 하도록" 임명하셨다. 이 부정사는 장로/감독자의 임무를 나타내는 목적을 표현한다. 이 단어에서 **목사**라는 명칭과 "목회하다"라는 동사를 얻게 된다. 문맥에서 바울은 두 가지 직함(장로/감독자)과 한 가지 기능(목양)을 제공한다. 장로는 회중을 보호하고, 다스리고,

477 민 27:16에서 모세는 모든 사람에게 숨(성령)을 주시고 공동체를 다스리는 사람을 "임명"(επισκεψάσθω)하시는 주님에 관해 이야기한다.

478 Bock, *Acts*, 629.

479 디도서 1장 5-7절에도 교차해서 사용된다(감독/장로).

480 Peterson, *Acts*, 563,은 "아마도 '장로'는 사회학적 관점에서 기독교 지도자들을 묘사하고 '감독자'(감독)는 기능적 또는 신학적 관점에서 같은 사람들을 묘사했을 것이다."라고 말한다.

돌보는 역할을 한다(행 11:22-26; 엡 4:11-12; 벧전 5:1-5).

바울은 계속해서 교회의 소유권을 강조하며 교회는 에베소 장로들의 회중이 아니라 하나님의 회중이라고 말한다. 장로는 하위 목자이자 낮은 권위를 가진 자이며 위임받은 대표자이다. 성령께서 그들을 장로로 삼으셨으니 하나님의 교회이다.[481] 가장 중요한 것은 그들이 이 사람들을 산 것이 아니라는 것이다. 오히려 하나님께서 자기 피로 그들을 사셨거나 얻으셨다(출 19:5; 사 31:5; 43:21). 피는 무한하고 귀중한 대가를 나타낸다(벧전 1:19).

신약에서는 일반적으로 피를 예수님께 돌린다(눅 22:20). 여기서 바울은 하나님의 피가 이 새로운 공동체를 얻었다고 말한다(롬 8:31). 위더링턴Witherington은 "자기 피"가 가까운 친척에 대한 애정의 표현으로 해석될 수 있으므로 "자기 피"로 번역할 수 있다고 지적한다.[482] 그러나 단순히 분리할 수 없는 사역의 교리를 인정하는 것이 더 낫다. 예수님이 하시는 일은 아버지와 성령께서도 행하신다. 교회는 하나님의 피, 즉 보혈로 태어났다. 이 구절은 속성 간의 교류(*communicatio idiomatum*)를 응용한 것이다. 하나님은 진정으로 고난을 받으시고 위격적 연합을 위해 피를 흘리셨다고 말할 수 있다. 이 신성한 계약금은 장로들의 신성한 임무를 뒷받침한다.

공동체의 가치는 하나님의 피로 측정된다. "하나님께서 교회를 존재하게 하시고, 인도하시며 보호하신다."[483] 바울이 십자가의 존재의 연결고리 안에 존재

---

481 초기 해석가들도 "하나님의 교회"라는 문구를 두고 어려움을 겪었다. 사본 이문이 존재하며, 외부 증거는 "하나님의 교회"와 "주님의 교회"로 읽는 것 사이에서 균형을 이루고 있다. Metzger, *A Textual Commentary on the Greek New Testament*, 2nd ed [Stuttgart: Deutsche Bibelgesellschaft, 1994], 425[= 『신약 그리스어 본문 주석』, 대한성서공회, 2016],는 고고학적 차이는 글자에 불과하다고 지적한다. "주님의 교회"라는 문구는 70인역에는 일곱 번 등장하지만 신약에는 등장하지 않는다. "하나님의 교회"라는 문구는 바울 서신에 11번 등장한다. "하나님의 교회"는 어렵기 때문에 일부 서기관들이 "주님의 교회"로 변경했을 가능성이 제기된다. 메츠거는 또한 τοῦ ἰδίου가 초기 그리스도인들이 예수님에게 "사랑하는 자"와 비슷한 칭호를 부여한 "자신의 것"을 의미할 수 있다고 말한다(참조. 롬 8:32; 창 22:16). Charles Devine, "The 'Blood of God' in Acts 20:28" *CBQ* 9.4 (1947): 381–408,은 해석 역사에서 대부분 예수의 신적 지위를 뒷받침하는 것으로 이 구절을 읽었다고 지적한다. Stephen J. Wellum, *God the Son Incarnate* (Crossway, Wheaton, 2016), 438,은 하나님에게는 흘릴 피가 없다고 말한다. 그러나 예수의 인간 본성에 참된 것은 성육신하신 성자 하나님에게도 참되다.

482 Witherington, *The Acts of the Apostles*, 623. Keener, *Acts*, 3:3038,은 문법적 증거를 확장하여 예수님과 아버지의 연합을 암시할 수 있다고 생각한다. Chrysostom, *Homily 44 on Acts* (*NPNF* 1/11:269–70),는 하나님의 보혈을 교회의 귀중한 본질과 연결하고, 하나님께서 어떻게 교회를 반드시 지키실 것인지를 설명한다. Bede, *Comm. on Acts 20.28b*,는 "그는 동일한 예수 그리스도의 두 본성 안에 있는 인격의 하나 됨 때문에 '하나님의 피'라고 말하기를 주저하지 않았다."라고 말한다.

483 Gaventa, *Acts*, 289.

하지만, 바울을 죽임당한 어린 양이라고 단정하는 것은 잘못되었다. "그는 단지 죽임당한 어린 양을 취했을 뿐이며, 이제 예수님의 희생이 그 안에 있어서 그를 목적에 맞게 채우고 있다."[484]

20:29-30. 자신과 양 떼 모두에게 주의를 기울여야 하는 이유는 바울이 떠난 후 늑대가 회중에 들어와 양 떼를 멸망시킬 것이기 때문이다.[485] 성경의 역사는 경건한 지도자들이 죽은 후 신실하지 않음으로 가득하다(삿 2:7-11, 19; 4:1; 8:33; 10:5-6).

바울은 초장의 이미지를 이어가지만, 이번에는 우리 안에 있는 적을 묘사한다(겔 34:2-10 참조). 늑대들은 야만적이며 회중의 생명줄을 노린다. 이것은 바울이 떠난 후 일어날 일이며, 지도자들은 늑대가 들어올 때 잠자고 있지 않도록 준비되어 있어야 한다. 모든 목회자는 늑대의 시대에 살고 있다. 그들이 영적으로 잠을 자면 사상자가 발생할 것이다.

30절은 29절을 확장하거나 주의를 기울여야 할 두 번째 이유를 제시한다. 늑대는 외부에서 올 뿐만 아니라 양 떼 **내부에서** 생겨나 진리를 왜곡하여 양들을 안전한 초장에서 멀어지게 할 것이다. 진리를 "왜곡"($\delta\iota\alpha\sigma\tau\rho\epsilon\phi\omega$, 디아스트레포. 개역개정. "어그러진")한다는 것은 사물을 "뒤튼다"는 의미이며, 누가는 바예수(13:8)에게도 같은 동사를 적용한다. 그러나 하나님의 길은 곧다고 말한다(13:10). 장로와 감독자는 외부와 내부 모두에서 위험이 닥칠 수 있으므로 경계해야 한다. 늑대들이 제자들을 낚아채려고 하므로 그들은 우리 밖과 안을 모두 살펴야 한다.

20:31. 바울은 28절에서 한 명령으로 돌아간다. 늑대들 때문에 그들은 "경계"($\gamma\rho\eta\gamma o\rho\epsilon\tilde{\iota}\tau\epsilon$, 그레고레이테. 개역개정. "일깨어")해야 한다. 바울은 자신의 본보기로 그들을 격려한다. 그들은 바울이 3년 동안 밤낮으로 그들과 함께하며 눈물로 경고하는 것을 멈추지 않았던 바울의 경각심을 기억해야 한다(고후 2:4). 이 명령은 또한 복음서(막 13:35, 37)와 다른 신약성경(살전 5:6; 벧전 5:8; 계 3:2-3; 16:15)에 나오는 예수님의 가르침을 떠올리게 한다.

이 간략한 요약은 바울이 설교에서 이미 언급했던 많은 주제를 상기시키며, 바울의 사역에 대한 설명이 깨어 있고 준비된 자세의 본보기였음을 나타낸다. 바울은 자신의 신실하게 함께 함을 상기시키는 것으로 시작했다. 즉, 자신이 어떻게 그들을 위해 증거하고 눈물을 쏟았는지 상기시켰다. 바울에게 깨어 있다는 것

---

484 Jennings, *Acts*, 193.

485 겔 22:27; 슥 3:3; 마 7:15; 눅 10:3; 고후 10-13장; 빌 3:2-6; 롬 16:17-20; 딤전 4:1-3; 6:3-4; 딤후 3:1-9.

은 진리를 선포하고, 그들의 보호를 갈망하며, 다가올 위험을 경고하는 것이다.

20:32. 바울은 설교에서 다시 약간의 변화를 시도한다. 명령에서 하나님과 그분의 말씀에 그들을 맡기는 것으로 전환한다. 바울은 그들을 하나님의 보살핌과 보호에 맡긴다.[486] 본문은 독자들이 이미 25절에서 보았던 "지금"라는 구문적 표시로 시작한다. παρατίθεμαι("부탁하노니." 파라티데마이)란 안전하게 지키기 위해 맡긴다는 뜻이다(눅 23:46; 행 14:23).

바울은 이제 그들을 하나님과 그분의 말씀에 맡긴다. 그는 그들에 대한 보호를 풀고 하나님께 직접 맡긴다. 그러나 하나님께만 맡기는 것이 아니라 하나님**과** 은혜의 말씀에도 맡긴다. 바울이 떠날 수 있는 것은 은혜의 말씀이 그들을 세우고 유업을 줄 수 있기 때문이다. 은혜의 말씀은 복음이며, 그는 자신이 떠난 후에도 그 말씀이 그들 가운데서 계속 역사한다는 것을 알고 있다. 복음 사역은 사역자들 때문에 무너지고 일어나지 않는다. 그것은 말씀 위에 세워진다. 우리보다 먼저 시작되었고 우리 이후에도 계속될 것이다. 바울이 새로운 성전을 건축하는 선교를 하는 동안에도 사람들을 세우고 새로운 땅에서 살게 하는 것은 말씀이다. 누가는 주님의 사역을 말씀과 연결하는 것을 두려워하지 않는다(창 1-2장 참조).

성전 주제는 그가 교회를 거룩하게 된 자들로 분류하면서 확인된다. 성전 안의 물건들이 거룩해졌을 것이고, 이제 사람들은 거룩해진 돌이다. 말씀은 하나님의 임재이며 바울이 떠난 후에도 계속 역사한다. 새 성전 건축은 목회자들의 어깨에만 달린 것이 아니라 하나님과 그분의 말씀이 진정한 설계자이다.

20:33-35. 바울은 다시 한번 자신의 본보기로 돌아가지만, 바로 앞의 내용과 어떻게 일치하는지는 분별하기 더 어렵다. 아마도 그들 가운데서 자신의 의로운 행동 **때문에** 그들을 하나님께 맡기는 것 같다. 자신의 정직한 성품과 그들에 대한 신실함 때문에 "하나님께 맡길" 권한이 있다.

부정적으로 바울은 장로가 자기 이익을 위해 지위를 사용할 가능성을 인정한다. 바울의 진정성은 그의 힘든 사역으로 입증된다. 그는 탐욕스럽지 않고 자신과 함께 일하는 사람들을 부양하기 위해 자기 손으로 수고했다(살후 3:6-10). 이것은 가르침으로 돈을 버는 순회 철학자나 신상 제작자들과는 구별되는 점이다. 돈에 대한 사랑은 지도자의 표지가 될 수 없다(딤전 3:3, 8; 6:3-10; 딛 1:7, 11).

그의 언어는 사무엘상 12장 3-5절에 나오는 사무엘의 고별 연설과 유사하다. 바울은 예수님의 말씀 때문에 그들 가운데서 일했다. "주는 것이 받는 것보

---

486 롬 8:17; 엡 1:14; 골 1:12; 신 33:3-4; 시 16:5.

다 복이 있다." 예수님의 이 말씀은 설교의 절정을 효과적으로 마무리한다.[487] 이 말씀은 복음서 전통에서는 찾아볼 수 없고, 예수님의 말씀이 구전으로 전해져 내려왔다는 증거이다.

그리스-로마 세계에서는 상호주의가 사회적인 관계의 중요한 부분이었다. 받은 만큼 돌려주는 것이 당연했다. 바울은 보답할 자원이 없는 사람들을 섬김으로써 이러한 순환의 고리를 끊었다. 바울의 삶은 섬김의 본보기였다. 그는 노동의 대가로 돈을 요구하지 않았고, 누구에게도 짐이 되지 않기 위해 그들 사이에서 일했다. 바울이 아버지로서 그들을 하나님과 그분의 말씀으로 목양하는 손길에 맡길 수 있었던 것은 그가 그들 가운데서 충실한 일꾼이었기 때문이다. "간단히 말해서, 진정한 감독자는 베풀기 위해 자신을 위치시키고, 거짓 감독자는 받기 위해 자신을 위치시킨다."[488]

4.3.2.2.5. 바울의 마지막 포옹과 기도 (20:36-38)

36 이 말을 한 후 무릎을 꿇고 그 모든 사람들과 함께 기도하니 37 다 크게 울며 바울의 목을 안고 입을 맞추고 38 다시 그 얼굴을 보지 못하리라 한 말로 말미암아 더욱 근심하고 배에까지 그를 전송하니라

20:36-38. 바울의 작별 인사는 에베소 장로들을 밀레도로 소환하는 것으로 시작했다. 이제 설교가 끝나고 바울은 무릎을 꿇고 그들과 함께 기도한다. 그는 그들을 훈계하고 하나님께 맡겼으며, 이제 땅에서 하늘을 향해 하나님께 이들을 지켜달라고 간구한다. 바울이 설교에서 눈물을 흘렸다고 말했지만 이제 에베소 장로들도 울고 있다. 그들은 바울을 사랑하고 바울도 그들을 사랑하기 때문에 껴안고 입을 맞춘다.

사도행전에서 숨 가쁘게 진행되는 내러티브는 바울을 일 중심의 사람으로 묘사할 수 있지만, 이 장면은 바울이 지도자들과 냉담하지 않았으며, 바울은 지도자들에게, 지도자들은 바울에게 소중한 사람이었다는 것을 나타낸다. 이것은 갑을 관계가 아니라 애정이 넘치는 진정한 동반자 관계이다. 이 언어는 구약의 비슷한 순간을 반향한다(창 33:4; 45:14; 참고. Tob 7:6). 에베소 장로들은 무엇보다도 바울이 다시는 자기 얼굴을 볼 수 없을 것이라고 말한 것을 슬퍼했다(20:25).

장로들은 바울이 심각한 위험에 처해 있다는 것을 알고 있었기 때문에 그의 장

---

487 예수님의 말씀이 설교에 쉽게 들어맞지 않을 것 같지만, R. F. O'Toole, "What Role Does Jesus' Saying in Acts 20:35 Play in Paul's Address to the Ephesian Elders?," *Bib* 75 (1994): 329–49,는 팔복의 맥락에서 전체 설교에서 어떤 역할을 하는지를 설명한다. 그 맥락은 바울과 예수님과 하나님 자신이 주는 맥락이다.

488 Jennings, *Acts*, 195.

래를 걱정했다. 누가는 이 내러티브를 마지막에 넣어 임박한 예루살렘 방문을 예고하고 앞으로 바울을 기다릴 위험에 초점을 맞춘 여행 내러티브를 간략하게 미리 보여 주려 한다. 장로들이 바울과 함께 배에 오르면서 시간이 점점 가까워진다. 누가의 청중은 바울이 투옥을 향해 항해하고 있음을 깨닫고 눈물을 흘렸을 것이다.

4.3.2.3. 예루살렘으로 향하는 어두운 길 (21:1-14)

1 우리가 그들을 작별하고 배를 타고 바로 고스로 가서 이튿날 로도에 이르러 거기서부터 바다라로 가서

2 베니게로 건너가는 배를 만나서 타고 가다가 3 구브로를 바라보고 이를 왼편에 두고 수리아로 항해하여 두로에서 상륙하니 거기서 배의 짐을 풀려 함이러라 4 제자들을 찾아 거기서 이레를 머물더니 그 제자들이 성령의 감동으로 바울더러 예루살렘에 들어가지 말라 하더라 5 이 여러 날을 지낸 후 우리가 떠나갈새 그들이 다 그 처자와 함께 성문 밖까지 전송하거늘 우리가 바닷가에서 무릎을 꿇어 기도하고 6 서로 작별한 후 우리는 배에 오르고 그들은 집으로 돌아가니라

7 두로를 떠나 항해를 다 마치고 돌레마이에 이르러 형제들에게 안부를 묻고 그들과 함께 하루를 있다가 8 이튿날 떠나 가이사랴에 이르러 일곱 집사 중 하나인 전도자 빌립의 집에 들어가서 머무르니라 9 그에게 딸 넷이 있으니 처녀로 예언하는 자라

10 여러 날 머물러 있더니 아가보라 하는 한 선지자가 유대로부터 내려와 11 우리에게 와서 바울의 띠를 가져다가 자기 수족을 잡아매고 말하기를 성령이 말씀하시되 예루살렘에서 유대인들이 이같이 이 띠 임자를 결박하여 이방인의 손에 넘겨 주리라 하거늘 12 우리가 그 말을 듣고 그 곳 사람들과 더불어 바울에게 예루살렘으로 올라가지 말라 권하니

13 바울이 대답하되 여러분이 어찌하여 울어 내 마음을 상하게 하느냐 나는 주 예수의 이름을 위하여 결박 당할 뿐 아니라 예루살렘에서 죽을 것도 각오하였노라 하니

14 그가 권함을 받지 아니하므로 우리가 주의 뜻대로 이루어지이다 하고 그쳤노라

바울은 에베소에서 예수님과 같은 선지자로 묘사되었고, 이제 그는 예루살렘으로 가라는 하나님의 강제에 있었던 예수님과 같은 모습으로 묘사된다. 둘 다

다가올 고난에 대한 세 번의 예언이 있다.[489] 다음 여행 이야기는 바울의 세 번째
선교 여행을 마무리하는 것으로 볼 수 있지만 "재판 내러티브"를 소개하는 것으
로도 볼 수 있다. 따라서 본문은 한 부분에서 다음 부분으로 넘어가는 연결 고리
역할을 하는 본문이다. 누가는 밀레도에서 가이사랴까지 지중해를 건너 동쪽과
남쪽으로 바울의 여정을 추적한다.

누가는 사소해 보일 수 있는 많은 여행 세부 사항을 이야기하지만, 여행의 각
단계는 예루살렘을 향한 또 다른 내려감이며 누가의 청중이 살았던 실제 세계에
내러티브의 근거를 두고 있다. 지난 여행 내러티브가 교회들을 격려하는 바울의
모습을 보여 주었다면, 이번 내러티브는 바울이 다가올 고난을 예고한다. 세 가
지 예언이 내러티브를 장식하며 해설을 제공한다. 두 개의 명시적인 예언은 예루
살렘이 바울에게 핍박만을 안겨줄 것이라고 예언한다. 바울은 성령의 인도를 받
아 예루살렘으로 내려가 고난을 당할 것이라는 말을 듣는다.

예수님의 운명이 그랬던 것처럼 바울의 운명도 정해져 있다. 바울은 자신을
기다리는 것이 무엇인지 알면서도 하나님의 뜻과 계획에 따라 나아간다. 스펜서
Spencer는 다메섹 길 사건 이전에 바울이 (1) 집집마다 들어가서 (2) 남자와 여자
모두를 끌고 다니고 (3) 감옥에 가두어 제자들을 공포에 떨게 했던 것을 지적한
다. 이제 그는 (1) 그리스도인 가정에서 은혜롭게 환영받고, (2) 남편과 아내의
품에 안기며, (3) 투옥의 위협을 받고 있다.[490]

예루살렘으로 가는 길에서 예언들		
중재자	예언	구절
두로의 제자들	예루살렘으로 가지 말라	21:4
빌립의 딸들	알려지지 않음	21:9
아가보/성령	예루살렘의 유대인들이 바울을 묶어 이방인들에게 넘길 것	21:11

21:1-3. 바울과 동료들은 단순히 에베소 장로들을 떠나는 것이 아니라, 서로
에 대한 깊은 애정을 나타내며 멀어진다. 앞의 문맥에서 알 수 있듯이, 바울이 떠
남으로써 고난이 바울을 만날 것이기 때문에 두 관계는 끝이 난다는 것을 의미하
며, 이것은 현재 여행 이야기에서 분명하게 드러난다.

바울과 동료들은 섬들을 거쳐 예루살렘을 향해 남쪽으로 향했다가 동쪽으로

---

489 눅 9:22,44; 18:31-34; 행 20:22-24; 21:4; 21:10-11; 눅 22:42; 행 21:14.
490 Spencer, *Acts*, 206.

향한다. 고스와 로도이다. 로도에서 아시아 최남단에 있는 바다라로 들어간다. 그런 다음 바다라에서 수리아로 긴 여정을 떠나 두로, 돌레마이, 가이사랴, 그리고 마지막으로 예루살렘(480킬로미터가 넘는 거리)에 도착한다.[491] 도중에 바울의 첫 번째 선교 여행지인 구브로 남쪽으로 지나간다(13:4-12).

누가는 바울의 여정에 대한 세부 사항에 많은 시간을 할애하고 있지만, 해석가들은 어떤 목적이 있었는지 파악하는 데 어려움을 겪어 왔다. 역사가로서 그는 분명 바울의 행적을 정확하게 기록하고 싶었을 것이다. 더 어려운 질문은 이러한 세부 사항 속에 어떤 신학적이고 내러티브적인 목적이 있는지이다.

누가가 단순히 복음이 확장되는 모습을 묘사했다고 말할 수도 있지만, 바울은 많은 곳에서 멈추지 않는다. 그렇다면 누가는 바울이 예루살렘에 도착하기 전에 극적인 효과를 위해 이야기를 느리게 진행했을 가능성이 높다. 지리를 아는 사람이라면 한 걸음 한 걸음이 어두운 예루살렘 구름을 향해 기운 것처럼 느껴질 것이다. 이러한 해석적 움직임은 바울이 예루살렘에 도착할 때 바울에게 주어진 다양한 경고에서 확인된다. 첫 번째 경고는 두로에서 나온다.

21:4-6. 수리아(두로)에 도착한 바울 일행은 제자들을 만나 7일간 머문다. 누가는 여기서 여행 이야기를 잠시 멈추고 여행 내용을 해석하기 위해 간단한 해설을 덧붙인다. 두로에서 바울은 예루살렘에 대한 첫 번째 경고를 받는다. 두로의 제자들은 바울에게 "성령의 감동으로"(διὰ τοῦ πνεύματος, 디아 투 프뉴마토스) 예루살렘에 가지 말라고 말한다.

앞서 바울이 **성령의 강권으로** 예루살렘에 가라고 말했기 때문에 이 예언에서 성령의 역할은 해석자들에게 혼란을 주었다. 여기에서 성령은 쇠사슬과 고난이 기다리고 있다고 경고한다(19:21; 20:22-23).[492] 두 가지 중요한 선택지가 제시된다.[493]

첫째, 성령께서 두로에 있는 신자들에게 앞으로 닥칠 일을 알려 주시고, 그

---

491 Spangenberg, *Brief Exegesis of Acts 21:1–6*, in Chung-Kim, Hains, et al., *Acts*, 290,은 누가가 바울의 항해를 매우 상세하게 묘사하여 바울의 변함없는 모습을 보여주고 있다고 말한다. "그는 물이나 육지에서 어떤 위험도 그를 막지 못하도록 허용하지 않았고, 대신 하나님이 주신 설교하는 직분을 계속 밀고 나갔다."

492 διὰ는 다음 경우에 사용될 수 있다. 성령이 어떤 사람들에게 영감을 주어 그들의 말이 반드시 성령께 돌릴 필요가 없는 말을 하는 경우이다. 그러나 이 경우는 그와 같지 않다.

493 두 가지 이상의 선택지가 존재한다. K. Crabbe, "Accepting Prophecy: Paul's Response to Agabus with Insights from Valerius Maximus and Josephus," *JSNT* 39 (2016): 188–208,은 독자들은 21:4b를 액면 그대로 받아들여야 하며 성령이 바울에게 예루살렘으로 여행하지 말라고 권고한다고 주장했다. 그러나 이러한 견해에는 여러 가지 문제가 있는데, 그중 하나는 성령의 뜻과 하나님의 계획의 구분이다.

들은 스스로 잘못된 결론을 내린다는 것이다. 이 견해의 어려움은 예언의 본질이 여기에서 그렇게 구별되지 않는다는 것이다. 본문은 성령께서 바울에게 예루살렘에 가지 말라고 말씀하셨다고 분명히 말한다.

둘째, 성령의 메시지를 분별하는 데 약간의 갈등이 있을 수 있으므로 바울이 받는 상충되는 메시지를 보여준다. 이 견해는 신약의 예언은 평가가 필요하다는 점에서 구약의 예언과는 다르다는 견해와 일치한다(고전 14:29). 이 견해에 따르면 두로 예언은 거짓 예언으로 그려질 수 있다.

그러나 신약과 구약의 예언을 구분하는 것은 확신하기 힘들다. 또한 이것이 거짓 예언이라고 하는 것은 이야기 흐름에 완전히 어긋나는 것으로 보인다. 결론을 내리기 어렵지만(두 가지 이상의 선택지가 존재한다), 이 부분의 세 가지 예언(두로, 빌립의 딸들, 아가보)을 연결해 보면 어느 정도 명확해진다.

가장 설득력 있는 견해는 아가보의 예언과 연결하여 성령께서 그들에게 말씀하신 것과 그들이 이 특정 본문이 그런 구분을 하지 않음에도 불구하고 그들이 결론을 내리는 것을 구분하는 것이다. 가지 말라는 경고는 두로 제자들의 적용이지만, 다가올 고난에 대한 예언은 예언이다(참조. 20:22-23).[494] 성령은 두로 제자들에게 바울이 고난을 당할 것이라고 경고하지만, 그들은 성령이 바울을 이 박해를 피하게 하지 않고 박해 쪽으로 밀어붙인다는 것을 이해하지 못한다. 그들은 이해도 하고 오해도 한다.

이 해석에는 성경적 우선순위가 존재한다. 성령은 예수님을 광야로 내몰기도 하고, 예수님이 시험을 받는 동안 그를 돌보시기도 한다. 성령은 때때로 사람들을 가고 싶지 않은 곳으로 인도한다. 다른 사람들은 어리석다고 생각할 것이다. 이것은 내러티브의 흐름과 신학적 고려 사항 모두에 부합하며, 성령의 인도하심을 분별하기 어려울 수 있음을 보여준다.

어떤 결론을 내리든 예루살렘을 예상함으로써 극적 긴장감을 고조시키는 것이 내러티브의 효과이다. 5절은 두로에 머무는 시간은 짧았지만 떠나는 길은 여전히 슬픔으로 가득 차 있음을 이야기한다. 심지어 온 가족이 작별을 고하기 위해 찾아온다. 이 여행자들의 일시적인 체류는 큰 영향을 미쳤다. 바울과 일행은 예루살렘에 도착하기 위해 서두르지만, 여정의 모든 단계를 은혜를 베풀 수 있는 기회로 여긴다. 매일 매일이 복음을 전할 수 있는 또 다른 기회이다.

21:7-9. 다음 여정은 지중해의 수리아 해안 도시들을 따라 남쪽으로 향한다.

---

494 예언에 대한 논의는 Keener, *Acts*, 3:3082-84,를 참조하라. 키너는 누가가 상충되는 해석에 관해 당황하지 않았으며, 이는 카리스마적 경험의 모호함을 반영한다고 주장한다. 이것이 예언과 해석을 통합하는 것처럼 보이는 벧후 1:20과 어떻게 일치하는지는 분명하지 않다.

그들은 두로를 떠나 하루 동안 돌레마이로 갔다가 가이사랴로 간다. 가이사랴에서 누가는 다시 이야기 속도를 늦추고 두 가지 에피소드를 이야기한다.

첫째, 누가는 전도자 빌립과 그의 딸들을 만난 일(7-9절)과 둘째, 아가보가 온 것(10-14절)에 관해 이야기한다. 그들 모두에게 예언이 주어져 총 세 예언이 된다. 빌립은 북쪽으로 사마리아로 갔다가 에디오피아 내시에게 증거하기 위해 사막 길을 따라 남쪽으로 갔다고 기록한 8장 이후로 등장하지 않는다.[495] 바울이 빌립의 집에 도착한 것은 다소 충격적이었다. 바울의 박해로 빌립은 예루살렘을 떠나야 했고 아마도 가이사랴로 갔을 것이다. 거주하면서 사역하는 사역자는 순회하는 사역자이며 전직 박해자를 받아들인다.[496] 두 사람 사이의 연합의 유대는 굳건해진다.

누가의 초점은 빌립에서 빌립의 네 처녀 딸로 빠르게 이동한다. 이들이 젊다는 것과 성별을 강조한 것은 의도적으로, 2장 17절의 "딸들이 예언하리라"는 예언과 연결된다.[497] 누가는 이 예언의 내용을 포함하지 않았지만, 이미 이야기는 바울이 예루살렘에서 겪는 고난에 대한 성령의 말씀으로 시작되었고, 아가보도 다음 몇 구절에서 비슷한 말을 할 것이다. 해석가들은 확신할 수는 없지만, 이 예언은 동일한 주제와 경고에 관한 것일 가능성이 있다.

21:10-11. 가이사랴에서 머무는 기간이 며칠 더 계속된다. 누가는 세 번째 예언을 말한다. 아가보가 유대에서 내려와 바울에 관해 상징적인 행위로 예언한다(11:27-28). 구약 선지자들은 말뿐만 아니라 행동으로 메시지를 전달하기도 했다(렘 19:1-13; 겔 4:1-17).

아가보는 바울의 허리띠를 잡고 자신의 손과 발을 묶으며 성령께서 예루살렘의 유대인들이 바울을 결박하여 이방인들에게 넘겨줄 것이라고 말씀하셨다고 선언한다. 예루살렘에서 바울의 "성령에 매임"(CSB "성령의 강권")에 대한 묘사는 불길하게 울려 퍼지며 독자들이 이 본문을 연결하도록 강요한다(20:22).[498] 이 본문은 예언과 의미를 구분하는 것 같다. 예언은 사실이지만 금지는 잘못된 것이다. 예루살렘에서 일어날 일에 대한 예수님의 예언의 반향이 분명히 존재한다(눅 9:22, 44;

---

495 빌립은 사도행전에서 이 단어의 명사형이 사용된 유일한 예로, 여기서 "전도자"라고 불린다 (참조. 엡 4:11; 딤후 4:5). 아마도 개종자를 만드는 데 능숙한 사람을 가리키는 것 같다(사 40:9; 52:7). Witherington, *The Acts of the Apostles*, 632,은 빌립을 사도들과 구별하기 위한 것이라고 말한다. B. Hubmaier, *Theses Against Eck*, in Chung-Kim, Hains et al., *Acts*, 293,은 "남자들이 두려워하여 여자처럼 된 곳에서는 여자들이 목소리를 높여서 남자와 같이 된다. 드보라, 홀다, 선지자 안나, 전도자 빌립의 네 딸, 우리 시대에는 아굴라와 같다"라고 말했다.

496 Spencer, *Portrait of Philip in Acts*, 270.

497 Erasmus, *Paraphrase on Acts*, 126.

498 Gaventa, *Acts*, 294.

18:32; 24:7). 이미 바울의 예루살렘 여정은 예수님의 색채로 그려져 있다.

이것은 바울이 예루살렘에 도착했을 때 바울을 기다리는 박해에 대한 두 번째 분명한 예언이며, 두 예언 모두 성령에게서 나온 것이다(21:4). 이방인들이 바울을 결박하기 때문에 아가보의 예언이 맞는지 많은 논쟁이 벌어졌다(21:33). 그러나 내러티브의 흐름으로 볼 때, 이 기록은 아가보의 예언이 사실임을 분명히 가리킨다. 28장 17절에서 바울은 아가보가 사용한 것과 같은 동사를 사용한다. 사실, 이 동사는 이방인이 아닌 예루살렘에 있는 사람들에게 죄를 넘기고자 했던 누가의 열망을 가리키는 것일 수도 있다. 전체 이야기는 예루살렘으로 내려 가는 어두운 과정이며, 앞으로 일어날 일에 대한 경고로 가득 차 있다.

21:12-14. 아가보의 예언이 얼마나 믿을만한지는 바울의 동료들과 가이사랴 지역 사람들의 반응에서 더욱 잘 드러난다. 그들은 아가보가 한 일을 듣고 보고 바울에게 예루살렘에 가지 말라고 간청했다. 그러나 바울은 누가가 이 부분의 마지막까지 현명하게 보류하는 방식의 진술로 응답한다. 바울은 침묵했다.

이제 바울은 예루살렘에서 결박당할 뿐 아니라 예수님의 이름을 위해 예루살렘에서 죽을 준비가 되어 있다고 말한다.[499] 이것은 예수님께 예루살렘에 가지 말라고 촉구한 베드로에 대한 예수님의 응답과 비슷할 수 있다(마 16:22; 막 8:32). 바울은 예루살렘으로 가야 한다고 말하는데, 이것이 바로 바울의 겟세마네이다. 사도행전 전체에 걸쳐 예수님(메시아이자 주님)의 이름은 증거되어야 했다. 예수님의 주되심은 바울이 목숨을 걸 만큼 명예롭고 귀한 것이었다. 바울은 반드시 "예수의 이름을 증거해야" 한다(참조. 출 20:7; 행 9:15).

바울이 설득되지 않자 사람들은 "주의 뜻대로 이루어지이다"라고 말한다. 이는 예수님께서 제자들에게 가르치신 기도(마 6:10)와 겟세마네 동산에서 졸고 있는 제자들을 깨우신 예수님의 기도(눅 22:42)를 연상시킨다. 사도행전 전체가 하나님의 뜻과 계획에 관한 이야기이다. 이제 바울도 예수님처럼 예루살렘에 입성할 것이다.

---

499 Erasmus, *Paraphrase on Acts*, 126–27,은 성령께서 바울의 가슴 속에서 그가 예루살렘에 가서 로마를 보게 될 것이라는 더욱 확실한 예언을 말씀하셨다고 말한다.

| 단락 개요

5. 예루살렘과 로마에 증인을 보내시는 하나님 (21:15-28:31)
<u>추가 주석 5. 예수님과 바울의 유사점</u>

5.1. 바울의 체포와 예루살렘에서 선포(21:15-22:30)
- 5.1.1. 예루살렘 장로들의 우려 (21:15-25)
- 5.1.2. 성전에서 폭동 (21:26-40)
  - 5.1.2.1. 토라를 버렸다고 고발당한 바울 (21:26-29)
  - 5.1.2.2. 바울이 체포됨 (21:30-36)
  - 5.1.2.3. 바울의 두 세계 (21:37-40)
- 5.1.3. 바울의 변호 (22:1-30)
  - 5.1.3.1. 바울의 유대인 혈통과 하나님의 사명 (22:1-21)
  - 5.1.3.2. 바울의 로마 시민권 (22:22-30)

<u>추가 주석 6. 사도행전의 완화된 반제국주의</u>

5.2. 바울의 재판 (23:1-26:32)
- 5.2.1. 산헤드린 재판 (23:1-11)
  - 5.2.1.1. 격렬한 대면 (23:1-5)
  - 5.2.1.2. 부활로 인한 시련 (23:6-10)
  - 5.2.1.3. 바울을 확신시키는 주님 (23:11)
- 5.2.2. 여행 내러티브: 예루살렘에서 가이사랴까지(23:12-35)
  - 5.2.2.1. 음모를 꾸밈 (23:12-15)
  - 5.2.2.2. 음모가 노출됨 (23:16-22)
  - 5.2.2.3. 음모를 막음 (23:23-35)
- 5.2.3. 총독 벨릭스의 재판(24:1-27)
  - 5.2.3.1. 바울에 반대하는 사건 개요 (24:1-9)
  - 5.2.3.2. 바울의 변호 (24:10-21)
  - 5.2.3.3. 벨릭스의 연기와 바울의 증언 (24:22-27)

5. 예루살렘과 로마에 증인을 보내시는 하나님 (21:15-28:31)

사도행전의 마지막 부분에서 바울은 재판받고 쇠사슬에 묶여 조사받는다.[1] 하나님은 이방인과 왕들과 이스라엘 자손들에게 예수님의 이름을 계속 증거할 수 있도록 자기 종을 이 땅의 권세자들에게 넘겨주신다(9:15).[2] 바울은 많은 거리를 여행했지만 그의 눈은 점점 더 예루살렘과 로마에 고정되어 간다. 마침내 바울은 거룩한 도시에 입성하지만 예수님과 마찬가지로 모든 사람이 그를 환영하지 않는다.

누가는 바울의 시련에 상당한 시간을 할애하여 이 시련을 "그 도"의 마지막이자 클라이맥스인 시련으로 묘사한다. 산헤드린, 총독 벨릭스, 베스도, 아그립바 왕이 모두 바울을 심문한다. 바울은 가이사에게 호소하고, 이것은 그를 로마로 압송하게 만든다. 바울은 제국을 향해 위험한 바다 여행을 떠나지만, 그 과정에서 부활 승천하신 하나님 나라의 소식을 전하는 이방인 선지자 역할을 계속한다. 로마에 도착하면 죄수 신분임에도 불구하고 그를 통해 말씀과 성전의 존재가 확장된다.

이 마지막 부분에는 여러 가지 주제가 전면에 등장한다. 가장 중요한 것은 누가가 적대적인 상황에도 불구하고 아버지의 계획이 성취되는 것을 계속 묘사한다는 점이다.[3] 승천하신 주님에 관한 말씀은 계속 전파된다. 바울은 권력 구조 앞에서 예수님의 증인이다. 그러나 바울은 증언하기 위해 유대교와 로마 양쪽 모두와 관련하여 "그 도"를 옹호해야 한다.

누가는 이 시련을 통해 기독교에 대한 오해를 바로잡는다.[4] 바울은 이방인을

---

1 누가는 바울이 예루살렘으로 가져온 모금에 대한 강조를 생략할 수 있는데, 이는 그의 요점이 바울의 체포와 기독교에 대한 재판이기 때문이다.

2 Beers, *The FolRowers of Jesus as the "Servant,"* 166-75,은 사도행전의 마지막 장이 예수를 따르는 사람들 사이에서 "종"이라는 주제를 이어가고 있다고 주장한다. 바울은 고난을 받고 (21:11, 31-33; 22:4; 사 53:6, 12), 유대인들에게 거부당하고(행 21:23-25), 이방인들이 듣고 환영하며(행 21:27-28; 사 40:5; 42:6; 49:6; 66:18-23), 선택되어 증인이 된다 (22:14-15; 23:11; 26:16, 22; 사 42:1; 43:10). 그는 결백하며(23:9, 29; 25:7, 8, 10-11, 25; 26:31-32; 28:17-18; 사 50:7-9; 53:4-6, 8-12), 이사야의 새로운 출애굽 언어가 계속된다(22:4; 24:14, 22; 26:18).

3 Pao, *Acts and the Isaianic New Exodus*, 155,은 사도행전의 마지막 여덟 장에는 "하나님의 말씀"에 대한 언급이 나오지 않는다고 지적한다. 바울이 예루살렘이나 가이사랴로 돌아갔을 때 이미 이곳에서 말씀이 선포되었고 사도행전에서는 "말씀"이 이미 일어난 장소로 다시 돌아오지 않기 때문이다. "사도행전의 첫 20장에서 하나님의 말씀에 대한 수많은 언급과 마지막 8장에서 완전히 사라진 것 사이의 대조는 정복의 주요 행위자로서 말씀의 역할과 말씀 공동체를 건설하는 목표가 강조된다."

4 Johnson, *Acts*, 415,는 바울에 관한 이 부분에서 누가의 목적은 "그가 사기꾼이 아니라 진실하고, 유대교에서 배신한 사람이 아니라 조상의 관습과 믿음에 신실한 사람이며, 불안을 조장하는 사람이 아니라 부활에 대한 예언자적 증인이며, 비겁한 기회주의자가 아니라 고난의 길이 예수 자신과 일치하는 충성스럽고 순종적인 제자"임을 보여주기 위한 것이라고 올바르게 주장하고 있다. Alexander, *Acts in Its Ancient Literary Context*, 199,은 바울의 여행에서 바울이 변호할 기회가 거의 주어지지 않았지만 여기서는 이야기에서 많은 시간이 주어졌다고 말한다.

환대하지만 유대교를 버리지 않았다. 바울은 세상을 뒤집어 놓았지만 그의 메시지는 가이사와 반대되지 않는다. 바울은 고난을 겪지만 핍박을 통해 승리한다.

바울의 메시지는 유대인의 소망을 실현한다. 그러나 유대인의 소망은 메시아 예수님을 중심으로 변화한다. 그가 전하는 왕에 대한 선포는 로마에 대한 변증법이다. 기독교와 제국은 공존할 수 있지만 정치체제에 반대하는 것이기도 하다. 예수님은 주님이시지만 그분의 주권은 로마의 구조 안에 있을 수 있다.

추가 주석 5. 예수님과 바울의 유사점

이 부분에서 예수님과 바울의 유사점은 경이롭다. 바울을 그리스도의 고난에서 부족한 것을 채우는 그리스도의 유형으로 묘사한다(골 1:24). 스승이 고난을 받으면 제자들도 자기 십자가를 져야 한다. 다음은 이 두 인물을 연결하는 몇 가지 유사점이다.[5]

예루살렘 내러티브에서 예수님과 바울의 병행		
사 건	예수님	바울
고난 예언	예수님은 예루살렘으로 향하는 여행을 예언하심 (눅 9:22, 44; 18:31-33)	바울은 예루살렘으로 향하는 여행을 예언함 (20:23-25; 21:4, 11-13)
고별인사	예수님은 제자들에게 작별 인사를 함(눅 22:14-38)	바울은 장로들에게 작별 인사를 함(20:17-35)
예루살렘으로 여행	예수님은 궁극적으로 수난으로 끝나는 예루살렘 여행(눅 9:31, 51; 12:50; 18:31-33), 이것은 하나님의 필요에 따른 것이다 (눅 13:33)	바울이 예루살렘으로 가는 여정 역시 하나님의 필요(20:22; 21:14)에 따라 떠나는 "고난의 여정" (20:22-23, 37-38; 21:4, 10-11, 13)
오해하는 친구들	예수님의 여정에서 제자들의 이해 부족(18:34)	바울의 여행은 친구들의 이해 부족(21:4, 12-13).
예루살렘에서 환영받음	예루살렘 사람들은 예수님을 환영하며 그의 사역에 관해 하나님을 찬양 (눅 19:37-38)	바울은 환영받고, 그들은 바울을 통해 이루어진 일로 하나님께 영광을 돌림 (21:17-20a).

---

5 C. Talbert, *Literary Patterns, Theological Themes and the Genre of Luke-Acts*, SBLMS (Missoula, MT: Scholars, 1974). 다른 많은 학자도 이러한 유사점을 지적했다. 나는 여러 출처에서 이 내용을 정리했다.

성전 방문	예수님의 성전에 들어가심 (눅 19:45-48)	바울의 성전으로 들어감 (21:26)
사두개인들의 반대 서기관들의 인정	부활을 믿지 않는 사두개인의 예수님 반대. 일부 서기관들의 예수님에 대한 우호적인 태도 (눅 20:27-39)	부활을 믿지 않는 사두개인의 바울 반대. 어떤 서기관들의 바울의 가르침에 아무런 문제가 없다고 말함 (23:6-9)
무리에 사로잡힘	예수님을 붙잡는 무리 (눅 22:54)	바울을 붙잡는 무리 (21:30)
대제사장의 명령으로 맞음	제사장의 조수들에게 뺨을 맞는 예수님 (눅 22:63-64)	대제사장의 명령에 따라 뺨을 맞는 바울 (23:2)
네 번의 재판	대제사장과 공회, 빌라도, 헤롯, 빌라도에게 네 번 "재판"을 받는 예수님 (눅 22:54; 23:1, 9, 11)	산헤드린. 벨릭스. 베스도. 아그립바에게 네 번 "재판"을 받는 바울 (23, 24, 25, 26장)
세 번의 무죄 선언	예수님에게 세 번 무죄를 선언하는 빌라도 (눅 23:4, 14, 22)	세 번 무죄를 선언 받는 바울 (23:9; 25:25; 26:31)
헤롯에게 감	심문을 위해 예수를 헤롯에게 보내는 빌라도 (눅 23:6-12)	또 다른 헤롯은 베스도의 허락을 받아 바울의 말을 들음 (25:13-26:32)
통치자들의 풀어주려는 시도	예수님을 석방하겠다고 말하는 빌라도 (눅 23:16, 22)	"이 사람이 … 석방될 수 있을 뻔하였다"라고 말하는 헤롯 아그립바 (26:32)

5.1. 바울의 체포와 예루살렘에서 선포 (21:15-22:30)

예루살렘을 향한 바울의 여정이 끝났다. 이제 그는 다니엘의 사자 굴이 될 도시로 들어간다. 바울이 예루살렘에 도착한 후, 바울과 예루살렘 관계는 절정을 이루며 새로운 운동과 유대교 사이의 관계를 계속 정의한다.[6] 바울은 자신의 사명이 이스라엘의 소망의 진정한 성취라고 주장하지만, 권력자들은 반대한다. 이 때문에 바울은 예수님의 모습을 보이는 의로운 고난받는 자로 그려진다. 예수님이 겪은 고난과 마찬가지로 바울에게도 성난 군중, 살인 미수, 체포와 같은 위험이 기다리고 있다. 예수님과 달리 바울은 예루살렘에 있는 사람들에게 자신의 사명과 사역을 변호한다.

---

6 Tannehill, *The Narrative Unity of Luke-Acts*, 2:268,에서 언급했듯이, 이방인 세례 문제는 11:1-18에서 해결되었다. 이방인에게 할례를 받으라는 요구는 15:1-31에서 거부되었다. 이제 문제는 유대인 기독교인들이 토라를 버리라는 압력인 것 같지만, 이 압력이 얼마나 정확한지는 논쟁의 여지가 있다. 내러티브에서 문제가 전개되는 것 같으므로 독자는 이를 구분해야 한다.

누가는 이미 나왔던 몇 가지 주제를 새롭게 다루면서 이야기의 속도를 상당히 늦춘다.[7] 첫째, 바울은 자신이 통제할 수 없는 사건의 소용돌이에 휘말린 것처럼 보이지만, 내러티브는 이 모든 것이 하나님의 계획에 따른 것임을 보여준다. 예언과 환상은 하나님의 계획이 수행됨에 따라 더 큰 내러티브를 채운다(19:21; 20:22-23; 21:4; 21:11; 22:10, 15, 21; 23:11). 이 계획은 유대인과 이방인을 향한 바울의 지속적인 증거에 집중된다. 바울은 궁지에 몰리지만, 그의 변호는 사명을 더욱 강화한다. 바울은 하나님이 임명하셨고, 예수님이 나타나셨으며, 성령께서 인치셨기 때문에 자신의 이야기를 넘어서는 이야기에 휘말린다.

둘째, 누가는 바울이 언약에 따라 신실하지만 반대하는 사람들은 믿음이 없는 것으로 묘사한다. 바울은 전통에 따라 훈련받은 바리새인으로 율법을 존중하고 민족의 약속과 소망을 믿는다. 바울을 반대하는 사람들은 거짓 증거하고, 죽이려 하고, 성급한 맹세를 하고, 사악한 동맹을 맺는다. 믿지 않는 유대인들은 폭력적인 모습으로 묘사되지만, 바울은 화해를 추구하고 생명을 전파한다. 바울의 선교는 이방인의 빛이 되라는 이스라엘의 소명을 완수하지만, 유대인들은 이방인이 자신들의 보호 공간을 위협하기 때문에 이러한 포용을 받아들이지 않는다. 새로운 성령의 시대가 시작되었지만 그들은 하나님의 계획을 따라잡지 못했다.

셋째, 누가는 유대인의 적대감과 로마의 보호를 대조한다. 유대인의 의심과 로마의 보호에 관한 세 가지 이야기가 등장한다. 인간적인 차원에서 바울이 유일하게 보호받는 것은 로마 지역 관리들뿐이다(18:12-17; 19:23-40; 21:31-36; 22:23-29; 23:23-35; 25:4-5, 16). 그러나 로마 관리들 역시 사도행전 다른 곳과 마찬가지로 연약하고 변덕스럽고 실수하기 쉽다(16:22-24; 18:17; 22:29; 24:26; 25:9). 이것은 메시아 운동이 두 세계에 충실하게 존재하는 것으로 묘사한다. 바울은 매번 놀라움과 혼란을 겪는다. 그는 신실한 유대인이지만 이방인에게 파송된 사람이다. 그는 토라를 따르는 사람인 동시에 로마 시민이기도 하다. 기독교는 이중적인 성격을 지니고 있다. 바울은 정직한 유대인이지만 더 넓은 세상에 대한 권리와 의무를 진 사람이다.[8] 이 이중적 정체성은 박해와 보호를 동시에 유발하며 나머지 이야기를 이끌어 간다. 바울의 삶의 역설은 분명하다. 그는 세상으로 보냄 받은 유대인이라는 사실이다.

마지막 예루살렘 이야기는 세 부분으로 나눌 수 있다. 첫째, 바울이 예루살렘에 도착하여 지지와 관심을 보이는 예루살렘 장로들을 만난다(21:15-25). 둘째, 바울

---

7 사도행전 21:15-23:35는 바울이 예루살렘에 머무는 동안의 이야기를 담고 있으며, 이 책의 후반부(13-28장)에서 가장 긴 에피소드이지만, 그 기간은 2주가 채 되지 않는다. 24:1-26:32은 2년을 다루고 있다.

8 Dunn, *Acts*, 291.

때문에 성전에서 폭동이 일어난다(21:26-40). 셋째, 바울은 자신을 고발하는 자들로부터 자신을 변호한다(22:1-30). 이 이야기는 도착, 갈등, 방어의 내러티브이다.

5.1.1. 예루살렘 장로들의 우려 (21:15-25)

15 이 여러 날 후에 여장을 꾸려 예루살렘으로 올라갈새 16 가이사랴의 몇 제자가 함께 가며 한 오랜 제자 구브로 사람 나손을 데리고 가니 이는 우리가 그의 집에 머물려 함이라

17 예루살렘에 이르니 형제들이 우리를 기꺼이 영접하거늘 18 그 이튿날 바울이 우리와 함께 야고보에게로 들어가니 장로들도 다 있더라 19 바울이 문안하고 하나님이 자기의 사역으로 말미암아 이방 가운데서 하신 일을 낱낱이 말하니

20 그들이 듣고 하나님께 영광을 돌리고 바울더러 이르되 형제여 그대도 보는 바에 유대인 중에 믿는 자 수만 명이 있으니 다 율법에 열성을 가진 자라 21 네가 이방에 있는 모든 유대인을 가르치되 모세를 배반하고 아들들에게 할례를 행하지 말고 또 관습을 지키지 말라 한다 함을 그들이 들었도다 22 그러면 어찌할꼬 그들이 필연 그대가 온 것을 들으리니 23 우리가 말하는 이대로 하라 서원한 네 사람이 우리에게 있으니 24 그들을 데리고 함께 결례를 행하고 그들을 위하여 비용을 내어 머리를 깎게 하라 그러면 모든 사람이 그대에 대하여 들은 것이 사실이 아니고 그대도 율법을 지켜 행하는 줄로 알 것이라 25 주를 믿는 이방인에게는 우리가 우상의 제물과 피와 목매어 죽인 것과 음행을 피할 것을 결의하고 편지하였느니라 하니

예루살렘에서 바울을 맞이하는 모습은 대체로 부정적이지만, 내러티브는 나손과 예루살렘 장로들이 바울을 환대하는 긍정적인 모습에서 시작된다. 그들은 바울의 안전에 대한 우려를 표현한다. 첫 장면은 바울이 유대인 지도자들과 맺은 관계로 하나 됨을 강조한다. 이는 예루살렘 도시의 혼란과 혼돈과 대조된다.[9] 사실 바울을 반대하는 것은 예루살렘 전체가 아니었고, 새로운 메시아 운동의 주요 지도자들이 바울을 보호하려고 했다.[10]

누가는 이 회의가 화합이 이루어졌던 예루살렘 공의회와 닮았다고 묘사한다.[11]

---

9 Thompson, *One Lord, One People*, 162.

10 그럼에도 불구하고 예루살렘 장로들이 이 부분 이후에 사라지는 것이 궁금하다. 왜 그들은 바울을 공개적으로 변호하지 않았을까? 누가의 이러한 침묵에 관해 독자들이 어떻게 생각해야 할지 정확히 알기는 어렵다.

11 바울은 환영받고(15:3-4; 21:17-18), 둘 다 하나님이 하신 일과 관련이 있으며(15:4, 12; 21:19), 장로들은 하나님께 영광을 돌리고(11:18; 21:20), 규정이 반복된다(15:5-7; 21:25). 참조. Johnson, *Acts*, 379.

사도들은 바울을 독단적인 선교사로 보지 않았다. 그는 그들 중 한 사람이었다. 장로들은 바울을 통한 하나님의 역사로 인해 하나님께 영광을 돌리면서도 바울이 모세의 관습을 거부했다는 소문이 돌았다는 사실에 주목한다. 그들은 도움을 주려고 한다. 그러나 성령께서는 바울이 예루살렘에서 고난받게 될 것이라고 말씀하셨다.

이 에피소드는 내부 관계의 갈등과 진실성을 희생하지 않는 타협을 강조한다. 바울은 편지에서 이방인을 위한 율법의 요구 사항에 부정적으로 말할 수 있지만, 여전히 유대인으로서 관계를 회복하기 위해 최선을 다한다. 본문은 독자들에게 결과가 불투명해 보이더라도 마음과 정신이 하나가 되기 위해 어떤 조치를 할 것인지 묻는다. 제닝스Jennings는 "어떻게 제자들이 성령을 따르면서도 여전히 분리주의적 사고를 따를 수 있을까?"라고 묻는다.[12] 성령께서 이미 두 그룹에 합류하셨기 때문에 유대인과 이방인의 공간은 하나가 되어야 한다. 바울은 메시아가 만물을 다스리시기 때문에 기꺼이 모든 것이 되어 모든 것에 승리하려고 한다.

21:15-17. 바울은 예루살렘으로 가야 한다고 선언한 후, 자신을 기다리고 있는 위험에도 마침내 예루살렘으로 가는 결정적이고 운명적인 발걸음을 내디딘다. 이 세 구절은 전환하는 구절이다. 바울의 동행자, 숙소, 환대에 대한 세부 사항을 알려준다. 첫째, 그는 혼자 가지 않는다. 누가와 가이사랴의 제자 몇 명도 바울과 함께 올라간다. 바울을 지원하는 관계망은 가는 곳마다 그를 따랐다. 바울을 급진적인 혁명가로 보기 쉽고 누가는 바울을 선구자로 묘사하지만, 그는 추종자가 있는 선구자이다. 그의 견해와 사명은 다른 사람들에게 지지받는다.

둘째, 예루살렘에서 그들은 환대받는다. 그들은 예루살렘에 있는 나손(구브로 출신)의 집으로 간다. 바울의 인맥이 확장되고 환대의 중요성이 다시금 복음 전파의 핵심이 된다.

셋째, 예루살렘에 도착해서 따뜻하게 환대받는다. "그 도"의 형제자매들이 그들을 맞이한다. 이것은 내러티브적으로 이것은 여러 가지 효과가 있다. 예루살렘에 많은 "그 도"의 사람들이 거주하고 있음을 보여주고, 바울의 존경받는 명성을 더욱 뒷받침하며, 모든 유대인이 바울에게 분노하는 것은 아님을 보여주고, 한 이야기에서 다른 이야기로 전환한다. 바울은 작별 여행을 하고 있었고, 이제 예루살렘으로 "환대" 받는다.[13]

---

12 Jennings, *Acts*, 200.

13 Spencer, *Journeying through Acts*, 208,와 Parsons, *Acts*, 304,은 예루살렘에서 세 단계의 상호 작용, 즉 나손의 환영, 장로들을 더욱 신중하게 만남, 마지막으로 적대적인 성전 장면에 주목한다.

21:18-19. 바울은 먼저 야고보와 예루살렘의 모든 장로를 만나 자신의 선교에 관해 보고한다.[14] 그는 여행 중에 예루살렘을 몇 번 방문했는데, 이것은 자신의 사명을 "예루살렘 밖"으로 여긴다는 것을 나타낸다. 바울은 여전히 모 교회의 권위를 존중한다. 그는 새로운 분파를 시작하려 하지 않고 이스라엘의 역사적 신앙을 이어간다.

누가가 기록한 몇 가지 세부 사항에 주목할 필요가 있다. 첫째, 누가는 **모든** 장로가 참석했다는 점에 주목한다. 이 모임은 바울과 야고보의 사적인 모임이 아니라 공식적인 모임이다. 바울은 넓게 경청하고 예루살렘의 지도자들에게 폭넓은 지지를 받았을 것이다. 누가는 폭동이 시작되기 전에 예루살렘 교회의 지도자들이 야고보와 모든 장로들이 바울이 결백한 사실을 인정했음을 알리기 위해 애를 쓴다.

두 번째 세부 사항은 이를 더욱 뒷받침한다. 바울은 장로들에게 보고할 때 "하나님이 이방 가운데서 하신 일"을 보고한다. 이것은 바울이 이전에 공의회를 위해 예루살렘을 방문했을 때와 비슷하다(15:4, 12). 그의 보고는 근본적으로 자기 일이 아니라 하나님의 일에 관한 것이다. 사도행전의 주인공은 하나님이시다. 하나님께서는 승천하신 주님의 소식을 전하기 위해 바울을 바다 건너보내셨다. 앞으로 다가올 시련은 삼위일체 하나님이라는 주제 아래 바울의 사명을 계속해서 덮어 버릴 것이다.

21:20-22. 예루살렘 장로들은 바울의 이방인 선교 성공에 관해 긍정적으로 반응하면서도 심각하게 경고한다. 그들은 하나님께 영광을 돌리고 유대인들 사이에서 메시아 운동의 성공을 보고한다. 예루살렘 장로들은 바울의 이방인 선교를 긍정하면서 유대인들이 주님께 돌아섰다고 지적한다. 이방인과 유대인의 포용이 상충할 필요는 없다. 이 유대인들은 모두 토라에 대한 열심이 있다.

토라에 대한 말씀은 그들의 경고를 위한 길을 열어준다. 이러한 열심은 출애굽 전통(출 20:4-5; 34:12-16; 민 25:6-13; 신 4:23-24; 5:8-9; 6:14-15)에서 긍정적으로 이해될 수 있지만, 해로운 방향으로 왜곡될 수도 있다(15:5).[15] 바울은 다메섹 도상 이전의 자기 상태를 설명할 때 "열심"이라는 용어를 사용한다(갈 1:14). 이 용어는 더 큰 맥락에서 처음에는 훌륭한 것을 나타내는 것으로 보는 것이 가장 좋지만, 일부 사람에게는 이 열심이 불길한 것으로 변질되었다. 신실한 관찰이 비우호적인 보호로 바뀌었다.

---

14 흥미롭게도 누가는 바울이 예루살렘으로 가져온 헌금을 거의 말하지 않는다. 선물이 받아들여지지 않았을 수도 있지만(롬 15:31), 누가의 관심사가 아니었을 가능성이 더 크다.

15 "율법에 열심인"이라는 문구는 헬라화에 반대하는 신실한 유대인들의 제1 마카비서에서 사용되었다(2:42; 2 Macc 4:2).

어떤 유대인들은 바울이 유대인들에게 토라를 버리고 특히 할례를 받지 말라고 말하고 있다는 소문을 들었다.[16] 사도행전에는 이러한 내용이 없으며 바울 서신에서도 찾아볼 수 없다(참조. 고전 9:19-23). 오히려 누가는 디모데에게 할례를 받게 하고(16:3), 나실인 서약을 하고(18:18), 무교절(20:6)을 지키고, 오순절 절기(20:16)를 지키고자 하는 바울의 모습을 기록한다.

또한 누가는 이미 독자들에게 이방인이 우상에게 바쳐진 음식, 피, 성적 부도덕은 삼가야 하지만 토라를 따를 필요는 없다고 말했고 앞으로도 그럴 것이다(15:29; 21:25). 바울과 동료들은 유대인들에게 토라를 따르지 않아도 된다고 말한 적이 없다. 바울의 편지를 보면 이것이 바울의 메시지의 일부인 것처럼 보일 수 있지만 누가는 이를 잘못된 표현이라고 서술한다. 그리스도를 따르는 일은 사람들이, 심지어 내부자들조차도 우리를 잘못 표현한다는 것을 의미한다.

21:23-25. 장로들은 단순히 경고만 하고 바울을 사자 굴로 보내는 것보다 더 지혜롭고 도움이 된다. 그들은 바울을 적극적으로 돕는다. 유대인들 사이에서 바울의 명성을 회복하기 위해 그들은 유대인의 관습에 따라 공개적으로 자신을 정결하게 하라고 말한다.[17] 이렇게 하면 사람들은 바울이 토라를 따르는 사람임을 알고 의심이 사라질 것이다.

이는 바울의 외교적 행동이자 관대한 정신을 반영하는 것이며, 바울을 신실한 토라 신봉자로 더욱 부각시킨다. 많은 주석가들이 이 중 **하나**에 초점을 맞추

---

16 "버리다"(ἀποστασία)라는 용어는 종교적 배도에 사용된다(수 22:22; 대하 29:19; 1 Macc 2:15). Stott, *The Spirit, the Church, and the World*, 341,은 야고보서의 관심사를 세 가지 제목으로 설명한다. 첫째, 구원의 길에 관한 것이 아니라(야고보와 바울은 율법이 아니라 그리스도를 통한 구원에 동의했다) 제자도의 길에 관한 것이었다. 둘째, 바울이 이방인 개종자들에게 가르친 내용(할례가 불필요하다고 가르쳤고 야고보와 예루살렘 공의회도 같은 말을 했다)이 아니라 "이방인 가운데 사는 유대인"에게 가르친 내용에 관한 것이었다. 셋째, 그것은 도덕법(바울과 야고보는 하나님의 백성이 하나님의 계명에 따라 거룩한 삶을 살아야 한다는 데 동의했다)이 아니라 유대인의 "관습"에 관한 것이었다. J. W. Jipp, "The Paul of Acts: Proclaimer of the Hope of Israel or Teacher of Apostasy from Moses?," *NovT* 62 (2020): 60–78,은 독자들이 이 주장을 진지하게 받아들여야 하며 바울은 부활하시고 즉위하신 그리스도에 비추어 이스라엘의 주요 정체성 표식을 재평가한다고 주장한다.

17 대부분 학자는 이것이 나실인의 서원이라고 주장한다. Bock, *Acts*, 647–48,에서는 이 서원을 이해하는 방법에 관해 네 가지 선택지를 제시한다. 첫째, 이방인 지역을 여행한 바울을 정결하게 하는 서원일 수 있다. 둘째, 바울이 남은 기간 동안 이 서원의 마지막을 다른 사람들과 함께 나누었을 수 있다. 셋째, 네 사람은 서원하는 동안 부정한 일을 저질렀기 때문에 정결함을 회복해야 한다. 넷째, 바울은 18:18에 언급된 자신의 서원을 완성하고 있다. 벅Bock은 바울이 이방인 지역을 여행한 후 정결을 회복하여 이방인의 더러움을 제거하기 위한 첫 선택지에 기대고 있다. 그러나 이이방인을 깨끗하다고 부르는 베드로의 묵시에 정면으로 위배되는 것처럼 보인다.

고 있지만, 세 가지를 대립시킬 필요는 없다.

누가는 이미 예루살렘 공의회의 결정을 독자들에게 두 번(15:23-29; 16:4) 알렸지만, 두 가지 목적을 위해 이방인의 자격을 다시 넣는다. 첫째, 예루살렘 교회의 지지를 보여주기 위해서이다. 독자들은 교회가 이미 이방인이 유대인이 될 필요가 없다고 결정했음을 상기시킨다. 둘째, 문제를 명확히 하기 위해서이다. 이 진술 어디에도 유대인이 이방인이 될 필요가 있다는 말은 없다. 유대인이 토라를 버렸다는 말이 없다. 침묵을 통해 추측할 수 있는 것은 유대인들이 모세의 관습의 일부 측면을 계속 따르고 있다는 것이다.

5.1.2. 성전에서 폭동 (21:26-40)

폭동이 누가의 내러티브를 가득 채운다(16:19-24; 17:5-9, 13-15; 19:23-31). 때로는 이교도들이 바울의 유일신론에 반대하고, 때로는 유대인들이 바울의 토라에 대한 신실함에 의문을 제기한다. 이 폭동은 사도행전에서 바울의 사명을 자유인의 사명에서 시련받는 사명으로 전환하는 "폭동의 정점"이 된다. 누가는 무리의 열정과 열심을 보여주기 위해 많은 세부 사항을 기록에 포함했다.

무리는 또한 무지하고 거짓으로 가득 찬 것으로 특징지어진다. 로마의 한 관리가 열성적이지만 잘못된 정보를 가진 유대인들로부터 바울의 목숨을 구해준다. 바울은 자신의 "이중성"(유대인이자 로마 시민)을 드러내며 "그 도"의 융통성을 보여준다. 기독교는 유대교와 제국 안에서 공존할 수 있다.

공간도 무시해서는 안 된다. 성전 일들이 앞에 배치된다. 이미 누가는 성전의 역할에 대한 이해의 전환을 주장했다. 닫힌 성전 문은 바울의 복음을 최종적으로 거부하는 것을 상징한다. 이 구절의 아이러니는 짙다. 위더링턴Witherington이 다음 사항에 주목하는 것은 옳다.

> 예루살렘 교회 지도자들을 만난 이후에 나오는 하위 단락은 의도적인 모순으로 가득 차 있다. 바울은 유대인의 정결 의식(!)을 진행하는 동안 성전을 모독했다는 누명을 썼고, 실제로는 그의 인격이 더럽혀지고 명예를 훼손당하고 있다. 성전은 신성하고 무리는 부정결하며 바울은 정결하게 되어 진실한 성격으로 남아 있다. 이 장면은 사도행전에서 예루살렘 성전을 배경으로 한 마지막 장면이며, 이 장면에서 바울과 그의 메시지가 성전 구역에서 마지막으로 차단되는 장면, 즉 성전 문이 그를 향해 닫히는 장면이 나오는 것은 우연이 아닐 것이다.[18]

---

18 Witherington, *The Acts of the Apostles*, 652. Spangenberg, *Homily 140, Acts 21:26–32*, in Chung-Kim, Hains, et al., *Acts*, 299–300,은 무죄한 피로 성전을 더럽히지 않으려는 것은 모기를 잡아먹고 낙타를 삼키는 것이라고 말한다.

내러티브는 세 부분으로 나눌 수 있다. 첫째, 바울은 토라를 버렸다는 비난을 받는다(26-29절). 둘째, 유대인들이 바울을 체포하고, 드라마의 절정에서 로마 사령관이 바울을 체포한다(30-36절). 이 모든 것은 누가가 로마 제국의 보호 아래 유대인들에게 말할 준비를 하는 바울의 삶과 사역의 이중성을 기록하게 한다 (37-40절).

5.1.2.1. 토라를 버렸다고 고발당한 바울 (21:26-29)

26 바울이 이 사람들을 데리고 이튿날 그들과 함께 결례를 행하고 성전에 들어가서 각 사람을 위하여 제사 드릴 때까지의 결례 기간이 만기된 것을 신고 하니라 27 그 이레가 거의 차매 아시아로부터 온 유대인들이 성전에서 바울을 보고 모든 무리를 충동하여 그를 붙들고 28 외치되 이스라엘 사람들아 도우 라 이 사람은 각처에서 우리 백성과 율법과 이곳을 비방하여 모든 사람을 가르 치는 그 자인데 또 헬라인을 데리고 성전에 들어가서 이 거룩한 곳을 더럽혔다 하니 29 이는 그들이 전에 에베소 사람 드로비모가 바울과 함께 시내에 있음 을 보고 바울이 그를 성전에 데리고 들어간 줄로 생각함이러라

21:26-27. 바울은 장로들의 권면이 좋다고 생각하여 따른다. 기꺼이 유대인의 율법(아마도 나실인의 서원)에 순종하고 모든 사람에게 모든 것이 되고자 한다(고전 9:19-21).[19] 어떤 학자들은 바울이 원하지 않았거나 잘못된 행동이었다고 생각하지만 누가는 이에 관해 언급하지 않는다.[20]

성경은 유대인으로 태어난 사람들이 민족적 관습 중 일부를 계속 지킬 수 있음을 보여준다. 바울은 유대인이 율법을 지킬 권리가 있음을 확인하지만, 이방인에게도 그렇게 하라고 강요하지는 않는다. 또한 이 제안에는 위험이 수반되기 때문에 피상적인 행동이 아니다. 바울은 성전에 들어가 자신의 성화를 드러냄으로 위험 속으로 들어간다. 바울과 장로들은 분노한 유대인들과의 관계를 회복하기 위해 최선을 다한다. 안타깝게도 군중은 이러한 조치에도 불구하고 분노할 것이다.

성령께서는 이미 예루살렘에 사슬에 묶이고 투옥될 것이라고 계시하셨다. 이것은 바울이 피할 수 있는 모든 것을 하지 않도록 한다. 하나님의 뜻은 결정되었고 그 결정은 진행될 것이다. 하나님의 주권 때문에 바울은 자신의 운명을 수동적으로 받아들이지 않는다. 하나님의 계획은 사랑 안에서 지혜롭게 살아야 할 책임을 배제하는 것이 아니라 오히려 그를 더욱 격려한다.

19 Schnabel, *Acts*, 878–79,은 이 상황에서는 고전 9:19-20이 적용되지 않는다고 주장한다.
20 Marshall, *The Acts of the Apostles*, 342; Barrett, *Acts 15–28*, 1013.

바울은 다른 사람들과 함께 정결하게 하고 성전에 들어간다. 정결 기간이 끝나고 제사를 드렸다. 누가는 내러티브를 흥미진진하게 전개한다. 예루살렘이 아닌 아시아에서 온 일부 유대인이 성전에 있는 바울을 보고 무리를 선동하여 체포한다.[21] 예수님이 어두운 동산에서 성전 경비대장에 체포되고(눅 22:52), 바울은 성전에서 무리에게 체포된다.

유대인들은 바울을 따라 다음 목적지로 이동하며 소동을 일으킨다(14:19; 17:13). 아마도 적대자들은 에베소 출신일 가능성이 높다(20:19). 무리를 "휘젓는다"(συγχέω, 슁케오. 개역개정. "충동하여")는 이미 2장 6절, 9장 22절, 19장 32절에서 혼란스러운 무리와 관련하여 사용되었다. 아시아에서 온 유대인들이 군중을 당황하게 하고 문제를 일으켰다는 뜻이다. 이제 그들은 바울에게 손을 댄다. 바울의 세계가 충돌하면서 갈등은 물리적으로 변했다.

21:28-29. 아시아 유대인들은 다른 이스라엘 사람들에게 도움을 요청하고 토라와 관련하여 바울에게 거짓 혐의를 씌운다. 예수님도 마찬가지로 이스라엘을 오도하고 백성을 선동했다는 혐의를 받으셨다(눅 23:2, 5).

첫째, 바울을 고발한 사람들은 바울이 모든 사람에게 (1) 그 백성, (2) 율법, (3) 성전에 반대해서 가르친다고 말한다. 세 가지 항목은 바울이 유대교의 기둥을 더럽힌 것으로 나타난다. 비난은 6장 13절에서 스데반에 대한 비난을 섬뜩하게 반향한다. 바울이 그들의 민족적 사고방식을 거부하고 그들의 공간을 더럽혔기 때문에, 바울을 그들의 옷에 얼룩으로 분류한다. 독자들은 이것이 사실이 아님을 안다. 혐의는 과장되었다. 이미 예루살렘 공의회의 결정이 인용되었고, 바울은 토라를 버렸다는 증거를 제시하지 않는다.

그들이 두 번째 혐의는 바울이 그 백성, 율법, 성전을 경시했다는 혐의를 뒷받침한다. 그들은 바울이 유대인 성전 구역에 헬라인들을 데려왔다고 주장하는데, 그 이유는 바울이 드로비모와 함께 있는 것을 봤다는 것이다. 바울은 반유대주의 운동 지도자로 낙인찍힌다. 누가는 이미 바울이 자신을 정결하게 한 유대인 남자 네 명과 함께 성전에 들어가는 것을 서술했기 때문에 비난은 조작되었다.

그럼에도 이 주장은 어떤 의미에서는 명백히 거짓이지만, 이러한 주장이 제기된 이유를 이해하는 것이 유익하다. 부활 승천하신 주님에 대한 바울의 메시지가 이방인의 삶의 방식에 도전했듯이, 사도행전의 첫 일곱 장에서 보았듯이 유대교에 도전한다. 지프Jipp가 말했듯이,

---

21 바울은 아시아 유대인 회당을 분열시켰고(19:8-9), 이교도 폭동(19:26,33-34)에 대한 비난을 받았을 수도 있다.

바울은 **정말** 유대교, 즉 백성, 토라, 성전에 신실하다. 그러나, 이 궁극적인 충성, 즉 바울이 평생을 지향해 온 부활하신 유대인 메시아에 종속된 방식으로만 신실하다. 다시 말해, 부활하신 메시아에 대한 바울의 궁극적인 충성은 그의 유대인 유산과 신성한 성경의 의미를 근본적으로 재구성하는 결과를 낳는다.[22]

5.1.2.2. 바울이 체포됨 (21:30-36)

30 온 성이 소동하여 백성이 달려와 모여 바울을 잡아 성전 밖으로 끌고 나가니 문들이 곧 닫히더라

31 그들이 그를 죽이려 할 때에 온 예루살렘이 요란하다는 소문이 군대의 천부장에게 들리매 32 그가 급히 군인들과 백부장들을 거느리고 달려 내려가니 그들이 천부장과 군인들을 보고 바울 치기를 그치는지라 33 이에 천부장이 가까이 가서 바울을 잡아 두 쇠사슬로 결박하라 명하고 그가 누구이며 그가 무슨 일을 하였느냐 물으니 34 무리 가운데서 어떤 이는 이런 말로, 어떤 이는 저런 말로 소리 치거늘 천부장이 소동으로 말미암아 진상을 알 수 없어 그를 영내로 데려가라 명하니라 35 바울이 층대에 이를 때에 무리의 폭행으로 말미암아 군사들에게 들려가니 36 이는 백성의 무리가 그를 없이하자고 외치며 따라 감이러라

21:30-32. 내러티브의 긴장감이 계속 고조된다. 도시 전체가 소란스러운 무리가 된다. 그들은 바울을 붙잡아 안뜰 밖으로 끌고 나가 죽이려고 한다. 아이러니하게도 이 유대인들은 살인하면서 율법을 지키고자 한다. 거룩한 백성이 더러워지고 있다. 성전 법정에서 쫓겨나자 로마의 관리가 개입할 수 있는 기회가 열린다.

유대인들이 적대자로 등장하는 동안 로마의 지휘관이 바울을 구하는 주인공이 된다. 고결한 의도보다는 평화를 지키기 위해 바울을 구출했을 가능성이 높지만, 내러티브 관점에서 볼 때 바울이 로마인에게 구원받는다는 점이 인상적이다. 제국주의에 반대하는 독자들은 이 행위와 나중에 바울이 가이사에 호소하는 것을 공정하게 대해야 한다. 누가의 묘사는 예수님의 재판을 연상시킨다. 유대인들은 예수님을 로마인에게 인도하지만 로마 관리들은 그에게 잘못을 찾지 못한다.

천부장은 예루살렘 전체가 혼란에 빠졌다는 소식을 듣고 병사들과 백부장들을 동원해 개입한다. 유대인들은 로마 당국을 보고 때리는 것을 멈춘다. 독자들은 바울의 감금이 공식적인 사역을 제한하지만 새로운 청중을 위한 기회가 되기도 한다는 것을 이미 알고 있다. 그 무엇도 복음을 막을 수 없다.

21:33-36. 지휘관이 바울을 "잡아"($\dot{\epsilon}\pi\iota\lambda\alpha\mu\beta\acute{\alpha}\nu\omicron\mu\alpha\iota$, 에필람바노마이, CSB "구

22 Jipp, *Reading Acts*, 116.

금하다") 그의 생명을 구한다. 이 단어는 30절에서 바울을 "붙잡은" 폭도들에 사용된 단어로, 누가는 독자들이 두 가지 반응을 비교하고 대조하기를 원한다는 것을 나타낸다.

로마 천부장은 바울을 소란을 일으키고 평화를 어지럽힌 혁명가로 의심한다. 천부장은 서서히 바울이 정말 누구인지 눈을 뜬다. 누가의 독자들 역시 기독교에 관해 눈을 뜰 것이다. 바울에 대한 예언(21:11)과 직접적으로 관련해서 천부장은 바울을 쇠사슬로 묶고 그가 누구이며 무슨 일을 했는지 묻는다. 그는 단순히 무슨 일이 있었는지 확인하려고 할 뿐 바울을 정식으로 기소하지 않는다.

무리는 소란스럽고 사람들은 이런저런 소리를 지른다. 바울에 대해 한목소리를 내지 않자 천부장은 영내로 데려가 채찍질하라고 명령한다(참조. 눅 22:63-66; 23:16). 누가는 계속해서 혼란스러운 장면을 묘사한다. 무리의 폭력 때문에 바울을 업고 계단 위로 올라가야 했고, 무리는 바울을 죽이라고 계속 고함을 질렀다. 소란스러운 무리는 예수님의 재판을 연상시킨다(눅 23:18; 요 19:15).

5.1.2.3. 바울의 두 세계 (21:37-40)

37 바울을 데리고 영내로 들어가려 할 그 때에 바울이 천부장에게 이르되 내가 당신에게 말할 수 있느냐 이르되 네가 헬라 말을 아느냐 38 그러면 네가 이전에 소요를 일으켜 자객 사천 명을 거느리고 광야로 가던 애굽인이 아니냐 39 바울이 이르되 나는 유대인이라 소읍이 아닌 길리기아 다소 시의 시민이니 청컨대 백성에게 말하기를 허락하라 하니 40 천부장이 허락하거늘 바울이 층대 위에 서서 백성에게 손짓하여 매우 조용히 한 후에 히브리 말로 말하니라

21:37-40. 바울은 끌려가면서 무리에게 말을 할 수 있도록 요청한다. 사도는 자신이 유대인이지만 중요한 헬라 도시인 길리기아 다소 출신임을 천부장에게 알린다. 당시 사람들은 출신 지역에 따라 사람을 판단했는데, 다소는 벨릭스도 인정할 만한 명예로운 곳이었기 때문이다(23:34).

천부장은 바울이 자객들과 함께 반란을 일으킨 애굽인이라고 생각하는데, 다소 사람에 대한 비방이다.[23] 이것은 바울과 자객들을 대조한다. 바울은 폭력이 아니라 예수님의 평화와 함께 왔다. 그는 혁명가나 이방인 침입자가 아니라 경건한 유대인이자 평화로운 로마 시민이다. 바울의 부활 주장은 논쟁의 근거가 될

---

23 참조. Strabo, *Geog.* 17.1.12; Phil, *On Dreams* 1.240; Josephus, *Ag. Ap.* 2.41. Johannes Brenz, *Homily 101 on Acts 22*, in Chung-Kim, Hains et al., *Acts*, 303,은 바울이 모세의 율법을 버렸다는 것과 애굽 도적이라는 두 가지 혐의로 기소되었다고 지적한다. 바울은 두 가지 혐의를 모두 반박한다.

수 있지만, "계획된 반란이나 무기를 요구하는 것은 아니다."[24] 바울은 애굽인이
아닌 것이 드러난다. 그는 천부장에게 헬라어로 무리에게 말하게 해달라고 헬라
어로 요청했기 때문이다. 천부장이 허락하고 무리가 조용해지자 바울은 아람어
로 무리에게 연설한다.

해석가는 헬라어와 아람어의 조합에 주목해야 한다. 바울은 두 개의 다른 세
계에 능숙하게 존재한다. 그는 다소 출신이기 때문에 헬라어를 구사할 수 있지만
아람어도 구사할 수 있다.[25] 이방인 기독교의 주요 지지자는 유대인으로서 그들
에게 연설한다. 이 점은 다음 장에서 바울이 유대인 정체성(22:1-21)과 로마 시
민권(22:22-30)을 변호할 때 더 자세히 설명할 것이다. 바울이 재판을 받는 이
유는 그의 몸이 메시아가 통합하는 두 세계에 걸쳐 있기 때문이다.

5.1.3. 바울의 변호(22:1-30)

바울은 유대교의 기둥인 토라, 성전, 백성에 이의를 제기했다는 혐의를 받고
있다. 그는 서원이 그들을 설득하지 못했기 때문에 신실함을 변호한다. 바울은
율법을 위해 열심을 다했던 과거의 삶과 예수님의 계시를 이야기한다.[26] 이 변론
은 결국 바울이 무리에게 증거하는 수단이 된다. 바울은 간증, 자신의 이야기, 예
수님의 나타나심을 그리스도에 대한 증거로 사용한다. 바울이 이방인을 향한 자
신의 사명을 언급하자 군중은 바울을 침묵시킨다.

천부장은 바울을 채찍질하려 하지만 로마 시민이므로 공정한 재판을 받아야
한다고 주장한다. 이 연설은 바울과 그의 사역의 이중성을 강조하기 위해 구성된
다. 이렇게 그의 변호는 이 새로운 운동에 대한 변호가 된다. 서문(21:37-40)에
서는 자신을 유대인이라고 밝히고, 이어서 로마 시민이라고 밝힌다(22:25-28).
이 연설에서 그는 유대인 혈통을 확인하면서도 이방인 선교에 관해서도 이야기
한다.[27]

바울의 변호와 그의 두 세계	
서문 (21:37-40)	나는 헬라어를 사용하는 유대인이다.

---

24 Rowe, *World Upside Down*, 71.

25 천부장 바울이 헬라어를 할 수 있다는 사실에 놀란 것이 아니라 바울의 문법, 억양, 어휘, 즉
헬라어 실력에 놀랐을 것이다.

26 수사학자들은 바울처럼 자신의 삶을 기원, 양육, 훈련, 행적, 비교의 순서로 순차적으로 이야
기한다. 다음을 참조하라. Parsons, *Acts*, 308. 참조.

27 Dunn, *Acts*, 291.

변호 (22:1-24)	나는 이방인에게 보냄을 받은 유대인이다
이어지는 부분 (22:25-28)	나는 로마시민이다!

바울은 이방인을 향한 사명을 가진 신실한 유대인으로서, 그리고 헬라화된 중요한 도시의 로마 시민으로서 두 세계에 존재한다. 예수님의 경우와 마찬가지로 군중이 바울의 죽음을 외치자 관리들은 이 사람을 어떻게 해야 할지 몰랐다. 기독교는 세상의 수수께끼이다. 정치적, 종교적 주장이지만 모든 사람에게 평화를 주는 종교이다.

독자들은 이러한 예언 때문에 바울에게 고난이 닥칠 것이라고 예상하지만, 바울은 계속해서 상황을 주도하며 "갇힘이 복음 전파와 선교 활동을 단절시키지 못하고 오히려 '그의 선포가 계속될 새로운 장소와 새로운 청중'을 제공한다."[28] 다양한 집단이 바울의 입을 막으려 해도 하나님은 바울을 통해 승리하신다. 예수님은 재판에서 대부분 침묵하셨지만, 바울은 변호할 때가 있음을 드러낸다. 바울이 유대인 혈통에 관해 변호하는 내용은 전체 생애(1-5절), 예수님을 만난 사건(6-11절), 아나니아의 방문(12-16절), 예루살렘에서 본 환상(17-21절)으로 나눌 수 있다.

5.1.3.1. 바울의 유대인 혈통과 하나님의 사명 (22:1-21)

1 부형들아 내가 지금 여러분 앞에서 변명하는 말을 들으라

2 그들이 그가 히브리 말로 말함을 듣고 더욱 조용한지라 이어 이르되 3 나는 유대인으로 길리기아 다소에서 났고 이 성에서 자라 가말리엘의 문하에서 우리 조상들의 율법의 엄한 교훈을 받았고 오늘 너희 모든 사람처럼 하나님께 대하여 열심이 있는 자라 4 내가 이 도를 박해하여 사람을 죽이기까지 하고 남녀를 결박하여 옥에 넘겼노니 5 이에 대제사장과 모든 장로들이 내 증인이라 또 내가 그들에게서 다메섹 형제들에게 가는 공문을 받아 가지고 거기 있는 자들도 결박하여 예루살렘으로 끌어다가 형벌 받게 하려고 가더니

6 가는 중 다메섹에 가까이 갔을 때에 오정쯤 되어 홀연히 하늘로부터 큰 빛이 나를 둘러 비치매 7 내가 땅에 엎드러져 들으니 소리 있어 이르되 사울아 사울아 네가 왜 나를 박해하느냐 하시거늘 8 내가 대답하되 주님 누구시니이까 하니 이르시되 나는 네가 박해하는 나사렛 예수라 하시더라 9 나와 함께 있는 사람들이 빛은 보면서도 나에게 말씀하시는 이의 소리는 듣지 못하더라

10 내가 이르되 주님 무엇을 하리이까 주께서 이르시되 일어나 다메섹으로 들어가라 네가 해야 할 모든 것을 거기서 누가 이르리라 하시거늘

---

28 Peterson, *Acts*, 594. Skinner, *Locating Paul*, 109.

11 나는 그 빛의 광채로 말미암아 볼 수 없게 되었으므로 나와 함께 있는 사람들의 손에 끌려 다메섹에 들어갔노라 12 율법에 따라 경건한 사람으로 거기 사는 모든 유대인들에게 칭찬을 듣는 아나니아라 하는 이가 13 내게 와 곁에 서서 말하되 형제 사울아 다시 보라 하거늘 즉시 그를 쳐다보았노라 14 그가 또 이르되 우리 조상들의 하나님이 너를 택하여 너로 하여금 자기 뜻을 알게 하시며 그 의인을 보게 하시고 그 입에서 나오는 음성을 듣게 하셨으니 15 네가 그를 위하여 모든 사람 앞에서 네가 보고 들은 것에 증인이 되리라 16 이제는 왜 주저하느냐 일어나 주의 이름을 불러 세례를 받고 너의 죄를 씻으라 하더라

17 후에 내가 예루살렘으로 돌아와서 성전에서 기도할 때에 황홀한 중에 18 보매 주께서 내게 말씀하시되 속히 예루살렘에서 나가라 그들은 네가 내게 대하여 증언하는 말을 듣지 아니하리라 하시거늘

19 내가 말하기를 주님 내가 주를 믿는 사람들을 가두고 또 각 회당에서 때리고 20 또 주의 증인 스데반이 피를 흘릴 때에 내가 곁에 서서 찬성하고 그 죽이는 사람들의 옷을 지킨 줄 그들도 아나이다

21 나더러 또 이르시되 떠나가라 내가 너를 멀리 이방인에게로 보내리라 하셨느니라

22:1-2. 바울은 군중에게 "부형들아"라고 말하며 자신이 그들과 같은 사람이라고 말한다. 그런 다음 그들 앞에서 "변명"(ἀπολογία, 아폴로기아)을 하겠다고 말한다.[29] 누가 문헌 전체를 고려할 때, 변명은 예수님을 증거하라는 예수님의 부르심을 완수하는 부분이다. 예수님은 제자들에게 회당과 통치자 및 권력자 앞에 끌려갈 때 성령께서 인도해 주실 것이므로(눅 12:11-12) 어떻게 자신을 변호할지, 무엇을 말할지 걱정할 필요가 없다고 말씀하셨다(21:12-15).

하나님께서는 바울의 체포를 계획하셨고, 바울은 예수님을 증거하며 성령께서 그에게 말씀을 주신다. 아람어로 된 바울의 연설을 들은 무리는 모두 조용해진다. 바울의 다메섹 길 체험을 표현한 이 부분에서 세 가지가 두드러진다. 첫째, 바울의 유대인 정체성을 강조한다. 둘째, 그의 사명은 유대인의 토양에 깊이 뿌리를 두고 있지만 예수님을 중심으로 재구성되었다. 마지막으로, 바울은 내러티브 절정까지 자신의 사명에 대한 구체적인 내용을 전달한다.

---

29 Peterson, *Acts*, 595,는 "변호(ἀπολογία)라는 단어는 기술적인 용어였고(참조. Plato, *Apol.* 28A; *Phaedr.* 267A; *Wis.* 6:10; *Josephus, Against Apion* 2:147), 그리스도인들이 공식적으로나 비공식적으로 사용했다(참조. 행 25:16; 고전 9:3; 고후 7:11; 빌 1:7, 16; 딤후 4:16; 벧전 3:15)."

22:3-5. 바울의 변론은 본질적으로 유대인으로서 그의 삶과 사역에 대한 이야기이다. 바울은 율법에 대한 열심과 유명한 스승 밑에서 훈련을 받았다는 자신의 정통 이력을 소개하며 시작한다. 바울은 유대인으로서 다소에서 태어나 가말리엘에게 교육받았으며, 그의 뿌리는 디아스포라가 아닌 팔레스타인에 있다. 그는 율법에 대한 열심이 너무 커서 죽음에 이르기까지 "그 도"를 핍박했다.

"도"라는 명칭은 기독교 운동을 유대교와 구별하기 위한 맥락에서 사용된다. "도"는 다수 문화에 대항하는 새로운 집단의 정체성을 정의한다.[30] 이전에는 율법에 대한 열심이 폭력을 낳았지만, 이제 예수님은 그를 평화를 위한 사명으로 보내셨다. 잘못된 정보를 가진 무리와 달리 그는 명문 학교에서 교육을 받았고 자신의 가치를 증명했다.

그는 어떤 대가를 치르더라도 하나님의 명령을 지키는 비느하스와 같은 사람이었다(민 25:6-13). 이러한 열심은 그들의 지도자들(대제사장과 장로들)이 증명할 수 있다. 그들은 심지어 바울이 그 도를 핍박하는 것을 승인했다. 바울은 사람들에게 자신이 훈련받은 제도를 버리라고 가르치는 사람들을 처벌하기 위해 다메섹으로 향했다. 바울의 과거 폭력적인 삶은 무리를 반영한다.

22:6-11. 다메섹 길의 경험은 누가가 바울의 회심을 두 번째로 다시 이야기할 수 있는 기회를 제공하며, 그의 이야기에서 그 중요성을 보여준다(참조. 26:9-18). 이 이야기는 이전에 나온 것과 대체로 비슷하며, 독자들은 주석의 앞부분(9:1-18)에서 자세한 설명을 찾아볼 수 있다. 그러나 여기에서는 바울의 관점에서 이야기하고 앞에서는 화자가 이야기한다. 따라서 몇 가지 차이점이 있다.

첫째, 빛에 대한 강조는 계속되지만 다른 방식으로 나타난다. 여기서 바울은 정오가 되자 "큰 빛"(CSB "하늘로부터의 강렬한 빛")이 나타났으며, 이것을 신현으로 묘사한다. 11절에서 빛을 영광으로 묘사한 것은 이사야의 부름(사 6:3)을 떠올리게 하며 성전의 만남으로 채색한다.

빛, 어둠, 정오에 대한 세 가지 언급은 언약에 신실하지 않았던 사람들에 대한 이사야의 저주를 반영한다. "우리가 맹인 같이 담을 더듬으며 눈 없는 자 같이 두루 더듬으며 낮에도 황혼 때 같이 넘어지니"(사 59:10)라고 이사야는 말한다. 바울의 짧은 기간의 실명은 스가랴가 불신으로 일시적으로 벙어리가 된 것과 비슷하다(눅 1:20, 22). 바울은 자신의 이전 혈통이 어둠과 언약에 신실하지 않음으로 가득 차 있었음을 암시한다(빌 3:3-11). 이제 어둠 속에 빛이 나타났다(눅 2:32; 요 1:1-9; 약 1:17; 벧전 2:9; 요일 1:5; 계 21:24; 22:5).

---

30 Pao, *Acts and the Isaianic New Exodus*, 65.

두 번째 차이점도 있다. 9장에서는 그와 함께 있던 사람들이 음성은 들었으나 아무도 보지 못했다고 했는데(9:7), 여기서는 빛은 보았으나 음성은 듣지 못했다고 말한다. 고대 독자들은 작은 차이를 그다지 신경 쓰이지 않았다. 목소리는 들었지만 단어를 알아듣지 못했을 수도 있다. 내러티브에 미치는 영향은 단어보다는 계시의 밝기를 다시 한번 강조한다. 바울은 끝까지 임무에 관해서는 남겨둔다.

22:12-16. 아나니아는 다시 바울의 요약에서 큰 부분을 차지한다. 이번에는 그가 "제자"가 아니라 "율법을 따라 경건한 사람"으로 소개되어 다메섹 길 체험에 대한 유대인 중심을 더욱 뒷받침한다. 아나니아는 바울의 변화를 확인시켜 준다. 아나니아는 이제 바울에게 아버지의 뜻에 관해 이야기한다. 아버지의 뜻이라는 개념은 사도행전 전체에서 사용된 "하나님의 계획"과 비슷하다(2:23; 4:28; 5:38-39; 13:36; 20:27).

바울은 아버지에 대한 설명을 "우리 조상들의"라는 속격으로 바꾸어 유대교적 연관성을 더하고 모세의 사명을 암시한다(출 3:15). 여호와의 뜻은 바울이 "의인"를 보고 그분의 입에서 나오는 말씀을 들음으로써 알려진다. 바울은 자신이 보고 들은 것을 "모든 사람"에게 증언하는 증인이 될 것이며, 위험에 빠지게 만드는 "이방인"이라는 단어를 피할 수 있을 것이다. 이미 누가는 베드로의 연설과 스데반의 연설(3:14; 7:52)에서 예수님을 "의인"이라고 언급했다.

예수님을 "의인"라고 부르는 것은 두 가지 의미가 있다. 첫째, 예수님의 다윗적인 결백을 가리키며 바울이 자신에게 제기된 고소에 결백하다는 것을 암시한다(참조. 렘 23:5-6; 33:15). 바울은 다윗, 스데반, 예수님과 같은 의로운 고난받는 자들의 전통을 따르고 있다.

둘째, 스데반의 연설에서 의인은 성전을 초월한 하나님의 임재와 연결되어 있다. 누가는 이 칭호를 다시 사용함으로써 성전만이 하나님의 임재의 유일한 장소가 아님을 나타낸다. 부활 생명은 예수님을 통해 확장된다. 불의 혀가 이방인들에게 임하면서 새 성전이 예루살렘 밖 나라들로 확산되고 있다. 바울의 임무는 이 비전과 예수님의 전 세계적 임재를 "증거"하는 것이다. "모든 사람"에 대한 언급은 곧 이방인과 관련하여 명확해질 것이다(22:21).

아나니아는 바울에게 세례를 받으라고 말한다(21:16). 바울은 순교자들의 피로 얼룩져 있다. 그는 일어나서 예수님의 보혈로 자신의 죄를 씻어야 한다. 그는 주 예수께 자비를 구해야 한다. 바울은 의로우신 분께 의를 받는다.

22:17-21. 누가는 바울이 체험을 마치고 예루살렘으로 돌아온 후 예수님께 받은 말씀에 관해 새로운 정보를 제공한다. 이중 환상은 바울의 간증을 강화하며

그를 주님을 본 선지자로 묘사한다. 예수님의 말씀이 이 작은 내러티브의 대미를 장식하고 바울의 반박이 중간에 나온다. 바울은 체포된 바로 그 성전에서 옛 선지자들처럼 환상에 빠졌다. 회심 후에도 바울은 성전에 들어가 예수님을 뵈었다![31] 이사야처럼 성전에서 환상을 보고 주님의 보내심을 받은 바울은 백성들의 반응에 대한 실망스러운 보고를 받는다(6:1-13).

예수님은 예루살렘이 자신에 관한 증언/증인을 받아들이지 않을 것이니 예루살렘을 떠나라고 말씀하신다. 하나님의 사자들과 그분의 말씀을 환영하는 것은 여호와 자신에 대한 환영을 구체화한다. 성부, 성자, 성령께서는 바울을 위해 많은 계획을 가지고 계셨기 때문에 예루살렘 밖으로 인도하셨다. 이제 성령께서 그를 예루살렘으로 다시 인도하셨다. 바울은 예수님께 대응하며, 본질적으로 그들이(아마도 유대인들이) 율법에 대한 바울의 열심을 알고 있으므로 예루살렘 사람이 자신을 핍박해서는 안 된다고 주장한다. 그는 사람들을 투옥하고 구타했을 뿐만 아니라 스데반이 살해당하는 것을 방관했다.

바울은 자신의 자격을 고려할 때 이스라엘을 복음화하기에 완벽한 사람이라고 생각했다. 그러나 예수님은 그가 예루살렘을 떠나야 한다고 말씀하신다. 바울을 위한 다른 계획이 있기 때문이다. 바울은 열방으로 가야 할 사명이 있기 때문에 "가야만" 한다. 그들에게 미래가 있기 때문이다. 다섯 가지 특징에 주목해야 한다.

첫째, 이방인들에 대한 사명은 절정까지 언급되지 않는다. 둘째, 예루살렘을 떠나라는 예수님의 명령은 이전 예언에 대한 이야기일 뿐만 아니라 바울의 메시지에 대한 반응의 현재적 성취로 역할 한다. 셋째, 제자들에게 "가라"(마 28:18-20)고 말씀하실 때 사용된 구체적인 언어는 독자들에게 지상 명령을 떠올리게 한다. 바울이 "멀리" 보냄 받아야 한다는 지리적 강조도 분명한데, 이는 민족적 거리와 지리적 거리를 모두 나타낸다.

넷째, 바울은 이 이야기를 다시 전하면서 예수님을 변호할 뿐만 아니라 더 나아가 예수님을 증거한다. 그는 이 이야기를 다시 전하는 행위에서 자신의 사명을 완수한다. 마지막으로 바울은 비난을 뒤집는다. 폭도들은 그를 성전의 적이라고 고발하지만, 바로 이 성전에서 그는 자신의 사명을 받았다.

---

31 Tannehill, *The Narrative Unity of Luke-Acts*, 2:283,은 성전이 성경과 누가 문학 모두에서 계시의 장소임을 구체적으로 언급한다. 시므온은 성전에서 하나님의 구원이 모든 민족을 위한 것임을 듣는다(눅 2:30-32). 솔로몬 행각에서 베드로는 청중에게 땅의 모든 족속이 그들을 통해 복을 받을 것이라고 말한다(행 3:25). "세계를 향한 약속은 이스라엘의 소명과 상충하는 것이 아니라 사실 이스라엘의 역사와 하나님에 대한 경험에 뿌리를 두고 있다."

5.1.3.2. 바울의 로마 시민권 (22:22-30)

22 이 말하는 것까지 그들이 듣다가 소리 질러 이르되 이러한 자는 세상에서 없애 버리자 살려 둘 자가 아니라 하여

23 떠들며 옷을 벗어 던지고 티끌을 공중에 날리니 24 천부장이 바울을 영내로 데려가라 명하고 그들이 무슨 일로 그에 대하여 떠드는지 알고자 하여 채찍질하며 심문하라 한대 25 가죽 줄로 바울을 매니 바울이 곁에 서 있는 백부장더러 이르되 너희가 로마 시민 된 자를 죄도 정하지 아니하고 채찍질할 수 있느냐 하니 26 백부장이 듣고 가서 천부장에게 전하여 이르되 어찌하려 하느냐 이는 로마 시민이라 하니 27 천부장이 와서 바울에게 말하되 네가 로마 시민이냐 내게 말하라 이르되 그러하다 28 천부장이 대답하되 나는 돈을 많이 들여 이 시민권을 얻었노라 바울이 이르되 나는 나면서부터라 하니 29 심문하려던 사람들이 곧 그에게서 물러가고 천부장도 그가 로마 시민인 줄 알고 또 그 결박한 것 때문에 두려워하니라 30 이튿날 천부장은 유대인들이 무슨 일로 그를 고발하는지 진상을 알고자 하여 그 결박을 풀고 명하여 제사장들과 온 공회를 모으고 바울을 데리고 내려가서 그들 앞에 세우니라

22:22-25. 이 경건한 유대인들은 바울이 이방인에게 파송되었다는 소식을 듣고 목소리를 높여 바울의 죽음을 요구함으로써 바울의 연설을 끝낸다(눅 4:24-29; 23:18-25; 행 21:36). 죽음은 바울이 전하는 생명의 메시지와 같이 놓인다. 그들은 바울을 이 땅에서 쓸어버려야 한다고 말하지만, 바울은 이미 예수님의 이름을 온 땅에 전파했다. 무리는 예수님의 환대에 반대했던 것처럼 바울이 이방인을 환대하는 것에 반대한다(눅 4:16-30).

누가는 이 장면에서 무리가 고함을 지르고, 옷을 벗어던지고, 먼지를 공중에 뿌리는 것과 같은 긴장감이 감도는 상황을 자세히 묘사한다.[32] 천부장은 지쳤다. 그는 바울이 무슨 짓을 했는지 확인할 수 있을 때까지 바울을 영내로 끌고 가서 채찍질하려 한다. 그러나 그들이 바울을 채찍질하기 위해 그를 매자, 바울은 로마 시민이라고 말한다.

바울은 유대인 혈통을 변호했지만 이제는 로마 시민임을 밝힌다(16:37-39; 25:11-12). 로마 시민은 재판 없이 채찍질해서는 안 된다.[33] 바울은 이중 정체성

---

32 Keener, *Acts*, 3:3245,는 옷을 버리면서 먼지를 떠는 것은 애도를 나타낼 수 있지만 여기서는 아마도 거부의 표시일 수 있다고 지적한다.

33 Keener, *Acts*, 3:3247,은 바울이 곧 받게 될 형벌의 형태가 훨씬 더 위험하고 잠재적으로 치명적이기 때문에 바울이 이 사실을 밝히기를 기다렸을 것이라고 주장한다. Cassidy, *Society and Politics*, 102–3,은 사도행전의 내러티브와 바울이 시민권을 늦게 인정한 것은 그가 시민권에 큰 가치를 두지 않았음을 보여준다고 말한다. 바울은 비로마 그룹 앞에서 자신의 시민권을

을 가지고 있지만 충성심은 단 하나이다. "그 도"에 대한 충성이다. 기독교는 제국에서도 존재할 수 있다. 로마의 도시civitas는 그 주체의 도덕적 성격을 드러내는 문학적 방식이었다.[34] 바울은 이 재판과 그 이후의 재판을 통해 로마 관리들과 심지어 유대인 지도자들에게도 그들 제도의 정의를 지속해서 상기시켜 준다.[35]

이런 의미에서 "그 도"는 로마와 유대인의 덕을 능가한다. 기독교는 로마보다 더 정의롭고 바울이 고소하는 유대인보다 더 토라에 충성된다. 핍박받는 신자들이 법적 보호를 받을 수 있는 곳에서 법적 보호를 구하고 그 수단을 사용하는 것은 잘못이 아니다.[36]

22:26-28. 백부장은 바울이 로마 시민이라는 말을 듣고 가서 천부장에게 말했고, 천부장은 바울의 신분 때문에, 또 천부장이 이미 로마 시민에 대한 법을 어겼기 때문에 충격을 받았다. 천부장은 시민권을 취득했지만 바울은 로마 시민으로 태어났다.

누가는 바울을 반대하는 사람들을 혼란으로 가득 찬 사람들로 묘사했다. 무리는 일관성 없는 소리를 지르고, 천부장은 바울을 어떻게 해야 할지 모른다. 바울은 고발자들이 바울을 분류한 어떤 범주에도 깔끔하게 들어맞지 않는다. 그는 토라를 반대하는 사람이 아니라 예수님을 메시아로 믿는 유대인이다. 그는 이방인을 향한 사명을 가진 유대인이다. 그는 헬라어와 아람어를 유창하게 구사한다. 그는 평판이 없는 사람이 아니라 로마 시민이다. 그의 메시지는 민족 중심적이고 예상되는 현실을 초월한다.

22:29-30. "로마인이라는 것을 나타낸" 결과로 천부장은 바울에게서 물러난다. 그는 공정한 재판 없이 로마 시민을 결박했다. 이전에 수치를 당했던 사람은 이제 명예롭게 되어야 한다. 복음은 수치심을 고귀함으로 바꾼다. 누가는 시종일관 바울을 의롭고 무죄한 사람으로 묘사한다. 유대인들은 바울에게 거짓 혐의를

절대 공개하지 않았으며, 로마 그룹에서 적절한 대우를 받기 위해 마지막 순간까지 기다렸다.

34 D. K. Christensen, "Roman Citizenship as a Climactic Narrative Element: Paul's Roman Citizenship in Acts 16 and 22 Compared with Cicero's against Verres," *Conversations with the Biblical World* 38 (2018): 55–75.

35 여기서 바울은 글라우디오에게 로마 시민은 채찍질을 당할 수 없다는 것을 상기시킨다. 나중에 누가는 벨릭스가 뇌물을 받기 위해 바울을 붙잡았지만 바울은 굴복하지 않았다고 말한다. 누가는 또한 벨릭스의 호의로 바울을 감옥에 남겨둔다고 말한다. 바울은 베스도에게 공정한 재판을 받지 않는 한 베스도가 자신을 넘겨줄 수 없다는 것을 상기시킨다.

36 바울과 실라가 빌립보에서 로마 시민권을 밝히지 않은 것은 빌립보에 있는 사람들도 앞으로 고난을 겪을 수 있다는 것을 알게 하기 위해서였을 것이다.

제기했고, 바울은 지역 당국으로부터 학대를 당하고 있다.

관리들은 바울이 왜 고소를 당했는지 아직 확인하지 못했기 때문에 바울을 석방하고 대제사장과 산헤드린에게 정식 재판을 위해 소집하라고 말한다. 바울은 이제 예루살렘에 들어왔고 폭도들이 일어났고, 체포되었다. 이로써 바울은 독특한 이중적 위치에서 메시아를 증거할 수 있다. 이제 공식 재판이 다가온다. 권력자들(산헤드린, 총독 벨릭스, 베스도, 아그립바 왕)은 기독교를 재판에 회부한다. 그러나 그들이 하나님의 종을 어떻게 대했는지에 대한 심판 받을 대상이다.

추가 주석 6. 사도행전의 완화된 반제국주의

역사적으로 누가의 국가에 대한 "변호"와 관련하여 두 가지 극단의 사고가 등장했다.[37] 첫째, 누가는 로마인들에게 기독교를 정치적으로 무해하다고 변증하는 것일 수 있다. 이것은 가능하지만 누가가 비기독교인을 염두에 두고 썼다고 상상하기는 어렵다.

또는 누가가 제국을 의심하던 기독교 공동체에 로마를 위한 변증이나 두 체제가 당분간 공존할 수 있음을 보여주는 합법적인 문서로 작성했을 수도 있다. 이것을 위해서 누가-행전 전반에 걸쳐 로마에 대체로 긍정적인 평가가 필요하다. 그러나 사도행전 전체에 일관되게 들어맞지 않으며 지나친 추측이다.

이 질문과 관련하여 누가가 사도행전에서 반제국적 읽기를 제공하는가 하는 점이다. 누가의 국가에 대한 입장은 미묘하다는 점을 인식하는 것이 가장 좋다. 로우와 김세윤이 주장하듯이 누가의 글에는 로마에 대한 변증법적 인식, 즉 "예와 아니오"가 존재한다.[38] 누가는 친로마도 아니고 반로마도 아니다.

누가는 제국을 비판하면서도 기독교가 로마와 공존할 방법을 보여줄 수 있다. 누가는 바울의 복음이 정치적으로 전복하는 성격을 가졌다는 혐의를 받을 수 있지만, 바울은 계속해서 무죄를 선언한다. 누가는 바울이 통치자들에게 체포되는 장면과 함께 바울이 로마의 정의에 자신을 맡기는 장면을 서술한다. 바울은 다른 왕을 선포하지만 누가는 궁극적으로 로마가 하나님의 계획에 어떻게 부합할 수 있는지를 보여준다. 모든 읽기는 이 두 가지 현실을 모두 고려해야 하며, 그 필연적인 결과를 희생해서는 안 된다.

---

37 S. Walton, "The State They Were In: Luke's View of the Roman Empire," in *Reading Acts*, 75–106,은 제국에 대한 누가의 견해를 다섯 가지로 확장한다. (1) 사도행전은 로마 관리들에게 보내는 교회를 대신한 정치적 변증이다. (2) 사도행전은 로마 제국이 교회에 보내는 변증이다. (3) 사도행전은 교회의 정체성에 대한 정당성을 제공한다. (4) 사도행전은 교회가 로마 제국과 함께 살도록 준비시킨다. (5) 사도행전은 정치에 전혀 관심이 없다. 월튼의 견해는 여섯 번째 견해로 작용한다. 사도행전은 제국으로부터 중요한 거리를 두고 활동한다.

38 Kim, *Christ and Caesar*, 188–90.

몇 가지 요소는 제국에 대한 도전이 있음을 나타내지만, 이는 많은 요점들로 완화되어야 한다.[39] 첫째, 성경은 정부에 복종할 것을 요구한다. 둘째, 예수님에 대한 충성이 항상 국가에 봉사하는 것과 양립할 수 없는 것은 아니다. 고넬료는 가이사에 대한 섬김을 버리라는 부름을 받지 않았다. 성경에서 이두 가지는 절대 상충하는 것이 아니라 지속해서 결합해 있다(다니엘서; 에스더; 롬 13장; 벧전 2:13-17).

셋째, 바클레이는 성경 저자들이 "로마를 로마로서 반대하는 것이 아니라 인간 무대에서 언제 어디서 어떻게 나타나든 하나님을 대적하는 세력들에 반대한다."[40] 바클레이는 바울에 관해 말하고 있지만 누가는 로마 제국을 그가 말하는 더 큰 이야기의 부수적인 것으로 보는 것 같다. 그 세력들은 그의 목적과 충돌할 때만 중요하다. 세상에는 오직 두 가지 통치, 즉 은혜의 통치와 죽음의 통치만이 존재했다. 죽음과 죄, 혼돈이 지상 권력을 장악했지만 그 시대는 끝났다.

"절제된" 반제국적 읽기의 증거는 다음과 같다.[41] 첫째, 예수님께 주어진 칭호들이다. 누가가 예수님에 관해 가장 좋아하는 칭호는 "주님"인데, 가이사에게 흔히 붙는 호칭이었다. 누가는 또한 다른 어떤 복음 기자보다 예수님을 "왕"이라고 분명히 언급한다. "구주"는 누가가 예수님을 황제와 연관 지어 가장 좋아하는 또 다른 용어 중 하나이다. 마가복음이나 마태복음 모두 같은 의미로 "구주"를 사용하지 않는다.

누가는 또한 예수님을 로마 황제에게 부여된 또 다른 특성인 평화를 가져다주는 분으로 묘사하는 것을 좋아한다. 길버트는 또한 황제의 죽음 뒤에 하늘로 올라가는 승천, 즉 아포데오시스*apotheosis*가 뒤따랐다는 점에 주목한다. 가이사의 죽음에는 혜성이, 아우구스투스의 죽음에는 독수리가 날아다녔다.[42] 누가는 예수님을 로마 당국자들과 나란히 놓는 방식으로 정의한다. 길버트는 "누가-행전은 다양한 형태의 로마가 행하는 선전을 반향하고 재포장함으로써 기독교인들에게 정당화의 원천을 제공한다"라고 말한다.[43]

둘째, 더욱 사회학적인 차원에서 보면, 새로운 사회적 "몸"의 형성은 "로마

---

39 김세윤은 병행구절광증, 가정에서 나오는 추론, 증명 본문, 상징 언어에 호소하는 것에 관해 경고한다. 다음을 참조하라. Kim, *Christ and Caesar*, 28–33. 그는 반제국주의의 한 형태에 관해 다음처럼 주장한다(113). (1) 예수님은 로마 제국의 멍에를 타도하라고 요구하지 않았다. (2) 문자 그대로 다윗 왕국의 회복이라는 개념은 없다. (3) 메시아는 예수님을 믿는 유대인과 이방인의 관점에서 재정의된다. (4) 예수님은 이방인에 대한 복수라는 민족주의적 생각을 거부했다. (5) 예수님은 폭력 혁명에 대한 열망을 거부했다. (6) 빌라도조차 예수님의 무죄를 확인했다.

40 J. Barclay, *Pauline Churches and Diaspora Jews* (Grand Rapids: Eerdmans, 2016), 387.

41 L. Alexander, "Luke's Political Vision," *Int* 66 (2012): 283–93.

42 G. Gilbert, "Roman Propaganda and Christian Identity in the Worldview of Luke-Acts," in *Contextualizing Acts*, 233–56.

43 Gilbert, "Roman Propaganda," 256.

의 몸"과 직접적으로 대립한다. 당시 문학은 로마 제국을 가이사의 "정신"으로, 가이사를 몸의 "머리"로 표현했다. 그리스-로마 문학에서 왕은 백성들을 위해 정의를 제정하는 임무를 맡았고, 통치자들이 가져다준 구원 때문에 통치자들에게 찬송을 불렀다.[44] 이 모든 것들이 "교회"라는 새로운 사회적 실체에 반영되어 있다.

누가가 제국에 대한 도전을 명시적으로 드러내지는 않았지만, 이 운동에 대한 묘사는 국가에 영향을 미쳤다. 이런 식으로 기독교는 문화적 혼란을 야기했지만, 바울이 가이사에게 불쾌감을 주지 않았기 때문에 이것이 기독교의 정체성에 내재한 것은 아니다(25:8, 참조. 14:19; 17:13; 18:14-15).

로우Rowe가 주장했듯이, 복음 메시지는 정치와 관련하여 예와 아니오를 나란히 놓고 있다. "예, 예수님은 사람들을 새로운 삶으로 부르기 위해 오셨다. 아니요, 기독교인은 반란을 일으킨 죄가 없다. 예, 가이사는 예수의 왕권에 도전한다. 아니요, 예수님은 가이사의 왕좌를 노리지 않으신다. 예, 예수의 부활과 승천은 로마적인 삶의 안정을 위협한다. 아니요, 기독교인은 폭력적인 열광주의자가 아니다." 사도행전에서 기독교인들은 선동죄로 기소되지만 누가는 그들이 무죄임을 분명히 밝힌다. 로마 세계는 부활하신 왕의 주장을 어떻게 받아들여야 할지 몰랐다. 그들은 이 "예"와 "아니오"의 메시지를 해석할 수 있는 해석학적 틀이 부족하다.[45]

셋째, 사도행전의 내러티브는 "반제국적" 독해를 뒷받침한다. 누가는 제자들이 이스라엘 왕국에 관해 논의하는 것으로 시작한다(1:6). 얼마 지나지 않아 예수님이 아버지 우편에 올려지는 정치적 행동이 일어난다. 그런 다음 사도행전의 전반부는 헤롯이 벌레에게 잡아먹히는 것으로 끝이 난다(12:23).

후반부에 바울은 계속해서 도시로 들어가 명시적으로 또는 암묵적으로 다른 왕을 선포한다. 재판 장면에서는 바울이 당시의 권력 구조와 상호작용하며 부활한 사람이 그들을 심판할 것이라고 선언하고, 바울이 로마에서 "하나님 나라"를 설교하는 것으로 이 책은 끝난다.[46]

마지막으로, 스키너가 지적했듯이, 로마 감옥에 갇힌 바울의 행동은 21장부터 28장까지 이어진다. 21-28장은 복음 메시지가 그를 통제하려는 사람들보다 더 강력하다는 것을 보여준다. 바울은 로마 시스템을 재구성하고 활용하여 강력한 세력이 바울과 그의 메시지를 어떻게 처리할지 고민하는 가운데서도 새로운 선포의 길을 만들어 낸다. "바울의 권위 행사와 복음 증거 시도는 국가가 그를 제한하려고 시도할 때 발생한다."[47]

---

44 다음의 두 번째 장을 참조하라. J. W. Jipp, *Christ Is King: Paul's Royal Ideology* (Minneapolis, MN: Fortress, 2015).

45 Rowe, *World Upside Down*, 140.

46 비슷한 점을 위해서 다음을 참조하라. Parsons, *Acts*, 349.

47 M. L. Skinner, "Unchained Ministry: Paul's Roman Custody (Acts 21–28) and the Sociopo-

이런 식으로 복음은 국가에 정치적으로 해롭지 않다.[48] 복음의 힘은 국가를 통제하고 무력하게 만든다. 바울은 국가가 자신에게 던지는 권력을 능숙하게 다루었다. 제국도 이를 눈치챘다. 제국의 힘과 권위는 절대적이지 않다. 바울의 복음은 미묘한 대결을 유발한다.[49]

5.2. 바울의 재판(23:1-26:32)

다음 네 장은 바울이 지상의 최고 권위자들 앞에서 재판받는 모습을 나타낸다.[50] 이것은 4장에서 시작하여 누가복음에 나오는 예수님의 재판까지 거슬러 올라가는 재판 주제의 절정이다.[51] 누가가 법정에 오랫동안 집중한 것은 이 장들이 누가의 더 큰 목적에 어떻게 부합하는지에 대한 의문을 제기한다. 여기서 누가의 두 가지 약속이 등장한다.

첫째, 누가는 바울이 "이방인과 **임금**과 이스라엘 자손들"(9:15, 강조 추가) 앞에서 증언함으로써 예수님의 말씀을 어떻게 성취하는지를 계속 보여준다. 예수님은 이 모든 일이 일어날 것이라고 예언하셨다(눅 21:12-19). 말씀은 지리적으로 그리고 새로운 청중 앞에서 모두 진행된다. 지배적인 로마 제국과 유대 당국조차도 하나님의 목적을 이루기 위해 이용당하는 말에 불과하다. 스펜서는 이 부분의 메시지를 적절하게 요약한다.

---

litical Outlook of the Book of Acts," in *Acts and Ethics*, 94.

48 Cassidy, *Society and Politics*, 121,은 단호한 제자의 초상이 드러난다고 말한다. 그는 "자신은 반로마주의자가 아니지만 유대, 갈라디아, 아시아, 마게도냐, 아가야 지방에서 로마의 통치를 크게 교란"하는 예수님을 선포한다.

49 Skinner, "Unchained Ministry," 94,는 시련이 (1) 바울에게 예견된 것이지만 누가복음은 예수의 육체적 고통에 초점을 맞추지 않고, (2) 죄수로서 새로운 기회를 잡는 바울의 능력에 주목하며, (3) 전형적인 죄수라는 신분에 도전하는 것에 주목하는 서술 방식에 관해 설명한다고 말한다. 누가는 이런 식으로 복음이 복음을 막으려는 가장 집중적인 시도조차 좌절시키는 방법을 보여준다.

50 바울의 시련은 사도행전의 마지막 24%를 차지한다. 누가복음의 마지막 23%는 예수님의 수난을 다룬다. Pinter, *Acts*, 546,은 누가가 바울의 생애에서 불과 열흘에서 열일곱 날에 관해 서술하는 데 10% 이상을 할애하고 있다고 말한다. Kim, *Christ and Caesar*, 159,는 왕과 총독들 앞에서 증거하는 것은 (1) 자신의 구원을 위해서, (2) 기독교 선교의 자유를 위해서, (3) 심지어 그들을 정의와 평화를 추구하는 선한 통치자로 만들기 위해서도 중요하다고 주장한다(참조. 24:45).

51 S. Schwartz, "The Trial Scene in the Greek Novels and in Acts," in *Contextualizing Acts*, 105–37,은 사도행전의 재판 장면의 정의에 부합하는 장면이 14개라고 주장한다. 그녀는 처음 네 장면은 예루살렘에서(4:1-22; 5:1-42; 6:8-7:1; 12:1-25), 다섯 번째부터 아홉 번째까지의 재판은 에게해에서(16:16-40; 17:5-9; 17:16-34; 18:12-17; 19:23-22:30), 열 번째에서 열네 번째는 유대에(21:27-22:30; 22:30-23:11; 24:1-23; 25:1-12; 25:13-26:31) 위치시킨다.

체포와 구속, 여러 번의 시련과 위험한 여정을 통해 바울이 로마의 가이사 앞에서 간증하도록 이끄신 더 높은 목적, 즉 하나님의 목적이 작용한다. 그 어떤 것도 주권적인 하나님의 뜻의 성취를 막을 수 없다. 복음은 [아직] 땅끝까지 까지는 아니더라도 적어도 알려진 지중해 세계의 세계 권력 중심부까지 "반드시"(δεῖ, 데이) 확장되어야 한다.[52]

누가는 바울을 유대인과 이방인 모두에게 모범이 되는 전도자로 결정적인 그림을 제시한다. 그러나 예수님은 바울에게 고난도 약속하셨다.[53] 십자가는 전도자의 형상이다. 제닝스Jennings는 "바울은 동족들 사이에서도, 국가의 손아귀에서도 안전하지 않다. 그의 안전은 둘 다 성령의 손에 달려 있다."[54]

둘째, 슈바르츠Schwartz는 그리스 문학의 법정 장면이 작가의 이데올로기를 극화한다고 지적했다. 대조적인 두 입장이 대립하고 주인공의 의견이 지지된다.[55] 이 경우 재판 장면은 로마와 유대 지도자라는 두 상대를 등장시켜 차이의 역학을 극화하기 위해 갈등을 일으킨다. 두 명의 유대인 지도자(산헤드린과 아그립바)가 이야기의 끝을 장식하고, 두 명의 로마 총독(벨릭스와 베스도)이 중간을 채운다.[56]

바울은 변호한다. 그는 제국에 대한 선동과 조상의 유대교를 포기하는 일에 관해 모두 결백하다고 주장한다. "변론"(개역개정, "변명." ἀπολογία, 아폴로기아)은 22장 1절에서 처음 사용된 후 벨릭스(24:10), 베스도(25:8, 16), 아그립바(26:1-2, 24) 앞에서 다시 사용된다.[57] 누가가 변론을 반복하는 것은 전체 부분을 기독교의 지속적인 **변증**이라는 주제 아래 볼 수 있게 해 준다.

누가는 이렇게 함으로써 기독교의 **정체성과 올바름**을 명확히 한다. 바울이 자신을 변호할 때 하나님의 사명과 이 운동의 덕을 변호한다. 누가가 개인의 회심에만 관심이 있는 것이 아니라 왕이신 예수님의 정치적, 문화적 함의에도 관심

---

52 Spencer, *Acts*, 215.

53 Chrysostom, *Homily 48 on Acts* (*NPNF* 1/11:287),은 예수님의 이름을 가진다는 것이 항상 설득하는 것을 의미하지는 않는다고 말한다.

54 Jennings, *Acts*, 212.

55 Schwartz, "The Trial Scene," 110. 재판 장면만이 누가가 더 넓은 문화적 맥락에 관심을 가졌다는 유일한 증거는 아니다. 그는 헬라 산문 스타일에 역사학적 기법을 사용하여 더 넓은 문화에 대한 민감성을 나타낸다. 독자들은 누가가 복음서 서두에서 주요 사건을 더 넓은 역사적 세부 사항과 어떻게 일치시키는지 기억해야 한다.

56 누가는 이러한 그룹을 "권력자"로 연결함으로써 유대인 지도자들이 로마의 방식에 어떻게 동화되었는지를 나타낸다.

57 누가는 여러 사람이 예수님의 무죄를 선언하는 수난 내러티브에서 "변호"라는 주제를 예상하고 있다(눅 23:4, 14, 22, 47). 이는 마가복음에서 "이 사람은 하나님의 아들이었다"(막 15:39)는 백부장의 발언과 누가복음에서 "이 사람은 참으로 의로운 사람[또는 "정의의", "무죄한"]"(23:47)이라는 말을 비교할 때 특히 분명해진다.

이 있음을 보여주는 네 가지 재판 장면이 등장한다. 복음에는 권력 구조에 맞설 수 있는 깊이가 있다. 누가의 목적은 바울보다 더 큰 것, 즉 시련에 처한 기독교를 보여주는 데 있다.

권력 구조와 관련하여 두 가지 요점이 나란히 놓여 있다. 해석자들은 둘 중 하나만 긍정하는 경향이 있지만 누가는 둘 다 긍정한다. **"그 도"는 선동과 무관하며 로마 체제 안에서 공존할 수 있지만, 현재의 정치 구조와도 충돌한다.**[58] 나사렛 분파는 로마 세계에 적응하면서도 제국의 방식에 도전한다.[59] 그들은 왕좌를 추구하거나 칼을 사용하는 것이 아니라 성령과 마음의 개혁으로 도전한다.

이미 "그 도"는 [유대인들의] 율법"(18:15)에 관한 문제라고 판단되어 무죄 판결을 받았으며, 재판 과정에서 계속 이런 식으로 묘사될 것이다(23:29; 24:13; 25:8, 18-19, 25; 26:6, 31). 그러나 이 분파는 로마 제국보다 정의에 더 헌신적이라는 점에서 로마 제국의 팍스 로마나*Pax Romana*에 도전하는 최고의 방식이기도 하다.

바울은 로마의 재판관들보다 도덕적으로 우월하다는 것을 계속해서 증명한다. 누가는 이러한 방식으로 독자들에게 자신들을 반대하는 정부 체제와 상호 작용하는 방법, 즉 결백하고, 그들의 사법 제도를 능가하며, 예수님을 증거하는 방법을 가르친다.[60]

누가는 또한 기독교와 유대교 사이의 연속성뿐만 아니라 기독교가 유대교를 성취했음을 계속해서 확인한다. 이 부분을 지배하는 것은 바울이 유대교에 충성했는지 충성하지 않았는지에 대한 질문이다. 누가는 바울이 이스라엘이나 성전을 반대하지 않는다고 일관되게 주장한다. 그의 선교는 이스라엘의 예언자적 희망, 건국 원칙, 우선순위를 충족시킨다. 기독교는 유대교의 합법적인 산물이다.

바울은 그들의 과거뿐만 아니라 현재의 하나님을 경배한다. 예수님이 부활

---

58 Tannehill, *The Shape of Luke's Story*, 240,은 정치적 혐의가 이 이야기에서 큰 부분을 차지하지 않는다고 주장한다. 그 혐의는 유대인들이 제기한 것이며, 그것은 "유대인"의 혐의이다. 하지만 태너힐은 이 사건을 과장한다. 일부 혐의는 로마에 관한 것이며 바울은 여전히 로마 법정에 서 있다.

59 Rowe, *World Upside Down*, 87,에 따르면 기독교 운동은 제국 앞에서 (의롭거나 정의로운) 것으로 묘사된다. 그러므로 누가는 국가를 반대하지 않는다. 기독교는 로마를 대체하려고 하지 않는다. 로마 천부장이 바울을 애굽인으로 착각했을 때 바울은 자신이 유대인이라고 반박한다. 더둘로가 나사렛 사람들을 로마 체제의 역병으로 묘사했을 때, 바울은 이 운동을 강력하게 옹호한다.

60 바울은 높은 법정에서 고귀한 지혜자의 전통을 따른다. 요셉은 애굽에서 자라나 바로에게 지혜를 말했고, 다니엘은 바벨론에서 자라나 느부갓네살에게 지혜를 말했으며, 에스더는 바사에서 일어나 지혜롭게 말했고, 예수님은 로마 궁정에서 일어나 자신의 왕국에 관해 이야기했다. 이제 바울도 로마 총독과 왕들 앞에서 똑같이 할 것이다. 이 모든 인물은 하나님께서 언약의 약속을 성취하기 위해 사용하신 대리인들이다.

하셨으므로 성전, 율법, 하나님의 백성 등 모든 것이 그분을 중심으로 재구성되어야 한다. 이스라엘의 소망은 예수님의 부활과 동일시된다. 바울은 하늘에 계신 주님과의 만남으로 일관되게 돌아간다.

바울 재판의 결과	
재판	결론
산헤드린(23절)	나누어짐(23:7)
벨릭스 총독(24절)	베스도에게 넘김(24:27)
베스도 총독(25절)	미쳤지만 죄가 없다 (26:24, 31)
아그립바 왕(26절)	잘못한 일이 없다(26:32)

5.2.1. 산헤드린 재판 (23:1-11)

재판은 예루살렘을 떠나지 않았으므로, 이 이야기는 예루살렘에서 벌어진 두 번의 변론 중 두 번째 이야기가 된다. 그러나 다음의 네 가지 재판 장면을 묶는 것이 좋다. 앞의 내러티브는 재판으로 해석될 수 있지만, 그 내용은 바울을 고발하는 비공식적인 무리에 관한 것이다.

바울과 유대인 최고 법정인 산헤드린의 상호작용은 좀 더 공식적인 것으로 시작되며, 이후 세 차례의 변호 연설, 즉 벨릭스(24장), 베스도(25장), 아그립바(26장)가 이어진다.[61] 각 재판에서 유대인들의 비난은 바울을 파멸시키려고 바울의 뒤를 따른다.

산헤드린 재판에서 바울은 충성스러운 토라 추종자로 묘사되지만, 유대인 지도자들은 언약을 어기고 폭력으로 가득 찬 인물로 묘사된다. 바울은 또한 법정에서 자신의 주장을 펼칠 수 있는 유능한 웅변가로 묘사된다. 법정을 분열시키는 것은 반유대주의가 아니라 부활이다. 그는 계속해서 생명의 승리자를 증거한다. 예수님은 바울에게 나타나 바울을 격려하신다.

마지막으로, 독자들은 바울이 빨리 석방되기를 기대하도록 훈련받았을지 모르지만, 실제로는 그렇지 않다. 바울은 누가가 마지막 말을 남길 때까지 감옥에 갇힌다. 그러나 복음은 패배하지 않는다. 바울은 계속해서 증거한다.

산헤드린 재판은 세 부분으로 나뉜다. 첫째, 대제사장과 바울이 그들의 종교적 지도자보다 토라에 더 충성한다는 것을 보여주기 위해 격렬한 논쟁이 벌어진

---

61 법률 용어는 특히 24장뿐만 아니라 모든 시련(24:1, 2, 8, 10, 13-14, 19, 20, 22)에도 많이 등장한다.

다(23:1-5). 둘째, 바울은 죽은 자의 부활에 대한 재판을 받고 있다고 주장하여 재판을 혼란에 빠뜨린다(23:6-10). 마지막으로 예수님께서 바울에게 나타나셔서 로마에서도 증언할 것이니 용기를 가지라고 말씀하신다(23:11). 바울의 변론이 끝나면 바울이 예루살렘에서 가이사랴로 이동하는 상세한 여행 이야기가 등장한다(23:12-35).[62]

5.2.1.1. 격렬한 대면 (23:1-5)

1 바울이 공회를 주목하여 이르되 여러분 형제들아 오늘까지 나는 범사에 양심을 따라 하나님을 섬겼노라 하거늘

2 대제사장 아나니아가 바울 곁에 서 있는 사람들에게 그 입을 치라 명하니 3 바울이 이르되 회칠한 담이여 하나님이 너를 치시리로다 네가 나를 율법대로 심판한다고 앉아서 율법을 어기고 나를 치라 하느냐 하니

4 곁에 선 사람들이 말하되 하나님의 대제사장을 네가 욕하느냐

5 바울이 이르되 형제들아 나는 그가 대제사장인 줄 알지 못하였노라 기록하였으되 너의 백성의 관리를 비방하지 말라 하였느니라 하더라

23:1-2. 바울은 이제 공식 재판을 받기 위해 산헤드린 앞에 섰다. 본문은 그가 산헤드린을 "주목하여"(ἀτενίσας, 아테니사스) 바라보았다고 말한다.[63] 이것은 이 이야기가 증명하듯이 바울이 두려움이 없거나 사람의 영적 상태를 분별할 수 있는 능력이 있음을 의미할 수 있다(참조. 13:9; 14:9).[64] 바울은 결백하고 하나님의 계획이 이루어질 것이기 때문에 두려움이 없다. 그는 그들을 형제라고 부르며 자신이 하나님 앞에서 선한 시민으로 살아왔다고 말한다.[65] 다시 말해, 그는 여호와의 신실한 종이었으며 율법을 버리지 않았다.

이에 대한 대응은 신속하고 폭력적이었다. 대제사장 아나니아는 바울 옆에 서 있는 사람에게 바울의 입을 치라고 명령한다. 구약 선지자들도 비슷한 취급을

---

62 Peterson, *Acts*, 611,은 이 여행 이야기가 바울이 아그립바에게 자신을 변호한 후 가이사랴에서 로마로 향한 두 번째 위험한 여정(27:1-28:14)과 관련이 있다고 관찰한다. 둘 다 (1) 위험의 위협, (2) 하나님의 안심, (3) 익명의 가족이나 친구의 지원, (4) 바울을 이송하는 로마 관리의 이름이 등장한다.

63 누가는 예수님이 두루마리를 읽으실 때 모든 사람의 시선이 예수님께 고정되어 있을 때 같은 헬라어 ἀτενιζω를 사용했다(눅 4:20). 누가는 또한 22:56; 행 1:10; 3:4; 3:12; 6:15; 7:55; 10:4; 11:6; 13:9; 14:9에서 이 표현을 사용한다.

64 Witherington, *The Acts of the Apostles*, 687.

65 이 정치적 언어를 사용하는 것은 그의 이중 국적을 확인할 수 있다. 그는 궁극적으로 시민권자이며 하나님 나라의 시민(빌 1:27; 3:20)이지만 로마 제국의 시민이기도 하다. 선한 양심에 따라 산다는 것은 단지 그가 선한 시민으로 살았다는 의미일 수도 있다.

받았다(왕상 22:24; 대하 18:23). 바울을 대적하는 사람들의 행동은 언제나 폭력일 뿐이다. 아나니아는 바울이 예수님을 따르는 동시에 자신이 여전히 충성스러운 유대인이라고 주장할 수 있다는 사실에 분노했다(딤후 1:3). 예수님도 매를 맞으셨는데(눅 22:63; 요 18:22), 이것은 바울이 그리스도와 같은 유형으로 고난받고 있음을 보여준다.

23:3-4. 바울의 대응도 똑같이 신속하다. 그는 신명기 28장 22절과 에스겔 13장 10-15절에 나오는 하나님 백성의 고난에 대한 암시를 결합하여 대제사장이 회칠한 벽이기 때문에 하나님이 그를 치실 것이라고 말하며 예언적으로 대제사장을 정죄한다. 정보에 밝은 독자들은 아나니아가 나중에 제1차 유대인 반란 전날 암살당했다는 사실을 알고 있을 것이다.

바울은 대제사장을 회칠한 벽이라고 부르면서 겉으로는 아름답게 보이지만 내면은 죽음으로 가득 차 있다고 주장한다(마 23:27). 누가복음 6장 29절에서 예수님은 누군가를 때리면 피해자가 다른 뺨을 내밀라고 명령하신다. 또한 재판에서 예수님의 모범은 소극적이다(눅 22:63-71; 요 18:19-23). 문제는 바울의 대응이 모범적인가이다.[66]

바울의 반박은 예수님의 명령과 모범과는 분명히 다르다. 그러므로 누가는 예수님의 시련과 바울의 시련을 대조하고 있는지도 모른다. 예수님은 미덕의 **유일한** 모범이시다(고전 4:12; 벧전 2:23). 그러나 누가는 바울의 반응이 죄악이라는 어떤 암시도 주지 않는다. 바울은 반격하지는 않지만 반박한다. 또한 스데반이 자신을 고발하는 사람들을 "목이 곧은 자들"(7:51)이라고 부를 때처럼 구약성경을 암시하기도 한다. 바울은 폭력을 폭력으로 갚지 않고 하나님의 심판에 맡긴다(롬 12:19).

복음서에 나오는 지도자들에 대한 예수님의 응징은 다른 뺨을 돌려대라는 말씀만큼 인기가 없지만, 여전히 성경적이며 이러한 행동에 대한 여지를 허용한다(눅 11:37-44; 마 23:27-28). 누가는 일관성 없는 기록자가 아니다. 이것은 변호할 때도 있고 심지어 격렬하고 공격적인 반박을 할 때도 있다는 것을 의미해야 한다. 바울의 분노는 유대 지도자들의 일관성 없는 태도에서 비롯된다. 그들은 바울이 율법을 어겼다고 주장하지만(출 22:28), 바울을 때리는 과정에서 자신들도 율법을 어겼다.

---

66 Chrysostom, *Homily 48 on Acts* (*NPNF* 1/11:288),에서도 고전 4:12과 같은 본문에 비추어 바울의 반응이 적절했는지 의문을 제기한다. 그러나 여기서 그는 이것이 분노의 말이 아니라 담대함의 말이라고 한다. 베데Bede는 행 23장 3절에 관해 이것이 격노의 말이 아니라 예언의 말이라고 주장한다.

23:5. 반전이 일어난다. 바울은 자신도 모르게 대제사장을 "비방"했다(벧전 2:23). 그는 대제사장인 줄 몰랐다고 말하며 성경을 인용하여(출 22:28), 제대로 알았다면 그렇게 하지 않았을 것이라고 말한다. 해석가들은 이 말을 액면 그대로 받아들였거나 풍자/아이러니가 있는 것 같다고 이해한다.[67] 아마도 바울은 대제사장이 집회를 주재하고 다른 옷을 입고 있었기 때문에 대제사장을 알았을 것이다.

따라서 바울은 대제사장이 부패했기 때문에 자신을 알아볼 수 없다는 것을 암시한다. 새로운 대제사장이 세워졌다.[68] 아나니아는 부패로 인해 더 이상 제사장이 될 자격이 없으므로 바울은 그를 정죄할 수 있다. 이 읽기에서 바울의 풍자가 두드러진다. 누가는 바울을 정죄하는 사람들이 율법을 위반하고 그들의 통치가 끝났다는 것을 보여주기 위해 이 대화를 포함한다.

바울은 그들보다 더 조심스럽게 율법을 준수한다. 예수님은 새로운 지도자이다. 누가의 이야기는 반전 이야기이다. 태너힐Tannerhill은 "바울은 성전뿐만 아니라 성전 운영을 통제하는 직책도 존중한다. 이 장면은 화자가 바울이 반유대주의자가 아니라는 것을 보여주기 위해 얼마나 큰 노력을 기울였는지를 보여주는 좋은 예이다."[69]

5.2.1.2. 부활로 인한 시련 (23:6-10)

6 바울이 그중 일부는 사두개인이요 다른 일부는 바리새인인 줄 알고 공회에서 외쳐 이르되 여러분 형제들아 나는 바리새인이요 또 바리새인의 아들이라 죽은 자의 소망 곧 부활로 말미암아 내가 심문을 받노라 7 그 말을 한즉 바리새인과 사두개인 사이에 다툼이 생겨 무리가 나누어지니 8 이는 사두개인은 부활도 없고 천사도 없고 영도 없다 하고 바리새인은 다 있다 함이라

9 크게 떠들새 바리새인 편에서 몇 서기관이 일어나 다투어 이르되 우리가 이 사람을 보니 악한 것이 없도다 혹 영이나 혹 천사가 그에게 말하였으면 어찌

---

67 Polhill, *Acts*, 927, Schnabel, *Acts*, 927, Keener, *Acts*, 3:3277,은 바울이 여기서 아이러니를 가지고 말하는 것에 기대고 있다. Chrysostom, *Homily 48 on Acts* (*NPNF* 1/11:289),은 바울이 오랫동안 떠나있었기 때문에 대제사장이 누구인지 몰랐다는 것을 충분히 확신한다고 말했다. 브렌츠Brenz, 스팡겐버그Spangenberg, R. 팔터Gwalther는 바울이 대제사장이 그 역할을 수행하지 않거나 진정으로 그 직분을 수행하지 않는 위선자라고 말한다고 주장한다(참조. Chung-Kim, Hains, et al., *Acts*, 314).

68 Augustine, *Sermon on the Mount* 1.19.58, in Martin and Smith, *Acts*, 277,은 [바울이] 말하는 것은 마치 '나는 다른 대제사장을 알았다. 그 이름 때문에 내가 이런 부당한 취급을 받고 있다. 즉 대제사장에게 욕하는 것이 합법적이지 않다. 그러나 너희는 욕하고 있다. 왜냐하면 너희가 나를 미워하는 것은 그의 이름 외에는 아무것도 아니기 때문이다'라고 말하는 것과 같다"라고 말한다.

69 Tannehill, *The Narrative Unity of Luke-Acts*, 2:286.

하겠느냐 하여 10 큰 분쟁이 생기니 천부장은 바울이 그들에게 찢겨질까 하여 군인을 명하여 내려가 무리 가운데서 빼앗아 가지고 영내로 들어가라 하니라

23:6-8. 공정한 재판에 대한 희망이 보이지 않자 바울은 논쟁의 여지를 남겨 둔 채 그들 가운데 논쟁의 불씨를 심는다. 사두개인들은 죽은 자의 부활을 믿지 않고 바리새인들은 믿기 때문에 자신이 죽은 자의 부활 때문에 재판을 받고 있다고 주장하여 분쟁을 일으킨다. 분열은 정복당한 민족의 특징이고, 단결은 정복하는 민족의 특징이다. 누가는 바울의 움직임은 흔들림이 없지만 바울을 반대하는 사람들은 불안정한 것으로 계속 묘사한다.[70]

바울이 단순히 분파 정치를 할 수 있는 길을 봤다고 생각할 수도 있지만, 더 큰 내러티브는 이것이 단순히 영리한 계략이 아님을 증명한다. 바울은 자신의 변호에서 계속해서 부활 소망으로 돌아온다(24:15, 20-21; 25:19; 26:6-8, 23; 28:20). 부활은 그를 이방인들에게 보낸 비전의 핵심이다. 바울에게 나타나 사명을 주신 분은 부활하신 주 예수님이었다. 다시 말해, 바울의 진술은 유대교에 대한 그의 충성심 문제를 무시하거나 산만하게 만드는 것이 아니라 문제의 핵심에 도달한다.

바울에게 부활은 예수님이 메시아라는 것을 증명하며, 그들은 이제 새로운 시대에 산다. 누가는 단순히 바울의 재판 결과에만 관심이 있는 것이 아니다. 변호는 바울이 증언할 수 있도록 허용한다(눅 21:12-13). 바울은 재판을 증언으로 적절하게 전환한다. 부활을 제기하면서 그는 진정한 갈등이 어디에 있는지 파악한다. 또한 회중을 분열시킨다. 예수님은 걸림돌이다.

23:9-10. 또 다른 폭도들이 생겨난다. 고함이 커지고 분쟁은 폭력적으로 변한다. 바리새인들은 바울을 옹호하며 아무 잘못이 없다고 말한다. 이것은 예수님에 대한 진술(눅 23:4, 14, 22)을 반영하고 로마 지휘관들의 추가 결론(23:29; 25:25; 26:31-32)을 예상하게 만든다. 그러나 그를 변호하는 와중에 "영이나 혹 천사가 그에게 말하였으면 어찌하겠느냐"라고 말함으로써 그들의 진짜 카드를 보여준다.[71] 이것은 바리새인들이 중간 상태에 대한 믿음을 가리키고 사두개

---

70 Thompson, *One Lord, One People*, 133.

71 Fletcher-Louis, *Luke-Acts*, 57–61,는 "천사"와 "영"을 동의어로 사용한다. 그는 D. Daube, "On Acts 23: Sadducees and Angels," *JBL* 109 (1990): 493–97,와 논쟁을 벌인다. 바리새인들은 죽음과 부활 사이에 천사 또는 영으로 존재한다고 믿었다. 이것은 예수님에 대한 천사의 관점을 가리킬 수 있지만, 누가는 23:11에서 바울에게 나타난 예수님은 "주님"이시기 때문에 예수님은 천사보다 높으신 분임을 나타내며 의도적으로 그 점을 지적한다. 그러므로 예수님은 천사보다 더 온전한 하나님이시며 천사보다 더 온전한 인간이시다. 또한 다음을 참조하라. F. O. Parker, "The Terms 'Angel' and 'Spirit' in Acts 23:8," *Bib* 84 (2003): 344–65.

인들이 그러한 믿음을 거부한다는 것을 암시할 수 있다.[72]

존슨Johnson이 바리새인들의 전형적인 모습이라고 주장한 것처럼, "그들의 신학은 옳은 경향이 있지만 선지자에 대한 그들의 태도는 항상 잘못되었다."[73] 천부장은 바울의 목숨을 두려워하여 두 번째로 그를 데려간다. 이제 두 번의 예루살렘 "시련"이 일어났다. 한 번은 혼란스럽고 한 번은 공식적인 재판이었지만 결과는 동일했다. 폭력은 끝났고 로마 관리들은 바울을 보호해야 했다. 바울은 신변 보호를 위해 요새 같은 영내에 갇히고, 상황이 진정된 후 재판이 계속된다.

5.2.1.3. 바울을 확신시키는 주님 (23:11)

11 그 날 밤에 주께서 바울 곁에 서서 이르시되 담대하라 네가 예루살렘에서 나의 일을 증언한 것 같이 로마에서도 증언하여야 하리라 하시니라

23:11. 유대인들의 폭력이 있은 다음 날 밤, 예수님은 바울에게 나타나 위로하고 계속 나아가라고 말씀하신다. 예수님은 바울에게 계속 용기를 내라고 말씀하신 다음 사명을 자세히 설명하신다. 사도행전의 주요 전환에는 주요 계시가 포함된다. 극적인 확신은 일반적으로 이야기의 전환점에서 나타난다(9:4; 16:9; 18:9; 22:17; 27:23-24). 이 경우 환상은 새로운 여행 내러티브의 길을 열어주고 로마 주도로 가이사랴에서 세 번의 재판을 받는다.[74] 이 진술은 바울의 목숨이 더 위협받기 전, 바울에 대한 거짓 고소가 계속되는 상황에서 내러티브의 핵심적인 순간에 자리 잡고 있다.

"용기"는 구약 곳곳에 등장하는데, 특히 이스라엘이 땅을 차지하거나 성전을 건축하는 것과 관련하여 자주 등장한다. 모세는 홍해 가장자리에서 백성에게 두려워하지 말라고 명령한다(출 14:13). 학개는 성령의 약속과 함께 이 명령을 반복하고(학 2:5), 스가랴 8장에서 만군의 여호와께서 시온에 대한 질투를 고백할 때 이 명령이 두 번 등장한다. 그분은 자기 백성을 구원하여 땅으로 돌려보내실 것이다(슥 8:13, 15). 아마도 사도행전에서 가장 중요한 것은 다윗이 솔로몬에게 성전을 건축하도록 용기를 북돋아 주는 말들을 한 내용일 것이다(대상 28:10).

명령("담대하라") 뒤에는 "왜냐하면"(개역개정은 생략)이 뒤따르는데, 바울

---

72 Keener, *Acts*, 3:3294.

73 Johnson, *Acts*, 401. 또는 Witherington, *The Acts of the Apostles*, 692,은 초기 유대교에서는 죽음과 부활 사이에 사람들이 천사 또는 영의 영역에 존재한다고 지적한다. 이는 그들의 진술이 죽은 사람을 지칭하는 데 사용될 수 있음을 의미한다(1 Enoch 22:3, 7; 103:3-4).

74 Witherington, *The Acts of the Apostles*, 693. 이러한 도움은 다음 여행 서술에서도 반복된다(27:23-25).

이 용기를 내야 하는 이유를 설명한다. 바울은 예루살렘과 로마에서 모두 "증언"(μαρτυρέω, 마르튀레오)해야 한다. 19장 21절과 27장 24절에서도 하나님의 계획이 지리적, 민족적 확장이라는 것을 보여 주면서 신적 필연성이 강조된다. 바울은 주님으로부터 이방인과 임금, 이스라엘 백성에게 예수님의 이름을 전하라는 사명을 받았으며, 예수님의 이름을 위해 고난을 받을 것이다(9:15-16).

바울은 19장 21절에서 로마를 보아야 한다고 말했다. 바울이 예루살렘에 있는 지금 누가는 예수님의 말씀을 통해 독자들에게 로마가 간증 여행의 다음 목적지임을 상기시킨다. 아이러니하게도 로마의 정의는 제국의 심장부에 새로운 주님의 메시지를 전하게 할 것이다.[75]

5.2.2. 여행 내러티브: 예루살렘에서 가이사랴까지 (23:12-35)

다음 내러티브는 바울이 예루살렘에서 가이사랴로 이동하여 하나님의 종을 최종 목적지인 로마로 향하게 하는 이야기이다. 크리소스토무스는 바울이 가이사랴로 보내진 것은 "더 큰 극장의 더 화려한 청중 앞에서 설교하기 위해서"라고 말한다.[76] 이 내러티브는 예루살렘에서 바울에게 가하는 위협의 절정으로 작용하는데, 여기에는 당연히 폭력이 포함되어 있다. 또한 유대인들이 바울을 제거하기 위해 어느 정도까지 갈 것인지, 바울은 다시 로마의 정의와 보호에 의존해야 할 것인지를 보여준다.[77]

누가의 요점은 하나님께서 바울을 가장 놀라운 방법으로 적들의 손에서 구출해 내심으로 바울이 로마에서 증거할 수 있게 하셨다는 것이다.[78] 아무리 교활하고 은밀한 계획이라도 하나님의 뜻에 어긋난다면 성공할 수 없다. 어둠의 세력은 빛을 잠재울 수 없다. 하나님께서는 어떤 수단을 동원해서라도 바울이 로마에서 복음을 증거하도록 하실 것이다. 이번에는 로마 군대와 한 청년이 예상하지 못한 하나님의 계획에 길을 열어줄 것이다. 스펜서는 여행 이야기를 세 부분으로 나눈다. 음모를 꾸밈(12-15절), 음모가 폭로됨(16-22절), 음모를 막고 바울이 이송됨(23-35절)으로 이어진다.[79]

75 Bock, *Acts*, 679.

76 Chrysostom, *Homily 49 on Acts* (*NPNF* 1/11:293).

77 Johnson, *Acts*, 408,에 따르면 이 내러티브의 요점은 모든 유대인이 복음에 관해 폭력적이거나 로마 국가가 정의와 공의의 모범이 아니라는 것이 아니다. 누가가 묘사하는 이 두 그룹은 한 그룹은 선하고 다른 한 그룹은 악하다는 식으로 평면적이지 않다. 누가는 나중에 국가가 도덕적으로 공허하다는 것을 보여주며, 일부 유대인 지도자는 토론에 더 개방적이다.

78 Johnson, *Acts*, 408.

79 Spencer, *Acts*, 225–26.

5.2.2.1. 음모를 꾸밈 (23:12-15)

12 날이 새매 유대인들이 당을 지어 맹세하되 바울을 죽이기 전에는 먹지도
아니하고 마시지도 아니하겠다 하고 13 이같이 동맹한 자가 사십여 명이더라
14 대제사장들과 장로들에게 가서 말하되 우리가 바울을 죽이기 전에는 아무것
도 먹지 않기로 굳게 맹세하였으니 15 이제 너희는 그의 사실을 더 자세히 물어
보려는 척하면서 공회와 함께 천부장에게 청하여 바울을 너희에게로 데리고 내
려오게 하라 우리는 그가 가까이 오기 전에 죽이기로 준비하였노라 하더니

23:12-13. 관리가 바울을 두 번이나 구해 달라고 중재하자 유대인들은 다시
한번 음모를 꾸미고 그 일을 위해서 스스로 맹세한다.[80] 바울이 죽기 전까지는
먹지도 마시지도 않을 것이다. 이것은 바울이 예루살렘에 머무는 동안 절정에 달
한 위협을 나타낸다.

40명 이상이 음모를 꾸미지만 유대인 지도자들의 도움도 받는다. 저주 아래
묶인다는 것(맹세, 신 13:15; 20:17; 수 6:21)은 독자들에게 섣부른 맹세를 하는
구약 이야기를 떠올리게 한다(삿 11장). 제닝스Jennings는 "언약의 자녀들이 죽음
과 언약을 맺는다"라고 말한다.[81] 예수님은 원수를 대신하여 **죽을 때까지** 다시 먹
지도 마시지도 않겠다고 맹세했지만, 이 사람들은 죽음이 원수를 찾을 때까지 먹
지도 마시지도 않겠다고 맹세한다(막 14:25). 그들은 예수님과 정반대되는 존재
이다. 크리소스토무스는 마귀가 보통 경건의 영역에 함정을 파 놓는다고 말한다.[82]

바울을 멸망시키려는 유대인들은 율법의 지혜를 따르지 않는다. 그들은 이
미 율법을 어겨 율법에 따라 저주를 받았으며, 이 음모로 계속해서 율법을 어
긴다(참조. 사 29:20; 59:7; 시 55:23; 롬 3:15). 바울이 시편 기자와 함께 "악
을 행하는 자에게서 나를 건지시고 피 흘리기를 즐기는 자에게서 나를 구원하소
서"(시 59:2)라고 외치는 소리가 들리는 듯하다. 예수님은 맹세하거나 살인하지
말라고 말씀하셨다(마 5:21-22, 33-34). 그들이 깨닫지 못한 것은 바울의 메시
지가 실제로 그들에게 용서를 가져다준다는 것이다. 예수님은 자신을 배신한 사
람들을 용서해 달라고 기도하셨다. 그리스도는 사람들이 자유로워지도록 저주를
짊어지셨다(갈 3:13).

---

80 Spangenberg, *Brief Exegesis of Acts 23:12*, in Chung-Kim, Hains, et al., *Acts*, 320,은 이 위협이
　23:11에서 예수님이 하신 약속과 모순되지 않는다고 말한다. "하나님께서는 이런 식으로
　자기 백성을 위로하지 않으시고, 고난을 전혀 받지 않을 것이라고 약속하지 않으시며, 오히려
　다가올 환난과 핍박에 대비하고 준비해야 한다고 훨씬 더 많이 약속하신다. 하나님의 자녀는
　불 속에서 금처럼 시련받아야 하기 때문이다."

81 Jennings, *Acts*, 209.

82 Chrysostom, *Homily 49 on Acts* (*NPNF* 1/11:293).

23:14-15. 음모는 사십 명으로 제한되지 않는다. 그들은 대제사장들과 장로들에게 자신들의 결정을 알린다. 그들도 음모의 일부가 되지만 죄책감을 느끼지 않을 만큼 멀리 떨어져 달라고 요청한다. 유대인 사십 명은 지도자들에게 바울을 다시 재판에 회부해 달라고 요청한다. 바울이 이송되면 사십 명은 매복하여 죽이려 한다.

예수님(과 바울)은 이스라엘 지도자들을 "회칠한 담"(참조. 23:3)이라고 정죄하셨다. 그들은 겉으로는 율법에 순종하는 것처럼 보이지만 내면적으로는 정치적 욕망을 따른다. 손으로는 율법에 순종하지만 마음으로는 순종하지 않는다. 바울은 율법을 어긴 혐의로 재판을 받고 있지만 유대인들은 바울을 죽이려고 한다.

5.2.2.2. 음모가 노출됨 (23:16-22)

16 바울의 생질이 그들이 매복하여 있다 함을 듣고 와서 영내에 들어가 바울에게 알린지라 17 바울이 한 백부장을 청하여 이르되 이 청년을 천부장에게로 인도하라 그에게 무슨 할 말이 있다 하니

18 천부장에게로 데리고 가서 이르되 죄수 바울이 나를 불러 이 청년이 당신께 할 말이 있다 하여 데리고 가기를 청하더이다 하매 19 천부장이 그의 손을 잡고 물러가서 조용히 묻되 내게 할 말이 무엇이냐

20 대답하되 유대인들이 공모하기를 그들이 바울에 대하여 더 자세한 것을 묻기 위함이라 하고 내일 그를 데리고 공회로 내려오기를 당신께 청하자 하였으니 21 당신은 그들의 청함을 따르지 마옵소서 그들 중에서 바울을 죽이기 전에는 먹지도 않고 마시지도 않기로 맹세한 자 사십여 명이 그를 죽이려고 숨어서 지금 다 준비하고 당신의 허락만 기다리나이다 하니

22 이에 천부장이 청년을 보내며 경계하되 이 일을 내게 알렸다고 아무에게도 이르지 말라 하고

23:16-19. 다음 부분에서는 바울이 이 계략에서 어떻게 구원받는지 이야기한다. 누가는 이 장면에서 꽤 많은 세부 사항을 제공하고 다른 이야기들에 비해 천천히 이야기해서 긴장감을 고조시킨다. 바울이 어떻게 탈출했는지, 이송된 원인이 무엇인지에 관심이 있는 것 같다. 바울은 로마에서 증언할 것이며, 이 장면은 그 여정의 한 단계이다.[83]

바울의 조카인 이름 없는 인물이 매복에 대한 소식을 듣고 바울에게 보고한다. 이번에 도움을 준 것은 천사도, 지진도, 선지자도 아닌 평범한 청년이었다. 예루살렘 지도자들은 이야기에서 사라졌고 독자들은 그들이 어디로 갔는지 모른다. 왕좌에 앉은 사도적 지도자가 아니라 이름 없는 청년이 죽음을 막는다. 교회

---

83 23:12-35, 27의 자세한 설명도 참조하라.

는 청소년이 미칠 수 있는 영향력을 과소평가하고 있지 않을까? 이것은 하나님께서 자신의 계획을 이루기 위해 가장 놀라운 방법으로 일하기를 좋아하신다는 것을 보여준다.

누가는 바울의 조카가 음모를 어떻게 알게 되었는지 독자에게 알려주지 않는다. 그의 요점은 바울의 안전과 증거가 계속된다는 것이다. 바울은 백부장에게 조카를 데리고 천부장에게 가서 음모를 보고하라고 지시하고, 백부장은 순종한다. 영내에 있는 동안 바울은 (요셉과 다니엘처럼) 하나님께서 주신 소명이 있기 때문에 사건을 통제한다. 천부장은 바울의 조카를 따로 불러서 보고할 것이 무엇인지 묻는다.

23:20-22. 바울의 조카는 천부장에게 자신이 들은 음모를 이야기하며, 그들이 산헤드린에 심문을 받으러 가는 길에 바울을 죽이려고 할 것이라고 말한다. 이제 한 청년이 로마의 보호 아래 사건을 바꾸어 놓는다.

천부장은 청년에게 이 정보를 다른 사람과 공유하지 말라고 지시한다. 그는 그들이 이 사실을 알아내어 다른 계획을 세우는 것을 원치 않을 뿐만 아니라 청년의 목숨을 염려했기 때문이다. 유대인들이 그들에게 정보를 제공했다는 사실을 알면 표적이 될 것이다. 로마 천부장은 유대인 지도자들보다 생명을 더 중요하게 여긴다. 유대인들은 불의하고 피를 기다린다(잠 1:16 참조). 그들은 증오와 복수로 가득 차 있지만 바울은 죄 없이 앉아있고 천부장은 바울을 보호하려고 한다. 유대인 지도자들은 증거할 능력을 상실하지만, 바울은 증거하는 것이 유일한 목표이다.

지휘관이 바울을 구출한 것은 세 번째이다(한 번은 성전에서, 한 번은 산헤드린 재판에서, 그리고 이번엔 음모로부터). 누가는 그가 호기심이 많고 바울에 대한 진실을 기꺼이 배우고자 하는 덕을 지닌 인물로 묘사한다(21:33-34; 22:24, 30). 동시에 다음 글라우디오가 보낸 편지에서 알 수 있듯이 그의 관심은 영적이라기보다는 정치적이며, 분명 이기심으로 움직이고 있다.

5.2.2.3. 음모를 막음 (23:23-35)

23 백부장 둘을 불러 이르되 밤 제 삼 시에 가이사랴까지 갈 보병 이백 명과 기병 칠십 명과 창병 이백 명을 준비하라 하고 24 또 바울을 태워 총독 벨릭스에게로 무사히 보내기 위하여 짐승을 준비하라 명하며
25 또 이 아래와 같이 편지하니 일렀으되
26 글라우디오 루시아는 총독 벨릭스 각하께 문안하나이다
27 이 사람이 유대인들에게 잡혀 죽게 된 것을 내가 로마 사람인 줄 들어

알고 군대를 거느리고 가서 구원하여다가 28 유대인들이 무슨 일로 그를 고발
하는지 알고자 하여 그들의 공회로 데리고 내려갔더니 29 고발하는 것이 그들
의 율법 문제에 관한 것뿐이요 한 가지도 죽이거나 결박할 사유가 없음을 발견
하였나이다 30 그러나 이 사람을 해하려는 간계가 있다고 누가 내게 알려 주
기로 곧 당신께로 보내며 또 고발하는 사람들도 당신 앞에서 그에 대하여 말하
라 하였나이다 하였더라

31 보병이 명을 받은 대로 밤에 바울을 데리고 안디바드리에 이르러 32 이
튿날 기병으로 바울을 호송하게 하고 영내로 돌아가니라 33 그들이 가이사랴에
들어가서 편지를 총독에게 드리고 바울을 그 앞에 세우니 34 총독이 읽고 바울
더러 어느 영지 사람이냐 물어 길리기아 사람인 줄 알고 35 이르되 너를 고발하
는 사람들이 오거든 네 말을 들으리라 하고 헤롯 궁에 그를 지키라 명하니라

23:23-24. 바울은 다시 한번 죽음을 피한다. 복음은 복음의 확산을 막으려는 고
위 당국의 계획을 좌절시킨다. 유대인들은 바울을 정죄하고 죽이려고 계속 바울을
넘겨주지만 결과는 정반대이다. 바울은 구원받고 무죄 판결을 받는다.[84] 다음 구조
는 간단하다. 먼저 누가는 천부장의 계획을 이야기하고(23-24절), 그다음 천부장의
편지를 이야기하며(25-30절), 마지막으로 그 계획이 실행된다(31-35절).

천부장은 바울의 조카의 말을 믿고 경청하며 바울을 대신하여 즉각적인 조치
를 취한다. 그는 병사 이백 명과 기병 칠십 명, 창병 이백 명을 준비시켜 바울을
가이사랴의 총독 벨릭스에게 안전하게 데려다준다.[85] 바울은 말을 타기도 한다.
크리소스토무스는 "호위병들이 호위하는 왕처럼 이들도 바울을 호위했다."[86] 바
울은 벌을 받을 예정이었지만 **그 왕이 그를 기뻐하여** 결국 존귀하게 된 모르드개
처럼 된다(에 6:7-11).

군대의 호위는 하늘 군대가 바울을 보호하고 있음을 상징할 수 있다. 하나님
께서는 지상의 수단을 통해 자녀를 보호하기 위해 움직이신다. 하나님의 의도와
인간의 선택은 서로 충돌하지 않는다. 이 경우 바울은 최고 수준의 보호를 받으
며 여행한다. 바울은 핍박받을 것을 알고 소수 일행과 함께 예루살렘에 왔다. 이
제 그는 자신을 보호하는 소규모 군대와 함께 떠난다. 로마 정치 체제는 무적처

---

84 Chrysostom, *Homily 49 on Acts* (*NPNF* 1/11:294).

85 E. J. Schnabel, "Paul as a Prisoner in Judea and Rome," in *Lexham Geographic Commentary*,
ed. B. J. Beitzel (Bellingham: Lexham Press, 2019), 400,은 군대의 규모가 적의 병력(40명
이상의 공모자)을 고려한 재래식 군사 전략이었다고 언급한다.

86 Chrysostom, *Homily 50 on Acts* (*NPNF* 1/11:296).

럼 보이지만, 그들은 하나님의 뜻을 성취한다.[87]

23:25-30. 천부장은 벨릭스에게 바울과 동행할 것을 요청하는 편지를 써서 그동안의 상황과 현재 판단을 알려준다. 사도행전 서술에서 이 편지의 기능은 적어도 두 가지이다.

첫째, 누가는 바울의 무죄를 다시 한번 확인한다. 이 고발은 유대인 내부의 논쟁에 관한 것이다. 39절에서 루시아는 이 사건이 그들의 법에 관한 문제이며 사형이나 투옥에 합당한 혐의는 없었다고 말한다. 따라서 글라우디오는 바울의 죄가 없다고 선언하면서도 자신을 가장 좋게 묘사하는 빌라도와 같은 인물로 묘사된다. 이런 식으로 바울은 동족에게 거짓 고발을 당하고 글라우디오가 변호하는 예수님의 한 유형으로 제시된다. 둘째, 이 연설은 23장 11절에서 바울이 로마에서 증언할 것이라는 약속을 성취하기 위해 시작된다. 이 연설 직후 독자들은 유대인들이 바울을 죽이려 한다는 사실을 알고 이야기에 긴장감이 돈다. 글라우디오의 편지는 바울이 로마로 향하는 데 필요한 개입이다.

파딜라Padilla가 지적했듯이 이것은 여러 가지 이유로 매우 아이러니하다. 루시아의 동기는 복합적이었다. 루시아는 단순히 바울이 재판을 받을 수 있게 해주려했다. 그러나 누가의 청중에게 이것은 로마에 복음을 전하고 왕들 앞에서 복음을 전하게 하려는 하나님의 계획이 분명하다. 따라서 본문은 다양한 수준에서 기능하며 내러티브를 이끄는 더 높은 목적을 보여준다.

가말리엘, 갈리오, 에베소 서기의 이야기에서와 같이 다시 한번, 파딜라는 복합적인 동기로 행동하는 권위 있는 인물이 "그럼에도 자신도 모르게 부활하신 예수님의 약속이 성취되는 효과적인 수단이 된다."[88] 외부인들은 지속해서 복음 전파를 도우며 이것이 하나님의 계획의 일부임을 보여 준다.

23:31-35. 구출 작전이 계획되었고, 편지가 작성되었으며, 이제 그 계획이 실행된다. 이 내러티브 부분은 바울과 글라우디오의 상호작용을 마무리하고 벨릭스와 재판으로 전환한다. 그들은 밤에 바울을 안디바드리로 데려간 다음 가이사랴로 가서 총독에게 편지를 전달하고 바울을 소개한다.

벨릭스는 편지를 읽고 바울이 길리기아 출신이라는 사실을 안 후, 바울을 고발한 사람들이 도착하면 바울의 사건을 심문하겠다고 말한다. 그리고 그들이 도

---

87 Chrysostom, *Homily 50 on Acts* (*NPNF* 1/11:295)는 사물에 질서를 부여하는 하나님의 방식이 어떻게 우리에게 거꾸로 보이는지 계속해서 언급한다. "우리가 상처받는 바로 그 일로 우리는 유익을 얻는다." 요셉과 다른 구약 성도들도 마찬가지였다.

88 Padilla, *The Speeches of Outsiders in Acts*, 204–7.

착할 때까지 바울을 헤롯의 궁전에서 지키라고 지시한다. 바울이 받을 다음 재판은 고발자들을 기다린다. 이 모든 이야기에서 바울은 놀랍게 보호받는다. 그는 예수님 안에 있는 소망을 간증할 수 있었고, 이를 통해 자신의 사명을 더욱 강화할 수 있었다.

5.2.3. 총독 벨릭스의 재판(24:1-27)

바울은 기병대의 호위를 받으며 로마로 빨리 갈 것처럼 보일 수 있다. 그러나 가이사랴는 바울에게는 복음을 위한 것이 아니라 붙잡아 두기 위한 장소이다. 바울은 황제를 직접 대변하고 가이사의 이익을 옹호하는 정치 세력 앞에서 증언한다. 이제 "그 도"는 로마의 길과 만난다. 바울은 가이사의 이름을 딴 가이사랴에 2년 이상 머무른다. 누가는 바울에 대한 고발과 바울의 변호, 통치자들의 대응에 초점을 맞춘다. 길고 지루한 법정 공판은 바울의(그리고 암묵적으로 그 도의) 진정한 정체성과 진실성을 모든 사람이 볼 수 있도록 서서히 드러낸다.[89]

이 부분은 적어도 세 가지 주제를 입증하며, 대부분 주제는 부분마다 다른 강조점을 가지고 재판 전체에 걸쳐 반복된다. 무엇보다도 바울은 국가의 보호 아래서 증언을 계속할 수 있었다. 제국이 완벽하지는 않지만 바울이 예수님에 관해 계속 말할 수 있는 길을 제공한 것은 사실이다. 바울은 이미 복음 사역을 위해 로마의 도로를 선택했고, 이제 그는 로마의 사법 제도를 "그 도"를 위해 사용한다. 예수님처럼 바울도 총독과 헤롯 총독 앞에서 무죄를 선언 받는다.

둘째, 본문은 **변증적**이다. 바울은, 그리고 암묵적으로 "그 도"는 제국에 대한 선동과 조상의 신앙에서 벗어난 것에 관해 무죄이다. 벨릭스의 재판은 사도행전 전체에서 가장 완벽하게 전개되는 법적 내러티브이다. 결국 바울은 무죄이기 때문에 아무것도 결정되지 않는다. 바울은 여전히 구금되어 있다. 그는 자신의 주장을 변호하며 자신이 유대인의 신을 숭배하지만 유대교가 예수 안에서 성취될 때까지 유대교를 따른다고 주장한다. 그의 변호는 성전과 모세 관습에 대한 헌신에 초점을 맞춘다. 유대인들은 바울을 비난하지만 벨릭스는 바울에게 유죄가 될 만한 어떤 것도 찾아내지 못한다. 이는 벨릭스가 (베스도와 달리) "그 도"에 관해 어느 정도 알고 있기 때문에 주목할 만하다.

마침내 국가가 **정의롭지 않다**는 것이 분명해진다. 로마의 사법 제도는 바울에게 증언할 기회를 제공했지만 편견에 사로잡혀 있다. 누가는 벨릭스를 탐욕스럽고 불의한 인물로 묘사하지만 바울은 결백하고 의로운 인물로 묘사한다.

---

89 Johnson, *Acts*, 415.

벨릭스와 바울 재판의 주제	
증 언	이방인과 왕들 앞에서 예수님을 증언
변 증	제국과 유대교 모두에 "그 도"의 무죄를 호소
불 의	황제는 치우쳐 있다

내러티브는 세 부분으로 나뉜다. 첫째, 법률 고문단은 바울을 로마의 평화를 해치는 역병이자 유대인의 제도의 교란자라며 바울을 고소한다(24:1-9). 둘째, 바울은 유대교에 대한 자신의 충실함을 주장하고 부활에 대한 재판을 받고 있다고 말하며 자신을 변호한다(24:10-21). 마지막으로, 벨릭스는 탐욕스러운 목적으로 바울에 대한 심판을 연기하여 바울의 증언을 계속할 수 있도록 한다(24:22-27).

5.2.3.1. 바울에 반대하는 사건 개요 (24:1-9)

1 닷새 후에 대제사장 아나니아가 어떤 장로들과 한 변호사 더둘로와 함께 내려와서 총독 앞에서 바울을 고발하니라

2 바울을 부르매 더둘로가 고발하여 이르되 3 벨릭스 각하여 우리가 당신을 힘입어 태평을 누리고 또 이 민족이 당신의 선견으로 말미암아 여러 가지로 개선된 것을 우리가 어느 모양으로나 어느 곳에서나 크게 감사하나이다 4 당신을 더 괴롭게 아니하려 하여 우리가 대강 여짜옵나니 관용하여 들으시기를 원하나이다 5 우리가 보니 이 사람은 전염병 같은 자라 천하에 흩어진 유대인을 다 소요하게 하는 자요 나사렛 이단의 우두머리라 6 그가 또 성전을 더럽게 하려 하므로 우리가 잡았사오니 (6하반-8상반 없음) 8 당신이 친히 그를 심문하시면 우리가 고발하는 이 모든 일을 아실 수 있나이다 하니 9 유대인들도 이에 참가하여 이 말이 옳다 주장하니라

24:1-2. 벨릭스는 이미 내러티브에서 소개되었다. 그는 바울을 고발한 사람들이 재판을 위해 도착할 때까지 기다린다. 아나니아와 장로들, 그리고 변호사가 들어온다.[90] 대조가 분명하다. 유대교의 권력자들은 이 고독한 남자에게 달려든다. 그들은 모든 전문가를 불러 모아 자신들의 주장을 펼친다. 변호사이자 웅변가인 더둘로가 바울에 대항하는 대변인이 된다.[91] 무고한 사람을 상대로 법적, 금전적,

---

90 예루살렘의 산헤드린은 사형에 이르는 사건에 관해 형사 기소를 할 수 없었다. 그들은 로마 정부와 협력해야 했다.

91 Keener, *Acts*, 4:3357,에 따르면 ῥήτωρ("옹호자, 변호사")는 연설가만큼이나 법률 전문가는 아니었다고 한다. Spangenberg, *Brief Exegesis of Acts* 24:1, in Chung-Kim, Hains, et al.,

지적 권력을 휘두른다. 우리 사회에서 얼마나 많은 사람이 같은 고통을 겪었을까?

더둘로는 벨릭스와 관련하여 벨릭스의 "선견" 또는 보존(πρόνοια, 프로노이아)으로 이루어진 개선으로 이스라엘에 가져온 평화에 관해 찬양하는 것으로 시작한다. 더둘로는 변론을 시작하기 전에 재판관을 칭찬하는 것이 중요하다는 것을 아는 영리한 변호사였고, 그 칭찬은 당면한 사건과 일치했다. 그렇게 반대파는 부패한 로마의 방식에 굴복하는 모습을 보여준다.

아첨은 관습적인 것이지만(*captatio benevolentiae*, 캡타티오 베네볼렌티아에. 호의를 받기 위한 구두 방식–역자주), 내용은 풍부하다.[92] 그는 벨릭스가 가져다주는 "평화"를 칭찬하고 바울이 불안을 조장한다고 비난하지만(24:5), 예수님만이 지속적인 평화를 줄 수 있다(요 14:27).[93] 그는 또한 그의 "선견"을 칭찬하지만 이것은 하나님의 은혜를 언급할 때 일관되게 사용되는 단어이다.[94]

사도행전에서 선견을 가진 사람은 정부 관리가 아니라 하나님이다. 아이러니하게도 율법학자들은 바울이 나사렛 사람을 따름으로써 자신들의 전통을 깨뜨렸다고 주장하지만, 그들은 이 이교도 통치자를 찬양한다. 유대인들은 로마에 동화되어 이제 거짓 증인을 내세우고 있다. 바울은 다니엘과 같지만 지도자들은 본질적으로 느부갓네살의 우상에게 복종한다.

24:3-4. 벨릭스에 대한 칭찬은 3절에서도 계속되는데, 여기서 더둘로는 벨릭스의 업적이 폭넓게 인정받는 것을 이야기한다. 더둘로는 **모든 곳**에서 그의 **모든** 일을 받아들인다. 유대인들은 이교도 통치자의 모든 일을 받아들일 수 없었다. 모든 곳에서 모든 방식으로 일하신 분은 벨릭스가 아니라 아버지이시다. 더둘로는 벨릭스를 최대한으로 "인정" 또는 감사(ἀποδέχομαι, 아포데코마이)한다.

더둘로가 벨릭스를 칭찬한 후, 그는 바울에 대한 그들의 짧은 고소를 듣고 그들에게 "관용하여" 대할 것을 요청한다. 이것은 일반적인 요청일 수 있지만, 내러티브 흐름에서 친절은 엄격한 율법의 경계를 넘어 평화와 질서를 확립하는 것과 관련될 수 있다. 이야기 흐름상 더둘로는 그들의 주장이 증거를 과장하고 있

Acts, 325,은 다음처럼 거침없는 표현을 사용한다. "그들은 연설가, 혀를 놀리는 사람 [Zugendrescher], 스캔들꾼을 고용했다."

92 Tannehill, *The Narrative Unity of Luke-Acts*, 2:297.

93 Witherington, *The Acts of the Apostles*, 705,는 벨릭스가 유대인들에게 평화를 가져다주지 않았다고 올바르게 지적한다. "물론 벨릭스가 이스라엘에 평화를 가져왔다는 것은 사실이 아니었다. 오히려 그는 유대인 전쟁을 일으킨 모든 총독 중 가장 큰 책임을 지고 있으며, 메시아주의적이고 혁명적인 다양한 유대인 및 사마리아인 그룹을 잔인하게 탄압하여 악의와 문제를 일으켰다는 평가를 받고 있다."

94 BDAG, 872.

음을 인정한다.

24:5. 바울에 대한 공격은 5절에서 공식적으로 시작되며, 곧바로 바울을 벨릭 스와 대립시킨다. 먼저 더둘로는 바울이 로마의 "세상"(οἰκουμένη, 오이쿠메네. 개역개정 "천하")에 역병이 되는 사회적 위협이라고 말한다.[95] 유능한 법률 고문은 바울에 대한 고소를 정치적 방향으로 전환한다(17:6-7; 18:12). 그들은 바울을 전염병, 즉 로마 세계의 유대인들 사이에서 폭동을 일으키는 사람이라고 부른다.[96]

로마인들은 특히 제국의 관리와 평화에 관심이 많았고, 과거에 유대인들은 특히 문제가 많았다. 바울은 그들의 국가주의에 대한 질병으로 제시된다(16:20; 19:26-27). 소요(στάσις, 스타시스)는 로마인들이 가혹하게 다루었던 중죄였다 (눅 23:19,25). 예수님도 이스라엘 지도자들이 가이사에게 세금을 바치는 것을 금지하고 자신이 왕이라고 주장했다고 말하면 같은 혐의로 고발당했다(눅 23:2). 바울과 예수님 모두 이 기소에 관해 무죄를 선고받았다.[97]

더둘로는 바울도 예수님과 마찬가지로 벨릭스가 확보한 평화를 방해한다고 말한다. 벨릭스가 팍스 로마나*Pax Romana*를 유지하라는 명령을 받았기 때문에 이 고소는 벨릭스에게 특히 흥미로웠을 것이다. 누가복음 독자들은 이 소요를 일으킨 사람이 바울이 아니라 그를 반대하는 사람들이라는 사실을 이미 안다 (17:5; 19:40). 그러나 바울의 메시지는 전형적인 혁명적 방식이 아니라 충성심과 우선순위를 혼란하게 만들어 로마의 문화적 기풍을 불안정하게 만든다.[98]

둘째, 더둘로는 바울이 로마 체제의 건전성을 공격할 뿐만 아니라 이 새로운 운동의 지도자, 즉 군사령관과 같은 사람이라고 주장한다. 두 번째 고소는 강도를 높인다. 바울은 감염의 근원, 수장, 선봉장이라는 것이다. 그들은 바울의 그룹

---

95 "수사학 핸드북에 따르면 στασις("폭동, 불화")는 형사 소송에서 누군가를 상대로 제기할 수 있는 올바른 혐의였다(참조. Cicero, *De Inventione* 2.516–8.28; *Ad Herrennium* 2.3.3 –3.4)"(Witherington, *The Acts of the Apostles*, 707).

96 전염병에 대한 동일한 헬라어 단어가 시 1:1의 LXX에 사용되었다. "역병의 의자에 앉지 않는 자는 복이 있도다."

97 Padilla, *The Speeches of Outsiders in Acts*, 222,눅 23:2의 고발과 연결이 아이러니한 것은 예수님이 로마에 위협이 되거나 정치적 반란군이 아니었기 때문이라고 지적한다. 두 인물 사이 연결은 바울이 결백하다는 것을 다시 한번 보여준다. 바울을 기소하려고 시도하는 동안 더둘로는 실제로 그를 예수님과 연관시켜 누가복음 독자에게 무죄임을 보여 준다. Rowe, *One True Life*, 137–39,는 그리스도인들이 실제로 무질서의 가능성을 가져다주지만 그러한 무질서는 στασις와 같은 것이 아니라고 말한다. 누가의 환상에서 불안정화와 해체는 동시에 평화에 대한 부르심이다.

98 Skinner, *Intrusive God, Disruptive Gospel*, 166.

을 "나사렛파"라고 부르며 바울을 반역죄로 처형된 예수와 연결한다.[99] 벨릭스는 로마가 예수를 죽였지만 여전히 **이** 나사렛파가 살아있다는 사실을 깨닫지 못했다. 그분은 이미 자기 증인들을 통해 세상을 뒤집어 놓고 있지만, 그들은 여전히 선동죄에 관해 무죄이다.

24:6. 더둘로가 제기한 세 번째 혐의는 위의 두 가지 주장을 분명히한다. 바울이 성전을 "더럽혔다," 즉 모독했다는 것이다. 성전을 모독하는 것은 종교적, 정치적 행위였다.

바울에 대한 고소
사회의 전염병/소요하게 하는 자
나사렛 이단의 우두머리
성전을 더럽힘

이 혐의는 바울에게 적용된 최초 혐의였으며(21:28), 스데반은 성전에 대한 말 때문에 죽었다. 이 혐의는 기원전 169년 안티오쿠스 에피파네스가 성전에 들어갔을 때 사용된 언어와 동일하기 때문에 특히 심각하다.[100] 총독들은 평화를 유지해야 할 책임이 있었다. 예루살렘은 지속해서 문제를 일으키는 도시였고, 예루살렘의 중심에는 성전이 있었다.

이 혐의가 사실로 드러나면 사형에 처해질 수도 있었다. 더둘로에 따르면 성전을 모독한 죄로 바울을 체포했다. 유대 지도자들은 바울을 죽이려고 했다. 그들은 바울이 율법을 어긴 사람이라고 주장한다.[101] 더둘로는 벨릭스가 예수님과 다른 사도들에게도 행한 일(눅 23:14; 행 4:9)을 조사하면 이 이야기를 확인할 수 있다고 말한다.[102]

---

99 αἵρεσις는 "분파" 또는 "당"으로 번역될 수 있으며 응집력 있는 사회 집단을 나타내며 반드시 경멸적일 필요는 없다. 실제로 바울 자신도 바리새인들과 함께할 때 이 단어를 사용했다 (26:5). 요세푸스도 바리새인, 사두개파, 에세네파의 범주로 이 용어를 사용했다(*Ant.* 13. 288, 293; *Life* 12.191, 197). 그러나 이 문맥에서 이 용어는 반대자들의 입술에 등장하며 바울은 나중에 "그들이 이단이라 하는"(24:14)이라고 말한다.

100 1 Macc 1:21-23,54; 3:51.

101 더둘로 연설에서 누락된 것은 고발의 근거를 제시하는 증거(*probatio*)이다. 그리스-로마 수사학을 아는 독자들은 이 연설에 *exordium*(서론), *narratio*(서술), *peroratio*(호소)가 포함되어 있지만 증거가 빠져 있다는 것을 알아차렸을 것이다. Parsons, *Acts*, 326,에서는 바울이 25:20-21에서 증거 부족을 지적할 것이라고 말한다.

102 더 긴 서방 사본의 독법은 이 텍스트에 포함되어 있지 않으므로 6절에서 9절로 건너뛴다. 이 더 긴 본문은 공인 본문(Textus Receptus)과 KJV에 나타나 있지만 가장 신뢰할 수 있는

24:9. 마지막 구절은 유대인들이 바울에 대한 공격에 가담한 것을 언급하며 이 일들이 사실임을 확인시켜 준다. 이제 자기 몸을 희생해서라도 일치를 추구하는 이 고독한 사람에게 대항하여 대제사장, 장로, 법률가, 그리고 유대인 모두가 단결하여 서 있다. 그는 다른 사람의 평화를 위해 자기 몸을 내려놓는 예수님과 매우 흡사하다. 비난은 거짓이지만 바울에게 유리한 상황은 아니다.

감사하게도 재판 결과를 결정짓는 것은 무리의 규모나 힘, 영리함이 아니라 아버지의 계획이다. 바울이 홀로 서 있는 것처럼 보일지라도 예수님은 이미 법정에서 증언할 때 성령께서 자기 백성 곁에 서 계시겠다고 약속하셨다(눅 12:12; 21:15).

5.2.3.2. 바울의 변호 (24:10-21)

10 총독이 바울에게 머리로 표시하여 말하라 하니 그가 대답하되 당신이 여러 해 전부터 이 민족의 재판장 된 것을 내가 알고 내 사건에 대하여 기꺼이 변명하나이다 11 당신이 아실 수 있는 바와 같이 내가 예루살렘에 예배하러 올라간 지 열이틀밖에 안 되었고 12 그들은 내가 성전에서 누구와 변론하는 것이나 회당 또는 시중에서 무리를 소동하게 하는 것을 보지 못하였으니 13 이제 나를 고발하는 모든 일에 대하여 그들이 능히 당신 앞에 내세울 것이 없나이다 14 그러나 이것을 당신께 고백하리이다 나는 그들이 이단이라 하는 도를 따라 조상의 하나님을 섬기고 율법과 선지자들의 글에 기록된 것을 다 믿으며 15 그들이 기다리는 바 하나님께 향한 소망을 나도 가졌으니 곧 의인과 악인의 부활이 있으리라 함이니이다 16 이것으로 말미암아 나도 하나님과 사람에 대하여 항상 양심에 거리낌이 없기를 힘쓰나이다 17 여러 해 만에 내가 내 민족을 구제할 것과 제물을 가지고 와서 18 드리는 중에 내가 결례를 행하였고 모임도 없고 소동도 없이 성전에 있는 것을 그들이 보았나이다 그러나 아시아로부터 온 어떤 유대인들이 있었으니 19 그들이 만일 나를 반대할 사건이 있으면 마땅히 당신 앞에 와서 고발하였을 것이요 20 그렇지 않으면 이 사람들이 내가 공회 앞에 섰을 때에 무슨 옳지 않은 것을 보았는가 말하라 하소서 21 오직 내가 그들 가운데 서서 외치기를 내가 죽은 자의 부활에 대하여 오늘 너희 앞에 심문을 받는다고 한 이 한 소리만 있을 따름이니이다 하니

24:10. 총독은 바울에게 변론할 것을 요청한다. 총독이 주도권을 쥐고 있는 것처럼 보이지만 누가는 이 상황에서 하나님의 주권을 계속해서 가리킨다. 벨릭스는 무언가를 얻고자 하지만 바울은 벨릭스의 동의를 **통해** 자신의 사명을 완수

초기 사본에서는 발견되지 않는다.

한다. 총독은 손을 들지만 하나님은 권위 있게 팔을 뻗으신다.

총독에 대한 바울의 칭찬은 고발자보다 더 냉정하다. 그는 평화와 정의를 세우는 벨릭스에 대한 칭찬을 생략한다. 바울은 그의 통치 기간과 그가 "변호"(ἀπολογέομαι, 아폴로게마이)하는 것을 기쁘게 생각한다고만 말한다. 바울은 권위 있는 사람들을 존중하지만 자신의 진실성을 훼손하지 않는다.

24:11-13. 12절에서 바울은 각 혐의에 하나하나 반박하기 시작한다. 바울은 더둘로의 말을 뒤집어 수사학 기술을 보여준다. 바울은 회당, 도시 광장, 철학자의 언덕, 마술의 대도시뿐만 아니라 법정에서도 활약한다. 그는 놀라운 인물이다. 더둘로는 벨릭스가 고발의 진실을 알 수 있다고 말했고, 이제 바울은 "당신이 아실 수 **있을 것이다**"라고 말한다.[103] 바울은 지적 능력과 웅변술에 굴복하지 않고 환상이나 누구에게 배우지 않은 방식으로 성령에 의지한다. 그는 지적인 능력과 지적인 능력, 수사학과 수사학을 경쟁시킨다.

바울은 12일 전에 예루살렘 성전에 가서 예배를 드렸다고 단언한다. "예배하다"(προσκυνέω, 프로스퀴네오)는 그를 급진적인 혁명가가 아니라 경건한 순례자로 묘사한다. 다시 말해, 그는 성전에 충성하고 디아스포라에서 순례했다. 그는 성전이나 회당이나 도시에서 사람들을 동요시키지 않았다. 그는 숭배하러 간 것이지 모독하러 간 것이 아니다. 또한 그들은 자신이 제기한 혐의를 증명할 수도 없다. 이것은 거짓 증거이다(출 23:1; 시 27:12; 잠 6:19; 19:5; 마 19:18; 26:60; 행 6:13). 바울은 그들의 주장에 직접 반박한다. 그는 선동가도, 사회 폭동가도, 폭력적인 혁명가도 아니다.

24:14-16. 바울은 이제 그들이 자신에 관해 말하는 것을 부인하고, 자신의 사역에 대한 진실이 무엇인지를 고백으로 확인한다. 범죄가 아닌 것을 고백하는 것은 숙설된 수사학이다. 여기서 그는 옛 유대교에 대한 자신의 충성을 고백한다.[104] 그는 그 도가 새로운 일탈이 아니라 영원한 신앙의 일부라고 주장한다. 그는 그 도를 따르기는 하지만 그 조상 유대인의 하나님을 경배한다(사 40:3 참조).

다시 말하지만, "그 도"는 기독교 운동을 유대교와 구별하는 맥락에서 사용되지만 그 연속성을 보여주기 위해서도 사용된다. "그 도"는 이 새로운 그룹의 정체성을 이스라엘의 경쟁적인 주장에 대항하는 새로운 출애굽 전통에 속하는 것으로 정의한다.[105] 바울을 반대하는 사람들은 그것을 분파라고 부르지만, 그는

---

103 Tannehill, *The Narrative Unity of Luke-Acts*, 2:298.

104 Peterson, *Acts*, 635.

105 Pao, *Acts and the Isaianic New Exodus*, 66.

율법과 선지자들이 전한 모든 것을 믿는다. 다시 말해, 그는 여호와의 계획이 성취되는 것을 보았지만 그들은 그가 신앙을 버렸다고 생각한다. 이것은 유대인 사이에 일어난 논쟁이다.

바울은 계속해서 하나님을 소망하며 의로운 사람과 불의한 사람 모두의 부활을 믿는다고 말한다. 이사야도 "출애굽 전통"을 부활의 관점에서 재해석했다. 바울은 "그 도"가 유대교를 진정으로 성취하는 것이지 토라를 반대하는 것이 아니라고 말했다. 그는 예수님을 중심으로 유대교를 재구성하는 죽은 자의 부활을 믿는다. 죽음에 직면하여 부활은 바울의 설교에서 지속해서 중심적인 위치를 차지한다(23:6; 24:15; 24:21). 부활은 세상을 뒤집어 놓는다.

24:17-19. 변론 다음 부분에서는 바울이 성전에 들어가는 것에 대한 이야기를 들려주며 그들의 비난에 다시 한번 대응한다. 첫째, 바울은 무리를 화나게 하거나 폭동을 일으키기 위해 온 것이 아니라 "구제할 것과 제물"을 가져오기 위해 왔다. 그는 예루살렘의 유익을 위해 온 것이지 문제를 일으키기 위해 오지 않았다.

"제물"은 성전에서 드리는 제물을 의미하며(21:26), "구제할 것"은 그가 예루살렘 교회를 위해 여행하면서 모은 돈을 암시한다. 누가는 바울이 가난한 그리스도인들을 위해 모은 연보에 관해 많이 언급하지 않지만, 바울 서신에서는 중요한 사실이다(롬 15:25-27; 고전 16:1-4; 고후 8:4; 9:1-5, 12-13).[106] 바울은 기근에 시달리는 모교회를 위해 이방인 교회들의 지원을 받으며 예루살렘에 들어섰다. 성전에 온 바울의 주된 관심사는 예배와 연합이었다.

둘째, 그는 의식적으로 정결하게 성전 안에 들어왔다. 아시아의 유대인들은 바울이 성전을 더럽혔다고 비난했다. 셋째, 그는 홀로 왔다. 아이러니가 분명하다. 그는 그 민족을 위해 재정적 후원을 받아 왔고, 성전에서 의식적으로 정결했으며, 혼자였다. 그들은 그가 민족을 분열시키고 성전을 더럽히고 폭동을 일으켰다고 비난한다. 이것은 바울이 한 일과는 정반대이다(21:27). 바울은 거짓 혐의 때문에 벨릭스 앞에 서 있다.

24:20-21. 바울은 이제 위기에서 벗어난다. 그는 고발자들에게 자기 잘못을 진술할 것을 요구한다. 이것으로 바울은 재판을 끝낸다. 그들은 필요한 증거를 가지고 있지 않다. 원래 고발자는 존재하지도 않는다. 로마법은 누군가에 대한 고소를

---

106 Keener, *Acts*, 4:3410-11,에 따르면 누가는 여러 가지 이유로 헌금을 강조하지 않았을 것이라고 한다. 첫째, 변호에 큰 역할을 할 필요가 없기 때문이다. 둘째, 많은 세금을 거두는 것이 로마인들을 선동하는 것에 관해 긴장하게 만들 수 있기 때문이다. 셋째, 누가가 글을 썼을 당시에는 모금이 큰 관심사가 아니었을 수 있다.

포기하는 것(*destitutio*, 데스티투티오)을 심각하게 여겼는데, 아시아 유대인들은 출석하지도 않았다. 크리소스토무스가 지적했듯이, "바울은 유대인들이 어떻게 음모하고, 폭력적으로 붙잡고, 기다렸는지 한 마디도 말하지 않는다."[107] 그는 그들의 피나 죄가 아니라 마음에 관심이 있다. 바울은 끝까지 최후 결단을 보류한다.

그가 유대 민족을 분열시킨 유일한 발언은 죽은 자의 부활에 대한 주장이므로 유대인 내부 논쟁이다. 예수님의 부활에 대한 진술은 사도행전에 이미 존재하는 많은 실타래를 하나로 묶어준다. 로우Rowe가 말했듯이, "처음부터 마지막까지 그 도의 핵심은 부활에 관한 것이다."[108] 그들은 정치적 함의를 지닌 신학적 주장에 대한 "증인"이었다. 그러나 이러한 정치적 함의가 로마 앞에서 유죄가 되지는 않는다. 바울은 설득력 있는 웅변가이자 더둘로보다 더 뛰어난 지적 능력을 갖춘 사람이다.

바울이 죽은 자의 부활에 대한 자신의 주장을 논쟁의 중심에 놓은 것은 이번이 세 번째이다. 여호와는 과거의 신일 뿐만 아니라 현재와 미래를 관장하는 신이시다. 바울은 예수님처럼 재판받았고, 예수님은 무덤에서 나오셨을 때 변호받았다.

5.2.3.3. 벨릭스의 연기와 바울의 증언 (24:22-27)

22 벨릭스가 이 도에 관한 것을 더 자세히 아는 고로 연기하여 이르되 천부장 루시아가 내려오거든 너희 일을 처결하리라 하고 23 백부장에게 명하여 바울을 지키되 자유를 주고 그의 친구들이 그를 돌보아 주는 것을 금하지 말라 하니라

24 수일 후에 벨릭스가 그 아내 유대 여자 드루실라와 함께 와서 바울을 불러 그리스도 예수 믿는 도를 듣거늘 25 바울이 의와 절제와 장차 오는 심판을 강론하니 벨릭스가 두려워하여 대답하되 지금은 가라 내가 틈이 있으면 너를 부르리라 하고 26 동시에 또 바울에게서 돈을 받을까 바라는 고로 더 자주 불러 같이 이야기하더라

27 이태가 지난 후 보르기오 베스도가 벨릭스의 소임을 이어받으니 벨릭스가 유대인의 마음을 얻고자 하여 바울을 구류하여 두니라

24:22-23. 벨릭스는 어두운 방향으로 전환한다. "그 도"에 관해 알고 있었지

---

107 Chrysostom, *Homily 50 on Acts* (*NPNF* 1/11:298). 그는 계속해서 "그도 그리스도를 본받는 사람이었으므로 우리도 그를 본받자. 그분께서 살인과 학살에까지 이르는 원수들과 함께 있으면서도 그들에게 모욕적인 말을 하지 않으셨다면, 욕하고 학대하면서 분노하는 우리는 어떤 용서를 받아야 할까?"(299-300)라고 말한다.

108 Rowe, *World Upside Down*, 78. 참조. Crowe's book, *The Hope of Israel*. 로우와 크로우는 함께 인디 밴드를 시작해야 한다.

만 시간을 끌었다.[109] 벨릭스는 루시아에게서 더 많은 것을 알고 싶다고 주장하지만, 독자들은 이미 그가 바울의 무죄를 선포하는 글라우디오 루시아의 편지를 가지고 있다는 것을 안다(23:25-30). 벨릭스는 또한 고발인이 오면 사건을 결정하겠다고 약속했다(23:35).

벨릭스가 바울에 대한 선고를 연기한 이유는 지식이 부족하거나 진정한 정의를 추구하기 때문이 아니다. 다른 목적 때문이다. 정치적인 게임-인간적인 술수가 작용한 것이다. 독자들은 몇 구절에서 벨릭스가 바울을 석방하는 대가로 돈을 받을 수 있도록 친구들이 바울의 필요를 채워주도록 허락할 수 있다는 사실을 알 것이다. 벨릭스는 바울의 무죄를 인정하고 그에게 자유를 주지만 감히 무죄를 선고하지는 않는다.

벨릭스는 바울이 어려운 상황에 부닥쳐 있다는 것을 알고 있으며, 바울은 이미 벨릭스에게 자금을 모금할 수 있는 능력이 있다고 말했다. 이제 벨릭스는 바울이 이 혼란 속에서 이득을 볼 수 있도록 바울의 입장에 서게 한다. 벨릭스는 바울과 게임을 하고 있으며, 이것은 바울이 자신을 증거할 시간을 더 많이 벌게 해줄 뿐이다. 핀터는 "[벨릭스는] 뇌물 대신 설교를 받는다."라고 말한다.[110]

24:24-25. 며칠 후 벨릭스와 아내 드루실라는 바울을 불러 그리스도 예수에 대한 믿음에 관한 말을 듣는다. 바울은 누가복음 21장 12-15절을 성취하면서 총독과 계속 대화할 수 있었다. 총독과의 사적인 면담은 높은 평가를 받고, 바울은 선지자로서 역할을, 벨릭스는 비윤리적인 총독으로서 역할을 계속한다(9:15). 벨릭스는 노예 출신으로 총독이 된 사람이었고, 드루실라는 권력을 위해 남편을 버린 유대인이었다.[111] 둘 다 제국에 동화되었음을 나타낸다. 그들의 결혼은 간음과 배신에 뿌리를 두고 있었으며, 이것은 바울의 말을 뒷받침한다.[112] 그녀의 존재는 또한 유대인 여성이 더 듣고 싶어 하는 바울 메시지의 유대교적 성격을 확인시켜 준다.[113]

---

109 어떤 학자들은 골로새서, 에베소서, 빌레몬서, 빌립보서가 바울이 감옥에 있는 동안에 기록될 가능성이 있다고 주장한다. 더욱 전통적인 견해는 이 서신들이 로마나 에베소에서 기록되었다는 것이다.

110 Pinter, *Acts*, 539. C. Bryan, *Render to Caesar: Jesus, the Early Church, and the Roman Superpower* (Oxford: Oxford University Press, 2005), 101,에 따르면 누가의 문제는 반드시 로마 제국 체제가 아니라 누가의 개인적인 탐욕이었다고 지적하는 것이 옳을 것 같다.

111 벨릭스와 드루실라가 바울을 만났을 때와 헤롯 안디바(와 그의 아내)가 세례 요한을 만났을 때의 병행은 흥미롭다.

112 Jennings, *Acts*, 216–17. 벨릭스와 드루실라를 공감하는 청취자로 볼 수도 있다.

113 Dunn, *Acts*, 315.

바울은 전술을 방어에서 예언자적 비난으로 바꾸어 방탕에서 권력으로 향하는 그들을 깨우치려 한다. 누가는 바울의 메시지를 "그리스도 예수 믿는 도"(20:21; 26:18 참조)로 요약하지만 "의와 절제와 장차 오는 심판"에 관해 계속 이야기한다. 이러한 덕목들은 바울을 철학자로 묘사한다. "의로움"은 아마도 사회 정의 또는 올바른 행동의 모든 덕을 의미할 것이다. "절제"는 성에 관한 것이고, "심판"은 부활하신 그리스도의 재림에 관한 것이다. 이 모든 주장은 바울 앞에 앉아있는 두 통치자와 직접적으로 맞선다.[114] 갑자기 바울이 아니라 그들이 재판받고 있다. 벨릭스는 다가올 심판에 관해 듣고 두려워하며 바울에게 그만두라고 말한다.[115]

아덴에서와 마찬가지로 주제가 심판으로 바뀌자 기각된다(17:30-34). 피터슨Peterson이 말했듯이, 벨릭스는 "죄수 바울에 대한 개인적인 결정을 미루는 것처럼 그리스도에 대한 개인적인 결정도 미룬다."[116] 우유부단함이 벨릭스의 방식이다. 이 로마 총독은 덕의 전형이 아니며, 자신이 하나님 앞에서 정죄받는다는 것을 알고 있다. 바울은 권력자들에게 다가올 하나님의 진노에 관해 말하는 것을 주저하지 않는다.

24:26. 벨릭스가 덕이 부족한 것은 바울에게 다음에 말할 수 있다고 말한 두 번째 이유에서 더욱 잘 드러난다. 벨릭스는 바울이 돈으로 자유를 얻는 물물교환을 한다. 그는 바울을 돈과 권력이 타락한 로마 제국의 춤판으로 초대한다. 그러나 바울은 맘몬의 정치에 순응하지 않는다.

바울이 로마 통치자들보다 자신이 더 정의롭고 의롭다는 것을 보여준 것은 이번이 두 번째이다(앞서 바울은 로마 시민이 채찍을 맞을 수 있는지 질문한다. 22:24-25). 바울은 총독보다 더 신실한 삶을 구현한다. 벨릭스는 국가에 더 많은 평화를 가져다주려는 것이 아니라 자신의 주머니를 채우려고 한다.[117] 아이러니하게도 탐욕과 불의, 자제력 부족은 바울이 벨릭스와 자주 대화하는 데 도움이 된다. 벨릭스는 악을 의미하지만 하나님은 선을 의미한다.

---

114 바울은 벨릭스와 드루실라에게 과거(예수의 삶, 죽음, 부활, 승천), 현재(의와 절제), 미래(심판)에 관해 이야기한다. 이것이 현재의 삶(의와 절제)에 어떤 의미가 있는지, 그리고 미래에 어떤 일이 일어날지(심판)에 관해 이야기한다.

115 드루실라는 아버지에 대한 심판과 그가 벌레에게 잡아먹혔던 일을 기억했을 것이다(행 12장).

116 Peterson, *Acts*, 641.

117 누가는 로마 관리들에 대한 통일된 그림을 제시하지 않으며, 바울에 대한 그들의 반응도 엇갈린다. 벨릭스는 확실히 공정한 로마 총독이나 덕의 모범으로 묘사되지 않는다. Witherington, *The Acts of the Apostles*, 719,은 이 장에서 로마법과 로마 관리들을 구분하지 않는 사람들이 많다고 지적한다. 로마법은 바울의 편이지만 그렇다고 해서 로마 관리들이 바울의 편이라는 의미는 아니다.

24:27. 누가는 마지막으로 벨릭스의 성격을 드러내기 위해 시간을 빨리 진행한다. 벨릭스는 바울을 감옥에 가둬뒀고 바울은 통치 기간 내내(그 후 2년) 감옥에 갇혀 있었다. 벨릭스가 바울을 석방하면 유대 지도자들과 얽힌 정치적 관계에 상처를 입지만, 바울을 넘겨주면 바울을 지지하는 사람들의 반발을 살 수 있다.

바울은 자신을 증거하거나 돈을 줄 기회가 많았겠지만, 벨릭스는 베스도로 교체된다. 벨릭스는 유대인들에게 "호의"(χάρις, 카리스. 개역개정. "마음")를 베풀기 위해 바울을 감옥에 가둔 것이지 정당한 통치자이기 때문은 아니다.[118] 독자들이 로마 총독이 이스라엘 지도자들에게 호의를 베풀려고 했다는 소식을 듣는 것은 이번이 마지막이 아니다.

5.2.4. 총독 베스도의 재판 (25:1-27)

베스도의 청중은 벨릭스와 산헤드린과는 다르다. 베스도는 "그 도"나 유대교를 모르는 이방인이다. 이것은 내러티브에 영향을 미친다. 베스도의 재판은 그리스-로마 세계의 전형적인 사람이 바울 사건을 어떻게 바라보는지 가장 명확하게 보여준다. 베스도는 유대교나 "그 도"에 관해 거의 알지 못하기 때문에 아그립바의 도움을 받아야 한다. 사적 대화가 중심이 되어 로마 총독 앞에서 바울은 수수께끼 같은 인물이지만 죄가 없는 사람으로 드러난다.

하지만 이 두 시련 사이에는 비슷한 점도 있다. 바울은 로마 총독 앞에서 자신을 변호하고, 이름은 바뀌었지만 제국의 생태는 그대로 유지된다. 바울은 세상적 차원의 정치 체스 게임에서 수동적인 말에 불과하다. 하늘의 차원에서 국가는 전능하신 하나님의 손안에 있는 말이다.[119]

이 내러티브는 새로운 정보를 거의 제공하지 않는다.[120] 그러나 바울이 가이사에게 호소하는 것은 내러티브의 궤도를 설정한다. 던Dunn은 이 장의 목적이 긴장을 더 높은 어조로 조이는 것이라고 말한다. 바울의 호소로 댐이 무너질 때까지 이미 알려진 모든 것이 이 내러티브에서 고조된다.[121] 바울은 가이사에게 호

---

118 일부 사본은 벨릭스의 아내 드루실라가 바울의 이야기를 더 듣고 싶어 했기 때문에 바울을 감옥에 남겨 두었다고 전한다. 그러나 이러한 사항은 늦게 추가되었으며 제대로 입증되지 않았다. 그러나 드루실라에 대한 초기 "긍정적" 관점의 가능성을 제기하며, 그녀를 빌라도 아내와 연결해 준다.

119 Johnson, *Acts*, 424,은 "누가에게 바울은 이야기의 중심이자 가장 중요한 인물이다. 그러나 누가는 독자들에게 바울이 자신의 계획을 진행하기 위한 편리한 도구에 불과한 다른 등장인물들과는 이러한 관점을 공유하지 않는다는 것을 보여준다. 그러나 완전히 다른 차원에서, 즉 바울이 가장 수동적이고 그의 메시지가 가장 무력해 보일 때에도 누가의 이야기는 하나님이 자신의 역사적 목적을 완성하기 위해 일하고 있음을 암시한다."

120 Spencer, *Acts*, 228.

121 Dunn, *Acts*, 317.

소하고 베스도는 이를 묵인하여 "무의식적으로 복음의 도구"로 만든다.[122]

누가는 바울과 함께 있는 베스도에 대한 이야기를 여러 각도에서 서술하고 있다. 첫째, 화자는 예루살렘으로 내려간 베스도와 그를 설득하여 바울을 죽이려고 하는 유대인 지도자들의 이야기를 들려준다(25:1-5). 둘째, 누가는 실제 재판으로 전환하여 간략하게 이야기한다(25:6-12). 셋째, 베스도는 아그립바를 개인적으로 상담한다(25:13-21). 마지막으로 베스도는 이 사건을 공개적으로 발표하고 도움을 요청한다(25:22-27).

5.2.4.1. 베스도에게 간청하는 유대인 (25:1-5)

1 베스도가 부임한 지 삼 일 후에 가이사랴에서 예루살렘으로 올라가니
2 대제사장들과 유대인 중 높은 사람들이 바울을 고소할새 3 베스도의 호의로 바울을 예루살렘으로 옮기기를 청하니 이는 길에 매복하였다가 그를 죽이고자 함이더라 4 베스도가 대답하여 바울이 가이사랴에 구류된 것과 자기도 멀지 않아 떠나갈 것을 말하고 5 또 이르되 너희 중 유력한 자들은 나와 함께 내려가서 그 사람에게 만일 옳지 아니한 일이 있거든 고발하라 하니라

25:1-3. 2년이 지나면 화가 가라앉았을 것으로 생각할 수 있다. 그러나 유대 지도자들은 바울에 대한 증오심을 오랫동안 품고 있었다. 가이사랴에서 예루살렘으로 올라간 베스도가 바울을 만나자 유대 지도자들은 바울이 죽여야 한다는 주장을 펼친다(25:24). 바울은 부활에 대한 재판을 받고 있는데 그들은 그의 목숨을 요구한다. 벨릭스는 그들이 바울을 정죄하는 것을 허락하지 않았지만, 이제 유대인들은 새로운 왕의 혈통을 포위한다.

그들은 베스도에게 바울을 예루살렘으로 보내 재판을 받게 해달라고 요청하지만, 독자들은 이미 객관적인 재판이 될 수 없다는 것을 안다. 이전에 유대인들이 주도한 재판은 거짓 혐의와 바울을 죽이려는 시도로 가득 차 있었다. 바울에게 허락된 것은 로마의 사법 제도뿐이었다.

누가는 유대인들이 실제로 바울을 길에서 매복하여 죽이려고 했다고 독자들에게 알린다. 이전 계획이 부활한 것이다(23:12-15). 예루살렘은 폭력과 살인을 퍼뜨리려는 결의를 늦추지 않았다(잠 1:15-16; 6:17 참조). 로마의 권력은 바뀌었지만 죄책감 없는 바울과 적대적인 유대인들은 일관되게 행동한다.

25:4-5. 베스도는 바울을 그 자리에 두고 그곳에서 재판받아야 한다고 주장한다. 세 가지 이유가 가능하다. 첫째, 자기 편의를 위한 것일 수 있다. 그는 그들

---

122 Gaventa, *Acts*, 338.

의 바람을 굽히지 않는다. 그들은 가이사랴에서 바울을 상대로 소송을 제기하기 위해 그에게 와야 한다. 둘째, 통치 초기에 유대인들을 묵인하는 선례를 남기고 싶지 않았기 때문일 수 있다. 바울에 대한 소송이 있으면 자신과 함께 가이사랴로 가자고 말한다.

셋째, 그는 바울을 보호하고 단순히 적절한 정의가 따르기를 원했을 수 있다. 이것이 베스도가 이 이야기를 들려주는 이유이지만(참조. 25:16), 그는 자신에게 유리하도록 이야기를 왜곡할 수 있다. 여러 가지 동기가 작용했을 수 있으므로 이러한 선택지들은 서로 배타적이지 않다.

5.2.4.2. 유대인의 고발과 바울의 변호 (25:6-12)

6 베스도가 그들 가운데서 팔 일 혹은 십 일을 지낸 후 가이사랴로 내려가서 이튿날 재판 자리에 앉고 바울을 데려오라 명하니 7 그가 나오매 예루살렘에서 내려온 유대인들이 둘러서서 여러 가지 중대한 사건으로 고발하되 능히 증거를 대지 못한지라 8 바울이 변명하여 이르되 유대인의 율법이나 성전이나 가이사에게나 내가 도무지 죄를 범하지 아니하였노라 하니

9 베스도가 유대인의 마음을 얻고자 하여 바울더러 묻되 네가 예루살렘에 올라가서 이 사건에 대하여 내 앞에서 심문을 받으려느냐

10 바울이 이르되 내가 가이사의 재판 자리 앞에 섰으니 마땅히 거기서 심문을 받을 것이라 당신도 잘 아시는 바와 같이 내가 유대인들에게 불의를 행한 일이 없나이다 11 만일 내가 불의를 행하여 무슨 죽을 죄를 지었으면 죽기를 사양하지 아니할 것이나 만일 이 사람들이 나를 고발하는 것이 다 사실이 아니면 아무도 나를 그들에게 내줄 수 없나이다 내가 가이사께 상소하노라 한대

12 베스도가 배석자들과 상의하고 이르되 네가 가이사에게 상소하였으니 가이사에게 갈 것이라 하니라

25:6-7. 유대인들은 바울이 가이사랴로 돌아갈 때 베스도와 동행한다. 재판정에서 베스도는 바울을 데려오라고 명령한다. 베스도의 빠른 행동은 벨릭스의 미루는 태도를 부정적으로 만든다. 유대인들은 사자가 먹이를 죽이듯 바울을 에워싸고 바울 주위에 서 있다. 누가는 앞선 내러티브와 비교하여 재판 내러티브를 간략하게 서술한다. 독자들은 벨릭스에게 고소된 내용이 바울에게 동일하게 적용되었다고 가정해야 한다.

누가는 그들이 이 중 어떤 것도 증명할 수 없었다고 말한다. 이전 재판에서 바울은 아시아에서 온 유대인들이 폭동을 일으켰기 때문에 자신을 고소하도록 요청했다. 유대인들은 바울에게 화가 났지만 그가 틀렸다는 것을 증명할 수는 없

었다. 누가는 이를 통해 고발의 공허함을 보여 주고 로마가 바울의 죄를 확신하지 못하는 것처럼 묘사한다.[123]

25:8. 누가는 고발 내용을 제시했다. 이제 누가는 바울의 변호를 축약하여 설명한다. 바울의 변호를 (1) 유대 율법, (2) 성전, (3) 가이사라는 세 가지 영역에 대한 무죄 주장으로 설명한다.[124]

본질적으로 바울은 자신이 토라나 가이사를 반대하지 않는다고 단언한다. 그는 종교적 선동과 정치적 선동 모두에 관해 결백하며, "그 도"의 사람들도 이 점에서 결백하다는 것을 암시한다. 바울은 신뢰할 수 있는 인물이다. 이러한 진술은 독자들이 내러티브를 다시 읽을 때 해석의 지침이 될 것이다. 바울과 "그 도"는 유대교나 제국을 선동한 죄가 없다. 현대 그리스도인들도 재판받을 때 무죄를 주장할 수 있어야 한다는 점을 기억해야 한다(벧전 2:20; 3:17).

25:9-10. 베스도는 예루살렘에 있는 유대인들의 요청을 거부했지만, 그들에게 "호의"(χάρις, 카리스. 개역개정. "마음")를 베풀고 싶어 한다. 그는 새로운 총독으로서 예루살렘 지도자들과 좋은 출발을 하려고 한다. 베스도는 바울에게 예루살렘으로 가서 그곳에서 재판을 받을 의향이 있는지 묻는다. 나중에 독자들은 베스도가 분쟁으로 곤경에 처해 있었기 때문에(25:20) 단순히 자신을 구하기 위해 이렇게 했다는 것을 알게 될 것이다.[125] 그러나 그렇게 함으로써 그는 사실상 불공정한 재판을 보장한다. 베스도의 정의는 정의롭지 않다. 바울은 심지어 베스도가 자신에게 제기된 혐의에 관해 죄가 없다는 것을 안다고 말한다.

로마 정부와 관련하여 반복적으로 사용된 "호의"(χάρις, 카리스. 개역개정. "은혜")라는 단어는(24:27; 25:3,11,16) 로마의 행정과 하나님의 행정을 대조한다. 바울의 메시지는 모두에게 "은혜"(χάρις, 카리스)의 메시지이다. 사실, 독자들은 이미 베드로의 연설에서 하나님은 사람이 외모를 보지 않으신다는 것을 배웠다(10:34). 로마 총독들은 편애를 일삼고 유대 지도자들은 편파성에 굴복하기를 열망한다. 권력의 내부에 초대받으면, 거절하고 청렴을 유지하기가 어렵다. 유대

---

123 Chrysostom, *Homily 51 on Acts* (*NPNF* 1/11:306),은 "다른 사람을 해치는 것 외에 다른 방법으로 우리 자신을 해칠 수 없으며, 우리의 가장 큰 죄는 우리 자신에게 해를 입히는 데서 비롯된다."라고 말했다.

124 바울이 가이사를 반대하는 것에 대한 이 말씀은 17:7과 16:21을 반영한다.

125 Chrysostom, *Homily 51 on Acts* (*NPNF* 1/11:304),에 따르면 "총독들이 유대인들의 성가심을 피하려 하고, 종종 정의에 어긋나는 행동을 하도록 강요받으며, 연기할 구실을 찾는 것을 모든 경우에서 관찰하라. 물론 그가 원인을 연기한 것은 무지 때문이 아니라 그것을 알기 때문이었다."라고 말한다.

인들은 모든 사람을 돌보라는 명령을 받았지만, 그들은 무고하고 가난하고 고독한 한 남자를 반대하며 권력을 휘두르려고 한다.

25:11-12. 베스도가 갈등에서 벗어나려고 하는 동안 바울의 행동은 총독의 발목을 잡는 역할을 한다. 바울의 목표는 죽음이나 시련을 피하거나 어떤 호의를 얻으려는 것이 아니다. 바울은 자신이 잘못한 것이 없다고 주장한다. 베스도도 이를 알고 있다(참조. 25:25). 베스도는 바울과 줄다리기를 한다. 베스도는 정의를 위해 헌신하는 것이 아니라 자신의 이름과 권력의 명성을 위해 헌신한다. 바울이 잘못이 없다면 베스도는 바울을 예루살렘에 있는 사람들에게 넘겨줄 수 없다. 바울은 베스도에게 참된 정의에 관해 가르친다.

"바울을 내주다"(χαρίζομαι, 카리조마이)라는 말은 9절에 나오는 "호의"의 어근과 같으며, "아무도 나를 그들에게 호의로 줄 수 없다"고 번역할 수 있다. 바울은 베스도의 편견을 의심한다. 그는 최고 법정에 항소한다(provocatio). 최고 법정은 가이사이다.[126] 바울은 산헤드린 법정에 있었고, 로마 총독의 법정에 있었다. 이제 그는 최고 법정에 호소한다(19:21; 23:11; 27:24).[127] 바울은 자신의 결백을 충분히 확신하고 있기 때문에 사다리 위로 올라간다. 그는 가이사의 법정이 제 역할을 할 것으로 기대한다. 이런 식으로 기독교는 로마의 적이 될 의도가 없다.[128] 그 누구도 기소할 수 없었기 때문에 바울은 그 땅에서 가장 높은 법정에 항소할 것이다.

크리소스토무스는 바울이 가이사 앞에 서게 해달라고 요청한 것은 그리스도의 예언이나 보호에 대한 바울의 믿음이 부족해서가 아니라 널리 알리는 수단이라고 말한다.[129] "반제국적"으로 읽으려고 하면, 바울이 가이사에게 보내달라고 요청한 현실, 즉 기독교 신앙이 제국에 반대하지 않는 내용을 설명해야 한다.[130] 때로는 로마 정부가 바울을 보호하지만 다른 때는 바울 자신의 자원을 사용해야 한다. 바울은 로마의 시스템을 활용하여 복음을 선포할 수 있는 새로운 길을 개척한다. 그는 자신의 목적을 위해 세상 구조를 다루고 방향을 바꾼다.

베스도는 공의회와 상의하여 바울을 가이사에게 보내기로 한다. "바울에 대한 음모는 설교의 계기가 된다."[131] 헬라어는 마지막 단어 "가다"로 이 단락

---

126 Witherington, *The Acts of the Apostles*, 726,은 우리가 알고 있는 네로에 대한 지식에 비추어 바울이 왜 네로의 법정에 항소했을지 의문을 제기한다. 그러나 그는 또한 네로의 통치 초기가 그의 후기 정권과는 아주 달랐다고 지적한다.

127 Keener, *Acts*, 4:3465–66,은 판결 전 항소는 불법은 아니었지만 비정상적이었다고 지적한다.

128 Bryan, *Render to Caesar*, 103–5.

129 Chrysostom, *Homilies on Acts* 51, in Martin and Smith, *Acts*, 289. 참조. Pinter, *Acts*, 553.

130 Kim, *Christ and Caesar*, 49.

131 Chrysostom, *Homily 51 on Acts* (NPNF 1/11:305).

을 마무리한다.[132] 예수님은 고레스처럼 성전 재건을 위해 제자들을 보냈다(마 28:18-20; 대하 36:23). 이제 베스도는 자신도 모르게 바울에게 똑같이 말한다. "부패의 악취로 오염된 깡통처럼 보이는 법이 하나님의 계획을 펼치는 계기가 된다."[133] 바울은 로마 제국의 중심부로 성전 건축 임무를 맡는다. 콜로세움, 판테온, 바실리카를 정복하고 새로운 성전이 등장할 것이다.

5.2.4.3. 아그립바를 개인적으로 만나는 베스도 (25:13-21)

13 수일 후에 아그립바 왕과 버니게가 베스도에게 문안하러 가이사랴에 와서 14 여러 날을 있더니 베스도가 바울의 일로 왕에게 고하여 이르되 벨릭스가 한 사람을 구류하여 두었는데 15 내가 예루살렘에 있을 때에 유대인의 대제사장들과 장로들이 그를 고소하여 정죄하기를 청하기에 16 내가 대답하되 무릇 피고가 원고들 앞에서 고소 사건에 대하여 변명할 기회가 있기 전에 내주는 것은 로마 사람의 법이 아니라 하였노라 17 그러므로 그들이 나와 함께 여기 오매 내가 지체하지 아니하고 이튿날 재판 자리에 앉아 명하여 그 사람을 데려왔으나 18 원고들이 서서 내가 짐작하던 것 같은 악행의 혐의는 하나도 제시하지 아니하고 19 오직 자기들의 종교와 또는 예수라 하는 이가 죽은 것을 살아 있다고 바울이 주장하는 그 일에 관한 문제로 고발하는 것뿐이라 20 내가 이 일에 대하여 어떻게 심리할지 몰라서 바울에게 묻되 예루살렘에 올라가서 이 일에 심문을 받으려느냐 한즉 21 바울은 황제의 판결을 받도록 자기를 지켜 주기를 호소하므로 내가 그를 가이사에게 보내기까지 지켜 두라 명하였노라 하니

25:13-16. 이 시점에서 내러티브는 로마를 향한 여정으로 진행되어야 하는 것처럼 보이지만 누가는 로마 이전에 바울이 겪은 재판에 관해 더 많은 것을 이야기한다. 누가는 장막 뒤에서 두 권력 중개인 사이에 일어난 더욱 사적인 대화를 들여다봄으로써 그렇게 한다.[134] 던Dunn이 지적했듯이, 이 시점에서 줄거리를 진행하지 않은 것은 긴장감을 조성하기 위한 목적이 있음을 보여준다. 그러나 이것은 누가의 주요 요점 중 하나인 유대인 논쟁을 반복하는 것이기도 하다. 베스도는 유대교에 관해 거의 알지 못하기 때문에 이 재판을 혼란스러워하지만 아그립바 왕과 버니게의 도착은 기회를 제공한다. 베스도는 가이사 앞에서 체면을 살리고 자신의 지지층을 소외시키지 않을 수 있다.

아그립바는 유대인의 권위를 대표하지만 로마와도 연관이 있다. 이 장면은

132 Tannehill, *The Narrative Unity of Luke-Acts*, 2:308.
133 Pervo, *Acts*, 609.
134 Dunn, *Acts*, 321.

베스도가 바울에 대한 의견을 제시하고, 아그립바가 바울의 주장을 듣고, 아그립바가 베스도에게 (유대인의 관습을 더 잘 알기 때문에) 조언하도록 한다.[135] 아그립바 2세는 12장에서 벌레로 죽은 헤롯 아그립바 1세의 아들이었고, 헤롯 대왕의 증손자였다.[136] 그는 로마에서 유대인의 대의를 위한 대변인이었고 대제사장을 임명할 수 있었지만 로마의 방식에 동화되었던 것 같다. 새로운 황제와 나라가 가진 힘 때문에 그의 상상력을 사로잡혔다. 바울이 감옥에서 기다리는 동안 갇힌 그는 그의 운명을 토론한다. "그 도"의 부르심은 특권과 권력이 아니라 고난과 어둠을 향한 부르심이다.

25:17-19. 베스도는 독자들이 이미 들었던 재판을 이번에는 화자가 아닌 자신의 관점에서 다시 이야기한다. 베스도는 벨릭스가 이 사람을 감옥에 가두었고 로마의 관습을 지켰다고 말한다.[137] 변호의 기회를 얻지 못한 사람을 넘기는 것은 로마의 관습이 아니었다. 이것이 베스도가 바울을 유대인들에게 넘기기를 거부한 이유이다. 그는 결백을 주장하지만 결백한 사람이 그 앞에 서 있다. 유대인들은 바울에 대한 좋은 내용을 제시하지 않았다. 그들은 베스도의 예상대로 죄악의 혐의를 제기하지 못했다. 그는 중립적이고 무고한 관찰자로서 문제를 명확하게 보려고 애썼다.[138]

예루살렘에서 나눈 대화와 바울의 투옥 기간으로 미루어 보아 더 나쁜 결과를 예상했겠지만, 그들은 자신들의 율법과 바울이 죽었지만 지금은 살아 있다고 말한 예수님과의 관계에 관해 약간의 이견을 보였을 뿐이다. 독자들은 중요한 새로운 정보는 거의 배우지 못하지만 바울의 재판에 대한 "외부의 관점"을 얻게 된다.

"한 사람"(14절), "예수라 하는 이"(19절), 그들의 운동을 δεισιδαιμονία(데이시다이모니아, CSB "종교")라고 표현하는 언어는 모두 베스도를 유대인의 관습과 역사에 관해 무지한 사람으로 묘사한다. 예수님의 윤리, 고난, 부활은 로마를 당황하게 한다.

25:20-21. 베스도는 벨릭스나 아그립바와 다르게 율법을 몰라 당황하여 바울

---

135 어떤 학자들은 아그립바 장면이 이 시점에서 시작되기 때문에 장 구분에 만족하지 못하지만, 본문에는 여전히 베스도가 그 사건에 대한 자신의 의견을 공유하고 있다.

136 흥미롭게도 그는 헤롯이라고 불리지 않았는데, 이는 아그립바를 더 호의적으로 보는 논거가 될 수 있다. Keener, *Acts*, 4:3476-77,은 아그립바가 로마 이름이기 때문에 아그립바라고 불리며, 그가 가이사의 친구였기 때문에 로마의 통치자로 그린다고 주장한다.

137 누가는 암묵적으로 로마의 관습(ἔθος)이 어떻게 그 도의 관습에 부합할 수 있는지를 보여주고 있는 것일 수 있다.

138 이 절은 벅D. Bock이 개인 서신에서 제안한 것이다.

에게 예루살렘에 가고 싶냐고 묻지만, 바울은 가이사에게 호소한다. 어떤 사람들은 베스도의 혼란이 그의 덕을 나타낸다고 이해하지만, 내러티브적으로 아그립바에게 길을 깔아주는 것일 뿐이다. 베스도가 이 사건이 "유대인"들의 논쟁이라는 것을 이해했다면 고린도에서 갈리오가 그랬던 것처럼 법정에서 사건을 내쫓을 수도 있었을 것이다(18:14-15). 대신 그는 바울에게 예루살렘에서 재판받을 수 있는 기회를 제공한다.

종교 재판이기 때문에 예루살렘에서 재판받아야 한다고 생각해서 그렇게 한 것이거나, 더 악하게 바울이 공정한 재판을 받지 못할 것을 알면서도 이 문제를 없애고 싶었던 것일 수도 있다. 둘 다 가능성이 높지만, 본문이 침묵할 때는 그 동기를 읽기 어렵기 때문에 베스도에 대한 더 긍정적인 그림에 기대는 사람들도 있다. 그는 이 문제를 제대로 판단할 만큼 충분히 알지 못했고, 적절하지 않게 판단하고 싶지 않았으며, 이 문제가 끝났으면 좋겠다고 생각했다. 바울은 결국 가이사에게 호소한다.

누가는 "베스도의 관점"을 이야기하면서 그가 계속 주장해 온 세 가지 요점을 더욱 강조한다. 첫째, 바울의 재판은 베스도가 이해할 수도 없는 유대인들 사이 논쟁이다. 내부자가 이 사건을 재판해야 한다. 둘째, 바울은 살인이나 로마 제국의 평화를 어지럽힌 혐의에 대해 무죄이다. 셋째, 베스도는 내숭을 떨며 이기적인 초짜 총독으로, 남의 눈치를 보지만 자신을 가장 잘 드러내는 인물이다.

5.2.4.4. 바울의 무죄를 공개적으로 선포한 베스도 (25:22-27)

22 아그립바가 베스도에게 이르되 나도 이 사람의 말을 듣고자 하노라 베스도가 이르되 내일 들으시리이다 하더라 23 이튿날 아그립바와 버니게가 크게 위엄을 갖추고 와서 천부장들과 시중의 높은 사람들과 함께 접견 장소에 들어오고 베스도의 명으로 바울을 데려오니 24 베스도가 말하되 아그립바 왕과 여기 같이 있는 여러분이여 당신들이 보는 이 사람은 유대의 모든 무리가 크게 외치되 살려 두지 못할 사람이라고 하여 예루살렘에서와 여기서도 내게 청원하였으나 25 내가 살피건대 죽일 죄를 범한 일이 없더이다 그러나 그가 황제에게 상소한 고로 보내기로 결정하였나이다 26 그에 대하여 황제께 확실한 사실을 아뢸 것이 없으므로 심문한 후 상소할 자료가 있을까 하여 당신들 앞 특히 아그립바 왕 당신 앞에 그를 내세웠나이다 27 그 죄목도 밝히지 아니하고 죄수를 보내는 것이 무리한 일인 줄 아나이다 하였더라

25:22-23. 바울은 아그립바의 호기심을 자극한다. 베스도가 이 문제에 관해 알지 못한다고 고백했으므로 아그립바는 바울의 말을 듣고 싶다고 요청한다. 아

그립바는 베스도와 관계를 공고히 하고 싶어 했을 것이다. 그러나 누가의 요점은 바울의 투옥과 정치적 술수에도 소문이 계속 퍼져 나갔다는 것이다.

헤롯 안디바 앞에서 심문받는 예수님과 이 내러티브 사이의 유사점은 분명하다. 두 지도자 모두 잡힌 자와 대화하기를 원하고, 문제를 결정하지 않으며, 혐의가 없다고 말한다(눅 23:6-12). 바울도 구세주처럼 쇠사슬에 묶인 채 제국 앞에 선다. 아그립바와 버니게는 호화로운 의상으로 수행원을 거느리고 입장한다. 반면에 바울은 쇠사슬에 묶인 채 홀로 서 있다(고후 5:20; 엡 6:20). 땅의 왕들은 족쇄를 찬 이 사람이 "그 도"와 이 종에 관해 말하는 것을 듣고 싶어 한다(9:15-16). 바울은 "웅장한 피날레를 위한 웅장한 전시장"을 마주한다.[139]

25:24-27. 누가는 계속해서 이야기 속도를 늦추고 있으며, 여기서도 그렇게 한다. 세 번째로 베스도와 바울이 서로 소통한 내용에 대한 내러티브가 다시 언급된다. 이번에는 아그립바와의 사적인 청문회가 아니라 공개적인 청문회이다. 베스도는 바울이 로마법에 저촉되는 중죄에 관해 무죄라고 선언한다. 이것은 바울이 무죄로 선언된 세 번 중 두 번째이며(23:29; 26:31), 예수님은 누가복음 23장에서 여섯 번이나 무죄로 선언된다.

베스도는 바울의 결백을 알지만 유대 당국이 두려워 풀어주지 않는 혼란스럽고 최악의 부패한 통치자이다. 베스도는 바울이 가이사에게 호소했기 때문에 석방하지 않을 것이라고 주장한다. 그러나 베스도는 황제에게 무슨 편지를 써야 할지 몰랐다. 그는 황제를 "나의 주"(26절. 개역개정 "황제")라고 부르며 더 높은 권위에 복종하는 모습을 보인다. 사도행전의 독자들은 주님은 오직 한 분이라는 것을 알고 있다. 가이사가 아니다.

베스도가 가이사에게 무슨 말을 해야 할지 알 수 있도록 바울을 그들 앞에 데려온 것은 고소가 부족하기 때문임을 설명한다. 바울을 혐의 없이 보낼 수는 없다! 가이사는 이를 관리상의 문제로 보고 그를 교체할 수도 있다. 이 이야기의 아이러니는 분명하다. 강력한 로마는 생각만큼 무적이거나 똑똑하지 않다. 이 무고한 사람 앞에는 혼란이 지배한다.

"그 도"는 로마의 삶의 방식에 도전하지만 예상했던 방식이 아니다. 로우 Rowe는 "로마의 정치적 비전에는 '예-무질서, 아니-다툼(στάσις, 스타시스)'의 삶의 형태를 이해할 수 있는 범주가 없었다."[140] 베스도는 이 사람에 대한 혐의를 찾을 수 없으니 풀어주어야 한다고 말한다.

---

139 Spencer, *Acts*, 224.

140 Rowe, *One True Life*, 139.

그러나 성령께서는 바울을 로마로 보내실 계획이므로 베스도는 더 큰 계획의 일부이다. 바울은 결백하지만 로마로 가야만 한다. 그동안 그는 아그립바와 나머지 왕실 사람들 앞에서 증언할 기회를 얻는다. 던Dunn은 이 구절의 마지막 문장을 "바울에게 완벽한 시작을 주라. 백지이니 바울이 마음대로 쓰게 하라"라고 말한다.[141]

5.2.5. 아그립바 왕의 재판 (26:1-32)

베스도가 이미 바울이 로마로 갈 것이라고 선언했지만, 아그립바 왕과 대화는 바울의 변호 연설의 절정을 이룬다. 연설의 배경, 길이, 위치, 내용을 고려할 때 바울 변론의 정점이자 사도행전의 절정이라고 할 수 있다. 바울은 왕이신 그리스도를 왕에게 선포한다(눅 21:12-13; 행 9:15).[142] 바울이 보여 주듯이 다른 왕의 어깨는 너무 좁다. 왕의 예복은 그리스도께 입혀져야 한다.

적어도 21장의 모든 내용이 이 지점으로 이어지고 있으며, 다른 의미에서 바울의 모든 연설은 이 장면으로 이어진다. 이 담화는 사도행전 전체의 내러티브를 회고적으로 해석한다. 즉, 예수님은 이스라엘의 역사를 성취하셨지만 많은 유대인들이 주님의 밝은 빛을 보지 못했기 때문에 이 메시지는 이방인들에게 전달된다는 것이다. 바울은 여러 면에서 변론에서 벗어나 있다. 그는 단순히 예수님 안에 있는 소망에 관해 증거한다.[143] 이 연설을 통해 누가는 바울과 "그 도"에 관해 몇 가지 확언할 수 있다.

첫째, 이 연설은 바울의 유대인 됨을 최종적으로 승인하는 도장을 찍는다. 그는 아무것도 모르는 베스도가 아니라 지식이 풍부한 아그립바에게 말한다. 베스도에게는 **외부인** 언어를 사용했지만, 이제 바울은 유대인의 왕에게 **내부인** 언어로 돌아간다.[144]

둘째, 이 연설은 하나님의 계획과 그 하나님의 계획에서 바울이 차지하는 위치를 이야기한다.[145] 히브리인의 성경에 따르면 이스라엘은 항상 열방을 축복해

141 Dunn, *Acts*, 322.

142 Beers, *The FolRowers of Jesus as the "Servant,"* 170–72,는 아그립바에게 한 이 연설이 그 종에 대한 암시로 가득 차 있다고 주장한다.

143 Witherington, *The Acts of the Apostles*, 735,는 심지어 바울이 여기서 공식적으로 재판을 받고 있지 않다고 말한다. 이것은 사법 청문회이다.

144 유대인에 대한 아그립바의 동정심을 지나치게 강조할 수도 있다. 유대인들이 그를 유대인의 왕으로 여겼는지는 의문이다. 헤롯 가문은 로마에서 자랐고 보통 그들의 이익을 위해 봉사했기 때문에 이방 왕으로 여겨졌기 때문이다. 그러나 내러티브에는 여전히 내부자 언어가 사용된다.

145 Parsons, *Acts*, 339,은 "표면적으로는 물론 바울 자신이 내러티브의 중심인물이다. 그러나 누가의 바울은 이 이야기의 또 다른 '주체'를 암시하기 위해 우리에게 익숙한 수사적 전략인 κλισις 또는 πολυπτοτον을 사용한다. 바울의 변호 연설에서 '하나님'이라는 단어는 주격(26:

야 하는 존재였다. 부활하시고 승천하신 주님께서 바울을 이방인을 향한 이 여정에 보내셨다. 따라서 사도는 모든 민족에게 빛을 선포하여 "그 도"를 예비한 선지자들의 긴 대열에 서 있다.

또한 누가는 이 내러티브를 통해 베스도를 마지막으로 묘사하고 바울과 그의 복음에 대한 또 다른 사법적인, 왕의 반응을 추가한다. 어떤 이들은 여기서 베스도가 회복되었다고 생각하지만, 다른 이들은 베스도의 위선이 더 깊어졌다고 생각한다. 아그립바는 또한 해석가가 긍정적으로 또는 부정적으로 볼 수 있도록 모호한 방식으로 특징지어졌다. 두 사람 모두 미덕과 악덕을 모두 지닌 둥글둥글한 성격일 가능성이 높다. 이 총독과 왕은 반박, 혼란, 호기심과 같이 사회가 복음 메시지에 반응할 수 있는 다양한 방식을 대표한다.

바울 재판과 반응				
기 관	성 격	바울에 대한 대답	유대교에 대한 지식	복음에 대한 반응
산헤드린 (유대인)	분노가 가득함	그를 죽이려 함	유대 전통을 알고 있음	예수님을 완전히 거부함
벨릭스 총독 (로마인)	바울에게 듣고 뇌물을 받으려 함. 바울이 무죄인 것을 알지만 감옥에 둠.	베스도에게 넘기고 지체함	약간의 지식을 가지고 있음	흥미가 있지만 불의한 관행을 포기할 의향은 없음
베스도 총독 (로마인)	유대 지도자들에게 호의적임, 유대 관습에 관해서는 혼란스러워함	바울은 미쳤다	혼란스러워함	예수님과 그 메시지에 관해 혼란스러워함
아그립바 왕 (유대인)	유대 관습을 잘 알고 있으며, 선지자를 믿음. 개인적으로 바울이 무죄하다고 선언함	바울은 잘못한 일이 없다	전통을 알고 있음	성경의 예언된 내용을 알지만 예수님을 따르려고 하지 않음

바울이 아그립바 앞에서 한 연설은 바울의 변호에 대한 소개(25:1-3), 바울의 과거 신실함에 대한 이야기(25:4-11), 다메섹 도상에 대한 최종 보고(26:12-

---

8), 속격(26:6, 22), 여격(26:29), 대격(26:18, 20)으로 등장한다. 따라서 이 내러티브는 바울의 행동을 변호하는 것처럼 보이지만, 결국은 그리스도를 통해 바울을 이방인의 사도로 임명하기 위해 역사하시는 하나님의 행동을 변호하는 것이다."

18), 예수님께 대한 바울의 순종(26:19-13), 마지막으로 베스도와 아그립바의 응답(26:24-32)으로 구분된다.

마르게라Marguerat가 지적했듯이, 바울의 사명에 대한 첫 번째 기록이 사울의 정체성을 변화시키는 교회의 중재에 초점을 맞추고(9장), 두 번째 기록이 바울의 유대인임을 확증한다면(22장), 이 마지막 기록은 기독론과 부활하신 분의 능력에 초점을 맞춘다(26장).[146]

누가의 다메섹 내러티브[147]			
	9장	22장	26장
가벤타 Gaventa	전복된 적	충성스러운 유대인으로서 바울	증인으로 부르심과 바울의 순종적인 응답
차체스 Czachesz	제도적	예언적	철학적
마르게라 Marguerat	교회의 중재	바울의 유대적 이라는 사실과 그의 이방인 선교	이방인 선교의 정당화

5.2.5.1. 화려한 청문회 (26:1-3)

1 아그립바가 바울에게 이르되 너를 위하여 말하기를 네게 허락하노라 하니 이에 바울이 손을 들어 변명하되 2 아그립바 왕이여 유대인이 고발하는 모든 일을 오늘 당신 앞에서 변명하게 된 것을 다행히 여기나이다 3 특히 당신이 유대인의 모든 풍속과 문제를 아심이니이다 그러므로 내 말을 너그러이 들으시기를 바라나이다

26:1. 아그립바는 바울에게 연설을 허락한다. 연설의 주요 청중은 베스도가 아니라 아그립바이다. 그러나 사도행전을 더 폭넓게 읽으면 이 허락이 아버지의 주권 아래 있음을 알 수 있다. 바울에게 아그립바에게 연설할 기회를 주신 분은 여호와이시다. 이 시점에서 아그립바는 선택의 여지가 없었다. "왕의 마음이 여호와의 손에 있음이 마치 봇물과 같아서 그가 임의로 인도하시느니라"(잠 21:1).

바울은 "손을 뻗어 변호를 시작했다"(개역개정. "손을 들어 변명하되," ἀπελογεῖτο, 아펠로게이토). "손을 뻗었다"는 구절은 70인역에 가득하며, 특히 출애

---

146 Marguerat, *The First Christian Historian*, 179–204.

147 Pervo, *Acts*, 630.

굽 이야기에서 백성들과 하나님의 이름의 영광을 대신하여 행동하는 여호와와 모세와 관련하여 자주 등장한다.[148] 그 의미는 바울이 여기서 모세와 같은 역할을 하며 하나님의 목적과 뜻을 성취한다는 것이다(9:15). 이것이 바울의 마지막 위대한 연설이다. 유대인의 왕이 곧 그 유대인의 왕에 관해 들을 것이다.

26:2-3. 바울은 아그립바가 유대인의 관습과 분쟁을 잘 알고 있기 때문에 아그립바 앞에서 자신을 변호할 수 있는 "행운"(개역개정. "다행히 여기나이다," μακάριον, 마카리온)을 누렸다고 말하며 연설을 시작한다.[149] 아그립바는 내부자이다. 바울은 이제 바울의 정치적, 종교적 결백을 정확하게 분별할 수 있는 사람을 언급한다.

바울이 아그립바를 존중하는 것은 벨릭스가 이 땅에 가져온 평화에 관해 칭찬한 더둘로와는 다르다. 바울은 비꼬는 것이 아니라 아그립바가 이 분쟁을 결정할 수 있을 만큼 지식이 풍부하기 때문에 기꺼이 자신의 주장을 펼친다. 바울은 또 한 번 증언할 기회를 얻는다.

5.2.5.2. 유대교에 대한 바울의 신실함 (26:4-11)

4 내가 처음부터 내 민족과 더불어 예루살렘에서 젊었을 때 생활한 상황을 유대인이 다 아는 바라 5 일찍부터 나를 알았으니 그들이 증언하려 하면 내가 우리 종교의 가장 엄한 파를 따라 바리새인의 생활을 하였다고 할 것이라 6 이제도 여기 서서 심문 받는 것은 하나님이 우리 조상에게 약속하신 것을 바라는 까닭이니 7 이 약속은 우리 열두 지파가 밤낮으로 간절히 하나님을 받들어 섬김으로 얻기를 바라는 바인데 아그립바 왕이여 이 소망으로 말미암아 내가 유대인들에게 고소를 당하는 것이니이다 8 당신들은 하나님이 죽은 사람을 살리심을 어찌하여 못 믿을 것으로 여기나이까 9 나도 나사렛 예수의 이름을 대적하여 많은 일을 행하여야 될 줄 스스로 생각하고 10 예루살렘에서 이런 일을 행하여 대제사장들에게서 권한을 받아 가지고 많은 성도를 옥에 가두며 또 죽일 때에 내가 찬성 투표를 하였고 11 또 모든 회당에서 여러 번 형벌하여 강제로 모독하는 말을 하게 하고 그들에 대하여 심히 격분하여 외국 성에까지 가서 박해하였고

---

148 출 3:20; 4:4; 6:8; 7:5, 19; 8:5, 16; 9:22; 10:12, 21; 14:16, 26.

149 I. Soon, "Paul the Necromancer: Luke's Use of the Hapax 'Γνώστης' in Acts 26:3," *RTR* 74 (2015): 109–21,는 여기서 "알다"의 사용한 것은 이중적 의미를 가지고 있다고 주장한다. 또한 이 단어는 왕하 21:6과 삼상 23:3, 9에 나오는 관상과 점술을 암시하며 사두개인들이 바울을 고발한 것과 연결되므로 바울의 환상에 대한 언급이라고 주장한다.

26:4-5. 바울은 자신의 어린 시절과 바리새파 경건에서 시작한다.[150] 그는 모든 유대인이 자신이 공부한 곳과 그가 참여한 분파를 알고 있다고 말한다. 그는 어머니 도시인 예루살렘에 있었고 바리새인으로 살았다. 그는 바리새파가 "우리" 종교의 가장 엄격한 분파이며, 아그립바는 어떤 식으로든 이 운동과 관련이 있다고 말한다.

바리새인들은 여호와께서 자기 민족에게 복을 주실 수 있도록 의식적 깨끗함에 집중했다. 다시 말해, 바울의 젊은 시절은 그가 차지한 곳과 분파 측면에서 유대교와 밀접한 관련이 있었다. 바울을 반유대주의자라고 부르는 것은 그의 성장 배경에 관해 무례하게 굴거나 무시하는 것이다. 바울은 히브리인 중의 히브리인이다(빌 3:5-6).

26:6-8. 바울은 하나님이 죽은 자를 살리신다고 믿기 때문에 재판을 받고 있다고 말함으로써 문제의 핵심을 즉시 파악한다.[151] 그는 바리새인의 믿음 때문에 재판을 받고 있다. 여호와는 조상들에게 이러한 실재를 약속하셨다. 이것은 바울의 증거 본문이 아니다. 부활에 대한 소망이 생각만큼 명확하지는 않지만, 그 기대는 존재했다(단 12:2; 사 26:19; 시 49:15; 71:20).

바울은 열두 지파도 부활에 대한 소망을 가졌다고 단언한다. 에스겔 37장 1-14절과 그들이 종말에 모일 것이라는 소망을 암시하는 것 같다(사 11:12; 43:5; 56:8; 렘 31:8; 겔 11:17; 28:25; 미 2:12; 4:6; 슥 3:18-20). 출애굽에서 유배에 이르는 유대 민족의 메타 내러티브는 부활 이야기이다. 그 구원은 일종의 부활이었다. 이제 더 큰 부활이 왔다.

바울은 이 부활 소망 때문에 고소당한다. 크로우Crowe는 사도행전에서 "소망"이 부활을 지칭하는 데 일곱 번이나 사용되었다는 점에 주목한다. 세 번은 바울의 다른 변론(23:6; 24:15)에서, 나머지 한 번은 시편 16편 9절을 인용한 2장 26절에서 언급된다. 두 번째 연설에서 바울은 "이스라엘의 소망"(28:20)으로 돌아간다.[152] 바울은 자신을 고발하는 사람들을 일관성이 없다고 말한 다음, 왜 하나님이 죽은 자를 살리신다고 생각하는 것이 그렇게 놀라운 일이라고 생각하는지 수사학적으로 묻는다.

일반적으로 이방인들은 죽은 자의 부활을 믿지 않았지만, 여호와께서 무에

---

150 Talbert, *Reading Acts*, 207,은 바울의 연설이 자전적으로 시작하여(4-5절), 부활로 전환하고 (6-8절), 다시 자전적으로 돌아간 다음(9-21절), 그리스도의 부활로 마무리되는 방식(22-23절)에 주목한다.

151 6절과 8절의 행위는 하나님을 주어로 하고 있음을 주목하라. "하나님이 약속하신다"와 "하나님이 죽은 자를 살리신다"이다.

152 Crowe, *The Hope of Israel*, 81.

서 유를 창조하셨고, 아브라함과 사라가 늙었을 때 자녀를 주셨고, 자기 백성을 애굽 노예로 죽어야 하는 상황에서 구출하셨고, 광야에서 물과 양식을 통해 이스라엘에게 생명을 주셨고, 수적으로 열세일 때 다른 나라를 이기고 승리하게 하셨고, 바벨론에서 구출하셨다면, 생명 이후의 생명을 주실 수 있다고 믿었다. 이스라엘의 이야기는 부활을 향해 나아가고 있었다. 다음 구절에서는 살인자였던 바울이 어떻게 사람들을 빛으로 부르게 되었는지 이야기한다. 바울의 이야기는 부활의 이야기를 축소한 것이다.

26:9-11. 바울은 나사렛 예수라는 이름과 그 백성에 대한 자신의 반대에 관해 말하면서 과거 삶으로 돌아간다. 바울은 예루살렘에서 많은 성도들을 가두었고, 회당에서는 그들을 처벌했으며, 외국 도시에서는 그들을 핍박했다. 그는 심지어 그들을 죽이라고 투표하기도 했다. "그 도"에 대한 반대는 지역적, 지리적으로 광범위했다.

그것은 처벌, 투옥, 박해, 죽음에 이르기까지 광범위했다. 그는 죽음과 폭력의 무기를 사용했다. 이 모든 것은 대제사장들의 권한이었다. 이 기록의 전체적인 효과는 바울을 그리스도인을 열렬히 박해하는 사람으로 그리는 것이다. 이제 그는 자신을 고발한 사람들을 암시하는 동일한 박해의 무게 아래 서 있다.[153] 바울은 젊었을 때 잘 알려졌고 초기 사역에서 성공했으며, 바리새파 유대교에서 떠오르는 스타였다.

5.2.5.3. 다메섹 길 (26:12-18)

12 그 일로 대제사장들의 권한과 위임을 받고 다메섹으로 갔나이다 13 왕이여 정오가 되어 길에서 보니 하늘로부터 해보다 더 밝은 빛이 나와 내 동행들을 둘러 비추는지라 14 우리가 다 땅에 엎드러지매 내가 소리를 들으니 히브리 말로 이르되 사울아 사울아 네가 어찌하여 나를 박해하느냐 가시채를 뒷발질하기가 네게 고생이니라

15 내가 대답하되 주님 누구시니이까

주께서 이르시되 나는 네가 박해하는 예수라 16 일어나 너의 발로 서라 내가 네게 나타난 것은 곧 네가 나를 본 일과 장차 내가 네게 나타날 일에 너로 종과 증인을 삼으려 함이니 17 이스라엘과 이방인들에게서 내가 너를 구원하여 그들에게 보내어 18 그 눈을 뜨게 하여 어둠에서 빛으로, 사탄의 권세에서 하나님께로 돌아오게 하고 죄 사함과 나를 믿어 거룩하게 된 무리 가운데서 기업을 얻게 하리라 하더이다

---

153 10절과 12절에서 그는 자신이 대제사장들의 권위 아래 있었다고 말하면서, 지금 자신을 비난하는 대제사장 가문의 윤리에 의문을 제기한다.

26:12-14. 바울의 격렬한 어둠이 다메섹의 빛으로 이어진다. 그곳에서 그는 사람들을 죽은 자 가운데서 살리시는 분을 만난다. 독자들은 세 번째로 바울이 길 위에서 에스겔과 같은 만남을 경험한다.[154] 바울의 사명이 유일한 요점은 아니다. 바울의 사명은 그분의 백성들의 공통된 소망 속에 자리 잡고 있기 때문이다. 이스라엘의 소망은 예수님의 부활이다. 이것이 바울이 지속해서 하늘에 계신 주님을 만난 사건으로 돌아가는 이유이다.

이번에는 이야기에서 사라진 아나니아가 아니라 예수님께 **직접** 사명을 받고 빛이 장면을 채운다. 바울의 순종은 예수님 그분에 대한 순종이다. 바울은 분명히 다메섹 여정을 그 도를 핍박하려는 열심과 연결한다. 이것은 그의 인생에서 계획된 부분이 아니었다. 그는 대제사장들의 권위와 위임을 받아 나섰지만, 정오에 밝은 빛이 그의 길을 막았다.[155]

여기서 빛이 강조되는 것은 눈이 멀게 하는 것이 아니라 계시와 구원을 의미한다. 그의 길의 어둠은 빛이 드러날 때까지 드러나지 않았다. 처음으로 사도행전의 독자들은 바울에게 다가와 예수님을 핍박하는 이유를 히브리어로 묻는 음성을 듣는다. 이것은 바울을 섭리에 저항하는 인물인 "하나님과 싸우는 자"로 만든다.[156] 예수님이 사용하신 언어(아람어)라는 세부 사항은 예수님이 이스라엘의 소망을 이루기 위해 오셨음을 더욱 확증한다. 그런 다음 바울은 또 다른 독특한 요소를 포함한다. 예수님은 바울이 가시채를 발로 차는 것에 관해 책망하신다.[157]

가시채는 현대의 쇠꼬챙이처럼 동물을 이끄는 데 사용되는 막대기 끝의 뾰족한 부분이다. 이 비유는 바울이 주인의 지시를 거스르는 어리석은 심부름을 하는 모습을 묘사한다(5:39).[158] 이제 예수님은 바울을 바른길로 인도하실 것이다. 하나님의 계획에 저항하는 것은 무익한 일이다.

26:15-17. 바울은 누가 말하는지 묻는다. 그는 부활하고 승천하신 주 예수님이라는 것을 안다. 크리소스토무스가 지적했듯이 바울은 이제 부활에 대한 두 가

---

154 D. Allison, "Acts 9:1–9, 22:6–11, 26:12–18: Paul and Ezekiel," *JBL* 135 (2016): 807–26.

155 Keener, *Acts*, 4:3511-12,에 따르면 정오에 환상을 본 것은 환상의 밝기 및/또는 정오가 일반적으로 휴식을 취하는 시간이었기 때문에 박해에 대한 바울의 헌신을 강조한 것일 수 있다고 주목한다.

156 Holladay, *Acts*, 476.

157 가시채는 당시 교양 있는 청중들이 흥미롭게 여길, 잘 알려진 속담이었다. 이런 식으로 누가는 베스도가 바울이 미쳤다고 말하기 전에도 바울을 일관성 있고 교양 있는 사람으로 묘사한다.

158 바울의 랍비 가말리엘은 하나님과 싸울 수 없다고 경고하지만, 바울의 환상을 통해 바울이 바로 그렇게 했음을 알 수 있다(5:39).

지 논거를 제시한다. "하나는 선지자들로부터, … 다른 하나는 그리스도께서 친히 그와 함께 대화하신 것"이다.[159] 이전에는 대제사장들이 바울을 위임했지만, 이제 예수께서는 바울을 살아계신 예수님에 대한 "종/청지기"이자 "증인"으로 임명하신다(눅 1:2).[160] 예언자적 소명 모티브가 도입되어 이스라엘의 위대한 선지자들의 전통에서 바울을 그려내고 있다. 에스겔, 이사야, 예레미야 전통이다. 이는 여러 가지 방식으로 입증된다.

첫째, 예수님께서 일어서라고 말씀하실 때 에스겔에게 주신 명령(2:1-3)을 떠올리게 한다. 둘째, 증인의 언어는 사도행전 1장 8절을 반영하며, 종의 언어는 그를 이스라엘의 사명(사 42:6, 16; 49:6)의 일부분으로 묘사한다. 바울은 열방에 정의를 실현하고 눈먼자가 눈을 뜨게 하기 위해 선택받았다. 이사야 43장 10절이 특히 잘 어울린다. "나 여호와가 말하노라 너희는 나의 **증인**, 나의 **종**으로 택함을 입었나니 이는 너희가 나를 알고 믿으며 내가 그인 줄 깨닫게 하려 함이라 나의 전에 지음을 받은 신이 없었느니라 나의 후에도 없으리라"(강조 추가).

셋째, 바울은 유대인과 이방인에게 보내질 뿐만 아니라 그들이 그를 핍박할 때 그들로부터 구원될 것이다. "구원하다"(ἐξαιρέω, 엑사이레오)는 예레미야가 선지자로 부름을 받았을 때(1:8) 예레미야의 목소리가 거의 무시되었던 70인역에 나오는 말과 유사하다. 이미 바울은 돌팔매질(14:19-20)과 감옥(16:19-40)에서 구출되었고, 주님은 위협 가운데서 바울에게 나타나셨다(18:9-10; 23:11; 27:23-24). 이 구원은 주로 위로를 위한 것이 아니라 애굽에서 출애굽한 것과 같이 지속적인 증거와 예배를 위한 것이었다. 이 운동의 정체성은 모세, 선지자, 시편과 연속성을 가지고 있다.

26:18. 바울의 임무는 빛과 어둠(창조 언어)과 영적인 힘을 주제로 한 두 가지 이미지로 묘사된다.[161] 바울은 예수님이 큰 빛으로 그에게 나타나신 것처럼(골 1:12-14), 그들의 눈을 어둠에서 빛으로 돌리기 위해 보냄을 받았다. 바울은 그 이전의 위대한 선지자들과 연결되어 묘사된다.

이사야는 열방의 빛이 되어 눈먼 자의 눈을 뜨게 하라는 부름을 받았다고 말한다(49:6). 예수님은 자신의 사명은 눈먼 자를 회복시키는 것이며(눅 4:18; 사 61:1 참조), 구원을 드러내는 빛이라고 말씀하신다(눅 1:77-79). 시므온은 예수님이 이방인에게 계시의 빛이 될 것이라고 들었다(눅 2:32). 출애굽기 10장 21-23

---

159 Chrysostom, *Homily 52 on Acts* (*NPNF* 1/11:308).

160 이 언어는 또한 18:9-10, 22:17-21, 23:11의 환상과 같은 추가 출현을 암시한다.

161 D. Hamm, "Paul's Blindness and Its Healing: Clues to Symbolic Intent (Acts 9; 22 and 26)," *Bib* 71 (1990): 63–72.

절에서 주님은 애굽에 어둠을 가져온다. 이스라엘은 빛 가운데 머물러 있다. 요점은 바울이 유대인의 사명에서 벗어나지 않았다는 것이다. 그는 그 일을 계속한다.

둘째, 바울은 또한 사탄의 권세에서 사람들을 구출하기 위해 보냄을 받았다(살전 1:9-10). 눈을 뜨는 것, 빛과 어둠의 이미지는 이사야 42장 6-7절을 암시한다.

> 나 여호와가 의로 너를 불렀은즉 내가 네 손을 잡아 너를 보호하며 너를 세워 백성의 언약과 이방의 빛이 되게 하리니 네가 눈먼 자들의 눈을 밝히며 갇힌 자를 감옥에서 이끌어 내며 흑암에 앉은 자를 감방에서 나오게 하리라

암묵적으로 유대인을 포함하여 예수님을 믿지 않는 사람들은 사탄의 권세 아래 있다. 그들의 주적은 로마나 다른 제국이 아니라 마귀이다. 사도행전에서 마귀의 세력이 반복적으로 언급되지는 않지만, 주요 본문은 "그 도"가 종말론적 전투에 참여한다는 것을 보여준다(행 5:3; 13:10).

이 영적 전투의 목적은 인간이 죄 사함을 받고 예수님을 믿음으로 거룩하게 된 사람들 가운데 한 부분("몫, 제비뽑기," κλῆρον, 클레론)을 차지하기 위한 것이다(행 1:17, 26; 8:21). 죄 사함은 예수님이 이제 자기 백성을 위해 중보하고 그들을 아버지 임재 앞으로 인도하는 분이 되시므로 독자들에게 제사장적 언어를 상기시킨다. "거룩하게 된 무리 가운데서 기업"은 이스라엘의 땅 분배를 암시한다(출 6:8; 민 33:53-54). 예수님은 유대인들이 항상 갈망했던 하나님의 임재와 그들만의 땅에 대한 접근을 모든 인류에게 제공한다. 예수님이나 바울은 유대교의 한 분파를 시작하지 않았다. 예수님은 그 성취를 시작하신다.

5.2.5.4. 예수님에 대한 바울의 순종 (26:19-23)

19 아그립바 왕이여 그러므로 하늘에서 보이신 것을 내가 거스르지 아니하고 20 먼저 다메섹과 예루살렘에 있는 사람과 유대 온 땅과 이방인에게까지 회개하고 하나님께 돌아와서 회개에 합당한 일을 하라 전하므로 21 유대인들이 성전에서 나를 잡아 죽이고자 하였으나 22 하나님의 도우심을 받아 내가 오늘까지 서서 높고 낮은 사람 앞에서 증언하는 것은 선지자들과 모세가 반드시 되리라고 말한 것밖에 없으니 23 곧 그리스도가 고난을 받으실 것과 죽은 자 가운데서 먼저 다시 살아나사 이스라엘과 이방인들에게 빛을 전하시리라 함이니이다 하니 24 바울이 이같이 변명하매 베스도가 크게 소리 내어 이르되 바울아 네가 미쳤도다 네 많은 학문이 너를 미치게 한다 하니

26:19-20. 바울은 과거 신앙생활과 다메섹 길의 변화된 경험을 이야기하고 이제 자신의 응답을 이야기한다. 바울은 젊었을 때 순종했던 것처럼 이 하늘의 묵시에도 순종한다. 전에는 토라에 대한 훈련을 받았다면, 이제 그는 토라를 주신 분을 만났다. 전에 장로들의 위임을 받았다면 이제 그는 주님께 위임받았다. 전에는 어둠 속에 있었다면 이제는 빛이 비쳤다. 예수님의 부활은 바울에게 모든 것을 재구성한다.

사도행전 초기에 바울의 순종은 다메섹으로 가서 아나니아를 찾는 것으로 이루어졌다. 여기서 그의 순종은 선교 여행으로 표현된다. 바울은 먼저 다메섹과 예루살렘, 유대 전 지역에 있는 사람들에게, 그리고 마지막으로 이방인들에게 새로운 주님을 선포한다. 이는 누가가 기록한 지리적 범위와 일치한다.

유대인과 이방인 모두에게 전하는 메시지는 회개하고 하나님께 돌아오라는 것이다. 이러한 세부 사항으로 누가는 위대한 선지자 및 사도들과 연속성을 유지한다(사 1:27; 렘 34:15; 겔 14:6; 18:32; 33:11; 호 11:5; 슥 1:6). 유대인은 이미 하나님을 예배하지만, 죄에서 돌이켜 예수님을 메시아로 받아들여야 한다. 이방인들도 우상에서 돌이켜 유일하신 참 하나님과 그분의 종에게 경배해야 한다.

26:21-22. 누가는 유대인들이 성전에서 바울을 붙잡아 죽이려고 하는 이유를 명확히 밝히지 않지만, 앞서 이방인을 이스라엘의 가족으로 맞이한 것과 관련이 있는 것이 분명하다. 이전에 신자들의 죽음을 조장했던 사람이 이제 유대인에게 경멸의 대상이 된다. 비록 그들이 바울을 반대하지만, 그는 예수님의 약속대로 인내할 수 있도록 하나님의 도움을 받았다(26:17).

사실 바울이 아그립바 앞에 설 수 있는 것은 하나님께서 그를 지탱해 주셨기 때문이며, 그는 작은 자들과 큰 자들 앞에서 예수님을 증거할 수 있다. 그의 말씀은 흰 보좌에 앉은 자와 채찍에 맞은 자, 과부와 부유한 자를 위한 것이다(눅 4:25-27). 이 사회학적 진술은 누가가 지리적으로 강조한 부분을 채우며, 복음은 모든 지역뿐만 아니라 모든 사람을 위한 것임을 보여준다. 그리스도께서 바울에게 나타나심은 그를 승인했다. 그의 증언은 토라를 확증한다. 그의 변호는 선지자들이 예언한 것이 이루어질 것이라고 말한 것을 확인시켜 준다.

26:23. 바울은 선지자들이 예언한 것, 즉 예수님의 고난과 부활, 그리고 전 세계에 전하는 메시지의 신적 필연성을 구체적으로 설명한다. 바울은 이 과정에서 계속 본질적인 문제인 그리스도 사건으로 돌아간다(22:14, 18; 23:6, 29; 24:15, 21, 25; 25:19; 26:6-7). 이 패턴은 누가복음 24장 44-48절에 나오는 예수님이 첫 제자들에게 하신 말씀과 매우 유사하다.

예수님은 또한 고난, 부활, 선교의 주제 아래 성취에 관해 말씀하신다. 예수님이 생명의 빛을 전파할 수 있는 이유는 그분이 죽은 자 가운데서 영원히 부활하신 첫 번째 분이셨기 때문이다. 바울의 사명은 예수님의 모습으로 고난받는 종의 고난과 희망을 구체화했다.

바울의 모든 사역과 사도행전의 모든 내용은 그 종의 종들을 통해 열방으로 나아가는 성전 빛에 관한 것이었다. 바울에게 속죄, 부활, 선교는 모두 서로 연결되어 있다. 그는 한 가지를 언급할 때 다른 것들도 암시한다. 앞서 그는 일반적인 부활에 관해 말했지만, 이제 그는 메시아의 특정한 부활에 관해 말한다.

그리스도는 부활의 첫 열매이다(롬 8:29; 고전 15:20, 23; 골 1:15, 18). 미래의 회복은 이미 예수님 안에서 나타났다. 바울에게 이것은 시련이나 죽음이 마지막이 아님을 의미이다. "그 도는 처음부터 마지막까지 부활에 관한 것이다."[162] 흥미롭게도 바울은 종교적 폭동과 정치적 폭동 모두에 관해 무죄를 선고받았지만, 여기서 그의 주장은 종교적이고 정치적이다. 새로운 왕이 죽음에서 부활하여 계속 통치하고 있다.

5.2.5.5. 베스도와 아그립바의 반응 (26:24-32)

24 바울이 이같이 변명하매 베스도가 크게 소리 내어 이르되 바울아 네가 미쳤도다 네 많은 학문이 너를 미치게 한다 하니

25 바울이 이르되 베스도 각하여 내가 미친 것이 아니요 참되고 온전한 말을 하나이다 26 왕께서는 이 일을 아시기로 내가 왕께 담대히 말하노니 이 일에 하나라도 아시지 못함이 없는 줄 믿나이다 이 일은 한쪽 구석에서 행한 것이 아니니이다 27 아그립바 왕이여 선지자를 믿으시나이까 믿으시는 줄 아나이다

28 아그립바가 바울에게 이르되 네가 적은 말로 나를 권하여 그리스도인이 되게 하려 하는도다

29 바울이 이르되 말이 적으나 많으나 당신뿐만 아니라 오늘 내 말을 듣는 모든 사람도 다 이렇게 결박된 것 외에는 나와 같이 되기를 하나님께 원하나이다 하니라

30 왕과 총독과 버니게와 그 함께 앉은 사람들이 다 일어나서 31 물러가 서로 말하되 이 사람은 사형이나 결박을 당할 만한 행위가 없다 하더라

32 이에 아그립바가 베스도에게 이르되 이 사람이 만일 가이사에게 상소하지 아니하였더라면 석방될 수 있을 뻔하였다 하니라

---

162 Rowe, *World Upside Down*, 78.

26:24-26. 이 시점에서 바울의 연설이 중단된다. 누가는 베스도와 아그립바의 반응을 대조적으로 묘사하는데, 한 사람은 외부인이고 다른 한 사람은 내부인이다. 유대교에 관해 잘 모르는 베스도는 바울의 말을 가로막고 바울이 많은 학문(CSB, "너무 많은 공부")으로 정신이 나갔다고 말하는데, 아마도 성경이나 바울의 철학을 언급하는 것 같다.[163]

아이러니하게도 이것은 긍정적인 평가가 되며, "그 도"를 존경할 만한 것으로 묘사하려는 누가의 전반적인 관심사에 부합한다(6:7; 8:26-39; 10:1-48; 13:6-12; 16:14-15; 18:8). 베스도는 부활에 관해 망설이며 바울을 이 "부활한 사람"의 헌신적이지만 무질서한 추종자로 여긴다. 바울이 희망을 보는 곳에서 국가는 어리석음을 본다(고전 1:25). 어둠이 베스도를 덮쳤다. 그는 빛을 볼 수 없다.

바울은 자신이 미친 것이 아니라 지혜로운 철학자로서 진실하고 합리적인 말을 한다고 대답한다. "광기"와 "냉정함"의 대조는 그리스 문학에서 잘 알려져 있다.[164] 바울은 아그립바조차도 자신의 주장에 관해 더 많이 알고 있기 때문에 이것은 성령충만과 관련된 용어이다(2:29; 4:13, 29, 31; 28:31). 바울은 "구석진" 철학자가 아니라 대중의 불로 자신의 메시지를 시험받은 사람이다(요 18:20).[165]

26:27-28. 바울은 이제 돌아서서 아그립바에게 분명히 말한다. 그는 그에게 질문을 던지고 담대하게 답을 선포한다. 바울은 아그립바가 선지자들을 믿는다고 주장하지만, 이것이 무엇을 의미하는지는 알기 어렵다. 문맥상 바울은 아그립바가 성경을 잘 공부하고 부활에 대한 그의 주장을 따를 수 있다고 단언하고 있는 것이 틀림없다.

바울은 이미 아그립바에게 내부자 언어를 사용했는데, 아그립바는 유대 전통에 관해 잘 알고 있는 사람을 대표하기 때문이다. 선지자들이 예수님의 고난과 부활, 열방을 향한 메시지를 예언했기 때문에 아그립바가 이런 지식을 가지고 있다면 예수님을 믿어야 한다.

---

163 이와 대조적으로 사도행전 4장 13절에서 베드로와 요한은 "교육을 받지 못하고 훈련받지 못한", "문맹인", "무지한" 사람으로 묘사된다. Keener, *Acts*, 4:3537,은 바울을 현자로 묘사한다(행 17:2-31; 19:9; 24:24-26). Chrysostom, *Homily 52 on Acts* (*NPNF* 1/11:313),에서는 "영광을 멸시하고 칭찬받기보다는 기꺼이 비웃음을 받도록 하자"라고 말한다.

164 Witherington, *The Acts of the Apostles*, 749.

165 Parsons, *Acts*, 345,에 인용된 에픽테투스는 공개적인 토론에 참여하지 않은 철학자들을 묘사할 때 "구석에 앉아 있다"라는 관용구를 자주 사용한다. Keener, *Acts*, 4:3544,에 따르면 2세기 변증가들에 따르면 기독교를 비판하는 사람 중 일부는 사생활을 자연스럽게 공격 대상으로 삼았고 비밀 모임을 전복적인 것으로 간주했다. 바울은 이러한 일들이 구석에서 이루어진 것이 아니라고 말함으로써 기독교 운동이 제국에 위협이 되지 않는다고 단언한다.

아그립바는 바울의 담대함에 놀라며 바울이 그렇게 짧은 시간에 자신을 그리스도인이 되게 설득할 수 있는지 묻는다.[166] 이 말의 어조는 착각이다. 그는 자신이 선지자들을 믿는다는 것을 부인하지 않는다. 아그립바는 바울의 메시지를 이해하는 것 같지만, 그 문제에 관해 자신이 어디에 서 있는지 확신하지 못한다.[167] 그는 헌신할 준비가 되지 않았다.

아그립바의 이야기는 희망으로 시작되었지만 비극으로 끝난다. 누가는 성공담을 전하는 데에만 관심이 있는 것이 아니라, 하나님의 목적이 약해 보일 때에도 하나님의 계획이 놀랍게 성취되는 데에도 관심이 있다. 유진 피터슨이 주장했듯이, 바울의 재판은,

우리가 지금 읽고 있는 이야기에 진실하게 반응하고, 기독교 공동체가 바르고 순종적으로 살기만 하면 세상의 찬사를 받을 수 있다는 생각을 포기하도록 만든다. 지금쯤이면 그런 생각을 버릴 수 있는 충분한 자료가 있다. 하나님의 계시는 받아들여지는 것보다 거부되는 경우가 훨씬 더 많으며, 받아들이는 사람보다 무시하는 사람이 훨씬 더 많다.[168]

26:29. 바울의 마지막 재판에서 마지막 진술은 시사하는 바가 크다. 그는 아그립바에게, 그리고 미래의 세상에서도 자신의 말을 듣는 모든 사람이 자신처럼 예수님을 따르는 사람이 되기를 바란다고 말한다. 누가는 다시 한번 바울을 웅변의 달인으로 묘사한다. 그는 아그립바의 말을 입에서 꺼내는 데 시간이 오래 걸리든 짧게 걸리든 상관하지 않는다. 이것이 바울의 선교 목적이다. 이것이 사도행전의 목적이다. 요점은 그들이 부활하신 예수님을 만나는 것이다.

바울은 그들에게 고난이 있기를 바라지 않는다. 비록 그들이 그를 감옥에 가두었지만 그는 그들에게 악을 바라지 않고 그들을 축복하고자 한다. 예수님은

166 Keener, *Acts*, 4:3547-48,에 따르면 아그립바는 (1) "그렇게 적은 논거로 나를 설득할 수 있는가?", (2) "당신은 나에게 그리스도인이 되라고 설득한다!", (3) "당신은 그렇게 짧은 시간에 이 수준 낮은 운동에 동참하도록 나를 설득할 수 있다고 생각한다."라고 말할 수 있다고 한다. 최선의 선택은 마지막일 가능성이 높다. Erasmus, *Paraphrase on Acts*, 144,은 이 말을 "작은 방법"이라고 받아들인다.

167 신약성경에서 "그리스도인"이라는 용어가 사용된 것은 사도행전에서 두 번째이며, 총 세 번 중 하나이다. 11:26에서는 다민족 교회의 탄생을 의미하며, 베드로전서에서는 그리스도인으로서 고난을 받는 것을 부끄러워하지 말라고 독자들에게 당부한다(벧전 4:16). 로우는 누가가 예수를 따르는 사람들을 그리스도인 규정하는 것을 극도로 피할 뿐만 아니라 "그리스도인"의 의미에 대한 그들의 정의에 반대하도록 이야기를 구성하고 있다고 지적한다. 아그립바가 바울의 운동을 "그리스도인"이라고 부른 직후, 그는 바울이 무죄라고 선언한다. 누가는 이런 식으로 로마 정부 앞에서 기독교가 유죄라는 주장에 맞서 싸운다.

168 Peterson, *Conversations*, 28-29.

"너희를 저주하는 자를 위하여 축복하며 너희를 모욕하는 자를 위하여 기도하라"(눅 6:28; 참조. 롬 12:14)라고 말씀하셨다. 바울은 하나님의 뜻에 따라 고난받지만, 주변 사람들에게 선을 행하면서 하나님께 자신을 맡긴다(벧전 4:19). 아이러니하게도 전체 재판 이야기는 바울은 자유롭고 총독들은 포로로 잡혀 있는 것으로 묘사한다.

26:30-32. 바울은 왕들 앞에서 예수의 빛을 증거했고, 이제 무죄라는 법적인 판결이 내려졌지만 공개적이 아니라 사적으로 판결을 받았다. 마지막 에피소드에서는 고위 인사들이 서로 이야기를 나눈다.[169] 왕과 총독 모두 바울의 범죄가 사형이나 투옥을 당할 만한 가치가 없다고 결론 내린다.

유대인들의 논쟁을 로마에 알기 쉽게 전달할 수 있는 사람이 있었다면 아그립바 2세였다. 그는 심지어 바울이 무죄라고 주장한다. 여기에는 어떤 선동도 찾아볼 수 없다. 이런 의미에서 바울은 비록 자유를 얻지 못했지만 변증은 성공적이었다. 로우Rowe는 "예수 안에 있는 하나님의 보편적 주되심은 로마에 대한(또는 로마를 위한) 변증이나 반로마 논쟁으로 이어지지 않는다. 그것은 단순하지만 실제로는 다른 방식이다."라고 요약한다.[170]

이 무죄 선언은 사도행전에서 바울의 무책임을 강조하는 두드러진 주제의 정점을 찍는다. 할러데이가 말했듯이, "전체 고위 인사들의 이탈 발언은 유대인, 로마인, 군 지도자, 가이사랴 시민들 사이의 합의된 견해를 나타내는 축적된 효과를 갖는다"(25:18-19; 23:29).[171]

바울의 무죄		
빌립보	16:37-39	빌립보의 상관은 바울과 실라를 잘못 투옥한 것을 사과한다.
데살로니가	17:1-9	읍장들은 야손에게서 보석금을 받지만, 바울을 고소하지 않는다.
고린도	18:12-17	갈리오는 바울의 무죄를 선언한다.
에베소	19:23-41	아시아 관리가 바울을 보호하고, 도시 서기는 폭동을 해산한다.

---

169 Dunn, *Acts*, 332.

170 Rowe, *World Upside Down*, 136.

171 Holladay, *Acts*, 482.

예루살렘	21:33-39; 22:22-30; 23:12-30	글라우디오 루시아는 바울을 죽이려는 무리의 계획에서 그를 구해 벨릭스에게 보낸다. 그가 잘못이 없다고 말한다.
가이사랴	24:22-27	벨릭스는 바울에 대한 고소를 심각하게 받아들이지 않고 그를 잘 대한다.
가이사랴	25:13-21	베스도는 바울에 대한 고소가 유대교와 예수님에 대한 논쟁이라는 것을 정확히 이해하지는 못하지만 어느 정도 이해한다.
가이사랴	26:30-32	아그립바는 바울이 가이사에게 호소했더라면 석방될 수 있었다는 데 동의한다.

그들은 바울이 죽는 일에 마땅하지 않으며 심지어 감옥에 갇힐 이유도 없다고 인정한다. 예수님과 마찬가지로 바울도 로마에서 무죄를 선언 받는다(23:29; 눅 23:47). 베스도는 바울이 가이사에게 고발한 내용을 기록하기 위해 그들을 불렀지만, 그들은 바울이 무엇을 잘못했는지 갈피를 잡지 못한다. 아이러니하게도 바울의 말 때문에 감옥에 갇힌다. 아그립바는 베스도에게 바울이 가이사에게 호소하지 않았다면 풀려날 수 있었을 것이라고 말한다.[172] 로마 관리들은 바울을 가이사에게 보낼 것이다.

다시, 하나님의 의도와 인간의 선택은 상반되는 것이 아니라 함께 작용한다. 독자들은 바울의 자유가 가장 큰 선이라고 생각할 수 있지만, 누가는 이미 바울이 로마로 가야 할 필요성을 언급했다(19:21; 23:11). 바울이 가이사에게 호소했던 것은 부주의한 실수가 아니라 하나님의 계획의 일부였다. 요셉이 조국을 구하기 위해 애굽에 투옥되었듯이 바울도 열방을 축복하기 위해 투옥되었다. 이제 마지막 여정이 시작된다.

5.3. 바울의 여행과 로마에서 증언 (27:1-28:31)

바울의 로마 여행이 시작된다. 대부분 화자는 느슨한 결말을 하나로 묶는 것을 좋아하지만, 어떤 화자는 독자들이 스스로 책임감을 느끼도록 미완성으로 남겨 두기도 한다.[173] 어떤 의미에서 누가는 두 가지 모두를 하고 있다. 누가는 바

---

172 Keener, *Acts*, 4:3553,은 총독이 항소한 로마 시민을 채찍질하거나 학대할 수는 없지만 무죄 판결을 내릴 수는 있다고 말한다. 그렇게 할 수 없는 것은 법적인 문제가 아니라 정치적인 문제이다. 베스도는 이미 자신이 무엇을 할 것인지 발표했고, 그렇게 하지 않는 것은 명예를 실추시키는 일이며 황제의 기분을 상하게 할 수 있다.

173 Jipp, *Divine Visitations*, 284–87,은 사도행전의 마지막 몇 구절뿐만 아니라 이 마지막 부분 전체가 열린 결말을 가지고 있다고 주장한다. 이것은 누가가 이 마지막 부분에서

울의 여정과 로마 도착을 이야기하며 이야기의 고리를 마무리한다.[174]

그러나 또 다른 의미에서 누가는 이야기를 반쯤 끝낸 채로 남긴다. 이 책은 바울이 로마 감옥에 있는 것으로 끝난다. 이것은 그의 작품이 바울이나 베드로에 관한 것이 아니라 부활 생명, 성전 확장, 말씀의 전진에 관한 것임을 보여준다. 바울이 감옥에 있는 동안에도 예수님과 하나님 나라에 대한 증언은 방해받지 않고 계속된다.

마지막 두 장에서 일어나는 모든 변화의 주요 요점은 사도행전 후반부에 걸쳐 누가가 초점을 맞추고 있는 것과 일치한다. 첫째, 폭풍우, 난파선, 뱀, 권력들 등 그 어떤 것도 하나님의 계획이 전개되는 것을 방해할 수 없다. 모든 것이 하나님의 뜻에 따라 잘 풀릴 것이다. 이 장에서 하나님의 뜻은 바울이 로마로 가서 그리스도를 증거해야 한다는 것이다(19:21; 23:11). 하나님의 계획은 놀랍지만 언제나 선하다.

종들을 향한 하나님의 계획은 복음을 전하는 것이었다(1:8). 그러나 로마는 땅끝이 아니다. 오히려 로마는 (로마의 관점에서 볼 때) "제국의 모든 도로가 뻗어나가는 중앙 이정표가 있는 땅의 중심이다."[175] 자연의 힘과 인간의 계략이 바울을 막으려 하지만 그 어떤 것도 하나님의 계획을 방해할 수 없다.

둘째, 이와 관련해서 바울은 감옥에 갇혀 있으면서도 하나님의 선지자로서 그 역할을 계속한다. 그는 미래에 일어날 일에 관해 예언적으로 말하고, 환상을 보고, 음식을 제공하고, 치유하며, 암묵적으로나 명시적으로 많은 사람들을 하나님 나라로 환대한다. 바울은 이교도들을 섬기고, 그리스도인들을 만나고, 유대인들을 설득하려고 노력한다. 이방인을 위한 그의 사역이 새롭게 강조된다.[176]

마침내 바울은 다시 의롭고 결백한 존재로 드러나면서 이방인 선교와 기독교 전체를 입증한다. 로마 법정에서 무죄 판결을 받은 바울은 유대교에 대한 자신의 헌신을 계속 확인하지만, 이제 하나님은 폭풍우와 난파선, 뱀에게 물린 상황에서 살아남게 함으로써 자연을 통해 말씀하신다.

정치적 힘의 역학 관계는 자연의 힘으로 대체된다.[177] 그 시대에 바다의 시험

더 명시적이지 않고 상징에 의존하는 이유를 설명한다. 누가는 정보(명시적인 복음 전파, 명시적인 성찬식)를 배제함으로써 독자를 다른 곳으로 이동시키고, 내러티브를 열어두며, 독자들이 내러티브에 참여하도록 요청한다.

174 Alexander, *Acts in Its Ancient Literary Context*, 212,와 Marguerat, *The First Christian Historian*, 217,는 누가복음의 결론에 사도행전 27:1–28:10을 포함해야 한다고 주장했다.

175 Alexander, *Literary Context*, 214.

176 S. M. Praeder, "Acts 27:1–28:16: Sea Voyages in Ancient Literature and the Theology of Luke-Acts," *CBQ* 46 (1984): 683–706,은 이방인들에게 구원을 보내는 것이 사도행전 27–28 장의 공통된 주제라고 주장한다.

177 Pinter, *Acts*, 576.

에서 살아남은 것은 의롭고 결백한 것이었다. 바다는 때때로 신이 악을 벌하는 수단이었기 때문이다. 바울의 간힌 생활을 부끄러워했을 독자들은 바울이 신의 보살핌으로만 로마에 도착할 수 있었다는 사실을 안다.

내러티브는 두 개의 바다 증언과 두 개의 육지 증언으로 서로를 비추는 네 부분으로 구성된다.

로마를 향한 여정, 1부 (27:1-44)
멜리데에서 바울 (28:1-10)
로마를 향한 여정, 2부 (28:11-16)
로마에서 바울 (28:17-31)

5.3.1. 로마를 향한 여정: 1부 (27:1-44)

바울은 또 다른 "선교 여행"을 떠나는데, 이번에는 주로 이방인을 대상으로 한다. 누가의 주요 목적 중 하나가 유대인과 이방인 **모두**에게 하나님의 구원이 어떻게 주어졌는지를 설명하는 것이라면, 바다 여행은 바울이 이교도 이방인들 앞에서 증거하는 내용을 자세히 다룬다. 마지막 이방인들을 향한 바다 여행은 세 방식으로 증명된다. 그것은 바울의 예언자적 묘사, 그리스 바다를 건너는 장면, 구약의 반향이다.

첫째, 바울은 다시 부활 생명을 전파하는 예수님의 모습을 닮은 역동적인 선지자이자 종이 된다.[178] 시련을 통해 바울은 선지자로 묘사되었지만 주로 방어적인 역할을 수행했다. 여기서 바울은 예언하고, 음식을 제공하고, 배에 탄 사람들을 위한 구원의 근원이 되고, 가는 길에 격려의 환상을 받는다. 선지자로서 그는 바다를 건너 약속의 땅으로 그들을 인도한다. 바울은 바다를 건너는 이들의 지도자로 그들에게 생명을 선사한다.

히브리어 성경에서 "물에 뛰어든다"는 것은 비유적으로 "죽음에 이르는 것"을 의미한다. 거기서 구원을 받는 것은 부활이다.[179] 큰 이야기에서 "구원"과 관

---

178 Spangenberg, *Brief Exegesis of Acts 27*, in Chung-Kim, Hains, et al., *Acts*, 348,은 바울의 여정이 그리스도인의 삶이 순례, 일상의 여행, 등산과 다르지 않음을 보여준다고 말한다.

179 Crowe, *The Hope of Israel*, 83. Goulder, *Type and History in Acts*, 39, 50,은 사도행전 27장 전체가 난파 사건에 대한 기록에 할애되어 있으므로 이 사건은 전체 책에서 상징적으로 중심적인 위치를 차지한다고 말한다. 따라서 이 사건은 누가복음의 주요 주제 중 하나이기 때문에 죽음-부활-승천 이야기로 보는 것이 합리적이다. 이전 부분이 바울의 재판이었고, 그 후 바울이 많은 사람을 구원하기 위해 죽음에 들어갔다가 다시 살아나기 때문에 이것은 또한 적합하다. Goulder, *Type and History*, 50,은 "따라서 그리스도의 죽음과 부활이라는 주제는 첫 번째 주기를 제외한 모든 아홉 주기의 절정을 지배한다. 점차 사도들의 박해에서, 공개적으로 스데반과 베드로의 박해에서, 간접적으로 바울의 세 번의 여정에서, 로마로 가는 과정에서 승리로 나타난다."라고 말한다.

련된 헬라어가 일곱 번 등장하지만(27:20, 31, 34, 43, 44; 28:1, 4), 대부분 영어 번역본에서는 독자들이 볼 수 없다. 다른 "선교 여행"과 마찬가지로 바울은 이 임무를 혼자서 수행하지 않는다. 그는 아리스다고와 "우리 일행"과 함께 이 여정에 동참한다.[180]

둘째, 바울은 바다를 건너는 여정을 떠난다. 폭풍우, 배, 난파선 같은 세세한 내용은 독자들이 즉시 알아차릴 수 있다.[181] 바다는 주로 그리스인의 공간이었기 때문에 바울은 이교도들을 자신의 공간으로 인도할 수 있는 바다를 항해하는 선지자가 된다.[182] 유대인들은 육지에 더 많이 묶여 있었고 바다는 혼란스럽고 불편한 것을 상징했다. 바다 여행의 세부 사항은 바울의 이방인 선교에 다시 한번 강조점을 둔다. 그러나 이번에는 유대교에 관해 아무것도 모르는 사람들을 대상으로 한다.

아덴에서 바울이 철학자들을 이기고 에베소에서 자신의 "마법"의 힘을 보여준다면, 이 장면은 병행되는 내러티브의 공격적인 행동을 나타낸다.[183] 폭풍과 난파에 대한 설명은 고대 그리스와 로마 내러티브에서 가장 좋아하는 장면으로, 현대의 자동차 추격 장면과 비슷하다. 바울의 여정은 언어와 내용에서 호머의 오디세이를 암시하며, 바울의 마지막 서사적 여정으로 제시된다.[184] 이런 의미에서 바울은 헬라인에게 와서 그들의 세계관으로 들어가 여호와가 그들의 모든 신들보다 위대하다는 것을 보여 준다. 1세기 사람들은 세상이 우주 전쟁의 상태라고 믿었다.

---

180 행 27:1-8, 18-20, 37; 28:1-2, 7, 10.

181 이 부분은 바다 여행의 절정(13:4, 13; 16:11; 18:18)이므로 가장 많은 관심을 받는다. 이 부분에서는 내러티브 스토리텔링이 사도행전의 다른 부분과 다르기 때문에 해석가는 명시적인 진술보다는 신학적으로 중요한 상징을 찾아야 한다. W. Carter, "Aquatic Display: Navigating the Roman Imperial World in Acts 27," NTS 62 (2016): 79-96,는 바다를 제국의 권력과 연결하지만 증언을 확장하는 것처럼 보인다. T. M. Troftgruben, "Slow Sailing in Acts: Suspense in the Final Sea Journey (Acts 27:1-28:15)," JBL 136 (2017): 949-68,은 이 내러티브가 바울의 운명에 대한 기대감을 조성하고 그가 로마에서 증언할 것인지에 대한 의문을 불러일으켜 독자로 내러티브 전체에 대한 성찰에 참여하게 하고 증언을 위한 주요 장소의 개방성과 불확실성에 주목하게 만든다고 주장한다.

182 Alexander, Acts in Its Ancient Literary Context, 85,은 바울을 통제하는 모습으로 묘사함으로써 화자는 "헬라인과 유대 기독교인 양쪽에서 많은 독자가 본질적으로 '헬라인'으로 인식할 수 있는 문화적 영토[바다]를 암묵적으로 주장하고 있다"라고 설명한다.

183 Alexander, Acts in Its Ancient Literary Context, 84.

184 Talbert, Reading Acts, 212,은 이 시기의 폭풍우와 난파선 이야기에 관해 다음과 같은 요소를 언급한다. (1) 항해하지 말라는 경고, (2) 나쁜 계절에 항해, (3) 비정상적으로 혼란스러운 바람, (4) 폭풍 속의 어둠, (5) 끔찍한 파도, (6) 선원들이 허둥대는 모습, (7) 배 밖으로 던져진 화물이나 기구들, (8) 배의 통제를 포기하여 바람과 파도에 휩쓸리는 것, (9) 배가 부서지는 것, (10) 모든 희망을 포기한 승객, (11) 배가 바위나 얕은 해변에 난파하는 것, (12) 널빤지 위에서 표류하는 생존자, (13) 해안이나 다른 배로 헤엄쳐 가는 것, (14) 해안에 있는 도움의 손길과 단순한 주민들이다. 반면에 Witherington, The Acts of the Apostles, 765,은 "그러나 전체적으로 이 구절은 문학적 또는 수사학적 폭풍 장면의 공식에 미치지 못한다."라고 말한다.

셋째, 유대 문학은 바다를 통과하는 이방인 선교를 긍정한다. 이 이야기는 구약의 중요한 이야기와 많은 주제에서 유사점을 가진다. 이스라엘 백성들은 애굽에서 탈출하기 위해 홍해를 건넜다. 이제 바울은 유대인들의 고발을 피하고자 바다를 항해한다. 예루살렘은 애굽이 되었다. 바울은 이스라엘 백성(과 여호수아)이 요단강을 건너 새로운 땅으로 들어가 정복한 것처럼 바다를 건너기도 한다. 바울도 새로운 요나가 되지만, 요나와 달리 하나님의 뜻을 거스르지 않고 하나님의 계획을 따라 이방 나라로 가서 복음을 전한다.[185] 성전 임재는 이방인을 향해 항해한다.

바다는 단순히 그리스 바다가 아니라 여호와만이 정복할 수 있는 악한 영들의 혼돈의 장소로 여겨졌다(출 15:1-8; 사 51:9-10).[186] 바울의 여정은 민족적, 정치적, 우주적 여정이다. 이러한 현실은 서로 얽혀 있다. 이것은 유대 문헌에서 확인된다. 하나님은 바다를 다스리는 주권자로 묘사되지만, 바다는 악을 낳는다.

- 다니엘 7장 3절은 제국을 상징하는 네 마리 짐승이 바다에서 나온다고 말한다.
- 이사야 17장 12-13절은 바다의 격동과 같은 열방의 격동을 묘사한다.
- 하박국 3장 8-15절은 여호와께서 바다를 짓밟으셨다고 말한다.
- 이사야 27장 1절은 주님께서 바다의 괴물 리워야단을 죽이신 것을 말한다.

바울의 항해를 이 세계관과 연결하면 바울의 메시지가 육지의 베헤못뿐만 아니라 바다의 리워야단을 정복하는 것임을 알 수 있다. 하나님은 바람을 통제하시고 그분의 목적을 이루기 위해 바람을 사용하신다. 바울과 선원들은 하나님의 인도하심에 따라 어둠에서 빛으로 나아가 폭풍우를 뚫고 예수님의 치유 능력을 전할 수 있는 장소로 이동한다. 하나님께서는 자기 이름을 더 온전히 알리기 위해 그의 백성을 "다른 곳"으로, 불편한 공간으로 밀어 넣으신다.

---

185 요나는 부정적인 예시이고 바울은 긍정적인 예시이기는 하지만 요나와 바울의 이야기 사이에는 유사점이 많다. (1) 요나는 하나님의 부르심을 피하고자 항해하고, 바울은 하나님의 뜻을 이루기 위해 항해하며, (2) 요나와 바울 모두 서쪽으로 향하다가 사나운 폭풍을 만나고, (3) 두 이야기에서 하나님은 바람과 파도를 사용하여 자신의 주권을 보여주며, (4) 바울과 요나의 소명이 분명해지며, (5) 요나의 존재는 폭풍의 원인이었고 바울의 존재는 폭풍에서 구출된 이유였다는 점 같은 요인이 그것이다. E. Peterson, *Under the Unpredictable Plant: An Exploration in Vocational Holiness* (Grand Rapids: Eerdmans, 1992), 72,은 "폭풍은 (요나처럼) 우리 일의 무익함을 드러내거나 (바울처럼) 그것을 확인시켜 준다. 두 경우 모두 폭풍은 하나님이 우리의 일을 구성하신다는 사실을 인식하게 하고, 우리의 일에서 하나님을 피하거나 조종할 수 있다는 어떤 제안도 무력화하게 한다."라고 바르게 말한다. 다음을 참조하라. Keener, *Acts*, 4:3559.

186 이 내러티브의 우주적 성격에 대한 더 자세한 논의는 다음을 참조하라. M. C. Parsons, "Empowering, Empire-Ing or Engaging? Acts in the Discourse of Politics: A Response," in Reading Acts in the Discourses of Masculinity and Politics, 141–47.

바울이 이방인들에게 증거하는 바다 여행은 세 부분으로 나뉜다. 첫째, 누가는 가이사랴에서 출항한 이야기를 들려준다(1-12절). 둘째, 그는 바다에서 폭풍을 만나 길을 잃고 서쪽으로 밀려난 이야기를 전한다(13-38절). 마지막으로, 선원들이 멜리데로 헤엄쳐서 해변으로 가야하는 난파 사건이 일어난다(39-44절). 그들은 출발하여 폭풍을 만나고 구출된다.

5.3.1.1. 로마를 향한 항해 (27:1-12)

1 우리가 배를 타고 이달리야에 가기로 작정되매 바울과 다른 죄수 몇 사람을 아구스도대의 백부장 율리오란 사람에게 맡기니

2 아시아 해변 각처로 가려 하는 아드라뭇데노 배에 우리가 올라 항해할새 마게도냐의 데살로니가 사람 아리스다고도 함께 하니라 3 이튿날 시돈에 대니 율리오가 바울을 친절히 대하여 친구들에게 가서 대접 받기를 허락하더니 4 또 거기서 우리가 떠나가다가 맞바람을 피하여 구브로 해안을 의지하고 항해하여 5 길리기아와 밤빌리아 바다를 건너 루기아의 무라 시에 이르러 6 거기서 백부장이 이달리야로 가려 하는 알렉산드리아 배를 만나 우리를 오르게 하니 7 배가 더디 가 여러 날 만에 간신히 니도 맞은편에 이르러 풍세가 더 허락하지 아니하므로 살모네 앞을 지나 그레데 해안을 바람막이로 항해하여 8 간신히 그 연안을 지나 미항이라는 곳에 이르니 라새아 시에서 가깝더라

9 여러 날이 걸려 금식하는 절기가 이미 지났으므로 항해하기가 위태한지라 바울이 그들을 권하여 10 말하되 여러분이여 내가 보니 이번 항해가 하물과 배만 아니라 우리 생명에도 타격과 많은 손해를 끼치리라 하되 11 백부장이 선장과 선주의 말을 바울의 말보다 더 믿더라 12 그 항구가 겨울을 지내기에 불편하므로 거기서 떠나 아무쪼록 뵈닉스에 가서 겨울을 지내자 하는 자가 더 많으니 뵈닉스는 그레데 항구라 한쪽은 서남을, 한쪽은 서북을 향하였더라

27:1. 바울은 로마 제국의 포로로 넘겨진다. 백부장은 다시 한번 하나님의 계획에 휘말린다. 예수님도 로마 정부에 넘겨졌다. 바울은 로마의 보호, 로마 백부장의 호위 아래 이방인 배를 타고 그리스 바다를 통해 로마로 인도된다. 이방인의 초점이 분명하게 드러난다. 이 바다 여행은 이방인 선교이다.

독자들이 이전에 보았듯이 성부, 성자, 성령께서는 바울이 로마로 가도록 계획하셨지만, 바울은 종종 세상 제국의 호위를 받는다. 하나님의 계획은 초자연적인 힘이 배후에 있더라도 "자연적인" 수단을 통해 성취되는 경우가 많다.

27:2-3. 바울의 바다 여행에 대한 세부 사항이 많아지기 시작한다.[187] 누가는 바울이 탑승한 배의 종류, 기항한 항구, 바람의 근원, 배를 위해 시도한 보안의 종류, 바울의 동행자들을 포함시킨다. 바울 일행은 소아시아 미시아 항구에서 출발한 아드라뭇데노 배를 타고 출발한다.[188] 소아시아는 바울이 5절 마지막에 도착하는 곳으로, 이 짧은 여행 구간에 대한 포괄적인 정보를 제공한다.

바울은 가이사랴에서 시작하여 소아시아의 무라에서 끝을 맺는다. 이 두 사이에 누가는 데살로니가 출신 아리스다고가 바울과 함께 있다고 언급한다.[189] 아리스다고는 원형 극장으로 끌려간 마게도냐 사람 중 한 명이자 바울의 세 번째 여행에 동행한 동료 중 한 명이다(19:29; 20:4). 누가는 바울이 혼자인 것처럼 이야기하지만, 바울에게는 동행자가 있다. 이는 바울이 일반적으로 동행자를 데리고 다녔기 때문에 바울의 다른 선교 여행과 일치한다(13:2; 15:40; 16:3,10-12; 20:1-21:16). 바울은 더 이상 고립되지 않고 친구 두 명과 동행한다.[190] 우정은 바울에게 중요한 실재이다(딤후 4:9-18).

바울 일행은 시돈에 들렀고, 로마 백부장은 "친구"에게 가서 보살핌을 받도록 허락한다. 기독교 운동은 친구의 연합이다. 이제 복음이 전파되었으므로 바울은 어디에서나 호의를 베풀 수 있다. 동료와 친구들은 그의 사슬을 부끄러워하지 않고 지지한다. 바울과 백부장 및 나머지 선원들의 관계는 이야기 전반에 걸쳐 대체로 긍정적으로 묘사되며, 바울과 이방인 세계의 관계를 최종적으로 보여준다.

여기서 백부장은 그에게 "친절"(φιλανθρώπως, 필란드로포스)을 보여준다. 이것은 바울에 대한 로마 관리들의 우호적인 태도와 그들의 선의라는 주제를 이어간다. 어떤 면에서 바울은 죄수 취급을 받고 있지 않다. 그는 동행자가 있고 "친구들"(φίλος, 필로스)을 방문할 수 있다. 이 내러티브가 끝날 무렵, 멜리데 사람들

---

187 Parsons, *Acts*, 353,에 따르면 누가는 처음 열두 구절에서 항해를 표현하기 위해 네 가지 항해 용어를 11번이나 사용했다. 따라서 그는 내러티브 관점에서 볼 때 "지식이 풍부"하고 "통솔력이 있다"라고 할 수 있다.

188 매우 상징적인 경고가 있다. 즉 여행에 세 척의 배가 등장하는데(27:2-5, 27:6-44, 28:11-13), 아마도 삼위일체적 주제를 가리키는 것 같다. 두 번째 배는 파괴되고 나무가 쪼개져 십자가 위 또는 십자가를 통한 구원을 상징한다. "우리가 바다에 넣었다" 또는 "우리가 출발했다"는 단어는 ἀνάγω이다(27:2, 4, 12, 21; 28:10, 11). 같은 동사가 겔 37:12-13에서 사용되었는데, 이는 무덤을 여는 것을 가리키며 누가가 부활에 관해 일관되게 강조한 것과 일치할 수 있다. Spangenberg, *Brief Exegesis of Acts* 27:13–44, in Chung-Kim, Hains, et al., *Acts*, 358,은 "바울이 탄 배는 기독교 국가이고, 바다는 격동하는 세상이다. 풍랑과 폭풍우는 다양한 고난이다. 바울은 복음을 전하는 설교자이다. 배 안에 있는 사람들은 청중이다. 선원들은 성직자이자 통치자이다."라고 말한다.

189 바울의 편지로 독자들은 바울이 로마에 갇혀 있을 때 아리스다고(골 4:10, 몬 24절)와 누가(골 4:14, 몬 24절)도 바울의 동행자였다는 사실을 안다.

190 누가는 27:2에서 "우리"를 사용함으로 자신이 있다는 것을 암시한다.

은 바울과 그의 동료들에게 두 가지 다른 지점에서 환대 또는 친근감을 보여준다 (28:2 [φιλανθρωπίαν, 필란드로피안], 28:7 [φιλοφρόνως, 필로프로노스]). 피터슨이 말했듯이 친절은 헬레니즘 문학에서 진정한 인간 또는 문명인이 되기 위한 방법으로 칭찬받는 덕목이다(참조. Plato, *Euthyphro* 3D; Plutarch, *Oracles at Delphi* 16; Philo, *On Special Laws* 2.141). 필란드로피아(φιλανθρωπία)는 말 그대로 "인간에 대한 사랑"이다.[191]

이 여행은 예루살렘에서 받은 환대와는 달리 바울에 대한 친절과 환대로 특징지어진다. 대부분 기독교인일 가능성이 높은 친구들뿐만 아니라 멜리데의 백부장과 야만인들도 바울을 환대했다. 때로는 가장 예상하지 못한 장소와 사람들이 가장 큰 기회를 제공한다. 바울은 죄수 신분이지만, 이 여정은 좋은 손님과 주인이 되는 법을 배우는 "환대의 여정"이다.

27:4-8. 구브로 섬의 북쪽으로 항해하는 바울 일행은 먼저 "풍랑"이라는 고난을 겪는다. 폭풍은 나머지 이야기의 큰 주제가 되며, 우주적 갈등과 함께 바다에 대한 하나님의 주권을 보여준다(7-9, 13-20절, 참조. 시 78:26). 그리스 지역은 싸움 없이는 침투할 수 없다. 그런 다음 그들은 아시아 최남단 루기아의 무라에 도착한다.

무라에서 그들은 이달리야로 향하는 또 다른 배(알렉산드리아 배)를 발견하고 그 배에 올라타 아시아의 남쪽 끝인 니도에서 내리려 한다. 알렉산드리아는 무라에서 남쪽으로 향하는 곳이고 이집트는 로마의 공급원이었다. 하지만 바람이 계속 불어 니도에 상륙할 수 없자 그레데 섬 남쪽으로 항해하여 해안을 따라 니도섬의 항구인 미항에 도착한다. 아이러니하게도 "미항"는 그들이 정박할 수 있는 곳이 아니었다. 오직 하나님 안에서만 좋은 항구를 찾을 수 있는데, 이는 여호와의 음성이 물 위에 있기 때문이다(시 29:3-4).

27:9-12. 누가는 이제 제자들을 기다리고 있는 위험을 분명히 밝힌다. 이 네 구절은 예언 장면으로 구성된다. 그들은 이제 시간을 잊어버린 채 항해하기에 위험한 계절에 접어들었다.[192] 바울은 계속 항해하면 재앙으로 끝날 것이라고 예언

---

191 Peterson, *Acts*, 683.

192 CSB에는 "속죄일"이라는 시간 표시가 있지만 헬라어 본문에는 단순히 "금식"이라는 단어가 있다. 이 해석이 옳을 가능성이 높으며, J. Beresford, "The Significance of the Fast in Acts 27:9," *NovT* 58.(2016): 155–66,은 이것이 계절적 배경을 제공할 뿐만 아니라 신학적 메시지를 전달하고 폭풍과 난파의 트라우마에 대비하기 위한 것이라고 주장한다.

적으로 선포한다.[193] 그들은 목숨을 잃을 수도 있다. 누가는 이 예언이 신적 계시에서 나온 것이라고 명시적으로 말하지 않는다. 영적 선견보다는 지상의 지혜에 근거한 것일 수도 있지만, 내러티브의 흐름은 그리스 공간에서 지혜의 목소리로 바울을 가리킨다.[194] 내러티브적으로 이것은 앞으로 일어날 일을 예고하고 포로 바울이 그리스 바다에서 신뢰할 수 있는 근원이 되면서 긴장감을 조성한다.

백부장은 바울이 아닌 배 주인의 말에 귀를 기울이고, 그들은 출항을 "결정"(CSB) 또는 "계획"(βουλὴν, 불렌)한다. 그들의 계획은 아이러니하게도 하나님의 계획과 일치한다(눅 7:30; 행 2:23; 5:38; 20:27; 27:12). 백부장은 처음에 이 선지자를 거부한다. 그는 선주에게 자신을 맡겼다. 선주는 금전으로 장려할 수 있는 가능성이 높다. 그는 맘몬의 힘 아래 있다. 두 사람 모두 이 주인이 구원할 수 없다는 것을 알게 될 것이다.

그들이 모르는 것은 바울과 함께 로마로 가는 배를 타고 있다는 사실이다. 바울의 하나님은 파도와 바람을 결정하신다. 그들은 겨울이기 때문에 미항에 멈출 수 없으므로 그레데섬 항구 뵈닉스에 도착하려고 한다. 그러나 그들은 항로를 크게 벗어난다. 그들의 계획은 하나님의 계획 앞에서 실패한다.

5.3.1.2. 바다의 폭풍 (27:13-38)

13 남풍이 순하게 불매 그들이 뜻을 이룬 줄 알고 닻을 감아 그레데 해변을 끼고 항해하더니 14 얼마 안 되어 섬 가운데로부터 유라굴로라는 광풍이 크게 일어나니 15 배가 밀려 바람을 맞추어 갈 수 없어 가는 대로 두고 쫓겨가다가 16 가우다라는 작은 섬 아래로 지나 간신히 거루를 잡아 17 끌어 올리고 줄을 가지고 선체를 둘러 감고 스르디스에 걸릴까 두려워하여 연장을 내리고 그냥 쫓겨가더니 18 우리가 풍랑으로 심히 애쓰다가 이튿날 사공들이 짐을 바다에 풀어 버리고 19 사흘째 되는 날에 배의 기구를 그들의 손으로 내버리니라 20 여러 날 동안 해도 별도 보이지 아니하고 큰 풍랑이 그대로 있으매 구원의 여망마저 없었더라

---

193 이것은 주로 행동으로 구성된 내러티브에서 바울의 네 가지 "연설" 중 첫 번째이다(21-26, 31, 33-34절). Ammonius, *Catena on the Acts of the Apostles* 27:10, in Martin and Smith, *Acts*, 301,에서도 바울이 여기서 예언적으로 행동한다고 지적한다. "재앙"(개역개정. "타격." ὕβρεως)이라는 단어는 "부끄러움"을 의미하기도 하며, "오만함"을 의미할 수 있기 때문에 오만이라는 단어에서 유래한 용어이다.

194 Keener, *Acts*, 4:3599,는 내러티브 전체에 비추어 볼 때 이것은 예언이라는 주제로 이해해야 한다고 생각한다. "성경의 예언은 종종 조건적이었으며, 하나님은 때때로 회개(렘 18:7-10; 욘 3:10) 또는 기도(출 32:10-14; 욥 42:8)에 비추어 누그러지지만(렘 7:16; 11:14; 14:11; 겔 14:20), 이것이 보장된 것은 아니었다."라고 말한다.

21 여러 사람이 오래 먹지 못하였으매 바울이 가운데 서서 말하되 여러분이여 내 말을 듣고 그레데에서 떠나지 아니하여 이 타격과 손상을 면하였더라면 좋을 뻔하였느니라 22 내가 너희를 권하노니 이제는 안심하라 너희 중 아무도 생명에는 아무런 손상이 없겠고 오직 배뿐이리라 23 내가 속한 바 곧 내가 섬기는 하나님의 사자가 어제 밤에 내 곁에 서서 말하되 24 바울아 두려워하지 말라 네가 가이사 앞에 서야 하겠고 또 하나님께서 너와 함께 항해하는 자를 다 네게 주셨다 하였으니 25 그러므로 여러분이여 안심하라 나는 내게 말씀하신 그대로 되리라고 하나님을 믿노라 26 그런즉 우리가 반드시 한 섬에 걸리리라 하더라

27 열나흘째 되는 날 밤에 우리가 아드리아 바다에서 이리 저리 쫓겨가다가 자정쯤 되어 사공들이 어느 육지에 가까워지는 줄을 짐작하고 28 물을 재어 보니 스무 길이 되고 조금 가다가 다시 재니 열다섯 길이라 29 암초에 걸릴까 하여 고물로 닻 넷을 내리고 날이 새기를 고대하니라 30 사공들이 도망하고자 하여 이물에서 닻을 내리는 체하고 거룻배를 바다에 내려 놓거늘 31 바울이 백부장과 군인들에게 이르되 이 사람들이 배에 있지 아니하면 너희가 구원을 얻지 못하리라 하니 32 이에 군인들이 거룻줄을 끊어 떼어 버리니라

33 날이 새어 가매 바울이 여러 사람에게 음식 먹기를 권하여 이르되 너희가 기다리고 기다리며 먹지 못하고 주린 지가 오늘까지 열나흘인즉 34 음식 먹기를 권하노니 이것이 너희의 구원을 위하는 것이요 너희 중 머리카락 하나도 잃을 자가 없으리라 하고 35 떡을 가져다가 모든 사람 앞에서 하나님께 축사하고 떼어 먹기를 시작하매 36 그들도 다 안심하고 받아 먹으니 37 배에 있는 우리의 수는 전부 이백칠십육 명이더라 38 배부르게 먹고 밀을 바다에 버려 배를 가볍게 하였더니

27:13-15. 뵈닉스에 가까워져 남풍이 불어오자 바울의 예상이 빗나간 것처럼 보인다. 그러자 바람의 방향이 갑자기 바뀌면서 13-20절은 성취 장면이 된다. 시편에서 하나님은 "여호와께서 명령하신즉 광풍이 일어나 바다 물결을 일으키는도다"(시 107:25)라고 묘사된다. 하나님 자신이 "바람 날개로 다니시며"(104:3)라고 말씀하신다. 북동쪽에서 사나운 바람(태풍으로 묘사됨)이 밀려오고, 배는 그 바람에 휘말려 바람에 길을 양보해야 한다. 그들은 말 그대로 "바람의 눈을 똑바로 바라볼 수 없었다."

이 이미지는 요나의 배가 폭풍에 휘말렸을 때(1:4-5)의 이야기를 연상시킨다. 고대 배는 바람을 정면으로 마주할 수 없었다. 상징적으로 이것은 하나님께서 바람을 손에 모으셨기 때문에 여행이 하나님의 손에 달려 있음을 보여준다(잠 30:4; 행 27:4, 7, 13-15, 40). 하나님은 그리스 바다에서도 그들을 원하는 곳

으로 인도하실 것이다. 새로운 정복자가 바다에 발을 디뎠다.

27:16-19. 누가는 그들이 기회가 주어질 때 무엇을 했는지를 자세히 설명함으로써 그들이 처한 절망적인 상황을 드러낸다. 먼저 가우다라는 작은 섬에서 바람을 피할 수 있었고, 작은 구명보트인 거룻배를 조종할 수 있었다. 그들은 최악의 상황에 대비하고 작은 배를 타고 탈출해야 할 경우를 대비해 배를 고정한다.

둘째, 스르디스라는 모래톱으로 추락할지도 모른다는 두려움에 닻을 내리고 바람에 흔들린다. 셋째, 그들은 화물을 던지고 배 밖으로 나가기 시작한다. 내러티브의 일부분은 요나서 이야기(1:5)를 계속 반향하고 있지만, 이번에는 하나님의 뜻에 따라 진행된다. 선원들은 자신들의 신을 부르짖었지만 오직 한 분 하나님만이 그들을 구원하실 수 있다. 그들은 바울을 통해 들려오는 하나님의 음성을 거부했고 이제 그 결과를 겪고 있다.

27:20. 폭풍이 계속되어 여러 날 동안 해와 별을 볼 수 없었다. 누가는 일반적인 곡언법을 사용하여 폭풍을 "작은 폭풍이 아니다"(CSB. "심한 폭풍." 개역개정 "큰 풍랑")라고 묘사하는데, 할러데이Holladay는 "지옥 같은 폭풍"으로 번역할 수 있다고 말한다.[195] 별이 가려지는 것은 끔찍한 일이었다(참조. 사 13:10; 겔 32:7; 욜 2:10; 3:15). 이교도들은 별을 신으로 여겼기 때문에 참 하나님이 폭풍을 통해 말씀하실 때 별의 목소리가 없어진다는 것을 의미할 수 있다. 별과 태양이 없으면 선원들은 자신의 위치를 파악하거나 올바른 방향으로 나아갈 수 없다. 그러나 유일하신 참 하나님만이 유일한 빛이시다.

이 어둠/빛 주제는 독자들에게 창세기 앞부분 원시적 혼돈을 떠올리게 한다. 하나님은 말씀하시고 이 땅에 빛과 생명을 불어넣으신다(1:1-3). 바울도 희망과 빛의 말씀을 전하지만 아직은 아니며, 하나님께서 구원의 빛을 보기 전에 어둠을 통과해야 하기 때문이다. 여기서 죽음과 부활 이야기에 대한 힌트가 나타나기 시작하고 시편 69편의 메아리가 등장한다. "하나님이여 나를 구원하소서 물들이 내 영혼에까지 흘러 들어왔나이다 나는 ... 깊은 물에 들어가니 큰 물이 내게 넘치나이다"(1-2절).

큰 바다 내러티브에서 처음으로 "구원"(σώζεσθαι, 소제스다이)이라는 단어가 사용되었지만, 이 헬라어 형태는 또 등장하고 이 단락의 주제가 된다(27:31, 34, 43-44; 28:1, 4). 많은 주석가는 이것을 순전히 "육체적" 구원으로 보지만, 육체적 구원과 영적 구원을 모두 포함할 가능성이 더 높다.[196] 누가의 패턴은 육체적

---

195 Holladay, *Acts*, 492.

196 Schnabel, *Acts*, 1046,은 여기서 구원은 순전히 세속적이라고 말한다. Keener, *Acts*, 4:3644, 는 "구원"이 육체적 구원을 뜻하는 일반적인 단어였다고 지적한다.

구원과 영적 구원을 통합한다. 하나님은 물 위에 바람을 불어 어둠 속으로 말씀하시며 희망의 말씀을 전하는 "손님"을 통해 이방인들에게 빛을 주신다. 누가는 이미 모든 육체가 하나님의 구원을 볼 것이라고 약속했다(눅 3:6).

27:21-22. 상황이 암울해 보이자 바울은 일어나 하나님을 대신하여 말하기를 그들이 자기 말을 들었어야 했다고 말한다.[197] 바울은 폭풍우 속에서도 두려움이 없으니, 위험에 직면하여도 두려워하지 않는 현자나 철학자에 대한 기대에 부합하는 모습이다.

바울은 특별한 방식으로 배에서 리더십을 발휘하고 포로가 아닌 그들의 주인이 되기 시작한다. 바울은 이방인이자 손님이며 죄수이지만 하나님의 종이라는 정체성을 통해 그들을 가르치기 시작한다. 사도행전 21-23장의 글라우디오 루디아처럼, 율리오는 바울의 조언을 받아들이고(31-32절) 바울을 돌볼 것이다(42-43절).[198] 바울은 그들이 피해와 손실을 입었다는 것을 인정하지만, 아무도 목숨을 잃지 않을 것이니 용기를 가지라고 말한다(참조. 27:25). 이것은 내러티브 전체를 해석하는 중요한 진술이다. 누가의 목적이 단순히 바울을 하나님의 보호 아래 로마까지 안전하게 데려다주는 것이었다면, 이렇게 장황한 바다 여행 이야기는 필요하지 않았을 것이다.

배에 탄 모든 사람의 "구원"은 그들의 반항에도 불구하고 앞으로 나아가는 하나님의 계획이다. 다른 탈출 방법, 즉 도망(30절)나 죽이는 것(42절)은 허용되지 않는다.[199] 하나님의 계획은 바울을 로마로 인도하는 것뿐만 아니라 배에 탄 바울의 동역자들을 구원하는 것이다. 이것은 이 특정 내러티브뿐만 아니라 사도행전 전체의 내러티브에도 부합한다.

바울은 하나님의 계획을 전하는 자로 서 있다. 폭풍과 난파에 관한 일반적인 이야기에서는 폭풍이 한창일 때 연설이 시작되어 파멸을 예언한다. 여기서 바울의 메시지는 희망을 심어준다. 바울이 가까이 있기 때문에 구원이 가까이 있다. 제닝스Jennings의 말처럼, "그들은 바울과 함께 하나님의 역사와 성령의 여정 속

---

197 Chrysostom, *Homily 53 on Acts* (*NPNF* 1/11:318),은 많은 독자가 진정한 조종사인 바울의 말에 귀를 기울이게 한다. "바울은 지금도 우리와 함께 항해하고 있지만 그때처럼 묶여 있지 않을 뿐이며, 지금도 우리를 훈계하며 '너희는 스스로를 조심하라'라고 말한다. ... 그러므로 그가 우리에게 명령하는 곳, 즉 믿음으로 안전한 피난처에 거하자. 우리 안에 있는 조종사, 즉 우리 자신의 이성보다 그분의 말을 듣자. ... 우리가 바울에게 순종하자. 우리가 폭풍 가운데 있을지라도 반드시 위험에서 벗어나리라."

198 K. Yates, "Military Leaders and Jonah in the Writings of Luke Part 2," *BSac* 173.692 (2016): 448–59,는 율리오가 그리스도의 사역에 열려 있는 이방인 군사 지도자 나아만의 인물이 되었다고 주장한다.

199 Tannehill, *The Shape of Luke's Story*, 229.

에 있다. 바울은 그들의 포로이지만, 그들은 바울의 사명 안에 포로이다."[200]

27:23-26. 바울이 한 약속은 직관에 근거하지 않았다. 전날 밤 하나님의 천사가 찾아와 바울에게 두려워하지 말라고 말했다.[201] 바울은 다니엘처럼 예언하고 기도하고 권면하는 선지자 역할을 한다.[202] 백부장은 가이사, 선주는 맘몬, 선상 사람들은 다른 신들을 섬기지만, 바울은 여호와를 "섬기고"(λατρεύω, 라트류오) 그분의 소유가 된다.

여호와는 바울뿐만 아니라 배에 탄 나머지 사람들을 위한 계획이 있다. 여호와는 모든 사람의 생명을 은혜롭게 "주셨다"(χαρίζομαι, 카리조마이). 폭풍우에 휩쓸린 이 배에 하나님의 통치가 시작되었다. 바울은 이교도들을 믿음으로 데려온다. 누가는 구체적인 메시지를 이야기하는 것이 아니라 상징과 이미지를 통해 이를 나타낸다. 재판이 모두 말이었다면 폭풍과 난파는 모두 행동이다.[203]

세상은 하나님의 종들을 통해 예수님의 구원의 능력을 볼 것이다. 바울은 더이상 수동적으로 로마로 끌려가는 죄수가 아니다. 바울이 가이사 앞에 출두하는 것은 "필요"(δεῖ, 데이. 개역개정. "서야 하겠다")하다. 이제 바울은 앞으로 일어날 일을 선언하고, 하나님은 바울을 적극적으로 로마로 인도하신다. 바울의 동행자는 오히려 바울을 따르는 자들이 된다(23:11). 대본이 뒤집혔다.

바울은 25절에서 용기를 내라는 명령을 반복한다. 그들은 바울의 하나님 때문에 용기를 낼 수 있다. 그는 오래전 요나가 그랬던 것처럼 하나님을 믿는다고 고백한다(욘 1:9). 그러나 요나와는 달리 하나님의 뜻을 피하려 하지 않고 그 뜻을 따르고 있다. 하나님께서는 생명을 잃지 않을 것이라고 약속하셨다.

창세기 18장 22-23절에서 아브라함이 소돔을 위해 중보했던 것처럼 바울이 선원들을 대신하여 하나님께 기도하고 간구하고 있음을 암시한다.[204] 그들은 배를 잃고 "어떤 섬에 좌초"해야 할 것이다(개역개정. "한 섬에 걸리리라"). 여기서 "우리가 해야 한다"(δεῖ ἡμᾶς, 데이 헤마스)는 말은 신적 필연성을 가리키는 것 같다. 던Dunn은 이렇게 단언한다.

---

200 Jennings, *Acts*, 237.

201 누가의 문학에 등장하는 천사의 모습에 관해서는 눅 1:11, 26; 2:9, 13; 22:43; 행 5:19; 8:26; 10:3; 12:7, 23을 참조하라. H. C. van Zyl, "Vehicles of Divine Initiative: The Function of Angels in Acts," *JECH* 1.1 (2011): 205–20,은 천사의 출현은 하나님의 뜻이나 계획과 관련이 있다고 주장한다.

202 Peterson, *Acts*, 690.

203 Dunn, *Acts*, 334.

204 Peterson, *Acts*, 690.

사도행전 앞부분에서 자주 볼 수 있듯이 이 짧은 메시지의 하나님 중심성은 놀랍다(10:1-11:18; 14:15-17; 17:22-31 참조). 바울이 속해 있고 예배의 중심에 서 있는 것은 하나님이다(27:23). 사건과 그 사건에 휘말린 사람들을 주권적으로 주관하시는 것으로 확인된 것은 하나님이다(27:24). 바울이 확언하는 것은 이 하나님을 믿는 믿음이다.[205]

그들은 **모두** 좌초되어 구원받을 것이다. 이사야는 하나님의 구원을 "**모든 육체**가 그것을 함께 보리라"라고 말했다(사 40:5, 강조 추가). 바울은 섬에서 계속해서 하나님의 구원을 전할 것이다. 사도행전의 전형적인 모습처럼, 하나님은 가장 예상치 못한 방법으로 사람들을 구원하시고 말씀을 전하신다.

27:27-32. 다음 구절은 바울의 예언이 성취된 멜리데에 접근하는 것을 묘사한다. 그들은 열네 날 밤낮을 바람에 떠밀려 육지에 가까워진 것 같다. 선원들이 측정한 결과 수심이 점점 낮아지고 있음을 발견한다. 바위에 부딪힐까 봐 닻을 내리고 날이 밝기를 기도한다. 그들은 요나서에서 선원들이 신에게 부르짖었던 것처럼 신에게 기도하지만(1:5), 그들의 신이 아니라 바울의 하나님이 응답한다.[206] 고난당하는 의로운 다윗도 죽음의 물에서 자신을 구원해 달라고 하나님께 부르짖는다. "나를 수렁에서 건지사 빠지지 말게 하시고 나를 미워하는 자에게서와 깊은 물에서 건지소서 큰 물이 나를 휩쓸거나 깊음이 나를 삼키지 못하게 하시며 웅덩이가 내 위에 덮쳐 그것의 입을 닫지 못하게 하소서"(시 69:14-15).

요나도 고통 속에서 주님께 부르짖었다.

> 주께서 나를 깊음 속 바다 가운데에 던지셨으므로 큰 물이 나를 둘렀고 주의 파도와 큰 물결이 다 내 위에 넘쳤나이다 … 물이 나를 영혼까지 둘렀사오며 깊음이 나를 에워싸고 바다 풀이 내 머리를 감쌌나이다 내가 산의 뿌리까지 내려갔사오며 땅이 그 빗장으로 나를 오래도록 막았사오나 나의 하나님 여호와여 주께서 내 생명을 구덩이에서 건지셨나이다 내 영혼이 내 속에서 피곤할 때에 내가 여호와를 생각하였더니 내 기도가 주께 이르렀사오며 주의 성전에 미쳤나이다 거짓되고 헛된 것을 숭상하는 모든 자는 자기에게 베푸신 은혜를 버렸사오나 나는 감사하는 목소리로 주께 제사를 드리며 나의 서원을 주께 갚겠나이다 구원은 여호와께 속하였나이다 하니라 (욘 2:3-9)

이때 일부 선원이 구명정을 통해 배를 떠나려고 한다. 선원들은 위험의 강도

---

205 Dunn, *Acts*, 340.
206 Polhill, *Acts*, 525.

를 보여 주면서 이제 현장을 떠나야 할 때라고 생각한다. 그들은 배 전체를 위해 기도하는 바울과 대조를 이룬다. 선원들은 오직 자신만을 염려한다. "그 도"의 윤리는 이기심을 피하고 자기희생을 소중히 여긴다. 바울은 그들이 목숨을 구하려고 하면 잃을 것이라고 말한다.

바울은 하나님의 약속과 그 조건을 함께 붙잡을 수 있다. 하나님은 이미 그들 중 아무도 멸망하지 않을 것이라고 약속하셨지만, 바울은 그들에게 배에 남아 있으라고 경고해야 한다는 것도 알고 있다. 이 둘은 서로 충돌하지 않는다. 서로 어울린다. 바울의 경고는 하나님께서 목적을 이루시는 수단이 된다.

병사들은 그 말을 듣고 배를 묶고 있던 밧줄을 끊고 배를 내려놓는다. 그들은 바울의 명령대로 배에 남는다. 여기서 한 가지 주제가 드러나기 시작한다. 바울에 관해 더 많이 알면 알수록 그들은 바울을 더 존경한다. 그들은 바울이 바다 위에서 주님을 섬긴다는 것을 이해하기 시작한다.

27:33-38. 날이 밝아오면서 희망도 함께 찾아온다. 바울은 다음 일을 준비하기 위해 그들에게 음식을 먹으라고 촉구하고, 다가올 드라마에서 머리카락 하나도 잃지 않을 것이라는 약속으로 그들을 안심시킨다(눅 21:18). 바울이 그들의 지도자이자 선견자로서 말하는 것은 이번이 세 번째이다(27:10, 21, 33-34). 바울은 식사를 진행함으로써 폭풍 속에서도 침착함을 보여준다. 하나님은 그들을 "여호와께서 그들이 바라는 항구로 인도"하셨다(시 107:30 참조). 바울은 감사하며 빵을 가져다가 떼어먹는다.[207]

이것이 성찬인지에 관해서는 논쟁이 있지만, 성찬은 아닐지라도 성찬이라는 느낌을 피하기 쉽지 않다. 여러 주장이 이러한 방향을 보여준다.[208] 첫째, 오천 명을 먹이는 장면(눅 9:16), 최후의 만찬(22:19), 엠마오에서 식사(24:30), 사도행전의 식사는 떡을 떼는 것으로 묘사된다(2:42, 46; 20:7, 11).

둘째, 누가복음 21장 18절에서 예수님께서 제자들에게 머리털 하나도 멸망

---

207 Arator, *On the Acts of the Apostles* 2, in Martin and Smith, *Acts*, 308,은 바울이 그들에게 신성한 음식을 주었고 모세의 발자취를 따랐다고 말한다. "즉시 악마의 모든 무기가 이 물에 가라앉고 포로였던 그가 어린아이로 다시 태어난다. 짠 심해의 파도는 뒤로 가고 더러운 뱀의 습지도 극복된다. 그리스도께서는 이제 먹는 자에게 참된 목자로서 자신의 이름으로 구출된 양 떼에게 목초지를 아낌없이 주신다."

208 Witherington, *The Acts of the Apostles*, 773,은 이 견해에 반대하는 여러 가지 논거를 제시하는데, 포도주가 없으며 이는 승객들의 배고픔을 채우기 위한 것이라고 한다. 어떤 사람들은 또한 세례가 먼저 없다고 지적하지만 바다를 통한 여행은 일종의 세례이다. Bede, *Comm. on Acts* 27.33,은 이 단락 전체를 좀 더 상징적이고 목회적으로 해석하여 이렇게 말한다. "생명의 빵으로 영양을 공급받는 사람 외에는 이 세상의 폭풍우를 피할 수 있는 사람은 아무도 없다. ... [그들]은 구원의 항구에 도달할 것이다."라고 말한다.

하지 않을 것이라고 말씀하신 암시가 이를 뒷받침한다. 셋째, 문맥을 둘러싼 구원 언어의 확산은 이러한 언어의 이중적 성격을 가리킨다. 이사야는 하나님의 구원을 "온 인류가 보게 될 것"이라고 예언했다(40:5; 눅 3:6; 행 1:8).[209]

누가는 바울이 이 무리를 혼돈의 바다에서 구출하면서 예수님의 안전한 품에 안기는 장면으로 묘사했을 가능성이 높다. 예수님은 베헤못와 리워야단을 물리쳤고, 이제 이 소식은 이교도들에게 전해진다. 그들은 모두 음식을 먹으며 이교도들이 바울의 약속에 (제자들처럼) 눈을 뜨기 시작했음을 암시한다. 그들은 곡식을 배 밖으로 바다에 던져 배를 더욱 가볍게 만든다. 심지어 곡식이 풍성해진다(눅 9:17).

5.3.1.3. 난파 (27:39-44)

39 날이 새매 어느 땅인지 알지 못하나 경사진 해안으로 된 항만이 눈에 띄거늘 배를 거기에 들여다 댈 수 있는가 의논한 후 40 닻을 끊어 바다에 버리는 동시에 키를 풀어 늦추고 돛을 달고 바람에 맞추어 해안을 향하여 들어가다가 41 두 물이 합하여 흐르는 곳을 만나 배를 걸매 이물은 부딪쳐 움직일 수 없이 붙고 고물은 큰 물결에 깨어져 가니 42 군인들은 죄수가 헤엄쳐서 도망할까 하여 그들을 죽이는 것이 좋다 하였으나 43 백부장이 바울을 구원하려 하여 그들의 뜻을 막고 헤엄칠 줄 아는 사람들을 명하여 물에 뛰어내려 먼저 육지에 나가게 하고 44 그 남은 사람들은 널조각 혹은 배 물건에 의지하여 나가게 하니 마침내 사람들이 다 상륙하여 구조되니라

27:39-41. 날이 밝자 해안을 발견하고 배를 그곳으로 항해할 계획을 세운다. 닻을 풀고 돛을 올리고 해변으로 향한다.[210] 그러나 배가 모래톱에 부딪혀 꼼짝달싹 못 한다. 바울은 그들의 안전을 약속했지만 배를 잃을 것이라고도 말했다. 배는 반드시 파선될 것이다. 파도가 배를 부수기 시작하지만 부러진 나무가 그들의 구원이 될 것이다. 생명은 손실 없이 오지 않는다.

---

209 사 40:5에서 모든 육체가 하나님의 구원을 본다고 해서 모두 믿는다는 의미는 아니다.

210 Keener, *Acts*, 4:3651,은 누가가 다른 14번 모두 πλοῖον("배/선박")을 사용했지만 여기서는 ναῦς("배")와 동사 ἐπικέλλω("좌초하다")를 사용하기 때문에 누가가 그리스 문학적 전통과 직접적인 연관성을 제공한다고 생각한다. 두 용어는 신약성경이나 교부들 어디에도 나타나지 않지만, 호메로스(*Od.* 9.148,546)에서는 함께 등장한다. 또한 다음을 참조하라. K. L. Cukrowski, "Paul as Odysseus: An Exegetical Note on Luke's Depiction of Paul in Acts 27:1–28:10," *ResQ* 55 (2013): 24–34; D. MacDonald, "The Shipwrecks of Odysseus and Paul," *NTS* 45 (1999): 88–107.

27:42-44. 배가 파괴되는 과정에 있으므로 군인들은 죄수들을 "계획"(βουλή, 불레)하여 한 사람도 탈출하지 못하도록 죽이려고 한다. 그들은 여전히 하나님의 경륜을 이해하지 못한다. 마지막이 첫째가 되어야 한다. 그들의 계획(βουλή)는 하나님의 계획(βουλή)에 직면하여 날아가 버린다(눅 7:30; 행 2:23; 5:38; 20:27; 27:12). 군인들은 모두를 위해 기도하는 바울과 달리 자신의 유익만을 구하는 선원들과 비슷하다. 하나님은 모든 사람을 구원하시겠다고 약속하셨지만, 그들은 오직 자신의 구원에만 관심이 있다(16:27).

하나님은 이미 모든 사람이 살아남을 것이라고 약속하셨기 때문에 이 계획은 바울의 말과 모순된다. 그러나 백부장은 바울에 대한 존경심 때문에 살인을 막는다. 그는 그들에게 배에서 뛰어내려 뭍으로 헤엄쳐 오라고 명령한다. "바울은 다른 사람들에게 은인이지만 ... 자신도 은혜를 받는다."[211] 사도행전에서 바울의 생명을 구하기 위해 로마 장교가 개입한 사례는 빠르게 늘어난다. 하나님께서는 자신의 뜻을 이루기 위해 로마 제국을 계속 사용하신다.

나머지는 널빤지나 잔해에 의지하여 따라갔고, 그렇게 해서 모두 "안전하게"(διασωθῆναι, 디아소데나이. 개역개정. "구조되니라") 해안에 도착하여 구원받았다. 창조 때와 마찬가지로 물에서 육지로 분리되는 것은 창조적인 행위이다. 이스라엘처럼 그들도 물의 혼돈 속에서 마른 땅을 발견한다. 요나처럼 그들은 다른 나라 땅에 토해졌다. 따라서 이것은 유대인과 헬라인 모두의 구원에 대한 비유일 가능성이 높다. 부러진 나무 조각은 그들의 구원이다. 하나님의 말씀은 사실로 입증되었고, 그는 모두에게 구원을 주셨다.[212] 그들은 식량과 배를 잃었지만 아무도 목숨을 잃지 않았다. 구원의 소식이 바다 한가운데까지 전해졌다.

5.3.2. 멜리데에서 증언 (28:1-10)

1 우리가 구조된 후에 안즉 그 섬은 멜리데라 하더라 2 비가 오고 날이 차매 원주민들이 우리에게 특별한 동정을 하여 불을 피워 우리를 다 영접하더라 3 바울이 나무 한 묶음을 거두어 불에 넣으니 뜨거움으로 말미암아 독사가 나와 그 손을 물고 있는지라 4 원주민들이 이 짐승이 그 손에 매달려 있음을 보고 서로 말하되 진

---

211 Tannehill, *The Narrative Unity of Luke-Acts*, 2:339.
212 이 시점에서 이것은 단지 현세적 또는 상황적 구원에 불과하지만 누가가 구원에 관해 강조하는 것을 보면 성령의 은사를 포함하는 더 큰 구원을 가리키지 않는다고 생각하기는 쉽지 않다. 누가는 배에 탄 사람들이 그런 의미에서 "구원"을 받았는지에 관해 공식적으로 침묵하고 있지만 누가-행전을 전체적으로 읽으면 그 방향을 가리킬 수 있다. 이것은 Tannehill, *The Narrative Unity of Luke-Acts*, 2:337,에서 주장하는 것과는 다르다. 그는 이 내러티브가 전체적으로 하나님의 구원 역사가 복음을 듣고 받아들이는 사람들에게만 제한되지 않는다는 것을 보여준다고 말한다.

실로 이 사람은 살인한 자로다 바다에서는 구조를 받았으나 공의가 그를 살지 못
하게 함이로다 하더니 5 바울이 그 짐승을 불에 떨어 버리매 조금도 상함이 없더라
6 그들은 그가 붓든지 혹은 갑자기 쓰러져 죽을 줄로 기다렸다가 오래 기다려도 그
에게 아무 이상이 없음을 보고 돌이켜 생각하여 말하되 그를 신이라 하더라

7 이 섬에서 가장 높은 사람 보블리오라 하는 이가 그 근처에 토지가 있는지라
그가 우리를 영접하여 사흘이나 친절히 머물게 하더니 8 보블리오의 부친이 열병
과 이질에 걸려 누워 있거늘 바울이 들어가서 기도하고 그에게 안수하여 낫게 하
매 9 이러므로 섬 가운데 다른 병든 사람들이 와서 고침을 받고 10 후한 예로 우리
를 대접하고 떠날 때에 우리 쓸 것을 배에 실었더라

고대 서사시에서 바다에서 구조되는 장면은 이야기의 끝이 아니다. 낯선 해
안은 위험으로 가득 차 있다. 식인종, 노예, 도적, 또는 친절 중에 무엇이 생존자
들을 기다릴까? 이방인의 초점은 멜리데에 계속 맞춰져 있지만, 여기서 바울은
이방인을 영접하는 자가 아니라 손님으로 등장한다.[213]

지프Jipp가 주장했듯이, 멜리데 에피소드는 환대(Theoxeny)의 논리에 따라 작
동한다.[214] 환대(Theoxeny)는 그리스 신화에서 누군가가 신(이 경우에는 신의 사
자)에게 알게 모르게 환대를 베푸는 이야기이다. 바울의 멜리데 방문과 일치하는
이러한 유형의 장면은 일반적으로 다음과 같은 구성 요소를 특징으로 한다.

환대(Theoxeny)로서 바울의 멜리데 방문	
환대(Theoxeny)의 구성요소	멜리데 에피소드에서 환대(Theoxeny)
환대 또는 환대하지 않음은 실제로 신적 손님이 알려지지 않은 식주인(환대자)에게 보인다	야만인들은 바울이 자신들에게 전혀 낯선 사람임에도 불구하고 환대를 보여준다
이방인의 신적 정체가 드러나는 것을 인식하는 장면	바울이 뱀에게 물려 죽지 않자 예수님의 능력을 구현하는 자로서 그의 정체성이 드러난다
식주인(환대자)의 반응에 따라 보상이나 보복이 주어진다	바울은 멜리데 사람에게 선물을 주며 죽음을 이기는 능력을 더욱 드러낸다

요점은 바울이 신이 아니라 성령으로 하나님의 임재를 전한다는 것이다. 멜

---

213 누가복음의 마지막 장은 독자들이 이미 살핀 내용을 최종적으로 정리하는 장이지만, 이제
바울은 예루살렘에서 먼 길을 떠나있다. 여기서 바울은 이교도(1-10절), 기독교인(14-15절),
유대인(17-28절)을 만난다.

214 Jipp, *Divine Visitations*; Jipp, *Reading Acts*, 127–30.

리데 사람들은 그가 신이라고 주장한다! 내러티브의 대미를 장식하는 그들의 환대는 이 메시지가 받아들여졌음을 상징적으로 보여준다. 환대할 가능성이 가장 낮은 야만인들이 바울을 환대한다. 이는 바울의 방문에 이를 갈고 있는 예루살렘 사람들과는 대조적이다.

멜리데 에피소드는 이방인 영토에 대한 하나님 방문의 마지막이자 절정으로서 성공적인 에피소드가 된다.[215] 섬은 산처럼 땅에서 불규칙하게 튀어나온 것으로 간주되어 갈등, 변화 또는 회심의 장소로 여겨졌기 때문에 구브로 내러티브의 대미를 장식한다. 이사야 49장 1절은 여호와의 부르심으로 시작된다. "섬들아 내게 들으라 먼 곳 백성들아 귀를 기울이라." 멜리데 사람들은 아버지의 계획에 따라 성령으로 예수님의 임재를 구현하는 바울이 함께 하는 것을 통해 형제가 된다. 바울은 뱀을 짓밟고 예수님의 승리의 소식을 전한다.

28:1-2. 바울과 나머지 일행은 춥고 비에 젖은 채로 멜리데 섬의 해안에 도착한다. 겸손하고 연약한 모습으로 이 섬에 복음을 전한다. 생존자들은 바다에서 구원받았지만 섬에서 누구를, 무엇을 만날지 알지 못한다. 오디세우스는 미지의 섬에 상륙한 것을 한탄하며 안전을 염려했다. 그들을 기다리는 "형제자매"도 없고(21:7-17), 친구도 없고(27:3), 회당도 없다. 야만인으로 여겨지던 현지인들은 춥고 비가 내리는 날씨에 놀랍게도 환대(φιλανθρωπίαν, 필란드로피안, CSB "특별한 친절," 개역개정. "동정")를 베풀고 불을 피워준다.[216]

현대적 의미의 "야만인"은 경멸적인 의미가 있지만, 이 경우에는 단순히 헬라인이 아닌 사람을 의미한다. 그럼에도 이것이 내러티브의 놀라움을 없애지 않는다. 야만인은 고결한 사람이 될 것으로 예상되지 않았다. 그리스-로마의 관점에서 볼 때 이들은 문화가 없는 사람들이었다(롬 1:14; 고전 14:11; 골 3:11).

이 야만인들은 빌립보의 엘리트, 아테네의 철학자, 에베소의 권력자, 예루살

---

215 Jipp, Reading Acts, 129; R. H. Van der Bergh, "The Missionary Character of Paul's Stay on Malta (Acts 28:1–10) according to the Early Church," JECH 3 (2013): 83–97. 반 데어 버그 Van der Bergh는 해석의 역사에서 이 에피소드가 바울의 선교 활동으로 어떻게 여겨졌는지 보여준다. 그러나 Chrysostom, Homily 54 on Acts (NPNF 1/11:320),는 바울을 신으로 묘사한 것을 루스드라와 같이 과잉으로 간주한다.

216 헬라인들은 종종 야만인들이 헬라인들이 소중히 여기는 "환대"가 부족하다고 비판했다 (Euripides, Hebuca 1247–48; Xenophon, An Ephesian Tale 2.1). 예를 들어, 오디세우스가 새로운 땅을 만났을 때 "아아, 내가 지금 어떤 인간들의 땅에 왔나? 그들은 무례하고 거칠고 불의한가? 아니면 낯선 이들에게 친절하고 신들을 두려워하는가?"라고 말한다(Homer, Odyssey 6.119–121). 그러나 모든 야만인이 이런 식으로 비판받는 것은 아니다. 다음을 참조하라. Jipp, Divine Visitations, 41, 257.

렘의 성직자보다 더 그리스-로마의 미덕에 대한 기대를 충족시킨다.[217] 누가는 이 사람들이 헬레니즘의 높은 기대치를 구현하며 선한 사마리아인, 마리아, 삭개오, 고넬료, 루디아와 같은 선상에 있는 인물임을 보여줌으로써 문화적 고정 관념을 전복시킨다.[218] 곧 알게 될 것은 그들이 여호와의 군대의 핵심 사절에게 환대를 베풀고 있다는 사실이다.

바울은 로마에 보낸 편지에서 헬라주의자와 야만인, 지혜로운 자와 어리석은 자 모두에게 의무가 있다고 말한다(롬 1:14). 골로새서에서는 "헬라인이나 유대인이나 할례파나 무할례파나 야만인이나 스구디아인이나 종이나 자유인이 차별이 있을 수 없나니 오직 그리스도는 만유시요"(골 3:11)라고 썼다. 환대는 이 단락의 주요 주제가 된다. 이제 바울은 환대받고 독자들에게 예상하지 못한 사람들의 손님이 되는 것이 어떤 의미인지 보여준다.

28:3-4. 바울이 나무 다발을 모을 때 독사 한 마리가 열 때문에 나와 바울의 손에 달라붙는다. 자연에 의한 시련이라는 주제가 계속된다. 뱀은 또한 이 섬을 둘러싼 사탄과 하나님 사이의 전쟁을 상징한다. 더 큰 내러티브 구조는 여기서 보아야 한다. 먼저 바울은 물에서 구원받고 뱀에게 물린 후 부활한다. 둘 다 부활 유형의 이야기이다.

이는 에덴뿐만 아니라 출애굽 세대와 예수님도 반영한다. 각각은 물을 통과한 후 뱀을 만난다.[219] 모세는 뱀에 대한 권세와 뱀에 물리지 않도록 하나님의 보호를 받는다(출 4:3; 7:9-12; 민 21:6-9). 크로우Crowe는 심지어 뱀에게 물렸을 때의 침이 그리스도의 사역으로 무력해졌다는 메시지가 될 수 있다고 지적한다(고전 15:55-56).[220]

---

217 Keener, *Acts*, 4:3664.

218 Holladay, *Acts*, 503; J. Jipp, "Hospitable Barbarians: Luke's Ethnic Reasoning in Acts 28:1–10," *JTS* 68 (2017): 23–45; R. H. Van der Bergh, "The Use of the Term Βάρβαρος in the Acts of the Apostles: A Problemanzeige," *NeoT* 47 (2013): 69–86. 지프Jipp는 누가가 멜리데 섬 주민들의 민족적 고정 관념을 뒤집는다고 주장한다.

219 Pervo, *Acts*, 675,와 다른 학자들도 이것을 누가의 수난 내러티브와 죽음과 부활 장면으로 연결한다. 무리는 그 사람이 유죄라고 가정하고, 백부장은 예수님이 정의롭다고 주장하지만, 야만인들은 "정의"가 그를 붙잡았다고 주장하고, 도둑은 예수님이 "옳지 않은 것"(ἄτοπον)을 행한 것이 없다고 말하지만, 야만인들은 "불행"(ἄτοπον. 개역개정, "이상")이 그를 이기지 못한다고 본다(눅 23:42; 행 28:6). 그러므로 바울은 멸망할 수 없는 하나님의 인물이다.

220 Crowe, *The Hope of Israel*, 84. Theodoret of Cyrrhus, *Catena on the Acts of the Apostles 28.3*, in Martin and Smith, *Acts*, 312,는 이렇게 말한다. "그래서 사도의 손에 이빨을 박은 독사는 그에게서 죄가 들어오는 것을 발견하지 못했기 때문에 즉시 그를 풀어주고 뚫을 수 없는 몸을 공격했기 때문에 스스로 형벌을 가하여 불 속으로 몸을 던졌다. 그러므로 우리가 덕의 전신 갑옷을 입지 않았다면 짐승을 두려워하자."

그곳 사람들은 뱀에게 물린 바울을 보고 유죄라고 생각했다. 그리스 신화에서 뱀은 종종 신성한 정의의 상징이었기 때문에 "정의"가 이 남자를 따라잡은 것이다. 정의는 제우스와 테미스의 딸로 인류의 모든 불의한 행위를 즉시 제우스에게 보고하여 사람들이 자신의 범죄에 대한 대가를 치르도록 한다. 바다가 그를 죽이지는 못했지만 이제 신들은 뱀을 통해 그를 죽일 것이다.

28:5-6. 멜리데 사람들이 깨닫지 못하는 것은 자신들도 모르게 하늘의 손님을 접대했다는 것이다(히 13:2). 하나님께서는 폭풍을 뚫고 바울을 로마로 인도하셨고, 바울은 뱀을 불 속으로 털어버리고 아무런 해를 입지 않는다. 사람들은 그가 "붓든지" 죽을 줄 기다렸지만 아무 일도 일어나지 않는다.

바울은 천사를 보내 위험으로부터 보호받은 다니엘과 같다(단 6:22). 그는 뱀을 부수는 자의 보호를 받는 선지자이다. 예수님께서 하늘에서 사탄이 떨어지는 것을 보셨기 때문에 뱀은 하나님의 날개 아래 덮인 이 사람에게 아무것도 할 수 없다. 이제 예수님의 추종자들은 뱀을 밟을 권세를 얻었다(눅 10:17-19).[221] 복음이 새로운 영역으로 나아갈 때마다 신성한 능력으로 그렇게 한다(8:14-24; 13:4-12; 19:11-10).

그래서 사람들은 바울에 관해 생각을 바꾸고 그를 신이라고 말한다.[222] 이미 바울은 루스드라에서 신으로 여겨졌지만(14:11-18), 이방인의 배경을 염두에 두면 야만인들의 이해가 완전히 틀린 것은 아니다.[223] 바울은 뱀 에피소드에서 알 수 있듯이 하나님의 능력을 구현한다. 강력한 하나님의 방문이 멜리데에 이르렀고, 이제 멜리데 사람들은 자신들이 누구를 대접했는지 깨달았다. 야만인들은 그들의 섬에서 하나님의 역사를 본다. 하나님께서 그들의 눈을 뜨게 하셨다.

---

221 눅 10:19은 뱀조차도 그들을 "해치거나" "불의를 행할"(ἀδικήσῃ) 수 없다고 말하는데, 여기서 야만인들은 "공의"가 바울을 따라잡았다고 말한다.

222 Jipp, *Divine Visitations*, 11–12,는 "그는 신이다"라는 문구를 사용하여 그들의 주장이 단순히 바울이 결백하다는 것이 아니라 그가 하나님의 구원의 대리자라는 것을 보여준다. 나는 둘 다 긍정할 수 있다고 생각한다.

223 Jipp, *Divine Visitations*, 45–49,에 따르면 누가는 루스드라에서 같이 이 진술을 분명하게 비난하지 않는다. 그러나 독자가 이미 알고 있어야 하므로 누가가 알 필요가 없는 경우일 수 있다. 다른 사람들은 이 진술이 "야만인"에게서 나온 것이기 때문에 부정적으로 보아야 한다고 생각한다. 그러나 이것은 이 에피소드에서 야만인의 긍정적인 성격에 맞지 않다. 지프Jipp는 그들의 주장이 신학적으로 완전히 정확하지는 않지만 바울을 하나님의 사자로 묘사하는 데는 적합하다고 인정한다. 또한 M. D. Litwa, "Paul the 'God' in Acts 28: A Comparison with Philoctetes," *JBL* 136 (2017): 707–26. Klauck, *Magic and Paganism*, 115,는 왜 루스드라는 비난받고 멜리데는 아닌지에 대한 의문을 제기한다. 멜리데는 긍정적으로 묘사된다.

28:7-10. 멜리데에 대한 이야기는 적절하게 환대로 시작하여 환대로 끝난다. 섬의 지도자(가장 영향력 있는 시민 중 한 명)였던 보블리오는 사흘 동안 그들을 "친절히"(φιλοφρόνως, 필로프로노스) "영접"했다. 바울은 요셉, 다니엘, 에스더의 발자취를 따라 이 낯선 곳에서 존귀함을 얻는다.

바울은 보블리오와 함께 있는 동안 열병과 이질에 걸린 보블리오의 아버지에게 보답하고, 기도하며, 치유하고, 섬의 많은 사람이 바울에게 와서 치유를 받는다. 바울은 신의 환대처럼, 자신에게 친절을 베푼 사람들에게 선물을 준다. 제우스가 "나그네의 신"으로 불렸던 것처럼 여호와는 환대의 신이며 따라서 그들의 신보다 우월하다는 것을 보여준다.[224]

이 행동에 관해 두 가지를 주목해야 한다. 바울의 기도와 치유이다. 탈버트 Talbert가 지적했듯이, 바울이 기도하는 것은 의로운 사람이라는 사실을 보여준다. 야고보서 5장 16-18절은 의로운 사람의 기도가 강력하다고 말한다. 요한복음 9장 31절은 하나님은 죄인의 기도를 듣지 않고 경건한 사람의 기도를 들으신다고 말한다. 그러므로 이 치유는 바울을 더욱 의롭게 한다.[225]

두 번째로 주목해야 할 부분은 바울이 행한 행위인 치유이다. 치유는 누가-행전에서 하나님 나라의 선포와 악마의 세력을 물리치는 것과 밀접한 관련이 있다(눅 4:38-44; 6:17-20; 7:20-23; 9:1-11; 10:9; 행 3:12-16). 이 치유는 가버나움(눅 4:38-40)에서 환대자의 친척이 치유되고 다른 사람들에게도 복이 주어지는 예수님의 사역을 따른다. 퍼보Pervo는 누가가 바울의 사역이 예수님의 사역 시작을 반영하여 하나님의 역사 이야기가 끝나지 않았음을 보여 준다고 말한다. 그것은 새로운 시작이다.[226]

바울은 죄수 신분으로 도착했지만 예수님의 부활 능력을 전하는 사역은 멈추지 않았다. 그는 이방인 지역, 심지어 야만인들에게까지 계속해서 사역한다. 예루살렘에서 시작된 메시지는 외곽 지역(유대와 사마리아)으로, 하나님을 경외하는 사람들과 로마 시민들에게, 그리고 이제는 야만인들에게까지 전해졌다.

바울이 행한 기적의 결과로 사람들은 바울과 그의 일행을 크게 존경하고 여행에 필요한 것을 주었다. 바울은 차가운 죄수로 섬에 도착했고, 뱀에게 물린 후 사람들은 그를 저주받은 사람이라고 생각했다. 그는 섬 전체를 축복하고 모두에게 존경받으며 떠났다. 좋은 소식과 예수님의 임재가 이 작은 "야만인" 섬에 전해졌다.

---

224 Homer, *Odyssey* 6.207–8; 14.283–87; 2 Macc 6:2.

225 Talbert, *Reading Acts*, 218.

226 Pervo, *Acts*, 675.

5.3.3. 로마를 향한 여정: 2부 (28:11-16)

11 석 달 후에 우리가 그 섬에서 겨울을 난 알렉산드리아 배를 타고 떠나니 그 배의 머리 장식은 디오스구로라 12 수라구사에 대고 사흘을 있다가 13 거기서 둘러가서 레기온에 이르러 하루를 지낸 후 남풍이 일어나므로 이튿날 보디올에 이르러 14 거기서 형제들을 만나 그들의 청함을 받아 이레를 함께 머무니라 그래서 우리는 이와 같이 로마로 가니라 15 그 곳 형제들이 우리 소식을 듣고 압비오 광장과 트레이스 타베르네까지 맞으러 오니 바울이 그들을 보고 하나님께 감사하고 담대한 마음을 얻으니라 16 우리가 로마에 들어가니 바울에게는 자기를 지키는 한 군인과 함께 따로 있게 허락하더라

로마로 향하는 여정의 마지막 부분은 짧고 상세하지 않은데, 좋은 바람이 바울을 로마로 빠르게 데려다주기 때문이다. 이 여정 기록에는 두 가지 주제가 포함되어 있다. 첫째, 바울은 제우스의 쌍둥이 아들들의 그늘에서 여행하지만, 그들의 힘보다 여호와의 힘이 더 크다는 것이 분명하게 드러난다. 이방의 신들이 아니라 하나님이 하나님의 계획에 따라 바울을 로마로 이끄신다.

둘째, 바울은 로마에서 형제자매들의 따뜻한 환대를 받는다. 디아스포라 그리스도인들이 바울을 환대하는 모습에서 이 운동의 단합된 모습을 볼 수 있다. 로마의 그리스도인들이 바울을 만나러 나왔을 때, 그들은 이 장면을 바울이 쇠사슬에 묶여 있음에도 불구하고 제국으로 들어가는 승리의 장면으로 묘사하는 방식으로 모였다.

바울은 멜리데에서 이교도들을 만났고, 여기서 로마 그리스도인들을 만났으며, 17절 이후부터는 로마에 있는 유대인들을 만난다. 누가는 바울이 다양한 그룹과 교류하는 것으로 그의 사역을 마무리한다. 예수님의 좋은 소식은 섬에 있는 사람과 도시에 있는 사람, 문화가 없는 사람과 문화가 있는 사람, 유대인과 이방인 등 모든 사람을 위한 것이다. 모든 육체에 구원이 임할 것이다.

28:11-12. 멜리데에서 3개월을 보낸 바울은 세 번째이자 마지막 배를 타고 로마로 향한다. 이 알렉산드리아 배의 머리에는 "쌍둥이 신"(Διόσκουροι, 디오스쿠로이. 개역개정, "디오스구로")이 있다. 이들은 제우스의 쌍둥이 아들, 카스토르와 폴룩스이다. 이들은 선원(바다의 구원자)의 수호신으로 알려져 있으며 파도에 의해 형성된 거품의 "백마"를 타는 기수와도 연관되어 있다.

이교도의 관점에서는 이 쌍둥이 신이 배를 보호한다(구원을 가져다주었다). 누가의 관점에서는 이 말이 아이러니로 가득 차 있다. 솔로몬의 지혜는 이교도 우상 숭배와 "한 발짝도 내디딜 수 없는 것"에 대한 "번영의 여행"을 기원하는

기도를 조롱한다(잠 13:18 NRSV). 구원은 바다에 길을 내시고 파도 속에서도 안전한 길을 만드시는 아버지에게서 온다(잠 14:3-4).

따라서 누가의 기록은 이 이야기에서 몇 가지 중요한 역할을 한다. 첫째, 독자들에게 다른 신이 아닌 여호와께서 바울을 안전하게 데려오셨다는 사실을 상기시켜 준다(눅 8:22-25). 둘째, 독자들은 바울이 이교도 문화에서 손님으로 살아가는 모습을 볼 수 있다. 그는 매번 예수님에 관해 증거하려고 노력했지만, 자신과 다른 믿음을 가진 사람들 사이에서 살았다.[227]

바울은 때때로 다른 신앙을 적대적인 것으로 보았지만, 다른 때는 더 넓은 문화를 우호적으로 받아들였다. 그는 그들의 신이 아무것도 아니라는 것을 알았다. 그는 자신의 신념 체계와 반대되는 문화에서 어떻게 있어야 하는지 알아야 했다. 이 배를 타고 북쪽으로 이동하여 시칠리아 섬의 항구인 수라구사에 입항한다.

28:13-14. 수라구사에서 계속 북쪽으로 이동하여 레기온에 도착한 후, 남풍이 불어와 둘째 날에 보디올에 도착한다. 독자들이 지도를 보면 가이사랴에서 출발한 여정은 오랜 시간이 걸렸지만, 이 여정은 급박하게 진행되는 것을 알 수 있다. 어떤 사람들은 이것을 우연이라고 생각할 수도 있지만, 로마에 가까워질수록 바람을 주관하시는 하나님께서 그들의 여정을 서두르셨기 때문일 가능성이 더 크다(참조. 출 14:21; 민 11:31; 욘 4:8; 잠 30:4; 렘 10:13; 51:16; 시 104:4; 107:25; 147:18; 148:8).

보디올에서 그들은 "형제자매"로 분류된 다른 기독교인들을 발견한다. 다시 말하지만, 바울을 돕는 것은 쌍둥이 형제 신이 아니라 삼위일체 하나님과 지상에 있는 바울의 형제자매들이다. 바울이 받는 도움은 하늘에서 땅으로 뻗어 있다. 가족을 두고 떠나는 사람은 더 많은 가족을 만날 것이다(창 12:1-3; 눅 18:29-30). 다른 그리스도인들에 대한 이 작은 기록은 또한 예수 운동이 바울보다 앞서고 있음을 보여준다. 누가의 이야기에서 복음 이야기는 항상 한 개인의 행적을 넘어 확장되기 때문에 이야기되지 않는다. 복음은 성령이 주도하고 바람이 부는 곳으로 불어간다.

바울과 일행은 일주일 동안 그리스도인들과 함께 지낸 후 누가는 다음과 같은 결정적인 대사를 포함시킨다. "우리는 이와 같이 로마로 가니라." 다음 두 구절에서 바울이 로마에 입성하는 장면이 나오기 때문에 이 대사는 시기상조처럼 보일 수도 있다. 그러나 누가는 단순히 로마가 이달리야의 관할권 안에 있으며 바울의

---

227 M. Luther, *Second Invocavit Sermon 1522*, in Chung-Kim, Hains, et al., *Acts*, 364,에 따르면 누가는 이 시점에서 쌍둥이 신을 묘사하여 그것을 신뢰하지 않으면 외적인 것이 믿음에 해를 끼칠 수 없음을 보여 준다고 말한다.

여정의 목표가 끝난 것이나 다름없다는 점을 지적하고 있다(19:21).[228]

이보다 더 중요한 것은 그러한 고상한 목표를 과소평가하는 것이다. 누가는 이 여정의 목표를 오만함이나 교만함 없이 제시한다. 복음은 겸손하게, 사슬에 묶인 채로 온다. 소셜 미디어를 사용하는 그리스도인들도 비슷한 자세를 취할 수 있을 것이다. 바울은 고난당하는 메시아를 증거하기 위해 성령(바람)에 이끌려 이곳에 온 것이 아니다.

28:15-16. 바울이 도착하자 더 많은 형제자매가 바울과 그의 일행이 로마로 향할 때 그를 만나러 와서 환영한다. "맞으러"를 뜻하는 헬라어(ἀπάντησις, 아판테시스)는 고위 관리를 공식적으로 환영하는 전문 용어로, 호위까지 이어진다(살전 4:17). 바울이 어느 도시에 들어갔는지 생각해 보면 이러한 읽기가 확인된다. 이 내용을 듣는 사람들은 수행원들이 승리의 입성을 닮았다는 것을 알 수 있다.[229] 바울이 나타났다. 그러나 바울은 죽음의 향기를 풍기며 쇠사슬에 묶인 채로 들어간다(고후 2:14-16). 죽음을 통해 승리의 왕국이 축하받고 선포된다. 크리소스토무스는 "로마는 결박된 그를 영접하고 왕관을 쓰고 정복자로 선포하는 것을 보았다."[230] 이렇게 예수님은 결박되고 정복할 준비가 된 채 예루살렘에 입성하셨다.

그들은 로마에서 남동쪽으로 약 70킬로미터 떨어진 압비오와 트레이스 타베르네에서 바울을 만난다. 이 전초기지는 로마에서 출발한 첫날 여정이 끝날 때 흔히 들르는 곳으로, 속이는 여관 주인들로 곳으로 유명하다. 바울은 사기꾼이 아닌 친구들을 만난다. 이 동료 그리스도인들은 로마에 가까워질수록 바울에게 "담대한 마음"(θάρσος, 다르소스)를 준다. 바울은 마치 새로운 여호수아가 그 땅에 들어가는 것과 같다(신 31:6; 수 1:6; 욥 4:4). 하나님의 임재는 동료 신자들의 얼굴에 나타나기 때문에 바울은 하나님께 감사한다.

마침내 바울은 로마에 입성한다. 누가가 이 점을 주목하지 않은 것을 생각해 보면 놀랍다. 여행자들은 보통 로마에 들어서면 콜로세움, 아치, 신전 등을 보고 감탄하지만, 바울과 누가는 새로운 성전에서 만난 사람들에게 더 큰 감명을 받는다. 바울이 생각한 로마는 승리의 도시가 아니라 트로이 목마처럼 새로운 성전이 성장하고 있는 짐승의 통치 아래 있는 도시였다(단 7장 참조).

---

228 Polhill, *Acts*, 536–37.

229 M. Silva, ed. *NIDNTTE*, 5 vols. (Grand Rapids: Zondervan, 2014), 1:638,에 따르면 "맞으러"(ἀπάντησις)라는 헬라어는 공식적인 환영 또는 인사를 의미하며, 살전 4:17, 마 25:6, 요 12:13에서도 그리스도에 관해 이 용어가 사용되었다고 언급한다. 이런 식으로 바울은 예수님이 예루살렘에 입성하신 것처럼, 그리고 예수님이 다시 오실 것처럼 로마에 입성한다. 또한 바울이 여행했다는 소식이 전해졌음을 나타낸다. 바울은 중요한 인물로 여겨졌다.

230 Chrysostom, *Homily 55 on Acts* (*NPNF* 1/11:327).

누가는 바울이 자신을 지키는 병사와 함께 혼자서 살 수 있었다고 말한다. 바울은 일관되게 좋은 대우를 받으며 자신의 결백을 보여주고 로마 시민이라는 사실을 암시한다.[231] 그러나 독자들에게 바울이 여전히 쇠사슬에 묶여 있음을 상기시켜 준다. 그의 증언은 고통 가운데서 이루어져야 한다. 많은 사람은 바울이 로마에 있는 동안 옥중 서신을 쓰고 슬픔을 견디면서 위로와 교훈, 생명을 전했다고 믿는다.

5.3.4. 로마에서 증언 (28:17-31)

누가는 삼위일체 하나님에 초점을 맞추어 사도행전을 시작했다. 예수님은 제자들과 함께 하나님 나라에 관해 말씀하셨고, 누가는 주 예수님의 승천과 성령의 강림을 이야기한다. 아버지의 계획, 아들의 성취, 성령을 보내심의 순서에는 영원한 기원의 관계와 일치하는 적합성이 있다. 누가복음도 같은 주제로 끝난다. 바울은 사슬에 묶여 있지만 삼위일체 하나님에 대한 그의 메시지는 계속해서 끊이지 않고 전달된다. 이 이야기는 바울이나 베드로, 사도들에 관한 것이 아니라 세상 속에서 하나님의 역사에 관한 이야기이다.

누가는 또한 이스라엘에 초점을 맞추어 시작했으며, 다시 한번 이스라엘이 전면에 등장한다. 유대인들은 로마에서 이 메시지를 받는 사람들이다. 유대인을 강조하는 것은 두 가지 이유에서 놀랍다. 첫째, 바울은 가이사에게 호소해 로마로 갔지만 누가는 바울과 유대인의 만남을 중계하는 것으로 이야기를 마무리한다. 독자들은 쿠리아 율리아(원로원의 공식 회의장–역자주)에서 가이사와 가장 결정적인 만남을 기대한다. 그들은 가택 연금된 집에서 유대인들과 토론한다. 누가는 가이사와 바울의 대결이 아니라 유대인 공동체를 만난 다소 소박한 사건을 보여준다. 이것은 누가가 새 성전, 부활 생명, 말씀 전파에 중점을 두고 있음을 보여준다.[232] 로마에서 바울은 사슬에 묶인 상태에서도 예수님을 증거하며 자신의 사명에 계속 순종한다.

둘째, 누가가 이방인 작가였다는 점을 고려하면 유대인에 대한 강조는 놀랍다. 그러나 누가는 이미 바울과 유대교의 관계가 매우 중요하다는 것을 보여주었다. 그것은 그의 작품에서 중심적인 부분이었다. 이 마지막 부분을 끝으로 그 도와 유대교의 관계를 마무리한다. 모두 초대하고 환대한다. 사실 이 메시지는 유대인에게 먼저 전달되지만(롬 1:16), 누가는 유대인들이 어떻게 반응할지에 관

---

231 바울 자신의 자료에 따르면 누가와 아리스다고가 바울이 구금되어 있을 때 함께 있었음을 알 수 있다(골 4:10; 몬 24절).

232 Spencer, *Acts*, 248,은 각 장면에서 바울의 청중이 어떻게 성장하는지에 주목한다. 처음에는 혼자였다가 소그룹이 생기고, 그다음에는 모두가 바울을 찾아온다.

한 질문을 열어 둔다.[233]

유대인을 대상으로 하고 있지만, 이 메시지가 이방인을 위한 것임은 분명하다. 구원은 이방인들에게도 전해질 것이다. 그들은 들을 것이다. 이방인에 대한 긍정적인 묘사로 사도행전은 끝난다.

먼저 바울이 유대인들에게 복음을 전하고, 그중 일부가 복음을 받아들이고, 복음이 저항받자 바울은 이방인들에게 가겠다고 선포한다(13:42-48; 18:5-7; 19:8-10). 바울은 피의자에서 고발자로, 단순한 죄수에서 복음의 사절로 변신한다. 또한 바울의 투옥을 부끄러워하는 사람들에게 도전한다. 바울의 구금은 비극이 아니라 승리이다. 하나님 나라의 메시지가 전달된다.

5.3.4.1. 유대인과 첫 만남 (28:17-22)

17 사흘 후에 바울이 유대인 중 높은 사람들을 청하여 그들이 모인 후에 이르되 여러분 형제들아 내가 이스라엘 백성이나 우리 조상의 관습을 배척한 일이 없는데 예루살렘에서 로마인의 손에 죄수로 내준 바 되었으니 18 로마인은 나를 심문하여 죽일 죄목이 없으므로 석방하려 하였으나 19 유대인들이 반대하기로 내가 마지 못하여 가이사에게 상소함이요 내 민족을 고발하려는 것이 아니니라 20 이러므로 너희를 보고 함께 이야기하려고 청하였으니 이스라엘의 소망으로 말미암아 내가 이 쇠사슬에 매인 바 되었노라

21 그들이 이르되 우리가 유대에서 네게 대한 편지도 받은 일이 없고 또 형제 중 누가 와서 네게 대하여 좋지 못한 것을 전하든지 이야기한 일도 없느니라 22 이에 우리가 너의 사상이 어떠한가 듣고자 하니 이 파에 대하여는 어디서든지 반대를 받는 줄 알기 때문이라 하더라

28:17-20. 시간 기록은 누가의 전환을 표시한다. 사흘 후 바울은 로마의 유대인 지도자들을 불러 모았다. 바울은 항상 이스라엘로 먼저 간다(3:26; 10:36). 그들이 바울에게 행한 일 후에 사슬에 묶인 상태에서도 그의 사명은 변하지 않았다. 유대인들의 호감을 얻는 것이 법적으로는 도움이 될지 모르지만, 내러티브가 계속되면서 그의 목적은 외교적 목적이 아니라 복음 전파에 있다는 것이 분명해진다.

바울은 마지막 짧은 변론에서 예수님의 수난에 대한 반향과 함께 자신이 있는 이유를 요약한다. 바울은 로마인들에게 넘겨졌고(눅 9:44; 18:32; 24:7),

---

233 Anderson, *But God Raised Him from the Dead*, 286,에서는 이 마지막 장면이 독자들에게 고대 세계의 장례 예술의 한 장면을 떠올리게 할 수 있다고 주장한다. 장례식 부조에서 고인은 집이나 직장에서 가족이나 방문객에게 인사하는 모습이 그려져 있다. 누가는 이런 방식으로 부활하신 예수님을 전하는 사람으로서 바울의 마지막 초상화를 그렸을 수 있다.

백성과 관습에 어긋나는 일을 하지 않았으므로 무죄이며(눅 23:2; 행 22:3; 24:14; 25:8; 26:4), 로마인들이 그를 곧 풀어줄 예정이었으나(23:29; 25:25; 26:31; 눅 23:15-18) 유대인들의 반대(눅 23:18) 때문에 가이사에게 호소할 수밖에 없었다는 것이다.

바울은 유대인들에 관해 아무런 혐의가 없다고 덧붙인다. 바울은 그들을 학대했다고 고발할 권리가 있지만, 단순히 그들이 예수님을 따르기를 바랄 뿐이다. 그는 고발자를 용서한 예수님과 스데반과 같은 사람이다(눅 23:34; 행 7:60). 바울은 자신의 상황 때문에 로마의 유대인 지도자들과 대화할 것을 요청한다. 바울은 그들이 자신에게 제기된 혐의에 관해 유죄라고 생각하지 않기를 원했다. 바울이 그들과 대화하고자 하는 또 다른 근본적인 이유가 있다. 그는 자신의 사슬의 원인이 된 "이스라엘의 소망"에 관해 이야기하기를 원했다.[234]

소망에 관한 마지막 진술은 바울과 다른 사도들이 설교에서 지속해서 부활에 관해 언급한 내용을 정확하게 요약한다(23:6; 24:15; 26:8, 23).[235] 가이사의 수도에서도 새로운 질서가 도래했다. 전반적으로 바울은 자신이 결백하고, 그의 선교는 반유대주의적이지 않으며, 예수님의 부활에서 발견한 이스라엘의 소망에 초점을 맞추고 있다고 주장한다.

28:21-22. 유대인 지도자들의 반응은 개방적이면서도 호기심과 약간의 의심이 섞인 것으로 묘사할 수 있다. 그들은 유대에서 바울에 관한 어떤 편지도 받지 못했고, 개인적으로 악담을 하는 사람도 없었다. 겨울철이라 편지를 보낼 수 없었기 때문일 수도 있지만, 로마법은 고발자의 고발을 중요하게 여겼다는 점도 기억해야 한다.

바울을 고발한 사람은 존재하지 않는다. 편지도 보내지 않았다. 로마인들이 아무것도 듣지 못했다는 사실은 바울의 결백을 시사한다. 그러나 로마의 유대인들은 이 분파에 관해 들었다. 모든 곳에서 사람들이 반대 목소리를 내고 있는데, 이는 아마도 신학적, 사회학적 우려를 반영하는 것 같다. 사람들에게 조상의 관

---

234 Chrysostom, *Homily 54 on Acts* (NPNF 1/11:321–22),에서는 상황이 우리에게 불리하게 보일 때, 상황이 어떻게 우리에게 유리하게 되는지에 관해 언급한다. 바울은 사슬을 통해 간증할 수 있었다. "이것은 놀라운 일이다. 우리의 안전을 위한 것처럼 보이는 것들이 아니라 그 정반대로 모든 것이 우리를 위해 이루어진다. ... 여러분은 모든 경우 시련이 이생에서도 큰 유익을 가져다주며, 내생에는 훨씬 더 큰 유익을 가져다준다는 것을 안다. ... 악인의 악의가 양식이 되고 덕의 찬란한 기회가 되니, 하나님께서 불의를 선으로 바꾸어 주심으로써 우리의 성품은 더욱 빛난다. 다시 말하지만, 마귀가 이런 종류의 일을 할 때 그는 인내하는 사람들을 더 훌륭하게 만든다."

235 Crowe, *The Hope of Israel*, 81,은 사도행전에서 소망이라는 용어가 부활을 지칭하기 위해 7번이나 사용되었다고 말한다.

습을 버리라고 강요하는 것은 스캔들이었고 로마 내에서 문제를 일으켰다. 그러나 누가에 따르면 이러한 이해조차도 잘못되었다.

5.3.4.2. 두 번째 만남 (28:23-28)

23 그들이 날짜를 정하고 그가 유숙하는 집에 많이 오니 바울이 아침부터 저녁까지 강론하여 하나님의 나라를 증언하고 모세의 율법과 선지자의 말을 가지고 예수에 대하여 권하더라 24 그 말을 믿는 사람도 있고 믿지 아니하는 사람도 있어

25 서로 맞지 아니하여 흩어질 때에 바울이 한 말로 이르되 성령이 선지자 이사야를 통하여 너희 조상들에게 말씀하신 것이 옳도다

26 일렀으되 이 백성에게 가서 말하기를
너희가 듣기는 들어도
도무지 깨닫지 못하며
보기는 보아도
도무지 알지 못하는도다
27 이 백성들의 마음이
우둔하여져서
그 귀로는 둔하게 듣고
그 눈은 감았으니 이는
눈으로 보고
귀로 듣고
마음으로 깨달아 돌아오면
내가 고쳐 줄까 함이라 하였으니
28 그런즉 하나님의 이 구원이 이방인에게로 보내어진 줄 알라 그들은 그것을 들으리라 하더라

28:23-24. 바울이 계속해서 증거할 수 있는 자리가 다시 마련되고, 이번에는 더 많은 사람을 대상으로 마지막 바울의 요약 설교가 시작된다. 유대인들과의 첫 번째 만남에서는 지도자들이 재판관으로 등장하지만, 두 번째 만남에서는 바울이 재판의 의사봉을 휘두른다. 반전 본문이다. 바울의 고난과 투옥은 그의 메시지를 더욱 강화할 뿐이다.

누가는 바울의 메시지를 조직적으로 요약하여 설명한다. 그는 (1) 하나님 나라에 관해 "증언"하고 (2) 예수님에 관해 "설득"한다. 하나님 나라와 왕에 관한 메시지는 그의 사역의 중심이며 분리될 수 없다. 하나님의 백성은 하나님의 장소

에서 왕이신 하나님을 중심으로 모일 것이다.[236] 바울의 자료는 구약, 즉 모세 율법과 선지서이다.

예수님은 제자들에게 자신과 관련된 성경 전체를 가르치셨고, 이제 바울은 예수님의 방식으로 교훈을 전한다(눅 24:27; 44-47). 24절은 그 대답을 요약 형식으로 제공한다. 일부는 설득되지만, 일부는 믿지 않는다(마 28:17). 언제나 그렇듯이 바울의 메시지, 즉 하나님 나라의 메시지는 분열과 연합을 불러일으킨다.

28:25-28. 누가는 반응을 요약했지만, 이제는 부조화의 원인에 초점을 맞춘다.[237] 이전에는 바울이 구약을 사용하여 예수님이 메시아임을 증명했다면, 이제는 신약에서 반복적으로 사용되는 구약의 핵심 본문인 이사야 6장 9-10절을 사용하여 이스라엘의 완악한 마음을 드러낸다(마 13:14; 막 4:12; 눅 8:10; 롬 9-11장).

이 본문 배치는 바울을 이사야의 틀에 따라 거부당한 예언자이자 하나님의 방문을 구현한 사람으로 묘사한다. 백성들은 예수님을 통한 첫 번째 하나님의 방문을 거부했고(눅 8:10), 이제 그의 사자들을 통한 두 번째 방문도 거부한다.[238] 그럼에도 바울은 이 본문을 증오의 표현이 아니라 사랑하는 사람의 고뇌로 사용한다(롬 9:1-3).[239] 예수님처럼 바울도 이스라엘을 하나님의 품으로 다시 모으기를 갈망한다(눅 13:34).[240] 비록 바울이 인간적 시련을 받고 있지만, 더 큰 하나님의 시련이 다가오고 있다.

이 인용문을 소개하기 위해 바울은 이 말씀이 성령에게서 왔다고 말한다. 다른 성경 저자와 마찬가지로 누가는 구약성경이 하나님의 말씀임을 확인하지만(참조. 1:16; 4:25), 이 말씀을 하신 분이 삼위일체의 제삼위라는 점에서 더욱 구체적으로 암시하는 것일 수 있다(프로소폰적 주해). 성령은 시간에 구애받지 않는다. 그분은 다양한 환경에서 비슷한 메시지를 말씀하신다.

이사야 6장의 구체적인 인용문은 이스라엘의 마음이 강퍅하고, 귀가 어둡고, 눈이 어두운 것과 관련이 있다(눅 8:10). 이 비유는 이사야가 우상 숭배를 반대하는 언어의 일부이며 이제 유대 민족에게 적용된다(사 40-55장). 이스라엘은

---

236 하나님 나라에 대한 간략한 설명은 내 책 *The Kingdom of God and the Glory of the Cross*을 참조하라.

237 Gaventa, *Acts*, 367,은 여기서 사용된 헬라어 ἀσύμφωνοι가, "부조화 속의 목소리"로, 이사야를 통해 말씀하시는 성령의 조화와 바울을 통해 말씀하시는 성령의 조화를 대조하고 있다고 말한다.

238 Jipp, *Divine Visitations*, 279.

239 Jipp, *Divine Visitations*, 279.

240 Tannehill, *The Shape of Luke's Story*, 105-24,는 누가-행전에서 이스라엘의 이야기가 비극적인 이야기라고 주장한다.

듣기는 하지만 이해하지 못할 것이다. 그들은 보지만 보지 못할 것이다. 그들의 마음이 강퍅해지고 귀가 닫히고 눈이 멀었기 때문이다. 그들이 눈을 뜨면 듣고 깨달을 것이며, 하나님께서 돌이키시고 치유해 주실 것이다. 시각과 청각의 이미지는 바울의 다메섹 길 경험을 암시하기도 한다.

이 구절은 책망이기도 하지만 듣는 이들에게 소망을 주는 구절이기도 하다. 바울은 이사야 선지자와 연속적으로 이야기한다. 성령의 말씀은 오래전에도, 바울 시대에도, 그리고 오늘날에도 여전히 참된 말씀이다.[241] 누가는 독자들의 마음에 도전을 주기 위해 이 말씀을 반복하고 있는 것 같다. 바울은 유대인의 강퍅한 마음과 냉담함을 이방인에게 보내질 구원과 연관시킨다.

"하나님의 구원"이라는 구절은 이방인을 향한 하나님의 구원과 여러 문맥적 연결고리를 가지고 있으며, 누가복음의 이사야 성취 내러티브를 완전히 순환시킨다. 누가는 누가-행전의 시작과 끝에서 이사야를 인용하여 "하나님의 구원"이라는 구절을 사용한다(행 13:47의 사 49:6, 행 26:18의 사 42:7).

누가-행전에서 하나님의 구원	
이사야 40:3-5를 인용하는 누가복음 3:4-6	이사야 6:9-10을 인용하는 사도행전 28:25-28
선지자 이사야의 책에 쓴 바 광야에서 외치는 자의 소리가 있어 이르되 너희는 주의 길을 준비하라 그의 오실 길을 곧게 하라 모든 골짜기가 메워지고 모든 산과 작은 산이 낮아지고 굽은 것이 곧아지고 험한 길이 평탄하여질 것이요 모든 육체가 **하나님의 구원하심**을 보리라 함과 같으니라	성령이 선지자 이사야를 통하여 너희 조상들에게 말씀하신 것이 옳도다 일렀으되 이 백성에게 가서 말하기를 너희가 듣기는 들어도 도무지 깨닫지 못하며 보기는 보아도 도무지 알지 못하는도다 이 백성들의 마음이 우둔하여져서 그 귀로는 둔하게 듣고 그 눈은 감았으니 이는 눈으로 보고 귀로 듣고 마음으로 깨달아 돌아오면 내가 고쳐 줄까 함이라 하였으니 그런즉 **하나님의 이 구원**이 이방인에게로 보내어진 줄 알라 그들은 그것을 들으리라 하더라

새로운 시대가 왔으니 이방인들이 들을 것이다(13:46; 18:6). 사실, 멜리데 에피소드가 증명했다. 이 말씀은 이미 이루어진 이방인 선교를 정당화하기 위한 것이 아니라 로마에 있는 유대인들의 회개를 촉구하기 위한 것이다.[242]

로마서 9-11장에 따르면, 바울은 유대인들이 예수님 안에서 구원을 찾도록

---

241 로마서 11장에서 바울은 굳은 마음이 일시적이라고 말하지만, 이 문맥에서는 이를 분명하게 말하지 않는다. 그는 눅 13:34-45, 21:20-24, 행 3:18-21에서 이를 암시한다.

242 Tannehill, *The Narrative Unity of Luke-Acts*, 2:348.

자극하기 위해 질투를 일으키려고 한다. 유대인들이 복음을 거부함으로써 이방인을 포용할 수 있는 길이 열렸다. 이 역시 성경에 나타난 하나님의 계획과 일치한다(눅 2:30-32; 3:6).

여러 면에서 마지막 에피소드는 바울의 전체 사역을 요약한다. 그는 먼저 유대인들에게 간다. 일부는 받아들이고 일부는 거절한다. 바울은 메시아를 거부하는 사람들을 책망한 다음, 이제 아브라함에게 주신 약속을 성취하기 위해 이방인에게 복음을 전한다고 말한다(갈 2:8).[243]

5.3.4.3. 매이지 않고 승리하는 삼위일체적 말씀 (28:30-31)

30 바울이 온 이태를 자기 셋집에 머물면서 자기에게 오는 사람을 다 영접하고 31 하나님의 나라를 전파하며 주 예수 그리스도에 관한 모든 것을 담대하게 거침없이 가르치더라

28:30-31. 누가는 바울의 로마 감옥 사역을 두 구절로 요약한 후 갑작스럽게 이야기를 마무리한다. 누가가 이야기하지 않은 것은 **거의** 이야기한 것만큼이나 주목할 만하다. 그는 바울의 청중과 가이사, 바울의 석방, 바울의 메시지에 대한 반응을 연관시키지 않는다.[244] 오히려 그는 바울이 빌린 집에서 보낸 시간(2년), 그의 환대(유대인과 이방인 모두를 환영함), 그의 메시지(하나님 나라와 주 예수 그리스도)를 전달한다.[245]

---

243 KJV과 NKJV에는 29절이 포함되어 있는데, 이 구절은 서방 본문의 특정 본문에서 나타내지만, 이것은 후대에 읽힌 것으로 원본이 아닐 가능성이 높다. Metzger, *A Textual Commentary on the Greek New Testament*, 444,에서는 서방 본문의 확장이 "비잔틴 본문에서 어떻게 채택되었고 AV(흠정역) 번역의 뒤에 놓여 있는지"에 관해 언급한다. 그는 또한 이 추가가 아마도 "28절에서 30절로 갑작스럽게 전환되었기 때문일 것이라고 언급한다." Pervo, *Acts*, 684,는 이 마지막 연설이 비시디아 안디옥에서 전한 바울의 첫 번째 설교와 유사하다고 말하는데, 두 설교 모두 두 번의 만남이 있는데, 첫 번째 만남은 더 많은 것을 요청하는 것으로 끝나고(13:42; 28:22), 두 번째 만남은 이방인들에게 들을 기회가 주어질 것이라는 선언으로 끝나기 때문이라고 설명한다. 둘 다 이사야 인용으로 끝난다(13:47의 사 49:6, 28:26-27의 사 6:9-10).

244 Eusebius, *Ecclesiastical History* 2.22.1–8, in Martin and Smith, *Acts*, 319,은 누가가 기록한 로마 체류 기간 바울의 순교가 일어나지 않았기 때문에 어떤 일들은 전해지지 않는다고 말한다.

245 바울이 이방인에게 돌아섰다고 해서 동포들을 완전히 버린 것은 아니다. 바울은 로마 감옥에서 2년 동안 에베소서, 빌립보서, 골로새서를 썼을 가능성이 높다. Stott, *Acts*, 404,에 따르면, 바울은 이 책들에서 "예수 그리스도의 최고의, 주권적이며, 틀림없고 타의 추종을 불허하는 주되심을 다른 어느 곳보다 강력하게 제시하고 있다"라고 말한다. J. Jonas, *Annotations on Acts* 28:30–31, in Chung-Kim, Hains, et al., *Acts*, 370,은 "바울은 그토록 많은 적의 올무 가운데에서도 오히려 보호받아 2년 내내 설교할 수 있었다. 이를 통해 우리는 원수가 우리를 해칠지라도 우리가 원수의 손아귀에 있는 것이 아니라 전적으로 아버지의

감옥에서 자유를 누린 바울은 여호야긴(왕하 25:27-30)과 같이 다른 사람의 통치 아래에서 상대적 자유를 부여받은 사람으로 그려진다. 그의 상황은 유배뿐만 아니라 더 중요하게 백성들의 소망과 재건된 성전(벧전 2:4-5)을 상징한다.[246] 바울의 메시지와 수신자에 초점을 맞추고 있다.

첫째, 바울은 "다"(πάντας, 판타스) 환영한다. 이것은 무심코 읽을 수도 있지만 누가가 교회의 보편성을 다시 한번 강조한다. 사도행전은 바울이 성전이나 회당에 있지 않은 상태에서 끝난다. 그는 제국의 한 집에 있다. 유대인과 이방인 모두 그의 발 앞에 앉도록 초대받는다.[247] 하나님의 임재는 성전을 넘어 확장되었다. 이 이야기는 궁극적으로 바울에 관한 것이 아니라 메시아의 백성과 하나님의 임재에 관한 이야기이다.

둘째, 바울의 메시지는 삼위일체적 실재를 전달한다. 바울은 (1) 하나님 나라, (2) 주 예수 그리스도, (3) 이 모든 것을 담대하게 그리고 방해받지 않고 선포한다. 사도행전에는 하나님 나라가 몇 번 언급되지만 주요한 곳에서만 언급된다. 가장 주목할 만한 것은 이야기의 시작 부분에서 두 번, 그리고 마지막 부분에서 두 번 언급되어 그의 전체 사역을 구성하고 있다는 점이다.[248] 바울의 메시지는 하나님 아버지와 그분의 나라에 관한 것으로 요약할 수 있다.

주 예수 그리스도는 하나님 나라의 왕으로서 바울이 전하는 메시지의 중심이다. 베드로는 2장의 첫 설교에서 예수님이 죽은 자 가운데서 살아나시고 하나님 우편에 높임 받으셨기 때문에 하늘과 땅의 주님이 되셨다고 설명했다(2:36). 그 "이름"을 부르는 사람은 누구나 구원을 받을 것이다(2:21, 39; 4:33; 5:14). 이 메시지가 아버지의 계획에 관한 것이라면, 그것은 또한 아들의 정체성과 사역을 겨냥한다.

마지막으로, 바울의 선포 방식인 "담대하게"(παρρησίας, 파레시아스)와 "거침없이"(ἀκωλύτως, 아콜뤼토스)는 성령을 가리킨다.[249] 성령이 임한 후 사도들은 담대하게 말한다(2:29; 4:13, 29-31). 헬라어 "방해"(κωλύω, 콜뤼오)는 세례와 관련하여 세 번 사용되었다(8:36; 10:47; 11:17). 바울의 메시지는 성부, 성자, 성령에 관한 것이다. 바울이 쇠사슬에 묶여 있더라도 그것은 창조주 하나님의 일이기 때문에 구속받지 않고 승리하며 나아간다.[250]

손아귀에 있다는 것을 항상 알아야 한다."라고 말한다.

246 Talbert, *Reading Acts*, 230–31.

247 Marguerat, *The First Christian Historian*, 79.

248 행 1:3, 6; 28:23, 31. 본론부에서도 네 번 언급된다(8:12; 14:22; 19:8; 20:25).

249 사도행전의 시작과 끝은 모두 가르치는 활동(1:1; 28:31), 성령(1:2; 28:31), 예수님의 중심성(1:1; 28:31), 하나님 나라(1:3, 6; 28:23, 31), 선교의 보편성(1:8; 28:30)에 초점을 맞춘다.

250 Johnson, *Acts*, 476,은 "누가가 변호한 내용은 성공적으로 결론을 내렸다.자기 백성과 자기 말씀에 대한 하나님의 신실함이다."라고 말한다.

삼위일체적 설교 (행 28:31)	
아버지	하나님의 나라 전파
아들	예수 그리스도에 관해 가르침
성령	담대하게

이 책의 마지막 단어인 "거침없이"(ἀκωλύτως, 아콜뤼토스)는 바울의 설교에 아무런 제약이 없었음을 확인시켜 준다(딤후 2:9; 빌 1:12-14). 복음은 모든 지리적 경계, 사회적 차이, 인종적 다양성, 인간의 편견, 성 편견, 법적 장애물, 신학적 장벽을 극복했다.[251]

매우 중요한 단어로 갑자기 끝을 맺어 독자로 작품을 되돌아보게 하는 것은 고대의 문학적 관습이었다.[252] 누가는 이 말씀이 멈출 수 없는 것임을 거듭 강조하기 위해 큰 노력을 기울였다(6:7; 9:31; 12:24; 16:5; 19:20). 그는 제국과 세계의 중심에 바울이 있는 것으로 이야기를 마무리한다. 책이 끝날 때, 13-28장의 "영웅"은 감옥에 남은 채 독자들은 누가의 "영웅"이 과연 누구인지 묻는다.

이 이야기는 주로 바울에 관한 이야기였을까, 아니면 다른 누군가에 관한 이야기였을까? 로마의 도로는 이곳에서 뻗어나가고, 바울은 이곳에서 성령의 능력으로 아버지의 계획과 아들의 통치를 선포한다. 누가는 이 이야기의 마무리를 방해하기 위해 "문학적 정지"라는 문학적 장치를 사용한다. 무어Moore가 말했듯이,

아마도 그는 독자가 구절을 추가할 수 있도록 의도적으로 결말을 열어 두었을 것이다. 이 책의 아름다움 중 하나는 익명의 기고자가 많다는 점이다. 안디옥에 최초의 다민족 교회를 개척한 이름 없는 전도자, 사울의 난동을 피해 도망친 용감한 신자들, 베드로를 위해 기도한 마리아의 집에 있던 그리스도인들, 로마에서 수도로 가는 바울을 호위하기 위해 달려온 형제들처럼 자신의 삶을 통해 복음을 전파한 수많은 작은 사람이 있다. **바로 우리가 그들이다!** 사도행전 29장에는 영원히 읽혀질 수백만 구절이 있다.[253]

누가의 이야기는 끝났지만, 이야기를 들을 기회는 무궁무진하다.[254] 교회 이

---

251 Pervo, *Acts*, 688,은 그리스 문학과 철학적 전통에서 ἀκωλύτως라는 용어가 덕과 관련이 있다고 말한다.

252 N. Denyer, "Mark 16:8 and Plato, Protagoras 328D," *TynBul* 57 (2006): 149–50.

253 Moore, *Acts*, 428.

254 Chrysostom, *Homily 55 on Acts* (*NPNF* 1/11:328),는 사도행전에 대한 강론을 마치면서 바울을 본받고 삼위일체 하나님의 사역을 언급한다. "우리도 그 고귀하고 단호한 영혼을 본받아 그의 삶의 발자취를 따라 전진하여 현세의 바다를 항해하고 파도가 없는 안식처에

야기는 계속된다. 그것은 지평선을 향해 확장된다. 우리는 모두 역사상 가장 위대한 이야기에 초대받았다.

이르러 우리 주 예수 그리스도의 은혜와 자비로 말미암아 그를 사랑하는 자들에게 약속하신 좋은 것에 이르러 아버지와 성령과 함께 영광과 능력과 존귀와 이제와 영원토록 세상 끝없는 영광이 있기를 바랍니다. 아멘."

| 참 고 문 헌 |

Adams, Sean A. *The Genre of Acts and Collected Biography*. SNTS 156. Cambridge: Cambridge University Press, 2013.

Alexander, Loveday. *Acts in Its Ancient Literary Context: A Classi- cist Looks at the Acts of the Apostles*. LNTS 298. New York: Bloomsbury T&T Clark, 2005.

———. "Luke's Political Vision." *Int* 66.3 (2012): 283–93.

Allison, Dale. "Acts 9:1–9, 22:6–11, 26:12–18: Paul and Ezekiel." *JBL* 135.4 (2016): 807–26.

Anderson, Kevin L. *But God Raised Him from the Dead: The Theology of Jesus's Resurrection in Luke-Acts*. Eugene, OR: Wipf and Stock, 2007.

Arterbury, Andrew E. "The Ancient Custom of Hospitality: The Greek Novels, and Acts 10:1–11:18." *PRS* 29.1 (2002): 53–72.

Augustine, Saint. *The City of God, Books XVII–XXII*. Vol. 24 of *The Fathers of the Church*. CUA Press, 2010.

Baban, Octavian D. *On the Road Encounters in Luke-Acts: Hellenistic Mimesis and Luke's Theology of the Way*. Eugene, OR: Wipf and Stock, 2006.

Bale, Alan. *Genre and Narrative Coherence in the Acts of the Apostles*. LNTS 514. London; New York: T&T Clark, 2015.

Balthasar, Hans Urs von. *The Glory of the Lord Vol 1: Seeing the Form: A Theological Aesthetics*. Translated by Erasmo Leiva-Merikakis. San Francisco: Ignatius Press, 1983.

Barclay, John. *Paul and the Gift*. Grand Rapids: Eerdmans, 2017[= 『바울과 선물』. 서울: 새물결플러스, 2019].

———. *Pauline Churches and Diaspora Jews*. Grand Rapids: Eerdmans, 2016.

Barnes, Albert. *Notes Explanatory and Practical on the Acts of the Apostles*. New York: Harper, 1851.

Barreto, Eric D. *Ethnic Negotiations: The Function of Race and Ethnicity in Acts 16*. Tübingen: Mohr Siebeck, 2010.

Barreto, Eric. D., Jacob D. Myers, and Thelathia Young. *In Tongues of Mortals and Angels: A Deconstructive Theology of God-Talk in Acts and Corinthians*. New York: Lexington Books/ Fortress Academic, 2019.

Barrett, C. K. *Acts 1–14*. ICC 1. London: T&T Clark, 2004.

———. *Acts 15–28*. ICC 2. London: T&T Clark, 2004.

———. *Luke the Historian in Recent Study*. London: Epworth, 1961.

Barrett, Matthew. *None Greater: The Undomesticated Attributes of God*. Grand Rapids: Baker Books, 2019.

Bassler, Jouette M. "Luke and Paul on Impartiality." *Bib* 66.4 (1985): 546–52.

Bates, Matthew. "Why Do the Seven Sons of Sceva Fail?: Exorcism, Magic, and Oath

Enforcement in Acts 19:13–17." *RB* 118.3 (2011): 408–21.

———. *The Birth of the Trinity: Jesus, God, and Spirit in New Testament and Early Christian Interpretations of the Old Testament*. Oxford University Press, 2016.

———. *The Hermeneutics of the Apostolic Proclamation: The Center of Paul's Method of Scriptural Interpretation*. Waco, TX: Baylor University Press, 2012.

———. *Salvation by Allegiance Alone: Rethinking Faith, Works, and the Gospel of Jesus the King*. Grand Rapids: Baker Academic, 2017[= 『오직 충성으로 받는 구원』. 서울: 새물결플러스, 2020].

Bauckham, Richard. "James and the Jerusalem Church." Pages 415–80 in *The Book of Acts in Its First Century Setting*. Vol. 4. Grand Rapids: Eerdmans, 1995.

Bayer, Hans F. "The Preaching of Peter in Acts." Pages 257–74 in *Witness to the Gospel: The Theology of Acts*. Grand Rapids: Eerdmans, 1998.

Beale, G. K. "The Descent of the Eschatological Temple in the Form of the Spirit at Pentecost: Part 1: The Clearest Evidence." *TynBul* 56.1 (2005): 73–102.

———. "The Descent of the Eschatological Temple in the Form of the Spirit at Pentecost: Part 2: Corroborating Evidence." *TynBul* 56.2 (2005): 63–90.

———. *The Temple and the Church's Mission*. NSBT 17. Downers Grove, IL: Inter-Varsity Press, 2004.

Bede, Venerable. *The Venerable Bede Commentary on the Acts of the Apostles*. Translated by Lawrence T. Martin. Kalamazoo, MI: Cistercian Publications, 1989.

Beers, Holly. *The FolRowers of Jesus as the "Servant": Luke's Model from Isaiah for the Disciples in Luke-Acts*. London: Bloomsbury T&T Clark, 2016.

Beresford, James. "The Significance of the Fast in Acts 27:9." *NovT* 58.2 (2016): 155–66.

Bird, Michael F. "The Unity of Luke-Acts in Recent Discussion." *JSNT* 29.4 (2007): 425–48.

Blaylock, Richard. "Towards a Definition of New Testament Prophecy." *Them* 44.1 (2019): 41–60.

Blomberg, Craig L. "The Law in Luke-Acts." *JSNT* 7.22 (1984): 53–80.

Bock, Darrell L. *Acts*. BECNT. Grand Rapids: Baker Academic, 2007[= 『BECNT 사도행전』. 서울: 부흥과개혁사, 2018].

———. "Isaiah 53 in Acts 8." Pages 133–44 in *The Gospel According to Isaiah 53: Encountering the Suffering Servant in Jewish and Christian Theology*. Grand Rapids: Kregel, 2012.

———. "Scripture and the Relisation of God's Promises." Pages 41–62 in *Witness to the Gospel: The Theology of Acts*. Grand Rapids: Eerdmans, 1998.

———. *A Theology of Luke and Acts: God's Promised Program, Realized for All Nations*. Edited by Andreas J. Kostenberger. Grand Rapids: Zondervan, 2012.

Bockmuehl, Markus. "The Noachide Commandments and New Testament Ethics: With

Special Reference to Acts 15 and Pauline Halakhah." *RB* 102.1 (1995): 72–101.

———. "Why Not Let Acts Be Acts? In Conversation with C. Kavin Rowe." *JSNT* 28 (2005): 163–66.

Bolt, Peter G. "Mission and Witness." Pages 191–214 in *Witness to the Gospel: The Theology of Acts*. Grand Rapids: Eerdmans, 1998.

Bovon, Francois. *Luke 1: A Commentary on the Gospel of Luke 1:1–9:50*. Edited by Helmut Koester. Minneapolis: Fortress, 2002.

———. *Luke the Theologian: Thirty-Three Years of Research (1950– 1983)*. Translated by Ken McKinney. PTMS 12. Allison Park, PA: Pickwick, 1987.

Boyd, Gregory A. *The Crucifixion of the Warrior God: Volumes 1 and 2*. Minneapolis: Fortress, 2017.

Brawley, Robert L. "Social Identity and the Aim of Accomplished Life in Acts 2." Pages 16–33 in *Acts and Ethics*. Edited by Thomas E. Phillips. New Testament Monographs 9. Sheffield: Sheffield Phoenix Press, 2005.

Brinkman, J. A. "Literary Background of the 'Catalogue of the Nations' (Acts 2:9–11)." *CBQ* 25.4 (1963): 418–27.

Bruce, F. F. *The Book of Acts*. Grand Rapids: Eerdmans, 1968. Bruno, Chris, Jared Compton, and Kevin McFadden. Biblical Theol- ogy according to the Apostles: How the Earliest Christians Told the Story of Israel. NSBT 52. Downers Grove, IL: IVP Academic, 2020.

Bryan, Christopher. *Render to Caesar: Jesus, the Early Church, and the Roman Superpower*. Oxford: Oxford University Press, 2005.

Bryan, David K., and David W. Pao. *Ascent into Heaven in Luke-Acts: New Explorations of Luke's Narrative Hinge*. Minneapolis: Fortress, 2016.

Burridge, Richard. *What Are the Gospels? A Comparison with Graeco-Roman Biography*. 2nd ed. Grand Rapids: Eerdmans, 2004.

Cadbury, Henry J. The Making of Luke-Acts. Peabody, MA: Hendrickson, 1999.

———. "The Summaries in Acts." Pages 392–402 in *The Beginnings of Christianity. Part 1: The Acts of the Apostles*. Edited by F. J. Floakes and K. Lake. Vol. 5. London: Macmillan, 1933.

Callan, Terrance. "The Background of the Apostolic Decree (Acts 15:20, 29; 21:25)." *CBQ* 55.2 (1993): 284–97.

Carter, Warren. "Aquatic Display: Navigating the Roman Imperial World in Acts 27." *NTS* 62.1 (2016): 79–96.

Cassidy, Richard J. *Jesus, Politics, and Society: A Study of Luke's Gospel*. Eugene, OR: Wipf & Stock, 2015.

———. *Society and Politics in the Acts of the Apostles*. Eugene, OR: Wipf & Stock, 1987.

Charette, Blaine B. "'Tongues as of Fire': Judgment as a Function of Glossolalia in Luke's Thought." *JPT* 13.2 (2005): 173–86.

Cho, Youngmo. *Spirit and Kingdom in the Writings of Luke and Paul: An Attempt to Reconcile These Concepts*. Eugene, OR: Wipf & Stock, 2007.

Christensen, Daniel K. "Roman Citizenship as a Climactic Narrative Element: Paul's Roman Citizenship in Acts 16 and 22 Com- pared with Cicero's Against Verres." *Conversations with the Biblical World* 38 (2018): 55–75.

Ciampa, Roy E. "'Examined the Scriptures'? The Meaning of Ἀνακρίνοντες Τὰς Γραφάς in Acts 17:11." *JBL* 130.3 (2011): 527–41.

Clark, Andrew C. "The Role of the Apostles." Pages 169–90 in *Witness to the Gospel: The Theology of Acts*. Grand Rapids: Eerdmans, 1998.

Clowney, Edmund. "The Final Temple." *WTJ* 35 (1972): 156–89.

Compton, Jared. *Psalm 110 and the Logic of Hebrews*. LNTS 537. London; New York: T&T Clark, 2015.

Conzelmann, Hans. *Die Mitte Der Zeit: Studien Zur Theologie Des Lukas*. Tubingen: Paul Siebeck, 1954.

Crabbe, Kylie. "Accepting Prophecy: Paul's Response to Agabus with Insights from Valerius Maximus and Josephus." *JSNT* 39.2 (2016): 188–208.

Crowe, Brandon D. *The Hope of Israel: The Resurrection of Christ in the Acts of the Apostles*. Grand Rapids: Baker Academic, 2020.

Cukrowski, Kenneth L. "Paul as Odysseus: An Exegetical Note on Luke's Depiction of Paul in Acts 27:1–28:10." *ResQ* 55.1 (2013): 24–34.

Cunningham, Scott. *Through Many Tribulations: The Theology of Persecution in Luke-Acts*. JSNTSup 142. Sheffield: Sheffield Academic, 1997.

Dahl, N. A. "The Story of Abraham in Luke-Acts: Essays Presented in Honor of Paul Schubert." Pages 139–58 in *Studies in Luke- Acts*. Edited by L. E. Keck and J. L. Martyn. Nashville: Abingdon Press, 1966.

Daube, David. "On Acts 23: Sadducees and Angels." *JBL* 109.3 (1990): 493–97.

Dawson, Gerritt Scott. *Jesus Ascended: The Meaning of Christ's Continuing Incarnation*. New York: T&T Clark, 2004.

De Jonge, H. J. "The Chronology of the Ascension Stories in Luke and Acts." *NTS* 59.2 (2013): 151–71.

Dempster, Stephen. *Dominion and Dynasty: A Theology of the Hebrew Bible*. NSBT 15. Downers Grove, IL: IVP Academic, 2003.

Denova, Rebecca I. *The Things Accomplished among Us: Prophetic Tradition in the Structural Pattern in Luke-Acts*. JSNTSup 141. Sheffield: Sheffield, 1997.

Denyer, Nicholas. "Mark 16:8 and Plato, Protagoras 328D." *TynBul* 57.1 (2006): 149–50.

Derrett, J. Duncan M. "Ananias, Sapphira, and the Right of Property." Pages 193–201 in *Studies in the New Testament*. Leiden: Brill, 1977.

deSilva, David. "The Social and Geographical World of Pisidian Antioch." Pages 323–31 in *Lexham Geographic Commentary on Acts through Revelation*. Edited by

Barry J. Beitzel. Bellingham, WA: Lexham Press, 2019.

_____. "The Meaning and Function of Acts 7:46–50." *JBL* 106 (1987): 261–75.

Dicken, Frank, and Julia Snyder, eds. *Characters and Characterization in Luke-Acts.* LNTS 548. London: T&T Clark Bloomsbury, 2016.

Dickson, John. *Mission-Commitment in Ancient Judaism and in the Pauline Communities: The Shape, Extent and Background of Early Christian Mission.* WUNT 2. Tübingen: Mohr Siebeck, 2003.

Dicou, Bert. *Edom, Israel's Brother and Antagonist.* JSOTSup 169. Sheffield, Sheffield Academic Press, 1994.

Dunn, James D. *Baptism in the Holy Spirit.* London: SCM Press, 1970.

_____. *The Acts of the Apostles.* Grand Rapids: Eerdmans, 1996.

_____. *Unity and Diversity in the New Testament: An Inquiry into the Character of Earliest Christianity.* Philadelphia: Westminster, 1977[= 『신약성서의 통일성과 다양성』. 서울: 솔로몬, 1991]..

Echevarria, Miguel. *The Future Inheritance of Land in the Pauline Epistles.* Eugene, OR: Pickwick, 2018.

Eliot, George. *Middlemarch: A Study of Provincial Life.* Edited by Gregory Maertz. Orchard Park, NY: Broadview Press, 2004.

Elliott, John H. "Temple Versus Household in Luke-Acts: A Contrast in Social Institutions." Pages 211–40 in *The Social World of Luke-Acts: Models for Interpretation.* Edited by Jerome H. Neyrey. Peabody, MA: Hendrickson, 1991.

Emerson, Matthew Y. *"He Descended to the Dead": An Evangelical Theology of Holy Saturday.* Downers Grove, IL: IVP Academic, 2019.

Emery, Gilles. "Biblical Exegesis and the Speculative Doctrine of the Trinity in St Thomas Aquinas's Commentary on St John." Pages 23–61 in *Reading John with St. Thomas Aquinas: Theological Exegesis and Speculative Theology.* Washington, D.C.: Catholic University of America, 2005.

Erasmus, Desiderius. *Paraphrase on Acts. Translated by Robert D. Sider. Vol. 50 of Collected Works of Erasmus.* Toronto: Uni- versity of Toronto Press, 1995.

Esler, Philip Francis. *Community and Gospel in Luke-Acts.* Cambridge: Cambridge University Press, 1987.

Estrada, Nelson P. *From FolRowers to Leaders: The Apostles in the Ritual Status Transformation in Acts 1–2.* JSNTSup 255. London; New York: T&T Clark International, 2004.

Farrow, Douglas. "Ascension." Pages 65–68 in *DTIB.* Edited by Kevin J. Vanhoozer. Grand Rapids: Baker Academic, 2005.

_____. *Ascension and Ecclesia: On the Significance of the Doctrine of the Ascension for Ecclesiology and Christian Cosmology.* Grand Rapids: Eerdmans, 1999.

Ferguson, Everett. *Baptism in the Early Church: History, Theology, and Liturgy in the First Five Centuries.* Grand Rapids: Eerdmans, 2009.

_____. "'When You Come Together': Epi to Auto in Early Christian Literature." *ResQ* 16.3–4 (1973): 202–8.

Ferguson, Sinclair B. *Some Pastors and Teachers*. Edinburgh; Carlisle, PA: Banner of Truth, 2017.

Fernando, Ajith. *Acts*. NIVAC. Grand Rapids: Zondervan, 1998[= 『NIV 적용주석 사도행전』. 서울: 솔로몬, 2011].

Filson, Floyd. "The Journey Motif in Luke-Acts." Pages 68–77 in *Apostolic History and the Gospel: Biblical and Historical Essays Presented to F. F. Bruce*. Edited by W. Ward Gasque and Ralph P. Martin. Exeter: Paternoster Press, 1970.

Fitzmyer, Joseph A. *The Acts of the Apostles*. AB (Anchor Yale Bible Commentary) New Haven: Yale University Press, 1998[= 『사도행전 주해』. 대구: 분도출판사, 2015].

Flender, Helmut. *St. Luke: Theologian of Redemptive History*. Translated by Reginald H. and Ilse Fuller. SPCK: London, 1967.

Fletcher-Louis, Crispin. *Luke-Acts: Angels, Christology, and Soteriology*. Tübingen: Mohr Siebeck, 1997.

Foreman, Benjamin A. "What Has Athens to Do with Jerusalem?" Pages 353–68 in *Lexham Geographic Commentary on Acts through Revelation*. Edited by Barry J. Beitzel. Bellingham, WA: Lexham Press, 2019.

Forester, W. "Sōzō, Sōtēria, Sōtēr, Sōtērios." Pages 965–1024 in *TDNT*. Vol. VII. Grand Rapids: Eerdmans, 1971.

Fortin, Denis. "Paul's Observance of the Sabbath in Acts of the Apostles as a Marker of Continuity between Judaism and Early Christianity." 53.2 (2015): 321–35.

Franklin, Eric. *Christ the Lord: A Study in the Purpose and Theology of Luke-Acts*. Philadelphia: Westminster, 1975.

French, Blaire A. "The Completion of King Saul in Acts." *JSNT* 40.4 (2018): 424–33.

Gallagher, Edmon L., and John D. Meade. *The Biblical Canon Lists from Early Christianity: Texts and Analysis*. Oxford: Oxford University Press, 2019.

Garrett, Susan. *The Demise of the Devil: Magic and the Demonic in Luke's Writings*. Minneapolis: Fortress, 1989.

_____. "Exodus from Bondage: Luke 9:31 and Acts 12:1–24." *CBQ* 52.4 (1990): 656–80.

Garroway, Joshua. "'Apostolic Irresistibility' and the Interrupted Speeches in Acts." *CBQ* 74.4 (2012): 738–52.

Gasque, W. Ward. *A History of the Criticism of the Acts of the Apostles*. Grand Rapids: Eerdmans, 1975[= 『사도행전 비평사』. 서울: 엠마오, 1989].

Gaventa, Beverly. "Theology and Ecclesiology in the Miletus Speech: Reflections on Content and Context." *NTS* 50.1 (2004): 36–52.

Gaventa, Beverly R. *Acts*. Abingdon New Testament Commentaries. Nashville, TN: Abingdon Press, 2003.

_____. "Toward a Theology of Acts: Reading and Rereading." *Int* 42.2 (1988): 146–57.

Gehring, Roger. *House Church and Mission: The Importance of Household Structures in Early Christianity*. Peabody, MA: Hendrickson, 2004.

Gilbert, Gary. "The List of Nations in Acts 2: Roman Propaganda and the Lukan Response." *JBL* 121.3 (2002): 497–529.

_____. "Roman Propaganda and Christian Identity in the Worldview of Luke-Acts." Pages 233–56 in *Contextualizing Acts*. Edited by Todd Penner and Caroline Vander Stichele. Atlanta, GA: Society of Biblical Literature, 2003.

Glenny, W. Edward. "The Septuagint and Apostolic Hermeneutics: Amos 9 in Acts 15." *BBR* 22.1 (2012): 1–25.

González, Justo L. *The Story Luke Tells: Luke's Unique Witness to the Gospel*. Grand Rapids: Eerdmans, 2015.

Goulder, M. D. *Type and History in Acts*. London: SPCK, 1964.

Gray, Patrick. "Athenian Curiosity (Acts 17:21)." *NovT* 47.2 (2005): 109–16.

Green, Joel B. *Conversion in Luke-Acts: Divine Action, Human Cognition, and the People of God*. Grand Rapids: Baker Academic, 2015.

_____. "Rethinking 'History' for Theological Interpretation." *JTI* 5.2 (2011): 159–73.

_____. "'Salvation to the Ends of the Earth' (Acts 13:47): God as the Saviour in the Acts of the Apostles." Pages 83–106 in *Witness to the Gospel: The Theology of Acts*. Edited by I. Howard Marshall and David Peterson. Grand Rapids: Eerdmans, 1998.

Gregory, Andrew F., and C. Kavin Rowe, eds. *Rethinking the Unity and Reception of Luke and Acts*. Reprint edition. Columbia, SC: University of South Carolina Press, 2010.

Gupta, Nijay K. *Paul and the Language of Faith*. Grand Rapids: Eerdmans, 2020[= 『바울과 믿음 언어』. 서울: 이레서원, 2021].

Haenchen, Ernst. *Acts of the Apostles: A Commentary*. Philadelphia: Westminster, 1971[= 『사도행전』. 서울: 한국신학연구소, 2006].

Hagner, Donald. *How New Is the New Testament? First Century Judaism and the Emergence of Christianity*. Grand Rapids: Baker Academic, 2018.

Hamilton, James. *God's Indwelling Presence: The Holy Spirit in the Old and New Testaments*. Nashville, TN: B&H Academic, 2006.

_____. "Rushing Wind and Organ Music: Toward Luke's Theology of the Spirit in Acts." *RTR* 65.1 (2006): 15–33.

_____. "Was Joseph a Type of the Messiah? Tracing the Typological Identification between Joseph, David, and Jesus." *SBJT* 12.4 (2008): 52–77.

Hamm, Dennis. "Paul's Blindness and Its Healing: Clues to Symbolic Intent (Acts 9; 22 and 26)." *Bib* 71.1 (1990): 63–72.

Hanneken, Todd Russell. "Moses Has His Interpreters: Understanding the Legal

Exegesis in Acts 15 from the Precedent in Jubi- lees." *CBQ* 77.4 (2015): 686–706.

Harrill, J. Albert. "Divine Judgement against Ananias and Sapphira (Acts 5:1–11): A Stock Scene of Perjury and Death." *JBL* 130.2 (2011): 351–69.

_____. "The Dramatic Function of the Running Slave Rhoda (Acts 12.13–16): A Piece of Greco-Roman Comedy." *NTS* 46.1 (2000): 150–57.

Harriman, K. R. "'For David Said Concerning Him': Foundations of Hope in Psalm 16 and Acts 2." *JTI* 11.2 (2017): 239–57.

Havelaar, Henriette. "Hellenistic Parallels to Acts 5.1–11 and the Problem of Conflicting Interpretations." *JSNT* 67 (1997): 63–82.

Hays, J. Daniel. "Central Paradigms for Gentile Inclusion: An Intertextual Comparison of Jeremiah's Ebedmelech and Luke's Ethiopian Eunuch." *Sapientia Logos* 3.1 (2010): 1–24.

Hays, Richard B. "Reading the Bible with Eyes of Faith: The Practice of Theological Exegesis." *JTI* 1.1 (2007): 5–21.

_____. "The Paulinism of Acts, Intertextually Reconsidered." Pages 35–48 in *Paul and the Heritage of Israel: Paul's Claim upon Israel's Legacy in Luke and Acts in the Light of Pauline Letters*. Edited by David P. Moessner, Daniel Marguerat, Mikeal C. Parsons, and Michael Wolter. LNTS 452. Bloomsbury T&T Clark, 2012.

Heiser, Michael S. *The Unseen Realm: Recovering the Supernatural Worldview of the Bible*. Bellingham, WA: Lexham Press, 2015[= 『보이지 않는 세계』. 서울: 좋은씨앗, 2019].

Hengel, Martin. "Ιουδαία in the Geographical List of Acts 2:9–11 and Syria as 'Greater Judea.'" *BBR* 10.2 (2000): 161–80.

Henrichs-Tarasenkova, Nina. *Luke's Christology of Divine Identity*. LNTS 542. New York: Bloomsbury, 2016.

Heringer, Seth. "Worlds Colliding: A Theological Critique of the Historical Method." PhD diss., Fuller Theological Seminary, 2015.

Heschel, Abraham Joshua. *The Sabbath*. New York: Farrar Straus Giroux, 2005.

Holladay, Carl R. *Acts: A Commentary*. Louisville, KY: Westminster John Knox, 2016.

Hornik, Heidi J., and Mikeal C. Parsons. *The Acts of the Apostles through the Centuries*. Malden, MA: Wiley-Blackwell, 2016.

Horrell, David G. *Becoming Christian: Essays on 1 Peter and the Making of Christian Identity*. LNTS 394. Bloomsbury T&T Clark, 2015.

Horsley, Richard A., ed. *Paul and Empire: Religion and Power in Roman Imperial Society*. Harrisburg, PA: Trinity Press International, 1997[= 『바울과 로마제국』. 서울: 기독교문서선교회, 2007].

van der Horst, Pieter. "Hellenistic Parallels to the Acts of the Apostles 2:1–47." *JSNT* 8.25 (1985): 49–60.

Houlden, J. L. "'Beyond Belief.' Preaching the Ascension II." *Theology* 94 (1991):

173–80.

House, Paul R. "Suffering and the Purpose of Acts." *JETS* 33.3 (1990): 317–30.

Howell, Justin R. "The Imperial Authority and Benefaction of Centurions and Acts 10.34–43: A Response to C. Kavin Rowe." *JSNT* 31.1 (2008): 25–51.

Hubbard, Moyer V. *Christianity in the Greco-Roman World: A Narrative Introduction.* Peabody, MA: Hendrickson, 2010.

Hughes, Kyle R. *How the Spirit Became God: The Mosaic of Early Christian Pneumatology.* Eugene, OR: Cascade, 2020. Humphreys, Colin J., and W. Graeme Waddington. "Dating the Crucifixion." *Nature* 306 (1983): 743–46.

Hur, Ju. *A Dynamic Reading of the Holy Spirit in Luke-Acts.* JSNTSup 211. Sheffield: Sheffield Academic Press, 2001.

Hurtado, Larry. *Destroyer of the Gods: Early Christian Distinctiveness in the Roman World.* Waco, TX: Baylor University Press, 2017.

Imes, Carmen Joy. *Bearing God's Name: Why Sinai Still Matters.* Downers Grove, IL: IVP Academic, 2019.

Jennings, Willie James. *Acts: A Theological Commentary on the Bible.* Louisville, KY: Westminster John Knox Press, 2017.

Jervell, Jacob. *The Theology of the Acts of the Apostles.* Cambridge; New York: Cambridge University Press, 1996[= 『사도행전 신학』. 서울: 한들출판사, 2000].

Jipp, Joshua. *Divine Visitations and Hospitality to Strangers in Luke-Acts: An Interpretation of the Malta Episode in Acts 28:1–10.* Leiden: Brill, 2013.

_____. "Hospitable Barbarians: Luke's Ethnic Reasoning in Acts 28:1–10." *JTS* 68.1 (2017): 23–45.

_____. "Paul's Areopagus Speech of Acts 17:16–34 as Both Critique and Propaganda." *JBL* 131.3 (2012): 567–88.

_____. *Reading Acts.* Cascade Companions. Eugene, OR: Cascade, 2018.

_____. Christ Is King: Paul's Royal Ideology. Minneapolis, MN: Fortress, 2015.

_____. "Paul at the Areopagus in Athens." Pages 344–52 in Lexham Geographic Commentary on the Acts through Revelation. Edited by Barry J. Beitzel. Bellingham, WA: Lexham Press, 2019.

_____. "The Paul of Acts: Proclaimer of the Hope of Israel or Teacher of Apostasy from Moses?" *NovT* 62 (2020): 60–78.

Johnson, Dennis E. *The Message of Acts in the History of Redemption.* Phillipsburg: P&R Publishing, 1997.

Johnson, Luke Timothy. "Literary Criticism of Luke-Acts: Is Reception-History Pertinent?" *JSNT* 28.2 (2005): 159–62.

_____. *The Acts of the Apostles.* Sacra Pagina Collegeville, MN: Michael Glazier, 2006.

Juel, Donald H. "Social Dimensions of Exegesis: The Use of Psalm 16 in Acts 2." *CBQ* 43.4 (1981): 543–56.

Kartzow, Marianne Bjelland, and Halvor Moxnes. "Complex Identi- ties: Ethnicity, Gender and Religion in the Story of the Ethio- pian Eunuch (Acts 8:26–40)." *R&T* 17.3–4 (2010): 184–204.

Kauppi, Lynn Allan. *Foreign but Familiar Gods: Greco-Romans Read Religion in Acts.* LNTS 277. Bloomsbury: T&T Clark, 2006.

Keel, Othmar. *The Symbolism of the Biblical World: Ancient NearEastern Iconography and the Book of Psalms.* Translated by Timothy J. Hallett. Winona Lake, IN: Eisenbrauns, 1997.

Keener, Craig J. *Acts: An Exegetical Commentary.* 4 vols. Grand Rapids: Baker Academic, 2013.

_____. "Why Does Luke Use Tongues as a Sign of the Spirit's Empowerment?" *JPT* 15.2 (2007): 177–84.

Kent, Benedict. "Curses in Acts: Hearing the Apostles' Words of Judg- ment Alongside 'Magical' Spell Texts." *JSNT* 39.4 (2017): 412–40.

Kilgallen, John. The Stephen Speech: A Literary and Redactional Study of Acts 7:2–53. Analect Biblica 67. Rome: Biblical Institute Press, 1976.

_____. "Acts 13:4–12: The Role of the Magos." *Estudios Bíblicos* 55.2 (1997): 223–37.

_____. "The Function of Stephen's Speech (Acts 7:2–53)." *Biblica* 70.2 (1989): 173–93.

Kim, Seyoon. *Christ and Caesar: The Gospel and the Roman Empire in the Writings of Paul and Luke.* Grand Rapids: Eerdmans, 2008[= 『그리스도와 가이사』. 서울: 두란노아카데미, 2009].

_____. *The Origin of Paul's Gospel.* Eugene, OR: Wipf & Stock, 2007[= 『바울 복음의 기원』. 서울: 두란노, 2018].

Kimbell, John. *The Atonement in Lukan Theology.* Cambridge: Cambridge Scholars Publishing, 2014.

Kochenash, Michael. "You Cannot Hear 'Aeneas' without Thinking of Rome." *JBL* 136.3 (2017): 667–85.

Koivisto, Rex A. "Stephen's Speech: A Case Study in Rhetoric and Biblical Inerrancy." *JETS* 20.4 (1977): 353–64.

Kostenberger, Andreas J., and Peter T. O'Brien. *Salvation to the Ends of the Earth: A Biblical Theology of Mission.* NSBT 11. Downers Grove Apollos / InterVarsity, 2001.

Kraus, Thomas. "'Uneducated,' 'Ignorant,' or Even 'Illiterate'? Aspects and Background for an Understanding of Agrammatoi (and Idiōtai) in Acts 4.13." *NTS* 45.3 (1999): 434–49.

Kruger, Michael J. *Christianity at the Crossroads: How the Second Century Shaped the Future of the Church.* Downers Grove, IL: IVP Academic, 2018.

Kuecker, Aaron J. *The Spirit and the "Other": Social Identity, Ethnicity and Intergroup*

Reconciliation in Luke-Acts. LNTS 444. London; New York: Bloomsbury T&T Clark, 2011.

Kuhn, Karl Allen. *The Kingdom according to Luke and Acts: A Social, Literary, and Theological Introduction.* Grand Rapids: Baker Academic, 2015.

Kurz, William S. "Effects of Variant Narrators in Acts 10–11." *NTS* 43.4 (1997): 570–86.

Kuyper, Abraham. *"Uniformity: The Curse of Modern Life." Abraham Kuyper: A Centennial Reader.* Edited by James Bratt. Grand Rapids: Eerdmans, 1998.

Kynes, Will. *An Obituary for "Wisdom Literature": The Birth, Death, and Intertextual Reintegration of a Biblical Corpus.* Oxford: Oxford University Press, 2019.

Le Donne, Anthony. "The Improper Temple Offering of Ananias and Sapphira." *NTS* 59.3 (2013): 346–64.

Lee, Soo Kwang. "The Issue of Εἰδωλόθυτον in the Early Christian Church: A Lexical Semantic Study of Εἰδωλόθυτον." 한국기독교신학논총 105 (2017): 95–115.

Leithart, Peter. "Pentecost and Public Life." *Leithart*, May 15, 2018. http://www.patheos.com/blogs/leithart/2018/05/pentecost -and-public-life-2.

Lister, J. Ryan. *The Presence of God: Its Place in the Storyline of Scripture and the Story of Our Lives.* Wheaton, IL: Crossway, 2014.

Litwa, M. David. "Paul the 'God' in Acts 28: A Comparison with Philoctetes." *JBL* 136.3 (2017): 707–26.

Litwak, Kenneth D. "Israel's Prophets Meet Athens' Philosophers: Scriptural Echoes in Acts 17:22–31." *Bib* 85.2 (2004): 199–216.

Lochman, Jan Milic. *The Faith We Confess: An Ecumenical Dialogue.* Philadelphia: Fortress, 1984.

Longenecker, R. N. "The Acts of the Apostles." *The Expositor's Bible Commentary.* Edited by F. E. Gaebelien. Vol. 9: John–Acts. Grand Rapids: Zondervan, 1981.

Lyons, William John. "The Words of Gamaliel (Acts 5:38–39) and the Irony of Indeterminacy." *JNST* 68 (1997): 23–49.

MacDonald, Dennis. "The Shipwrecks of Odysseus and Paul." *NTS* 45.1 (1999): 88–107.

MacDonald, Dennis R. "Paul's Farewell to the Ephesian Elders and Hector's Farewell to Andromache: A Strategic Imitation of Homer's Iliad." Pages 189–203 in *Contextualizing Acts.* Edited by Todd Penner and Caroline Vander Stichele. Atlanta, GA: Society of Biblical Literature, 2003.

Malina, Bruce. J., and John J. Pilch. *Social-Science Commentary on the Book of Acts.* Minneapolis: Fortress, 2008.

Malone, Andrew. "Appreciating the Pneumatology of Acts Part 1 Retrospect." *RTR* 76.1 (2017): 23–38.

_____. "Appreciating the Pneumatology of Acts Part 2 Prospect." *RTR* 76.2 (2017): 121–35.

694

Marguerat, Daniel. *The First Christian Historian: Writing the "Acts of the Apostles."* Translated by Ken McKinney, Gregory J. Laughery, and Richard Bauckham. Cambridge: Cambridge University Press, 2002.

_____. "Luc-Actes: La Résurrection á l'oeuvre Dans l'historie." Pages 195–214 in *Résurrection: L'aprés-Mort Dans Le Monde Ancient et Le Nouveau Testament.* Edited by Odette Mainville and Daniel Marguerat. Geneva: Labor et Fides, 2001.

Marshall, I. Howard. "Acts." Pages 513–606 in *Commentary on the New Testament Use of the Old Testament.* Edited by G. K. Beale and D. A. Carson. Grand Rapids: Baker Academic, 2007[= 『사도행전.로마서-신약의 구약사용 주석 시리즈 3』. 서울: 기독교문서선교회, 2012].

_____. "Acts and the 'Former Treatise.'" Pages 163–82 in *The Book of Acts in Its First-Century Setting.* Edited by B. W. Winter and A. D. Clarke. Vol. 1 of Ancient Literary Setting. Carlisle: Paternoster, 1993.

_____. *The Acts of the Apostles.* Tyndale New Testament Commentaries. Grand Rapids: Eerdmans, 1980[= 『사도행전』. 서울: 기독교문서선교회, 2016].

_____. "How Does One Write on the Theology of Acts?" Pages 3–16 in *Witness to the Gospel: The Theology of Acts.* Edited by I. Howard Marshall and David Peterson. Grand Rapids: Eerd- mans, 1998.

Marshall, I. Howard, and David Peterson, eds. *Witness to the Gospel: The Theology of Acts.* Grand Rapids: Eerdmans, 1998.

Martin, F., and E. Smith, eds. *Acts.* Ancient Christian Commentary Series. Downers Grove: InterVarsity , 2006.

Martin, Oren. *Bound for the Promised Land: The Land Promise in God's Redemptive Plan.* NSBT 34. Downers Grove: IVP Academic, 2015.

Matson, David Lertis. *Household Conversion Narratives in Acts: Pattern and Interpretation.* JSNTSup 123. Sheffield: Sheffield Academic, 1996.

Matthews, Shelly. *Perfect Martyr: The Stoning of Stephen and the Construction of Christian Identity.* Oxford: Oxford University Press, 2010.

McCabe, David R. *How to Kill Things with Words: Ananias and Sapphira under the Prophetic Speech-Act of Divine Judgment.* LNTS 454. London: T&T Clark, 2013.

McKinny, Chris. "The Location of Pentecost and Geographical Implications in Acts 2." Pages 77–93 in *Lexham Geographic Commentary on Acts–Revelation.* Edited by Barry J. Beitzel. Bellingham, WA: Lexham Press, 2019.

McKnight, Scot. *Pastor Paul: Nurturing a Culture of Christoformity in the Church.* Grand Rapids: Brazos, 2019[= 『목회자 바울』. 서울: 새물결플러스, 2021].

McKnight, Scot, and Joseph B. Modica, eds. *Jesus Is Lord, Caesar Is Not: Evaluating Empire in New Testament Studies.* Downers Grove, IL: IVP Academic, 2013[= 『가이사의 나라 예수의 나라』. 서울: IVP, 2017].

Middleton, J. Richard. *The Liberating Image: The Imago Dei in Genesis 1.* Grand Rapids: Brazos, 2005.

Mitchell, Alan C. "The Social Function of Friendship in Acts 2:44–47 and 4:32–37." *JBL* 111.2 (1992): 255–72.

Mittelstadt, Martin W. *The Spirit and Suffering in Luke-Acts: Implications for a Pentecostal Pneumatology*. London; New York: Bloomsbury Academic, 2004.

Moessner, David. "Diegetic Breach or Metaleptic Interruption?: Acts 1:4b-5 as the Collapse between the Worlds of 'All That Jesus Began to Enact and to Teach' (Acts 1:1) and the 'Acts of the Apostles.'" *BR* 56 (2011): 23–34.

_____. "The 'Script' of the Scriptures in Acts: Suffering as God's 'Plan' (Βουλή) for the World for the 'Release of Sins.'" Pages 218–50 in *History, Literature, and Society in the Book of Acts*. Edited by B. Witherington. Cambridge: Cambridge University Press, 1996.

Moffitt, David M. "Atonement at the Right Hand: The Sacrificial Significance of Jesus' Exaltation in Acts." *NTS* 62.4 (2016): 549–68.

Moore, Mark E. *Acts*. The College Press NIV Commentary. Joplin, MO: College Press, 2011.

Morales, L. Michael. *Who Shall Ascend the Mountain of the Lord? A Biblical Theology of the Book of Leviticus*. NSBT 37 Downers Grove, IL: InterVarsity, 2015[= 「NSBT 레위기 성경신학」. 서울: 부흥과개혁사, 2018].

Moreland, Milton. "The Jerusalem Community in Acts: Mythmaking and the Sociorhetorical Functions of a Lukan Setting." Pages 285–310 in *Contextualizing Acts*. Edited by Todd Penner and Caroline Vander Stichele. Atlanta, GA: Society of Biblical Literature, 2003.

Nasrallah, Laura Salah. "The Acts of the Apostles, Greek Cities, and Hadrian's Panhellenion." *JBL* 127.3 (2008): 533–66.

Neagoe, Alexandru. *The Trial of the Gospel: An Apologetic Reading of Luke's Trial Narratives*. Cambridge: Cambridge University Press, 2002.

Nienhuis, David R. *A Concise Guide to Reading the New Testament: A Canonical Introduction*. Grand Rapids: Baker Academic, 2018.

Nienhuis, David R., and Robert W. Wall. Reading the Epistles of James, Peter, John & Jude as Scripture: The Shaping and Shape of a Canonical Collection. Grand Rapids: Eerdmans, 2013. Nolland, John. "A Fresh Look at Acts 15:10." *NTS* 27.1 (1980): 105–15.

O'Brien, Peter T. *Gospel and Mission in the Writings of Paul: An Exegetical and Theological Analysis*. Grand Rapids: Baker Books, 1995.

_____. "Mission, Witness, and the Coming of the Spirit." *BBR* 9 (1999): 203–14.

O'Donovan, Oliver. *Resurrection and Moral Order: An Outline for Evangelical Ethics*. Grand Rapids: Eerdmans, 1994.

Oliver, Isaac W. "Simon Peter Meets Simon the Tanner: The Ritual Insignificance of Tanning in Ancient Judaism." *NTS* 59.1 (2013): 50–60.

_____. *Torah Praxis after 70 CE: Reading Matthew and Luke-Acts as Jewish Texts*.

Tübingen: Mohr Siebeck, 2013.

O'Neill, J. C. *Theology of Acts in Its Historical Setting.* 2nd edition. London: SPCK, 1970.

O'Toole, Robert F. "Eirēnē, an Underlying Theme in Acts 10:34–43." Bib 77.4 (1996): 461–76.

_____. "Philip and the Ethiopian Eunuch (Acts 8:25–40)." *JSNT* 17 (1983): 25–34.

_____. *The Unity of Luke's Theology: An Analysis of Luke-Acts.* Wilmington, DE: Michael Glazier, 1984.

_____. "What Role Does Jesus' Saying in Acts 20:35 Play in Paul's Address to the Ephesian Elders?" *Bib* 75.3 (1994): 329–49.

Ovey, Michael J. *The Feasts of Repentance: From Luke-Acts to Sys- tematic and Pastoral Theology.* NSBT 49. Downers Grove, IL: IVP Academic, 2019.

Padilla, Osvaldo. *The Acts of the Apostles: Interpretation, History and Theology.* Downers Grove, IL: IVP Academic, 2016.

_____. *The Speeches of Outsiders in Acts: Poetics, Theology, and Historiography.* SNTS 144. Cambridge: Cambridge Univer- sity Press, 2008.

Palmer, Darryl W. "The Literary Background of Acts 1:1–14." *NTS* 33.3 (1987): 427–38.

Pao, David W. *Acts and the Isaianic New Exodus.* Eugene, OR: Wipf and Stock, 2016.

_____. "Waiters or Preachers: Acts 6:1–7 and the Lukan Table Fel- lowship Motif." *JBL* 130.1 (2011): 127–44.

Parker, Floyd O. "The Terms 'Angel' and 'Spirit' in Acts 23:8." *Bib* 84.3 (2003): 344–65.

Parsons, Mikeal C. *Acts.* Paideia. Grand Rapids: Baker Academic, 2008.

_____. *Body and Character in Luke and Acts: The Subversion of Physiognomy in Early Christianity.* Grand Rapids: Baker Academic, 2006.

_____. "The Character of the Lame Man in Acts 3–4." *JBL* 124.2 (2005): 295–312.

_____. *The Departure of Jesus in Luke-Acts: The Ascension Narratives in Context.* LNTS 21. Sheffield: JSOT Press, 1987.

_____. "Empowering, Empire-Ing or Engaging? Acts in the Discourse of Politics: A Response." Pages 141–47 in *Reading Acts in the Discourses of Masculinity and Politics.* Edited by Eric D. Barreto, Matthew L. Skinner, and Steve Walton. LNTS 559. London: Bloomsbury T&T Clark, 2017.

_____. "Hearing Acts as a Sequel to a Multiform Gospel." Pages 128–51 in *Rethinking the Unity and Reception of Luke and Acts.* Edited by Andrew F. Gregory and C. Kavin Rowe. Columbia, SC: University of South Carolina Press, 2010.

_____. "'Nothing Defiled and Unclean': The Conjunction's Function in Acts 10:14." *PRS* 27.3 (2000): 263–74.

Parsons, Mikeal C., and Richard I. Pervo. *Rethinking the Unity of Luke and Acts.* Minneapolis: Fortress, 1993.

Penner, Todd. "Civilizing Discourse: Acts, Declamation, and the Rhet- oric of the Polis." Pages 65–138 in *Contextualizing Acts: Lukan Narrative and Greco-Roman Discourse*. Edited by Todd Penner and Caroline Vander Stichele. Atlanta, GA: Society of Biblical Literature, 2003.

———. *In Praise of Christian Origins: Stephen and the Hellenists in Lukan Apologetic Historiography*. New York: T&T Clark, 2004.

Penner, Todd C., and Caroline Vander Stichele, eds. *Contextualizing Acts: Lukan Narrative and Greco-Roman Discourse*. Atlanta, GA: Society of Biblical Literature, 2003.

Percy, Emma. "Can a Eunuch Be Baptized?: Insights for Gender Inclu- sion from Acts 8." *Theology* 119.5 (2016): 327–34.

Perry, Aaron. "Lift up the Lowly and Bring Down the Exalted: Gender Studies, Organizations, and the Ethiopian Eunuch." *JRL* 14.1 (2015): 45–66.

Pervo, Richard I. *Acts*. Edited by Harold W. Attridge. Hermeneia. Minneapolis: Fortress, 2008.

Peterson, Brian K. "Stephen's Speech as a Modified Prophetic RîRîb Formula." *JETS* 57.2 (2014): 351–69.

Peterson, David. "Luke's Theological Enterprise: Integration and Intent." Pages 521–44 in *Witness to the Gospel: The Theology of Acts*. Edited by I. Howard Marshall and David Peterson. Grand Rapids: Eerdmans, 1998.

———. *The Acts of the Apostles*. PNTC. Grand Rapids: Eerdmans, 2009.

Phillips, Thomas E. *Acts within Diverse Frames of Reference*. Macon, GA: Mercer University Press, 2009.

———. "Paul as a Role Model in Acts: The 'We'-Passages in Acts 16 and Beyond." Pages 48–63 in *Acts and Ethics*. Edited by Thomas E. Phillips. New Testament Monographs 9. Sheffield: Sheffield Phoenix Press, 2005.

Pinter, Dean. *Acts*. The Story of God Bible Commentary. Grand Rapids: Zondervan, 2019.

Plantinga Jr., Cornelius. *Not the Way It's Supposed to Be: A Breviary of Sin*. Grand Rapids: Eerdmans, 1996[=『우리의 죄, 하나님의 샬롬』. 서울: 복있는사람, 2017].

Polhill, John B. *Acts: An Exegetical and Theological Exposition of Holy Scripture*. NAC 26. Nashville: B&H, 1992.

Porter, Stanley E. "The Genre of Acts and the Ethics of Discourse." Pages 1–15 in *Acts and Ethics*. Edited by Thomas E. Phillips. New Testament Monographs 9. Sheffield: Sheffield Phoenix Press, 2005.

———. *Paul in Acts*. Peabody, MA: Hendrickson, 2001.

Praeder, Susan Marie. "Acts 27:1–28:16: Sea Voyages in Ancient Lit- erature and the Theology of Luke-Acts." *CBQ* 46.4 (1984): 683–706.

Prince, Deborah Thompson. "Seeing Visions: The Persuasive Power of Sight in the Acts of the Apostles." *JSNT* 40.3 (2018): 337–59.

Rae, Murray A. *History and Hermeneutics*. London; New York: Bloomsbury T&T Clark, 2006.

Reardon, Timothy W. "Cleansing through Almsgiving in Luke-Acts: Purity, Cornelius, and the Translation of Acts 15:9." *CBQ* 78.3 (2016): 463–82.

————. "'Hanging on a Tree': Deuteronomy 21.22–13 and the Rhetoric of Jesus' Crucifixion in Acts 5.12–42." *JSNT* 37.4 (2015): 407–31.

Robbins, Vernon K. "Prefaces in Greco-Roman Biography and Luke-Acts." *PRS* 6.2 (1979): 94–108.

Roberts, Alastair. "The Habitation Made Desolate—Acts 1:15–26." *Political Theology Network*, May 7, 2018. https://political-theology.com/the-habitation-made-desolate-acts-115–26. Roberts, Vaughan. God's Big Picture: Tracing the Storyline of the Bible. Downers Grove, IL: IVP, 2003.

Rosner, Brian. "Acts and Biblical History." Pages 65–82 in *The Book of Acts in Its First-Century Setting: Volume 1: Ancient Literary Setting*. Grand Rapids: Eerdmans, 1993.

————. *Paul and the Law: Keeping the Commandments of God*. NSBT 31. Downers Grove, IL: IVP Academic, 2013.

————. "The Progress of the Word." Pages 215–33 in *Witness to the Gospel: The Theology of Acts*. Grand Rapids: Eerdmans, 1998.

Rossing, Barbara. "Turning the Empire (Οἰκουμένη) Upside Down: A Response." Pages 148–55 in *Reading Acts in the Discourses of Masculinity and Politics*. Edited by Eric D. Barreto, Matthew L. Skinner, and Steve Walton. LNTS 559. London: Blooms- bury T&T Clark, 2017.

————."History, Hermeneutics, and the Unity of Luke-Acts." Pages 74–81 in *Rethinking the Unity and Reception of Luke and Acts*. Edited by Andrew F. Gregory and C. Kavin Rowe. Columbia, SC: University of South Carolina Press, 2010.

Rowe, Kavin. "Acts 2.36 and the Continuity of Lukan Christology." *NTS* 53.1 (2007): 37–56.

————. *Early Narrative Christology: The Lord in the Gospel of Luke*. Grand Rapids: Baker, 2006.

————. "Luke-Acts and the Imperial Cult: A Way through the Conundrum?" *JSNT* 27.3 (2005): 279–300.

————. *World Upside Down: Reading Acts in the Graeco-Roman Age*. Oxford: Oxford University Press, 2010.

————. "The Grammar of Life: The Areopagus Speech and Pagan Tradition." *NTS* 57.1 (2011): 31–50.

Rowling, J. K. Harry Potter and the Chamber of Secrets. New York: Scholastic, 2000.

Ruis-Camps, Josep, and Jenny Read-Heimerdinger. *The Message of Acts in Codex Bezae: A Comparison with the Alexandrian Tradition*. Vol. 1: Acts 1:1–5:42:

Jerusalem. London: T & T Clark International, 2004.

Samkutty, V. J. *The Samaritan Mission in Acts*. LNTS 328. London; New York: T&T Clark, 2006.

Schnabel, Eckhard J. *Acts*. Edited by Clinton E. Arnold. ZECNT. Grand Rapids: Zondervan, 2012[=『강해로 푸는 사도행전』. 서울: 디모데, 2018].

_____. "Paul as a Prisoner in Judea and Rome." Pages 398–410 in *Lexham Geographic Commentary*. Edited by Barry J. Beitzel. Bellingham, WA: Lexham Press, 2019.

_____. "Paul's Missionary Work in Syria, Nabatea, Judea, and Cilicia." Pages 229–36 in *Lexham Geographic Commentary on Acts through Revelation*. Edited by Barry J. Beitzel. Belling-ham, WA: Lexham Press, 2019.

_____. "Paul's Missionary Work in the Provinces of Asia and Illyricum." Pages 385–97 in *Lexham Geographic Commentary on Acts through Revelation*. Edited by Barry J. Beitzel. Bellingham, WA: Lexham Press, 2019.

Schreiner, Patrick. *The Ascension of Christ: Recovering a Neglected Doctrine*. Bellingham Lexham , 2020.

_____. *The Body of Jesus: A Spatial Analysis of the Kingdom in Matthew*. LNTS 555. London; New York: Bloomsbury T&T Clark, 2016.

_____. "Evaluating the Validity of the 'Three Missionary Journeys' Structuring Motif in Acts." *JETS* 63.3 (2020): 505–16.

_____. *The Kingdom of God and the Glory of the Cross*. Wheaton, IL: Crossway, 2018.

_____. Matthew, *Disciple and Scribe: The First Gospel and Its Portrait of Jesus*. Grand Rapids: Baker Academic, 2019.

Schreiner, Thomas R. *The King in His Beauty: A Biblical Theology of the Old and New Testaments*. Grand Rapids: Baker Academic, 2013[=『성경신학』. 서울: 부흥과개혁사, 2016].

Schubert, Paul. "The Place of the Aeropagus Speech in the Composi- tion of Acts." Pages 235–61 in *Traditions in Biblical Scholarship*. Edited by J. C. Rylaarsdam. Chicago: University of Chicago Press, 1968.

Schwartz, Daniel R. "Non-Joining Sympathizers (Acts 5:13–14)." *Bib* 64.4 (1983): 550–55.

Schwartz, Sandra. "The Trial Scene in the Greek Novels and in Acts." Pages 105–37 in *Contextualizing Acts. Edited by Todd Penner and Caroline Vander Stichele*. Atlanta, GA: Society of Biblical Literature, 2003.

Seccombe, David. "The New People of God." Pages 349–72 in *Witness to the Gospel: The Theology of Acts*. Grand Rapids: Eerdmans, 1998.

Shauf, Scott. *Theology as History, History as Theology: Paul in Ephesus in Acts 19*. New York: de Gruyter, 2005.

_____. "Locating the Eunuch: Characterization and Narrative Context in Acts 8:26–40." *CBQ* 71.4 (2009): 762–75.

Sheeley, Steven. *Narrative Asides in Luke-Acts.* JSNTSup 72. Sheffield: Sheffield Academic, 1992.

Shiell, William. *Reading Acts: The Lector and the Early Christian Audience.* Boston: Brill, 2004.

Skinner, Matthew. *Intrusive God, Disruptive Gospel: Encountering the Divine in the Book of Acts.* Grand Rapids: Brazos, 2015.

_____. "Unchained Ministry: Paul's Roman Custody (Acts 21–28) and the Sociopolitical Outlook of the Book of Acts." Pages 79–95 in *Acts and Ethics.* Edited by Thomas E. Phillips. New Testament Monographs 9. Sheffield: Sheffield Phoenix Press, 2005.

Slater, Thomas B. "The Possible Influence of LXX Exodus 20:11 on Acts 14:15." *AUSS* 30.2 (1992): 151–52.

Sleeman, Matthew. *Geography and the Ascension Narrative in Acts.* Cambridge: Cambridge University Press, 2009.

Smit, Peter-Ben. "Negotiating a New World View in Acts 1.8?: A Note on the Expression Ἕως Ἐσχάτου Τῆς Γῆς." *NTS* 63.1 (2017): 1–22.

Smith, Huston. *The World's Religions. New York: HarperOne, 2009. Smith, Steve. The Fate of the Jerusalem Temple in Luke-Acts: An Intertextual Approach to Jesus' Laments over Jerusalem and Stephen's Speech.* LNTS 553. London: Bloomsbury T&T Clark. 2017.

Soon, Isaac. "Paul the Necromancer: Luke's Use of the Hapax Γνώστης' in Acts 26:3." *RTR* 74.2 (2015): 109–21.

Speckman, McGlory. "Healing and Wholeness in Luke-Acts as Foundation for Economic Development: A Particular Reference to Ολοκληρία in Acts 3:16." *Neot* 36.1–2 (2002): 97–109.

Spencer, F. Scott. *Journeying through Acts: A Literary-Cultural Reading.* Sheffield: Sheffield Academic Press, 1997.

_____. "Neglected Widows in Acts 6:1–7." *CBQ* 56.4 (1994): 715–33.

_____. "Out of Mind, Out of Voice: Slave-Girls and Prophetic Daughters in Luke-Acts." *BibInt* 7.2 (1999): 133–55.

_____. *Portrait of Philip in Acts: Study of Roles and Relations.* JSNTSup 67. Sheffield: Sheffield Academic Press, 1992.

_____. "Wise Up, Young Man: The Moral Vision of Saul and Other Νεανίσκοοι in Acts." Pages 34–48 in *Acts and Ethics.* Edited by Thomas E. Phillips. New Testament Monographs 9. Sheffield: Sheffield Phoenix Press, 2005.

Spencer, Patrick E. "'Mad' Rhoda in Acts 12:12–17: Disciple Exem- plar." *CBQ* 79.2 (2017): 282–98.

Squires, John. "The Function of Acts 8:4–12:25." *NTS* 44.4 (1998): 608–17.

_____. "The Plan of God in the Acts of the Apostles." Pages 19–39 in *Witness to the Gospel: The Theology of Acts.* Grand Rapids: Eerdmans, 1998.

_____. *The Plan of God in Luke-Acts*. Cambridge; New York: Cambridge University Press, 1993.

Sterling, Gregory E. "'Athletes of Virtue': An Analysis of the Summaries in Acts (2:41–47; 4:32–35; 5:12–16)." *JBL* 113.4 (1994): 679–96.

Stoops, Robert F. "Riot and Assembly: The Social Context of Acts 19:23–41." *JBL* 108.1 (1989): 73–91.

Stott, John. *The Spirit the Church and the World: The Message of Acts*. Downers Grove, IL: InterVarsity Press, 1990.

Strait, Drew. "The Wisdom of Solomon, Ruler Cults, and Paul's Polemic against Idols in the Areopagus Speech." *JBL* 136.3 (2017): 609–32.

Strauss, Mark L. *The Davidic Messiah in Luke-Acts: The Promise and Its Fulfilment in Lukan Christology*. LNTS 110. Sheffield: Sheffield Academic Press, 1995.

_____. "Typological Geography and the Progress of the Gospel in Acts." Pages 1–18 in *Lexham Geographic Commentary on Acts through Revelation*. Edited by Barry J. Beitzel. Bellingham, WA: Lexham Press, 2019.

Strelan, Rick. "The Running Prophet (Acts 8:30)." *NovT* 43.1 (2001): 31–38.

_____. "Who Was Bar Jesus (Acts 13:6–12)?" *Bib* 85.1 (2004): 65–81.

Sweeney, James P. "Stephen's Speech (Acts 7:2–53): Is It as 'Anti-Temple' as Is Frequently Alleged?" *TJ* 23.2 (2002): 185–210.

Sylva, Dennis D. "The Meaning and Function of Acts 7:46–50." *JBL* 106.2 (1987): 261–75.

Talbert, Charles. Literary Patterns, *Theological Themes and the Genre of Luke-Acts*. SBLMS. Missoula: Society of Biblical Literature and Scholars Press, 1974.

_____. *Reading Acts: A Literary and Theological Commentary*. Macon, GA: Smyth & Helwys, 2013.

_____. *The Theology of Sea Storms in Luke-Acts*. Leiden: Brill, 2003.

Taleb, Nassim Nicholas. *Antifragile: Things That Gain from Disorder*. New York: Random House, 2014.

Tannehill, Robert C. "Israel in Luke-Acts: A Tragic Story." *JBL* 104.1 (1985): 69–85.

_____. *The Narrative Unity of Luke-Acts: A Literary Interpretation: The Gospel according to Luke*. Vol. 1. Philadelphia: Fortress, 1991.

_____. *The Acts of the Apostles*. Vol. 2. Philadelphia: Fortress, 1990.

_____. *The Shape of Luke's Story: Essays on Luke-Acts*. Eugene, OR: Cascade, 2005.

Tanner, J. Paul. "James's Quotation of Amos 9 to Settle the Jerusalem Council Debate in Acts 15." *JETS* 55.1 (2012): 65–85.

Taylor, Justin. "The Gate of the Temple Called 'the Beautiful' (Acts 3:2, 10)." *RB* 106.4 (1999): 549–62.

_____. "Why Were the Disciples First Called 'Christians' at Antioch? (Acts 11, 26)." *RB* 101.1 (1994): 75–94.

Thiessen, Matthew. *Contesting Conversion: Genealogy, Circumcision, and Identity in*

Ancient Judaism and Christianity. New York; Oxford: Oxford University Press, 2018.

Thompson, Alan. *The Acts of the Risen Lord: Luke's Account of God's Unfolding Plan*. NSBT 27. Downers Grove, IL: Inter-Varsity Press, 2011.

_____. *One Lord, One People: The Unity of the Church in Acts in Its Literary Setting*. LNTS 359. London: T&T Clark, 2008.

Thompson, Richard P. Keeping the Church in Its Place: The Church as Narrative Character in Acts. New York: T&T Clark, 2006. Thompson, Robin. "Diaspora Jewish Freedmen: Stephen's Deadly Opponents." *BSac* 173.690 (2016): 166–81.

Torrance, Thomas F. *Atonement: The Person and Work of Christ*. Edited by Robert T. Walker. Downers Grove, IL: IVP Academic, 2014.

_____. *Space, Time and Resurrection*. Grand Rapids: Eerdmans, 1976.

Townsend, John T. "Missionary Journeys in Acts and European Missionary Societies." *ATR* 68.2 (1986): 99–104.

Trebilco, Paul. "Paul and Silas: 'Servants of the Most High God' (Acts 16:16–18)." *JSNT* 11.36 (1989): 51–73.

Tripp, Jeffrey M. "A Tale of Two Riots: The Synkrisis of the Temples of Ephesus and Jerusalem in Acts 19–23." *JSNT* 37.1 (2014): 86–111.

Trobisch, David. "The Book of Acts a Narrative Commentary on the Letters of the New Testament." Pages 119–27 in *Rethinking the Unity and Reception of Luke and Acts*. Edited by Andrew F. Gregory and C. Kavin Rowe. Columbia, SC: University of South Carolina Press, 2010.

Troftgruben, Troy M. "Slow Sailing in Acts: Suspense in the Final Sea Journey (Acts 27:1–28:15)." *JBL* 136.4 (2017): 949–68.

Trull, Gregory. "Views on Peter's Use of Psalm 16:8–11 in Acts 2:25– 32." *BSac* 161.642 (2004): 194–214.

Turner, Max. *Power from on High: The Spirit in Israel's Restoration and Witness in Luke-Acts*. Sheffield: Sheffield Academic Press, 1996[= 『성령과 권능』. 서울: 새물결플러스, 2020].

Van der Bergh, Ronald H. "The Missionary Character of Paul's Stay on Malta (Acts 28:1–10) according to the Early Church." *JECH* 3.1 (2013): 83–97.

_____. "The Use of the Term Βάρβαρος in the Acts of the Apostles: A Problemanzeige." *Neot* 47.1 (2013): 69–86.

Wall, Robert. "Israel and the Gentiles Mission in Acts and Paul: A Canonical Approach." Pages 437–57 in Witness to the Gospel: The Theology of Acts. Grand Rapids: Eerdmans, 1998.

_____. "Peter, 'Son' of Jonah: The Conversion of Cornelius in the Context of Canon." *JSNT* 9.29 (1987): 79–90.

Wallace, Daniel B. *Greek Grammar Beyond the Basics: An Exegetical Syntax of the New Testament with Scripture, Subject, and Greek Word Indexes*. Grand Rapids:

Zondervan, 1997.

Walton, Steve. "Jesus, Present and/or Absent? The Presence and Pre- sentation of Jesus as a Character in the Book of Acts." Pages 123-40 in *Characters and Characterization in Luke-Acts*. Edited by Frank Dicken and Julia Snyder. LNTS 548. London: Bloomsbury T&T Clark, 2016.

_____. "'The Heavens Opened': Cosmological and Theological Transformation in Luke and Acts." Pages 60–73 in *Cosmology and New Testament Theology*. Edited by Jonathan Pennington and Sean M. McDonough. London: T&T Clark, 2008.

_____. "The State They Were In: Luke's View of the Roman Empire." Pages 75–106 in *Reading Acts in the Discourses of Masculinity and Politics*. Edited by Eric D. Barreto, Matthew L. Skinner, and Steve Walton. LNTS 559. London: Bloomsbury T&T Clark, 2017.

Webster, John. *Holy Scripture: A Dogmatic Sketch*. Cambridge: Cambridge University Press, 2003.

Weissenrieder, Annette. "Searching for the Middle Ground from the End of the Earth: The Embodiment of Space in Acts 8:26–40." *Neot* 48.1 (2014): 115–61.

Wells, David F. *No Place for Truth: Or Whatever Happened to Evangelical Theology?* Grand Rapids: Eerdmans, 1994[= 『신학실종』. 서울: 부흥과개혁사, 2010].

Wenk, Matthias. *Community-Forming Power: The Socio-Ethical Role of the Spirit in Luke-Acts*. London; New York: T&T Clark International, 2004.

Whitenton, Michael R. "Rewriting Abraham and Joseph: Stephen's Speech (Acts 7:2–16) and Jewish Exegetical Traditions." *NovT* 54.2 (2012): 149–67.

Williams, Guy. "An Apocalyptic and Magical Interpretation of Paul's 'Beast Fight' in Ephesus (1 Corinthians 15:32)." *JTS* 57.1 (2006): 42–56.

Wilson, Benjamin R. "Jew-Gentile Relations and the Geographic Movement of Acts 10:1–11:18." *CBQ* 80.1 (2018): 81–96.

Wilson, Brittany E. "'Neither Male nor Female': The Ethiopian Eunuch in Acts 8.26–40." *NTS* 60.3 (2014): 403–22.

_____. *Unmanly Men: Refigurations of Masculinity in Luke-Acts*. Oxford: Oxford University Press, 2015.

Wilson, Stephen G. *The Gentiles and the Gentile Mission in Luke-Acts*. Cambridge: Cambridge University Press, 1973.

Winter, Bruce W. "Paul and Roman Law: 'The Luck of the Draw?'" Pages 126–40 in *Reading Acts in the Discourses of Masculinity and Politics*. Edited by Eric D. Barreto, Matthew L. Skinner, and Steve Walton. LNTS 559. London: Bloomsbury T&T Clark, 2017.

_____. "Rehabilitating Gallio and His Judgment in Acts 18:14–15." *TynBul* 57.2 (2006): 291–308.

Witherington, Ben. *The Acts of the Apostles: A Socio-Rhetorical Commentary*. Grand Rapids: Eerdmans, 1998.

Woodington, J. David. "Charity and Deliverance from Death in the Accounts of Tabitha and Cornelius." *CBQ* 79.4 (2017): 634–50.

Wright, N. T. *Paul and the Faithfulness of God.* 2 Vols. Minneapolis: Fortress, 2013.

Yates, Kenneth. "Military Leaders and Jonah in the Writings of Luke Part 2." *BSac* 173.692 (2016): 448–59.

Zwiep, Arie W. *The Ascension of the Messiah in Lukan Christology.* Leiden; Boston: Brill, 1997.

van Zyl, H. C. "Vehicles of Divine Initiative: The Function of Angels in Acts." *JECH* 1.1 (2011): 205–20.

CSC 사도행전

2024년 1월 15일 초판 1쇄

지은이 패트릭 슈라이너
옮긴이 김명일
펴낸이 김명일
디자인 정보람

펴낸곳 깃드는 숲
주 소 부산시 북구 구포만세길 155-1 2층
이메일 hoop1225@gmail.com

ISBN 979-11-984413-7-9

값 48,000원

잘못된 책은 구입하신 곳에서 교환해 드립니다.